RUSSES ET TURCS

LA GUERRE D'ORIENT

ILLUSTRATIONS PAR LES MEILLEURS ARTISTES

PORTRAITS, COMBATS, BATAILLES, VUES, CARTES, ETC.

DEUXIÈME VOLUME

PARIS

LIBRAIRIE DE LA *SOCIÉTÉ ANONYME DE PUBLICATIONS PÉRIODIQUES*

13 ET 15, QUAI VOLTAIRE

1878

RUSSES ETTURCS

LA GUERRE D'ORIENT

LE GÉNÉRAL DRENTELN, CHEF DU SERVICE DES COMMUNICATIONS MILITAIRES, COMMANDANT DES TROUPES RUSSES EN ROUMANIE.

LA GUERRE
(SUITE)

XXX. — LA CAMPAGNE EN ASIE. — LES TURCS PRENNENT L'OFFENSIVE.
(Du 15 juillet au 30 décembre.)

Causes générales du peu de succès de l'offensive turque.

Après la retraite générale qui suivit l'insuccès de Zewin, les divers corps de l'armée du Caucase se renfermèrent dans un rôle purement défensif en attendant les renforts dont ils avaient un besoin urgent pour reprendre la campagne. Seules les troupes qui agissaient contre Soukhoum-Kaleh continuèrent leur marche convergente sur cette ville. Dans la nuit du 24 août, vingt-quatre marins montés sur quatre chaloupes attaquèrent hardiment le cuirassé l'*Assari-Chevket* dans la rade de Soukhoum, firent éclater trois torpilles contre ses flancs, l'endommagèrent très-gravement et s'échappèrent sans avoir un seul blessé. Schelkovnikof, qui venait d'être nommé général-major au nord, et Alkhazov au sud, emportèrent successivement tous les postes turcs établis le long de la mer et arrivèrent tous deux à la fin du mois d'août aux environs de Soukhoum-Kaleh, qui se trouva cerné.

Les troupes turques s'embarquèrent précipitamment sous la protection des cuirassés et emmenèrent avec eux les Abkhases révoltés. Le 1er septembre il ne restait plus un Turc sur la côte du Caucase et le général Alkhazov pénétra dans les ruines fumantes de Soukhoum-Kaleh. Cette inutile expédition du Caucase aura profité, en somme, à la Russie. Elle l'a débarrassée de ces sauvages Abkhazes, dont la soumission n'aurait jamais été réelle.

Revenons en Arménie et remontons à la fin du mois de juillet. Tandis que les armées russes gardaient la défensive, les Turcs attaquèrent à leur tour. Le Kurde Ismaïl-Hakki-Pacha, à la tête d'une armée que la victoire avait grossie de tous les pillards de l'Arménie, occupa Bayazid, s'empara des défilés d'Orgof, de Zor et de Karavanseraï et pénétra sur le territoire russe.

Mouktar-Pacha adressa à ses troupes la proclamation suivante qui lui fait grand honneur :

Grâce au Tout-Puissant, l'ennemi s'est vu forcé de se retirer dans son pays, battu et humilié. Dès lors, notre vœu le plus ardent est près d'être exaucé ; nous allons prendre l'offensive et franchir la frontière. Bien que nous ayons eu à subir, de la part des Russes, dans notre pays, des actes iniques, illégaux et barbares, j'attends que chacun de vous se conduira avec douceur envers les habitant opprimés d'Erivan ; que, conformément à vos bons sentiments innés et à votre générosité héréditaire, vous éviterez tout acte ayant pour but la satisfaction des passions ; que vous ne dépasserez jamais les limites de notre sainte Loi qui est supérieure à toutes les lois civiles, et que personne parmi vous ne s'abaissera à commettre des actes de pillage et d'oppression à l'exemple des Russes.

C'est un crime horrible que de tuer, contre la loi, un être humain, la création la plus admirable de Dieu. Abstenez vous, par conséquent, de tout meurtre injuste et de tout acte de pillage. Ne faites aucun mal à ceux qui implorent votre ménagement, aucun mal aux prisonniers et fugitifs, à moins qu'ils ne commettent des actes qui rendent nécessaire leur anéantissement. Respectez la propriété, les demeures et l'honneur des pauvres habitants qui, au fond, sont avec nous ; n'achetez rien malgré la volonté des propriétaires ; ne les contrariez pas dans leurs pratiques religieuses ; témoignez du respect à leurs dieux sacrés ; à leurs églises et à leurs prêtres ; ne détruisez aucune de leurs maisons, à moins qu'elles ne servent de fortification aux Russes. Ne vous laissez pas porter à des actes de malveillance contre eux, en raison de la différence de leurs croyances, de leur langue et de leurs mœurs. Ne torturez ni ne tuez des prisonniers ni des blessés ; ne poursuivez pas les fugitifs pour leur ôter la vie. N'imitez pas les Russes dans leur cruauté et leur violence. Ne tuez aucun homme que vous pouvez faire prisonnier et transportez les blessés dans les hôpitaux. Tout homme, à quelque croyance qu'il appartienne, est une noble créature de Dieu : par conséquent, n'empêchez pas l'ennemi d'enterrer ses morts et enterrez vous-mêmes ceux qu'il n'aura pas enterrés. Ne portez aucun coup à un ennemi tombé et ne mutilez aucun de ses membres, si ce n'est pendant le combat réel. Comme hommes pensants, prenez à cœur mes pressantes exhortations, obéissez à vos chefs et respectez notre sainte Loi.

Malheureusement Mouktar-Pacha, qui se montra pendant toute cette campagne digne du poste qui lui avait été confié, ne fut secondé ni par ses lieutenants, ni par la daristchoura de Constantinople. Quand on apprit ses victoires, au lieu de lui envoyer les renforts dont il avait toujours besoin, on lui en demanda au contraire pour fortifier l'armée du Danube. Avec une ineptie incroyable on avait entassé à Batoum près de 30,000 hommes alors que le tiers eût amplement suffi à défendre la place. En vain Mouktar-Pacha demandait à Dervisch-Pacha de détacher et de lui envoyer une partie de ses forces; celui-ci, bien qu'il fût nominalement placé sous les ordres de Mouktar, faisait la sourde oreille et immobilisait dans le cul-de-sac du Lazistan des soldats qui eussent été si utiles en Arménie et que les fièvres de la côte décimaient.

Ces difficultés, ce manque d'assistance préparaient au moment même où la fortune semblait sourire aux Turcs, l'effroyable défaite que Mouktar devait subir trois mois après. Avec des forces insuffisantes, il dut se contenter de déployer son armée comme un rideau devant les Russes; il retira toutes les troupes du vilayet d'Erzeroum pour les amener en première ligne et il ne lui resta pas un homme pour tenir les communications ouvertes entre cette ville et les différents corps de Pennek, de Kars et d'Igdyr; qu'un de ces corps vînt à être défait et les autres devaient battre en retraite aussitôt, puisqu'il n'y avait sur leurs derrières aucune réserve en état d'arrêter le vainqueur qui eût pu les tourner. La situation du général turc n'était donc bonne qu'en apparence, elle ne pouvait faire illusion qu'autant qu'il resterait victorieux; mais en cas d'échec les défauts devaient s'en manifester violemment tout d'un coup et aggraver dans des proportions inattendues la portée de la défaite.

L'armée de Mouktar-Pacha ne semble pas s'être élevée, même au moment où elle était le plus nombreuse, à plus de 50 à 60,000 hommes parmi lesquels un tiers d'irréguliers qui ne pouvaient compter qu'autant qu'on était heureux et qui devaient lâcher pied aussitôt que la fortune semblerait vouloir changer de camp. Si l'armée russe pendant les premiers temps fut très-inférieure à ce chiffre, elle avait l'avantage de s'appuyer sur la forteresse d'Alexandropol. Mouktar eût voulu être renforcé pour pousser en avant, mais quand il se vit abandonné à ses seules ressources, ses opérations se ressentirent du peu de confiance qu'il avait dans le succès final, il n'osa point s'éloigner trop de Kars, et pendant trois mois les luttes que se livrèrent les deux armées eurent les mêmes lieux pour champ de bataille. Ismaïl-Hakki seul eût eu des chances sérieuses de remporter quelque grand succès sur Tergoukassof dont l'armée était de moitié moindre que la sienne, mais jamais on ne vit armée et chef pareils. Il n'y avait ni médecins, ni hôpitaux, ni litières, ni ambulances, ni intendance, ni service de communication. Cela ressemblait exactement aux hordes des anciens barbares. Quant au chef, espèce d'illuminé, les dispositions stratégiques et tactiques lui étaient inconnues; il remplaçait les ordres de bataille par des oraisons et quand il avait prié, il était assuré que tout irait bien. De ce côté-là non plus, les Turcs ne firent pas grand progrès jusqu'au jour où tout s'effondra.

La conséquence la plus désastreuse de l'abandon où le gouvernement laissa Mouktar-Pacha et de la désobéissance d'Ismaïl-Hakki, c'est qu'il lui fut impossible d'empêcher cette armée, qui pouvait déjà à peine suffire à sa tâche, de se fondre peu à peu par l'effet des misères et des privations de toutes sortes. On n'envoyait rien de Constantinople: ni argent, ni vivres; le courageux muchir était obligé de nourrir son armée avec ce qu'il pouvait tirer d'un pays que les Kurdes, assurés de l'impunité, ravageaient depuis quelques mois; la moisson n'avait pas même pu se faire dans les plaines de Van et d'Alaschguerd par suite du massacre ou de la fuite des habitants arméniens, c'est dire que les soldats n'étaient pas nourris du tout : jamais de viande ; quelques poignées de riz et de farine, et c'était tout. Les 40 ou 50 Européens qui étaient au camp et servaient dans la légion polonaise, ne purent y tenir et obtinrent d'être renvoyés à Constantinople.

Les irréguliers, à l'aide desquels Moukhtar avait complété son armée et s'était composé une cavalerie, ne résistèrent pas longtemps non plus à ce régime. Un correspondant anglais écrivait d'Erzeroum au commencement de septembre : « La conduite des Circassiens, qui désertent en grand nombre, cause beaucoup de tracas à Moukhtar-Pacha. Jeudi, il a télégraphié au gouverneur d'Erzeroum de rechercher un détachement de 180 Circassiens qui avaient déserté en masse. Des troupes ont été envoyées d'ici pour fouiller les routes entre Erzeroum et Kars, tandis que le muchir détachait deux corps de cavalerie régulière à leur poursuite. Ces précautions ont eu pour résultat l'arrestation d'une bande de 167 hommes, tous complétement armés de carabines à répétition et de revolvers, et qui ont déclaré que, ayant adressé de nombreuses pétitions au commandant en chef, qui n'a pas daigné y répondre, ils avaient résolu de venir à Erzeroum pour exposer leurs griefs au vali, ajoutant que si celui-ci les traitait aussi avec mépris, ils s'adresseraient à la Sublime-Porte et retourneraient dans leurs foyers. Ils ont été désarmés, amenés ici comme prisonniers et emprisonnés, leurs officiers sont laissés en liberté sur parole, désarmés. J'ai rencontré un de ces derniers, et je dois dire que les motifs qu'ils donnent pour leurs plaintes paraissent assez raisonnables. Elles sont partagées par tous les officiers et soldats de l'armée.

« Nous avons quitté nos foyers, disent-ils,
« et nous nous sommes engagés comme volon-
« taires pour combattre pour notre religion contre
« notre ancien ennemi, les Russes ; mais on ne
« nous donne pas de solde ; nous obtenons rare-
« ment des rations pour nous, et jamais pour nos
« chevaux ; on ne nous donne ni literie, ni cou-
« vertures pour nous ni pour nos chevaux. En
« conséquence «du pacha anglais, » (1) il ne nous
« est pas permis de piller comme peuvent le faire
« nos frères qui sont à l'armée du Kurde Ismaïl-
« Hakki-Pacha, où les officiers anglais ne se
« préoccupent pas des pillages. En fait, nous et
« nos chevaux nous mourrions de faim et de
« froid ; et comme Mouktar-Pacha n'écoutait
« pas nos plaintes, nous sommes venus ici. »

« Depuis le milieu de juillet 2,000 de ces hommes ont déserté, et comme ils sont armés des meilleures armes que l'Amérique peut produire, la sécurité de la vie et des biens en Arménie n'a pas augmenté. Des bandes de Kurdes, ne trouvant pas un champ fertile pour l'exercice de leurs talents aux environs de l'armée de leurs compatriotes, ont tourné leur attention vers les riches villages des plaines de Passin et d'Erzeroum. »

Que pouvait Mouktar-Pacha à cela? Évidemment rien. Et toutes les désertions nouvelles accroissaient le mal, car tout déserteur devenait un pillard et rendait par cela même l'approvisionnement plus difficile; le mal alla empirant avec le temps, et, un mois après la lettre que nous venons de citer, le même correspondant écrivait encore : « Des bandes variant en force de 50 à 150 cavaliers arrivent journellement ici. Ils remettent tranquillement leur carabine Winchester et retournent dans leurs foyers, mettant à rançon les villages qu'ils traversent sous forme de nourriture pour les hommes et les chevaux. Tous donnent invariablement la même raison pour quitter l'armée — c'est-à-dire qu'ils ne reçoivent ni solde, ni rations, ni couvertures. »

Ces désertions privèrent Mouktar-Pacha de sa cavalerie; il lui devint impossible de se faire éclairer, et c'est ainsi que les Russes purent le surprendre plus tard par un mouvement tournant. Vers le mois d'octobre il ne lui restait plus que ces admirables soldats turcs sur la robuste foi desquels peines et privations passent sans l'ébranler, toujours pleins d'entrain, toujours résolus, et auxquels le correspondant de la *République française* rendait cet hommage bien mérité : « Je ne saurais trop revenir sur l'admiration pleine de surprise qu'inspirent ces braves soldats turcs. Des hommes sans aucune connaissance du maniement des armes nouvelles, arrachés à leurs travaux agricoles ou pastoraux des plus primitifs, ont été, en quelques semaines, transformés en troupiers obéissants, patients, durs au mal, et manœuvrant suffisamment bien pour faire rebrousser chemin aux Russes. Un pareil résultat est bien à la gloire des instructeurs, qui ne paient point de mine et qui, pour la plupart, sont aussi ignorants que leurs hommes. Les attachés militaires s'étonnent de ce qu'une armée turque puisse exister sans aucun des services spéciaux qui sont indispensables aux armées occidentales; il n'y a pas d'intendance générale, pas de payeurs (il est vrai que, la solde faisant régulièrement défaut, ce serait une sinécure). L'état-major général se compose d'un chef et de deux attachés, tout frais émoulus des écoles de Constantinople, avec un secrétaire civil. Les *feriks* (généraux de division) n'ont qu'un aide de camp ; les généraux de brigade (*livas*) n'en ont pas un seul. Il n'y a pas un officier d'état-major capable de faire même un levé à vue de topographie. L'état-major n'a longtemps pas eu de cartes du pays, et celles qu'il a maintenant sont des copies de cartes russes !

« Depuis deux ans les soldats n'ont pas reçu un para ; ils sont vêtus de haillons et sont à peine chaussés ; la nourriture est insuffisante et mauvaise, et quand le dîner manque même plusieurs fois de suite, le soldat, au lieu de murmurer, remercie le sultan et prie pour lui et pour sa gloire. La garde impériale n'est pas en meilleure situation, au moins les bataillons que nous avons vus; leurs uniformes ont l'air d'avoir dix ans de date et sont si variés d'homme à homme en couleur et

---

(1) Sir Arnold Kemball, l'attaché militaire anglais, qui paraît avoir joué auprès de Mouktar-Pacha un rôle plus actif que ne le comportait la neutralité officielle du cabinet de Londres.

en coupe qu'on croirait qu'ils sont vêtus de la défroque de toutes les armées de l'Europe depuis le commencement du siècle. En revanche, les armes sont dans un état admirable, frottées, astiquées avec amour, et je vous assure que lorsque ces bataillons passent, on oublie à cette vue leur accoutrement ultra-fantaisiste.

« Il faut les voir faire l'exercice avec une précision, une rapidité, une décision merveilleuses. Quand ils font l'exercice à la baïonnette, suivant la théorie française, c'est plaisir que de considérer leurs mouvements nets, vifs, réguliers, leur agilité et l'amour-propre que chacun met à exécuter avec perfection les commandements du chef. Quand ils manœuvrent, les ordres sont donnés au clairon et non à la voix; ils obéissent et comprennent à merveille. Outre le fusil et la baïonnette, ils ont encore un sabre. Vous me direz que ces soldats sont de vieux troupiers longtemps exercés à Constantinople et que c'est là l'élite trop peu nombreuse de l'armée turque. Il n'en est rien; parmi eux, on compte bien des individus qui ne sont que depuis six mois dans les rangs, mais l'aptitude du Turc aux exercices militaires est telle que ce laps de temps suffit pour en faire un soldat très-présentable; il aime ses armes, il les soigne, les étudie avec zèle et met toute son intelligence à en comprendre le mécanisme : les manœuvres qu'on lui fait faire l'intéressent, et par conséquent il en acquiert promptement la connaissance. Son défaut est de mal marcher en rang; il fournit de longues étapes, mais il faut qu'il chemine à sa guise, et à la parade les lignes n'ont point la régularité qui plaît tant aux instructeurs prussiens. »

Ces braves gens supportaient tout sans se plaindre et se conduisaient très-convenablement, souvent même avec humanité. On raconte par exemple que, malgré leur dénûment, ces pauvres soldats trouvaient encore moyen de faire l'aumône aux malheureuses victimes de la guerre : des témoins oculaires assurent avoir vu des femmes, dont les maris avaient été tués par des maraudeurs et qui avaient été entièrement dépouillées de tout leur petit avoir, recevoir au camp turc un accueil sympathique et être l'objet de la charité des soldats musulmans; bien que n'ayant rien reçu de leur solde, ils trouvaient encore quelques paras de cuivre à donner aux malheureux ou bien ils distribuaient à ceux-ci une part de la maigre pitance qui leur était allouée. Mais ces troupes d'élite étaient en trop petite quantité, et quand la persistance des privations eut fait disparaître autour d'elles les volontaires et les irréguliers qui les renforçaient, elles se trouvèrent vis-à-vis de l'armée russe dans un état d'inégalité qui rendait l'issue de la lutte fatalement défavorable.

Quand la victoire, changeant encore une fois de côté, revint aux Russes, la disproportion numérique se trouvait déplacée. En effet, tandis que l'armée de Mouktar-Pacha fondait littéralement, celle du grand-duc Michel s'était accrue de semaine en semaine. Du mois d'août à la fin de septembre celle-ci reçut comme renforts les deux brigades d'Alkhazow et de Schelkovnikov devenues libres par la pacification de l'Abkhasie; la 1ʳᵉ division de grenadiers (1), les 4ᵉ, 38ᵉ et 40ᵉ divisions d'infanterie et plusieurs divisions de cavalerie.

Ainsi la campagne qui aboutit au coup de foudre de la déroute de l'Aladja-dagh présente ce double phénomène qui explique très-bien l'écrasement subit de Mouktar-Pacha. Du côté des Russes, le gouvernement fait tous ses efforts pour fortifier son armée; il lui envoie renforts sur renforts jusqu'à ce que la dure expérience du mois de juin fasse juger qu'elle est enfin assez forte; les soldats bien nourris, bien vêtus, bien équipés, ne se démoralisent point. Du côté des Turcs, au contraire, le gouvernement ne fait rien, l'armée se débande; le soldat sans pain, sans chaussures, sans fourniment, déserte et vagabonde; malgré son intelligente énergie, Mouktar-Pacha ne peut tenir ses hommes dans la main, tout lui manque. Le jour où l'ennemi porte un choc violent dans cette ruine, elle s'écroule.

Ces observations générales étaient nécessaires pour faire comprendre l'impuissance du commandant en chef turc à poursuivre résolument un plan offensif. Elles expliquent les opérations tâtillonnes des mois d'août et de septembre dont nous allons faire le récit. Pendant cette période de temps Mouktar-Pacha et Ismaïl-Pacha piétinent sur place; ils s'alignent, mettent leurs soldats en marche, ils attaquent; on croirait qu'ils vont aller de l'avant; en réalité, ils se remuent beaucoup sans bouger de place, arrêtés par la faiblesse dont nous venons d'exposer les causes bien plus que par les forces de leur adversaire.

(1) Indiquée précédemment à tort comme ayant été dirigée sur le Danube. Les 2ᵉ et 3ᵉ divisions seulement sont allées à Plevna. La 1ʳᵉ, expédiée par la voie ferrée de Vladikavkase, est arrivée au camp de Karayal, près d'Alexandropol, à la fin de septembre.

Campagne d'Ismaïl-Hakki-Pacha dans la province d'Erivan.

Nous commençons par les opérations d'Ismaïl-Hakki-Pacha afin de n'avoir pas à interrompre le récit de celles des armées principales lorsque nous les aurons commencées.

Après avoir débloqué la garnison de Bayazid, le général Tergoukassof s'était hâté de revenir à Igdyr, position très-forte au nœud des routes qui mènent des vallées du Mourad-Sou et de l'Aras vers Erivan. Nous avons dit que son corps était réduit à 8,000 combattants environ et au premier moment on ne put lui envoyer qu'un régiment de renfort. On lui adjoignit en même temps un homme célèbre dans le Caucase, celui qui eut la gloire de s'emparer de Schamyl dans le dernier août où le prophète s'était réfugié, le général Lazaref, tenu jusqu'alors à l'écart par suite de cette défaveur qui s'étendait au début de la guerre sur tous les officiers d'origine plébéienne.

Ismaïl-Hakki-Pacha vint prendre position le 1ᵉʳ août à l'entrée du défilé de Missoun et y passa quatre jours à rassembler une armée que les Russes évaluèrent à 45,000 hommes, pourvus de 55 pièces d'artillerie, pour la plupart d'un très-faible calibre. Le chiffre de cette armée est probablement exagéré, et il faut observer que les rangs en étaient grossis par une tourbe de Kurdes qui ne méritent point le nom de soldats. Le petit corps de Tergoukassof n'en eût pas moins été placé dans une situation très-difficile, s'il avait immédiatement et énergiquement été attaqué. Les Russes crurent même un moment que le plan de Mouktar-Pacha était de retenir le gros de leurs forces entre Kars et Alexandropol, tandis que le détachement d'Ismaïl n'ayant devant lui que peu de troupes et point de places fortifiées, pénétrerait dans la Trans-Caucase et s'efforcerait, par l'effet moral que cette invasion produirait, de soulever le Daghestan où des proclamations du fils de Schamyl, semées à profusion par des émissaires, commençaient à produire une grande agitation. Mais ils purent bientôt se rassurer en présence de l'inactivité du général ottoman. Ismaïl-Pacha partagea ses troupes en trois colonnes, et le 5 août il pénétra sur le territoire russe par les défilés d'Orgof, de Zor et de Karavanseraï. Des bandes de bachi-bouzouks et de Kurdes s'avancèrent jusqu'à Ali-kotchak, incendiant tous les villages sur leur route et repoussant devant eux les piquets russes qui les défendaient. Le poste d'Alikotchak résista longtemps, mais il succomba également; un détachement turc tenta même de s'emparer de Khalfaliou, gros village situé à six kilomètres au sud d'Igdyr; un moment il y pénétra sur les pas d'un régiment de lanciers qui se retiraient, mais il fut culbuté et mis en fuite par une charge de dragons. Cette journée coûta 17 hommes aux Russes et à peu près autant aux Turcs. Et après cela, Ismaïl ne bouge plus; jusqu'au 12, il n'y eut pas d'autre rencontre ; ce jour-là, le général Kalbolaï-Khan eut une escarmouche avec l'avant-garde turque, mais le combat fut insignifiant et ne changea rien aux positions des deux armées.

Vers la même date le général Tergoukassof reçut enfin d'Alexandropol des renforts importants. Ils étaient détachés de la division d'infanterie Devel qui peu à peu fut envoyée tout entière au corps d'Igdyr dont elle doubla l'effectif. Il lui vint en une seule fois sept bataillons d'infanterie, deux régiments de cavalerie et 16 canons. Il put alors songer à rejeter les Turcs hors du territoire russe. Ismaïl-Pacha s'était arrêté dans une position très-forte d'où il était impossible de le déloger par une attaque de front; un correspondant du *Temps* qui suivit les reconnaissances qui furent faites pour en déterminer l'assiette, la décrit ainsi : « Devant nous, il y avait un ravin formant le thalweg d'une grande dépression où passe la route de Bayazid à Igdyr par Karavanséraï. Cette route courait parallèlement au ravin le long d'une pente douce qui, se relevant bientôt d'un mouvement brusque, prêtait son assise à deux hautes montagnes séparées par une gorge, le Tcharsala et le Tcharsali. Perché tout au sommet d'une des crêtes du Tcharsali, à droite, on apercevait le camp turc. Il faut donc pour aller à ce camp de l'endroit où nous étions, traverser le ravin, gravir la pente douce, prendre en passant un village, Osta, remonter la gorge, prendre un autre village, Masdra, et donner l'assaut à une cime, le tout à découvert. C'est une marche de quatre ou cinq heures, de six peut-être à faire sous un feu continu.

« Cette position formidable s'appelle Mamzel-Goel. Il existe en effet, tout au haut de la gorge qui sépare le Tcharsala du Tcharsali, un lac minuscule (*goel*) alimentant un petit ruisseau. C'est ce lac qui empêche les Turcs de mourir de soif dans leur aire. L'attaque est tout aussi difficile du côté d'Igdyr, peut-être davantage, parce qu'il y aurait une longue étape à faire sans eau, et qu'en cas d'insuccès la situation de l'assaillant deviendrait des plus critiques. Tenter un abordage de vive force dans ces conditions paraît donc une entreprise impossible sans une supériorité numérique absolument écrasante. »

Si on ne pouvait forcer la position par une attaque de front, on pouvait du moins la tourner. Outre les trois routes qu'occupait Ismaïl, il en existe une quatrième à droite de Kara- l'intention de Mouktar-Pacha était d'amuser les forces qui étaient devant lui, afin d'assurer la liberté des mouvements de son lieutenant; c'était donc surtout les entreprises de celui-ci que l'on redoutait et on avait résolu de les arrêter par un grand coup.

LE GÉNÉRAL PAVLOF CHEF D'ÉTAT-MAJOR DE L'ARMÉE D'OPÉRATION EN ARMÉNIE

vanseraï, celle d'Abbas-Gœl, qui était gardée seulement par quelques petites bandes d'irréguliers; on pouvait, à l'aide de cette route, tomber sur les derrières des Turcs, occuper solidement Missoun et les affamer. Pour cela il eût fallu beaucoup de troupes; le grand-duc Michel résolut d'amener les forces nécessaires d'Alexandropol et de diriger lui-même les opérations; il était alors encore, comme tout le monde, persuadé que

Le 18 août, le général Tergoukassof, laissant à Igdyr le colonel Samoïlof avec sept bataillons, huit sotnias de cosaques et trente canons, partit avec le reste de son corps, à savoir seize bataillons et une nombreuse artillerie, pour Moullah-Hamar, où la jonction devait se faire avec les troupes venues d'Alexandropol. La marche s'opéra fort péniblement en trois colonnes, commandées par les généraux Zikovitch, Lazaref et Amilakhvori, à travers un pays presque entièrement privé d'eau, dans une poussière où les chevaux enfonçaient jusqu'à mi-jambe, par une chaleur accablante. « Le chemin, dit le correspondant du *Temps*, est fait d'une poussière où les chevaux enfoncent jusqu'au haut du jarret. Nous marchions par conséquent dans un nuage qui achevait de nous rendre aveugles, nous et nos bêtes. Le sable se présentait à la fois sous la forme d'un comestible indigérable et sous celle d'un gaz irrespirable; c'est par la bouche que nous en absorbions sans contredit les plus grandes quantités, et de la bouche il passait, soit dans l'estomac par l'œsophage, soit dans les poumons par la trachée-artère; mais il en entrait aussi dans l'oreille, qui malheureusement communique avec le gosier par la trompe d'Eustache; enfin il en entrait dans le nez, organe dont l'utilité reste à démontrer. En me mouchant ce matin, j'ai découvert avec épouvante que le mien renfermait de la terre. »

A Moullah-Hamar, le général Tergoukassof attendit vainement le grand-duc; tout avait été changé dans les plans de l'état-major. Le grand-duc était à Alexandropol, sur le point de partir, lorsqu'une dépêche du quartier général de Kourouk-Dara lui annonça que Mouktar-Pacha avait attaqué, le 25 août, la position de Kizil-Tépé, sur le front avancé des Russes et qu'il s'en était emparé. Le général turc était-il prévenu par ses espions des projets de l'ennemi et exécuta-t-il ce mouvement pour arrêter le mouvement tournant de Tergoukassof? Ne fit-il, au contraire, qu'exécuter un plan dressé en vue de ses opérations personnelles ultérieures? Nous ne saurions le dire; quoi qu'il en soit, sa brusque attaque surprit les Russes, leur fit désormais concentrer toute leur attention sur ce qui se passait entre Kars et Alexandropol et négliger comme secondaires les événements qui pouvaient se produire au sud de la province d'Erivan. Il ne fut plus question de grandes opérations contre Ismaïl; Tergoukassof demanda qu'on lui envoyât au moins huit bataillons, avec lesquels il se chargeait de continuer le mouvement commencé; on les lui refusa et il fallut qu'il se résignât à la défensive.

Ismaïl qui, du haut des hauteurs où il était juché, ne pouvait manquer de remarquer la marche des Russes, fit exécuter, le 24, une double reconnaissance sur Igdyr et sur l'avant-garde du détachement de Moullah-Hamar, afin de tâter son adversaire et de pénétrer ses intentions. Le 27, nouvelle attaque sur Igdyr, plus sérieuse que la précédente. Le combat dura cinq heures.

D'après les dépêches officielles, les Turcs perdirent 400 hommes tandis que les pertes des Russes furent insignifiantes (1). Le mouvement commencé par le général Tergoukassof eut du moins l'avantage en l'amenant à Moullah-Hamar de le mettre en possession d'une position qui gênait beaucoup les communications d'Ismaïl-Hakki avec Mouktar et qui, par contre, assurait les siennes avec le corps d'Alexandropol. Afin de mieux se relier encore avec ce dernier, il envoya un bataillon occuper la ville de Koulp, sur l'Araxe, ce qui eut, en outre, pour effet de contenir la population de ce district, composée en majeure partie d'Osmanlis, c'est-à-dire de vrais Turcs.

Malheureusement on laissa entre Moullah-Hamar et Igdyr un trop grand espace vide de troupes, et les maraudeurs turcs qui fourrageaient au loin interceptèrent plusieurs fois la route entre les deux détachements, enlevèrent la poste, massacrèrent un chirurgien qui voyageait isolé et se lançant jusqu'au beau milieu de la plaine au nord de l'Aras surprirent le village de Kalayarkh et y commirent des atrocités qui émurent péniblement la population de la province lorsqu'elle se vit exposée à de pareils coups de mains. « Le 7 septembre, dit un correspondant du *Messager de Tiflis*, au lever du soleil, des coups de feu se firent entendre dans la direction de Kalayarkh et furent bientôt suivis de cris déchirants comme les poussent des gens que l'on assassine. Le régiment qui bivouaquait dans les environs du village n'avait malheureusement pas avec lui de cavalerie pour voler immédiatement au secours de ces malheureux; le peu de temps qu'il mit à rompre les faisceaux, à former ses colonnes et à arriver à Kalayarkh suffit néanmoins pour

(1) Nous avons déjà fait observer combien les rapports officiels de l'armée du Caucase, différents en cela de ceux de l'armée du Danube, avouent difficilement le chiffre exact des pertes. C'est là surtout qu'est juste la satire contenue dans l'amusante anecdote suivante qui est populaire en Russie même :
Saint-Pierre vit arriver un jour deux Polonais, tués dans un combat avec les Russes pendant l'insurrection de 1863.
— A quelle affaire avez-vous perdu la vie, leur demanda-t-il ?
— Au combat du 12 juin.
— C'est bien; entrez.
Quelque temps après se présentent trois cosaques. Pan, pan!
— A quelle affaire avez-vous perdu la vie ? demanda encore Saint-Pierre.
— Au combat du 12 juin.
— C'est faux : le bulletin officiel russe déclare que vous n'avez eu, ce jour-là, qu'un cheval de blessé. Vous en avez menti. Filez !
Et le terrible portier referme sa porte en jetant un vieux journal au nez des cosaques surpris.

permettre d'accomplir l'horrible drame qui a eu lieu pour ainsi dire à notre barbe.

« Une troupe de bachi-bouzouks avait pénétré dans le village, tirait à bout portant sur les pauvres Arméniens qui l'habitaient et avait déjà fait 27 victimes quand elle dut s'enfuir en voyant nos soldats s'approcher du théâtre de ce carnage. Plusieurs des malheureuses victimes de cet acte de férocité avaient le nez et les oreilles coupés ; quelques-unes étaient éventrées. Tous les cadavres portaient des traces de brûlures produites par le feu à bout portant des bachi-bouzouks. Il y avait un enfant de huit à neuf ans, — encore vivant au moment où nous arrivâmes, — qui avait reçu six blessures provenant d'armes à feu ou de coups de sabre.

« Les bachi-bouzouks qui avaient réussi ainsi à forcer notre chaîne d'avant-postes ont attaqué en outre Sardarabad et ont malheureusement pu réussir à se sauver sans avoir reçu le prix de leurs méfaits. »

Le général Tergoukassof, indigné de ces actes barbares, adressa à Ismaïl-Hakki-Pacha la lettre suivante, rédigée en français, notre langue étant, comme nous avons déjà eu l'occasion de le faire remarquer, celle que les divers peuples de l'Orient emploient pour communiquer entre eux :

Général,

J'ai le regret d'informer Votre Excellence qu'une bande armée, partie de votre camp, est descendue dans la nuit du 25 au 26 (25 et 26 août vieux style, 6 au 7 septembre, nouveau style), à Kalayarkh, y a commis des actes que les lois de tous les peuples condamnent, que la conscience de tous les hommes réprouve : vingt-sept habitants paisibles ont été massacrés, deux d'entre eux brûlés vifs, deux enfants ont été égorgés. Quelles que soient les terribles exigences de la guerre et quelle que soit la situation d'une armée, je ne saurais admettre qu'une troupe régulière, qu'une troupe disciplinée, puisse se rendre coupable de pareils actes. Seules, les hordes sauvages qu'aucun peuple civilisé n'admet au milieu de sa force armée peuvent prendre au rôle d'égorgeurs et d'assassins ; mais ces hordes, par cela même qu'elles n'obéissent à aucun commandement régulièrement constitué, sont mises hors la loi militaire et tombent sous le coup de la loi pénale, qui punit sévèrement l'incendie, le meurtre et le pillage.

J'appliquerai cette loi dans toute sa rigueur à ceux des coupables qui sont ou qui pourront être en mon pouvoir. Ce ne sera pas là un acte de vengeance, ce sera simplement un acte de justice que l'opinion de l'Europe appréciera ; ce sera en même temps un exemple nécessaire et un avertissement utile pour ceux qui voudraient à l'avenir enfreindre les lois sacrées de l'humanité.

En prenant cette décision, je suis sûr d'entrer dans les vues de Votre Excellence, qui désire sans nul doute, comme nous le désirons nous-mêmes, que la guerre se maintienne dans les limites fixées par le droit des gens et par les mœurs des nations civilisées.

Le général commandant en chef le
détachement d'Erivan,
Signé : A.-A. TERGOUKASSOF.

Ismaïl-Hakki, qui refusait d'obéir aux ordres que Mouktar-Packa lui avait donnés au sujet des pillards et des bandits qui déshonoraient son armée, était sans doute moins disposé encore à écouter les avis d'un ennemi. Pour empêcher le retour d'infamies pareilles à celles de Kalayarkh, il eût fallu qu'il se séparât de plus de la moitié de son armée ; on pense bien qu'il n'y songea même point. Cependant, afin de ne point paraître ignorer les usages des peuples civilisés, il envoya deux jours après au camp russe deux parlementaires, chargés de remettre les correspondances privées qui avaient été saisies lors de la capture de la poste ; par un scrupule tristement comique, après ce qui venait de se passer et ce qui se passait tous les jours dans le champ d'action de sa horde de barbares, le pacha ne se reconnaissait le droit de garder que les dépêches et les lettres officielles.

Au point de vue militaire, l'apparition des Turcs à Kalayarkh causa une désagréable surprise tant à Igdyr qu'à Moullah-Hamar et amena le général Tergoukassof à occuper fortement Tcharouk-Tchi. Au même moment, Ismaïl-Hakki descendit enfin des montagnes dont les sommets les plus élevés commençaient à se couvrir de neige et où le thermomètre marquait déjà, la nuit, plusieurs degrés au-dessous de zéro et vint planter ses tentes en face de Khalfaliou, qu'il se prépara à attaquer. Pendant plusieurs jours on entendit du camp russe de fortes détonations fréquemment répétées ; c'étaient des quartiers de roc qui sautaient sous l'explosion des mines ; les Turcs frayaient une route à leur artillerie et on les vit bientôt élever cinq batteries sur les hauteurs qu'ils occupaient en face de la bourgade. Il y eut alors une nouvelle dislocation des forces russes ; 2 bataillons furent laissés à Kou'p avec le régiment irrégulier du Daghestan, 5 bataillons ; 2 régiments de cavalerie et 8 canons restèrent à Moullah-Hamar, sous les ordres de Zitovitch ; 6 bataillons, 12 canons et 2 régiments de cavalerie furent portés à Tcharouk-Tchi et le reste des troupes, soit, avec quelques renforts qu'on venait de recevoir encore de la division Devel, 12 bataillons, 36 canons et 14 sotnias et escadrons, se concentrèrent à Igdyr sous les ordres du général Amilakhvari pour tenir tête à Ismaïl. Le 11, le général Tergoukassof se transporta en personne à Igdyr pour diriger la défense; deux jours après le général Pavlof, chef du grand état-major de l'armée du Caucase, vint l'y rejoindre pour examiner la situation, et le 16 le général Devel, qui avait été précédé par sa division, arriva également au camp et fut chargé du commandement de Tcharouk-Tchi.

Le 18 septembre les Turcs ouvrirent le feu contre Khalfaliou avec deux des batteries qu'ils avaient construites; le lendemain, le bombardement continua et un assaut fut donné, mais après une lutte de deux heures les régiments de Bakou, de Taman et de Stavropol parvinrent à repousser les Turcs, qui éprouvèrent des pertes considérables; le colonel du régiment de Bakou fut blessé.

Jusqu'au 26, les deux armées restèrent en présence à quelques kilomètres l'une de l'autre échangeant des coups de canon et des coups de fusil. Les Russes ne voulaient point attaquer et on serait embarrassé de dire ce qu'Ismaïl voulait au juste. Le 27, cependant, les Turcs esquissèrent un mouvement offensif assez accentué contre la droite ennemie. Tcharouk-Tchi, village situé sur la même ligne que Khalfaliou occupe à l'entrée du défilé de Karavanseraï le bord d'un canal. De l'autre côté de ce canal commence un désert plat et pierreux; quand on l'a traversé, on rencontre de petites éminences arides, suivies d'autres plus élevées; à partir de ce moment, on se trouve au milieu d'un dédale de coteaux et de ravins désolés sans traces de végétation; le système va montant, montant toujours, d'une crête plus basse à une crête plus haute, jusqu'aux plateaux cultivés où les Turcs avaient leurs camps, et qui sont dominés eux-mêmes par les sommets majestueux de la chaîne. Depuis Tcharouk-Tchi jusqu'à ces positions turques, il n'y a pas une goutte d'eau dans le pays. C'est une zone intermédiaire de dix ou douze kilomètres de largeur. Si on ne la franchit pas rapidement et du premier coup, si l'on ne réussit pas à s'emparer de l'eau de l'ennemi, il faut nécessairement, après avoir combattu cinq, six, dix heures, se replier, car on ne saurait camper sur place. On y périrait de soif.

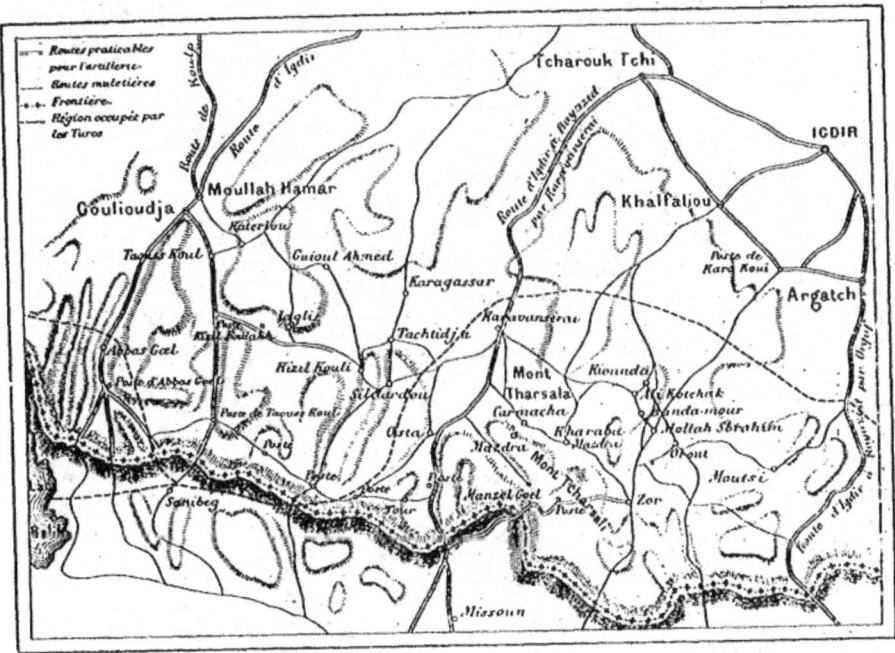

CARTE DU THÉÂTRE DES OPÉRATIONS AU SUD DE LA PROVINCE D'ERIVAN

Un vent sud d'une extrême violence soufflait en tempête dans la vallée, soulevant dans toutes les directions des tourbillons de poussière qui aveuglaient les soldats des grand'gardes russes placés en sentinelle sur les chemins qui débouchaient des montagnes.

DANSE CIRCASSIENNE

Ismaïl-Pacha profita de ces circonstances, qui lui étaient très-favorables pour attaquer. Grâce à la tempête qui obscurcissait l'atmosphère, ses bataillons purent se glisser, sans être vus, dans les sinuosités tortueuses des ravins bordant le camp ottoman. Ils descendirent ainsi à l'ouest, dans la passe de Karavanseraï, et à l'est, dans les bas-fonds où est tracé un mauvais sentier qui, après avoir traversé les montagnes au col de Zor, se dirige sur Igdir par le village de Khalfaliou.

Les deux colonnes s'avançaient ainsi en silence, précédées, à quelques pas seulement, d'éclaireurs fouillant le terrain. Celle de droite fut découverte la première par une reconnaissance de cosaques dépendant du poste de Karakeuï, établi sur le revers d'un plateau, un peu au sud de Khalfaliou. Au bruit de la fusillade qui s'engagea aussitôt, deux compagnies du régiment de Stavropol, qui occupait ce dernier village, vinrent se déployer sur le plateau.

Le général Amilakhvari, prévenu à Igdyr par ses avant-postes, fit prendre les armes à son détachement vers onze heures du matin, et deux heures après le gros de la colonne entra à Khalfaliou. Le général apprit alors que l'ennemi s'était borné à couronner les crêtes méridionales du plateau, d'où ses tirailleurs faisaient le coup de feu avec ceux du régiment de Stavropol. Mais on entendait du côté de l'ouest une vive fusillade à laquelle se mêlaient les fréquentes détonations de l'artillerie. Supposant que la principale attaque de l'ennemi avait lieu vers la droite, le général Amilakhvari rangea simplement ses troupes en bataille dans de bonnes positions, les tenant prêtes soit à marcher en avant, soit à se porter au secours de la colonne de Tcharouk-Tchi.

Cependant, l'autre colonne turque était parvenue à refouler trois compagnies du régiment de Kouban qui étaient en avant-garde à l'entrée de la passe de Karavanseraï ; mais elle ne put enlever les tranchées que le reste du régiment du Kouban défendait.

Le général Devel envoya aussitôt trois bataillons d'infanterie et trois escadrons de cavalerie comme renfort, et Ismaïl-Hakki dut renoncer à l'espoir de surprendre l'ennemi et déploya ses troupes pour engager un combat régulier. Il fit entrer en ligne quatre petits canons, les seuls qu'il eût amenés avec lui, ce qui montre que l'entreprise qu'il poursuivait n'était pas fort sérieuse, et il envoya l'ordre à sa colonne de droite d'avancer sur le plateau de Khalfaliou pour tourner la gauche du général Devel. Le combat s'engagea sur toute la ligne avec une grande vigueur. Vers trois heures, les Turcs donnèrent l'assaut. Mais Devel avait eu le temps d'appeler à lui les régiments d'Elisabetpol et de Derbent. Malgré ces renforts, les Turcs s'emparèrent du plateau situé en avant de Karagassar, à la suite d'une lutte pendant laquelle le colonel Kabénine et le général Devel furent légèrement blessés. Sur leur droite l'attaque échoua, grâce aux secours fournis par le général Amilakhvari, dont l'artillerie prenait d'enfilade les colonnes d'attaque.

Il se produisit même de ce côté un certain désordre. Les Russes en profitèrent pour prononcer contre le plateau un vigoureux retour offensif, appuyé par la brigade des dragons du Caucase. L'apparition de ces cavaliers sur leurs derrières détermina la retraite des Ottomans. Mais ils l'effectuèrent tranquillement, sans précipitation ni désordre, et s'arrêtèrent à la hauteur de Karavanseraï, prêts à défendre les abords de leurs camps contre le régiment de Crimée, qui s'était joint à celui de Stavropol.

Les Russes les poursuivirent sur une longueur de huit kilomètres à travers le pays désolé que nous avons décrit plus haut. Mais quand le soir arriva le général Tergoukassof, refusant d'écouter les avis de quelques ardents qui proposaient d'appeler les troupes fraîches encore disponibles et de tenter un grand assaut des positions turques, rappela les bataillons engagés. Comme nous l'avons expliqué, le manque d'eau faisait du retour pur et simple à Tcharouk-Tchi une nécessité absolue. Les rapports russes avouent 16 hommes tués et 148 blessés ; au nombre de ces derniers se trouvaient le général Devel, le colonel Kabénine, du régiment du Kouban, et le lieutenant-colonel Midovane. Les pertes des Turcs durent être beaucoup plus fortes. Ce fut là le combat le plus sérieux que livra Ismaïl-Hakki-Pacha avec ses 40,000 hommes.

Pendant quinze jours les deux armées restèrent encore en présence, les Turcs immobiles sur la pente des montagnes et les Russes les observant. L'intérêt de la campagne n'était du reste plus de ce côté mais du côté de Kars, où de graves événements se préparaient. Le grand-duc Michel, qui se préparait à frapper un grand coup, avait demandé le concours de Tergoukassof, qui lui envoya une partie de son armée sous les ordres du général Zitovitch. Mouktar-Pacha, de son côté, inquiet de l'accroissement continu des forces de son adversaire et de ses préparatifs, donna à Ismaïl-Pacha l'ordre de lui envoyer des renforts et de se préparer à venir prochainement le rejoindre avec toutes ses troupes. Ismaïl détacha une dizaine de bataillons, et, afin de masquer leur départ, il fit attaquer de nouveau le 14 octobre Khaltaliou, mais sans être plus heureux qu'à Tcharoük-Tchi. Le surlendemain arriva au camp turc la terrible nouvelle de la déroute de l'Aladja-Dagh ; le détachement d'Ismaïl-Hakki se trouvait subitement et complétement en l'air n'étant plus appuyé d'aucun côté et n'ayant derrière lui pas un soldat de réserve pour défendre la ligne de retraite. Qu'une colonne russe tombât dans la plaine d'Alashguerd par la route de Kaghisman ou toute autre, et l'armée se trouvait prise en tête et en queue. Alors on vit ces soldats si immobiles depuis deux mois et demi, si paresseux à l'attaque, révéler subitement des qualités de vélocité qu'on ne leur eût pas soupçonnées jusqu'alors. Laissant une arrière-garde, à Alikotchak, le vieil Ismaïl prit immédiatement à marche forcée la route d'Erzeroum. Quand Tergoukassof s'aperçut, le 18, de son départ, il avait déjà une telle avance qu'il ne put être rattrapé.

Entre Kars et Alexandropol. — Combats de la fin de juillet.

La levée du siége de Kars dans la nuit du 9 au 10 juillet par Loris-Melikof surprit tout le monde. Zéwin n'avait pas été à proprement parler une défaite ; on supposait que l'armée russe tenterait encore une fois la fortune sous les murs de Kars avant d'abandonner les alentours de la place, mais on sait qu'il n'en fut rien. Comme s'il eût été effrayé après coup des dangers qu'il avait courus avec une armée aussi peu nombreuse que la sienne, le général russe ne s'arrêta que lorsqu'il fut adossé à la forteresse Alexandropol.

Si l'on tire de ce dernier point deux lignes, l'une vers Kars, marquée du reste par la grande route d'Alexandropol à Kars, l'autre vers les ruines d'Ani, naturellement dessinée par le cours de l'Arpatchaï, on obtient un triangle dans lequel se trouve inscrit l'étroit terrain sur lequel Russes et Turcs se battirent sans relâche pendant trois mois. Au milieu à peu près du triangle s'ouvre un profond ravin qui monte perpendiculairement à l'Arpatchaï jusqu'à Bach-Kadiklar et qui à partir de ce point s'incline à l'ouest et va expirer vers Vizin-Keuï et Kars. C'est au nord de ce ravin que le général Loris-Mélikof retrancha son armée sur une série de hauteurs, entre Paldirvan et l'Arpa-Tchaï ; il établit son quartier-général au point central de Kourouk-Dara et conserva des avant-postes sur la rive droite du ravin, sur les hauteurs isolées et faciles à défendre de Kizil-Tépé, d'Utch-Tépé et d'Ani. Cette position était excessivement avantageuse, surtout étant donné que de tous les points de la ligne on pouvait communiquer aisément avec la place d'Alexandropol.

Au sud du ravin, au delà du Kizil-Tépé et de l'Utch-Tépé, s'élève un système de hauteurs détachées les unes des autres, plus considérables encore que celles qu'occupaient les Russes. Avec leurs terrasses étagées, leurs flancs taillés à pic par les hivers et les autans, leurs longs éperons qui s'avancent dans la plaine comme autant de bastions et de flanquements, ces hauteurs sont comme des forteresses naturelles que quelques travaux suffisent à rendre à peu près imprenables. C'est là que Mouktar-Pacha vint se poster, le front de son armée étendu parallèlement à celui de l'armée russe. La gauche était installée à 16 kilomètres en avant de Kars sur deux montagnes, le petit Yagni et le grand Yagni qui surgissent brusquement de la plaine ; le centre était sur les contreforts de l'Aladja-Dagh vis-à-vis du Kizil-Tépé. La droite se prolongeait jusqu'auprès d'Ani sur les ramifications de la montagne. Toutes ces hauteurs furent fortifiées par les Turcs, les positions furent couvertes par des épaulements et reliées les unes aux autres par des tranchées de tirailleurs.

Ce coin de l'Arménie est d'une remarquable aridité, l'eau y est rare et la végétation y fait à peu près partout défaut ; les montagnes, lavées depuis des milliers d'années par les pluies, n'offrent que des lignes monotones, d'une régularité géométrique, que la cime arrondie d'un arbres ne vient jamais interrompre : les plaines sur lesquelles les hauteurs se détachent, comme une île sur la mer, sont fréquemment aussi unies à l'œil qu'une nappe d'eau. « Plusieurs heures avant que les Russes puissent déployer leurs colonnes, se mettre en ordre de bataille, et marcher à l'ennemi, dit un correspondant de la *Gazette d'Augsbourg*, le pacha turc discerne nettement des hauteurs qu'il occupe toutes leurs intentions, car il n'est pas un de leurs mouvements, sur le vaste plateau comme déroulé sous ses yeux, qui puisse échapper à son observation, même la plus superficielle. Il a par conséquent le temps de prendre ses dispositions sans se presser, et de renforcer en artillerie et en infanterie tous les points sur lesquels il voit marcher des gros de bataillons ennemis. Les généraux russes ne peuvent, d'ailleurs, songer à faire exécuter des mouvements tactiques à des troupes qui viennent de parcourir quinze kilomètres sous les rayons du soleil, lorsqu'elles arrivent à portée du canon ennemi ; la conséquence inévitable de tout cela est qu'il s'engage un combat de tirailleurs qui se prolonge ordinairement jusqu'au soir sur place, et qui cesse de lui-même par suite de la lassitude des combattants ; alors chacun rentre dans ses campements, et ce que le télégraphe appellera « la bataille » est terminé ; tout ce qui peut en résulter, c'est un certain nombre de morts et de blessés, avec une forte consommation de poudre. »

Malheureusement, la gauche turque était séparée du centre et de Kars par un plateau d'une certaine étendue qui n'offrait aucune facilité de défense. C'était là le point le plus faible de la position et pendant longtemps les Russes attaquèrent de ce côté, espérant couper Mouktar-Pacha de la place. Celui-ci, appréciant très-sagement la configuration des lieux, dirigea sur ce point toute son attention, et il le fit occuper par ses meilleures troupes, qu'il fit en outre renforcer par la garnison de Kars chaque fois que l'ennemi fit mine de bouger. Pour parer à l'éventualité d'une tentative des Russes de se faire jour entre le Yagni et les ouvrages avancés de Kars, au nord-est, le général turc fit établir, sur un point qui commande cette ligne d'attaque, près du village de Vizinkeuï, des batteries et des redoutes fermées à la gorge comme de véritables forts, et armées de pièces de position. Malgré toutes ces précautions, ce fut la faiblesse de cette aile qui causa sa perte.

Autre désavantage. Les lignes de Mouktar-Pacha présentaient de Kars à Ani un développement de près de 30 kilomètres, et dans un pays fort accidenté où le service était fort pénible ; or, pour les garder, il eût fallu une armée plus considérable que la sienne ; comme nous l'avons dit, il n'eut jamais plus de 50 à 60,000 hommes, et il était obligé d'en laisser 20,000 pour garder Kars. La faculté de voir et de comprendre plusieurs heures à l'avance les mouvements de l'ennemi formait évidemment une compensation à ce désavantage, mais le jour où il fut attaqué sur toute l'étendue de sa ligne, à la fois de front et en queue par des forces supérieures, on vit combien elle était insuffisante et combien l'armée turque eût gagné à être plus concentrée. On dit que Mouktar-Pacha sentait lui-même vivement les inconvénients de la position ; tandis que les Russes n'avaient qu'à se retourner pour arriver à Alexandropol, il était, lui, placé de telle sorte qu'une défaillance de son aile gauche pouvait le séparer de Kars. Il aurait voulu se rapprocher de cette ville, abandonner l'Aladja-dagh, mais la fameuse daristchoura de Constantinople, qui s'était donné la dangereuse mission de diriger les opérations du fond d'un cabinet, prenait peu de souci des difficultés locales auxquelles les généraux ottomans pouvaient se heurter ; et par une inconséquence stupide, tandis que d'un côté elle se refusait à fournir à Mouktar-Pacha les moyens de prendre l'offensive en lui envoyant des renforts, de l'autre elle lui enjoignait de marcher en avant. Le muchir resta donc dans les positions de l'Aladjadagh, tantôt essayant de trouver dans les lignes ennemies le point faible par où il aurait pu obliger l'armée russe à découvrir Alexandropol, tantôt résistant aux tentatives multipliées que le grand-duc Michel fit pour le couper de Kars et l'envelopper. A la rigueur, on pourrait considérer les divers mouvements des deux armées du 15 juillet au 15 octobre comme composant l'ensemble d'une seule et même opération ; le champ de bataille, le but que les deux adversaires se proposent, restent les mêmes pendant tout ce temps-là.

Les combats du mois de juillet ne furent que des reconnaissances par lesquelles Turcs et Russes cherchèrent à se rendre compte de leurs forces respectives. Le premier eut lieu le 14, devant Kourouk-Dara ; le 18 se produisit une affaire plus sérieuse ; un régiment de cavalerie russe fut un moment cerné. Nous croyons avoir dit que le grand-duc Michel avait pris le commandement de l'armée et s'était transporté au quartier général ; le général Loris-Melikof commandait en sous-ordre ; ce jour-là, ce dernier ordonna au prince Tchavtchavadsé de reconnaître les positions du Grand-Yagni. Le prince partit avec la 1re division mixte de cavalerie, et en passant près de Soubotan, il fit avancer au nord-ouest du village le régiment de cosaques de Vladikavkase, afin de couvrir un camp qui s'établissait à Bach-Kadiklar et les bagages qui y arrivaient de Kourouk-Dara. Mouktar-Pacha, pour tenir son monde en haleine, résolut de faire une démonstration menaçante contre ce régiment. 2,000 cavaliers circassiens, composés surtout de Kabardiens émigrés et commandés par le chef des irréguliers, Edhem-Pacha, partirent au grand galop et en moins d'un quart d'heure enveloppèrent les cosaques.

Lorsqu'il vit devant lui une semblable masse

LA GUERRE D'ORIENT

LES TURCS HISSANT DES CANONS SUR LE KIZIL-TÉPÉ

de cavalerie, le colonel Panine fit promptement mettre pied à terre à trois sotnias et disposa ses hommes en tirailleurs sur une petite colline pour recevoir l'ennemi, tandis qu'il ordonna aux avant-postes de couvrir les conducteurs des bagages. Accueillie à 200 pas par une décharge de mousqueterie, qui lui fit éprouver de grandes pertes, la cavalerie turque tourna bride en laissant ses morts sur le terrain, mais à 600 pas en arrière, elle s'arrêta et ouvrit une fusillade meurtrière sur les Russes qui étaient très-peu abrités.

Jugeant la situation des cosaques qui combattaient à pied peu sûre, le colonel Panine, utilisant la conformation du terrain favorable aux évolutions de la cavalerie, ordonna à la 1re sotnia, qui s'était repliée des avant-postes, de tourner la droite de l'ennemi et de charger les Turcs.

Cet ordre fut brillamment exécuté par le commandant Borissof, qui se précipita sur les Circassiens et les sabra avec un magnifique entrain ; on dit qu'il en abattit quatre pour son compte ; à ce jeu, le terrain fut bien vite déblayé et les Circassiens s'enfuirent rapidement hors des atteintes des Russes ; ils se rallièrent cependant et les poursuivirent de nouveau, mais hors de portée de fusil, et, tournant bride chaque fois que le colonel Panine faisait mine de faire charger à un de ses escadrons. Enfin, les montagnards abandonnèrent la partie à la vue de la division du prince Tchavtchavadsé, qui accourait tout entière. Il faut signaler ici l'héroïque conduite des Kurdes qui accompagnèrent les Circassiens dans leur charge. Tant que l'ennemi ne sembla point faire résistance, on ne vit jamais de plus audacieux soldats, tirant, criant, menant grand tapage ; mais à mesure que l'on approchait des Russes, leur tenue était moins chevaleresque, et dès que le second escadron déboucha du village, ils ne jouèrent plus que de l'éperon pour regagner le camp.

Dans la poursuite, menée principalement par la brigade du Daghestan, les Russes s'emparèrent du village de Soubotan, ainsi que d'une lunette que Mouktar-Pacha y avait fait construire. Une demi-sotnia de volontaires s'avança même jusqu'au delà d'Hadji-Vali, mais quand la nuit arriva, le général Loris-Melikof fit replier toutes les troupes sur Bach-Kadyklar. Leurs pertes s'élevaient à une centaine d'hommes, celles des Turcs à un chiffre à peu près égal.

Le 25, ce furent les Turcs qui poussèrent à leur tour une reconnaissance aventureuse. Rêvant peut-être un mouvement tournant analogue à celui dont il devait plus tard être la victime, Mouktar-Pacha fit traverser l'Arpa-Tchaï au-dessous d'Ani à 1200 cavaliers commandés par Moustapha-Pacha. Ces hommes allèrent en pays russe le long de la rive gauche, jusqu'à Baandour près d'Alexandropol sans rencontrer personne. Instruits cependant de ce fait et sachant que ce corps de cavalerie n'était point revenu au camp le jour même, les Russes résolurent de lui couper la retraite, et s'avancèrent d'abord à Astakan, puis descendirent la rive droite jusqu'aux environs d'Arasoglou, un peu au nord d'Ani. Ils avaient deux bataillons d'infanterie et vingt escadrons de cavalerie, avec deux batteries de campagne. Découverts par les avant-postes turcs, Mouktar-Pacha résolut de les attaquer afin de sauver Moustapha-Pacha. Prenant avec lui 3,000 cavaliers, trois brigades d'infanterie et une batterie de campagne, il descendit par Djala, vers Arasoglou.

Les Turcs manœuvrèrent très-correctement en rase campagne ; appuyés par un feu bien nourri de la batterie d'artillerie légère, les Circassiens, menés par Edhem-Pacha, chargèrent les fourrageurs ennemis avec beaucoup d'entrain ; les Russes firent de leur côté bonne contenance et l'on se fusillait de part et d'autre avec acharnement sans arriver à rien quand, sur les onze heures du matin, le muchir fit avancer ses trois brigades d'infanterie, ce qui fit rétrograder les Russes, qui allèrent se poster au nord-est d'Arasoglou, sur une crête d'où il était excessivement pénible de les chasser. On continua donc à faire le coup de feu jusqu'à deux heures de l'après-midi. A ce moment, on vit se mouvoir de grosses masses du côté du camp du général Mélikof, à Kulveran ; en même temps apparaissait au nord un autre corps de quatre bataillons, cinq escadrons et une batterie. Il était tard, les troupiers un peu novices de Mouktar-Pacha s'étaient bien comportés en plaine ; mais devant des forces pareilles il eût été très-imprudent de leur trop demander et de leur faire ainsi livrer bataille en rase campagne avant d'être suffisamment aguerris ; en conséquence le commandant en chef qui venait d'apprendre que Moustapha était en sûreté, se replia sur son camp retranché avec d'autant plus de précipitation qu'un épouvantable orage de grêle vint rendre impossible toute opération.

Le 28 et le 30 juillet il y eut de nouvelles escarmouches dans les environs d'Ani mais elles furent sans importance ; c'étaient des reconnaissances qui se heurtaient aux avant-postes ennemis.

Combats du mois d'août. — Affaire de Kizil-Tépé

La première quinzaine du mois d'août fut remarquablement tranquille et comme nous l'avons déjà dit, l'entrée d'Ismaïl-Hakki-Pacha sur le territoire de la province d'Erivan, ayant fait croire aux Russes que c'était de ce côté que les Turcs allaient faire porter l'effort principal, l'immobilité de Mouktar-Pacha les confirma dans cette conviction. On sait qu'un mouvement tournant fut alors concerté entre le grand-duc Michel et Tergoukassof, pour cerner Ismaïl sur le mont Tharsala. Afin de détourner l'attention de Mouktar, une fausse attaque fut résolue contre les lignes qu'il occupait. Le 16 août, il y eut dans le camp russe un mouvement considérable; toute l'aile gauche campée jusque-là au-dessus des ruines d'Ani vint se joindre au centre derrière Kizil-Tépé.

Le 18, à l'aube, les Turcs constatèrent avec surprise que toutes les tentes dressées sur cette hauteur avaient disparu pendant la nuit; un moment ils crurent à une retraite, mais ils furent vite détrompés en voyant s'avancer vers eux les masses noires et profondes de plusieurs bataillons russes sortis de derrière le Kizil-Tépé. A sept heures un coup de canon se fit entendre et une canonnade s'engagea du côté d'Ani; mais ce n'était qu'une feinte pour retenir dans leurs positions les forces turques de l'aile droite. Des forces russes assez considérables vinrent se masser derrière Soubotan; mais sur ce point les positions turques étaient inexpugnables, ce n'était donc pas encore là que l'attaque devait avoir lieu.

Restait la gauche, et c'est contre elle en effet que les Russes prononcèrent leur mouvement. Deux divisions, parties de Paldirvan et de Bach-Kadiklar, accompagnées de cavalerie et d'artillerie s'avancèrent contre les monts Yagni que défendait Hussein-Hamid-Pacha l'ancien défenseur de Kars. Elles furent appuyées pendant la lutte par plusieurs bataillons détachés de la colonne en observation derrière Soubotan.

A neuf heures du matin, le combat s'engage. La cavalerie russe, que menait le colonel Komarow, arrivée la veille d'Ardahan, commence à évoluer sur la pente du Grand-Yagni, et Hussein-Hamid lance à sa rencontre tous les tcherkesses qu'il avait à sa disposition. Avec une furia superbe, les cavaliers se précipitent les uns contre les autres dans un complet désordre. Chaque combattant semble choisir son adversaire; les sabres se croisent et s'abaissent, traçant de rouges sillons; les coursiers s'entre-choquent, se cabrent ou partent à fond de train. Dans leur élan, les cavaliers tcherkesses ont fait reculer les cosaques; mais l'infanterie qui, des deux côtés, est arrivée sur le terrain et qui commence à croiser ses feux, fait battre en retraite les uns et les autres.

Aux bataillons russes, Hussein-Hamid oppose ses meilleures troupes, les réguliers nizams. Pendant près de deux heures, la crépitation de la fusillade ne cesse de se faire entendre. L'artillerie s'est établie en arrière et échange ses obus par-dessus les têtes des combattants qui se mitraillent à une portée d'environ quatre cents mètres, les uns à découvert et les autres à peine abrités par des fragments de rochers.

Inquiet sur le résultat de la lutte, Mouktar-Pacha fait partir au pas de course, sous les ordres de Hadji-Rechid-Pacha, quelques bataillons de renfort qui s'ébranlent en poussant les cris de : « *Padischachya tchok yassa!* (longue vie au padischach!) » En moins d'une heure, ces bataillons arrivent sur le lieu du combat, retardés dans leur élan par le passage de l'énorme ravin dont nous avons parlé. Enfin, ils escaladent le versant opposé de ce ravin et se précipitent au-devant de l'ennemi avec un réel courage. Hussein-Hamid reçoit d'autres renforts encore que lui amène, de Kars même, le commandant de la place, Moustapha-Tewfik-Pacha, fort inquiet de l'attaque. La fusillade devient plus forte et plus nourrie. Les Russes, cependant, semblent plier; ils reculent, puis tout à coup le gros de leur armée, qui n'a pas encore pris part à la lutte, commence à effectuer son mouvement de retraite. Ils renoncent ainsi à s'engager à fond et montrent trop que leur attaque n'est qu'une simple diversion.

Mouktar-Pacha envoya Chevket-Pacha avec une colonne d'infanterie et d'artillerie pour essayer de couper la retraite des Russes au delà de Soubotan, mais les Russes surent le devancer; les cavaliers d'Edhem-Pacha et du fils de Schamyl leur firent seulement la conduite sans leur causer grand mal. Mouktar-Pacha dit avoir perdu dans ce combat 3 officiers et 111 soldats tués, 3 officiers et 332 hommes blessés. Les Russes avouent 1 officier et 60 soldats tués, 8 officiers et 270 hommes blessés.

En résumé, cette affaire ne changea absolument rien à la situation des deux armées, et elle n'atteignit pas le but que les Russes se proposaient, car, comme nous l'avons expliqué, Mouktar-Pacha

Prince Swiatopulk Mirsky II, chef d'état major du grand-duc Michel. — Grand-duc Michel-Nicolaïewitch, commandant en chef de l'armée du Caucase. — Prince Loris-Melikof, général en chef de l'armée d'opération en Arménie.

ÉTAT-MAJOR GÉNÉRAL DE L'ARMÉE DU CAUCASE

en les attaquant subitement le 25 août, déjoua tous les calculs qu'ils avaient faits en vue d'une expédition contre Ismaïl-Hakki-Pacha. Soit qu'il fût instruit des projets qui menaçaient son lieutenant, soit qu'il ait obéi aux ordres répétés qu'on lui envoyait de Constantinople pour attaquer, soit qu'il ait simplement voulu s'assurer la possibilité d'installer dans la vallée ses quartiers d'hiver qu'il n'aurait pu établir sur les hauteurs qu'il occupait à cause des froids terribles qui s'y produisent, le général turc réussit à merveille à faire échouer le plan de l'ennemi. En s'emparant du Kizil-Tépé, le mont isolé que les Russes occupaient au centre de la plaine, il obtenait en outre pour résultat de raccourcir considérablement leur champ d'évolution, et de rendre fort périlleuse toute démonstration ultérieure contre Kars, car la colonne qui en aurait été chargée se serait fort exposée à être coupée.

Pour employer une image dont nous nous sommes déjà servis, le mont Kizil-Tépé qui est complètement isolé, émerge de la plaine comme une île de la mer. Il se compose d'un entassement volcanique de laves et de cendres. Comme, dans le cours des siècles, les vents et les pluies en ont lavé les parties saillantes et ont entraîné plus bas les cendres meubles, les noirs rochers de lave se dressent sous la forme d'une crête qui entoure comme un parapet la partie plane du sommet, sur laquelle trois bataillons ont largement la place pour se déployer sur deux rangs derrière ce rempart naturel. En arrière du côté de l'Aladja-dagh, et couverts par le relief de la montagne elle-même, trois régiments ont l'espace suffisant pour camper comme réserve. Le côté du Kisil-Tépé qui faisait face aux Russes, n'est pas seulement escarpé, mais le pied en est contourné, en outre, par une gorge entaillée dans le rocher. Cette hauteur devait donc former aux mains des Turcs une position inexpugnable, d'autant plus que dès qu'ils s'en furent emparés ils complétèrent ces fortifications naturelles par des lignes de retranchements, des fossés de tirailleurs et des batteries.

Il fut décidé que l'attaque en serait tentée de nuit par surprise. « Les troupes s'ébranlent aussitôt après le coucher du soleil, dit un correspondant du *Bien public*, M. Gaston Lemay, qui suivit la campagne de Mouktar-Pacha depuis le premier jusqu'au dernier jour. Trois bataillons sont envoyés dans la direction du village de Daïnalik, de l'autre côté de la vallée, à l'extrême gauche, où les Russes se sont avancés le jour même ; la garnison de Kars a également reçu l'ordre de se porter dans cette direction. Huit bataillons vont occuper Soubotan, en bas de nous, six bataillons sont dirigés dans la vallée et quinze bataillons s'engagent dans la direction de Kizil-Tépé, à notre droite et en avant. Ces quinze bataillons, désignés pour l'attaque principale, sont commandés par le plus intrépide officier de l'armée turque, le colonel Méhomet-Bey, dit le capitan, le même qui s'est déjà illustré lors de la prise d'Ardahan, en défendant le fort Oglou jusqu'à la dernière extrémité, alors que le commandant supérieur, Hussein-Pacha, avait lâchement pris la fuite, entraînant avec lui toute l'armée. Le capitan a juré à Mouktar qu'il prendrait la position ou qu'il n'en reviendrait pas.

« L'état-major se déplace également. Nous descendons des hauteurs où est établi le quartier général et nous allons nous installer à deux kilomètres en avant, sur le sommet d'une avancée, d'où nous pourrons mieux saisir les péripéties de la bataille.

« Il est minuit. Toutes les troupes ont silencieusement pris leurs positions, sauf les quinze bataillons du capitan, qui n'avancent qu'avec la plus extrême prudence pour ne pas donner l'éveil. La nuit est étoilée, admirable ; le disque rouge de la pleine lune éclaire la vallée, mais les tons sont trop opaques pour que nous puissions distinguer aucun détail. Nous apercevons cependant les formes de Kizil-Tépé et plus loin, en arrière, les lignes faiblement estompées de la montagne de Kourouk-Dara, également isolée dans la plaine, proche du versant opposé de la vallée.

« Les soldats du capitan ont disparu dans des plis de terrain. Ils ne se sont encore heurtés à aucune patrouille ni à aucune grand'garde, car aucun coup de feu n'est venu troubler le profond silence de la nuit. Ils doivent être cependant très-rapprochés de la position. Nous écoutons, anxieux, groupés autour du mouchir, accroupis ou étendus dans l'herbe fraîche. Le moment est tellement critique que nous avons négligé, pour la plupart, de nous garantir du froid de la nuit, qui cependant nous pénètre. En arrière de nous, tenus en main, sont nos chevaux sellés, prêts à nous porter rapidement en amont, selon les circonstances.

« Il est deux heures : Mouktar semble impatient et fouille la profondeur des ténèbres à l'aide d'un puissant télescope. Le silence effrayant qui nous enveloppe est cependant de bon augure ; l'ennemi à coup sûr ne doit se douter de rien, autrement son artillerie aurait déjà ouvert le feu.

« Tout à coup la crépitation de la fusillade

éclate, et des myriades d'étincelles enveloppent Kizil-Tépé. Puis des éclairs, suivis de coups sourds, nous annoncent que la batterie de montagne qui soutient nos troupes a ouvert le feu contre les pièces qui sont en batterie sur le sommet du mont. Les combattants sont aux prises.

« Ce combat de nuit a quelque chose de fantastique. Pendant plus d'une heure, le mont semble embrasé par les étincelles des coups de feu. Il nous semble que le combat se tient maintenant sur les hauteurs. — Un officier d'état-major, dépêché sur les lieux, revient nous apprendre que nos troupes ont enlevé la position. Les Russes n'étaient pas en nombre; ils ont été surpris et l'ont abandonnée après une heure de résistance opiniâtre. » D'après un correspondant de la *Gazette d'Augsbourg*, qui était dans le camp russe, la garnison de Kizil-Tépé, après s'être défendue avec acharnement, fut refoulée dans un ravin en forme d'entonnoir, et massacrée jusqu'au dernier homme. Pas un blessé ne fut épargné.

Avant qu'on se fût rendu compte de la situation au quartier général de Kourouk-Dara, les Turcs s'étaient établis solidement sur la cime du volcan éteint. Il est vrai que, dès que les Russes se furent aperçus de leur perte, ils canonnèrent fortement leur ancienne position, mais sans grand résultat. Le sommet du Kizil-Tépé présente encore l'aspect d'un cratère : c'est, comme nous l'avons dit, une véritable cuvette dont les bords forment d'excellents remparts naturels, et à laquelle on n'a accès que par une étroite fissure par où s'écoulait autrefois la lave du volcan. La hauteur est formée de rocs bruns rougeâtres et de cendres de même couleur qui l'ont fait appeler la Colline-Rouge (*Kizil-Tépé*). Les Turcs amenèrent bien vite des renforts d'hommes (une brigade entière) et deux batteries, l'une de canons de montagne, l'autre de canons Krupp. Sur la courtine qui fait face au mont Karayal, on ne put braquer que les six pièces de montagne, mais on mit en batterie à l'est trois des canons Krupp. Tout à l'entour du Kizil-Tépé, on établit plusieurs batteries, et les bataillons qui n'avaient pas donné se massèrent dans la plaine. L'aile gauche, sous le commandement de Hussein-Hamid-Pacha, restait à Visin-Keuï et sur le Yagni, de peur d'une diversion des Russes qui, si elle eût réussi, eût compromis le sort de l'armée de Moukhtar-Pacha.

A quatre heures et demie du matin, au grand jour en cette saison, la canonnade devint générale sur toute la ligne: 9 batteries russes, de 8 canons chacune, tonnaient depuis le Karayal jusqu'aux « trois collines » (Utch-Tépé en turc), toutes foudroyant de leurs feux convergents le Kizil-Tépé qui paraissait avoir repris son activité volcanique, tant il était enveloppé de fumée et d'éclairs. Les obus pleuvaient dans le cratère et sur les pentes, soulevant des nuées de poussière rouge; les fantassins se mirent à l'abri sous les rochers; mais, sur la crête des rebords du cratère, les canonniers turcs tinrent bon avec un sang-froid héroïque, répondant énergiquement à l'artillerie russe, bien que celle-ci leur fît beaucoup de mal. L'infanterie n'allait pas tarder, d'ailleurs, à faire ses preuves à son tour, et cependant les malheureux soldats du Kizil-Tépé étaient exténués de fatigue et surtout de faim et de soif. Mal nourris depuis longtemps, ils n'avaient point emporté de pain avec eux, étaient partis à jeun, et il ne fallait pas songer, sous la grêle des projectiles qui s'abattaient sur la colline, à leur en faire porter. L'eau manquait totalement aussi dans ce cratère, dont les cendres volcaniques qui saturaient l'air brûlaient les yeux et le gosier. Malgré tout cela, les braves défenseurs de Kizil-Tépé repoussèrent les assauts furieux des Russes qui essayaient de reprendre la colline et, bien qu'un obus eût fait sauter des caissons pleins de poudre laissés là par les premiers occupants, les Turcs tinrent bon et, à la fin de la journée, restèrent en possession de leur conquête du matin. La cavalerie turque fit pendant ce temps sur la gauche une démonstration contre le camp russe de Kourouk-Dara, mais sans résultat.

Il en fut de même de la double attaque que les Russes dirigèrent contre le centre de Mouktar-Pacha, à l'aide de deux colonnes s'avançant, l'une entre Kizil-Tépé et Utch-Tépé, et l'autre entre ces dernières hauteurs et Ani; un feu de mousqueterie très-vif s'engagea de ce côté entre les deux armées, feu assez meurtrier; puis pour accentuer leur attaque, les Russes lancèrent deux régiments de cavalerie sur les lignes turques; celles-ci étaient précédées d'une nuée de tirailleurs dont le tir juste et rapide arrêta cette charge qui, dans l'opinion de ceux qui l'avaient imaginée, devait être décisive, et bientôt les cavaliers russes tournèrent bride et les fantassins de la même armée cessèrent bientôt le feu. Il était midi, et la bataille était gagnée.

Cette affaire, de beaucoup la plus sanglante de toutes celles qui avaient été livrées jusque-là en Asie, coûta près de 3,000 hommes aux Russes; le général Tchavtchavadsé, commandant de la cavalerie et le colonel Komarow furent blessés. Les tentes du Kizil-Tépé, un grand nombre d'armes et de munitions furent abandonnées à l'ennemi. Les pertes des Turcs s'élevèrent à 400 morts et 1,200 blessés. A propos de l'absence de soin dont ceux-ci eurent à souffrir, nous citons de nouveau M. Lemay. « Nous sommes, écrivait-il, attristés et même indignés de l'incroyable incurie qui règne encore aujourd'hui dans le service des ambulances. Un chirurgien, *un seul*, assistait à la bataille, et ce n'est qu'à deux heures de l'après-midi seulement que l'on a vu arriver trois médecins, mandés de Kars en toute hâte. Nous n'avons pas compté plus d'une douzaine de brancards; un nombre tout à fait insuffisant d'Arabes recueillait les plus grièvement atteints.

« L'artillerie avait fait surtout des victimes, et l'on sait que les blessures causées par les éclats d'obus sont, en général, terribles. Nous avons vu revenir à pied des malheureux qui avaient eu la tête fracassée ou qui avaient perdu un bras; d'autres, atteints aux jambes, se traînaient à travers les champs de blé. Il est très-regrettable que l'Angleterre n'ait pas envoyé ici une ambulance de la Croix-Rouge; elle aurait déjà sauvé un grand nombre de victimes. Et cependant le général Kemball a télégraphié plus de dix fois en déclarant qu'il y avait urgence.

« Avec la croyance qu'ils tombent *martyrs*, tous les blessés turcs sans exception font preuve d'une résignation héroïque. Je n'ai jamais entendu un blessé turc proférer une plainte ni un regret. Il faut, en réalité, que tous ces malheureux aient une foi bien robuste pour ne pas protester contre une pareille incurie qui double leurs souffrances. Le fatalisme joint au fanatisme les empêche de se révolter. Ils sont blessés : *Mektoub*, c'était écrit ! et ils guériront : *In cha allah!* s'il plaît à Dieu ! »

L'amour-propre de l'armée du Caucase où, malgré la retraite du mois de juin, on persistait à considérer Mouktar-Pacha comme un ennemi peu dangereux, fut profondément atteint par cette défaite. Le télégraphe russe fut extraordinairement avare de détails et aucun rapport officiel ne fut publié, comme si on eût espéré faire le silence sur cette humiliation. Le général Loris-Mélikoff dut prendre de nouvelles positions pour rectifier ses lignes ébréchées par la perte du Kizil-Tépé; le quartier général fut transporté à Karayal et l'armée concentrée entre Bach-Kadiklar et Paldirvan; on ne laissa que de simples postes d'observation aux environs d'Ani et à Utch-Tépé. De son côté Mouktar-Pacha, auquel le sultan venait de conférer le titre de Gazi, c'est-à-dire de victorieux, descendit des hauteurs et vint installer son quartier général à deux pas de Kerkana en face même de la position conquise de Kizil-Tépé. De Kars à Ani il fit relier, par un fil télégraphique, les diverses positions que son armée occupait.

Les préliminaires de la bataille de l'Aladja-dagh. Bataille de Yagni.

Le mois de septembre s'écoula sans nouvelle rencontre et sans changements apparents dans la situation des deux armées. Mais pour un observateur attentif il était visible que chaque jour diminuait les chances des Turcs et accroissait celles des Russes. Bien que victorieuse, l'armée de Mouktar-Pacha se décomposait à vue d'œil : tous les Kurdes, la plupart des Circassiens, les volontaires syriens et arabes désertaient les uns après les autres; à la fin du mois il ne restait plus au général ottoman que 40,000 hommes environ, y compris la garnison de Kars. Ce noyau était, il est vrai, formé, comme nous l'avons dit, des admirables soldats turcs; non-seulement ces héros ne se plaignaient pas des privations sans nombre qu'ils subissaient, mais encore, par ferveur religieuse, ils s'en imposaient de nouvelles. « Le ramazan a commencé le 9 septembre, écrit M. Lemay, et malgré la dispense du jeûne accordée aux combattants, il est pratiqué par un grand nombre de soldats. Du lever du soleil à son coucher, l'abstinence est complète. Quoique très-fervent musulman lui-même, le muchir a fait cependant rappeler aux troupes que, dans les circonstances actuelles, le jeûne n'était pas obligatoire; mais le fanatisme est tellement développé chez les Turcs, que la plupart d'entre eux s'abstiennent de boire même un verre d'eau ou de fumer une simple cigarette. Les plus rigides ne manquent pas d'une seconde la prière et les ablutions prescrites. Dans tous les campements, un *mouezzin* improvisé jette l'appel aux prières du haut d'un tertre, comme du sommet d'un minaret; et les hommes se précipitent hors des tentes pour faire en commun la prière, psalmodiée d'une voix traînante et nasillarde par un iman, reconnaissable au turban blanc qui couronne son fez, ou, plus simplement, par un softa.

« Au coucher du soleil, un coup de canon lointain, tiré de la citadelle de Kars, annonce aux croyants qu'ils peuvent enfin renaître à la vie ordinaire; les cigarettes « grillent, » les feux, déjà

LA GUERRE D'ORIENT

allumés, flambent avec plus de « joie, » [et les estomacs épuisés s'apprêtent enfin à se remettre des longues heures de l'abstinence. »

Tandis que l'armée turque se décomposait pendant une période de succès, l'armée russe, à raison même de ses revers, se renforçait et s'accroissait. Le grand-duc Michel n'avait exercé jusque-là que d'une façon assez platonique son commandement en chef; il vint se fixer d'une façon définitive au camp de Karayal et prit la direction effective des troupes. Il garda cependant, comme commandant en sous ordre, le général Loris-Melikof, bien que les dernières défaites eussent détruit le prestige de cet officier et rendu très-malveillantes les jalousies que son élévation lui avait suscitées. Pendant la première quinzaine de septembre arrivèrent la plupart des renforts demandés, et notamment les derniers bataillons de la première division de grenadiers et les brigades d'Alkhazow et de Schelkovnikow. Dans la dernière quinzaine, le grand-duc fit en outre venir de l'armée de Tergoukassof quelques bataillons qui furent amenés par le général Schack. A la fin de septembre, le corps d'Alexandropol, grâce à tous ces renforts, se trouva porté au total de 65,000 hommes, avec 200 pièces d'artillerie, tandis que Mouktar-Pacha ne disposait guère que de 60 à 70 canons de campagne. Toutes les chances de vaincre passaient aux Russes.

C'est ici le moment de noter l'arrivée à l'armée du Caucase de deux personnages célèbres à divers titres, les généraux Obroutchef et Tcher-

LE GÉNÉRAL OBROUTCHEF

naïef qui s'y trouvèrent en même temps vers le 13 août. On sait que Tchernaïef avait été disgracié pour avoir pris la ville de Taschkend sans ordre et qu'à la suite de la campagne de Serbie, l'empereur Alexandre lui avait défendu de rentrer en Russie. Une fois la guerre déclarée, cette défense, qui était motivée surtout par des considérations politiques, n'avait plus de raison d'être; Tchernaïef rentra dans son pays et parvint à obtenir sa réinscription dans les cadres de l'armée. Il arriva au Caucase sans emploi défini. Le jour où il se présenta à Alexandropol chez le grand-duc Michel, celui-ci avait à dîner le général Obroutchef, qui était arrivé deux jours auparavant et qui avait joué un certain rôle dans la disgrâce de l'ex-commandant en chef des troupes serbes; il ne crut donc pas pouvoir mettre ces deux hommes en présence et n'invita Tchernaïef que pour le lendemain.

Un peu piqué, le général refusa le logement que lui offrait Son Altesse dans la citadelle d'Alexandropol, et loua un appartement en ville. Il allait dîner de préférence au club militaire, quoique convié une fois pour toutes à la table du grand-duc. Cependant, comme malgré la déplorable campagne de Serbie on se rappelait ses brillants succès dans le Turkestan, et comme les revers de l'armée russe portaient à l'indulgence envers celui qui était responsable des revers de l'armée serbe, on chercha à lui donner une position honorable. Voici, dit-on, ce que déclara le général Tchernaïef. — Attribuez-moi n'importe quel grade, faites-moi colonel si vous voulez; mais que je sois placé directement sous les ordres de Son Altesse Impériale et qu'il n'y ait aucun intermédiaire entre elle et moi. — En d'autres termes, le général désirait le commandement d'un corps volant, mais on pensa que les exigences de la hiérarchie ne permettaient pas de faire droit à cette demande.

Il suivit cependant le grand-duc à Karayal et fut appelé à siéger dans le conseil de guerre qui fut tenu le 26 août, le lendemain de la prise de Kizil-Tépé par les Turcs. Le 27, nouveau conseil de guerre, mais on chercha vainement le général. — Où donc est Tchernaïef? demanda le grand-duc. — Il était parti pour Alexandropol. On le rappela par dépêche. Il allégua, pour excuser sa fugue, qu'il n'avait, au bout du compte, aucune position déterminée. Finalement, il s'en alla tout à fait, et se rendit aux eaux de Piatigorsk, dans le Caucase. Ses façons, un peu altières, ne lui avaient pas conquis beaucoup de sympathies au corps d'Alexandropol.

Quant à Obroutchef, il était arrivé de Saint-Pétersbourg avec un plan de campagne qu'il y avait fait agréer après la retraite du mois de juin et qu'il venait essayer de faire accepter par le grand-duc Michel. C'est un général fort estimé dans l'armée russe et qui occupe les importantes fonctions d'adjoint au ministre de la guerre. Il fut accueilli assez froidement, parce qu'en apportant un plan de campagne, il faisait éclater à tous les yeux que ceux qui avaient été élaborés par le grand-duc et par son état-major ne valaient rien. D'un caractère beaucoup plus souple que Tchernaïef, il ne se découragea point et resta à Karayal, avalant toutes les couleuvres, se faisant aussi petit et aussi humble que possible, attendant patiemment le moment propice pour faire accepter ses idées. Son plan était d'une telle simplicité qu'il n'évoqua que des sourires chez les stratégistes de l'état-major. Il consistait à envelopper l'armée turque par un mouvement tournant, exécuté du côté d'Ani. Envisagé comme irréalisable il fut mis de côté et le grand-duc Michel, en vue de l'attaque générale qu'il préparait, en dressa un d'après son idée favorite, qui était de s'emparer des monts Yagni, de couper Mouktar-Pacha de Kars et de l'écraser ensuite dans l'Aladja-Dagh.

Des renforts demandés à la garnison d'Ardahan pour l'effort suprême que les Russes allaient tenter afin de chasser l'armée turque des environs de Kars avant l'arrivée de l'hiver, ayant passé le Kars-Tchaï le 30 septembre à Agdja-Kala et étant entrés aussitôt en communication avec les troupes de Paldirvan, le grand-duc Michel se trouva avoir sous la main à peu près toutes les forces qui étaient disponibles dans le Caucase; il décida que l'attaque aurait lieu le 2 octobre et il disposa ses troupes de la façon suivante. L'aile droite, forte de plus de 20,000 hommes sous les ordres du général Loris-Melikof, devait se diviser en trois colonnes, la colonne de droite sous les ordres du général de Roop devait attaquer le petit Yagni, la colonne du centre sous les ordres du général Scheremetief devait attaquer le grand Yagni, et la colonne de gauche sous les ordres du général Schack devait favoriser les opérations des deux autres en empêchant les Turcs campés à Vizinkeuï, à Hadji-Vali et à Avliar de secourir les positions attaquées. Le centre sous les ordres du général Heymann devait contenir les Turcs entre Soubotan et le Kizil-Tépé afin de rendre impossible un mouvement tournant qui eût enveloppé les colonnes chargées de l'attaque des monts Yagni; l'aile gauche sous les ordres du général Lazaref devait faire une fausse attaque sur le Kizil-Tépé afin de tromper Mouktar-Pacha et d'attirer sur ce point le gros de ses forces, stratagème qui réussit à merveille. Enfin à l'extrême gauche, une colonne commandée par le général Schelkovnikow devait passer l'Arpa-Tchaï à Komevan et faire une diversion contre l'extrême droite des lignes turques sur l'Aladja-Dagh. Cette démonstration semble avoir été inspirée par le plan d'Obroutchef, mais elle fut exécutée par un détachement trop faible (6 bataillons, 2 régiments de cavalerie) pour avoir une action décisive sur l'issue de la bataille.

Cependant, si insuffisante qu'elle fût, ce mouvement de Schelkovnikow qui fut commencé le 1er octobre contribua, avec la fausse attaque de Lazaref, à tromper entièrement le général turc sur les desseins de son adversaire. En effet, pendant cette journée du 1er, il reçut de divers espions l'avis que les Russes se préparaient à l'attaquer vigoureusement le lendemain, et que leur effort devait porter surtout contre la position de Kizil-Tépé et contre son aile droite. Abusé par ces rapports, Mouktar dégarnit presque entièrement son aile gauche et notamment les monts Yagni pour concentrer ses forces autour du camp de Soubotan et du Kizil-Tépé, sur lequel la brigade d'Omer-Pacha s'était fortement retranchée.

La nuit du 1er au 2 se passa presque tout entière dans une attente anxieuse. Mouktar et son état-major veillaient, tout prêts à agir en cas d'attaque. Rien ne paraissait bouger au milieu du silence. La nuit était pure; le vent soufflait vif et froid; des milliers d'étoiles brillaient au ciel; le croissant de la lune semblait sourire aux armes ottomanes. L'aube commençait à blanchir l'horizon de sa lueur indécise, quand tout à coup une vive canonnade éclata sur toute la ligne, en avant de la grande route, contre Kizil-Tépé, contre les positions de Soubotan, contre les deux Yagni. Où se portait le principal effort des Russes? C'est ce qu'il était encore impossible de voir.

Vers six heures du matin, le soleil se levait et commençait à dorer de ses rayons le sommet neigeux du grand Ararat. On put alors se rendre compte du plan des Russes. La canonnade contre Kizil-Tépé n'était évidemment qu'une diversion; il n'y avait de ce côté aucune menace sérieuse d'assaut : quelques lignes de tirailleurs seulement pour la forme. En face de Soubotan, l'attaque était plus vive, les tirailleurs plus nombreux, et on distinguait derrière eux des réserves d'infanterie dont on avait à craindre tôt ou tard l'entrée en ligne. Mais c'était contre l'aile gauche ottomane que la lutte était le plus vigoureusement engagée : les 20,000 hommes de Loris-Mélikof cherchaient à s'emparer des deux Yagni. La surprise était complète. Mouktar, trompé par le rapport de ses espions, n'y avait laissé, comme nous l'avons dit, que des garnisons insignifiantes.

Le grand Yagni, immense cône tronqué, s'élève à plus de 200 mètres au-dessus des ondulations de la plaine qui s'étend de Kars à Kourouk Dara. Muni de trois rangs superposés de retranchements bastionnés, il protégeait naturellement la gauche et le centre de l'armée ottomane; il avait déjà vu, à plusieurs reprises, se briser contre lui les plus énergiques efforts de l'ennemi; on le considérait comme imprenable. Mais encore fallait-il qu'il fût garni de forces suffisantes pour le défendre, et, ce jour-là, il n'était occupé que par un seul bataillon, sans artillerie.

Le petit Yagni, moins élevé que son voisin, est néanmoins plus difficile encore à prendre. C'est une énorme hauteur isolée, très-escarpée, dont le sommet, couronné d'une crête rocheuse, forme un vaste plateau disposé en trois terrasses naturelles. Situé à quinze kilomètres environ de Kars, il domine presque à pic la grande route d'Alexandropol, comme le grand Yagni, dont il est séparé par un espace de trois kilomètres; il était presque dégarni d'infanterie, mais il était muni de vingt pièces de gros calibre, avec des épaulements et des tranchées fort bien disposées pour la défense.

Après une courte canonnade, à laquelle le grand Yagni ne pouvait répondre, le général Scheremetief s'apercevant de la faiblesse de cette hauteur, lança ses troupes à l'assaut. Déployés en tirailleurs de trois côtés de la montagne, les Russes s'avancèrent en bon ordre et commencèrent à l'escalader. La lutte fut terrible. Les 450 Turcs qui défendaient la position firent preuve de l'énergie la plus héroïque; mais en vain. A 8 heures du matin, ils étaient anéantis, leurs cadavres remplissaient les tranchées, et les Russes occupaient le sommet du grand Yagni.

Si les Russes avaient su profiter de ce succès, Mouktar et son armée étaient perdus. Mais, au lieu d'enlever de vive force les hauteurs de Vizinkeuï, de marcher sur le mont Avliar et d'exécuter ce mouvement tournant qui était le rêve des généraux russes, Loris-Mélikof s'acharna maladroitement contre le petit Yagni, qui résista victorieusement à tous les assauts.

Reschid-Pacha et Kiasim-Pacha, après avoir fait leur jonction avec Fazli-Pacha, venu en toute hâte de Vizinkeuï, avaient pu arriver à temps pour mettre à l'abri de tout danger cette position, défendue encore par le feu d'un des forts avancés de Kars et par la cavalerie irrégulière qui occupait la plaine. Le grand-duc Michel, qui dirigeait en personne la bataille, en-néral et Kars. Là encore, au lieu de s'épuiser en vains efforts contre Soubotan, les Russes auraient pu déborder le centre ennemi et attaquer l'Avliar, où il ne restait presque plus de troupes. L'armée turque eût été d'autant plus aisément cernée que le mouvement de Schelkovnikow avait réussi au delà de toute espérance ; gravissant les pentes orientales de l'Aladjà-Dagh, ce gé-

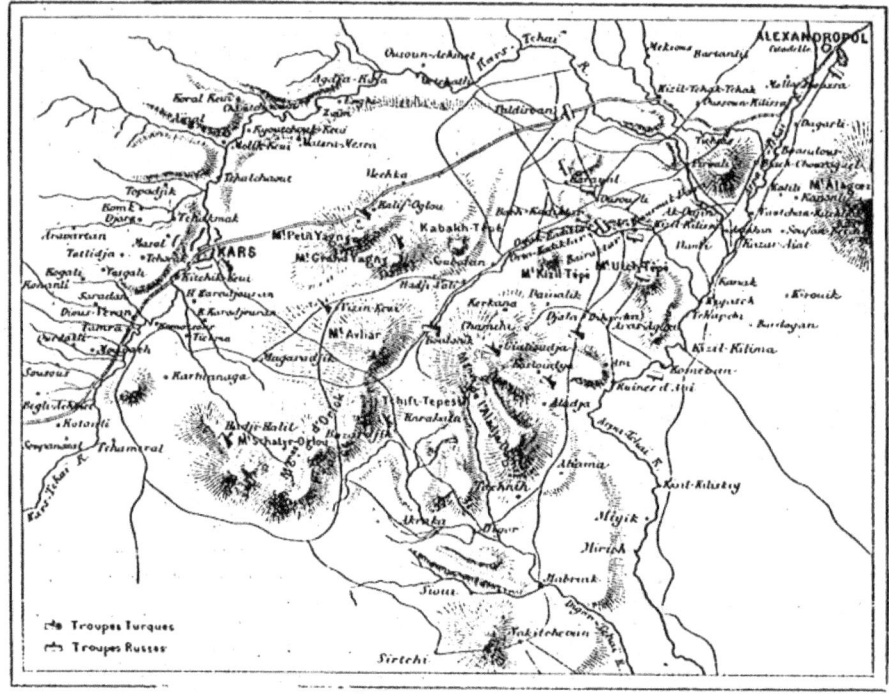

ENTRE KARS ET ALEXANDROPOL (D'après la carte russe du Caucase en 16 feuilles)

voya vainement renforts sur renforts à l'aile droite. Vers midi, deux régiments de cavalerie traversèrent la plaine au triple galop. On crut un moment qu'ils allaient enfoncer les masses d'infanterie turque qui se tenaient au pied du petit Yagni. Mais la fusillade était si vive qu'ils durent s'arrêter, mettre pied à terre et se déployer en tirailleurs. La lutte continua furieuse, sans le moindre résultat pour les assaillants.

Pendant ce temps, le centre russe contournait en partie Soubotan, à l'abri du grand Yagni. Deux escadrons de cosaques arrivaient sans résistance jusqu'à Hadji-Vali et coupaient les communications télégraphiques entre le quartier gé-néral parvint à occuper une partie des tranchées élevées par les Turcs en cet endroit. Mouktar, tout en résistant énergiquement au centre avec le gros de son armée, put néanmoins détacher de ce côté les deux brigades de Hussein-Pacha et de Chefket-Pacha, et un régiment commandé par Ibrahim-Pacha. Après une lutte de cinq heures, les six bataillons et les deux régiments de cavalerie de Schelkovnikow étaient délogés de l'Aladja-Dagh et rejetés sur l'Arpa-Tchaï.

Dans la poursuite, ils furent plusieurs fois enveloppés et durent se faire jour à travers l'ennemi ; ce ne fut que grâce aux mesures que prit le général Lazaref que la petite colonne fut

LA CAVALERIE DE LAZAREF PÉNÈTRE DANS LE CAMP DE VIZINKEW

sauvée et qu'elle put rentrer dans la soirée au camp.

Par deux fois, les Russes laissèrent ainsi échapper la victoire. Cependant, la nuit était venue et avait mis fin au combat. Sauf le grand Yagni, l'armée ottomane conservait toutes ses positions, après une lutte acharnée qui n'avait pas duré moins de treize heures. Les troupes russes couchèrent sur les positions où la nuit les trouva. Les batteries du petit Yagni continuèrent à tirer quelque temps encore pour prévenir un retour offensif de l'ennemi. Enfin, le silence se fit. Des deux côtés, les troupes étaient fatiguées et avaient besoin de repos. Et aussi que de morts à enterrer ! que de blessés à relever ! La matinée du 3, tout entière, se passa de part et d'autre à cette triste besogne. Les Russes avaient perdu 9 officiers et 1,000 hommes tués, 60 officiers et 2,000 hommes blessés ; les pertes des Turcs s'élevaient également à 3,000 hommes environ, auxquels il faut ajouter 200 prisonniers que les Russes avaient faits sur le grand Yagni.

La fatigue des troupes de la droite russe était telle que le général Loris-Melikof ne reprit point, le 3, l'offensive contre le petit Yagni. Ce fut Mouktar-Pacha, dont la présence des Russes sur le grand Yagni inquiétait gravement les communications et menaçait la sécurité, qui attaqua. Vers deux heures de l'après-midi, 20 bataillons s'avancèrent dans la plaine, entre Soubotan et Kizil-Tépé, se dirigeant sur le camp russe, précédés de trois fortes lignes de tirailleurs développées sur un front de près de 5 kilomètres, et de deux batteries d'artillerie.

Une heure environ se passa avant qu'ils rencontrassent l'ennemi. Mouktar croyait que le gros des forces russes était toujours en avant des deux Yagni et que le camp de Karayal n'était pas bien gardé. Mais le général Heymann veillait.

En approchant, les tirailleurs turcs ne voient devant eux que deux bataillons russes, une seule batterie d'artillerie et quelques détachements de cavalerie. Les canons turcs prennent position et ouvrent le feu ; les batteries de Kizil-Tépé appuient l'attaque et bientôt l'infanterie s'élance au pas de course, pensant en buter aisément l'ennemi. Tout à coup plusieurs régiments russes, dissimulés jusque-là dans un pli de terrain, se démasquent et accueillent les tirailleurs par un feu des plus nourris. L'ennemi est réellement en force, et l'infanterie ottomane est obligée de reculer pied à pied. Au bout de quelque temps, la retraite s'accélère et se change en véritable fuite. Heureusement le camp de Soubotan est là, et les bataillons turcs y trouvent, à la tombée de la nuit, un abri devenu nécessaire.

Cette déroute coûta cher aux Turcs ; leurs pertes tant en blessés et en tués qu'en prisonniers s'élevèrent à près de 2,000 hommes. Celles des Russes furent infiniment moindres. La vaine tentative de Mouktar-Pacha eut du moins pour effet de faire sentir au grand-duc Michel les risques que couraient les troupes de Scheremetief sur le grand Yagni ; canonnées sans relâche sur la droite par le petit Yagni, en face par les hauteurs de Vizinkeuï, sur la gauche par le mont Avliar, elles étaient en outre exposées à être attaquées par derrière par les corps campés à Soubotan et à Kizil-Tépé. Il fallait ou les dégager par une nouvelle bataille contre la gauche de Mouktar-Pacha ou les rappeler en arrière. Le grand-duc Michel, découragé par l'insuccès de la journée du 2 et par la vigueur de la résistance des Turcs, adopta ce dernier parti. Dans la nuit du 3 au 4, Scheremetief évacua sans bruit la position, et le grand-duc Michel dans ses rapports motiva cette retraite par l'impossibilité de se procurer de l'eau, comme s'il était plus facile aux Turcs qu'aux Russes de rester sans boire.

De grand matin, le 4, Mouktar-Pacha s'aperçut que les Russes avaient abandonné la position. Il s'empressa de la faire réoccuper, puis il envoya Rachid et Kiasim à la poursuite des Russes qui regagnaient leur camp. Omar et Moussa, partis de Soubotan et de Kizil-Tépé avec toute leur cavalerie, s'efforcèrent de leur couper la retraite, mais ils n'en eurent pas le temps. Le général Scheremetief conserva la position de Kabakh-Tépé et la fortifia.

Les jours suivants les troupes se reposèrent. Encore une fois, après tant de milliers d'hommes tués et blessés des deux côtés, la situation n'était en rien changée. L'armée turque restait victorieuse dans ses positions. Qui eût pu prévoir que douze jours plus tard elle n'existerait plus ?

XXXI. — BATAILLE DE L'ALADJA-DAGH [1]

Mouktar-Pacha évacue le Kizil-Tépé. — Adoption du plan d'Obroutchef.

La tentative faite pour couper Mouktar-Pacha de Kars avait donc échoué une fois de plus ; l'insuffisance du plan d'après lequel on opérait avait éclaté de nouveau à tous les yeux. Si quelqu'un, au milieu de l'humiliation de l'armée russe, devait ressentir quelque satisfaction d'amour-propre, c'était bien le général Obroutchef dont on avait dédaigné les avis, et par un sentiment humain parfaitement explicable, plus les événements paraissaient lui donner raison, plus sa vue était désagréable à l'état-major, auquel elle rappelait en quelque sorte son inhabileté.

Cependant le 5 octobre il arriva ceci : le grand-duc Michel fut informé que le général Tichotski, adjoint au chef d'état-major, s'étant permis de critiquer vertement certaines dispositions de Son Altesse, le général Obroutchef avait pris la défense du commandant en chef et rejeté toute la responsabilité sur ses conseillers. Ceci plut à un tel point au grand-duc, qu'il fit inviter le même jour Obroutchef à dîner. Là, le général sut amener si habilement la conversation sur son plan, qu'il se trouva au bout de quelque temps qu'il n'était que l'écho des idées du grand-duc.

Le sort voulut que, le lendemain, le général Loris-Mélikof ayant appris la rentrée en faveur d'Obroutchef, parlât mal des propositions de ce général. Le grand-duc Michel défendit alors « ses idées. » Le général Loris-Mélikof s'y prit si maladroitement en soutenant les siennes, qu'il froissa le grand-duc. Deux jours après, le fameux plan de l'habile et tenace Obroutchef était adopté, et on préparait aussitôt les opérations qui devaient aboutir à l'une des victoires les plus complètes que l'on puisse trouver dans l'histoire des guerres turco-russes.

Les opérations furent singulièrement facilitées par la désorganisation de l'armée de Mouktar-Pacha. La situation du malheureux général était des plus pénibles, placé qu'il était, comme du reste tous les autres chefs ottomans, entre le désir d'obéir aux ordres fatals de la duristchoura de Constantinople et la nécessité de conformer ses desseins à l'étendue des ressources dont il disposait, et aux conditions stratégiques du terrain sur lequel il opérait. Comme nous l'avons dit, tandis qu'on le pressait de tenir dans l'Aladja-Dagh et même de marcher en avant, il eût voulu se replier dans une position mieux appropriée au nombre des soldats qu'il possédait encore. La bataille du 2 octobre lui avait fait cruellement sentir l'insuffisance de son armée pour une ligne de défense qui avait près de 30 kilomètres de développement ; pendant toute la journée il lui avait fallu découvrir un point pour en couvrir un autre, parce qu'il était impuissant à les défendre tous à la fois. Et depuis cette bataille ses ressources avaient baissé encore, il n'avait plus maintenant que 32 à 35,000 hommes. Les correspondants qui étaient alors au camp turc nous représentent le muchir comme mortellement inquiet ; il avait appris par ses espions que le grand-duc Michel faisant un dernier appel à la garnison d'Ardahan et au corps de Tergoukassof allait grossir encore ses forces d'une dizaine de mille hommes, et l'énorme disproportion numérique (1 contre 2) dans laquelle il se trouvait vis-à-vis de son adversaire l'accablait d'angoisse ; il pressentait vaguement l'effroyable catastrophe qui se préparait. Maintenant les matinées étaient brumeuses, et comme il n'avait plus de cavalerie pour s'éclairer, il ne pouvait plus se tenir au courant des projets de l'ennemi. L'incertitude dans laquelle il vivait à ce sujet était affreuse, et rien ne prouve mieux la profonde ignorance où il restait des mouvements russes, que ce fait, que le général Lazaref mit quatre jours à accomplir son mouvement tournant, et que c'est seulement le quatrième jour que le muchir en fut prévenu.

Mouktar-Pacha, toujours énergique, n'en prit pas moins toutes les mesures nécessaires pour parer aux dangers qu'il pressentait. Il demanda des renforts à Ismaïl-Hakki, qui lui envoya environ 5,000 hommes, et il fit exécuter à son armée une de ces « concentrations rétrogrades » qui lui avaient valu une fâcheuse réputation dans l'Herzégovine. « Aujourd'hui, écrivit-il à Constantinople, le moment de nous recueillir est arrivé et j'ai donné les ordres nécessaires pour concentrer l'armée impériale au pied de la montagne dite Aladja-Dagh. »

En effet, dans la nuit du 8 au 9, par un temps

---

[1] Cette bataille est désignée dans les documents russes sous le nom de bataille d'Avliar ; nous lui conservons celui qui lui a été donné par la presse européenne.

froid et pluvieux, l'armée turque quitta ses positions avancées et vint reprendre ses anciens campements sur le flanc nord de l'Aladja-Dagh. L'abandon de Kizil-Tépé produisit une fâcheuse impression sur les soldats. « Etait-il donc nécessaire de prendre cette position qui nous a coûté tant de sang? » disaient-ils. Les villages de Hadji-Vali, de Soubotan et de Kerkana, situés en bas de la vallée, furent également évacués. L'abandon de ces villages constituait une faute grave, car il permettait aux Russes de s'avancer impunément jusqu'au grand Yagni et de s'appuyer sur cette position, soit pour attaquer le petit Yagni, soit pour s'emparer d'une autre position voisine, le mont Avliar, qui allait devenir bien célèbre huit jours après et qui forme le point de défense extrême de la vallée, à droite, en venant de Kars. L'unique ligne de défense qui barrait à l'ennemi la route de Kars se trouvait donc fatalement coupée. On ne saurait trop insister sur la grande faute commise par l'état-major turc de ne pas avoir fortifié solidement le grand Yagni, alors qu'il en avait le temps. Mouktar-Pacha jugea qu'il ne pouvait le défendre à cause de sa hauteur et du manque d'eau qu'avaient déjà allégué les Russes; et, pour faire l'économie de quelques bataillons qu'il eût fallu y placer comme garnison, il l'évacua comme le Kizil-Tépé.

La retraite de Mouktar-Pacha, abandonnant des positions qui eussent été fort difficiles à emporter de haute lutte, surprit beaucoup les Russes, le 9 au matin, quand ils s'en aperçurent. Après avoir consciencieusement fait battre tous les villages par une douzaine d'escadrons de cosaques, ils prirent immédiatement possession des positions abandonnées. Ils réoccupèrent fortement Kizil-Tépé, sur lequel ils firent transporter leurs canons de position de Karayal. Mouktar, qui ne s'attendait peut-être pas à une occupation aussi soudaine, engagea un simulacre de combat et détacha contre eux quelques bataillons de tirailleurs. Les Russes se bornèrent à les tenir en respect par un immense quart de cercle de quarante-huit canons. Les Turcs perdirent encore 500 hommes ce jour-là.

Le 10, on remarqua de longues lignes d'infanterie s'enfonçant dans la direction des ruines d'Ani, mais Mouktar-Pacha se rappelant la façon dont la colonne de Schelkovnikow avait été repoussée ne s'en émut point. Ce qui l'inquiétait, c'était sa gauche et le 11 il fit occuper le mont Avliar par quatre bataillons. Le 13, regrettant l'abandon du grand Yagni où depuis trois jours on voyait les Russes occupés à élever une grande redoute au pied de la montagne, le muchir essaya de le reprendre. Au point du jour, des colonnes turques descendant des hauteurs de Vizinkew et du petit Yagni attaquèrent à l'improviste la route. « Malgré un feu d'artillerie concentré dirigé sur ce point et des attaques réitérées de l'ennemi, dit une dépêche russe, le bataillon qui défendait la redoute, renforcé par trois bataillons des régiments de Mingrélie et de Tiflis, a repoussé brillamment toutes les tentatives de onze bataillons turcs, qu'il a mis en fuite en faisant prisonniers trois officiers. L'ennemi a laissé sur place plus de 100 cadavres. Nos pertes en tués et blessés ne dépassent point 100 hommes. L'engagement a été vraiment héroïque. »

Ce jour-là, les Russes firent disparaître la plus grande partie de leurs campements; ils se tenaient prêts à marcher en avant. « Du sommet de l'Aladja, où sont établis plusieurs bataillons et une batterie à une hauteur de 8,800 pieds, en portant mes regards de l'autre côté de la vallée, je fouille en vain l'étendue, écrivait M. Lemay; dans les gorges voisines et sur les monts qui se dressent au delà, rien ne bouge. Dans la nuit, Mouktar, absolument convaincu que les Russes vont le tourner par l'Aladja, envoie camper son armée et la plus grande partie de son artillerie sur les pentes supérieures du mont. Cette nouvelle évacuation de nuit semble présager la défaite. Pourquoi se réfugier sur ces hauteurs inattaquables, où l'on ne court qu'un risque, celui d'être enveloppé? Cette nuit-là, le quartier général, signalé sans doute par un espion, est bombardé de quart d'heure en quart d'heure par deux pièces de position établies en avant du village d'Hadji-Veli. La détonation des projectiles nous tient éveillés toute la nuit. Personne n'est atteint. »

Le lendemain 14, l'armée turque découvrit brusquement l'horreur de sa situation. L'étau dans lequel elle s'était laissé enfermer commençait à se resserrer.

Le mouvement tournant du général Lazaref.

Nous avons fait ressortir la faiblesse de la gauche de Mouktar-Pacha; il y avait là entre les monts Yagni et l'Aladja-Dagh une espèce de prolongement de la plaine de Kars qui constituait une lacune dans les lignes turques : le muchir avait bien fait fortifier en arrière le mont Avliar et les hauteurs de Vizinkew, mais ce pal-

Les Osmanlis rendant leurs armes au quartier général de Karayal le lendemain de la bataille de l'Aladja-Dagh

76ᵉ LIVRAISON.

liatif était loin d'être suffisant. Le plan d'Obroutchef était fort simple, comme nous l'avons dit ; il consistait à faire attaquer ce point faible, de front par une colonne détachée de la droite russe, à revers par une colonne qui aurait filé derrière les hauteurs de l'Aladja-Dagh, et remonté la vallée du Digor-Tchaï. Le fil qui reliait la gauche du muchir à son centre était si ténu qu'il devait se rompre sous ce double effort, et l'armée turque devait se trouver prise comme dans un filet.

On sait comment ce plan fut enfin adopté. Depuis qu'Obroutchef l'avait préparé, bien des circonstances favorables en étaient venues rendre l'exécution facile. Mouktar-Pacha avait abandonné le Kizil-Tépé et le grand Yagni ; déjà en tenant cette dernière position, les Russes disloquaient les lignes du muchir ; enfin l'armée du grand-duc Michel avait presque doublé, tandis que celle de son adversaire avait diminué de plus d'un tiers. Le lieutenant-général Lazaref fut choisi pour commander la colonne chargée de tourner l'Aladja-Dagh et de prendre le mont Avliar à revers. Les mouvements des autres corps qui devaient opérer sur le front de l'armée turque étaient subordonnés aux siens, et ils ne devaient attaquer qu'au moment où il le jugerait utile. Par une heureuse application de la télégraphie militaire, la plus efficace, croyons-nous, qui ait jamais été faite, le général Lazaref posa sur sa route un fil électrique de plus de 70 kilomètres de long par lequel il se tint en communication constante avec le grand-duc Michel. Bien qu'il ne fût défendu que par des piquets de cosaques, ce fil ne fut interrompu qu'une fois pendant deux heures et cela par un pur accident. Tout le plan stratégique était suspendu à ce mince fil de fer qui, suivant la pittoresque expression du *Daily News*, était au cou du commandant en chef turc, comme pour l'étrangler au premier signal. Si les cavaliers kurdes et circassiens n'avaient pas presque tous déserté, le secret du mouvement de Lazaref eût été impossible à garder, et ses communications avec le quartier-général impossibles à maintenir, mais Mouktar-Pacha n'avait plus personne pour éclairer les alentours de ces positions.

La colonne du général Lazaref se composait de la 40ᵉ division d'infanterie avec son artillerie, du régiment d'infanterie de Sévastopol, du 4ᵉ bataillon de chasseurs du Caucase, de deux compagnies du 3ᵉ bataillon du génie du Caucase, d'une division de la 6ᵉ batterie de la 19ᵉ brigade d'artillerie, d'une division de la 6ᵉ batterie (de montagne), de la 30ᵉ brigade d'artillerie, du régiment des dragons de Nijni-Novgorod, des 1ᵉʳ et 2ᵉ régiments de cosaques de Volgsk, du 3ᵉ régiment de cavalerie irrégulière du Daghestan, du régiment de cavalerie irrégulière d'Alexandropol, de la 1ʳᵉ batterie à cheval du Don, soit un total de 17 1/2 bataillons, 22 escadrons et sotnias et 70 canons.

Elle se mit en marche, dans la nuit du 9 au 10 octobre, de Baïraktar et d'Ogouslof. Elle passa l'Arpa-Tchaï à Kigatch et, pour rentrer sur le territoire ottoman, le repassa à Kizil-Kiliskiy, où elle fut rejointe par deux bataillons du régiment de Bakou et le 2ᵉ régiment de cosaques de Kisliar ; le 13, elle arriva à Digor et poussa son avant-garde sur Akraka. A Digor, un détachement, commandé par le général-major Zitovitch vint se mettre sous les ordres du général Lazaref. Ce détachement, formé des quatre bataillons du régiment de Derbent, de la 5ᵉ batterie de la 39ᵉ brigade d'artillerie et de deux sotnias du régiment de cosaques d'Ouman, arrivait par Hadji-Baïram du corps du lieutenant-général Tergoukassof, comme les deux bataillons de Bakou et le régiment de Cosaques qui avaient dû le rejoindre en route. La colonne du général Lazaref se trouva ainsi portée à 23 bataillons et demi, 28 escadrons ou sotnias et 78 bouches à feu. En dehors des renforts qu'il expédia et que nous venons de signaler, le général Tergoukassof concourut aux opérations du corps d'Alexandropol en faisant exécuter une forte reconnaissance de cavalerie du côté de Kaghisman, afin de renseigner le grand-duc Michel sur la direction véritable prise par une partie des forces d'Ismaïl-Hakki-Pacha, qu'on savait en marche pour rejoindre Mouktar-Pacha.

Pendant la journée du 13, les troupes de Lazaref se reposèrent à Digor et Akraka. Tout était absolument paisible autour d'elles, pas un soldat turc n'avait été vu, on aurait pu se croire à cent lieues de l'armée de Mouktar-Pacha qui était cependant sur les montagnes de droite. Le 14, de grand matin, le général Lazaref envoya de bonne heure deux reconnaissances, l'une pour battre le pays en avant sur sa gauche, l'autre sur sa droite. La reconnaissance envoyée sur la gauche perdit plus de la moitié de son effectif et ne rentra que le lendemain à Akraka, à la suite d'aventures qu'un capitaine qui en faisait partie a racontées dans la lettre suivante adressée au journal russe la *Voix* : « Le 2 octobre, pendant la marche de la colonne du général Lazaref d'Akraka dans la direction de Yagny, le chef de cette colonne envoya un escadron de dragons de Nijni-Novgorod une sotnia de cosaques et 40 cavaliers du régiment du Daghestan, sous le commandement du major Witte, pour faire la reconnaissance des villages de Hadji-Halil, de Magaradjik et d'Orlok avec ordre de se rallier ensuite au gros des troupes à Bazardjik. C'était une mission périlleuse, d'abord parce que ces villages étaient très-éloignés de la route que suivaient nos troupes, puis, parce qu'ils se trouvaient en ligne droite sur les derrières de l'armée turque et sur la ligne de ses communications.

« Ayant traversé sans encombre les deux premiers villages, nous apprîmes que les Turcs qui y cantonnaient s'étaient repliés sur Kars ou avaient rallié les troupes campées à Aladja et nous entrâmes dans le malencontreux ravin de Magaradja, ayant un peloton de cavaliers à plusieurs centaines de pas en avant, en guise d'avant-garde, et des éclaireurs sur nos flancs.

« Nous approchions déjà d'Orlok et nous n'avions plus que peu de chemin à faire pour rejoindre nos troupes, lorsque tout à coup, sans que nous nous y attendions le moins du monde, nous nous trouvâmes, à un détour de la route qui côtoie le ravin, en face de six bataillons d'infanterie turque (de 800 hommes chacun) détachés de l'armée d'Erivan et se rendant à celle de Mouktar-Pacha. On nous avait bien parlé de ces bataillons à Hadji-Halil, mais ils avaient quitté depuis si longtemps ce village, qu'ils auraient déjà dû être arrivés à destination s'ils n'avaient pas fait en route une halte de plusieurs heures, comme nous l'apprîmes plus tard.

« Notre avant-garde engagea la fusillade avec quelques cavaliers qui apparurent à sa gauche et quand nous arrivâmes à son secours, nous nous vîmes entourés de Turcs, dont l'étonnement était tout aussi grand que le nôtre; aussi le premier bataillon turc qui se trouvait devant nous fut-il écrasé et dispersé par notre attaque avant d'avoir pu tirer un coup de fusil, et de notre côté la plupart de nos soldats n'avaient même pas eu le temps de tirer leur sabre, que nous avions déjà passé par-dessus le tabor. Notre intention, en nous jetant ainsi sur l'ennemi, était de suivre le conseil de notre guide, qui, en se sauvant à bride abattue à la vue des Turcs, nous avait crié : « Allez tout droit, aussi vite que possible ; la route est bonne ; dans une demi-heure, vous serez à Bazardjik. »

« Le major Witte craignait que si nous tournions bride pour rentrer dans le ravin, les Turcs ne pussent se former en tirailleurs sur la crête et nous tuer tous, jusqu'au dernier homme, tout à leur choix. Mais un obstacle inattendu vint déjouer son projet ; à peine avions-nous passé sur le corps du premier bataillon turc que nous dûmes nous arrêter au bord d'un précipice impossible à franchir ; pendant que nous cherchions une issue, les Turcs s'étaient remis de leur première surprise et ayant reformé leurs rangs, nous barraient la retraite en tirant sur nous par salves.

« Que faire? Heureusement Witte n'est pas homme à perdre la tête. « Allons, mes enfants, cria-t-il, tournons bride et hourra sur les Turcs ! » Et voilà que nous retombons pour la seconde fois sur le même bataillon, nous frayant la voie et sabrant à qui mieux mieux, comme peuvent sabrer des gens qui savent que leur seule chance de salut consiste à faire une trouée. L'attaque fut terrible. Des masses de chevaux restèrent derrière nous; chaque cheval tué, qui tombait en première ligne, faisait tomber ceux qui le suivaient, entraînant avec lui son cavalier, qui perdait alors tout espoir de se sauver.

« Quand nous eûmes passé, nous vérifiâmes nos pertes et nous vîmes qu'elles étaient énormes: 48 dragons, 26 cosaques et 28 Daghestanais manquaient à l'appel. Au nombre des victimes se trouvaient deux officiers : notre officier payeur, Ouschinkine, et un cosaque de la garde, le capitaine en second Mamolow, détaché au régiment du Daghestan.

« Tout danger n'était pas encore passé ; il nous fallait sortir du ravin de Magaradja, car si les Turcs avaient réussi à en occuper l'entrée avant nous, personne n'en serait sorti. Nous le traversâmes au grand trot, sans rencontrer personne, et quittâmes immédiatement la route que nous venions de suivre, mais comme nous n'avions plus de guide nous dûmes marcher toute la nuit sans trop savoir où nous allions et n'arrivâmes à Akriak qu'à sept heures du matin, le lendemain, après avoir été en selle vingt-trois heures consécutives, sans boire ni manger ! Sur 235 hommes que nous étions au départ, il n'en restait que 180 vivants, y compris les blessés.

« Pendant que nous nous reposions, nous vîmes arriver à pied quatre cosaques, qui nous racontèrent qu'ayant eu leurs chevaux tués, ils avaient pu se cacher derrière des pierres et échapper ainsi jusqu'à la tombée de la nuit aux recherches des Turcs, qui achevaient les blessés et tuaient ceux qui leur tombaient vivants entre les mains, ne faisant pas de quartier.

« Un des dragons qui nous avait rejoints en

route m'a raconté que l'un de nos cosaques, nommé Basile Spirine, lui a sauvé la vie de la manière suivante. « J'étais démonté, m'a-t-il dit, « et fuyais à toutes jambes sans savoir où aller « quand je vis un cosaque assis sur une pierre et « tenant son cheval par la bride ; il avait toute la « poitrine en sang. Levant les yeux sur moi, il me « dit : — Ami, prends mon cheval, sauve-toi et sou-« viens-toi dans tes prières de Basile Spirine ; je « dois mourir en tout cas, je le sens. » — Je ne me fis pas prier, ajouta le dragon, et il était temps, car les Turcs n'étaient plus qu'à quelques pas de moi.

« Nous avons retrouvé le lendemain le cadavre du malheureux Spirine criblé de balles à bout portant, le visage défiguré de coups de sabre et entièrement dépouillé. Il n'a du reste pas été le seul à subir ce supplice. Étant retournés le sur-lendemain pour relever nos morts, à l'endroit où nous avions été entourés, nous trouvâmes sur le plateau vingt-un cadavres tous plus mutilés les uns que les autres, et vingt-quatre autres cadavres au fond du ravin. Pour ne citer que quelques exemples, je mentionnerai le maréchal des logis Pétanow qui, ayant la croix de Saint-Georges sur la poitrine, a été mutilé, sans doute pour cela même, d'une manière toute particulière ; il avait treize trous de balles dans le corps, tirés à bout portant, la gorge coupée, le corps balafré en cinq endroits, la tempe percée d'un coup de baïonnette et la cervelle ouverte en croix par deux coups de sabre ; un cosaque et plusieurs dragons avaient la tête détachée du corps ; un autre dragon avait tous les membres coupés ; d'autres avaient les mains liées derrière le dos et on voyait qu'on avait mis le feu à leurs vêtements, leurs corps étant couverts de brûlures ; enfin un cavalier du régiment du Daghestan avait sur la poitrine une large croix faite avec des charbons ardents ou une torche.

« Toutes ces horreurs n'ont pas été commises par des Kurdes ou par des Tcherkesses, sur qui les Turcs font généralement retomber la responsabilité de ces actes de férocité, mais bien par des soldats réguliers agissant sous les yeux mêmes de leurs officiers. Jusqu'à présent j'avais seulement lu des récits de ces atrocités ; mais maintenant je les ai vues, de mes propres yeux vues, et je voudrais en voir témoins les amis de ces barbares, qui, en voyant les corps affreusement mutilés de nos soldats, n'auraient certainement plus envie de protéger de pareilles bêtes féroces. »

La seconde reconnaissance fut plus heureuse.

Elle constata la présence de forces turques considérables dans une position fortifiée sous Bazardjik, et le général Lazaref résolut de s'emparer immédiatement des hauteurs de Schatyr-Oglou, dont la possession lui permettait de prendre en flanc la position de Bazardjik et lui ouvrait la route de Vizinkew sur les derrières de l'ennemi.

A deux heures de l'après-midi, les troupes d'avant-garde désignées pour cette attaque, sous les ordres du général-major Loris-Mélikof (1), dragons de Nijni-Novgorod, régiment de Derbent, sapeurs du génie, régiment irrégulier du Daghestan, batterie à cheval du Térek et 1re batterie de la 40e brigade d'artillerie, se portèrent rapidement en avant et étaient déjà parvenues à mi-côte, lorsque Mouktar-Pacha accourut en personne pour défendre la position. Le général ottoman était depuis quelques heures occupé par une canonnade que le général Heyman dirigeait sur le mont Avliar. L'attaque de Lazaref le surprit complétement ; il rendit alors seulement compte de la situation terriblement périlleuse que les mouvements qu'il avait laissé opérer à l'ennemi lui créaient. Depuis ce moment il semble avoir été frappé d'affolement et on ne retrouve plus dans les mesures qu'il prit dans la suite cette prudence qui était une de ses meilleures qualités. Sa première pensée eût dû être de se replier en toute hâte sur Kars avant que le piège tendu autour de son armée ne se fût complétement fermé ; par une aberration inexplicable il ne paraît y avoir songé ni ce jour-là ni même le lendemain alors, que tout était perdu.

Mouktar-Pacha appela trois bataillons du camp de Bazardjik, les joignit aux six bataillons venus du corps d'Ismaïl-Hakki et que la reconnaissance du major Witte avait rencontrés et leur fit occuper le sommet de la montagne, où ils se retranchèrent fortement. Le général-major Zitovitch, qui commandait l'infanterie de l'avant-garde russe et avait l'ordre de déloger l'ennemi à tout prix, mena lui-même le régiment de Derbent à l'assaut. Malgré la force numérique des musulmans et le feu violent dirigé sur lui de front par de l'infanterie et de flanc par de l'artillerie, ce régiment s'élança vivement en avant au cri de hourra! culbuta les Turcs à la baïonnette dans leurs retranchements et les mit en déroute.

(1) Il ne faut point confondre le général major Loris-Mélikof commandant une brigade dans le corps d'Alexandropol avec l'aide-de-camp général Loris-Mélikof commandant en chef l'armée d'opérations en Arménie. Il y a d'autres Loris-Mélikof encore dans l'armée russe, notamment un colonel.

LES TURCS ESSAIENT DE REPRENDRE LE GRAND YAGNI DANS LA JOURNÉE DU 13 OCTOBRE

A ce moment, Mouktar-Pacha lança du camp de Bazardjik en avant de nouveaux bataillons qui menacèrent de tourner le régiment de Derbent. Afin d'arrêter ces troupes, le général Lazaref envoya au-devant d'elles toute sa cavalerie, sous les ordres du colonel Malama, chef de son état-major, et derrière celle-ci une colonne d'infanterie, commandée par le général-major Gourtchine, en tête de laquelle marchait un bataillon de chasseurs. Le colonel Malama gravit rapidement des hauteurs sur la route suivie par les bataillons turcs, fit mettre pied à terre à ses dragons et à ses cosaques et reçut par un feu bien nourri qu'ennemi qui s'avançait. Surpris par cette attaque, les Turcs hésitèrent et reculèrent. Le bataillon de chasseurs et quelques coups de canon leur firent accélérer leur retraite.

Après l'occupation de Schatyr-Oglou, le général Lazaref, pour s'installer solidement, voulait encore se rendre maître d'une hauteur voisine plus importante, située au nord de la première et dominant tout le pays jusqu'aux positions turques de Vizinkew et de Bazardjik. Fortifiée à l'avance par Mouktar, elle était entourée, à son sommet et sur ses pentes, par plusieurs ceintures de tranchées et de fossés de tirailleurs. Le jour touchait à sa fin et l'attaque ne pouvait être différée. Le commandement de cette attaque fut confié au général-major Schelkovnikow. La batterie à cheval du Térek et la 1re batterie de la 40e brigade d'artillerie, de front, et la division de montagne, en flanc, ouvrirent immédiatement un feu bien nourri sur cette hauteur, en tirant principalement des obus à mitraille. Le régiment de Derbent et les sapeurs du génie se lancèrent ensuite à l'assaut, conduits par le général Zitovitch. Un terrible ouragan de fer se déversa sur ces troupes. Les Turcs étaient en forces tellement supérieures et ils tenaient avec une telle opiniâtreté dans leurs nombreux abris et retranchements que le succès semblait douteux. Mais les Russes s'avançaient d'un pas ferme. Gravissant une pente à peine praticable tant elle était escarpée, ne s'arrêtant dans cette pénible ascension que pour reprendre haleine, ils essuyèrent pendant plus d'une demi-heure un feu d'enfer. Enfin les têtes de colonne, conduites par leurs officiers, atteignirent les tranchées avancées et s'en emparèrent aux cris de hourra ! Le sous-lieutenant Metzger tomba à ce moment frappé de neuf balles ; plusieurs autres officiers furent blessés. Électrisée par ses succès, la colonne de Schelkovnikow poursuivant sa marche irrésistible, escalada successivement tous les retranchements, culbutant partout les Turcs, qui prirent la fuite en désordre et jetèrent leurs armes. On les poursuivit aussi longtemps que les accidents de terrain et l'obscurité de la nuit le permirent. La cavalerie du colonel Malama atteignit une des colonnes des fuyards qui s'attardait à convoyer des bêtes de somme et en sabra un grand nombre.

La journée du 14 avait donc parfaitement réussi. La colonne de Lazaref s'était solidement établie sur les derrières de l'armée de Mouktar-Pacha. Celle-ci fut profondément démoralisée par le mouvement tournant, elle eut le sentiment très-net qu'elle se trouvait dans un coupe-gorge; elle se jugea perdue et les nécessités du lendemain qui eussent exigé un courage surhumain la trouvèrent au contraire abattue et vaincue d'avance. La déroute était déjà dans tous les cœurs. Mouktar-Pacha pouvait encore communiquer avec Kars par une route qui passe entre le mont Avliar et une autre hauteur située au sud qui est appelé Tcheft-Tépessi par les Russes et Sivri-Tépé par les Turcs; il eût dû en profiter pour évacuer au plus vite l'Aladja-Dagh, mais il semble que personne ne lui en suggéra l'idée. Il s'obstina au contraire à vouloir arrêter le mouvement de Lazaref et il fit placer six pièces de canon sur les trois hauteurs principales de Tcheft-Tépessi qu'il s'attendait nécessairement à voir attaquer le lendemain par le hardi général russe.

« L'armée est donc maintenant en partie tournée, écrivait le soir du 14 M. Gaston Lemay. Sa situation est des plus graves. Nous ne communiquons plus avec Kars que par les positions d'Evlia et de Sivri-Tépessé. Si ces positions sont prises, l'armée qui est campé sur l'Aladja se trouvera être complètement enveloppée. Il faut que le danger soit imminent, car le muchir se décide dans la nuit à donner l'ordre à tous les *idarets* (dépôts de vivres et de munitions) de se retirer immédiatement dans la direction de Kars. N'aurait-il pas dû donner l'ordre en même temps à toute son armée de se retirer, même n'importe où, ou, plus simplement, dans la vallée de Kars, sous la protection des forts?

« Notre dernière nuit sur ces positions défendues avec tant de succès depuis de si longs mois, s'écoule terrible. Nous sommes exposés au feu d'un bombardement général qui vient surtout jeter l'alarme dans nos premières lignes de défense. Il n'y a plus à en douter : l'heure de la bataille décisive a sonné. »

La journée du 15. — Prise du mont Avliar. — Déroute de l'aile gauche de l'armée turque.

A deux heures et demie du matin le grand-duc Michel fut prévenu du succès des opérations de Lazaref et de la prise des montagnes d'Orlok. Il prit aussitôt ses dispositions de bataille. Les troupes qui devaient prendre part aux opérations de front occupaient les positions suivantes :

Le corps du lieutenant-général Heymann, formé de la division de grenadiers du Caucase, du régiment de grenadiers de Rostof, de trois bataillons du régiment de Piatigorsk, du 1er bataillon de chasseurs du Caucase, du 1er bataillon du génie du Caucase, de la brigade d'artillerie des grenadiers du Caucase, de la 2e batterie de la 1re brigade d'artillerie des grenadiers, de la 2e batterie de la 2e brigade d'artillerie, des 3e et 4e batteries de la 39e brigade d'artillerie, de 16 canons attelés du parc de siége, du régiment de dragons de Tver, de quatre sotnias du 6e régiment de cosaques d'Orenbourg et de la 5e batterie à cheval du Kouban, soit un effectif total de 34 bataillons, 104 canons et 8 escadrons et sotnias, avait pris position au grand Yagni (brigade du général Schak), à Hadji-Vali (brigade du général Avinof) et à Soubotan (réserve du général Solovief). Une batterie avait été élevée à Hadji-Vali pour trois canons à longue portée destinés à battre le mont Avliar et les camps de l'ennemi.

Le corps du général-major Kouzminsky, composé des régiments de Vladikavkaz et d'Elisabethpol, de la 1re batterie de la 1re brigade d'artillerie des grenadiers, d'une demi-batterie de la 6e batterie de la 19e brigade d'artillerie, de la 3e batterie et de 4 pièces de la 5e batterie de la 38e brigade d'artillerie, de deux sotnias du 1er régiment de cosaques de Gorsko-Mozdok, du 2e régiment de cavalerie irrégulière du Daghestan, du régiment de cavalerie irrégulière de la Tchetchena, de la division noble de Tiflis et de quatre sotnias de milice à cheval, soit un total de 8 bataillons, 24 canons et 24 sotnias, avait pris position en avant de Kizil-Tépé, contre Ker-Kana et Daïnalyk, et couvrait le flanc gauche avec sa cavalerie. Une batterie de deux pièces à longue portée avait été établie sur le Kizil-Tépé pour battre les premiers contreforts de l'Aladja-Dagh.

Le corps du général-major comte de Grabbe, formé du régiment de grenadiers de Pernau (trois bataillons), de la 3e batterie de la 1re brigade d'artillerie des grenadiers (huit pièces), et de trois sotnias du 7e régiment de cosaques d'Orenbourg, occupait les collines de Kabakh-Tépé et couvrait la droite en se mettant en rapport avec la cavalerie du général-major prince de Wittgenstein, de la suite de S. M. l'Empereur (régiment du Kouban, 2e régiment de Vladikavkaz et quatre sotnias du régiment de cosaques d'Eïsk), postée sur le Kars-Tchaï, près d'Enghi-Kew.

Le corps du général-major Dehn, composé des régiments de grenadiers de Catherinoslaf et de Nesvige, de deux compagnies du 3e bataillon du génie du Caucase, de trois batteries (2e, 5e et 6e) de la 1re brigade d'artillerie des grenadiers, du régiment des dragons de Siéversk, du 2e régiment de cosaques d'Astrakhan, de la 2e batterie à cheval du Kouban et de la 14e batterie à cheval du Don, soit un total de 6 1/2 bataillons, 8 escadrons et sotnias et 40 canons, établi en avant de Kudiklav, formait la réserve générale.

Les corps des généraux Kouzminsky, comte de Grabbe et Dehn étaient placés sous le commandement supérieur du lieutenant-général de Roop.

Il faut rappeler encore une fois dans quelles conditions d'infériorité Mouktar-Pacha acceptait la lutte. A cette formidable artillerie qui avec les 78 pièces de Lazaref se composait de 254 canons, il n'en pouvait opposer qu'une soixantaine. Si nous avons tenu jusqu'à présent à le justifier des accusations dirigées contre lui au sujet du peu de vigueur avec lequel il poursuivit l'offensive après l'affaire de Zévin, il convient aussi de dire qu'il est complétement responsable du désastre du 15 octobre et surtout de l'anéantissement de son armée. Il eût dû éviter le combat et le ramener sous Kars dès le 14 ; le 15 jusqu'à midi il eût pu l'essayer encore : il n'en fit rien et abandonna littéralement son aile droite sur les hauteurs de l'Aladja-Dagh où les Russes n'eurent qu'à resserrer leurs rangs pour l'envelopper.

Voici les dispositions qui furent concertées par le grand-duc Michel avec Loris-Mélikof pour l'attaque générale des positions turques et communiquées aux troupes russes à cinq heures du matin. Le corps du général Schak eut ordre, en couvrant le grand Yagni contre des attaques éventuelles du côté du petit Yagni et de Kars, de barrer à l'ennemi, par le feu de son artillerie la route de Vizinkew au mont Avliar. Le corps du général Heymann reçut l'ordre de marcher sur Avliar avec ses forces principales. Le corps du général Kouzminsky eut l'ordre de se porter sur Kerkana et Chamchi, de refouler l'ennemi des positions d'Aladja sur le Haut-Aladja. Le reste des troupes du général de Roop (la réserve et deux bataillons du régiment de Pernau, arrivés de Kabakh-Tépé dans la nuit) eurent l'ordre d'établir, avec une partie de leurs forces, un lien entre les corps des généraux Heymann et Kouzminsky, et de marcher de Soubotan sur Tchill-Tépessi. La cavalerie de l'aile droite devait, en s'appuyant sur Kabakh-Tépé, opérer contre Vizinkew et la cavalerie de l'aile gauche (moins un régiment de dragons, placé en réserve) effectuer un mouvement tournant sur la droite de l'ennemi. En même temps le général Lazaref reçut l'ordre de poursuivre son mouvement en avant, en réglant ses actes sur la marche de l'attaque de front.

Le mouvement en avant commença à 6 h. 1/2 du matin.

Attachons-nous d'abord à décrire les opérations de l'aile droite des Russes c'est-à-dire du général Heymann; ce furent elles qui déterminèrent le succès de la journée et comme elles sont tout à fait distinctes de celles de l'aile gauche, la clarté du récit exige cette division. Le général Heymann dirigeant le régiment de Rostof sur Boulanik, celui de Géorgie sur la gauche et celui d'Erivan sur la droite d'Avliar et ayant en première réserve les bataillons du régiment de Piatigorsk, fit avancer toute son artillerie, et, à 9 heures du matin, ouvrit sur le mont Avliar le feu de soixante-quatre pièces de 9. Peu à peu cette artillerie que commandait le général-major Goubsky, changeant de position avec sang-froid et habileté, se rapprocha peu à peu de l'ennemi et à 10 heures elle s'établissait à petite portée d'obus à mitraille.

Tout autour de la hauteur conique de l'Avliar, formée de roches entièrement nues, les Turcs avaient établi un retranchement continu composé d'un fossé de tirailleurs de cinq pieds de largeur et de trois pieds de profondeur pourvu d'angles saillants et rentrants. En outre la position était naturellement forte, mais il eût fallu du monde pour la défendre; or Mouktar-Pacha n'y avait placé que quatre bataillons, à peine 2,000 hommes, avec trois pièces de canon seulement. Les 64 pièces de canon russes dirigèrent un feu convergent sur le point désigné d'avance pour l'assaut; on employa presque exclusivement dans ce tir des shrapnels, tandis que les Turcs ne ripostaient qu'avec leurs misérables obus. Les batteries de l'assaillant travaillèrent ainsi le retranchement turc d'une manière terrible : une véritable grêle de projectiles creux et de mitraille durant cinq à six heures sans relâche remplit les fossés de cadavres jusqu'au bord. Pendant ce temps, Mouktar-Pacha observait le combat du sommet d'une hauteur avancée du massif de l'Aladja-Dagh, à l'est d'Avliar. Il est évident qu'il ne comprit rien à la tactique de son adversaire. Son lieutenant Omer-Pacha, commandant son aile droite, frémissait de se voir aussi stupidement sacrifier sur l'Aladja-Dagh, où on le laissait avec ses troupes hors de la portée de tout tir. Il fit demander à Mouktar-Pacha l'autorisation d'attaquer le général Heymann, promettant de le faire prisonnier avec sa colonne si on lui accordait cette faveur. Mouktar-Pacha approuva son plan, lui promit des renforts et le laissa sans ordre jusqu'à la fin de la journée.

La garnison d'Avliar resista héroïquement; elle ne fut appuyée dans l'inégal duel d'artillerie qu'elle soutenait que par une batterie de réserve que Mouktar-Pacha fit poster près de lui pour prendre en flanc la colonne du général Heymann et par une autre batterie de quatre pièces établie en avant de l'Aladja-Dagh, près de Boulanik. Les Russes ne daignèrent pas même faire attention à cette impuissante diversion et continuèrent à accabler le mont Avliar de leurs projectiles. Il y eut cependant encore, de Vizinkew, une tentative pour renforcer ce point. Vers onze heures, le bataillon de droite du régiment d'Erivan aperçut une colonne ennemie qui s'avançait de ce côté; il s'avança vivement à sa rencontre et se porta très en avant des lignes. Attaqué par sept bataillons turcs, ce bataillon ne recula pas d'une semelle; soutenu par l'artillerie du général Schak, établie sur le grand Yagny, il attendit l'arrivée d'un bataillon de chasseurs et d'un bataillon de sapeurs du génie de la réserve, et, réunissant ses efforts aux leurs, il culbuta l'ennemi.

Cet épisode décida le général Heymann à presser le dénouement sur l'Avliar. A midi, cet officier général, certain de l'effet produit par l'artillerie, donna à ses troupes l'ordre de se préparer à marcher à l'assaut. Les régiments d'Erivan, de Géorgie et de Platigorsk se portèrent en avant et en un clin d'œil un violent feu d'infanterie éclata sur toutes les lignes des tranchées ennemies, mais il n'arrêta pas les colonnes d'assaut. Les grenadiers, fatigués d'escarmouches sanglantes qui n'aboutissaient à rien, se sentaient dans leur véritable élément et montaient hardiment, tout en faisant un tir continuel, soutenu par un feu violent de shrapnels. Au début de l'attaque, les Turcs répondaient coup pour coup,

LE GÉNÉRAL LAZAREF

pour ainsi dire ; mais lorsqu'ils virent le nombre des assaillants augmenter sans cesse au lieu de diminuer, et leurs lignes inébranlables monter et monter encore, les serrant toujours de plus près, pour déborder enfin sur la crête de la montagne comme une fourmilière, ils perdirent leur confiance dans leurs excellents fusils à chargement par la culasse, et commencèrent à fuir. En cet instant, comme par enchantement, cessa subitement le fracas de la bataille qui retentissait dans les montagnes environnantes ; un immense hourra éclata dans ce silence subit ; quelques minutes après, les masses épaisses et sombres de l'infanterie russe couvraient le sommet de la hauteur et cinq de ses drapeaux y flottaient victorieusement.

« Sur les retranchements et au fond des fossés, dit un correspondant du *Daily News*, qui arriva sur le sommet du mont Avliar quelques minutes après qu'il eut été pris par les grenadiers russes, on voyait étendus des rangées de cadavres turcs, quelques-uns horriblement mutilés par les éclats d'obus. Certains étaient littéralement réduits en pièces par l'explosion des projectiles. Je pense que la plus grande partie des morts a été tuée par le feu d'artillerie, qui s'est bien acquittée de sa tâche. Un officier de haut rang était étendu mort dans le fossé. C'était un pacha ou un colonel peut-être, mais je n'ai pu reconnaître son grade, parce que les soldats lui avaient enlevé son pardessus et ses bottes. La contraction de ses sourcils et l'expression farouche de ses lèvres prouvaient que la mort avait été soudaine. Son beau cheval arabe était étendu mort à côté de lui.

« Il restait très-peu de blessés sur le champ de bataille lorsque nous sommes arrivés. Je ne pense pas que les Russes aient subi de grandes pertes dans cet assaut, parce que, en premier lieu, les obus avaient produit un effet terrible sur les Turcs et avaient grandement diminué leur nombre en même temps qu'ils les démoralisaient avant que l'assaut ne commençât; et, en second lieu, parce que la montagne était trop escarpée pour leur permettre de tirer avec efficacité par-dessus les retranchements. La plupart des coups de carabine étaient visés trop haut. L'intérieur de la redoute, comprenant toute la plate-forme naturelle de la montagne, était labouré par les obus et parsemé de leurs fragments et de balles aplaties contre les pierres. Trois canons Krupp, portant le nom de leur fabricant, avec leurs affûts et leurs munitions, y ont été pris. L'un d'eux avait sa roue droite brisée, mais les deux autres étaient en état de service.

« Les Turcs ne manquent évidemment pas encore de munitions, car on a trouvé la charge d'un wagon de chemin de fer de cartouches, les unes encore dans leurs boîtes primitives, les autres étendues en monceaux détachés ou simplement semées sur le terrain, et elles auraient pu fournir le moyen d'annihiler toute une armée. Quelques charrettes à bœufs vides et des tentes presque en guenilles constituaient le reste du butin. »

La ligne turque était rompue. En voyant flotter les drapeaux russes sur le mont Avliar, le muchir eut enfin notion du danger qu'il courait. Il lui restait une dernière chance de salut, non pour rattraper la victoire, mais pour sauver son armée; c'était de prendre l'aile droite intacte encore, de la jeter tout entière sur l'étroit passage qui restait libre par Tchift-Tepessy et de passer sur le ventre aux corps russes qui arrivaient pour barrer le chemin. Mais rien n'était prêt pour cela; Mouktar abandonnant Omer-Pacha ne songea qu'à sauver sa propre personne; accompagné de tout son état-major et de sir Arnold Kemball l'attaché militaire anglais qui ne le quittait pas plus que son ombre, il s'enfuit de l'Aladja-Dagh de toute la vitesse de son cheval, traversa le ravin, gagna Tchift-Tepessy et ne jugeant point la position sûre, car les colonnes d'Heymann reformées descendaient l'Avliar dans cette direction il alla se réfugier sur une hauteur entre Kars et Vizinkew d'où il put assister à la plus effroyable des déroutes.

Au moment où les troupes du général Heymann renforcées par l'arrivée du régiment de Neveige et par un bataillon du régiment de Pernau, se remettaient en marche après avoir conquis l'Avliar, des hourras se firent entendre sur les collines occidentales des hauteurs de Vizinkew. C'étaient les têtes de colonnes de Lazaref qui arrivaient.

Entendant depuis le matin la canonnade d'Avliar, ce général avait donné à son avant-garde l'ordre d'attaquer en queue les grandes hauteurs entre Vizinkew et Magaradjik. Quatre bataillons du régiment de Derbent, commandés par le général Zitovitch, deux bataillons du régiment de Bakou et deux du régiment de Sévastopol, sous les ordres du général Schelkovnikow, s'étaient avancés formés sur deux colonnes et, refoulant impétueusement les Turcs, s'étaient emparés des principales hauteurs au moment même où Avliar était emporté d'assaut. La cavalerie de l'aile droite appuya cette attaque et trois escadrons des dragons de Nijni-Novgorod, commandés par le colonel Kelner, pénétrèrent dans les ouvrages ennemis, y encloûrent quatre canons et y prirent un drapeau régimentaire. Ces cavaliers en poursuivant les Turcs en déroute, cernèrent, en outre, plusieurs bataillons dont une partie fut sabrée et le reste fait prisonnier.

Maintenant les troupes d'Heymann et celles de Lazaref sont entrées en contact. Les feux des Russes se croisent de tous côtés autour de l'Aladja-Dagh. La déroute de l'aile gauche est complète. Les Turcs fuient de toutes parts, les soldats débandés se mêlent dans une inexprimable confusion avec les bagages que l'on continue à évacuer depuis le matin et dont le défilé se prolonge depuis Tchift-Tépé jusqu'à Kars. Les bœufs qui traînent les arabas prennent le galop dans toutes les directions, les chameaux mugissent, le désordre enfin est à son comble. En voyant cet épouvantable désastre, dont le tableau est rendu plus terrible encore par les détonations de l'artillerie et par le sifflement des projectiles. Mouktar désespéré, s'écrie : « Allah! Allah! mais pourquoi tous ces hommes se sauvent-ils ainsi! »

Quelques minutes après que Heymann et Lazaref eurent opéré leur jonction, le grand-duc Michel arriva auprès d'eux. Ayant examiné la situation et voyant que le centre de l'ennemi était déjà rompu, mais que l'Aladja, les ouvrages du village de Vizinkew et le petit Yagni tenaient encore opiniâtrément, il donna les ordres suivants :

Au général Heymann l'ordre de continuer avec une partie de ses troupes son mouvement sur Vizinkew et d'occuper avec le reste l'espace compris entre les hauteurs de Vizinkew et Tchift-Tépessi ; au général Lazaref l'ordre de continuer à poursuivre avec sa cavalerie l'ennemi du côté de Kars, d'entourer Tchift-Tépessi à l'ouest avec ses troupes avancées et d'occuper avec ses échelons de derrière les hauteurs de Bazardjik et toutes les routes par lesquelles l'ennemi pouvait opérer sa retraite d'Aladja sur Digor et Aliama ; à la cavalerie du général Heymann, sous les ordres du général-major prince Stcherbatof, l'ordre de cerner le petit Yagny avant l'arrivée de l'infanterie du grand Yagny, et de couper à ses défenseurs la retraite sur Kars.

Mais avant que l'ordre fût parvenu au régiment de Derbent de se replier sur Tchift-Tépessi, celui-ci entraîné à la poursuite des Turcs était déjà entré de vive force à Vizinkew. Pour le remplacer, le général Lazaref dirigea alors au sud-ouest de Tchift-Tépessi le 4° bataillon de chasseurs et un bataillon du régiment de Sévastopol, sous les ordres du général Gourtchine, en leur donnant pour réserve un autre bataillon de ce dernier régiment, sous le commandement du général-major Alkhazof.

Par ordre du général Heymann, le régiment de Nevsige alla avec deux batteries relever le régiment de Derbent à Vizinkew et les régiments de Géorgie et d'Erivan, avec trois batteries, furent avancés pour cerner l'ennemi à Tchift-Tépessi ; le régiment de Rostof et un bataillon du régiment de Pernau, pris dans la réserve, furent placés à droite et à gauche en avant du mont d'Avliar qu'occupait deux bataillons du régiment de Piatigorsk.

Tandis que l'infanterie d'Heymann et de Lazaref établissait un cercle infranchissable à l'ouest et au sud de l'Aladja-Dagh que les troupes du général de Roop cernaient déjà au nord et à l'est, la cavalerie poussant devant elle les fuyards jusqu'aux portes de Kars en faisait un affreux carnage et s'emparait de plusieurs centaines de prisonniers. Mettant pied à terre et s'établissant dans des ravins, la cavalerie du prince Stcherbatof dirigea un feu meurtrier sur l'infanterie turque qui se retirait précipitamment du petit Yagny et que la cavalerie du prince Wittgenstein sabrait en queue. On raconte que les Turcs complétement démoralisés se sauvaient littéralement comme des troupeaux de moutons, des cavaliers russes se vantèrent d'en avoir sabré de 30 à 40. Des dragons de Nijni-Novgorod s'aventurèrent même au delà des forts de Kars et s'emparèrent de quatre canons.

Ce fut vers trois heures que commença la panique, fantassins et cavaliers arrivaient en masses désordonnées aux portes de Kars. Une ligne de fantassins, baïonnette au canon, fut établie pour arrêter les fuyards et y réussit pendant quelque temps, on fit même des décharges sur eux, pour les obliger à reculer ; comme le correspondant du *Daily-News* insistait pour pénétrer dans la ville, le commandant de l'artillerie de la place Hussein-Bey lui mit un revolver sur la tempe et l'obligea à rebrousser chemin. Mais une poussée effroyable causée par les arrivants qui étaient de plus en plus nombreux rompit le cordon et la colonne pénétra dans l'enceinte des forts. La panique était telle que même en cet endroit où l'on était à l'abri on continuait à fuir. Les cavaliers irréguliers, fous de terreur, tiraient leurs sabres les uns contre les autres ; il y eut plusieurs tués et blessés de cette façon. Les Arabes d'Orfa et d'Alep avaient été les premiers à s'enfuir. Dans Kars même le désordre était épouvantable ; une partie de la population se sauva sur la route d'Erzeroum.

Mouktar-Pacha rentra dans la ville à 2 heures du matin. Il ne paraît pas s'être rendu compte immédiatement de l'étendue du désastre et surtout de la position désespérée de son aile droite car il expédia à Constantinople la dépêche suivante qui était loin de contenir toute la vérité :

Kars, 16 octobre.

Dans le but de nous établir dans une position stratégique avantageuse entre nos campements actuels et la forteresse de Kars, toutes les mesures nécessaires et en notre pouvoir avaient été prises dès le matin.

L'ennemi, débouchant alors du village de Hadji-Véli, se porta en force sur Avliar-Tépé, défendu par trois pièces de canon et situé au-dessus du village de Boulanik lui-même sous le feu de notre ligne de bataille du centre. Les quatre bataillons qui occupaient ladite hauteur d'Avliar-Tépé résistèrent héroïquement pen-

VUE GÉNÉRALE DU CHAMP DE BATAILLE DE L'ALADJA-DAGH PRISE DU MONT KIZIL-TÉPÉ.

dant quatre heures aux assauts continus de l'ennemi soutenus par le feu violent d'une forte artillerie de gros et de petit calibre. Malgré les bataillons qui furent détachés de nos ailes pour renforcer les courageux défenseurs de la position d'Avliar ces derniers, après ces quatre heures de lutte incomparable, durent abandonner leurs retranchements qui tombèrent au pouvoir de l'ennemi.

L'occupation de cette position par les Russes rendant insoutenable celle par nos soldats des points stratégiques situés près d'Avliar-Tépé, dans la direction de Kars, force fut donc de les évacuer et de se replier sur cette forteresse que je ralliai avec ma division.

Les généraux de division, Hadji-Rechid et Omer-Pacha, ainsi que les généraux de brigade Hassan-Kiasim, Moussa et Chefket-Pacha, avec l'autre division sous leurs ordres, continuent d'occuper les positions où ils s'étaient établis dans l'Aladja-Dagh.

Je suis en ce moment occupé à Kars à prendre les dispositions nécessaires pour, avec l'aide de Dieu, avoir sous peu notre revanche.

La cause de cette nouvelle situation repose dans les nombreux renforts arrivés à l'ennemi et à la mise en ligne de plus de deux cents bouches à feu servies par de nouveaux et habiles artilleurs, comme aussi dans l'absence de quelques-uns de nos officiers supérieurs tués ou blessés dans les derniers combats et dont le courage et l'habileté avaient été l'objet de la satisfaction impériale.

Nos pertes dans cette journée ne sont pas encore exactement connues, toutefois elles ne s'élèvent pas au-dessus de huit à neuf cents hommes hors de combat. Celles de l'ennemi doivent consister en la perte totale d'un régiment et demi de cavalerie et de trois à quatre bataillons d'infanterie.

Comme on voit, Mouktar-Pacha semblait espérer rallier son aile gauche et recommencer les opérations avec son aile droite, qu'il supposait intacte sur l'Aladja-Dagh. Il devait apprendre dans la journée que celle-ci avait dû se rendre.

Prise de l'Aladja-Dagh. — L'aile droite de l'armée turque met bas les armes.

Tandis que Heymann attaquait Avliar et Lazaref les hauteurs de Vizinkew, les troupes du général de Roop devaient, selon le plan général du commandant en chef russe, s'avancer lentement en tâchant, par leurs feux d'artillerie et d'infanterie, de contenir l'aile droite de Mouktar dans sa position d'Aladja jusqu'à l'entier développement de l'attaque centrale et des mouvements tournants. Pour atteindre ce but, le général de Roop ordonna au général Kouzminsky de déployer des rideaux de tirailleurs clair-semés sur la ligne de Kerkana-Chamchi, pendant que le général Heymann opérait son mouvement, et d'avancer jusqu'à ce qu'il eût obligé l'ennemi à démasquer sa position, couverte sur toutes les pentes de l'Aladja par plusieurs rangs de tranchées.

Le régiment d'Elisabethpol avec la 3ᵉ batterie de la 38ᵉ brigade d'artillerie, sous les ordres du colonel prince Amiradjibof, à droite, et le régiment de Vladikavkaz, avec la 1ʳᵉ batterie de la 1ʳᵉ brigade d'artillerie des grenadiers, sous les ordres du colonel Kozelof, à gauche s'approchèrent de Kerkana et de Chamchi. Ce mouvement obligea aussitôt les Turcs à évacuer les premiers contre-forts de la montagne et à ouvrir sur les assaillants le feu de l'artillerie de leurs positions hautes; mais leur infanterie ne tira pas, attendant sans doute pour le faire que les troupes russes arrivassent à petite portée, fatiguées par l'escalade de pentes abruptes. Cependant les tirailleurs d'Amiradjibof et de Lazaref profitant habilement des accidents du terrain, s'avancèrent sur le flanc des tranchées ennemies et les contraignirent à presser leur défense. Un feu roulant de mousqueterie éclata simultanément sur presque toutes les pentes de l'Aladja. Le général de Roop constata alors la présence de plusieurs nouveaux canons dans les tranchées turques et reconnut que la position de l'Aladja-Dagh était encore occupée par des forces turques nombreuses. Dans ces conditions, l'attaque décisive d'une seule brigade était prématurée et il ne restait à cette brigade qu'à entretenir et à développer les feux de son artillerie et de son infanterie au fur et à mesure qu'elle trouverait des positions plus avantageuses pour ses batteries et ses tirailleurs.

Ce temps d'arrêt permit à une partie de la cavalerie irrégulière, opérant conjointement avec deux escadrons de dragons de Siéversk, sous les ordres du lieutenant-général prince Tchavtchavadzé, de s'élever par les contre-forts occidentaux de l'Aladja pour déboucher sur les derrières de la droite ennemie et continuer à l'envelopper.

Dans l'après-midi, quand Omer-Pacha eut appris la prise du mont Avliar, il fit replier ses canons et préparer la retraite. Comprenant les intentions du chef ottoman, le général de Roop pensa que le moment était venu d'exécuter une attaque énergique. Il fit avancer sur la droite le régiment des grenadiers de Catherinoslaf avec 12 pièces d'artillerie, renforça le centre de 8 pièces nouvelles et ordonna de battre la charge sur tout le front de ses troupes.

Aux premières sonneries des clairons et des tambours, les Turcs, se raidissant dans un suprême effort, multiplièrent encore leurs salves, qui se confondirent en un tonnerre continu. Mais le tir concentré et bien dirigé de 28 pièces réunies qui déterminé plusieurs explosions dans leurs batteries, et le mouvement tournant opéré sur leur droite par le régiment de Vladikavkaz et sur leur gauche par le régiment de Catherinoslaf et deux escadrons de dragons de Siéversk avec quatre canons de la 2ᵉ batterie de Kouban, les ébranlèrent. En quelques minutes, l'attaque vigoureusement menée sur toute la ligne, les mit en déroute complète; cernée par les régiments d'Elisabethpol et de Vladikavkaz, une partie de l'infanterie turque mit bas les armes, tandis que le reste s'enfuyait précipitamment sur le versant méridional de l'Aladja. Les pentes rocheuses et très-difficiles de ces montagnes ne permirent pas à l'artillerie russe de poursuivre, mais l'infanterie se lança vivement sur leurs pas, devancée bientôt à droite par deux escadrons de dragons de Siéversk et le 2ᵉ régiment de cosaques d'Astrakhan, et à gauche par la cavalerie du prince Tchavtchavadzé.

La nuit arrivait. On sait qu'à ce moment-là la cavalerie d'Heymann et de Lazaref poursuivait l'aile gauche turque en déroute jusque sous les forts de Kars, tandis que leur infanterie revenant aider le général de Roop à envelopper l'aile droite, resserrait de plus en plus du côté de Tchift-Tépessi, de Bazardjik et d'Aliama, le cercle où celle-ci était enfermée. Omer-Pacha avait donc autour de lui toute l'armée russe, et il était irrémédiablement perdu. Afin de ne point lui laisser le temps de respirer, il fut décidé que malgré les ténèbres qui commençaient à se répandre sur le champ de bataille, un dernier assaut allait lui être livré par toutes les forces réunies. Le grand-duc Michel, qui était en avant de Hadji-Vali, conduisit lui-même le dernier bataillon de la réserve entre le mont Avliar et Tchift-Tépessi et indiqua au colonel d'état-major Astafief la direction ultérieure que devait suivre cette troupe pour prendre part à l'attaque. Ce bataillon s'ébranlait, lorsque des hourras répétés éclatèrent sur les versants méridionaux de l'Aladja et dans le cirque de Bazardjik. Les Turcs entourés dans ce cirque avaient envoyé des parlementaires aux chefs des colonnes les plus rapprochées et cette nouvelle s'était répandue en un instant. Le grand-duc qui avait continué sa route vers Kars et qui avait gravi vers sept heures du soir les hauteurs de Vizinkew y reçut la nouvelle formelle qu'Omer-Pacha était prêt à se constituer prisonnier avec les débris de l'armée vaincue; il envoya aussitôt au général de Roop l'ordre de traiter avec l'ennemi, lui adjoignit le colonel Péters, un de ses aides de camp,

et autorisa le général Loris-Mélikof, commandant en chef de l'armée d'opérations, à ratifier immédiatement la capitulation.

Un officier d'état-major du général Loris-Mélikof, qui pénétra parmi les Turcs au moment où se débattaient les conditions de la capitulation, a adressé au *Monde russe* de curieux détails sur ses impressions et sur la situation d'esprit où se trouvaient alors les officiers d'Omer-Pacha. Il suivait un détachement de cavalerie envoyé par Loris-Mélikof contre Bazardjik.

« Le jour baissait de plus en plus, dit-il, et il faisait presque nuit quand le détachement gravit la montagne. Du côté gauche on voyait des feux; c'était, comme on l'a su depuis, le bivouac des troupes turques, qui s'étaient laissé prendre là comme dans une souricière. Elles ne pouvaient plus ni descendre ni monter; du côté de Bazardjik le général Lazaref les attendait et d'un autre côté le détachement du Daghestan les serrait de près. Mais alors, je n'en savais rien encore et je me contentais de faire des suppositions. Je voyais devant moi une ligne noire que je prenais pour un retranchement et je me disais que notre détachement devait avoir été prévenu par un détachement d'infanterie. Je me dirigeai en conséquence vers cette ligne noire et, m'étant heurté pour ainsi dire contre un personnage que je pris pour un de nos officiers, je lui demandai poliment :

« — Pourriez-vous me dire quel détachement occupe ce poste ?

« Pour toute réponse, je n'obtins que l'exclamation : « Ah ! » Je fis deux pas en avant et je m'aperçus alors que le personnage en question avait un fez sur la tête.

« — Il y a ici des généraux turcs, dit un autre personnage qui se tenait derrière le parapet.

« Cette phrase fut prononcée en langue turque (qui m'est connue), mais il était évident que j'avais été compris.

« J'avoue que j'éprouvai un sentiment assez désagréable. Tiens ! me disais-je, je me mets en campagne pour traquer les Turcs, et me voici à leur discrétion ! Pendant que je faisais cette triste réflexion, l'homme s'était approché de moi; mettant la main sur la bride de mon cheval, il dit d'une voix mielleuse :

« — Nous nous rendons, cher monsieur.

« Je respirai librement. Aussitôt, je sautai à bas de mon cheval, et j'ordonnai au Turc de le confier à un cosaque qui avait surgi je ne sais d'où.

« Le Turc me fit le salut militaire et crut de son devoir de me décliner ses noms et qualités : Kaïmakam Moustapha-Bey.

« Je lui tendis la main et j'entrai dans l'embrasure du retranchement. Il n'y avait plus de canons, mais toute la batterie était remplie de monde et de chevaux. En pénétrant dans le retranchement, je fus entouré d'officiers turcs.

« — Qui est ici l'ancien? demandai-je en turc.

« — Réchid-Pacha, répondirent plusieurs voix.

« Je vis se diriger vers moi un gros homme vêtu d'une courte pelisse en renard. Il me demanda qui j'étais. Je répondis que j'étais un aide de camp du chef de corps. Réchid-Pacha s'assit et m'engagea poliment à prendre place auprès de lui.

« — J'ai expédié, dit-il, auprès du grand-duc le lieutenant-général Omer-Pacha et Hassan-Pacha, le chef de l'état-major, pour proposer notre reddition moyennant certaines conditions.

« Je demandai les noms des pachas et je les inscrivis, après quoi j'adressai aussitôt mes félicitations au chef de corps, en lui envoyant par le prince Eristow la liste des prisonniers.

« Après avoir expédié mon rapport, je revins auprès des pachas. Réchid me fit offrir un verre de cognac, que je refusai.

« — C'est étonnant, dit-il en riant, un Russe qui refuse de boire!

« La bouteille de cognac fit la ronde et messieurs les Turcs lui firent honneur. Au second et au troisième tour, les pachas s'animèrent et la conversation devint assez bruyante.

« Quand je leur demandai pourquoi ils s'étaient rendus, les Turcs répondirent qu'ils avaient rempli leur devoir jusqu'à la dernière limite du possible et ne s'étaient rendus que pour éviter une effusion de sang inutile.

« En parlant des événements de la journée, il y eut une vive altercation entre Réchid et un autre pacha. Le pacha en question accusait, paraît-il, Réchid d'avoir été la cause de la défaite.

« — Tu l'oublies, vaurien, s'écria Réchid-Pacha, et, ce disant, il frappa au visage son interlocuteur. L'autre voulut riposter, mais on les entoura et l'on parvint à les séparer.

« Après cet incident, il y eut un instant de trouble, ajoute le correspondant. Ce qui inquiétait surtout les pachas, c'était le peu de troupes que nous avions à notre disposition pour les protéger.

« — Vos Tcherkesses — ils appelaient ainsi nos cosaques — peuvent nous faire un mauvais parti, disaient-ils.

« — Soyez tranquilles, leur répondait-on, nos Tcherkesses ne ressemblent pas aux vôtres. Néanmoins ils ne se calmèrent que quand arriva un bataillon de sapeurs, qui les entoura.

« Au retour de mon cosaque, je régalai les pachas de mon mieux. J'avais du pain, du fromage, une boîte de sardines et quelques bouteilles de vin de Kakhétie. Ces messieurs étaient affamés, n'ayant rien mangé depuis le matin.

« Réchid-Pacha guetta la bouteille que j'avais à la main.

« — Qu'avez-vous là dedans? me demanda-t-il.

« — C'est du vin, répondis-je. J'avais l'intention de vous en proposer, mais je crains que cela ne soit pour vous *charam* (défendu).

« — Quel charam? — s'écrièrent plusieurs voix, il n'y a pas de *charam* qui tienne.

« Je débouchai aussitôt la bouteille et nous trinquâmes.

« Pour nous autres Russes, la soirée se passa très-gaiement. Les soldats cuisinaient autour des feux, on riait, on chantait, on dansait même la lesghinka. Quant aux Turcs ils n'étaient pas précisément très-gais, mais ils paraissaient rassurés sur leur sort, grâce à nos procédés aimables à leur égard. »

Les conditions de la capitulation ne furent connues que très-avant dans la nuit, par les troupes turques, car elle ne fut signée qu'à onze heures du soir. Omer-Pacha et Hassan-Pacha s'étaient présentés seuls et sans escorte au prince Tchavtchavadzé et lui avaient notifié leur reddition, ce que le prince fit savoir immédiatement au général de Roop, en sa qualité de chef de détachement, et le général de Roop avisa le grand-duc Michel. Les pachas furent amenés au bivouac. Omer se distinguait de tous ceux qui l'entouraient par sa haute taille et par ses manières tout européennes. Bientôt arriva l'aide de camp général Loris-Mélikof et l'on rédigea immédiatement en langue française, à la lueur d'un mauvais bout de bougie, sur le banc d'un simple chariot, l'acte de la reddition, dont voici le texte :

Capitulation conclue le 3 octobre (1) *pour la reddition des troupes turques sous le commandement d'Omer-Pacha.*

Conditions auxquelles les débris de trois divisions de l'armée turque se constituent prisonniers de guerre des troupes de l'armée de S. M. l'Empereur de toutes les Russies :

(1) On sait que le 3 octobre russe correspond au 15 octobre de notre calendrier.

§ 1er. En considération du courage montré par les troupes turques dans le combat livré aujourd'hui, les officiers de tout grade conservent leurs armes et tous leurs bagages personnels, y compris leurs chevaux.

§ 2. Toutes les personnes qui ne font pas partie de corps de troupes, les convoyeurs, etc., ainsi que les toutes les troupes au complet descendront de la montagne dans l'endroit indiqué.

§ 5. La livraison des prisonniers et du matériel de guerre commencera le 4 octobre 1877, à deux heures du matin.

§ 6. Au nombre des personnes auxquelles est accordé

LE CHATEAU DE BAYAZID

gens de service et les ordonnances des officiers, auront, après avoir été désarmés, le droit de rentrer dans leurs foyers.

§ 3. Tous les militaires et personnes non mentionnées dans le § 2 se constituent prisonniers de guerre et doivent livrer tout le matériel de guerre, y compris : les dra-

le droit de se retirer librement, se trouvent trois médecins, attachés à l'armée.

Signé : Le lieutenant général DE ROOP,
commandant d'une colonne
du corps d'opérations de l'armée du Caucase.

VUE DE HASSAN-KALEH

peaux, les armes, les canons, les projectiles d'artillerie, les cartouches, les parcs d'artillerie et d'infanterie, les hôpitaux, et en général tous les effets militaires.

§ 4. La livraison des troupes et du matériel énoncée au § 3 aura lieu dans l'ordre suivant : toutes les troupes qui se constituent prisonnières de guerre déposeront les armes dans l'ordre des numéros des corps ; l'artillerie déposera ses canons dans l'endroit indiqué ; ensuite

Le lieutenant général de l'armée,
OMER.

Le colonel PÉTERS, aide de camp
de S. A. I. le grand-duc Michel
Nicolaïévitch.

Au bas de la capitulation, l'aide du camp

général Loris-Mélikof écrivit de sa main, en russe :

Avec l'autorisation de S. A. I. le commandant en chef de l'armée du Caucase, j'approuve la présente capitulation.

L'aide de camp général commandant de l'armée du Caucase,

LORIS-MÉLIKOF.

Un cordon de troupes aussi serré que possible fut établi tout autour de l'Aladja-Dagh et à deux heures du matin, conformément à la convention, le désarmement commença. Les Turcs déposèrent les armes au haut de la montagne et en descendirent désarmés. Des factionnaires furent postés auprès des armes et des bagages, et le 1ᵉʳ bataillon du régiment de Catherinoslaf forma la haie sur le sentier que les Turcs devaient suivre pour descendre. « C'était un beau tableau et bien fait pour réjouir nos cœurs, écrivait un officier russe à la *Gazette de Moscou*. Des deux côtés une haie vivante, — nos soldats, — et au milieu une longue ligne bigarrée de Turcs désarmés serpentant le long du sentier ; au pied de la montagne, les masses de nos troupes, silencieuses, attendant l'arme au pied. La descente des Turcs a duré longtemps, près de deux heures. Ils se sont groupés en forme de carré dans la plaine et ont été entourés par les régiments de Pernau et de Catherinoslaf. Quand il ne resta plus de Turcs sur la montagne, le général Roop parcourut le front de nos troupes, les félicitant de leur victoire complète.

« Une heure après, nous nous dirigions avec toutes les troupes de l'aile gauche et les prisonniers turcs vers Vizinkew, où nous attendait S. A. I. Mgr le grand-duc commandant en chef. A peu de distance de cette localité nous nous arrêtâmes, fîmes ranger les Turcs en ordre et prîmes nous-mêmes nos places, le régiment de Catherinoslaw à droite, les cosaques à gauche. Son Altesse Impériale, en arrivant, nous souhaita joyeusement le bonjour et nous remercia de ce que nous avions accompli pour le service de Sa Majesté. Un hourra retentissant et interminable servit de réponse et l'on ne put de longtemps faire taire les soldats. Le grand-duc visita les prisonniers, donna l'ordre de faire sortir des rangs les officiers et d'inscrire leurs noms et celui des régiments auxquels ils appartenaient. Il leur promit qu'ils seraient bien traités. Après une halte de deux heures, les prisonniers furent expédiés dans la direction de Kuruk-Dara, sous l'escorte des régiments de Catherinoslaw et de Nesvije. »

Trophées et résultats de la victoire de l'Aladja-Dagh. — Les récompenses.

La capitulation signée par Osman-Pacha livrait aux Russes trois divisions ; mais par suite des diminutions d'effectifs qui avaient été le résultat de la misère et des batailles, et surtout par suite de la facilité que la nuit et les accidents du terrain offraient aux soldats turcs pour fuir, il se trouva que le chiffre total des prisonniers faits dans les journées du 15 et du 16 ne dépassa guère 7,000 hommes et 250 officiers. Dans le nombre se trouvaient le férik (général de division) Omer-Pacha, qui commandait les troupes pendant l'absence de Mouktar-Pacha ; Hadji-Rachid-Pacha, beau-frère de Mouktar-Pacha et désigné pour lui succéder au cas où celui-ci quitterait le commandement en chef ; Chevket-Pacha ; le livas (général de brigade) Hassan-Pacha, chef d'état-major, Moustapha-Djavid-Pacha, Achmet-Radet-Pacha, Omer-Tahir-Pacha, le colonel Khamdi-Bey, les majors (bimbachis) Téfik-Bey, Sadyk-Bey, Kéfat-Bey, et les aides de camp des pachas : Ali-Effendi, Ahmet-Djefdet-Effendi et Ismaïl-Aga.

Le Circassien Moussa-Pacha, liva de cavalerie, dont la tête était mise à prix au camp russe, fait également prisonnier, put s'évader. Le fils de Schamyl Ghazi-Méhémet-Pacha, férik, dont la tête était aussi « compromise », réussit à s'enfuir avec sept de ses hommes, sur trois cents qu'il commandait !

Nous venons de dire qu'à la faveur de la nuit bon nombre de prisonniers s'échappèrent. Ils passèrent au sud de l'Aladja entre les mailles du filet où les Russes les enserraient, et s'enfuirent du côté de Kaghisman ; mais la cavalerie russe leur coupait toutes les routes et ils manquaient de point de ralliement, car ils étaient coupés en même temps de Kars et de l'armée d'Ismaïl-Hakki-Pacha. Des colonnes volantes détachées du corps de Lazaref en ramassèrent encore quelques milliers en battant le pays où ils erraient à l'aventure, sans direction. Leur démoralisation était si grande que, le 17, 250 hommes avec 3 canons ayant été entourés par une centaine de cosaques du Khoper, ils se rendirent sans résistance.

Les pachas prisonniers furent immédiatement dirigés sur Tiflis, où ils occupèrent énormément la population pendant quelques jours, et de là sur Saint-Pétersbourg, où ils n'eurent pas moins de succès. On n'en put pas tirer grand'chose au sujet de la bataille qui avait si mal fini pour eux.

Ils se contentèrent de dire qu'à un certain moment, se voyant cernés, ils avaient compris l'inutilité d'une plus longue résistance; Omer-Pacha ajouta qu'en sacrifiant les deux tiers de ce qui lui restait d'hommes, il aurait pu encore se frayer un passage, mais qu'il n'avait pas voulu prendre sur lui la responsabilité de ce massacre. Ce qui surtout frappait dans les conversations de ces généraux, c'était leur unanimité à condamner Ghazi-Mouktar-Pacha et à rejeter sur lui seul toute la faute du désastre.

Omer-Pacha en particulier était très-sévère pour son chef. Nous croyons devoir reproduire ses observations, qui contiennent une part de vérité, bien qu'elles soient à notre avis beaucoup trop malveillantes. « Les Turcs, dit-il, ont commis de grandes fautes dans la campagne d'Arménie; mais les Russes en ont commis de plus grandes, et la première de toutes a été d'éparpiller leurs forces dès le début des hostilités. Grâce à cette circonstance, Mouktar a pu passer pour grand capitaine sans qu'on ait jamais su au juste en quoi consistait son mérite, toujours trahi par la fortune, il faut en convenir, dans ses campagnes du Monténégro. La bataille de Zevin, si féconde en résultats, a été gagnée, non par Mouktar, mais par Ismaïl, et elle a été gagnée en exécution d'un plan défensif qui n'était pas l'œuvre de Mouktar seul, mais une œuvre commune. L'armée turque suivit ensuite pas à pas l'armée russe dans son mouvement de retraite; c'était une chose tellement indiquée, qu'il n'y a vraiment pas à féliciter Mouktar d'avoir compris ce qu'il avait à faire. Mais ici commençait, selon Omer-Pacha, le rôle de ce généralissime. C'était pour lui le moment de montrer s'il avait réellement les qualités d'un véritable homme de guerre. L'armée russe venait de trahir sa faiblesse numérique; son moral était ébranlé. Il fallait profiter de cet instant fugitif, pousser en avant, et, pour cela, au lieu de recommencer les fautes des Russes en divisant ses forces, concentrer rapidement sous Kars une armée compacte, puis marcher sur Alexandropol.

« On aurait refoulé l'ennemi devant soi; la mauvaise forteresse d'Alexandropol n'aurait pas été un obstacle sérieux; on pouvait tout espérer d'une offensive vigoureuse. Au lieu de cela, Mouktar s'est renfermé systématiquement dans l'inaction; il a laissé aux Russes tout le temps nécessaire pour diriger sur le théâtre des opérations de nombreux renforts, et un beau jour ce qu'on devait prévoir est arrivé : les Turcs se sont trouvés trop faibles; quelques heures ont suffi pour leur faire perdre tous les avantages d'une longue campagne. »

Omer ajoutait qu'à partir du jour où Mouktar avait reçu, à la suite de la victoire de Kizil-Tépé, du sultan, un sabre d'honneur, un cheval de six mille roubles et le titre de ghazi, il avait complétement changé d'allures. Lui, qui ne faisait rien auparavant sans prendre conseil, il ne voulait plus agir qu'à sa tête. On devine aisément que les honneurs extraordinaires et peut-être prématurés que le sultan avait cru devoir accumuler sur la tête de Mouktar-Pacha avaient excité l'envie de ses collègues et subordonnés; et ce serait évidemment une erreur de croire que, dans cette guerre d'Arménie, l'armée russe ait été la seule à qui les sourdes rivalités des généraux aient fait beaucoup de mal.

Le chiffre de 7,000 hommes représente à peine la moitié des pertes totales de Mouktar-Pacha. Nous avons évalué l'effectif de l'armée de ce malheureux général de 32 à 35,000 hommes avant sa défaite. Après la funeste journée du 15 octobre, il n'en put rallier que 16,000, juste de quoi composer une garnison pour la place de Kars; tout le reste était pris, tué ou dispersé. Les Russes, victorieux dès le début de la lutte et dont les succès furent faciles presque sur tous les points du champ de bataille, ne souffrirent presque point en comparaison. Ils n'eurent, dans les journées du 14 et du 15, que 7 officiers tués, 11 blessés et 8 contusionnés, 223 hommes tués et 1,162 blessés ou contusionnés.

Les pertes matérielles des Turcs furent immenses, comme leurs pertes en hommes, 42 pièces de canon, c'est-à-dire la moitié de leur artillerie, presque tous leurs objets de campement; les magasins de vivres si péniblement remplis par Mouktar-Pacha tombèrent aux mains des Russes. L'abondance fut telle dans le corps d'Alexandropol par suite de cette capture, que pendant une quinzaine de jours on put interrompre les approvisionnements. La quantité d'armes abandonnées par les soldats turcs fut immense. « Les armes déposées sur la montagne forment des tas énormes, dit le correspondant de la *Gazette de Moscou*; encore plus grands sont ceux des munitions, caisses de cartouches, boulets, sabres, poudre, etc. Les fusils des Turcs sont excellents pour la plupart; ce sont des Snider et des Peabody-Martini; la cavalerie a des fusils à répétition. Les trains des équipages sont excellents aussi, mais ce qui m'a le plus étonné, c'est que tous les objets dont se servent les Turcs : fusils, harnais, chariots, jusqu'aux marteaux et aux pinces, portent des marques de fabrique anglaises. »

Malgré toutes les précautions prises il y eut un gaspillage incroyable. Les cosaques, les irréguliers russes et tous les habitants des pays voisins pillèrent le champ de bataille et s'y fournirent à bon marché de fusils, de sabres et de revolvers. Le désordre fut si grand que le grand-duc Michel adressa aux gouverneurs de province du Caucase la circulaire suivante :

Dans les rencontres et les batailles qui ont eu lieu avec les Turcs depuis le commencement des opérations et surtout après la défaite de l'armée de Mouktar-Pacha sur les hauteurs d'Aladja, l'ennemi a abandonné sur les champs de bataille un grand nombre de fusils à tir rapide, des systèmes perfectionnés de Peabody, Snider et Winchester, dont une certaine partie a été enlevée par des individus venus des districts de la frontière et qui suivent l'armée à titre de cantiniers ou petits marchands.

Les fusils ainsi volés doivent être recherchés et repris, car ils sont la propriété directe de nos arsenaux. Je propose donc à Votre Excellence d'inviter la police à prendre les mesures les plus énergiques sous ce rapport et à faire annoncer dans la province confiée à vos soins que pour tout fusil restitué aux autorités militaires locales dans le courant de dix jours après la publication de cette circulaire, il sera délivré six roubles par fusil, et que celui qui le rapportera ne sera pas inquiété. Mais plus tard, si l'on trouve des fusils de ces systèmes chez les habitants, ceux-ci seront passibles de la loi martiale dans toute sa rigueur, comme accusés de vol d'effets appartenant à la couronne.

Les fusils rapportés volontairement et ceux qui seront trouvés par la police devront être livrés aux autorités militaires les plus proches, avec la liste des personnes qui les auront restitués ou chez lesquelles on les aura trouvés, et enfin ils devront être versés à un dépôt d'artillerie qui sera indiqué à cet effet. Seules les personnes qui présenteront un certificat de l'état-major de l'armée attestant qu'ils ont le droit d'avoir des armes de ce genre peuvent les conserver.

Le commandant en chef, grand maître de l'artillerie, MICHEL.

L'impression produite par la victoire de l'Aladga-Dagh fut immense. Ce fut comme un éclat de fanfares au milieu de la tristesse profonde qui courbait alors la Russie. L'empereur s'empressa de rehausser le prix de cette glorieuse journée en décernant aux chefs qui y avaient pris part des récompenses extraordinaires. Le grand-duc Michel reçut l'ordre de Saint-Georges de 1re classe par le rescrit suivant :

A. S. A. I. LE GRAND-DUC MICHEL NICOLAIEVITCH, AIDE DE CAMP GÉNÉRAL, GRAND-MAITRE DE L'ARTILLERIE, COMMANDANT EN CHEF DE L'ARMÉE DU CAUCASE.

Après une suite de glorieux exploits, les vaillantes troupes de l'armée du Caucase se sont couvertes encore d'une gloire impérissable en infligeant sous votre commandement personnel une défaite complète à l'armée de Mouktar-Pacha, à la bataille sanglante du 3-15 octobre, sur les hauteurs d'Aladja, et en en forçant une partie considérable à déposer les armes. Cette victoire éclatante, témoignant des dispositions habiles prises par vous, servira à illustrer pour toujours les fastes de l'histoire militaire et vous donne des titres à notre cordiale gratitude.

Désirant vous exprimer les sentiments de notre bienveillance particulière pour vos éminents services, signalés encore une fois par ce valeureux fait d'armes, nous vous conférons l'ordre de Saint-Georges de 1re classe, dont nous vous transmettons les insignes, en vous ordonnant de les revêtir et de les porter d'après les statuts.

ALEXANDRE.

Gorny-Studiène, le 9-21 octobre 1877.

C'était là un honneur excessivement rare. Depuis cent huit ans que l'ordre de Saint-Georges existait, il n'y avait eu encore que vingt chevaliers de première classe. Il faut, pour l'être, avoir remporté une grande victoire décisive. La liste de ces chevaliers est curieuse, et nous croyons devoir la reproduire à titre de document historique. Ce sont :

Le général en chef comte Pierre Roumiantsew-Zadounaïsky (1770).

Le général en chef comte Alexis Orlow de Tchesmé (1770).

Le général en chef comte Pierre Panine. (1770).

Le feld-maréchal prince Grégoire Potemkine de Tauride (1788).

Le feld-maréchal comte Alexandre Souvarow du Rymnik (1789).

L'amiral Basile Tchitchagow (1790).

Le général en chef prince Nicolas Repnine (1791).

Le feld-maréchal prince Michel Golénistchew-Koutouzow de Smolensk (1812).

Le général d'infanterie comte Michel Barclay de Tolly (1813).

Le prince royal de Suède, Charles-Jean Bernadotte (1813).

Le feld-maréchal prince Blucher (1813).

Le feld-maréchal prince Charles de Schwartzemberg (1813).

Le feld-maréchal duc de Wellington (1814).

Le général de cavalerie comte Léonce de Bennigsen (1814).

Le duc Louis-Antoine d'Angoulême (1823).

Le feld-maréchal comte Paskiévitch d'Erivan (1829).

Le feld-maréchal comte Diébitch-Zabalkansky (1829).

Le feld-maréchal comte Joseph Radetzky (1848).

S. M. l'empereur Guillaume Ier d'Allemagne (1869).

APPEL DES OFFICIERS TURCS PRISONNIERS AU CAMP DE KARAYAL

Au moment où le grand-duc Michel fut décoré, il ne restait donc plus au monde qu'un seul chevalier de l'ordre de Saint-Georges de 1re classe : l'empereur d'Allemagne.

Le général Loris-Mélikof avait déjà reçu la croix de Saint-Georges de 3e classe pour la prise d'Ardahan, on lui donna celle de 2e classe. C'est encore là une distinction des plus rares en Russie, car les statuts de l'ordre de Saint-Georges sont extrêmement rigoureux. Trois personnes seulement portaient déjà la croix de 2e classe : le grand-duc Nicolas, pour le passage du Danube, le grand-duc Michel, et le prince Bariatinsky, ancien vice-roi du Caucase, pour la prise de Schamyl. Les généraux Lazaref, Goubsky, chef de l'artillerie, et Schelkovnikof obtinrent la croix de 3e classe. Les lieutenants généraux de Roop et Tchavtchavadzé reçurent chacun un sabre en or avec inscription pour le courage, enrichi de diamants.

Il y eut en outre nombre de promotions. Sept généraux-majors furent nommés lieutenants-généraux, parmi lesquels, les généraux Pavlof, Solovief, Svistounof et Popka ; 15 colonels furent nommés généraux-majors, parmi lesquels Boranof, commandant du régiment de Koutaïs, Koytoradzé, commandant du régiment de Derbent, Vozdakine, commandant du régiment d'Elisabethpol, Kischmischef et le prince Eristof. On remarque encore parmi ces nouveaux généraux-majors deux musulmans ; Djava-Khan-Schirvansky et Aga-Khan-Schirvansky.

On ne se rendit pas bien compte immédiatement des conséquences décisives que devait avoir la bataille de l'Aladja-Dagh. On ignorait combien était précaire la situation de l'armée turque avant sa défaite. Nous avons expliqué que Mouktar-Pacha n'avait derrière lui aucune réserve, toutes ses troupes étaient déployées comme un rideau devant le front russe ; une fois ce rideau percé, la route était ouverte jusqu'à Erzeroum. Pendant quelques jours les amis de la Turquie essayèrent de pallier le désastre et de faire illusion au public. « Mouktar-Pacha et Ismaïl-Pacha, disait-on, vont se réunir, les Turcs se concentrent, Kars tient toujours et peut encore résister longtemps ; les bataillons épars, les renforts arrivant en grande hâte d'Erzeroum, de Trébizonde, de Constantinople, leur permettront sans doute de défendre avec une courageuse obstination le pays confié à leur garde, et de rendre l'accès de la capitale de l'Arménie moins facile qu'on ne croit à l'ennemi. Et puis la saison est tellement avancée et l'Arménie a tellement souffert de la campagne d'été, qu'il sera très-difficile aux Russes de continuer leur marche en avant. Ne pouvant plus vivre sur le pays, il faudra qu'ils traînent tous leurs approvisionnements à travers les sentiers défoncés du Soghanli-Dagh. Sont-ils assez bien outillés pour venir à bout de pareilles difficultés ? Du reste, le froid et les tourmentes de neige du plateau arménien les arrêteront. Rien n'est donc perdu. »

Personne ne prévoyait la foudroyante célérité avec laquelle les Russes allaient tirer parti de leur victoire.

XXXII. — LES TURCS POURSUIVIS JUSQU'A ERZEROUM

Mouktar-Pacha s'échappe de Kars. — Retraite d'Ismaïl-Hakki.

Quelle panique dans Kars, le 16 octobre ! Pour relever le moral de la population et de ce qui restait de l'armée, on faisait répandre le bruit qu'Ismaïl-Pacha, à la tête de soixante bataillons, était arrivé de Bayazid, en remontant le cours de l'Arpa-Tchaï, et qu'il s'était emparé de la position de Karayal, coupant ainsi la retraite aux Russes. En attendant, on ramassait un peu partout, dans les rues et dans les maisons, les soldats dispersés et sans chefs ; de nombreuses patrouilles circulaient en ville, se faisant ouvrir les konaks les plus privés pour y recueillir les fuyards.

Toute la journée les rues furent remplies de la foule des malheureux qui accouraient des villages voisins se réfugier dans la ville. Au loin, dans la plaine de Kars, on voyait tourbillonner l'essaim des cosaques qui sabraient ou faisaient prisonniers les derniers débris de l'armée. Ce qui contribuait plus que tout à l'horreur du tableau, c'étaient les malades et les blessés qui encombraient la ville. « Quel spectacle, dit M. Lemay, que celui des victimes de la guerre qui vont être bloquées dans Kars et que la déplorable administration turque a négligé de faire sortir à temps de la ville! L'hôpital et les ambulances ne peuvent contenir que 1,500 hommes, et le chiffre des blessés et des malades s'élève aujourd'hui à 4,500 ! On ne saurait s'imaginer l'aspect intérieur de ces caravansérails, véritables pourvoyeurs de la mort. Celui d'une *morgue* ne serait pas plus attristant.

« Dans le principal asile, dénommé « grand hôpital, » les blessés sont parqués jusque dans les corridors. D'autres, étendus dehors ou adossés contre les murs extérieurs, pansent eux-mêmes leurs plaies, dont le sang a rougi la terre, avec cette résignation fataliste que l'esprit religieux donne aux musulmans. Chez tous ces malheureux, le fanatisme remplace l'idée de patrie. *Allah* et *kismet* : Dieu et la fatalité! Ils semblent même ne pas souffrir ; d'ailleurs, ne sont-ils pas *chéids!* (martyrs).

« Dans les ambulances, des malades partagent non le même lit, car les lits manquent, mais le même matelas ; un malade atteint de la dyssenterie, littéralement « côte à côte » avec un être en proie au typhus ! Des malades et des blessés se traînent péniblement dans les rues ; quelques-uns se sont couchés, comme pour y mourir, sur le seuil des maisons. Dans la circonstance présente, le tableau de toutes ces souffrances nous semble encore plus navrant.

« Le service médical ne comprend que quatorze médecins, dont cinq sont encore convalescents du typhus! Neuf médecins pour 4,500 victimes! Un médecin pour 500 malades !

« Quelques jours auparavant, une dépêche du Séraskiérat reprochait à ces médecins, plus malheureux peut-être que leurs administrés, de négliger leur service, alors que l'administration supérieure, dans sa traditionnelle incurie, négligeait de leur envoyer les médicaments les plus indispensables et même de la charpie! Les médecins européens — qui tous attendent leur solde depuis plusieurs mois, quelques-uns même depuis plus d'une année — ont répondu par une dépêche de protestation indignée. C'est en constatant une dernière fois cette épouvantable situation que nous nous apprêtions à quitter la ville. »

Le 17, Mouktar-Pacha avait réuni à peu près 16,000 hommes. Il prit vite son parti et adopta le seul plan sage qui s'offrait à lui. Il résolut de laisser à peu près toutes ces forces à Kars pour la défense de la ville et d'aller sur la route d'Erzeroum recommencer ce qu'il avait fait au mois de mai précédent, c'est-à-dire se refaire une armée pour recommencer la campagne. En conséquence, il prit une douzaine de bataillons décimés dont l'effectif total ne représentait que 2,800 hommes avec 10 petites pièces de montagne seulement et sortit en toute hâte de Kars pendant qu'il en était encore temps. On peut juger par là de l'étendue de sa défaite ; de toute son armée d'opérations, qui avait compté jusqu'à 50,000 hommes et 80 pièces d'artillerie, il ne ramenait avec lui que 2,800 hommes et 10 canons. Il faut dire que la garnison de Kars se fortifia encore de quelques milliers de fuyards qui rallièrent les jours suivants.

Le soir, le muchir coucha à Bachkeuï, dans une maison qu'occupaient déjà M. Lemay, correspondant du *Bien public*, et M. O'Donovan, correspondant du *Daily-News*. M. Lemay rapporte un curieux entretien qu'ils eurent avec lui. « Mouktar se présente, dit-il, il est accompagné du général Kemball et du lieutenant Dougall.

« — Vous avez aussi battu en retraite, nous dit-il en souriant.

« Le feu a été rallumé, et nous voilà tous les cinq accroupis autour de l'âtre, devisant sur les terribles événements qui nous réunissent par hasard dans ce misérable village.

« — Vous avez été vaincu par le nombre, dis-je poliment au muchir.

« — C'est ma seule excuse, me répondit-il ; je ne pouvais lutter contre des forces doubles des miennes et une artillerie quatre fois supérieure. Vous souvient-il, M. O'Donovan, que j'ai essuyé autrefois une pareille défaite ?

« — En effet, Excellence, c'était à Verbitza. Les Monténégrins dispersaient votre armée, comme aujourd'hui les Russes. Vous perdiez plusieurs bataillons, presque toute votre artillerie, et vos principaux lieutenants étaient faits prisonniers. Alors vous battiez en retraite sur Trébigné, comme aujourd'hui vous vous retirez sur Erzeroum.

« Le commandant en chef de l'armée turque d'Asie nous semble avoir pris son parti de sa défaite. Comme la plupart de ses soldats, il est possédé de cette « philosophie » religieuse qui a amené la décadence de sa race. Il a été vaincu, c'est qu'il devait l'être : *Kismet !* »

Cette « philosophie, » comme dit M. Lemay, ne laisse pas cependant que d'avoir d'heureux effets ; si elle paralyse l'initiative, elle prévient ainsi le découragement, et la conduite de Mouktar-Pacha accablé par une série de désastres plus grands les uns que les autres, et n'en continuant pas moins à s'ingénier à tirer parti des ressources qui lui restaient pour prolonger la résistance est très-intéressante et force l'admiration.

La journée du 17 avait été pluvieuse, la nuit le fut davantage encore, les malheureux soldats de Mouktar n'avaient ni tente, ni abri d'aucune sorte, beaucoup n'avaient pas même un manteau. La plupart d'entre eux cependant ne purent résister à la fatigue et dormirent étendus dans la boue. Le 18 au matin, le muchir fit sonner le départ et on se remit en route. Une forte avant-garde éclaire à distance. Deux lignes de tirailleurs sont déployées sur les flancs de la petite colonne. L'état-major marche en tête, puis viennent les bataillons d'infanterie; des attelages d'artillerie, dont les pièces ont été laissées à Kars, et plusieurs files de mulets et de chameaux, porteurs de vivres, ferment la marche. Quelques cavaliers kurdes et arabes évoluent dans tous les sens. A plusieurs heures en arrière, l'arrière-garde apparait et disparait dans des plis du terrain.

On arrive ainsi à l'entrée des monts Soganli-Dagh, et on s'engage dans le défilé avec angoisse, car il eût suffi qu'un parti de cavalerie russe poussant une pointe hardie dans cette direction, s'y fût porté pour que la retraite de la petite troupe fût coupé. Eût-elle résisté à un régiment de cosaques et qu'eût-elle fait en face de quelques volées de mitraille. Heureusement personne ne parut et on put coucher près de Bardez, dans des bois de sapins où les soldats se séchèrent et se réchauffèrent en allumant de grands feux. Le 19, la pluie continua toute la journée et on arriva à Zewin, où l'armée turque avait arrêté l'invasion au mois de juin précédent. Aujourd'hui, les débris de cette armée étaient en pleine retraite. Et quelle retraite! ou plutôt quelle déroute. Il ne fallait plus songer maintenant à recommencer la défense dans ces excellentes positions que Feizi-Pacha avait si bien fortifiées quelques mois auparavant; ce n'est pas avec une poignée d'hommes qu'on pouvait y tenir. Le lendemain 20 octobre, la petite troupe continua donc sa marche vers Kuprikeuï à la jonction des routes de Kars et de Bayazid, point où Mouktar-Pacha se proposait d'attendre Ismaïl-Hakki-Pacha, auquel il avait envoyé l'ordre de le rejoindre à marches forcées.

Ismaïl-Pacha avait reçu dans la nuit du 16 au 17 octobre la nouvelle de la défaite de l'Aladja-Dagh. Il détacha aussitôt Faïk-Pacha avec huit bataillons et deux batteries pour défendre Bayazid, que les Russes n'en occupèrent pas moins quelques jours après, en y capturant 8 canons, un grand nombre de fusils et plusieurs centaines d'hommes. Lui-même avec le reste de ses forces se dirigea à marches forcées sur Erzeroum. C'est le 18 seulement, comme nous l'avons dit, que Tergoukassof s'aperçut de sa fuite et se lança à sa poursuite, mais il lui fut d'autant moins facile de le rattraper, qu'il se trompa sur la route qu'il fallait prendre. Il fit lever le camp à ses soldats si vite que ceux-ci, malgré la saison, n'eurent pas le temps d'emporter leurs tentes, et il se dirigea sur Karakilissa. Ismaïl au contraire avait filé le long de l'Aras. Apprenant que le corps de Lazaref se dirigeait sur Kaghisman pour lui barrer la route, il fit un détour vers le sud, passa par Alaschkert et arriva le 24 à Zeidekan au moment où les troupes russes entraient dans Kaghisman. Il avait fait 190 kilomètres en huit jours sans perdre un canon.

Apprenant que les Russes étaient enfin arrivés à Zévin, Mouktar, qui s'était arrêté en arrière du plateau de Khoroum-Duzi, au village de Ketchessor, s'était ensuite retiré à Khorassan, sur les bords de l'Aras, à quatorze heures d'Erzeroum et en face des défilés de Delibaba, attendant avec anxiété l'apparition d'Ismaïl-Pacha et de son armée, venant de Bayazid. Le 23, il envoyait quelques cavaliers en reconnaissance dans cette dernière direction. Le soir même on lui portait la nouvelle qu'un gros de forces ennemies s'avançait sur Hadji-Halil (1) par Kerchevan pour couper les bataillons d'Ismaïl qui, le 24, avaient quitté Zéidekan, se dirigeant sur Daghar.

Le 27, Ismaïl parvenait cependant à faire sa jonction avec Mouktar à Kupri-Keuï, après avoir résisté à une attaque sans importance le jour même, dans la passe de Delibaba, de la cavalerie de Tergoukassof qui fit 150 kilomètres en trois jours et parvint à rejoindre l'arrière-garde de l'ennemi.

~~~

Formation du corps du Saganlong (2). — Mouktar et Ismaïl se replient jusqu'à Devé-Bouyoun.

On s'étonnera peut-être de la facilité relative avec laquelle Mouktar-Pacha et Ismaïl-Pacha purent opérer leur jonction. On vient de voir que Tergoukassof laissa prendre à ce dernier une avance qu'il ne sut plus reconquérir; quant à Mouktar, s'il ne fut pas inquiété davantage, cela tient à diverses causes. Et d'abord les Russes

---

(1) Cet Hadji-Halil est situé entre Delibaba et Daghar. Il ne faut point le confondre avec celui qui est situé dans le voisinage de Kars, dont il a été parlé à propos du mouvement tournant de Lazaref.

(2) Saganloug est le terme dont les Russes se servent pour désigner la chaîne de montagne qui s'élève entre Kars et Erzeroum. C'est la corruption du mot turc Soghanli-Dagh, montagne des oignons.

LA GUERRE D'ORIENT

furent embarrassés par leur propre victoire. Leurs prisonniers étaient si nombreux que, pendant cinq ou six jours, toute leur cavalerie fut occupée à les convoyer vers Alexandropol. Comment poursuivre un ennemi sans cavalerie? Ensuite le projet de couper la retraite à Ismaïl-Hakki détourna une bonne partie de l'infanterie; enfin ce n'est qu'au bout de quelques jours que le grand-duc Michel parut se rendre un compte exact de l'anéantissement complet qu'avaient subi les forces de Mouktar.

C'est le 22 seulement, c'est-à-dire, sept jours après la bataille, que le général Heymann fut détaché de Tichma, où le quartier général avait été établi, avec une colonne qui prit le nom de corps du Saganloug, pour poursuivre les derniers débris de l'armée turque et achever de les disperser. L'avant-garde du corps du Saganloug arriva aux environs de Kuprikeut en même temps que celle du corps de Tergoukassof et au moment même où Ismaïl-Pacha rejoignait Mouktar, les deux corps russes entraient également

LE GÉNÉRAL KOMAROF

en contact. Tous les irréguliers, Circassiens, Kurdes, Arabes, etc., s'étaient éclipsés dans la déroute et de ses 35,000 hommes, Ismaïl ne ramenait que 17 bataillons, représentant un effectif de 8,000 hommes environ; avec les soldats échappés de Kars et ceux que Mouktar avait tirés de Pennek, d'Olti et des petites garnisons où il les avait dispersés, le muchir se trouva à la tête de 12,000 hommes environ. Heymann avait avec lui 15,000 hommes environ et Tergoukassof

10,000, soit en tout 25,000 hommes, avec une excellente artillerie. La partie n'était pas égale pour les Turcs, démoralisés et presque sans canon.

Dans ces conditions, quelque fortes que fussent les positions d'Hassan-Kaleh, la vieille forteresse qui garde la plaine de Passim, Mouktar-Pacha ne songea pas à les défendre et se replia sur le défilé de Dévé-Bouyoun où l'intelligent et actif général hongrois Feizi-Pacha (Kohlman) était depuis quelques jours occupé à élever des redoutes et des retranchements. Bien lui en prit, car le 29, à deux heures du matin, la cavalerie d'Heymann surprit l'arrière-garde turque à Hassan-Kaleh. Celle-ci fut complétement cernée dans les ténèbres, et l'on se fusilla avec acharnement sans y voir; les Turcs perdirent plus de monde que leurs adversaires, car ils étaient éclairés par leurs feux de bivouac, tandis que les Russes ne l'étaient point. On se battit toute la nuit dans les rues de la ville, tandis que la cavalerie russe, répandue dans la campagne, sabrait tous les fuyards. Au jour, ce qui restait de l'arrière-garde, soit deux bataillons, dut mettre bas les armes. Il se trouva un pacha parmi les prisonniers. Moussa-Pacha, qui était également à Hassan-Kaleh, eut beaucoup de peine à se sauver. La poursuite des fuyards s'effectua sur une distance de six kilomètres et demi et ne s'arrêta qu'à cause de la grande fatigue des hommes et des chevaux.

A 5 heures du matin Hassan-Kaleh était déjà occupé par l'infanterie russe; à ce moment la cavalerie avait atteint Kouroudjoukh, à 10 kilomètres d'Erzeroum. Ces troupes, qui avaient fait sans s'arrêter une étape de 58 kilomètres, durent suspendre pendant un certain temps leur marche en avant. Dans la journée elles relevèrent sur le champ de bataille et enterrèrent près de 500 cadavres turcs.

Cette surprise n'était pas faite pour réconforter les troupes ottomanes, ni pour exciter le courage de la population d'Erzeroum, qui ne croyait pas l'ennemi si rapproché et en si grand nombre; aussi, à partir de ce moment, l'exode sur Trébizonde et Erzinghian commença dans des proportions considérables.

Bataille de Dévé-Bouyoun.

Le 31 octobre, toute l'armée turque se trouva donc concentrée dans le défilé de Dévé-Bouyoun, dernier rempart existant entre l'ennemi et la capitale de l'Arménie. Mouktar-Pacha qui, depuis deux jours était venu visiter la position et aider Feizi-Pacha, espérait y arrêter les Russes et gagner ainsi le temps nécessaire pour réorganiser son armée deux fois battue et pour laisser aux renforts qu'il attendait le temps d'arriver. Mais l'impétueux Heymann, la « tête chaude » comme on l'appelle dans l'armée du Caucase, ne lui en laissa pas le temps; le muchir allait subir un nouvel échec plus désastreux encore que celui de l'Aladja-Dagh, car il devait anéantir ses dernières espérances avec ses dernières ressources.

Les Russes savaient que le défilé de Dévé-Bouyoun ne serait pas trop solidement défendu. Tous les renseignements reçus concordaient à signaler dans les rangs des troupes turques la présence d'un parti qui, se rendant parfaitement compte de la démoralisation, exigeait la retraite sur Erzeroum et même l'évacuation de cette place. En outre, les maladies prenaient des proportions effrayantes dans les rangs de l'armée de Mouktar, et les désertions y étaient de plus en plus nombreuses.

En présence de ces conditions avantageuses les Russes résolurent de profiter de l'occasion, pour ne pas permettre aux renforts attendus de Trébizonde, au nombre de 12 bataillons, d'arriver aux Turcs. Il fallait donc les attaquer à Dévé-Bouyoun, chercher à les disperser et s'efforcer de ne pas les laisser entrer à Erzeroum. L'immense portée de ces résultats en cas de succès faisait au général Heymann une nécessité absolue d'engager le combat, qui devait avoir pour conséquence l'occupation solide du territoire ennemi jusqu'à Erzeroum. Cependant pour avoir plus de chances de succès, il attendit l'arrivée des forces principales du corps d'Erivan. Ces troupes auraient pu rejoindre le 2 novembre le corps du Saganloug au camp de Kouroudjoukh, mais pour leur permettre de se concentrer et leur donner un peu de repos après leur marche forcée depuis Igdyr, le général Heymann leur fit passer la nuit du 2 au 3 à Hassan-Kalé; elles reçurent l'ordre de faire seulement le 2 les 16 kilomètres de marche entre Kuprikeuï et Hassan-Kalé et le 3 les 12 kilomètres entre Hassan-Kalé, et Kouroudjoukh. L'attaque de Dévé-Bouyoun ne pouvait donc être tentée que le 4 novembre.

Du 31 octobre au 3 novembre inclusivement, toutes les troupes du camp de Kouroudjoukh eurent le loisir de se reposer. Pendant ces quatre jours, les troupes du corps d'Erivan arrivèrent.

En même temps, le 2, on fit une reconnaissance de la position de Dévé-Bouyoun sur les versants du mont Kargabazar; tous les généraux, les commandants de régiment et les chefs des états-majors y prirent part. Cette reconnaissance, qui permit aux chefs de corps de se rendre compte des conditions du terrain, fit voir que la position, quoique presque imprenable, à proprement dire, n'était occupée que par un nombre de troupes insuffisant et que la longueur du front de la position la rendait faible au centre, à l'endroit où passe la route d'Erzeroum.

Les montagnes de Dévé-Bouyoun sont coupées en deux parties par la grande route d'Erzeroum qui y passe à travers une gorge si resserrée en certains endroits qu'une voiture peut à peine y passer. Au centre se trouvait un camp fortifié de peu d'importance, destiné à couvrir la route, que les projectiles russes pouvaient atteindre des deux côtés : ce camp fortifié était établi d'une manière très-serrée; il était couvert par des tranchées et défendu par une batterie. Le flanc droit de la position turque représentait trois grandes collines, renforcées par des batteries et des tranchées; il n'y avait sur ces collines qu'une partie du camp; le camp principal se trouvait derrière les collines, dans un ravin, et comme les collines se rejoignent ensemble, il était invisible pour les Russes. Cette position du flanc droit était assez forte et il était impossible de l'attaquer de front; on ne pouvait la tourner que sur la droite, au pied du mont Palanteken; mais la route à suivre à cet effet était défendue par de petites batteries et des tranchées et était coupée par un défilé profond, à bords escarpés, qui va presque de la cime neigeuse du mont Palanteken jusqu'aux villages de Gulli et de Topadjik.

Le flanc gauche de la position représentait un plateau assez vaste, l'Ouzoun-Ahmet, très-difficile à aborder de face, mais pouvant par contre être facilement attaqué sur la gauche, du côté du défilé de Dévé-Bouyoun. Au sud-ouest de ce défilé se trouve la hauteur de Tchoban-Dagh, qui a une crête de rochers sur le front et plus en avant une petite colline qui descend en terrasse jusqu'au village de Nijni-Touï; cette hauteur était occupée par 3 ou 4 bataillons turcs soutenus par des canons de montagne et de campagne.

Le défilé était exposé au feu de cette position. La hauteur de Tchoban-Dagh, défendue de face par une série continue de rochers, ne permettait pas aux troupes turques qui l'occupaient de passer à l'offensive, et par conséquent elles devaient se borner à agir de loin.

De cette manière, si l'on parvenait à s'emparer du plateau supérieur de la hauteur d'Ouzoun-Ahmet, le défilé de la route d'Erzeroum, où se trouvait le centre de la position turque, était exposé directement au feu d'Ouzoun-Ahmet et le flanc droit de Mouktar-Pacha n'avait pas d'autre voie de retraite que des sentiers de montagne très-difficiles passant par Palanteken.

Ces positions très-fortes dans leur ensemble étaient défendues par 56 pièces, au nombre desquelles se trouvaient huit pièces de forteresse amenées d'Erzeroum et les dix pièces de montagne ramenées de Kars par Mouktar; les autres étaient des pièces de campagne. Les Russes avaient 78 canons et leur artillerie, outre l'avantage du nombre était supérieure à celle des Turcs par la portée et contribua considérablement au succès de la journée. Cependant la nature du terrain occupé par les Turcs rétablissait un peu l'équilibre des forces entre les deux adversaires et, en somme, Mouktar-Pacha devait attendre cette fois l'attaque des Russes avec une certaine confiance. L'infortuné muchir ne pouvait prévoir à quelles lâchetés la démoralisation allait conduire ses soldats et une partie de ses officiers. Dès le commencement de la bataille une partie de ses troupes se débanda. « Beaucoup, dit un correspondant du *Times*, s'enfuyaient sur le flanc de la montagne vers la ville en un courant ininterrompu. Les Kurdes, les Circassiens et les zaptiés formaient la majeure partie de cette foule de fugitifs; mais il y avait aussi beaucoup — trop — de soldats en uniforme d'infanterie s'enfuyant à l'arrière. Une quantité d'arabas, de bêtes de somme, de chameaux, de bœufs et de moutons étaient mêlés à la foule; et comme chacun s'efforçait de prendre les devants, la confusion augmentait à tout instant et menaçait, s'il y avait un revers, de causer la ruine de ce qui resterait de l'armée de Ghazi-Mouktar. »

Le général Heymann dressa son ordre de bataille d'après les données recueillies par la reconnaissance qu'il avait exécutée le 2. Il partagea ses troupes en deux corps séparés l'un de l'autre par la route d'Erzeroum. Le corps de droite fut placé sous le commandement en chef du général Tergoukassof et le corps de gauche sous le commandement en chef du général Devel. Le général Tergoukassof forma deux colonnes d'attaque, l'une sous les ordres du prince Amiradjibof formait devant le village de Tchiftlik l'extrême droite de la ligne de bataille russe, l'autre sous les ordres du général Bronevsky se déploya à gauche en avant du village de Pousi-Dara. Ces deux colonnes avaient devant elles une ligne d'artillerie de

30 canons. Le général Devel forma également deux colonnes d'attaque, l'une sous les ordres du général Avinof se reliait à celle du général Bronevsky, l'autre sous les ordres du général Schack formait l'extrême gauche russe et se déploya entre les villages de Handjougas et de Gulli. Ces deux colonnes avaient devant elles une ligne d'artillerie de 48 canons. En arrière de l'infanterie se tenait sur la route d'Erzeroum toute la cavalerie de l'armée partagée en deux colonnes, celle de droite sous les ordres du général Kalbolaï-Khan, celle de gauche sous les ordres du général Amilakhvari. Mouktar-Pacha avait confié la défense du plateau d'Ouzoun-Ahmet à l'intrépide capitan Mehemet, qui avait été fait liva depuis l'affaire de Kizil-Tépé; sa droite était commandée par Ismaïl-Hakki, secondé par Feizi-Pacha; lui-même se tenait au centre afin de diriger de là toute la bataille et de veiller personnellement à la défense de la passe de Dévé-Bouyoun.

Le général Heymann donna à la colonne du général Schack la mission de forcer un ravin qui franchit les montagnes de Dévé-Bouyoun, près du village de Gulli et d'essayer de pénétrer jusqu'au village de Topadjik, afin de couper la retraite de la droite turque par les hauteurs de Palanteken. La colonne du prince Amiradjibof fut chargée du grand effort de la journée; elle devait attaquer le plateau d'Ouzoun-Ahmet, enfoncer le centre de Mouktar et contribuer ainsi avec le général Schack à envelopper toute l'aile droite turque. Les colonnes de Bronevsky et d'Avinof devaient former la réserve, se déployer en face de Dévé-Bouyoun et attendre la tournure des événements. La cavalerie n'avait rien à faire dans ces montagnes et devait attendre que le passage de Dévé-Bouyoun fût libre afin de se lancer à la poursuite des Turcs dans la plaine d'Erzeroum.

Le premier coup de canon fut tiré par les Turcs à neuf heures trois quarts, pendant que les Russes se formaient encore en ordre de bataille; bientôt après, l'artillerie turque ouvrit le feu sur toute la ligne. S'approchant à une distance de 2,500 à 3,000 mètres, l'artillerie d'Heymann ouvrit de son côté un feu ininterrompu; le feu des canons du flanc droit était concentré sur l'extrémité gauche du plateau d'Ouzoun-Ahmet, qui devait être attaqué par la colonne du prince Amiradjibof; le feu de l'artillerie du flanc gauche était dirigé contre les batteries du flanc droit des Turcs.

La colonne du général Schack après avoir occupé ses positions, se mit en marche. A deux kilomètres de Gulli elle fut accueillie par un violent feu d'enfilade de l'artillerie d'Ismaïl-Pacha. Le général Schack envoya en avant une compagnie de sapeurs et deux compagnies d'infanterie de ligne pour prendre Gulli, occupé par un détachement de cavalerie turque. Après une courte fusillade, la position fut enlevée et un bataillon du régiment des grenadiers de Tiflis, soutenu par deux sotnias de cosaques du Volga, fut dirigé sur la gauche de Gulli, avec mission de s'emparer des hauteurs qui dominent le village et du défilé qui se trouve en avant. Les Turcs envoyèrent de leur côté 200 cavaliers pour occuper ce défilé, mais les grenadiers les devancèrent.

Se rendant alors compte de la direction de l'attaque du général Schack, les Turcs commencèrent à concentrer leur infanterie et leur cavalerie contre son flanc gauche avec une partie de leur artillerie. Vers midi, ils avaient réuni 16 canons de campagne et de montagne qui tiraient sur le flanc gauche et sur le centre des troupes de ce général. Pour soutenir leur ligne de bataille, les Turcs envoyèrent leur cavalerie, qui avait mis pied à terre, et environ trois bataillons d'infanterie; mais une demi-batterie russe portée en avant, ayant réussi à occuper une position tout près du village de Gulli, obligea ces renforts à faire un grand détour.

Cependant, vers deux heures de l'après-midi, Ismaïl-Pacha était parvenu à concentrer près de huit bataillons d'infanterie avec la cavalerie qui avait mis pied à terre contre le flanc gauche des troupes du général Schack; il leur fit passer le défilé à droite du village d'Ekhilkhan et les lança contre les Russes. En même temps l'infanterie turque qui faisait face à Gulli se lança à l'attaque de la position, mais les sapeurs et les deux compagnies d'infanterie qui l'occupaient la culbutèrent dans le ravin devant le village. Feizi-Pacha reçut une balle dans le bras, mais il n'en resta pas moins à la tête de ses troupes.

Voyant que les Turcs l'attaquaient sur toute la ligne, le général Schack fit venir de ses réserves le régiment de Mingrélie, le dirigea sur le village de Gulli, tandis qu'il envoyait le reste du régiment de Tiflis sur son flanc gauche. Les soldats du régiment de Tiflis repoussèrent l'attaque des huit bataillons turcs, qui avaient traversé le défilé d'Ekhilkhan et qui s'avançaient par le village de ce nom; de même la cavalerie turque, qui tenta à son tour de traverser le défilé à un endroit plus éloigné de celui où avait eu lieu l'attaque de l'infanterie turque, fut obligée de se

LES COSAQUES DU MOJDOK EN MARCHE.

retirer devant le feu bien dirigé des tirailleurs de Tiflis.

Inquiet de ce qui se passait sur sa droite, Mouktar envoya trois ou quatre bataillons de renfort à Ismaïl-Hakki qui reçut en même temps un fort détachement d'infanterie et de cavalerie venu directement d'Erzeroum. Soutenue par ces troupes fraîches, l'aile droite turque attaqua de nouveau, sous la protection d'un feu très-violent de son artillerie. Il y eut un combat acharné sur ce point, mais après plusieurs assauts furieux, Ismaïl-Pacha dut renoncer à déloger des positions conquises les Russes qui avaient été fort à propos renforcés sur la gauche de Gulli par le régiment de Mingrélie.

En somme l'attaque de la gauche russe ne réussit qu'à moitié. A cinq heures du soir le général Schack ne tenait encore que le village de Gulli et une partie du défilé. C'est l'attaque du flanc opposé qui donna des résultats décisifs et détermina la déroute de l'armée turque.

Le prince Amiradjibof commença par une attaque directe du plateau d'Ouzoun-Ahmet. Une colonne d'assaut fut formée, et sous le couvert du feu bien dirigé des 30 canons qui étaient en ligne de ce côté elle monta à l'assaut, mais elle fut vigoureusement rejetée au pied de la colline. Le vaillant Mehemet-Pacha, voyant se préparer une seconde attaque, demanda des renforts à Mouktar-Pacha, qui détacha trois bataillons et deux batteries à son aide. Inspirés par la vue de ces renforts, les soldats de Mehemet-Pacha repoussèrent vaillamment un second assaut à la pointe de la baïonnette, avant que le secours fût arrivé ; puis, renforçant son infanterie sur la crête de deux nouveaux bataillons, Mehemet plaça le troisième avec de l'artillerie, sur la petite élévation qui flanquait son propre front, en avant du Tchoban-Dagh. Mehemet-Pacha voyait qu'il était nécessaire d'arrêter les entreprises de la droite d'Heymann à tout prix, car le succès des Russes devait fatalement amener un désastre du côté des Turcs. A une heure de l'après-midi un troisième assaut fut tenté et repoussé encore.

Les Russes s'aperçurent alors qu'il leur serait impossible de venir à bout de la position s'ils continuaient à l'aborder ainsi de front. Mehemet, comme nous venons de le dire, avait placé un bataillon sur la colline en avant du Tchoban-Dagh ; il y envoya ensuite environ 200 cavaliers ; le haut du défilé qui passe entre le Tchoban-Dagh et la hauteur d'Ouzoun-Ahmet était occupé par une chaîne d'infanterie épaisse et par cinq canons de campagne. L'action de ces troupes étant soutenue par le feu des sept canons placés sur la crête du Tchoban-Dag et qui était aussi occupé, comme nous l'avons dit plus haut, par trois ou quatre bataillons d'infanterie, les colonnes russes, en assaillant directement le plateau d'Ouzoun-Ahmet se trouvaient donc exposées à un feu partant de trois côtés à la fois. Le général Tergoukassof résolut alors de faire avant tout évacuer la colline qui se trouve au pied du Tchoban-Dagh et d'affaiblir le feu de l'artillerie postée au haut du défilé de Dévé-Bouyoun.

Dans ce but, on fit avancer des réserves de la colonne du général Bronevsky, les 3e et 4e bataillons du régiment de Crimée, qui attaquèrent la colline, en partie du côté du village de Nijni-Touï et en partie de front, et obligèrent les Turcs à l'évacuer. De cette manière la colonne du prince Amiradjibof n'eut plus rien à craindre sur ses derrières. Pendant l'action des bataillons du régiment de Crimée, deux batteries de la colonne du prince Amiradjibof, et de celle de Kalbolaï-Khoun furent mises en position sur les bords du défilé. En outre la batterie formant le flanc droit de l'artillerie du général Bronevsky reçut l'ordre de balayer ce même défilé. A ce moment toute la ligne des batteries russes s'était rapprochée de la position turque jusqu'à une distance de 1,600 mètres. Le tir excellent de ces trois batteries fit taire les cinq canons turcs dressés au haut du ravin.

En vue d'un dénoûment prochain, la cavalerie du général Kalbolaï-Khan fut rapprochée de la ligne de bataille et placée près du village du Tchiftlik, où, quoique se trouvant dans la zone de tir de l'artillerie turque, elle n'avait pourtant pas à souffrir, toute l'attention de Mehemet étant concentrée sur les troupes du prince Amiradjibof et sur les deux bataillons du régiment de Crimée.

Depuis le commencement de la bataille, l'artillerie du flanc droit ne cessait de couvrir d'obus la gauche du plateau d'Ouzoun-Ahmet ; quatre caissons d'artillerie y avaient sauté, et le village de ce nom, en proie aux flammes depuis le matin, avait été abandonné par les Turcs, qui occupaient une petite colline à côté du village. Pour préparer définitivement le succès de l'attaque, l'artillerie russe tira à mitraille à partir de 4 heures de l'après-midi sur les tranchées et sur le point le plus élevé de la gauche du plateau, et bientôt après, le prince Amiradjibof lança ses colonnes à l'assaut, ayant en première ligne un bataillon du régiment de Bakou et trois bataillons de celui d'Elisabethpol, et en seconde ligne le 3ᵉ bataillon des chasseurs du Caucase, deux bataillons du régiment de Bakou et un bataillon du régiment d'Elisabethpol.

Ces troupes s'élancèrent en avant et occupèrent les collines situées au pied de l'Ouzoun-Ahmet : à cet endroit elles furent reçues de trois côtés par une violente fusillade dirigée du haut du ravin, des tranchées d'Ouzoun-Ahmet, ayant deux étages, et du Tchoban-Dagh. Malgré cette grêle de balles et malgré la pente escarpée, les troupes du prince Amiradjibof continuèrent à avancer, se couvrant par la chaîne de leurs tirailleurs, qui se tenaient non-seulement sur le front, mais aussi sur les deux flancs. Elles s'emparèrent d'une terrasse après l'autre, d'une colline après l'autre, continuant toujours à avancer; et bientôt les deux lignes des combattants disparurent dans la fumée, et enfin un hourra retentissant apprit aux spectateurs de cette attaque que la première tranchée avait été déblayée à la baïonnette. Les Turcs avaient été mis en fuite, abandonnant deux canons aux soldats des régiments de Bakou et d'Elisabethpol. Il faut dire à la décharge de Mehemet-Pacha qui fut digne, dans cette journée fatale, de la réputation de courage qu'il s'était acquise, que les fortifications des positions qu'il défendait n'étaient pas achevées. Mouktar-Pacha dit lui-même dans une dépêche : « Comme ces redoutes n'avaient pu être mises encore jusque-là en état de défense complète, les bataillons occupant les hauteurs de gauche ne purent tenir pied. »

Après l'occupation de cette première tranchée, la moins élevée, une chaîne bien fournie de tirailleurs russes s'y établit, couchée sur le sol, cherchant à déloger de la crête de la hauteur les Turcs qui commençaient à battre assez rapidement en retraite sur la droite du plateau. Une partie des troupes du prince Amiradjibof envoyée pour tourner la gauche du plateau réussit, par une attaque d'ensemble, à s'emparer du bord du plateau et à en déloger les Turcs, qui se réfugièrent sur la droite de la position, abandonnant sur place un canon de forteresse. La fusillade entre les deux extrémités du plateau d'Ouzoun-Ahmet ne dura pas longtemps; la chaîne turque n'y resta que le temps nécessaire pour protéger la retraite de ses bataillons, qui s'étaient jetés en désordre sur l'unique sentier qui serpente entre les rochers du versant du plateau.

La prise du plateau d'Ouzoun-Ahmet dégagea la gauche de la passe de Dévé-Bouyoun. Ici se place un incident extrêmement curieux qui décida du sort de la bataille. Les Turcs, ainsi que les correspondants de journaux qui étaient parmi eux, présentent le fait comme un savant stratagème auquel Mouktar-Pacha se laissa prendre et qui causa sa ruine. Dans les documents russes, nous ne trouvons au contraire nulle trace d'une pareille intention, et la surprise dont les Turcs furent victimes nous paraît être beaucoup plus l'effet d'un hasard que d'une opération soigneusement combinée. Voici de quoi il s'agit.

Le général Heymann quand Ouzoun-Ahmet et les hauteurs nord du défilé de Dévé-Bouyoun furent occupées, considéra la ligne turque comme enfoncée; et il semble, d'après les mesures qu'il prit, qu'il croyait la passe entièrement dégagée. En conséquence, il ordonna à la cavalerie de Kalbolaï-Khan de franchir la passe, d'atteindre le village de Dévé-Bouyoun et de se porter sur la route d'Erzeroum pour empêcher les Turcs, que le général pensait être en fuite, de se réfugier dans cette ville. Il la fit suivre par le régiment des grenadiers d'Erivan qui était resté en réserve jusque-là.

Kalbolaï-Khan s'ébranla aussitôt avec sa division de cavalerie et s'engagea dans le défilé. Or le haut de la passe était gardé par Mouktar-Pacha en personne, comme nous l'avons dit; et, comme, malgré tous ses efforts, le prince Amiradjibof, à cause de l'escarpement des pentes, n'avait pu monter encore de batteries sur l'Ouzoun-Ahmet, la cavalerie russe s'avançait complétement à découvert n'étant protégée ni par des feux d'artillerie ni par des feux d'infanterie.

« Les Turcs, dit un correspondant du *Daily Telegraph* qui était auprès de Mouktar-Pacha, furent étonnés de l'audace de ce mouvement. L'idée d'envoyer de la cavalerie, si nombreuse qu'elle soit contre une telle position paraissait inexplicable. » Mouktar pensa que c'était une reconnaissance qui s'était laissé entraîner trop loin, et quand il jugea qu'il avait laissé les cavaliers s'approcher suffisamment il donna l'ordre à huit bataillons de marcher en avant et de les repousser. Mettant la baïonnette au canon, les bataillons s'élancèrent par-dessus les tranchées, et, poussant de grands cris de : *Allah! ul Allah!* l'infanterie ottomane descendit la montagne au pas de course, tirant tandis qu'elle marchait. Elle fut accueillie par un feu bien nourri d'une brigade de dragons qui avait mis pied à terre, ce qui ne fit que hâter leur marche, et bientôt les Turcs se trouvèrent à un millier de mètres des tranchées. Sur la crête où se tenait l'état-major de Mouktar tout le monde retenait sa respiration.

La cavalerie russe occupait un terrain beaucoup trop accidenté pour manœuvrer librement, et son anéantissement paraissait certain, car deux batteries d'artillerie à cheval descendaient le flanc de la montagne pour aider à la broyer. Kalbolaï-Khan auquel l'étroitesse de la passe empêchait de déployer son front, s'arrêta alors et vint se mettre à couvert sous les pentes de l'Ouzoun-Ahmet qu'Amiradjibof venait d'enlever. Les Turcs crurent qu'ils n'avaient plus qu'à charger pour détruire cette belle division, prise comme dans un cul-de-sac, mais il se trouva que c'étaient eux qui étaient tombés dans un traquenard. L'infanterie d'Admiradjibof à leur gauche, le régiment des grenadiers d'Erivan en face d'eux et à leur droite les troupes de Bronevski, installées sur la colline en avant du Tchoban-Dagh, les couvrirent subitement d'une effroyable grêle de projectiles. « Les Turcs descendirent, raconte le correspondant du *Daily Telegraph*, ils ouvrirent le feu, qui commença à produire son effet. Les collines nous renvoyaient l'écho de la fusillade, quand tout d'un coup tout changea en un clin d'œil.

De plusieurs points des hauteurs entièrement vides un moment auparavant, on vit surgir des masses épaisses d'infanterie russe. Les collines se couvrirent de troupes ennemies qui ouvrirent immédiatement un feu terrible contre les Turcs pris à l'improviste. Trop confiants dans leur force, trop désireux de punir la cavalerie russe de son audace, les hommes de Mouktar s'étaient avancés si loin dans la vallée qu'il n'y avait plus pour eux aucune chance de salut. Le peu de largeur de la route, la fusillade presque à bout portant, des positions avantageuses occupées par l'ennemi et surtout le caractère soudain de l'attaque les décourageaient et paralysaient leurs moyens de défense. Saisis de panique, les Turcs s'enfuirent de tous côtés, terrifiés, effarés, incapables de la moindre résistance. Les Russes victorieux s'élancèrent du haut des collines et arrivèrent dans les tranchées en même temps que les Turcs survivants. Ils prenaient une position après l'autre avec une rapidité surprenante. Ils étaient les maîtres. Une position jugée invincible était devenue intenable pour ses défenseurs. Les Turcs, non plus une force disciplinée, mais des masses saisies de panique, furent rejetées sur la crête des collines, abandonnant munitions, armes, tout enfin. La confusion était indescriptible.

« Les Russes, cependant, continuaient à avancer avec une vigueur formidable. Les versants des montagnes se couvrirent de nuées de tirailleurs. Tout cela s'était passé avec une incroyable rapidité. Ce qui est non moins étonnant, c'est la facilité avec laquelle cet exploit fut accompli. Depuis le moment où l'on vit comme sortir de terre les forces ennemies, toute résistance cessa virtuellement. Pas un seul coup de canon ne fut tiré contre les Russes pendant qu'ils montaient les collines. Bien au contraire, le désarroi de nos forces fut si grand que les canonniers turcs coupèrent les traits de leurs chevaux, les enfourchèrent et s'enfuirent au galop. On ne songeait qu'à soi-même. C'était un sauve-qui-peut général. Notre brave infanterie fit, il est vrai, ce qu'elle put pendant quelques moments, mais tout espoir était perdu et bientôt ce qui en restait se joignit aux autres fuyards, criant : « Nous sommes battus ! Que la volonté d'Allah soit faite ! »

La déroute.

Quand elles virent le centre enfoncé et les Russes en marche sur leur ligne de retraite, menacer de leur couper la route d'Erzeroum et de les envelopper dans leurs positions, les troupes de l'aile droite turque prirent peur et la panique les gagna. Ismaïl-Pacha donna le signal et l'exemple de la retraite et sa division, abandonnant ses positions, s'enfuit à toutes jambes le long du flanc de la montagne.

En vain Feizi-Pacha essaya-t-il d'arrêter la fuite ; en vain indiqua-t-il aux fuyards la vaillante résistance que faisaient les troupes de Mehemet-Pacha à la gauche, et ses propres braves soldats au-dessus de Topadjick. Sourds à toute raison, abandonnés par leur commandant, ces hommes ne virent de salut que dans la fuite, et une déroute surpassant celle de l'Aladja-Dagh s'ensuivit rapidement ; les artilleurs, coupant les traits de leurs canons, les abandonnèrent à l'ennemi et se joignirent à la débandade générale. L'étroite chaussée qui conduit de la crête du Dévé-Bouyoun à Erzeroum était bloquée par la foule épaisse des fugitifs, qui eussent été tous exterminés sans la vaillante résistance faite par les deux officiers étrangers qui se trouvent dans l'armée, Feizi et Mehemet-Pacha (1). Les brigades placées sous leur commandement défendirent noblement leur terrain et dirigèrent un feu tellement vif contre les colonnes russes qui s'avançaient que la poursuite en fut considérable-

(1) Nous avons dit que Mehemet est Circassien. D'après une autre version ce serait un renégat allemand. Feizi-Pacha (général Kohlman) est hongrois, comme on sait.

ment gênée et que grâce à une nuit épaisse qui survint bientôt le désastre fut moins complet qu'il eût pu l'être.

« La scène était surprenante, dit le correspondant du *Daily Telegraph*. Figurez-vous, si vous pouvez, une masse désordonnée de cavaliers, de fantassins, d'officiers, de Circassiens, de bachi-bouzouks, de chameaux avec leurs conducteurs, la baïonnette, la sabraient et tiraient sur elle. La foule finit cependant par forcer les portes et se rua dans la ville, où la terreur était à son comble. Les rues étaient remplies de soldats blessés et affamés, cherchant des provisions et des secours, effrayant les habitants par leur aspect. »

Le général Heymann lança toute sa cavalerie à travers le défilé de Devé-Bouyoun pour ache-

LES PRISONNIERS TURCS DANS LA PLAINE D'ERZEROUM, LE LENDEMAIN DE LA BATAILLE DE DÉVÉ-BOUYOUN

de bœufs, de voitures du train, se ruant, en proie à une panique indescriptible, et s'avançant vers Erzeroum sous le feu des Russes ! C'était une « lutte pour l'existence », par des chemins couverts d'une boue profonde. Les paroles ne suffiraient point pour rendre l'impression que produisait cette scène.

« Dix minutes plus tard, j'arrivais devant Erzeroum. Là le spectacle était encore plus hideux. Le gouverneur, terrifié, avait donné ordre de fermer les portes de la ville. Une foule de fuyards se pressaient devant et une lutte sanglante s'ensuivit entre ceux qui se trouvaient dans la ville et ceux qui essayaient d'y pénétrer. On employait des armes et les hommes qui se tenaient sur les remparts repoussaient la foule à

ver la déroute de l'ennemi. Après la division de Kalbolaï-Khan, s'élança celle du prince Amilakhvari. Le régiment des Cosaques du Mozdok, réussit à rejoindre une partie de la division d'Ismaïl-Pacha et s'empara le sabre à la main de quatre canons. Continuant la poursuite et faisant, dans l'obscurité qui était survenue, attaque sur attaque, il prit deux autres pièces encore. Pendant toute la nuit, la cavalerie russe parcourut la plaine d'Erzeroum et la fusillade ne cessa point

« Durant toute la nuit, dit un correspondant du *Times*, les fugitifs continuèrent à se précipiter dans Erzeroum, beaucoup uniquement pour la traverser et déserter pour rejoindre leur foyer; d'autres, abattus par la fatigue, le froid et les souffrances, se couchèrent dans les rues, et, en dépit d'une pluie battante, passèrent la nuit sur la terre boueuse sans autre couverture que leurs vêtements déguenillés. A onze heures du soir, Feizi-Pacha entra dans la place, ayant réussi à retirer ses troupes, inaperçu, mais Mehemet-Pacha fut moins heureux; il dut se battre à chaque pouce de son terrain depuis sa position du Devé-Dagh jusqu'à Hafiz-Pacha-Pounar, sur une distance de huit kilomètres. Ses pertes dans sa retraite furent très fortes. Dans la matinée Ghazi-Mouktar arriva, ayant cherché refuge durant la nuit dans le fort Assizié. »

Les troupes russes passèrent la nuit sur leurs positions et une partie de la cavalerie occupa le camp de Mouktar-Pacha. Le général Heymann se donna le plaisir de dormir dans la tente même du commandant en chef turc.

Le lendemain matin, un grand nombre de fuyards n'avaient pas encore rejoint Erzeroum. Le porte-enseigne Popovitch-Lipovetz, du régiment d'Erivan, remarquant une petite troupe de Turcs qui traînaient à bras des canons sur la route d'Erzeroum, se jeta sur eux avec 40 soldats et mit en fuite l'escorte des canons, ainsi que les hommes qui les traînaient, tua le commandant de cette escorte, un colonel turc, et s'empara de huit pièces.

Une batterie d'artillerie à cheval ramenée par Feizi-Pacha, trois pièces de forteresse sauvées par Mahemet-Pacha et quatre pièces de montagne soit en tout 13 canons, voilà tout ce que les Turcs sauvèrent des 58 pièces qu'ils avaient mises en batterie sur le Devé-Bouyoun. Ils perdirent en outre six caissons d'artillerie, une énorme quantité de projectiles et de cartouches et 5 ou 600 prisonniers. Leurs pertes en tués et en blessés s'élevèrent à plus de 2,500 hommes et ils en perdirent encore autant par suite des désertions qui furent la conséquence de l'affreuse débandade qui avait suivi la défaite. L'armée turque d'Arménie était donc cette fois complètement anéantie, elle n'avait plus d'artillerie du tout et elle était réduite au chiffre de 5 à 6,000 hommes complètement démoralisés.

Comme à l'Aladja-Dagh les pertes des Russes furent relativement très-faibles. Chacun sait que quand il y a déroute les pertes de l'armée qui est en fuite sont toujours hors de toute proportion avec celle qui poursuit. Ils eurent 3 officiers, parmi lesquels le lieutenant-colonel Podberensky, et 126 soldats tués, 38 officiers, parmi lesquels le lieutenant Kolodïef, et 650 soldats blessés.

Mouktar-Pacha organise la défense d'Erzeroum.

Tous les témoins de la déroute de l'armée turque et de l'entrée de ses débris dans Erzeroum s'accordent à dire qu'il eût suffi qu'un régiment de cavalerie russe se présentât aux portes pour prendre la ville, mais les troupes des généraux Heymann et Tergoukassof étaient littéralement accablées par les marches et la dure besogne qu'elles accomplissaient depuis quinze jours, et la nuit très-noire qui survint empêcha les vainqueurs de bien juger de l'étendue de leur victoire, de sorte qu'aucune tentative de ce genre ne fut faite.

Aussitôt rentré dans Erzeroum, Mouktar-Pacha adressa au gouvernement ottoman une dépêche, pour lui exposer les causes de sa défaite et lui exprimer sa résolution de défendre la capitale de l'Arménie jusqu'à la dernière extrémité. Cette dépêche se terminait ainsi :

A la panique de nos troupes, il a été reconnu que l'on doit ajouter aussi la conduite peu honorable de quelques officiers. Il a été décidé que les coupables passeraient par devant le conseil de guerre pour s'y voir infliger les pénalités édictées par les lois militaires.

Pendant la retraite, quelques pièces de l'artillerie ont été abandonnées par-ci par-là. Il sera aussi fait le nécessaire à l'endroit de ceux qui sont coupables de cette négligence.

Nous occupons maintenant les ouvrages fortifiés d'Erzeroum et y avons réparti les troupes et nommé les commandants des postes. En un mot, toutes les dispositions ont été prises pour parachever tous nos moyens de défense contre l'ennemi.

Le vaillant et malheureux muchir montrait, en effet, dans son infortune, une admirable fermeté d'âme, et pour avoir vu son armée deux fois anéantie, en moins de trois semaines, il ne se laissait point abattre.

Erzeroum, chef-lieu de vilayet et centre commercial de l'Arménie, compte 60,000 habitants; cette ville est située au sud-est de la fertile plaine du même nom, qui occupe une superficie de 430 kilomètres carrés environ et est bornée au nord par les monts Doumli-Dagh, à l'est par la chaîne de Dévé-Bouyoun, au sud par les monts Palanteken et à l'ouest par ceux de Ghinaour.

Grâce à son heureuse situation, Erzeroum est l'une des villes les plus importantes de la Turquie d'Asie et l'entrepôt de tout le commerce avec la Perse.

Les défenses consistent en ouvrages détachés groupés sur trois points, en un corps de place et en une citadelle. Des trois groupes d'ouvrages détachés, le plus important est celui du Top-

Dagh. Il est séparé des hauteurs dominantes de Dévé-Bouyoun à l'est par le défilé de Vonk-Déressi, appelé aussi défilé de Monastyr, encaissé entre des roches très-escarpées, et au nord par l'étroite vallée de l'Ildérim-Déressi. La chaîne assez large du Top-Dagh décrit à ce dernier endroit un hémicycle, d'un diamètre de 1,800 mètres, tourné vers le sud; ses pentes extérieures, très-rocheuses, s'abaissent vers le sud, l'est et l'ouest; l'encaissement formé au centre de ce demi-cercle se relie à la vallée de l'Ildérim-Déressi. Les ouvrages du Top-Dagh sont construits sur deux lignes; la première, qui s'étend du nord au sud sur une longueur de 700 mètres, comprend les trois lunettes d'Assizié, dont deux sont fermées à la gorge par des casemates; la troisième est ouverte. La seconde ligne, qui est à 17 à 1,800 mètres de la première et à 1,000 à 1,100 mètres de l'enceinte de la ville, se compose de deux ouvrages dont l'un, celui du sud, qui porte le nom de Medjidié, est fermé, et l'autre, celui de Sourb-Nichson, à la forme d'une lunette. L'un et l'autre sont reliés entre eux et avec le corps de place par un parapet à lignes brisées.

Le second groupe d'ouvrages s'élève sur les deux sommets du Kérémet-Dagh, distants l'un de l'autre de 600 mètres. Il se compose d'ouvrages peu considérables et de batteries. Le sommet de l'est est relié au rempart de la place. Le fort d'Akhali est une lunette, située à 1,200 mètres du corps de place, sur une hauteur, au milieu de la vallée bordée au nord par le Top-Dagh et au sud par le Palantoken. Il est destiné à battre le ravin de Monastyr, que traverse la route de Kars.

Les ouvrages du Top-Dagh, de Kérémet et d'Akhali ont des profils beaucoup moindres que celui du corps de place; les parapets y ont de 12 à 13 pieds de hauteur, et une épaisseur de 27 pieds; la largeur des fossés est de 25 pieds. Les parapets sont construits en pierres et recouverts d'un terrassement de deux archines d'épaisseur. Quelques-uns de ces ouvrages ont des casernes voûtées; Medjidié a une casemate pour 16 canons et Assizié une casemate pour 30 pièces.

Le corps de place, qui mesure 12 kilomètres de circonférence et est éloigné de 6 à 700 mètres de l'enceinte de la ville, se compose de onze bastions reliés entre eux par des courtines. En outre, comme nous l'avons déjà dit, les ouvrages du Top-Dagh et du Kérémet-Dagh s'y rattachent par des lignes continues de remparts, construits pour la plupart en amphithéâtres sur les montagnes.

La citadelle, située au centre de la ville, se compose d'un vieux mur en pierre, flanqué de treize tours; elle sert d'arsenal mais ne saurait opposer une résistance sérieuse, notamment parce qu'elle n'a pas d'esplanade.

L'armement de la place exige de 140 à 150 canons. La garnison nécessaire à la défense, d'après le développement des ouvrages, représente un effectif d'au moins 20,000 hommes.

Erzeroum peut être investi plus facilement que Kars et avec des troupes moins nombreuses; le chiffre de sa population et le manque de constructions à l'abri de la bombe rendent son bombardement très-efficace.

Les conditions étaient, en outre, loin d'être favorables à la défense. Mouktar-Pacha avait bien à peu près l'artillerie nécessaire, 80 pièces de siège se chargeant par la culasse et 60 pièces en fonte de vieux modèles, mais à peine lui restait-il 5 à 6,000 hommes fort démoralisés. Heureusement, le 5, il lui arriva six bataillons au complet de Trebizonde représentant un effectif de plus de 4,000 hommes et il s'empressa de les envoyer dans les ouvrages du Top-Dagh qu'il plaça sous les ordres de l'intrépide Mehemet-Pacha. Pour surveiller de plus près les entreprises des Russes, il installa son propre quartier général dans cette position.

Mais la principale cause qui paralysait les préparatifs de défense ce n'était pas encore la démoralisation de l'armée ni le petit nombre des soldats, c'était le mauvais vouloir d'une partie des habitants. Les plus riches d'entre eux s'étaient enfuis vers Erzinghian et Trebizonde lors de la surprise d'Hassan-Kaleh. Les marchands avaient fermé leurs boutiques et étaient partis avec leurs marchandises les plus précieuses. A une partie de ceux qui restaient on ne pouvait guère demander de sacrifices. Appartenant à dix nationalités différentes, arméniens, grecs, juifs, il ne fallait attendre d'eux ni le patriotisme d'un osmanli, ni le fanatisme d'un musulman. Le 6, les principales autorités de la ville présentèrent une pétition à Mouktar-Pacha le priant de livrer la place aux Russes et de leur épargner les horreurs d'un siége et d'un assaut. A cette requête, le commandant en chef répondit que ce n'était pas lui qui avait le droit de prendre une décision, mais le sultan auquel il télégraphierait pour demander des ordres.

A peine cette députation était-elle partie qu'un parlementaire russe arriva aux avant-postes, demandant la reddition de la place en déclarant que si sa demande était rejetée, elle serait immédiatement bombardée et attaquée. Il ajouta que le général Heymann désirait épargner à la population civile, toutes les horreurs de la guerre, mais que si la résistance était prolongée, les conséquences en retomberaient sur le commandant en chef turc qui prolongerait inutilement une lutte sans espoir. Mouktar fit à ce parlementaire la même réponse qu'à la députation des habitants d'Erzeroum, il lui dit qu'il télégraphierait au sultan pour avoir des instructions et demanda trois jours de répit pour donner une réponse définitive.

Le 7 les Turcs purent se rendre compte des travaux que les Russes entreprenaient en vue du siège et du bombardement. Sans perdre de temps, dès le 5, le fougueux Heymann avait mis ses hommes à l'œuvre. Toute l'armée russe était venue camper entre les montagnes de Devé-Bouyoun et Erzeroum; le génie avait tracé les ouvrages à établir sur les hauteurs les plus rapprochées de la ville, et les travailleurs s'étaient mis à l'œuvre. On les voyait notamment élever à 2,800 mètres environ du Top-Dagh une redoute qui ne commandait pas seulement la route de Devé-Bouyoun à Erzeroum, mais toute la ville d'Erzeroum même qu'elle menaçait de foudroyer en cas de bombardement.

Ce jour-là Mouktar fut encore prié par la population d'évacuer la place. Le vieil Hassan-Pacha lui-même, le gouverneur qui avait remplacé Ismaïl-Hakki et qui avait cependant montré beaucoup d'activité à expédier des vivres et des renforts à l'armée de Mouktar-Pacha, donnait le triste exemple d'une démoralisation inouïe. Il dit tout haut : « Je croyais qu'Allah était avec les musulmans, mais je vois qu'aujourd'hui il est avec les chrétiens. » Mais Mouktar avait résolu de résister; il se plaignit de Hassan à Constantinople, on lui télégraphia qu'on allait lui envoyer l'indolent et indiscipliné Achmet-Eyoub, l'ancien lieutenant de Mehemet-Ali à Rasgrad. C'était changer pour trouver pire. Mouktar refusa le concours d'Achmet-Eyoub et garda Hassan ne faisant fond que sur Feizi et sur Mehemet pour l'aider à défendre la ville. Devançant le terme du répit qu'il avait lui-même demandé, il fit répondre au général Heymann que le sultan lui avait ordonné de défendre la ville jusqu'au dernier homme et jusqu'à la dernière cartouche et qu'il tâcherait de se rendre digne de la confiance qui lui était témoignée.

Le même soir un second parlementaire se présenta et annonça à Mouktar-Pacha que le général Heymann lui donnait trois jours pour réfléchir encore; passé ce délai, si la place tenait toujours, le bombardement commencerait. A la réception de ce message un conseil de guerre eut lieu au palais du gouverneur. Les principales autorités civiles et militaires, les représentants d'Erzeroum à la Chambre des députés turcs, les prêtres et tous les principaux musulmans de la ville y prirent part. Mouktar parvint à communiquer son courage à tout ce monde et après une courte discussion sur la situation, il fut unanimement résolu qu'on défendrait la ville jusqu'à la dernière extrémité. Avant de convoquer cette réunion, le commandant en chef avait fait une inspection minutieuse de toutes les fortifications et avait adressé quelques mots d'encouragement aux défenseurs de chaque avant-poste. Il avait trouvé ses soldats un peu plus confiants, raffermis par sa propre énergie. De plus de nouveaux renforts, deux batteries d'artillerie, quelques bataillons enfin détachés de l'armée de Batoum, et des approvisionnements en assez grande quantité arrivaient de Trébizonde par la route de Baïbourt.

Il faut payer un tribut de respect à Mouktar-Pacha qui fut souvent malhabile, plus souvent encore malheureux, mais qui, du moins, ne désespéra jamais. « Dans les nombreuses actions auxquelles il a été présent pendant la guerre, dit un correspondant du *Times* qui s'enferma avec lui à Erzeroum, Mouktar a fait preuve de beaucoup de bravoure personnelle et en ce qui concerne l'insuccès de la campagne, je doute qu'il y ait un général au monde qui eût tiré plus d'avantages du très-petit nombre d'occasions offertes au général turc. Une caisse vide, une armée impayée, une intendance et un service de transports défectueux, des chefs de division indignes de confiance, un commandant incapable à l'aile droite, des squelettes de bataillons composés de volontaires nouvellement enrôlés, tels sont les matériaux avec lesquels Mouktar-Pacha a dû travailler. Tout cela a été tenu en cohésion par les efforts personnels d'un seul vaillant homme. »

Echec des Russes au Top-Dagh.

Si Mouktar faisait des prodiges d'énergie, Heymann n'était pas moins actif. Il travaillait à deux fins. D'abord en prévision d'un long siège il prit toutes ses mesures pour assurer ses communications avec le gros de l'armée resté sous les murs de Kars. La route de Kars à Erzeroum était bien loin d'être un chef-d'œuvre de viabilité et dans les montagnes du Soghanli-Dagh et de Devé-

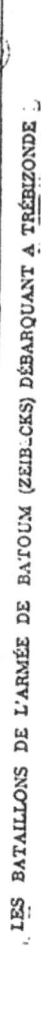

LES BATAILLONS DE L'ARMÉE DE BATOUM (ZEIBECKS) DÉBARQUANT A TRÉBIZONDE.

Bouyoun elle était en quelques points à peine praticable. Le général russe réquisitionna les habitants de tous les villages voisins pour la réparer et leur donna un rouble par jour à chacun. On assure que bon nombre de musulmans, aléchés par la somme, se prêtèrent volontairement à cette corvée.

Mais tout en se préparant à des opérations de longue haleine, Heymann n'en voulut pas moins essayer de profiter une dernière fois de l'affaiblissement et de la démoralisation de ses adversaires pour enlever Erzéroum par un coup de main. Une surprise de nuit fut résolue pour la nuit du 8 au 9 novembre. Le Top-Dagh est la clef d'Erzéroum. Une fois cette position enlevée par l'ennemi, la ville devient intenable et doit être évacuée. Heymann partagea donc ses forces en deux colonnes qui, partant à minuit des campements, devaient attaquer subitement le Top-Dagh à droite et à gauche et l'enlever de vive force. Malheureusement il arriva ce qui arrive fréquemment dans les attaques de nuit : les colonnes s'égarèrent et n'arrivèrent sur le point d'attaque qu'au jour, c'est-à-dire alors qu'il était trop tard pour tenter une surprise et qu'elles étaient harassées. Seule, l'avant-garde de la colonne de droite, composée de trois bataillons du régiment de Bakou arriva en temps voulu à l'endroit désigné. Elle montra par le succès qu'elle remporta qu'Erzeroum eût été infailliblement perdu si les Russes avaient suivi de bonnes routes.

Comme ni le gouvernement russe, ni la Porte n'ont publié de rapports détaillés sur cette affaire, nous sommes obligés de nous en remettre au récit, du reste fort pittoresque, que le correspondant du *Times* en a donné. « A 4 heures 30 du matin (le 9), raconte-t-il, je fus réveillé par le bruit d'une terrible canonnade, et, regardant par ma fenêtre, je vis les rues encombrées d'hommes, de femmes et d'enfants, tandis que des minarets les mollahs appelaient tous les hommes valides à prendre les armes et à combattre pour leur religion. Beaucoup, animés de frénésie par ces exhortations, couraient à la citadelle, où des armes étaient distribuées à la hâte à tous ceux qui en demandaient, et en moins d'une demi-heure je me trouvai au milieu d'une foule armée se précipitant vers le fort Assizié, qui paraissait avoir été vigoureusement attaqué.

« D'après ce que je pus apprendre en arrivant à ce fort, on me laissa entrer sans me questionner, il paraît qu'à 2 heures du matin une sentinelle de la lunette Medjidié, située au nord-est de la ville, sur les montagnes du Top-Dagh, crut entendre l'approche d'un corps de troupes et fit part de son observation à l'officier de garde, qui, après avoir écouté, déclara qu'il n'y avait pas de cause d'alarme. Le soldat retourna à son poste, mais au bout de quelques moments, il vit et entendit distinctement un corps de troupes marchant à travers le terrain à l'est de la lunette. Il donna immédiatement l'alarme ; mais telle fut la célérité des mouvements des Russes, qu'avant que la garnison eût pu prendre les armes, un détachement de deux à trois cents hommes avait pris pied dans la lunette, tandis que d'autres, se lançant à travers la gorge ouverte, complétèrent la prise de la place. La garnison fut faite prisonnière, pas un homme, je crois, n'ayant été blessé ou ne s'étant échappé. Cette lunette de Medjidié est un ouvrage avancé du fort Assizié, qui est situé à 1,200 mètres à l'ouest.

« Le capitaine Méhémet-Pacha, entendant le tumulte, sortit immédiatement du fort à la tête d'un demi-bataillon, mais n'atteignit la gorge de la lunette que pour la trouver aux mains de l'ennemi. Sans s'arrêter un instant pour réfléchir, ce vaillant petit homme attaqua les Russes à la baïonnette avec tant d'impétuosité qu'après un combat des plus acharnés, qui dura environ vingt minutes, les Turcs étaient de nouveau maîtres de la fortification tandis que 300 cadavres étendus dans la lunette Medjidié témoignaient du caractère sanglant de la lutte.

« C'est alors seulement que la bataille commença. Il paraît que l'avant-garde d'une colonne russe avait surpris et pris cet ouvrage avancé. L'obscurité de la nuit ou l'impétuosité du chef russe doit être responsable de l'échec du plan, car avant que le gros de la colonne pût atteindre la lunette, elle avait été prise et reprise. Le général russe dirigea immédiatement ses troupes contre la garnison, qui avait cependant été renforcée d'environ 1,200 hommes du fort Assizié, tandis que les habitants, nouvellement armés, au nombre d'à peu près 2,000, gravissaient précipitamment la montagne et, sans égard au feu que dirigeaient contre eux les deux batteries de campagne que l'ennemi avait mises en position, se lançaient dans la gorge à l'arrière de la fortification. Les gros canons du fort Assizié ouvrirent alors le feu contre les colonnes de l'ennemi, qui se retirèrent avec de fortes pertes.

« En même temps une autre colonne, composée de sept bataillons d'infanterie, d'un régiment de cavalerie, de huit canons de campagne et de trois gros canons, apparut marchant sur les crêtes des montagnes au sud-ouest de la ville. Cette colonne fut toutefois arrêtée par le feu des forts Keremet et Akhali. Non pas que l'ennemi subît aucune perte, car j'observais attentivement l'effet des obus turcs et je remarquais que tous tombaient à 600 ou 700 mètres en deçà du but.

« J'ai pu supposer seulement que cette colonne était primitivement destinée à attaquer le fort Keremet au sud-sud-ouest de la ville simultanément avec la colonne attaquant la lunette Medjidié, mais que, ayant mal calculé la distance et voyant que non-seulement le jour s'était levé lorsqu'elle atteignit ses positions d'attaque mais aussi que l'attaque de la colonne de droite avait échoué, elle jugea qu'il était inutile de livrer un assaut en plein jour à un fort bien préparé contre une surprise.

« Vers trois heures de l'après-midi les deux colonnes russes se retirèrent, celle de gauche à Topalack sans être molestée en aucune façon ; mais celle de droite fut poursuivie par le capitaine Mehemet-Pacha jusque sous les murs de la redoute que les Russes ont construite près du Top-Dagh. Je quittai le terrain à la nuit, et jusqu'à ce moment un feu violent se poursuivait dans cette direction.

J'ai remarqué Ghazi-Mouktar-Pacha, Edhem-Pacha, notre vice-gouverneur, Hadji-Izzet-Pacha, et tout le clergé mahométan de la ville sur le champ de bataille. J'ai vu le commandant en chef pointer lui-même un des nouveaux canons de 18 centimètres dans le fort Assizié à trois ou quatre reprises, et je dois dire qu'il visait extrêmement bien. Nous avons vu l'obus tomber droit dans une colonne de troupes, qui à la seconde décharge s'ouvrit et finalement se retira.

« Je ne dois pas omettre de dire que les bataillons qui ont supporté le choc de la bataille dans l'engagement d'aujourd'hui sont les six nouveaux corps récemment arrivés de Trébizonde. Ils ont fait preuve d'une fermeté étonnante sous le feu et ont répondu à l'appel de Mehemet-Pacha d'aborder les Russes à la baïonnette avec une cordiale promptitude. L'artillerie des fortifications sur la plaine au nord-ouest d'Erzeroum s'est aussi distinguée d'une manière signalée. Du côté opposé de la ville, et certainement non-seulement hors de portée, mais aussi hors de la vue de l'ennemi, ces batteries ont entretenu un feu violent pendant plus de deux heures sans aucun but. Il est difficile de parler de nos pertes avec certitude. Vingt officiers et environ 500 hommes ont été faits prisonniers au commencement de la journée dans le fort Medjidié. J'apprends d'un officier supérieur de l'état-major général que nos morts s'élèvent selon toute probabilité à environ 700 et nos blessés au double. Les Russes ont laissé 300 morts derrière eux, mais ont réussi à en emporter un grand nombre.

« C'était un plaisir de voir les chirurgiens anglais s'occupant de leur mission humanitaire sous le feu le plus violent. Un fils de notre consul, Réginald Zohrab, un enfant de 13 ans, était en première ligne pour les assister, pansant les blessures avec autant de calme et de sang-froid que s'il voyait pareilles scènes tous les jours. L'hôpital de Blantyre est plus que plein, et nous sommes en grand besoin de secours. Notre consul, toujours en éveil en cas de détresse, en apprenant la nouvelle du combat, a immédiatement télégraphié à Constantinople pour demander de nouveaux secours aux agents des sociétés charitables, et à mon retour du champ de bataille, je constatai qu'il avait passé la journée à l'hôpital de Blantyre, prenant des mesures supplémentaires pour la réception des blessés. »

Une dépêche russe porte le chiffre des prisonniers faits par le régiment de Bakou à 19 officiers et 510 soldats, mais elle est muette sur les propres pertes de ce régiment qui ont dû être considérables.

Ce succès, premier sourire de la fortune après de si effroyables désastres, eut un grand effet moral sur les troupes turques qui y virent la preuve qu'Allah ne les abandonnait point. Mouktar-Pacha en profita pour donner une impulsion nouvelle aux préparatifs de défense. Les archives d'Erzeroum et les bagages inutiles furent expédiés à Erzinghian. La population de la ville fut avertie que chaque habitant aurait à se pourvoir de vivres pour huit mois au moins ; une inspection devait contrôler la façon dont cet ordre serait exécuté, et toutes les familles qui ne se seraient pas mises en mesure seraient invitées à émigrer. Comme les corps d'Heymann et de Tergoukassof réunis étaient absolument insuffisants à investir la ville et que la route de Trébizonde devait rester libre longtemps encore, Mouktar fit venir de ce port autant de transports de vivres et de munitions qu'il fut possible d'en organiser. Enfin les habitants mâles et valides appartenant à la population musulmane furent armés et organisés en bataillons de 600 hommes pour le service des remparts de l'enceinte intérieure.

Quant aux Russes, ils se résignèrent à attendre que le sort de Kars fût décidé et que le grand-duc Michel pût leur envoyer des renforts. Comme les blessés qui avaient été relevés sur le champ de bataille de Dévé-Bouyoun gênaient considérablement le général Heymann, et, comme d'autre part, il n'était pas fâché de grossir le nombre des bouches inutiles dans Erzeroum au moment où la question des subsistances allait devenir pour cette ville une question vitale, il prit le parti de les renvoyer à Mouktar-Pacha. Le 11 novembre, 69 arabas, chargées d'environ 600 blessés, arrivèrent sous la protection d'un parlementaire, aux avant-postes ottomans. L'officier chargé de la garde du convoi était porteur d'une lettre du général Heymann à Mouktar. Dans cette lettre le général russe parlait brièvement des soins que prennent les Russes de leurs ennemis blessés, et exprimait l'espoir que les soldats ottomans, apprenant cela de la bouche même de leurs blessés, s'abstiendraient dorénavant de commettre ces actes de brutalité qui, même dans la dernière affaire du Top-Dagh, avaient déshonoré leur cause. Le général Heymann priait que les arabas et les literies lui fussent renvoyées, parce qu'elles appartenaient au corps d'ambulance, et que, par suite de la rigueur de la température, elles étaient très-nécessaires à ses propres soldats.

« J'ai, dit le correspondant du *Times*, conversé avec un grand nombre de ces blessés, et ils parlent avec la plus vive reconnaissance de la conduite de leurs ennemis. Ils ont été très-étonnés des rations qui leur étaient distribuées tandis qu'ils étaient à l'hôpital. Ils recevaient chaque jour la visite d'un officier, qui leur demandait s'ils avaient quelque plainte à faire, et finalement à leur départ on leur a distribué des aliments chauds, une grande capote provenant du butin pris et 100 piastres en argent.

« Cet acte a profondément ému Mouktar-Pacha, qui est un gentleman courtois et humain, et il a donné les ordres les plus sévères contre ceux qui tueront les blessés, déclarant qu'il fera fusiller tout homme qui commettra l'acte, et tout officier qui en sera témoin. »

Le 13 il y eut une fusillade très-vive autour des retranchements du Top-Dagh, mais l'affaire ne fut pas sérieuse, bien que les bulletins turcs en aient profité pour annoncer une nouvelle victoire. Comme nous venons de le dire, le général Heymann attendait désormais le gros de l'armée restée sous Kars. Les menaces de bombardement n'avaient pour but que d'intimider la population et ne furent suivies que d'insignifiantes démonstrations, le feu des pièces mises en batterie à l'est de la ville étant surtout dirigé contre les retranchements du Top-Dagh.

XXXIII. — PRISE DE KARS

Préparatifs de l'assaut.

Quand le corps du Saganloug eut été détaché le 22 octobre du gros des forces réunies à Tichma pour pour-uivre Mouktar-Pacha, le reste du corps d'Alexandropol forma un corps spécial qui prit le nom de corps de Kars et qui fut placé sous les ordres du général Lazaref, le grand-duc Michel et le prince Loris-Melikof restant, bien entendu, toujours commandants supérieurs.

Ce corps comprenait 35 bataillons, 48 escadrons et sotnias et 138 bouches à feu. Son objectif était le blocus de Kars et il s'établit autour de cette forteresse, en occupant la ligne des villages de Matsra, Mélik-Keuï, Tcholgaour, Samovat, Aravartan, Vozgali, Tamra, Azat-Keuï, Magaradjik et Kizinkeuï, et ayant son quartier général à Tichma. Après s'être établies dans ces positions et avoir été renforcées de six bataillons, huit canons et cinq sotnias, arrivés d'Ardahan, ces troupes, par leur cavalerie et leurs avant-postes resserrèrent de plus en plus le blocus et, en attendant l'arrivée des pièces de siège qu'on faisait revenir en toute hâte d'Alexandropol, des détachements de volontaires opéraient chaque jour de différents côtés des alertes de nuit dans la place, soutenus par l'artillerie de campagne mise en position au sud-ouest et à l'ouest et par une batterie de quatre pièces à longue portée construite près du village de Karadjouran.

Les reconnaissances minutieuses du terrain et des défenses de la place et les renseignements recueillis sur l'effectif et le moral de la garnison, ainsi que sur ses approvisionnements, affirmaient chaque jour davantage que si la défaite de l'armée de Mouktar-Pacha pouvait influer dans une certaine mesure sur la force défensive de Kars, la prise de cette ville, n'en était pas moins une entreprise extrêmement difficile.

De grands approvisionnements de vivres assuraient aux 42 bataillons de la garnison les moyens de soutenir un blocus de six mois, qui pendant l'hiver, si rigoureux en Arménie, aurait entraîné pour les troupes d'investissement de nombreuses et inévitables souffrances.

L'excellent armement des fortifications de Kars, la résolution de la garnison de se battre jusqu'à la dernière extrémité, la solidité connue des troupes turques dans les sièges et les conditions difficiles dans lesquelles étaient placées les troupes d'investissement, ne permettaient presque pas de s'arrêter à l'idée d'un siége régulier dont il eût été difficile de prévoir la fin. Et puis, la prompte prise de Kars était d'une haute importance tant comme succès militaire sur ce point du théâtre de la guerre que pour faciliter et développer les opérations en mettant la base de celles-ci à l'abri de toute éventualité, et en permettant de détacher des forces suffisantes du côté d'Erzeroum et de répartir les troupes d'une façon plus commode à l'approche de l'hiver.

Le seul moyen de sortir de cette situation était de s'emparer de Kars de vive force, en préparant, autant que possible, l'assaut par le bombardement de plusieurs forts et de la ville et en plaçant l'assaut dans les conditions d'un succès certain, fût-il partiel, et susceptible d'être ultérieurement développé.

La ligne des forts du sud-est, situés sur la rive

LE GÉNÉRAL OKLOBJIO, COMMANDANT LE CORPS DU RION

droite du Kars-Tchaï, Hafiz-Pacha, Kanly et Souvari, et la ville elle-même, où étaient concentrés tous les dépôts et approvisionnements de la garnison, furent choisis comme principal objectif, tant en raison de la conformation du terrain que de la situation et de la force relatives des défenses commandant les approches de la place.

Pourtant, avant de tenter une aventure aussi risquée qu'un assaut de nuit, on essaya d'obtenir la reddition de Kars par voie diplomatique, et le général Loris-Mélikof entra en négociation avec Hussein-Avni-Pacha (appelé aussi Hussein-Hamid). Le 23 octobre, des parlementaires vinrent au camp russe apporter les conditions du commandant turc. Comme il demandait à sortir librement avec armes et bagages, on ne put s'entendre et les pourparlers en restèrent là. Il fallait prendre Kars de vive force.

Le 4 novembre, 48 pièces de siège étaient arrivées sous Kars; sur les indications des chefs du génie et de l'artillerie, on détermina sur les dernières pentes des montagnes de Vizinkeuï et de Magaradjik, à une distance de 2,500 à 3,000 mètres des remparts, les emplacements de 12 batteries de siège, destinées à battre la ville et les forts dont nous avons parlé plus haut ainsi que le Karadagh, dont les ouvrages étaient en majeure partie dirigés du côté de Hafiz-Pacha.

Le 5, les Turcs, sous la protection d'une violente canonnade tirée de tous les forts de Kars à la fois, firent une vigoureuse sortie pour disperser les travailleurs russes et détruire les ouvrages qu'ils avaient ébauchés depuis la veille. Après avoir subi un échec complet, ils se retirèrent en désordre et furent poursuivis jusqu'à Hafiz-Pacha. Se laissant entraîner par la poursuite, deux bataillons du régiment de Koutaïs, commandés par le colonel Fadéïew, sans faire attention au feu croisé d'artillerie et de mousqueterie, se précipitèrent dans ce fort, y tuèrent à la baïonnette la plus grande partie de la garnison, enclouèrent les canons, et firent prisonniers 10 officiers et une quarantaine de soldats. Comme rien n'était prêt pour appuyer ces troupes, les Russes ne purent profiter de ce succès imprévu et les bataillons de Koutaïs, cruellement maltraités, durent battre en retraite et abandonner leur conquête.

Cette brillante affaire démontra du moins que le plan russe avait quelques chances sérieuses de succès et qu'il était possible d'enlever Kars par un mouvement rapide et bien combiné.

Construites et armées dans l'espace de six jours les batteries de siège ouvrirent leur feu le 9 novembre et le continuèrent jour et nuit sans interruption, en augmentant leur tir vers le soir. L'effet destructeur des projectiles, la précision de l'artillerie, le manque d'abri dans les ouvrages turcs et dans la ville même et les premières informations reçues sur l'impression produite par le bombardement sur la population, autorisaient l'hypothèse qu'il serait possible de réduire la forteresse par ce moyen, sans recourir à un assaut. Mais ce ne fut qu'une première impression. La garnison se montra résolue à combattre et fit tous les préparatifs pour repousser un assaut, en renforçant la défense entre les forts du sud-est et la ville et en élevant de nouvelles batteries du côté de Karadagh. Il était d'autant plus nécessaire de presser le dénoûment; l'assaut fut décidé. Il ne restait qu'à en fixer le moment et les moyens.

En avant de la ligne des forts, qui devaient être le premier objectif de l'attaque, le terrain n'offrait à portée de fusil des ouvrages à peu près aucun abri, aucune position favorable pour l'artillerie de campagne. L'énorme étendue de la ligne de feu, que flanquaient plusieurs corps de troupes, des rangs successifs de tranchées et d'abris artificiels, la portée et l'intensité presque incroyable du feu de l'infanterie turque dans la défense, menaçaient l'armée russe de pertes immenses en cas d'attaque de jour. De plus, la situation montagneuse des autres forts, en permettant à l'ennemi de suivre les mouvements des colonnes dirigées contre lui, de reconnaître leur force et leur but, enlevait toute importance à une démonstration et mettait les Turcs à même de concentrer leur défense sur le point réel d'attaque.

D'autre part une attaque dans l'obscurité d'une nuit sans lune pouvait conduire à une catastrophe ou tout au moins à un échec complet comme le général Heymann venait d'en faire l'expérience à Erzeroum dans sa tentative sur le Top-Dagh. Il fallait attendre le moment où la lune, restant à peu près toute la nuit sur l'horizon, éclairerait la campagne assez d'une part pour qu'on ne se trompât pas de direction et d'autre part pas assez pour révéler de loin le mouvement des colonnes d'attaque à l'ennemi et pour lui donner ainsi le temps de prendre ses mesures et de diriger sur elles un feu d'infanterie meurtrier.

La nuit du 14 au 15 novembre fut d'abord choisie pour ces motifs, mais le mauvais temps étant survenu et ayant duré jusqu'au 16, l'assaut fut définitivement fixé pour la nuit du 17 au 18. Cet ajournement fit que le bruit qu'on allait attaquer Kars se répandit dans l'armée, où il fut accueilli avec une joie véritable. Les troupes désiraient ardemment l'assaut, car le mauvais temps et le service on ne peut plus pénible des avant-postes autour de Kars avaient augmenté depuis quelque temps le nombre des malades et rendaient de plus en plus difficile le blocus de la ville. Les soldats disaient qu'ils préféraient être tués en combattant que mourir à l'hôpital. Le général comte de Michel Grabbe, qui devait être tué à la tête de ses troupes, faisait, dans une lettre écrite à son frère cinq ou six jours avant sa mort, un tableau humoristique de ses souffrances. « Nous barbotons dans la boue, écrivait-il, nous sommes transpercés d'outre en outre par une vilaine pluie qui nous fait grelotter. Nous grelottons donc, et nous mangeons de la galette trempée dans de l'eau. C'est très-bon quand on est affamé ! Nos vêtements tombent en loques et — *horribile dictu* — nous avons l'avantage d'être dévorés par la vermine ! Brrr ! ! Mais, Dieu merci, ces splendeurs de la vie de bivouac vont avoir un terme. Je sais de source certaine que l'assaut est décidé et qu'il doit avoir lieu dans quelques jours. Je suis à la tête d'un grand détachement de volontaires.

« C'est nous qui marcherons les premiers. Honrra ! Kars sera pris, c'est certain. Mais à peine aurai-je mis le pied sur les remparts ennemis que je demanderai un congé de dix jours. J'ai soif d'aller embrasser ma chère femme et mes enfants, puis, je te l'avoue, j'ai hâte de me décrasser et de me rafistoler, car je suis en guenilles. »

Les points faibles de Kars (1).

La prise de vive force, en une nuit, d'une grande ville, défendue par douze ouvrages avancés, par plus de 300 pièces de canon et par 20,000 hommes, est si extraordinaire, elle constitue un exploit si rare que l'on a immédiatement suggéré qu'elle n'avait pu être opérée que par trahison. Mais le chiffre élevé des pertes russes, l'acharnement d'une bataille qui a duré douze heures, font que cette supposition ne résiste pas à l'examen. Ce beau fait d'armes ne peut donc s'expliquer que par des raisons militaires, d'une part l'héroïsme des troupes russes, de l'autre les nombreuses erreurs commises dans la construction des fortifications de Kars.

Nous avons déjà, dans notre description de cette place (1), insisté sur les points faibles de son système d'ouvrage, il faut que nous y revenions avec de plus grands détails afin de bien faire comprendre comment a pu être accompli un exploit que tout le monde, avant qu'il se fût produit, eût regardé comme en dehors des possibilités prévues par l'art militaire.

De l'avis même de beaucoup d'officiers russes qui se basaient sur l'insuccès de l'assaut de Kars par le général Mouraview pendant la guerre de Crimée et sur les assurances des ingénieurs étrangers au service de la Turquie, la forteresse de Kars était considérée comme absolument inexpugnable. Et elle l'eût été en effet si ceux qui l'ont construite ou complétée avaient moins perdu de vue précisément le côté le plus faible de la place, la plaine du Kars-Tchaï. Le système, qui n'est plus tout à fait moderne, d'entourer une place forte ou une position retranchée d'une série de solides forts avancés, afin de créer par là un point d'appui ou de ralliement pour une armée trop faible ou une armée battue, ce système exige des conditions dont on avait trop négligé de tenir compte.

D'abord il est irrémissiblement nécessaire que le centre d'une position fortifiée, que ce soit une ville ou un camp retranché, qui contient les dépôts et magasins, soit mis à l'abri d'un coup de main ou d'une attaque de vive force par une enceinte construite d'après un bon système. Or, il n'y en a pas trace à Kars. Comme nous l'avons dit, l'ancienne enceinte est partout ruinée et a même disparu en quelques endroits. La ville est complétement ouverte, et le côté de la place tourné vers la plaine est tellement mal protégé, a un aspect si pacifique, qu'on ne pourrait pas demander mieux dans l'intérêt d'une facile conquête.

Une autre nécessité essentielle est que les canons ennemis soient tenus à une distance telle qu'un bombardement direct et efficace au corps de place même soit une impossibilité. Or, ce principe n'avait point été observé. Au lieu de protéger la place par une double série de forts redoutes établies en demi-cercle et se couvrant les unes les autres en échiquier, depuis la paroi des rochers du Kara-Iagh, au nord, jusqu'au Kars-Tchaï, au sud de la ville, et de protéger celle-ci jusqu'à une distance d'où tout bombardement eût été impossible, l'ingénieur turc avait

---

(1) Pour toute cette histoire de la prise de Kars nous prions nos lecteurs de se reporter au plan que nous avons donné, page 165, et à la description, pages 175 et suivantes.

(1) Voyez notamment page 178, col. 1.

construit trois forts ou plutôt trois fortins, Hafiz-Pacha, Kanly et Souvary, chacun d'une forme différente et ne répondant nullement au but qu'ils devraient remplir. Ils s'élèvent à un kilomètre au plus des dernières maisons de la ville, sur de légères ondulations de terrain qui couvrent la plaine et ils ne se protégent nullement les uns les autres.

Il en est résulté que les obus russes, non-seulement pleuvaient dans la ville, mais volaient au delà, de sorte que, s'ils en avaient eu l'intention, les Russes auraient pu complètement détruire Kars. Mais ils voulaient se conserver de commodes quartiers d'hiver et ils ménagèrent les maisons dans le bombardement qui précéda l'assaut. Le commandant de Kars, ou plutôt son factotum, Hussein-Bey, un colonel d'artillerie qui a fait son éducation militaire en Angleterre, semblait avoir reconnu quelques-uns des défauts de la place et avait fait de son mieux pour y remédier, mais le temps lui manqua et le sol pierreux lui opposait de grandes difficultés. Il relia les forts en question par des lignes en forme de scie, les renforça par des lunettes, et chercha par des contre-approches à entraver des mouvements tournants par les flancs. Une triple série de tranchées masquées par des branchages devait protéger la position, mais malheureusement ces petits fossés que le roc empêcha de creuser à plus d'un pied et demi de profondeur environ ne répondaient guère à l'idée qu'on doit se faire de tranchées de ce genre. Par la suite, les canons russes et les voitures du train passèrent tout bonnement par-dessus.

Une troisième nécessité est celle que chaque fort constitue par lui-même un tout à l'abri d'un assaut, capable de se défendre par lui seul et de supporter un siège partiel de quelque durée. Or, sous ce rapport surtout les forts de Kars laissent à désirer. Les forts de la plaine n'ont que par endroits des fossés et des ouvrages en maçonnerie sur leurs flancs et ils n'ont que des remparts de gazon d'une forte déclivité, il est vrai, mais dont l'accès n'est pas protégé par des caponnières. Les réduits à l'intérieur, qui sont trop hauts, avaient déjà pu être battus et détruits avant l'assaut par le feu à ricochet des Russes, ce que ceux-ci n'auraient pas pu faire si facilement si le front du rempart avait été casematé. Les neuf forts qui s'élèvent sur des pointes de rochers et des hauteurs escarpées et dont six couronnent les collines de Tchorak, sur la rive gauche du Kars-Tchaï (forts Laze-Tépessi, Moukhlis, Inglis, Veli-Pacha, Tikh-Tépessi et Takhmas),

tandis que les trois autres, l'Itch-Kaló (la citadelle), l'Arab-Tabia (1) et le Kar-dagh-Tabia sont situés sur la rive droite de la rivière, étalent, à la vérité, une profusion d'ouvrages en maçonnerie très-coûteux, mais, la citadelle exceptée, ils ne possèdent ni casernes ni dépôts de vivres suffisamment grands. Ce qui leur manque surtout, c'est un des plus impérieux besoins de l'existence, — l'eau. Pour tout ce qui concerne les munitions, les vivres et autres approvisionnements, ainsi que l'eau, les forts devaient tout puiser dans la ville proprement dite, qui n'est pas fortifiée, et dans la rivière, de sorte qu'aussitôt la ville tombée aux mains de l'ennemi, la résistance des forts désormais privés d'eau ne peut plus être qu'une agonie inutilement prolongée.

Mais la faute capitale commise par l'ingénieur militaire turc chargé de l'inspection des forteresses, c'est le fait que tous les ouvrages sont très-insuffisamment reliés ou pas du tout reliés les uns aux autres. Nous avons dit que, pour les forts de la plaine, Hussein-Bey avait essayé de remédier à cet inconvénient, mais sans arriver à un résultat satisfaisant. Quant aux forts des collines, il leur était absolument impossible de se prêter, de nuit, le moindre appui mutuel. Un bon marcheur prend au moins deux heures pour aller, en plein jour, du Laze-Tépessi au fort de Karadagh, mais un bataillon ne peut d'aucune façon faire ce trajet par une marche de nuit, à moins que la moitié des hommes ne se cassent le cou et les membres, sans, du reste, arriver au but. C'est que ces forts sont séparés par de véritables labyrinthes de rochers et par l'effrayante gorge du Kars-Tchaï, qu'il est impossible à des troupes de franchir pendant la nuit.

Donc, en résumé, que l'on se figure des ouvrages extérieurs mal construits, incapables de se défendre par eux-mêmes, nullement à l'abri d'un assaut, entourant une place ouverte et n'étant reliés ni avec celle-ci ni entre eux par une communication quelconque militairement praticable et l'on aura idée des facilités qui favorisèrent l'audacieuse entreprise des Russes. Toutes ces facilités existaient, sans doute, déjà en 1854, quand Mouraview tenta le fameux assaut infructueux qui lui coûta 6,000 hommes, mais ce général avait mal choisi son point d'attaque et avait lancé ses soldats contre le front nord-ouest de Kars, qui est précisément le plus fort de la place. Et puis, à cette époque, le commandant de

(1) On sait que le mot turc *tabia* veut dire fort.

UNE RUE DE KARS APRES L'ASSAUT

Kars n'était pas un Turc, c'était un Anglais, le colonel Williams.

Il faut dire encore que si le grand-duc Michel avait su exactement le chiffre de troupes enfermés dans Kars, il n'eût peut-être point osé attaquer la ville avec une armée qui n'était pas de beaucoup supérieure en nombre. La plupart des espions qu'il avait envoyés dans la place, soit pour en rapporter des informations, soit pour éveiller la pensée d'une reddition parmi la population de 18,000 âmes de la ville, avaient payé leur mission de leur vie. Les Turcs sont passés maîtres pour flairer les espions et les émissaires ; non-seulement ils égalent les Français sous ce rapport, mais ils sont beaucoup plus pratiques qu'eux. Beaucoup de bourgeois de la ville avaient été arrêtés et exécutés, sur un simple mot, un simple soupçon, ou même sur la dénonciation de faux témoins soudoyés à cet effet. Seuls, ceux qui étaient à même de payer comptant obtenaient l'indulgence de leurs juges et en étaient quittes pour la frayeur. Sur un signe du férik Hussein-Avni-Pacha, ou habituellement sur un ordre de son *alter ego* Hussein-Bey, des douzaines de pauvres diables étaient pendus ou ficelés en forme de boule et lancés sur les rochers du haut des murs de la citadelle. Ces malheureux arrivaient les membres brisés au bas des rochers et souvent n'y mouraient de faim et de douleur qu'au bout de plusieurs jours. Il n'était pas facile, dans ces conditions, d'avoir des renseignements sur les forces de la garnison turque, et les Russes la croyaient beaucoup plus faible qu'elle ne l'était en réalité. Ils l'évaluaient à une dizaine de mille hommes seulement, tandis qu'elle s'élevait à 20 et même, dit-on, à 22,000 hommes. Cette méprise des Russes, comme on le pense, eut une grande influence sur leurs résolutions, et, en fin de compte, elle tourna tout à leur avantage, puisque c'est peut-être grâce à elle qu'ils tentèrent l'assaut et qu'ils emportèrent la place.

L'ordre d'attaque.

Quelles que fussent les chances que les Russes croyaient avoir pour eux, ce ne fut pas sans un serrement de cœur que le grand-duc Michel donna les ordres suivants, déterminant le but de l'attaque et ses moyens d'exécution :

1° Les troupes bloquant Kars ont à s'emparer des forts Souvari, Kanly et Hafiz-Pacha.

2° L'attaque doit avoir lieu à l'improviste et on doit chercher à faire prisonnières ou à détruire les garnisons de ces forts et à s'emparer des canons qui s'y trouvent.

3° En même temps que l'attaque de ces forts, il sera opéré des démonstrations contre d'autres points de la défense de l'ennemi pour détourner son attention et ses forces de la direction réelle de l'attaque.

4° On pourra transformer ces démonstrations en attaques effectives en profitant de la confusion de l'ennemi ou d'autres circonstances favorables, mais seulement par petits corps, à titre d'essai, afin d'éviter de grandes pertes.

5° Des essais semblables peuvent être effectués également par les troupes chargées de l'attaque principale, après l'exécution de celle-ci ; le fort de Tchim et l'enceinte de la ville, sont indiqués principalement pour buts de ces essais. Dans des circonstances entièrement exceptionnelles, comme par exemple en cas de panique complète de l'ennemi, une semblable opération est autorisée à l'égard du Karadagh, mais sans qu'on perde de vue les difficultés de son exécution.

6° Après s'être emparées des forts Souvari, Kanly et Hafiz, les troupes se mettront aussitôt en devoir de s'y établir solidement ; elles n'évacueront ces ouvrages qu'au cas où il serait absolument impossible de s'y maintenir, et dans ce cas elles emmèneront avec elles les prisonniers et les trophées et détruiront, autant que possible, tous les moyens de défense de l'ennemi.

Conformément à ces indications, le mode d'attaque fut ainsi réglé par des ordres spéciaux du général Loris-Mélikof, commandant du corps d'opérations et du général Lazaref, chef du corps de Kars :

Cinq colonnes d'infanterie séparées reçurent l'ordre d'attaquer les positions ennemies entre les hauteurs de Karadagh et le fort Takhmass, en dirigeant leurs principaux efforts sur les forts Hafiz, Kanly, Souvari et Tchim. Les autres troupes eurent l'ordre d'effectuer simultanément de fortes diversions contre les forts de Laz-Tépessi et des hauteurs de Tchorak (forts Takhmass et Tikh-Tépessi) ainsi que sur le front des forts Arab et Karadagh. L'artillerie reçut l'ordre de ne pas suivre les colonnes, mais de rester jusqu'au jour près des corps de réserve en attendant les ordres. La cavalerie devait, en gardant, là où il serait nécessaire, la ligne des avant-postes, se concentrer sur les principales routes allant de Kars aux passes du Saganloug, afin d'arrêter l'ennemi en cas de fuite ce qui eut lieu en effet.

La concentration de toutes les troupes sur les points désignés, d'où devait commencer le mouvement du combat, devait avoir lieu à la tombée de la nuit et la marche générale en avant à 8 heures du soir. Les troupes avaient ordre, après s'être emparées de la ligne des forts, de pénétrer la nuit même dans la ville, en cas de circonstances favorables et en assurant derrière elles la possession des forts conquis, et, pour la suite des opérations, d'attendre de nouveaux ordres à partir de la levée du jour.

Les troupes du corps de Kars furent ainsi réparties conformément aux buts et à l'importance des opérations qui leur étaient assignées :

La première colonne, commandée par le général-major Komarof et forte de trois bataillons du régiment de Piatigorsk et du régiment de grenadiers de Rostof, avec 16 canons, ayant pour point de ralliement les hauteurs du village de Tatlidja (1) avait ordre d'opérer, avec une partie de ses troupes, une diversion contre les hauteurs de Tchorakh et spécialement contre Takhmas, et de se diriger avec le gros de ses forces sur le fort de Tchim, en suivant la route d'Erzeroum, qui longe la rive gauche du Kars-Tchaï.

La seconde colonne, sous les ordres du lieutenant-colonel prince Mélikof, commandant du 4ᵉ bataillon des tirailleurs du Caucase, composée de ce bataillon et de deux bataillons du régiment de Kouban, avait ordre de se concentrer à Tchiflik-Keuï, de suivre la rive droite du Kars-Tchaï en se dirigeant sur Souvari, et après s'être emparée de cet ouvrage, de chercher à occuper le pont le plus proche du Kars-Tchaï et à prendre à revers le fort de Tchim pour l'attaquer en même temps que la première colonne.

La troisième colonne, placée sous les ordres du général-major comte de Grabbe et formée du régiment de grenadiers de Pernau, d'un bataillon du régiment de Sévastopol, du 1ᵉʳ bataillon de tirailleurs du Caucase et de la 2ᵉ batterie de la 1ʳᵉ brigade d'artillerie des grenadiers, et la quatrième colonne, commandée par le colonel Vojdakine, du régiment de Sévastopol, et composée de trois bataillons de ce régiment, de deux du régiment d'Imérétie et de la 3ᵉ batterie de la 38ᵉ brigade d'artillerie, sous les ordres supérieurs du général-major comte de Grabbe, devait marcher du Haut-Karadjouran sur Kanly, pour attaquer ce fort par les deux flancs et s'en emparer.

(1) Nos lecteurs trouveront les localités désignées ci après indiquées sur notre dernière carte (*Entre Kars et Alexandropol*), page 596.

La cinquième colonne était commandée par le général-major Alkhazof et formée de trois bataillons du régiment de Koutaïs, de deux bataillons du régiment de Vladikavkaz et de la 6ᵉ batterie de la 19ᵉ brigade d'artillerie ; elle avait pour lieu de rassemblement les batteries de siège de droite et était chargée de donner l'assaut au fort Hafiz et de s'emparer des tranchées qui s'y appuyaient.

Le commandement supérieur des colonnes d'assaut qui devaient opérer sur la rive droite du Kars-Tchaï était confié au lieutenant-général Lazaref, commandant du corps de Kars, sous les ordres immédiats duquel était placée la réserve générale de ces troupes, composée de deux bataillons du régiment de Vladikavkaz et de la 1ʳᵉ batterie de la 40ᵉ brigade d'artillerie.

La sixième colonne, commandée par le colonel d'état-major Tchérémissinof, et composée de 2 bataillons 1/2 du régiment de grenadiers de Nesvige et de deux bataillons du régiment de Kouban, était massée aux villages de Komk et de Djara et soutenue par le feu de trois batteries de 9 établies en avant de ce dernier village ; elle devait, par ses diversions contre les forts de Laz-Tépessi et de Moukhlis, détourner l'attention de l'ennemi et, le cas échéant, s'emparer de ces ouvrages.

Cette colonne et celle du général Komarof étaient placées sous les ordres supérieurs du lieutenant-général de Roop.

La septième colonne, commandée par le général-major Rydzevsky et formée de deux bataillons du régiment de Gourie et du régiment d'Abkhazie, avec 24 canons, avait ordre de déboucher du village de Matzra, de prendre, selon les indications du lieutenant-général Schatilof, position devant le front des forts Arab et Karadagh et d'opérer une démonstration contre ces forts, en développant le plus possible ses feux d'infanterie et d'artillerie et en simulant une attaque effective.

Le 3ᵉ bataillon du génie du Caucase avait détaché auprès de chaque colonne une escouade de sapeurs avec des échelles, de la dynamite et des outils ; chaque colonne avait en outre une escouade d'artilleurs pour enclouer ou retourner les canons ennemis.

Les troupes de cavalerie laissées libres par le service des postes étaient ainsi réparties : Le régiment de dragons de Tver, le régiment de cosaques du Kouban avec une sotnia de fuséens, le 2ᵉ régiment de cosaques de Vladikavkaz, le régiment de cosaques d'Eisk, le régiment irrégulier d'Alexandropol, et la 5e batterie à cheval du Kouban, sous les ordres du général-major Schérémétief, furent placés au village de Tchakhmak, pour surveiller les routes allant par Samoost à Erzeroum et Ardahan et opérer du côté des hauteurs de Tchakhmakhi, ainsi que pour établir un lien entre les colonnes du colonel Tchérémissinof et du général Rydzevsky.

Le général-major prince Stcherbatof, avec deux escadrons de dragons de Nijni-Novgorod, les régiments de cosaques de Kisliar et de Poltava, le 1er régiment de cosaques de Voljsk, le 7e de cosaques d'Orenbourg, le 2e de cosaques d'Astrakhan et le régiment de cavalerie irrégulière d'Akhaltsykh, était partie au village de Vozgali, partie aux mines de Kumbet et à Tchiftlik-Keuï pour couvrir la grande route d'Erzeroum.

Le 3e régiment de cosaques de Voljsk, le 6e de cosaques d'Orenbourg, le 3e régiment irrégulier du Daghestan, la sotnia de Tiounet et la 14e batterie du Don, sous les ordres du lieutenant-colonel prince Tchavtchavadzé, était au Haut-Karadjouran et devait se porter, en même temps que l'infanterie, sur le pont de Kitchik-Keuï et y attendre des ordres ultérieurs.

La réserve était établie à Komatsour, sous les ordres du général-major Dehn et se composait du régiment de grenadiers de Catherinoslaf, des 5e et 6e batteries de la 1re brigade d'artillerie des grenadiers, de deux escadrons du régiment de dragons de Siéversk et de la 2e batterie du Kouban.

Le commandant turc, soit que la proximité de la colonne de Komarof avec ses troupes solides et habituées aux assauts eût attiré particulièrement son attention, soit qu'il supposât que les Russes renouvelleraient sur ce même point les efforts infructueux de Mouraview, avait concentré ses forces principales dans et entre les forts de la rive gauche du Kars-Tchaï et s'était coupé par là à lui-même toute communication prompte et pratique tant avec la ville qu'avec les autres forts. Hussein-Bey surveillait en personne les trésors d'armes, de provisions et de numéraire accumulés dans la citadelle d'Itch-Kalé, qui couronne un rocher escarpé dominant la ville, et il les surveillait avec l'héroïque résolution de vaincre ou de mourir. Les forts de Kara-Dagh et d'Arab-Tabia étaient pour la plupart défendus par des milices de la ville, ceux de la plaine par de frileux Arabes de la Mésopotamie. C'est contre ces derniers, comme il ressort de l'ordre de bataille, que fut dirigée la principale attaque des Russes et l'on ne peut assez louer le commandant en chef d'avoir su exactement reconnaître le défaut de la cuirasse de l'ennemi.

L'assaut. — Prise des forts Souvari et Kanly.

Dans la soirée du 17 novembre, vers six heures, le grand-duc Michel arriva au village de Haut-Karadjouran avec son état-major. Le prince Loris-Mélikof avait déjà pris poste un peu plus près de l'ennemi.

Un silence solennel pesait sur Kars et sur ses environs; tous les cœurs battaient d'anxiété dans l'armée russe où l'on savait la grande partie qui allait se jouer. Dans l'armée turque où l'on ne soupçonnait nullement le danger, chacun vaquait à ses habitudes ordinaires. Les troupes russes se formèrent dans la soirée sur les points indiqués et à huit heures et demie du soir les colonnes s'ébranlèrent sans bruit. Il était défendu de fumer, afin d'éviter tout ce qui aurait pu éveiller l'attention de l'ennemi. La plaine de Kars s'étendait sombre, à la clarté incertaine de la pleine lune, entre les montagnes et les hauteurs couvertes d'une neige scintillante qui l'entouraient de tous côtés. Le ciel était sans nuages, mais une légère brume qui se transformait en givre flottait dans l'air et voilait au lointain les contours des montagnes.

Un froid de 8 à 10 degrés Réaumur avait donné au sol la fermeté désirée et rafraîchissait le sang et les nerfs des guerriers du Nord habitués aux rigueurs de l'hiver. Les batteries de grosses pièces de position qui, comme de coutume, avaient canonné dans la journée, par intervalles, la ville et les forts, étaient maintenant silencieuses, et les Turcs pouvaient supposer que les canonniers russes prenaient leur thé du soir. L'oreille la plus attentive n'aurait pas pu distinguer le moindre bruit alarmant. La chaîne clair-semée des tirailleurs russes s'avançait prudemment, pas à pas, suivie par les troupes d'assaut, qui d'abord marchèrent en colonnes compactes, puis, à mesure qu'elles approchaient de la ligne d'attaque, se formaient en ordre déployé par colonnes de compagnies.

Vers 9 heures, quelques coups de feu se firent entendre aux avant-postes turcs, puis, les Russes ne répondant pas, ils cessèrent. Seules les batteries de Djara ouvrirent, comme sur un signal, la canonnade contre les hauteurs de Takhmas, attirant sur ce point l'attention et les forces de l'ennemi. Mais il ne s'écoula pas une

LA GUERRE D'ORIENT. 649

COSAQUES EN FOURRAGEURS

demi-heure que la fusillade des Turcs s'alluma sur toute la ligne d'attaque et au bout de quelques minutes les ouvrages et les tranchées des forts attaqués ouvrirent un feu continu.

Quelques instants plus tard le premier hourra éclatait sur le flanc gauche. C'était la colonne du prince Mélikof qui venait d'entrer dans le fort Souvari. Culbutant sans tirer un coup de fusil les postes avancés des Turcs, les volontaires et les colonnes de tirailleurs et de sotnias du Kouban s'avancèrent sans brûler une amorce jusque sous le fort, et, sous une pluie de balles et de mitraille, s'élancèrent sur cet ouvrage de front et par les flancs. Du premier élan ils pénètrèrent dans le fort, tuèrent la garnison à la baïonnette, enclouèrent et renversèrent les canons, se frayèrent à la baïonnette un chemin à travers la cavalerie qui les chargeait et s'avancèrent vivement sur le pont du Kars-Tchaï pour prendre à revers le fort de Tchim.

Pendant ce temps, une lutte acharnée s'était engagée sur la droite devant le fort de Kanly. Le général-major comte de Grabbe dirigea le colonel Vojdakine avec trois bataillons du régiment de Sébastopol et deux bataillons du régiment d'Imérétie sur le flanc gauche de ce fort, tandis que lui-même, à la tête d'un bataillon du régiment de Pernau, d'un bataillon du régiment de Sébastopol et d'un bataillon de tirailleurs, se portait sur le flanc droit de cet ouvrage. Précédées par des volontaires et ayant en réserve deux bataillons du régiment de Pernau, les deux colonnes arrivèrent à dix heures au pied du fort.

Franchissant sous un feu de mousqueterie et de mitraille des plus violents les séries de fosses à loup qui défendaient les ouvrages du fort ainsi que les tranchées voisines et les redoutes avancées, les volontaires du régiment de Sébastopol, le sous-lieutenant Khordakovsky à leur tête, et soutenus par deux compagnies du régiment d'Imérétie, sous les ordres du colonel Karassef, commandant du régiment, escaladèrent le parapet de la redoute avancée de gauche et s'en emparèrent. Après avoir détruit les défenseurs de la redoute, cette poignée de braves se jeta sur le flanc gauche de l'ouvrage principal, se rendit maîtresse d'une partie de celui-ci et ne s'arrêta que devant la résistance très-opiniâtre des Turcs revenus de leur surprise. Malgré un feu terrible, les volontaires du sous-lieutenant Khordakovsky et les compagnies du régiment d'Imérétie ne reculèrent pas d'un pas et tinrent solidement en attendant des renforts.

Cependant le reste de la colonne du colonel Vodjakine, voyant la redoute avancée occupée, appuya à droite, et sous le feu d'une batterie de quatre pièces établie entre les forts Kanly et Hafiz, il se jeta sur la tranchée la plus proche, balaya à la baïonnette tout le terrain jusqu'à la batterie, s'empara de celle-ci et se reforma pour poursuivre son mouvement en avant. Le colonel Vojdakine, contusionné au commencement de ce mouvement, dut quitter le champ de bataille et envoyer au colonel Karassef l'ordre de prendre le commandement.

Tandis que la colonne de droite enlevait la redoute avancée et combattait sur les faces gauches de l'ouvrage principal et dans les tranchées, la colonne du comte de Grabbe, ayant en tête le 1er bataillon de tirailleurs, dont toute la 4e compagnie était en volontaires, tournait la redoute avancée de droite et se jetait sur l'ouvrage principal. Le général comte de Grabbe, envoyant une partie du bataillon de tirailleurs tourner l'extrême flanc droit et prendre l'ennemi à revers, conduisit lui-même les soldats du régiment de Pernau et de Sébastopol à l'assaut de cet ouvrage de front. A quelques pas du but, il tomba frappé au cœur par une balle, tandis qu'il s'avançait à cheval à la tête de ses troupes. Le colonel Bélinsky, commandant du régiment de Pernau, prit le commandement à sa place. Les volontaires et la 2e compagnie du bataillon de tirailleurs, conduite par le major Héritch, parvinrent avec des efforts inouïs à s'emparer de la couronne du parapet de l'ouvrage central.

Le feu des Turcs faiblit un instant. S'étant rassemblés et reformés dans le fossé, les soldats des régiments de Pernau et de Sébastopol s'élancèrent bravement sur le rempart, et à 11 heures ils pénétrèrent dans l'intérieur de l'ouvrage principal, au moment où les compagnies de tirailleurs de gauche y entraient par les fronts latéraux. Une lutte acharnée s'engagea à la baïonnette à l'intérieur du fort et sur ses faces de droite. Plus de cinq cents cadavres turcs furent relevés plus tard sur cet étroit espace. L'intrépide major Héritch fut tué dans ce combat corps à corps, les Turcs le soulevèrent à la pointe de leurs baïonnettes et le jetèrent en bas du parapet.

Mais plus les forces des Turcs diminuaient dans l'ouvrage même, plus leur défense devenait puissante et terrible dans la caserne casematée qui fermait la gorge du fort et formait redoute. Les feux d'infanterie à deux étages de cette construction, sur la couverture en terre de laquelle étaient placés, au delà du parapet, plusieurs petits mortiers; la hauteur et la solidité des murs et des portes opposaient une infranchissable barrière à tous les efforts des troupes épuisées et affaiblies par la lutte et rendaient impossible de se maintenir à l'intérieur du fort. La plupart des officiers supérieurs étaient hors de combat, les pertes en hommes devenaient de plus en plus sensibles, et d'autre part il n'y avait pas à compter sur de prompts et nombreux renforts.

Il devenait nécessaire d'évacuer momentanément l'ouvrage et d'attendre des secours en n'occupant que sa couronne. Mais, avant de s'y décider, le colonel Bélinsky voulut faire une dernière tentative pour s'emparer de la caserne en la prenant à revers. Faisant venir des volontaires, il s'élança avec eux sur les portes, pour les enfoncer ou les briser. Mais les lourdes portes de fer ne cédèrent pas, et de la caserne une pluie de balles était dirigée presque à bout portant sur les assaillants. Blessé lui-même, le colonel Bélinsky périt devant la porte. La tentative échoua. Les assaillants se retirèrent de l'ouvrage central, en laissant une chaîne de tirailleurs sur la couronne du parapet, et allèrent se reformer dans le fossé. Des troupes turques fraîches arrivaient des camps voisins et de l'enceinte de la ville, et de nouveau des feux d'artillerie et d'infanterie d'une violence extrême couvrirent tout l'espace compris entre le fort Kanly, le fort Souvari et la place.

Informé de la situation du colonel Karassef et de la colonne du général comte de Grabbe, le général Lazaref dirigea sur ce point un bataillon du régiment de Vladikavkaz pris dans la réserve du général Alkhazof, et deux compagnies du régiment d'Imérétie, empruntées aux troupes de soutien des batteries de siége; ces troupes auxquelles se joignit un bataillon du régiment de Pernau, qui formait la réserve de la colonne du général comte de Grabbe, se portèrent vivement sur le fort Kanly.

A la nouvelle de la mort du général comte de Grabbe et du colonel Bélinsky et de la contusion du colonel Vojdakine, l'aide de camp général Loris Mélikof, commandant du corps d'opérations, qui suivait anxieusement les péripéties de la bataille, envoya le colonel de Bulmering, du corps du génie, pour prendre le commandement à Kanly; et n'ayant pas d'informations de la colonne du lieutenant-colonel Mélikof, il chargea le lieutenant général prince Tchavtchavadzé de se diriger sur Kanly, avec sa cavalerie de prendre le commandement sur toute la ligne depuis ce fort jusqu'au Kars-Tchaï, et de balayer l'ennemi sur cet espace.

Il était minuit déjà lorsque les réserves et la cavalerie arrivèrent à Kanly. Encouragés par le succès momentané de leur défense, les Turcs se montraient de nouveau dans l'intérieur des ouvrages et cherchaient à jeter les volontaires russes au bas du parapet. A ce moment décisif, le lieutenant général prince Thavtchavadzé donna aux premières sotnias arrivées l'ordre de mettre pied à terre et de renforcer la chaîne de tirailleurs. Ces cavaliers s'acquittèrent vivement et vaillamment de cette tâche; franchissant le fossé en un clin d'œil, ils escaladèrent le parapet presque inaccessible et s'y couchèrent. Leur feu bien nourri obligea les Turcs à renoncer à toute tentative d'offensive et à évacuer précipitamment l'intérieur du fort.

Renforcé par l'arrivée des réserves, le colonel de Bulmering divisa ses troupes en deux colonnes et manœuvra pour tourner Kanly par les deux flancs. La colonne de gauche, commandée par cet officier en personne, précédé du lieutenant-colonel Enkel, à la tête d'un bataillon du régiment de Sébastopol, et appuyée par la cavalerie du lieutenant-colonel prince Tchavtchavadzé, qui harcelait l'ennemi en queue, chassa les Turcs des tranchées, pénétra dans le camp en arrière du fort, et, poursuivant son mouvement, refoula l'ennemi jusqu'aux murs de la ville. La colonne de droite, sous les ordres du général Karassef, s'empara de toute la face de gauche jusqu'à la caserne de gorge et tua les derniers Turcs qui y résistaient.

A une heure du matin, le fort de Kanly était, sauf la caserne de la gorge, tout entier au pouvoir des Russes. Après avoir établi ses troupes autour de la caserne à l'abri du feu des défenseurs de cette construction et avoir pris des mesures pour empêcher l'ennemi de déboucher de la ville, le colonel de Bulmering somma la caserne de se rendre en menaçant de la détruire à coups de canon. Les pourparlers durèrent plus de deux heures ; le bataillon qui défendait la caserne, sous les ordres de Daout-Pacha, déclara qu'il combattrait jusqu'à la dernière extrémité. Mais vers quatre heures du matin le colonel de Bulmering s'étant approché des Turcs et leur ayant crié que s'ils ne se rendaient pas on allait les faire sauter avec des cartouches de dynamite, qui venaient d'être posées à cet effet, ils se décidèrent à poser les armes et 2 pachas et 300 soldats se constituèrent prisonniers.

Prise d'Hafiz-Pacha-Tabia et de Karadagh-Tabia.

Pendant que tant de braves tombaient autour du fort Kanly et que les Turcs y faisaient une si belle défense, les régiments de Koutaïs et de Vladikavkaz, commandés par le général Alkhasof s'emparaient du fort Hafiz-Pacha et du fort Karadagh le plus puissant de tous ceux qui entouraient Kars presque sans subir de pertes, tant fut terrible l'effet produit sur les Turcs par la folle intrépidité de leurs adversaires.

Au début de son mouvement sur le fort Hafiz-Pacha, qu'il était chargé d'attaquer, le général Alkhazof avait partagé ses troupes en deux colonnes : celle de droite, formée de 420 volontaires des régiments de Vladikavkaz et de Koutaïs, d'une compagnie du génie et de deux bataillons du régiment de Koutaïs, sous les ordres du colonel Fadéïef, avec un bataillon du régiment de Vladikavkaz pour réserve particulière, et celle de gauche, composée par deux bataillons du régiment de Vladikavkaz et commandée par le major Ourbansky, devaient attaquer simultanément le fort par ses faces latérales. Le général Alkhazof suivait lui-même avec la réserve formée d'un bataillon de chacun de ses régiments.

A neuf heures, comme elles approchaient des ouvrages turcs, les têtes de colonnes furent accueillies par un feu des plus violents du fort Hafiz et des tranchées voisines, auquel ne tarda pas à se joindre le feu du fort Karadagh et des batteries construites les jours précédents sur les pentes du mont, sur lequel le fort est bâti.

S'avançant, autant que le lui permettait le feu de l'ennemi, dans la direction du but qui lui avait été assigné, le colonel Fadéïef reconnut bientôt qu'il était nécessaire avant tout de déloger l'ennemi des tranchées entre les forts Hafiz et Karadagh, pour ne pas être exposé à leurs feux de flanc. Les tranchées furent donc occupées après une courte lutte à l'arme blanche et les Turcs qui avaient échappé aux baïonnettes des soldats du régiment de Koutaïs se réfugièrent partie dans la ville et partie sur le Karadagh. Entraînés par l'ardeur de la poursuite, les tirailleurs russes les pourchassèrent d'un abri à l'autre. Le colonel Fadéïef en personne, prenant cinq compagnies du régiment de Koutaïs, se jeta avec elles sur une batterie au pied du Karadagh et, après s'être emparé de cette batterie, voyant le désordre des Turcs et la possibilité de les poursuivre l'épée dans les reins, il résolut d'essayer de pénétrer avec eux dans le fort de Karadagh. Les Turcs qui se retiraient en masse compacte montraient par leurs feux aux héros russes la route qui s'élève au sommet du Karadagh par des pentes à peine praticables et, moins d'une heure après, ces braves avaient prouvé que pour eux il n'y a rien d'impossible.

Après avoir occupé la crête du Karadagh, ils entourèrent la tour de Ziaret et, tandis qu'une compagnie de sapeurs plaçait des cartouches de dynamite dans les portes et les murs de cette construction, une colonne, faisant la courte échelle, pénétra sur la plate-forme supérieure de la tour et s'empara des canons, tandis que le reste de la colonne se précipitait par derrière dans le fort même de Kar dagh. La soudaineté et la rapidité de cette attaque ne permirent pas à la garnison de résister plus longtemps. La moitié de cette garnison périt sous les baïonnettes des assaillants ; le reste prit la fuite vers le fort Arab, en entraînant une troupe d'infanterie turque qui sortait en ce moment du camp situé entre les deux forts. C'est ainsi que tomba aux mains des Russes la clé de la forteresse de Kars. Dès lors le succès de l'assaut, dont beaucoup doutaient jusqu'alors, était assuré.

Pendant que le colonel Fadéïef reformait ses troupes et prenait des mesures pour s'établir solidement au Karadagh, un parti de volontaires, sous les ordres de l'enseigne Polivanof, poursuivait les fuyards et poussait jusqu'au fort Arab ; mais là cette poignée d'hommes se heurta contre des masses profondes de troupes turques et elle dut se replier après avoir perdu son chef et la majeure partie de son effectif. Enhardis par ce succès, les Turcs se jetèrent à plusieurs reprises sur le Karadagh, mais chaque fois ils furent repoussés avec d'énormes pertes. Sur toute l'étendue de la crête du Karadagh comprise entre ces deux forts, il s'engagea une vive fusillade. Le régiment de Koutaïs reçut alors les renforts que le colonel Fadéïef avait fait demander aux généraux Alkhazof et Schatilof.

Voyant le mouvement du colonel Fadéïef sur le flanc du fort Hafiz et apprenant que la colonne du major Ourbansky, après s'être emparée des tranchées du flanc droit de ce fort, s'avançait, en longeant ces tranchées, vers la batterie située entre Hafiz et Kanly, qu'attaquait en même temps le régiment de Sébastopol, de la colonne du colonel Vojdakine, le général Alkhazof donna au colonel Kozelkof, du régiment de Vladikavkaz, l'ordre de prendre le troisième bataillon de ce régiment et de donner l'assaut au fort Hafiz ; le général Alkhazof suivit lui-même cet officier avec un bataillon du régiment de Koutaïs.

Ce colonel Kozelkof s'approcha du fort Hafiz par la droite, lança son bataillon en avant au pas de course sous un feu violent et monta à l'assaut au cri de hourra ! Les Turcs ne supportèrent pas le choc et se retirèrent à l'intérieur du fort. Là ils se reformèrent et s'abritèrent derrière une caserne en pierre ruinée par le bombardement et voulurent reprendre l'offensive ; mais, au moment où ils s'élançaient pour attaquer la section de rempart enlevée par le bataillon du régiment de Vladikavkaz, le général Alkhazof pénétra dans le fort par la gauche avec le bataillon du régiment de Koutaïs. La garnison turque fut écrasée et anéantie. Le fort Hafiz était aux Russes.

Informé presqu'au même moment de la prise de Karadagh, le général Alkhazof envoya un

L'AMBULANCE DE MATSRA, PRÈS DE KARS. LE LENDEMAIN DE L'ASSAUT

bataillon du régiment de Koutaïs au colonel Fadéïef et un bataillon du régiment de Vladikavkaz aux colonnes qui attaquaient Kanly, et s'établit ensuite solidement à Hafiz, en refoulant sur la ville les troupes turques du camp établi en arrière du fort.

Il était environ deux heures du matin. Du Karadagh au Kars-Tchaï, tous les ouvrages turcs étaient au pouvoir des Russes et fortement occupés. La caserne casematée de Kanly seule tenait encore, mais elle était complètement cernée et il était évident qu'elle devait succomber promptement. Conformément aux instructions du grand-duc Michel, les colonnes d'Aïkhazof et de Bumering marchèrent alors sur la ville, s'emparèrent des camps et des constructions situés aux abords et commencèrent à pénétrer dans les rues. Les 15,000 habitants de Kars étaient en proie à une panique qui se conçoit aisément. Les femmes et les enfants turcs fuyaient éperdus vers le quartier arménien où ils furent heureux de demander asile aux chrétiens détestés. Les soldats russes s'avançaient intrépidement de maison en maison, chassant devant eux ou tuant à coups de fusil les soldats turcs et les quelques habitants musulmans qui luttaient en désespérés à la vague clarté de la lune.

Après avoir parcouru toutes les lignes avancées, le général Lazaref donna au colonel de Baum, commandant du bataillon du génie, l'ordre de prendre le commandement de toutes les troupes qui se battaient dans l'intérieur de la ville, d'assurer la possession de celle-ci et d'envoyer une partie de ces troupes pour occuper le fort Souvari, sur la situation duquel on n'avait plus de nouvelles depuis sa prise par le lieutenant-colonel prince Mélikof et entre lequel et la ville une fusillade extrêmement vive se faisait entendre par moments.

Attaque des forts de la rive gauche.

Tandis que toutes les entreprises des Russes réussissaient sur la droite et que les forts tombaient les uns après les autres entre leurs mains, les colonnes chargées d'attaquer les forts de la rive gauche échouaient dans leurs tentatives et montraient bien par leur insuccès même que l'échec de Mouraview en 1854 était dû au mauvais choix du point d'attaque et que Kars est imprenable par les fronts nord et nord-ouest.

Le général Komarof avait chargé le colonel Boutchkief, du régiment de Piatigorsk, de s'emparer du fort de Tchim avec trois bataillons de son régiment et des escouades d'artillerie et du génie, et le lieutenant-colonel Statóvitch, avec deux bataillons du régiment de Rostof, d'occuper le mont Moukha pour opérer une démonstration contre Takhmas et masquer le mouvement du colonel Boutchkief; le général avait laissé en réserve sur le mont Stolovoï un bataillon du régiment de Rostof avec toute l'artillerie de la colonne.

A huit heures du soir, le colonel Boutchkief s'approchait du pont de Kitchik-Keuï et le lieutenant-colonel Statóvitch occupait le mont Moukha, d'où il chassait les avant-postes turcs.

Aux premiers coups de fusil de Souvari, qui indiquaient le commencement de l'attaque du lieutenant-colonel prince Mélikof, le colonel Boutchkief lança sa colonne en avant. A l'entrée de l'étroit défilé du Kars-Tchaï, les Turcs retranchés sur les hauteurs accueillirent son avant-garde par un feu de mousqueterie des plus violents. Une vigoureuse charge des volontaires, soutenus par deux compagnies, triompha de ce premier obstacle.

Les Turcs qui n'avaient pas péri prirent la fuite dans la direction de Tchim, mais peu après des masses d'infanterie ennemie descendirent de Tchorakh et s'avancèrent sur la gauche du colonel Boutchkief pour se porter au secours du fort Souvari, en prenant à revers la colonne du prince Mélikof. Le général Komarof donna immédiatement à la colonne l'ordre de charger de front et au colonel Boutchkief celui d'attaquer l'ennemi et de le rejeter sur Takhmas. Un bataillon du régiment de Piatigorsk et les volontaires firent volte à gauche et s'élancèrent à la baïonnette. Les Turcs reculèrent, mais, renforcés par de nouvelles troupes venues de Takhmas, ils s'établirent dans des retranchements et dirigèrent sur les assaillants une véritable pluie de fer; d'autres bataillons s'avançaient également du côté de Tchim. Malgré la difficulté de sa position, sous un feu croisé d'artillerie et d'infanterie, le colonel Boutchkief, soutenu par ses deux autres bataillons, se lança en avant et refoula de nouveau les Turcs, qui, pas à pas, se replièrent sous Takhmas. Electrisé par l'exemple de leur chef, les soldats du régiment de Piatigorsk pressaient de plus en plus l'ennemi; emportés par leur élan, ils s'avancèrent jusque sous les remparts mêmes de l'ouvrage. Ce fort passait pour imprenable de vive force, mais la retraite semblait impossible et le succès promettait de brillants résultats. Voyant trois compagnies du régiment de Rostof qui venaient le rejoindre, le colonel Boutchkief se lança, au cri de hourra! sur le chemin couvert et le fossé; tous se précipitèrent à sa suite en faisant entendre de retentissants hourras !

Trois étages de feux d'infanterie s'allumèrent sur le parapet de Takhmas et un ouragan de balles, de mitraille, de pierres, de grenades à main s'abattit sur le fossé. Les bataillons du régiment de Piatigorsk déployèrent en vain d'héroïques efforts ; le parapet resta inaccessible. Atteint par un éclat de grenade, le colonel Boutchkief gisait sans vie ; les soldats tombaient par dizaines. La moitié des assaillants furent ainsi mis hors de combat en quelques minutes. A moins de périr jusqu'au dernier homme il fallait reculer. Les bataillons se replièrent, en tirant, au delà des hauteurs voisines, descendirent vers le Kars-Tchaï et se reformèrent. Les Turcs qui venaient de se battre si bravement, ne sachant pas au juste où en était la bataille et craignant quelque nouvelle surprise, ne les poursuivirent point.

Il était minuit. L'extrême fatigue et les pertes éprouvées par le régiment de Piatigorsk ne permettaient plus de compter sur cette colonne pour une attaque de front contre Tchim ; d'autre part, une vive fusillade se faisait entendre sur les derrières de ce fort et l'on craignait que la petite colonne du prince Mélikof ne fût fort exposée de ce côté. Le général Komarof s'occupa donc des moyens de la secourir.

Cette colonne était en effet dans une situation critique. Après la brillante occupation de Souvari, le prince Mélikof s'était frayé à la baïonnette un chemin vers le premier passage du Kars-Tchaï, avait franchi cette rivière partie à gué et partie sur un pont de bateaux et, après avoir reformé sa colonne dans les rues, voisines du faubourg de la ville, il avait débouché sur les derrières du fort de Tchim. Cette attaque subite et énergique d'un ouvrage ouvert à sa gorge semblait offrir toutes les chances de succès. Ne voulant pas donner à l'ennemi le temps de se reconnaître et voyant que de toutes parts des renforts arrivaient à la garnison et que des maisons voisines on tirait sur sa colonne, le prince Mélikof mena à l'assaut les troupes qu'il avait sous la main. Mais accueillie par les feux extrêmement violents d'une garnison nombreuse, retranchée derrière les roches qui couvrent le terrain à la gorge du fort, cette charge fut repoussée. Le prince Mélikof lui-même fut grièvement blessé (1), plusieurs officiers furent mis hors de combat. Aussi les troupes d'attaque se replièrent dans un certain désordre sur le cimetière voisin, où elles se retranchèrent. Une fusillade s'engagea.

L'accroissement constant des forces des Turcs, l'impossibilité de compter sur de prompts renforts et l'ignorance absolue des motifs du retard de la colonne du général Komarof rendaient nécessaire de penser à la retraite. Les tirailleurs et les cosaques du Kouban se replièrent par échelons sur le pont du Kars-Tchaï sous les feux du fort et des maisons situées sur la route. Ce mouvement en arrière fut heureusement appuyé par les secours du général Komarof qui arrivèrent à ce moment. S'étant, par l'attaque de Takhmas, couvert contre l'apparition de nouvelles troupes ennemies du côté des hauteurs de Tchorakh, cet officier s'était décidé à porter sur Tchim le bataillon du régiment de Rostof, venu de la réserve, avec toute l'artillerie, en lui adjoignant les compagnies du régiment de Piatigorsk qui avait le moins souffert.

Cette colonne se porta rapidement en avant et, passant sous les feux croisés des canons de Tchim, de Takhmas et de Véli-Pacha, et de l'infanterie turque retranchée sur les hauteurs de la rive gauche du Kars-Tchaï, elle s'empara du village et du cimetière situés en avant du fort de Tchim. L'artillerie se mit en position à la plus courte distance du fort et ouvrit aussitôt le feu, tandis que l'infanterie, se répandant dans le cimetière, engageait une vive fusillade, mais tout cela n'aboutit à rien. On ne pouvait laisser longtemps la petite colonne des fantassins de Piatigorsk et de Rostof sous les feux croisés de plusieurs forts; d'autre part, il était impossible d'attaquer Tchim de front. Quand la colonne de Mélikof se trouva dégagée, vers deux heures du matin, le général Komarof ordonna à l'artillerie de se retirer, et derrière elle l'infanterie se replia peu à peu jusqu'au pont de Kitchik-Keuï. L'attaque du fort de Tchim avait ainsi coûté beaucoup de monde et complètement échoué.

La démonstration faite contre Laz-Tépessi par la colonne du colonel Tchérémissinof ne fut pas plus heureuse. Ces troupes avaient engagé l'action dès qu'elles avaient entendu les premiers coups de fusil du côté des forts du sud-est. Le colonel Tchérémissinof dirigea, par le village de Tchakhmakh, sur le fort de Laz-Tépessi, le major Prjetslavsky avec cinq compagnies du régiment

(1) Il mourut le jour même de ses blessures.

de Nesvige, une demi-batterie de montagne et une escouade de volontaires.

Les fantassins du régiment de Nesvige s'acquittèrent énergiquement de leur tâche. Après un combat de courte durée, le village fut occupé ; les dragons turcs qui le défendaient furent refoulés avec pertes. Augmentant peu à peu son feu d'artillerie et s'avançant en chaînes nombreuses, le colonel Tchérémissinof se jeta avec un vigoureux élan sur Laz-Tépessi et emporta les premières tranchées de cet ouvrage.

Afin d'obliger les Turcs à porter sur ce point leurs réserves et de les retenir le plus longtemps possible, il se décida à effectuer, en profitant des accidents du terrain, une attaque sur la partie la plus accessible des parapets de droite du fort. Il appela des volontaires et, les faisant soutenir par les compagnies sous ses ordres, il les lança sur le rempart principal. Quoique le parapet, couvert d'une couche de glace glissante, présentât un obstacle difficile, les volontaires, conduits par des officiers et aidés par les sapeurs, parvinrent les uns à l'escalader et les autres à atteindre les embrasures, où ils se tinrent longtemps en entretenant la fusillade. Cependant, il n'y eut plus possibilité de prolonger cet héroïque exploit. Des camps voisins et de ceux du centre les Turcs dirigeaient des troupes fraîches contre la petite colonne. Les pertes devenaient sensibles ; le capitaine en second Goulétsky, qui avait le premier sauté le parapet, était mort ; la plupart des officiers étaient blessés. Considérant qu'il avait réussi à retenir de son côté une masse considérable de troupes turques, ce qui était sa mission principale, le colonel Tchérémissinof ne poussa pas plus loin, il se replia sur les tranchées qu'il avait précédemment occupées et y engagea de nouveau une vive fusillade, qui dura jusqu'à l'aube.

Prise du fort Arab et de la citadelle.

*La colonne de Matsra placée sous les ordres supérieurs du général Schatilof fut plus favorisée que les deux précédentes, car elle s'empara de l'un des ouvrages les plus puissants de Kars, le fort Arab.

Au moment où l'action s'engagea sur les autres points d'attaque, le général Schatilof porta en avant le régiment d'Abkhasie, deux bataillons du régiment de Gourie, trois batteries et des détachements de volontaires, sous le commandement du général-major Rydzevsky, auquel il ordonna d'ouvrir le feu. Se rapprochant peu à peu, l'artillerie attira bientôt de ce côté, par la justesse et la fréquence de son tir, toute l'attention des Turcs, qui, trompés plusieurs fois par la cessation subite du feu, qui semblait indiquer que les colonnes d'assaut se portaient en avant, ouvraient de toutes les faces des deux forts une violente fusillade et couvraient le terrain d'une pluie de mitraille et de grenades à main, manifestation tout à fait inoffensive, car les Russes étaient encore hors de portée.

Bientôt, cependant, le fort de Karadagh cessa entièrement de répondre, et vers une heure du matin le fort Arab ralentit également son tir. Le général Schatilof fut alors informé de la prise du Karadagh par le régiment de Koutaïs et il résolut de donner immédiatement l'assaut au fort Arab. Il désigna à cet effet le régiment d'Abkhasie et six compagnies du régiment de Gourie, dont il donna le commandement au général Rydzevsky.

Précédés par des volontaires sous les ordres du lieutenant Tkhorjevsky, un officier de dix-neuf ans qui fut le héros de la journée, deux bataillons du régiment d'Abkhasie s'élancèrent de front sur le fort, tandis qu'un bataillon s'emparait de l'espace compris entre le Karadagh et l'Arab, et que derrière lui les compagnies du régiment de Gourie, traversant un camp turc attaquaient en flanc et en queue l'intérieur du fort. Le lieutenant Tkhorjevsky escalada le premier le parapet avec ses volontaires, et en un quart d'heure la lutte était terminée au fort Arab. Ceux de ses défenseurs qui n'avaient pas été tués furent faits prisonniers ou prirent la fuite dans le défilé du Kars-Tchaï, pour aller se réfugier à l'abri des forts des monts Tchorakh et Takhmas.

En poursuivant les fuyards, les fantassins des régiments d'Abkhasie et de Gourie occupèrent la crête du ravin du Kars-Tchaï et par leur feu d'un effet puissant achevèrent de mettre la panique parmi les Turcs.

Le sort de Kars était décidé. Tous les forts de la rive droite étaient au pouvoir des Russes ; les troupes réunies dans Kars même par le colonel de Baum occupaient les principaux points de la ville. La partie de la garnison qui s'était enfermée dans la citadelle n'essaya même pas de se défendre ; Hussein-Bey, en dépit de ses héroïques résolutions, ouvrit les portes aux bataillons du régiment de Vladikavkaz dirigés sur cet ouvrage.

De temps à autre seulement l'artillerie des forts de Moukhlis, de Véli-Pacha et de Takhmas tirait sur l'Arab et sur la ville pour couvrir la retraite des Turcs qui passaient le Kars-Tchaï.

L'armée turque essaye de percer les lignes russes. — Elle met bas les armes.

Les péripéties de la lutte avaient concentré toute la garnison turque sur les hauteurs de la rive gauche du Kars-Tchaï. Qu'allait-elle y faire sans eau et sans vivres? Hussein-Pacha jugea la partie complétement perdue et ne songea plus qu'à sauver ses troupes du désastre; tandis que les Russes expédiaient leurs blessés et leurs prisonniers sur les réserves et reformaient leurs bataillons pour poursuivre leurs succès, lui reforma également les siens et prit toutes les mesures pour essayer de se faire jour à travers les troupes ennemies par les routes conduisant à Erzeroum et aux passes du Soghanli-Dagh. Pour cela il fit sortir tous ses soldats des forts et des camps et les fit ranger en bataille devant les lignes extérieures des ouvrages.

Aux premières lueurs de l'aube, les Russes aperçurent d'épaisses colonnes de plusieurs milliers d'hommes descendant des hauteurs situées entre Takhmas, Tchim et Laze-Tépessi, en se portant sur Vozgali et Tchiftlik; d'autres se dirigeaient des hauteurs de Tchakhmakh sur Aïnaly. Quelques centaines de cavaliers devançant l'infanterie se dispersaient par groupes dans différentes directions.

A la vue de ce mouvement, le général de Roop, dont les troupes se trouvaient pour la plupart dans le voisinage de la direction suivie par

LE GÉNÉRAL FOMINE, ATAMAN GÉNÉRAL DES TROUPES IRRÉGULIÈRES DE L'ARMÉE DU DANUBE

l'ennemi, prit immédiatement des mesures pour concentrer ses forces afin de couper la retraite aux Turcs et de les poursuivre ; tous les corps de cavalerie sur la rive droite du Kars-Tchaï s'ébranlèrent au trot pour tourner les fuyards et les prendre en queue. Après avoir chargé le colonel Batievsky avec les dragons de Siéversk et les cosaques de Kisliar d'arrêter une partie de la cavalerie turque, qui avait déjà réussi à forcer la chaîne de ses avant-postes et se retirait sur Tchiftlik et Samavat, le général de Roop, afin de barrer la route aux colonnes d'infanterie, établit le régiment de Rostof avec 12 canons devant le village de Vozgali et, au moment où le général Komarof prenait les fuyards en flanc et où le régiment de Nesvige les prenait en queue, en les foudroyant du feu des batteries de Djara, il ordonna à la cavalerie du prince Stcherbatof de leur couper la route d'Aravartan.

Lorsque le colonel Batievsky atteignit la cavalerie turque, une partie de celle-ci était parvenue, malgré le feu des soldats des régiments de Kouban et de Nesvige, à se faire jour sur Samavat, en laissant une centaine de morts sur le terrain. Le colonel Batievsky chargea les fuyards en queue, les sabra et les dispersa promptement et les rejeta sur la colonne d'infanterie qui venait derrière.

Un second parti de cavalerie turque, aussi nombreux, qui fuyait dans la même direction, fut poursuivi par le colonel prince Eristof, avec le régiment de cosaques de Poltava, auquel se joignirent bientôt une sotnia de la milice de Tiounet et une sotnia de cosaques du Kouban. Deux fois les Turcs soutinrent de front les charges du prince Eristof et ce ne fut qu'après avoir perdu plus de 200 hommes qu'ils se débandèrent.

La principale colonne d'infanterie, qui se dirigeait sur Vozgali, mit bas les armes, lorsqu'elle se vit enveloppée ; une autre, qui marchait sur Tchiftlik et Aravartan, continua son mouvement, mais une charge vigoureuse des dragons de Nijni-Novgorod et des cosaques d'Orembourg lui coupa la retraite. Bientôt tout le terrain de Samavat et Vozgali au sommet des monts de Tchorakh fut entouré par les troupes russes, et aucune issue ne resta ouverte aux fuyards ; partout des bataillons entiers mettaient bas les armes et se rendaient à des corps de cavalerie ou d'infanterie.

On constata alors que plusieurs des commandants supérieurs de la forteresse, Hussein-Avni en tête, avaient réussi à s'enfuir sur le village de Bozgousch avec une escorte de 180 hommes au plus. Se mettant à la tête des dragons de Nijni-Novgorod et des troupes de cavalerie des colonels prince Eristof et Batievsky, le prince Stcherbatof se lança sur Bozgousch. Malgré les salves de mousqueterie qui les accueillirent en avant de ce village, les dragons et les cosaques chassèrent les Turcs de leur position, en tuèrent une partie et poursuivirent les autres. Quelques kilomètres plus loin, ceux-ci furent atteints de nouveau et tués presque tous. Trente ou quarante hommes au plus s'échappèrent en se jetant dans les montagnes ; Hussein-Avni fut assez heureux pour être du nombre. Leurs chevaux étant très-fatigués après plus de 20 kilomètres fournies ventre à terre, les dragons et les cosaques ne poursuivirent pas plus loin ces quelques cavaliers isolés.

La cavalerie du général Schérémétief prit en flanc plusieurs petits corps d'infanterie et de cavalerie qui descendaient du côté de Moukhlis et des hauteurs de Tchokhmakh ; elle les sabra et les poursuivit jusqu'à Aïnaly, où leurs débris, cernés de toutes parts, se constituèrent prisonniers.

Pas un bataillon d'infanterie ne put s'enfuir, tout fut pris. A peine une centaine de cavaliers s'échappèrent-ils pour aller raconter à Erzeroum comment Kars était tombé.

Les trophées de Kars. — Renvoi des malades et des blessés à Mouktar-Pacha.

Le 18 novembre à midi le grand-duc Michel se voyait en possession de la ville de Kars avec ses 303 canons, un matériel et des approvisionnements considérables. Le drapeau russe flottait sur tous les forts et sur la citadelle et la garnison toute entière quelques centaines d'hommes excepté, était prisonnière, à savoir : 17,000 soldats, 5 pachas, 800 officiers et 4,500 malades et blessés.

« Il n'y a pas de mots, dit le rapport officiel russe, pour rendre la valeur des troupes qui ont remporté cette victoire, et les nombreux actes d'héroïsme de cette glorieuse nuit, qui, une fois de plus, a prouvé au monde entier que pour le soldat russe il n'existe pas d'obstacles insurmontables.

« Malheureusement nous avons perdu dans l'assaut un grand nombre d'officiers supérieurs d'un haut mérite. Le général-major comte de Grabbe, commandant de la 2e brigade de la 1re division de grenadiers, les colonels Boutchkief, du régiment de Piatigorsk, et Bélinsky, du régiment de Pernau, le lieutenant-colonel prince Mélikof, commandant du 4e bataillon de tirailleurs, le major Héritch, qui commandait le 1er bataillon de la même arme, et plusieurs chefs de compagnie sont tombés sur les remparts de Kars.

« Nos pertes totales sont : 1 officier général, 17 officiers et 470 hommes tués; 1 officier général, 58 officiers et 1,726 hommes blessés et contusionnés.

« Les pertes des Turcs sont énormes. Plus de 2,500 cadavres, qui gisaient dans les ouvrages de défense, ont été inhumés par nous dans les premiers jours après la prise de Kars et leurs blessés remplissent à tel point nos hôpitaux qu'il a fallu en envoyer un grand nombre dans leurs foyers. La même mesure a été prise à l'égard des malades et des prisonniers jugés incapables de service et hors d'état de supporter un long trajet. »

Quand le rapport russe dit que ces malades et ces blessés furent renvoyés « dans leurs foyers » il se sert d'une expression inexacte, car ils furent tout simplement expédiés à Mouktar-Pacha comme l'avait déjà été les blessés de Devé-Bouyoun. Les Russes trouvaient un double avantage à agir ainsi, ils s'épargnaient les soins qu'exigeaient ces invalides et, en grossissant le nombre des bouches inutiles dans Erzeroum, ils accroissaient les embarras du commandant en chef turc. Celui-ci qui n'avait vu dans la démarche du général Heymann qu'un acte d'humanité prit d'une tout autre façon le nouvel envoi de 3,500 blessés et malades que les Russes lui annoncèrent. Il s'empressa d'en référer à son gouvernement qui protesta aussitôt auprès des puissances européennes au nom de l'humanité et de la convention de Genève; mais les Russes n'en tinrent aucun compte et expédièrent le triste convoi à Erzeroum. Le gouvernement turc adressa alors à tous ses agents à l'étranger la dépêche suivante :

Constantinople, 26 décembre.

Une dépêche de Mouktar-Pacha du 21 nous apprend que les tristes prévisions sur le sort réservé à nos soldats blessés ou malades tombés au pouvoir des Russes, à Kars, se sont malheureusement réalisées. 2,000 (les rapports russes disent 3,500) d'entre eux ont été expédiés de Kars à Erzeroum ; sur ce nombre, la moitié a succombé en route au froid et à la fatigue, et l'autre moitié est arrivée à Erzeroum dans l'état le plus déplorable.

Je vous prie de porter ce fait à la connaissance du gouvernement près lequel vous êtes accrédité, en ayant soin de constater qu'il constitue à la fois un attentat aux lois de l'humanité et une infraction cruelle et formelle aux prescriptions de la convention de Genève qui oblige les belligérants à soigner les blessés et malades ennemis sur les lieux mêmes, et comme leurs propres soldats.

Le gouvernement turc se trompait ; la convention de Genève autorise, impose même la restitution des blessés dans la mesure du possible. Quant aux faits matériels avancés dans cette dépêche, ils ont été démentis par plusieurs témoins et notamment par le correspondant du *Daily News*, qui écrivait à ce journal :

« Je suis très-heureux de pouvoir vous donner quelques détails sur la prétendue atrocité russe du renvoi de Kars des blessés par de grands froids. Je tiens ces détails de plusieurs soldats blessés eux-mêmes. Il est impossible, m'ont-ils dit, de préciser le nombre des blessés qui ont été envoyés, vu qu'ils partaient par petits groupes de 30 à 70 hommes et à des jours différents. Avant de partir on les menait aux dépôts d'habillement et chacun recevait un vêtement chaud. On donnait aussi à chacun plusieurs rations de pain et 30 piastres pour l'achat de tabac ou de ce qu'ils voudraient. Je dois ajouter que pour la plupart c'étaient des hommes blessés très-légèrement. Ils ont sans doute beaucoup souffert du froid, mais je ne crois nullement au récit turc d'après lequel tous, excepté ceux arrivés à Erzeroum, auraient péri en route. Beaucoup de ceux qui ont quitté Kars sont sans aucun doute retournés dans leurs foyers, c'est-à-dire dans les villages voisins de la forteresse.

« Ceux qui sont arrivés à Erzeroum parlent dans les termes les plus élogieux de la bonté avec laquelle les soldats russes les ont reçus partout dans les villages occupés par ces derniers. On les emmenait dans les maisons pour y passer la nuit et quand on pouvait se procurer du bois on faisait du feu à leur intention. Un de ces soldats m'a raconté que son camarade, trop fatigué pour arriver jusqu'au village où l'on devait passer la nuit, tomba sur la route et resta. Des soldats russes qui passaient le prirent et le portèrent jusqu'au village voisin, qui était à deux heures de marche, et le soignèrent comme s'il eût été un des leurs. Le soldat qui m'a raconté cela a ajouté que les Russes se conduisent en frères et non en ennemis. Plusieurs de ses camarades ont déclaré que jamais ils ne prendront plus les armes contre les Russes, qui les ont traités avec tant de bonté.

« D'un autre côté, dans les villages où il n'y avait pas de Russes et qui étaient occupés par des Circassiens au service de la Turquie, on dépouillait les blessés de leur argent et on les traitait comme s'ils n'avaient jamais combattu et souffert pour leur patrie.

« Il serait utile pour ceux qui déblatèrent contre les prétendues atrocités russes de faire un peu plus attention à la manière dont les autorités turques traitent leurs propres blessés. »

Conséquences de la prise de Kars.

La prise de Kars produisit une grande impression morale en Russie et dans le monde musulman. En Russie, ce brillant assaut succédant si promptement aux victoires de l'Aladja-Dagh et de Dévé-Bouyoun et coïncidant avec des succès en Bulgarie, acheva de relever les courages abattus et de venger l'amour-propre national des commentaires malveillants faits à propos des échecs qui avaient marqué la première période de la guerre. Nous avons expliqué que la désillusion produite par les Bulgares avait amené les Russes à rechercher des satisfactions personnelles dans la lutte qu'ils soutenaient au prix de tant de sacrifices : la prise de Kars contribua beaucoup à enflammer leurs convoitises. Personne ne se gêna plus dès lors pour eux pour déclarer que les efforts gigantesques auxquels ils se soumettaient exigeait une compensation. Leurs journaux firent cette remarque subtile que si le cabinet de Saint-Pétersbourg avait promis de ne pas faire de conquêtes en Europe, cet engagement ne pouvait s'étendre à l'Asie. Ils réclamèrent en conséquence l'Arménie comme la première et la plus naturelle des récompenses. « C'est la troisième fois, dit la *Nowoie Wremia*, que Kars tombe dans nos mains. Ce qu'on prend pour la troisième fois et avec tant de sacrifices, avec un si grand effort, ne peut plus être rendu. A partir d'aujourd'hui, Kars est une ville russe, une forteresse russe, un des boulevards de la Russie en Asie Mineure. »

Dans le monde musulman, la prise de Kars, que l'on regardait comme le boulevard inexpugnable de la domination ottomane en Asie, eut un retentissement immense. Elle mit notamment fin à l'insurrection du Caucase, dont elle ruina les dernières espérances. Après une première explosion dans la Tchetchénia, assez promptement étouffée, cette insurrection avait éclaté avec une force incroyable dans le Daghestan à la suite des revers qu'éprouvèrent les Russes au mois de juin en Arménie. Des agents turcs, porteurs de proclamations signées par le fils de Schamyl, parcouraient le pays, et, aidés par les prêtres musulmans, soulevaient les Lesghiens, auxquels ils promettaient une prochaine délivrance, opérée par les armées du sultan qui venaient d'entrer sur le territoire russe. Ces montagnards avaient une telle confiance dans le succès de Mouktar et d'Ismaïl-Hakki qu'ils s'abstinrent soigneusement de couper les fils télégraphiques, afin de pouvoir rentrer le plus tôt possible en communication avec eux. Nous ne nous hasarderons pas à tenter même une simple esquisse de l'histoire de cette insurrection, les documents qu'il a plu au gouvernement russe de livrer à la publicité sur ce sujet étant beaucoup trop rares et trop incohérents pour que cela soit possible. Tout ce que nous pouvons dire avec certitude c'est que les principaux chefs du mouvement furent les Tchetchenzes, Ouma-Douïew et son fils et le Lesghien Ali-Bek, et que le chiffre de la population soulevée s'éleva un moment jusqu'à 175,000 personnes ; il fallut employer pour la réduire deux divisions, aidées par les milices locales. Tant que les feuilles ne furent pas tombées dans les forêts, il fut impossible de poursuivre les bandes réfugiées dans les épais taillis des pentes boisées du Caucase; mais, quand arriva l'hiver, la répression fut vigoureusement menée. Un mouvement combiné des troupes et de la milice, appuyées par un détachement venu du territoire du Terek, écrasa la révolte dans le Daghestan central et le Daghestan méridional. Dix mille insurgés furent battus et dispersés dans différents combats, à Lavasch (23 septembre), Koutisch (24 septembre), Kaï-Kent (30 septembre), Djemi-Kent (3 octobre).

Dans le courant de novembre, la nouvelle des défaites de l'armée turque fut répandue dans les territoires insurgés par les soins des Russes, Ali-Bek et Ouma-Douïew découragés firent leur soumission ; les habitants des villages les plus compromis furent déportés dans le nord de la Russie et au commencement de décembre le Daghestan se trouva complètement pacifié.

Au point de vue militaire la série d'échecs essuyés par les Turcs en Arménie eut pour conséquence un mouvement en arrière dans le Lazistan. Sous l'empire de la nécessité, l'imbécile *darisichoura* de Constantinople se décida enfin à tirer de Batoum la plus grande partie des troupes qu'elle y avait si inutilement entassées. Nous avons raconté la retraite des Russes jusqu'à Moukha-Estaté où ils se fortifièrent et d'où ils ne bougèrent plus et l'occupation par Dervisch-Pacha de leurs anciennes positions de Khatsoubani. Le commandant turc avait alors près de

LA 1re DIVISION DE LA GARDE EN MARCHE SUR PLEVNA

30,000 hommes et le général Oklobjio qui commandait les forces russes était incapable de lui tenir tête ; mais peu à peu pour refaire l'armée de Mouktar-Pacha à Erzeroum et aussi pour renforcer l'armée du Danube, Dervisch-Pacha dut se séparer des deux tiers de ses troupes, si bien qu'à la fin de novembre, il ne lui restait plus que 9,000 hommes. Il résolut alors de se borner à défendre les abords immédiats de Batoum, et, le 27 novembre, il évacua ses excellentes positions de Khatsoubani. Un détachement de milice au service de la Russie qui était aux avant-postes s'aperçut le premier de la retraite et en informa aussitôt le gros des forces. Le général Oklobjio fit immédiatement avancer quelques bataillons pour attaquer les Turcs dans leur retraite, mais ils arrivèrent trop tard et ils trouvèrent l'ennemi déjà réinstallé en avant de Tsikhedziri dans la position retranchée de Koïriké.

Tandis que les troupes d'Arménie manquaient de tout, tout avait été prodigué à cette armée de Batoum dont le rôle était tout à fait secondaire ; c'est ce qui ressort des remarques suivantes d'un officier russe : « Notre étonnement a été grand quand nous avons visité les ouvrages et le camp des Turcs : les tranchées étaient construites avec une solidité et un talent tels que l'ennemi y était complètement à l'abri de nos balles et de nos obus et ne pouvait en être délogé que par un assaut. Ce n'est pas seulement la solidité des tranchées qui nous a le plus étonné, mais aussi le confort de leur aménagement. Elles étaient pourvues de bancs en terre battue et munis, à portée de la main, d'un dépôt de cartouches, si bien que les soldats turcs, assis tranquillement derrière leurs abris et disposant d'une masse de cartouches, pouvaient sans danger aucun nous envoyer une grêle de projectiles par des meurtrières habilement ménagées, sans éprouver de fatigue et sans courir aucun risque. Nous avons vu à plusieurs endroits les traces de nos obus, mais ils n'ont pas produit et ne pouvaient même pas produire de dégâts sérieux dans des ouvrages aussi solidement établis.

« Tous les points où les Turcs étaient installés dans les environs de Khatsoubani avaient des ouvrages fortifiés tout aussi bien installés que ceux de Khatsoubani même. Notre étonnement n'a pas été moindre quand nous avons visité les baraques d'hiver de l'ennemi. Elles sont tellement solides et si bien aménagées que certainement beaucoup de nos habitants des campagnes échangeraient sans hésiter leurs chétives masures contre ces habitations confortables, qui sont à l'épreuve du froid et de la pluie. Chaque baraque peut facilement contenir 300 hommes ; elle a au milieu d'une grande cheminée devant laquelle dix hommes peuvent se tenir ; les baraques des officiers sont encore plus confortables, elles sont même tapissées à l'intérieur. Les Turcs, en se retirant, ont incendié un certain nombre de leurs baraques, mais il en est resté assez d'intactes pour que nous puissions en profiter s'il nous faut passer l'hiver sur cette position. »

La chute de Kars décida sans retour de la campagne en Arménie. La forteresse offrait désormais aux Russes un solide point d'appui pour poursuivre leur offensive et sa possession leur permettait de porter en avant une partie considérable des troupes qui l'assiégeaient, pour renforcer le corps du Saganloug et aider à la conquête d'Erzeroum. Le grand-duc Michel après avoir réuni les deux sandjiaks turcs de Tchaldyr et de Kars en une province russe qui prit le nom de province de Kars et à la tête de laquelle fut placé comme gouverneur le général Popka, retourna à Tiflis et le général Loris-Mélikof emmenant avec lui une dizaine de mille hommes et dix pièces de siège, vint à Devé-Bouyoun diriger en personne le siège de la capitale de l'Arménie.

Depuis la surprise d'Assizié, la garnison d'Erzeroum se gardait avec le plus grand soin. Malgré le froid, qui était terrible (le thermomètre descendit fréquemment jusqu'à 17 degrés au-dessous de zéro), on tenait sur les remparts et dans les chemins couverts, des sentinelles de cinquante mètres en cinquante mètres. Tout le long des glacis, à cinquante mètres de la crête, régnait une ligne de trous distants de vingt mètres les uns des autres, dans chacun desquels se trouvait une sentinelle, et cinquante mètres plus avant il y avait encore une autre ligne pareille de grand'gardes. Qu'on ajoute à cela des patrouilles incessantes, et dans la plaine d'Erzeroum, rôdaient continuellement, sous le commandement d'un certain Muhir-Ali, des détachements de *karapapaks* (bonnets noirs), irréguliers. Mouktar-Pacha avait enfin trouvé en eux de véritables éclaireurs, meilleurs que les Circassiens indociles et surtout que les Kurdes pillards et traîtres. Ces karapapaks étaient bien montés, bien armés de fusils Winchester ou Peabody, chaudement vêtus et très-actifs. Malheureusement, Muhir-Ali reçut une balle dans la cuisse, dans une escarmouche, le 23 décembre.

Le 20 décembre, les neiges étaient devenues si abondantes et les positions sur les hauteurs de Dévé-Bouyoun tellement intenables que le général Loris-Mélikof fit descendre sa gauche dans la plaine d'Erzeroum. Une colonne de cavalerie composée de deux escadrons de dragons et de deux régiments de cosaques effectua une reconnaissance heureuse jusqu'à la ville de Khnys-Kalé (au sud d'Erzeroum). Les autorités, vinrent à la rencontre des troupes, leur rendirent la ville, ainsi que tous les villages du district, au nombre de près de cent cinquante. Par cette reddition, on fit l'acquisition de nombreux entrepôts de fourrages et d'approvisionnements, et l'administration russe fut introduite dans le district.

Le 21 décembre, ce fut au tour de la droite de descendre dans la plaine ; les chasseurs du 151ᵉ régiment d'infanterie de Derbent, les sapeurs et plusieurs sotnias de cosaques occupèrent les villages de Ketchk, de Tofta, de Hins, de Touvantch et de Tsitivki. Ce développement se fit sans combat et les Russes n'eurent que 12 hommes mis hors de combat dans une escarmouche avec les hommes de Muhir-Ali.

Mouktar-Pacha, devinant que l'intention du général russe était de tourner les positions du Top-Dagh et d'investir complètement la place, prit le parti de ne point s'y laisser enfermer et d'aller à Baïbourt, sur la route de Trébizonde, organiser une armée de secours avec les renforts. Avec quelques milliers, qui devaient former le noyau de cette nouvelle armée, il sortit donc d'Erzeroum dans la nuit de Noël. Il laissait la ville dans un triste état. « Avec lui, dit le correspondant du *Daily News*, qui partit le lendemain, avec lui a disparu le dernier espoir de tout ce qui ressemble à une défense vigoureuse d'Erzeroum. Sa place est occupée maintenant par le Kurde Ismaïl-Pacha, qui n'a au une prétention d'être un soldat, et qui passe la plus grande partie de son temps à prier et à lire le Coran. Je m'attends à ce que sous son commandement la ville ne tienne pas longtemps, et en réalité si elle était attaquée en force quelque peu considérable, je n'ai aucun doute que les Russes ne se rendissent maîtres de la capitale de l'Arménie en très-peu d'heures.

« Je ne leur envie pas la prise qu'ils feront certainement tôt ou tard. Elle ne vaut guère mieux maintenant qu'un immense hôpital, où plus de cent soldats vont chaque jour à leur dernière demeure. Leurs cadavres sont à peine recouverts de terre, après avoir été exposés à la gelée pendant une nuit. Lorsque le dégel arrivera au mois d'avril prochain, les conséquences seront terribles. Actuellement, la fièvre typhoïde règne et le froid intense fait beaucoup de mal aux pauvres diables mal nourris et vêtus. On en rapporte chaque jour un grand nombre gelés de froid, et il ne se passe presque pas une nuit sans que deux ou trois d'entre eux succombent à la gelée. »

Mouktar n'eut pas le loisir de préparer la délivrance d'Erzeroum. A peine était-il à Baïbourt qu'un ordre du gouvernement l'appela à Constantinople, de sorte que la Turquie n'eut plus en Asie, à proprement parler, ni armée ni général. Il est vrai que toute opération militaire était devenue impossible ; l'armée russe était littéralement ensevelie sous la neige et souffrit des maux incroyables. Cependant, elle n'en poursuivit pas moins l'investissement de la place, qui se trouva complété le 9 janvier 1878 par l'occupation d'Illidji, sur la route d'Erzeroum à Trébizonde.

XXXIV. — INVESTISSEMENT DE PLEVNA

La grande faute des Turcs.

Quand on apprit à la fin du mois de septembre que sept divisions nouvelles appelées de la Russie et composées des meilleures troupes de la Roumanie approchaient du théâtre de la guerre, l'avis de tous les militaires de quelque expérience fut qu'Osman-Pacha allait quitter Plevna, qu'il venait d'illustrer par trois victoires successives et chercher soit à Orkhanié soit à Sofia un nouveau point de résistance moins éloigné de sa base d'opérations. C'était aussi le projet de l'illustre général turc, mais nous retrouvons en Europe l'influence néfaste du conseil de guerre de Constantinople qu'inspirait Mahmoud-Damat et que nous avons vu préparer par ses ordres inepts les désastres de l'armée d'Asie.

Le jour où il avait appris qu'une expédition était sur le point de partir de Constantinople pour le Caucase Osman-Pacha avait écrit sans retard au ministre de la guerre pour le dissuader de ce projet et lui conseiller, au contraire, d'éta blir un grand camp à Sofia, et de concentrer sur ce point non-seulement toutes les troupes qui étaient alors disponibles à Constantinople, et qui étaient très-nombreuses, mais aussi tous les *nizams* qui formaient les garnisons des différents vilayets voisins de la capitale. Si cette disposition avait été mise à exécution, Sofia serait devenu non-seulement un dépôt central de vivres mais il aurait en outre contenu une armée de 120,000 à 150,000 hommes, qui, bien commandée, aurait rendu l'investissement de Plevna impossible. On sait que le conseil ne fut pas écouté.

Jusqu'à la fin de septembre les dangers d'investissement furent peu menaçants et Osman-Pacha crut devoir se maintenir à Plevna, mais quand il sut que la garde russe et les grenadiers étaient en route pour venir renforcer l'armée qui l'assiégeait et qu'il vit qu'on ne faisait rien pour assurer ses communications, il demanda à Constantinople l'autorisation de se replier sur les Balkans. Des raisons impérieuses exigeaient cette retraite. Il n'y avait pas à Plevna on ne pouvait pas espérer y réunir des approvisionnements suffisants pour nourrir une armée de 60,000 hommes pendant un long siége. D'autre part, on n'avait rien fait pour tenir libre la ligne de ravitaillement de Plevna à Orkhanié. L'autorisation que demandait le général turc ne lui en fut pas moins refusée. On lui promit seulement de songer à son ravitaillement et à la concentration de forces nécessaires pour empêcher son investissement. Ce fut là une faute immense ; la darist-choura sacrifia ainsi inutilement sa meilleure armée et son meilleur général, dont la reddition après l'arrivée des renforts russes ne fut plus qu'une question de temps. La ruine de la Turquie découle de cette funeste résolution. L'incapable Mahmoud-Damat et ses amis doivent être chargés de l'exécration de ceux qu'a affligés l'abaissement de cette puissance, car en usurpant la direction des opérations militaires à laquelle aucune connaissance spéciale ne leur donnait droit, en contrecarrant les plans des meilleurs généraux, c'est eux qui ont assumé la responsabilité des désastres et si l'on cherche les motifs de leur conduite, on ne leur trouve pour mobile que la misérable préoccupation de leur intérêt personnel. Le sultan s'effrayait de la possibilité de voir la guerre se rapprocher de Constantinople, pour conserver sa faveur quelques jours de plus, en tenant le théâtre des hostilités au delà des Balkans un moment encore, ses conseillers lièrent les mains à Osman et l'enfermèrent dans Plevna comme dans un piège. On raconte (1) que le héros écœuré de tant d'ineptie et de corruption, télégraphia à Constantinople qu'il resterait à la tête de son armée pour partager son sort et l'adoucir, mais qu'une fois ce sort décidé il quitterait le service de la Turquie ne voulant plus avoir affaire à son gouvernement.

Encore si on avait tenu la promesse de former une armée de secours! Tout aurait dû être sacrifié à ce but. Plevna était comme un frein qui retenait les forces russes et les détournait des autres parties du théâtre de la guerre ; les Turcs pouvaient donc concentrer tous leurs efforts en vue d'y ravitailler Osman-Pacha, et les autres points pouvaient être impunément dégarnis. On aurait dû appeler une partie des troupes du quadrilatère et on eût pu prendre sans dommage presque tout entière l'armée de 35,000 hommes qu'on gardait inactive devant Schipka ; il eût fallu réunir au moins 100,000 hommes à Orkhanié comme l'avait demandé Osman-Pacha depuis Plevna. Au lieu de cela, on dirigea sur ce point quelques troupes amenées de Constantinople par Schevket-Pacha, un général qui ne s'était encore fait connaître que pour avoir présidé aux massacres de Bulgarie en 1876. Elles étaient, il est vrai, de fort bonne qualité, mais elles ne présentaient pas un effectif de plus de 15,000 hommes. On leur adjoignit à peu près autant de recrues mal exercés et c'est avec cette armée improvisée qu'on prétendit garder la route de Plevna qui a 110 kilomètres de long et qui se trouvait sur toute sa longueur exposée aux attaques d'un ennemi bien supérieur en nombre.

Schevket égrena maladroitement ses troupes sur la route sur les points les plus aisément défendables, où les Russes eurent peu de peine à les détruire en détail. De jour en jour l'armée du grand-duc Nicolas étendit autour de Plevna ses lignes comme une immense toile d'araignée, et Osman-Pacha, abandonné à lui-même, dut bientôt se rendre avec son héroïque armée épuisée, affamée et décimée.

———◆———

Le plan russe. — Campagne de Krylof.

Les premiers événements qui suivirent les sanglantes journées du 11 et du 12 septembre semblèrent cependant donner raison à ceux qui avaient exigé le maintien de l'armée turque à Plevna. Deux fois en trois semaines, Schevker-Pacha parvint à lui amener des renforts et un

(1) Voyez, notamment, le *Peiter Lloyd*.

LA GUERRE D'ORIENT.

convoi de vivres. Mais ces succès apparents ne pouvaient faire illusion qu'à des esprits superficiels, ils tenaient à ce que la garde n'était pas encore arrivée sous Plevna.

Nous avons expliqué qu'après le sanglant as- il leur eût fallu des forces au moins doubles de celles dont ils disposaient après les pertes cruelles qu'ils venaient de faire. Ils durent attendre l'arrivée des renforts qui étaient en marche, et leurs opérations contre Plevna se bornèrent provi-

DIX COUPS DE BATON

CINQUANTE COUPS DE BATON

LES PUNITIONS AU CAMP TURC

saut qui leur avait coûté 20,000 hommes, les Russes comprirent qu'il y aurait folie à continuer de vouloir prendre Plevna de vive force ; ils résolurent de réduire Osman-Pacha par la famine, comme les Allemands avaient réduit Metz en 1870. Mais, pour investir efficacement la place, soirement à canonner la place et à construire des approches vers sa première ligne de défense. En même temps un corps d'observation, composé de la plus grande partie de la cavalerie russe présente sous Plevna, et de deux brigades de cavalerie roumaine et commandés par le général Krylof, fut formé pour battre le pays au-delà de la Vid et veiller avec attention à empêcher dans la mesure du possible le ravitaillement de Plevna. Comme on ne pouvait faire appuyer les mouvements de ce corps par aucune infanterie, on ne se faisait pas beaucoup d'illusions sur la portée des résultats qu'il pourrait obtenir.

Le général Krylof se proposait d'opérer principalement sur la chaussée de Sofia-Plevna, ligne principale des communications de l'ennemi. Il entendait commencer par des opérations de partisans en deçà du village de Telisch, dans la supposition qu'il était plus probable de pouvoir y rencontrer et capturer les convois de ravitaillement. Le 19 septembre, la colonne arriva devant le village de Gorny-Doubnik (1), et le général y reçut un rapport annonçant que plusieurs colonnes turques prenaient en flanc son bivouac en s'avançant du côté nord-ouest du village de Makhaléta, situé sur la route de Plevna à Rahova. Pour vérifier ces informations, il envoya plusieurs patrouilles de ce côté en reconnaissance; mais elles revinrent toutes en déclarant unanimement n'avoir vu personne aux environs de Makhaléta. Il est fort probable que les Russes avaient été abusés par de faux bruits que mettaient en circulation les Turcs. Ceux-ci avaient en effet le plus grand intérêt à attirer le général Krylof au nord de Plevna et à dégager la route de Sofia. Un immense convoi de vivres et de munitions, escorté par 20 bataillons, sous le commandement d'Ahmet-Hifzi-Pacha, avait quitté Orkhanié le 18 septembre et s'avançait vers Plevna par cette voie.

Le 20, Krylof persistant dans son idée d'observer la route de Sofia, et ne se laissant point prendre aux ruses de ses adversaires, envoya sous les ordres du colonel baron de Stackelberg une grande reconnaissance au sud-ouest de Telisch, dans le but d'éclairer tout l'espace entre l'Isker et la chaussée de Sofia, jusqu'à la hauteur sur laquelle s'élève le village de Rakita. Le baron de Stackelberg découvrit le convoi turc devant Telisch, mais il n'eut pas le temps de constater le nombre de ses forces, empêché qu'il fut par la cavalerie ennemie, contre laquelle il eut à soutenir un engagement assez chaud.

Cette découverte exigeait que le général Krylof s'assurât d'une manière plus précise de l'effectif des forces ennemies. En conséquence, il envoya de nouveau en reconnaissance le 21 septembre un détachement commandé par le colonel Toutolmine. Engageant un combat énergique avec l'ennemi, Toutolmine le força de montrer ses forces. Il fut constaté que la position de Telisch était déjà fortifiée au moyen de tranchées pour l'infanterie et de batteries toutes prêtes et que sur cette position se trouvaient de 10 à 12,000 Turcs, avec deux régiments de cavalerie et six canons.

Le 22 septembre, Ahmet-Hifzi continuant sa marche en avant, se dirigea sur Dolny-Doubnik en repoussant les éclaireurs russes qu'il trouva sur sa route. Le général Krylof engagea un combat d'artillerie qui dura jusqu'à trois heures de l'après-midi. Il reçut alors un rapport lui annonçant que l'infanterie turque, en nombre très-considérable venait de faire une sortie de Plevna et se dirigeait sur les derrières de son corps. Menacé d'être pris entre deux feux et jugeant ses forces insuffisantes pour engager la lutte à fond, Krylof se replia dans la direction du nord-ouest et l'immense convoi et les 12,000 hommes d'Ahmet-Hifzi entrèrent dans Plevna pendant la nuit. 1,500 chariots étaient chargés de vivres et représentaient la nourriture de la garnison pour trois semaines.

Du 23 au 30, le général Krylof, avec trois brigades et le régiment de dragons d'Astrakhan nettoya, sur l'ordre du prince Charles de Roumanie, le pays entre Plevna et Rahova des Circassiens qui l'infestaient, enrôlant de force les habitants, réquisitionnant des chariots et se livrant à toute espèce d'actes de brigandage. Pendant son absence, le colonel Tchernozoubof, qui commandait le détachement avancé de Mitropol, attaqua deux convois turcs et enleva au premier vingt et au second cent voitures chargées de farine et d'orge; il captura en outre plusieurs convois de foin, en les attaquant au moment où les Turcs de Plevna faisaient des fourrages.

A son retour à Séméret-Trestenik, qu'il avait pris pour quartier général, le général Krylof forma le 30 un détachement d'éclaireurs dont il confia le commandement au colonel Levis of Menar et auquel il ordonna de se porter par la chaussée de Sofia, par Telisch, sur Roubtsó, pour reconnaître le pays entre les villages de Tcherveny-Breg, de Roubtsó et de Radormitsa et y capturer les convois ennemis qu'il y rencontrerait.

Ce détachement se mit en marche le même jour; il rencontra et attaqua un parti de bachibouzouks, le poursuivit jusqu'à Loukovitza, village situé à 15 kilomètres au sud-ouest de Té-

---

(1) *Gorny* en Bulgare veut dire *haut* et *Dolny, bas* ; *Gorny*-Doubnik, *Haut*-Doubnik, *Dolny*-Doubnik, *Bas*-Doubnik.

lisch, et captura plus de mille têtes de bétail, quatre-vingts chevaux et plusieurs convois de quinine, de médicaments et de sel. Il détruisit le pont de la Panéga, sur la chaussée à Radomirtsa, et détériora de nouveau de Telisch à Loukovitsa la ligne télégraphique de Sofia, que les Turcs avaient réussi à réparer avant leur arrivée.

Le 2 octobre, en se rendant de Radomirtsa à Tchoumakovitsy, le colonel Levis of Menar brûla le pont de Panéga à Tchervóny-Breg; le 3 au matin il mit son détachement en marche sur deux colonnes sur Loukovitsa et dispersa près de Gournik une nouvelle bande de bachi-bouzouks. Le soir il revint à Radormitsa où il s'établit avec le gros de ses forces, coupant ainsi la route de Sofia à Plevna. Les deux jours suivants il envoya des patrouilles dans différentes directions.

Le 6 octobre, une de ces patrouilles, envoyée sur la chaussée de Sofia, constata un mouvement opéré par quatre à cinq mille hommes d'infanterie turque, avec cinq canons et deux à trois mille cavaliers circassiens. Ces forces, venant de Jablonitsa, s'avancèrent, en longeant la chaussée, sur le détachement du colonel Levis of Menar et dirigèrent contre lui une série d'attaques jusqu'à deux heures de l'après-midi. Le détachement repoussa celles-ci en se retirant par la chaussée; il comptait déjà rejoindre sans obstacle le gros de la colonne d'observation, lorsqu'il fut subitement attaqué en queue par un autre corps de troupes turques sorti le matin de Plevna pour se porter à la rencontre de celui qui s'avançait de Jablonitsa, dont l'approche avait été signalée à la garnison de Plevna. Les Turcs, comme on voit, suivaient la même tactique que le 22 septembre.

Cette attaque en queue, opérée simultanément avec une attaque de front, obligea le colonel Levis of Menar à se replier, sous la protection du feu de ses dragons et de son artillerie, par Tcherveny-Breg, sur la rive gauche de l'Isker à Tchoumakovitsy, et la chaussée de Sofia-Plevna fut ainsi rouverte aux Turcs. Après le mouvement auquel l'avait contraint la disproportion de ses forces avec celles de l'ennemi, le détachement descendit le 7 le cours de l'Isker, se dirigeant sur Makhaleta, et envoya une patrouille vers Telisch. La reconnaissance opérée par cette dernière montra que Dolny et Gorny-Doubnik étaient fortifiés et occupés par de l'infanterie turque.

Les troupes qui venaient de déloger le colonel Levis of Menar de ses positions et de déblayer encore une fois la route de Sofia à Plevna étaient commandées par Schevket-Pacha en personne qui les avait amenées d'Orkhanié, de concert avec le général de cavalerie Kiasim-Pacha beau-frère du sultan Abd-ul-Hamid. Elles escortaient un convoi semblable à celui qui était entré dans Plevna le 22 septembre : même nombre de chariots, même quantité de vivres. Les ponts détruits par les Russes et qu'il fallut rétablir, le temps affreux mêlé de pluie et de neige, les ruisseaux gonflés et transformés en torrents retardèrent la marche de l'immense convoi qui n'arriva à Plevna que le 12 octobre.

Schevket et Kiasim restèrent auprès d'Osman jusqu'au 20, visitant les fortifications si merveilleusement improvisées et réglant avec le général en chef les conditions dans lesquelles devait s'effectuer la continuation du ravitaillement. Il fut convenu que de quinze jours en quinze jours Schevket amènerait un convoi pareil aux deux précédents par la route de Sofia à Plevna. De toutes les routes créées en Bulgarie par Midhat-Pacha, cette chaussée est de beaucoup la première. Elle est parfaitement empierrée et elle est assez large pour que deux fourgons y puissent passer de front. Une ligne télégraphique la suit sur tout son parcours. La défense en fut organisée de la façon suivante : un cordon de cavalerie fut placé sur ses deux côtés et abrité dans les retranchements ; ensuite, à des distances variant de 5 à 10 kilomètres, à Dolny-Doubnik, Gorny-Doubnik, Télisch, Radomirtza, Loukovitsa, etc. on construisit des ouvrages destinés à servir de points d'étape et occupés par des garnisons assez considérables de troupes d'infanterie, de cavalerie et d'artillerie. Chaque point fut placé sous les ordres d'un commandant, du grade de pacha; plusieurs points d'étape formaient un groupe placé sous l'autorité d'un commandant supérieur.

Les convois devaient généralement avoir de 500 à 1,000 voitures. Quand la cavalerie russe les attaquerait elle devait trouver toujours devant elle des troupes d'infanterie, avec lesquelles la lutte exigerait un certain temps et le convoi mettrait celui-ci à profit pour aller se réfugier dans le point d'étape le plus voisin.

Arrivée des renforts russes.

Ces précautions, si judicieuses qu'elles fussent, devaient être absolument inutiles. La fortune allait changer; elle allait complétement abandonner les Turcs en Europe comme elle venait de les abandonner en Asie.

Au milieu de septembre, les régiments de la garde, qui s'étaient ébranlés à la fin d'août, avaient commencé à arriver au quartier général de Gorny-Studen, qui était le point de concentration désigné. La brigade de chasseurs de la garde arriva la première, le 16 ; puis, ce fut la 2ᵉ division de cavalerie de la garde que Gourko était allé chercher jusqu'à la frontière roumaine ; puis, la 1ʳᵉ division d'infanterie, puis la 2ᵉ qui arriva le 4 octobre ; puis la 3ᵉ, puis les 2ᵉ et 3ᵉ divisions de grenadiers, avec la 11ᵉ division de cavalerie. La 26ᵉ division d'infanterie avait précédé toutes ces troupes et avait pu figurer à la bataille de Tcherkovna, la 21ᵉ passa le Danube le 4 octobre.

Pour l'intelligence de nos descriptions de bataille où les régiments sont désignés, selon la coutume russe, par des noms locaux, nous croyons devoir donner le détail de ces nouveaux corps comme nous avons déjà fait pour les corps qui avaient précédemment passé le Danube. Nous nous abstiendrons de désigner les commandants de divisions de la garde qui ont été tous changés à leur entrée en campagne, et que nous nommerons au fur à mesure que se produiront des nominations.

CORPS DE LA GARDE
Commandant en chef : Son Altesse impériale le grand-duc héritier (1)

1ʳᵉ DIVISION D'INFANTERIE DE LA GARDE

1ʳᵉ *brigade*. — Régiment de la garde Préobrajensky ; régiment de la garde Semenovsky.

2ᵉ *brigade*. — Régiment de la garde Ismaïlovsky ; régiment des chasseurs de la garde.

1ʳᵉ brigade d'artillerie de la garde.

2ᵉ DIVISION D'INFANTERIE DE LA GARDE

1ʳᵉ *brigade*. — Régiment de la garde de Moscou ; régiment des grenadiers de la garde.

2ᵉ *brigade*. — Régiment de la garde Pavlovsky ; régiment de la garde de Finlande.

2ᵉ brigade d'artillerie de la garde.

3ᵉ DIVISION D'INFANTERIE DE LA GARDE.

1ʳᵉ *brigade*. — Régiment de la garde de Lithuanie ; régiment de grenadiers de Keksholm.

(1) Un ordre du jour du 23 septembre portait que le czarewitch Alexandre était relevé de son commandement du corps de Roustchouk. On croyait généralement que le grand-duc héritier allait prendre le commandement effectif de la garde, mais l'ordre du jour en question fut annulé quelques jours après, le czarewitch garda le commandement de l'armée de Roustchouk et le général Gourko prit celui de la garde.

2ᵉ *brigade*. — Régiment de grenadiers de Saint-Pétersbourg ; régiment de la garde de Volhynie.

3ᵉ brigade d'artillerie de la garde et de grenadiers.

BRIGADE DE CHASSEURS DE LA GARDE.

1ᵉʳ bataillon de chasseurs de la garde de l'empereur ; 2ᵉ bataillon de chasseurs de la garde ; 3ᵉ bataillon de la garde de Finlande ; 4ᵉ bataillon de chasseurs de la garde de la famille impériale.

2ᵉ DIVISION DE CAVALERIE DE LA GARDE (1).

1ʳᵉ *brigade*. — Régiment de grenadiers à cheval de la garde ; régiment de lanciers de la garde.

2ᵉ *brigade*. — Régiment de dragons de la garde ; régiment de hussards de la garde de l'empereur ; 2 escadrons du régiment de Cosaques de la garde de l'empereur ; 2 escadrons du régiment de Cosaques de la garde de l'ataman grand-duc héritier ; 1 escadron de Cosaques de la garde de l'Oural.

3ᵉ *brigade*. — Régiment des lanciers de la garde de l'empereur ; régiment des hussards de la garde de Grodno ;

Brigade d'artillerie à cheval de la garde : cinq batteries.

CORPS DES GRENADIERS (2)
Commandant en chef : le lieutenant général Ganetski Iᵉʳ.

2ᵉ DIVISION DE GRENADIERS

Commandant : lieutenant général Svietchine.

1ʳᵉ *brigade*. — 5ᵉ régiment de grenadiers de Kiew ; 6ᵉ régiment de grenadiers de Tauride.

2ᵉ *brigade*. — 7ᵉ régiment de grenadiers de Samogitie ; 8ᵉ régiment de grenadiers de Moscou ;

2ᵉ brigade d'artillerie des grenadiers.

3ᵉ DIVISION DE GRENADIERS

Commandant : général-major Danilow.

1ʳᵉ *brigade*. — 9ᵉ régiment de grenadiers de Sibérie ; 10ᵉ régiment de grenadiers de la Petite-Russie.

2ᵉ *brigade*. — 11ᵉ régiment de grenadiers de Fanagoria ; 12ᵉ régiment de grenadiers d'Astrakan ;

3ᵉ brigade d'artillerie des grenadiers.

14ᵉ DIVISION DE CAVALERIE.

Commandant : général-major von Mehnden.

1ʳᵉ *brigade*. — 14ᵉ régiment de dragons de la Petite-Russie ; 14ᵉ régiment de lanciers de Yamhourg.

(1) La première resta à Saint-Pétersbourg.
(2) La première division, comme on sait, avait été envoyée du Caucase.

EN MARCHE SUR PLEVNA

2ᵉ *brigade*. — 44ᵉ régiment de hussards de Mittau ; 14ᵉ régiment de Cosaques ;
21ᵉ batterie d'artillerie à cheval;
7ᵉ batterie d'artillerie cosaque.

24ᵉ DIVISION D'INFANTERIE (1)

Commandant : *le lieutenant général Herchelmann.*

1ʳᵉ *brigade*. — 93ᵉ régiment d'Irkoutsk ; régiment d'Yéniséï.

2ᵉ *brigade*. — 95ᵉ régiment de Krasnoïars ; 96ᵉ régiment d'Omsk ;

24ᵉ brigade d'artillerie montée.

26ᵉ DIVISION D'INFANTERIE (2)

Commandant: *le lieutenant général Dellingshausen.*

1ʳᵉ *brigade*. — 101ᵉ régiment de Perm ; 102ᵉ régiment de Viatka.

2ᵉ *brigade*. — 103ᵉ régiment de Pétrozavodsk ; 104ᵉ régiment d'Oustloujna (3).

La 26ᵉ division, comme nous l'avons dit, fut envoyée à l'armée de Roustchouk. La 24ᵉ alla à Schipka relever le 8ᵉ corps de la rude garde qu'il faisait depuis plusieurs mois dans ce défilé. Le corps de la garde tout entier, les deux divisions de grenadiers et la division de cavalerie qui les accompagnait furent dirigés sur Plevna.

A la fin d'octobre l'armée placée sous le commandement commun du prince Charles de Roumanie et du général Totleben se trouva reconstituée et prête pour la tâche à laquelle on la destinait. Les anciens corps qui avaient assisté aux journées de septembre avaient été remis au complet par l'arrivée incessante des hommes fournis par les dépôts. Là où il n'y avait que des pertes légères, on se contenta d'incorporer dans les compagnies existantes des hommes de remplacement expédiés par détachements. Pour les régiments qui avaient le plus souffert, par exemple, ceux de la 2ᵉ division, on fit une refonte complète condensant parfois en un seul bataillon les restes d'un régiment entier, et complétant ensuite le corps par l'arrivée de bataillons de réserve tout formés, dont l'organisation s'était faite au dépôt. Il manquait fort peu d'hommes dans les régiments.

---

(1) Cette division de même que la 2ᵉ et la 3ᵉ n'appartient à aucun corps. La rapidité avec laquelle les renforts ont dû être envoyés sur les divers points du théâtre de la guerre a disloqué les cadres primitivement fixés dans l'ordre de mobilisation.

(2) Cette division, après avoir été indépendante comme celle que nous désignions ci-dessus, a été incorporée au 11ᵉ corps en remplacement de la 32ᵉ qui est devenue indépendante. Le baron Dellingshausen a alors pris le commandement du 11ᵉ corps en remplacement de Schakovskoï, rentré malade en Russie.

(3) Appelé aussi régiment de Koporsié.

L'armée qui allait procéder à l'investissement de Plevna comprenait donc 2 divisions du 9ᵉ corps, 2 divisions du 4ᵉ corps, deux brigades détachées des 2ᵉ et 3ᵉ divisions, la 4ᵉ brigade de chasseurs, 3 divisions de la garde et 2 divisions de grenadiers, ce qui à raison de 10,000 hommes par division, formait un total de plus de 100,000 hommes. Il y faut ajouter 5 divisions de cavalerie et l'armée roumaine forte de 35,000 hommes, ce qui portait l'effectif de l'armée à près de 150,000 baïonnettes et sabres. L'artillerie se composait de 558 canons de campagne et de 50 grosses bouches à feu.

Ces chiffres rendent sensibles à tous les yeux la faute commise par les Turcs en maintenant Osman-Pacha à Plevna. Ce général n'avait que 50,000 hommes et il ne pouvait compter comme appui du dehors que sur la problématique armée de Schevket-Pacha. Il devait donc fatalement être investi, et, une fois investi, la prolongation de sa résistance était exactement mesurée à la durée de ses vivres, car il ne lui restait aucune chance de délivrance ou de secours.

Le général Gourko prend le commandement de la garde — Bataille de Gorny-Doubnik.

Des colonnes composées uniquement de cavalerie avaient été impuissantes à remplir l'indispensable condition du succès des opérations contre Plevna — le blocus de la place. Mais l'arrivée des renforts permit aux Russes de prendre des mesures plus efficaces et le but, vainement poursuivi jusqu'alors, fut atteint d'un seul coup par un brillant succès.

Après la célèbre expédition des Balkans et la dissolution du corps d'avant-garde, le général Gourko était allé reprendre le commandement de la 2ᵉ division de cavalerie de la garde, qu'il exerçait avant la guerre. Un ordre du jour du 4 octobre l'appela à remplacer le général Krylof dans le commandement de la cavalerie de l'armée russo-roumaine ; enfin, quelques jours après, tout en gardant le commandement de la cavalerie, il fut mis à la tête de la garde qui venait d'arriver au complet sous Plevna.

En prenant possession de ses nouvelles fonctions, le 21 octobre, le général Gourko adressa aux officiers et aux soldats des paroles qui présentent un vif intérêt militaire, venant d'un capitaine aussi estimé.

Il dit aux officiers :

Messieurs ! je m'adresse à vous pour vous dire que

j'aime passionnément l'art militaire et qu'il m'est échu en partage l'honneur et aussi le bonheur, sur lequel je n'avais jamais osé compter, de conduire au combat la garde, cette troupe d'élite. Il ne peut y avoir de plus grand bonheur pour un militaire que celui de conduire des troupes avec la ferme persuasion de remporter la victoire, et la garde, par sa composition, par son instruction militaire, est, on peut le dire, la meilleure troupe du monde. N'oubliez pas, messieurs, que vous devrez combattre non-seulement sous les yeux de toute la Russie, mais sous les yeux du monde entier et que le résultat de notre tâche dépend de vos succès.

Le combat ne présente rien de particulier quand on a une bonne instruction militaire, c'est la même chose qu'un exercice fait avec des cartouches à balles ; il exige seulement beaucoup plus de sang-froid et d'ordre. Faites bien comprendre au soldat que son devoir le plus sacré consiste à économiser « ses cartouches pendant le combat et ses biscuits au bivouac, » et rappelez-vous que vous conduirez au combat des soldats russes, qui ne restent jamais en arrière de leurs officiers.

Il dit aux soldats :

Rappelez-vous, mes enfants, que vous êtes la garde de l'empereur de Russie et que tout le monde chrétien vous regarde. Les Turcs tirent de loin et tirent beaucoup, — c'est leur affaire, — mais ne tirez, mes enfants, comme on vous l'a enseigné, que de bonnes balles, rarement, mais avec précision, et gardez tous vos efforts pour l'attaque à la baïonnette, que l'ennemi ne pourra pas supporter. N'oubliez pas, soldats de la garde, que l'on s'occupe plus de vous que du reste de l'armée, que vous avez de meilleures casernes, que vous êtes mieux vêtus, mieux nourris et mieux instruits, — c'est le moment de prouver que vous êtes dignes de ces soins.

Il fut aussitôt décidé que la garde serait chargée d'occuper la chaussée de Sofia. Les troupes russes et roumaines étant, depuis le 12 septembre, restées dans leurs positions qui s'étendaient à l'est de Plevna en un demi-cercle dont les extrémités s'appuyaient sur la Vid, il ne restait à Osman-Pacha que trois routes pour communiquer avec le dehors, au nord-ouest la route de Rahova ; à l'ouest la route de Vratza ; au sud-ouest la route de Sofia. Comme il n'y avait aucune force turque de quelque importance sur les routes de Rahova et de Vratza, les cavaliers russes et roumains les parcouraient à leur gré et elles étaient de fait fermées à Osman-Pacha. Il en était donc réduit à l'unique chaussée de Sofia sur laquelle Schovket et lui avaient concentré leur attention et tous leurs moyens de défense. Si les Russes parvenaient à l'occuper fortement sur un point quelconque, Plevna se trouvait donc bloqué.

Gorny-Doubnik fut choisi pour le point dont la garde devait essayer de s'emparer parce que le terrain en face de ce village offrait de grands avantages au point de vue tactique et était l'endroit le plus rapproché de la ligne de communication avec les autres troupes russes.

Cette position de Gorny-Doubnik était précisément l'anneau le plus puissamment fortifié de la longue chaîne de retranchements qui défendait la chaussée de Plevna à Sofia. Sur le point le plus élevé, entre le village et la route et à l'ouest de celle-ci, ils avaient élevé une assez grande redoute avec un haut cavalier à l'intérieur ; à l'est de cette redoute, et de l'autre côté de la chaussée, ils en avaient élevé une seconde. L'une et l'autre étaient entourées d'une série de retranchements avancés qui s'étendaient assez loin. Au nord des ouvrages, le terrain, parfaitement uni et découvert, s'abaissait par une pente insensible du côté de Dolny-Doubnik. A l'est, le sol offrait également une légère déclivité et était couvert d'un jeune taillis très-épais, entre la lisière de ce bois et la redoute de l'est, la distance était d'environ 400 mètres. Au sud et à l'ouest, la position turque était bordée par une pente escarpée descendant dans un étroit ravin, dont la largeur n'excédait pas 250 pas. A 1,800 mètres environ de la redoute de l'est, dans la direction de Tchirikovo, il y avait dans le bois une assez vaste clairière, que les Turcs avaient également retranchée.

Le commandant de cette position était Ahmed-Hifzi-Pacha, un bon officier, celui-là même qui avait réussi à entrer le premier convoi dans Plevna. Il avait sous ses ordres 20 bataillons, soit 7 à 8,000 hommes, et seulement 4 pièces de canon. La disproportion numérique était très-grande entre les deux adversaires, puisque Gourko opéra avec la 1re et la 2e division de la garde, la brigade des chasseurs de la garde, une brigade d'infanterie roumaine, six divisions de cavalerie et 152 canons. Mais il faut tenir compte de ce fait qu'indépendamment de la vive résistance à laquelle il fallait s'attendre à Gorny-Doubnik, le mouvement du corps de la garde sur la chaussée de Sofia était encore compliqué par cela qu'il y avait à petite distance, dans les positions fortifiées de Telisch et de Dolny-Doubnik, d'autres corps turcs qui pouvaient se porter au secours de la garnison de Gorny-Doubnik. Ces corps n'étaient pas, il est vrai, très-nombreux, mais ils avaient à proximité immédiate, d'une part toute l'armée d'Osman-Pacha et, d'autre part, au sud de Telisch, l'armée de Chevket-Pacha qu'on évaluait à environ 25 bataillons. En présence de cette situation de l'ennemi il était nécessaire pour Gourko de se couvrir sur les deux côtés par des détachements plus ou moins forts, et il dut y employer toute sa cavalerie et une grande partie de son infanterie. L'attaque directe des positions de Gorny-Doubnik ne fut en réalité conduite que par la 2ᵉ division d'infanterie de la garde et par les chasseurs.

Gourko dressa son plan avec beaucoup de sagesse. Il désigna pour l'attaque directe de la position les seize bataillons de la 2ᵉ division d'infanterie de la garde, quatre bataillons de la brigade de chasseurs de la garde, 48 bouches à feu, deux escadrons de l'escorte particulière de S. M. l'Empereur et quatre sotnias du 4ᵉ régiment de cosaques du Don, soit un total de 20 bataillons, six escadrons et sotnias et 48 bouches à feu. Ces troupes devaient entourer la position de trois côtés et l'attaquer par le nord, l'est et le sud. Afin de couper toute retraite à la garnison, une brigade de cosaques du Caucase et deux régiments de cavalerie roumaine (kalarasches), avec six pièces d'artillerie à cheval, prirent position à l'ouest, de sorte que Gorny-Doubnik fut complétement enveloppé.

Comme il se proposait après la prise de Gorny-Doubnik de fortifier la position en tournant son front contre Plevna et d'employer à cet effet la 2ᵉ division d'infanterie de la garde en la faisant protéger par la 1ʳᵉ division, le général russe adjoignit le bataillon du génie de la garde à la 2ᵉ division de la garde.

Le mouvement de la 2ᵉ division devait être accompagné d'une série d'opérations destinées à isoler la garnison turque, s'étendant sur une longueur d'une vingtaine de kilomètres, depuis Plevna même jusqu'à Telisch. Douze bataillons de la 1ʳᵉ division d'infanterie de la garde, trente-deux canons de la 1ʳᵉ brigade d'artillerie de la garde, deux escadrons de l'escorte particulière de S. M. l'Empereur et une sotnia du 4ᵉ de cosaques du Don furent désignés pour couvrir les colonnes d'attaque du côté de Dolny-Doubnik. La 3ᵉ brigade de la 2ᵉ division de cavalerie de la garde, avec deux batteries à cheval, reçut la même mission. Il devait donc y avoir de ce côté douze bataillons, onze escadrons et quarante-quatre bouches à feu. Ces forces, dans le cas où Osman-Pacha aurait fait une sortie, devaient en outre être soutenues par le corps du général-major Arnoldi, fort de 44 escadrons et de sept bataillons (roumains), avec 34 pièces d'artillerie à pied et à cheval, qui devait opérer par le nord une démonstration sur Dolny-Doubnik et empêcher les troupes turques de sortir de Plevna et de Dolny-Doubnik pour se porter au secours de la garnison de Gorny-Doubnik.

Pour remplir cette tâche, ce dernier corps fut ainsi disposé : 1° cinq bataillons d'infanterie, sept sotnias et douze canons, sous les ordres du général Tchernozoubof, étaient en position à Dolny et Gorny-Mitropol, et avaient pour mission d'empêcher un mouvement des troupes de Plevna sur la chaussée de Dolny-Doubnik ; 2° le général Arnoldi, avec dix-neuf escadrons, deux bataillons et seize bouches à feu, devait, dans la nuit du 23 au 24, se porter de Tresténik sur Dolny-Doubnik pour arriver devant cette position à sept heures et demie du matin ; ces troupes étaient destinées à exécuter une démonstration sur Dolny-Doubnik, à empêcher à tout prix l'ennemi d'en sortir pour se porter sur Gorny-Doubnik, et enfin à se mettre en communications avec la 9ᵉ division de cavalerie, qui opérait contre Dolny-Doubnik dans la direction de Médovane; 3° le colonel Tchérévine, aide de camp de l'Empereur, devait, avec douze sotnias et six canons, prendre position le 24 au matin à l'ouest de Gorny-Doubnik, pour seconder l'infanterie de la garde dans l'attaque de cette position et couper la retraite aux Turcs qui tenteraient de s'échapper par le sud-ouest; 4° la brigade de kalarasches Formak devait porter une partie de ses forces de Makhaleta par Dévénitsa sur Tchervenbreg pour effectuer une démonstration dans cette direction, où se trouvaient des troupes turques, et envoyer le reste de ses forces sur la rive gauche de l'Isker, sur Tchoumakovtsi, pour s'éclairer de ce côté et couper la retraite aux Turcs dans l'ouest.

Ces différents détachements remplirent tous sans difficulté et à peu près sans combat la tâche qui leur avait été assignée.

Pour se couvrir du côté du sud, d'où des forces turques pouvaient venir du côté de Telisch au secours de la garnison de Gorny-Doubnik, le général Gourko envoya sur cette position le régiment des chasseurs de la garde, la 3ᵉ batterie de la 1ʳᵉ brigade d'artillerie de la garde et la 5ᵉ batterie à cheval de la garde, sous les ordres du colonel Tchélistchef, aide de camp de l'empereur, commandant du régiment des chasseurs de la garde, avec la mission de s'en emparer s'il était possible. Cette colonne fut cruellement maltraitée ainsi que nous le raconterons en temps et lieu.

Comme on voit, toutes les éventualités étaient prévues dans ce plan, dont nous croyons devoir signaler une fois de plus les excellentes combinaisons.

Les troupes désignées pour attaquer la position de Gorny-Doubnik furent divisées en trois colonnes; elles passèrent la Vid pendant la nuit du 23 au 24 octobre et se formèrent ainsi :

La colonne de droite, commandée par le général-major Ellis 1er, et composée de la brigade de chasseurs de la garde, de la 6e batterie de la 1re brigade d'artillerie de la garde, de la 6e batterie de la 2e brigade d'artillerie de la garde, de deux

La colonne de gauche, commandée par le général-major de Rosenbach, de la suite de S. M. l'Empereur, et composée de la 2e brigade de la 2e division d'infanterie de la garde et des 4e et 5e batteries de la 2e brigade d'artillerie de la garde (huit bataillons et seize canons), traversa la Vid à quatre heures du matin et se massa dans le

LE GÉNÉRAL LAVROF, TUÉ A GORNY-DOUBNIK

escadrons de l'escorte particulière de S. M. l'Empereur et d'une sotnia du 4e de cosaques du Don (4 bataillons, 3 escadrons et 16 canons), se plaça à deux kilomètres de Tchirikovo, sur la route allant de ce village à Krouschévitsa.

La colonne du centre, sous les ordres du général-major baron de Zeddeler, formée de la 1re brigade de la 2e division d'infanterie de la garde, du bataillon du génie de la garde, des 1re et 2e batteries de la 2e brigade d'artillerie de la garde et d'une sotnia du 4e de cosaques du Don (huit bataillons, une sotnia et 16 canons), après avoir franchi la Vid, s'établit à un demi-kilomètre de Tchirikovo, non loin de la route allant de ce village à Tchoumakovtsi.

ravin de Svinar, à environ un kilomètre et demi de la rivière.

Le détachement de cavalerie du colonel Tchérévine, fort de douze sotnias des régiments du Kouban et de Vladikavkaz, et de deux régiments de kalarasches, avec six pièces d'artillerie à cheval, se rassembla dans la nuit au village d'Abaskeuï.

Ces colonnes quittèrent leurs emplacements préalables à 6 heures 1/4 du matin, sauf la colonne du centre, qui, ayant à faire le moindre trajet, se mit en marche une demi-heure plus tard. Les colonnes de droite et de gauche éprouvèrent du retard dans leurs mouvements et n'arrivèrent devant la position de Gorny-Doubnik qu'une demi-heure environ après la colonne du centre, qui engagea l'action vers 8 heures 1/2 du matin.

Lorsque cette colonne eut occupé, à l'est de Gorny-Doubnik, la clairière dont nous avons parlé et qui ne fut pas défendue par les Turcs, elle y établit ses batteries. Peu après la colonne du général Ellis arriva au nord de Gorny-Doubnik, la colonne du général de Rosenbach arriva au sud et toutes deux ouvrirent le feu chacune de leur côté. Puis la colonne du colonel Tcherverine ayant pris position à l'ouest fit sa partie dans la canonnade et la position turque se trouva enfermée dans un formidable cercle de feu. L'intrépide Ahmed-Hifzi ne faillit point pour cela et il se prépara à une héroïque défense. Enthousiasmé par son exemple, ses soldats surent résister durant toute une journée à l'épouvantable avalanche de fer que déversaient sur eux 82 pièces d'artillerie sans qu'ils pussent répondre puisqu'ils n'avaient que 4 canons.

Vers dix heures du matin, le colonel Lioubovitsky, commandant les grenadiers de la garde qui faisaient partie de la colonne du centre, jugeant l'attaque suffisamment préparée lança son régiment à l'assaut de la redoute de l'Est. Malgré la violente et meurtrière fusillade que l'ennemi dirigeait sur eux de la redoute principale et de celle de l'Est, les grenadiers se portèrent en avant avec un irrésistible élan, et, après avoir traversé aux cris de hourra l'espace qui les séparait de la redoute, ils pénétrèrent dans cet ouvrage. Les Turcs ne soutinrent pas le choc et se réfugièrent dans la redoute principale. Les grenadiers voulurent les poursuivre pour entrer sur leurs pas dans cette seconde redoute, mais ils eurent à essuyer un feu tellement meurtrier qu'il leur fut impossible d'avancer et qu'ils durent revenir dans la redoute qu'ils avaient prise.

Ce mouvement en avant des grenadiers eut les plus fâcheux résultats. Le général Zeddeler fit avancer toute la colonne du centre pour les soutenir et les généraux Ellis et de Rosenbach, croyant à une attaque générale donnèrent également l'ordre d'assaut aux colonnes de droite et de gauche. Cette attaque mal combinée échoua complétement. Les Turcs, suivant leur tactique accoutumée avaient auprès d'eux des munitions à volonté et tiraient sans relâche. Les Russes, très-émus de ce feu d'enfer contre lequel aucun courage humain ne pouvait tenir, comparaient la redoute turque à une immense « mitrailleuse ». Les pertes furent énormes. Les officiers qui marchaient en tête de leurs troupes pour les entraîner furent presque tous mis hors de combat. Deux commandants de colonne, les généraux Zeddeler et de Rosenbach furent blessés, le colonel Rounof commandant le régiment Pavlorsky fut tué; les colonels Lioubovitsky et Skalon furent blessés.

La journée s'annonçait donc très-mal pour les Russes. Ah! si Osman-Pacha était sorti de Plevna et si Schevket s'était avancé de Radomirtza à ce moment; la garde impériale eût probablement inauguré ses opérations par une sanglante défaite, mais Osman-Pacha était retenu par une effroyable canonnade que les batteries de siège avaient ouvertes depuis le matin et par des démonstrations qui pouvaient lui laisser croire qu'on allait lui donner l'assaut. Quant à Schevket il avait des raisons particulières, pour désirer ne pas voir les Russes de trop près. Le bruit courait que ceux-ci, considérant les atrocités commises en Bulgarie l'année précédente par le général turc, l'avaient condamné à être pendu, et Schevket, on le conçoit, n'était nullement désireux de s'exposer à voir exécuter la sentence. Les mouvements tournants qui devenaient familiers à ses ennemis l'empêchaient de dormir et il avait une peur atroce d'être pris; à part cela, habile et brave soldat, dit-on, mais il ne sortit pas de Radomirtza.

A deux heures de l'après-midi, le général Gourko arriva aux batteries de la colonne du centre et put juger de la situation. Les troupes russes étaient arrivées très-près des retranchements turcs et s'étaient tapies dans tous les abris qu'elles avaient pu trouver attendant dans une situation très-critique de nouveaux ordres. Pour comble de malheur, on apprit à ce moment que les chasseurs de la garde envoyés contre Telisch s'y étaient fait follement écraser et que l'on était découvert sur la gauche et exposé à une attaque de flanc. Voici ce qui s'était passé. La colonne du colonel Tchelistchew s'était mise en marche à six heures et demie du matin de Svinar, où elle avait passé la nuit, et elle arriva à neuf heures et demie devant Telisch. Une reconnaissance lui permit de constater que les ouvrages turcs se composaient d'une grande redoute, traversée par la chaussée qui la divisait en deux parties à peu près égales; d'une seconde redoute élevée à l'ouest de la principale, de l'autre côté du ravin, et de plusieurs retranchements avancés. La face Est de la redoute fut choisie pour l'attaque. Après une courte canonnade, exécutée par une douzaine de canons, le régiment de chasseurs de la garde se forma alors en bataille, ses 3ᵉ et 4ᵉ bataillons en première ligne, le 1ᵉʳ et le 2ᵉ en seconde ligne. Le terrain étant complétement découvert et n'offrant aucun abri, la mousqueterie de deux retranchements avancés des Turcs lui faisait éprouver des pertes assez sensibles; pour y mettre fin, les deux bataillons de la première ligne reçurent l'ordre de s'emparer de ces retranchements. Cet ordre fut promptement exécuté. A dix heures du matin ces bataillons s'élancèrent en avant et chassèrent à la baïonnette les Turcs des retranchements; mais, contrairement à ce qu'ils espéraient, ils n'y trouvèrent aucun abri contre le feu de l'ennemi, qui leur fit éprouver des pertes encore plus grandes.

Le désir d'échapper à cette fusillade terrible porta ces bataillons à s'avancer encore pour donner l'assaut à la redoute principale. A la vue de leur charge, les bataillons de seconde ligne s'élancèrent également à l'assaut, de leur propre initiative. Mais une grêle de projectiles d'une violence inouïe contint leur élan et les obligea à se coucher derrière des abris à cent pas environ du rempart principal.

A ce moment arriva un avis signalant dans le sud un mouvement de plusieurs bataillons turcs avec de l'artillerie. Voyant que la redoute ne pouvait être rapidement enlevée et appréhendant l'apparition de troupes ennemies fraîches, le colonel Tchélistchew ordonna à la colonne de se replier. Il y eut alors sous les remparts une scène d'horreur abominable qui fut attestée quelques jours après par deux médecins anglais, qui se trouvaient dans Telisch et qui furent faits prisonniers avec la garnison turque. 250 à 300 blessés russes restaient sur le terrain; les Turcs sortirent sur les talons de la colonne de Tchélistchew et agirent en vrais barbares. Pas un mort ne fut touché; mais les malheureux blessés qui tombèrent aux mains de ces brutes subirent la torture d'avoir le nez et les oreilles coupées, ou des mutilations infâmes qu'il est impossible de nommer, et, dans un ou deux cas, ils furent garrottés et on alluma du feu sur leur estomac.

Les pertes totales du régiment s'élevèrent à près de la moitié de son effectif. 7 officiers dont un colonel furent tués, 19 officiers blessés, et 907 hommes mis hors de combat. Voilà ce que Gourko apprit au moment même où il constatait la situation périlleuse où l'impétuosité intempestive des grenadiers venait de mettre son armée. Maintenant Ahmed-Hifzi-Pacha pouvait recevoir des renforts par le sud; la route était ouverte; les excellentes dispositions du général russe se trouvaient déjouées. Aussi, Gourko jugea qu'il était urgent d'en finir promptement afin de prévenir l'arrivée de Schevket-Pacha si celui-ci, profitant de ce que la route lui était ouverte, accourait de Radomirtza sur le champ de bataille.

Le commandant russe fixa trois heures de l'après-midi pour l'attaque décisive. Il donna en personne des ordres en conséquence au général de Brock, qui avait pris le commandement de la 1ʳᵉ brigade de la 2ᵉ division d'infanterie de la garde, et il envoya un ordre écrit au général Ellis. Afin que l'assaut fût simultanément donné par toutes les troupes, il décida que, lorsque tous les ordres seraient donnés, il ferait tirer trois salves par les batteries de gauche; que trois salves seraient ensuite tirées successivement par les batteries du centre et par celles de droite, et qu'après la dernière salve tirée par celles-ci, toutes les troupes devaient se lancer à l'assaut. Il calculait qu'une attaque simultanément opérée sur tous les points et à de très-petites distances (de 100 à 400 pas) devait être couronnée de succès.

Après avoir donné ces ordres, il se rendit à la colonne de gauche et examina la position de toutes les troupes; il retourna ensuite à la batterie, où il donna en personne les ordres nécessaires à l'aide de camp général comte Schouvalof, commandant de la 2ᵉ division de l'infanterie de la garde. Mais avant que le comte Schouvalof eût eu le temps de transmettre ses ordres aux troupes, trois salves successives furent tirées des batteries de la colonne de droite et cette colonne s'élança à l'assaut. Le signal convenu ne fut ainsi pas observé et les calculs du général en chef en vue d'une attaque d'ensemble furent déjoués une seconde fois.

« C'est le cœur défaillant, dit le général Gourko dans son rapport, que je suivis ce qui allait se passer, car au lieu d'un assaut simultané sur tous les points, il y allait avoir des assauts isolés et successifs, dont le succès était plus que douteux. Pour réparer autant que possible les choses et soutenir la colonne de droite, qui avait déjà commencé l'assaut, j'envoyai de toutes parts des officiers d'ordonnance porter aux troupes l'ordre de ne plus attendre de signal et d'appuyer l'attaque de la colonne de droite. Ainsi qu'il fallait s'y attendre, une série d'attaques successives eurent lieu. Accueillies par un feu extrêmement meurtrier, aucun corps de troupes ne put parvenir jusqu'à la grande redoute. Mais, à l'exception du régiment de Finlande, aucun d'eux ne rétrograda; se portant en avant, ils se couchèrent derrière différents abris et quelques-uns arrivèrent jusqu'à quarante pas de la redoute. Quant au régiment de Finlande, ne trouvant devant lui aucun abri, il fut obligé de se replier et de s'établir de nouveau sur le versant de la hauteur, dans l'espace mort (qu'il occupait auparavant).

« Dans cet assaut, le général-major Lavrof, commandant du régiment de Finlande, qui marchait à la tête de son régiment avec une héroïque intrépidité, tomba mortellement blessé.

« Après cette série d'assauts, qui se termina vers 4 heures de l'après-midi, toutes les batteries cessèrent leur feu, car les troupes s'étaient tellement approchées de la redoute que celui-ci atteignait nos propres troupes.

« Quant à retirer les troupes pour continuer à canonner la redoute, il était absolument impossible de le faire, en raison des pertes qu'elles auraient infailliblement éprouvées dans ce mouvement et surtout de l'impression fâcheuse que ce mouvement de retraite aurait produite sur le moral des troupes.

« Je me décidai donc à les laisser dans les positions qu'elles occupaient et à donner un nouvel assaut à la tombée de la nuit. Après avoir donné des ordres en conséquence, je retournai sur la hauteur en face du village de Gorny-Doubnik pour y attendre le crépuscule. »

Il se fit un silence terrible, un silence de mort qu'interrompait seulement de temps en temps un coup de feu. Les soldats russes remplissaient les tranchées avancées de l'ennemi qu'ils avaient conquises, mais ils n'y pouvaient bouger. Il suffisait d'élever un peu la tête au-dessus du parapet et la tête était aussitôt transpercée de part en part. Un si grand nombre d'officiers étaient hors de combat que sur beaucoup de points les soldats n'obéissaient plus qu'à leurs inspirations. Fiers de leur titre de soldats de la garde, ils voulaient que leur premier combat fût une victoire et ils se seraient fait hacher jusqu'au dernier sous la redoute plutôt que de reculer. Ils voulaient la prendre à tout prix. Quand la nuit arriva, ils se préparèrent à donner l'assaut à la baïonnette ; le général Gourko dans son rapport laisse lui-même entendre que cette attaque fut toute spontanée. C'est à deux bataillons du régiment d'Ismaïlovsky que le général Ellis II mena en personne à l'assaut que revint l'honneur du succès.

« Les blockhaus de l'intérieur de la redoute étaient en flammes et une fumée noire se mêlait au nuage blanc de la poudre, et les rayons du soleil couchant jetaient sur le tout des lueurs rouge sang... Jamais ce tableau ne s'effacera de devant mes yeux, » dit un correspondant de la *Gazette d'Augsbourg*.

« Soudain un formidable hourra ébranle l'air. C'est la baïonnette qui donne le coup de grâce à l'ennemi. — Les assaillants sont arrivés au bord du fossé, qui se remplit de cadavres. Les Turcs résistent en désespérés. Les braves soldats russes escaladent le parapet et beaucoup d'entre eux roulent dans le fossé. Mais des renforts arrivent sans cesse, et à six heures et demie on est dans l'intérieur de la redoute.

« Seule une imagination malade peut se figurer tout ce qui s'est passé dans l'intérieur de cette redoute. Au moment où les Russes y pénétrèrent, tout y était en feu. Hommes, bêtes, munitions, armes, tout brûlait pêle-mêle. Tout ce qui se défendait encore était abattu à coups de sabre ou de baïonnette. Et l'on entendait toujours ce que nous croyions être le crépitement de la fusillade, mais c'étaient des cartouches, qui, gisant çà et là en masse, éclataient les unes après les autres au milieu de l'embrasement. » Voyant qu'il lui était impossible de continuer la résistance, Ahmet-Hifzi-Pacha se rendit avec les troupes qui lui restaient.

Le général Gourko, trompé lui-même par les explosions des cartouches, et croyant que le combat continuait ne connut qu'au bout de quelques instants la fin heureuse de cette laborieuse et rude journée. Le prince Léon Schakhovskoï, qui faisait partie de son état-major, a fait dans la *Gazette de Moscou* un tableau pittoresque de la façon dont il l'apprit :

« Vers six heures du soir, dit-il, le général Gourko se dirigea au petit pas vers la hauteur qu'il avait occupée dans la matinée. La fusillade continuait, tantôt plus faible, tantôt plus forte. La lune, toute rouge, se levait à l'horizon au moment où nous descendions de cheval. Nous étions tristes, abattus ; cet horrible carnage durait trop longtemps ! Dix heures de combat, c'est plus qu'il n'en faut pour crisper les nerfs. A la lueur d'une lanterne, le général Gourko et le chef de l'état-major, général Naglovsky, mettaient par écrit les dispositions nécessaires pour la nuit et la journée suivante. Le général Gourko était décidé à passer la nuit là où nous nous trouvions. De gros nuages rendaient l'obscurité de plus en plus profonde. On apercevait les lueurs d'un incendie allumé dans la redoute par nos obus. C'étaient les baraques et les tentes des Turcs qui brûlaient ; pourtant le crépitement ne discontinuait pas.

LES CHASSEURS DE LA GARDE RUSSE REPOUSSÉS DEVANT TELISCH, LE 24 OCTOBRE

« Nous nous préparions à passer une vilaine nuit, — nuit d'insomnie et d'angoisse, quand soudain nous vîmes apparaître une ordonnance qui courait à toute bride en se dirigeant vers nous. C'était le capitaine Skalon.

« — La redoute est à nous, s'écria-t-il d'une voix légèrement tremblante d'émotion.

« — Que dites-vous? demanda le général, très-ému lui-même, la redoute est à nous?

« — Oui, général, il y a un instant que nos troupes l'ont occupée, et les Turcs survivants se sont rendus.

« Hourra! s'écria le général — et nous fîmes tous chorus.

« Nous étions fous de joie et en un instant nous fûmes tous sur pied.

« — Vite mon cheval! s'écria le chef et nous ne nous fîmes pas prier pour le suivre.

« — Mais que signifient donc ces coups de fusil que l'on entend encore? demanda le général.

« — Ce sont les cartouches que les Turcs ont parsemées et qui éclatent au feu de l'incendie.

« Nous courions à toute bride, sautant les fossés et foulant aux pieds des cadavres. La redoute était éclairée par l'incendie — ce qui faisait ressortir en noir les silhouettes de nos soldats. En voyant venir le général et sa suite, les soldats se précipitèrent à notre rencontre. C'était un enthousiasme indescriptible, les bonnets volaient en l'air, on criait hourra et l'on se pressait autour du général.

« — Mes enfants — disait notre chef, tout ému, vous êtes des braves; merci, grand merci!

« — Hourra! hourra! criaient les soldats.

« Tout ce tableau était éclairé par les flammes de l'incendie et l'explosion des cartouches faisait l'effet d'une fusillade soutenue. Les prisonniers, qui avaient déposé leurs armes, étaient entourés de nos soldats. Il y en avait plus de deux mille, le reste avait succombé. On conduisit auprès du général Gourko le général turc Ahmet-Hivzi-Pacha, qui s'était constitué prisonnier. La figure du pacha exprimait le découragement. Il s'inclina profondément devant le général russe. Celui-ci lui tendit la main en disant : « Je respecte en vous un brave adversaire. »

« Le tableau que le champ de bataille présentait le lendemain au lever du jour était horrible. Il fallait voir l'énorme quantité de cadavres pour se faire une idée des difficultés de l'assaut et de la prise de la redoute de Gorny-Doubnik. »

La route de Sofia était coupée ; Gorny-Doubnik était pris; 1 pacha, 53 officiers, et 2,235 soldats turcs étaient prisonniers; 3,500 étaient hors de combat et le reste de la garnison dispersée s'était réfugié à Plevna et à Telisch ; 4 canons Krupp, une grande quantité de fusils et de munitions était tombée aux mains des Russes. Mais cette victoire avait coûté bien cher. La garde, trop désireuse de bien faire et de se distinguer entre toutes les troupes de l'armée, avait montré trop d'ardeur et par son impétuosité avait annihilé les bons effets des dispositions de Gourko et failli compromettre complètement la bataille. Les pertes furent cruelles et les officiers empressés à dépasser leurs hommes en courage plutôt qu'à les retenir furent décimés. 117 furent tués ou blessés, un général et trois colonels furent tués, deux généraux et quatorze colonels furent blessés. Il y eut 3,193 hommes tués, blessés ou disparus. Aussi la victoire de Doubnik quand elle fut connue au camp sous Plevna causa-t-elle une grande tristesse dans l'armée. Il n'y avait presque pas d'officiers, qui n'y eut perdu un ami, un camarade.

Prise de Telisch.

L'investissement de Plevna était virtuellement assuré. Néanmoins il était, pour la garde, impossible au point de vue tactique de rester dans la situation où elle se trouvait, ayant devant elle Dolny-Doubnik et en arrière Telisch, dont l'attaque, le 24 octobre, n'avait pas réussi. « L'air me manque ici », disait le général Gourko, et effectivement le séjour de son corps sur un espace aussi restreint était difficile; la cavalerie n'avait pas assez d'espace pour opérer et le cercle de ses fourrages et de ses réquisitions était très-limité. Par suite l'occupation de Telisch était nécessaire.

Cette position, qui était fortifiée par deux redoutes comme Gorny-Doubnik, était regardée comme à peu près aussi forte que celle-ci. Elle était défendue par sept bataillons d'infanterie et quelques bandes de bachi-bouzouks, soit en tout 5 à 6,000 hommes environ commandés par Hakki-Pacha, que Schevket avait placé sous les ordres directs d'Ahmet-Hifzi, fait prisonnier quatre jours auparavant. Cet Hakki était un bel exemple des conséquences de ce favoritisme qui survit en Turquie à toutes les révolutions. Général par la grâce d'Abd-ul-Aziz et de son grand vizir Essad-Pacha, il avait fait toute sa carrière militaire dans les emplois administratifs, notamment dans la commission du chemin de fer d'Ismidt, où, à force de tripotages, il avait pu amasser la plus scandaleuse fortune. Poursuivi plusieurs fois comme concussionnaire, toujours une ordonnance de non-lieu était venue mettre un terme à l'enquête commencée; ses protecteurs jugèrent apparemment que de si beaux états de service dans l'administration indiquaient une capacité militaire de premier ordre, et voilà comment l'*ivrogne* Hakki-Sarköch, comme l'appelaient ses soldats, avait été attaché à l'état-major de Schefket-Pacha. Par la valeur de l'homme on pouvait prévoir ce que serait la défense.

Le 28 octobre, tandis que la canonnade, ininterrompue du reste, depuis quatre jours, continuait contre Plevna d'où Osman-Pacha n'osait sortir par crainte d'une surprise, Gourko prit ses dispositions d'attaque contre Telisch. Trois batteries de la 1ʳᵉ brigade d'artillerie de la garde, soutenues par les régiments de grenadiers et de Moscou de la garde, s'avancèrent sur la chaussée; trois batteries de la 3ᵉ brigade d'artillerie de la garde et de la brigade d'artillerie des grenadiers, soutenues par le régiment des grenadiers de Kexholm, et par le régiment de Lithuanie, s'établirent au sud de Telisch, tandis que l'artillerie à cheval de la garde prenait position au nord et en queue de la position. La canonnade fut ouverte à onze heures du matin, d'abord avec des obus et ensuite avec des shrapnels. Les batteries tiraient principalement par salves.

Le feu dura jusqu'à 2 heures de l'après-midi et fut alors suspendu pour une demi-heure, pendant laquelle le général Gourko envoya au pacha par cinq prisonniers turcs de Gorny-Doubnik, une lettre écrite par le prince Tsérétélew et offrant à la garnison des conditions de capitulation. N'ayant pas reçu de réponse à 2 heures 1/2, le général Gourko fit rouvrir le feu. Démontés par l'artillerie, les canons turcs cessèrent de répondre; quant à l'infanterie turque, elle ne tirait presque pas, par suite probablement de la grande distance et aussi du manque de bons points de mire, car plusieurs des batteries russes étaient retranchées.

Le général Gourko se rendit, à cheval et accompagné d'officiers d'état-major, à une des batteries pour juger par lui-même de l'effet du bombardement. Vingt minutes après on aperçut un parlementaire turc et les lignes russes retentirent de bruyants hourras, acclamant une victoire remportée presque sans effusion de sang. Le général Gourko, suivi de son escorte, se dirigea au trot vers la chaussée et envoya en avant le général-major de Brévern et le prince Tsérétélew, pour traiter avec l'ennemi. Le pacha souscrivit promptement aux conditions de la capitulation et ne se préoccupa que de stipuler pour les officiers le droit de conserver leurs effets. Lorsqu'il apprit que cette clause était acceptée, il se remit entre les mains des Russes le cœur léger. « Puisque mon chef (le pacha de Gorny-Doubnik) s'est rendu, pourquoi moi ne capitulerais-je pas? » dit naïvement ce lâche.

Après une petite heure d'attente sur la chaussée, on vit apparaître la garnison prisonnière qui venait défiler; le pacha s'avançait en tête, monté sur une méchante haridelle et accompagné d'aides de camp à cheval et de domestiques à pied. L'extérieur du pacha était loin d'être digne, et il avait l'air enchanté d'en être quitte à si bon compte.

Il s'approcha du général Gourko avec un gai sourire, le salua, s'excusa de mal parler le français et, par l'entreprise d'un interprète, énuméra ensuite l'effectif de la garnison. Après cela, il fut envoyé à Gorny-Doubnik, accompagné par un officier, et suivi par les sept bataillons de la garnison de Telisch, qui furent dirigés entre deux haies de soldats du régiment de Moscou, sur la grande redoute de Gorny-Doubnik. Les officiers, au nombre d'une centaine, passèrent la nuit dans un bivouac séparé de celui des soldats. A part deux bataillons de mustahafiz, ces soldats étaient des nizams et des redifs, c'est-à-dire qu'ils appartenaient à l'armée active. Ils ne paraissaient nullement affligés de leur sort et, d'après les relations russes, les officiers manifestaient une joie indécente de se voir délivrés des calamités de la guerre. La cavalerie, circassiens, arnautes et bachi-bouzouks qui était dans la redoute parvint à s'échapper. Elle fut rejoint dans sa fuite par des lanciers qui les taillèrent en pièces.

Après le défilé des prisonniers, le général Gourko visita les ouvrages évacués par les Turcs. L'intérieur de ces ouvrages offrait le spectacle ordinaire en pareil cas: des morts, des blessés, des chevaux errants, etc.; mais une chose frappait surtout c'est l'immense quantité de cartouches que renfermait le fort. Le parapet était couvert dans toute sa longueur de caisses de bois pleines de cartouches et sur plusieurs points de la chaussée on en voyait des amas énormes. Les Russes trouvèrent en outre dans la redoute quatre canons pareils à ceux pris à Gorny-Doubnik.

Protestation contre les atrocités turques.

Après la prise de Telisch, les Russes eurent la triste confirmation des scènes sauvages que nous avons rapportées plus haut dans le récit de la journée du 24 et que les chasseurs avaient entrevues en se repliant. Quelques-uns des cadavres étaient restés sur le champ de bataille sans sépulture, les plus mutilés avaient été cachés sous une légère couche de terre et on les retrouva aisément.

La Russie — c'est, sauf erreur, la seule fois qu'elle l'ait fait pendant cette guerre — protesta auprès des puissances européennes contre la conduite des soldats turcs. Elle communiqua à ce sujet aux chancelleries cinq pièces : un rapport de M. Nelidow, directeur de la chancellerie diplomatique du commandant en chef de l'armée russe au prince Gortchakof, un protocole signé par les généraux Philosophow et Stroukow et différents autres personnages, un rapport adressé par le général Stroukow au grand-duc Nicolas, un rapport rédigé par ordre du général Gourko et la déposition de deux médecins anglais MM. Douglas et Vachell qui avaient été pris à Telisch où ils avaient été témoins des atrocités commises.

Nous croyons devoir reproduire ces deux derniers documents qui établissent les faits reprochés aux Turcs :

Informations recueillies, d'ordre de M. l'aide de camp général Gourko, par son officier d'ordonnance le prince Tsérételew, au sujet des cruautés commises sur nos soldats blessés à Telisch le 12 (24) octobre. (Traduit du russe.)

Déjà, à cette date, quelques-uns de nos officiers ont vu comment les Turcs tuaient nos blessés pendant que le régiment de chasseurs de la garde se retirait de Telisch. Cela a été entièrement confirmé plus tard.

A la prise de Telisch, le 16 (28) octobre, on n'y a pas trouvé un seul de nos blessés. Les corps se sont trouvés enterrés à la hâte et pour la plupart mutilés, ayant les oreilles et le nez coupés, quelques-uns même décapités.

Aux questions qui lui furent posées à ce sujet, le pacha qui avait commandé à Telisch, Ismail-Hakki, a répondu d'abord qu'il n'en savait rien, qu'il n'avait pas vu nos blessés et que s'ils ont été tués, cela doit avoir été fait par les Circassiens et les bachi-bouzouks, qui ont fui de Telisch le 16 octobre. Mais ensuite il a dû avouer que les officiers turcs avaient cherché à empêcher les soldats de commettre des cruautés et avaient même tiré sur eux. Toutefois, il n'avait pas reçu de prescriptions spéciales de son gouvernement sur la manière de traiter les prisonniers et les blessés.

Les officiers turcs ont déposé dans le même sens. Ceux du tabor de Bosnie ont prétendu que les auteurs des cruautés étaient des Arnaoutes qui n'obéissaient point à leurs ordres.

On a trouvé sur les officiers et les soldats faits prisonniers des objets qui avaient appartenu à nos officiers et soldats du régiment de chasseurs de la garde. Ainsi, un des soldats du tabor de Bosnie était en possession du porte-monnaie et de l'argent que portait le capitaine Basilevsky, blessé le 12 (24) octobre.

A part cela, quatre étrangers pris à Telisch, le sujet français Lorando et les sujets anglais Coope, Baird, Douglas et Vachell, ont déposé unanimement qu'étant arrivés le 13 (25) octobre à Telisch et s'étant rendus sur le champ de bataille, ils ont trouvé que tous nos blessés étaient déjà tués. Plusieurs d'entre eux n'avaient été blessés que légèrement ; mais on leur avait coupé plus tard les oreilles, le nez, et on avait découpé des morceaux de leur peau. Les cadavres étaient mis à nu. Pas un seul blessé russe n'a été apporté à l'hôpital du Croissant-Rouge. Ils n'avaient en général vu nulle part de prisonniers ou blessés russes. Ils ont entendu dire qu'il y en avait quatre à Sophia.

Les dépositions de l'Anglais W. Lesser Coope ont été particulièrement détaillées et circonstanciées. Quoique entré dans la gendarmerie internationale que les Turcs organisaient, il a été le premier à raconter avec indignation ce qu'il avait vu et était prêt à le confirmer par sa signature. Il a dit que le docteur Mac-Kellar, parti le lendemain de Telisch, allait écrire dans les journaux au sujet des cruautés qu'il avait vues.

Il résulte de ce qui précède :

1° Que les troupes turques n'ont pas enlevé nos blessés ;

2° Que la plupart de nos blessés avaient été mutilés et tous tués sans exception ;

3° Que les autorités militaires turques n'avaient pris aucune mesure pour sauver au moins un seul de nos blessés et qu'elles n'avaient reçu à ce sujet aucune instruction de Constantinople ;

4° Que les étrangers, au service de la Porte, confirment par leurs dépositions les faits qui ont été constatés par des recherches et des enquêtes.

Pour copie conforme à l'original :
Signé : Le premier aide de camp,
capitaine de la garde,

IGNATIEW.

Pour traduction conforme à l'original russe :
Le directeur de la chancellerie diplomatique
de S. A. I. le commandant en chef :

NÉLIDOW.

Voici la traduction du procès-verbal qui fut dressé des dépositions faites par MM. Vachell et Douglas, relativement à l'état dans lequel ils avaient trouvé aux abords de la redoute de Télisch les corps des soldats russes tués et blessés lors de l'attaque du 24 :

Le 19 (31) octobre 1877, par ordre de S. A. I. le commandant en chef de l'armée, les chirurgiens anglais MM. Vachell et Douglas, pris à Télisch, ont été interrogés à la chancellerie du commandant du camp, à Bogot, en présence du général-major Stein, commandant du camp de l'armée active, d'un officier de l'état-major de Son Altesse Impériale le lieutenant Hall, au sujet des corps mutilés de soldats russes tués et blessés qu'ils ont vus à Télisch, ce dont le grand-duc a été informé par le lieutenant Derfelden, venant de cet endroit.

MM. Vachell et Douglas ont raconté qu'ils sont arrivés à Loukovitsa le 12 (24 octobre), mais qu'ils n'ont pu aller plus loin à cause de la bataille qui avait lieu en ce moment à Télisch. Le lendemain matin, le 13 (25), ils purent arriver à Télisch et y furent occupés à panser les Turcs blessés pendant l'attaque de la veille. Il n'y avait pas de blessés russes à soigner.

Ayant reçu dans l'après-midi d'un officier turc la permission de visiter le champ de bataille (le pacha dormant en ce moment), cinq d'entre eux s'y rendirent, et nommément : le docteur Mackeller, de l'hôpital Saint-Thomas à Londres ; le capitaine anglais Coope ; M. Lorando, sujet français, de Péra, et les deux chirurgiens susmentionnés.

Ils ont examiné de 50 à 60 cadavres et en ont vu un plus grand nombre. (M. Lorando passa sans rien remarquer, ne voulant pas déplaire aux Turcs). Presque tous les cadavres des Russes étaient nus, quelques-uns seulement avaient encore leur chemise déchirée et sanglante. La première chose qui attira leur attention fut un corps

SENTINELLES TURQUES AVANCÉES

décapité. Ils ont vu ensuite plusieurs corps ayant de profondes blessures de sabre. Plusieurs soldats avaient le nez et les oreilles coupés et il y en avait cinq ou six décapités. Ceux dont les blessures étaient évidemment mortelles n'étaient que dépouillés, tandis que tous ceux dont les blessures n'étaient pas nécessairement fatales étaient les seuls mutilés. Deux corps avaient la région de l'estomac brûlée. Plusieurs avaient des blessures de revolver, faites à bout portant, car ces blessures étaient noires de poudre. Ils n'ont pas vu de corps ayant les parties génitales mutilées.

Le docteur Mackeller était tellement frappé d'horreur et de dégoût pour cette scène, qu'il ne voulait pas rester plus longtemps et est parti le lendemain avec l'intention de retourner en Angleterre. Les autres furent obligés de rester, ayant reçu l'ordre d'être à Télisch pour y attendre les blessés que l'on y amènerait après la prochaine attaque.

Ils ont entendu dire par un officier turc, interrogé par M. Lorando, qu'il était impossible de retenir les soldats, et qu'aussitôt après la bataille les Circassiens et les bachi-bouzoucks accourent pour dépouiller et mutiler les blessés.

M. Vachell dit qu'il a vu lui-même sur la route de Télisch beaucoup de Circassiens et de bachi-bouzouks ayant leurs chevaux pesamment chargés de butin russe. La plupart des atrocités ci-dessus ont dû être commises sous les yeux d'officiers turcs, car il y avait des cadavres à cinquante pas à peu près de la batterie et à l'intérieur de la ligne des piquets.

Le docteur Barrel, le chef de l'ambulance du Croissant-Rouge envoyée de Constantinople à Plevna et qui est arrivé à Télisch avec MM. Vachell et Douglas, leur a dit qu'il avait été dans la matinée sur le champ de bataille et y avait vu des cadavres russes tout nus Il n'a pas fait mention de mutilations; tous les Russes tombés le 12 (24) ont été enterrés, à sa connaissance, le 14 (26).

En témoignage de quoi est écrite la présente déclaration, revêtue de nos signatures.

Signé : ARTHUR BAIRD DOUGLAS, aide-chirurgien de l'ambulance du Croissant-Rouge ; EDWARD SHEARMAN VACHELL.

Expéditions à l'ouest et au sud de Plevna. — Prise de Teteben et de Vratza.

Les Turcs avaient perdu en quatre jours, sans compter les tués et les blessés, 13 bataillons d'infanterie et 5 escadrons de cavalerie faits prisonniers, soit près de 7,000 hommes parmi lesquels deux pachas et environ 200 officiers. Dans un moment où la Turquie avait à peu près épuisé toutes ses réserves d'hommes et où l'armée de Schevket était déjà beaucoup trop insuffisante pour la tâche qui lui était assignée, c'était une perte irréparable et qui contribua sensiblement à la catastrophe finale, la chute de Plevna. On dit que quand Osman apprit l'affaire de Télisch, il s'écria dans un transport de colère : «Tandis que je faisais de mon mieux pour rendre cette place inexpugnable et pour la défendre contre les assauts répétés d'un formidable ennemi, un misérable ivrogne, aussi lâche qu'il est ignorant, compromet tous mes plans et met en péril les succès que j'avais remportés jusqu'à ce jour. Ce peut être la fatalité, ou simplement un manque de jugement, mais on dirait presque que quelque malveillant esprit pousse notre ministère à commettre une faute après l'autre.»

Les Russes eurent un moment la pensée d'envoyer ces 7,000 prisonniers à Osman-Pacha qui avait plus besoin de vivres que de soldats. Le général turc qui comprit sans peine que ce n'était qu'un moyen de l'affamer plus promptement, répondit aux ouvertures qui lui furent faites, que si ces hommes s'approchaient de Plevna, il les ferait recevoir à coups de canon, et que si Hakki-Pacha se trouvait parmi eux, il le ferait saisir et pendre immédiatement. Il ne fut pas donné suite à l'idée et les prisonniers dirigés sur Bogot furent ensuite expédiés en Roumanie.

Les affaires de Gorny-Doubnik et de Télisch eurent des résultats décisifs pour le blocus de l'armée d'Osman-Pacha dont le ravitaillement fut dès lors impossible et l'héroïque général put dès lors compter, d'après la quantité de rations qui lui restaient, le nombre de jours pendant lesquels il pourrait prolonger la défense. Tout espoir de secours était désormais perdu. Schevket bien loin de pouvoir débloquer Plevna ne se jugea pas assez fort pour se défendre lui-même. Quand il eut appris la chute honteuse de Télisch, il s'enfuit de Radomirtza avec 12 tabors si précipitamment qu'il ne prit pas même le temps de détruire le pont de ce village afin d'arrêter au moins pendant quelques jours la marche de l'ennemi.

Après avoir tourné contre Plevna les ouvrages fortifiés établis par les Turcs à Gorny-Doubnik et à Télisch, le général Gourko fit avancer ses troupes le 31 octobre contre Dolny-Doubnik. Cette position, comme les précédentes, avait été couverte de retranchements, mais Osman-Pacha la jugeant trop éloignée de ses lignes et inutile à la défense depuis que la route de Sofia était perdue pour lui, en retira ses troupes, de sorte que les Russes l'occupèrent sans coup férir. Ils s'empressèrent encore d'en retourner les fortifications contre Plevna.

Pendant que le général Gourko s'établissait ainsi solidement sur la chaussée de Sofia, à proximité de Plevna, des mesures étaient prises pour couvrir ses flancs et ses derrières contre les corps turcs qui pourraient se montrer du côté des Balkans et de Widdin. Quatre routes leur étaient ouvertes, d'abord la grande route d'Orkhanié, puis la route de Teteben qui lui est parallèle et qui franchit les Balkans au col, praticable pour une armée, de Slatiza, puis les routes de Vratza et de Rahova. Des détachements furent envoyés sur ces quatre routes, qui, par le pays et les positions qu'ils occupèrent, agrandirent démesurément l'épaisseur du cercle dans lequel Osman-Pacha était enfermé et rendirent ses chances de retraite de plus en plus problématiques.

Le détachement chargé d'opérer contre Teteben fut envoyé par le lieutenant général Kartsof, commandant du corps de Selvi-Lovatz. Les Turcs avaient compris l'importance de cette ville qui couvre un passage des Balkans, ils avaient fortifié les hauteurs qui l'avoisinent, y avaient construit sept redoutes et y avaient placé une garnison de 600 fantassins réguliers et de 150 cavaliers. Le détachement russe se composait de deux colonnes. L'une composée d'une compagnie d'infanterie et d'une sotnia de cosaques devait partir de Trojan et se rendre à Teteben par Schibkovo ; elle était commandée par le chef d'escadron Antonof. L'autre, beaucoup plus importante et placée sous les ordres du colonel Orlof, se composait de six compagnies des régiments de Vieille-Ingrie et de Véliky-Louky, de 2 escadrons de dragons de Kazan, de 4 sotnias de cosaques et d'une section de la 19e batterie de cosaques du Don. Elle devait se porter de Lovatz sur Teteben par Mikro et Lesedren. L'attaque fut fixée au 31 octobre.

Antonof s'approcha de Teteben à 8 heures du matin. Il avait ordre de n'agir que lorsque le colonel Orlof attaquerait et de se cacher en attendant. Mais il fut découvert et dut se replier précipitamment. Cet incident fortuit eut pour les Russes cet heureux résultat que presque toute la garnison turque se lança à la poursuite d'Antonof et que les fortifications étaient à peu près sans défenseurs quand le colonel Orlof l'attaqua. La colonne de ce dernier avait, en surmontant d'énormes difficultés présentées par le terrain, occupé le 20 au soir le mont Bivol, à cinq kilomètres de Teteben. Sur cette montagne se trouve un long et difficile défilé, le seul qui mène à Lesedren. Le 31, le brouillard était tellement intense qu'il était impossible de rien distinguer à dix pas. Le colonel Orlof crut donc devoir attendre jusqu'à midi et demi pour se mettre en marche et c'est ce retard qui fut cause de la découverte de la colonne Antonof. Entre midi et une heure lorsque le brouillard commença à se dissiper, le colonel Orlof lança ses troupes en avant.

Le major Beater qui commandait la colonne d'attaque, n'accordant nulle attention au premier ouvrage ennemi, sous le violent feu duquel il eut à passer, comprit que la clé de la position turque était la haute montagne qui commandait tous les ouvrages et il se mit en devoir de la tourner. Pendant deux heures et demie, ses soldats gravirent des pentes horriblement escarpées, sans s'arrêter et sans laisser un seul homme en arrière ; enfin les compagnies de tirailleurs atteignirent le but et les volontaires, qui marchaient en avant, engagèrent une vive fusillade avec les Turcs, qui tiraient de la redoute. Profitant du brouillard qui couvrait de nouveau la montagne, et de ce que l'attention des Turcs était détournée par la fusillade des volontaires, les compagnies de tirailleurs s'avancèrent sans tirer un coup de fusil jusqu'à une très-petite distance de la redoute principale et s'élancèrent à l'assaut. En une minute, les Turcs furent culbutés et grâce à la soudaineté de cette attaque la compagnie qui entra la première dans l'ouvrage, n'eut qu'un homme tué et trois blessés.

Les Turcs se réfugièrent dans les autres redoutes, mais celles-ci étant toutes commandées par celle que les Russes venaient de prendre, ils furent obligés de les abandonner et de s'enfuir dans la ville. La tombée de la nuit et le brouillard ne permirent pas de les poursuivre. Les Russes passèrent la nuit dans les ouvrages qu'ils avaient conquis, en s'entourant d'une chaîne de tirailleurs.

Le lendemain, 1er novembre, dès l'aube, toutes les troupes du colonel Orlof, se portèrent en avant, mais l'ennemi avait déjà disparu. Consternés par la prise des redoutes hautes et voyant l'impossibilité de lutter, les Turcs, après avoir allumé dans la soirée des feux sur leurs positions, avaient pris la fuite à deux heures du matin pour passer le Vid et se diriger par les sentiers des montagnes sur Karlovo et Orkhanié ; ils avaient emmené avec eux une centaine d'arabas, tous leurs blessés et avaient abandonné leurs instruments de sape, leurs caisses de cartouches et tout leur bétail.

Les pertes des Russes étaient insignifiantes : 1 homme tué, 4 blessés et 17 contusionnés. « Ces chiffres minimes, dit le général Kartsof dans son rapport, s'expliquent : 1° par le fait qu'une partie des forces ennemies était occupée à poursuivre la colonne du chef d'escadron Antonof ; 2° par la concentration de tous les feux des Turcs sur les volontaires, qui, abrités dans les rochers, n'ont pas perdu un seul homme ; 3° enfin et surtout parce que par-dessus leurs capotes roulées la plupart des hommes portaient leurs tentes dont la toile gonflée et mouillée par la pluie et le brouillard a amorti les balles. Les Turcs avaient perdu une centaine d'hommes.

Le 1er novembre, à dix heures du matin, le détachement russe fit son entrée à Tétében au son des cloches. Les habitants de la ville, le clergé en tête, vinrent au-devant des troupes ; quelques Bulgares qui étaient bannis ou exilés rentrèrent dans leurs familles. Un *Te Deum* d'actions de grâces fut immédiatement célébré à la cathédrale.

Le détachement envoyé sur la route d'Orkhanié pour poursuivre Schevket-Pacha après sa retraite de Radomirtza, occupa sans combat Loukovitz, Petrevno et Jablonitza, à moins de 40 kilomètres d'Orkhanié. Toutes ces positions, bien qu'on y eût tracé des ouvrages, furent abandonnées. Schevket avait une telle peur d'être pendu qu'il ne se crut en sûreté qu'à Orkhanié même. Après avoir occupé Jablonitza, le détachement russe se mit sa cavalerie en communication avec l'infanterie du corps de Selvi-Lovatz, qui occupait Toursky-Izvor.

Les troupes qui agirent sur la route de Vratza se composèrent d'abord de petits détachements de cavalerie qui battirent le pays jusqu'à Komarevo et Djouralovo. Mais bientôt des forces plus imposantes s'avancèrent dans cette direction. Elles appartenaient à la 2e division de cavalerie de la garde, à la tête de laquelle le général Léonof avait été placé en récompense de sa belle conduite à Karahassankeuï. Le 7 novembre, cet officier fut informé par une reconnaissance et par des renseignements apportés par les habitants, que Vratza contenait de grandes quantités de vivres, destinés au ravitaillement de l'armée turque d'Orkhanié. Il résolut de s'en emparer et le 8, au matin, il fit mettre ses troupes en marche sur deux colonnes.

La colonne de droite, formée du régiment des lanciers de la garde impériale, s'avança par la route de Rahova. La colonne de gauche, composée du régiment des grenadiers à cheval et du régiment de dragons de la garde impériale avec quatre canons, et placée sous les ordres du général-major de Klodt, suivit un difficile chemin de montagne en passant par Vrobejnitsa.

Les deux colonnes firent environ quarante kilomètres dans la journée ; à la tombée de la nuit, elles étaient à trois heures de marche de Vratsa, la colonne de droite à Mramoréni et celle de gauche à Kobejnitsa. A leur arrivée sur ces points le général Léonof apprit que la garnison de Vratza se composait de 800 hommes d'infanterie régulière et de 300 Circassiens ; qu'elle n'avait pas d'artillerie ; que les Circassiens blessés dans une escarmouche avec les hussards de la garde impériale avaient causé une telle panique dans la garnison turque, que celle-ci s'était enfuie dans les montagnes, en emportant ce qu'elle pouvait sur des voitures de l'armée ; qu'il y avait à Vratza des approvisionnements de vivres considérables rassemblés dans quatre districts et destinés à être expédiés à Orkhanié ; enfin que la ville n'était pas défendue par de sérieuses fortifications, mais seulement par des retranchements peu importants.

Afin de ne pas révéler la présence de ses troupes le général Léonof défendit d'allumer des feux pendant la nuit.

Le 9, la colonne de gauche se mit en marche à 7 heures et celle de droite à 7 heures 1/2 du matin. L'une et l'autre arrivèrent à 10 heures 3/4 du matin devant Vratza, celle de droite par le Nord et celle de gauche par le Sud. Grâce aux accidents du terrain et aux mesures qui avaient été prises pour masquer son mouvement, cette dernière s'approcha de la ville d'une façon si inopinée pour les Turcs, que le désordre se mit immédiatement parmi eux.

Leurs retranchements avaient leur front tourné vers le Nord, c'est-à-dire vers le côté par lequel s'avançaient les lanciers de la garde ; les grenadiers et les dragons de la garde, qui s'avançaient par le Sud, ouvrirent le feu de leur artillerie. Lorsqu'ils entendirent le canon sur leurs derrières, les Turcs abandonnèrent leurs retranchements et se précipitèrent dans la ville.

La canonnade ne fut pas de longue durée. Mettant vivement pied à terre, les grenadiers à cheval pénétrèrent d'emblée dans la ville. Pendant ce temps, le 3e escadron des dragons et le 4e des lanciers, descendant également de cheval, s'élancèrent pour couper les Turcs par le Sud et le Nord et lui barrer la retraite sur les montagnes. La 1re division du régiment des dragons de la garde, qui avait été dirigée de Vrobejnitsa sur Dermanitza pour couper la route d'Orkhanié, rencontra une bande d'environ 300 Circassiens et la refoula sur Lutibrod.

Dans la ville, le combat dura jusqu'à midi et demi. Les Turcs le soutinrent d'ailleurs non pour défendre Vratza, mais pour couvrir leur retraite ; la soudaineté de l'attaque des Russes leur avait, dès le début, assuré le succès. Les accidents de terrain permirent aux Turcs de s'échapper dans différentes directions par de difficiles sentiers de montagne, où il était impossible de les poursuivre.

A 3 heures 1/2 de l'après-midi, le général Léo-

UN OFFICIER RUSSE MUTILÉ, RELEVÉ A TELISCH

nof (1) entrait dans la ville, où il fut accueilli avec joie par les habitants. Il trouva à Vratza de grands approvisionnements de vivres, dont une partie en farine, et, près de la ville, un grand convoi de voitures vides et attelées qui servaient à transporter des vivres de Widdin à Orkhanié. Ces voitures servirent tout naturellement à transporter jusqu'à Gorny-Doubnik les vivres capturés. Comme à Teteben, les pertes des Russes à Vratza furent insignifiantes. Leurs rapports accusent sept hommes blessés et six chevaux tués.

Quant aux détachements qui agirent du côté de Rahova, c'était également de petits partis de cavalerie. L'un d'eux passa jusqu'au delà de cette place sur la route de Widdin et y coupa le télégraphe. Ces reconnaissances apprirent en outre que Rahova était bien fortifié et qu'il était défendu par une garnison de 1,800 hommes d'infanterie avec trois canons. Elles préparaient ainsi les opérations qu'allait entreprendre l'armée roumaine pour occuper solidement la dernière route par laquelle il restait à Osman-Pacha quelques chances d'exécuter une sortie heureuse.

Prise de Rahova par les Roumains.

L'occupation de Téteben, de la chaussée de Sofia jusqu'à Jablonitza et de Vratza par les Russes devait avoir pour complément la prise de Rahova. Il était important, en effet, pour assurer complétement l'investissement de l'armée de Plevna, de lui couper cette ligne d'opérations et d'approvisionnements et de lui enlever ce point d'appui pour une tentative de retraite sur Widdin ou pour l'entrée d'un secours qui aurait pu lui arriver par cette voie. D'autres considérations invitaient encore l'armée russo-roumaine à s'en emparer; elle élargirait la base de ses opérations; elle enlèverait aux Turcs un point d'où ils menaçaient incessamment la rive gauche du Danube et d'où ils avaient dirigé et pouvaient diriger encore des agressions armées contre le territoire roumain; enfin, elle acquérait un nouveau point pour établir des communications entre les deux rives du fleuve.

Autre nécessité : depuis longtemps, le fourrage manquait en Bulgarie et il fallait à tout prix agrandir le champ ouvert au parcours de la cavalerie. Des presses à foin avaient été installées à

(1) Quelques jours après la prise de Vratza, le général Léonof est mort subitement.

Fratesti; mais elles étaient seulement au nombre de trois ou quatre. Encore fournissaient-elles une quantité supérieure à celle qu'il était possible de faire charroyer sur le théâtre des opérations, tellement les moyens de transports étaient primitifs et insuffisants et tellement les chemins, depuis que tombaient les pluies d'automne, étaient mauvais. Toute la cavalerie souffrait horriblement. Celle de la 4° division roumaine commandée par le colonel Slaniceano était la plus éprouvée. Elle opérait entre la Vid et l'Isker, et non-seulement les communications étaient presque impossibles avec ce point extrême, mais le pays n'offrait aucune espèce de ressources.

Dès le 31 octobre, le colonel s'était trouvé dans la nécessité d'élargir la zone à fourrages de ses troupes. Dans ce but, il poussa une reconnaissance jusque devant la redoute de Vadin, occupée par des troupes composées en grande partie de nizams. Là, il fit ouvrir un feu d'artillerie. Les canons furent si adroitement pointés qu'après un court bombardement la caserne prit feu, et, presque en même temps, le dépôt de munitions des Turcs sauta en l'air. Les Roumains, profitant de la panique et du désarroi causés par cette explosion, se précipitèrent à l'assaut de la redoute et l'emportèrent.

Le colonel sut tirer de ce premier succès un excellent parti. Une fois maître de cette position, il s'en servit comme de point d'appui pour marcher en avant. Du 31 octobre au 15 novembre, il harcela les Turcs par une foule de reconnaissances, d'escarmouches et de combats d'avant-postes, dans lesquels il eut constamment l'avantage. S'emparait-il d'un point avantageux, il s'y fortifiait à la hâte, grâce à l'excellente habitude qu'ont les troupes roumaines de manier la pioche et la pelle. Peu à peu, il arriva ainsi jusqu'à Rahova, dont l'attaque fut décidée.

Afin de ne point dégarnir les lignes de Plevna le prince Charles de Roumanie forma un détachement avec les troupes qui occupaient la ligne d'étape et d'opérations de l'armée roumaine. Il fut placé sous les ordres du colonel Slaniceano et se composait de 6 bataillons d'infanterie, 10 escadrons de calaraches, 4 batteries d'artillerie avec 22 canons. Le baron de Meyendorf, général-major russe, détaché du corps du général Gourko au delà du Vid avec la brigade de rochieri, un régiment de uhlans russes, et deux batteries à cheval, une roumaine de 8, sous le commandement du capitaine Hepites, et l'autre russe, devait prendre part aux opérations. Arrivé devant Rahova, le général Meyendorf demanda et reçut, pour renforcer sa cavalerie, un bataillon du 1er régiment de dorobances. L'effectif total de ses troupes était de 5,030 hommes exclusivement Roumains sauf les uhlans et la batterie dont il a été fait mention.

Le général Meyendorf et le colonel Slaniceano, après avoir établi des communications entre leurs troupes et s'être entendus préalablement, arrêtèrent d'attaquer Rahova le 19 novembre. Les troupes du commandant roumain devaient exécuter du côté de l'Est l'attaque réelle de la position ennemie, tandis que le général Meyendorf, avec sa cavalerie et le peu d'infanterie dont il disposait, devait faire des démonstrations menaçantes vers l'ouest de Rahova pour attirer de ce côté les forces turques et faciliter l'attaque principale.

Au jour arrêté, le mouvement commença des deux côtés de la position turque sur la droite et la gauche de Rahova, soutenu par le feu des batteries roumaines (sur la rive gauche du Danube) de Bechet. Les troupes du colonel Slaniceano déployèrent une grande bravoure. Vers une heure de l'après-midi le général Meyendorf qui avait commencé ses démonstrations offensives pour distraire l'ennemi de son côté, bien avant l'attaque du colonel Slaniceano, fut avisé que l'attaque de celui-ci à l'Est était arrêtée par la résistance acharnée des Turcs, et que le colonel lui demandait de pousser plus vigoureusement l'attaque de son côté, pour lui faciliter l'opération.

Alors le général envoya deux compagnies du bataillon de dorobances qu'il avait avec lui, sous le commandement du major Mateesco, pour donner assaut à la redoute turque qu'ils avaient en face. « Avec une intrépidité et une résolution au-dessus de tout éloge, dit le général Meyendorf dans son rapport, ces deux compagnies s'avancèrent sous le feu très-nourri de la redoute turque, défendue par une garnison plus nombreuse, et enlevèrent la tranchée. Leur commandant, le major Mateesco, fut grièvement blessé par deux balles, étant à la tête de ses troupes; le capitaine Marisesco prit le commandement et continua le combat avec bravoure. La moitié presque de l'effectif de ces héroïques compagnies fut mise hors de combat. » L'artillerie par son feu, les rochiori et les uhlans combattant comme l'infanterie, soutinrent efficacement l'attaque sur le côté ouest de Rahova. La nuit étant survenue, le combat fut suspendu des deux côtés. Les troupes roumaines avaient gagné des positions avancées, mais les Turcs n'avaient pu être chassés de Rahova.

Le 20 novembre les troupes se reposèrent. Pendant la nuit du 20 au 21, le général Meyendorf envoya tout le bataillon de dorobances au pont jeté sur l'Ogost, seul point par où pouvait passer leur artillerie et leurs colonnes de bagages, avec ordre de se retrancher des deux côtés du pont et s'opposer énergiquement au passage de l'ennemi. Dans cette même nuit, les Turcs, voyant le mouvement tournant que les troupes roumaines commençaient à exécuter pour les cerner et leur couper la retraite, comprenant, d'un autre côté, les préparatifs d'attaque qu'on faisait, tant sur la rive droite du Danube que sur la rive gauche, d'où le général Lupu, commandant des troupes d'observation, s'était mis en devoir de faire franchir le Danube, sur des pontons, à un bataillon de dorobances, pour prendre la garnison de Rahova à revers, les Turcs, n'osant pas attendre le combat, commencèrent leur mouvement de retraite et sortirent de Rahova se dirigeant vers le pont d'Herlec. Le bataillon de dorobances retranché à la tête du pont et qui avait ordre de la défendre désespérément, pour permettre à la cavalerie du général Meyendorf et aux troupes du détachement commandé par le colonel Slaniceano d'arriver et d'écraser l'ennemi, accueillit les Turcs par une vive fusillade.

Un combat acharné commença aussitôt entre l'héroïque bataillon et toutes les forces turques de Rahova, montant à plus de 2,000 hommes, lesquelles essayaient désespérément de franchir le pont, seul point, comme nous l'avons dit, par où elles pouvaient s'enfuir, car l'Ogost n'avait pas d'autre pont, et le niveau élevé de ses eaux et ses rivages abrupts ne permettaient le passage sur aucun autre point.

Le général Meyendorf, n'ayant pas sous la main d'autres troupes d'infanterie pour renforcer ce bataillon, envoya la batterie roumaine escortée par deux escadrons de rochiori pour monter sur les hauteurs qui dominent le pont et enfiler le chemin de retraite des Turcs et la forêt au delà de la rivière du Skit, où ceux-ci s'étaient repliés et où ils essayaient de se frayer un chemin vers le pont par le feu de leur artillerie. Le tir de la batterie commandée par le capitaine Hepites fut d'un grand secours pour la résistance des dorobances et arrêta les Turcs pour un moment.

Le général Meyendorf envoya alors la batterie russe pour renforcer le feu de la batterie roumaine. Les Turcs n'abandonnèrent pourtant leur tentative et recommencèrent l'attaque avec un nouvel acharnement contre le pont. Alors

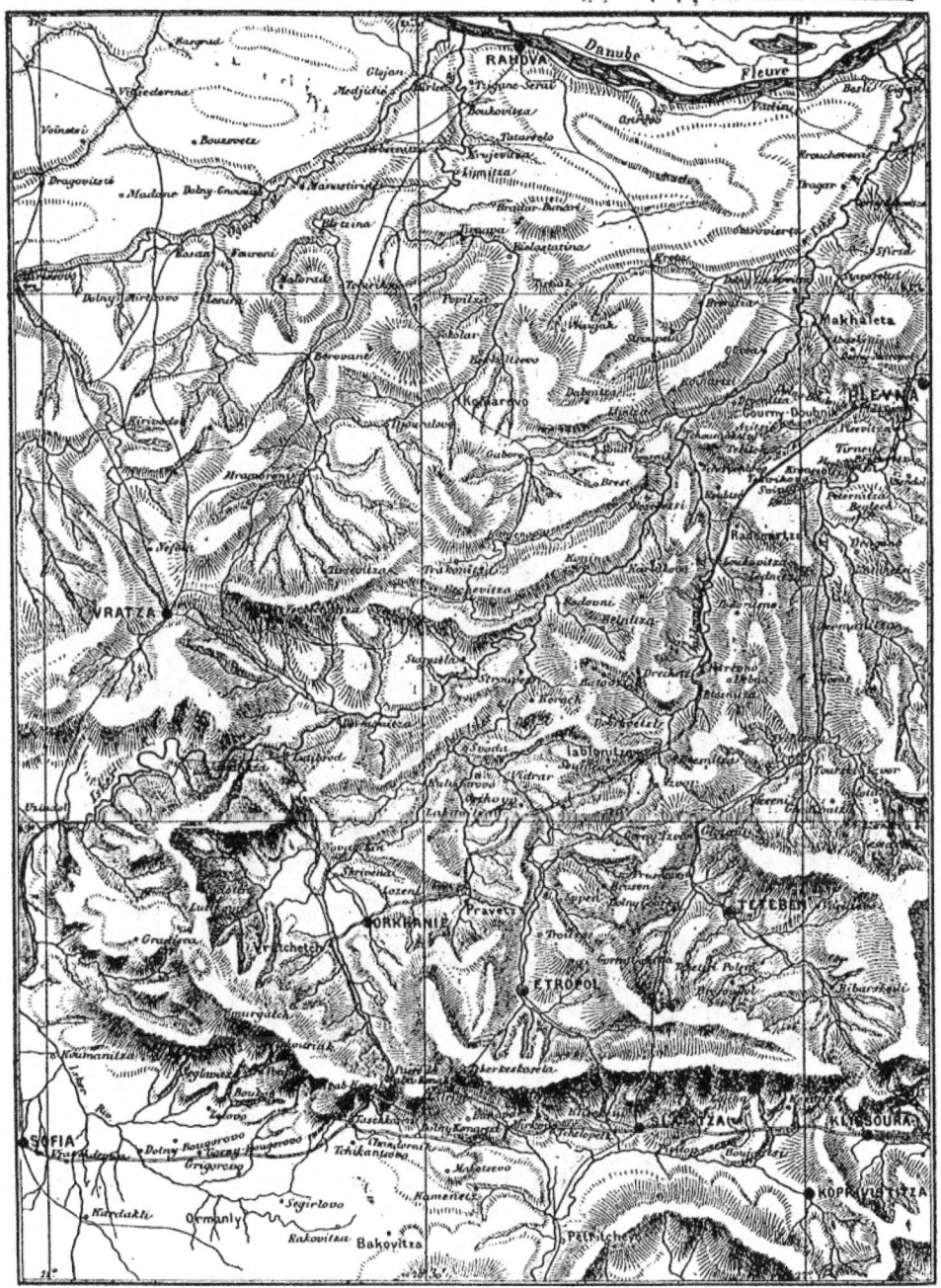

DE PLEVNA A SOFIA (D'après la carte de l'état-major autrichien et la carte de Kanitz).

LA GUERRE D'ORIENT.

le capitaine Merisesco, par une téméraire inspiration, change subitement de tactique, dans la critique position où il se trouvait, et d'assailli devint, à son tour, assaillant. Il sort avec son bataillon des tranchées, et les vaillants dorobantzes et construisent ainsi une sorte de digue. Ils détellent, d'autre part, les canons en abandonnant les caissons et en mettant les attelages aux affûts et traversent la rivière sur l'étrange pont qu'ils viennent d'improviser sous les balles ennemies.

LE GÉNÉRAL ZOTOF, COMMANDANT DU 4e CORPS

fondent à la baïonnette sur les Turcs. Ceux-ci, surpris par la hardiesse et l'impétuosité de l'attaque, et voyant qu'il leur est impossible de franchir le pont, renversent les chariots contenant les sacs de farine et de riz et les tentes dans l'Ogost. Beaucoup cependant se noyèrent et la cavalerie de Meyendorf arrivant pendant le passage sabra la queue de la colonne, lui fit 50 prisonniers et s'empara de 147 chariots chargés de bagages et de munitions.

87e LIVRAISON.

La courageuse résistance des dorobanc s au pont d'Herlec avait duré de quatre à six heures du matin. Au moment où le combat commençait, un détachement de cavalerie et un bataillon d'infanterie avaient occupé la ville qu'ils avaient trouvée abandonnée. Les Turcs, en fuite, prirent un chemin où la cavalerie ne put pas les poursuivre et toutes les troupes de Slaniceano entrèrent dans la ville, où elles recueillirent un canon de 9, des approvisionnements et un matériel considérables. Elles avaient perdu depuis le 19, 2 officiers supérieurs et 2 officiers tués, 2 officiers supérieurs et 3 officiers blessés, 128 hommes tués et 171 blessés. Les pertes de la garnison de Rahova avaient été beaucoup plus considérables : autour du pont d'Herlec seulement gisaient près de 200 cadavres turcs et on en trouva à peu près le même nombre autour des fortifications de Rahova, non compris les blessés.

Les Roumains se plurent à faire grand bruit autour de cette prise de Rahova. En tant que fait d'armes militaire, elle n'a rien que de très-ordinaire, mais ils étaient glorieux, en réponse aux calomnies dont ils avaient été l'objet au début de la guerre, d'apprendre au monde avec quelle intrépidité leurs soldats abordaient l'ennemi.

Les opérations sous Plevna.

Tandis que l'on assurait l'investissement de Plevna par les opérations éloignées que nous venons de raconter, voyons ce qui se passait sous les murs mêmes de Plevna.

On sait que toute idée d'assaut avait été abandonnée. Le général Tolleben, qui avait fait prévaloir dans les conseils du grand-duc Nicolas le projet d'investissement expose de la façon suivante, dans son rapport sur le siège de Plevna, les raisons qui l'avaient guidé. « L'armée d'Osman-Pacha occupait sous les murs de Plevna un camp retranché très-facile à défendre et présentant plusieurs lignes de positions formidables, que l'ennemi, pendant notre long séjour devant Plevna, depuis la fin de juillet, avait encore rendues plus fortes, en profitant de tous les avantages du terrain et en y adaptant heureusement ses travaux de sape. La force de résistance de ces ouvrages devenait encore plus grande grâce au feu violent des fusils à tir rapide et à la masse de cartouches dont disposait l'ennemi, ce qui lui permettait de couvrir d'une grêle de plomb tout le terrain en avant de ses ouvrages, jusqu'à une distance de deux verstes (1). A part cela, les positions de l'ennemi, par leur largeur et leur profondeur, lui permettaient de tenir ses réserves hors de la portée de notre artillerie ; enfin tous les ravins se concentraient près de la ville même, ce qui permettait aux réserves turques, en cas d'attaque de notre part, d'arriver immédiatement au secours du point menacé. Ces conditions si désavantageuses pour nous, expliquent en grande partie l'insuccès de l'assaut du 11 et du 12 septembre contre les positions de Plevna et la décision prise, pour ne pas verser inutilement le sang, de ne plus tenter de s'en emparer de vive force, mais d'attendre l'arrivée de renforts et de procéder à l'investissement de l'armée turque.

« Cet investissement du camp retranché de Plevna est devenu complet avec l'arrivée du corps de la garde et depuis la prise de Gorny-Doubnik, sur la chaussée de Sofia, le 24 octobre par les troupes de ce corps ; depuis lors, les communications d'Osman-Pacha furent définitivement coupées et son armée n'avait plus qu'à choisir entre une tentative de faire une trouée dans la ligne d'investissement ou mettre bas les armes quand tous ses approvisionnements seraient épuisés.

« La durée du séjour de l'armée turque à Plevna après son investissement dépendait directement, comme de raison, de la quantité de vivres dont elle disposait. Il était assez difficile de préciser la quantité d'approvisionnements dont disposait Osman-Pacha, mais on pouvait conclure, d'après les renseignements que l'on avait, que les vivres de l'armée de Plevna ne pouvaient lui permettre de subsister que pendant environ deux mois tout au plus. »

L'événement prouva que ce dernier calcul était juste. Du moment que, pour réduire Plevna et son armée, l'état-major russo-roumain avait choisi le système de l'investissement, il ne restait qu'à suivre strictement cette ligne de conduite, sans faire aucune tentative d'assaut qui ne pouvait amener aucun résultat décisif et devait ne faire qu'accroître inutilement le chiffre des pertes. Les Roumains furent cruellement éprouvés pour ne point s'être conformés à cette sage conduite. Fiers de leur collaboration à la prise de la redoute de Grevitza, le seul succès durable de la funeste journée du 11 septembre, ils brûlaient du désir de se distinguer dans une affaire où ils agiraient seuls. Le colonel Angelesco, commandant de la 4ᵉ division, avait devant lui la redoute de Boukova ; par des travaux de

(1) Une verste : 1,060 mètres.

sapo, ses troupes s'en étaient approchées suffisamment pour donner l'assaut ; il se croyait sûr du succès ; il demanda la permission de l'attaquer, et bien que la prise de cette position dût être sans influence possible sur la suite des opérations d'investissement, le prince Charles, jaloux de fournir une occasion de gloire à ses sujets, la lui accorda. L'assaut fut donné le 19 octobre. Cette inutile et du reste très-héroïque tentative échoua et coûta près d'un millier d'hommes (1).

Cette dure leçon porta ses fruits, les Roumains imitèrent dès lors la prudence des Russes et les opérations subséquentes se bornèrent à rendre le plus étroit possible le cercle d'investissement et à prendre toutes les mesures nécessaires pour qu'Osman-Pacha ne pût pas le forcer sur un point quelconque. Ces mesures consistaient à renforcer les positions d'investissement en y creusant des fossés de tirailleurs et des tranchées, en dressant des batteries et en établissant des lunettes et des redoutes sur les points les plus importants. Il importait en outre, pour les assiégeants, de concentrer le feu de leur artillerie contre les fortifications de l'assiégé, de transporter leurs tranchées et leurs fossés à une distance assez rapprochée pour éloigner le plus possible de leurs batteries le feu de la mousqueterie ennemie. Il fallut en outre établir entre les positions de bonnes routes, et les munir de poteaux indicateurs pour faciliter les mouvements des troupes. On dut procéder à la construction de ponts, à l'installation de communications télégraphiques autour de toute la ligne d'investissement et enfin prendre toutes les mesures nécessaires pour recevoir les Turcs, en cas de sortie, par le plus grand nombre de troupes possible concentrées immédiatement à l'endroit qu'ils choisiraient comme point d'attaque.

Dans ce but les positions établies autour de Plevna, et ayant une étendue de 75 kilomètres environ, furent divisées en six secteurs, dont la défense fut confiée à un nombre de troupes correspondant à l'étendue et à l'importance relative de chacun d'eux. Voici quels étaient ces secteurs et les troupes qui les défendaient :

Premier secteur : entre Bivolar (Susurlu) et la redoute de Grévitsa : les troupes roumaines, sous

---

(1) Voici le rapport qui fut publié dans le *Moniteur officiel* roumain sur l'assaut du 19 octobre :

« Notre 4ᵉ parallèle étant terminée et les travaux d'approche contre la redoute ennemie n° 2 arrivés à l'extrême limite, le commandant de la 4ᵉ division avait demandé au commandant des troupes roumaines, M. le général Cernat, l'autorisation et la latitude de tenter l'assaut de la redoute, avec les troupes de sa division, au moment qu'il jugerait opportun. M. le général Cernat avait accordé cette permission et cette latitude au commandant de la 4ᵉ division, en lui laissant toutefois la responsabilité, quant au moment à choisir pour cet assaut et quant à sa combinaison, afin d'éviter, autant que possible, des pertes sensibles d'hommes.

On avait fait semblant plusieurs fois d'attaquer la redoute turque pour dérouter l'ennemi et lui masquer l'attaque effective.

Le commandant de la 4ᵉ division choisit la journée du 19 octobre pour transformer le simulacre d'attaque auquel il avait habitué l'ennemi en une attaque réelle. En conséquence, il réunit dans la 4ᵉ parallèle le 1ᵉʳ bataillon de chasseurs avec un bataillon du 5ᵉ régiment de dorobances, ayant comme renfort le 13ᵉ régiment de dorobances. A midi et demi, le 1ᵉʳ bataillon de chasseurs et le bataillon du 5ᵉ de dorobances reçurent ordre de commencer l'attaque. Au signal convenu, les deux bataillons franchirent la parallèle en s'avançant au pas de course vers la redoute ennemie ; en même temps des hommes portant des gabions s'avancèrent pour préparer l'escalade. Les troupes roumaines furent reçues par un feu très-vif de la redoute turque et en même temps toutes les batteries ennemies, et surtout celles qui se trouvaient sur le mamelon fortifié de Boukova, ouvrirent une canonnade si violente qu'elles décimèrent les deux bataillons, lesquels furent ainsi forcés de s'arrêter et de rentrer dans la parallèle.

Le commandant de la 4ᵉ division voulut essayer pourtant d'une attaque par surprise à la tombée de la nuit et donna ordre au 7ᵉ régiment d'infanterie de pénétrer dans la 4ᵉ parallèle. A six heures et quart, le commandant de ce régiment, s'avançant à la tête de ses troupes, suivi du 1ᵉʳ bataillon de chasseurs, commanda l'assaut.

Les troupes franchirent la parallèle, se jetèrent sur la redoute et arrivèrent aux tranchées, qu'elles enlevèrent. Un combat sanglant, corps à corps, eut alors lieu entre nos soldats et les Turcs, qui essayaient désespérément de les empêcher d'escalader le parapet. Nos troupes s'y maintinrent pendant une heure, luttant avec acharnement.

Voyant cependant que leurs efforts d'escalader directement le parapet à pic de la redoute ennemie étaient infructueux, une partie de nos soldats s'avança par la tranchée pour tourner la redoute et essayer d'y pénétrer par l'entrée même. Mais l'ennemi, éveillé par le premier assaut, avait pris toutes ses précautions ; nos braves soldats y trouvèrent les réserves turques, qui les reçurent par un feu meurtrier, en leur barrant le chemin. Le combat étant concentré sur ce point seul, l'ennemi y avait rassemblé toutes les forces de défense de la redoute et avait fait appeler de puissantes réserves. Le commandant du 7ᵉ régiment, le lieutenant-colonel Grigore Ioan, fut blessé à l'enlèvement de la tranchée ; presque tous les officiers étaient hors de combat, et les héroïques efforts de nos troupes se brisèrent contre le nombre supérieur de l'ennemi.

Le commandant de la 4ᵉ division, voyant que s'il engageait de nouvelles troupes, il multiplierait les pertes, donna l'ordre de cesser l'attaque, après plus d'une heure de combat.

Nos pertes se montent, dans ces deux attaques, à deux officiers tués : le capitaine Ganesco et le lieutenant Lemnea Démètre, du 7ᵉ régiment de ligne, et à 283 soldats tués ; 20 officiers et 624 soldats blessés, dont 2 officiers seulement et 50 soldats plus grièvement, tandis que les autres, 18 officiers et 574 soldats, ont des blessures légères, surtout aux mains et aux bras, qu'ils ont reçues pendant qu'ils s'efforçaient de monter sur les échelles afin d'escalader le parapet de la redoute. Une grande partie des soldats légèrement blessés pourra être prochainement de retour dans les rangs.

Les pertes de l'ennemi ont dû être sensibles, car, à part les morts et les blessés qu'ont dû leur causer nos troupes qui les assaillaient, toutes nos batteries de la 3ᵉ division, de la 4ᵉ et deux batteries de la 2ᵉ, montant à 48 bouches à feu, ont soutenu l'attaque en prenant à revers les batteries turques de Boukova, le chemin couvert qui conduit à la redoute, les places d'armes et tout le terrain par où débouchaient les réserves ennemies.

les ordres du général Cernat, commandant du corps roumain.

Deuxième secteur : de Grévitsa à la redoute de Galitz (à l'ouest de Radisovo) : la 31° division d'infanterie avec son artillerie et la 2° brigade de la 5° division d'infanterie avec 4 batteries, sous les ordres du lieutenant général baron Krüdener, commandant du 9° corps.

Troisième secteur : de la redoute de Galitz jusqu'au ravin de Toutchénitsa : 2° division d'infanterie avec la 30° brigade d'artillerie et le 12° bataillon de chasseurs, sous les ordres du lieutenant général Zotof, commandant du 4° corps.

Quatrième secteur : Entre les ravins de Toutchénitsa et de Kirlosabéné : 16° division d'infanterie avec son artillerie, 30° division d'infanterie avec la 2° brigade d'artillerie, 9°, 10° et 11° bataillon de chasseurs et 9° régiment de cosaques, sous les ordres du lieutenant général Skobelef, commandant de la 16° division d'infanterie.

Cinquième secteur : Entre le ravin de Kirlosabéné et la rive droite de la Vid, et le village de Tirnen : 3° division d'infanterie de la garde avec son artillerie, deux escadrons de la garde et la batterie n° 10 des cosaques du Don, sous les ordres du lieutenant-général Kataley, commandant de la 3° division d'infanterie de la garde.

Sixième secteur : le long de la rive gauche du Vid, y compris les positions de Bivolar (Susurlu) sur la rive droite de cette rivière : le corps des grenadiers, la 1re brigade de la 5° division d'infanterie avec deux batteries, la 2° division roumaine avec son artillerie, le 9° dragons de Kazan, le 9° lanciers du Boug, le 9° hussards de Kiew et le 4° cosaques du Don, la 7° batterie à cheval, la 2° batterie des cosaques du Don et un régiment de kalarasch, sous les ordres du lieutenant général Ganetsky, commandant du corps des grenadiers.

Cette installation donna lieu à une affaire intéressante dans le quatrième secteur que commandait Skobelef; à la suite de l'échec du 12 septembre, ce général avait abandonné les positions avancées qu'il occupait sur la route de Lovatz, et Osman-Pacha qui tenait beaucoup à maintenir libre la vallée de la Vid que ces hauteurs commandent, s'en empara aussitôt et y fit élever quatre nouvelles redoutes et de nombreuses tranchées. Les positions turques formaient ainsi comme un coin dans les lignes russes, ce qui obligeait celles-ci à faire une grande courbe qui nuisait beaucoup à la rapidité des communications entre les divers corps de l'armée de siége et constituait un point faible dans le cercle d'investissement. La possession de ces hauteurs agrandissait de la façon la plus heureuse pour les Turcs et dans des proportions considérables le champ abrité des projectiles ennemis où ils pouvaient faire paître leurs bestiaux. Osman-Pacha pour induire l'ennemi en erreur sur la quantité de vivres dont il disposait encore, faisait poster avec ostentation les 5 ou 6,000 bêtes qu'il possédait sur les pentes des collines d'où les Russes pouvaient les apercevoir.

L'état-major russe résolut de rectifier de ce côté ses lignes d'investissement et, dans la nuit du 4 au 5 novembre, le général Skobelef occupa le village de Brestovatz situé à égale distance entre les postes russes et les postes turcs ; il y fit élever un ouvrage et des batteries qui furent en état d'ouvrir le feu dès le lever du soleil. Dans la matinée, des volontaires russes se jetèrent sur les tranchées ennemies les plus voisines, mais ils furent repoussés.

La position de Brestovatz malgré les retranchements improvisés en une nuit, était fort précaire et ne remplissait pas le but qu'on s'était proposé. Il fut donc résolu que les troupes de Skobelef feraient un nouveau pas en avant et s'empareraient d'une hauteur située en face d'elles et nommée le Mont Vert. Les Turcs n'y avaient pas de redoute, mais ils y avaient creusé une grande quantité de tranchées qui abritaient une nombreuse infanterie. L'attaque fut fixée au 9 novembre, à 4 heures de l'après-midi. Cette heure tardive fut choisie par Skobelef même qui est partisan convaincu de ce principe que ce moment est le meilleur de la journée : si l'on emporte la position, la nuit empêche l'ennemi de faire des contre-attaques ; si l'on est repoussé, la nuit empêche l'ennemi de poursuivre. Dans l'application, ce système a souvent donné de bons résultats.

La colonne d'attaque se composait du régiment de Vladimir (61°) du 9° bataillon de la 3° brigade de chasseurs et d'un bataillon de sapeurs. Chaque soldat était muni d'une pelle afin de travailler sous la direction des sapeurs à retourner contre les Turcs les ouvrages dont on pourrait s'emparer. Skobelef était le seul homme de la division qui connût personnellement le terrain et il se prépara à l'attaque de la façon qui le caractérisait d'habitude en se mettant en grand uniforme, de manière à être aussi en évidence que possible, et en montant un cheval blanc. Le brouillard était si épais qu'il fut difficile de trou-

LE GÉNÉRAL SKOBELEF, DORMANT DANS LES TRANCHÉES DE BRESTOVATZ

ver les troupes, et le général les chercha longtemps en vain. Finalement, le régiment de Vladimir arriva une heure trop tard au lieu du rassemblement, de manière qu'on pensa un moment à remettre l'attaque au lendemain, mais Skobelef ne voulut pas en avoir le démenti. Il passa dans les rangs de ses troupes et comme les soldats étaient presque tous de jeunes recrues venus de Russie pour combler les effroyables vides des journées de septembre, il leur donna quelques conseils. Le correspondant du *Nouveau Temps* qui ne quitta point Skobelef durant le siège rapporte cette curieuse conversation :

« — Voyons, mes braves, comment cela marchera-t-il aujourd'hui ?

« — Nous ferons notre possible, Excellence.

« — Vous ne faiblirez pas, n'est-ce pas ?

« — Pourquoi cela, Excellence ? Nous sommes contents d'aller au feu.

« — Souvenez-vous d'une chose, mes enfants. Ne vous emballez pas. Nous n'allons pas prendre Plevna. Il s'agit seulement de débusquer les Turcs de leurs tranchées et de s'en emparer. Vous avez bien compris ? Donc une fois les tranchées prises, vous vous y établirez.

« — Nous ferons de notre mieux.

« — Fort bien. Rappelez-vous qu'il s'agit avant tout d'obéir. Quand votre commandant vous dira : Halte ! il ne faut plus bouger. »

A 5 heures, les batteries ouvrirent le feu sur toute la ligne par deux salves contre les redoutes turques, et immédiatement le pétillement aigu de la mousqueterie annonça que l'infanterie était engagée. Le général Skobelef se trouvait en avant de la chaîne de tirailleur et mena ses troupes à l'assaut sous une grêle de balles. Les Turcs surpris grâce au brouillard, furent culbutés hors des tranchées et les Russes se mirent immédiatement à élever des batteries, dont ils dirigèrent le feu sur l'ennemi. Ces travaux avaient été commencés à 7 heures du soir. A minuit, quatre mille Turcs se jetaient avec acharnement sur les tranchées que Skobelef venait d'occuper et au même moment un autre détachement turc attaquait Brestovatz. Les batteries de Plevna faisaient pleuvoir des obus et des shrapnels sur Brestovatz et sur les positions des Montagnes-Vertes. Des masses compactes s'approchaient de plus en plus. Les Turcs arrivèrent jusqu'à quelques pas des tranchées et un de leurs bataillons s'y jeta même au cri de Allah ! mais les soldats russes les reçurent stoïquement et les repoussèrent sur tous les points. Une seconde attaque fut repoussée également en même temps que celle de Brestovatz où se trouvait le régiment d'Ouglisch. Skobelef fut légèrement blessé par une balle, mais il n'en coucha pas moins dans les tranchées ainsi que les nuits suivantes.

Dans la nuit du 10 au 11, les Turcs essayèrent d'une surprise pour reprendre le Mont-Vert. Skobelef qui avait fait placer des tirailleurs dans les tranchées les laissa approcher jusqu'à cent pas. Une décharge terrible en coucha bon nombre sur le carreau et mit les autres en fuite.

Nous avons dit combien Osman tenait à ces hauteurs de la Vid. Du 10 au 15, il fit attaquer six fois le Mont-Vert, mais son opiniâtreté se brisa contre celle des Russes qui gardèrent la position qu'ils avaient conquise. Skobelef fut blessé une seconde fois dans la journée du 15, un peu plus grièvement que la première fois. Il fut heureusement garanti par une grosse pelisse de mouton qu'il portait et au bout de quelques jours il reprit son commandement.

Journal d'un assiégé.

Tandis qu'au loin les Russes occupaient les routes par lesquelles des secours pouvaient arriver et que sous Plevna ils resserraient étroitement leurs lignes, que faisait-on dans cette ville ? A notre connaissance, trois correspondants de journaux ont été enfermés dans Plevna avec Osman. L'un deux, un Français (1), a transmis au *Bien public* des notes intéressantes sur la période qui s'écoula de l'investissement à la chute de la place. Pénétrons avec lui parmi les assiégés, et laissons-lui la parole.

« Le désastre de Telisch et de Gorny-Doubnik, fut annoncé au quartier général de Plevna par un officier et quatre soldats turcs envoyés à cet effet par le général Gourko au muchir. Quelque grave que fût l'affaire, quelque sinistres que puissent être les conséquences de la rupture des communications entre Plevna et Orkhanié, on ne put croire un instant que cet état critique fût durable; l'avis unanime fut qu'à Stamboul les plus grands efforts seraient faits pour secourir promptement Plevna, pour ne point laisser périr cette puissante et brave sentinelle couvrant de sa large poitrine, depuis trois mois, tout l'ouest de la Bulgarie.

(1) Ce correspondant était un condamné de la Commune, évadé de Nouméa, M. Ollivier Pain. Gardé d'abord comme prisonnier de guerre par les Russes, qui voulaient voir en lui un officier du plus haut mérite ayant beaucoup contribué à la belle défense de Plevna, il fut plus tard réclamé par le gouvernement suisse sur les instances de M. Rochefort.

« L'horizon cependant de tous les côtés devenait sombre. Quelques jours auparavant, de la redoute de Grévitza, l'état-major russe avait fait tenir à Osman-Pacha quatre numéros du *Times* et deux numéros du *Daily News*, en marge desquels étaient écrits au crayon bleu et en caractères gigantesque cette mention : « Grande défaite de Mouktar-Pacha. » Une série de télégrammes et de correspondances venant d'Asie relataient qu'au nord de Kars le généralissime de l'armée turque, avait essuyé une grande défaite, perdu 20,000 hommes et 30 canons. On lisait encore dans ces gazettes que, de ce côté-ci du Danube, Suleiman-Pacha était mis dans l'impossibilité d'avancer ; et des dépêches, datées de Schipka et signées de Réouf-Pacha, annonçaient enfin au sérasikier que la neige tombée depuis trois jours dans les Balkans empêchait momentanément toute marche dans les opérations militaires.

« Telle était la situation générale quand les armées russe et roumaine, décidées à ne plus rien tenter de vive force contre Plevna, ouvrirent sur la ville et les redoutes qui la défendent le feu d'un vif bombardement. C'est le 23 octobre, à trois heures de l'après-midi que la première grêle d'obus vint avec un bruit formidable fondre de toute part sur Plevna. Confiant dans la valeur de ses soldats, à plusieurs reprises éprouvée, Osman-Pacha, loin de redouter les attaques faites contre ses tabias, souhaitait chaque jour de voir les Russes renouveler leurs attaques contre elles.

« Le bombardement s'effectuait chaque jour à des heures presque régulières, le matin, dans l'après-midi et le soir. Le soir, les heures variaient un peu. Plevna ne contenant pas de troupes, c'étaient les malades, les blessés et la population bulgare qui souffraient du bombardement. L'armée russe, sachant des dépôts d'armes et de munitions dans la ville, tirait à toute volée sur les mosquées où elle les supposait cachés. Dans les premiers temps, les dégâts étant de médiocre importance, personne ne se mit à l'abri ; mais quand on compta les victimes, quand on vit des femmes blessées, des rangées de soldats malades pris en enfilade dans les chambres où ils étaient couchés et tués raide, la plupart des habitants prirent peur et se réfugièrent dans les églises. Les femmes s'y rendirent d'abord et y installèrent leurs enfants. On porta des matelas, des couvertures, on prit même les repas dans le lieu saint. Où fumait jadis l'encens, fuma la soupe. C'était une chose très-triste à voir assurément que cet entassement de gens qui s'abritaient contre les bombes ; mais l'aspect de ces églises, surtout la nuit, lorsque mille bougies illuminaient la nef, les bas côtés et le portail, était d'un caractère si pittoresque qu'il est regrettable que le crayon d'un maître n'ait pas été là pour mettre ces scènes sous les yeux du monde entier.

« Et c'était inouï ce qui se racontait d'histoires fantastiques sur Plevna, dans les églises ! Les Bulgares, quoique estimant Osman-Pacha et n'ayant aucune plainte à formuler depuis cinq mois contre les Turcs, souhaitaient vivement que l'armée russe entrât dans la place à courte date. Les quelques nouvelles, toutes travesties, prenaient une allure étonnante, et lorsqu'il était démontré que tel récit à sensation était une énorme ânerie, on vous répliquait invariablement : « C'est, paraît-il, un paysan qui a franchi les lignes ennemies et donné en ville cette nouvelle. » Ce qu'il y a de certain, c'est qu'après la perte de Telisch Osman-Pacha fut sans aucun rapport avec Constantinople et Orkhanié. A diverses reprises, on tenta d'envoyer à Schefket-Pacha des ordres par des émissaires ; mais devant la vigilance russe, ces essais échouèrent de tout temps, Plevna était devenu un tombeau.

« La plupart des familles turques avaient déserté la ville, emmenant tout dans leurs arabas ; et le dernier convoi de ces pauvres gens, arrêté par l'investissement à Dolny-Doubnik, avait rétrogradé jusqu'au pont de la Vid et, espérant toujours partir d'un instant à l'autre, campait là au milieu des champs.

« Ce sont peut-être ces familles qui souffrirent le plus durant les deux mois et demi de siége. Les enfants allaient pour la plupart pieds nus. Les vêtements des femmes turques, usés, mis en lambeaux, faisaient réellement mal à voir. Ces dernières, dans leur rude misère, ne songeaient même plus à dérober, comme leur religion le leur ordonne, leurs traits aux regards des passants.

« Vers le 1ᵉʳ novembre, le froid commença à sévir avec une intensité sans pareille ; le bois manquait. Pour se réchauffer la nuit dans les tranchées, pour faire cuire durant le jour leurs aliments, les soldats arrachaient à coups de pioche, sur le flanc de toutes les collines, les ceps de vigne qu'ils transportaient à dos d'homme dans les tabias. Les vignobles n'existent plus dans les environs de Plevna à deux ou trois lieues à la ronde. Les paysans devront replanter et attendre trois ans la récolte. On ne pouvait mourir de froid !

« La nourriture des soldats consistait : 1° en un

pain d'une livre ou un peu moins, fait moitié de farine de froment, moitié de farine de maïs ; 2° en 230 grammes de viande de bœuf, mais d'une qualité pitoyable. On tuait en effet, pour l'alimentation de l'armée, les bœufs qui avaient servi à amener à Plevna les arabas portant les munitions et les approvisionnements. Ces malheureuses bêtes, parquées au sortir de la ville dans la vallée qui conduit à la Vid, ne trouvaient plus rien à manger et mouraient chaque jour, par vingtaine, d'inanition. On voyait le long des talus les chiens affamés s'acharner et tirer à belles dents sur ces charognes.

« La distribution des vivres de l'armée se faisait à divers endroits de la ville ; mais les hommes de corvée ne revenant qu'assez tard au camp, les soldats préparaient dans la matinée un premier repas, une soupe. Sur une pierre plate et large, ils broyaient le mieux qu'ils pouvaient, des grains de maïs, ils jetaient ces grains, une fois brisés, dans l'eau bouillante avec une poignée de sel et c'était tout. On mangeait cette bouillie à peu près cuite, cela devait satisfaire l'estomac jusqu'au soir. Ni thé ni café pour les troupes ; je ne dirai pas ni vin ni eau-de-vie, puisque les Turcs n'en boivent pas.

« A mesure que le siége se prolongea, les vivres devinrent de plus en plus rares, le prix des denrées subissait de monstrueuses variations. Vous payiez le soir le double un objet que vous auriez pu acheter deux fois moins cher le matin. Ce qui manqua complétement et le plus vite fut le tabac, puis le sucre, puis la viande. La farine devint aussi presque introuvable à dater du 15 au 19 novembre. Le prix du tabac — son manque est très-sensible aux troupes — atteignit le chiffre de trois livres d'or turques l'ocque, c'est-à-dire 75 fr. les 1,200 grammes (on pourrait compter le kilo). Le sucre se vendait 12 fr. la livre, et c'était après des démarches terribles que quelque commerçant juif finissait par vous en donner. Afin de mieux vous démontrer la valeur qu'on devait attacher à l'obtention d'une telle marchandise, ledit négociant la mouillait pour que son poids étant plus lourd, vous eussiez moins que votre compte. Il y avait bien chez les tchorbadjii, c'est-à-dire chez les principaux chefs bulgares, des provisions de toutes sortes ; il serait même plus juste d'écrire : il y avait dans toute famille bulgare de forts approvisionnements ; mais à mesure que le siége avançait, ces habitants, craignant sans doute qu'on mît la main sur leurs victuailles, les enterrèrent très-soigneusement.

« Si encore les soldats eussent été bien équipés, malgré la rareté des vivres, ils eussent beaucoup moins souffert du rude service des tranchées. Mais les effets d'équipement manquaient aussi. Quelques semaines avant l'investissement, l'administration militaire avait fait acheter à Sofia et dans les villages voisins des quantités de peaux d'agneau, afin de fabriquer des vêtements chauds pour l'hiver. Rien de tout cela ne put arriver à Plevna.

« Le chiffre de l'armée bloquée n'atteignant pas 35,000 hommes (1) et la ligne des défenses étant très-vaste à tenir, les fatigues à endurer devenaient chaque jour plus pénibles ; l'effectif allait sans cesse en s'amoindrissant. Les soldats passaient alternativement deux jours et deux nuits dans les redoutes les plus menacées, la tabia près de Grévitza, par exemple, et reprenaient, en sortant de ces redoutables tranchées, un poste peut-être moins dangereux, mais qui ne leur laissait pas plus de repos.

« En cas d'agression, les seules réserves qu'eût le muchir étaient un bataillon de 400 hommes, l'*Union ottomane*, le bataillon de volontaires. Ce tabor forma, tout le temps de son séjour à Plevna, la garde du maréchal. Composé en parties égales de chrétiens et de musulmans, on le distinguait des autres par un petit croissant de cuivre piqué sur le côté du fez.

« Mal nourris, à peine vêtus, point ou peu payés, car des bataillons restèrent, venant du Monténégro et de la Serbie, sept mois sans solde, quelles idées, quels sentiments pouvaient donc faire de chaque soldat de Plevna un héros ? Deux choses à mon avis : l'idée religieuse d'abord, l'amour et le respect du général en chef ensuite. Je laisse de côté la premier point, on a trop dit et redit sur ce sujet pour que je m'y arrête ; — je tiens à parler longuement du second.

« S. E. Osman-Pacha est un homme de quarante-huit ans. D'une physionomie remarquablement intelligente, il a le front haut, l'œil vif et plein de finesse. Il porte toute la barbe où pointent quelques filets d'argent. D'une haute stature, dans le commandement il a le ton bref, le geste noble qui forcent immédiatement le respect. Lorsqu'il arriva de Widdin à Plevna, après six jours de marche forcée, Osman-Pacha établit sa tente sur la première ligne du camp. Durant les cinq mois de lutte, il ne bougea point de cet endroit, si menacé qu'il fût parfois, et

(1) Ce chiffre n'est pas exact. Les rapports russes accusent plus de 42 000 prisonniers, et dans la journée du 10 décembre les pertes des Turcs sont évaluées à 6,000 hommes. Il devait donc y avoir près de 50,000 hommes valides dans Plevna.

GUERRE D'ORIENT

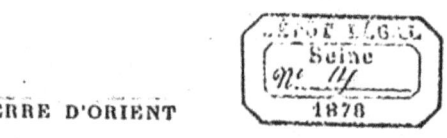

DANS LES SENTIERS DES BALKANS

lorsque dans les dernières semaines les boulets de Grévitza et de Radisévo venaient éclater près de sa tente, il ordonna simplement d'élever devant un assez faible retranchement.

« Sans cesse aux tabias (1) ou dans le camp, il ne laissait à aucun autre la direction de la guerre. Son contrôle était incessant, sa puissance

(1) Forts.

de travail énorme, et les défenses si remarquables sont son œuvre, à laquelle collabora cependant un général en qui il avait foi, Tewfik-Pacha (1). Pendant cinq mois qu'il habita Plevna Osman-Pacha ne descendit que trois fois en ville. Ce détail, qui paraît futile, prouve bien à quel degré le général donnait aux opérations militaires tous ses soins.

« Ordonnant qu'à la moindre alerte on le réveillât, qui donc, en le voyant debout, eût osé se plaindre d'être réveillé ; qui donc, en le voyant exposé durant l'action au heurt des obus, au choc des balles, eût osé craindre d'être blessé ; si dangereux que fût tel commandement donné par lui, qui n'eût obéi sans mot dire ? Jamais on ne broncha en sa présence dans les rangs, et quand il partait, que de fois j'entendis les hommes et les officiers témoigner leur admiration.

« L'état-major russe s'est souvent étonné que Son Excellence Osman-Pacha ne reçût jamais les officiers envoyés de Grevitza en parlementaires. Dans toutes les questions à régler entre les deux camps, en effet, le généralissime turc évita toujours avec soin d'entrer en rapports directs avec les Russes. Un jour, cependant, la chose fut sur le point d'avoir lieu. Au quartier général de Poradim on fit demander à Osman-Pacha de vouloir bien accorder à l'armée russe le droit d'enterrer les 1,500 morts qui gisaient depuis trois semaines sans sépulture entre Grévitza et la première redoute turque et d'entrer, à ce sujet, en pourparlers. Son Excellence Osman-

(1) Chef d'état-major d'Osman.

Pacha fit seller son cheval, revêtit son plus bel uniforme, mit des gants, mais comme il allait partir pour Grévitza, une lueur traversa son esprit : il redescendit de cheval, rentra dans sa tente et envoya en son lieu et place Tewfik Bey. S'il se fût jamais trouvé en tête à tête avec un général ennemi, Son Excellence Osman-Pacha pensait que peut-être, soit à Stamboul, soit à Plevna on pourrait croire que des tentatives étaient faites pour le corrompre, pour l'acheter. Il prit ses mesures pour n'être pas même soupçonné.

« Un détail curieux, ce sont les bribes de conversations qui s'échangeaient dans les quelques instants durant lesquels les parlementaires des deux camps se trouvaient en présence. Les soldats turcs que prenait avec lui l'officier revêtaient des vêtements neufs : c'était véritablement étincelant, il ne fallait pas faire voir de près à l'ennemi le triste état de l'équipement et quand un cosaque demandait à un cavalier turc, par l'intermédiaire du Bulgare qui servait dans ce cas d'interprète :

« — Est-ce que vous ne manquez de rien. »

« — Nous sommes très-heureux, ripostait invariablement l'homme questionné, bien nourris, bien habillés... »

« — Mais vous avez froid ; l'hiver arrive, nous, nous sommes très-contents, nous ne commencerons sérieusement la campagne que lorsqu'il gèlera à 25 degrés !

« Un peu de poudre aux yeux de part et d'autre. C'est du reste de très-bonne guerre. »

XXXV. — EFFORTS DE MEHEMET-ALI ET DE SULEYMAN-PACHA POUR DÉBLOQUER PLEVNA

Mehemet-Ali forme une armée à Sofia.

Osman-Pacha espérait que le gouvernement ottoman comprenant que le sort de l'empire était attaché à celui de Plevna, emploierait toutes ses forces à le délivrer. Cet espoir fut déçu. Au lieu des quelques personnages incapables qui dirigeaient les opérations militaires de Constantinople et dont les volontés étaient le jouet des coteries, il eût fallu une main ferme et résolue qui réunît en un seul faisceau toutes les forces disséminées sur l'immense ligne de bataille qui allait de Roustchouk à Widdin en passant par les Bal-

kans et les poussât par la route d'Orkhanié au secours de la meilleure des armées turques et du plus capable des généraux du sultan. Mais l'intelligence faisait absolument défaut dans le commandement et il n'y eut aucun effort combiné ; chacun des généraux turcs agit isolément comme il faisait depuis le commencement de la guerre. Suleyman, le mauvais génie de la Turquie, livra trois batailles pour percer les lignes du czarewitch et arriver à Plevna en coupant l'armée russe en deux, une d'elles fut heureuse, mais il n'en sut pas tirer parti ; l'armée de Schipka ne bougea point ; quant à Mehemet-Ali non seulement il ne put tenter une marche en avant, mais il ne fut pas même assez fort pour garder ses positions autour d'Orkhanié.

Nous avons raconté la disgrâce imméritée de ce dernier général alors qu'il commandait l'armée du Danube et sa nomination au commandement des forces de la Bosnie et de l'Herzégovine. Il était en route pour Serajevo lorsqu'une dépêche lui apprit qu'il était placé à la tête des armées de Sofia et d'Orkhanié. Cette décision avait été prise à Constantinople quand on y connut les désastres de Gorny-Doubnik et de Telisch et la fuite de Schevket-Pacha à Orkhanié. Ordre était donné de réunir des forces suffisantes pour dégager Plevna; c'était s'y prendre bien tard, cependant Mehemet-Ali se mit à l'œuvre avec son activité d'organisation accoutumée. Le 5 novembre, il se trouvait à Sofia. Le 7, arrivaient dans cette ville des troupes détachées des garnisons de Pirot, Babina-Glava, Nisch, etc., et le 8, 12 bataillons réguliers syriens destinés primitivement à renforcer Suleyman-Pacha. Le 11, il avait déjà réuni sous ses ordres 36 bataillons, 6 escadrons et 36 bouches à feu.

Les 13, 14 et 15, il recevait encore la 2ᵉ division de Bosnie, comprenant 1 bataillon de chasseurs, 4 bataillons frontière, 8 tabors de rédifs et de musthafiz, 1 demi-régiment de cavalerie, 400 bachi-bouzouks, 250 tcherkesses, 4 batteries légères de campagne et une section de montagne. Ces troupes furent amenées de Schipka par Schakir-Pacha, qui alla prendre le commandement d'Orkhanié, en remplacement de Schevket.

Du 15 au 20, la 1ʳᵉ division de Bosnie, forte de 16 bataillons, arriva à son tour, avec 24 canons. Elle était suivie de 9 bataillons de la 3ᵉ division de Bosnie. Le chemin de fer de Roumélie amenait également 4 bataillons du 7ᵉ régiment de la garde, 3 bataillons de chacun des deux régiments de réserve de Roumélie; 1 bataillon de chacun des régiments de réserve syriens de Jérusalem, Antioche, Beyrouth et Adana, plus 7 batteries de campagne et 2 compagnies de pionniers.

A la fin du mois de novembre, les journaux turcs annonçaient pompeusement qu'avec tous ces renforts les forces de Mehemet-Ali se trouvaient composées de la façon suivante:

Quartier général à Sofia: 1ʳᵉ division. — Izzet-Pacha, 22 bataillons, 4 escadrons, 24 canons, etc., le tout réparti en trois brigades (Tscheress-Hassan, Mehemet-Pacha et Ali-Pacha);

2ᵉ division. — Hassan-Hadji-Pacha, commandant à Rakovitza: 12 bataillons, 12 escadrons, 16 canons;

3ᵉ division. — Hafhiz-Pacha, commandant à Ichtiman: 16 bataillons, 3 escadrons et 26 canons;

4ᵉ division. — Neddin-Pacha, commandant à Slatitza: 16 bataillons, 3 escadrons et 24 canons;

5ᵉ division. — Mahmoud-Ami-Pacha, commandant à Banja: 9 bataillons, 8 canons et 1,500 irréguliers;

6ᵉ division. — Abdi-Pacha, commandant à Sofia: 14 bataillons, 3 escadrons de dragons de la garde et 16 canons;

Enfin, le corps de Schakir-Pacha, à Orkhanié, comprenant les brigades Edhem-Pacha, Mehemet-Ali-Pacha, Osman-Bey et Muri-Pacha, avec un total d'une trentaine de bataillons, de 1,200 chevaux et de 32 canons.

Malheureusement, la réalité ne répondait guère aux belles apparences de ce dénombrement. L'armée de Mehemet-Ali n'a jamais compté plus de 20 à 25,000 hommes et de telles forces rassemblées à la hâte, sans cohésion, sans unité, inconnues les unes aux autres, composées en grande partie de milices et de conscrits, mal approvisionnées, sans cadres suffisants, sans état-major, constituaient un instrument d'offensive absolument imparfait. Le temps manqua pour les instruire; c'est au mois de septembre qu'il eût fallu les réunir, quand Osman-Pacha le demandait, et non au mois de novembre, alors que Plevna n'avait plus de vivres que pour quelques jours.

Marche de Gourko vers les Balkans. — Prise de Pravetz et d'Etropol par les Russes.

Cependant les concentrations de troupes faites par Mehemet-Ali à Sofia ne laissèrent pas que d'inquiéter les Russes. Etant donné les forces qu'on lui attribuait, la situation des petits détachements qu'ils avaient poussés sur la route d'Orkhanié jusqu'à 75 kilomètres de Plevna ne pouvait être que passive et ils comprirent que s'ils voulaient immobiliser Mehemet-Ali loin de Plevna jusqu'au moment où le sort de cette place serait décidé, ils devaient recourir à des mesures plus énergiques. Le meilleur moyen d'atteindre ce but était de passer à l'offensive, c'est-à-dire de menacer l'armée de Sofia par une marche en avant et de tâcher de s'emparer des principaux défilés des montagnes qui se trouvaient à sa disposition. C'est aussi celui auquel le grand-duc Nicolas s'arrêta.

On forma un corps composé des deux premières divisions de la garde, de la brigade des chasseurs de la garde et d'une brigade de la 3⁰ division d'infanterie, et on le plaça sous le commandement du général Gourko. Cet officier partit de Do!ny-Doubnik le 16 novembre. Il arriva à Jablonitza le 18 et y resta jusqu'au 22, achevant la concentration de ses troupes et faisant des reconnaissances pour se renseigner au sujet des passes qu'il avait devant lui ainsi que du nombre et des dispositions des Turcs qui les défendaient.

Il fut reconnu que l'avant-garde de Schakir-Pacha était puissamment fortifiée près du grand village bulgare de Pravetz situé à 15 kilomètres d'O khanié et à 10 d'Etropol et que, d'autre part, Moustapha-Pacha occupait avec sept bataillons et quatre canons des ouvrages bien fortifiés aux abords de cette dernière ville. Le général Gourko jugea qu'il avait des forces suffisantes pour faire attaquer les deux points à la fois et il les partagea en deux colonnes; l'une, sous les ordres du général Dandeville, fut chargée de s'emparer d'Etropol, l'autre sous les ordres du général comte Schouvalof, avait Pravetz pour objectif. Gourko resta auprès de cette dernière. Comme les troupes turques réunies à Orkhanié pouvaient se porter au secours des deux positions attaquées, la cavalerie qui occupait Vratza fut chargée de détourner leur attention en faisant une diversion sur Novatchin, Skrivena et Lutikovo. La réussite de cette triple opération devait mettre les Russes en possession de tous les défilés du versant nord des Balkans. En effet la possession de Pravetz devait leur permettre d'attaquer la position d'Orkanié de front, tandis que la prise d'Etropol leur livrerait une route par laquelle ils pourraient la prendre à revers de sorte qu'il serait impossible à Schakir-Pacha de s'y maintenir.

Racontons d'abord l'attaque de Pravetz. Près de ce village et avant de pénétrer dans la vallée d'Orkbanié, la route de Sofia passe à travers un très-étroit défilé tortueux, entre des montagnes dont les flancs sont tellement escarpés sur la plupart des points, que même un homme qui ne serait pas chargé et exposé au feu de l'ennemi serait dans l'impossibilité de les escalader. Il ne pouvait donc être question d'aborder de pareilles positions par une attaque de front. Il était absolument nécessaire de les tourner, et c'est ce que le général Gourko, avec l'expérience qu'il avait acquise dans son précédent passage des Balkans et sa connaissance des côtés forts et faibles du soldat turc, était disposé à tenter. Ce n'était cependant pas chose facile. Les sentiers des montagnes, loin d'être franchissables par l'artillerie, comme on l'avait annoncé, pouvaient à peine être suivis par un cavalier. Néanmoins, le général Gourko se détermina à l'essayer.

Les positions des Turcs étaient presque toutes à la droite de la route; bien qu'ils eussent occupé le côté gauche, ils n'y avaient pas construit de redoutes, ni creusé de tranchées, jugeant avec raison que s'ils pouvaient conserver les hauteurs du côté droit de la route, cela suffirait pour barrer le passage. De ce côté ils avaient construit deux petites redoutes, entourées de montagnes, et creusé des tranchées formidables sur tous les points commandant le défilé. Un coup d'œil sur la carte que nous avons publiée fera voir qu'à Pravetz la route de Sofia tourne brusquement à l'ouest vers Orkhanié à angle droit de sa direction précédente. Dans cet angle on verra une chaîne de montagnes. C'est l'extrémité de cette chaîne dominant la route que les Turcs avaient choisies pour leurs positions, et c'est en atteignant et en attaquant l'autre extrémité que le général Gourko résolut de les tourner. Il envoya en conséquence pour exécuter ce mouvement le général Rauch avec le régiment Sémonovsky de la garde, le premier et le second bataillon de chasseurs, une batterie d'artillerie à cheval et quatre escadrons de cavalerie. Une autre colonne commandée par le général Schouvalof, fut chargée d'attaquer les ouvrages turcs de front.

Le général Rauch partit de Jablonitza le 21, avec ordre de marcher toute la nuit, parce que la distance n'était que de quarante kilomètres d'après la carte. On pensait qu'il arriverait le lendemain à midi à temps pour attaquer. C'était une grave erreur de calcul. On ne saurait mesurer les routes de montagnes sur les cartes, ou bien on devrait calculer la distance au double ou au triple de celle qui y est indiquée, et le temps que prend un cavalier isolé pour franchir la distance devrait également être doublé ou triplé pour une armée encombrée par de l'artillerie. Rauch, au lieu d'arriver le 22 à midi, n'arriva que le 23 au soir. Ce fut la seule erreur de calcul commise dans tout le mouvement, et elle n'affecta pas le résultat.

La route si l'on peut donner ce nom aux sentiers par lesquels s'avançaient cette colonne, s'étend de Jablonitza à Vidrar, puis par le Petit-Isker jusqu'à Kalugarovo; ensuite elle suit le petit courant d'eau nommé la Prevatza, en arrière du village occupé par les Turcs. Elle est si

GORNY-STUDEN, QUARTIER GÉNÉRAL DE L'EMPEREUR ALEXANDRE II

difficile et si étroite que les affûts d'artillerie ne purent y passer que sur une seule roue et penchés sur le côté. Pour les empêcher de tomber dans les précipices, les soldats devaient les retenir au moyen de cordes passées autour de l'essieu. Les lourds caissons de munitions étaient plus difficiles à transporter encore et causèrent une peine infinie. La colonne se trouva en outre, dans l'impossibilité de marcher la nuit, à cause du brouillard épais qui remplit les vallées presque chaque nuit en cette saison de l'année, et rend la circulation très-dangereuse, sinon impossible.

Tandis que Rauch luttait contre ces difficultés le général Schouvalof ne restait pas inactif. Sa colonne composée du régiment de Moscou, de deux bataillons de chasseurs, d'un bataillon du régiment de Pskow, de 5 sotnias de Cosaques et de 14 pièces d'artillerie, s'avança jusqu'à Ossikovo dans la journée du 21 et en repartit le lendemain à 9 heures du matin. Le régiment de Moscou sous les ordres du colonel Grippenberg, fut envoyé pour occuper les hauteurs à la gauche de la route en face des positions turques, ce qu'il réussit à faire en perdant trois ou quatre hommes seulement. Les cosaques, qui s'avançaient à droite de la route, engagèrent une vive fusillade avec les Turcs qui occupaient les montagnes et les bouquets de bois en avant de Pravetz. Les projectiles bien dirigés de deux canons mis en position sur la gauche de la chaussée, et la prompte attaque des Cosaques qui avaient mis pied à terre, les obligèrent à évacuer les positions avancées et à se replier sur la position droite de la chaussée, qui était comme nous l'avons dit, naturellement très-forte, très-bien retranchée et presque inaccessible de front. Continuant à avancer et traversant le pont de la chaussée, le général Schouvalof fit porter en avant six pièces pour canonner de front la position ennemie. Ces canons furent mis en position, sous un feu très-violent mais mal dirigé des batteries ennemies, et dressés sur un rocher dominant la position turque. Le 2ᵉ bataillon des chasseurs de la garde occupa les hauteurs à la droite de la batterie et le bataillon des chasseurs de Finlande de la garde se postant à gauche, forma le trait d'union avec les bataillons du régiment de Moscou de la garde.

Toute la journée se passa dans cette situation à attendre l'arrivée de la colonne du général Rauch. Enfin, à huit heures du soir, on apprit qu'elle était obligée de passer la nuit à deux kilomètres au sud de Lakovitza et qu'elle ne pourrait se remettre en marche le lendemain, 23 novembre; qu'à huit heures du matin. Le 23, à trois heures du matin, le général Schouvalof fit recommencer la canonnade et la matinée se passa encore ainsi à attendre le général Rauch. A midi, celui-ci déboucha enfin sur le flanc presque inabordable de la position turque et engagea immédiatement la lutte. Les Turcs, qui s'étaient aperçus tardivement du mouvement tournant, venaient au moment même où arrivait la colonne d'occuper une hauteur sur leur flanc gauche pour l'arrêter, mais les soldats russes ne leur laissèrent pas le temps de s'y retrancher; malgré leur fatigue et la rude marche qu'ils venaient d'accomplir, ils montèrent immédiatement à l'assaut, culbutèrent l'ennemi et le poursuivirent de position en position.

Les Turcs, frappés de panique en se voyant tournés, renoncèrent à se défendre plus longtemps et lâchèrent pied, poursuivis par une pluie d'obus que leur envoyaient les batteries de la colonne du comte Schouvalof. C'est ainsi que furent prises les redoutables ouvrages de Pravetz, presque sans qu'il y eut de sang versé, puisque les Russes n'eurent que 2 officiers blessés et 70 hommes tués ou blessés. La fuite des Turcs fut protégée par une circonstance atmosphérique qui s'est assurément bien rarement présentée dans l'histoire de la guerre. Le combat avait lieu à une telle hauteur dans les Balkans qu'il se trouvait situé au-dessus des nuages qui se traînaient à mi-côte des montagnes; les fuyards, en regagnant Orkhanié, durent nécessairement traverser ces nuages qui firent l'office d'un épais brouillard et les cachèrent aux yeux de ceux qui les poursuivaient. Les Russes ne firent qu'un officier et une cinquantaine de soldats prisonniers.

La joie de ce beau et si peu sanglant succès fut gâtée par le désastre qu'éprouva la cavalerie de Vratza, chargée d'une démonstration contre Novatchin, Skrivena et Lutikovo. Ce détachement se composait de trois escadrons du régiment des grenadiers à cheval de la garde, de trois escadrons du régiment des dragons de la garde et de la 2ᵉ batterie à cheval de la garde.

Le 22, le détachement se divisa en deux colonnes. Celle de gauche, forte d'un escadron et demi de dragons avec deux canons, sous les ordres du colonel Likhtansky, se dirigea contre Orkhanié; celle de droite formée de toutes les autres troupes du détachement, passa à Rachkovo et Radolin, et s'avança jusqu'à Lutikovo, où s'engagea un combat de tirailleurs. L'avant-garde de la colonne de gauche, consistant en un demi-escadron sous les ordres du capitaine baron Stempel, à la faveur d'un brouillard épais, passa au galop près de la fortification turque de Novatchin, atteignit le village de Skrivena et rencontra en cet endroit 60 cavaliers turcs; elle en tua 30, et ensuite les cavaliers galopèrent jusqu'au delà de Skrivena.

En même temps, sur les derrières de l'avant-garde s'engageait un combat entre l'infanterie et l'artillerie turques d'un côté, et l'escadron des dragons avec deux canons de l'autre, tandis que, en outre, 400 Tcherkesses attaquaient au front et sur les flancs. L'escadron recula pas à pas; et pendant trois heures, sur un chemin d'une longueur de 8 kilomètres, il soutint le choc de deux bataillons turcs avec deux canons, et de 400 Tcherkesses. Toujours attaqués, les dragons passèrent entre Novatchin et Kara-Derbent, où leur marche devint excessivement pénible par la raison que la passe dans la montagne avait été rendue complètement impraticable par les Bulgares, qui fuyaient avec leurs chariots et leurs bestiaux.

On fut forcé de lancer les canons dans un précipice; mais les Tcherkesses réussirent à en prendre un après en avoir tué tous les défenseurs. Les débris du malheureux détachement occupèrent le village de Kara-Derbent et, par un excellent tir, soutinrent le choc des Tcherkesses jusqu'à l'arrivée de la colonne de droite, qui couvrit la retraite.

Dans ce combat héroïque quoique désastreux, sur 12 officiers, 2 seulement échappèrent sans blessures. 3 officiers furent tués, 3 furent grièvement blessés et 4 contusionnés. Sur 150 soldats, il y eut 43 tués et 24 blessés et 2 disparurent. Le détachement qui avait payé si cher la mission qui lui était dévolue, atteignit cependant son but. Les troupes turques qui se trouvaient à Orkhanié, détournées par les opérations de ce détachement, ne purent pas porter secours aux troupes qui défendaient la position de Pravetz.

La colonne chargée d'agir contre Etropol éprouva moins de pertes encore que celle qui opéra contre Pravetz, tout en obtenant des résultats tout aussi importants. Etropol, autrefois chef-lieu administratif du district d'Orkhanié, est pittoresquement situé dans la large vallée du petit Isker, que de hautes montagnes entourent de toutes parts; jusqu'au transfert du siège administratif du district d'Orkhanié, petite ville fondée par Midhat-Pacha, Etropol était l'une des florissantes cités commerçantes de la grande route allant du Danube en Thrace. Avant la guerre on y comptait environ 1,200 maisons, dont 500 habitées par des Bulgares et 700 par des Turcs. Les habitants s'adonnent au commerce des produits agricoles et spécialement à celui des cuirs. Nous avons expliqué que l'occupation de cette ville avait une haute importance pour les Russes parce qu'elle leur livrait la route de Strigl par laquelle ils pouvaient tourner Orkhanié et marcher droit sur Sofia. Etropol est en outre la clef de la route des Balkans qui franchit le défilé de Slatitza. Cette route était, il est vrai, depuis longtemps abandonnée mais les Russes prouvèrent par la suite qu'on n'en pouvait pas moins tirer parti. Il est vraiment incroyable qu'un général aussi habile que Mehemet-Ali n'ait pas senti qu'il devait défendre à tout prix Pravetz et Etropol s'il voulait songer un jour à aller au secours d'Osman-Pacha et qu'il n'ait pas fait quel que effort pour les empêcher de tomber aux mains de l'ennemi. Son inaction ne peut s'expliquer que par l'insuffisance et la mauvaise qualité de ses troupes; peut-être aussi cet esprit passablement sceptique avait-il jugé du premier coup que Plevna était irrémédiablement perdu et qu'il ne lui restait plus qu'à couvrir Sofia, sans se soucier davantage d'Osman-Pacha.

Le général Dandeville, commandant la colonne chargée par Gourko d'attaquer Etropol, dressa son plan exactement comme l'avait fait le comte Schouvaloff et partagea ses troupes en deux détachements. Le premier, commandé par S. A. I. le prince Alexandre d'Oldenbourg et comprenant: le régiment Préobrajenski, de la garde, un bataillon du 11e régiment d'infanterie de Pskow, six canons et trois sotnies de la brigade des cosaques du Caucase, quitta Ossikovo le 22 novembre, et, marchant en deux colonnes sur les deux rives de l'Isker, s'approcha de la forte position dans laquelle les Turcs s'étaient établis au nord d'Etropol. Il employa toute une journée à monter ses canons sur les hauteurs escarpées en face du front de la position d'Etropol et ce n'est que vers quatre heures de l'après-midi qu'il réussit à mettre en position deux canons de neuf, qui engagèrent immédiatement avec l'ennemi un duel d'artillerie, pendant que l'infanterie ne tirait qu'à de rares intervalles, quand se dissipaient les nuages qui couvraient les montagnes.

Le second détachement, conduit par le colonel Rydzevsky, et comprenant: le régiment de Veliki-Louki, trois sotnies de cosaques du Kouban et une compagnie de sapeurs de la garde, — s'avança de Brusen, par Lupen, jusqu'au couvent de Troïtza, prenant à revers la principale position des Turcs à Khan-Log. Passant par un sentier de montagne très-difficile, ce détachement attaqua le flanc droit des Turcs près dudit couvent, mais sans résultat ; ayant perdu 26 soldats, il se retira sur Lupen et se retrancha dans une position choisie d'avance.

La réserve générale des deux détachements : (le régiment des grenadiers de la garde, à l'exception d'un bataillon détaché pour renforcer la colonne du prince d'Oldenbourg), le 4º régiment de dragons de Catherinoslaw et de l'artillerie, — resta sur la position de Brusen.

Le 23 novembre, la colonne du prince d'Oldenbourg s'avança contre le flanc gauche de la position ennemie. Des volontaires du régiment de Préobrajenski, au nombre d'une centaine, se détachèrent du gros des forces à quatre heures du matin et grimpèrent avec des difficultés inouïes au sommet d'une montagne très-escarpée, où ils s'emparèrent sans coup férir de la redoute qui la couronnait. Il paraît que pour la nuit les Turcs étaient descendus de la redoute au camp et que tandis que les volontaires russes s'approchaient de la redoute les Turcs se hâtaient de l'atteindre par le côté opposé, mais ils arrivèrent trop tard. Une heure après, ceux-ci, pris en flanc par les troupes qui s'étaient installées dans l'ouvrage qu'ils avaient laissés prendre, furent obligés d'abandonner toutes leurs positions avancées, que les régiments de Préobrajenski et des grenadiers de la garde occupèrent immédiatement. Après cet épisode, la fusillade et la canonnade continuèrent jusqu'à la nuit.

Dans l'intervalle, la colonne du colonel Rydzevsky, renforcée, elle aussi, d'un bataillon du régiment des grenadiers de la garde, échangeait des coups de fusil. On ne put lui envoyer de l'artillerie que quand les quatre canons de la 3º brigade d'artillerie amenés à Lupen eurent été démontés et placés sur des arabas bulgares traînées par des bœufs, qui, avec l'aide des Bulgares et des soldats, les montèrent au sommet d'une montagne pendant une nuit noire et brumeuse. Toutes ces opérations furent exécutées à proximité des hauteurs occupées par les Turcs.

Pendant cette journée du 23, le régiment de Préobrajenski ne réussit pas à chasser par son feu les Turcs de leur principale redoute qui fermait le défilé de l'Isker. Aussi le lendemain, au point du jour, envoya-t-on une centaine de volontaires de ce régiment, avec mission de s'emparer de la redoute. Vers sept heures du matin, ces braves prirent d'assaut la première tranchée, mais ils furent obligés de se retirer, avec 6 hommes tués et blessés, vu l'impossibilité où ils étaient d'escalader les escarpements devenus très-glissants par suite de la pluie.

Quand le brouillard se dissipa, l'artillerie russe (huit canons avaient été montés depuis sur la position occupée par le régiment de Préobrajenski et quatre sur celle du régiment de Véliki-Louki) ouvrit un feu violent contre les ouvrages fortifiés des Turcs, pendant que le détachement du prince d'Oldenbourg, renforcé par un bataillon du régiment d'infanterie de Pskow, se mit à avancer graduellement, enveloppant de plus en plus leur flanc gauche. De son côté, la colonne de gauche, renforcée par un nouveau bataillon des grenadiers de la garde se porta également en avant, de façon à déborder le flanc droit des Turcs et réussit à le prendre en partie à revers. Pendant que ce mouvement s'exécutait, quatre pièces de quatre descendaient petit à petit de la hauteur et se rapprochaient du camp des Turcs, qui se trouvait entre leur position et la ville d'Etropol.

Enveloppé sur les deux flancs par l'infanterie, canonné par enfilade et à revers par l'artillerie et menacé sur ses derrières, Moustapha-Pacha commença à se préparer à battre en retraite. A trois heures de l'après-midi, la principale redoute fut occupée par le régiment de Préobrajenski, et toutes les troupes russes attaquèrent vigoureusement les Turcs, qui, ne pouvant résister à cette attaque d'ensemble, s'enfuirent en abandonnant leur camp, après y avoir mis le feu.

A six heures du soir, le régiment de Préobrajenski fit son entrée dans la ville d'Etropol. La nuit étant tombée, on ne put poursuivre les Turcs et l'on se borna à lancer quelques projectiles sur les fuyards. Le 25, au point du jour, on envoya à leur poursuite le 4º régiment des dragons de Catherinoslaw, une sotnia de la brigade des cosaques du Caucase, le 4º bataillon du régiment de Préobrajenski, le régiment de Véliki-Louki et la 16º batterie à cheval. Les dragons, dans cette chasse, s'emparèrent de trois canons d'acier à longue portée, de deux caissons d'artillerie et de plus de 300 chariots chargés de munitions et de vivres.

Ce jour-là, le général Gourko fit son entrée dans Etropol. Il fut reçu aux portes par les Bulgares portant des bannières, une croix, et le pain et le sel. Après avoir répondu à leur salut, le général se rendit directement à l'église de Saint-Michel afin d'y faire célébrer des prières d'actions de grâces pour la victoire remportée sur l'ennemi. La petite mais très-jolie église d'Etropol était remplie par les personnes de la suite du général et par une foule de Bulgares. Le général baisa les images et attendit l'arrivée du prêtre ; mais, il n'y avait pas de prêtre. A la demande faite aux habitants, ceux-ci répondirent que les Turcs, en abandonnant la ville, avaient emmené la veille de force tous les prêtres bulgares, au nombre de quatre, quinze des plus notables et des plus riches bourgeois bulgares d'Etropol et les plus belles femmes et jeunes filles de la ville.

Le général Gourko, voyant la profonde impression que cet acte de brutalité avait produite sur les Bulgares, leur fit dire par son interprète que le Czar de Russie les avait délivrés des persécuteurs de leur foi et qu'un prêtre russe célébrerait le lendemain la messe dans leur église.

Conformément à cette promesse, la messe fut célébrée le 26 à Etropol avec un chœur de chantres soldats et en présence du général Gourko, du comte Schouvalof, du prince d'Oldenbourg et des généraux Rauch et Dandeville ; la messe fut suivie d'un *Te Deum*.

Un des prêtres emmenés par les Turcs rentra

LE DUC SERGE DE LEUCHTENBERG, TUÉ A BRESTOVEC

à Etropol le lendemain, ayant réussi à échapper aux mains de ses ravisseurs. Voici ce qu'il raconta : « Dès que les troupes russes commencèrent à s'avancer dans la direction des Balkans, en s'emparant de Vratsa, d'Ossikovo, la population civile musulmane d'Etropol prit la fuite dans la direction de Sofia. A ce moment, le gouverneur d'Etropol, Nasif-Effendi, fit mander les notables bulgares et les engagea à quitter aussi la ville avec la population musulmane et à amener les autres Bulgares d'Etropol à suivre leur exemple, leur promettant même de leur fournir tous les chariots qui pourraient leur être nécessaires pour la fuite. En agissant ainsi, Nasif-Effendi voulait montrer aux Russes que les Bulgares ne sympathisaient pas avec eux et dans ce but il affirmait que dès que les troupes russes entreraient à Etropol leur premier acte serait d'assassiner tous les Bulgares. Quand ceux-ci déclarèrent catégoriquement qu'ils n'abandonneraient point leurs foyers, Nasif-Effendi les traita d'amis des Russes, de traîtres, d'ennemis des Turcs, et donna l'ordre de s'emparer de quinze des plus riches Bulgares d'Etropol, de tous les prêtres et des femmes et des jeunes filles des plus riches maisons de la ville, à titre d'otages, ajoutant qu'il était sûr maintenant que le reste de la population bulgare les suivrait, à défaut de quoi il ferait massacrer en route tous les otages.

« Les captifs furent emmenés à Orkhanié; les quatre prêtres furent enfermés ensemble, mais on ignore ce que l'on fit du reste des prisonniers.

« A Orkhanié, les Turcs ne s'attendaient pas à l'arrivée des Russes et ce n'est qu'au dernier moment, quand ces derniers pénétrèrent dans les environs de Pravetz que la population musulmane d'Orkhanié se sauva dans la direction de Vratchetch, avec une précipitation telle qu'à Klissoura, dans un défilé très-étroit, les chariots et les troupeaux finirent par former un tel fouillis, que les Turcs, craignant d'être atteints par les Russes, commencèrent à jeter dans un précipice leurs chariots et leur bétail. Les nouveaux arrivants se querellaient avec ceux qui les empêchaient de passer; ils en vinrent bientôt aux mains et plus de 50 Turcs périrent à cet endroit de la main de leurs compatriotes. C'est pendant ces scènes de désordre à Orkhanié et aux environs que les quatre prêtres bulgares d'Etropol réussirent à s'enfuir et que l'un d'eux put rentrer dans la ville d'où il avait été enlevé de force. »

Quelques jours après, neuf des jeunes filles enlevées par les Turcs rentrèrent à Etropol. Malgré les exhortations de leurs familles et des popes, huit d'entre elles se noyèrent pour ne point survivre à leur déshonneur.

Pendant que le général Gourko s'emparait de Pravetz et d'Etropol, le 23 novembre, un détachement turc fort de deux tabas et de quelques centaines de cavaliers attaqua Teteben à l'improviste, mais il fut facilement repoussé par la garnison russe.

Attaque de la passe de Baba-Konak.

La prise de Pravetz et d'Etropol inaugura heureusement la nouvelle campagne des Balkans que le général Gourko venait d'entreprendre, et qui présente un caractère non moins original que celle qu'il avait faite au mois de juillet précédent. Cette fois il ne s'agissait plus d'un read de cavalerie; le principal rôle ou pour mieux dire, toute la besogne était au contraire dévolue à l'infanterie. Selon l'expression très-exacte d'un correspondant du *Daily News*, la campagne entreprise pouvait s'appeler une « campagne musculaire », car dans presque tous les cas le succès fut obtenu par des mouvements de flanc dont la réussite dépendait entièrement de la quantité de résistance que les soldats pouvaient opposer aux fatigues.

La merveilleuse histoire de la marche du général Rauch se répéta presque tous les jours sur une plus ou moins grande échelle. On escaladait les montagnes, on franchissait les ravins, on traversait les forêts avec l'artillerie qu'on traînait à bras et pour laquelle on improvisait tout espèce de véhicules, on se battait au-dessus de la zone des nuages, on plaçait des batteries à 3,500 pieds au-dessus du niveau de la mer, on exécutait des prodiges qui paraissent encore maintenant impossibles. Les Turcs, confiants dans la force de ces obstacles naturels, négligeaient de fortifier des points qu'ils considéraient comme inaccessibles, et les Russes à force de patience et de courage parvenaient à y prendre pied et les obligeaient à évacuer les positions qu'ils avaient soigneusement fortifiées.

Battue à Pravetz, l'avant-garde de la division de Chakir-Pacha n'essaya pas de défendre Orkhanié et les villages voisins, Novatchin, Skrivena, et se retira sur Vratchetch, à l'entrée du défilé de Baba-Konak, où elle espérait, dans une position retranchée, empêcher les Russes de s'avancer plus loin sur la chaussée de Sofia. Ce calcul fut trompé. Tandis que la colonne russe de droite, sous les ordres du général Schouvalof, retranchée à Pravetz, surveillait Vratchetch, le général Dandeville, qui occupait Etropol avec la colonne de gauche, se mettait en marche par le Strigl-Balkan, dans la direction du sud-ouest, pour tourner la position de Vratchetch.

Malgré les difficultés inouïes d'une marche dans les montagnes, sans routes et au milieu des intempéries de l'hiver, cette manœuvre fut couronnée d'un plein succès: le 28, le général Dandeville s'empara de vive force de la hauteur de Gréota, située à quatre kilomètres à l'est de la grande route de retraite des Turcs, et obligea ainsi ceux-ci à évacuer précipitamment Vratchetch. Le lendemain, le général Dandeville se rapprocha encore davantage de la chaussée de Sofia, à l'endroit où elle s'élève sur les Balkans, et ses troupes montèrent de l'artillerie sur une hauteur voisine de celle de Créota. De son côté, aussitôt après l'évacuation de Vratchetch, le général Schouvalof suivit les Turcs en retraite sur la chaussée et, après avoir franchi le col, prit position le 1er décembre, à l'ouest de la route, en vue du camp turc d'Arabkonak.

A la portée stratégique de ce succès, il faut ajouter les pertes matérielles importantes des Turcs, qui, en quittant précipitamment Orkhanié et la position de Vratchetch, abandonnèrent d'immenses magasins d'armes, de cartouches, de vêtements chauds, de vivres et de fourrages. Orkhanié servait de dépôt aux approvisionnements réquisitionnés par les Turcs dans le vilayet d'Andrinople pour l'armée d'Osman-Pacha. Un trophée tout aussi important, fut un parc de pontons comprenant vingt-cinq pontons en fer avec tous leurs accessoires. On ne peut expliquer la prise d'un matériel aussi riche que par le désordre d'une retraite précipitée, due au mouvement tournant de la colonne russe de gauche, car nécessairement, dans d'autres conditions, aucun chef prévoyant n'aurait abandonné de pareilles richesses au profit de l'ennemi.

Le point culminant qu'atteint la chaussée de Sofia en franchissant les Balkans se trouve aux environs de la station de repos connue sous le nom d'Arab ou plutôt Araba-Konak (littéralement, hôtel des charrettes). Mehemet-Ali avait concentré toute son attention sur ce point, parce qu'il estimait que là seulement la nature lui offrait assez d'avantages pour suppléer au petit nombre et à la mauvaise qualité de ses soldats. Il y avait fait élever quatre redoutes et avait rendu la passe absolument inaccessible de front.

Le général Schouvalof fit monter ses canons pendant la journée du 2 décembre. Il y employa 150 à 200 hommes et quatre bœufs par pièce pendant toute la journée et toute la nuit. On dut laisser les caissons dans la vallée et les munitions furent montées à bras d'hommes, ou employa 2 ou 300 Bulgares à ce travail.

Le 3, de grand matin, un détachement de la colonne Schouvalof commandé par le général Ellis s'empara à l'ouest de la chaussée de Sofia, de quelques hauteurs qui dominaient la position turque d'Arab-Konak. Ces hauteurs n'étaient point défendues; on raconte que Mehemet-Ali n'avait aucun officier d'ordonnance pour porter ses ordres et pour le renseigner sur la position de ses troupes. Il croyait que les hauteurs en question avaient été occupées par les siens comme il en avait donné l'ordre ; aussi son étonnement fut-il grand en voyant les Russes s'y établir sans coup férir, et il envoya aussitôt douze bataillons pour les reprendre. Le comte Schouvalof avait mis six canons en batterie sur le point le plus élevé de sa position; les Turcs s'en approchèrent de si près qu'il envoya des volées d'obus dans leurs masses solides avec le plus grand effet et les força à rompre leurs rangs et à se disperser, mais ils continuèrent néanmoins à s'avancer aux cris de « Allah ! Allah ! » qui étaient répétés par ceux qui étaient dans les camps tout le long de la ligne, évidemment pour encourager l'attaque et pour faire croire qu'ils étaient en grand nombre. Ils arrivèrent jusqu'à portée de pistolet des Russes, faisant face aux volées meurtrières des carabines Berdan et aux averses d'obus. Ils s'étaient tellement rapprochés des canons à ce moment, que ceux qui observaient le combat des batteries du général Dandeville crurent que les pièces étaient prises, mais on vit les lignes d'attaque se fendre et descendre précipitamment le flanc de la montagne ; la première attaque était repoussée.

L'assaut fut renouvelé à maintes reprises avec la même violence ; les canons tiraient si rapidement que, sur six, cinq s'échauffèrent et durent cesser le feu ; il n'y avait pas d'eau pour les écouvillons. Les spectateurs anxieux des crêtes opposées, incapables de prêter secours, crurent que la journée était perdue lorsque la canonnade se réduisit aux lugubres détonations d'un seul canon, et que les assaillants se lancèrent jusque contre les baïonnettes des défenseurs aux cris de « Allah ! Allah ! » avec un élan impétueux ; mais chaque fois ils se retirèrent en désordre, tombant par centaines tandis qu'ils descendaient le flanc de la montagne en courant, et laissant à la fin de la journée, lorsqu'ils renouvelèrent la tentative de rompre les lignes russes, la montagne littéralement couverte de morts et de blessés. Les Russes de leur côté avaient perdu 150 hommes.

Une seconde attaque contre les mêmes positions fut encore repoussée le 5 par les Russes qui perdirent 27 hommes.

Tandis que le gros des forces de Gourko attaquaient la passe de Baba-Konak, un petit détachement, commandé par le général Kournakof, parti d'Etropol, descendit de l'autre côté des Balkans par le col de Slatitza et s'empara, le 3 décembre, des villages de Tchelopetz et de Klisekeuf, aux environs de la ville de ce nom. Là encore on fit des prodiges pour passer l'artillerie, tout fut transporté à dos d'homme : affûts, roues et caissons. Quant aux canons, on les lia solidement avec des cordages au milieu d'un immense tronc d'arbre d'une longueur démesurée, que trente-deux grenadiers, seize en avant et seize en arrière, portèrent sur l'épaule, assujetti au moyen de bretelles en cordes. Les munitions furent transportées par une centaine de cosaques, lesquels conduisaient par la bride leurs chevaux, chargés chacun de six obus déposés dans les sacoches en toile de la selle.

Le général Kournakof s'apprêtait à attaquer Slatitza lorsque le 7 décembre l'ordre arriva à l'armée du général Gourko de suspendre ses opérations jusqu'à ce que le sort de Plevna fût décidé et qu'elle pût recevoir des renforts. On avait dès lors au quartier général russe l'assurance que la fin de la résistance d'Osman-Pacha n'était plus qu'une question d'heures. En conséquence, les troupes qui étaient dans la passe de Baba-Konak se contentèrent de fortifier les positions qu'elles avaient conquises. Le général Kournakof ne put pas se maintenir à Tchelopetz ; comme de ce village il coupait la route qui reliait l'armée de Mehemet-Ali à celle de Schipka, les Turcs l'attaquèrent avec des forces supérieures et l'obligèrent, le 10 décembre, à repasser provisoirement le défilé de Slatitza.

Campagne de Suleyman-Pacha. — Première bataille de Metchka (1).

Quand Suleyman-Pacha, par ses intrigues, fut parvenu à faire destituer Mehemet-Ali et à le remplacer comme généralissime, on s'attendait généralement à le voir essayer de justifier la faveur dont il venait d'être l'objet par quelque entreprise hardie et quelque action d'éclat. Il n'en fut rien, et Suleyman se chargea de démontrer lui-même l'injustice des accusations sous lesquelles son prédécesseur avait succombé en agissant exactement comme lui, c'est-à-dire en se tenant sur une prudente défensive. Il concentra 30,000 hommes aux environs de Roustchouk, sous les ordres d'Assaf-Pacha, 20,000 à Rasgrad et 30,000 entre les routes qui vont de Schoumla et d'Osman-Bazar à Tirnova, sous les ordres de Fuad-Pacha ; pendant plus de six semaines, il maintint ces détachements immobiles dans leurs positions. Les Russes concentraient alors autour de Plevna toutes les troupes de renfort qui leur arrivaient, Suleyman ne fit rien pour en détourner une partie de son côté ; il était si peu menaçant que la 2ᵉ division de grenadiers qui avait d'abord été dirigée sur l'armée du Czarewitch reçut contre-ordre et s'en alla sous Plevna comme la 3ᵉ division et la garde. Du commencement d'octobre au milieu de novembre, le contact des deux armées ennemies ne se manifesta sur le cours inférieur du Lom et dans l'espace compris entre le Lom Blanc et le Lom Noir, que par des reconnaissances suivies d'escarmouches plus ou moins vives.

Il serait fastidieux d'énumérer toutes ces petites rencontres, sans conséquences stratégiques d'aucune sorte où l'on perdit tant d'un côté que de l'autre, 5 à 600 hommes environ. Mentionnons cependant la reconnaissance du 24 octobre dans laquelle fut tué un des neveux du czar, le prince Serge de Leuchtenberg, petit-fils du prince Eugène de Beauharnais.

« Le prince, dit une relation russe (1), était parti de Brestovec, à six heures du matin, accompagné du lieutenant-colonel Sander, du corps de l'état-major général. Monté en calèche en sortant de Brestovec, le prince avait atteint vers les neuf heures l'endroit qui lui avait été désigné. Il monta à cheval et se dirigea vers les réserves ; la lutte venait d'être engagée et la fusillade allait bon train. Le prince s'arrêta sur une hauteur ; il avait en face de lui une colline au sommet de laquelle se trouvait une chaîne de tirailleurs soutenue par des réserves ; à la droite du prince s'élevait une autre colline, celle-ci occupée par notre artillerie. L'ennemi était à une distance de trois mille pas. S'avançant lentement, le prince arriva jusqu'au flanc gauche de la chaîne de tirailleurs, qui avait cessé le feu, et il s'arrêta pour demander un binocle, que lui présenta un des cosaques de son escorte. A peine le prince venait-il de porter à ses yeux le binocle, qu'il le laissa tomber, en poussant une légère exclamation. Le lieutenant-colonel Sander, voulant relever l'instrument, sauta à bas de son cheval, mais voyant que le prince s'affaissait, il s'approcha vivement et le retint dans ses bras. Le jeune prince était mort ; une balle l'avait frappé au-dessus de la visière, à un verchok et demi à droite de la cocarde, pénétrant dans le cerveau et faisant au front une ouverture à un doigt et demi au-dessus du sourcil. »

Le duc Serge de Leuchtenberg, né le 8 décem-

(1) Voir pour ce paragraphe et les suivants la carte publiée page 444.

(1) *Gazette de Moscou.*

LA ROUTE DE SISTOVA AUPRÈS DU PONT, EN TEMPS DE PLUIE

bre 1849, était le troisième fils de la grande-duchesse Marie, fille de l'empereur Nicolas et du duc Maximilien de Leuchtenberg, fils du prince Eugène de Beauharnais. Il était venu dès l'ouverture de la campagne, avec ses deux frères Eugène et Nicolas, prendre du service à l'armée du Danube. Son corps fut transporté à Saint-Pétersbourg où on lui fit des funérailles splendides et la cour prit le deuil pendant six semaines. Cette mort releva les princes de la famille impériale dans l'estime populaire qui leur était devenue assez défavorable en Russie, on trouvait que tous ces grands-ducs qui envoyaient tant de gens à la mort se tenaient bien éloignés des champs de bataille. On vit alors que les membres de la famille impériale payaient de leur personne quand il était besoin et donnaient jusque dans la mort l'exemple de l'abnégation dans l'accomplissement du devoir.

Vers le milieu de novembre, la situation critique de Plevna décida la Porte à donner à Suleyman-Pacha l'ordre de sortir de son inaction, de se porter sur la Jantra et d'essayer, coûte que coûte, de donner la main à Osman-Pacha pour l'aider à sortir de la trappe où on l'avait volontairement laissé prendre. Les engagements d'avant-postes devinrent dès lors plus fréquents et eurent dans plusieurs cas un caractère très-opiniâtre, il en fut ainsi le 15 à Koceljevo et le 17 à Slataritza où les Turcs essayèrent de se retrancher, mais d'où ils furent définitivement délogés par les troupes du 11e corps.

Le 19, une affaire plus sérieuse encore eut lieu sur le Bas-Lom. Seize bataillons d'infanterie turque sortis de Bazarbova franchirent la rivière sur trois points et attaquèrent la gauche russe à Pirgos, sur le Danube et sur la route de Roustchouc à Biela. Après une belle résistance, les deux compagnies campées à Pirgos durent se replier à Metchka, à cinq kilomètres en arrière. Les Turcs furent vainqueurs pendant la première partie de la journée ; mais le soir une brigade du 12e corps russe sortit de Metchka et les rejeta de l'autre côté du Lom. On perdit 200 hommes, de chaque côté, dans ce combat.

Le but de ces reconnaissances forcées exécutées sur des points fort éloignés les uns des autres, — du front très-étendu de l'armée turque, échappait aux Russes, et Suleyman-Pacha, après avoir ainsi dérouté leurs conjectures résolut de les surprendre par une attaque à l'improviste. Il lui avait semblé d'après les résultats de la reconnaissance du 19, que les lignes du czarewitch manquaient de solidité dans le voisinage du Danube et il conçut le plan de déloger les forces de son adversaire de Metchka et de Trestenik, de s'emparer du pont de Batin et par une marche hardie de menacer les communications de toute l'armée russe du Danube. Il chargea le ferik Assaf-Pacha de cette opération.

Metchka était défendue par la 1re brigade de la 12e division d'infanterie, général Tsitlladzew, avec 16 canons et Trestenik par la 2e brigade, général Fofanow, par le régiment de Bessarabie de la 33e division, et par 44 canons. Ces troupes étaient commandées par le lieutenant général baron Firks, chef de la 12e division. Les trois autres régiments de la 33e division étaient placés en réserve avec 32 canons, le régiment de Bender était à Damogulia, le régiment de Tiraspol à Obrétenik et le régiment de Kherson à Tabachka. Le service des avant-postes était fait par la 12e division de cavalerie commandée par le lieutenant général baron Driesen. Ces avant-postes se déployaient en demi-cercle depuis Pirgos jusqu'à Kochava, en passant par Gol-Tchesmé et par une hauteur située en face de Krásna.

Le 26 novembre, l'armée d'Assaf-Pacha forte de 51 bataillons, 9 batteries, 8 escadrons de cavalerie et 5 à 600 Tcherkesses (30,000 hommes d'infanterie et 54 canons) passa le Lom. Elle était divisée en trois colonnes : Salim-Pacha commandait l'aile droite et devait attaquer Pirgos, Ibrahim-Pacha commandait le centre et devait attaquer Metchka et appuyer l'attaque sur Trestenik, Osman-Bey commandait l'aile gauche et devait attaquer Trestenik. Hassan-Pacha commandait la réserve. L'effort principal devait porter sur Trestenik.

A huit heures du matin, les Turcs attaquèrent sur toute la ligne et les avant-postes russes plièrent promptement, sauf à Gol-Tchesmé, où deux bataillons des régiments de l'Ukraine et d'Odessa résistèrent avec une grande bravoure. Salim-Pacha enleva Pirgos et refoulant devant lui les troupes russes qu'il en avait chassées, s'avança rapidement de façon à tourner Metchka en passant entre cette position et le Danube. Un assaut qu'il donna contre le flanc gauche du général Tsitliadzew ayant été repoussé à la baïonnette par le régiment de Dniepr, Ibrahim-Pacha fit tenter une attaque de front par sa colonne. Les Russes étaient retranchés non dans Metchka même, mais un peu en arrière, les Turcs s'emparèrent du village et donnèrent intrépidement un second assaut, mais ils ne furent pas plus heureux que la première fois et après avoir éprouvé des pertes sensibles par le feu des tirailleurs et par celui de l'artillerie, ils s'arrêtèrent et se couchèrent dans les fossés qui entourent Metchka, pour attendre les résultats de l'attaque sur Trestenik.

Le général Tsitliadzew reçut alors du baron Ersk un avis, lui mandant que Trestenik était dans une situation très-critique et l'invitant à se débarrasser au plus vite des forces qui l'attaquaient, afin de pouvoir se porter au secours de la droite. Le général résolut alors de prendre l'offensive. Le régiment d'Azow entraîné par son colonel, fondit sur les Turcs installés dans Metchka, en tua une partie à la baïonnette et en chassa l'autre. Ibrahim se replia sur Trestenik; Salim reforma ses troupes sur une hauteur entre Metchka et Pirgos, mais pris en flanc par le régiment d'Odessa et menacé d'être acculé au Danube, il se replia jusqu'à Pirgos, où il essaya de nouveau de résister; les Russes ne lui en laissèrent pas le temps et, poursuivi par une vive fusillade, il prit décidément vers midi, le chemin de Roustchouk sans plus songer à résister.

Tsitliadzew n'essaya ni de le poursuivre ni même de se maintenir à Pirgos; il avait à faire face à des nécessités beaucoup plus impérieuses et il rappela précipitamment toutes ses troupes à Metchka, où elles reprirent leurs anciennes positions. Ibrahim-Pacha après avoir été repoussé avait pris position entre Metchka et Trestenik, puis profitant de ce que presque toutes les troupes de la gauche russe étaient à la poursuite de Salim il s'était avancé par les ravins situés entre les deux villages et commençait à déborder le flanc droit de Tsitliadzew. Celui-ci fit déployer contre lui le régiment d'Odessa dès qu'il fut de retour et ayant ainsi paré à ce mouvement tournant et assuré sa position, il envoya deux bataillons de Bessarabie, qui n'avaient pas donné encore, au secours de la position de Trestenik dont la situation était bien loin de s'être améliorée.

Voici ce qui s'était passé de ce côté. Presque au même moment où Salim et Ibrahim assaillaient Metchka, Osman-bey attaquait l'avant-garde de la position de Trestenik à Gol-Tchesmé. Cette avant-garde, comme nous l'avons dit, se composait d'un bataillon du régiment de l'Ukraine et d'un bataillon du régiment d'Odessa, soutenus par les hussards d'Akhtyrsk et par deux canons. Elle résista longtemps aux efforts de dix bataillons turcs appuyés par vingt-deux pièces d'artillerie, puis elle se replia lentement sur Trestenik, après avoir perdu près de 300 hommes. Tandis que durait ce combat, le gros de la colonne turque tournait la droite de l'avant-garde, se joignait à Ibrahim-Pacha, qui avait pris position entre Metchka et Trestenik, et attaquait cette dernière position. La partie parut un moment perdue pour les Russes, les Turcs avaient dressé plusieurs batteries de canons à longue portée sur les hauteurs de Gol-Tchesmé, et ils avaient réuni près de 40 bataillons, c'est-à-dire presque la totalité de leurs forces, pour donner l'assaut. « Il y avait en tout, à la position de Trestenik, cinq bataillons, dont deux d'avant-garde avaient déjà subi des pertes importantes, dit le rapport du grand-duc Wladimir, commandant du 12e corps. L'intervalle entre Metchka et Trestenik était ouvert et le flanc gauche de cette dernière position faiblement occupé. L'ennemi, profitant de sa supériorité numérique, enveloppait la position de Trestenik sur les deux flancs, tout en continuant un feu concentré des plus violents et couvrait d'une pluie de balles non-seulement les positions, mais même les bivouacs éloignés. L'ennemi attaquait en même temps notre flanc droit, notre centre et, descendant dans le ravin de Trestenik, commençait à escalader les hauteurs et à tourner notre extrême flanc gauche. Dans tout le village de Trestenik, il n'y avait pas d'endroit qui fût à l'abri des balles et des obus; les ambulances avaient dû changer de place, toute la population s'était enfuie, l'arrivée des munitions et des cartouches devenait difficile, non-seulement par suite des balles et des obus qui pleuvaient, mais aussi à cause de la boue, des descentes et des montées rapides du ravin de Trestenik et pourtant le besoin de cartouches se faisait de plus en plus sentir. Notre artillerie retenait les Turcs tant qu'elle pouvait, mais comme ils s'avançaient par série de chaînes de tirailleurs, l'ennemi continuait à faire des progrès malgré toute la violence et la justesse de notre canonnade. »

Ajoutez à cela que le temps était affreux. Il faisait froid, il tombait une pluie glaciale mêlée de neige, et le vent très-fort dès le matin, redoubla de violence à partir de midi, fouettant l'ouragan à la figure des soldats. Heureusement pour les Russes, le général Tsitliadzew en avait fini avec Salim-Pacha et put faire charger sa brigade sur le flanc d'Ibrahim; puis, la position de Trestenik reçut coup sur coup comme renfort les deux bataillons de Bessarabie, envoyés par Tsitliadzew et les deux régiments de la 2e brigade de la 33e division, amenés de Damogila et d'Obretenik, par le commandant de la division en personne, le général Timoféïew. Jusqu'à trois heures et demie la bataille resta indécise. Les Turcs donnèrent deux assauts successifs, que les Russes repoussèrent à la baïonnette, mais ceux-ci ne parvenaient pas à se faire un peu de jour et à écarter la masse d'ennemis qui les pressait de trois côtés. Les Turcs repoussés faisaient comme à Metchka, s'installaient dans les fossés autour du village et dans quelques endroits, ils firent des abatis d'arbre, derrière lesquels ils s'abritèrent.

A trois heures et demie, le général baron Firks, qui dirigeait la bataille du côté des Russes, jugea que le moment était propice pour un effort énergique, et il donna à toutes les troupes engagées aussi bien à celles de Metchka qu'à celles de Trestenik, l'ordre de passer à l'offensive. Les Turcs furent rejetés en arrière, leur droite attaquée à la fois de front par des bataillons d'Odessa, de Bessarabie et de l'Ukraine et en flanc par des bataillons d'Odessa et d'Azow, venus de Metchka, plia et entraîna toute l'armée à sa suite. Continuer le combat était, du reste, devenu en quelque sorte impossible. Les terres étaient tellement détrempées que les soldats y enfonçaient jusqu'au genou et que l'artillerie ne pouvait plus manœuvrer. Assaf-Pacha donna à ses troupes l'ordre de repasser le Lom et la retraite s'opéra en bon ordre sous la protection des réserves d'Hassan-Pacha, déployées sur le plateau de Gol-Tchesmé. Les Russes ne songèrent, du reste, point à la gêner ; ils étaient trop harassés et n'avaient point de troupes fraîches pour le faire.

Suleyman-Pacha, dans ses dépêches, accuse une perte de 1,200 hommes. Les Russes dans les leurs n'avouent que 760 hommes mis hors de combat. Leur cavalerie, dans un mouvement de flanc exécuté le long du Lom blanc, fit 80 soldats et 3 officiers prisonniers. Les trophées relevés sur le champ de bataille se réduisirent à peu de chose, des munitions et quelques armes.

Défaite des Russes à Elena.

L'attaque de l'extrême gauche de l'armée russe de l'Est avait échoué ; Suleyman-Pacha refit alors son plan. Estimant que le czarewitch dégarnirait les autres points de ses lignes pour renforcer celui qui venait d'être attaqué, il résolut de faire une tentative sur l'extrême droite. De fréquentes reconnaissances avaient été faites de ce côté par les Turcs, soit par des détachements venus d'Osman-Bazar, soit par des colonnes qui franchissaient les Balkans au col de Slivno et de Tvarditsa. Le 19 novembre, notamment 5,000 fantassins et 1,000 cavaliers s'étaient montrés en face de Mareni et avaient obligé les Russes à déployer et à montrer leurs forces. Suleyman savait donc que Tirnova, point central, où se reliait les divers fronts de l'armée russe en Bulgarie, était très-peu couvert de ce côté ; il pouvait espérer écraser sous le nombre le détachement d'Elena, parvenir jusqu'à Tirnova, obliger de là le corps de Radetzki à abandonner Schipka, appeler à lui l'armée qu'on immobilisait depuis si longtemps devant cette passe, et, changeant la face de la guerre, appeler sur lui toutes les forces russes et donner à Osman-Pacha l'occasion de se dégager par une sortie faite à propos.

Afin de mieux assurer son succès, il envoya, en sa qualité de généralissime, l'ordre à Mehemet-Ali de combiner ses opérations avec les siennes et tandis qu'il emporterait Elena, d'attaquer Gourko et de pousser du côté de Lovatz. Il ne semble pas que Mehemet-Ali ait pris ces ordres au sérieux. Nous avons expliqué que l'offensive lui était impossible avec une armée constituée comme la sienne, le désordre y était tel qu'un de ses meilleurs lieutenants, le général de cavalerie Soubri-Pacha, venait de se faire tuer en allant se promener près d'Arab-Konak, dans un ravin qu'il croyait appartenir à ses troupes et qui était occupé par les Russes. Quelques jours après, quand la tentative sur Tirnova eut définitivement échoué, Suleyman, poursuivant toujours son rival de sa haine envieuse, l'accusa d'en être la cause et le fit destituer une seconde fois.

Les Russes n'avaient dans le commencement de novembre qu'un régiment d'infanterie à Elena ; mais quand ils apprirent que Suleyman-Pacha concentrait des forces considérables autour d'Osman Bazar, le régiment d'Orel alla rejoindre celui de Sievsk et la garnison se trouva composée de la 1re brigade de la 9e division d'infanterie, du régiment de dragons de l'Ordre militaire et de trois batteries d'artillerie, soit environ 6,000 hommes avec 18 pièces de canon. Un détachement avancé de ces troupes occupait en avant d'Elena une forte position dont le centre était à Maréni et qui couvrait à la fois, la route de Slivno et celle de Tvarditsa.

Suleyman dissimula fort habilement son attaque et quand il arriva le 3 décembre à Ahmédli, à 17 kilomètres d'Elena, avec 20,000 hommes d'infanterie, 8,000 Tcherkesses et bachi-bouzouks et 20 pièces de canon, c'est-à-dire avec tout le corps de Fuad-Pacha, il surprit complétement les Russes. Dans la nuit du 3 au 4 les grand'gardes de cavalerie russe aperçurent les feux du camp turc et donnèrent l'alarme, mais, même à ce moment on ne soupçonna point les forces réelles de l'armée qu'on avait devant soi ; toutefois le général Dombrovsky qui commandait à Elena, avisa le général Sviatopolk-Mirsky, commandant de la 9ᵉ division, et lui demanda des renforts.

Le 4 décembre, à six heures et demie du matin, les Russes entendirent deux coups de canon du côté d'Ahmedli, et bientôt après, leurs avant-postes leur apprirent que les Turcs s'avançaient en masses compactes sur leur position avancée de Mareni. Cette position était occupée par dix compagnies des 1ᵉʳ et 3ᵉ bataillons du 31ᵉ régiment d'infanterie de Sievsk, avec quatre canons de la 20ᵉ batterie à cheval, et par trois escadrons du 13ᵉ dragons de l'Ordre militaire.

Au premier coup de canon toutes les tranchées furent occupées par les compagnies et le détachement se prépara à recevoir l'ennemi. Une chaîne épaisse de fantassins turcs se montra sur la crête des hauteurs en face du centre et du flanc gauche de la position de Mareni. Cette chaîne était soutenue par de fortes colonnes serrées et par plusieurs centaines de Tcherkesses à cheval. Bientôt après une batterie turque de douze canons à longue portée s'établit sur une hauteur et ouvrit le feu contre le centre de la position russe. Les compagnies du régiment de Sievsk reçurent énergiquement la première attaque des Turcs et ouvrirent le feu sur toute la ligne.

Se contentant d'indiquer l'attaque sur le centre, Suleyman-Pacha fit porter ses colonnes d'assaut sur le flanc gauche de Mareni. Le lieutenant-colonel Oulegaïa, du régiment de Sievsk, fut tué dans la mêlée et un canon fut démonté. Tandis que la gauche russe était fortement éprouvée, Suleyman jeta de nouvelles troupes sur la droite de Mareni avec mission de la tourner. Après deux heures d'une lutte inégale et bien qu'ils eussent

LA CAVALERIE TURQUE S'EMPARANT D'UN CANON A ELENA

reçu comme renfort un bataillon du régiment d'Orel dont le commandant fut blessé en arrivant sur le champ de bataille, les Russes durent se résigner à battre en retraite et ils se replièrent sur Elena en combattant. Pour couvrir cette retraite le colonel Klevesahl, commandant du régiment d'Orel, se mit à la tête du bataillon de renfort qui venait d'arriver et exécuta une charge à la baïonnette sur les Turcs qui essayaient de tourner Mareni par la droite. Cet effort fut malheureux; un moment les Turcs plièrent devant l'impétuosité russe, mais bientôt les Tcherkesses enveloppèrent les assaillants qui n'eurent plus qu'à vendre chèrement leur vie.

« Le colonel Klevesahl, dit un témoin, fut blessé à la jambe, mais, ne faisant pas attention à sa blessure, il continuait à se battre. C'était une lutte infernale pendant laquelle le commandant du régiment lui-même n'avait pas une minute de trêve. Voyant l'héroïsme sans nom de leur chef, ses soldats lui passaient à chaque instant des revolvers chargés et le colonel faisait des prodiges, un revolver dans chaque main. Tout à coup il reçoit une seconde blessure à la jambe ; il tombe de cheval ; on le dépose sur un brancard et on l'emporte, suivi de plusieurs officiers blessés.

« Les Turcs se jettent sur le groupe des blessés, tuent les brancardiers, achèvent plusieurs officiers couchés sur des brancards et vont faire subir le même sort au colonel Klevesahl, quand, en le tirant par le pan de son paletot, ils aperçoivent qu'il porte le brillant uniforme de la garde. (Le colonel Klevesahl venait de recevoir le commandement du régiment d'Orel et portait encore l'uniforme du régiment Izmaïlovsky de la garde, où il servait auparavant.) Les broderies du collet attirent l'attention des Turcs ; ils abaissent leurs armes, échangent quelques paroles, et, croyant avoir affaire à un militaire de très-haut grade, lui prodiguent des soins et des marques de respect. » Un officier et quelques soldats réussirent seuls à percer les rangs des Tcherkesses et à rejoindre le détachement ; le reste du bataillon fut massacré sur le champ de bataille ou pris.

Le général Dombrovski, averti du désastre, envoya aussitôt au secours du détachement de Mareni toutes ses réserves, à savoir : 3 compagnies du régiment d'Orel, une compagnie du 14ᵉ bataillon de chasseurs qui se trouvait par hasard ce jour-là à Elena, et deux canons. Il donna en même temps au colonel Jirjinsky, commandant du régiment de Sievsk, l'ordre de prendre le commandement du détachement. Entraînés par le colonel, les soldats se jetèrent encore une fois sur les Turcs, dont la ligne s'ébranla et se replia ; mais que pouvait le courage contre les masses profondes de troupes fraîches avec lesquelles Suleyman renouvelait incessamment ses colonnes d'attaque. Entouré de toutes parts et écrasé sous le nombre, le détachement de Mareni dut reprendre son mouvement en arrière, ne cédant chaque pouce de terrain qu'après la résistance la plus opiniâtre.

A midi, le détachement se trouva tout à fait rejeté dans Elena ; le général Dombrovski avait déjà rappelé auprès de lui tous les petits postes des environs, afin qu'ils ne fussent point coupés du gros de ses forces, enveloppés et détruits. La position d'Elena avait été bien fortifiée d'avance et les Russes comptèrent y prolonger longtemps la résistance. Elle était occupée par sept compagnies fraîches des régiments d'Orel et de Sievsk, qui étaient établies dans les tranchées avancées de la position ; les détachements qui battaient en retraite occupèrent les tranchées de la seconde ligne. La hauteur de gauche était occupée par neuf canons, celle de droite par quinze.

Dès 10 heures du matin, Suleyman-Pacha avait envoyé des colonnes chargées de se frayer un chemin dans les montagnes entre Slataritza et Elena pour couper la route qui relie ces deux villes et fermer cette voie de retraite à la garnison d'Elena. Quand le détachement de Mareni fut complètement replié sur le corps principal, Suleyman-Pacha ordonna à son aile gauche de déborder Elena et d'occuper la route qui va directement d'Elena à Timova, de façon à envelopper entièrement les Russes. Toutes ces dispositions étaient excellentes et il est visible que Suleyman-Pacha avait beaucoup étudié les derniers combats où les Russes avaient fait fréquemment un usage si heureux des mouvements tournants, et qu'il cherchait à les copier. Malheureusement pour lui, les soldats russes valent les soldats turcs et les officiers russes valent infiniment mieux que les officiers turcs. Ils ne se laissèrent pas envelopper et les opérations du général turc n'eurent pas tout l'effet qu'il en espérait assurément.

Quand Dombrovski s'aperçut que les colonnes turques, escortées de plusieurs centaines de Tcherkesses, se dirigeaient sur ses derrières, il envoya trois escadrons des dragons de l'Ordre militaire à leur rencontre avec deux canons pour les empêcher de lui couper la voie de retraite. Les dragons les attaquèrent brillamment à plusieurs reprises, mais, écrasés par des forces supérieures et ayant du reste à opérer sur un terrain impossible pour la cavalerie, ils ne purent arrêter la marche de l'ennemi.

Cependant comme le mouvement des colonnes chargées d'envelopper Elena commençait à se dessiner, Suleyman-Pacha donna l'ordre de reprendre l'attaque sur toute la ligne et une lutte acharnée s'engagea tout autour d'Elena où l'averse des projectiles turcs fit des vides de plus en plus nombreux dans les rangs des Russes. A deux heures de l'après-midi, les colonnes qui tournaient la ville par le nord, firent leur apparition sur les hauteurs du côté de Slataritsa et, y dressant quatre canons de campagne, prirent en enfilade toute la position d'Elena. Les compagnies russes s'éclaircissaient de minute en minute ; cinq de leurs canons avec leurs caissons, sur leur flanc gauche, restèrent bientôt sans un seul cheval et les quatre canons de leur flanc droit perdirent les trois quarts de leurs attelages; deux de ces canons que commandait le lieutenant Perlik, et qui défendaient le flanc gauche extrême, perdirent tous leurs servants. Le lieutenant Perlik tint bon néanmoins pendant longtemps encore, remplaçant ses artilleurs par des fantassins, jusqu'au moment où il ne lui resta plus que trois chevaux, nombre insuffisant pour pouvoir emmener ses pièces.

Tandis que les rangs des Russes se dégarnissaient à vue d'œil, ceux des Turcs s'épaississaient sans cesse; Suleyman-Pacha sentant que la victoire ne pouvait plus lui échapper engageait toutes ses réserves pour achever d'envelopper Elena. A trois heures ses troupes pénétraient déjà dans la ville sur les derrières de l'ennemi. Malgré la brillante bravoure déployée par les défenseurs d'Elena, il devenait évident qu'il n'était plus possible d'y tenir : après un combat acharné de huit heures, les Russes étaient complètement tournés. Alors, pour conserver la poignée d'hommes qui restaient vivants et, voyant que la dernière voie de retraite lui serait immanquablement coupée, le général Dombrovski ordonna à son détachement de se retirer sur la position de Yakovitsa. L'artillerie emmena quinze canons seulement sur vingt-quatre; quant aux neuf autres dont presque tous les chevaux avaient péri et dont les servants avaient été tués pour la plupart, ils furent abandonnés; les boulons et les points de mire avait été préalablement enlevés, mais presque tous les hommes qui les emportaient furent tués pendant que le détachement battait en retraite, et la précaution se trouva inutile.

On pourra s'étonner que le général Dombrovski ait cru devoir prolonger une résistance dont l'issue était fatale, jusqu'au point de s'exposer à perdre ainsi presque toute son artillerie. Le chef de la 9ᵉ division d'infanterie, prince Sviatopolk-Mirsky, en présentant au commandant du 11ᵉ corps d'armée, sous les ordres duquel il était provisoirement placé, le rapport de cet officier, l'accompagna des explications suivantes :

« Pour ce qui est des canons perdus, il faut prendre en considération que l'artillerie ayant perdu 132 chevaux pendant la durée d'un combat acharné de huit heures, s'est trouvée privée des moyens matériels d'enlever ses canons, dont une grande partie étaient démontés. On s'est trouvé en présence de la nécessité cruelle mais impérieuse d'abandonner les canons que l'on ne pouvait emmener faute de chevaux, et de sauver avant tout le détachement qui servait d'unique défense à la ville de Tirnova de ce côté et où l'ennemi aurait pu pénétrer dans la nuit même. La nécessité impérieuse de retenir l'ennemi le plus longtemps possible, ne lui cédant chaque pouce de terrain qu'après un combat acharné, était évidente, car la seule voie de retraite, le défilé de Saint-Nicolas, d'une longueur de six verstes, était complètement encombrée par les habitants en fuite d'Elena et des environs. Il importait avant tout de gagner du temps, dans l'espoir de voir arriver des renforts et pour faire durer le combat jusqu'à la nuit, avant que l'ennemi ne pût enserrer une poignée de braves à l'entrée du défilé, ce qui aurait infailliblement amené la perte de tout le détachement. Une pareille tâche, hérissée de tant de difficultés, ne pouvait être accomplie qu'avec des régiments aussi aguerris et aussi sûrs que ceux d'Orel et de Sievsk, qui ne se retiraient que pas à pas, malgré le mouvement tournant des Turcs qui menaçait notre flanc et nos derrières, et je crois de mon devoir de constater que cette tâche a été accomplie avec un calme et un sang-froid sans exemple, ce qui a certainement arrêté les masses de bachi-bouzouks et de Tcherkeses prêts à fondre sur les derrières de notre détachement, pour l'anéantir complètement au premier indice du moindre désordre qui se serait produit dans nos rangs. C'est ainsi que six bataillons d'infanterie et quatre escadrons de cavalerie, ayant soutenu une lutte sanglante de huit heures contre un ennemi cinq fois supérieur en nombre, en perdant le tiers de leur effectif en soldats (1,807 hommes) et la moitié de leurs officiers (52 officiers) mis hors de combat, ont arrêté la marche en avant des Turcs et ne leur ont pas permis de pénétrer dans le défilé au delà duquel s'ouvrait pour eux une route entièrement libre et non défendue jusqu'à Tirnova. »

La retraite ne fut rien moins que facile, car il fallut passer sous le feu d'un détachement d'infanterie turque qui avait pris position sur les hauteurs à droite de la route et repousser les charges de 3,000 Tcherkesses qui harcelaient sans cesse les derrières et les flancs du détachement. Les treize premiers canons réussirent à passer, mais il fallut abandonner les deux autres aux mains des cavaliers ennemis.

Pour couvrir la retraite, le général Dombrovski fit donner une dernière fois les dragons, qui parvinrent à contenir les Tcherkesses. Le détachement continua sa marche en ordre, les treize canons sauvés purent occuper vers les cinq heures du soir les batteries d'une position fortifiée organisée d'avance, et vers les huit heures, l'infanterie, ayant ramassé ses blessés, arriva également en assez bon ordre à la position de Yakovts, où elle s'établit dans les tranchées et dans les fossés de tirailleurs. Le détachement se tint prêt à recevoir de nouveau l'ennemi, les défenseurs d'Elena n'étaient pas découragés; mais les Turcs abandonnèrent la poursuite et n'attaquèrent plus ce jour-là.

Comme le constate le passage du rapport que nous avons cité plus haut, les pertes des Russes étaient énormes : 1,807 hommes et 52 officiers tués, blessés ou pris. Ils avaient perdu en outre 200 chevaux, 11 canons, 7 caissons et une grande quantité de cartouches. Suleyman-Pacha avait eu de son côté plus de 2,000 hommes mis hors de combat.

Après les sanglants assauts repoussés sous les murs de Plevna, cette affaire d'Elena fut le plus brillant succès qu'une armée turque remporta pendant toute la guerre. Malheureusement ce succès fut sans lendemain; Suleyman, qui avait su le préparer, ne sut point en profiter.

Nous avons dit que le général Dombrovski, sitôt qu'il avait été attaqué, avait fait demander des renforts. Le régiment de Yakoutsk, qui campait à Drostirevo, à quelques kilomètres de Slataritza, s'était mis en route vers une heure de l'après-midi, était arrivé à Slataritza vers quatre heures, et, après quelques minutes de repos, il avait repris sa marche pour faire les 19 kilomètres qui séparent ce bourg d'Elena. Il faisait nuit depuis longtemps quand il arriva à quatre kilomètres de ce dernier point; il vit des feux allumés en grand nombre, qu'il prit pour les bivouacs russes et vint donner en plein dans les lignes turques. Il y eut une courte alerte, après laquelle le régiment se replia plus vite qu'il n'était venu; les Turcs, qui ignoraient à qui ils avaient affaire et qui auraient pu l'envelopper, le laissèrent échapper. Quand, le lendemain matin le régiment arriva à Slataritza, le même fait se reproduisit, il se retrouva dans les lignes turques. En effet, la veille, après son départ, une colonne de 10,000 hommes s'était présentée devant le village et l'avait occupé.

Maître d'Elena et de Slataritza, Suleyman-Pacha tenait en quelque sorte les deux clés de Tirnova. Une attaque de front heureuse contre Yakovitza, un mouvement tournant, bien exécuté, de Slataritza, pouvaient le mettre en possession de cette ville. Il ne tenta rien ; il avait 40,000 hommes sous la main, c'est-à-dire des forces supérieures à celles que les Russes pouvaient lui opposer, puisqu'ils n'avaient dans les environs que deux divisions et demie pour défendre Tirnova ; peut-être, cependant, eut-il peur de s'engager trop avant dans les lignes ennemies et de se faire prendre. Quoi qu'il en soit, ce défaut de hardiesse lui fit perdre tout le fruit de sa victoire. Le 5, il n'y eut que des démonstrations insignifiantes contre Yakovitza; le 6, au matin, le baron Dellingshausen, commandant du 11ᵉ corps, arriva au secours du prince Sviatopolk-Mirsky avec une division. En passant à Scheremet, il avait détaché le régiment de Perm pour aller aider le régiment de Yakoutsk à reprendre Slataritza. Ces deux régiments attaquèrent le 6, délogèrent les Turcs du village et les poursuivirent sur la route de Bebrova.

Ce même jour, le gros des forces turques attaqua Yakovitza vers deux heures de l'après-midi, mais on connaissait l'arrivée des renforts et l'affaire fut menée sans conviction : à trois heures le combat cessa. Le lendemain, en apprenant que le détachement qui s'avançait sur la route de Bebrova menaçait ses derrières, Fuad-Pacha, auquel Suleyman avait laissé le commandement des forces turques, se replia sur Elena et quelques jours après, le 14 décembre, quand il apprit la chute de Plevna, il évacua cette ville et se retira sur Osman-Bazar.

※

Seconde bataille de Metchka.

Nous avouons ne pas bien comprendre quel fut le plan général de Suleyman-Pacha dans la campagne que nous racontons en ce moment. Son but était de débloquer Plevna ; il n'ignorait pas que les approvisionnements de cette ville ne pouvaient pas durer longtemps et qu'il devait se hâter. Dès lors, il semble qu'au lieu de s'essayer à d'autres entreprises, il eût dû profiter coûte que coûte des avantages qu'il venait de remporter à Elena, appeler à lui toute l'armée du quadrilatère et celle de Schipka et pousser en avant. En ne le faisant pas, il laissa échapper la dernière chance qui s'offrait de sauver Osman-Pacha. A vrai dire, ce plan général nous paraît n'avoir jamais existé et nous sommes fort portés à croire que Suleyman agissait au jour le jour, au hasard de l'inspiration du moment, ne se souciant pas beaucoup de mettre un peu de suite dans ses projets. C'est ainsi qu'après avoir essayé de surprendre Tirnova, il revint à son idée première qui était, comme nous l'avons dit dans le récit de la première affaire de Metchka, de forcer les lignes du czarewitch près du Danube et de couper la communi-

A. B. Batteries russes.—C. D. Deuxième et troisième lignes de retranchements russes.—E. Avant-postes russes abandonnés au début de la bataille.—F. Tirailleurs turcs avançant contre Pirgos.—G. Route de Pirgos.—H. Village de Pirgos.—I. Le monitor *Nicopol*.—J. Réserves turques.—K. Batteries de Parapan.

cation de toute l'armée russe en s'emparant des ponts du Danube.

Sitôt qu'Elena fut pris, il laissa donc le commandement des troupes réunies sur ce point à Fuad-Pacha et il revint à Kadikeuï préparer une nouvelle attaque contre le 12ᵉ corps russe. Il réunit pour cela des forces considérables, appela toutes les troupes qui se trouvaient disponibles à Silistrie, à Razgrad, à Soléník et à Turtukaï et forma ainsi, avec les troupes de la garnison de Roustchouk et du camp de Kadikeuï, la plus importante armée turque qui ait paru sur un champ de bataille dans la vallée du Lom ; elle comptait plus de 60 bataillons d'infanterie, c'est-à-dire plus d 40,000 hommes. Fazli-P cha, l'ancien commandant de l'expédition de Soukhoum-Kaleh, fut chargé de l'attaque en remplacement d'Assaf, disgracié depuis la bataille du 26 novembre.

Le 10 décembre, un fort détachement d'infanterie turque traversa le Lom à Tchiftlik et à Krasna et s'avança contre les avant-postes russes dans le but d'en tâter la force. Suleyman-Pacha le conduisait en personne et il indiqua lui-même l'emplacement que devaient occuper les troupes, le jour du combat, et la direction que devaient suivre les colonnes d'attaque. Vers deux heures de l'après-midi, le détachement se replia sur Roustchouk en laissant sur la ligne des avant-postes, des proclamations en langue polonaise adressées aux Polonais qui pouvaient se trouver dans les rangs de l'armée russe. Le lendemain, il ne fut pas possible au grand-duc Vladimir de se dissimuler qu'il allait être attaqué de nouveau ; 38 bataillons turcs passèrent le Lom pendant la journée et une trentaine d'autres sortirent de Roustchouk et se concentrèrent sous les murs de la ville.

Suleyman-Pacha espérait que les lignes russes seraient affaiblies par les envois de troupes que l'on avait dû faire du côté d'Elena. Il se trouva au contraire que les positions de Metchka et de Trestenik étaient beaucoup mieux défendues que le 26 novembre. Tout le 12ᵉ corps avait été distribué entre ces deux points et il avait pour réserve la 2ᵉ brigade de la 35ᵉ division d'infanterie appartenant au 13ᵉ corps. Comme la première fois le général Tsitliadzew commandait à Metchka et le général von Firsk à Trestenik avec le général Fofanow en sous-ordre. En outre, un des moniteurs pris à Nicopoli était venu s'embosser en face de Metchka et rendit de grands services, ainsi que les batteries installées à Parapan sur la rive roumaine.

Le 12 décembre, à 8 heures du matin, les batteries de Parapan, en tirant deux coups de canon, annoncèrent que les Turcs allaient attaquer et bientôt après les avant-postes russes commencèrent à se replier devant les premières lignes de tirailleurs ennemis. Vers 10 heures, les artilleurs turcs installèrent une vingtaine de pièces sur les hauteurs entre Pirgos et Metchka, et un duel furieux s'engagea entre eux et les batteries russes postées sur les hauteurs en arrière de ce dernier village. Protégés par le feu de leurs canons, les Turcs s'élancèrent en chaînes épaisses contre le flanc gauche et le centre de Tsitliadzew, ayant de fortes réserves derrière eux. Descendus des hauteurs de Metchka, ils s'engagèrent hardiment dans le ravin, mais ils furent reçus par un violent feu d'artillerie, qui les força de se retirer. Ayant reçu des renforts, ils renouvelèrent leur attaque, mais ils furent repoussés une seconde fois. Ils reçurent de rechef des renforts et s'échelonnant sur le flanc des hauteurs qu'ils occupaient, ils formèrent ainsi cinq lignes en terrasse qui commencèrent à faire pleuvoir une pluie de plomb, non-seulement sur les batteries avancées, sur les tranchées et sur les réserves des Russes, mais même sur les positions de leur seconde ligne, sur la rive du Danube.

Après ces tentatives sur le flanc gauche et sur le centre, les Turcs donnèrent trois autres assauts, et avec des forces beaucoup plus considérables, sur le flanc droit, mais ils n'eurent également aucun succès et les bataillons de Suleyman se brisèrent contre la ténacité des régiments russes. Il n'y eut contre Trestenik que de fausses attaques et les Turcs dévoilèrent du premier coup leur intention qui était de prendre Metchka. Le grand-duc Vladimir arriva à ce moment sur le champ de bataille et se plaça sur une hauteur en face de Trestenik, d'où il dirigea le combat en personne pendant toute la journée. De son côté, le czarewitch Alexandre qui était venu surveiller les opérations du 12ᵉ corps en suivit les péripéties d'une hauteur voisine.

Le grand-duc Vladimir résolut de répéter point pour point la tactique qui avait réussi une première fois le 26 novembre, c'est-à-dire de passer à l'offensive à un moment choisi. Ne voulant pas donner aux Turcs le temps de préparer entièrement leur attaque contre Metchka et de concentrer de trop grandes forces contre cette position, il voulait cependant les attirer plus avant dans les ravins et passer à l'attaque en faisant avancer d'abord son flanc droit, en laissant pour le moment sur place le flanc gauche et le centre. En agissant ainsi, il voulait tomber d'abord sur le flanc gauche des Turcs afin de les tourner et de les couper de Roustchouk s'il était possible.

Quand la 2ᵉ brigade de la 35ᵉ division d'infanterie fut arrivée à Trestenik, le grand-duc crut le moment arrivé et les dispositions suivantes furent prises pour l'attaque : la 2ᵉ brigade de la 35ᵉ division, soutenue par le régiment d'Ukraine (de la 12ᵉ division), devait marcher de Trestenik dans la direction de Roustchouk, en suivant la chaussée, afin de tomber, en faisant avancer son aile droite, sur le flanc gauche des Turcs. La chaussée de Roustchouk se rapproche du Lom à Gol-Tchesmé et fait brusquement un coude vers le Danube; sa direction ne pouvait donc que faciliter un mouvement contre le flanc et les derrières des Turcs qui continuaient à menacer la position de Metchka. La 2ᵉ brigade de la 12ᵉ division de cavalerie et la 5ᵉ batterie à cheval furent chargées d'appuyer et de renforcer cette attaque.

La cavalerie s'engagea la première et fut assez malmenée par le feu de l'infanterie turque sur le plateau du Gol-Tchesmé; heureusement la 2ᵉ brigade de la 35ᵉ division arriva bientôt pour la soutenir; les fantassins russes prirent d'assaut les tranchées ennemies et mirent leurs défenseurs en fuite à la baïonnette.

Quand il vit que cette brigade était parvenue à prendre position sur le flanc et presque sur les derrières de l'armée de Suleyman, et que, mettant ses batteries en position, elle commençait à diriger son feu en écharpe sur les Turcs, le grand-duc Vladimir ordonna au général Timofeïew de faire avancer la 2ᵉ brigade de sa division (la 33ᵉ), général Dokhtourow, contre l'épaisse colonne qui s'était déployée entre Trestenik et Metchka et attaquait cette dernière position. Il était alors à peu près deux heures de l'après-midi.

Le terrain devant la 2ᵉ brigade de la 33ᵉ division présentait les particularités suivantes : Le régiment de Tiraspol et plus à gauche celui de Bender étaient postés sur le versant escarpé d'un ravin qui va de Trestenik jusqu'au Danube, en passant derrière la position de Metchka; le versant opposé du ravin, sur lequel se trouvait la chaîne d'infanterie turque, formait la continuation de la position de Metchka. Derrière cette hauteur se trouve une autre élévation qui descend dans le ravin, conduisant à Gol-Tchesmé; plus loin encore se trouvent les hauteurs de Pirgos, qui commencent à partir du plateau. La 2ᵉ brigade de la 33ᵉ division avait donc à traverser trois ravins, dont le premier était défendu par les Turcs.

Le général Dokhtourow, ayant expliqué aux commandants des régiments le but de l'action, désigna pour l'attaque le 131ᵉ régiment de Tiraspol et deux bataillons de celui de Bender. Toutes les compagnies de la première ligne devaient, à un signal donné, sauter en même temps hors de leurs fossés de tirailleurs et se lancer à l'attaque de la montagne.

Dès le premier mouvement des Russes, l'épaisse chaîne d'infanterie turque qui se trouvait en face se leva et ouvrit un feu meurtrier; il n'y avait dans le centre russe aucun point où l'on pût se trouver en sûreté, sans en excepter les vignes de Trestenik, où était le grand-duc Vladimir, qui vit deux personnes de son état-major tomber auprès de lui. Les bataillons des régiments de Tiraspol et de Bender s'élancèrent brillamment à l'attaque; ils descendirent rapidement dans le ravin, escaladèrent le versant opposé sous le feu meurtrier des tirailleurs ennemis, mais le gros des forces turques ne put ou n'osa pas se montrer sur la crête qui était balayée par les projectiles des batteries russes. Les Russes atteignirent cette crête et virent alors que les Turcs s'étaient massés en deux groupes nombreux au fond du ravin. Profitant de l'élan que leur donnait la descente, ils se jetèrent à la baïonnette sur eux aux cris de « hourra »; les Turcs ne résistèrent pas au choc et se mirent à escalader en désordre le monticule voisin. L'artillerie russe dirigea alors tout son feu contre eux, les couvrant de shrapnels et d'obus. Les projectiles éclataient au milieu des fuyards, qui se précipitaient partout, se hâtant de dépasser la crête de la hauteur, en abandonnant leurs morts et leurs blessés. Les hauteurs et les ravins environnants en étaient couverts. Ceux qui réussirent ainsi à se sauver fuyaient avec une rapidité telle que les Russes ne purent les suivre. Ayant atteint la seconde hauteur, ces derniers virent au fond du second ravin une seconde masse d'infanterie turque, qu'ils attaquèrent encore.

Voyant le succès de l'attaque du général Dokhtourow, le grand-duc Vladimir fit prendre l'offensive à toutes les troupes qui avaient été engagées jusque-là. Les Turcs s'enfuirent en éprouvant des pertes considérables, car il leur fallait passer sous une pluie de fer pour retraverser le Lom. Ils avaient en effet à leur droite la 2ᵉ brigade de la 35ᵉ division, et à leur gauche les batteries de Parapan et les canons du monitor *Nicopol* que commandait un troisième fils de l'empereur, le grand-duc Alexis. La nuit seule mit fin à la poursuite.

Ainsi se termina une journée où Suleyman-Pacha n'avait pas fait preuve de conceptions tactiques bien remarquables et une campagne où il avait démenti une fois de plus la réputation d'habileté et d'impétuosité qu'il s'était faite au Montenegro. Il avait perdu près de 3,000 hommes tandis que les Russes n'en avait que 780 hors de combat.

En rentrant à Kadikeuï, il trouva des dépêches lui annonçant que ses efforts pour débloquer Plevna n'avait plus de raison d'être; Osman-Pacha était prisonnier depuis deux jours. Désormais tout ce qui restait de forces turques allait être appelé à la défense de la Roumélie que 100,000 Russes se préparaient à envahir.

XXXVI. — CHUTE DE PLEVNA

Les derniers jours de la défense. — Négociations pour la reddition de la place.

Tandis que Mehemet-Ali et Suleyman-Pacha faisaient d'infructueux efforts pour venir au secours de Plevna, les dépôts de vivres s'épuisaient dans cette ville et le moment fatal où il deviendrait impossible de résister plus longtemps approchait rapidement.

Dès les premiers jours de novembre les Russes avaient essayé d'obtenir la reddition de la place par voie diplomatique. Une lettre du grand-duc Nicolas, commandant en chef, fut envoyée du quartier-général russe à l'adresse d'Osman. On la confia à trois prisonniers turcs, qui, à cette occasion, furent remis en liberté. La lettre exposait au pacha les conséquences des affaires de Gorny-Doubnik, du Telisch, de Teteben et de Vratza; l'arrivée de nombreux renforts à l'armée qui l'investissait, la situation désespérée de Plevna, et l'invitait à livrer la place. La réponse d'Osman-Pacha arriva le surlendemain, apportée par un parlementaire. L'héroïque défenseur de Plevna refusait de se rendre, à n'importe quelles conditions.

Quelques jours après le général Gourko fit appeler cinq autres prisonniers turcs et les envoya encore à Plevna porteurs de trois numéros du *Times* qui contenaient la description de la prise de Kars. Le général Gourko avait choisi à dessein, parmi les nombreux journaux que l'on recevait au quartier-général russe, la feuille de la Cité de Londres, afin que le pacha ne pût pas douter de l'authenticité des nouvelles qu'on lui communiquait. Le général réunit les trois numéros du *Times* en un paquet, sur lequel il écrivit, en langue française : « A S. Exc. Osman-Pacha, de la part du général Gourko. » Le défenseur de Plevna ne donna aucune réponse.

Au bout de trois jours, le 13 novembre, on envoya de nouveau un parlementaire à Plevna avec une seconde lettre demandant la reddition. On annonçait à Osman qu'il était complètement cerné et on l'engageait au nom de l'humanité « à renoncer à une résistance et à l'effusion du sang. » La réponse arriva le lendemain; elle était aussi catégoriquement négative que la première. « Je reconnais, disait le général turc, les motifs d'humanité qui ont inspiré l'invitation à moi adressée, mais je crois ne pas encore avoir épuisé tous les moyens de résistance dont ma situation me commande l'emploi. »

On en était là lorsque le 19 novembre on vit arriver un parlementaire turc aux avant-postes russes du Mont-Vert. Ce parlementaire était porteur d'une lettre d'Osman-Pacha pour le grand-duc Nicolas. Il fut conduit immédiatement à la tente du commandant en chef. Deux heures après la réception de la lettre, le grand conseil de guerre permanent se réunit dans la tente de celui-ci. Le grand-duc communique aux généraux qu'Osman-Pacha venait de lui annoncer qu'il était prêt à livrer la position de Plevna, mais seulement à la condition qu'il pût quitter la place « avec tous les honneurs de la guerre » et que son armée se retirerait, sans armes, soit sur Sophia, soit sur Widdin, au gré du pacha. Après une courte délibération, le conseil de guerre russe déclara à l'unanimité que cette proposition ne pouvait pas être prise en considération, et cela d'autant moins que la capitulation de l'armée de Plevna, sans conditions aucunes, n'était plus qu'une question de temps.

Le parlementaire turc fut mandé, on lui remit un procès-verbal détaillé de la séance qui venait d'avoir lieu, et, cette réponse négative dans sa poche, il repartit, une demi-heure après, à cheval pour le camp d'Osman-Pacha. Il n'y eut plus dès lors de rapports entre les deux commandants en chef. Osman-Pacha se prépara à résister jusqu'à son dernier morceau de pain et le grand-duc Nicolas à attendre que la faim lui livrât Plevna.

Le général turc essayait de tous les moyens pour abuser les assiégeants sur ses ressources. Il faisait passer chaque nuit son fameux troupeau d'une position sur l'autre, afin de figurer à la façon des soldats du cirque une grande quantité de bétail. Et de temps en temps il envoyait se faire prendre aux avant-postes des hommes qui avaient sur eux des pains, sept à huit galettes et de la viande froide. Mais ces stratagèmes ne pouvaient tromper longtemps les Russes qui voyaient chaque jour arriver dans leurs lignes des déserteurs que la faim et les privations y poussaient.

Dès le 15 novembre ils surent aussi que la garnison de Plevna était déjà réduite à des rations insuffisantes. Un déserteur interrogé par Skobelef raconta qu'il s'était enfui parce que son capitaine l'avait battu pour avoir osé demander des bottes. D'après lui, la plupart des soldats n'avaient ni

LE GÉNÉRAL GANETSKY, COMMANDANT DU CORPS DES GRENADIERS

bottes ni manteaux (1) et depuis quelques jours la ration était réduite à une livre de pain et à un quart de livre de viande. Le 26 novembre, 200 déserteurs se présentèrent à la fois devant le secteur commandé par le général Kataley : comme on craignait qu'Osman-Pacha n'usât de ce moyen

(1) On a raconté qu'il y avait dans Plevna qu'un certain nombre de bottes et qu'Osman-Pacha pour les ménager n'en faisait distribuer aux soldats de service qu'en temps de pluie; quand il faisait beau, les soldats les rapportaient dans les magasins.

pour se débarrasser d'un certain nombre de bouches, les piquets russes tirèrent sur eux pour les éloigner. Ils s'agenouillèrent en mettant les mains à leurs gorges pour indiquer le sort qui les attendait s'ils rentraient dans leurs lignes. Mais les supplications ne servirent à rien, et voyant que les balles semaient la mort parmi eux, ils retournèrent sur leurs pas. Au commencement de décembre, on acquit, toujours par les déserteurs, la conviction que les soldats de la garnison de Plevna ne recevaient plus chacun que 50 grammes de pain, deux ou trois épis de maïs et un peu de riz par jour. On fut assuré alors que le dénoûment approchait et l'armée russo-roumaine se tint prête à tout événement.

Avec un homme de l'énergie d'Osman-Pacha, il fallait s'attendre à quelque effort suprême pour briser les lignes d'investissement; le héros ne s'avouerait vaincu que lorsqu'il aurait usé sa dernière chance et tenté l'impossible. Dans cette prévision, le général Totleben fit distribuer à tous les chefs de secteur un aperçu approximatif des sorties que pourrait tenter Osman-Pacha et un plan des concentrations de troupes qu'ils auraient à faire sur tel ou tel point menacé. De plus, pendant les premiers jours de décembre, il fit exécuter sous ses yeux, dans les secteurs des généraux Ganetsky et Kataley, des manœuvres afin de pouvoir calculer exactement le temps nécessaire à la concentration des troupes en cas d'une attaque énergique de la part de l'armée investie.

Enfin, le 9 décembre, on ne put plus douter que le dernier acte du drame de Plevna allait se jouer. A partir du 8, le feu de l'artillerie turque avait faibli notablement et, le 9, il se taisait entièrement. Des déserteurs firent savoir le même jour aux Russes qu'Osman avait distribué à ses troupes des rations de biscuit et des chaussures et qu'il avait fait l'inspection de leurs armes. On remarquait, en outre, un grand mouvement près de la ville sur la chaussée de Sofia et l'on voyait dans les camps une grande concentration de troupes et de chariots. Les Turcs procédaient à la construction d'un pont sur la Vid, sous la protection des ouvrages fortifiés d'Opanets. Tous ces indices tendaient à prouver qu'Osman se préparait à sortir et que son principal effort serait probablement dirigé contre le secteur du général Ganetsky.

Sortie d'Osman-Pacha.

Osman-Pacha était en effet résolu à tenter de se frayer un passage à travers les lignes russes.

Il était arrivé à la limite extrême de la résistance dont les forces humaines sont capables. Il n'avait plus de vivres que pour une semaine, les soldats découragés commençaient à murmurer et le typhus avait éclaté dans Plevna et menaçait de détruire en peu de jours tous les habitants et l'armée avec eux. Quand on se rappelle que des milliers de cadavres gisaient sans sépulture autour de la ville, et si l'on pense à l'état des hôpitaux, des blessés et des malades ainsi qu'aux privations auxquelles les habitants étaient assujettis, on s'étonne même que cette terrible maladie ne se soit pas produite plus tôt et n'ait pas fait de plus grands ravages.

Le 7 décembre, le général turc commença ses préparatifs. On distribua aux soldats tout ce qui restait des provisions; pendant la nuit on jeta un pont sur la Vid, à côté du pont de pierre déjà existant, afin de concentrer plus rapidement les troupes sur la rive gauche de la rivière; les grandes pièces de position furent enclouées, les munitions enfouies; on fit creuser des tranchées de communication entre les redoutes de la rive gauche, pour pouvoir faire avancer les troupes sans donner l'éveil à l'ennemi; les blessés et les malades furent laissés à Plevna, à l'exception de ceux qui pouvaient marcher et tenir un fusil; ces derniers furent armés et incorporés dans la troupe. Les médecins et les infirmiers se joignirent à l'armée, de sorte que près de 4,000 malheureux restèrent pendant plus de trois jours complètement abandonnés dans les hôpitaux et les ambulances de Plevna et périrent en grand nombre.

Le 9, un Bulgare natif de Sofia et musicien dans le régiment turc de ce nom s'échappa de Plevna et vint apporter aux Russes les renseignements circonstanciés sur ces préparatifs. Après en avoir fait part au prince Charles de Roumanie, le général Totleben convaincu que l'effort d'Osman-Pacha porterait sur le secteur du général Ganetsky, donna les ordres suivants :

1° Une brigade de la 16ᵉ division d'infanterie avec trois batteries et une brigade de la 3ᵉ division d'infanterie de la garde doivent, sous le commandement du lieutenant général Skobelef, se porter le 10 décembre, au point du jour, sur la rive gauche de la Vid et se poster : la brigade de la 16ᵉ division avec trois batteries près de Dolny-Doubnik pour être prête à soutenir les troupes du général Ganetsky; la brigade de la 3ᵉ division de la garde, jusqu'à nouvel ordre, derrière les deux redoutes les plus proches qui se trouvent sur la rive gauche de la Vid, afin de pouvoir soutenir en cas de besoin les troupes du général Ganetsky ou celles du général Kataley.

2° L'autre brigade de la 16° division d'infanterie avec trois batteries reste à son poste, mais se tient prête à marcher.

3° Les trois bataillons de la 3° brigade de chasseurs, qui faisaient partie de la garnison du 4° secteur, se rendent, le 10, de bonne heure au village de Grevitsa pour renforcer la garnison du 2° secteur, commandée par le lieutenant général baron Krüdener.

4° La position avancée de la chaussée de Plevna-Lovatz entre la redoute Mirkovitch et le ravin de Toutchénitsa est occupée par une brigade de la 30° division d'infanterie. Son autre brigade reste au camp de la Montagne-Rousse et se tient prête à marcher. Le commandement des troupes du 4° secteur est confié au général Schniniłkow.

5° Quatre bataillons roumains avec trois batteries sont dirigés, le 10, au point du jour, de Verbitsa sur Démirkeuï. Quatre bataillons roumains et deux batteries sont prêts à marcher sur Verbitsa.

Cette disposition des troupes, renforçant le corps du lieutenant-général Ganetsky, permettait en même temps d'envoyer des renforts aux autres secteurs d'investissement dans le cas d'une attaque des Turcs dans une autre direction pour détourner l'attention des Russes du véritable point où ils voulaient attaquer.

Les troupes qui, dans la nuit du 9 au 10, faisaient le service dans les positions du secteur du général Ganetsky avaient été détachées : dans la 2° division de grenadiers, par le 5° régiment de grenadiers de Kiew ; dans la 3° division, par le 9° grenadiers de Sibérie. Ces troupes occupaient toutes les tranchées de la ligne de défense. Leur soutien le plus proche était le 6° grenadiers de la Tauride et le 10° grenadiers de la Petite-Russie. Tous les canons de neuf des deux brigades d'artillerie étaient en position dans les premières lignes de défense et les canons de quatre se trouvaient en seconde ligne à Gorny-Mitropol et à Dolny-Doubnik. Les tranchées et la lunette au nord de Gorny-Mitropol ainsi que le village lui-même étaient occupés par le 17° régiment d'Arkhangel, de la 1re brigade de la 5° division d'infanterie, et par deux batteries roumaines ; le 18° régiment de Vologda de la même division lui servait de réserve avec deux batteries.

Dans la journée du 9, on avait eu la première tourmente de neige de l'hiver. Dans la nuit l'ouragan cessa, mais d'épais nuages fuyaient dans le ciel et de temps en temps il s'en échappait encore des avalanches de neige à moitié fondue. A trois heures du matin, un espion apporta au général Skobelef la nouvelle que les Turcs étaient en train d'abandonner toutes leurs positions en face de lui. A la demande s'il consentirait à guider un détachement jusqu'aux redoutes qu'il disait être abandonnées, au risque d'être passé par les armes s'il ne disait pas la vérité, il répondit que oui et Skobelef envoya une poignée de volontaires à la découverte. La reconnaissance part, le fusil en bandoulière ; elle s'approche en rampant des tranchées turques et écoute ; rien, un silence de mort, pas une voix, aucun bruit, rien qui trahisse la présence de l'homme. Elle s'avance jusque sur la crête même de la tranchée, regarde au delà et reconnaît que celle-ci est vide ; les Russes s'y élancent, examinent les abris les uns après les autres et les trouvent tous déserts. Il était évident que toute la tranchée était abandonnée. Les éclaireurs se dirigent vers la redoute de Krischine ; autant qu'on peut en juger par l'oreille, des hommes s'y agitent, mais quittent l'ouvrage en emmenant les canons ; on entend des pas et des voix sur la route qui va à la chaussée, des roues grincent dans l'éloignement ; sur toute la ligne on ne voit pas un seul feu. La reconnaissance retourna auprès du général Skobelef et lui fit son rapport ; celui-ci informa immédiatement par le télégraphe, le grand-duc Nicolas à Bogot, et le général Totleben à Toutchénitsa. Ce dernier avisa aussitôt le général Ganetsky, commandant du corps des grenadiers et de toutes les troupes stationnées au delà de la Vid.

A la réception du télégramme de Totleben le général Ganetsky donna l'ordre à toutes les troupes au delà de la Vid de se tenir prêtes. Les avant-postes de cavalerie entouraient tout l'espace au delà de la rivière et une partie se tenait même près du pont de pierre de la chaussée de Sofia. La nuit était tellement obscure et brumeuse que l'œil ne pouvait rien distinguer. Les grand'gardes veillaient néanmoins attentivement ; elles veillaient en se tenant aux écoutes et il est à remarquer que durant toute la nuit, elles ne tirèrent pas un seul coup de fusil, quoique plusieurs d'entre elles s'approchassent presque à bout portant de l'ennemi ; elles ne voulaient pas lui donner prématurément l'alerte et ne pensaient qu'à écouter. De temps à autre, elles envoyaient au général Ganetsky des rapports qui tous constataient que sur la rive droite de la Vid (occupée par les Turcs), du côté du pont, on entendait marcher de longs convois, que des attelages descendaient des hauteurs sur la rive et sur un point

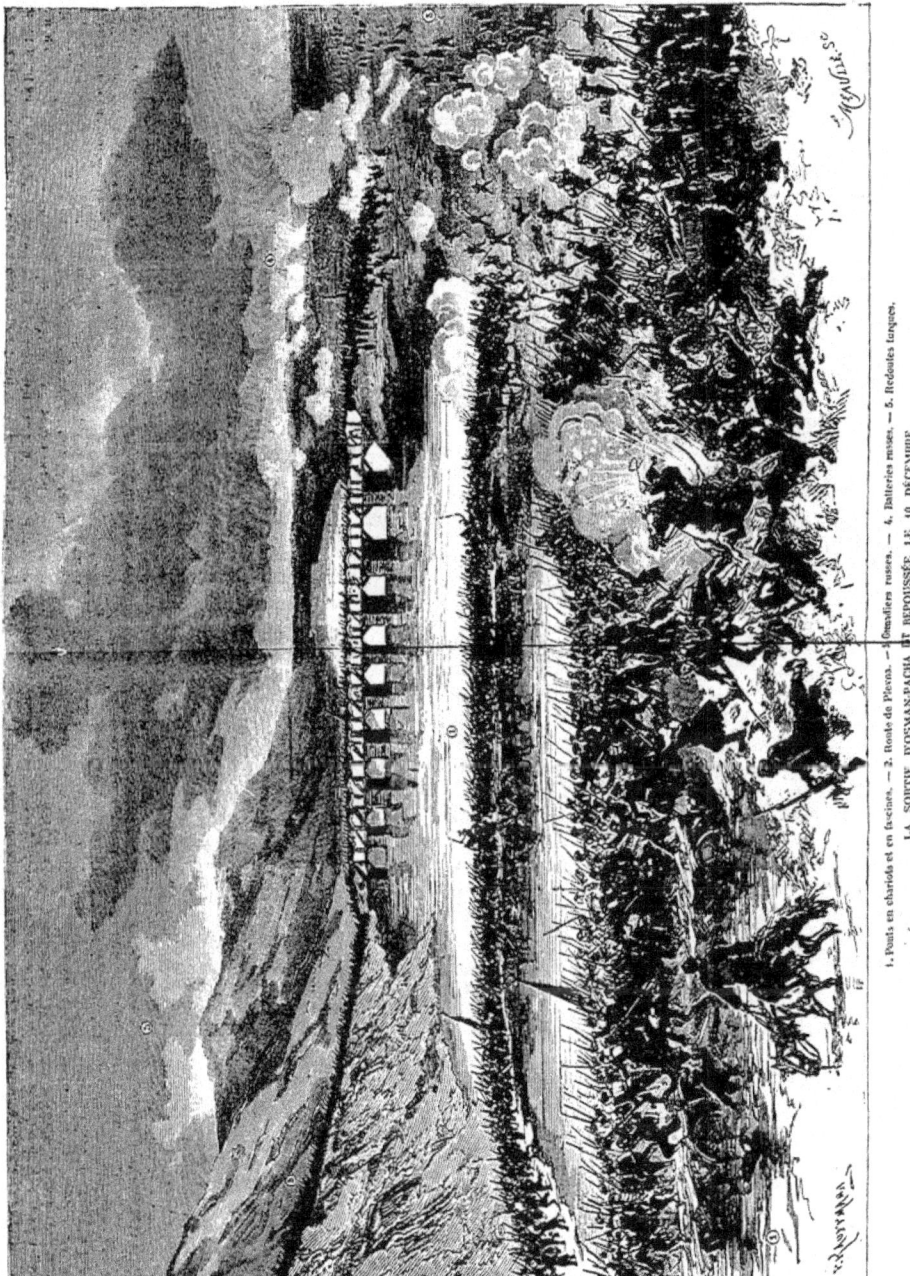

1. Ponts en chariots et en fascines. — 2. Route de Plevna. — 3. Gomelliers russes. — 4. Batteries russes. — 5. Redoutes turques.

LA SORTIE D'OSMAN-PACHA ET REPOUSSÉE LE 10 DÉCEMBRE

étaient entrés dans la rivière, mais sans la traverser ; qu'on entendait aussi une sourde rumeur produite par une grande agglomération d'hommes et d'animaux, mais que nulle part on ne voyait de feux.

Le crépuscule tardif d'une journée d'hiver et un épais brouillard ne permirent pas pendant longtemps de voir ce qui se passait au delà du pont ; mais bientôt une légère gelée dissipa le brouillard et le ciel s'éclaira vers l'Orient. La vaste plaine située entre les hauteurs d'Opanels et de Tirnen se découvrit alors devant les avant-postes russes ; toute cette plaine et les pentes des hauteurs voisines étaient couvertes d'hommes et d'équipages. Non loin du pont de pierre, on en vit un autre construit avec des voitures reliées deux à deux, sur lesquelles on avait jeté à la hâte un plancher et des fascines. Les grenadiers avaient devant eux toute l'armée d'Osman-Pacha. A huit heures du matin, d'épaisses masses d'infanterie turque descendirent rapidement des hauteurs et s'allongèrent rapidement sur les ponts. Les grand'gardes se replièrent immédiatement sur leurs retranchements, en faisant prévenir le général Ganetsky du mouvement de l'ennemi. Aussitôt que celui-ci eut reçu cet avis, une fusée de signal s'éleva en l'air et sur toute la ligne les tambours battirent l'alerte. Les grenadiers coururent aux armes, en moins de dix minutes les colonnes furent formées.

Cinq minutes après l'explosion de la fusée et tandis que les tambours battaient encore, le général Ganetsky s'élançait à cheval vers les tranchées avancées situées à environ trois kilomètres du pont et occupées par le régiment de Sibérie.

L'ordre de bataille d'Osman-Pacha était excessivement simple. Il avait partagé ses troupes en deux parties égales, 20,000 hommes étaient chargés de faire la trouée en abordant les retranchements russes situés à quatre kilomètres environ de la Vid. Des lignes épaisses de tirailleurs marchaient en avant ; des bataillons déployés suivaient immédiatement, sur les talons de ces bataillons se tenaient les réserves prêtes à appuyer sur le point où les lignes russes paraîtraient se rompre. Derrière les réserves venaient 500 chariots chargés des vivres et du matériel que l'on voulait emmener. Un autre corps de 20,000 hommes était resté au bord de la Vid avec l'ordre de n'avancer que deux heures après le commencement du combat. Ces 20,000 hommes devaient contenir, à droite et à gauche les troupes russes qui accourraient sur le champ de bataille et empê-

cher les premiers d'être enveloppés. Osman-Pacha avoua plus tard qu'il avait eu tort de leur prescrire un délai de deux heures ; il est resté convaincu que s'ils avaient marché une heure après le commencement de l'action, sa sortie aurait réussi.

Les Turcs formèrent au pas de course leur ligne de bataille dans la plaine au delà de la Vid et se lancèrent énergiquement en avant, sans même préparer leur attaque en canonnant des positions russes. Leurs pièces dressées sur les hauteurs près du pont, et le long de la Vid au delà du pont, eurent à peine le temps de tirer quelques coups tant l'attaque fut impétueuse. Sous le feu de mousqueterie des tranchées russes qui vomissaient la grêle, sous les volées furieuses des pièces de 9 qui les accablaient de shrapnels et de mitraille, les héros de Plevna s'avançaient en silence, la baïonnette croisée et doublant le pas. Aguerries par les dangers incessants de cette longue lutte, ces troupes étaient évidemment des plus solides du monde entier. Marcher l'espace de trois kilomètres sous un feu bien dirigé, et cela sans tirer un coup de fusil, peut être regardé comme un exploit qui ne saurait être surpassé. L'attaque était conduite par Osman-Pacha en personne, qui caracolait en tête de ses troupes sur un superbe étalon alezan, présent du sultan. En moins de trois quarts d'heure, les Turcs étaient devant les tranchées. Ils se jetèrent aux cris de Allah! sur les grenadiers de Sibérie, avec lesquels ils engagèrent une lutte corps à corps. On eût dit une trombe, et les grenadiers furent littéralement anéantis. Du reste pas un d'eux ne quitta la tranchée ; tous y tombèrent sous les baïonnettes turques et le lendemain on y trouva leurs cadavres confondus avec ceux des Turcs dans de suprêmes étreintes. Après s'être emparés de la première tranchée, les Turcs se jetèrent sur une batterie de terre, située entre la première et la seconde tranchée et armée de huit pièces de campagne de la 2ᵉ batterie de la 3ᵉ brigade d'artillerie des grenadiers. La plupart des servants furent tués sur leurs pièces ; la batterie fut enlevée avec la même furie que la première tranchée et les Turcs y prirent six canons.

La première des lignes russes était rompue, il était 8 heures et demie du matin. C'est à ce moment qu'Osman-Pacha comprit la faute qu'il avait commise en ne mettant pas en marche plus tôt le corps qu'il avait laissé sur la Vid. Avec toutes ses forces en main, il eût emporté le passage de haute lutte. Cependant il n'en poursuivit pas moins sa marche en avant ; quelques minutes après, ses troupes atteignaient les secondes tranchées russes. Là se trouvait une seconde batterie en terre, armée comme la précédente de huit pièces d'artillerie; les intrépides nizams en chassèrent encore les défenseurs en s'emparant de deux nouvelles pièces dont les chevaux avaient été tués.

Heureusement pour les Russes, à ce moment arriva le régiment des grenadiers de la Petite-Russie, qui soutint le régiment de Sibérie et ouvrit une vive fusillade, bientôt suivie d'un engagement à la baïonnette. En concentrant leur attaque sur la gauche du régiment de Sibérie, les Turcs se heurtèrent un moment à la 1re brigade de la 5e division d'infanterie, postée dans les tranchées allant vers le Vid, en angle obtus, à partir du flanc gauche des grenadiers de Sibérie. Les régiments de cette brigade, ceux d'Arkhangel et de Vologda, commandés par le général-major Rykatchew et postés à cet endroit depuis trois jours pour y remplacer les Roumains, les reçurent par un feu tellement violent qu'ils cessèrent aussitôt d'attaquer le flanc gauche et portèrent tous leurs efforts contre le centre de la position des grenadiers.

« Le général Ganetsky, dit une relation russe (1), allait tout le temps d'un point à l'autre de notre première ligne, encourageant les troupes.

« — Eh! vous autres, dans le champ de maïs, leur disait-il en riant et en leur montrant le poing, ne pensez pas à battre en retraite.

« — Excellence, nous n'avons pas de cartouches, lui répondaient les soldats en lui montrant leurs cartouchières vides.

« — Grand mal! de braves soldats comme vous n'ont pas besoin de cartouches pour chasser l'ennemi, la baïonnette suffira pour culbuter l'ennemi et lui reprendre notre batterie.

« — Nous serons heureux de le faire, Excellence, permettez-nous seulement de marcher en avant.

« — Ne vous hâtez pas, mes enfants, votre tour viendra et je vous en donnerai l'ordre! Ne craignez rien, je ne vous laisserai pas en arrière. Ah! voilà qu'on vous apporte des cartouches. »

Pendant que le combat continuait, les Turcs avaient réussi à faire passer sept canons sur la rive gauche de la Vid et à les mettre en batterie si près des Russes que les projectiles passaient par-dessus leurs tranchées et atteignaient leurs réserves.

(1) Insérée au *Messager officiel* et rédigée par un des premiers écrivains russes de notre temps, M. Vsevolod Krestovsky.

Cette circonstance, jointe aux efforts désespérés des Turcs contre son centre, amena le général Ganetsky à envoyer le général Stroukow auprès du général Svetchine, commandant de la seconde division des grenadiers (régiments de Kiew, de la Tauride, de Samogitie et de Moscou). Cette division avait déjà quitté Dolny-Doubñik pour se rendre sur le champ de bataille et le général Stroukow, conformément aux ordres reçus, la fit venir sur le point où les Turcs avaient concentré tous leurs efforts.

La 2e brigade de cette division (Samogitie et Moscou) arriva vers dix heures, presque en même temps que la 2e brigade de la 3e division (Astrakhan et Phanagorie) et les renforts changèrent totalement la face de la bataille en mettant Osman-Pacha dans l'impossibilité de mener à bien sa tentative de trouée. A dix heures et demie, les régiments d'Astrakhan et de Phanagorie poussèrent un hourra formidable qui retentit jusqu'au delà de la Vid et se jetèrent sur les Turcs, qui occupaient les deux retranchements qu'ils venaient de conquérir. Les ayant délogés des deux batteries en terre, les grenadiers d'Astrakhan et de Phanagorie, soutenus par ceux de Sibérie et de la Petite-Russie continuèrent à avancer rapidement, sans faire attention aux pertes que leur causait le feu meurtrier des Turcs ; ils les délogèrent à la baïonnette hors des tranchées et ils reprirent les canons que les grenadiers de Sibérie avaient perdus et s'emparèrent en outre des sept canons que les Turcs avaient amenés sur la rive gauche de la Vid, ainsi que d'un drapeau et de nombreux caissons d'artillerie, parmi lesquels on retrouva plusieurs des caissons de la 5e brigade d'artillerie, perdus pendant la malheureuse affaire du 20 juillet précédent. Un des canons turcs fut pris d'une manière remarquable, par un seul homme. Le cosaque Arsène Néfédiew, du 4e escadron du régiment des cosaques de la garde, qui faisait les fonctions d'estafette auprès du général Kataley, avait été envoyé par ce dernier de la position de Tirnova sur le champ de bataille pour voir ce qui s'y passait. Néfédiew se joignit, tout en restant à cheval, aux volontaires qui voulaient reprendre la tranchée, et au moment où les Turcs, repoussés par les soldats russes se hâtaient d'emmener leurs canons, le cosaque se lança à la poursuite du dernier canon, tua à coups de fusil les deux soldats qui montaient les chevaux de l'attelage, et, se précipitant sur les chevaux de tête, leur fit tourner bride et les ramena dans les tranchées, avec le canon qu'ils traînaient.

Tandis que ceci se passait, les grenadiers de Samogitie, sous les ordres du lieutenant général Svetchine, débouchaient dans l'intervalle entre Gorny et Dolny-Mitropol. Attaquant l'ennemi à la baïonnette, ils chassèrent les Turcs de leurs tranchées sans tirer un seul coup de fusil et, les ayant mis en fuite, s'emparèrent de trois canons. Un incident pathétique se produisit là. Au milieu de cette sanglante mêlée, une petite fille turque de cinq ans, très-richement mise, accourut dans les rangs des grenadiers de Samogitie, ayant échappé par miracle à la grêle de balles et d'obus qui pleuvait autour d'elle. Les grenadiers la recueillirent et en avaient fait « la fille du régiment » mais le chef de l'état-major de la division, M. Golovkine, l'adopta et l'envoya en Russie.

Après que les Russes eurent ainsi reconquis leurs lignes avancées, il y eut un moment d'arrêt dans la bataille pendant lequel les deux armées se fusillèrent à 2 ou 300 mètres de distance sans essayer de marcher en avant. Osman attendait les 20,000 hommes qu'il avait laissés sur la Vid, et le général Ganetsky l'arrivée de la 3ᵉ division de grenadiers et de la 16ᵉ division d'infanterie. Un événement imprévu mit brusquement fin à cette situation et anéantit les dernières chances des Turcs. Le cheval d'Osman-Pacha fut tué sous lui et le général lui-même fut blessé par une balle qui lui traversa le mollet gauche de part en part. La nouvelle de sa blessure, représentée d'abord comme très-sérieuse, à cause de la chute de son cheval, se répandit rapidement dans les rangs de son armée, où même on disait déjà qu'il était tué. On vit alors quelle influence une pareille circonstance peut exercer sur une armée qui se soutient presque uniquement par la force morale et par l'autorité de son chef. Ces mêmes bataillons qui, une demi-heure auparavant, se jetaient avec frénésie sur les tranchées russes et faisaient pleuvoir sur elles une pluie de fer, se replièrent immédiatement dans le plus grand désordre sur la Vid, dès que la nouvelle de la mort de leur chef se répandit dans leurs rangs.

Il y eut là une épouvantable scène de désordre telle qu'il faudrait remonter à la campagne de 1812, en Russie, pour en trouver de comparables. Tous les habitants turcs de Plevna en apprenant le départ de l'armée s'étaient hâtés de mettre leurs objets les plus précieux sur des charrettes et avaient pris la route de Sofia à la suite d'Osman. Il y avait là sur les derrières des Turcs 2 ou 3,000 arabas chargés de vieillards, de femmes et d'enfants; pour revenir vers la Vid les soldats passèrent sur elles comme un torrent et en renversèrent un grand nombre, ce qui, sous l'avalanche de balles et d'obus qui tombait et avec les cris de désespoir de tous ces malheureux, produisit une indescriptible confusion.

Bientôt les Russes, profitant de leurs avantages, parèrent à l'attaque sur toute la ligne. La division du général Danilow s'avança la première, soutenue sur son flanc gauche du côté de Gorny-Mitropol par la 1ʳᵉ brigade de la 5ᵉ division d'infanterie, et sur le flanc droit par la 2ᵉ brigade de la 2ᵉ division de grenadiers. La 1ʳᵉ brigade de la 2ᵉ division de grenadiers, sortant de ses tranchées, se mit à tourner le flanc gauche des Turcs. En outre, le 2ᵉ bataillon du 5ᵉ grenadiers de Kiew et un bataillon du 6ᵉ grenadiers de Tauride furent dirigés sur la Vid, qu'ils traversèrent à gué, pour occuper les hauteurs de la rive droite. Les grenadiers, ayant traversé la rivière en ayant de l'eau jusqu'à la ceinture, escaladèrent les hauteurs de Blasevats et se jetèrent sur la redoute turque qui les couronnait et dont la garnison se rendit sans coup férir.

Les brigades de la 3ᵉ division de la garde et de la 16ᵉ division d'infanterie de ligne, envoyées, conformément aux ordres donnés la veille pour servir de soutien au corps du général Ganetsky, ne prirent point part à la bataille. Il résulte du rapport du lieutenant général Kataley que le 10 décembre, à 7 heures du matin, Ilava il fait passer sur la rive gauche de la Vid, sur un pont de pontons, six bataillons de la 3ᵉ division d'infanterie de la garde, sous les ordres du général-major Kourlow. A dix heures du matin, ce détachement, à la demande du général Ganetsky, se dirigea sur Dolny-Doubnik, où il reçut l'ordre de se porter en avant par la chaussée de Sofia pour serrer le flanc gauche de l'ennemi. Pendant que ce détachement exécutait ce mouvement, il fut rejoint par le général Skobélef, qui en prit le commandement, ordonna au général Kourlow d'arrêter ses troupes, de les ranger en ordre de réserve et d'attendre l'arrivée de la brigade de la 16ᵉ division d'infanterie. Etant resté sur place pendant deux heures et n'ayant pas reçu de nouveaux ordres du général Skobélef, le général Kourlow fit avancer son détachement par la chaussée de Sofia et n'arriva au pont de pierre de la Vid que lorsque la bataille était terminée.

Tandis que cette lutte de géants se poursuivait sur la rive gauche de la Vid entre les grenadiers et l'armée turque, les autres troupes de l'armée d'investissement sous le commandement des lieutenants généraux Zotow, baron Krüdener et Kataley, du général-major Schnitnikow et du géné-

LE GRAND-DUC NICOLAS ET LE PRINCE CHARLES DE ROUMANIE RENCONTRENT OSMAN-PACHA SUR LA ROUTE DE PLEVNA

ral Cernat, qui commandait le corps roumain, — s'avançaient contre les fortifications turques des fronts de l'est, du nord et du sud. La plus grande partie de ces ouvrages étaient déjà évacués et les troupes occupèrent la ville de Plevna en présence du grand-duc Nicolas. L'empereur prévenu, à Gorny-Studen, de grand matin, arriva vers midi à la grande redoute installée entre le village de Radisévo et le ravin de Toutchenitza, et de là il put voir son armée pénétrer dans cette ville sous les murs de laquelle il venait de passer trois mois d'inquiétude et d'anxiété.

Les troupes roumaines, avec lesquelles se trouvait le prince Charles et qui, dès 9 heures du matin, étaient entrées dans la redoute de Grevitza abandonnée comme celles de Krischine, rencontrèrent de la résistance aux redoutes d'Opanets, que les Turcs occupaient encore. Après une lutte de courte durée, les garnisons de ces ouvrages mirent bas les armes et les Roumains s'emparèrent de 3 canons et de 2,000 prisonniers. Le général Kataley de son côté eut à combattre pour occuper les trois redoutes qu'il avait devant lui. Les soldats y firent prisonniers 1 pacha, 120 officiers, 3,734 soldats et s'emparèrent de 4 canons. Quand elles eurent occupé la place et tous ses ouvrages fortifiés, toutes les troupes russo-roumaines, à la tête desquelles se plaça le grand-duc Nicolas, reçurent l'ordre de continuer d'avancer dans la direction de la Vid sur les derrières de l'armée turque et elles se concentrèrent peu à peu sur les hauteurs à l'ouest de Plevna près de la chaussée de Sofia.

Vers une heure de l'après-midi, l'armée turque se trouvait dans cette situation : elle n'était point parvenue à percer les lignes ennemies devant elle, les Russes s'étaient emparés derrière elle de Plevna et de toutes ses fortifications, elle était enserrée sur le bord de la Vid sur un terrain où elle ne pouvait plus se déployer et son chef était blessé. Il était, dans ces conditions, impossible de continuer la lutte : cette armée, invincible jusqu'à ce jour, n'avait plus qu'à se rendre.

Reddition de l'armée de Plevna.

Le bruit de la fusillade et le tonnerre des canons n'en continuaient pas moins, lorsque tout à coup un immense hourra s'échappa de la poitrine des Russes qui s'étaient approchés de la Vid. Les Turcs venaient de dresser un drapeau blanc de l'autre côté de la rivière.

La fusillade s'arrêta aussitôt et un moment après on vit un officier turc traverser le pont à cheval, tenant un drapeau de parlementaire à la main. On lui banda les yeux et on lo mena dans les lignes avancées, mais le général Ganetsky qui se rappelait certaines perfidies des Turcs, refusa de le recevoir et donna l'ordre de le reconduire jusqu'au pont. La canonnade et la fusillade reprirent avec une fureur nouvelle. Un quart d'heure après arriva un second parlementaire, qui ne fut pas reçu non plus, et comme il ne parlait que le turc, le général Ganetsky pria le général Stroukof de lui donner un petit billet (écrit en français) à l'adresse d'Osman. En voici la teneur : « Excellence, le général Ganetsky, qui commande ici, me prie de vous faire savoir qu'il ne recevra pour des pourparlers qu'une personne pouvant vous représenter entièrement, car il sait que vous êtes blessé. »

Ayant remis ce billet à l'envoyé turc, Ganetsky donna l'ordre à Stroukof de se rendre avec lui jusqu'au pont et d'y attendre la réponse.

Des milliers de Turcs se tenaient près de la Vid, attendant ce que le sort leur réservait, tandis que les Russes faisaient entendre déjà des hourras retentissants pour célébrer leur grande victoire. A ce moment le général Skobelef, précédant sa division, arriva au pont avec son état-major. Un correspondant (1) qui l'accompagnait décrit ainsi le spectacle que présentaient les abords de ce pont : « Autour de moi le sol était jonché des traces du combat. La terre était labourée par les obus. Tout près de moi gisait un cheval expirant ; à côté de lui était un bœuf dont le sang coulait à flots et qui nous regardait silencieusement avec ses grands yeux ronds. Devant moi se trouvait un chariot avec un cheval tombé mort sous le harnais, et près de lui le cadavre d'un soldat turc dont la tête avait été emportée par un boulet ou un éclat d'obus. Sous lui gisait le cadavre d'un autre Turc et autour quatre blessés étaient étendus par terre, les uns regardant d'un œil fixe le ciel gris, les autres ayant leur face couverte de leur capote grise en lambeaux. Aucun d'eux ne poussait un cri ni ne disait un mot. Ils restaient là supportant leurs souffrances avec un calme et une patience qui me firent venir des larmes aux yeux. Derrière le chariot le sol était couvert d'éclats d'obus qui expliquaient les blessures de ces malheureux. La route et ses abords étaient parsemés de soldats turcs tués et blessés, de cadavres de bœufs et de chevaux et de débris de chariots. A quelques centaines de mètres au nord de la route, le terrain

(1) M. Mc-Gahan, du *Daily-News* et du *Golos*.

attaqué vaillamment par l'avant-garde d'Osman-Pacha était littéralement couvert de blessés et de tués. Des médecins russes étaient déjà là, cherchant les blessés et leur faisant les premiers pansements dans l'attente de l'arrivée des ambulances. »

Skobelef vit bientôt venir à lui un officier turc aux cheveux roux et avec de petites moustaches de même couleur qui arrivait au pont par le côté opposé, suivi de deux cavaliers. Il déclara en bon français être Tevfik-Pacha, chef de l'état-major d'Osman-Pacha, et annonça qu'Osman-Pacha, blessé, se trouvait dans une petite maison de garde située à 100 mètres à peu près du pont d'où on le voyait parfaitement. Puis devinant que les officiers qu'il avait devant lui n'avaient pas qualité pour traiter, il se tut.

« Il y eut, dit le correspondant que nous citions tout à l'heure, une pause pendant laquelle nous examinions notre étrange visiteur. Il nous examinait aussi avec un calme parfait, mais avec une curiosité évidente. Ce silence commençait à devenir embarrassant. Le Turc ne paraissait pas pressé de parler et les Russes étaient trop délicats pour lui demander s'il venait capituler. En outre, il n'y avait parmi nous aucun officier qui eût véritablement le droit de traiter avec lui. La situation était critique, et si elle avait un côté amusant, elle n'en était pas moins embarrassante. Les deux armées nous observaient les armes à la main, à une distance de 500 mètres tout au plus, car l'infanterie russe s'était graduellement avancée vers le pont. Le général Skobelef finit par prendre la parole.

« — Désirez-vous voir quelqu'un ?

« Silence.

« — Avec qui désirez-vous parler ?

« Silence.

« — Y a-t-il quelque chose à votre service ?

« Silence.

« — Qu'est-ce qu'il a donc, ce diable d'homme, pour se taire ainsi? s'écria le général Skobelef, en anglais, en s'adressant à moi.

« Tevfik-Pacha restait impassible. J'ai fait plus ample connaissance avec lui depuis et j'ai trouvé qu'il est singulièrement taciturne de sa nature, mais son silence si extraordinaire à un tel moment était dû aussi en partie à l'émotion qu'il cachait sous l'impassibilité de son visage.

« — C'est le général Ganetsky qui commande ici. Il va venir. Si vous désirez lui parler... finit par dire le général Skobelef.

« Tevfik-Pacha répondit par une simple inclination de tête.

« — Osman-Ghazi s'est brillamment et glorieusement défendu, dit un officier. Nous avons en haute estime son caractère héroïque.

« Le Turc regardait droit devant lui ayant l'air de ne pas comprendre.

« — Nous le considérons comme un grand général, dit un autre.

« Pas de réponse ! Les yeux du Turc étaient tournés dans la direction de Schipka, comme s'il s'attendait à voir arriver Mehemet-Ali-Pacha. Il était évidemment inutile de chercher à nouer conversation avec un homme aussi obstinément silencieux et nous y renonçâmes. »

L'arrivée du général Stroukof mit fin à cette scène curieuse et Tevfik-Pacha se mit aussitôt à parler sans se faire prier.

— Tevfik-Pacha, liva (général de brigade) faisant fonctions de chef de l'état-major de l'armée d'Osman-Pacha, dit-il, toujours en français, en saluant le général Stroukof par un geste gracieux de sa main portée à son fez.

Stroukof lui déclina à son tour son nom et son grade et lui demanda s'il possédait les pleins pouvoirs d'Osman-Pacha. Tevfik-Pacha répondit négativement.

— Dans ce cas, général, quel est votre but, en vous rapprochant de nos lignes ?

— L'armée se rend et Osman-Pacha aussi.

— Nous le savons, mais il n'arrive personne muni de pleins pouvoirs pour traiter de la reddition. Il nous faut quelqu'un qui puisse remplacer entièrement votre commandant en chef; nous vous l'avons déjà écrit.

Tevfik-Pacha répondit qu'Osman-Pacha se trouvant, vu sa blessure, dans l'impossibilité complète de se rendre auprès du général Ganetsky et ne voulant confier à personne le devoir important de la reddition de l'armée, demandait instamment que le général Ganetsky voulût bien avoir l'amabilité de venir le trouver dans la petite maison où on l'avait transporté.

Le général Stroukof envoya un aide de camp pour transmettre à qui de droit cette invitation, et Tevfik-Pacha, tournant bride, se rendit au grand trot auprès d'Osman-Pacha.

Quelques instants avant cette conversation, l'ordre de cesser le feu avait été donné aux Russes et, de leur côté, les Turcs ne tiraient plus. Il y eut alors un instant de grande anxiété; tous les nerfs étaient tendus; chacun comprenait que si par malheur un seul coup de fusil partait accidentellement, la lutte recommencerait immédiatement et deviendrait encore plus sanglante et acharnée qu'elle ne l'avait été jusqu'à ce moment.

Le général Ganetsky paraissait envahi par le même sentiment ; aussi, s'approchant du pont, se borna-t-il à dire à Stroukof, en montrant la maison de garde : « Allez. » Le jeune officier donna de l'éperon à son cheval et s'élança sur la montée de la chaussée près de laquelle gisaient des morts ou blessés. Des masses de soldats turcs encore armés, mais mornes et silencieux, se trouvaient encore sur le pont, sur la route, sur les parapets des batteries et sur les versants des montagnes dont s'approchaient en ce moment, après avoir dépassé les fortifications de Krischine, la 16e division et un peu plus à sa gauche la brigade de la garde du général Philosophow (régiment de Lithuanie et de Keksholm).

Passant au milieu de la foule des soldats turcs, obligé de faire des détours pour éviter des tués et des blessés, le général Stroukof s'approcha de la maison de garde, autour de laquelle se trouvaient en grande quantité des officiers, des beys, des pachas, des médecins avec le brassard du Croissant-Rouge et les aides de camp d'Osman-Pacha. Cette maison, désormais historique, est une petite construction couverte de tuiles, adossée au versant d'une colline et protégée par un des parapets formant la défense du pont. Jetant la bride de son cheval à son cosaque d'ordonnance, Stroukof entra dans la maison et se trouva en présence de trois portes, dont l'une, entr'ouverte, menait à une étable pleine de blessés. La chambre de droite était remplie d'officiers turcs; sur le plancher on voyait des instruments de musique en cuivre écrasés, des cartouches, des cartouchières brisées et des armes tordues. Toute cette foule causait à voix basse et avait un air des plus graves.

— Où est Osman-Pacha? demanda Stroukof en français.

L'un des officiers les plus rapprochés de la porte, jetant sur lui un regard indifférent, lui montra de la tête la porte de gauche, sans desserrer les dents ni faire le moindre mouvement. Stroukof s'approcha de la porte indiquée, l'ouvrit et entra.

Dans une chambre petite et chétive, enfumée par un petit foyer qui se trouvait à la droite de l'entrée et à peine éclairée par deux petites fenêtres, se trouvait Osman-Pacha, assis sur un banc dont les pieds étaient enfoncés dans la terre qui servait de plancher. Il avait le dos appuyé au mur ; on voyait qu'il était moralement et physiquement brisé ; son visage était calme quoique pâle. Sa jambe gauche blessée, dont la botte était retirée, était étendue sur une caisse de cartouches vide, en fer-blanc. Le médecin d'Osman-Pacha, Hassib-Bey, un grand et fort vieillard, agenouillé à terre, examinait avec soin la blessure de son général, ayant tout autour de lui des médicaments, des instruments de chirurgie, des objets de pansement et une cuvette avec cruche orientale en métal.

Osman-Pacha portait une redingote de fin drap noir ayant les manches ornées de galons ; aucun ordre au cou ni à la boutonnière ; son paletot était négligemment jeté sur les épaules et un sabre recourbé pendait à son côté, — celui-là même que le sultan lui avait envoyé. Le long des murs de la chambre se tenaient debout plusieurs pachas tristes et la tête baissée. On voyait parmi eux le férik (général de division) Adil-Pacha, qui avait pris part à la guerre d'Orient précédente, un homme de haute taille et d'un extérieur imposant et digne, Tevfik-Pacha, Atif-Pacha, Houssein-Pacha, Sadyk-Pacha, Edhem-Pacha et plusieurs autres.

A l'entrée de Stroukof, Osman se leva, non sans effort, lui fit le salut à l'orientale et lui tendit le premier la main.

— Vous êtes blessé, je vous prie de rester assis, général! s'empressa de lui dire Stroukof, l'aidant à se rasseoir ; après quoi il lui déclina son nom et ses qualités.

Osman-Pacha l'invita à prendre place, mais le général Stroukof, obéissant à l'étiquette militaire, continua debout la conversation, rendant hommage par là au pacha, en sa qualité de général en chef. Derrière Stroukof entrèrent plusieurs officiers supérieurs roumains, qui venaient de terminer la lutte avec les Turcs sur les hauteurs d'Opanetz et qui, traversant avec leurs bataillons les batteries turques, étaient descendus par la chaussée dans la plaine.

La conversation échangée entre le parlementaire et Osman-Pacha eut lieu, comme les précédentes, en français, langue que le général en chef comprenait, mais qui ne lui était pas assez familière pour qu'il pût se passer d'un interprète.

— Je viens ici, lui dit Stroukof, par ordre du général Ganetsky afin de féliciter Votre Excellence pour sa brillante attaque et en même temps pour vous faire savoir que le général Ganetsky, n'ayant reçu aucun ordre de S. A. I. Mgr le commandant en chef, ne peut vous offrir qu'une reddition sans conditions pour vous et pour toute votre armée.

Osman-Pacha écouta avec attention et tomba dans une profonde méditation.

Une minute après, il releva la tête et, s'adres-

LE PREMIER PARLEMENTAIRE TURC SUR LE PONT DE LA VID

sant à son médecin, lui dit lentement et d'une voix égale, avec une résignation fataliste : « Les jours ne se ressemblent pas ; les jours se suivent, mais il n'y en a pas deux de pareils : l'un est heureux, l'autre malheureux. » Puis se tournant tranquillement vers Stroukof, il ajouta avec un soupir étouffé et en baissant un peu la tête : « Je me soumets entièrement aux désirs du commandant en chef de votre armée. »

Ces quelques mots, prononcés à voix basse par Osman, dénotaient un vif combat intérieur. Le visage du pacha avait des crispations nerveuses qui ne faisaient qu'augmenter la sympathie que l'on ressentait involontairement pour ce brave général.

— Pacha, lui répondit Stroukof, également à voix basse, tout dépend de la volonté de Dieu.

On voyait qu'après avoir eu tant de succès pendant quatre mois, Osman-Pacha avait compté encore cette fois-ci sur son énergie, son savoir-faire et sur sa chance. Les deux premières qualités ne l'avaient pas abandonné jusqu'au dernier moment, mais la dernière lui avait fait défaut.

Ayant reçu d'Osman-Pacha la déclaration qu'il se soumettait entièrement aux volontés du grand-duc Nicolas, Stroukof envoya immédiatement chercher le général Ganetsky, pendant que Hassib-Bey terminait le pansement de la jambe du blessé. Celui-ci restait assis sans proférer une parole. Les pachas, toujours debout le long des murs de la chambre, gardaient également le silence.

Une demi-heure après on vit arriver le général Ganetsky ; entrant dans la chambre où se trouvait Osman, le commandant du corps de la Vid, ôtant sa casquette, tendit avec une franchise de vieux soldat la main à son adversaire, et tous deux se donnèrent une bonne poignée de main. « Je vous félicite, lui dit Ganetsky, je vous félicite, votre attaque était magnifique ! Faites, je vous prie, donner l'ordre de déposer les armes ! »

Puis il s'assit à côté d'Osman-Pacha. Une minute de profond silence suivit ; les deux généraux se regardaient, en ayant l'air de s'étudier mutuellement ; aucun des pachas présents ne bougeait pour donner l'ordre demandé par Ganetsky, personne ne voulant prononcer le dernier mot fatal.

— Excellence, dit Stroukof en regardant à sa montre et en s'adressant à Ganetsky, — il est déjà quatre heures passées, il sera trop tard... Ne voudriez-vous pas réitérer votre demande?

La demande de Ganetsky fut répétée par l'interprète.

Alors Osman leva lourdement le bras et, tournant les yeux vers Adil-Pacha, lui montra la porte. Adil-Pacha le salua respectueusement et avec tristesse, et sortit avec Stroukof de la maison de garde pour donner cet ordre douloureux. Puis Osman, comme s'il reprenait ses esprits, ôta brusquement son sabre, le regarda un instant, comme s'il lui disait adieu, poussa un soupir, et le remit au général Ganetsky.

Adil-Pacha avait gravi une élévation et un mollah, monté sur la tour d'un minaret, adressa quelques paroles aux troupes et leur montra par gestes qu'elles devaient déposer leurs armes à terre. Il y eut alors un instant de muette protestation et de résistance. Les soldats restaient sans mouvement comme s'ils avaient été frappés par la foudre. Ils entendaient parfaitement les cris du vénérable Adil, mais aucun d'eux ne faisait mine de déposer les armes. Il fallut l'intervention énergique des officiers ; ceux qui se trouvaient les plus rapprochés de la maison de garde jetèrent les premiers leurs armes en tas et se hâtèrent ensuite de rejoindre leurs tabors pour les obliger à faire de même. Peu à peu les soldats se décidèrent à déposer sur le rebord de la chaussée leurs beaux fusils à tir rapide ; ils les jetaient à terre avec des gestes de dépit et de désespoir.

Pendant cette opération, les troupes russes se rapprochèrent de plus en plus des Turcs jusqu'à ce que ceux-ci fussent entièrement enveloppés et n'eussent plus aucune issue par où ils pussent passer.

Bientôt les deux généraux Skobelef, le père et le fils, arrivèrent à leur tour à la maison de garde. On craignait tellement dans l'armée russe quelque affreux guet-à-pens que le général Skobelef père rappelait en route un épisode de l'insurrection hongroise que lui paraissait rappeler la situation actuelle. Il y avait un armistice et un grand nombre d'officiers autrichiens avaient passé un pont pour se rapprocher de l'ennemi, lorsque tout à coup le commandant des Hongrois fit rompre les rangs de ses troupes, et tira à mitraille sur les Autrichiens. Heureusement la ressemblance entre les deux incidents n'alla pas jusque là, et les Turcs agirent cette fois avec la plus parfaite loyauté.

Le père et le fils entrèrent tous deux dans la maison qui abritait Osman-Pacha et firent sa connaissance. Ils causèrent ensemble. Skobelef fils, le héros du Khokand, de Lovatz et de Plevna, dit par l'interprète :

— Transmettez au pacha que chaque homme est plus ou moins envieux de sa nature et que moi, en ma qualité de militaire, j'envie Osman parce qu'il a eu l'occasion de rendre un grand service à son pays, en nous retenant pendant quatre mois sous les murs de Plevna.

Osman le remercia d'un geste et lui répondit avec un sourire modeste :

— Le général est si jeune et a déjà eu le temps de faire tant de fois ses preuves, que, si ce n'est moi, du moins mes enfants salueront en lui un feld-maréchal de l'armée russe.

Osman-Pacha devant le grand duc Nicolas et l'empereur Alexandre — Sa captivité en Russie.

Vers cinq heures du soir, les généraux Skobelef et Ganetsky retournèrent au delà de la Vid pour y attendre le grand-duc Nicolas, et le général Stroukof proposa à Osman-Pacha de rentrer à Plevna, dans la pensée que le commandant de l'armée russe, se rendant à la Vid par la chaussée, le rencontrerait en route. La calèche d'Osman, attelée de deux jolis chevaux isabelle, s'approcha, tandis qu'une foule de Turcs et de Russes se pressaient pour voir partir le pacha, que ses officiers transportèrent à bras hors de la maison de garde et déposèrent avec soin sur les coussins de la calèche ; son médecin prit place en face de lui. Osman, avant de se mettre en route, salua tous ses soldats qui l'entouraient. Le cocher fit claquer son fouet et la calèche s'ébranla, précédée d'un peloton de kalarasches et suivie d'un peloton de lanciers du Boug. Le général Stroukof était à cheval à côté d'Osman-Pacha et tout l'état-major du général turc entourait ou suivait son chef. Voyant devant lui des kalarasches à cheval, Osman-Pacha, qui portait une haine particulière aux Roumains qu'il affecta toujours de traiter en revoltés, fit une légère grimace et dit à Stroukof que s'étant rendu aux Russes, il lui aurait été beaucoup plus agréable de n'être convoyé que par des Russes.

— Cet ordre ne dépend pas de moi, lui répondit Stroukof ; du reste, vous avez pour escorte, derrière vous, des soldats russes.

En apprenant qu'il avait derrière lui des lanciers russes, Osman-Pacha parut tranquillisé et prit son parti de devoir suivre les Roumains. Le cortége venait de faire un assez grand bout de chemin par la chaussée quand on entendit des hourras frénétiques sur la rive de la Vid ; c'était le grand-duc Nicolas qui venait d'arriver sur le champ de bataille et qui félicitait les troupes de leur victoire. On fit aussitôt tourner bride à toute l'escorte et à la calèche d'Osman-Pacha pour aller à sa rencontre.

Le grand-duc Nicolas s'étant, comme nous l'avons dit, mis, dans la matinée, à la tête de toutes les troupes de la rive droite de la Vid était entré dans Plevna, l'avait traversé dans toute sa largeur et en était sorti en se dirigeant du côté de Tirnen afin de tourner l'armée turque et d'aller se rendre compte de la lutte que soutenaient les grenadiers. Quand sa suite atteignit le sommet de la hauteur la plus voisine au delà de Plevna, elle vit tout à coup à ses pieds la ville à vol d'oiseau. On voyait l'infanterie russe traversant les rues, des patrouilles de cosaques se rendant d'un point à un autre, l'artillerie de gros calibre roulant avec fracas. Le grand-duc se dirigea vers la Vid. A une distance de deux kilomètres sur la droite, on voyait dans la vallée les troupes russes marchant en ordre de bataille sur les derrières des Turcs. Tout à coup un aide de camp accourut à la rencontre du grand-duc et lui fit son rapport. Aussitôt la nouvelle se répandit qu'Osman-Pacha était rejeté au delà de la Vid, qu'il se rendait, et alors un hourra enthousiaste retentit parmi les personnes de la suite et de l'escorte. Le grand-duc envoya le lieutenant Derfelden, un de ses officiers d'ordonnance, pour annoncer à l'empereur cette heureuse nouvelle, mais celui-ci la connaissait déjà depuis cinq minutes ; le colonel Moravsky la lui avait apportée, ce qui lui avait valu sa nomination comme aide de camp de l'empereur.

Le grand-duc et sa suite continuèrent à se diriger au trot vers la Vid. Bientôt ils virent apparaître les hauteurs occupées par les Russes et le cours de la Vid, dont la rive gauche était couverte de grenadiers et la rive droite de tabors turcs en désordre. Ceux-ci n'étaient pas encore désarmés, mais la canonnade avait cessé.

Le grand-duc atteignit la Vid, la traversa deux fois à gué, tant cette rivière fait de détours, et s'approcha de la ligne des grenadiers, qui le reçurent avec des cris d'enthousiasme. Arrêtant son cheval devant le régiment des grenadiers de Sibérie, il félicita les troupes pour la brillante victoire qu'elles venaient de remporter, les remercia pour leurs peines et pour le courage héroïque dont elles avaient fait preuve, et enfin, agitant sa casquette au-dessus de sa tête, donna le signal d'un hourra en l'honneur de l'empereur. Il parcourut ensuite le front de toutes les troupes, remerciant chaque régiment en particulier.

Les grenadiers, les dragons de Kazan, les lanciers du Boug, les hussards de Kiew, l'artillerie à pied et à cheval, les canons pris aux Turcs, — se tenaient étroitement serrés sur le terrain où venait de se dérouler le dernier épisode de la bataille. On voyait çà et là des cadavres turcs et une dizaine de chevaux et de buffles éventrés par des obus ; des blessés turcs s'étaient réfugiés dans les fossés de la route ou bien s'appuyaient aux chariots, attendant leur tour de pansement. Au bord même de la rivière un soldat turc, blessé mortellement, expirait doucement, soutenu par trois grenadiers qui lui versaient de l'eau sur la tête et lui donnaient leur gourde pour étancher sa soif. Sur le pont même, on voyait quelques flaques de sang et au fond de l'eau, peu profonde, on distinguait des cadavres d'hommes, de chevaux et de buffles tombés avec le parapet pendant la retraite des Turcs.

De l'autre côté du front, sur la rive turque, les médecins et les ambulanciers russes et roumains pansaient les blessés turcs et l'on voyait à côté d'eux les premiers tas de fusils rendus par les soldats d'Osman. A la descente du pont se tenaient déjà des sentinelles russo-roumaines, d'un côté un grenadier de Sibérie, de l'autre un dorobance roumain, avec son bonnet d'astrakan et son plumet.

Ayant atteint la maison de garde dans laquelle Osman-Pacha avait fait sa reddition, et en apprenant que le général turc avait été emmené, le grand-duc continua à suivre la chaussée de Plevna, dans la direction de la ville. Les masses d'armes jetées çà et là sur la route rendaient le passage très-difficile, d'autant plus que l'on se heurtait à chaque instant à des tas de cartouches éparpillées, d'obus intacts. Parmi les fusils Martini et Peabody on apercevait aussi des chassepots et des krenkas, enlevés aux Russes dans les combats précédents, des carabines à répétition, de longs fusils turcs vieux système, des pistolets et des revolvers, des poignards, des yatagans, des sabres et enfin une foule d'instruments de sape. Tous ces objets se trouvaient sur la droite de la chaussée, tandis que la gauche était embarrassée par une longue file de chariots militaires et autres, sur lesquels apparaissaient de temps à autre la figure mystérieuse d'une femme turque, le visage caché à tous les regards. A part cela, de nombreux chariots retournaient à Plevna pleins de blessés et suivis de nombreux blessés à pied, qui se traînaient péniblement. Le personnel médical turc était si peu suffisant qu'il ne pouvait pas soigner la centième partie de ces malheureux, et les médecins russes et roumains ne savaient où donner de la tête en voyant cette foule de malheureux auxquels ils devaient donner de prompts secours.

De temps à autre, on entendait un coup de feu provenant des fusils jetés sur la route et heurtés par le pied des chevaux. Un de ces coups de feu blessa le cheval d'un des lanciers de l'escorte, un autre atteignit le cheval d'un kalarasche et blessa ce dernier. Il y eut ce jour-là plus d'un accident de ce genre à déplorer.

C'est à mi-chemin entre le pont de la Vid et Plevna que le grand-duc Nicolas et Osman-Pacha se rencontrèrent. La calèche du général turc s'arrêta et le pacha prisonnier, soutenu par son médecin, se souleva sur une jambe, en s'appuyant sur la capote de la voiture. Pendant quelques instants les deux chefs se regardèrent sans mot dire. Tout à coup le grand-duc tendit la main et secoua chaleureusement celle d'Osman en disant :

— Je vous fais mon compliment pour votre défense de Plevna, c'est un des exploits les plus splendides de l'histoire.

Osman-Pacha sourit tristement, et répondit par quelques mots émus. Puis il se rassit. Les officiers russes crièrent tous « bravo ! bravo ! » à plusieurs reprises et saluèrent Osman-Pacha avec respect. Tous regardèrent le héros de Plevna avec admiration et sympathie. Le prince Charles de Roumanie arriva, s'approcha de la voiture, répéta presque les mêmes paroles que le grand-duc, et serra aussi la main à Osman, qui se leva encore une fois et salua, mais cette fois en silence.

— C'est une grande figure, dit le colonel Gaillard, l'attaché militaire français. Je craignais que mon attente ne fût trompée, mais Osman dépasse encore l'idéal que je m'étais fait de lui.

— C'est la figure d'un grand chef militaire, dit le jeune général Skobelef. Je suis content de l'avoir vu. Il est Osman-Ghazi — et Osman le Victorieux il restera, malgré sa reddition.

Dans la joie de cette glorieuse journée, les Russes oubliaient complétement les blessés qu'Osman avait si impitoyablement laissés mourir sous les murs de Plevna. On ne voyait que le grand homme de guerre dont on exagérait encore le mérite pour grandir le triomphe qu'on venait de remporter. Après cette rencontre, le prince Charles de Roumanie et le grand-duc Nicolas se dirigèrent tous deux vers Plevna où se rendit aussi Osman, que l'on installa dans l'une des meilleures maisons bulgares, où il passa la nuit avec son médecin et ses serviteurs.

Le lendemain matin, le général turc se rendit au déjeuner de l'empereur de Russie installé

LA GUERRE D'ORIENT

L'EMPEREUR ALEXANDRE ACCOMPAGNÉ DU GRAND-DUC NICOLAS ET DU PRINCE CHARLES DE ROUMANIE FAIT SON ENTRÉE DANS PLEVNA

DÉCOUVERTE DE SEPT ÉTENDARDS DANS LA MALLE D'UN COLONEL DE LANCIERS

comme lui dans une des maisons bulgares de Plevna. Il s'appuyait sur son médecin et était suivi de l'interprète du grand-duc Nicolas, le conseiller d'État actuel Makelew. Alexandre II s'approcha de lui dès qu'il entra dans la salle à manger et lui dit par l'entremise de M. Makelew :

— Quel a été le motif de votre tentative de trouée ?

— Comme soldat, et soucieux de ma réputation, j'ai cru devoir en tout cas la tenter ; je n'avais ni la possibilité ni le droit d'agir autrement... Ma tentative a échoué, mais si quelque chose peut amoindrir mon infortune, c'est d'avoir l'honneur d'être présenté à Votre Majesté.

— Je rends pleine justice à votre valeureux courage, quoiqu'il ait été dirigé contre mon armée.

— Sire, répondit Osman en s'inclinant respectueusement, je n'ai fait que remplir mon devoir de soldat et j'espérais que, non-seulement ma patrie m'en serait reconnaissante, mais que Votre Majesté m'approuverait et que votre armée m'estimerait.

— Connaissiez-vous la prise de Vratza, de Pravetz et d'Etropol et l'occupation d'Orkhanié par nos troupes ?

— Sire, je ne savais rien. Depuis l'affaire, malheureuse pour nous, de Gorny-Doubnik, aucune nouvelle n'avait pénétré à Plevna, quarante-cinq jours durant.

— Aviez-vous encore beaucoup de vivres ?

— Pour cinq jours seulement, et, la veille de ma tentative, ils avaient été distribués aux troupes.

— Comme preuve de l'estime que m'inspire votre courage, je vous rends votre épée, que vous pourrez porter aussi chez nous, en Russie, où, je l'espère, vous n'aurez aucun motif de mécontentement.

Osman-Pacha, visiblement reconnaissant, salua profondément l'empereur et sortit, soutenu par les mêmes personnes qui l'avaient aidé à venir. Dans la cour, on lui offrit un siége, sur lequel il se reposa quelques instants. La foule des officiers l'entourait respectueusement et beaucoup de généraux témoignaient leur estime au brave défenseur de Plevna. Le général-major Stein remit à Osman-Pacha son épée et le colonel Klioutcharow lui présenta une branche de myrte comme signe de ce que l'armée prisonnière et son valeureux chef ne se trouvaient plus, à partir de ce moment, au nombre des ennemis des Russes.

Osman resta six jours tant à Plevna qu'à Bogot. Il fit connaître à Constantinople sa captivité par le télégramme suivant qu'il adressa à son beau-frère et qui peut être regardé comme un modèle de modestie :

Bogot, 13 décembre.

« *A Son Excellence Rita bey Mumtaz effendi zadé, secrétaire au grand vizirat.*

« Vous ne devez pas ignorer que depuis un mois et demi nous étions assiégés. Ne recevant depuis lors aucun secours et manquant complètement de vivres, j'ai pris la résolution de me frayer avec mes troupes un passage à travers les rangs de l'armée russe, mais n'ayant pu réussir malgré tous mes efforts j'ai été fait, avec tous mes soldats, prisonnier de guerre. La bravoure de mon armée ayant été hautement appréciée, j'ai trouvé l'accueil le plus bienveillant de Sa Majesté l'Empereur ainsi que de la part de Son Altesse Impériale son frère le grand duc Nicolas. J'ai été blessé à la jambe gauche, mais je me porte assez bien. J'ignore encore l'endroit où je serai envoyé. Je vous écrirai une lettre détaillée à mon arrivée dans la résidence qui me sera désignée.

« Signé : OSMAN. »

Quelques jours après la prise de Plevna le bruit se répandit qu'Osman-Pacha allait être traduit devant un conseil de guerre pour répondre d'une grave accusation. On n'avait retrouvé dans Plevna que trois prisonniers russes et pas un blessé, et le général turc était soupçonné, avec toutes les apparences de la vérité, d'avoir massacré systématiquement tous ceux de ses ennemis qui étaient tombés vivants entre ses mains. On rappela à ce propos, la pendaison du général sudiste américain Wirz, coupable de faits de ce genre et un grand nombre de journaux russes et notamment la *Gazette de Moscou* dans un article passionné, exposèrent qu'une armée qui était commandée par l'empereur, et dont les grands-ducs partageaient les dangers et les fatigues, une armée qui s'attachait à observer toutes les règles de la Convention de Genève ne devait pas sanctionner les massacres de ses combattants par les troupes irrégulières ou régulières turques, en laissant impunis les chefs responsables de leur conduite. Cependant l'affaire n'eut pas de suite, les généraux russes ne voulurent point effrayer ceux des commandants turcs qui pourraient avoir envie de se rendre et les événements qui suivirent démontrèrent qu'ils n'eurent pas tort.

Quant à Osman, il nia toujours énergiquement s'être rendu coupable des atrocités qu'on lui reprochait. M. Vsevolod Krestovky, dans sa relation, rapporte notamment un entretien qu'il eut à ce sujet avec le général Skobelef dans la journée du 13 décembre. « La conversation étant tombée sur les cruautés commises par les Turcs à Schipka et à Tėlisch, Osman manifesta à cet égard toute sa désapprobation. « Pour ce qui me concerne, a-t-il dit, personne ne peut m'accuser ni accuser mes soldats d'atrocités de ce genre. Je sais que nos bachi-bouzouks en sont parfaitement capables, aussi ai-je agi à ma façon à leur égard pour que rien de pareil ne pût arriver. J'ai chassé de Plevna les plus turbulents et les plus indisciplinés d'entre eux, qui n'étaient du reste que des bouches inutiles, et j'ai incorporé le reste dans divers bataillons réguliers, les obligeant par là à se battre dans les tranchées. J'en ai fait pendre cinq qui se livraient à la maraude et depuis lors la maraude a cessé une fois pour toutes. Le seul reproche que vous puissiez me faire, c'est d'avoir donné l'ordre à mes tirailleurs d'empêcher qu'on ne relevât vos soldats tués ou grièvement blessés. Mais que faire : ils se trouvaient si près de nos retranchements, que vous auriez pu remarquer les points faibles de mes ouvrages et en profiter à la prochaine attaque. Du reste, nous avons été les premiers à souffrir de la mauvaise odeur qu'exhalaient ces cadavres ; et si vos soldats sont tombés si près de nos retranchements, cela prouve leur bravoure sans égale. Mais pour en finir une bonne fois avec les atrocités reprochées à mes collègues, voici ce que je vais faire, — et, demandant du papier et de l'encre, Osman-Pacha écrivit ce qui suit à Réouf-Pacha (1) :

Férik !

Le général Skobélef me fait savoir que nos troupes commettent des actes de cruauté sur les blessés russes. Je dois vous rappeler que de pareils actes sont contraires à nos sentiments d'humanité, à toutes les lois internationales et enfin à la convention de Genève, à laquelle nous avons adhéré de même que tous les autres états de l'Europe. Je vous propose, par conséquent, de prendre les mesures immédiates pour qu'on mette aussitôt un terme à toute espèce d'atrocités !

« Cette lettre ne contenait que ce qui précède, sans aucune de ces longues formules orientales de politesse et sans aucun compliment. En guise de signature, Osman apposa son cachet et remit la lettre au général Skobélef, en lui disant : « Trouvez une occasion de faire remettre cette « lettre à Réouf-Pacha, et je suis persuadé que « toutes les atrocités cesseront. »

Nous ne savons si la lettre fut remise mais les atrocités n'en continuèrent pas moins jusqu'à la fin de la guerre. Du moins Osman-Pacha témoigna ainsi de son horreur pour les actes dont on l'accusait.

(1) Réouf-Pacha était alors kaïmakan, c'est-à-dire coadjuteur du ministre de la guerre, et quelques jours après il fut nommé ministre.

Plus tard, pendant sa captivité en Russie, les journaux ayant de nouveau raconté qu'il avait fait enterrer vivants 150 prisonniers russes, il protesta de nouveau par un télégramme adressé au *Golos*. Il affirma n'avoir jamais eu entre les mains que 30 prisonniers qui avaient été expédiés sur Sofia. Et il ajouta que ses troupes n'avaient pas fait un prisonnier et ne s'étaient emparées d'aucun blessé russe dans les journées du 11 et du 12 septembre. Nous devons dire que cette dernière assertion rencontra beaucoup d'incrédules. Quoi qu'il en soit le gouvernement russe ne crut pas devoir saisir les puissances européennes ; seul l'infatigable ministre des affaires étrangères roumain qui avait déjà adressé tant de circulaires à ses agents à l'étranger, leur adressa encore la protestation suivante :

Une nouvelle preuve de la façon dont l'armée ottomane fait la guerre et respecte la convention de Genève a été donnée à l'Europe civilisée, à l'occasion de la prise de Plevna. On n'a pas trouvé un seul soldat roumain prisonnier ou blessé dans cette place, au moment de la capitulation d'Osman-Pacha, et malgré l'assurance donnée par ce dernier à la Porte que plus de trois cents soldats roumains étaient entre ses mains.

Je vous prie de porter ces faits à la connaissance du gouvernement auprès duquel vous êtes accrédité.

COGALNICEANO.

Le 16 décembre, Osman-Pacha quitta Bogot. Il fut envoyé en Russie par un train spécial, appartenant à la Société de la Croix-Rouge, et fut interné à Kharkow, où il mena une vie très-retirée, refusant d'entrer en relation avec la plupart de ceux de ces compatriotes qui étaient prisonniers dans la même ville. Le sultan, comme témoignage de son estime et de l'intérêt qu'il lui portait, lui fit envoyer, pour ses dépenses personnelles, mille livres turques en or, prises sur les subsides venus de l'Inde. Pendant qu'il était en route, le bruit courut qu'il s'était empoisonné à Simnitza, pour ne point survivre à sa défaite. Cette fausse nouvelle causa la mort de sa femme qui résidait à Constantinople et dont la santé était fort ébranlée par les angoisses qu'elle éprouvait depuis six mois.

Les prisonniers et les trophées.

Le système de l'investissement adopté par le général Totleben, sous les murs de Plevna, venait d'aboutir à la brillante journée du 10 décembre. Le meilleur des généraux du sultan, la meilleure armée turque étaient prisonniers ; les Russes purent alors connaître le chiffre exact des défenseurs qui avaient retenu jusqu'à 150,000 hommes sous des retranchements improvisés. D'après le rapport de Totleben, le total des prisonniers se composait de dix pachas, à savoir : le mouchir Osman-Pacha, commandant en chef ; le férik (général de division) Adil-Pacha ; les livas (généraux de brigade) Tarikh-Pacha, chef d'état-major ; Tevfik-Pacha, commandant du génie, qui avait rempli plusieurs fois temporairement les fonctions de chef d'état-major ; Ahmed-Pacha, commandant de l'artillerie ; Atif-Pacha, Sadyk-Pacha, Toïr-Omer-Pacha, Houssein-Vasri-Pacha et Edhem-Pacha ; 130 officiers supérieurs, 2,000 officiers subalternes, 40,000 fantassins et artilleurs et 1,200 cavaliers. Ajoutez à cela que le rapport estime à 6,000 hommes les pertes subies par l'armée turque dans sa tentative de sortie, et qu'il y avait 4,000 malades ou blessés dans les maisons de Plevna. Si l'on tient compte de ce fait qu'elle était sans vivres, décimée par la maladie, presque entièrement privée de munitions, l'effort suprême tenté par cette poignée d'hommes contre un ennemi qui lui était près de quatre fois supérieur en nombre, sera considéré comme une fin glorieuse et digne de l'héroïque résistance d'Osman-Pacha et de ses braves soldats ; et les Français ne sauraient se défendre d'un sentiment d'amertume bien naturel en comparant cette capitulation avec celle d'un autre maréchal placé dans des conditions numériques bien autrement avantageuses pourtant, et qui ne tenta pas ce dernier effort avant de déposer les armes.

La journée du 10 décembre coûta assez cher aux Russes ; les pertes furent surtout supportées par le régiment de Sibérie, dont certaines compagnies furent complètement anéanties. Ces pertes se répartissent ainsi : tués — 2 officiers supérieurs, 2 officiers subalternes et 409 soldats ; blessés — 1 général, 4 officiers supérieurs, 47 officiers subalternes et 1,310 soldats.

On ne trouva dans Plevna que 77 canons, et si l'on songe que les Russes eurent en dernier lieu près de 600 pièces d'artillerie sous les murs de Plevna, on appréciera mieux l'énorme disproportion de la lutte soutenue avec succès pendant si longtemps par Osman-Pacha. Les Russes s'emparèrent en outre d'une grande quantité de cartouches ; quant aux munitions pour l'artillerie, elles étaient devenues fort rares dans Plevna et les vivres manquaient tout à fait, comme on l'a vu.

Les troupes turques ne rendirent aucun drapeau avec leurs armes et ceci forme encore un contraste fort attristant pour nous avec ce qui se passa lors de la reddition de Metz. Quand on demanda aux officiers ce que les étendards étaient devenus, ils répondirent qu'ils n'en savaient rien. Le colonel Panioutine, qui fut nommé commandant de la place de Plevna, ayant appris par des Bulgares que les Turcs avaient été vus enterrant plusieurs caisses, envoya de nombreuses corvées de soldats armés de pelles et de pioches exécuter des recherches sur le terrain où se tenait la garnison turque avant la capitulation.

Un matin, on déterra à la sortie de la ville, une énorme caisse en fer, munie de cinq grosses serrures, un véritable coffre-fort, en un mot, que l'on apporta chez le colonel. Tout d'abord, on crut qu'on avait trouvé une caisse de régiment ; après plus d'une heure de travail, on parvint enfin à faire sauter les serrures. Cette caisse appartenait à un colonel de lanciers turcs, ainsi que l'apprit une tunique de grande tenue au col brodé et dont les manches surchargées de galons hongrois portaient un croissant en or brodé sur velours rouge, au centre duquel étaient deux lances croisées. Sur la poitrine étaient attachées la croix du Medjidié, la médaille en or de la valeur militaire et la médaille turque en argent de la guerre de Crimée.

A côté de la tunique on trouva tout le bagage d'un riche officier supérieur. Au fond de la caisse étaient de vieux chiffons et des liasses de papiers. Un des officiers les remuait négligemment, quand tout à coup il vit un morceau de soie rouge avec un croissant d'or apparaître entre les papiers. Il le sortit de la caisse et l'on vit alors que c'était un étendard turc. Bientôt l'on eut entre les mains les drapeaux d'un régiment de lanciers turcs que le colonel avait détachés de leurs hampes, et cachés dans la caisse qu'il avait fait enterrer, espérant la retrouver à la fin de la guerre. Ces insignes étaient au nombre de sept : le drapeau du régiment, les étendards des quatre escadrons et deux fanions. Ce fut, avec l'étendard pris pendant la bataille, tous les drapeaux dont s'emparèrent les vainqueurs. Les autres ont sans doute été cachés comme ceux des lanciers et n'ont pas été découverts. Rien dans les documents officiels que nous avons dans les mains ou dans les correspondances des journaux et les renseignements particuliers que nous avons compulsés ne nous permet de dire comment ce butin et ces trophées furent partagés entre les Russes et les Roumains.

Les prisonniers turcs furent dirigés vers la Russie en grande partie et dès les premiers jours qui suivirent la chute de Plevna. L'hiver qui avait été relativement assez doux jusqu'alors,

ASPECT DE LA ROUTE DE SOFIA APRÈS QUE L'ARMÉE DE PLEVNA EUT DÉPOSÉ LES ARMES. — MAISON OU OSMAN-PACHA BLESSÉ FUT TRANSPORTÉ

devint brusquement excessivement rigoureux. Les grands froids firent inopinément leur apparition; il y eut d'épouvantables chasse-neige et ces malheureux dépourvus de manteaux et de vêtements chauds périrent en grand nombre. S il en faut croire les bruits recueillis par des correspondants, l'administration russe ne serait pas absolument innocente des souffrances que les prisonniers endurèrent. Sans nous porter aucunement garant de la vérité des renseignements qui y sont contenus, nous reproduirons, entre autres pièces, le passage suivant d'une correspondance de la *Fé* de Madrid qui donnera une idée des accusations dont elle a été l'objet : « Avez-vous lu ou vu que jamais des hommes meurent de faim au milieu de l'abondance des vivres? Y a-t-il des exemples de malheureux qui tombent morts de froid, après s'être traînés sur la terre comme des serpents, parce qu'ils ne pouvaient plus se tenir sur leurs pieds gelés? Dans quelle ville, où l'on combat par les armes, a-t-on jamais vu les rues jonchées de cadavres, dévorés parfois par les chiens dans les quartiers les moins fréquentés?

« Venez cependant à Turnu-Magurelli, et vous serez témoin de faits aussi scandaleux. Ne croyez pas que j'exagère; bien loin de là. Il n'y a pas une seule rue de cette ville qui n'apparaisse le matin pleine de cadavres. Dans les pavillons des jardins publics, où les malheureux prisonniers turcs se réfugient en cherchant un abri contre le froid glacial de la nuit, les agents de police en ramassent tous les matins un si grand nombre que leur inhumation exige parfois un ou deux jours.

« On trouve souvent, pendant le jour, au coin des rues, des malheureux soldats turcs, assoupis et en état de léthargie. Il y en a qui tombent en parlant pour ne plus se relever. Je passe sous silence ceux qui meurent hors des villes, sur le chemin d'ici à Bucharest, et sur d'autres chemins où les voitures et les trains passent au milieu des cadavres ou sur des cadavres. Enfin, je considère toute description comme ne pouvant atteindre la réalité, et je renonce à dépeindre l'horrible spectacle auquel nous assistons.

« On songe à la responsabilité du gouvernement russe, qui a ordonné de mettre en mouvement 40,000 prisonniers sans avoir les moyens de leur procurer un abri et des vivres.

« Un capitaine russe, avec lequel je suis intimement lié, m'a dit, avec l'accent de la plus vive indignation :

« Ne comprenez-vous pas la cause de tout cela? Ne voyez-vous pas que plus il y aura de morts parmi les prisonniers, plus grand sera aussi le bénéfice des employés de l'intendance militaire? Le gouvernement russe paye 4 fr. par jour pour chaque officier turc et 1 fr. pour chaque soldat. Devinez maintenant l'intérêt que l'intendance a à la mort de ces malheureux!

« Je crois que l'officier russe a mis le doigt sur la plaie. Cette spéculation infâme peut seule expliquer ce qui arrive. Il serait plus humain de tuer ces malheureux à coups de canon.

« Les récits faits par ceux qui parcourent les chemins sont à faire dresser les cheveux sur la tête. Il suffit de dire que jusqu'aujourd'hui 1,500 hommes sont morts, par l'effet de la faim et du froid, de Plevna à Bucharest. »

Plus tard l'armée russe elle-même porta la peine des souffrances infligées aux malheureux prisonniers turcs. La variole à tache noire se déclara parmi eux avec une violence inouïe, infecta complètement le matériel des chemins de fer roumains qui servit à leur transport, se communiqua par eux aux soldats, pénétra à leur suite en Russie et causa partout de grands ravages. Nous aurons à revenir sur cette terrible maladie qui éclata également en Arménie et qui y tua plus de monde aux Russes que ne l'avait fait la guerre.

Dans Plevna.

Le 11 septembre, un *Te Deum* solennel fut célébré dans l'une des batteries russes en présence de l'armée. Le czar en y arrivant embrassa son frère Nicolas avec effusion et lui revêtit de sa main le cordon de l'ordre de Saint-Georges de première classe. D'autres décorations furent distribuées en abondance, les généraux Totleben, Nepokoïtchisky et Milioutine eurent l'ordre de Saint Georges de 2e classe, les généraux Imerétinsky et Levitsky l'ordre de Saint-Georges de 3e classe (1). Pendant le service religieux il y eut une dernière salve de toutes les pièces en batterie autour de Plevna, mais cette fois on n'entendit plus le sifflement des obus.

Après le *Te Deum* l'empereur se rendit à cheval à Plevna accompagné du grand-duc Nicolas et du prince Charles de Roumanie. La ville avait repris un peu d'animation. On voyait des draperies aux balcons et les rues étaient pleines de Bulgares qui jonchaient de branches de myrte le

(1) Par rescrits du même jour l'empereur décora le czarewitch de l'ordre de Saint-Georges de 2e classe, et conféra une épée en or au grand-duc Vladimir, commandant du 12e corps.

chemin du czar. A l'entrée de l'église se tenait tout le clergé bulgare, revêtu d'habillements des plus simples et ayant en main les objets du culte, ornés de branches de myrte. L'empereur baisa la croix et reçut les félicitations de l'archiprêtre. A défaut de cloches, on entendait au haut de l'église le bruit du heurtoir en bois qui les remplace. On voyait en outre dans les rues de longues files de prisonniers turcs, venus pour assister à l'entrée du monarque russe et qui le saluaient à la manière orientale.

Les habitants chrétiens de Plevna remirent à Alexandre II une adresse qui est curieuse à titre de renseignements sur l'impression que la venue des Russes produisait sur la population bulgare. Aussi croyons-nous en devoir citer le passage suivant :

Grand Empereur,

... Ainsi que le soleil, vous avez éclairé notre pays en y venant et les chaînes que nous portions depuis des siècles ont fondu comme fond la neige sous l'influence des rayons solaires.

Pouvons-nous rester indifférents à ce grand événement, des résultats duquel nous ne serons pas seuls à jouir, car nos enfants et toute notre descendance en profiteront? Par nos souffrances pendant un siège de cinq mois, nous, habitants de Plevna, nous avons conquis le droit de nous mettre à la tête du peuple bulgare pour manifester à Votre Majesté ses sentiments les plus chaleureux. Nous sommes fermement persuadés que la délivrance de Plevna est l'œuvre de la délivrance de l'ancienne Bulgarie; Plevna vient de ressusciter la première après être morte la dernière, il y a bien des siècles.

Pour graver dans la mémoire de nos descendants la date de cette résurrection et pour que l'on se rappelle dans l'avenir le bonheur que vous nous avez accordé en visitant notre ville, nous demandons à Votre Majesté l'autorisation de fonder à Plevna un gymnase de garçons et de lui donner le nom de Votre Majesté Impériale, le nom du Czar libérateur que chaque Bulgare ne cessera de vénérer.

La Bulgarie, comblée de vos bienfaits, Sire vous considère comme son sauveur; elle doit vous consacrer ses enfants, qui sont l'espoir de son pays, le gage de ses progrès dans la voie de la vraie civilisation et de son union fraternelle avec la Russie.

Sous le règne d'Alexandre, fils de Georges Straschimir, l'astre de la Bulgarie s'est trouvé éteint pour de longs siècles au-dessus de ces mêmes hauteurs de Plevna qui l'ont vu resplendir de nouveau grâce à un autre Alexandre, couvert de l'égide de Saint-Georges le Victorieux et justement nommé l'effroi de l'oppression et de la tyrannie.

L'empereur ne resta que quelques heures à Plevna et retourna à Poradin. L'aspect de la ville ne pouvait en effet qu'inspirer le désir de la fuir. Nous avons dit que quand Osman-Pacha se mit en mouvement avec son armée, le 9 décembre au soir, afin de percer le lendemain la ligne d'investissement russo-roumaine, les médecins et les infirmiers militaires se joignirent à ses troupes, abandonnant dans les mosquées et dans de nombreuses maisons, converties en ambulance, 4,000 malades et blessés, incapables de se mouvoir, tout ce qui pouvait marcher étant parti avec eux. Ces malheureux restèrent seuls et abandonnés pendant trois jours sans pansement ni nourriture. Aussi quand les Russes entrèrent dans la ville, quel épouvantable et déchirant spectacle eurent-ils sous les yeux! Les ambulances et les hôpitaux étaient devenus d'horribles charniers, où depuis trois jours les vivants gisaient pêle-mêle avec les morts au milieu d'une pourriture sans nom et dans une atmosphère infecte. L'on se mit immédiatement à la besogne pour assainir les ambulances. On réquisitionna les Bulgares, pour enlever les cadavres dans des charrettes, et, en quelques jours on en enterra plus de 1,100.

La mortalité, tant que la ville ne fut pas un peu assainie, resta très-grande dans les hôpitaux et les ambulances et tous les jours on voyait passer dans les rues des charrettes chargées des victimes que la mort impitoyable ne cessait de faire. Un correspondant du *Moniteur universel* qui assista à une de ces évacuations du grand hôpital en a tracé ce lugubre croquis. « Les infirmiers turcs chargeaient à la porte d'entrée les cadavres des morts de la veille sur des charrettes attelées de buffles qui devaient conduire leur funèbre cargaison à la fosse commune située en dehors de la ville. Les morts étaient déposés dans la cour de l'hôpital et formaient un sinistre monceau à moitié couvert de neige, et il y en avait également à recueillir dans toutes les autres ambulances. Ces mains et ces têtes souillées de boue, sortant des claires-voies des charrettes, ces tas de haillons ensanglantés de chairs bleuies et noircies par la gangrène, étaient horribles à voir. »

Les quartiers bulgares de la ville avaient très-peu souffert du bombardement, les Russes connaissaient leur emplacement exact et les avaient ménagés ; seule la nouvelle église où l'on pensait que les Turcs avaient établi une poudrière avait eu ses murailles trouées en plusieurs endroits. Mais quand on arrivait aux quartiers turcs, principalement à celui situé en arrière des redoutes de la Montagne-Verte, on avait sous les yeux l'image de la plus effroyable dévastation. Partout on ne voyait que ruines et décombres; les rues encombrées de pierres et de poutres étaient impraticables pour les chevaux. Les habitants musulmans avaient en outre beaucoup souffert.

Quand Osman-Pacha se prépara à exécuter sa sortie, ils abandonnèrent leurs demeures, comme nous l'avons dit, et entassant pêle-mêle leurs vêtements et quelques meubles sur des charrettes sortirent à la suite de l'armée formant un immense convoi de 5 à 6,000 voitures qui s'étendait de la sortie de la ville jusqu'au pont sur la Vid. Pendant la déroute beaucoup de ces charrettes furent renversées par les soldats en fuite; d'autres brisées pour faire du feu ou pillées par les maraudeurs. Beaucoup de buffles et de bœufs des attelages furent abattus pour servir de nourriture aux troupes.

Pendant vingt-quatre heures ces malheureux Turcs durent rester, eux et leurs familles, dans la glaciale vallée de la Vid, sans abri et sans feu. Quand ils purent rentrer dans Plevna, ils trouvèrent leurs demeures dévastées et pillées par les Bulgares et maintenant on rencontrait quelques femmes turques enveloppées dans leurs voiles, se glissant silencieusement dans les rues le long des maisons et s'arrêtant quelquefois pour tendre tristement la main aux officiers russes en implorant l'aumône.

Les fortifications de Plevna.
Considérations théoriques sur le siége.

Nous ne saurions quitter Plevna sans dire quelques mots des enseignements que contient la belle défense d'Osman-Pacha. Les fortifications passagères ont d'un usage très-ancien, mais nous ne croyons pas qu'il en ait jamais été fait un emploi aussi étendu et aussi efficace qu'à Plevna. Il y a là un fait qui nous semble tout à fait nouveau, quoiqu'on en ait dit, et qui montre ce que pourra désormais, avec les fusils à tir rapide, une tactique défensive qui s'appuiera systématiquement sur ces deux facteurs : l'application sur une grande échelle des travaux de fortification et le tir rapide consistant à user du plus grand nombre possible de cartouches. Il y a là l'élément d'une transformation considérable dans les procédés de la guerre moderne.

L'ancien fusil produisait son effet jusqu'à une distance de trois cents pas environ, et il fallait beaucoup de temps pour le charger ; il en résultait que si une colonne d'attaque marchait rapidement sur des retranchements, elle n'était exposée à recevoir que six ou sept décharges avant de les atteindre. Si la colonne d'attaque était assez forte pour que les pertes éprouvées pendant ce trajet meurtrier ne la rendissent pas impuissante, le succès était presque certain puisqu'elle ne trouvait qu'un assez petit nombre d'ennemis derrière les retranchements et pouvait s'y établir en attendant des renforts.

On vit bien, aux attaques de Plevna, que les colonnes d'attaque qui pouvaient affronter le fusil à tir lent se brisent devant le fusil à tir rapide ; à leur première attaque, les Russes étaient très-peu nombreux, et ils peuvent attribuer leur échec à leur petit nombre ; à la seconde attaque, on ne lança pas moins de 50,000 hommes contre des forces légèrement supérieures ; cette attaque ne réussit pas : l'assaut avait été prématuré, on n'avait pas fait suffisamment taire l'artillerie ennemie : ce fut du moins l'explication qui fut donnée. Cette explication n'était pas bonne, et la troisième attaque le prouva bien : cette fois, en effet, ce furent 85,000 Russes et Roumains qui furent lancés contre 60,000 Turcs ; les batteries turques avaient été complétement réduites au silence ; les Russes furent néanmoins repoussés, et l'on put se convaincre cette fois de l'impossibilité ou presque impossibilité d'aborder et d'enlever des retranchements bien construits, quand ils sont défendus par des fusils à tir rapide.

Pour que le fusil à tir rapide trouve tous ses avantages il faut que, comme c'était le cas à Plevna, les retranchements occupent la crête d'un terrain très-uni, d'une sorte de gigantesque glacis qui ne présente aucun abri à l'ennemi ; si ce glacis a une longueur de deux kilomètres, portée maximum des fusils actuels, le camp fortifié se trouvera installé dans les meilleures conditions possibles. Des ennemis attaquant des retranchements de ce genre ne pourraient pas franchir cette distance en moins de douze minutes, en supposant le maximum de vitesse compatible avec les circonstances. Ces douze minutes représentant 40 décharges du fusil à tir rapide, on estime que ce nombre de décharges dépasse ce qu'on peut attendre des troupes les plus braves, si dispersé que soit leur ordre, si minces que soient les lignes d'attaque. Malgré tous les efforts de la tactique il y aura littéralement une pluie horizontale de balles sur le terrain que les assaillants devront parcourir.

C'est une règle généralement acceptée que la troupe la plus brave et la plus disciplinée recule quand elle a perdu la moitié de son effectif. Si on expose une troupe quelconque à franchir les 2,000 pas du glacis sous le feu rapide de l'infanterie cachée derrière des retranchements, on la mène simplement à une inutile boucherie. Il faut donc que l'agresseur se résigne à n'approcher lui-

LA GUERRE D'ORIENT

même qu'en se protégeant, il faut qu'il remue lui-même de la terre et se condamne à un véritable siége. Les parallèles qu'il tracera devront avoir en certains endroits des réduits assez vastes pour loger des troupes d'attaque en nombre con-

Le fusil à tir rapide attirera donc désormais presque forcément la guerre, au moins au point de vue tactique, dans les grandes plaines, sur les plateaux couverts de limon ou de terrains très-meubles, dans les vallées remplies de puissantes

LA TENTE DU GRAND-DUC NICOLAS A BOGOT

sidérable. Il faut que l'armée assiégeante puisse remuer avec une grande facilité, tout en restant à couvert du feu de l'infanterie assiégée. Autrement les assiégeants se trouveraient exposés à des sorties perpétuelles. Il faut donc imaginer deux systèmes de fortifications passagères qui se cherchent mutuellement, qui s'approchent, qui se défilent, un siége contre un siége; le tout dans des terrains meubles, faciles à remuer, dans des terrains généralement très-unis et sans fortes pentes.

alluvions. On l'attirera aussi sur les lignes de chemins de fer, car les grandes lignes épousent naturellement les grandes vallées et les longs plateaux.

Ces guerres tactiques, qui forcément deviendront des sortes de siéges, auront pour effet de rendre beaucoup moins rapides et beaucoup plus difficiles les invasions. Il convient de reconnaître cependant qu'elles seront toujours diversifiées par ce qu'on pourrait appeler la guerre stratégique, à laquelle les montagnes continueront à fournir les expédients les plus imprévus et les plus redoutables.

Les difficultés presque inséparables de la nouvelle tactique rendront de plus en plus nécessaire l'emploi de forces très-considérables, capables d'amener, par une série de mouvements stratégiques, de véritables investissements d'armées et de les réduire par le blocus, en se tenant elles-mêmes retranchées contre un ennemi retranché lui-même. On ne peut pas dire d'une façon absolue que le succès appartiendra au nombre; mais le nombre deviendra un élément extrêmement important, dont devront tenir le plus grand compte ceux qui travaillent le plus à fortifier le moral des armées. Le côté consolant de la nouvelle guerre, c'est que les opérations défensives y deviendront plus faciles; en se tenant sur la défensive dans des positions bien choisies, des armées attaquées par un envahisseur pourront l'arrêter extrêmement longtemps, assez longtemps pour permettre la formation d'armées de réserve et de secours.

Une fois qu'ils furent entrés dans Plevna, les Russes purent examiner à loisir les ouvrages contre lesquels ils s'étaient brisés dans trois assauts. Ces ouvrages, dont Osman n'avait cessé d'accroître le nombre jusqu'au mois de novembre, étaient construits sur un plan excessivement simple, et les deux croquis que nous donnons ci-contre, d'après l'*Invalide russe*, en donneront une idée complète.

Le croquis n° 1 représente le plan d'une redoute. C'est, comme on voit, un ouvrage formant un carré régulier entouré d'un double fossé : à l'intérieur en arrière de l'ouvrage se trouvaient quatre énormes traverses en forme de croix ; l'espace compris entre elles, et teinté de traits horizontaux, était blindé.

Le croquis n° 2 représente le profil de la même redoute. A représente l'embrasure dans une des traverses ; G les galeries creusées dans les fossés, et C les cloisons blindées qui les couvraient ; les lignes de feux sont marquées par des pointillés. Derrière le parapet du premier fossé il y avait une première ligne de tirailleurs ; derrière le parapet du second une seconde ligne de tirailleurs, ce qui constituait deux lignes de feux de mousqueterie; dans la traverse tournée du côté de l'ennemi, il y avait deux pièces d'artillerie, et une dans chacune des traverses des côtés, ce qui constituait la 3° ligne de feux.

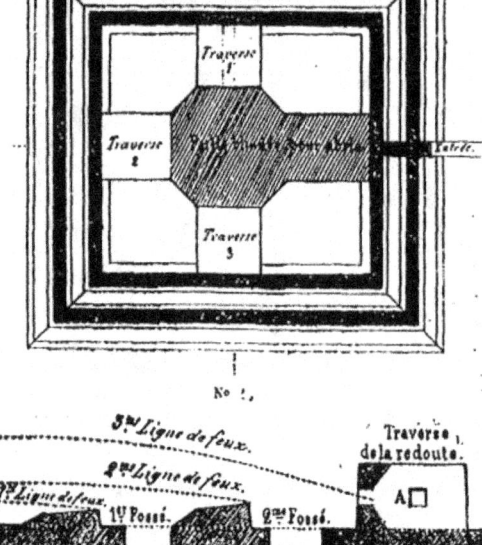

La garnison de la redoute se tenait dans des huttes installées partie dans les galeries des fossés et partie sous le blindage qui réunissait les traverses. Les soldats y étaient à peu près complètement à l'abri des balles et des obus, et la canonnade russe, qui laboura la terre autour d'eux mieux que n'aurait pu le faire la charrue, ne leur fit jamais grand mal. Ils y faisaient leur cuisine, mangeaient, dormaient et n'avaient qu'à sortir de leur porte en cas d'attaque et à prendre leurs fusils, qui étaient toujours rangés tout chargés le long des parapets. A deux mille pas, ils ouvraient le feu contre l'ennemi et, fait qui a été constaté par tous les officiers russes, leur tir était surtout efficace entre 2000 et 600 pas ; quand les colonnes d'assaut étaient plus rapprochées, les Turcs n'osaient plus viser et se contentaient de décharger leur fusil au hasard, en élevant les mains au-dessus du parapet, de sorte que les balles passaient généralement par-dessus la tête des assaillants et que le nombre des coups qui portaient était beaucoup plus rare.

XXXVII. — PREMIÈRES NÉGOCIATIONS

Le rôle de M. Layard à Constantinople.

Dès le 8 juin 1877, c'est-à-dire avant même le passage du Danube, le comte Schouvalof, ambassadeur de Russie à Londres, dans une conversation qu'il avait avec lord Derby, le ministre des affaires étrangères anglais, fixait de la façon suivante les conditions auxquelles la Russie consentirait à faire la paix au cas où la Turquie se résignerait à traiter avec les armées de son ennemie avant qu'elles aient passé les Balkans (1) :

Ce qui est absolument nécessaire à la Russie, dit le comte Schouvalof, c'est qu'elle mette fin aux crises continuelles en Orient, premièrement en établissant la supériorité de ses armes d'une manière tellement complète qu'à l'avenir les Turcs ne soient pas tentés de la défier à la légère, et secondement en plaçant les chrétiens, spécialement ceux de la Bulgarie, dans une position qui les garantisse efficacement contre les abus de l'administration turque.

Ce qui est nécessaire à l'Angleterre, c'est le maintien en principe de l'empire ottoman et l'inviolabilité de Constantinople et des détroits.

Ces vues ne sont pas inconciliables. Du moment où nous nous sommes engagés dans la guerre, nous ne pouvons admettre aucune restriction à nos opérations éventuelles. Elles restent entièrement subordonnées aux exigences militaires ; mais les conséquences de cette guerre peuvent être confinées d'avance dans certaines limites convenues. Nous pouvons donner au moment actuel l'assurance que si la neutralité des puissances est maintenue et si la Porte demande la paix avant que nos armées aient franchi les Balkans, l'empereur s'engagera à ne pas dépasser cette ligne.

En ce cas la paix pourrait être conclue aux conditions suivantes : la Bulgarie jusqu'aux Balkans serait constituée en province vassale autonome sous la garantie de l'Europe. Les troupes et les autorités turques en seraient éloignées, et les forteresses désarmées et rasées. L'autonomie serait établie avec l'appui d'une milice nationale à organiser aussitôt que possible.

Les puissances s'entendraient pour assurer à la partie de la Bulgarie qui est au sud des Balkans, ainsi qu'aux autres provinces chrétiennes de la Turquie, les meilleures garanties possibles pour une administration régulière. Le Monténégro et la Serbie recevraient un accroissement de territoire à déterminer de commun accord. La Bosnie et l'Herzégovine seraient pourvues d'institutions qui seraient du consentement commun jugées compatibles avec leur état intérieur et de nature à leur garantir une bonne administration indigène. En ce qui concerne la Roumanie, qui vient de proclamer son indépendance, l'Empereur est d'opinion que c'est une question qui ne peut être résolue que par une entente générale.

Si ces conditions sont acceptées, les différents cabi-

(1) L'extrait cité est traduit d'un *memorandum* publié dans le *Blue-Book* anglais.

nets pourront exercer une pression collective sur la Porte, en l'avertissant que si elle refuse elle devra accepter les conséquences de la guerre. Si la Porte demande la paix et accepte les conditions énumérées plus haut avant que nos armées n'aient franchi la ligne des Balkans, la Russie consentira à faire la paix, mais en se réservant le droit de stipuler certains avantages spéciaux comme compensation pour les frais de la guerre.

Ces avantages n'excéderaient pas la partie de la Bessarabie cédée en 1856 jusqu'au bras septentrional du Danube (c'est-à-dire que le delta formé par les embouchures de ce fleuve resterait exclu), et la cession de Batoum avec le territoire adjacent. Dans ce cas, on pourrait donner de commun accord comme compensation à la Roumanie soit la proclamation de son indépendance, soit une partie de la Dobroudja.

Si l'Autriche-Hongrie de son côté demandait une compensation, soit pour l'extension acquise par la Russie, ou comme garantie contre les nouveaux arrangements mentionnés plus haut au bénéfice des principautés chrétiennes de la péninsule des Balkans, la Russie ne s'opposerait pas à ce qu'elle cherchât cette compensation en Bosnie et en partie dans l'Herzégovine.

Telles sont les bases auxquelles S. M. l'Empereur donnerait son assentiment en vue d'établir une entente avec l'Angleterre et avec l'Europe, et d'arriver promptement à la paix. Le comte Schouvalof est autorisé à pressentir l'opinion de lord Derby au sujet de ces conditions de paix, sans lui cacher la valeur que le cabinet impérial attache à une bonne entente avec le cabinet de Londres.

En résumé, si la Porte demande la Paix et accepte les conditions susmentionnées avant que les armées russes n'aient franchi les Balkans, l'Empereur consentirait à ne pas pousser les opérations de guerre plus loin. Si le gouvernement turc refusait, la Russie serait obligée de poursuivre la guerre jusqu'à ce que la Porte fût obligée d'accepter la paix. Dans ce cas, les conditions du cabinet impérial pourraient être modifiées.

Ce programme accusait avec une étonnante franchise le but que poursuivait la Russie. S'il eût été rendu public au moment où le comte Schouvalof le porta à la connaissance de lord Derby, il eût sans doute déterminé en Angleterre un courant d'opinion auquel le gouvernement n'eût pu résister et qui l'eût entraîné dans la voie d'une intervention active. Sa réalisation devait en effet porter un coup sensible aux intérêts anglais en Orient, et il est probable que le peuple eût montré moins d'indécision que le cabinet et se fût laissé aller à des impressions belliqueuses. Aussi lord Derby le tint-il secret et ce fut une véritable surprise lorsqu'on apprit au mois de janvier 1878, par la publication du *Blue-*

Book, que le cabinet anglais n'avait point été la dupe d'une feinte modération de la Russie comme on l'avait cru jusqu'alors, mais qu'il avait été exactement renseigné sur les visées de cette puissance.

Lord Derby communiqua le programme russe à M. Layard, l'ambassadeur anglais à Constantinople, l'informant qu'il était désirable que rien n'en fût révélé à la Turquie. Dans une réponse, en date du 19 juin, l'ambassadeur exposa de la façon suivante le rôle qu'il croyait devoir prendre auprès de la Porte en présence des exigences russes.

Il est vital pour nos intérêts les plus graves, pour des intérêts dont aucunes paroles ne sauraient suffisamment décrire l'importance, encore moins l'exagérer, que nous soyons prêts à nous interposer pour sauver l'empire turc d'une dissolution complète.

Si nous nous sommes même déterminés à l'abandonner à son sort, nous ne nous sommes pas déterminés à abandonner au même sort les intérêts les plus élevés de l'empire britannique. Assurément la politique qui nous a fait soutenir la Turquie pour nos propres fins et notre sécurité, et non par un amour abstrait des Turcs ou de leur religion, politique approuvée et adoptée par les plus grands hommes d'Etat, n'est pas de celles que les événements de ces derniers mois, n'ayant absolument aucune relation avec elle, suffisent pour renverser.

Cette politique est basée en partie sur la croyance que la Turquie est une barrière aux desseins ambitieux de la Russie en Orient, et que le sultan, le chef reconnu de la religion mahométane, est un allié utile, sinon nécessaire de l'Angleterre, qui a des millions de musulmans parmi ses sujets. Il peut être dépouillé de son empire, et réduit à la condition d'un potentat asiatique de cinquième ordre ; mais il sera toujours le calife de l'islam, et le monde musulman, dans une lutte pour son existence même, peut se retourner contre l'Angleterre, comme la principale cause du danger qui la menace.

Certaines personnes non dépourvues d'autorité sont, je le sais, disposées à traiter légèrement cette considération ; mais je suis persuadé par ce que je vois se passer autour de moi, et par ce que j'ai appris, qu'il faut la prendre en sérieuse considération.

Il est à peine nécessaire d'insister ici sur le résultat de l'effondrement et du partage de l'empire ottoman pour l'équilibre de pouvoir, ou sur le grand danger, pour la liberté et la civilisation, de l'établissement d'un vaste empire militaire slave dans l'Orient de l'Europe. Si le gouvernement de Sa Majesté juge qu'il n'y a rien à faire pour s'opposer aux desseins de la Russie, nous devrions au moins être préparés à servir de médiateurs lorsque le moment arrivera. Pour être en position de le faire, nous devrions faire sentir à la Turquie que, bien qu'elle ne puisse pas, ainsi que nous l'en avons avertie, attendre aucune aide de nous dans sa lutte avec la Russie, nous serons prêts, au moment favorable, à faire de notre mieux pour veiller à ce qu'elle soit traitée avec justice et modération, et que ses sujets mahométans et chrétiens, sans distinction, soient traités avec impartialité et une égale humanité.

Je me suis efforcé de faire naître ces espérances, parce que je n'en ai pas d'autres à donner sans engager en aucune façon le gouvernement de Sa Majesté, dont j'ai pour devoir de reconnaître et d'exécuter les vues et la politique. C'est la seule ligne de conduite qui nous reste si nous ne sommes pas préparés à donner à la Turquie même cette aide indirecte que la garantie et le maintien de nos intérêts nationaux et impériaux peuvent rendre nécessaire.

En la suivant, nous pouvons recouvrer et conserver une partie de cette grande et prépondérante influence — j'hésite à employer un mot qui a été dénoncé avec autant d'indignation que celui de « prestige » — dont l'Angleterre jouissait naguère parmi les nations et communautés musulmanes et même chrétiennes de l'Orient, et qu'elle était à même d'employer efficacement pour son bien et pour le leur.

M. Layard mit les idées qu'il exposait ainsi à exécution de point en point. Il avait été formellement prévenu par lord Derby et il savait pertinemment que le gouvernement anglais, isolé en Europe par son égoïste politique, n'oserait jamais courir seul les risques d'une intervention armée en faveur de la Turquie : il n'en agit pas moins comme s'il eût été assuré de la réalisation des promesses dont il abusa les malheureux Turcs. Plusieurs fois la Turquie, cédant à la nécessité, fut sur le point d'entrer en pourparlers avec son adversaire et chaque fois M. Layard, redoutant une solution défavorable aux intérêts anglais, sut, pour la retarder, tromper le sultan et ses conseillers, leur laisser espérer que l'Angleterre n'attendait que l'heure favorable de les secourir et les pousser à prolonger la résistance jusqu'au jour où la Turquie ayant perdu toutes ses armées n'eut plus qu'à s'en remettre à la générosité des Russes installés aux portes de Constantinople.

Ce rôle de l'ambassadeur anglais auprès de la Porte, tel qu'il apparaît maintenant que la catastrophe qu'il a préparée s'est produite, fut vraiment odieux : tandis que dans les documents officiels on évitait tous les mots qui eussent pu fournir un texte précis aux espérances de la Porte, M. Layard, dans ses entrevues avec Abd-ul-Hamid et avec les divers personnages ottomans, s'efforçait, suivant ses propres expressions, de « faire naître ces espérances, » de « faire sentir » à la Turquie que l'Angleterre ne permettrait pas sa ruine. Les Turcs, tout pleins du souvenir de la guerre de Crimée et se souvenant des traditions constantes de la politique anglaise en Orient, ne demandaient pas mieux que de croire à sa sincérité et se laissèrent docilement mener par les épaules jusqu'à l'abîme. Aussi lorsqu'ils durent se rendre à l'évidence et reconnaître que l'Angleterre uniquement préoccupée d'elle-même, les abandonnait après les avoir en-

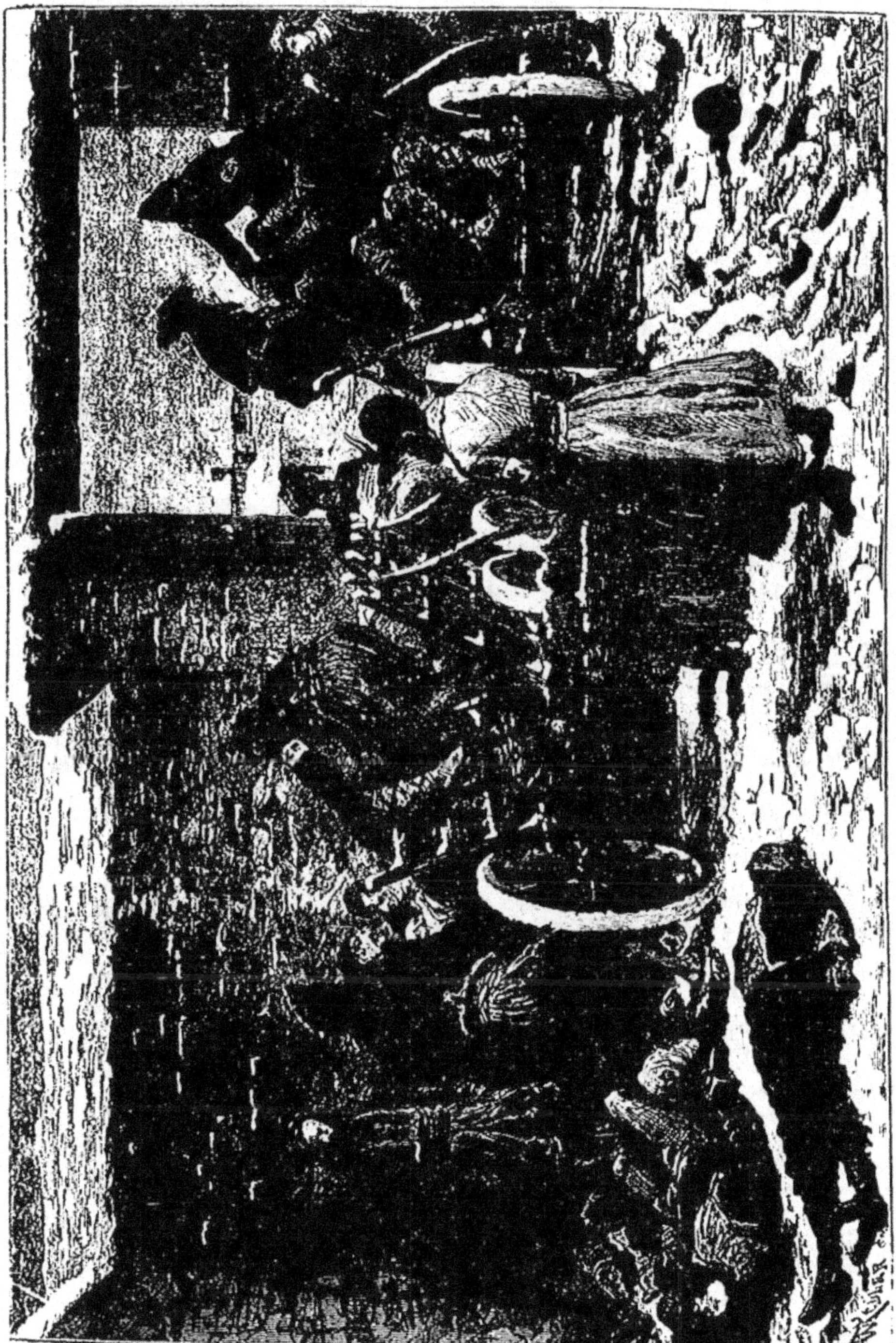

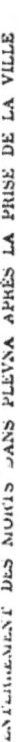

L'ENTERREMENT DES MORTS DANS PLEVNA APRÈS LA PRISE DE LA VILLE

gagés si loin, y eut-il parmi eux un mouvement presque universel de réprobation contre cette puissance; et par une réaction qui amena un résultat exactement contraire à celui que visaient les petites habiletés de M. Layard, le nom anglais se trouva à la fin de la guerre beaucoup plus exécré à Constantinople que le nom russe.

Quand la Turquie fut complétement abattue, les hommes d'Etat ottomans en rejetèrent, du reste, publiquement et hautement la responsabilité sur l'Angleterre. A la fin de janvier, le journal officieux *la Turquie* publia un article qui fut attribué au grand vizir lui-même et dans lequel il était dit : « Le gouvernement ottoman, comme presque tout le monde, crut de bonne foi que l'Angleterre, qui avait fait du traité de Paris un dogme de sa politique extérieure, ne consentirait jamais à le laisser jusqu'au bout tomber en désuétude, et à sacrifier ainsi sa dignité de grande puissance et ses propres intérêts.

« Cette conviction devint encore plus profonde lorsqu'on apprit ici que M. Layard, dont on connaissait les sympathies non équivoques pour la Turquie, avait été désigné par la reine pour prendre la direction de son ambassade pendant l'absence de sir Henry Elliot.

« M. Layard fut reçu par le gouvernement et la population avec un enthousiasme réel et tout le monde croyait à tort ou à raison que l'envoi, dans de telles circonstances, d'un éminent diplomate dont les opinions différaient essentiellement de celles émises ici par lord Salisbury, signifiait un revirement favorable à l'endroit de la Turquie dans la politique du gouvernement anglais. L'attitude sympathique et bienveillante du nouvel ambassadeur acheva de confirmer dans cette opinion les appréciations les plus sceptiques.

« C'est là, nous pouvons le dire sans crainte d'être démenti, l'origine des malheurs que nous déplorons aujourd'hui et qui sont si difficiles à réparer.

« Si l'Angleterre, au lieu de nous envoyer M. Layard, pour lequel d'ailleurs nous avons toujours eu la sympathie la plus sincère, avait donné comme successeur à sir Henry Elliot un homme professant les opinions du marquis de Salisbury, tous les yeux se seraient dessillés et la Sublime-Porte y aurait regardé à deux fois avant de persévérer dans la voie où elle s'était engagée grâce à ces encouragements. »

Quelques jours après, le 28 janvier, Server-Pacha, ministre des affaires étrangères, eut à Andrinople avec un correspondant du *Daily News*, sur ce sujet, une conversation qui eut un retentissement énorme. Nous reproduisons textuellement la dépêche du journal anglais, écho de l'indignation que l'abandon de l'Angleterre avait produite dans les cœurs turcs.

Andrinople, 28 janvier.

« Je viens d'avoir à l'instant une entrevue avec Server-Pacha (le ministre des affaires étrangères et le plénipotentiaire de Turquie). Il m'a demandé si le *Daily News* était pour ou contre les Turcs, et, sans se laisser déconcerter par ma réponse que nous étions contre les Turcs, il m'a exprimé sa satisfaction de voir le représentant d'un journal aussi important, — satisfaction d'autant plus grande qu'il avait à transmettre en Angleterre un message, et que je l'obligerais en le communiquant à mon journal : puis il me dit :

« Répétez mot pour mot, aussi exactement
« que vous pourrez le traduire, ce que je vais
« vous dire, moi, Server-Pacha, ministre des af-
« faires étrangères de Turquie. Jusqu'à ce jour,
« j'ai été partisan de l'Angleterre, de la politique
« anglaise, de l'alliance anglaise. Je croyais qu'il
« existait entre les deux nations des liens de
« sympathie, d'amitié et d'intérêt, qui rendaient
« une alliance entre elles nécessaire. J'avais foi
« en l'Angleterre au point de me compromettre
« et de compromettre mon gouvernement. Je vois
« que je me suis mépris, que j'ai été trompé (se
« reprenant) : ou plutôt que je me suis trompé.
« Je renonce maintenant à l'alliance anglaise.
« J'ai cessé d'avoir foi dans la politique anglaise,
« dans le gouvernement anglais et dans le peuple
« anglais. J'accepte la politique et l'alliance rus-
« ses. J'en suis devenu le partisan. Je suis plus
« Russe que les Russes eux-mêmes. Dites cela,
« s'il vous plaît. »

« Dans le cours de la conversation, Server-Pacha a répété ce qu'il venait de me dire, en termes encore plus vifs, en insistant surtout sur le fait qu'il avait été trompé. « Nous avons été encouragés, induits en erreur, trompés. » Tarin bey, qui assistait à l'entretien, ajouta : « Oui, trompés « est le mot. » Puis Server-Pacha, continuant dit : « Et je suis en possession de documents à « l'aide desquels je pourrai le prouver, et le « prouverai. »

« Peu après, j'ai pris congé. J'ai reproduit les termes employés par Server-Pacha aussi exactement que ma mémoire me le permet.

« J'ai eu également une entrevue avec deux autres membres de l'ambassade (turque), dont je suis prié de ne pas répéter les noms. L'un d'eux a rejeté toute la responsabilité de la guerre actuelle sur lord Salisbury. L'autre a confirmé tout ce que Server-Pacha m'avait déclaré et a été plus explicite encore. Il m'a autorisé à répéter tout ce qu'il m'avait dit, mais sans le nommer. Voici comment il s'est exprimé :

« Nous avons été encouragés à faire la guerre « par l'Angleterre, et même à continuer la lutte, « quand notre bon sens nous disait qu'il valait « mieux faire la paix, à quelque prix que ce fût. « Avant la chute de Plevna, sans les conseils « du gouvernement anglais, nous aurions con-« clu une paix qui aurait satisfait la Russie. Je ne « me réfère pas aux notes officielles de lord Der-« by; elles étaient claires et explicites. Si nous « y avions ajouté foi, nous n'aurions rien espéré « de l'Angleterre; mais ce n'est pas aux notes offi-« cielles que les diplomates ajoutent le plus de « confiance; c'est aux notes officieuses, aux mots « qu'on glisse à l'oreille. Ce sont les conversa-« tions particulières de lord Beaconsfield avec « Musurus-Pacha, ou de M. Layard avec Server-« Pacha et avec le sultan qui nous ont dirigés « et trompés. C'est à cela que Son Exc. Server-« Pacha faisait allusion quand il vous a dit qu'il « avait été trompé. Je puis même vous affirmer « qu'il n'y a pas plus de trois semaines M. La-« yard nous assurait encore que l'Angleterre « viendrait à notre secours, que nous n'avions « qu'à continuer la lutte et que tout finirait bien. « Je vous autorise à répéter ce que je vais ajou-« ter maintenant. M. Layard m'a dit :

« Croyez-vous qu'on m'ait envoyé ici pour rien, « moi, un ami de la Turquie? Ne voyez-vous « pas que c'est pour vous encourager et pour « offenser la Russie? Croyez-moi, prenez cou-« rage, ne signez pas la paix; luttez jusqu'à la « fin!

« M. Layard parlait de la façon la plus nette. « Le langage qu'il tenait est bien connu de tous les « autres ambassadeurs à Constantinople. Il ne « faisait pas de secret et se montrait même in-« discret tant il nous encourageait ouvertement.

« Je dirais volontiers que M. Layard n'était pas « l'homme qu'on aurait dû choisir pour la diffi-« cile mission qu'il avait à remplir dans des temps « si troublés. Tout ce que je puis ajouter pour sa « défense, c'est qu'il a été honnêtement trompé, « et qu'il nous a trompé, d'autant plus facilement « qu'il a été lui-même plus complètement trompé.

« Musurus-Pacha représente le langage que lui « tenait lord Beaconsfield en particulier comme « presque aussi fort, bien que beaucoup plus « prudent que celui de M. Layard. Server-Pacha « est en possession de documents qui mettront « hors de doute tout ce que je dis, et qui seront « publiés après la guerre. Voilà ce qui a causé « notre perte, ce qui a été la ruine de la Turquie. « C'est triste! c'est triste! »

A la suite de ces déclarations, Server-Pacha ne pouvait plus rester ministre des affaires étrangères et donna sa démission. Lord Beaconsfield protesta devant le Parlement anglais contre la conduite que les Turcs lui attribuaient, mais toutes les protestations du monde n'expliqueraient point comment tout un peuple a pu se tromper sur les intentions de l'Angleterre : les faits sont là qui l'emportent sur toutes les paroles.

La Turquie fut secrètement poussée par l'Angleterre à faire la guerre et à la continuer, c'est ce que nous voulions établir et ce qu'il importait de savoir pour bien comprendre l'histoire des négociations, que nous allons commencer.

La Turquie demande la médiation de l'Europe.

Au mois d'août 1877, M. Layard fut chargé de sonder le gouvernement ottoman sur les conditions auxquelles il consentirait à traiter avec la Russie. Mais on était alors tout enivré par les victoires de Mouktar-Pacha en Asie et de Suleyman-Pacha et d'Osman-Pacha en Europe, et personne ne songeait à faire la paix. Il n'en fut question qu'au commencement de décembre.

A ce moment les partisans de la paix qui comptaient plus d'un représentant dans l'entourage même du sultan parvinrent à l'effrayer au sujet des conséquences que pourrait avoir la continuation de la guerre. La situation avait bien changé depuis le mois d'août. L'armée victorieuse de Mouktar-Pacha avait été anéantie, celle d'Osman-Pacha était cernée, perdue et des renforts considérables étaient arrivés aux Russes tandis que les armées turques diminuaient à vue d'œil. Il lui expliquèrent que si la Turquie demandait la paix à l'empereur Alexandre, elle forcerait infailliblement la médiation des puissances, jusqu'ici simples spectatrices de la lutte et, pour ainsi dire, de l'effondrement de l'Empire ottoman. La question d'Orient est une question européenne. Le jour où la Turquie ferait mine de vouloir traiter seule à seule avec la Russie, l'Europe imposerait son intervention et la Russie ne serait plus maîtresse de régler à son gré la question de la paix. A défaut d'une issue satisfaisante de cette tentative d'accommodement, la Turquie pourrait toujours continuer la guerre.

Ces arguments semblaient avoir produit sur le

sultan une impression assez vive. Edhem-Pacha les combattit par le raisonnement suivant : Il ne s'agissait plus de transiger avec la Russie ou de mettre l'Europe de nouveau en tiers dans la paix à intervenir. Toute paix obtenue dans ces conditions ferait à la Turquie une existence intolérable. Il fallait que, cette fois, la question d'Orient fût résolue radicalement, c'est-à-dire que la Russie reculât, ou que la Turquie succombât ou disparût. Etant donnée, d'ailleurs, l'alliance des trois empereurs, le sultan n'avait pas trop à compter sur une médiation efficace des autres puissances. Celles-ci se montreraient, dans les négociations pour la paix, aussi complaisantes envers la Russie qu'elles avaient été timorées dans leur attitude pendant la guerre. Edhem-Pacha demandait donc au sultan de choisir entre lui et les partisans de la paix directe. Si sa politique ne devait pas prévaloir dans le gouvernement, il aimait mieux se retirer tout de suite.

Le sultan était fort perplexe entre ces deux avis et hésitait beaucoup à prendre un parti. Savfet et Sadyk-Pacha conseillaient la paix, le vieux Mehemet-Ruchdi, Djevdet et le cheikh-ul-islam opinaient pour la continuation de la guerre. C'est alors qu'apparaît la funeste influence de M. Layard; Edhem-Pacha avait eu une entrevue avec lui. Effrayé de l'idée que le sultan pouvait être amené à demander directement la paix à la Russie, l'ambassadeur anglais s'empressa d'accourir au palais et d'y plaider la cause du grand-vizir. Le sultan reculait toujours devant la responsabilité d'une décision à prendre dans une matière aussi grave. M. Layard lui conseilla alors de se retrancher derrière la Constitution, qui fait de lui un souverain irresponsable. Et il ne quitta le palais qu'après avoir obtenu du sultan le maintien du grand vizir et de la politique belliqueuse que représentait Edhem. Sans cette intervention, Edhem-Pacha serait très-probablement tombé comme il tomba quelques semaines après et Savfet-Pacha aurait pris sa place ; la Turquie aurait pu obtenir les conditions du memorandum du 8 juin ; elles étaient dures ; mais ce n'était pas encore l'effacement de la puissance ottomane en Europe, auquel elle devait se résigner plus tard.

La chute de Plevna arrivant comme un coup de foudre à Constantinople où on ne la croyait pas si prochaine, ôta subitement toute influence au parti de la guerre, car on entrevit immédiatement les conséquences de ce grand événement : 150,000 hommes devenus libres, franchissant les Balkans et descendant comme un torrent irrésistible dans les plaines de la Roumélie. Mais M. Layard, si graves que furent les circonstances, obtint encore que la Porte, au lieu de s'adresser directement à la Russie, s'adresserait à l'Europe. Le 12 décembre, le ministre des affaires étrangères expédia aux représentants ottomans auprès des grandes puissances, la circulaire suivante qui demandait la médiation de l'Europe :

Monsieur,

Tout le monde connaît l'origine des événements malheureux qui s'accomplissent depuis quelque temps dans l'empire. Le gouvernement impérial a la conscience de n'avoir en rien provoqué la guerre que nous soutenons contre la Russie et d'avoir, au contraire, tout fait pour l'éviter. A la voix de leur souverain, les populations de l'empire sont accourues pour remplir simplement, héroïquement un devoir : celui de défendre leur territoire menacé. Mais, de leur côté, elles n'ont menacé et ne menacent personne.

On chercherait en vain les motifs que pourrait alléguer la Russie pour justifier son agression. Désire-t-elle voir se fonder et se développer au profit de certaines populations qui font l'objet de sa sollicitude des institutions et des réformes propres à améliorer leur sort? La Sublime-Porte est allée au-devant de ce désir, en se décidant à réorganiser son système administratif et à réaliser dans le pays des réformes utiles et pratiques, destinées à satisfaire les vœux de tous ses sujets, sans distinction de race ou de religion. Cette œuvre de réorganisation gouvernementale et administrative a pour base la Constitution octroyée par S. M. I. le sultan.

Le pays a accueilli avec bonheur et reconnaissance cette charte, dont l'application libre de toute entrave est appelée à produire tous les effets que l'on a en vain attendus de mesures incomplètes et de réformes dépourvues de sanction.

Une réforme partielle qui ne viserait que certaines provinces, à l'exclusion du reste de l'Empire, présenterait de graves inconvénients. En effet, dans l'ordre administratif, les exceptions et les faveurs qu'on accorderait à certaines provinces auraient inévitablement pour conséquence d'opposer les unes aux autres les populations de races diverses qui vivent sous le sceptre de S. M. I. le sultan et seraient une prime offerte à la révolte.

Si quelque doute pouvait encore subsister sur l'exécution rigoureuse de notre constitution et des réformes que nous avons promises dans la Conférence de Constantinople, ce doute doit disparaître devant la déclaration formelle et solennelle que nous faisons de la sincérité de nos résolutions.

C'est une garantie que nous offrons et dont nous convions l'Europe à prendre acte.

La véritable et unique cause des entraves qui peuvent ralentir nos efforts dans cette voie se trouve dans le maintien de l'état de guerre.

Cette situation n'est pas seulement fâcheuse au point de vue des réformes, elle est également funeste à la prospérité générale du pays. Elle tue l'agriculture et l'industrie, en maintenant sous les drapeaux les travailleurs les plus valides, elle impose au Trésor des charges énormes et met ainsi obstacle à toute amélioration de l'état économique et des finances de l'empire, au grand préjudice des intérêts généraux du pays et des intérêts particuliers des créanciers de l'Etat.

Ainsi qu'il résulte de ce qui précède, la question des réformes étant hors de cause, quelle raison peut exister pour la continuation de la guerre?

L'esprit de conquête a été hautement et publiquement répudié, dès le commencement des hostilités, par S. M. l'empereur Alexandre. L'honneur militaire du grand empire qu'il gouverne est resté intact au milieu des

cellence M. le ministre des affaires étrangères et lui en laisser une copie.

Cette circulaire n'obtint aucun succès. Tous les cabinets, sauf le cabinet anglais bien entendu, considérèrent comme inacceptable la base de négociations proposée, très-indirectement d'ailleurs, par la Porte. L'idée que l'on pouvait tout simplement reprendre le programme de la Conférence

RÉOUF-PACHA, MINISTRE DE LA GUERRE

Péripéties diverses de la campagne, et les deux armées en présence se sont également couvertes de gloire sur les champs de bataille.

Dans quel but porteraient-elles plus longtemps la désolation et la ruine dans leurs pays respectifs!

Nous pensons, au contraire, que le moment est venu où les deux parties peuvent accepter la paix sans forfaire à leur dignité, et où l'Europe peut actuellement imposer ses bons offices.

Quant au gouvernement impérial, il est prêt à la demander. Non pas que le pays se sente au terme de ses ressources. Il n'y a pas de sacrifices que la nation tout entière ne s'impose pour maintenir l'indépendance et l'intégrité de la patrie. Mais le devoir du gouvernement impérial est d'arrêter, si c'est possible, une plus grande effusion de sang. C'est donc au nom de l'humanité que nous faisons appel au sentiment de justice des grandes puissances, et nous espérons qu'elles voudront bien accueillir favorablement notre démarche.

de Constantinople et essayer l'application des réformes sans autre garantie que la parole du gouvernement ottoman, tant de fois parjurée, avait l'air d'une mauvaise plaisanterie. Dès le 16 décembre, lord Odo Russell télégraphiait de Berlin : « L'empereur d'Allemagne refuse d'accéder « à la demande de la Porte pour une médiation. » Tout était dit. L'Autriche et l'Italie emboîtant le pas derrière l'Allemagne, le projet de médiation européenne s'évanouit.

Le gouvernement autrichien fit la réponse suivante :

Nous appelons de nos vœux la cessation de l'effusion du sang et la fin de la guerre. A nos yeux la circulaire ottomane n'offre cependant pas de base à des négociations de nature à amener le rétablissement de la paix. Les devoirs de la neutralité ne permettent pas de prendre l'initiative d'une médiation entre les deux belligérants, qui nous placerait dans la nécessité de formuler des propositions de paix.

Par contre, le cabinet impérial et royal se réserve sa participation, une fois que des négociations seraient entamées entre les belligérants. Il se réserve également l'influence légitime qui lui revient comme « puissance garante » et limitrophe au règlement définitif de l'état de choses en Orient.

S'accrochant à ce terme de « puissance garante » que l'Autriche avait glissé dans sa réponse, le gouvernement ottoman essaya de croire que l'Europe maintiendrait contre la Russie le traité de 1856, et, par l'intermédiaire de son ambassadeur à Vienne, il accusa de la façon suivante réception de cette réponse :

« Le soussigné, ambassadeur de la Sublime-Porte auprès du gouvernement impérial et royal, a l'honneur de porter à la connaissance de S. Exc. le comte Andrassy, que la Sublime-Porte a reçu avec la plus vive satisfaction la communication du gouvernement impérial et royal, en date du 27 décembre, en réponse à la circulaire du gouvernement impérial ottoman du 12 décembre, dans laquelle le gouvernement impérial et royal, invoquant sa qualité de puissance garante, rappelle et confirme ainsi de nouveau, le traité de 1856, qui maintient l'intégrité et l'indépendance de l'empire ottoman.

« Le soussigné a l'honneur, etc. »

Mais le cabinet autrichien s'empressa de détromper les Turcs en constatant publiquement qu'il était inexact que le terme de *puissance garante* signifiât garantie de l'intégrité de la Turquie.

A la suite de cet insuccès de la circulaire, deux courants se produisirent dans le gouvernement ottoman ; ceux des hommes d'État turcs qui commençaient à voir clair dans le jeu de l'Angleterre essayèrent d'amener le sultan à demander un armistice au czar et à traiter directement avec lui; ils étaient soutenus par le prince de Reuss, ambassadeur d'Allemagne à Constantinople. Les autres, considérant comme impossible que l'Angleterre s'en tînt à une neutralité absolue quand existence même de la Turquie était en jeu, conseillèrent de demander la médiation de cette puissance. Ce furent ces derniers qui l'emportèrent grâce à la conduite équivoque du cabinet anglais qui sembla un moment leur donner raison.

Le 24 décembre, lord Derby annonçait à M. Layard qu'une médiation commune des puissances européennes était impraticable, attendu que l'Allemagne refusait d'y prêter son concours ; mais en même temps, et par la même dépêche, le ministre « s'informait si le sultan voudrait « que le gouvernement anglais cherchât à con« naître comment le czar recevrait des ouvertures « de paix. »

On comprend avec quel plaisir la Porte dut relever une pareille insinuation, qui confirmait ses plus chères espérances. Deux jours après, Musurus-Pacha, l'ambassadeur ottoman à Londres, écrivait à lord Derby pour lui annoncer qu'il venait de recevoir du sultan l'ordre de solliciter la *médiation* de S. M. britannique. « La « Sublime-Porte est convaincue, ajoutait-il, que « cette *médiation* ne sera pas refusée par son an« cien et constant ami. » L'occasion eût été bonne pour s'expliquer sur ce mot *médiation*, dont se servaient les Turcs et qui les abusa jusqu'au dernier moment sur les véritables intentions de l'Angleterre, mais lord Derby la laissa échapper. Quand une puissance accorde sa médiation à une autre puissance vaincue, c'est qu'elle est disposée à l'appuyer même par les armes auprès du vainqueur, et il n'entrait pas dans les vues de lord Derby d'engager son gouvernement jusque-là, mais il se souciait bien moins encore d'apprendre aux Turcs qu'ils ne devaient attendre de lui qu'une aide toute platonique, car c'eût été les réduire à la nécessité de traiter directement avec la Russie et c'est ce qu'il cherchait à empêcher à tout prix.

L'attitude du ministre des affaires étrangères anglais dans cette circonstance est vraiment difficile à qualifier ; il ne voulait pas que la Turquie traitât directement avec la Russie, parce qu'alors elle eût fait bon marché des intérêts anglais en Orient et eût discuté les conditions de paix sans en tenir compte; pour l'empêcher il n'y avait qu'un moyen, c'était que l'Angleterre fît nettement peser sa volonté dans la balance, quitte à déclarer la guerre s'il fallait aller jusquelà. Il n'y avait pas de milieu entre ces deux rôles : ou s'abstenir et supporter les conséquences de son abstention, ou intervenir et aller jusqu'au bout. Or lord Derby ne put se résoudre à prendre l'un ou l'autre ; il ne voulait point de la guerre ni d'une attitude qui pourrait y conduire, mais tout en répudiant le rôle de médiateur, il eût néanmoins voulu s'en assurer les bénéfices. Il comptait probablement sur quelques circonstances favorables qui eussent permis à la Turquie de se tirer à bon marché des mains de la Russie et il espérait pouvoir s'en donner le mérite en laissant croire jusqu'au dernier moment à la Porte qu'il était décidé à ne point la laisser écraser. Il pensait sans doute que la ligne des Balkans retiendrait longtemps encore les Russes, que la guerre en se prolongeant lui donnerait le temps d'entraîner l'Autriche dans une action commune et qu'il avait tout à gagner en temporisant sans se compromettre ni envers l'un ni envers l'autre des deux adversaires. Cette louche politique aboutit à une catastrophe; il se trouva que l'Angleterre lia en quelque sorte les mains de la Turquie pendant que la Russie lui portait les derniers coups et l'achevait, et son influence en Orient en reçut un échec dont elle ne se relèvera peut-être jamais.

Lord Derby ne rectifia donc pas ce mot « médiation » dont se servait Musurus, et lui laissa croire qu'il l'acceptait. Sans discuter sur les termes, il s'empressa d'adresser ses instructions à lord Loftus, ambassadeur anglais à Saint-Pétersbourg, afin de l'inviter à s'informer si l'empereur de Russie était disposé à recevoir des ouvertures de paix. Le 28 décembre, lord Loftus eut une entrevue avec le prince Gortchakof, et voici comment il en rendait compte le lendemain dans une dépêche adressée à lord Derby :

> Ma communication a été très courtoisement reçue par le prince Gortchakof. Celui-ci m'a répondu que la Russie ne souhaitait rien tant que d'arriver à la paix; mais il a ajouté que, pour atteindre ce but, il fallait que la Porte s'adressât elle-même aux chefs des armées russes en Europe et en Asie, qui lui feraient connaître les conditions auxquelles un armistice serait accordé.

La dépêche de lord Loftus est datée du 29 décembre. Le *Blue Book* n'en contient aucune autre jusqu'au 4 janvier. Pendant cet intervalle de silence, que faisait le gouvernement anglais? Il délibérait sur la manière dont il devait accepter la réponse russe qui, sous une forme polie, équivalait à un refus de la médiation. Deux ou trois conseils de cabinet se succédèrent pour agiter cette grave question. Le 2 janvier, lord Carnarvon, dans un discours adressé à une députation de négociants du Cap, sembla engager d'avance la politique anglaise dans le sens d'une inaction absolue, et le 4, enfin, lord Derby répondit en ces termes à la déclaration du prince Gortchakoff :

> Bien que la Porte n'ait point demandé d'armistice, le gouvernement anglais ne se refuse pas à lui transmettre la suggestion du gouvernement russe, pourvu que la communication soit conçue de manière à pouvoir conduire à un résultat pratique. Il est évident que l'armistice projeté, pour être efficace, doit s'étendre aux opérations d'Europe et d'Asie; il ne serait pas complet sans la participation de la Serbie et du Monténégro; il est, par conséquent, indispensable que les conditions de l'armistice soient discutées par les deux gouvernements, et non pas seulement par les généraux qui ne commandent qu'une portion des forces belligérantes.

Le lendemain, Musurus-Pacha apprenait à lord Derby que la Porte acceptait le principe d'un armistice, et qu'elle priait le gouvernement de la reine de demander à la Russie de donner à ses généraux l'ordre de suspendre les opérations militaires pendant qu'on s'occuperait d'arrêter les conditions de cet armistice. Le même jour, lord Derby recevait de Saint-Pétersbourg la réponse à sa dépêche de la veille. Le gouvernement russe refusait d'admettre que les conditions de l'armistice pussent être débattues entre les deux gouvernements, c'était l'affaire des commandants militaires, et le prince Gortchakoff s'en tenait à ses déclarations précédentes.

> La Porte, disait-il, doit s'adresser directement, au moyen de quelques personnes notables et de confiance, aux commandants en chef russes en Europe et en Asie. La Russie n'a pas demandé d'armistice; elle a indiqué seulement la voie à suivre pour arriver à la paix, et les commandants militaires ont reçu des instructions pour déterminer les conditions auxquelles l'armistice pourra être conclu.

Ce nouvel échec mettait l'Angleterre dans l'obligation de prendre enfin une attitude nette : il lui fallait ou imposer sa médiation à la Russie ou abandonner la Turquie. Jamais cette dernière n'avait encore été dans une passe aussi critique; les funestes conseils de l'Angleterre venaient de lui faire perdre quatre semaines pendant lesquelles sa situation militaire s'était singulièrement aggravée; les Serbes lui avaient déclaré la guerre, les Balkans avaient été franchis en plein hiver par Gourko, Sofia était pris, l'invasion de la Roumélie commençait et ces grands succès fournissaient aux Russes des motifs irréfutables pour augmenter leurs exigences. On a vu ce qu'ils demandaient avant le passage des Balkans, qu'allaient-ils demander maintenant et que ne demanderaient-ils si un armistice ne les arrêtait pas immédiatement? C'est alors que lord Derby recula et que, dévoilant enfin les véritables intentions de l'Angleterre, il dissipa les illusions de la Turquie qu'il avait entretenues jusque-là. Le 7, Musurus-Pacha vint le voir :

> J'ai dit à S. Exc. l'ambassadeur turc, écrivit lord Derby à M. Layard, qu'il nous était impossible de faire ce qu'il demandait, car j'étais sûr qu'aucune proposition faite dans ce sens au gouvernement russe n'obtiendrait de réponse favorable, et qu'il était inutile de faire une démarche qui n'aurait, nous le savons d'avance, aucun résultat.

Pour la première fois, lord Derby repoussa ce mot de *médiation* qu'il avait laissé passer jusque-là sans protester.

> J'ai expliqué à Musurus-Pacha, poursuivait-il, qu'il était inexact de croire que l'Angleterre eût accepté la position de médiatrice dans cette querelle. Le gouvernement de Sa Majesté a offert tout simplement de cher-

cher à savoir si l'empereur de Russie était décidé à accepter des ouvertures de paix. Dans la même conversation, j'ai saisi l'occasion de rappeler à l'ambassadeur turc que notre langage n'avait jamais varié depuis le commencement de la guerre jusqu'au moment actuel. Le gouvernement de la reine a déclaré son intention de maintenir sa neutralité, sous certaines conditions que nous avons clairement définies et qui concernent les intérêts britanniques. J'ai jugé à propos de répéter une fois encore cet avertissement si souvent donné, afin qu'aucune fausse espérance ne pût être provoquée. »

Le 8 janvier, lord Derby télégraphia à lord Loftus qu'ayant appris du prince Gortchakoff « que les commandants militaires turcs avaient reçu leurs instructions du gouvernement central, » il était prêt à conseiller à la Porte d'envoyer des délégués au quartier général ennemi. En effet, un conseil de ce genre fut adressé le même jour au gouvernement turc. Il était vraiment temps. Si ce conseil avait été donné un mois plus tôt, l'Angleterre eût fait œuvre d'amie et la Turquie eût été sauvée d'une ruine complète ; maintenant qu'on avait poussé cette malheureuse puissance jusqu'au fond de l'abîme, il ressemblait à une dérision.

Le lendemain, lord Loftus voyait le prince Gortchakoff qui lui annonçait que les instructions nécessaires avaient été envoyées depuis quelques jours aux commandants en chef russes. Ce jour-là, les Russes, qui pouvaient s'attendre encore à une vigoureuse résistance en Roumélie, eussent sans doute consenti à l'armistice, mais le lendemain un des événements les plus considérables de la guerre vint modifier complètement leurs intentions ; la dernière armée régulière que possédait la Turquie, celle de Schipka, fut faite prisonnière. Dès lors, ils ajournèrent la signature de l'armistice par toute espèce de subterfuges et leurs armées, roulant comme une avalanche à travers un pays ouvert et chassant devant elles les troupeaux d'hommes recrutés à la hâte qu'on leur opposait, ne s'arrêtèrent que lorsqu'elles eurent en quelque sorte pris possession de la Turquie.

XXXVIII. — LA SITUATION MILITAIRE APRÈS LA CHUTE DE PLEVNA

Les dernières ressources de la Turquie

Grâce à la politique équivoque de l'Angleterre, à l'indécision de la Turquie qui ne sut pas s'adresser à temps directement à la Russie et plus tard au mauvais vouloir de cette dernière relativement à la conclusion de l'armistice, la guerre continua donc après la chute de Plevna.

De même que l'apparition de l'armée de Widdin sur la droite des Russes avait eu au mois de juillet précédent pour conséquence de modifier le caractère des opérations militaires, de même la reddition de cette armée devait exercer une influence décisive sur la suite de la campagne. Elle livrait aux Russes toute la Bulgarie occidentale, où la seule place de Widdin était capable de résistance, et elle rendait disponible une armée aguerrie, rompue à la manière de combattre des Turcs et qui allait, par son seul poids, forcer toutes les barrières des Balkans en quelques jours. Désormais la lutte, transportée en Roumélie, ne sera plus égale, les Turcs lutteront avec une disproportion numérique que l'incapacité des chefs, la mauvaise qualité des soldats et l'absence de points fortifiés d'avance rendront irréparable.

La Turquie avait fait des efforts admirables pour soutenir la guerre. Nous avons déjà dit que les forces militaires de l'empire ottoman se divisent, d'après la loi de 1869, en trois grandes catégories : l'armée permanente, les rédifs, l'armée sédentaire ou musthafiz. L'armée permanente se subdivise elle-même en armée active (nizamié) et en réserve (ihtyat). Dans l'armée active, la durée du service est de quatre années pour l'infanterie et de cinq années pour la cavalerie et l'artillerie. Puis les soldats de l'armée active passent dans la réserve (ihtyat) où la durée du service est de deux années pour l'infanterie et d'une année pour la cavalerie et l'artillerie.

Après cela, tous ces hommes passent dans la catégorie des rédifs, qui forment en réalité une nouvelle réserve, et se subdivisent en deux bans dans chacun desquels chaque homme est inscrit pendant trois ans, soit un service total de six années dans la catégorie des rédifs. A la fin de leur service, les rédifs sont rayés des registres de cette catégorie et inscrits sur ceux de l'armée sédentaire ou musthafiz, qui correspond par son organisation à notre armée territoriale. On reste inscrit pendant huit ans comme musthafiz, de telle sorte que le soldat turc donne à l'État un total de vingt années de service militaire, de l'âge de vingt à celui de quarante ans.

DÉPART DE VOLONTAIRES TURCS

Au moment où la Russie lui déclara la guerre, la Turquie avait déjà mobilisé les troupes suivantes dont nous reproduisons les chiffres d'après les données officielles :

Nizams, — les classes de 1877 et de 1878 avaient été appelées par anticipation — et ihtyat, 8 contingents, soit environ . . . . . 450,000 hommes
Rédifs du premier ban, 3 contingents . . . . 145,000 —
Rédifs du troisième ban, 3 contingents . . . . 133,000 —

Ensemble. 728.000 hommes

Si ces chiffres avaient été rigoureusement exacts, la Turquie aurait donc eu sur pied 728,000 hommes. Cependant le gouvernement lui-même, reconnaissait que ces appréciations étaient exagérées et dans le premier budget que discuta le nouveau parlement ottoman, il demanda 15 millions de livres turques pour l'entretien de 600,000 hommes seulement. Mais ce dernier chiffre était donné comme certain, et dans le discours du trône qu'il prononça à l'ouverture de la première session du Parlement, le sultan Abd-ul-Hamid affirma également que la Turquie avait 600,000 hommes sous les armes. Il faut croire que la vérité était bien difficile à établir dans ce pauvre pays désorganisé, car nous ne croyons pas que le sultan et ses ministres aient voulu tromper la population; nous sommes bien plutôt persuadés qu'ils regardaient comme fondés les renseignements qu'ils propageaient ainsi : s'ils avaient su quel était l'effectif réel de l'armée ils n'auraient jamais risqué la fortune de l'empire dans une guerre contre la Russie. Il ressort en effet des révélations qui ont été faites au Parlement ottoman pendant la session de 1878 qu'il n'y avait alors que 200,000 soldats sous les armes, c'est-à-dire juste le tiers de ce qu'on supposait.

Il est vrai que ce chiffre fut promptement accru dès les premiers jours qui suivirent la déclaration de guerre. Un ordre du 26 mars 1877 avait prescrit de procéder immédiatement à la levée des bataillons de musthafiz des quatre premiers corps d'armée turcs, et la mesure avait été étendue quelques jours après aux deux autres. Elle donna immédiatement des résultats, et on voit déjà figurer des bataillons de musthafiz dans les armées ottomanes dans les premiers jours du mois d'avril suivant. Grâce à ce contingent et aux nombreux corps de volontaires qui se formèrent parmi les parties de la population musulmane qui n'était pas soumise au service militaire régulier (Zeibecks, Arnautes du vilayet de Skodra, Syriens, Arabes), le nombre des combattants que la Turquie mit en ligne, s'éleva promptement à 350,000 hommes, à savoir 90,000 en Asie et 260,000 en Europe. Ce total n'a jamais été dépassé et les nouveaux appels de musthafiz qui eurent lieu durant la guerre, les nouveaux engagements de volontaires, bien loin d'augmenter ce chiffre ne suffirent pas même à combler les vides qui se firent dans les armées. 350,000 hommes, c'est tout ce que l'empire ottoman put fournir, et pour y arriver, il dut déployer une énergie qui impose l'admiration ; la population musulmane des provinces mérite aussi tous les éloges pour la patience avec laquelle elle supporta les plus grands sacrifices. Ainsi que nous l'avons expliqué dans un précédent chapitre, certaines provinces d'Asie donnèrent jusqu'à leur dernier homme et restèrent épuisées et ruinées pour longtemps.

La loi de 1869 avait prévu la formation du musthafiz pour le service intérieur de l'empire, en l'absence des bataillons du redif entrés en campagne avec le nizam ; elle en avait aussi prévu la mobilisation ; mais elle n'avait pas pourvu à son remplacement pour son service spécial au cas où les circonstances obligeraient aussi à le porter sur le théâtre de la guerre. Pour remédier à cette lacune, un décret publié dans le journal officiel la *Vérité*, du 8 août, ordonna la création dans toutes les grandes villes de l'empire d'une garde civique destinée au maintien de l'ordre intérieur qui se composerait de toute la population mâle de vingt à quarante ans, n'appartenant ni à l'armée active, ni au redif, ni aux musthafiz. Il semblerait dès lors que cette garde civique dût se composer exclusivement de non-musulmans, puisque, d'après la loi, tous les musulmans de l'âge indiqué auraient dû déjà être enrôlés dans les diverses catégories de l'armée ; mais ce raisonnement, malgré son apparente logique, n'est point exact. Par une anomalie qu'il serait trop long d'expliquer, les habitants de Constantinople avaient été de tout temps exemptés du service militaire, et nombre de musulmans des villes principales de l'empire, surtout en Europe, avaient su s'arranger de façon à profiter de ce privilège. En outre, les fonctionnaires étaient également dispensés du service dans l'armée, et la Turquie est de beaucoup le pays du monde où il y a le plus de fonctionnaires. Malgré les appels faits pour le nizam, le redif et le musthafiz, il restait donc encore en dehors de l'armée une nombreuse population musulmane que la formation de la garde civique vint saisir.

Cette garde civique fut rapidement formée dans

la capitale et les faubourgs qui en dépendent, à Andrinople et dans diverses autres villes. Le 20 septembre, elle comptait, à Constantinople, 24 bataillons, d'un effectif variant de 700 à 830 hommes, dont l'organisation était complète. Ce nombre ne fut pas dépassé. Le 26 octobre, on constitua avec ces bataillons une division de 6 régiments à 4 bataillons, qui reçut ses drapeaux en présence du sultan, et dont le commandement fut confié à Hadji-Halet-Pacha, haut fonctionnaire civil de l'ordre des ulemas.

Bientôt l'institution de la garde civique prit un nouveau développement. A la suite des revers éprouvés par les armées turques en Arménie et dans la Bulgarie occidentale, toutes les troupes encore disponibles dans les provinces non menacées de l'empire avaient été dirigées à la hâte, partie sur Sofia, partie sur Erzeroum, pour être mises à la disposition de Méhémet-Ali et de Mouktar-Pacha, dont la situation était des plus critiques. Il devenait urgent d'assurer le maintien de l'ordre et de la tranquillité dans les provinces ainsi dégarnies de troupes. Pour atteindre ce but, le gouvernement ottoman décréta que tous les hommes valides, âgés de plus de dix-sept et de moins de quarante à quarante-cinq ans, qui n'appartenaient ni à l'armée permanente (nizam), ni aux classes de redifs ou de musthafiz, seraient incorporés, sans exception, dans la garde civique, formée, comme le reste de l'armée, en divisions, brigades, régiments et bataillons, et que cette garde pourrait elle-même être mobilisée pour concourir à la défense de la patrie en danger.

Jusqu'alors tous les décrets relatifs à la garde civique s'appliquaient à tous les Ottomans sans préciser si les chrétiens étaient considérés comme tels au même titre que les musulmans. Les chrétiens en avaient profité pour s'abstenir, et il n'y en avait pas un seul parmi les 24 bataillons de Constantinople. Mais bientôt, sous l'empire de la nécessité, le gouvernement ottoman rompant avec les traditions du passé les appela formellement à prendre les armes pour la défense du territoire.

Jamais la pénurie d'hommes ne s'était encore fait sentir en Turquie autant qu'à la fin de novembre. Il fallait reconstituer l'armée d'Asie complètement anéantie et on essayait de former, à Sofia, une armée pour secourir Osman-Pacha. Or les derniers bans des musthafiz venaient d'être appelés et il ne restait plus qu'une suprême ressource : la garde civique et les chrétiens. Le gouvernement prit alors une résolution désespérée. Il décida que 150,000 hommes de la garde civique pris parmi les non-musulmans aussi bien que parmi les musulmans, seraient mobilisés et formeraient une armée de réserve. Server-Pacha adressa le 28 novembre, à tous les agents diplomatiques ottomans à l'étranger, une circulaire pour les inviter à faire ressortir auprès des puissances « toute l'importance de cette mesure qui, disait-il assez naïvement, indépendamment de son objet militaire, contribuera puissamment à resserrer les liens de confraternité qui unissent tous les citoyens de la même patrie. » A cette circulaire était joint le document suivant :

GARDE CIVIQUE
Création de l'armée de réserve
(Communication officielle).

Il est à la connaissance de tous que, depuis deux ans, les graves événements intérieurs dont le passé ne nous offre pas d'exemple, ainsi que l'ambition persévérante de la Russie, ont donné naissance à la guerre actuelle, que nous avons dû accepter pour maintenir les droits et l'indépendance de notre patrie. Le monde entier a pu apprécier la grandeur des efforts déployés par le gouvernement impérial et le concours que ce dernier a rencontré dans ses fidèles sujets jusqu'à ce jour.

Le moment est venu où un nouvel élan, par mesure de prévoyance, doit être donné à ce concours pour assurer le pays contre les desseins de l'ennemi. En conséquence de ce qui précède, un iradé impérial ordonne la formation d'une armée de réserve de cent cinquante mille hommes, concurremment avec la nouvelle milice (garde civique) récemment formée et appelée sous les armes.

Toutes les dispositions sont prises pour la mise à exécution immédiate de l'ordonnance impériale.

Attendu qu'il est avéré que la sauvegarde des droits et de la dignité du peuple ottoman est l'objet constant de la sollicitude de S. M. le sultan ; attendu que Sa Majesté a pu constater, par des preuves irrécusables, que ses fidèles sujets partageaient unanimement ses sentiments, surtout devant leur empressement digne d'éloges à satisfaire aux devoirs qui leur ont été imposés par la formation de la garde civique, créée dans le but de maintenir l'ordre et la sécurité dans l'empire, c'est-à-dire de participer à la défense de la patrie en restant chacun dans son pays natal, attendu que tous les Ottomans sont appelés au même titre et d'après la constitution à remplir cette mission.

En conséquence, S. M. I. le sultan, en vertu de l'égalité parfaite dont jouissent tous ses sujets, a daigné ordonner que ses sujets non musulmans qui ont atteint l'âge prescrit par le règlement *ad hoc* seront incorporés dans les bataillons de la garde civique en formation à Constantinople.

Il y a tout lieu d'espérer que les sujets ottomans non musulmans, appréciant à leur juste valeur les hautes marques de confiance dont ils sont l'objet de la part du souverain, s'empresseront de satisfaire avec orgueil au devoir sacré auquel ils sont conviés.

Ainsi qu'il est dit ci-dessus, attendu que l'armée de réserve qui va être formée est aussi appelée à participer à la défense du territoire, qu'une partie des hommes qui la composeront devra être fournie par la garde civique, les gardes civiques de Constantinople sont appelés, en cas d'urgence, à la défense de la capitale, et ceux d'Andrinople à la défense de cette ville et, éventuellement, à celle des points stratégiques tels que Boulaïr et autres.

Un commandant spécial sera désigné pour l'armée de réserve.

L'insistance avec laquelle le gouvernement ottoman affectait de croire que les non-musulmans de la Turquie ne pouvaient être qu'enchantés d'avoir à servir contre les Russes fait involontairement sourire. Certes si les chrétiens faisaient dans cette guerre, des vœux pour l'un des deux adversaires, ce n'était assurément pas pour les Turcs, et si ceux-ci eurent la simplicité de garder quelque illusion à cet égard, ils durent être vite détrompés quand ils virent de quelle façon était accueillie la nouvelle mesure. Les Arméniens refusèrent nettement de prendre les armes; quant aux Grecs, le patriarche de Constantinople, Joachim, fit lire dans les églises une encyclique les invitant à se conformer au décret du sultan, mais les popes chargés de la lecture furent hués et l'encyclique déchirée entre leurs mains. « Les Turcs, disaient les Grecs, tout en voulant nous imposer toutes les charges, ne se préoccupent aucunement de nos droits. Nous payons l'impôt de l'exonération militaire et néanmoins on veut faire de nous des soldats. A-t-on pris parmi nous un seul ministre? Cependant notre communauté compte nombre de personnages qui sont tout au moins aussi intelligents et aussi instruits que les titulaires musulmans. Malgré la Constitution, il n'y a qu'un ministre non-musulman, Ohannis Tchamith, et il ne siège que dans les conseils ordinaires. Jamais on ne l'appelle dans les conseils importants où les grosses questions sont examinées et discutées. D'ailleurs c'est un Arménien. Il n'y a qu'un seul gouverneur de province de nationalité grecque, Sawas-Pacha. Dans les tribunaux, dans tous les services publics nos nationaux n'occupent que des emplois en sous-ordre. Sur cinq députés que Constantinople vient d'élire, on s'est arrangé de façon à ce qu'il n'y ait qu'un Grec, Chichman-Oghlou. Est-ce là l'égalité promise par la Charte? Les Turcs ont un moyen très-simple de nous rallier; c'est de tenir leurs promesses, de remplir leurs engagements. Jusqu'alors nous ne pouvons que nous maintenir dans notre hostilité latente, dans des sentiments de méfiance que justifie la connaissance exacte des idées intimes des Turcs et de leurs vues à notre égard. »

Les juifs seuls consentirent à s'enrôler, mais à la condition que tous les hommes mariés seraient exemptés. On leur accorda ce privilége, et alors il se trouva que le service dans la garde civique ne leur était pas applicable. On se marie de très-bonne heure, en effet, en Orient, chez les malins fils d'Israël; un jeune homme de 17 ans, qui est encore garçon, est déjà une très-rare exception.

Le décret ordonnant une levée de 150,000 hommes n'eut donc aucun effet sur les non-musulmans de l'empire, qu'il eût été dangereux dans les circonstances critiques où l'on se trouvait d'obliger par force au service militaire. Il n'en eut pas beaucoup plus parmi les musulmans. Les effendis de Constantinople, mous, efféminés, corrompus au contact de l'Europe, sans patriotisme et sans foi religieuse, refusèrent d'aller défendre Andrinople, où on voulait les envoyer, et les événements se pressèrent avec une trop foudroyante rapidité pour que le gouvernement pût trouver le loisir de les y contraindre.

On peut donc dire que ce dernier effort que tenta le gouvernement turc pour se créer une nouvelle réserve, ne lui donna pas un homme, et que la guerre s'acheva avec les débris des armées qu'il avait mises précédemment sur pied. Le 15 décembre, les effectifs approximatifs de ces armées étaient les suivants:

Armée de l'Est ou du Danube...	80,000	hom.
Division égyptienne de Reschid-Pacha opposée dans la Dobroudja au général Zimmermann....	16,000	—
Garnisons de Silistrie, Turtukaï Roustchouk, Schoumla et Varna, environ............	35,000	—
Armée de Schipka........	30,000	—
Armée de Sofia.........	30,000	—
Garnisons de Widdin et de Nisch, corps d'observation de la vieille Serbie .... ensemble	35,000	—
Total...	226,000	hom.

Avec 35,000 hommes environ qui se trouvaient en Asie, à Batoum, à Trébizonde et à Erzeroum, il restait à peu près 260,000 hommes sous les drapeaux de l'empire ottoman; depuis le commencement de la guerre il en avait perdu 150,000, 75,000 étaient tombés sur le champ de bataille ou avaient été frappés par les maladies, 75,000 étaient prisonniers, et la perte de ces 150,000 hommes était irréparable, car c'était le meilleur du sang de la race turque. Les prisonniers faits notamment sur l'Aladja-Dagh, à Kars et à Plevna appartenaient à peu près tous à l'armée active et composaient cette superbe infanterie turque, l'admiration des militaires de l'univers entier. On ne les avait pas remplacés, parce que de tels soldats ne se remplacent point. Maintenant la moitié de l'armée du

LA GUERRE D'ORIENT

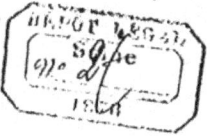

DÉMONSTRATIONS POPULAIRES A L'ARRIVÉE DU CZAR ALEXANDRE II, A SAINT-PÉTERSBOURG

Danube était composée de musthafiz et de volontaires asiatiques mal disciplinés, le corps de la Dobroudja et la garnison de Varna étaient faits de troupes égyptiennes d'une valeur fort contestée ; l'armée de Sofia ne comptait presque que des recrues toutes récentes ignorant encore complétement le métier des armes ; le corps de la vieille Serbie avait été complété par une levée en masse de

Rifaat-Pacha dans le villayet de Kossovo : des hommes, mais non des soldats; seule l'armée de Schipka contenait une grande quantité de vieux et vrais soldats.

Et tout cela, vieux soldats et recrues, était en proie à une démoralisation profonde. Pour que la résistance se prolongeât avec quelques chances de succès en Roumélie, il eût fallu à la Turquie des troupes fraîches, un général aussi énergique qu'Osman-Pacha et l'abstention de l'ingérence impériale dans la conduite des opérations militaires : ces trois choses manquaient. Les troupes, fatiguées par les privations, découragées par une série de défaites, par la retraite, par l'inintelligence et la mollesse des officiers, convaincus que leurs efforts étaient inutiles, puisque des négociations pour la paix étaient déjà engagées, persuadées que l'heure de la Turquie avait sonné, étaient incapables de tenir et se débandaient à l'approche des Russes. Au lieu d'Osman-Pacha pour commander la résistance, on n'avait que Suleyman, l'homme funeste, qui n'avait pas même gardé la seule réputation qu'il ait jamais eue, sa réputation de bravoure. On commençait en effet, à la lueur des désastres dont il était responsable, à le mieux connaître, et voici ce qu'écrivait, à cette époque, de Constantinople, un correspondant de la *République française*, qui se faisait l'écho de l'opinion publique. « L'Osman-Pacha de la résistance suprême, c'est Suleyman, dont les exploits se bornent aux hécatombes sanglantes de Schipka; Suleyman, qui a fait volontairement échouer les plans heureux, qui a empêché la levée du blocus de Plevna, et dont la singulière lâcheté sur le champ de bataille est connue de tous les soldats. En Europe, on voit volontiers dans Suleyman une espèce de sabreur fougueux qui se précipite à l'assaut des murailles, qui prend des défilés imprenables à la pointe de l'épée, qui, par sa témérité personnelle, par sa soif de carnage, compromet inutilement la vie et la sécurité de ses soldats. Cette légende est exactement le contraire de la vérité, comme la plupart des légendes, et le pauvre soldat musulman, si brave et si patient, rirait bien en apprenant les exploits qu'on attribue à son chef. Il sait que Suleyman n'a jamais paru dans les combats livrés par ses soldats ni à Schipka, ni ailleurs. Il sait que son général a autant de respect pour son épiderme qu'il en a peu pour celui des autres, et qu'après avoir pris ses dispositions, il en laisse prudemment l'exécution à ses subordonnés, lesquels, par parenthèse, sont si peu rassurés par cette politique, que souvent ils l'imitent et laissent les troupes se battre seules, tandis qu'ils observent la lutte à une distance respectable des balles. »

Quant à l'ingérence du sultan et de son entourage dans les opérations militaires, elle était restée la même, bien que la *daristchoura* eût été dissoute dans le courant du mois de novembre; le maintien de Suleyman-Pacha comme généralissime en était la preuve.

L'armée de l'Ouest est dissoute. — Nouveau plan des Russes. — Plan défensif des Turcs.

L'empereur Alexandre n'attendait que la chute de Plevna pour rentrer en Russie où il fût retourné depuis longtemps s'il avait écouté l'avis de ses médecins. Le 17 décembre, il passait à Bucharest, où on lui fit une réception enthousiaste, et, le 22, il rentrait dans Saint-Pétersbourg sous une pluie de fleurs et au milieu des acclamations du peuple russe. Plevna pris, l'armée formée en vue de l'investir n'avait plus de raison d'être, et fut dissoute; le prince Charles, dans une proclamation datée du 13 décembre, fit ses adieux aux troupes russes, qu'il avait commandées pendant quatre mois, et le 26 il rentrait de son côté à Bucharest, où les Roumains firent à leur souverain un accueil aussi chaud que celui que les Russes avaient fait au leur.

Un grand conseil de guerre fut tenu pour savoir à quelles opérations on emploierait les divers corps de cette armée. Il fut tout d'abord convenu que l'armée roumaine ne franchirait pas les Balkans et qu'on enverrait une partie relever en Roumanie les troupes d'étapes russes qui viendraient alors sur le théâtre de la guerre, et l'autre partie occuper les petites places et les points stratégiques de la Bulgarie occidentale, et de concert avec un corps de l'armée serbe qui allait entrer en campagne, assiéger Widdin. Plus tard cette dernière résolution fut modifiée, les Roumains furent seuls chargés du siège de Widdin et toutes les troupes serbes furent envoyées dans la vieille Serbie, que le prince Milan désirait s'annexer et qu'il voulait à tout prix conquérir. Quant aux troupes russes, deux plans furent discutés pour leur destination. Le général Totleben proposait qu'on passât l'hiver à faire le siège des places du quadrilatère pour franchir les Balkans au printemps; le grand-duc Nicolas, au contraire, était d'avis qu'il fallait transporter immédiatement la guerre au sud de ces montagnes afin d'y frapper le dernier coup. Le premier montrait l'hiver rigoureux qui arrivait, les difficultés de forcer des passes encombrées par la neige, l'impossibilité d'assurer le ravitaillement d'une armée au delà des Balkans avec des routes que les ouragans de neige pouvaient intercepter chaque jour, les pertes en hommes auxquelles on s'exposerait avec les grands froids; le second faisait valoir les avantages de son plan : les Turcs étaient démoralisés, il ne fallait pas leur laisser le temps de respirer, de refaire leurs armées, d'élever au delà des Balkans des camps retranchés pareils à celui qui venait d'arrêter si longtemps les Russes sous Plevna; le froid serait moins funeste aux hommes du Nord, qui y sont acclimatés, qu'aux soldats turcs, venus des pays chauds et mal pourvus de vêtements. Par une série de coups rapides, en poussant sans relâche les Turcs l'épée dans les reins, on pouvait promptement terminer la campagne que le plan de Totleben avait le tort de prolonger indéfiniment. Ce fut le grand-duc Nicolas qui l'emporta, et il se trouva que le plan en apparence le moins sage était de beaucoup le meilleur.

Il fut donc décidé que toutes les troupes qui avaient pris part au siége de Plevna se joindraient à celles qui se trouvaient déjà sur la ligne des Balkans, et qu'un effort simultané serait fait pour franchir ces montagnes par toutes les passes existant depuis celle d'Arab-Konak jusqu'à celle de Tvardilza. Les troupes que les Russes allaient jeter en Roumélie se composaient ainsi de toute la garde, 3 divisions; des 4°, 8°, 9° et 11° corps, 8 divisions; des 2°, 3° et 24° divisions d'infanterie, de deux brigades de chasseurs, de la légion bulgare, qui avait été complétement réorganisée et qui comptait maintenant dix bataillons, et des 2° et 3° divisions de grenadiers, qui devaient former la réserve, soit 170,000 hommes d'infanterie avec six divisions de cavalerie, la brigade des Cosaques du Caucase et plus de 800 pièces de canon. A ce dénombrement il faut ajouter l'armée serbe, qui allait former l'extrême droite de la ligne de bataille et qui comprenait 70,000 fantassins, 3,000 cavaliers et 250 pièces de canon.

Du côté des Turcs, on tint également à Constantinople un grand conseil de guerre auquel fut admis le général Klapka. Le héros de Komorn, à qui revenait déjà l'honneur d'avoir signalé dès le début de la guerre l'importance de la position de Plevna, conseilla au sultan de ne plus penser qu'à la défense d'Andrinople et de concentrer dans cette ville toutes les forces disponibles dans l'empire. A son avis, on pouvait encore y réunir plus de 100,000 hommes, ce qui était plus que suffisant pour arrêter la marche des Russes et pour leur faire, le cas échéant, payer chèrement leur victoire. Malheureusement, ce conseil ne fut point suivi. Suleyman-Pacha, qui s'était embarqué à Varna avec 10,000 hommes pour aller prendre le commandement des forces turques en Roumélie et qui assistait à la délibération, continua à jouer son rôle de mauvais génie de la Turquie et fit prévaloir un avis contraire. Il se fit fort de défendre les passages des Balkans, et, se cramponnant à des positions devenues intenables, il éparpilla ses forces tout le long de ces montagnes, de sorte que, quand les défilés furent forcés, les différents détachements dont elles se composaient furent coupés les uns des autres, et n'eurent plus la ressource de se rabattre sur Andrinople, qui fut abandonné sans résistance.

Suleyman ne sut pas même profiter du répit fortuit qui résulta de l'impossibilité où la rigueur du froid mit pendant une quinzaine de jours les Russes de continuer leurs opérations. L'armée du quadrilatère, qui devait passer en Roumélie pour contribuer à la défense des Balkans, arriva trop tard, et Fuad-Pacha, qui l'amenait, marcha juste assez vite pour venir se faire écraser à Philippopoli, au milieu de janvier, par l'armée de Gourko. Il n'y eut aucune concentration de troupes faites à temps ; il n'y eut pour recevoir la formidable invasion russe que les 30,000 hommes de Schipka, les 30,000 hommes de Sofia, et les 10,000 hommes que Suleyman amena par Varna et Constantinople; on verra plus loin quels désastres irréparables s'ensuivirent.

XXXIX. — LA SERBIE DÉCLARE LA GUERRE A LA TURQUIE. — CAMPAGNE DE L'ARMÉE SERBE

Attitude de la Serbie pendant la première période de la guerre.

La Serbie n'avait accepté que comme une nécessité passagère la paix si peu onéreuse que, grâce à l'intervention de l'Europe, elle obtint de la Turquie après la désastreuse campagne de 1876. Dès la conclusion de l'armistice, elle avait remis peu à peu ses troupes sur le pied de paix, et, le 10 mars 1877, elle congédia les six brigades de milice qu'elle avait encore sous les armes et licencia sa dernière brigade de volontaires. Mais elle renonçait d'autant moins pour cela à prendre une revanche, qu'elle sentait que les événements allaient lui en fournir très-prochainement l'occasion.

La guerre de 1876 avait permis de juger les côtés défectueux de l'organisation militaire de la principauté; le nouveau ministre de la guerre, Sava Grouitch, se mit à l'œuvre avant même que la paix fût conclue et la remania de fond en comble. Par la création d'une armée active et d'un système régulier de milice de réserve, par l'extension donnée aux cadres des troupes permanentes, par l'introduction du système des appels partiels, il parvint à donner à l'armée serbe la solidité qui lui avait manqué, tout en portant au maximum dans les cadres l'élasticité qui était nécessaire pour arriver à développer, en temps voulu et sans obstacle, toutes les forces du pays.

Au moment de l'entrée en campagne de la Russie, à la fin d'avril, il fut question de former un corps d'observation destiné à faire respecter la neutralité de la Serbie. Plus tard, vers le milieu de mai, on put lire dans différents journaux étrangers que la Serbie mobilisait son armée lentement, remplissant ses magasins de guerre et avertissant ses miliciens de se tenir prêts à marcher au premier ordre. Quelques jours après, ces dispositions significatives, confirmées par des renseignements venus de différents côtés, semblèrent s'arrêter.

Mais à la fin de juin, le prince Milan alla voir l'empereur Alexandre II à Ploïesti, et il est probable qu'il obtint de lui des assurances favorables aux ambitieuses visées d'annexion qui l'avait poussé à la guerre l'année précédente. En effet, dans le discours par lequel il ouvrit la Skouptchina, le 2 juillet, il donna clairement à entendre aux députés serbes qu'une entente existait entre le cabinet de Belgrade et de la Russie et que la Serbie bénéficierait des résultats de la guerre que cette puissance venait d'entreprendre:

> Nous devons, dit-il, attendre avec confiance les fruits que fera naître notre sang versé. Les résultats réels de si grands bouleversements ne suivent pas immédiatement les événements; mais notre sang n'aura pas été répandu en vain, ni pour les chrétiens d'Orient, ni pour les tendances humanitaires et l'avenir de la nation serbe.
>
> Lorsque, après avoir consulté la grande Skouptchina nationale, j'ai conclu la paix avec la Porte ottomane, j'ai fait connaître à mes chers sujets que le sort des chrétiens d'Orient était dans des mains plus vigoureuses.
>
> Nous pouvions interrompre la guerre sans danger pour la cause sainte dont la défense nous avait entraînés au combat. Les événements ont bien vite confirmé mes paroles; non loin de nos frontières flottent déjà les étendards victorieux du czar libérateur, qui se trouve à la tête de son héroïque armée. L'arrivée de Sa Majesté à son quartier général dans l'État roumain voisin m'a fourni l'occasion désirée d'exprimer, en mon nom et au nom de mon peuple, notre profonde reconnaissance pour la puissante protection que l'empereur a donnée à notre patrie pendant les événements de l'année dernière.
>
> De même que j'ai rempli ce devoir avec reconnaissance, je vous fais savoir, le cœur plein de joie, que le magnanime monarque a reçu l'expression de notre gratitude avec sa bonté naturelle, et m'a généreusement donné l'assurance que sa sollicitude s'étendrait à l'avenir sur la Serbie et sur la nation serbe.

Depuis cette époque, on peut suivre la marche continue des préparatifs des Serbes, et il fut permis de penser, d'une manière presque certaine, qu'ils songeaient à prendre éventuellement part à la guerre. C'est ainsi que, dans les derniers jours de juillet, le ministre Sava Grouitch obtint l'autorisation de former un petit corps d'observation de 3,000 hommes, qui devait être placé sur le Timok, d'appeler un certain nombre des anciens soldats de l'armée active et de réunir par ce moyen, dans les camps d'instruction, 24 bataillons avec artillerie et cavalerie. En même temps le ministre achetait du matériel et des chevaux, ces derniers tirés de Roumanie. Ces dispositions peuvent être prises comme le premier pas réellement fait en prévision d'une mobilisation générale à plus ou moins longue échéance.

A la fin d'août, les choses s'accentuèrent plus nettement. Le 27 de ce mois, il fut décidé, dans un conseil de guerre tenu sous la présidence du prince Milan, que la Serbie prendrait part à la guerre; à cette même époque fut promulgué l'ordre de bataille de l'armée. On crut dès lors que la Serbie allait entrer en campagne, mais elle avait été trop cruellement éprouvée une première fois pour agir encore à la légère; maintenant, elle ne voulait marcher qu'à coup sûr, quand le succès des Russes, se dessinant d'une façon irrésistible, lui donnerait des garanties formelles contre la mauvaise fortune. Si l'on se reporte aux correspondances des journaux de l'époque, il semble qu'il y eut alors des tiraillements entre l'état-major russe et le prince Milan. Le premier eût voulu que l'armée serbe vînt prendre part aux opérations sous Plevna en menaçant les derrières d'Osman-Pacha; le second refusa, trouvant sans doute, et avec raison, que la victoire n'était pas encore certaine.

VUE DE NISCH

Au milieu de septembre, les 8 bataillons d'infanterie de l'armée régulière, qui étaient campés à Topchidéré, furent dirigés sur Negotin, Alexinatz et Ivanitza, pour servir de noyau à la formation de 32 bataillons combinés. Ce système de la *combinaison*, inauguré par Sava Grouitch, et fort simple, mérite qu'on en dise un mot.

Le bataillon régulier serbe est commandé par un officier supérieur et composé de quatre compagnies, commandées par des capitaines et pourvues chacune d'un cadre de 2 lieutenants et 2 sous-lieutenants. Le cadre inférieur comprend : 1 sergent-major, 4 sergents, 1 fourrier, 12 caporaux, 2 tambours, 2 clairons ; le nombre des soldats est de 120. Toute l'économie de l'opération consiste en ce que, par la *combinaison* avec un bataillon de milice, la *compagnie régulière* se transforme en un *bataillon combiné*, auquel elle fournit la plus grande partie de son cadre : le capitaine de la compagnie régulière prenant le commandement du bataillon combiné, et les quatre officiers se mettant à la tête des quatre compagnies combinées, qui reçoivent chacune 1 sergent et 3 caporaux de la compagnie régulière. Quant aux soldats, ils sont répartis de telle manière que chaque peloton en compte sept ou huit. Les officiers de milice du premier ban et le sergent-major de la compagnie régulière se partagent le commandement des pelotons dans les nouvelles compagnies combinées et le fourrier est réservé pour les fonctions d'adjudant du bataillon. Le commandant du bataillon régulier se trouve naturellement désigné pour le commandement d'une brigade.

On voit comment, par l'application de cette mesure, la petite armée régulière peut presque instantanément se quadrupler ; les 32 bataillons combinés formèrent un excellent noyau pour l'armée que la principauté continua à mobiliser.

A la fin de septembre, on signala des marchés conclus par le colonel Grouitch avec de grands négociants du pays, pour l'alimentation de quatre corps d'armée qui devaient être établis sur la Drina, sur la Morava et sur le Timok ; à la même époque fut promulgué un nouvel ordre de bataille comprenant les nominations dans l'intendance, la justice militaire de campagne, le train, le service sanitaire, la télégraphie de campagne, etc.

L'argent, il est vrai, manquait aux Serbes ; mais la Russie y pourvut, et on eut ainsi une preuve flagrante de l'entente qui existait entre le prince Milan et son puissant protecteur. M. Persiani, qui vint au commencement du mois de novembre représenter la Russie à Belgrade, remit un million de roubles argent au gouvernement serbe et apporta en même temps la promesse qu'un versement pareil serait fait chaque mois depuis le jour où l'armée serbe entrerait en campagne jusqu'à celui où les hostilités prendraient fin.

Dès lors les armements se continuent avec une fiévreuse activité. 20 bataillons avaient été mobilisés le 7 octobre sous prétexte des exercices d'automne, qui devaient durer 25 jours au lieu de 15, comme le prescrit la loi ; le 8 novembre on en mobilisa 27, le 21 novembre 14, et ainsi de suite, jusqu'à ce que toute la milice du premier et du deuxième ban y eût passé. En même temps, de même qu'en 1876 on forma des corps de volontaires dans lesquels s'enrôlèrent des Serbes de la vieille Serbie, des Bosniaques, des Slaves d'Autriche et des Bulgares.

Le cabinet de Belgrade, par ses apparentes indécisions pendant les mois d'octobre et de novembre, lassa la patience de l'Europe. Un jour, les mesures dont nous venons de parler faisaient annoncer que la Serbie déclarait la guerre à la Turquie, et le lendemain on démentait la nouvelle, si bien qu'à la fin les journaux émirent cette supposition que la principauté ne voulait nullement courir les risques d'une nouvelle campagne et se moquait de la Russie. Nous pensons au contraire que cette dernière puissance se servait de l'éventualité de l'entrée en campagne de la Serbie comme d'une menace pour exercer une pression morale sur la Turquie et l'amener à demander la paix. La date où la principauté devait prendre part à la guerre était, croyons-nous, arrêtée dès cette époque, ainsi que le disaient les journaux et avait été fixée à la chute de Plevna.

Ces préparatifs de guerre de la Serbie se faisaient au vu et au su de toute l'Europe. On comprend aisément que la Turquie ne vit pas sans indignation la vassale qu'elle avait complètement écrasée l'année précédente, et pour laquelle l'Europe l'avait obligée à avoir tant de ménagement, s'apprêter à une nouvelle révolte et se disposer à se joindre à ses ennemis. Dans des rapports, en date des 19 et 26 octobre, adressés à M. Ristitch, président du Conseil, M. Christitch, l'agent serbe à Constantinople, rend compte des entretiens orageux qu'il avait avec Server-Pacha. La Serbie, disait le ministre ottoman, fourmille d'agents russes ; des officiers russes sont employés à l'organisation de l'armée ; le prince a reçu solennellement l'agent diplomatique russe et il a prononcé un discours, une allocution des plus offensantes et des plus blessantes pour la Porte. Qu'il prenne garde cependant ; nous avons des moyens sans nombre de lui nuire beaucoup sans être formellement en guerre avec lui et se prévoir des malheurs pour lui et pour son pays.

Server en proférant ces menaces faisait probablement allusion à une conspiration que les Karageorgewitch, compétiteurs de la famille Obrenowitch au trône de Serbie, tramaient alors contre le prince Milan et que la Porte soutenait de ses intrigues. Cette conspiration éclata un mois plus tard, au commencement de décembre, au camp de Kragoùjewatz. Au moment de prêter serment au drapeau, deux compagnies de la milice de Topola, patrie des Karageorgewitch, se mutinèrent, mais la révolte fut immédiatement étouffée ; quelques exécutions sommaires eurent lieu ; soixante-quinze personnes, parmi lesquelles de hauts personnages et un évêque, furent traduites devant un conseil de guerre et condamnées à mort, mais le prince Milan commua la peine. L'affaire n'eut pas d'autre résultat que de fournir au gouvernement serbe un prétexte de plus pour motiver la déclaration de guerre qu'il lança dès qu'il apprit la reddition de Plevna.

La Serbie déclare la guerre à la Turquie.

M. Christitch, homme doux et pacifique, avait toujours été opposé à la guerre et avait fini par donner à tout le monde, à Constantinople, l'espoir que la Serbie continuerait à se tenir tranquille. Aussi dit-on qu'il fut atterré lorsque, le 13 décembre, il reçut de Belgrade, en même temps que la confirmation de la prise de Plevna, une copie de deux proclamations que le prince Milan adressait le jour même l'une au peuple, et l'autre à l'armée serbe, avec le texte d'une déclaration de guerre qu'il devait remettre immédiatement à la Porte. Le lendemain, 14, était jour de courrier, M. Christitch n'avait pas un moment à perdre s'il voulait s'embarquer à bord du bateau de Trieste, et regagner sa patrie. Il ne se sentit point le courage de porter lui-même au ministre des affaires étrangères la déclaration de guerre et l'envoya par un Arménien, M. Terkhan, drogman de l'agence serbe. Il alla s'embarquer furtivement en prenant par crainte de violences de la part de la population la précaution de se faire escorter par deux *cavass* que l'ambassade d'Angleterre mit obligeamment à sa disposition.

Ce fut à une heure de l'après-midi seulement que le drogman de Serbie put trouver Server-Pacha dans son konak, car ce jour-là étant un vendredi, tous les bureaux de la Porte se trouvaient fermés. Après avoir lu, Server-Pacha répondit : « Je ne suis nullement surpris de ce qui arrive, et depuis longtemps je m'y attendais. Ce qui m'étonne, c'est que vous ayez tardé si longtemps à nous faire connaître vos résolutions. »

Cette déclaration de guerre, remise dans des conditions aussi insolites, était ainsi conçue :

Le soussigné, agent diplomatique de la principauté de Serbie auprès de la Sublime-Porte, a l'honneur de porter à la connaissance de Server-Pacha ce qui suit :

Le protocole de paix du 16 février de la présente année, ayant stipulé une amnistie pleine et entière pour tous les gens compromis dans des événements antérieurs, le gouvernement princier n'avait pas hésité à faire rentrer dans leurs foyers un grand nombre de sujets ottomans qui s'étaient réfugiés sur le territoire serbe ; mais en dépit de la teneur du susdit protocole, ces réfugiés furent à leur retour continuellement exposés à de nouvelles persécutions et à de mauvais traitements de toutes sortes, tant de la part de leurs concitoyens musulmans que de celle des autorités impériales elles-mêmes.

Son Excellence Server Pacha a sans doute présentes à la mémoire les fréquentes réclamations que le soussigné, par l'ordre de son gouvernement, a faites auprès de la Sublime Porte contre ces infractions manifestes à la convention de paix ; mais le soussigné a le vif regret de constater que ses démarches n'ont pu avoir aucun résultat satisfaisant.

D'autre part, le gouvernement princier a acquis la conviction que la Sublime-Porte, contrairement aux lois internationales et sans tenir aucun compte des règles du bon voisinage, travaille, depuis quelque temps surtout, à compromettre la tranquillité et l'ordre intérieur de la principauté, en prêtant un appui ouvert en armes et autres moyens d'action aux agissements des conspirateurs du dehors, qui voudraient troubler la sécurité de la principauté.

Pour tous ces motifs, le gouvernement princier a cru devoir rappeler son agent auprès de la Sublime-Porte et lui signifier l'ordre de quitter immédiatement Constantinople, la principauté de Serbie se considérant désormais comme en état de guerre avec la Sublime-Porte.

Le soussigné saisi, etc.

CRISTITCH.

Constantinople, 14 décembre 1877.

Dans la proclamation adressée au peuple serbe, le prince Milan donnait pour motiver la guerre les deux raisons exposées dans la pièce que nous venons de reproduire, à savoir : les traitements infligés aux réfugiés et les intrigues de la Porte pour troubler l'ordre dans la principauté, mais il en ajoutait une autre qui était la seule vraie, c'est que l'occasion se présentait pour la Serbie de conquérir son indépendance et qu'elle voulait en profiter.

Nous croyons devoir reproduire également ce document historique :

Serbes!

Lorsque dans ma proclamation du 5 mars je vous notifiai la conclusion de la paix entre la Serbie et la Porte, je vous faisais savoir aussi que la défense de la cause sacrée pour laquelle nous avions combattu avait passé entre des mains plus puissantes. Depuis lors la race turque a enrichi son histoire de nouvelles horreurs inouïes. Le pillage, la dévastation et les massacres se sont étendus à toutes les parties de l'empire. Mais c'est principalement sur les pays serbes, sur tout ce qui porte notre nom, que ces fléaux se sont déchaînés avec la plus grande violence. Malgré que l'art. 2 du protocole de paix du 16 février stipulât une amnistie pleine et entière en faveur de ceux de nos malheureux frères qui avaient cherché en Serbie protection et refuge, le fanatisme musulman a néanmoins lâché à leur égard tous les freins de sa vengeance. Confiants dans les traités internationaux, nous avions persuadé la plus grande partie de ces malheureux de rentrer dans leurs foyers. Retournés dans leur pays, sur notre conseil ils se sont vus en butte, sous divers prétextes, à de nouvelles persécutions, à de nouvelles violences de la part de leurs oppresseurs. En vain mon gouvernement a protesté nombre de fois auprès de la Sublime-Porte contre les criantes infractions au traité. Le gouvernement turc, en laissant ces violences impunies, a foulé aux pieds la parole qu'il avait solennellement donnée.

Serbes! Après une aussi éclatante violation des engagements contractés par la Porte vis-à-vis de la Serbie, nous ne sommes pas tenus de supporter plus longtemps cette pénible situation, dans laquelle, de champions de la liberté que nous étions, nous nous sommes transformés en spectateurs passifs de ces efforts barbares dont le but est l'extermination de la race serbe. La mesure des cruautés turques est telle que la Serbie ne peut plus les voir d'un œil indifférent ni supporter encore à l'avenir sans humiliation les liens qui la rattachent à un État puisant sa vitalité dans son fanatisme et menaçant déjà la principauté. Malgré que l'attitude de la Serbie à l'égard de la Porte ait été parfaitement correcte, celle-ci prépare déjà à notre patrie de nouveaux dangers. Outre les complots que la Porte forge clandestinement contre notre sécurité intérieure, le ministre ottoman des affaires étrangères ne craint pas de déclarer ouvertement que la Porte possède de nombreux moyens de nuire à la Serbie sans se trouver formellement en guerre avec elle.

Serbes! Si la Porte, au moment même où elle est si vivement pressée par l'armée d'un des plus puissants États, prend à notre égard un ton aussi menaçant, nous ne pouvons certes pas laisser passer une occasion comme celle-ci sans assurer notre avenir une fois pour toutes.

Non! La lutte contre notre ennemi séculaire n'est pas close par notre guerre de l'année dernière. Ce ne serait ni de notre intérêt ni de notre dignité de nous consacrer définitivement aux travaux de la paix sans déployer toute notre énergie pour conjurer, dans la mesure de nos forces, les dangers qui menacent la nation serbe et pour mener à bonne fin notre mission nationale. Malgré que la vaillante armée russe puisse sans notre concours aider au triomphe de la cause sacrée que l'Empereur a prise sous sa puissante protection, rien au monde ne peut nous affranchir de l'accomplissement du devoir qui incombe à la nation serbe comme membre de la famille chrétienne en Orient. Le peuple serbe doit ce nouveau sacrifice à lui-même et à sa race.

Les peuples ne peuvent obtenir la vraie liberté que s'ils l'achètent au prix des plus grands efforts et, si c'est nécessaire, au prix de leur sang. Des œuvres aussi grandes que celle que nous avons commencée l'année dernière ne sont pas entreprises pour rester à mi-chemin. Ce serait une politique pusillanime, un patriotisme insuffisant. Nos descendants nous feraient avec raison des reproches, nos frères martyrs nous chargeraient de leur malédiction, nous-mêmes nous en éprouverions d'amers regrets. Les ombres de nos guerriers tombés l'année dernière sur les champs de bataille nous renieraient si, nous contemplant, elles nous voyaient, à un moment où le sang coule à flots tout près de notre frontière, insouciants et oublieux du devoir sacré qu'ils nous ont laissé de combattre un ennemi qui, sans nécessité militaire, a porté le feu et la dévastation dans notre beau et fertile pays. Seulement à force de persévérance nous pouvons remplir la noble tâche si résolûment inaugurée l'année dernière, tâche qui nous a coûté tant d'efforts et de sacrifices. Nous avons eu le temps de nous refaire et nous en avions le droit. Si l'année dernière les forces de l'ennemi étaient supérieures à celles de la petite principauté serbe, nous trouvons aujourd'hui, en entrant dans la lutte, sur le théâtre de la guerre l'armée russe, héroïque et couverte de gloire, nous y trouvons nos héroïques frères du Monténégro et nos vaillants voisins, les Roumains, qui ont passé le Danube et sont venus combattre pour l'indépendance et pour la liberté des chrétiens opprimés.

Serbes!

Aujourd'hui nous reprenons nous aussi les armes pour la sainte cause nationale et chrétienne. Comme mon ancêtre, je me mets à la tête du peuple serbe en armes. Le drapeau que le quatrième des Obrénovitch déploie pour la seconde fois porte l'inscription de la liberté et de l'indépendance nationales. Vous avez déjà donné sous ce drapeau des preuves éclatantes de votre patriotisme et de votre abnégation. Un pas résolu en avant, — et nous donnons la main à nos frères, dont nous sommes séparés par le champ de bataille de Kossovo. Aujourd'hui ou jamais l'heure a sonné d'accomplir la grande œuvre nationale si glorieusement commencée par les héros de Takovo et reprise par nous l'année dernière.

Donc en avant, guerriers, aux côtés des aigles victorieuses du libérateur impérial et avec confiance dans le Tout-Puissant, le protecteur de la justice! En avant! au nom de la libération de notre chère patrie!

Belgrade, 13 décembre 1877.

Milan Obrénovitch IV,
prince de Serbie.

Dans sa proclamation aux soldats, le prince assignait également, comme but à la guerre, l'indépendance de la Serbie. « J'attends de vous, dit-il, et la patrie avec moi, que vous mettiez au rang des peuples libres la nation serbe désormais indépendante. »

Comme on le pense, la déclaration de guerre

de la Serbie causa la plus vive irritation à la Porte, et pendant quelques jours on agita à Constantinople les plans les plus extravagants en vue de faire expier de la façon la plus sanglante sa trahison à cette ingrate vassale, qui avait déjà oublié la clémence avec laquelle on l'avait traitée l'année précédente. On parla de jeter sur le territoire de la principauté 100,000 Tcherkesses et 100,000 Arnautes, en un mot tous les bandits de la guerre que la Russie fait à la Turquie, pour vous entraîner à une nouvelle rébellion, car ils ne cherchaient pour cela qu'une occasion.

Cette nouvelle agression sera châtiée par Dieu comme la première. Le sultan sait sur qui doit retomber la responsabilité des maux qui vous menacent.

Le prince Milan Obrenovitch, coupable de ce forfait, a causé sa propre déchéance par la déclaration de guerre, et le sultan vous le fait connaître.

Serbes ! séparez votre cause de celle de cet homme criminel ; unissez vos efforts à ceux du gouvernement

LE PRINCE MILAN DE SERBIE

l'empire, pour la ravager de fond en comble ; mais le temps manqua pour la réalisation de ce projet d'apparence assez peu pratique, du reste, et le sultan dut se contenter de la satisfaction toute platonique d'annoncer aux Serbes la déchéance du prince Milan dans la proclamation suivante :

Serbes !

Vous avez vécu heureux et contents sous la suzeraineté du sultan. Une première fois, vous avez été entraînés, par les hommes corrompus qui vous gouvernent, à lutter contre la cour suzeraine, et vous n'avez pas oublié les maux qui en ont été la conséquence pour vous. Vous vous souvenez aussi qu'après la défaite des rebelles le sultan a consenti, dans sa magnanimité, à rétablir sur le même pied qu'avant la guerre les rapports entre la Serbie et la Porte, sans même exiger l'éloignement des fous qui vous avaient séduits.

Ces mêmes hommes, dépourvus de tout sentiment de justice et de gratitude, n'ont pensé qu'à profiter de impérial pour rétablir l'ordre légal. Demandez-vous si ce prince et ses perfides conseillers sont encore dignes de votre confiance et n'hésitez pas à séparer votre cause de la leur !

Disons ici qu'en dehors de la presse turcophile, dont l'opinion n'était pas douteuse, il s'est trouvé en Europe beaucoup de journaux indépendants pour qualifier d'indignité la conduite de la Serbie. A leur avis, elle aurait dû se regarder comme liée par la reconnaissance envers la Turquie à cause de la générosité avec laquelle celle-ci l'avait traitée après l'avoir vaincue. D'autres journaux lui ont reproché d'avoir attendu que la Turquie fût à terre pour se ruer à la curée.

Evidemment s'il y avait une morale politique, la Serbie serait fort coupable. Mais cette morale existe-t-elle ? L'histoire est-elle autre chose que le récit des efforts faits par les nations pour profiter des occasions qui s'offrent à elles de prendre des avantages aux dépens des autres, et la presse d'un pays libre est-elle bien placée pour faire un crime à un pays, qui ne l'est point, de tenter de reconquérir son indépendance, quelles que soient les circonstances dans lesquelles se produisent cette tentative? Quant à la question de l'heure choisie par la Serbie pour entrer en campagne, il ne faut pas perdre de vue que la guerre de 1876 et celle de 1877 sont des actes du même drame, et il semble qu'après les immenses sacrifices que la principauté s'était imposés l'année précédente, et les coups terribles qu'elle avait reçus et dont la trace était loin d'être effacée, elle pouvait bien ne point s'exposer à de nouveaux périls sans perdre pour cela le droit de prendre part au butin après la victoire définitive.

Campagne des armées serbes.

Afin de n'avoir pas à interrompre le récit de l'invasion de la Roumélie par les armées russes, nous résumerons tout de suite dans ce chapitre l'histoire des opérations des armées serbes.

Ces armées étaient composées de la façon suivante :

Le corps du Timok, commandé par le colonel Horvatovitch : 36 bataillons, 10 escadrons et 12 batteries.

Le corps de la Morava, commandé par le colonel Leschanine : 27 bataillons, 8 escadrons et 11 batteries de campagne et de montagne; les troupes de ce corps étaient les meilleures de l'armée serbe ;

Le corps du Yavor, commandé par le colonel Nikolitch : 21 bataillons et 8 batteries de campagne et de montagne;

Le corps de la Drina, sous les ordres du général Alimpitch : 16 bataillons, 4 escadrons et 3 batteries de campagne;

Le corps de la Schoumadia, commandé par le général Belimarkovitch : composé de 36 bataillons, 10 escadrons et 10 batteries.

Le total des troupes serbes était donc à peu près, en portant le bataillon à 500 ou 600 hommes, de 70,000 fantassins et 3,000 cavaliers, avec 250 canons; les batteries de campagne étant à 8 pièces, et celles de montagne à 4 seulement.

Ces troupes devaient rendre aux Russes un service considérable en couvrant leur droite et leurs derrières, tandis que l'armée de Gourko, après avoir pris Sofia, marcherait sur Philoppopoli et sur Andrinople. La campagne qu'elles firent fut très-brillante et fut une belle revanche des désastres de l'année précédente. En 48 jours seulement, elles enlevèrent 39 positions ou défilés fortifiés et la forteresse de Nisch, clef de la vieille Serbie, prirent sept villes, 230 canons, plusieurs milliers de fusils et firent plus de 3,000 prisonniers.

Plusieurs causes contribuèrent à ce succès : la nouvelle organisation de l'armée d'abord, puis la confiance que donnait aux Serbes la force du puissant allié avec lequel ils combattaient et enfin l'infériorité numérique et les préparatifs insuffisants des Turcs. Mehemet-Ali pendant son court passage à l'armée de Sofia avait attiré à lui les garnisons de toutes les places fortes du voisinage de sorte que Pirot, Ak-Palanka, Koursoumljé étaient à peu près sans défenseurs et qu'il n'y avait dans Nisch, dont les fortifications exigent une garnison de 12,000 au moins, que neuf bataillons de rédifs, 2,600 hommes de musthafiz, une compagnie de chasseurs et 200 sapeurs, soit 7,000 hommes environ. Les anciennes fortifications de la place avaient, il est vrai, été mises en état par des ingénieurs anglais et on avait créé quatre nouvelles redoutes.

Pour défendre la vieille Serbie, les Turcs avaient une armée de 20 à 25,000 hommes, commandés par Hafiz-Pacha auquel la levée en masse ordonnée par Rifaat-Pacha dans le vilayet de Kossovo fournit quelques renforts. Le gros de ces troupes était concentré aux environs de Novi-Bazar. Il existait d'autres troupes turques encore en nombre considérable sous le commandement de Fazly-Pacha à l'ouest de la Serbie sur la Drina; on les y avait réunies nous ne savons dans quel but : ce n'était pas pour s'opposer à une invasion serbe puisque la Turquie savait pertinemment que l'Autriche ne permettrait aucune opération militaire du prince Milan de ce côté, ce n'était pas non plus pour prendre l'offensive puisqu'elles n'attaquèrent point; ces troupes immobilisées et inutilisées sur ce point sont un de ces mystères comme l'incurie de la direction militaire turque en sème à chaque pas dans l'histoire de la guerre que nous racontons.

Le principal objectif des troupes serbes était Nisch, la clef de la vieille Serbie comme nous venons de le dire, et l'ordre de marche fut dressé dans le but d'amener le prompt investissement de la place. Le corps du Timok fut partagé en trois colonnes : celle de gauche devait se diriger sur Widdin pour prendre part au siège de cette ville, celle du centre devait se diriger du côté de Berkovatz par Tchoupren pour entrer en contact avec les partis de cavalerie russe qui battaient le pays de ce côté, la troisième et la plus forte devait marcher sur Pirot pour tenter d'enlever cette ville et couper les communications de Nisch avec Sofia. Le corps de la Schoumadia fut partagé en deux détachements, le premier devait investir Nisch par le nord, et le second devait marcher par la route de Sofia, prendre Ak-Palanka en passant et venir aider le corps du Timok à enlever Pirot. Le corps de la Morava devait investir Nisch par le sud et envoyer au loin des détachements pour occuper Koursoumjé et Leskovatz et couper les communications de Nisch avec Novi-Bazar, Uskub et le chemin de fer de Mitrovitza à Salonique. Le corps du Yavor devait pénétrer sur le territoire turc entre Novavaros et Sjenitza sur les derrières de Hafiz-Pacha et retenir l'armée de ce général aux environs de Novi-Bazar afin qu'il ne pût pas secourir Nisch. Enfin le corps de la Drina, pour des raisons politiques, devait rester sur la défensive; sa situation était très-forte et vingt-cinq redoutes avaient été élevées le long de la rivière; mais, comme nous l'avons dit, il ne fut pas attaqué.

Le 13 décembre, jour de la déclaration de guerre, les quatre premiers corps serbes pénétrèrent sur le territoire turc et réussirent parfaitement dans la réalisation de la première partie du plan que nous venons d'exposer. La colonne de gauche du corps du Timok occupa sans coup férir, le 27, Adlié à 25 kilomètres de Widdin. La colonne du centre attaqua, le 19, le défilé de Saint-Nicolas et s'en empara après un court combat où elle perdit 3 hommes tués et 13 blessés. La colonne de droite occupa de son côté les hauteurs de Babina-Glava. Après une entente amiable entre le gouvernement serbe et le gouvernement roumain, le siége de Widdin ayant été réservé exclusivement aux troupes de ce dernier; les deux premières colonnes, changeant de destination, vinrent se joindre à la troisième et le corps du Timok tout entier marcha sur Pirot.

Le général Belimarkovitch dirigea en personne le détachement du corps de la Schoumadia destiné à agir du côté de Pirot. Le 24, il était devant Ak-Palanka dont il s'empara après un combat de huit heures et où il trouva trois canons que les Turcs abandonnèrent en s'enfuyant du côté de Leskovatz. Il put alors se concerter avec Horvatovitch pour l'attaque du Pirot. Cette ville possédait, outre une vieille citadelle, un camp fortifié à Boudindol, et la garnison était suffisante, on y comptait 12 tabors et quelques Tcherkesses qui firent une belle résistance.

Une reconnaissance ayant appris aux généraux serbes que le camp de Boudindol était presque imprenable de front, il fut résolu que la colonne du Belimarkovitch serait chargée de l'attaque principale sur le flanc de la position turque, tandis que la colonne d'Horvatovitch la seconderait en essayant de forcer la gauche du camp de Boudindol pour l'appuyer et lui donner la main. La réserve générale resta à Babina-Glava. Le 26, la colonne de Belimarkovitch se dirigea d'Ak-Palanka sur Pirot; le 27, à huit heures du matin, elle attaquait le flanc gauche de la position turque et s'emparait à quatre heures de l'après-midi de Blata et de Béliava, où elle passa la nuit. La colonne d'Horvatovitch attaqua la position turque de front dès que retentit le premier coup de canon de l'autre colonne et, s'étant emparée de Stanetchka, put donner la main aux troupes de droite. Le 28, au point du jour, le combat reprit sur toute la ligne; à onze heures du matin la colonne de droite était déjà entrée à Pirot et était reçue par les habitants, le clergé à leur tête; quant à la colonne de gauche, elle n'eut raison de la résistance désespérée des Turcs que lorsque ceux-ci eurent appris que Pirot était occupé par les Serbes derrière eux.

Les Turcs avaient subi de grandes pertes; plus de 900 hommes; toute la position était couverte de leurs cadavres. Les survivants ne furent point poursuivis et se retirèrent par la route de Sofia. Les Serbes s'emparèrent de 21 canons, dont quatre canons Krupp. Pendant ces cinq jours de combat, du 24 au 28, ils avaient perdu de leur côté plus de 700 hommes tués ou blessés.

Le but principal de l'action du corps de la Morava était, on le sait, la forteresse de Nisch, qui ne se trouve qu'à dix-huit kilomètres de la frontière serbe. Ayant occupé sans résistance les hauteurs de Setchénitsa et de Topolnitsa, sur les deux rives de la Morava bulgare, le colonel Leschanine se dirigea, sans être inquiété, sur Mramor, à sept kilomètres à l'ouest de Nisch, et occupa cette importante position le 18 décembre, après son évacuation par les Turcs. Le lendemain un détachement du corps de la Morava prit d'assaut la ville de Prokoplié. Le 23, trois bataillons attaquèrent Koursoumljé, occupé par 400 nizams et 12,000 arnautes et bachi-bouzouks qu'ils en délogèrent en s'emparant de leur camp et d'une certaine quantité d'armes, de munitions et de chevaux. Les communications, par le fait de cette conquête, se trouvèrent établies entre la droite du corps de la Morava et la gauche du corps du Yavor. Deux jours après, les habitants de Leskovatz, à 36 kilomètres au sud de Nisch, se soulevèrent contre les Turcs qui s'y étaient réfugiés, les chassèrent et ouvrirent leurs portes aux troupes serbes qui approchaient.

Quant aux opérations du corps du Yavor, elles se bornèrent provisoirement à la prise des hauteurs de Raschka et de Youkovo et à l'occupation mières opérations des Serbes avaient partout réussi, Nisch était coupé de Novi-Bazar par l'occupation de Mrzamor et de Koürsoumljé, d'Uskub par l'occupation de Leskovatz, de Sofia par l'occupation d'Ak-Palanka et de Pirot; en quinze jours, la place avait été complétement investie. Il fut alors résolu que les troupes de Belimarkovitch

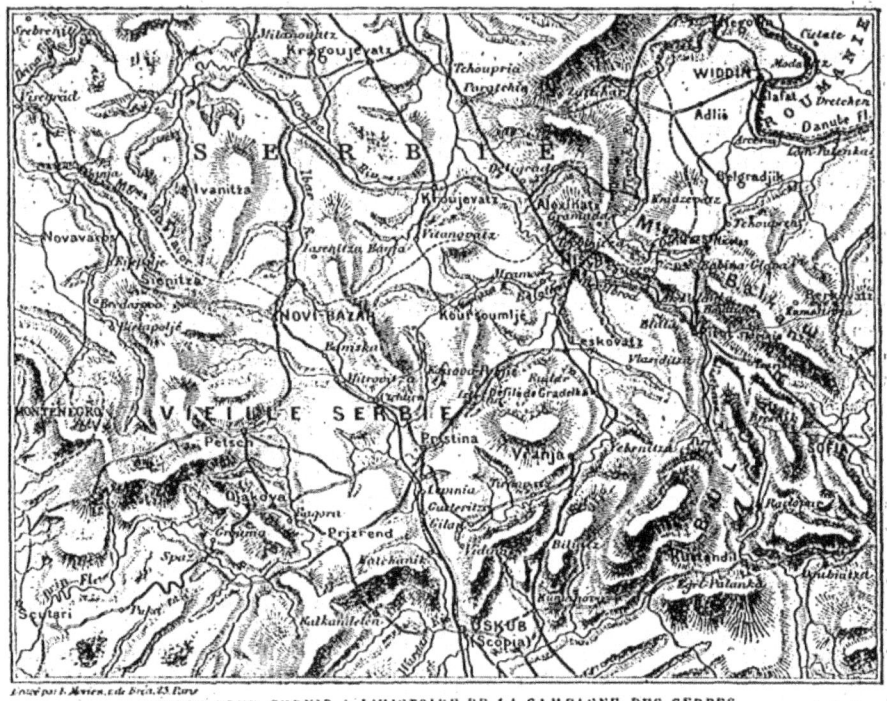

CARTE POUR SERVIR A L'HISTOIRE DE LA CAMPAGNE DES SERBES

de Kladnitza, près de la frontière. La marche des troupes se heurtait à de grandes difficultés dans cette région montagneuse, alors couverte d'une épaisse couche de neige. Aussi le colonel Nikolitch s'occupa-t-il principalement de fortifier les positions qu'il avait occupées. Cependant, si restreintes qu'elles fussent, ses opérations n'en eurent pas moins de bons résultats, car dès qu'elle connut l'entrée de ses troupes dans la vieille Serbie, la population locale, qui avait reçu des armes du gouvernement serbe, força les faibles garnisons turques à évacuer le pays et à se concentrer dans les principaux points fortifiés tels que Novi-Bazar, Senitza et Novavaros.

Ainsi, malgré une saison défavorable, un froid rigoureux et des tempêtes incessantes, les pre- reviendraient sous Nisch prendre part au siège de la ville tandis qu'Horvatovitch continuerait sa marche sur Sofia et aiderait, en prenant les Turcs à revers, aux opérations de Gourko qui était toujours arrêté dans le défilé d'Arab-Konak. Il avait été convenu avec les Russes qu'au cas où Sofia serait pris, la garde en serait confiée à des troupes serbes, mais ces projets ne purent pas être mis à exécution. A peine les avant-gardes d'Horvatovitch, qui marchaient par deux routes, s'étaient-elles avancées, une colonne jusqu'à Tsaribrod et l'autre jusqu'à Tirn, qu'il fut averti que Hafiz-Pacha, accourant au secours de Nisch avec toutes ses forces, venait d'écraser à Koursoumljé les deux bataillons qu'on y avait laissés en garnison, avait repris cette ville et menaçait l'armée qui as-

EN MARCHE DANS LES FORÊTS DU YAVOR

siégeait Nisch. Il reçut en même temps du quartier général serbe, où l'on savait que son concours était devenu bien moins utile aux Russes parce que Gourko avait occupé Sofia le 3 janvier, l'ordre de retourner sur ses pas pour venir se joindre au reste de l'armée sous Nisch. A partir de ce moment, les Serbes qui avaient paru vouloir d'abord combiner leurs opérations avec celles des Roumains et des Russes, agirent tout à fait isolément et ne s'occupèrent plus que de conquérir le territoire de la vieille Serbie que le prince Milan voulait annexer à ses États.

Le siége de Nisch fut dirigé par le prince Milan en personne. Le 4 janvier, la colonne détachée du corps de la Schoumadia qui était entré en Turquie par Gramada, en vint aux mains pour la première fois avec l'ennemi à Sitcevo. Cette colonne avait pour mission de s'emparer des positions fortifiées de Berzibrod par Bastovac jusqu'à Belotina. Afin de prévenir les Serbes, les Turcs attaquèrent deux fois avec le plus grand acharnement, mais ils durent se retirer dans leurs positions fortifiées. Le 5, les Serbes s'avancèrent et occupèrent des positions tout près de Nisch. Le lendemain les Turcs renouvelèrent leurs attaques, mais ils furent de nouveau repoussés.

Le 7 l'aile gauche du corps de la Schoumadia enleva d'assaut Markovo-Kaleh pendant que l'aile droite se logeait solidement à Vlassko-Bezdo. Dans la nuit du 7 au 8, les Serbes établirent dans ces positions des pièces de siége, et le 8 janvier ils ouvrirent le bombardement contre le fort de Goritza. Une nouvelle attaque des Turcs fut encore repoussée ce jour-là. Le 9, vers le soir, les Serbes délogèrent l'ennemi de Goritza. Pendant ce combat de six jours, soutenu par le corps de Schoumadia, une division et demie du corps de la Morava s'était approchée des forts Vinik et Abdi-Pacha et avait bombardé ces forts avec tant de succès que, dans cette soirée du 9, les Turcs durent les évacuer en même temps que le fort de Goritza évacué par les Turcs, ce qui fit tomber aux mains des Serbes tous les ouvrages avancés de la forteresse de Nisch. Dès lors le corps même de la place ne pouvait plus être défendu plus longtemps.

Le 9 janvier au soir on entama les négociations et le 10 une convention fut conclue entre le plénipotentiaire serbe, le colonel Lechjanine, et les deux commandants turcs Halil-Pacha et Raschid-Pacha. Voici le texte de cette convention qu'on trouvera sans doute bien favorable aux Turcs, étant donnés les avantages remportés par les Serbes ; mais il ne faut pas oublier qu'Hafiz-Pacha approchait et qu'il eût peut-être suffi à la ville de tenir deux ou trois jours de plus pour être sauvée.

Halil-Pacha et Raschid-Pacha livrent au prince de Serbie la forteresse et la ville de Nisch, y compris les canons, les munitions et le matériel de guerre qui s'y trouvent. Tous les soldats turcs doivent déposer les armes ; ils ne seront toutefois pas considérés comme prisonniers de guerre, mais seront menés au delà de la ligne des opérations serbes et mis en liberté. Les officiers gardent leurs épées.

Par mesure d'ordre et de sécurité tous les habitants de la ville, chrétiens et mahométans, doivent déposer leurs armes, qui leur seront rendues plus tard en bon état. Le prince de Serbie accorde à chacun la protection de la vie, de l'honneur et de la propriété. Les habitants qui voudraient quitter la ville obtiendront des facilités à cet effet. En témoignage d'estime pour le courage héroïque de l'armée turque qui a défendu la place, le prince de Serbie laisse leurs armes non-seulement aux officiers, mais aussi aux habitants notables qui en portent en temps de paix. Chaque bataillon turc déposera séparément ses armes devant le commandant de l'armée serbe.

Les Serbes trouvèrent dans Nisch 200 canons, dont 35 canons Krupp, 20,000 fusils et une grande quantité de vivres. Leur victoire leur avait coûté assez cher, car ils avaient perdu 1,400 à 1,500 hommes pendant les six jours que dura la lutte, mais la rapidité inespérée du succès fit fermer les yeux, car on s'attendait à un siège prolongé. On peut dire que la prise de Nisch était le rêve de la Serbie et cette nouvelle causa une joie sans mélange dans la principauté. La majorité des 16,000 habitants de Nisch étant chrétiens et serbes de race, on fit une entrée triomphale au prince Milan. Dans une proclamation à la ville le prince dit à ce sujet : « Je vois avec joie que la population de Nisch a conservé une vive mémoire de l'unité serbe et qu'elle a accueilli mes troupes cordialement. » Une fois dans la ville, le prince Milan distribua aux soldats qui s'étaient distingués des croix de Saint-Georges envoyées par le grand-duc Nicolas Nicolaïévitch, et il leur dit : « Je suis heureux de pouvoir vous féliciter à l'intérieur d'une forteresse que le roi Douschan considérait comme sa ville la plus illustre et qui est en même temps la clé de la vieille Serbie. Je vous distribue les insignes d'un ordre militaire qui, en Russie, est conféré seulement aux plus braves d'entre les braves. Je suis heureux de pouvoir vous les donner au nom de notre puissant protecteur, le Tsar-Libérateur. » Les troupes répondirent par les cris de : « Vive l'Empereur ! Vive le grand-duc Nicolas Nicolaïévitch ! Vive l'armée russe, notre alliée ! »

Arrivé trop tard pour secourir Nisch, Hafiz-

Pacha se replia sur Pristina où il concentra toutes ses forces dans le but de couvrir la voie ferrée qui va de Salonique à Mitrovitza et les Serbes résolurent de l'y aller chercher. L'armée qui venait d'enlever Nisch fut partagée en deux colonnes, l'une composée des troupes de Leschjanine et d'une partie du corps de la Schoumadia devait opérer au nord de Pristina et couper Hafiz-Pacha de Novi-Bazar. Elle réussit fort bien dans sa mission, reprit Koursoumljé, où l'on trouva vingt-sept soldats serbes empalés, occupa sans coup férir Kossovopoljé et s'avança au sud de cette position jusqu'à Podoujevo qu'elle enleva de haute lutte. L'autre colonne, composée du reste du corps de la Schoumadia et des troupes d'Horvatovitch, devait opérer au sud de Pristina et se relier à droite et à gauche à la précédente, de façon à envelopper complétement Hafiz-Pacha. Les Serbes comptaient sur leur supériorité numérique pour la réussite de ce double mouvement tournant.

Cette colonne obtint des résultats plus brillants encore que ceux de la première. Un de ses détachements prit d'assaut le défilé de Gradelka où la brigade de Semendria se battit bravement depuis une heure de l'après-midi jusqu'à la nuit; elle enleva les unes après les autres tous les obstacles que les Turcs avaient accumulés sur la route de Vranja et arriva le 30 janvier sous les murs de cette ville où quatorze bataillons d'infanterie et plusieurs milliers d'Arnautes l'attendaient. Les Serbes commandés par le colonel Jovanitch avaient une division du corps de la Schoumadia et un bataillon de volontaires. Après avoir soutenu le premier choc, ils prirent l'offensive à leur tour, taillèrent les Turcs en pièces, les dispersèrent, leur firent 1,730 prisonniers dont 48 officiers et le pacha Razim, et prirent une grande quantité d'armes et de munitions. Pendant ce temps Horvatovitch passant par des chemins de montagne s'avançait hardiment entre Uskub et Pristina, s'emparait de Katchanik, station du chemin de fer de Salonique, et poussait jusque sur la route de Prizrend.

Ainsi, au commencement de février, Hafiz-Pacha était à peu près complétement enveloppé, ses lignes de retraites sur Novi-Bazar, Sofia, Uskub et Prizrend étaient coupées et les Serbes se disposaient à l'attaquer de tous côtés. L'anéantissement de son armée était inévitable et ce qui pouvait lui arriver de mieux était d'être obligé de déposer les armes. Le cercle autour de Pristina se rétrécissait de plus en plus, le jour de l'attaque était déjà fixé, lorsqu'une dépêche vint annoncer que l'armistice était signé et que les opérations devaient cesser sur tous les points. On se figurera aisément le désappointement des Serbes qui allaient terminer par un succès éclatant une campagne où leurs chefs avaient déployé des talents qui durent faire regretter au prince Milan le peu de confiance qu'il leur avait témoignée l'année précédente en allant chercher un général à l'étranger, et où les soldats montrèrent qu'ils ne méritaient point les paroles dédaigneuses que le czar leur avaient adressées dans un discours fameux.

XL. — LES RUSSES FRANCHISSENT LES BALKANS

Nouvelle dislocation des forces russes. — Retards qu'éprouve cette opération. — L'hiver en Bulgarie.

A peine Plevna était-il pris et la résolution de transporter la guerre au delà des Balkans bien arrêtée que, malgré la saison avancée, les Russes se préparèrent à cette nouvelle campagne avec une fiévreuse activité. Tout le matériel de siège fut envoyé à l'armée du czarewitch qui reçut pour mission d'investir Roustchouk et de l'assiéger; le général Totleben fut adjoint au czarewitch comme il l'avait été précédemment au prince Charles. Mais ce n'était là qu'une opération tout à fait secondaire dans l'esprit du grand-duc Nicolas, et Totleben lui ayant demandé le concours d'une division du 11ᵉ corps, il refusa. La grande affaire était le passage des Balkans et l'invasion de la Roumélie.

L'armée de Plevna fut dispersée en trois de la façon suivante : la 3ᵉ division de la garde et le 9ᵉ corps furent envoyés à Orkhanié pour renforcer l'armée de Gourko. Le 4ᵉ corps et la 3ᵉ brigade de chasseurs furent dirigés sur Schipka pour renforcer l'armée de Radetzki et les deux divisions de grenadiers furent envoyées à Tirnova. Elles devaient servir de réserve générale à l'armée de Schipka. La 2ᵉ division d'infanterie fut établie à Tirnova pour garder les lignes de communication. Un peu plus tard cette division, ainsi qu'une partie de la 11ᵉ, fut rattachée au corps du général Zotof porté à Tirnova. Pendant les opérations relatives au passage des Balkans, Gourko devait prendre Orkhanié pour base d'opérations et Radetzky Tirnova ; l'objectif des deux armées devait être ensuite Andrinople, où l'on calculait que le sort de l'empire ottoman se jouerait dans une suprême bataille. Sofia d'abord, puis Philippopoli devaient alors devenir la base d'opération de l'armée de Gourko et Yamboli celle de l'armée de Schipka ; on désigna dès cette époque le personnel destiné à fonctionner sur les voies ferrées dont les Russes devaient s'emparer en prenant possession de ces deux dernières villes.

Toutes les mesures furent prises pour que les questions de ravitaillement ne pussent jamais retarder la marche de l'armée si rapide qu'elle fût. D'immenses approvisionnements transportés sur onze mille chariots et cinq mille chevaux de charge réquisitionnés par l'administration militaire russe dans la Bulgarie occidentale, furent dirigés sur Orkhanié afin d'être prêts à passer à Sofia dès que la voie serait libre et la ville prise. Trois bataillons de sapeurs renforcés de six mille cinq cents Bulgares travaillèrent à améliorer les voies de communication entre Plevna et Sofia et à tracer une route plus directe. Ordre fut donné à l'administration du service télégraphique de campagne de préparer en hâte les matériaux nécessaires à la pose d'un fil télégraphique permanent entre Plevna et Sofia, le matériel télégraphique volant devant être affecté aux communications de la colonne Gourko avec Sofia, quand elle aurait dépassé ce point. Des mesures analogues furent prises à Tirnova où elles étaient, du reste, bien moins urgentes. Depuis le commencement de la guerre, en effet, les Russes avaient créé de grands magasins dans cette ville en vue d'une expédition au delà des Balkans.

Diverses raisons poussèrent les Russes à précipiter leurs préparatifs et la marche de leurs troupes. Et d'abord ils avaient hâte de quitter le bassin du Danube pour trouver un hiver plus doux, un climat plus sain, un pays plus riche sur le versant méridional des Balkans. Puis ils voulaient, pour le cas où il serait nécessaire de mettre fin à la guerre, occuper le plus de pays et donner au *fait accompli* le plus d'importance possible afin de pouvoir se montrer plus exigeants. D'autre part l'attitude de l'Angleterre les inquiétait et en brusquant l'écrasement de la Turquie, ils espéraient l'effrayer et lui ôter le désir de secourir un allié sur les forces défaillantes duquel elle ne pourrait plus compter. Enfin tout retard dans la continuation des opérations ne pouvait profiter qu'aux Turcs. Un délai donnant à Suleyman-Pacha la possibilité de concentrer à Tatar-Bazardjik son armée du quadrilatère, qui, malgré les plus énergiques efforts et les 13,000 chariots mis à sa disposition, ne pouvait parvenir à faire plus de dix à quinze kilomètres par jour, et avait près de 300 kilomètres à franchir ; un délai donnant à Chakir-Pacha (le commandant de l'armée de Sofia), le temps de se retirer avec tout son matériel sur Tatar-Bazardjik pour s'y concentrer en même temps que Suleyman, donnant à Méhémet-Ali et à Réouf-Pacha le temps d'organiser la défense d'Andrinople et de Constantinople, donnant enfin à l'Angleterre le moyen d'achever ses préparatifs, d'expédier des transports d'armes, de vivres, de munitions, et peut-être de troupes dans les Dardanelles, un délai dans des conditions pareilles était tout à l'avantage des Turcs.

Aussi ne laissa-t-on pas à l'armée de Plevna le temps de respirer après la rude journée du 10 décembre, et dès le 12 les premiers échelons s'ébranlèrent dans les directions qui leur étaient assignées.

Comme les pourparlers en vue de l'armistice eussent pu jeter quelque indécision dans la marche des colonnes, on prit, quand la démarche de la Porte auprès des puissances fut connue, la précaution de donner à l'armée une consigne dont le sens était : « Laissez tout dire, acceptez toutes les ouvertures, sans consentir à rien et sans rien préciser ; en cas d'insistance, retranchez-vous derrière la nécessité d'en référer à Saint-Pétersbourg ; traînez autant que possible, en montrant pourtant votre bon vouloir, et pendant ce temps, marchez de l'avant coûte que coûte et sans perdre une minute. »

Et quelques jours après, quand le mouvement à travers les Balkans fut commencé, par une instruction en date du 26 décembre, plus précise encore, le grand-duc Nicolas donna l'ordre aux chefs de colonne, aux chefs de corps et aux commandants de grands et de petits détachements :

1° De n'entrer en pourparlers avec l'ennemi pour autre chose que pour demander ou accorder la *récolte* des tués et blessés sur le champ de bataille ; la trêve ne peut être ni demandée ni accordée pour plus de cinq heures ;

2° Refuser de recevoir tout parlementaire ennemi qui se présenterait, à moins qu'il ne soit porteur d'une soumission sans condition ;

3° Ne s'arrêter dans la marche que sur l'ordre formel émanant d'un chef direct ; *ne pas prêter l'oreille* et ne donner aucune considération à tout bruit qui pourrait venir, soit du côté de l'ennemi, soit du côté des Russes, sur un armistice, sur la conclusion de la paix, etc.

4° Est considéré comme ennemi tout individu

LA GUERRE D'ORIENT

LE DOCTEUR KOZLOF, MÉDECIN EN CHEF DE L'ARMÉE RUSSE DU DANUBE

ou troupe venant du côté des Turcs et ayant caractère militaire, même dans le cas où cet individu ou cette troupe appartiendrait à une nationalité autre que musulmane, et porterait des habillements autres que ceux de l'armée régulière turque ou des corps francs de ce pays.

Cette dernière annotation est fort curieuse et en dit tant qu'elle dispense de tout commentaire explicatif, au sujet des inquiétudes que l'on concevait à l'égard de l'Angleterre.

Cependant, malgré toutes les précautions et toutes les mesures prises, les nouvelles concentrations s'opérèrent avec lenteur et, tandis que les dépêches de Belgrade faisaient retentir l'Europe des bruits des petits succès remportés par l'armée serbe à son entrée en campagne, pendant près de trois semaines les lignes de Bogot et de Bucharest, si prolixes à certains moments, devinrent muettes et on n'entendit plus parler de l'armée russe. Ce silence produisit même, à la longue, une assez fâcheuse impression, et la presse russe crut devoir rassurer le public inquiet de cette apparente immobilité. « Quelque important qu'il soit à la guerre de profiter rapidement d'une victoire, il ne faut pas perdre de vue, dit l'organe officiel militaire, l'*Invalide russe*, que dans le cas présent, eu égard au mauvais état des routes, qu'aggravent encore la rigueur et les intempéries de la saison, cette rapidité ne peut être que relative; d'autre part, tous les ordres relatifs à la nouvelle dislocation des troupes rendues disponibles par la prise de Plevna exigent un certain secret, pour ne pas révéler prématurément à l'ennemi les intentions du commandant en chef. C'est là pourquoi, dans cette période transitoire, les dernières nouvelles reçues du théâtre de la guerre ne pouvaient pas nous donner de renseignements sur la nouvelle phase de la campagne, mais il est permis d'espérer que ces renseignements ne se feront pas attendre. »

C'est qu'en effet les difficultés matérielles étaient plus fortes que les sages dispositions des chefs et que l'énergie des soldats. Il n'est jamais facile de faire agir rapidement des masses de 170,000 hommes ; qu'est-ce donc quand il faut les faire manœuvrer dans un pays à peu près sans route et par un hiver épouvantable. Il faut espacer les départs et rattraper sur le temps les désavantages qui résultent de l'insuffisance des voies de communication. Les troupes destinées au général Gourko ayant moins de chemin à parcourir purent arriver à destination le 24 décembre, mais celles qui étaient dirigées sur Schipka et qui n'avaient pas à leur disposition une route comme la chaussée de Sofia marchèrent moins vite. La 16e division de Skobelef ne put quitter Plevna que le 22 décembre et n'arriva à Gabrova que dans les premiers jours de janvier.

Jusqu'à la chute de Plevna le temps avait été assez doux, mais le 15 décembre, le jour même où l'empereur quitta la Bulgarie, l'hiver, un terrible hiver russe, se déclara subitement. La neige se mit à tomber et n'arrêta point de sept jours ; toute la Bulgarie fut bientôt ensevelie sous un linceul épais de trois pieds. Le thermomètre dans les Balkans s'abaissa jusqu'à 20 degrés au-dessous de zéro ; il y eut jusqu'à 150 cas de congélation par jour dans l'armée turque d'Arab-Konak et, dans une marche que nous raconterons plus loin, 800 Russes furent gelés. Le Danube se mit à charrier des glaces et on dut replier les ponts de bateaux ; à Braïla, où cette opération ne fut pas faite en temps voulu, le pont fut emporté et 21 pontons furent entraînés à la dérive.

Et cependant ce froid excessif et ces neiges n'étaient pas encore le principal obstacle qui retardait la marche des colonnes russes. Le czar avait dit un jour qu'on cherchait à l'effrayer avec la perspicacité d'une campagne d'hiver : « L'été est l'allié des Turcs, l'hiver est celui des Russes ». A la vérité les Russes sont familiers avec les divers phénomènes qui accompagnent l'hiver, mais il en est un qu'ils ne connaissaient point et qui est particulier au Bas-Danube, c'est l'ouragan de neige, ce que les Roumains et les Bulgares appellent le « kriwitza. » « Le kriwitza, raconte un correspondant de l'*Univers*, sévit ordinairement pendant deux à trois jours; il se déchaîne quelquefois avec tant de force que personne n'ose sortir. Il déracine les arbres les plus forts et enlève même les toits des maisons; on court risque dehors d'être enseveli sous la neige. Celui qui n'a pas encore vu un kriwitza ne peut s'en faire qu'une faible idée. En Roumanie, on le connaît très-bien. On sait que dès que le kriwitza commence à sévir, tous les trains de chemins de fer doivent s'arrêter; les poteaux du télégraphe sont parfois renversés. Pressent-on que le kriwitza va venir : on prend toutes les mesures nécessaires, car on sait que pendant cinq à six jours, il n'est pas possible de communiquer avec le dehors. Il est vrai que le kriwitza ne sévit que pendant trois jours, mais il faut au moins trois jours pour réparer ses dégâts.

« La semaine passée, le kriwitza avait interrompu toute communication, excepté la ligne télégraphique entre Simnitza et Bucharest. On avait déjà prévenu les Russes de suspendre toute opération dès que le kriwitza commencerait à sévir. Les Russes n'y prirent pas garde, croyant que ce n'était pas plus à redouter que la neige de leur patrie. Mais ils ont payé cher cette présomption, car bien des personnes ont péri. Pendant la tempête ils n'entreprirent aucune opération militaire, mais ils crurent qu'il était superflu de faire suivre de vivres les transports de prisonniers.

« Des nouvelles qui arrivent en ce moment (27 décembre) prouvent combien cela était imprudent. De petites divisions de troupes russes, qui étaient en marche en Roumanie et en Bulgarie, ont été surprises par le kriwitza, et depuis on n'a plus entendu parler d'elles; peut-être ont-elles trouvé un tombeau sous la neige. Un convoi de malades a été surpris par une de ces tempêtes. Malgré les efforts des soldats et des chevaux, on ne put plus avancer d'un pas. Ce fut une chose terrible, comme le racontent les survivants. La tempête renversa les chars l'un après l'autre, les malades gisaient sur la neige et poussaient des cris de douleur. La neige s'amoncelait toujours, jusqu'à ce que tout le convoi disparût sous les masses de neige. Peu de personnes échappèrent à la catastrophe.

« Dans le voisinage de Krataschéni tout un camp fut enseveli sous les neiges. Heureusement que dans le poste voisin on le sut et on envoya quelques milliers de soldats pour délivrer leurs camarades; mais plusieurs avaient déjà péri de froid. Un grand convoi de vivres et de munitions venant de Sistova pour aller à Biela, surpris en route par le kriwitza, ne pouvait plus avancer. L'officier qui le commandait eut la prudence de donner l'ordre de rebrousser chemin. La colonne épuisée, et après avoir perdu une partie du transport, arriva à Sistova, sans quoi elle eût été victime des fureurs du kriwitza.

« Les chevaux, les bœufs que les Russes ont perdus pendant les jours de la tempête, sont au nombre de plusieurs milliers. Ces nouvelles ne concernent que la Roumanie et les lieux situés près du Danube, en Bulgarie, ce qui s'est passé sur les versants et dans les défilés des Balkans, on ne le sait pas encore, et on ne se pressera pas de le faire connaître. Songez que jusqu'au printemps il y aura encore bien des kriwitza qui séviront avec bien plus d'impétuosité. »

Ce qui s'était passé dans les Balkans, un autre correspondant dans une lettre adressée à la *Politische correspondenz*, le raconte : « La tempête de neige, écrit-il, à sévi avec une telle violence dans le défilé de Gobipka qu'aucun être humain n'a pu résister en plein air. Les avant-postes russes ont été retirés et abrités dans des guérites d'une construction spéciale. Mais ces abris ne suffisaient pas non plus. Le vent était si violent qu'il a renversé les huttes bâties au moyen de gros troncs d'arbres, et les soldats qui s'y trouvaient ont à grand'peine échappé à la mort. Deux jours durant la neige qui tombait empêchait de distinguer un homme à quinze pas de distance. Les baraques russes, qui cependant sont d'une grande solidité, tremblaient jusque dans leurs fondements, profonds de plusieurs pieds. Les communications avec Grabova étaient interrompues.

« On était séparé du monde entier et au milieu des éléments déchaînés on était abandonné à soi-même à une hauteur de plusieurs milliers de pieds. Des officiers qui avaient passé l'hiver en Sibérie et dans la Russie du Nord ne se rappelaient pas avoir vu un aussi effroyable spectacle pendant l'hiver. Le feu même devenait inutile : le vent soufflant à travers les parois et chassant la fumée des cheminées primitives dans l'intérieur des baraques, il était impossible d'entretenir la moindre chaleur. De grands tourbillons de neige sillonnaient la vallée qui forme le défilé de Schipka proprement dit. Les chevaux et les bœufs se sauvaient dans le camp et partageaient souvent le même abri avec les hommes.

« En outre, on craignait que les Turcs, profitant de ces circonstances, ne vinssent attaquer les positions, parce qu'une surprise était encore possible du côté du versant méridional en dépit du grand froid. Au plus fort de la tempête les batteries turques ont tiré de temps en temps sur les positions russes, naturellement au hasard. Cependant, ayant appris la mesure exacte des distances par un combat d'artillerie qui dure depuis des mois, les canonniers turcs réussirent à porter quelques coups qui seraient devenus désastreux si les soldats russes avaient été accumulés sur un point. Heureusement un seul projectile turc fit explosion. Les autres projectiles firent quelques victimes parmi les animaux.

« Après trois jours, le temps redevint serein. Le soleil brilla par une température glaciale. Ses rayons se reflétaient sur les champs couverts de neige, les rochers, les versants de la montagne et les glaçons. Tout le monde se hâta de sortir des baraques ensevelies sous la neige et d'admirer le spectacle magique qui se déroulait devant nous. On ne perdit pas de temps. Toutes les forces furent employées à l'instant pour le rétablissement des communications.

« Les reconnaissances qui ont été faites sur-le-champ ont montré que les Turcs aussi avaient retiré leurs avants-postes. On a même trouvé quelques hommes des avants-postes turcs gelés dans leurs retranchements. La ligne des avants-postes russes a été établie d'une manière très originale. En effet, dans la direction de la tempête, il s'était accumulé sur le versant de la montagne une grande masse de neige. Les avants-postes russes ont pris position derrière ce rempart, où ils ont été complètement à couvert. »

Voilà contre quelles difficultés les troupes russes eurent à lutter pour se rendre de Plevna aux nouveaux points de concentration qui leur étaient désignés. Quand la tempête cessait, le verglas devenait un autre obstacle et rien n'était plus étrange que de voir une grande armée en marche, dont tous les soldats avaient le corps couvert de vieux tapis et de lambeaux de tente ajoutés aux vêtements pour garantir du froid et les bottes enveloppées de chiffons et de morceaux de peaux de mouton pour ne pas glisser. Les Turcs ne surent point profiter de ce répit que leur accorda l'hiver; agissant sous un climat plus doux, ils eussent pu opérer la concentration qui était si urgente des troupes dispersées le long des Balkans; il y en avait partout, à Kalofer, à Karlovo, à Klissoura, à Slatitza, à Arab-Konak, à Loulakovo, à Sofia, à Ikhtiman, à Tatar-Bazardjik ; elles étaient comme éparpillées à plaisir; mais Suleyman mettait sans doute son orgueil de Turc à ne pas suivre le conseil d'un étranger, de Klapka, il les y laissa.

Du 10 au 25 décembre, pour les raisons que nous venons d'exposer, il n'y eut donc aucun fait militaire de quelque importance à l'est et sur la ligne des Balkans. Dans la Bulgarie occidentale, où l'hiver était moins rigoureux, la cavalerie russe battit le pays en dispersant les petits détachements turcs qui s'y trouvaient encore, occupa le 15 Berkovatz, où les Turcs abandonnèrent un canon, et quelques jours après se mirent en contact à Belgradjik, à Tchoupren et à Pirot, avec les troupes serbes qui venaient d'entrer en campagne. Les Roumains, de leur côté, en marchant sur Widdin enlevèrent en passant le long du Danube les petites places de Lom Palanka et d'Arcer.

Passage des Balkans par l'armée de Gourko. — Un millier d'hommes gelés.

Pendant les trois semaines d'immobilité auxquelles il fut condamné après avoir reçu, le 7 décembre, l'ordre de cesser momentanément sa marche en avant, le général Gourko avait eu le temps d'étudier complétement la partie des Balkans dans laquelle il se trouvait. A partir de Vratchetch, la route de Sofia s'enfonce dans une gorge étroite dominée par de vastes rochers couverts de taillis et de broussailles, puis elle atteint le sommet de la passe de Baba-Konak et elle redescend par une pente excessivement rapide dans une espèce de vaste cirque qu'on appelle vallée de Komartsi, du nom des deux villages Gorny et Dolny-Komartsi qui s'y trouvent. Quand on se dirige vers la Roumélie, on peut sortir de ce cirque par trois routes : 1° en suivant la route de Sofia qui franchit la gorge de Taschkisen, dont le nom turc signifie « pierre coupée », appellation fort juste, car la passe à l'air d'une coupure pratiquée dans les rochers; 2° en prenant des sentiers qui mènent à Malkoïsevo; 3° en suivant la route qui, au sortir du cirque, se bifurque vers Slatitza et vers Petritchevo. De ces trois routes, la première et la dernière seules peuvent être utilisées par une armée.

Les Turcs avaient construit tous leurs ouvrages fortifiés en vue de barrer la route qui vient de Plevna. D'Arab-Konak à Strigl il y avait 16 redoutes qui constituaient un système de défense formidable et à peu près impossible à enlever de vive force. Gourko n'y songea du reste pas un moment et il combina un de ces mouvements tournants qui lui avaient déjà si souvent réussi. Sur sa gauche il existait des sentiers allant d'Etropol vers Mirkovo. On pouvait engager quelques troupes dans cette direction pour couper la route de Petritchevo, mais comme il était plus probable qu'en cas de retraite, l'armée turque campée dans le cirque de Komartsi se retirerait sur Sofia, sa base d'opération, il chercha le moyen de faire passer le gros de ses forces sur sa droite. De ce côté il semblait qu'il y eût impossibilité absolue, les cartes n'indiquaient aucun passage et personne ne connaissait de chemins franchissant les Balkans à droite de la chaussée de Sofia. Les Turcs étaient tellement certains qu'ils n'avaient à craindre aucune attaque sur leur gauche qu'ils ne l'avaient couverte par aucun avant-poste et se croyaient en complète sécurité, tandis qu'ils avaient au contraire cru devoir protéger leur droite en mettant un détachement de quinze bataillons entre Mirkovo et Slatitsa. Gourko fit alors ce qu'il avait fait au mois de juillet précédent pour découvrir la passe de Haïn-Keuf, il fit ouvrir une enquête parmi les Bulgares du pays, promit une forte récompense et il finit par mettre la main sur un pâtre de Vratchetch qui se fit fort de lui révéler, non pas un, mais deux sentiers par lesquels ses troupes pourraient franchir les montagnes et descendre dans la plaine de Sofia sur les derrières du cirque de Komartsi.

Le lieutenant-colonel Stavrosky, du corps de l'état-major général, fut chargé de vérifier les indications du pâtre. Cet officier exécuta quelques reconnaissances hardies, pénétra jusque dans la vallée de Sofia en se faufilant à travers des petits détachements de Tcherkesses qui battaient le pays et se convainquit qu'il existait en effet des passages où l'on pouvait essayer de faire passer des troupes. Le plan de Gourko fut dès lors dressé; faire descendre un détachement sur la route de Petritchevo, faire descendre le gros de ses forces sur la route de Sofia, le tout aussi secrètement que possible, et cerner l'armée turque dans la vallée de Komartsi comme dans une souricière. Si la nature ne s'en était mêlé pour faire échouer une partie des combinaisons du général russe, cette

DÉGAGEMENT D'UN TRAIN ENFOUI SOUS LA NEIGE PAR LE KRIWITZA

armée eût été prise en effet, car elle était incapable de se défendre elle-même. On vient de voir qu'elle n'était point protégée sur sa gauche; nous avons déjà dit qu'elle manquait complétement d'état-major et le commandement, si imparfait déjà sous Mehemet-Ali, acheva d'être désorganisé par la destitution de ce général. Nedjib-Pacha, un des bons divisionnaires de l'armée du quadrilatère, fut nommé à sa place, mais Nedjib ne put arriver à temps pour se placer à la tête de son armée; Chakir-Pacha dut le suppléer, mais Chakir, par un sentiment de modestie assez rare, reconnaissait qu'il n'était pas de taille à suffire à un commandement aussi difficile; aussi semble-t-il qu'il le partagea avec Baker-Pacha (1), que Mehemet avait appelé auprès de lui et nommé chef de sa cavalerie. L'armée turque était distribuée de la façon suivante : 45 tabors dans le cirque de Komartsi, 10 à 15 tabors à Slatitza, une dizaine de tabors à Lutikovo et une quinzaine à Sofia et aux environs.

Le 24 décembre, les trois divisions envoyées de Plevna à Gourko avaient rejoint. Le général ne leur accorda qu'un jour de repos. Le 25, il fit distribuer à son armée une provision de biscuits devant durer jusqu'au 1er janvier, à raison d'une livre par jour et par homme, et il se décida à commencer, par des chemins qu'il fallait créer, par deux ou trois pieds de neige et quinze degrés au dessous de zéro, ce passage des Balkans qui est un des plus beaux témoignages de ce que peut l'énergie humaine et qui, dans l'histoire des passages de montagnes fameux, mérite de prendre place immédiatement à côté de celui des Alpes par Annibal. On peut même dire que le général russe fit plus que le célèbre chef carthaginois, car ce dernier n'avait pas de parc d'artillerie à transporter avec tout le lourd et immense attirail des accessoires.

Gourko distribua son armée d'après le plan que nous avons exposé plus haut. Laissant un fort rideau de troupes devant la position retranchée des Turcs à Arabkonak, il dirigea la principale colonne dans la plaine de Sofia de manière à couper la voie de retraite de l'armée de Schakir-Pacha sur cette ville, et il envoya une autre colonne sur la gauche de sa position retranchée, dans le but de couper la route de Petritchevo et détourner

1. Ce Baker est le colonel de l'armée anglaise, Valentine Baker, condamné à onze mois de prison pour avoir attenté à la pudeur d'une jeune fille en chemin de fer. Il avait le grade de liva (général de brigade) et fut nommé ferik (général de division) pour sa belle conduite dans les combats que nous allons raconter. Il avait à l'armée turque un homonyme, le colonel Baker, qui fut fait prisonnier à Strigl, après la bataille de Taschkisen.

l'attention des Turcs de la véritable direction dans laquelle avancerait le gros de ses forces.

La route suivante avait été choisie pour la marche de la colonne principale : elle devait partir de Vratchetch en suivant la chaussée, puis à six kilomètres de Babakonak prendre sur la droite par un des passages révélés par le pâtre menant à la vallée de Tchouriak, et de là se porter sur la gauche à quatre kilomètres de Potop, traverser encore un défilé et déboucher dans la vallée de Sofia près de Négoschévo. Une autre colonne, dite colonne de droite, devait suivre le second chemin désigné par le pâtre bulgare. Ce chemin partait de Vratchetch, passait par-dessus le mont Oumourgatch et aboutissait au village de Jéliava. Mais comme la descente d'Oumourgatch à Jéliava était devenue impraticable par suite des neiges, cette colonne descendit la vallée de Tchouriak d'où elle se dirigea sur Eleschnitsa en passant par Potop. La colonne de gauche enfin devait partir d'Etropol et se diriger par Babagora sur les derrières de Schandornik, pour y inquiéter les Turcs et descendre ensuite dans la vallée de Slatitsa à Bounovo ou à Mirkovo.

A part le rideau principal d'Arabkonak et les trois colonnes de marche, un second rideau de troupes fut laissé en face de Slatitsa dans une position retranchée que le détachement du général Brock avait occupée. Ce rideau de troupes attira fortement l'attention de Schakir-Pacha, déjà vivement excitée par des travaux que les Russes avaient effectués plusieurs jours de suite avec emploi de dynamite, pour le nivellement de la route d'Etropol au défilé de Slatitsa. Le général turc se crut sérieusement menacé de ce côté et il envoya des forces considérables (15 bataillons) à Slatitza, ce qui affaiblit considérablement son armée de Komartsi.

Enfin Gourko dut laisser un troisième rideau de troupes en face de la position de Lutikovo, qui était alors encore occupée par les Turcs. Ainsi tout le corps d'armée russe était partagé en trois colonnes et en trois rideaux de troupes, — circonstance qui rendait plus compliquée et plus difficile toute la marche de la manœuvre à exécuter.

La répartition des troupes par colonnes était la suivante : la colonne principale, commandée par le lieutenant-général Kataley, comprenait les régiments Préobrajensky et Izmaïlovsky de la garde, la brigade des chasseurs de la garde, toute la 3e division d'infanterie de la garde et le régiment de Kozlof de la 31e division d'infanterie. En fait d'artillerie, la colonne avait les

1re, 3e et 6e batteries de la 1re brigade d'artillerie de la garde, une batterie de quatre de la 3e brigade d'artillerie et de la 8e batterie des cosaques du Don. Aucune de ces batteries n'était complète, parce que ordre avait été donné de ne prendre que les meilleurs chevaux; il y avait en tout 44 canons. La cavalerie de la colonne principale se composait de la brigade des cosaques du Caucase, du régiment des dragons d'Astrakhan, soit 16 sotnias et escadrons. La colonne principale comprenait donc : 31 bataillons, 16 escadrons et 44 canons.

La colonne de droite, commandée par le lieutenant-général Véliaminof, était composée des régiments de Tambof et de Penza, des 1re et 2e brigades de la 3e division de cavalerie de la garde et des 2e et 8e batteries d'artillerie à cheval de la garde, soit en tout cinq bataillons, seize escadrons et huit canons (un des bataillons du régiment de Penza resta en arrière avec une mission spéciale). La colonne de gauche enfin, commandée par le général-major Dandeville, se composait de la 2e brigade de la 3e division d'infanterie et du régiment d'infanterie de Voronèje avec une batterie de quatre de la 51e brigade d'artillerie, la 19e batterie des cosaques du Don et le régiment des dragons de Catherinoslaf, formant un total de neuf bataillons, quatre escadrons et douze canons.

Le principal rideau de troupes établi en face d'Arab-Konak, était formé par les régiments Séménovsky et des chasseurs de la garde commandés par le prince d'Oldenbourg; ils se trouvaient en position à l'est de la chaussée. La 2e division d'infanterie de la garde (le régiment des grenadiers excepté), commandée par l'aide de camp général comte Schouvalof, se trouvait en position à l'ouest de la chaussée, et une brigade de la 5e division d'infanterie servait de réserve sur la chaussée. L'artillerie comprenait trois batteries de la 1re brigade d'artillerie de la garde et quatre pièces de la 16e batterie à cheval. Il y avait en tout dans le rideau principal : 26 bataillons et 52 canons.

Le *rideau de Slatitza*, commandé par le général-major Brock, se composait du régiment de grenadiers de la garde, de six compagnies du régiment de la Nouvelle-Ingrie, de deux canons de la 19e batterie des cosaques du Don et de deux sotnias de la brigade mixte, — soit cinq bataillons et demi, deux sotnias et deux canons.

Enfin, le *rideau de Lutikovo*, commandé par le général-major Pokhitonof, comprenait : une brigade de la 5e division d'infanterie, trois batteries à pied de la 5e brigade d'artillerie et la 3e brigade de la 2e division de cavalerie avec six canons de la 3e batterie de l'artillerie à cheval de la garde, formant un total de cinq bataillons, huit escadrons et 30 canons. Un bataillon du régiment d'infanterie d'Arkhangel fut envoyé à Oumurgatch pour occuper la route menant à Yanoblonitsa et servir de rideau en face des Turcs qui occupaient ce village.

Il n'y avait pas de routes dans la direction que devait suivre la colonne principale. Aussi avait-on envoyé dès le 21 décembre, pour en frayer une, le régiment Préobrajensky et trois compagnies du bataillon de sapeurs de la garde. Ces troupes réussirent à tracer un assez bon chemin après plusieurs jours d'un travail fatigant, exécuté d'abord au milieu d'une boue profonde, ensuite par un froid intense. Le choix de la direction à donner à cette nouvelle route fut confié au lieutenant-colonel Stavrovsky qui, comme nous l'avons dit, avait précédemment reconnu le pays. Tous ces travaux préliminaires furent terminés le 25 au matin et le mouvement put commencer.

Quoique la route eût été très-bien construite, elle n'en présentait pas moins une montée très-longue, très-raide et sans point d'arrêt, sur une longueur de près de six kilomètres. Au moment où les troupes se mirent en marche, un froid intense ayant succédé aux pluies et au dégel, toute la route se trouva couverte d'une épaisse couche de glace. Les canons, traînés par des chevaux, ne pouvant pas avancer sur une pente de plus de 30 degrés unie et lisse comme un miroir, on mit une compagnie d'infanterie à la disposition de chaque canon et de chaque caisson et les soldats les portèrent littéralement sur leurs épaules. Ce travail, difficile et pénible par lui-même, le devint bien davantage encore à cause du verglas et de la gelée intense. Le premier canon parti du pied de la montée, à 11 heures du matin, le 25 décembre, n'arriva au sommet que vers 2 heures de la nuit du 25 au 26 décembre, mettant ainsi 15 heures pour faire un peu moins de six kilomètres. Les canons qui le suivaient restaient fort en arrière et toute la colonne ne se trouva sur la crête de la montagne que le 27 décembre au soir. La descente des canons par le versant opposé présenta encore plus de difficultés que la montée : d'abord parce que cette partie de la route n'avait pu être construite avec autant de soin que l'autre, car la nécessité de masquer ces travaux à l'ennemi fit qu'on ne consacra qu'une nuit à cette partie de la route et puis parce que la descente des canons, les uns après les autres, exigeait de grandes précautions et des mouvements bien calculés pour qu'il n'arrivât pas d'accident, ce qui aurait pu avoir de fâcheuses conséquences. La plus grande difficulté consistait en ce que les soldats, ne trouvant pas d'appui pour leurs pieds sur un terrain couvert de verglas, ne pouvaient retenir les canons qu'avec la plus grande peine et se trouvaient dans l'impossibilité de régulariser leurs mouvements. On dut descendre l'artillerie au moyen de cordes que l'on enroulait autour des troncs d'arbres, des pierres et des buissons de la route, les déroulant peu à peu comme on le fait pour les ancres quand on veut donner une plus grande longueur au câble d'attache; les canons et les caissons passèrent ainsi d'un tronc d'arbre à un autre, d'une pierre à un buisson depuis la cime des Balkans jusqu'au fond de la vallée de Tchouriak.

Afin d'accélérer la marche, Gourko donna ordre de tracer une seconde route, qui traversait, il est vrai, des neiges profondes, mais cela était un avantage, car les soldats y trouvaient un point d'appui pour leurs pieds. Par suite de toutes ces difficultés la colonne principale du corps d'armée ne put se concentrer en entier à Tchouriak que le 30 décembre, de sorte qu'il lui avait fallu six jours pour faire les seize kilomètres qui séparent la chaussée de Sofia du village de Tchouriak et encore pour ne pas trop retarder le mouvement, dut-on laisser en arrière deux batteries. Outre tous les obstacles qu'on eut à vaincre et dont nous venons de parler, la marche de la colonne fut encore retardée par un violent chasse-neige qui s'était déchaîné le 28 décembre au soir, avait duré toute la nuit et ne s'était apaisé que le lendemain dans la journée.

Le courage que montrèrent les soldats russes pendant ces six jours est au-dessus de tout éloge et les souffrances qu'ils endurèrent patiemment sont indicibles. Il arriva quelquefois dans ces rudes heures où l'on traînait les canons, que des escouades tombaient littéralement vaincues par la fatigue, par le sommeil et par le froid; on leur accordait alors quelques minutes de repos, et les hommes roulés dans leurs fourrures dormaient à poings fermés sur la neige. Souvent la nuit on n'osait allumer de feux de peur d'attirer l'attention des Turcs, et les soldats, pour se remettre, n'avaient que le biscuit qu'ils avaient emporté et qui était gelé; point d'aliments chauds, souvent point d'abris. Les cas de congélation furent nombreux; tel qui s'était couché bien portant la veille était retrouvé, le lendemain, roide, les membres gelés, quelquefois mort. C'est un tableau grandiose et très-émouvant que celui de cette armée qui chemine silencieusement dans la neige, entre des rochers tapissés de stalactites de glace que le pâle soleil de décembre fait étinceler. Elle se meut péniblement, on dirait une armée de fantômes; on n'entend point ce sourd roulement qui accompagne les troupes en marche, tous les bruits s'éteignent dans le linceul blanc qui l'enveloppe et étouffe les échos.

Une fois la colonne dans la vallée de Tchouriak, il devenait impossible de dissimuler plus longtemps ces mouvements à l'ennemi. Aussi le général Gourko résolut d'accuser sa présence par une action vigoureuse et il ordonna, le 27 décembre, d'occuper le col qui sépare la vallée de Tchouriak de celle de Sofia dans les environs de Négoschevo, entre ce village et Daouschkeui, et de faire immédiatement entrer toute la brigade des cosaques du Caucase dans la vallée de Sofia. Le régiment Préobrajensky de la garde, chargé de l'attaque, s'empara promptement du col, défendu par deux ou trois sotnias de Tcherkesses, qui s'enfuirent après une courte fusillade. Pendant que ceci se passait du côté de Négoschevo, le général Gourko envoyait le régiment d'infanterie de Kozlov s'emparer du débouché de la vallée de Tchouriak à Eleschnitsa; ce régiment occupa Potop et Eleschitza sans coup férir; les quelques compagnies turques qui gardaient ces villages s'étaient enfuies à son approche sans tirer un seul coup de fusil.

Les Turcs furent absolument surpris par l'apparition de l'armée russe qui semblait tenir du prodige. En temps ordinaire, la partie des Balkans qu'elle venait de traverser était regardée comme impraticable; à plus forte raison on n'eût jamais pu imaginer qu'en plein hiver, par un froid rigoureux et au milieu de neiges épaisses, on pût les franchir. Schakir quand il dut se rendre à l'évidence et reconnaître qu'il était tourné, s'empressa d'envoyer Baker-Pacha avec dix bataillons pour fortifier à la hâte le défilé de Taschkisen et le mettre à l'abri d'un nouveau coup de main.

Les difficultés que la colonne russe de droite eut à surmonter furent plus considérables encore que celles qu'avait rencontrées la colonne principale et elle ne put pas suivre jusqu'au bout l'itinéraire qui lui avait été tracé. Elle devait partir de Vratchetch comme l'autre, escalader les crêtes sauvages de l'Oumourgatch et redescendre sur Zeliava, dans la vallée de Sofia. Mais elle rencontra des amas de neige si considérables qu'elle dut revenir prendre la route suivie par la colonne principale. Le 28 elle arriva à Tchouriak, et le 29 elle se rendit à Elechnitza, d'où sa cavalerie pénétra dans la vallée de Sofia jusqu'à Zeloavo, but primitivement assigné à la colonne.

Mais les souffrances de ces deux colonnes ne sont rien encore auprès de la lutte que celle de Dandeville eut à soutenir contre les éléments. Cette colonne partit d'Etropol le 25 décembre; dans la soirée du même jour, son avant-garde, aidée par quelques centaines de Bulgares, se fraya une route au milieu de neiges profondes et atteignit le passage le plus élevé du Balkan d'Etropol, où elle bivouaqua. Le lendemain elle fut rejointe à cet endroit par le gros de la colonne avec quatre canons; ces canons démontés et leurs affûts partagés en plusieurs pièces avaient été traînés jusque-là par les soldats et par les Bulgares.

sur le versant septentrional, où le froid et le vent étaient beaucoup moins violents. Le 28, au point du jour, on dut procéder encore au déblaiement de la route, que la neige avait encombrée de nouveau pendant la nuit; à trois heures de l'après-midi, ce travail était terminé.

Le 11ᵉ régiment, avec deux canons, se déploya du côté de Schandornik et un bataillon du 124ᵉ régiment, avec deux canons aussi, du côté de Mirkovo. Les canons ouvrirent le feu et, sous leur protection, les dragons de Catherinoslav se dirigèrent sur Mirkovo. Les Turcs ouvrirent la fusillade de leurs ouvrages les plus rapprochés, en même temps que tonnaient les canons de Schandornik. En agissant ainsi, la colonne du général attira sur elle l'attention de l'ennemi.

On se proposait de procéder le lendemain au

HAFIZ-PACHA
COMMANDANT DES FORCES TURQUES DANS LA VIEILLE SERBIE

BAKER-PACHA
COMMANDANT DE LA CAVALERIE A L'ARMÉE DE SOFIA

Le 27, on envoya en avant par le défilé un bataillon d'infanterie, sous la protection duquel les Bulgares déblayèrent pendant toute la journée la neige qui recouvrait la route. A cinq heures du soir, ce travail était terminé et la route était déblayée jusqu'au versant méridional. Deux canons traînés jusqu'à cet endroit furent mis en position sur la crête de la montagne et ouvrirent le feu sur les fortifications des Turcs qui défendaient l'approche de Bunovo et de Mirkovo. L'apparition des troupes russes sur le flanc droit des Turcs produisit une profonde impression dans le camp établi près de Schandornik; la colonne entendit retentir le bruit des clairons et les Turcs se précipitèrent en masse dans leurs redoutes. La nuit étant tombée bientôt après, le général Dandeville en profita pour faire passer ses troupes

déblaiement de la descente dans la direction de Mirkovo. Mais vers six heures du soir, la tempête dont la colonne principale avait eu à souffrir de l'autre côté de la passe commença à souffler avec une violence effrayante de ce côté-ci; en moins d'une demi-heure toutes les communications entre les positions et le bivouac furent interrompues; plusieurs ordres envoyés par le général Dandeville, pour le retour au bivouac, ne parvinrent pas aux troupes, qui restèrent dans le défilé. Pendant la nuit la tempête ne fit qu'augmenter, les canons furent ensevelis dans la neige et l'infanterie descendit dans un ravin au bord d'une forêt; c'est en vain qu'elle s'efforça d'entretenir les feux du bivouac, le chasse-neige les éteignit et elle dut passer cette nuit affreuse, par un froid de 15 degrés, sans pouvoir se réchauffer.

Le 29, le chasse-neige continuant, les hommes gelaient par centaines sans abandonner leur poste jusqu'au moment où ils reçurent l'ordre de le quitter. Cet ordre put leur parvenir grâce à un cosaque envoyé par le général Dandeville et qui le leur apporta à pied. Le reste des troupes alla à la rencontre de celles qui quittaient leurs positions, afin de déblayer la route; pour ne pas prendre de fausse direction, on fut obligé de planter dans la neige des fusils et des pelles en guise de poteaux indicateurs.

Le vaillant général Krasnof et l'interprète Tsarégradsky, qui avait passé du camp turc dans le camp russe, avec les Bulgares et les soldats, dirigèrent le retour des troupes et recueillirent ceux qui avaient perdu leur chemin. Les troupes avancées rentrèrent au bivouac vers 4 heures de l'après-midi et n'y trouvèrent plus de feu, celui-ci ayant été éteint par la neige pendant que leurs camarades étaient allés à leur rencontre. Il était impossible de rester à cet endroit; aussi le général Dandeville donna-t-il à tout le monde l'ordre de descendre à Etropol. Les troupes des positions partirent les premières, suivies par toute la colonne. Les médecins de la Croix-Rouge restèrent pour recueillir les traînards avec deux sotnias de cosaques commandées par le chef d'escadron Grétchanovsky, MM. Weimarn et Golovatchef, médecins de la Croix-Rouge, sauvèrent, avec l'aide de cosaques, beaucoup d'officiers et de soldats sur le point de périr.

La colonne se concentra le 30 décembre à Etropol. Treize officiers et 810 soldats durent sortir des rangs, ayant des membres gelés. 53 soldats étaient morts de froid. « Malgré les malheurs de cette colonne, dit le rapport du général Gourko, les troupes supportèrent toute la furie des éléments sans perdre pendant une seule minute le sentiment du devoir, sacré pour tout soldat. » Le 31 décembre, la colonne traversa de nouveau les Balkans en passant par le défilé de Slatitza et deux jours après, le 2 janvier, son passage était terminé, mais elle arriva trop tard. La catastrophe qu'elle avait éprouvée avait sauvé l'armée turque. La route de Petritchevo était restée ouverte, et Schakir-Pacha et Baker-Pacha avaient pu s'enfuir avec leurs troupes.

Bataille de Taschkisen.

Le général Gourko employa quatre jours, du 27 au 31 décembre, pour faire passer l'artillerie et le matériel par les routes qu'il venait de s'ouvrir et pour concentrer ses troupes près de Negoschévo. Pendant ce temps, la brigade des cosaques du Caucase parcourait la chaussée de Sofia; comme le costume des hommes de cette troupe était exactement le même que celui des Tcherkesses qui servaient le sultan, ils firent de nombreux prisonniers par surprise. Les Turcs qui ignoraient l'arrivée de l'armée russe, les laissait innocemment approcher jusqu'à dix pas d'eux et ne s'apercevaient de leur erreur que lorsqu'il était trop tard pour fuir ou pour résister. Le 27, la brigade s'empara, près de Malina, d'un grand convoi qui allait de Sofia à Taschkisen après en avoir sabré et dispersé l'escorte. Le 29, elle eut un chaud engagement avec l'escorte d'un autre convoi et sabra plus de 60 hommes.

Ce jour-là, Gourko apprit que les tabors qui se trouvaient à Lutikovo avaient abandonné le village pour se replier sur Sofia. Cette évacuation rendait disponibles les troupes qui avaient été postées en rideau devant la position. Le commandant en chef donna ordre à deux bataillons du régiment de Kostroma de rallier la colonne, à un régiment d'infanterie d'occuper avec une batterie la position de Lutikovo et à l'autre régiment qui servait de rideau en face de cette position, de former la réserve du rideau principal en face de la position d'Arab-Konak.

La vallée de Tchouriak, qui est presque parallèle à celle de Sofia, en est séparée par une chaîne de montagnes très-élevées qui porte la dénomination de Tcherny-Verkh. Cette chaîne aboutissait au flanc droit de la position du comte Schouvalof (on se rappelle que le détachement du comte Schouvalof formait le flanc droit du rideau de troupes établi en face d'Arab-Konak). Pour établir un lien entre les troupes qui se concentraient au col de Négoschévo et celles du comte Schouvalof, et pour garantir la marche des troupes par la vallée de Tchouriak, on forma sous le commandement du colonel Wasmund un détachement spécial composé du 1er bataillon de chasseurs de la garde et de deux bataillons du régiment de Kozlow; ce détachement occupa dès le 28, les hauteurs du Tcherny-Verkh et s'y construisit immédiatement des huttes.

Le 29 décembre, le comte Schouvalof, profitant de ce qu'un régiment du rideau de Lutikovo était venu renforcer la réserve générale, sortit avec huit bataillons de la montagne où il était posté, tourna le flanc gauche des positions turques d'Arabkonak et établit une batterie presque sur les derrières de la redoute turque la plus avancée. Après ce mouvement du comte Schouvalof, le flanc gauche des troupes occupant le Tcherny-Verkh et le flanc droit de celles qui étaient restées en face du défilé d'Arab-Konak, eurent entre elles un lien direct et ne se trouvèrent qu'à une distance de quatre kilomètres au plus l'un de l'autre.

Le 30 décembre au soir, les troupes de la colonne principale et de la colonne de droite se trouvant réunies, le général Gourko se décida à déboucher le lendemain avec toutes ses forces dans la vallée de Sofia et à attaquer la position de Taschkisen.

Nous avons dit que Baker-Pacha était accouru d'Arab-Konak sur ce point avec une vingtaine de tabors et qu'il s'était empressé de faire travailler à des ouvrages fortifiés destinés à défendre le défilé. La position de Taschkisen est très-forte. A l'est se trouve une vallée coupée de collines. Des

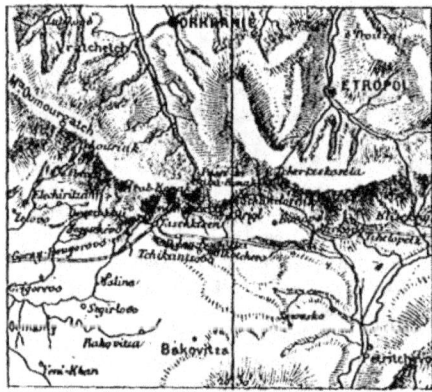

Croquis pour servir à l'histoire du passage des Balkans par l'armée de Gourko

deux côtés du village de Taschkisen s'élèvent de hautes montagnes qui forment comme deux murs parallèles, au sud et au nord de la chaussée. La plus haute montagne est au sud-est du village ; à un kilomètre et demi, au nord-est, se trouve une autre haute montagne, formant une espèce de cap qui pénètre dans la vallée au nord-ouest et entoure Taschkisen. Au nord de cette arête, un long et profond ravin coupe la montagne. Les Turcs fortifièrent cette arête au nord du village en y construisant trois redoutes en terrasse, l'une au-dessus de l'autre. Puis ils fortifièrent les montagnes au sud du village et se retranchèrent enfin dans le village lui-même. A trois ou quatre kilomètres à l'ouest de Taschkisen se trouve le revers escarpé des montagnes, qui forme ceinture autour de la vallée de Komartsi. La montagne élevée qui se trouve au sud-est du village,

formait la clé stratégique et tactique de la position. Le général Gourko se décida d'autant plus facilement à diriger son attaque sur ce point que les Turcs ne paraissaient pas avoir occupé cette hauteur. Il dressa son plan de bataille de la façon suivante :

Une colonne sous les ordres du général Kourlof, composée des régiments de Volhynie de la garde et des grenadiers de Saint-Pétersbourg, des deux bataillons du régiment de Kostroma venus de Lutikovo et de 8 canons, devait se rendre dans la nuit à Tchikantsovo et commencer l'attaque de la montagne un quart d'heure avant le point du jour.

Une colonne, sous les ordres du général Rauch, comprenant le régiment de Préobrajensky, trois bataillons de celui d'Izmaïlovsky et les 2° et 4° bataillons de chasseurs de la garde (9 bataillons et 8 canons de campagne), devait sortir de Négoschévo au point du jour et, laissant un détachement pour faire une démonstration, s'efforcer de tourner avec le gros des troupes la montagne formant promontoire et attaquer ensuite le flanc droit de la position turque.

La colonne de l'aide de camp général comte Schouvalof, comprenant un bataillon du régiment d'Izmaïlovsky, trois bataillons de ceux de Moscou et de Paul de la garde avec 2 canons (8 bataillons et 2 canons), devait descendre du Tcherny-Verkh pour occuper la crête des hauteurs qui descendent dans la vallée de Komartsi.

Le détachement du colonel Wasmund (trois bataillons en tout) devait descendre des hauteurs et servir de lien entre le flanc gauche de la colonne du général Rauch et la colonne de droite de l'aide de camp général comte Schouvalof.

Une colonne, sous les ordres du général-major Philosophof, comprenant les régiments de Lithuanie et des grenadiers de Kexsholm, le 3° bataillon de chasseurs de Finlande et un bataillon du régiment de Kozlof avec le reste de l'artillerie (10 bataillons et 20 canons), ayant réussi à traverser le défilé de Négoschévo, devait former la réserve et se poster sur la chaussée.

Enfin, les 1re et 2° brigades de cavalerie de la garde avec deux batteries à cheval devait s'échelonner derrière le flanc droit de la colonne du général Kourlof et la 2° brigade devait chercher à pénétrer dans la vallée de Komartsi et à couper la retraite aux Turcs dans le cas où ils se retireraient sur Dolny-Komartsi.

D'après ces mesures, la position de Taschkissen devait donc être directement attaquée par 40 bataillons, 16 escadrons et 40 canons. Les autres troupes avaient pour mission d'empêcher les troupes turques massées à Arabkonak et à Strigl de venir au secours de Baker-Pacha.

Pour protéger ses derrières du côté de Sofia, Gourko établit à Bougarovo un rideau de cinq bataillons avec six canons d'artillerie à cheval et douze sotnias de la brigade des cosaques du Caucase, commandés par le général Véliaminof. Pour défendre le flanc droit de sa ligne d'attaque, il envoya le régiment des dragons d'Astrakan au village de Yéni-Khan sur la chaussée d'Ikhtiman.

Tandis que ces mouvements s'exécutaient, les troupes du rideau principal (général Krüdner) devaient bombarder avec violence pendant la journée du 31 décembre la position fortifiée des Turcs sur la ligne d'Arabkonak-Schandornik et faire des simulacres d'attaque en opérant des démonstrations au moyen de chaînes de tirailleurs espacées, n'avançant qu'à une portée de fusil. Ce stratagème réussit complétement.

Baker-Pacha, au moyen d'espions et de reconnaissances, s'était tenu depuis le 28 parfaitement au courant des mouvements des Russes et, dans la nuit du 30 au 31, il fut prévenu des dispositions que Gourko prenait pour l'attaquer. Peu confiant dans la solidité de ses troupes trop faibles pour soutenir le choc, inquiet de se sentir enfermé dans ce cirque de Komartsi comme dans un piége, redoutant de voir une colonne russe déboucher à Mirkovo et fermer à l'armée turque sa dernière voie de retraite, Baker fit dire à Schakir-Pacha, le 31, de grand matin, qu'il était impossible de tenir et qu'il était nécessaire de battre en retraite le plus vite possible, si l'on voulait éviter un désastre. Mais soit qu'il redoutât qu'une retraite fût interprétée à Constantinople comme un acte de lâcheté, soit qu'il crût la lutte possible, Schakir résolut d'accepter la bataille et, trompé par la canonnade extrêmement vive du général Krüdner, il crut que les Russes allaient attaquer Arab-Konak de front et concentra toutes ses forces disponibles sur ce point. Cette méprise eut pour résultat de livrer Baker-Pacha à ses propres ressources pendant une partie de la journée et d'exposer inutilement le gros des forces aux projectiles ennemis. 300 hommes furent tués ou blessés par des éclats d'obus et de shrapnels dans la journée du 31, et cela sans que les soldats entassés à Arabkonak eussent l'occasion de tirer même un simple coup de fusil.

Dans la nuit du 30 au 31, les Russes commencèrent leur mouvement. L'ordre de bataille dressé par le général Gourko ne put pas être strictement exécuté. Toutes les colonnes rencontrèrent pendant leur marche une neige profonde qui retarda considérablement la marche de l'artillerie. La colonne du général Kourlof ne put dépasser Tchikantsovo et commencer l'attaque qu'à dix heures du matin, de sorte que Baker-Pacha eut le temps de voir quel était son objectif et de faire occuper la montagne du sud-est vers laquelle elle se dirigeait.

La colonne du général Rauch arriva au point désigné à peu près à l'heure indiquée par l'ordre de bataille et elle commença à temps sa démonstration contre le front de la position turque. Le régiment Préobrajensky de la garde et le bataillon de la famille impériale se mirent à tourner le flanc droit des Turcs et, attendant le commencement de l'attaque du général Kourlof, se couchèrent dans l'espace mort au pied de la crête qui pénétrait dans la vallée au-dessous des redoutes turques.

Le détachement du colonel Wasmund se heurta sur sa route à des obstacles tels qu'il n'entra en contact que vers 4 heures de l'après-midi avec le flanc gauche de la colonne du général Rauch et ne prit qu'une faible part au combat vers la fin de la bataille.

La colonne de l'aide de camp général comte Schouvalof eut aussi à lutter contre de grandes difficultés pendant sa marche, et ne prit part au combat qu'avec deux canons, tirant à une distance de 2,500 à 3,500 mètres. Malgré ce retard, ces deux colonnes furent très-utiles, car leur mouvement fut aperçu par les Turcs, et comme il menaçait le flanc et les derrières de Taschkisen, il eut une grande influence en accélérant l'évacuation de cette position.

Quant à la colonne du général Philosophof, elle descendit les montagnes en vue des Turcs, se concentra peu à peu dans la vallée et produisit une forte impression sur l'ennemi.

L'attaque ne commença donc qu'à dix heures passées du matin. La colonne du général Kourlof fut reçue à son approche de la position turque d'abord par le feu de l'artillerie et ensuite par celui de l'infanterie. Elle n'en avança pas moins en ordre, ayant devant elle une épaisse chaîne de tirailleurs sur plusieurs lignes formant des colonnes de compagnies. Le régiment de Volhynie de la garde se lança bravement à l'attaque et le régiment de grenadiers de Saint-Pétersbourg opéra un mouvement tournant sur le flanc gauche des Turcs. Ayant préparé leur attaque par une violente fusillade, les deux régiments se lancèrent à l'assaut. Les troupes de Baker-Pacha ayant leur flanc gauche tourné, ne soutin-

LE DÉTACHEMENT DU GÉNÉRAL DANDEVILLE, SURPRIS PAR UN CHASSE-NEIGE

rent pas l'attaque, se retirèrent en désordre de la première élévation et coururent occuper la seconde. Poursuivies de près par les Volhyniens et se voyant de plus en plus tournées sur la gauche, elles ne purent tenir sur ce nouveau point et, se retirant de plus en plus en désordre, abandonnèrent aux Russes la haute montagne qui était la clé de la position. Pendant cette brillante attaque des régiments de la 2ᵉ brigade de la 3ᵉ division d'infanterie de la garde, le général-major Mirkovitch, commandant du régiment de Volhynie, fut grièvement blessé. Il s'était couché dans la neige pour prendre un moment de repos et reçut dans cette position deux balles coup sur coup.

Le général Kourlof s'arrêta pour donner aux troupes le temps de se remettre des fatigues d'une attaque sur un terrain très escarpé et couvert de neige. Cette halte se trouva faite fort à propos, car les Turcs, voyant que leur voie de retraite était sérieusement menacée, avaient réuni à Dolny-Komartsi près de dix tabors qui se précipitèrent sur les grenadiers de Saint-Pétersbourg. Le général soutint immédiatement ce régiment avec les deux bataillons du régiment de Kostroma et le bataillon de chasseurs de Finlande qui venait d'arriver ; l'attaque des Turcs fut repoussée avec de grandes pertes pour eux. Après cet épisode, le général Kourlof s'empara du village de Malkotchévo et arrêta alors la marche de sa colonne, parce que la nuit allait tomber.

Le général Rauch ne devait s'engager qu'après que Kourlof aurait accentué son attaque. Quand vers deux heures de l'après-midi, il aperçut que la première hauteur au sud-ouest de Taschkisen était prise, il fit lever ses troupes et prenant cinq bataillons il les conduisit à l'attaque. Profitant de la nature accidentée du terrain, il les amena, sans perdre un seul homme, jusqu'à 300 pas des ouvrages ennemis et les lança ensuite à l'assaut de la première redoute qu'il avait devant lui. Quelques minutes auparavant, un projectile russe bien dirigé avait fait sauter un caisson d'artillerie dans cette redoute, et cet accident avait commencé à démoraliser profondément la garnison ; aussi quand elle vit les fantassins russes s'avancer héroïquement dans le plus grand ordre, elle prit peur et s'enfuit dès qu'elle les vit à 200 mètres des retranchements.

C'est ainsi que, vers trois heures, toutes ces positions qui entouraient Taschkisen se trouvèrent au pouvoir des Russes. Dès qu'il avait vu la montagne du sud-est prise, Baker-Pacha avait fait évacuer le village et commencer la retraite ; elle s'effectua d'abord en bon ordre puis elle se changea peu à peu en déroute. Heureusement les difficultés de terrain qui arrêtaient la marche des Russes, la neige épaisse et l'arrivée de la nuit sauvèrent les Turcs qui purent gagner tant bien que mal Dolny-Komartsi.

Quand Schakir fut averti de ce qui se passait à Taschkisen, il comprit qu'il n'y avait plus qu'à fuir au plus vite s'il voulait sauver l'armée. Le cirque de Komartsi était pris à revers, et sa formidable enceinte de montagnes rompue. Les inexpugnables positions d'Arab-Konak et de Schandornik, les redoutes si péniblement construites, tout fut abandonné dans la soirée du 31, et pendant toute la nuit, fantassins, cavaliers, artillerie roulèrent pêle-mêle sur la route de Pétritchévo. Sinistre déroute ; on enfonçait dans la neige ; on aurait voulu avoir des ailes et on ne pouvait pas même fuir de toute la vitesse des jambes ; un vent âpre faisait tourbillonner des particules glacées qui pénétraient sous les vêtements en lambeaux des malheureux soldats ottomans et les brûlaient comme un fer rouge, le froid était excessif ; la route se jalonna de cadavres d'hommes gelés ; il y en eut, dit-on, 1,700 dans cette affreuse nuit. Un de nos correspondants qui passa dans la vallée de Komartsi huit jours après l'affaire raconte qu'on ne prit pas le temps de les enterrer, et tous les loups des Balkans, tous les vautours et tous les corbeaux de la Bulgarie faisaient un repas gigantesque dans ce cirque funèbre transformé en un immense charnier.

Gourko avait pris toutes ces dispositions pour continuer son mouvement dans la journée du 1ᵉʳ janvier 1878, mais par suite des difficultés matérielles, la poursuite ne put pas être exécutée comme il le désirait. Il voulait que la colonne du général Dandeville, après être descendue des montagnes, se dirigeât sur Pétritchévo pour couper à l'ennemi sa voie de retraite. D'un autre côté, les deux brigades de la division de cavalerie de la garde devaient se rendre de Tcherkesskeuï à Smovsko et se porter sur les derrières des Turcs ou les attaquer de flanc. Mais rien de tout cela ne réussit. D'une part, il ne communiquait avec la colonne de Dandeville que par une voie très détournée, de sorte que ce général, qui était rentré à Etropol, on sait à la suite de quel désastre, reçut trop tard ses renseignements et ses ordres ; d'autre part, la cavalerie se heurta à de telles difficultés sur un terrain montagneux, que malgré tous ses efforts elle ne put se déployer et se trouva dans l'impossibilité d'exécuter la tâche qui lui avait été confiée.

La poursuite n'eut donc lieu que sur une seule route et sur les talons de l'ennemi. Or, la nature accidentée du pays offrant de bonnes positions d'arrière-garde, Baker-Pacha prenant avec lui ce qu'il y avait de meilleur en fait de troupes dans l'armée qui fuyait, huit bataillons environ, défendit le terrain pied à pied, et grâce à son courage et à sa ténacité les Turcs réussirent à battre en retraite sans subir des pertes aussi considérables que celles qu'ils auraient dû éprouver après une défaite aussi décisive que celle qui leur avait été infligée à Taschkissen. Cependant, ils durent abandonner 10 canons et les Russes leur firent près de 1,500 prisonniers.

Le 2 janvier, pendant la poursuite des Turcs et pendant une escarmouche avec leur arrière-garde, le lieutenant-général Kataley, commandant de la 3ᵉ division d'infanterie de la garde, fut tué, et le général-major Philosophof, commandant de la première brigade de la même division, mortellement blessé. Le général Kataley, avec son état-major et sa suite, marchait en avant de la compagnie qui formait la tête de l'avant-garde. Au moment où il s'approcha de l'entrée du défilé de Pétritchévo, les Turcs ouvrirent, à 700 pas, une violente fusillade, principalement dirigée sur la suite du commandant de la division. Le général Philosophof en fut la première victime et le général Kataley la seconde. Ayant relevé le corps du commandant de la division et emportant le général Philosophof blessé, la suite se retira derrière l'infanterie, qui se déploya immédiatement en ligne de bataille. Deux bataillons du régiment de Volhynie furent envoyés par le général Kourlof, qui prit le commandement de la division, de manière à tourner le flanc gauche de la position, ce qui obligea les Turcs à l'abandonner bientôt. Ce combat avait duré une heure à peine et n'avait coûté aux Russes que quelques hommes tués et blessés; mais deux généraux se trouvaient au nombre des victimes.

La poursuite des Turcs se termina le 3 janvier par la prise d'assaut de Pétritchévo. L'armée de Schakir lui ayant échappé, le général Gourko jugea pour le moment inutile de lui courir plus longtemps sur les talons; son attention était alors tout entière concentrée sur Sofia.

Disons pour donner une idée complète des mouvements de l'armée russe, que toutes les troupes formant le rideau principal qui se trouvait sous le commandement général du lieutenant-général baron Krüdener, s'étant aperçu le 1ᵉʳ janvier, à 6 heures du matin, de l'abandon de la position d'Arab-Konak par les Turcs, descendirent immédiatement des positions qu'elles occupaient, prirent possession de tous les ouvrages de l'ennemi et s'établirent le même jour dans le cirque de Komartsi, entrant en contact direct avec la 3ᵉ division d'infanterie de la garde, en occupant le village de Dolny-Komartsi.

De son côté, la colonne du général Dandeville descendit des montagnes le 2 janvier et, ayant occupé Slatitza, poursuivit les Turcs, qui battaient en retraite de Slatitza sur Rahmanli.

Combat de Gorny-Bougarovo.

Tandis qu'on se battait autour de Taschkisen, une affaire encore plus sanglante pour les Turcs, bien que de moindre importance stratégique, avait lieu sur la chaussée à peu près à mi-chemin entre Taschkisen et Sofia. Nous avons dit que la colonne du général Véliaminof, comprenant cinq bataillons des régiments de Penza et de Tambof, la brigade des cosaques du Caucase du général Tchérévine, quatre canons de la 2ᵉ batterie et deux canons de la 5ᵉ batterie de l'artillerie de la garde à cheval, s'était portée le 31 décembre sur la position de Gorny-Bougarovo et s'y était retranchée immédiatement.

Le lendemain cette colonne fut attaquée par un détachement turc sorti de Sofia, commandé par Osman-Pacha, gouverneur de cette ville, et fort de 12 à 15 tabors, avec 8 canons. Ayant traversé le pont à Dolny-Bougarovo les Turcs se déployèrent d'abord devant le front et devant le flanc gauche de la position russe et commencèrent plus tard à en tourner le flanc droit. Bien que leurs balles atteignissent de toutes parts les Russes et que la situation de la colonne devînt de plus en plus difficile, les soldats des régiments de Penza et de Tambof sur l'ordre de leur chef ne répondirent presque pas au feu excessivement violent des Turcs.

Encouragés par ce silence et voyant qu'ils étaient supérieurs en nombre (8 à 9,000 hommes contre 5,000), les Turcs, après une de ces fusillades dont on ne peut, disent les officiers russes, apprécier la violence qu'après y avoir été préparés, se formèrent en colonne d'attaque et marchèrent à l'assaut des retranchements ennemis. Les Russes les laissèrent approcher toujours sans répondre, puis, quand ils les virent à cinquante pas, tous se levèrent subitement, passèrent la tête au-dessus des tranchées et firent en quelques secondes plusieurs salves bien dirigées. Les Turcs étaient disposés en masses profondes.

L'effet de cette mousqueterie presque à bout portant fut effroyable ; les premiers rangs furent absolument détruits et près d'un tiers des hommes présents fut mis hors de combat.

Les Russes sautèrent alors hors de leurs ouvrages et se précipitèrent à la baïonnette sur l'ennemi, qui fut saisi de panique en présence du nombre énorme de tués et de blessés qu'il venait de perdre en si peu d'instants, et prit la fuite dès qu'il se vit sous le coup de cette contre-attaque. Les quelques Turcs qui étaient bravement arrivés jusqu'à vingt pas des tranchées furent immédiatement massacrés. Se rendant compte toutefois de sa faiblesse relative, le général Véliaminof ne poursuivit les autres que par une violente fusillade et par un feu d'artillerie bien nourri et fit rentrer son détachement dans sa position retranchée. La brigade de cosaques du Caucase, chargée de la poursuite, dut s'arrêter à courte distance, car Osman-Pacha avait laissé une arrière-garde d'infanterie à Dolny-Bougarovo au pont de Hidji-Karamandéré et la rivière n'était pas guéable.

Les Turcs subirent des pertes énormes dans cette affaire si promptement terminée. Plus de 1,600 blessés furent ramenés à Sofia et plus de 800 cadavres restèrent sur le champ de bataille. Les pertes des Russes qui étaient abrités derrière leurs tranchées ne s'élevèrent qu'à 243 hommes tués ou blessés.

Les résultats inattendus de ce combat produisirent une forte impression sur les Turcs et préparèrent la chute de Sofia. Osman-Pacha, qui s'était vanté d'égaler la gloire de son homonyme et de faire de cette ville un second Plevna, perdit du coup toute son assurance et sentit s'évanouir toutes ses espérances de résistance.

—⁂—

Occupation de Sofia par le général Gourko.

Dès le 2 janvier le général Gourko dirigea sur Sofia toute la première division d'infanterie de la garde, le régiment de Kozlof et la brigade des chasseurs de la garde. Il savait qu'Osman-Pacha, attirant à lui toutes les troupes disséminées à trente lieues autour de lui, s'efforçait de réunir dans la ville des forces suffisantes pour la défendre. Il importait d'agir assez vite d'abord pour empêcher cette concentration, et ensuite pour ne point laisser à l'actif gouverneur le temps d'évacuer les quantités considérables d'approvisionnements de toutes sortes qui avaient été accumulés pour les armées de Plevna et d'Orkhanié.

Les régiments Préobrajensky et Izmaïlovsky, commandés par le général-major Rauch, partirent les premiers, suivis du régiment de Kozlof et de la brigade de chasseurs de la garde. Le régiment Séménovsky et celui des chasseurs de la garde aidaient l'artillerie à opérer sa descente des montagnes et ne purent se mettre en marche que le lendemain.

La colonne du général Rauch quitta Taschkissen, à 2 heures du matin, et atteignit dans la soirée près du village de Vrajdebna. Il se trouva que le pont couvert établi en cet endroit était occupé par les Turcs, au nombre de trois tabors et d'environ six cents cavaliers. L'infanterie turque occupait de petites tranchées creusées des deux côtés. Le général Rauch résolut de s'emparer de ce passage avant la tombée de la nuit. À cet effet il envoya en avant les 2e, 3e et 4e bataillons de chasseurs tout droit par la chaussée, leur donnant pour appui la 6e batterie de la 3e brigade de la garde. Le 1er bataillon de chasseurs et le régiment de Préobrajensky furent envoyés sur la gauche ; le prince Podolensky reçut l'ordre de chercher un gué ou de traverser la rivière sur la glace et d'attaquer le flanc droit des Turcs ; le régiment Ismaïlovsky et le reste de l'artillerie restèrent sur la chaussée pour servir de réserve.

La colonne qui suivait la chaussée déploya en première ligne le bataillon de chasseurs de la famille impériale ; les deux autres bataillons venaient en seconde ligne. La batterie qui les suivait s'approcha à 1,000 mètres du pont et ouvrit le feu. On fit bientôt venir là 3e batterie de la 1re brigade d'artillerie, qui, se portant sur la gauche extrême du bataillon de chasseurs, ouvrit le feu à une distance de 2,000 mètres. La nuit venait. Les Turcs ouvrirent un feu des plus violents et semblaient prêts à défendre le passage jusqu'à la dernière extrémité. Mais pendant que la fusillade et la canonnade continuaient avec vivacité sur le front de la ligne d'attaque, la colonne tournante de gauche réussit à trouver un endroit assez commode pour le passage de la rivière et, quoique la glace ne fût pas très solide, elle commença à passer sur la rive gauche. Quand les Turcs s'aperçurent que les Russes avaient réussi à atteindre l'autre rive au nombre de plusieurs bataillons, ils s'empressèrent de se retirer dans les forts de Sofia. En se retirant ils mirent le feu au pont, mais les chasseurs se jetèrent dans les flammes aux cris de « hourra ! » et éteignirent bientôt l'incendie. La nuit étant tombée, toute poursuite de l'ennemi était impossible ; la

colonne de Rauch bivouaqua près du village de Vrasdevna, que les Turcs avaient également incendié dans leur retraite.

Le 3 janvier, le général Gourko fit en personne une reconnaissance des fortifications turques. Sofia est une grande ville de 40 à 50,000 habitants dont le tiers à peu près étaient musulmans. Elle est bien bâtie et quand on a franchi les Balkans et qu'on entre dans ses rues on sent qu'on vient de changer de monde et que l'Orient commence. Par sa position au point où se joignent les chaussées qui mènent à Nisch, à Radomir, à Orkhanié, à Slivno et à Philippopoli, elle a une grande importance stratégique et, dans toutes les guerres précédentes, les Turcs avaient toujours mis un grand prix à sa conservation : il n'y était pas entré une armée chrétienne depuis 1434. En 1829 les Russes s'étaient emparés de Philippopoli et de Tatar-Bazardjik mais ils n'avaient pu arriver jusqu'à Sofia. Cependant quand leurs éternels ennemis du Nord repassèrent le Danube au mois de juin 1877, les Turcs trouvèrent que la tranchée continue qu'on avait creusée autour de la ville en 1819 constituait un moyen de défense insuffisant et ils construisirent six redoutes : quatre pour couvrir la route d'Orkhanié par où l'on pensait que les Russes pourraient venir, une sur la route de Radomir et la dernière sur la route de Nisch. Ces ouvrages, à la construction desquels on fit travailler 8,000 Bulgares pendant deux mois, étaient armés de 12 pièces de campagne.

Le général Gourko reconnut bien vite ce que ce système de défense avait de défectueux ; non-seulement il n'y avait aucun ouvrage sur le front nord mais on n'y avait pas même pris les plus simples mesures de précaution. Il résolut donc d'attaquer de ce côté et il donna au général Veliaminof l'ordre de se rendre au village de Koumanitza et de commencer l'attaque, le 5 janvier, lorsque toutes les troupes qui devaient y prendre part s'y seraient concentrées. Veliaminof se mit aussitôt en marche et, dès le 3, bivouaqua au nord de Sofia. En même temps, la 3ᵉ brigade de la 2ᵉ division de la cavalerie de la garde se portait au sud-est et occupait le pont de Tchiftlik-Tchardakli sur la chaussée de Philippopoli, fermant ainsi cette voie de retraite à la garnison de Sofia.

Jusqu'à la fin de décembre la population de cette ville avait vécu dans une entière sécurité, convaincue que jamais une armée chrétienne ne s'emparerait de Sofia. Aussi concevra-t-on aisément l'immense sensation que produisit le passage des Balkans par l'armée de Gourko ; l'émotion se changea en panique quand on apprit la défaite d'Osman-Pacha à Bougarovo, et la terreur fut portée à son comble par l'occupation du pont de Vratchedvna. Les arabas, les charrettes, les chevaux, les bœufs, les buffles, tous les moyens de transport furent aussitôt réquisitionnés chez les chrétiens pour le transport des 20,000 musulmans qui habitaient la ville, et surtout pour l'évacuation des nombreux malades et blessés qui y étaient entassés. Sofia avait été choisi comme le grand hôpital de la Bulgarie occidentale; l'armée de Plevna, tant que les communications avaient été ouvertes et plus tard l'armée d'Orkhanié et d'Arab-Konak y avaient envoyé tous ceux de leurs soldats qui sortaient des rangs. Le 2 janvier, il y avait à Sofia 6,000 individus en traitement dans les ambulances, 5,000 de ces malheureux furent jetés à la hâte sur les charrettes, rassemblés à la hâte et emmenés par des chemins abominables, sous un froid meurtrier. Un grand nombre périrent.

La population chrétienne, qui voyait chaque jour autour de la ville des Tcherkesses allumer des incendies, n'était pas très-rassurée de son côté. Les vice-consuls de France, d'Autriche et d'Italie se rendirent auprès du gouverneur afin de connaître ses intentions et de pourvoir à la sécurité de tous les chrétiens en général et particulièrement de leurs nationaux. Osman-Pacha leur conseilla de quitter la ville. Il voulait, disait-il, la défendre pied à pied, incendier toutes les maisons, faire sauter toutes les poudrières et ne pas laisser aux Russes un brin de paille entier. Les consuls lui demandèrent alors des moyens de transport pour leurs nationaux, Osman leur offrit une trentaine d'arabas, ce à quoi les consuls répondirent qu'ils resteraient, coûte que coûte, eux et leurs nationaux, à Sofia.

Mais le 3 janvier, quand il vit les tirailleurs russes se déployer vers le nord où la ville n'était pas défendue, et quand il apprit que la chaussée de Philippopoli n'était déjà plus libre, le gouverneur ne songea plus qu'à se sauver par la dernière route qui restait ouverte, celle de Radomir, par où la population musulmane s'était déjà enfuie. Il veilla à ce qu'aucun excès ne fût commis et partit l'un des derniers, à dix heures du soir, emmenant le trésor porté à bât par six chevaux.

Derrière lui était restée la bande des bachi-bouzouks et des Tcherkesses, toujours à la piste d'une occasion de massacre et de pillage. Ces brigands se mirent aussitôt à piller et allumèrent deux grands incendies. La nuit du 3 au 4 fut une nuit d'angoisses affreuses pour la population chrétienne; chacun s'attendait à chaque instant à sauter avec une des nombreuses poudrières de la ville. Cependant les consuls, réunissant leurs nationaux et quelques hommes de bonne volonté, organisèrent une police et firent des patrouilles devant lesquelles les derniers irréguliers turcs, aussi lâches que féroces, se dispersèrent bientôt. Les maisons furent soigneusement visitées et on éteignit une vingtaine de mèches soufrées que les misérables avaient allumées dans autant de maisons de façon à ce que le feu éclatât partout à la fois et consumât toute la ville.

Après les bandits musulmans, les bandits chrétiens. Les Bulgares se conduisirent à Sofia comme ils l'avaient fait à Sistova, à Tirnova, à Kezanlyk, partout où leurs appétits de brutes avaient pu se satisfaire sans danger et se livrèrent aux plus honteux excès. Près d'un millier de Turcs, malades ou blessés, avaient été abandonnés dans les hôpitaux; ils en massacrèrent un certain nombre. Le grand bazar fut entièrement pillé ainsi que la plupart des magasins turcs. Plus de 25,000 fusils Martini et Snyders furent enlevés, 2,000 couvertures, 1,500 lits en fer et 120 poêles en fonte furent volés dans une mosquée convertie en ambulance, et les blessés russes qui y furent transportés deux jours après durent être provisoirement déposés sur les dalles froides et humides.

Heureusement l'arrivée des Russes mit fin à ce désordre. Le 4, à neuf heures du matin, quelques cosaques du Kouban s'étant avancés en éclaireurs pénétrèrent dans la ville et prévinrent aussitôt les troupes de la fuite des Turcs : les lanciers de la garde et les régiments Preobrajensky et Semenowsky entrèrent successivement et à trois heures de l'après-midi, Gourko arriva avec son état-major. Rien n'eût été plus facile que de poursuivre les Turcs; il y avait près de Bali-Effendi un tel encombrement de véhicules de toutes sortes que la route de Radomir était complétement interceptée. Mais, d'une part, la perspective de faire prisonniers 5,000 malades et blessés qu'on eut été obligé de ramener à Sofia et de soigner, n'avait rien de bien engageant, et de l'autre il entrait dans les vues politiques des Russes, de faciliter l'émigration de la population musulmane. Gourko laissa donc les tabors d'Osman-Pacha, les 5,000 malades et blessés et les 20,000 musulmans de Sofia fuir pêle-mêle vers le chemin de fer de Salonique. Ses troupes ayant besoin de repos et d'abri après le passage difficile des Balkans et un service des plus pénibles de plusieurs jours dans les montagnes, il les logea dans les maisons de la ville et leur accorda six jours de repos, qu'il mit à profit pour organiser le système d'approvisionnement et transporter par la passe de Baba-Konak les bagages et l'artillerie, ce qui demandait beaucoup de temps.

Dans un rapport adressé au grand-duc Nicolas quelques jours après la prise de la ville, le 9 janvier, le général Gourko disait : « Les troupes sont maintenant reposées et je quitterai Sofia demain, 10 janvier. Plusieurs colonnes ont déjà commencé leur mouvement. L'ordre de bataille que j'ai arrêté fera comprendre à Votre Altesse Impériale le plan des opérations. J'ajouterai seulement que je viens de recevoir une lettre du colonel Horvatovitch, qui m'informe que Hafiz-Pacha a occupé Koursoumlié, et que, par suite de ce fait, il a reçu du quartier général serbe l'ordre d'arriver au plus vite sous les murs de Nisch, en ne laissant que de faibles détachements à Pirot, à Ak-Palanka et à Tirn. Il en résulte que Sofia ne sera pas protégée par les troupes serbes. Cette circonstance m'oblige à laisser à Sofia la 2ᵉ brigade de la 1ʳᵉ division d'infanterie de la garde avec huit pièces d'artillerie à pied et la brigade du général Arnoldi, avec six pièces d'artillerie à cheval.

« Je nomme le général Arnoldi gouverneur militaire de Sofia, le colonel Tischine, du 1ᵉʳ bataillon de chasseurs de Sa Majesté, inspecteur des dépôts et chef de la municipalité, et le capitaine en second Kamensky, de l'escadron des gendarmes, commandant de la ville.

« Pour conclure, je renouvelle à Votre Altesse impériale la demande d'envoyer ici des fonctionnaires de l'intendance sur lesquels on puisse compter, pour organiser à Sofia une fabrication régulière de biscuit, sans quoi 200,000 pouds de farine peuvent se perdre sans aucun profit. À mon avis, on devrait confier la fourniture du biscuit aux habitants.

« On a trouvé en outre à Sofia d'immenses dépôts de poudre et de munitions. Je me suis rendu aujourd'hui à la principale mosquée de la ville, qui est pleine, du haut en bas, de caisses de cartouches portant cette inscription : « A Plevna. » Je crois pouvoir affirmer que cette mosquée seule contient plus de 20,000 caisses de cartouches. Il est difficile de se faire une idée de la quantité immense de munitions que l'on a trouvées à Sofia ; il est impossible et même dangereux d'en faire le compte.

« Je considère comme une nécessité absolue l'organisation à Sofia d'un grand point d'étape ; aussi crois-je devoir formuler la demande que l'on y envoie le plus tôt possible un commandant d'étape avec l'argent nécessaire et avec cinq bataillons de réserve au moins.

Les mesures réclamées par le général Gourko furent aussitôt exécutées, bien que la rapidité des opérations militaires subséquentes en eussent rendues quelques-unes beaucoup moins indispensables.

XLI. — L'ARMÉE DE SCHIPKA EST FAITE PRISONNIÈRE

Le général Karsof s'empare du défilé de Trojan.

Qu'on jette les yeux sur une carte de la Turquie d'Europe et qu'on examine l'angle que forment la route d'Andrinople à Sofia et la route qui, partant de Schipka, tombe sur celle-ci à Hirmanli. La branche la plus longue est de beaucoup la route d'Andrinople à Sofia, voie de retraite de l'armée qui venait d'être chassée du cirque de Komartsi et de celle que Suleyman-Pacha avait réunie à Tatar-Bazardjik. Il est bien évident qu'une armée qui partirait de Schipka par la seconde route arriverait à Hirmanli plusieurs jours avant une autre armée qui partirait de Tatar-Bazardjik en suivant la seconde, lui barrerait le chemin d'Andrinople et l'obligerait à se rejeter, par les montagnes, sur la mer Égée. Quand il apprit que Gourko avait franchi les Balkans, le grand-duc Nicolas prit promptement les mesures nécessaires pour profiter de l'énorme faute commise par Suleyman-Pacha en s'éloignant autant d'Andrinople qu'il l'avait fait. Il ordonna au général Radetzki de franchir la passe de Schipka et de descendre le plus rapidement possible dans la direction d'Hirmanli afin de se placer entre Andrinople et l'armée turque et aux généraux Karlsof commandant de la 3ᵉ division et Dellinghausen commandant du 11ᵉ corps de seconder le mouvement de Radetzki, le premier en passant les Balkans au col de Trojan afin de maintenir les communications entre l'armée de Schipka et celle de Gourko, le second en opérant à l'est de Schipka des démonstrations dans le but de distraire l'attention de l'ennemi. La marche de Karlsof par la passe de Trojan devait commencer le 2 janvier et celle de Radetzki par la passe de Schipka, le 5.

Le général baron Dellinghausen s'acquitta de sa mission en envoyant le régiment de Petrozavodsk sur la chaussée de Tvarditsa où il s'empara de Kisla, le régiment de Selenguisk dans la vallée de Stevrek-Sou en avant de Slataritza et les régiments de Viatka et de Yakoutsk sur la route de Slivno. Cette dernière colonne attaqua Achmédli le 6 janvier, en chassa les six tabors turcs qui s'y trouvaient et s'en empara, après avoir perdu 200 hommes, de grands approvisionnements de vins et de vivres. Le 7, elle eut une autre affaire aussi sanglante, elle attaqua 12 tabors dans la position fortifiée de Dievitcha-Moguila et les rejeta sur Staro-Reka.

Le passage du col de Trojan forme un épisode intéressant dans cette histoire si émouvante du passage des Balkans par l'armée russe au cœur de l'hiver. Immédiatement après la reprise de Lovatz par le prince Imeratinsky, le général Karlsof avait été chargé avec sa division (la 3ᵉ) d'occuper cette ville ainsi que la position de Selvi afin de relier l'armée de Radetzki à celle qui investissait Plevna. Plus tard il fut encore chargé de former le lien entre l'armée de Radetzki et celle de Gourko et c'est ainsi qu'il fut amené à occuper Tétében. Au moment où il reçut l'ordre de passer les Balkans il ne lui restait plus qu'un régiment et 8 compagnies de sa 1ʳᵉ brigade. Sept compagnies de cette brigade et toute la 2ᵉ o. était avec l'armée de Gourko. On lui avait envoyé comme renfort le 10ᵉ bataillon de chasseurs.

Depuis qu'il était à Lovatz, Karlsof s'occupait des moyens de franchir le col de Trojan. Les rapports d'habitants du pays et de cosaques volontaires qu'il envoya à différentes reprises en éclaireurs et les reconnaissances opérées séparément ou avec des troupes par les officiers d'état-major le convainquirent que l'entreprise était difficile, pour ne pas dire impossible. Les annales militaires n'offrent pas d'exemple d'un passage des Balkans par des troupes dans cette direction ; les rares tentatives faites jusqu'alors ne sont qu'une lamentable série d'insuccès, aboutissant à de funestes catastrophes dans une lutte inégale avec la nature. C'est dans le rayon de Trojan que la chaîne des Balkans atteint sa plus grande hauteur ; c'est là que se trouvent ses sommets les plus élevés, notamment le Maré-Haïdouk, dont la cime se perd dans les nuages, les brouillards et les neiges ; les rares sentiers qui existent ne sont praticables que pour des piétons ou des cavaliers

MONTÉE D'UNE PIÈCE DE CANON DANS LA PASSE DE TROJAN

isolés, mais non pour des corps de troupes. Ce n'est donc pas sans fondement que les meilleurs écrivains militaires considéraient les Balkans de Trojan comme infranchissables. « Mais, dit le général Kartsof dans son rapport, lorsqu'il s'agit d'exécuter les ordres de ses chefs, le soldat russe ne connaît pas d'obstacles. » Il le prouva en effet.

D'après les instructions qu'il avait reçues, le général Kartsof devait se mettre en marche le 2 janvier et tenter le passage le 4. Il n'avait donc que trois jours pour concentrer les troupes, tracer une route tant soit peu praticable, rassembler les bêtes de somme et moyens de transport et régler les approvisionnements. Pour gagner du temps et faciliter le mouvement, il partagea son corps en trois échelons, ainsi formés :

1er échelon : 10e bataillon de tirailleurs et compagnie du génie, partant de Lovatz ; deux compagnies du 9e d'infanterie (Vieille-Ingrie), stationnées à Monastyr ; deux sotnias du 3e de cosaques du Don, à Trojan ; la 6e sotnia du même régiment, venant d'Ostrets ; soit un total de sept compagnies d'infanterie et trois sotnias de cosaques. Une batterie au complet se mit en marche de Lovatz en même temps que les sapeurs ; de Kniajevitski Kolibi (lieu de rassemblement du corps), chaque colonne devait emmener avec elle deux canons dans les montagnes.

2e échelon : huit compagnies du 9e d'infanterie stationnées à Selvi et la sotnia du 30e de cosaques.

3e échelon : un bataillon du 9e régiment d'infanterie et six compagnies du 10e (Nouvelle-Ingrie), stationnées à Lovatz ; 1 sotnia 1/2 du 24e de cosaques du Don.

En outre, comme, d'après les renseignements recueillis, on pouvait se porter directement de Schipkovo, où était une grand'garde du 34e de cosaques du Don, sur Rahmanli, village situé au delà des montagnes, à 4 kilomètres de Téké, deux compagnies du 10e d'infanterie, qui étaient à Télében, deux sotnias du 24e et du 30e de cosaques du Don, qui étaient à Trojan, furent dirigées sur Schipkovo. Ce petit détachement, qui était placé sous les ordres du lieutenant-colonel Soukhomlinof, avait le rôle de colonne de flanc pour les troupes du premier échelon ; il reçut en conséquence l'ordre de se porter le jour même de Schipkovo sur Rahmanli et ensuite sur les derrières de Téké, en envoyant des éclaireurs sur Klissoura. Malheureusement les dires d'après lesquels il existait une route sur Rahmanli étaient très-exagérés ; le lieutenant-colonel Soukhomli-

nof perdit toute la journée à de vains efforts pour se frayer un chemin à travers les neiges ; après avoir longtemps persévéré, quoique ses hommes fussent exténués, et avoir failli périr dans une tourmente de neige, il fut obligé de rejoindre le corps à Kolibi.

D'après l'ordre de marche, les bataillons devaient arriver à Kolibi l'un après l'autre le 3 janvier, le 4 et le 5, se remettre en route aussi l'un après l'autre le 4, le 5 et le 6 franchir les Balkans et se rendre à Téké. La tâche la plus pénible incombait au premier échelon. Marchant en tête, il avait en effet à frayer la route, à repousser l'ennemi, à surmonter d'extrêmes difficultés pour transporter les canons. Kartsof plaça cet échelon sous la conduite d'un officier éprouvé, le lieutenant-colonel Sosnovsky, qu'il chargea en même temps d'organiser le mouvement du corps selon les conditions du terrain et les ressources dont on disposait. Cet échelon avait ordre d'occuper Téké le 11, si la route était libre d'ennemis ; dans le cas contraire, il devait agir avec prudence, en ne perdant pas de vue que le principal but du mouvement était d'occuper par une diversion les forces turques établies en face de Schipka.

Le 11, au lever du jour, le premier échelon se mit en marche, ayant en tête le 10e bataillon de tirailleurs ; derrière celui-ci venait la compagnie du génie avec les deux canons, démontés et placés sur seize traîneaux, attelés de buffles ; les autres troupes d'infanterie et les cosaques suivaient en queue. Toute la journée on eut 22° de froid avec un brouillard épais et glacial ; 2 officiers, 12 cosaques et 48 chasseurs furent gelés dans la colonne ; à mesure qu'on s'élevait sur les montagnes, ce brouillard se transformait en une sorte de givre qui transperçait les vêtements les plus épais ; mais ce n'était rien encore auprès des difficultés et des souffrances inouïes que les hommes eurent à surmonter, enfonçant profondément dans les neiges, tombant dans des fondrières, se frayant un chemin avec leurs poitrines. Chaque canon était tiré par 48 buffles, une compagnie d'infanterie et une sotnia de cosaques ; les sapeurs ne quittaient pas leurs instruments, écartant les pierres et les roches, abattant les arbres, déblayant la neige et élargissant la route.

Le bataillon de tirailleurs fit avec une facilité relative les douze kilomètres qu'on avait à franchir jusqu'au col et occupa la crête. Mais la nuit venait et il n'y avait pas à penser à faire arriver le jour même un seul canon. Avec les efforts inouïs qui étaient nécessaires, le premier canon ne put atteindre le col que dans la soirée du lendemain. Estimant qu'il était très-important, en raison de l'attaque préparée du côté de Schipka, de détourner, du moins dans une certaine mesure, l'attention de l'ennemi avant la démonstration même, inquiet d'autre part du sort du lieutenant-colonel Soukhomlinof, qui devait être déjà de l'autre côté des Balkans et pouvait se trouver dans une situation critique, enfin mettant à profit le brouillard, qui permettait de s'avancer à couvert et de surprendre un fort qui commandait et barrait la route, le lieutenant-colonel Sosnovsky proposa au colonel Borodine, commandant du 10ᵉ bataillon de tirailleurs, de laisser la compagnie du génie près des canons, de réunir à son bataillon les autres troupes de l'échelon et de tenter l'attaque du fort à l'improviste.

Les tirailleurs s'avancèrent jusqu'à deux cents pas de la redoute, mais ils furent aperçus par l'ennemi, qui, en ouvrant un feu violent de toutes les faces de l'ouvrage, enleva toutes les chances de surprise. Les tirailleurs se couchèrent néanmoins dans l'angle mort et, malgré une horrible tourmente, ils restèrent toute la nuit dans cette situation, ne voulant pas reculer sans en avoir reçu l'ordre. Laissant des postes d'observation sur la crête du col, l'échelon établit ensuite son bivac dans un bois épais situé à un demi-kilomètre en arrière. Les tirailleurs eurent dans cette affaire 18 hommes tués et 16 blessés.

Cette pénible reconnaissance donna les résultats suivants :

1° Elle permit de déterminer la force des ouvrages turcs, qui se composaient d'une redoute principale, construite sur un rocher saillant à angle aigu, et de trois autres redoutes, destinées à battre les sentiers venant de Trojan et de Monastir, qui se croisaient dans le col ; ces redoutes étaient reliées entre elles par des tranchées ;

2° Elle fit constater que ces ouvrages étaient défendus par des nizams, ainsi qu'on le reconnut par le feu bien réglé de l'ennemi et que ces nizams étaient au nombre de 3 bataillons appuyés par deux pièces d'artillerie ;

3° Elle fit reconnaître qu'une attaque de front serait très-risquée et entraînerait des pertes énormes.

Les deux journées suivantes, celles du 5 et du 6, furent employées à concentrer le corps, à réparer et à améliorer la route, à monter les canons et à chercher des chemins. Le lieutenant-colonel Sosnovsky, qui était resté tout le temps au col, informa Kartsof que d'après les indications des éclaireurs, on pouvait tourner le fort ennemi par

la gauche et descendre sur Karnari. A cette nouvelle, le général envoya le lieutenant-colonel Soukhomlinof reconnaître la route, ce qu'il fit dans la nuit du 6 au 7 avec des volontaires cosaques et des sous-officiers du 9ᵉ régiment d'infanterie. Puis ayant reçu des renseignements satisfaisants sur les résultats de cette reconnaissance, il se décida au lever du jour à se porter en avant avec toutes ses forces. L'ordre suivant fut donné aux troupes :

« Demain les trois échelons se trouvant au col, sous le commandement du colonel comte Tatistchef, aide de camp de l'Empereur, se porteront au lever du jour jusqu'au faîte du col et attaqueront la position ennemie sur deux colonnes.

« Je désigne pour former la colonne de gauche, sous les ordres du colonel Grékof, commandant du 30ᵉ régiment de cosaques, le 10ᵉ bataillon de tirailleurs, les 1ᵉʳ et 3ᵉ bataillons du 9ᵉ régiment d'infanterie, les 1ʳᵉ et 3ᵉ compagnies de tirailleurs du 10ᵉ régiment d'infanterie et cinq sotnias du 30ᵉ de cosaques du Don. Cette colonne se formera en arrière de la position de l'artillerie, descendra dans le ravin à gauche du bois et tournera la droite de l'ennemi ; s'il est possible, elle occupera sur les derrières de celui-ci le village de Karnari.

« Le 2ᵉ bataillon du 9ᵉ d'infanterie, la 6ᵉ sotnia du 30ᵉ de cosaques, les 4ᵉ et 5ᵉ sotnias du 24ᵉ de cosaques, sous le commandement du comte Tatistchef, formeront d'abord réserve et ensuite, après avoir donné à la colonne de gauche le temps d'exécuter son mouvement tournant, attaqueront le fort ennemi de front ; lorsqu'elle aura chassé l'ennemi des redoutes, cette colonne descendra sur Téké et Karnari, et, après avoir pris des mesures pour se couvrir contre une attaque désespérée, elle dirigera des détachements, forts au moins de deux sotnias, sur Klissoura et Karlovo, et enverra des patrouilles dans le Sud.

« La compagnie du génie, les 5ᵉ et 7ᵉ compagnies de la ligne du 10ᵉ régiment d'infanterie et deux sotnias du 24ᵉ de cosaques resteront au bivac en attendant des ordres.

« Les points de pansement seront établis le premier au delà de la montagne, à droite des canons, et le second dans le ravin ; les médecins et les infirmiers s'y tiendront sous les ordres du Dʳ Kounakhovitch, médecin divisionnaire.

« Je me tiendrai d'abord sur la position près des canons et, pendant l'attaque de front, devant la réserve. »

La colonne de gauche se mit en marche à quatre heures du matin par un sentier de montagne à peine praticable. Les Turcs semblèrent d'abord ne pas apercevoir son mouvement tournant, mais au lever du jour l'artillerie de la redoute ouvrit le feu. Vers neuf heures, le 2ᵉ bataillon du 9ᵉ régiment fut porté en avant du front ; le major Doukhnovsky, commandant de ce bataillon, reçut l'ordre de déployer sa compagnie de tirailleurs, de franchir au pas de course le champ de tir de l'ennemi et de coucher ses hommes dans un pli de terrain qui formait angle mort. A partir de ce moment, la redoute construite sur le rocher dit *Nid des aigles* dirigea sur les assaillants un feu violent.

Des hommes ayant été blessés dans les réserves, les dernières chaînes de tirailleurs durent s'établir dans un autre pli de terrain en arrière de la compagnie de tirailleurs. Le feu continua très-violent des deux côtés jusqu'à onze heures. A ce moment le général Kartsof reçut du colonel Grékof un avis annonçant que le mouvement tournant était exécuté et que cet officier avait occupé des retranchements en avant de Karnari. Il donna alors aux deux pièces en position l'ordre d'accélérer leur tir ; il envoya au colonel Grékof l'ordre de faire avancer plusieurs compagnies sur les derrières des redoutes et il attendit leur apparition.

Peu après les Turcs dirigèrent tout leur feu du côté de Karnari et ensuite de Téké, ce qui prouva aux Russes qui attaquaient de front que le mouvement tournant avait été exécuté par le colonel Grékof. En même temps, devant le 2ᵉ bataillon du 9ᵉ régiment, le feu commença à faiblir. Le major Doukhnovsky lança alors ce bataillon en avant ; ses compagnies gravirent intrépidement une pente presque à pic et pénétrèrent au cri de hourra dans l'ouvrage, où elles prirent une pièce de montagne, des projectiles et des cartouches. Jetant tout ce qui les embarrassait, des volontaires du 2ᵉ bataillon s'élancèrent à la poursuite des Turcs qui fuyaient dans la direction de Téké et jonchèrent de cadavres les flancs des montagnes. Le colonel comte Talitschef fit appuyer la poursuite par la 6ᵉ sotnia, et ordonna à toutes les autres troupes de descendre sur Téké et Karnari. A l'entrée des soldats russes dans ces villages, les habitants tirèrent sur eux des maisons ; un cosaque fut tué et un autre blessé. Ces villages étaient habités par une population exclusivement turque, qui s'enfuit dans les petits Balkans ; les Russes y prirent une grande quantité de bétail, de fourrages et de grains.

Lorsque les deux colonnes eurent opéré leur jonction, on apprit que le colonel Grékof avait rencontré à Karnari un bataillon turc de troupes fraîches, qui accourait de Karlovo, comme renfort. Le bataillon de tirailleurs et le 3ᵉ bataillon du 9ᵉ régiment avaient aussitôt marché à sa rencontre et culbuté complètement ce tabor, lui prenant son drapeau et trois guidons, lui tuant un grand nombre d'hommes et faisant prisonniers son commandant et 40 soldats. En même temps, les cosaques du général Grékof, tournant Karnari au galop, s'emparaient d'un convoi de 80 voitures, chargées de riz, de farine, de tentes, de peaux de mouton, etc.

Après avoir occupé Karnari, le colonel Grékof fit poursuivre par ses cosaques les Turcs débandés qui fuyaient d'abord dans la direction de Karlovo, puis qui voyant la route coupée par les cavaliers russes, se dispersèrent dans les défilés des petits Balkans.

Le 8, Kartsof occupa Sopot et Karlovo. D'un autre côté, le général Dandeville, qui s'était emparé de Slatitza, lui renvoya les compagnies du régiment de la Nouvelle-Ingrie qu'il avait dans sa colonne, et la mission de Kartsof se trouva ainsi remplie : un lien était établi au delà des Balkans entre l'armée de Radetski et celle de Gourko.

Affaire de Schipka. — Ordre de bataille. — Attaque de Sviatopolk-Mirsky.

Comme toutes les armées turques, l'armée de Schipka avait été exposée à ces perpétuels changements de général en chef qui accusent la profonde démoralisation du gouvernement central, paralysent le commandement et rendent impossible l'esprit de suite dans les opérations. Suleyman-Pacha avait succédé à Réouf-Pacha et Réouf-Pacha avait succédé à son tour à Suleyman. Puis on avait désigné Achmet-Eyoub-Pacha. Puis au commencement de janvier, Réouf reparut ; Suleyman-Pacha disgracié voyait son commandement limité à l'armée réunie sur la route d'Andrinople à Sofia et Réouf prenant le titre de généralissime devait aller établir son quartier général à Eski-Zaghra. Il n'en eut pas le temps. En somme, lorsque l'armée de Schipka fut attaquée par les Russes, elle se trouva commandée par un divisionnaire incapable, Veissel-Pacha qui ne sut pas la défendre. Les soldats résistèrent courageusement, mais l'ineptie de leur chef rendit leur courage inutile et les livra à l'ennemi.

Depuis la dernière attaque de Suleyman-Pacha

LA GUERRE D'ORIENT

au mois de septembre 1877, aucune opération de quelque importance n'avait eu lieu devant Schipka. Les deux armées n'y perdirent pas moins beaucoup de monde dans le courant de décembre. L'extrait suivant d'un rapport du général Radetzki au grand-duc Nicolas nous fournit quelques détails sur les souffrances que les soldats

« Les chefs immédiats devaient ne pas se départir de leur surveillance, ne fût-ce que pour un instant, afin d'empêcher leurs soldats de se geler les membres pendant le froid de la nuit; ils devaient les obliger à travailler pour qu'ils ne pussent pas s'endormir et devenir ainsi victimes du froid.

LE GÉNÉRAL PETROUSCHEVSKY, COMMANDANT DE LA 14e DIVISION

russes, en particulier, eurent à endurer sur les montagnes élevées où ils étaient postés: « Le temps, dit ce rapport, était froid et brumeux depuis le commencement du mois (1); le vent soufflait souvent, mais les chasse-neige étaient rares; les gelées ont atteint à plusieurs reprises 20 degrés au mont Saint-Nicolas.

« Par un temps pareil, le service était des plus durs au mont Saint-Nicolas et au mont de Volhynie, d'autant plus que, la neige tombant sans discontinuer et le vent soufflant sans cesse, il n'était pas toujours possible de faire du feu.

(1) C'est-à-dire depuis le 13 décembre. On sait que les mois russes commencent douze jours après les nôtres.

« Quand il y avait du brouillard ou chasse-neige, les canons et les fusils se taisaient dans le camp ennemi comme chez nous, mais dès que le temps devenait clair, les Turcs ouvraient immédiatement la fusillade; nous n'y répondions généralement pas, à moins qu'il n'y eût un but facile à viser. Pour ce qui est de l'artillerie, son feu était généralement plus faible et ce n'est que le 15 décembre qu'un violent duel s'engagea entre les batteries turques et les nôtres.

« A cette date, quand le brouillard se dissipa, vers quatre heures de l'après-midi, la batterie n° 3 du mont Saint-Nicolas tira deux coups de canon, dirigés contre des chevaux de bât qui montaient sur le mont Chauve, ce qui les obligea à rebrousser chemin. Puis vers cinq heures du soir, les Turcs, sans que nous leur en ayons fourni le motif, tirèrent une salve sur la section n° 3 du mont Saint-Nicolas; notre batterie y répondit; l'ennemi ouvrit ensuite le feu d'une batterie de neuf canons ou mortiers et finalement l'artillerie entra en scène sur toute la ligne, continuant le feu jusqu'à sept heures du soir.

« Nous avons perdu, le 15 décembre, 2 hommes tués, un officier et 17 soldats blessés, un officier et 11 hommes contusionnés.

« A partir du 19 décembre, le temps devint de plus en plus mauvais; de fortes gelées, accompagnées d'un vent violent, commencèrent à régner et dans la nuit du 19 on vit se soulever un chasse-neige qui dura presque sans interruption jusqu'au 27 décembre dans la matinée. Cette semaine a été une des plus pénibles de celles que les troupes ont passées à Schipka; le feu de l'ennemi ne nous faisait subir que des pertes insignifiantes, mais la maladie éclaircissait de jour en jour les rangs dans des proportions terrifiantes et malgré toutes les mesures prises, le nombre des gelés et des malades augmentait de plus en plus. Comme il était impossible de s'attendre à une attaque de l'ennemi, je donnai l'ordre de n'établir dans les fossés de tirailleurs avancés du mont Saint-Nicolas que des sentinelles et des postes secrets, que l'on devait relever le plus souvent possible; sur tous les autres points de la position, les hommes se relayaient à chaque instant et se réchauffaient dans les huttes de terre.

« Ce sont les régiments de la 24ᵉ division d'infanterie qui ont eu le plus à souffrir du froid, ayant dû, dès les premiers jours de leur arrivée, remplir un service des plus pénibles et dans des circonstances très-défavorables; ces régiments, quoiqu'ayant des pelisses de mouton et trois paires de bottes pour deux hommes, avaient reçu des bottes trop étroites pour pouvoir être mises sur des bas de laine; les soldats devaient les fendre sur le cou-de-pied pour pouvoir les mettre et se trouvaient ainsi très-mal chaussés. Le nombre des hommes qui eurent les pieds gelés atteignit des proportions incroyables pendant la semaine en question. Le 24 décembre, 629 hommes tombèrent malades dans le seul régiment de Krasnoïarsk; dans les trois régiments de la 24ᵉ division, il y avait 6,013 soldats malades au 25 décembre. Si, dans les autres régiments, le nombre des malades était assez grand, il était loin du moins d'atteindre d'aussi fortes proportions. Il devenait donc urgent de relever la 24ᵉ division et de lui donner le temps de se remettre;

aussi les bataillons des régiments d'Irkoutsk et de Yénisseisk furent-ils rappelés du mont Saint-Nicolas, le 25 décembre, et remplacés dans cette position par ceux des régiments de Podolie et de Jitomir. Le régiment de Krasnoïarsk fut remplacé, le 26, par un bataillon du régiment de Minsk, et le 28 j'envoyai au même endroit un bataillon du 53ᵉ régiment d'infanterie de Volhynie; les deux autres bataillons de ce régiment, envoyés au mois de novembre pour servir de renfort au détachement d'Éléna et revenus à Gabrovo, le 21 décembre, furent postés près du poste de Briansk.

« La 24ᵉ division d'infanterie, ayant été relevée, prit ses quartiers d'abord à Gabrova et dans les villages environnants et fut expédiée ensuite à Tirnova, conformément à l'ordre de Votre Altesse Impériale.

« Quoique le temps se fût remis le 27 décembre, il n'en était pas moins impossible de continuer à rester dans la même position; les chasse-neige pouvaient se renouveler et les troupes se seraient alors complètement désorganisées. En conséquence, sur l'ordre de Votre Altesse Impériale, tout le 8ᵉ corps d'armée fut concentré dans les environs de Gabrova et fut renforcé par les troupes de Plevna dans le but d'attaquer les positions des Turcs et d'opérer le passage des Balkans. »

Pendant cette période d'inactivité, l'armée turque, qui ne souffrit pas moins du froid que l'armée russe bien qu'elle occupât des positions moins exposées, s'occupa tout particulièrement de renforcer les fortifications qu'elle avait élevées à l'extrémité du défilé qui était en sa possession. Le village de Schipka et ses environs furent peu à peu changés en un vaste camp retranché. Devant la passe s'élevait une série de redoutes et de retranchements construits avec cette entente de la fortification qui caractérise les Turcs; c'est là qu'était placée presque toute l'artillerie de l'armée et de là qu'on canonnait les positions russes. Douze redoutes, huit à l'ouest de la chaussée et quatre à l'est, reliées entre elles par des fossés de tirailleurs se déployaient sur un demi-cercle passant par Schenovo, Dolny-Gouzovo, Gorny-Gouzovo et Janina, et complétaient l'enceinte du camp.

Quand il eut reçu du grand-duc Nicolas l'ordre de prendre l'offensive au delà des Balkans, le général Radetzki concentra ses troupes (1) sur

(1) Outre l'infanterie que nous avons énumérée précédemment le général Radetzki reçut comme renfort de cavalerie les régiments suivants : 1ᵉʳ uhlans, 1ᵉʳ dragons, 1ᵉʳ hussards, 9ᵉ cosaques.

deux points : celles de la colonne de droite près de Zeleno-Drevo à Toplischa et celles de la colonne de gauche à Travna.

La colonne de droite, commandée par le lieutenant-général Skobélef, était formée de la 16ᵉ division d'infanterie, les 9ᵉ, 11ᵉ et 12ᵉ bataillons de tirailleurs, de sept bataillons bulgares, de deux compagnies du 4ᵉ bataillon du génie, du 9ᵉ régiment de cosaques du Don, d'une sotnia de cosaques de l'Oural, de la 2ᵉ batterie de montagne et de six pièces de 4 de la 16ᵉ brigade d'artillerie, disposées pour être transportées sur des traîneaux.

La colonne de gauche, placée sous les ordres du lieutenant-général prince Sviatopolk-Mirsky, comprenait trois régiments de la 9ᵉ division (le 33ᵉ d'Elets, le 34ᵉ de Sievsk, et le 36ᵉ d'Orel), la 4ᵉ brigade de tirailleurs, la 30ᵉ division d'infanterie, une compagnie du 5ᵉ bataillon du génie, un bataillon bulgare, le 33ᵉ régiment de cosaques du Don, la 1ʳᵉ batterie de montagne, la 1ʳᵉ batterie de la 9ᵉ brigade d'artillerie et de la 4ᵉ de la 14ᵉ brigade, disposées, comme les précédents, de façon à être transportées sur des traîneaux.

La 14ᵉ division d'infanterie, le 35ᵉ régiment de Briansk, et deux compagnies du 2ᵉ bataillon du génie restaient sur la position de Schipka. La 2ᵉ brigade de la 14ᵉ division et un bataillon du régiment de Briansk, étaient destinés à opérer un mouvement de front après l'occupation du village de Schipka par les colonnes chargées de tourner le camp turc.

Radetzki fixa le mouvement en avant au 5 janvier, car c'est à cette date seulement que la 30ᵉ division d'infanterie devait atteindre Travna.

La colonne de gauche se mit en marche le 5 au lever du jour, par le col de Seltsy ; elle avait à faire une marche de 45 kilomètres pour se rendre de Travna à Gouzovo, point qui formait l'extrême droite de l'ennemi.

La colonne de droite commença son mouvement le 5 dans la soirée ; elle n'avait à parcourir qu'une vingtaine de kilomètres, de Toplischa à Imetli, au delà des Balkans, sur la gauche des Turcs.

D'après les calculs du commandant en chef russe, les deux colonnes devaient, si le temps était favorable, arriver devant l'ennemi dans la soirée du 7 et attaquer le 8.

La colonne du prince Sviatopolk-Mirsky, ayant à faire deux fois plus de chemin que la colonne de droite, avait ordre de forcer la marche ; le général Skobélef avait pour instructions de régler son mouvement de façon à n'être de l'autre côté des Balkans que le 7 au soir. Il se trouva que ce fut ce dernier qui fut en retard à cause des obstacles matériels qu'il rencontra sur sa route.

Les deux colonnes avaient ordre de se couvrir dans leur marche, le prince Sviatopolk-Mirsky en occupant Maglis, pour se protéger contre une attaque de l'ennemi du côté de Haïn-Keuï, et le général Skobélef en occupant Karadja, en face du flanc gauche de la position turque de Schipka, sa colonne ayant à se mouvoir très-près de cette position (à cinq ou six kilomètres) et n'étant couverte que par le mont Karadja.

En descendant des montagnes, les deux colonnes devaient attaquer le village de Schipka ; celle du prince Mirsky en partant de Gouzovo et en se mettant par sa gauche en communications avec le général Skobélef, et la colonne de droite d'Imetli par Schénovo, en cherchant à donner la main par sa droite à la colonne du prince Sviatopolk-Mirsky.

Les troupes prirent avec elles des provisions pour six jours : biscuits, gruau, sel, thé, sucre, esprit-de-vin et orge ; la moitié de ces provisions était portée par les soldats, le reste à dos de cheval ; du bétail suivait, en nombre suffisant pour les portions de viande. Chaque soldat portait 96 cartouches et il y en avait 76 dans les bais ; les pharmacies et les objets de pansement suivaient aussi à dos de cheval. Il y avait dans la colonne de Skobélef quelques-uns de ces chameaux de l'Asie centrale qui sont accoutumés aux plus vigoureuses températures et aux marches dans les pays de montagne. Ces animaux rendirent de grands services pour le transport de l'artillerie.

Le 6, la colonne de droite atteignit le col de Karadja et on reçut du prince Sviatopolk-Mirsky l'avis que ses troupes étaient arrivées à Seltsy et qu'il avait porté son avant-garde de ce village sur le col de Gouzovo.

Le 7, le mouvement continua ; la colonne du général Skobélef commença à descendre dans la plaine sur le village d'Imetli, qu'elle enleva de vive force et où elle se concentra.

Le même jour toute la colonne du prince Sviatopolk-Mirsky descendait dans la vallée de la Toundja et emportait de haute lutte les villages de Gorny et Dolny-Gouzovo ; dans la soirée, le général-major Schnitnikof, envoyé en avant-garde de flanc avec une brigade de la 30ᵉ division, enleva de vive force le village de Maglis.

Pendant leur marche dans les montagnes, les deux colonnes eurent à surmonter des difficultés inouïes ; elles suivirent des sentiers que recouvrait une couche de neige de 3 mètres de hauteur et durent y creuser une sorte de tranchée pour se frayer un chemin. Malgré les efforts incroyables qu'elles déployèrent, elles furent l'une et l'autre obligées de renoncer à faire franchir les cols aux pièces de campagne et ne prirent avec elles que celles de montagne.

Le 8, Radetzki se rendit au mont Saint-Nicolas, du haut duquel on pouvait voir le mouvement des deux colonnes. Au pied du mont s'étalait, comme un plan en relief, la vallée de Schipka, où allait se jouer une si terrible partie.

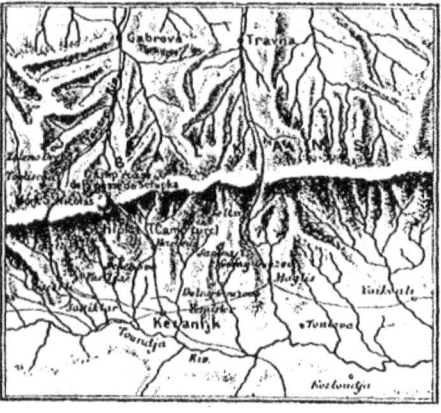

CROQUIS DES ENVIRONS DE SCHIPKA

Les Turcs, bien que les mouvements de Sviatopolk-Mirsky et de Skobelef ne leur eussent pas échappés, avaient laissé dans les positions de Schipka toutes les troupes et tous les canons qui les défendaient. Veissel-Pacha attribua probablement peu d'importance à ces colonnes tournantes, et pensa que l'attaque principale aurait lieu de la position de Schipka.

Vers dix heures le bruit du canon se fit entendre dans la direction des deux colonnes; du mont Saint-Nicolas, on voyait le mouvement du prince Sviatopolk-Mirsky, qui se dirigeait vers l'ennemi; à midi sa colonne se déploya pour attaquer et s'avança vers les ouvrages turcs en livrant un combat acharné. On entendait également une canonnade du côté du général Skobelef, mais on ne voyait pas cette colonne dessiner de mouvement sur Schipka.

A ce moment un officier d'ordonnance vint annoncer à Radetzki que le général Skobelef n'était pas parvenu à faire descendre toute sa colonne à Imetli, dans la soirée du 7, car il avait rencontré des difficultés plus grandes que celles qu'il prévoyait, qu'il ne pourrait concentrer toutes ses troupes dans la vallée que dans la soirée du 8 et qu'il demandait des instructions.

L'officier, porteur de ce rapport, annonça en même temps que l'avant-garde du général Skobelef était avancée contre Schenovo. Radetzki fit transmettre au général Skobelef par cet officier l'ordre de concentrer toute sa colonne, d'attaquer ensuite les positions ennemies, le 9 au matin, d'appuyer en avant par sa droite dans cette attaque et de s'efforcer de se mettre en communications avec la colonne du prince Sviatopolk-Mirsky. Il espérait que cette dernière colonne, qui avait attaqué avec succès, serait à même de tenir le 8 et la nuit du 8 au 9, jusqu'à l'arrivée du général Skobelef, d'autant plus qu'avant la tombée de la nuit on vit du mont Saint-Nicolas les troupes du prince Mirsky occuper quatre mamelons, dont un important et armé de trois canons.

Les trois régiments de la 1re division de cavalerie, arrivés le 7 au soir, à Gabrova, furent envoyés par le col d'Imetli au général Skobelef, qui fut prévenu de leur approche.

Attaques de Radetzki et de Skobelef. — Reddition de Veissel-Pacha.

Dans la nuit du 8 au 9, le général Radetzki reçut un rapport détaillé des opérations de Sviatopolk-Mirsky pendant la journée du 8. Le prince s'était battu tout le jour contre un ennemi supérieur en nombre et il avait enlevé trois redoutes sur quatre, pris trois canons et fait une centaine de prisonniers; mais sa situation était fort critique; il avait perdu plus de 1,500 hommes, parmi lesquels le général Dombrovsky, commandant de la 1re brigade de la 9e division et presque tous les officiers supérieurs du régiment d'Orel. Ses soldats étaient très-fatigués, ils n'avaient presque plus de cartouches et ils se trouvaient à cent pas d'un ennemi qui avait des munitions en abondance et qui les fusillait sans relâche.

Quand il connut ces faits, le général Radetzki, afin de ne point laisser la colonne de gauche trop longtemps exposée, modifia son premier plan; et, sans attendre l'occupation du village de Schipka par les colonnes tournantes, il résolut d'attaquer les Turcs de front, pour attirer sur lui une partie de leurs forces et faciliter les opéra-

ENTRÉE DE LA PASSE DE SCHIPKA

tions des colonnes tournantes. Calculant que le général Skobelef commencerait l'attaque de Schenovo, à huit heures du matin, et pourrait atteindre Schipka vers midi, il fixa l'heure de midi pour l'attaque de ses propres troupes.

Le 9, à cinq heures du matin, le jour n'étant pas encore levé, une violente canonnade qui se fit entendre dans la direction du prince Mirsky annonça qu'il était attaqué par l'ennemi. On ne pouvait rien voir ce jour-là du mont Saint-Nicolas, attendu qu'il faisait un épais brouillard ; par l'effet du vent, qui s'était élevé dans la soirée du 8, le bruit du canon et de la fusillade n'arrivait même pas distinctement de la vallée, et il était donc impossible de suivre le combat de cet endroit. La matinée du 9 s'écoula ainsi jusqu'à midi. Les Turcs ne tirèrent qu'à de longs intervalles quelques coups de canon contre le mont Saint-Nicolas.

A midi, Radetzki commença l'attaque de front; considérant qu'on ne pouvait déboucher que par une chaussée de sept pas de large, il prit les dispositions suivantes : le 55ᵉ régiment d'infanterie de Podolie, précédé par trois compagnies de tirailleurs sous les ordres du capitaine Nadiéine, que soutenaient quatre compagnies du 2ᵉ bataillon du même régiment, commandées par le lieutenant-colonel Sendetsky, devait donner l'assaut aux retranchements et aux batteries turcs, en s'avançant par la chaussée; les 1ᵉʳ et 3ᵉ bataillons de ce régiment, en occupant les tranchées russes à droite de la chaussée, devaient servir de réserve immédiate aux compagnies d'assaut. Le colonel Doukhonine, du 55ᵉ régiment, fut chargé du commandement de toutes les troupes opérant par la chaussée.

Le 1ᵉʳ bataillon du 35ᵉ régiment de Briansk, forma une colonne d'assaut avec ses 1ʳᵉ et 4ᵉ compagnies, sous les ordres du capitaine Trambetsky, qui devaient s'avancer par une tranchée sous les rochers, en ayant en réserve les trois autres compagnies du bataillon, dont une occupait les tranchées sur les deux côtés du mont Saint-Nicolas. Le 2ᵉ bataillon du 56ᵉ régiment de Jitomir, eut l'ordre d'attaquer par un creux de terrain à droite des rochers, sa colonne d'assaut devait être formée par les 5ᵉ et 6ᵉ compagnies, les autres compagnies constituant sa réserve immédiate ; enfin les 1ᵉʳ et 3ᵉ bataillons du 56ᵉ régiment formaient réserve générale au pied du Saint-Nicolas, en avant de la batterie de mortiers, sous le commandement du colonel Bakof.

L'attaque principale n'était possible que par la chaussée, qui permettait à cinq ou six hommes de marcher de front. Quant aux colonnes d'assaut qui devaient suivre la tranchée et le ravin à droite des rochers, elles ne pouvaient descendre que par petits groupes d'hommes, qui se laissaient glisser sur la neige et elles avaient pour but de prendre de flanc les tranchées turques de la chaussée et de seconder l'attaque principale ; après avoir parcouru environ 800 pas, elles étaient obligées de gagner la chaussée.

Les montres ayant été vérifiées d'avance, les troupes avancées de chaque colonne prirent leurs emplacements sans batteries de tambours. Les sapeurs abattirent des murs de pierre qui barraient la sortie sur la chaussée et d'autres issues. Tous ces préparatifs furent singulièrement favorisés par l'épaisseur du brouillard qui en déroba entièrement la vue aux Turcs. Au bout d'un quart d'heure, le silence de mort qui régnait depuis le commencement du mouvement fut rompu par les hourras retentissants de compagnies avancées du régiment de Podolie, qui venaient de s'emparer du premier retranchement; en même temps les Turcs ouvrirent une vive fusillade, à laquelle les réserves russes répondirent de leurs tranchées et en quelques minutes un combat terrible s'engagea.

Les Russes, obligés par l'étroitesse de la chaussée de s'avancer en masses profondes, défilaient sous le feu croisé de vingt-deux bataillons, de 10 mortiers et de deux batteries d'obusiers de flancs ; les Turcs se servaient en outre de grenades qu'ils lançaient à la main dans les rangs ennemis et y faisaient d'effroyables ravages. Cependant les Russes enlevèrent la seconde tranchée comme la première, mais au prix d'énormes pertes ; et quand, par un effort héroïque, les survivants, entraînés par leurs officiers, essayèrent de se jeter sur la troisième, ils y périrent à peu près tous.

Des renforts étaient nécessaires ; le 1ᵉʳ bataillon du régiment de Podolie et ensuite le 2ᵉ furent donc envoyés pour soutenir les colonnes d'attaque. Le feu était tellement violent que plusieurs hommes tombèrent à la sortie même des tranchées ; à 50 pas plus loin la chaussée était littéralement barrée par des cadavres et des blessés. A ce moment arriva, conduit par le colonel Bakof, le 1ᵉʳ bataillon du 56ᵉ régiment de Jitomir, appelé de la réserve. Ces troupes fraîches permirent de se maintenir dans les tranchées qu'on venait d'enlever, mais il fut de toute impossibilité d'avancer plus loin sous l'incroyable quantité de projectiles de toutes sortes qui tombaient comme une averse de fer sur la chaussée.

Le général Petrouschevsky commandant de la 14° division qui dirigeait l'attaque, voulut essayer d'envoyer des colonnes d'assaut sur les flancs des Turcs afin de les tourner ; mais le brouillard était tellement épais et un chasse-neige qui venait de se déclarer était si violent que ces colonnes se perdirent, et qu'après avoir erré dans la neige, elles se retrouvèrent sur la chaussée à leur point de départ. On dut donc se contenter de tenir coûte que coûte sur la chaussée. En moins de trois heures, plus de 1,700 hommes tombèrent dans l'étroit espace où les Russes se déployaient ; il y avait en certains endroits de véritables remparts de cadavres. Ces sacrifices ne furent pas inutiles : l'attaque de la 14° division contribua beaucoup à maintenir l'aveuglement de Veissel-Pacha qui pendant toute la journée persista à se croire uniquement menacé par une attaque de force jusqu'au moment où il se vit, avec terreur, complètement enveloppé par les colonnes tournantes de Mirsky et de Skobelef. L'incapable Turc maintint jusqu'à la dernière minute la moitié de son armée et presque toute son artillerie en face du mont Saint-Nicolas alors qu'il eût dû surtout s'occuper de défendre ses positions de Schenovo et de Gouzovo.

Vers quatre heures, la 14° division respira, l'infernal feu des Turcs se ralentit, puis tout à coup il cessa tout à fait et on vit les Turcs se retirer de leurs positions. Que se passait-il donc? Dans cette bataille en plein brouillard, chaque corps agissait isolément et ignorait ce que faisaient les autres. Qu'était-il arrivé? Le général Stoletof, de la colonne du général Skobelef, arriva presque aussitôt l'apprendre à Radetzki ; il annonça que l'armée turque mettait bas les armes et que son commandant en chef, Veissel-Pacha, avait livré son épée au général Skobelef en envoyant aux troupes en position sur les montagnes l'ordre de se rendre.

Ce brillant succès était dû aux efforts combinés des trois colonnes russes. Le prince Mirsky, en attaquant le 8 du côté de Gouzovo, avait attiré à lui la presque totalité des forces turques campées dans la plaine au pied de Schipka, Radetzki en faisant donner, le 9, la 14° division, avait maintenu en face de lui les 22 tabors qui défendaient les positions turques dans les montagnes, de sorte que Skobelef en attaquant du côté de Schenovo ne trouva devant lui que des forces relativement faibles et par des prodiges d'héroïsme il sut remporter de tels avantages et frapper les Turcs d'une telle terreur que Veissel-Pacha perdant la tête fit cesser la résistance avant même que la bataille fût complétement perdue. Racontons les exploits de la colonne de droite.

Ainsi que nous l'avons dit, Skobelef devait se trouver le 8 dans la plaine de Schipka et attaquer en même temps que Sviatopolk Mirsky ; mais, malgré des efforts inouïs et les mesures tout à fait radicales prises par le jeune général, il fut impossible de le faire. La colonne, arrêtée par un chasse-neige terrible, dut se frayer un passage à travers une couche de neige qui avait 3 mètres d'épaisseur en certains endroits ; les soldats y enfonçaient littéralement des pieds à la tête, et tous les vingt-cinq pas, il fallait se reposer tant la marche était horrible. Plusieurs pièces furent englouties dans la neige, Skobelef ordonna de les abandonner provisoirement, et voyant qu'il était impossible de faire franchir le col à l'artillerie de campagne, il se contenta d'emmener quatre petites pièces de montagne qui furent portées avec leur matériel par les chameaux qui suivaient la colonne. Un correspondant de Gabrova signale un détail de la descente qui nous semble assez romanesque ; cependant les Russes ont accompli tant de prodiges dans les Balkans que celui-ci pourrait bien être vrai, bien qu'il ne paraisse pas très-vraisemblable. Nous reproduisons donc le fait tel quel, à titre de curiosité.

« La descente de la colonne Skobelef par le versant méridional de la terrible chaîne, dit ce correspondant, s'est effectuée dans des conditions tout à fait exceptionnelles : on avait indiqué une voie raccourcissant la route de plusieurs heures, mais finissant par une pente très-escarpée et sans chemin tracé. Arrivés à la pente, on constata que la descente n'était guère possible qu'en se laissant glisser sur la neige d'une hauteur de plusieurs centaines de mètres. De plus, les Turcs ayant aperçu les Russes sur la hauteur ouvrirent contre eux un feu d'artillerie très-violent. C'est dans ces conditions que les soldats de Skobelef *glissèrent* dans la vallée, perdant 300 tués et blessés et près de 300 hommes enfouis et disparus dans la neige.

« La cavalerie de la colonne prit le chemin le plus long ; mais les chevaux du général Skobelef et de sa suite furent aussi lancés dans la vallée sur la pente. La moitié seulement arriva en bas saine et sauve, les autres se cassèrent les pieds ou restèrent englobés dans la neige. »

Peut-être y a-t-il quelque exagération dans ce récit, cependant on trouvera aisément trace de l'épisode qu'il relate dans l'extrait suivant d'une lettre du correspondant du *Nouveau Temps*, M. Nemirovitch Dantchenko, qui est resté pendant toute la guerre attaché à la personne du général Skobelef. « Le 7, dit donc M. Dantchenko, nous nous remettions en marche. Au sommet d'une montagne couverte de masses de neige, nous avions frayé un sentier que nous suivions avec difficulté, sous le feu des Turcs qui nous avaient aperçus. La descente de cette montagne dénudée était réellement terrible, mais il paraît vraiment qu'il n'y a pas d'obstacles pour le soldat russe. Là où toute autre troupe se serait arrêtée sans oser avancer d'un pas, nos soldats passaient par un petit sentier de montagne et descendaient dans d'affreux précipices sous une grêle de balles. Les sapeurs de Laskovsky répondaient, tout en travaillant à la route, au feu de l'ennemi. Une reconnaissance faite par Skobelef, Kouropatkine et Laskovsky pour étudier la route que nous devions suivre, fut reçue par des décharges de l'infanterie turque qui blessèrent grièvement Kouropatkine et légèrement Laskovsky.

« Le régiment de Kazan occupa Imétli dans la nuit qui a suivi cette reconnaissance, passant par des précipices et des hauteurs terribles et perdant 50 hommes. Le versant des montagnes fut aussitôt occupé par le régiment de Souzdal. Ayant ainsi cerné la droite de la plaine de Kezanlyk, ces deux régiments délogèrent les Turcs de leurs tranchées et les chassèrent jusqu'à Schenovo. A midi, on opéra une reconnaissance à l'ouest de la vallée de Kezanlyk, d'où arrivait le prince Mirsky, par un mouvement combiné avec le nôtre, afin de prendre cette vallée de deux côtés.

« Notre détachement ne s'étant pas encore entièrement concentré, nous regagnâmes nos positions. »

Le 9, la descente des montagnes n'était pas encore terminée et Skobelef n'avait encore concentré qu'une douzaine de bataillons, un régiment de cosaques et les quatre pièces de montagnes. Mais comme il craignait que le prince Mirsky abandonné à lui-même, depuis la veille, à Gouzovo ne fût écrasé, et comme il avait reçu des ordres formels de Radetzki, il ne s'en décida pas moins à attaquer immédiatement les retranchements de Schenovo. La position était admirablement fortifiée : Schenovo est un petit village turc situé dans la plaine au-dessous de Schipka et à quelque distance de la route de Kezanlyk ; les ouvrages qui le couvraient étaient établis de la façon suivante : Entre Schipka et Schenovo se trouvaient les quatre grands tumulus celtiques où Gourko avait établi son campement au mois de juillet précédent, les Turcs les avaient reliés entre eux par des épaulements à deux rangs de banquettes et avaient ainsi formé une grande redoute armée de six pièces d'artillerie ; en avant du village, dans la direction de Kalofer étaient établis des ouvrages arrondis, une redoute demi-circulaire armée de quatre canons et prolongée sur sa droite par un redan, trois grandes tranchées avec fossés et une redoute protégée par une tranchée et armée de 2 canons. Un peu en arrière de cette première ligne se trouvaient un grand ouvrage en terre entourant les gourbis où couchait la garnison et une autre redoute ronde. Tous ces ouvrages à l'exception des trois premiers étaient situés au milieu des bois et des broussailles qui entourent Schenovo, et cette circonstance empêchait les assaillants de juger de leur force et même de les apercevoir entièrement. Enfin, de l'autre côté du village une redoute armée de deux canons et une quatrième redoute circulaire complétaient l'ensemble de cette formidable position.

Les Russes furent heureux d'avoir affaire à un général aussi inhabile que Veissel-Pacha ; un général, de la capacité la plus ordinaire, aurait anéanti les deux colonnes qui passèrent les Balkans. L'armée turque se mouvait sur un terrain relativement facile et surtout fort restreint ; en quelques heures, elle pouvait se transporter d'une extrémité à l'autre de sa ligne de défense et elle possédait encore cet immense avantage d'avoir son front couvert, du côté de la passe de Schipka, par une position à peu près inexpugnable ainsi que la 14° division en fit une sanglante expérience. Quand Mirsky attaqua le 8, du côté de Garzovo, on pouvait donc lui opposer des forces bien supérieures et l'écraser, et quand le 9, Skobelef attaqua Schenovo avec quelques bataillons, on eût pu lui faire payer cher ce fol héroïsme. Mais les destinées de la Turquie étaient comptées. L'armée de Schipka était la meilleure qui restât au sultan ; elle était faite, comme les premières armées turques, d'excellents soldats ; mais elle ne fut point commandée ; le brouillard lui dissimula le nombre de ses adversaires et se joignit à l'insuffisance de son chef pour la perdre.

Le 9, à sept heures du matin, Skobelef déploya donc sa colonne en face de Schenovo. Le régiment de Vladimir et cinq compagnies bulgares formaient l'aile gauche ; l'aile droite, chargée de l'action principale, se composait de 2 bataillons de chasseurs, 2 bataillons bulgares, un bataillon du régiment de Kazan et le régiment d'Ouglitch. Skobelef se plaça un peu en arrière de la ligne de

LA GUERRE D'ORIENT.

VEISSEL-PACHA REND SON ÉPÉE A SKOBELEF

DISTRIBUTION DE VIVRES AUX PRISONNIERS TURCS DANS LA PLAINE DE SCHIPKA

bataille, au centre avec les quatre pièces de canon. Les Turcs accueillirent le mouvement en avant de l'aile droite par un feu d'enfer, auquel les Russes répondirent au jugé, car leurs adversaires, dissimulés dans le bois et dans les broussailles, étaient invisibles pour eux. Bientôt, ébranlée par la vivacité de la fusillade, la gauche plie. Au centre, le général comte Tolstoï tombe grièvement blessé et est emporté par ses hommes. Comprenant que dans la situation où la colonne se trouve, une retraite est impossible et ne peut aboutir qu'à un désastre complet, le colonel Panioutine, commandant du régiment d'Ouglitch, forme promptement son régiment en colonne d'attaque, sur un front de deux compagnies, et le lance en avant sous un feu effroyable. Les chasseurs et les Bulgares suivent. Après avoir couru cinquante pas, les soldats se couchent un instant à plat ventre et repartent pour s'aplatir de nouveau un instant après. Chacune de ces haltes fut marquée par une longue ligne de tués et de blessés, qui étaient abattus par le feu de l'ennemi au moment où les compagnies reprenaient leur élan pour se lancer en avant.

Les Russes entrèrent enfin dans le bois et alors ils purent se rendre compte de la force des ouvrages turcs. Mais le moment eût été mal choisi pour un long examen et ils se jetèrent avec fureur sur les premiers retranchements ennemis. Il y eut pendant un quart d'heure dans ces bois où s'élevaient les fortifications de Schenovo une effroyable boucherie; soldats du régiment d'Ouglitch, chasseurs et légionnaires bulgares étaient tombés pêle-mêle sur les Turcs. On a travaillait » à l'arme blanche, à peine de loin en loin entendait-on un coup de feu; quand les baïonnettes se brisaient, on frappait à coups de crosse. D'arbre en arbre, de buisson en buisson, de tranchées en tranchées, de redoute en redoute, les Russes poursuivirent les Turcs épouvantés de cette sauvage agression. La première ligne fortifiée enlevée, on attaqua la seconde aux cris de hourrah! auxquels les Turcs répondaient par des Allah-You! pour s'encourager.

Le colonel Panioutine monta le premier, un drapeau à la main, à l'assaut des retranchements qui entouraient les gourbis turcs. Après une lutte acharnée l'ouvrage fut emporté. A l'extrême droite, le capitaine d'une compagnie de tirailleurs d'Ouglitch se trouva tout à coup, avec une poignée d'hommes, en face de la redoute qui était armée de 2 canons. Un bataillon la défendait. Lui, réunissant une poignée d'hommes, leva son sabre en criant : A moi, mes enfants, à nous la redoute! »

Soixante hommes le suivent, il arrive le premier au pied de la redoute, enjambe un canon chargé à mitraille, tue d'un coup de sabre l'artilleur qui allait y mettre le feu et saute dans l'ouvrage par l'embrasure. Les hommes l'y rejoignent et jouent de la baïonnette au milieu des Turcs affolés de cette furie. Les uns fuient, les autres se jettent à genoux en criant : Aman! Mais la fureur du combat anime tellement les Russes qu'ils les abattent jusqu'au dernier.

Skobelef de son côté mène le régiment de Vladimir à l'attaque du centre, tandis que les Bulgares attaquent la grande redoute des tumulus. Les Turcs plient partout, jettent leurs armes et s'enfuient sur la route de Kezanlyk. Skobelef, témoin de cette épouvantable débâcle, envoie en toute hâte six sotnias pour leur couper la retraite. Sviatopolk-Mirsky instruit des succès de son collègue avait envoyé, de son côté, à Kezanlyk un régiment qui s'empara de la ville, d'un parc de 25 canons et de nombreux approvisionnements. Veissel-Pacha éperdu, se voyant cerné, entouré d'hommes affolés qui cherchaient vainement un passage pour fuir, n'eut pas même l'idée de tenter un dernier effort avec les vingt-deux bataillons qui se battaient courageusement contre la 14ᵉ division et qui n'étaient pas entamés; il est probable qu'il n'eût pas été très difficile de se faire jour à travers des troupes presque sans artillerie, épuisées de fatigue et dépourvues de munitions. Mais Veissel-Pacha n'y songea point. Il fit hisser un drapeau blanc et rendit son épée au général Skobelef sans réclamer aucunes conditions en faveur de ses malheureuses troupes. Comme les vingt-deux bataillons tenaient toujours devant Radetzky, il leur envoya l'ordre de déposer les armes; les vaillants soldats, frémissant de rage, abandonnèrent leur position et vinrent dans la plaine prendre place à côté de leurs compagnons déjà désarmés.

31,500 prisonniers dont 4 pachas, 80 officiers supérieurs et 280 officiers subalternes, 93 canons, 11 mortiers de grand calibre, une masse énorme de fusils, de munitions et de vivres furent les trophées de ce fait d'armes qui fait honneur à l'énergie et à la force de résistance du soldat russe autant qu'à l'habileté de ses généraux. Les pertes des Turcs dépassèrent 6,000 hommes tués et blessés. Les Russes, de leur côté, payèrent cher leur victoire. La colonne du prince Mirsky, qui avait supporté seule tout le poids de la journée du 8, avait 5 officiers et 319 hommes tués, 49 officiers, parmi lesquels le général Dombrovsky et 1,754 hommes blessés, 1 officier mort de ses blessures, 17 officiers contusionnés et 57 hommes disparus. Skobelef perdit de son côté 6 officiers et 294 soldats tués, 38 officiers, parmi lesquels les généraux Tolstoï et Grenquist et 1,190 soldats blessés. Ce qui, avec les pertes de la 14ᵉ division, formait un total de 19 officiers tués, 116 blessés, 1,103 soldats tués et 4,246 blessés, soit hors des rangs 5,464 hommes.

Cette bataille de Schipka, la plus brillante victoire de toute la guerre pour les Russes, fut aussi la plus féconde en résultats. Elle porta à la Turquie un coup plus terrible que la chute de Plevna en brisant sa dernière ligne de défense.

Désormais il n'y avait plus un bataillon entre Andrinople et l'armée russe. Et non-seulement Andrinople, mais Constantinople même était découvert. La dernière armée turque exilée aux environs de Philippopoli ne pouvait plus accourir à temps au secours de ces deux villes et se trouvait comme perdue au milieu de l'empire, sans base d'opération possible, puisque toutes les routes étaient tombées aux mains des Russes. La Turquie périssait par ses vices : c'est son système de favoritisme qui avait laissé à un chef incapable l'armée qui couvrait Andrinople et c'est ce qui causa sa perte.

XLII. — INVASION DE LA ROUMÉLIE. — OPÉRATIONS DES CORPS DE GOURKO ET DE KARTSOF

Ordre de marche à l'armée russe.

La guerre est virtuellement finie à partir de ce moment. La Turquie se déclare prête à accorder tout ce qu'on voudra lui demander ; elle demande l'armistice à tout prix, mais les Russes avant de le lui accorder veulent occuper tous les points stratégiques importants du territoire et la tenir complètement écrasée sous leurs pieds. Ils couvrent le pays de leurs cavaliers ; sur toutes les routes on voit les vaillants chevaux cosaques faire des étapes de 80 kilomètres ; rien ne les arrête ; l'invasion, roulant comme une avalanche, ne rencontre que des fuyards qui se débandent à son approche. Fin lamentable d'une des plus grandes races militaires qui aient jamais existé !

Le grand-duc Nicolas avait quitté Bogot, le 8 janvier, et transporté son quartier général à Lovatz. Quand il apprit la victoire de Schipka, il résolut de se rendre aussitôt au delà des Balkans pour accélérer la marche en avant des troupes, afin de ne pas laisser aux Turcs le temps de se remettre de la catastrophe inattendue qu'ils venaient de subir. Le 11, il était à Gabrova où on lui fit un accueil enthousiaste et où il vit défiler 10,000 prisonniers turcs qu'on dirigeait sur la Russie. Le lendemain, il franchit la passe de Schipka, et dans la soirée il arriva à Kezanlyk où il établit son quartier général.

Les passes de Baba-Konak, de Trojan, de Schipka, de Hain-Keuï et de Tvarditza étaient aux mains des Russes ; les corps de Gourko, de Kartzof et de Radetzki avaient franchi les Balkans. Le 13 janvier, le grand-duc Nicolas prit les dispositions suivantes pour faire exécuter à toutes ces troupes une grande marche concentrique sur Andrinople et pour les faire appuyer par les autres corps russes qui opéraient dans la Bulgarie.

1° Le corps de l'Ouest (aide de camp général Gourko), dans le cas où il occuperait Philippopoli (1), forme la colonne de droite de la marche générale en avant sur Andrinople et se rend de Haskeuf sur Démotika en tournant par le sud.

2° La cavalerie du corps du lieutenant général Kartsof passe sous le commandement du lieutenant général Skobelef 1ᵉʳ (2) et marche rapidement de Karlovo sur Philippopoli, en donnant la main au corps de l'Est, puis elle rallie la cavalerie de ce dernier et opère d'après les instructions générales données par le grand-duc et sous la direction immédiate de l'aide de camp général Gourko.

3° L'infanterie du corps du lieutenant général Kartsof avance sans s'arrêter en partant de Karlovo et se dirige, de manière à couper les Turcs, sur Philippopoli ou sur Tchirpan, selon les circonstances ou d'après les ordres du général Gourko, qui prend le commandement de ce corps. L'infanterie du général Kartsof doit en tout cas communiquer toujours avec l'avant-garde de la colonne du centre.

(1) Le corps de Gourko s'était, depuis quelques jours, mis en marche sur cette ville, comme nous allons le raconter.
(2) Le père du commandant de la 16ᵉ division chargé par le présent ordre du commandement d'un corps d'avant-garde.

4° L'avant-garde de la colonne du centre, commandée par le lieutenant général Skobelef II, marche sur Andrinople le 3 janvier, en passant par Eski-Saghra, Yéni-Saghra et Hirmanly; elle envoie immédiatement en avant les trois régiments de la 1re division de cavalerie pour occuper Esky-Saghra et Yéni-Saghra et pour s'emparer des points d'intersection les plus importants des chemins de fer à Tirnovo et à Hirmanly, ainsi que du pont traversant la Maritsa. Le commandement de la 1re brigade de la 1re division de cavalerie est confié au général-major Stroukof, de la suite de l'Empereur.

5° La colonne du centre, commandée par le lieutenant-général Gonetsky, part de Gabrovo le 2 janvier, traverse le plus vite possible les Balkans, tout en aidant à la montée et à la descente de l'artillerie et des équipages du 8e corps, des 16e et 30e divisions d'infanterie ainsi qu'à ceux du quartier général. Cette colonne se concentre à Kazanlyk et dans les villages environnants et elle part par brigades, emmenant avec elle les batteries des 16e et 30e brigades d'artillerie qui auront déjà opéré la descente des Balkans.

6° La colonne de gauche, commandée par le général d'infanterie Radetsky, prend les mesures les plus énergiques pour accélérer le passage par Schipka de l'artillerie et des équipages, puis se rend par Eski-Saghra et Yéni-Saghra à Yamboli et de là par la vallée de la Toundja à Vakovo et à Andrinople. Son avant-garde s'ébranle immédiatement le 2 janvier pour occuper au plus vite Yéni-Saghra et Yamboli, si faire se peut.

Les trois régiments de la 8e division de cavalerie du corps de l'Est, avec une batterie, se réunissent dans les environs de Tournovo à Rakhovitsa et à Leskovitsa et se portent immédiatement par le défilé de Tvarditsa dans la direction de Yamboli et au delà, de manière à rallier le corps auquel ils appartiennent.

7° Le détachement du flanc gauche, commandé par le lieutenant-général baron Dellingshausen, traverse les Balkans par le défilé de Tvarditsa pour occuper Slivno et Yamboli; il couvre le flanc gauche de l'armée et ses communications avec sa base par les passages des Balkans, et envoie des patrouilles à Aïdos pour tâcher de donner la main au corps du général Zimmermann; il expédie en outre une colonne volante sur Bourgas.

Le général Radetsky laisse le régiment d'Orel à Yamboli, pour couvrir ses derrières jusqu'à l'arrivée du corps du général Dellingshausen.

Les trois régiments de la 24e division d'infanterie, après avoir escorté les prisonniers, traversent les Balkans, se réunissent à Slivno et à Yamboli et font partie du corps du lieutenant-général baron Dellingshausen.

8° Les détachements de la 26e division d'infanterie, qui couvrent Tirnova du côté de Kotel, sont temporairement remplacés par des détachements de la 11e division d'infanterie venant de la route d'Osman-Bazar, jusqu'au retour de la milice bulgare quand elle aura accompli sa mission d'escorter les prisonniers.

9° Des détachements spéciaux pris parmi les troupes de la ligne de Tirnova à Tsarévitché, sont désignés pour servir d'escorte aux prisonniers amenés de Kezanlyk.

10° Des détachements spéciaux sont laissés à Schipka pour défendre ce défilé, dont le général Las-Ikaref est nommé commandant, et pour prêter aide et concours à l'artillerie et aux équipages qui le traversent.

11° Toutes les troupes de campagne qui restent de ce côté des Balkans (à l'exception du détachement du lieutenant général Zimmermann) forment le corps de l'Est et sont placées sous le commandement général de S. A. I. le grand-duc czarévitch. Ce corps tout entier marche sous la direction de Roustchouk, de Rasgrad, d'Eski-Djouma et d'Osman-Bazar, son flanc droit en avant et en s'efforçant de s'emparer avant tout d'Osman-Bazar. Il s'empare aussi de Rasgrad, si faire se peut, et s'efforce en tout cas de s'établir sur la ligne des communications par chemin de fer entre Roustchouk et Choumla.

12° Celles des troupes de campagne qui se trouvent sur la rive gauche du Danube et qui sont aussi sous le commandement de l'auguste chef du corps de l'Est, saisissent la première occasion (quand le passage aura pu s'effectuer ou quand les glaces se seront arrêtées) pour rejoindre leurs corps respectifs au delà des Balkans.

13° Le corps du bas Danube (lieutenant général Zimmermann) marche en avant sur Hadji-Ogli-Bazardjik, s'efforce de s'emparer de ce point fortifié, détruit le chemin de fer de Roustchouk à Varna, s'avance sur Pravody et tâche de tendre la main au corps du lieutenant général baron Dellingshausen, en envoyant des patrouilles dans la direction d'Aïdos et de Karnabat. Pour couvrir son flanc droit, il détache une colonne spéciale chargée d'observer Silistrie, et, afin de protéger ses derrières et son flanc gauche du côté de la mer, il occupe la ligne de Tchernovoda-Kustendjé avec des détachements de la 36e division d'infanterie.

SENTINELLES TURQUES DANS LES MONTAGNES DE SCHIPKA

14° On prend les mesures indiquées en vue de garantir les lignes de communication.

15° On établit dans l'arrondissement de Kazanlyk une administration temporaire, en nommant comme chef militaire de l'arrondissement le colonel Iliaschévitch, du corps de l'état-major général. La tâche principale de cette administration est de faire le relevé et la répartition régulière des immenses approvisionnements turcs trouvés partout.

Marche de Gourko sur Philippopoli. — Prise de Tatar-Bazardjik.

Pendant la retraite qui suivit la bataille de Taschkisen, Suleyman-Pacha s'était avancé jusqu'à Sofia où il était encore, dit-on, le 2 janvier. Il était ensuite revenu à Tatar-Bazardjik prendre les dispositions nécessaires pour couvrir les abords de cette ville et défendre la tête du chemin de fer d'Andrinople. De Sofia on peut se rendre à Tatar-Bazardjik par deux routes : l'une un peu plus longue, mais beaucoup plus commode que l'autre, passe au sud par Samakovo; l'autre passe au nord par la ville d'Ikhtiman et par le célèbre défilé de Kapoudjik, connu des anciens sous le nom de Porte de Trajan. Quelques fortifications avaient été élevées sur cette dernière route qui était d'une défense très-facile. Suleyman y mit un détachement d'infanterie; puis, supposant que les Russes tenteraient de préférence de s'emparer de la route de Samakovo et voulant défendre le chemin de fer qui s'avance jusqu'à Banja, il vint prendre, avec une dizaine de mille hommes et 28 pièces d'artillerie, position à Samakovo, dont il fortifia solidement les approches. Il y fut rejoint au bout de quelques jours par la garnison de Sofia qui s'était enfuie, comme nous l'avons dit, par la route de Radomir, et dont Osman-Pacha ramena à Suleyman les hommes valides par les sentiers de montagne qui passent par Doubnitsa. Les postes de Kapoudjik et de Samakovo étaient éclairés par de forts détachements de cavalerie qui ravageaient et incendiaient tous les villages bulgares dans la plaine de Sofia.

Tout en laissant ses troupes prendre un repos de quelques jours dans cette ville, Gourko envoya en avant quelques reconnaissances pour se renseigner sur les forces et les dispositions de l'ennemi. Les succès depuis quelques jours étaient si rapides, le désordre était si grand parmi les Turcs, les informations que publiaient les journaux étaient si contradictoires que les Russes avaient alors beaucoup de peine à se faire une idée exacte des forces qu'ils avaient devant eux. Gourko se battit pendant une dizaine de jours contre Suleyman-Pacha, sans savoir qu'il avait affaire au général en chef même de l'armée de Roumélie, et on verra plus loin qu'après une bataille de trois jours devant Philippopoli, il ignorait encore quelle était l'armée qu'il avait vaincue.

Le 5 janvier, deux escadrons du régiment des lanciers de la garde, envoyés en reconnaissance à Samakovo, rencontrèrent une forte résistance entre Pousta-Passarel et le village de Kalkovo et y découvrirent la présence d'un fort détachement d'infanterie et de cavalerie. Le régiment du Kouban, envoyé dans la même direction le 6 janvier, fut aussi obligé de se retirer devant l'ennemi qui occupait une forte position à Kalkovo; le 7, après un duel d'artillerie et une fusillade engagés entre Vakarell et la ville d'Ikhtiman, l'avant-garde du détachement commandée par le comte de Balmen (la 3ᵉ brigade de la 2ᵉ division de cavalerie de la garde et le régiment des dragons d'Astrakhan avec la 3ᵉ batterie d'artillerie à cheval de la garde) délogea par une rapide attaque le tabor d'infanterie et le régiment de cavalerie qui occupait Ikhtiman et les poursuivit, après s'être installée dans la ville, jusqu'à la rivière Moutiver, où elle fut arrêtée par le détachement qui occupait les tranchées et les fossés de tirailleurs de la position de Kapoudjik.

Pendant ce temps, sur leur flanc droit, les Turcs, — c'est-à-dire l'armée de Schakir-Pacha qui se retirait sur Tatar-Bazardjik par Poïbren et par Otlukeuï, — évacuaient graduellement leurs positions, et à la date du 6, les avant-gardes russes occupèrent Poïbren et Metchka; les Turcs attaquèrent le lendemain, venant d'Otlukeuï, et s'en prenant à Metchka, mais ils furent repoussés avec de grandes pertes par les régiments de la 3ᵉ division d'infanterie de la garde.

Le 8, Schakir-Pacha avait rallié le quartier général de Suleyman-Pacha à Tatar-Bazardjik.

La veille, Gourko était rentré en campagne. Le général russe qui ne savait pas que la garnison de Sofia avait déjà rejoint Suleyman-Pacha à Samakovo et que Schakir était sur le point de gagner Tatar-Bazardjik, divisa ses troupes en plusieurs colonnes qui reçurent les missions suivantes :

1° La colonne du lieutenant général Véliaminow (8 bataillons, 12 sotnias et 12 canons) dont l'avant-garde quitta Sofia le 6 janvier, se dirige sur Samakovo, s'empare de cette ville, afin de couper la ligne de Radomir et de Doubnitsa à

Tatar-Bazardjik et empêche la garnison de Sofia de rejoindre l'armée de Schakir-Pacha. Après avoir atteint ce but, cette colonne se dirige par Banja sur Tatar-Bazardjik et, si les Turcs se décident à défendre cette position, prête son concours, — par des opérations contre le flanc gauche et sur les derrières de l'ennemi, — à l'attaque de cette position par la colonne du comet Schouvalof, — qui doit suivre la chaussée en traversant Ikhtiman.

2° La colonne de l'aide de camp général comte Schouvalof (30 bataillons, 68 canons et 12 escadrons) s'étant concentrée le 11, près du village de Vakaréli, situé sur la chaussée de Sofia-Philippopoli, se dirige, sous la protection du rideau formé par la colonne du général Véliaminow, par Skhtiman sur la position de Kapoudjik.

3° La colonne du lieutenant-général Schildner-Schuldner (6 bataillons et 8 canons) s'étant concentrée le 11 à Mahovo et ayant son avant-garde à Tsérovo, opère contre le flanc droit et sur les derrières de la position de Kapoudjik et soutient ainsi la colonne du comte Schouvalof.

4° La colonne du lieutenant-général baron Krüdener (24 bataillons, 58 canons et 16 escadrons), s'étant concentrée, le 11 décembre, à Otlukeuï, ouvre ses opérations dans la direction de Tatar-Bazardjik, ayant en vue de menacer les derrières de la position de Kapoudjik, d'attaquer les derrières de l'ennemi, dans le cas où il battrait en retraite, et de lui couper entièrement toute voie de retraite, si possibilité il y a. Marchant derrière la cavalerie qui se dirige dans la vallée de la Maritsa, l'infanterie occupe le 12 décembre, une position de flanc qui lui permet soit d'attaquer les derrières de la position retranchée des Turcs aux portes de Trajan, soit d'attaquer leur flanc en cas de retraite de leur part, tout en étant prête à soutenir la cavalerie dans le cas où les troupes turques tomberaient sur elle.

La cavalerie (44 escadrons et 20 pièces d'artillerie à cheval) doit aussitôt après la fin des opérations du corps à Samakovo et à Otlukeuï sortir de la vallée de la Maritsa en formant deux colonnes et se placer sur les derrières de la position de Kapoudjik pour couper toute voie de retraite aux troupes qui s'y trouvent et les arrêter assez longtemps pour que les colonnes d'infanterie aient le temps de les atteindre et de les corner.

5° La colonne du colonel comte Komarovsky (7 bataillons et demi, 12 canons et 2 sotnias) quittant immédiatement Slatitza, se porte sur Rahmanli et Téké pour rallier le corps du général Kartsof.

Les derrières de l'armée russe étaient gardés et la ville de Sofia était occupée par un détachement placé sous les ordres du général-major Arnoldi et composé de huit bataillons de la garde, huit pièces d'artillerie à pied, huit escadrons et six pièces d'artillerie à cheval. La tâche de cette garnison, facilitée par l'occupation que l'armée serbe donnait à Hafiz-Pacha, fut fort légère.

Les Turcs n'avaient dans les environs aucune troupe capable de l'inquiéter; cependant, elle participa à une affaire assez chaude une quinzaine de jours après le départ de Gourko, le 29 janvier.

La veille, un détachement turc, composé de trois tabors, d'un régiment de cavalerie et de trois canons, s'était avancé, venant d'Egra-Palanka et avait occupé Kustendil, forçant d'en sortir un escadron de lanciers de Kharkow, qui se replia sur Radomir, en perdant un homme tué et un blessé.

Le général Arnoldi, envoya le lendemain à Radomir le général-major baron Meyendorff, avec un bataillon du régiment Izmaïlovsky de la garde et deux bataillons du régiment de chasseurs de la garde, soutenus par quatre canons d'une batterie de la 1ʳᵉ brigade de la garde, par la 8ᵉ batterie à cheval et par deux escadrons de lanciers de Kharkow. Le 28 janvier, les patrouilles de lanciers rejetèrent les postes avancés de l'ennemi au delà de la rivière Strouma, et le bataillon d'Izmaïlovsky, qui venait de faire une pénible marche de 40 kilomètres par des sentiers de montagne, occupa le gué de la Strouma, à Konévo, et fortifia le passage par des tranchées qu'il établit aux abords de la rivière.

Le 29, le général baron Meyendorff envoya le bataillon d'Izmaïlovsky, avec trois pièces d'artillerie à cheval et un demi-escadron de lanciers, avec mission de couper, par un mouvement tournant, la ligne de retraite des Turcs de Kustendil sur Egra-Palanka. Le reste de la cavalerie fut envoyé plus à gauche de la chaussée, pour attaquer le flanc gauche des Turcs, et il avait été décidé d'attaquer l'ennemi de front avec le reste des troupes, au même moment que les colonnes tournantes; mais ayant reçu du commandant du bataillon d'Izmaïlovsky, l'avis que son mouvement pourrait se terminer seulement dans la soirée, et voyant que les Turcs emmenaient leur artillerie, ce qui démontrait leur intention de battre en retraite, le général baron Meyendorff donna l'ordre, à quatre heures, au 1ᵉʳ bataillon du régiment de chasseurs et à la 8ᵉ batterie à cheval d'attaquer Kustendil de front et aux deux escadrons de lanciers de Kharkow, d'attaquer le flanc droit de cette position. Les lanciers se jetèrent sur les Turcs avec impétuosité et pénétrèrent avec eux dans la ville, en même temps que le bataillon de chasseurs de la garde, qui délogea à la baïonnette l'ennemi des maisons qu'il tenait occupées. Les Turcs s'enfuirent, laissant entre les mains des Russes : un drapeau, un guidon et 100 prisonniers ; ils abandonnèrent en outre 150 cadavres sur le champ de bataille. Les lanciers les poursuivirent dans la direction d'Egri-Palanka jusqu'au moment où ils reçurent l'ordre de cesser la poursuite, la nuit étant tombée. Tel fut le combat de Kustendil.

En exécution de l'ordre de marche que nous avons reproduit ci-dessus, la colonne du lieutenant général Veliaminow ayant quitté Sofia, le 6 janvier, atteignit, le 8, le village de Kalkovo, sur la chaussée de Samakovo, et livra, le même jour, un combat à Tchoumourli au détachement fort de 3 bataillons et de 8 canons, commandés par le général Tcherevine, qui rencontra un gros de Turcs. Il le poursuivit dans la direction de Novoselo et fut arrêté par les troupes qui occupaient le versant des montagnes servant de clé au défilé. A cinq heures du soir, les troupes de Veliaminow, fatiguées par le passage qu'elles avaient dû effectuer à Kalkovo et par la traversée des montagnes jusqu'à Novoselo, s'arrêtèrent pour passer la nuit. Dans la soirée, le général reçut par des Bulgares des informations détaillées sur les fortifications qu'il avait devant lui et qui, allant de Schiridoklo à Novoselo, par Dragotchine, couvraient complétement la vallée de l'Isker, pour laquelle il fallait aborder Samakovo.

Par suite de ces renseignements et conformément au plan arrêté, le général Véliaminow attaqua, le 9, les positions de l'ennemi, en dirigeant par la vallée de l'Isker un détachement sous les ordres du général Radzischevsky (4 bataillons), qui devaient former une espèce de rideau et opérer en même temps une démonstration contre le front de l'ennemi, tandis que le détachement du général Tchérévine (4 bataillons avec de la cavalerie) était envoyé à Novoselo avec ordre de se porter sur la ligne de retraite des Turcs dans la direction de Tatar-Bazardjik. Après une marche des plus fatigantes, le détachement du général Radzischevsky s'étant déployé à Zlokoutchap engagea la fusillade avec les Turcs vers deux heures de l'après-midi ; à cinq heures du soir le feu durait encore, quand un parlementaire turc vint annoncer la conclusion d'un armistice. Cette nouvelle étonna les Russes, mais ils n'en cessèrent pas moins le feu aussitôt. La lutte s'était engagée à Novoselo presque en même temps qu'à Zlokoutchap, et après avoir perdu près de 150 hommes, la colonne de Tcherevine était parvenue à s'emparer de plusieurs tranchées et de 150 prisonniers, lorsqu'un autre parlementaire vint également l'arrêter en lui annonçant qu'un armistice était conclu entre les Russes et les Turcs.

Bien que tout le monde fût persuadé dans l'armée russe que l'intention du grand-duc Nicolas était de ne s'arrêter qu'à Constantinople même, il était impossible de ne pas ajouter foi à une affirmation ainsi catégorique que celle que les parlementaires turcs avaient apportée à Radzischevsky et à Tcherevine. On en référa donc à Gourko et la journée du 10 se passa dans l'inaction du côté des Russes. Voici ce qui s'était passé. Le gouvernement ottoman, dont la frayeur s'était complétement emparé à la nouvelle de la prise de Sofia, s'était enfin décidé à demander directement au grand-duc Nicolas un armistice. Il imaginait que ses parlementaires n'auraient qu'à aborder le commandant en chef russe pour que cet armistice fût conclu, de sorte qu'en même temps qu'il les expédiait au quartier-général ennemi, il envoya à tous ses généraux l'ordre de suspendre les hostilités. Il devait bientôt apprendre qu'un armistice ne se conclut point ainsi promptement lorsqu'un vainqueur a intérêt à en retarder la signature et le général Gourko envoya à Veliaminow l'ordre de ne tenir aucun compte des nouvelles que pourraient désormais lui faire passer les Turcs et de reprendre immédiatement sa marche en avant.

Le 11, Veliaminow apprit que le corps de Samakovo, profitant du répit qu'il lui avait laissé, avait évacué la ville et les positions retranchées qui en défendaient l'approche. Il réunit aussitôt ses deux colonnes et, les faisant toutes deux défiler par la chaussée, il dépassa Samakovo et vint passer la nuit à Sipatch. Le lendemain, envoyant sa cavalerie sur la route de Doubnitsa afin de se garder de toute surprise de ce côté, il se lança à la poursuite des Turcs. Alors commença pour les Russes un spectacle qui ne devait plus désormais s'ôter de leurs yeux jusqu'à la conclusion de l'armistice : villages incendiés par les Tcherkesses et fumant à tous les coins de l'horizon, population massacrée, route jonchée de cadavres d'hommes gelés ou morts de faim et de misère, chariots brisés et tombés dans les précipices qui bordent les chemins, des débris et des ruines partout, partout la désolation, l'invasion dans ce qu'elle a de plus lugubre, l'exode de tout un peuple, tous les musulmans quittant leurs foyers et se vengeant sur les chrétiens qui restent d'être obligés de fuir; on détruit et on extermine systématiquement parce qu'on sent que cette fois c'en est fini de la domination musulmane et qu'on n'a plus rien à perdre.

Pendant que ce qui précède se passait dans le rayon d'action de la colonne du général Veliaminow, les troupes du comte Schouvalof avaient

LE GÉNÉRAL KARTSOF, COMMANDANT DE LA 3ᵉ DIVISION

La colonne de Véliaminow fit 32 kilomètres d'une seule traite sur une route couverte de verglas et qui passe sur trois montagnes; elle atteignit Banja, mais sans pouvoir rattraper les Turcs qui avaient trop d'avance sur elle. Elle trouva à cet endroit le régiment de Finlande de la garde qui avait été envoyé d'Ikhtiman, la veille, par le comte Schouvalof. Le 13, la colonne se remit à la poursuite de l'ennemi au point du jour et elle marcha jusqu'à 10 heures du soir pour arriver à Zimtchina; malgré cette énorme étape elle ne put encore le joindre. La colonne reçut dans cette localité l'ordre de bataille arrêté pour le 14 janvier.

aussi commencé leur mouvement. Elles avaient à traverser deux chaînes de montagnes, dont la dernière, à Kapoudjik, présentait de grandes difficultés. Cette montée, quoique courte, est très-raide et la descente dans la vallée de la Maritsa est des plus difficiles, surtout quand la route, comme c'était le cas, est couverte d'une couche de glace produite par le dégel qui commençait.

Le 9 janvier, les troupes de la colonne du comte Schouvalof procédèrent à l'exécution des mouvements indiqués, et à la date du 11, l'échelon d'avant-garde, composé de la 2ᵉ division d'infanterie de la garde, traversa le défilé d'Ikhtiman et atteignit cette ville, qu'elle trouva complètement dévastée. Plus de la moitié des maisons avaient été détruites par le feu, les autres avaient été saccagées de fond en comble, les portes avaient été enfoncées et tous les planchers arrachés afin de découvrir les cachettes où les Bulgares enfouissent leurs objets les plus précieux. La plupart des habitants s'étaient enfuis dans les montagnes avec leurs bestiaux quand ils avaient appris l'évacuation de Sofia par les Turcs; une centaine d'entre eux, qui s'étaient obstinés à rester, avaient été massacrés. Une femme fut étendue sur un brasier par les Tcherkesses, qui voulaient l'obliger à dire où elle avait caché son argent; quand la malheureuse eut révélé l'endroit, les misérables oublièrent de la retirer du feu, où elle fut brûlée toute vive.

La 2e division d'infanterie de la garde comptait passer la nuit à Ikhtiman, mais le comte Schouvalof ayant reçu plusieurs rapports du comte Balmen, commandant de sa cavalerie d'avant-garde, qui lui annonçait l'évacuation de Kapoudjik par les Turcs, la retraite de l'armée de Samakovo et qui insistait sur la nécessité de lui couper la retraite à Banja, demanda à ses soldats de faire encore un effort pour profiter des circonstances favorables qui s'offraient. Le régiment de Finlande repartit aussitôt pour Banja, mais son guide l'égara et la nuit l'obligea à s'arrêter à Vesselitza. Il n'arriva que le lendemain à Banja, où la colonne de Veliaminow le trouva, comme nous l'avons dit. Le reste de la division se remit en route pour Kapoudjik et, malgré sa fatigue, fit encore 15 kilomètres, traînant à bras son artillerie sur les hauteurs de la position, où elle ne put s'installer que fort avant dans la nuit.

Le 12, la cavalerie d'avant-garde du comte de Balmen ayant occupé Vétrénovo, envoya immédiatement deux fortes patrouilles dans la direction de Tatar Bazardjik et de Zimtchina en passant par la station du chemin de fer, à Sarambey. La première ne rencontra pas de Turcs jusqu'au village de Basoula et la seconde attaqua à l'improviste pendant la nuit la station de Sarambey, où elle fit plusieurs prisonniers qui y étaient arrivés avant la colonne à laquelle ils appartenaient et qui battait en retraite, venant de Samakovo.

Le comte de Balmen essaya de retarder la marche de cette colonne qui comprenait de l'infanterie, de la cavalerie et de l'artillerie, en envoyant un détachement se mettre en embuscade dans les montagnes près de Zimtchina. Mais que pouvaient deux escadrons de dragons? Les Turcs déployèrent sur leur flanc deux bataillons d'infanterie et défilèrent sans être inquiétés. Le comte de Balmen demanda de nouveau qu'on fît avancer promptement l'infanterie si on voulait couper la retraite à l'armée turque. Mais les forces humaines ont des limites; la colonne du comte Schouvalof, fatiguée par l'étape de près de 45 kilomètres faite la veille et par l'ascension de Kapoudjik, ne put se mettre en marche, le 12, avant dix heures du matin. Bien qu'elle eût à descendre ses canons par une route couverte de verglas, elle put cependant faire en 15 heures de marche, sans arrêt, les 20 kilomètres qui la séparaient de Vétrénovo et atteindre cette localité très-tard dans la soirée.

Pendant ce temps les colonnes turques continuaient à défiler. Gourko qui se désespérait de ne pouvoir rattraper l'avance que l'ennemi avait sur lui, ordonna alors aux régiments de l'avant-garde de se hâter et de marcher en avant, même sans artillerie. Le régiment de Moscou de la garde, commandé par le colonel Grippenberg, eut l'occasion de montrer là ce dont le soldat russe est capable. Trois bataillons de ce régiment arrivés à 6 heures du soir à Vétrénovo, en repartirent presque immédiatement, emmenant avec eux deux canons de la 3e batterie, et se dirigèrent sur Zimtchina en passant par les montagnes. Peu de temps auparavant, le comte de Balmen, ayant appris que l'infanterie s'approchait, avait dirigé toute sa cavalerie sur Basoula, où deux de ses escadrons étaient aux prises avec l'ennemi. La cavalerie fut suivie immédiatement par le 1er bataillon du régiment de Moscou et par la 6e batterie de cosaques du Don.

L'armée de Samakovo continuait à suivre la chaussée, fuyant vers Tatar-Bazardjik et les soldats du régiment de Moscou s'efforçaient de l'atteindre, mais ils rencontrèrent obstacle sur obstacle, des montées rapides, plusieurs petites rivières qu'ils durent traverser à gué, ayant de l'eau jusqu'à la ceinture, et ils n'atteignirent qu'à la nuit la position occupée par les dragons du comte de Balmen. Le lendemain 13 janvier, quand le régiment déboucha sur la chaussée toute l'armée turque avait passé et il ne put atteindre que la queue des fuyards composée d'un détachement insignifiant.

Dans la même journée les colonnes des généraux Schilder-Schuldner et baron Krüdner, informés par la cavalerie que les Turcs avaient évacué les positions de Bagny et d'Ottukeuï, s'ébranlèrent de leur côté. Ces colonnes avaient dû, comme les autres, traîner à bras leurs canons dans les montagnes, mais elles n'avaient pas eu de rencontres sérieuses avec l'ennemi. Le 11 leur cavalerie avait donné la chasse à Ottlükeuï à la queue de la colonne turque en retraite, et le 13 son avant-garde, commandée par le général Krassnow (deux escadrons des dragons de Catherinoslaw et deux sotnias du 34ᵉ cosaques du Don), s'empara, le sabre au poing, du village de Dénis-Bégly et, continuant sa marche, occupa celui de Séraï. Sous la protection de cette avant-garde et sous celle des dragons d'Astrakan et de deux canons envoyés pour prendre possession du gué de la Maritsa à Sémetli, les colonnes du baron Krüdner, du général Schildner-Schuldner et toute la cavalerie du général Klodt se concentrèrent sur la rive gauche de la Maritsa, au nord et au nord-est de Tatar-Bazardjik.

Dans la soirée du 13, après avoir opéré en personne une reconnaissance générale sur le front de ses troupes, le général Gourko reconnut que les Turcs n'avaient pas l'intention de défendre sérieusement Tatar-Bazardjik. Voici en effet ce qui était arrivé. Suleyman avait appris que le général Kartsof avait forcé la passe de Trojan et qu'il marchait sur Philippopoli par la vallée de la Ghiopsa. De là sa retraite subite de Samakovo et de Kapoudjik où il avait cependant fait de grands préparatifs de défense; il ne voulait pas davantage défendre Tatar-Bazardjik; l'important pour lui était de voler au secours de la ville qu'il avait choisie pour base d'opérations. Il fit deux parts de son armée. Les troupes fatiguées d'Arab-Konak et de Sofia furent dirigées les premières sur Philippopoli et Fuad-Pacha, avec une trentaine de bataillons choisis parmi les troupes fraîches qu'il avait amenées (1) de Schoumla par le chemin de fer de Yamboli-Philippopoli, fut chargé de couvrir la retraite. Ceci constaté, Gourko régla son ordre de bataille de la manière suivante pour le lendemain 14 : 1° la colonne du baron Krüdner se met en marche au point du jour, débouche sur la chaussée à Tchernogol et se porte sur les derrières de l'ennemi pour lui couper la retraite sur Philippopoli; 2° toute la cavalerie se trouvant dans les environs de Tcherno-ol débouche sur la chaussée au sud-est de Dougankioï; elle arrête la retraite de l'ennemi et donne aux colonnes le temps de l'atteindre. La cavalerie reconnaît en outre les routes entre Tchernogol, Tchéperli et Philippopoli et détruit le chemin de fer et le télégraphe; 3° la colonne du général Schildner-Schuldner opère entre les villages de Séraï et de Maslahkeuï; 4° la colonne du comte Schouvalof, quittant Basoula à 7 heures du matin, opère de manière à envelopper Tatar-Bazardjik au nord, ne laissant qu'un faible rideau devant la ville; et 5° la colonne du général Véliaminow, renforcée par les régiments de Moscou et de Finlande de la garde, quitte Eski-Koza, Scherkh-Kasaschli et Zimtchina, et cherche à envelopper la ville du côté sud. Si l'ennemi a abandonné la ville pendant la nuit, la colonne du général Krüdner quitte la chaussée et marche directement sur Tchéperli.

La nuit, les Russes ne se reposèrent point; les Turcs avaient enlevé le tablier du pont jeté en avant de Tatar-Bazardjik, sur le Kozluderé; le comte Schouvalof le fit rétablir à l'aide des poteaux de la ligne télégraphique. Puis, des patrouilles ayant constaté que la cavalerie turque se retirait de tous côtés et que Fuad-Pacha évacuait la ville, le comte Schouvalof remit sa colonne en marche et pénétra sans coup férir dans Tatar-Bazardjik. L'entrée eut un caractère grandiose et sinistre, car elle se fit à la lueur de formidables incendies; les mille maisons de la ville et ses mille bazars flambaient. Cette ville de 15,000 âmes était une des plus riches de la Bulgarie; de plus, on y avait entassé pour l'approvisionnement des armées de Sofia, d'Arabkonak et de Suleyman-Pacha de grandes quantités de vivres et de munitions; comme le temps manquait pour les enlever et que Fuad ne voulait point les laisser tomber aux mains de l'ennemi, il fit ouvrir cinq cents caisses de pétrole qui se trouvaient à la gare et les Tcherkesses furent chargés d'en barbouiller les volets et les devantures de toutes les maisons et de toutes les boutiques. Quand le pétrole manqua, on employa du goudron, et l'incendie allumé en cent endroits de la ville se développa avec une effrayante rapidité. Les musulmans ne respectèrent pas même leurs édifices sacrés; ils mirent le feu au monument où se trouvaient déposés les cercueils des cinq chefs ottomans qui périrent quand la ville fut prise aux Bulgares lors de la conquête. Ils n'espéraient plus revoir les lieux qu'ils quittaient : le feu n'était-il pas préférable aux profanations des infidèles? Cependant, malgré ce luxe barbare de précautions, une partie des approvisionnements ne fut pas détruite. La flamme, passant sur les énormes tas de blé, n'en toucha que la couche extérieure, qu'il suffit d'enlever pour retrouver du grain propre à faire du pain. Il en fut de même pour le riz, l'orge, l'avoine et même le foin et la paille, dont l'armée de Gourko

(1) Nous avons indiqué par erreur l'arrivée de ces troupes dans le courant du mois de janvier. Elles furent amenées à Philippopoli du 15 au 25 décembre 1877.

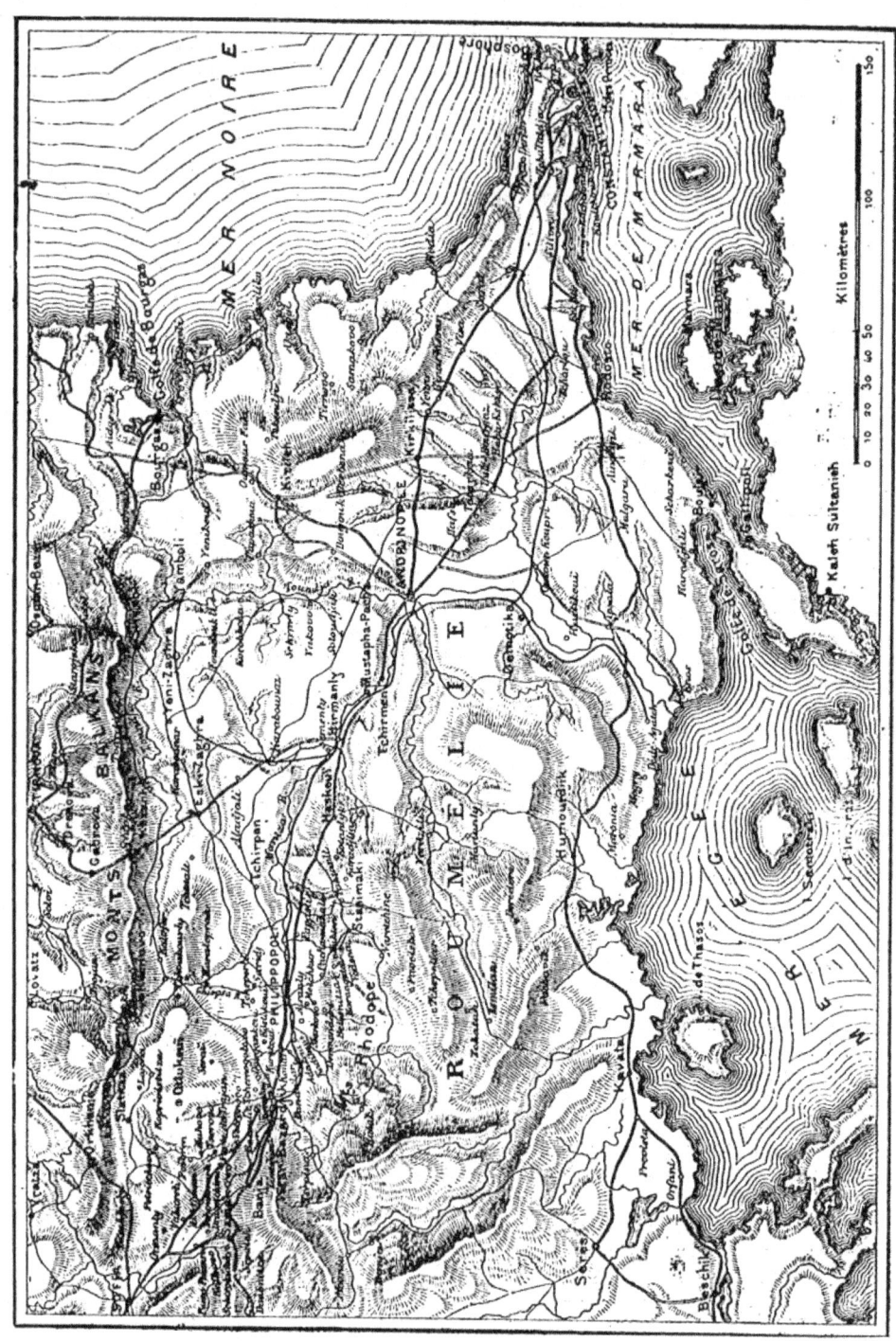

CARTE POUR SERVIR A L'HISTOIRE DE L'INVASION DE LA ROUMÉLIE

LES BULGARES D'IKHTIMAN FUYANT DANS LES BOIS

se ravitailla abondamment en dépit de l'incendie.

Le comte Schouvalof ne pouvait songer à faire camper sa colonne au milieu de brasiers incandescents ; il traversa la ville et s'arrêta sur la route de Philippopoli, où le général Velidminow reçut l'ordre de le rejoindre avec sa colonne.

Pendant ce temps le détachement du général baron Klodt, comprenant 14 escadrons et six pièces d'artillerie à cheval (les 1re et 3e brigades de la 2e division de cavalerie de la garde, la 6e batterie des cosaques du Don de la garde, le 8e dragons d'Astrakan et deux escadrons du 4e dragons de Catherinoslaw), se portait de Tchernogol dans la direction du Tatar-Bazardjik en passant par Konaré-Douyankeuf et en envoyant au trot le régiment de lanciers de la garde à Douyankeuf. Un détachement sous les ordres du colonel Kovalevsky, commandant des dragons de la garde, et comprenant huit escadrons et 2 canons (la 2e brigade de la 2e division de cavalerie de la garde), fut envoyé de Kouroukeuf par Tchéperli, dans la direction de Philippopoli, avec mission de s'emparer du chemin de fer près de cette ville. Le premier détachement fut informé pendant sa marche que les Turcs ne s'étaient pas montrés sur la chaussée et les Bulgares lui firent savoir en outre que l'ennemi avait évacué Tatar-Bazardjik. En effet, à onze heures du matin le détachement déboucha sur la chaussée sans apercevoir la moindre trace des Turcs, qui avaient choisi l'autre rive de la Maritsa pour fuir, se couvrant ainsi habilement par la rivière.

De fortes reconnaissances furent immédiatement envoyées sur la Maritsa et plus loin pour découvrir la véritable voie de retraite des Turcs, et bientôt tout le détachement de cavalerie, apprenant que les colonnes d'infanterie venaient de dépasser Tatar-Bazardjik, se dirigea au trot sur Philippopoli. Il aperçut alors nettement les longues colonnes d'infanterie, de cavalerie, d'artillerie et d'équipages de l'armée de Fuad marchant sur la rive droite de la Maritsa en suivant deux routes : la voie ferrée et la route qui contourne les montagnes du Rhodope.

Comme il approchait de Philippopoli, il entendit le bruit du canon sur sa gauche ; c'était une escarmouche du détachement du colonel Kovalevsky. Celui-ci, ayant délogé de Tchéperli les Tcherkesses, s'était approché de la ville du côté nord, où il rencontra trois tabors d'infanterie soutenus par trois canons.

La cavalerie du baron Klodt pressa encore sa course vers Philippopoli et bientôt elle fut en vue des trois collines sur lesquelles est bâtie la ville,

où fumaient plusieurs incendies allumés par les Tcherkesses. De l'autre côté de la rivière, le long des monts Rhodope, les colonnes turques continuaient à marcher en files interminables et plus elles voyaient la cavalerie russe avancer, plus elles se hâtaient de fuir pour n'être point coupées et plus le désordre se mettait dans leurs rangs. Leur route était jonchée des lamentables vestiges de la déroute, charrettes abandonnées, caissons brisés, armes jetées pour fuir plus aisément, traînards et blessés se laissant aller sur la neige, morts de froid, de fatigue et de découragement.

A trois heures et demie, des canons placés sur les collines de Philippopoli, se mirent à tirer sur la cavalerie russe, et plusieurs tabors qui occupaient les faubourgs sur la rive gauche de la Maritsa, se déployèrent en vue des premières maisons. La cavalerie s'arrêta, mettant en position deux canons avec les dragons d'Astrakan et de Catherinoslaw, et se porta sur sa gauche, afin de rallier le détachement du colonel Kovalevsky, pour tourner la ville du côté est et s'emparer du chemin de fer et des routes allant à Andrinople. Mais elle se heurta là à un obstacle presque infranchissable : la chaussée traversait en cet endroit des rizières en forme de petits carrés dont le niveau était d'une archine plus élevé que le terrain lui-même. Le détachement s'y engagea néanmoins sous un violent feu d'obus de 5 ou 6 canons, mais il fut bientôt obligé d'abandonner son projet et de remonter sur la chaussée. Les rizières cessant à la hauteur de Kostekeuï, se il dirigea de ce côté et atteignit ce village dans la soirée. On ne laissa sur la chaussée en face de Philippopoli que l'avant-garde de la colonne — six escadrons de dragons avec deux canons.

Le détachement du colonel Kovalevsky ayant, comme nous l'avons dit, rencontré devant lui trois tabors d'infanterie, se replia de son côté dans la soirée sur le village de Saridj, après avoir envoyé de fortes patrouilles à l'est de Philippopoli pour trouver un gué afin de traverser la Maritsa.

Tandis que la cavalerie apportait ainsi la terreur jusqu'aux portes de Philippopoli et commençait à tourner la ville, l'infanterie du comte Schouvalof s'efforçait, sur la rive gauche de la Maritsa, de gagner de vitesse l'armée de Fuad-Pacha qui fuyait sur la rive droite et elle y réussissait en partie. Le comte Schouvalof avait envoyé le 2e bataillon du régiment de Moscou de la garde à Séméttli et deux bataillons de grenadiers de la garde à Sirésik, avec ordre au général-major Brok, de la suite de l'Empereur, qui commandait le détachement, d'arrêter la retraite des Turcs et de les poursuivre dans la direction de Kadikeuï. Quant à lui-même, il suivait la chaussée de la rive gauche à la tête de huit bataillons et de seize canons. Quand sa colonne s'approcha d'Adakeuï-Khan, ses patrouilles de cavalerie lui firent savoir de l'autre côté de la rivière que l'ennemi semblait vouloir se diriger sur Adakeuï dans l'intention d'occuper ce village situé sur la rive droite de la Maritsa. De nombreux Bulgares fuyant de ce village et traversant la rivière en se jetant à l'eau vinrent confirmer les informations des patrouilles; les cris et les sanglots des malheureuses femmes et des enfants à la mamelle qui traversaient la rivière à gué, l'épouvante peinte sur leur visage, suffisaient à prouver le voisinage des Turcs.

Cette position d'Adakeuï avait une grande importance stratégique. La chaussée de la rive gauche en est assez rapprochée pour que quelques pièces de canon eussent suffi à arrêter la marche des Russes si Fuad-Pacha avait réussi à s'en emparer. Si les Turcs voulaient achever heureusement leur retraite, il leur fallait occuper ce point; si les Russes ne voulaient pas perdre l'espoir d'atteindre les Turcs il leur fallait également l'occuper. Ce fut donc là que devait se décider l'issue de la lutte de vitesse engagée entre les deux armées depuis Tatar-Bazardjik. Les Turcs arrivèrent les derniers et ce fut un désastre pour eux.

Sans perdre une minute, le comte Schouvalof donna ordre aux 1er et 4e bataillons de chasseurs de la garde de quitter la chaussée, de traverser la Maritsa à gué et d'occuper le village d'Adakeuï. Les braves chasseurs exécutèrent sans hésiter l'ordre de leur énergique chef; leur poitrine puissante brisa bientôt la légère couche de glace qui recouvrait la Maritsa; ils traversèrent, le 14 janvier, la rivière ayant de l'eau jusqu'à la ceinture, par un froid de cinq ou six degrés et par un vent du nord des plus violents. Une fois sur l'autre rive, ils occupèrent le village d'Adakeuï et furent bientôt suivis par les autres bataillons de la brigade des chasseurs de la garde, par le régiment Pavlovsky et par la 4e batterie de la 3e brigade d'artillerie de la garde. Les Turcs n'essayèrent pas de disputer le village aux Russes. Ils se bornèrent à se ranger en ordre de bataille, le front tourné vers la chaussée, en vue des bataillons russes en marche. La tombée de la nuit, la fatigue des hommes, qui avaient fait 37 kilomètres dans la journée et étaient complètement mouillés, forcèrent ceux-ci à s'arrêter.

C'est ainsi que se termina la journée du 14 janvier sur les bords de la Maritsa. Les Russes avaient rejoint les Turcs, et ceux-ci devaient désormais se battre en fuyant.

Les troupes de Gourko occupèrent dans la soirée les positions suivantes :

1° La cavalerie du général Kloot avait une avant-garde de huit escadrons et de deux canons au village de Saridj, une avant-garde de six escadrons et de deux canons sur la chaussée à l'est de Hadji-Ali-Dermène; une chaîne de patrouilles avancées entourait Philippopoli depuis la rive gauche de la Maritsa jusqu'à la chaussée de Tchéperli inclusivement, et le gros de ses forces — 14 escadrons et quatre canons — était porté à Koslékeuï.

2° La colonne du comte Schouvalof avait : a. huit bataillons, quatre canons et deux escadrons et demi à Adakeuï; b. 12 bataillons avec de l'artillerie sur la chaussée entre Adakeuï-Khan et Tatar-Bazardjik; c. la 1re brigade de la 1re division d'infanterie de la garde, une partie du bataillon de sapeurs, le régiment de Lithuanie et sept batteries ; — soit 12 bataillons et un quart et 28 canons à Konaré-Douvankeuï.

3° La colonne du général Véliaminow — huit bataillons, sept sotnias avec l'artillerie près de Tatar-Bazardjik.

4° La colonne du général Schildner-Schuldner — cinq bataillons et quatre canons à Dougankeuï.

5° La colonne du général baron Krüdner — 18 bataillons, quatre escadrons et 36 canons à Tchélopets.

La bataille de trois jours. — Première journée. — Combat de Kadikeuï et d'Aïranli.

A Tatar-Bazardjik, Suleyman avait appris que Kartsof avait franchi la passe de Trajan, et la crainte d'être coupé par la vallée de la Ghiopsa l'avait ramené précipitamment à Philippopoli. A Philippopoli il apprit de bien autres nouvelles: l'armée de Schipka était prisonnière et la cavalerie de Skobelef était déjà près d'Andrinople. Par un retour sur le passé, le Turc dut alors se souvenir des conseils du chrétien Klapka et amèrement regretter d'avoir si présomptueusement refusé de les suivre. Jamais situation d'un général d'armée ne fut aussi tragique que la sienne à ce moment. Il avait 20,000 hommes à peu près à Philippopoli et Fuad-Pacha lui en ramenait environ 15,000; des armées d'Arab-Konak et de Sofia, des troupes concentrées à Tatar-Bazardjik, des resforts amenés du quadrilatère, il ne restait que 35,000 hommes et dans quel état moral et matériel! Cette armée était la dernière de la Turquie, le dernier espoir de la résistance! Qu'en faire? où la conduire? Si l'on avait été à Andrinople, derrière des fortifications soigneusement élevées d'avance, on aurait pu renouveler Plevna, arrêter longtemps les envahisseurs, quel que fût leur nombre, et couvrir Constantinople; mais on se trouvait à Philippopoli, grâce à Suleyman-Pacha, et non-seulement l'armée était inutile à la défense de la capitale, mais elle était dans une situation telle qu'il lui était à peu près impossible de se sauver elle-même. Elle avait sur ses talons les 60 à 70,000 hommes de Gourko, ces soldats de fer qui depuis trois semaines accomplissaient les besognes de géants sans se reposer, et au-devant d'elle sur la seule bonne ligne de retraite qu'elle eût, arrivait l'armée de Radetzki exaltée par le plus éclatant triomphe de la guerre.

Suleyman dut alors avoir la conscience de tout le mal qu'il avait fait à son pays. C'était lui qui avait causé la chute d'Osman-Pacha en désobéissant à Mehemet-Ali, c'était lui qui avait désorganisé tous les commandements, c'était lui qui avait fait maintenir à Schipka, à Arab-Konak et à Sofia les armées que les Russes y avaient battues et anéanties en détail; c'était lui qui avait laissé Andrinople sans défenseurs, enfin c'était lui qui avait mis la dernière armée turque dans la situation désespérée où elle se trouvait. On retrouvait sa fatale influence dans tous les malheurs de son pays, et le sentiment du rôle funeste qu'il avait joué dut l'accabler à ce moment où il se vit à peu près perdu.

Une seule chose restait à faire pour essayer de dégager l'armée turque, espoir fort hasardeux, c'était de tenter une retraite par la route de Stanimaki et par les mauvais chemins qui mènent à Demotika. Au cas où on ne réussirait point, il restait cette dernière ressource de s'en aller par les montagnes vers la mer Égée où la flotte pourrait venir prendre les troupes et les transporter à Constantinople. Dans ce but, Suleyman, tandis que Fuad-Pacha s'efforçait de le rejoindre, prit ses dispositions pour faire évacuer Philippopoli et pour porter ses troupes dans la position très-forte qui commande l'entrée du défilé de Beleschnitza, débouché de la route de Stanimaki. Fuad-Pacha de son côté prit les mesures nécessaires pour que son corps continuât sa retraite dès le 15 au matin en le faisant couvrir par un rideau de troupes le long de la rivière Stara.

Le général Gourko donna les ordres suivants pour la journée du 15 : 1° La colonne du général baron Krüdner, pour soutenir celle du comte Schouvalof, se porte en avant par la chaussée de Philippopoli pour attaquer l'ennemi en retraite ou faire une démonstration de nature à rendre moins difficile la situation de la colonne du comte Schouvalof; 2° la colonne du général Schilder-Schuldner se met en marche à six heures du matin et atteint par la chaussée le village de Hadji-Ali-Dermen; 3° la colonne du lieutenant général Véliaminow, partant à trois heures du matin, suit la rive droite de la Maritsa jusqu'au village d'Ivermélik; 4° enfin, la cavalerie du général Klodt tourne Philippopoli au nord, traverse la Maritsa à l'est de la ville et fait le plus de mal possible à l'ennemi sur ses voies de retraite.

Le comte Schouvalof, pour agir de concert avec les corps ci-dessus désignés, ordonna au régiment Paul de la garde de se porter avec quatre canons sur Kadykeuï, à la brigade des chasseurs de la garde, avec dix canons, de suivre la voie du chemin de fer; au régiment de Finlande de la garde de continuer à avancer par la chaussée et, dans le cas où les Turcs occuperaient une autre position à Kadykeuï, d'éviter Ortakeuï, de traverser la Maritsa pour opérer ensuite sur le flanc et sur les derrières de Fuad-Pacha. La 1ʳᵉ brigade de la 2ᵉ division d'infanterie de la garde devait servir de réserve et marcher dans la direction de Philippopoli en suivant la chaussée.

Les troupes russes venaient à peine de quitter Adakeuï et de se mettre en marche dans les directions indiquées qu'elles aperçurent les colonnes de Fuad-Pacha sortant des villages de Dermen (Bougalik), Karataïr et Kadykeuï et se dirigeant sur Philippopoli. La 4ᵉ batterie de la 2ᵉ brigade d'artillerie de la garde s'élança aussitôt en avant et ouvrit le feu. Les Turcs s'arrêtèrent, se rangèrent en ordre de bataille en occupant les villages de Karataïr et de Dermen et la lutte s'engagea vers huit heures du matin. On vit encore déboucher au même moment une nombreuse colonne qui sortait du village de Kara-Dermen sous la protection de la cavalerie; cette dernière colonne se rangea aussi en ordre de bataille sur le flanc de la ligne de combat et ouvrit le feu contre le flanc du régiment Paul et contre celui des chasseurs, mais ceux-ci furent bientôt rejoints par le régiment de grenadiers de la garde, qui reçut du comte Schouvalof l'ordre d'occuper les positions en face du village de Kara-Dermen.

Les deux armées, déployées en ordre de bataille,

entretinrent une vive fusillade sans tenter aucun mouvement offensif. Les Turcs ne songeaient qu'à filer au plus vite sur Philippopoli à l'abri du rideau déployé devant les Russes et le comte Schouvalof, de son côté, après avoir ordonné : 1° au régiment de Moscou de la garde de traverser la Maritsa à Adakeuï et de se poster en réserve — ordre qui fut exécuté vers midi, et 2° à la 1re brigade de la 1re division d'infanterie de la garde de s'arrêter sur la chaussée à Adakeuï-Khan et d'attendre de nouveaux ordres, avait résolu d'attendre l'arrivée de la colonne du général Véliaminof, qui devait opérer sur le flanc de la position turque, adossée aux montagnes.

Le général Gourko suivait les mouvements des deux armées du haut d'un tumulus situé à Orta-Han à mi-chemin entre Tatar-Bazardjik et Philippopoli. Voyant la situation, il se décida à accélérer le déploiement de ses troupes et envoya à cet effet aux colonnes des généraux Krüdner et Schilder-Schuldner, l'ordre de se hâter d'atteindre cette dernière ville. La 3e division d'infanterie de la garde se déployait déjà devant elle à onze heures et demie du matin et son commandant, le lieutenant-général Dandeville, dès que son infanterie dépassa les positions occupées d'avance

par sa cavalerie, envoya celle-ci avec ordre de tourner la ville au nord-est.

A la même heure, le régiment de Finlande de la garde se trouvait sur la chaussée de la rive gauche, à la hauteur du village d'Aïranli. Gourko lui ordonna de quitter la chaussée et de traverser la Maritsa pour arrêter la marche des colonnes turques venant de Kadykeuï. A cet endroit le gué avait une largeur de 180 mètres et une profondeur d'une archine et demie. Outre ces diffi-

SULEYMAN DONNANT DES ORDRES POUR LA RETRAITE D'UNE PARTIE DE SON ARMÉE SUR STANIMAKI

cultés, la rivière charriait des glaçons ; les premières compagnies (la 5e et la 6e) des Finlandais entrèrent bravement dans l'eau ; les Turcs firent pleuvoir sur eux une grêle de projectiles et, passant à leur tour à l'attaque, tentèrent de s'emparer du village.

Voulant accélérer le passage et le rendre plus facile en même temps, Gourko mit à la disposition des Finlandais les chevaux de son escorte et de ses officiers d'ordonnance. Tout alla promptement alors et vers quatre heures, le régiment de Finlande s'empara du village d'Aïranli, malgré la violence du feu de l'ennemi. Deux batteries qui accompagnaient la colonne soutinrent d'abord le régiment en tirant de la rive gauche, puis elles traversèrent elles-mêmes la rivière, l'échange de projectiles durant toujours entre les deux adversaires, qui n'étaient séparés que par une bande de rizières de 12 à 1,600 pas de largeur. Le colonel Schmidt laissa deux bataillons et huit canons sur la position d'Aïranli, et envoya ses deux autres bataillons de manière à tourner le flanc droit des Turcs qui occupaient une position derrière le remblai de la voie ferrée; les Finlandais se heurtèrent là à de grandes difficultés : obligés d'avancer en traversant des rizières où ils étaient complétement exposés au feu de l'ennemi, ils ne réussirent, avant la tombée de la nuit, qu'à occuper plusieurs canaux d'irrigation à une distance de 5 à 600 pas du remblai.

Vers quatre heures également, le comte Schouvalof qui attendait toujours l'arrivée de la colonne du général Véliaminof et ne la voyait point venir, résolut, vu l'approche de la nuit et pour ne pas laisser son flanc droit dans une position incertaine, d'attaquer la position du village de Karataïr, que les Turcs paraissaient avoir déjà en partie évacué, dans la journée.

Le régiment Paul, de la garde, fut chargé de cette attaque. Commandé par le général Etter, de la suite de l'Empereur, il traversa à gué la Stara sous le feu de l'infanterie et de la cavalerie de l'arrière-garde turque, délogea promptement l'ennemi du village et mit en fuite, avec ses tirailleurs, la cavalerie turque postée sur les collines environnantes. La nuit étant tombée, l'infanterie cessa le combat, tandis que la brigade des cosaques du Caucase, qui, marchant en tête de la colonne Véliaminof, venait d'arriver sur le champ de bataille, fut lancée à la poursuite de l'ennemi en retraite. Quant à la colonne Véliaminof elle-même, elle arriva dans la soirée et s'établit pour la nuit à Karataïr, au sud-est de Kadykeuï.

La colonne du général Schilder-Schuldner n'arriva à la hauteur du village d'Aïranli que vers cinq heures du soir et elle se mit immédiatement à passer à gué la rivière (à l'est d'Aïranli) en profitant des chevaux du 2ᵉ escadron de dragons de la garde et de ceux du régiment de lanciers du Boug; la colonne termina cette opération à deux heures de la nuit.

La journée du 15 se termina de cette façon. Il y eut peut-être un peu d'indécision dans les mouvements des Russes. Si les attaques d'Aïranli et de Karataïr avaient été vigoureusement entreprises dès le commencement de la journée, elles auraient pu avoir des résultats décisifs en empêchant Fuad-Pacha de rejoindre Suleyman-Pacha, jonction qui s'opéra dans la nuit. Mais du moins des résultats fort importants étaient acquis, l'armée russe avait pris contact sur toute la ligne avec l'armée turque qu'elle avait rejoint après de gigantesques étapes.

Les troupes russes passèrent la nuit du 15 au 16 dans les positions suivantes : 1° La colonne du comte Schouvalof et celle du général Véliaminof (23 bataillons) à Karataïr et à Kadykioï ; 2° la colonne du général Schilder-Schuldner (10 bataillons) à Aïranli. Sous les murs de Philippopoli : 3° la colonne du général Krüdner et la 1ʳᵉ brigade de la 1ʳᵉ division de la garde (24 bataillons) ; 4° A part la brigade des cosaques du Caucase, et le 9ᵉ régiment des lanciers du Boug, faisant partie de la colonne Véliaminof, la cavalerie se groupa en partie (18 escadrons) près de Philippopoli, à l'est de la chaussée menant à Tchéperli, et en partie (16 escadrons) près de l'endroit où la Ghiopsa se jette dans la Maritsa.

Prise de Philippopoli.

Nous avons dit que vers midi dans la journée du 15, la 3ᵉ division avait atteint Philippopoli par le côté nord. Les soldats russes eurent alors sous les yeux un tableau qui leur serra le cœur. La ville s'étalait devant eux, déployant en amphithéâtre sur ses trois collines ses blanches maisons, dont les toits étaient également blancs à cause de la neige qui les recouvrait. De distance en distance, des gerbes de flammes rouges éclataient sur cette blancheur, accompagnées d'énormes panaches de fumée; en même temps retentissaient des détonations sourdes et prolongées, suivies d'immenses jets de flammes qui montaient jusqu'au ciel; et tout au loin, pour compléter ce sinistre tableau, on entendait le son grêle et strident des cloches des églises grecques et bulgares, sonnant le tocsin. Plus de doute, le sac et l'incendie de Philippopoli commençait et cette malheureuse cité de 40,000 habitants allait subir le même sort que Tatar-Bazardjik. Ordre fut aussitôt donné d'y entrer au plus vite, afin d'en chasser ces hordes de pillards et d'incendiaires qui déshonorent les armées turques.

L'infanterie se lance au pas de course, la baïonnette en avant, et pénètre dans le faubourg de Keschiaka sans rencontrer aucune résistance. Ce faubourg est entièrement composé de maisons de cultivateurs turcs, qui regorgent de foin et d'avoine, etauxquelles les Tcherkesses avaient mis le feu. Des secours furent immédiatement organisés afin d'arrêter l'incendie et le quartier fut préservé, à l'exception d'une quarantaine de maisons qui ne furent bientôt plus qu'un gigantesque brasier.

Ce faubourg de Keschiaka est séparé de la ville par la Maritsa qui est en cet endroit des plus larges et des plus rapides. Un magnifique pont, dont le tablier en bois garni d'élégantes grilles en fer reposait sur une quinzaine d'énormes piles en maçonnerie, reliait les deux rives. A l'approche des Russes, les Turcs avaient essayé de le faire sauter au moyen d'une étincelle électrique. La pile de l'appareil n'étant pas assez forte, ce moyen ne réussit pas, et l'on mit le feu aux poudres qui n'endommagèrent qu'imparfaitement le tablier, sur lequel on dût tirer plusieurs coups de canon pour le faire complètement s'écrouler. De là ces explosions et ces détonations que la 3ᵉ division de la garde venait d'entendre. Pour le moment, il était donc impossible d'entrer dans la ville encore remplie d'ennemis, dont le feu aurait rendu des plus dangereux le passage à gué de la Maritsa. Aussi force fut-il aux Russes de s'établir sur la rive gauche et de répondre aux Turcs qui engagèrent la fusillade de l'autre rive.

« Quand j'arrivai en cet endroit, à huit heures du soir, nous écrivait notre correspondant particulier, le spectacle était grandiose. Bien qu'il fît nuit complète, on y voyait comme en plein jour, à la lueur des nombreux incendies que les Tcherkess avaient allumés dans les maisons situées à la tête du pont, et dont les flammes donnaient à l'eau des reflets rougeâtres. On aurait cru voir couler devant soi un fleuve de sang. A notre droite, les débris du pont, poutres, madriers, planches, balustrades, étaient tombés dans la rivière au pied des piliers et formaient une foule d'obstacles sur lesquels la Maritsa bondissait en autant de cascades. Eclairée par la lueur des incendies, Philippopoli, avec ses maisons bâties en étages sur trois collines, les flèches aiguës de ses minarets, se détachait en relief sur le fond sombre du ciel. Sur la colline de gauche, Djembas-Tépé, les Turcs avaient installé en batterie 2 pièces de canon sur la terrasse d'une vieille maison, lesquelles tiraient à coups répétés sur l'infanterie russe, et les Cosaques embusqués en tirailleurs derrière des troncs d'arbre et des abris construits à la hâte avec des portes, des charrettes renversées, de pierres et dont la fusillade se croisait avec celle des nizams postés dans les maisons à galerie et un vaste établissement de bains, leur faisaient face de l'autre côté de la rivière.

« Il ne fallait pas songer à entrer cette nuit-là dans la ville. »

Et cependant ce fut cette nuit-là même que les Russes entrèrent dans Philippopoli par un de ces coups de hardiesse qui réussissent si fréquemment en présence d'un ennemi démoralisé. Le général Gourko s'était arrêté à Kostekeuï et s'apprêtait fort avant dans la soirée à prendre un peu de repos lorsqu'il vit arriver à lui le capitaine Bourago qui l'informa que le 2ᵉ escadron de dragons de la garde qu'il commandait venait de transporter sur l'autre rive de la Maritsa 1,500 hommes d'infanterie et avait été relevé par le régiment de lanciers du Boug.

— Mes chevaux sont éreintés, mes hommes grelottent de froid, j'attends les ordres de Votre Excellence, ajouta Bourago.

— Mes ordres? Occupez Philippopoli, répondit Gourko moitié sérieusement, moitié pour rire.

— L'ordonnez-vous?

— Oui.

— Vos ordres seront exécutés, fit Bourago en faisant le salut militaire, et quelques instants après il partait au grand trot avec son escadron dans la direction de Philippopoli, que les Turcs occupaient toujours.

Bourago traversa la Maritsa à la faveur de l'obscurité, sous les murs même de la ville, et, les Turcs ne l'ayant pas aperçu, pénétra dans les rues de Philippopoli. Le canon de la ville avait cessé de gronder depuis la tombée de la nuit; l'escadron ne rencontrait pas de Turcs dans les rues, il n'y avait que des Bulgares et des habitants armés. Toutes les maisons étaient fermées. Bourago fit la rencontre du consul de Grèce, qui, voyant qu'il avait affaire à des Russes, pria le capitaine d'entrer un instant dans sa maison.

— Combien êtes-vous? lui demanda le consul quand ils furent seuls.

— Nous sommes nombreux, répondit Bourago.

— Non, précisez, quelles sont vos forces qui entrent en ce moment dans la ville?

— Ils sont nombreux, — un escadron de dragons, soit quatre-vingts hommes sous mon commandement.

— Alors, hâtez-vous de rebrousser chemin, s'écria le consul, d'un ton effrayé; vous êtes entourés de toutes parts; il y avait ici aujourd'hui au moins 12,000 hommes; une partie a bien quitté la ville, mais il y a encore de trois à cinq mille hommes à la gare du chemin de fer.

Mais que faire? Ordre avait été donné d'occuper Philippopoli. Bourago, faisant mettre pied à terre à son escadron, le conduisit du côté de la gare du chemin de fer. Il y avait un grand mouvement sur ce point; toute la gare était éclairée et des feux de bivouac brûlaient plus loin dans les champs. Les Turcs criaient et faisaient beaucoup de bruit autour de leurs feux; Bourago ayant remarqué près de la gare un petit fossé bordé par un parapet de terre, y posta ses hommes, avec ordre de s'y tenir et de crier hourra de toutes leurs forces tout en ouvrant sur les Turcs une fusillade aussi vive que possible. Dès que nos dragons commencèrent à tirer, les Turcs répondirent immédiatement, mais, tirant au jugé, les balles n'atteignirent pas les soldats russes. Il n'entrait du reste pas dans leur intention de défendre la gare et ils se retirèrent presque immédiatement, ne se doutant pas qu'ils avaient affaire seulement à 80 hommes couchés dans un fossé.

Dès que leurs dernières colonnes disparurent dans l'obscurité, Bourago entra dans la gare et y trouva une table richement servie, chargée de vins et de hors-d'œuvre. Le buffetier de la gare, un Italien, lui expliqua que l'on était en train de préparer un souper et qu'il serait heureux de pouvoir l'offrir aux Russes. — Il y a un instant qu'il y avait ici trois pachas, ajouta-t-il, vous pourrez les rejoindre à dix minutes de la ville. Le souper de Suleyman-Pacha — car c'est à lui qu'il était destiné — était des plus délicats : rognons sautés au madère, langue au riz, etc.

Il y avait encore dans le voisinage de la gare deux canons turcs, défendus par une compagnie d'infanterie. Le lieutenant comte Rehbinder se jeta sur ces canons avec un peloton de dragons, et s'empara des deux pièces en sabrant leurs défenseurs.

C'est ainsi que Philippopoli fut occupé dans la nuit du 15 au 16 janvier par le 2ᵉ escadron du régiment des dragons de la garde.

Grâce à l'énergie du corps consulaire et en particulier du vice-consul français, la ville avait échappé à la destruction. Instruit des incendies de Tatar-Bazardjik et des villages traversés par l'armée turque dans sa retraite et redoutant le même sort pour Philippopoli, il alla, à la nouvelle de l'approche des Russes, trouver le vali. Ainsi qu'Osman-Pacha à Sofia, celui-ci conseilla à M. Boysset d'abandonner la ville, dont il n'était plus maître, disait-il, et qui allait rester occupée par les Tcherkess et les bachi-bouzouks. A force d'instances, M. Boysset obtint cependant que le gouverneur lui délivrerait plusieurs centaines de fusils à piston, avec de la poudre, des balles, des capsules, afin d'en armer les 2,000 Bulgares catholiques romains qui existent à Philippopoli. Pendant trois jours, ceux-ci veillèrent constamment et arrêtèrent près d'une centaine de Tcherkess surpris essayant de mettre le feu aux maisons chrétiennes, et qui furent remis entre les mains du gouverneur turc. Les grands incendies qui avaient si vivement frappé les Russes lors de leur arrivée au faubourg de Keschinka restèrent donc isolés et Philippopoli fut sauvée.

La bataille de trois jours. — Deuxième journée.
Combats de Dermendéré et de Karagatch.

Dans la nuit du 15 au 16, Fuad-Pacha, continuant sa retraite, évacua Kadykeuï et rejoignit enfin Suleyman-Pacha. L'armée turque prit une position très-forte ; une moitié sous les ordres de Fuad, était adossée aux contre-forts du Rhodope, de Dermendéré à Markovo, l'autre sous les ordres directs de Suleyman était déployée de Markovo à Belesnitza sur un front de 7 à 8 kilomètres tout hérissé de monticules et de tranchées naturelles. 108 pièces de canon en acier étaient en batterie.

Gourko fit également deux parts de son armée, l'une devait continuer à pousser devant elle l'armée turque en retraite, tandis que l'autre, se portant sur la route de Stanimaki, devait lui barrer le chemin. Si ce plan réussissait entièrement, on pouvait cerner l'armée turque ; s'il ne réussissait qu'à demi, on la rejetterait du moins, en désordre, dans les montagnes du Rhodope et du Despotodagh, où il lui serait impossible d'emmener son artillerie. En conséquence, le général en chef russe donna les ordres suivants pour la journée du 16 : les colonnes de l'aide de camp général comte Schouvalof, du lieutenant-général Schildner-Schuldner et du lieutenant-général Véliaminof, sous le commandement général de l'aide de camp général comte Schouvalof, opèrent contre Dermendéré, où s'est retirée l'armée de Fuad, et s'efforcent de tourner définitivement son flanc gauche ; 2° la division du lieutenant général Dandeville, avec la brigade mixte de dragons du lieutenant général Kranof et quelques sotnias de la brigade du général Kournakof, se dirige sur Stanimaki afin de couper la retraite aux Turcs ; enfin, 3° la 2ᵉ division de cavalerie de la garde, qui se trouve à Perphilkeuï et à Manoutkeuï, passe sur la rive droite de la Maritsa, en face de Yeni-Mahalé, sur la route de Papasli, se poste sur la voie de retraite des Turcs et les y retient, dans le cas où elle apprendrait que l'ennemi a dépassé la ligne de Philippopoli-Stanimaki.

Au point du jour, Gourko quitta Kostekeuï pour se rendre à Philippopoli. A son arrivée dans cette

L'ABONDANCE RÈGNE DANS L'ARMÉE DE GOURKO LORSQU'ELLE EST ARRIVÉE DANS LES FERTILES PLAINES DE LA ROUMÉLIE

ville, vers dix heures du matin, il trouva les Bulgares travaillant énergiquement à l'établissement de ponts et à la préparation de chalands destinés à faire passer les troupes russes sur la rive droite. Le bataillon de sapeurs de la garde, arrivé de la veille, travaillait à la construction d'un pont sur chariots; on venait de trouver un gué à 4 kilomètres de la ville et les deux brigades de la 3° division d'infanterie de la garde se préparaient à passer la rivière : la première brigade, montée sur les chevaux de la 2° brigade de la 2° division de cavalerie de la garde, et la 2° brigade d'infanterie sur des chalands et sur un pont de chevalets. Plus loin, on entendait de rares coups de canon dans la direction des colonnes qui devaient opérer sur la rive droite de la Maritsa, et ce n'est que vers midi, quand le général eut pénétré dans la partie méridionale de la ville, que les détonations devinrent plus fréquentes.

C'était le commencement de la bataille qui allait se terminer par la défaite complète de l'armée de Suleyman-Pacha.

Ayant été informé par des patrouilles que les Turcs avaient évacué la position de Kadykeuï, le comte Schouvalof fit avancer ses troupes sur trois colonnes : celle de gauche, commandée par le général Ellis 1er (régiment de Moscou et brigade des chasseurs de la garde — 8 bataillons avec 8 canons) fut envoyée le long de la voie ferrée ; celle du centre, commandée par le général Etter (régiment de Paul et grenadiers de la garde — 8 bataillons et 8 canons) suivit la route d'Azlatar et Metchkur et enfin celle de droite, commandée par le général Véliaminof (trois régiments de la 31° division d'infanterie et la brigade de cosaques du Caucase) suivit la route au pied des montagnes. Cette dernière colonne devait se tenir toujours en avant des autres, en guise d'échelon, et tourner les Turcs sur leur gauche dans le cas où ils réussiraient à garder leurs positions. Pendant ce temps, la colonne de Schilder-Schuldner devait exécuter un grand mouvement tournant sur la gauche dans le but d'occuper le village de Markovo. Cette manœuvre réussit, mais pas complètement, parce que la colonne du général Schilder-Schuldner, ayant rencontré divers obstacles sur la route, ne put s'emparer le même jour du village de Markovo et couper à Fuad-Pacha sa voie de retraite.

Vers onze heures du matin, la colonne de droite fut arrêtée par les Turcs devant le village de Dermendéré qui ouvrirent le feu contre elle. S'étant déployée en ordre de bataille, les troupes de Véliaminof occupèrent plusieurs petites collines et mettant leurs batteries en position (8 canons) engagèrent un duel d'artillerie avec l'ennemi. Bientôt elles virent apparaître sur les hauteurs des masses turques imposantes, avançant en bon ordre, et qui, sous la protection du feu de la position de Dermendéré, se rangèrent en ordre de bataille dans le but apparent d'attaquer le flanc et les derrières de la colonne.

A trois heures de l'après-midi, 10 tabors turcs descendirent des montagnes et se lancèrent à l'attaque. L'artillerie russe les reçut par un feu bien dirigé, malgré la violente fusillade des chaînes de tirailleurs turcs, tandis que l'infanterie, couchée derrière les collines, attendait tranquillement les Turcs et les recevait par des salves à 50 ou 60 pas de distance; les assaillants, entamés, tournaient les talons et s'enfuyaient. Ils se lancèrent trois fois à l'attaque et trois fois ils furent repoussés par la 31° division. La lutte ne prit fin que vers six heures : les Turcs battirent alors en retraite laissant plus de 600 cadavres dans le rayon immédiat des positions ennemies. Cette attaque eut une certaine influence sur les opérations des Russes, en retardant leur mouvement général sur Philippopoli.

Le comte Schouvalof, ayant été informé à une heure de l'occupation de Dermendéré par les Turcs et de leur intention évidente d'attaquer, proposa au général Schilder-Schuldner, qui, on le sait, marchait d'Aïranli sur les derrières des Turcs, de se diriger par Komat vers les montagnes entre les villages de Bélesnitsa et de Markovo; il ordonna enfin aux colonnes qu'il commandait lui-même de se déployer sur la position de Metchkur, le front tourné du côté de Dermendéré.

Un nouveau rapport, reçu vers six heures du soir, et portant que Véliaminof était attaqué par de nombreuses forces turques, amenèrent le comte Schouvalof à envoyer des renforts à la 31° division d'infanterie et il lui expédia à cet effet le régiment de Moscou. Il envoya en même temps le régiment de grenadiers de la garde à Schilder-Schuldner parce qu'il commençait à se rendre compte des forces dont Fuad disposait. Mais ce renfort ne servit à rien, car comme nous l'avons dit, Schilder-Schuldner, arrêté par des rizières qui coupaient sa route, ne put arriver jusqu'à Markovo pour attaquer les Turcs.

En somme, les Russes firent peu de progrès sur leur gauche dans la journée du 16 ; l'énergie et les bonnes dispositions de Fuad-Pacha, les facilités que le terrain qu'il avait choisi offrait à la défense, paralysèrent tous les efforts du comte Schouvalof. En revanche ils remportèrent sur leur droite un brillant succès. De ce côté, Suleyman profitait de la belle résistance de Fuad pour faire continuer la retraite de ses troupes sur Stanimaki, mais les Russes les surprirent dans leur fuite.

Nous avons dit plus haut que, dans la matinée du 16 janvier, la brigade mixte de dragons et ensuite la 1re brigade de la 3e division d'infanterie de la garde, montée sur les chevaux de la 2e brigade de la 2e division de cavalerie de la garde, avaient passé à gué la Maritsa, à 4 kilomètres de Philippopoli. Les dragons traversèrent les premiers la rivière, ayant à leur tête le général Krasnof, et se dirigèrent, selon l'ordre qui leur avait été donné, sur la ville de Stanimaki. Arrivées à la hauteur du village de Pacha-Mahaló, vers quatre heures du soir, les patrouilles découvrirent de longues colonnes d'infanterie turque traversant les villages de Bé'esnitsa, de Karagatch, de Kouklen et de Vodéni, se dirigeant sur Stanimaki; d'autres patrouilles annoncèrent que le village de Karagatch était fortement occupé par l'ennemi. Se portant sur la droite, la brigade de dragons marcha sur Karagatch et quand elle fut sur le point de l'atteindre, elle mit en position six pièces d'artillerie à cheval. Les premiers projectiles arrêtèrent une colonne turque qui s'approchait du village; les autres colonnes continuèrent leur mouvement pendant que celles qui se trouvaient à Karagatch ouvraient le feu contre les dragons. La situation resta ainsi sans changement jusqu'à l'arrivée de la 1re brigade de la 3e division d'infanterie qui se déploya à droite et à gauche de la batterie d'artillerie à cheval.

Comme la nuit approchait, le général Krasnow prenant le commandement de la brigade, la rangea en ordre de bataille et, ne perdant pas de temps à préparer son attaque par le feu de l'infanterie, se précipita sur l'ennemi à la baïonnette.

La brigade dispersa du coup, par cette attaque faite avec ensemble, l'escorte de 18 canons turcs qui se trouvaient à cet endroit et qui tombèrent entre ses mains. Mais il fut impossible de poursuivre l'ennemi, qui s'était réfugié dans les montagnes pour attendre des renforts. Ayant réuni assez de forces, les Turcs attaquèrent à leur tour et, sans se soucier du feu qui les accueillait, se précipitèrent sur les canons pour les reprendre. Une lutte des plus chaudes s'ensuivit, mais le brillant général Krasnow avec les braves soldats des régiments de Lithuanie et Empereur d'Autriche, repoussa l'ennemi et conserva les 18 canons qu'il avait pris. Les Turcs se réfugièrent une seconde fois dans les montagnes, où ils reçurent de nouveaux renforts. Peu de temps après, ils renouvelèrent leur attaque et la lutte dégénéra pour la seconde fois en un combat corps à corps des plus acharnés. Les Turcs se battaient avec une bravoure désespérée. Un de leurs pachas surtout se fit remarquer par sa valeur; entouré de soldats du régiment de Lithuanie, il se battait comme un lion; il sabra et blessa plus de quinze hommes avant de recevoir un coup de baïonnette qui le renversa. Le nom de ce brave qui tomba si héroïquement est resté inconnu. Les Russes crurent d'abord que c'était Fuad-Pacha, mais ce vaillant général n'était point sur cette partie du champ de bataille.

La lutte prit fin à une heure du matin; les vainqueurs procédèrent alors à l'enlèvement des blessés et conduisirent les canons qu'ils avaient pris au village de Pacha-Mahaló. On voyait des colonnes turques s'avançant du côté de Bélesnitsa et de Markovo; de nombreux feux de bivouac allumés dans la même direction témoignaient de la présence de forces imposantes. La situation dangereuse du détachement qui venait d'occuper Karagatch et qui avait pénétré pour ainsi dire au milieu de l'armée en retraite de Suleyman-Pacha obligea le général Krasnof, le héros de la journée du 16 janvier, à ramener ses troupes au village de Pacha-Mahalé. On ne laissa à Karagatch que deux escadrons de dragons, qui ne purent, comme on le pense, y tenir et se retirèrent quelques heures après devant des forces ennemies considérables qui vinrent occuper le village.

⁂

La bataille de trois jours. — Troisième journée. L'armée de Fuad-Pacha est mise en pleine déroute.

Pendant la nuit du 16 au 17, Suleyman-Pacha qui fait bien triste figure dans cette retraite, où on le voit sans cesse à l'avant-garde et jamais devant l'ennemi, parvint à concentrer quarante tabors à Stanimaki hors des atteintes des Russes, du moins provisoirement. Le reste de l'armée fut chargé de couvrir la retraite de ces quarante tabors en défendant jusqu'à la dernière extrémité l'entrée du défilé de Bélesnitsa. Fuad-Pacha prit les mesures nécessaires dans ce but, il retira sa gauche de Dermendéré trop éloigné de son centre d'action et fit occuper solidement les villages de Karagatch et de Bélesnitsa. Le dernier jour de la lutte allait s'engager dans des condition d'énormes disproportions numériques,

18 à 20,000 Turcs épuisés et découragés allaient essayer de résister à la pression de plus de 50,000 hommes.

Informé dans la soirée du 16 du brillant combat livré par le général Krasnof, le général Dandeville partit dans la nuit même au secours de la 1ʳᵉ brigade avec la 2ᵉ brigade de sa division qui avait été retardée par différents obstacles au passage de la Maritsa. Quand celle-ci arriva à Pacha-Mahalé dans la matinée du 17, elle apprit que les deux escadrons de dragons avaient dû abandonner Karagatch et se dirigea immédiatement sur ce village, les grenadiers du régiment de Saint-Pétersbourg à gauche, le régiment de Volhynie à droite et engagea vers une heure de l'après-midi un duel d'artillerie avec l'ennemi.

Jusqu'alors, les Russes se battaient à l'aveugle sans savoir quelles armées ils avaient devant eux et quelle en était la force. Gourko croyait que l'armée de Schakir-Pacha ayant quitté Tatar-Bazardjik, la première, avait eu le temps de filer sur Andrinople avant l'arrivée des Russes et il pensait depuis Tatar-Bazardjik n'avoir affaire qu'à l'armée de Fuad-Pacha. Dans la matinée du 17, quand il apprit que d'immenses colonnes fuyaient à l'est de Stanimaki, il comprit qu'il avait devant lui toutes les forces de la Roumélie et il prit ses dispositions pour poursuivre les troupes qui fuyaient et pour cerner en même temps celles qui étaient chargées de couvrir la retraite des premières.

Il envoya toute la cavalerie disponible, sous le commandement du lieutenant-général Skobelef Iᵉʳ avec la brigade de dragons du général Krasnof (en tout 18 escadrons et six pièces d'artillerie montées), avec ordre de se porter dans le courant de la journée sur la route de retraite de Stanimaki vers l'est; puis il envoya la 1ʳᵉ brigade de la 1ʳᵉ division d'infanterie pour servir de renfort à la 2ᵉ division d'infanterie de la garde. En même temps la 2ᵉ division de cavalerie de la garde fut envoyée par Papasli et au-delà, le long de la rive droite de la Maritsa, pour se réunir aux troupes du général Skobelef II et s'emparer de toutes les routes entre Philippopoli, Stanimaki et Andrinople.

Quand l'aile gauche de Gourko (23 bataillons et plus de 40 escadrons) fut ainsi en partie sur la voie de retraite de l'armée de Suleyman-Pacha et que la cavalerie fut mise en route de manière à lui couper entièrement cette voie, le comte Schouvalof donna les ordres suivants pour l'attaque de l'armée de Fuad-Pacha.

1° La colonne du général Schilder-Schuldner (régiment de grenadiers, régiment de Finlande, 2ᵉ bataillon du régiment de Moscou de la garde, 17ᵉ régiment d'Arkhangel, 18ᵉ régiment de Vologda, 9ᵉ lanciers du Boug, une batterie mixte de la 2ᵉ brigade d'artillerie et de la 5ᵉ brigade d'artillerie), en tout 14 bataillons, 4 escadrons et 8 canons, part de Komat pour occuper une position dans les montagnes entre Markovo et Bélesnitsa.

2° Le régiment Paul, trois bataillons du régiment de Moscou et la brigade de chasseurs de la garde (11 bataillons), reste à Medtzkion pour attendre les événements.

3° La colonne du lieutenant-général Véliaminof (huit bataillons, sept sotnias et douze pièces d'artillerie montée), continue à marcher dans la direction de Dermendéré à Markovo, par la route longeant le pied des montagnes.

Ces mouvements, combinés avec celui du général Dandeville sur Karagatch, devaient amener l'enveloppement à peu près complet des troupes de Fuad-Pacha et ne laisser libres derrière elles que les sentiers du Rhodope et du Despotodagh qui sont absolument impraticables aux équipages et à l'artillerie.

S'étant mise en marche au point du jour, la colonne du général Schilder-Schuldner fut reçue à trois kilomètres de Komat par un violent feu d'artillerie dirigé sur elle de la position de Bélesnitsa-Tchiftlik-Tsourit. Ayant envoyé le régiment de Finlande de la garde vers Bélesnitsa, le 17ᵉ régiment d'Arkhangel sur Tchiftlik-Tsourit, Schilder-Schuldner continua à avancer en ligne de bataille, ayant en réserve les trois bataillons du régiment de Moscou, les grenadiers de la garde et le 18ᵉ régiment de Vologda. Les Turcs comptaient sur ce point 20 tabors et disposaient de 20 canons. Ayant augmenté vers dix heures du matin le feu de leur artillerie et leur fusillade, ils commencèrent à manœuvrer contre le flanc droit du régiment d'Arkhangel, envoyant en même temps de la cavalerie contre ce flanc au delà de Markovo. Les lanciers du Boug, rapidement portés de ce côté, purent occuper les jardins du village et ils obligèrent les tirailleurs et les cavaliers ennemis, ainsi que les régiments turcs avancés, à reculer quelque peu.

Les Turcs concentrèrent en même temps des troupes sur la gauche de Schilder-Schuldner, en face du régiment de Finlande. Ayant appris ce qui se passait, le général en prévint le comte Schouvalof et envoya comme soutien du flanc gauche un bataillon du 18ᵉ régiment de Vologda. De son côté, le comte Schouvalof, ayant fait marcher en avant tous les régiments de la garde, s'empressa de se rendre sur le champ de bataille et y prit le commandement général. Il envoya le 18⁰ régiment de Vologda au delà du flanc gauche de la ligne de bataille, et ordonna au général Schildner-Schul'ner d'arrêter sa marche en avant railleurs qu'elles envoyèrent contre le flanc droit russe, occupant en même temps le village par de nombreuses forces d'infanterie soutenues par de l'artillerie. Les tirailleurs turcs faisant pleuvoir sur les Volhyniens une grêle de

LE GÉNÉRAL DANDEVILLE COMMANDANT LA 3ᵉ DIVISION DE LA GARDE

et d'attendre l'attaque du général Dandeville. Il était à peu près deux heures de l'après-midi.

Le général Dandeville était chargé, comme on l'a vu, de couper la route de Stanimaki à l'armée de Fuad-Pacha en s'emparant de Karagatch. Les régiments de Volhynie et des grenadiers de la garde se préparaient à l'attaquer lorsque de fortes colonnes turques prirent elles-mêmes l'offensive. Etant arrivées à la hauteur de Belesnitza, ces colonnes détachèrent de nombreuses chaînes de tirailles, ceux-ci changèrent de front tranquillement, comme à la revue, et arrêtèrent la marche des Turcs par un feu bien dirigé; le vide que laissèrent les Volhyniens dans la ligne d'attaque fut immédiatement rempli par trois bataillons des régiments de Lithuanie et des grenadiers. A la vue de ces renforts que le général Dandeville envoyait à sa droite, les Turcs firent sortir leur artillerie de Belesnitza et la dressèrent sur les saillies des montagnes afin de les éloigner à coups de canons;

mais une demi-batterie russe, mise en position à plus de 3,000 mètres, força promptement les batteries turques à abandonner leur nouvelle position.

Ayant ainsi couvert son flanc droit, le lieutenant général Dandeville lança le régiment des grenadiers de Saint-Pétersbourg à l'attaque. Les grenadiers s'avancèrent lentement, ayant à surmonter les nombreux obstacles que présentaient les rizières couvertes de neige et coupées par de nombreux fossés, et marchant tout le temps sous une grêle de balles. Malgré un feu meurtrier, ils s'approchèrent à 200 pas du village, tirèrent coup sur coup plusieurs salves et aux cris de hourra se jetèrent sur l'ennemi à la baïonnette. Les Turcs furent culbutés hors des maisons, et le régiment du roi de Prusse, les poursuivant pas à pas, atteignit les premières hauteurs du Despotodagh et y établit des chaînes de tirailleurs.

Fuad-Pacha voyant qu'il était perdu s'il ne reprenait point Karagatch, rallia les fuyards, les fit appuyer par des troupes fraîches et tenta, par une attaque désespérée, de déloger les Russes des positions qu'ils venaient d'occuper. Le général Dandeville tout en résistant sans céder un pouce de terrain, fit avertir le comte Schouvalof que l'arrêt qui s'était produit dans la marche de la colonne de Schildner-Schuldner permettait aux Turcs d'écraser sa division (3ᵉ de la garde) avec toutes leurs forces. Le comte Schouvalof ordonna alors aux trois colonnes placées sous ses ordres, un mouvement général en avant et 80,000 Russes tombèrent de tout leur poids sur les malheureuses troupes turques qui soutenaient depuis trois jours une lutte si inégale et dont la dernière heure était venue. Les grenadiers de la garde et le 9ᵉ lanciers du Boug attaquèrent Markovo; une brigade mixte (régiment de Finlande de la garde et 17ᵉ régiment d'Arkhangel) sous les ordres de Schildner-Schuldner attaqua Tchiftlik dans la direction de Belesnitza ; le centre suivit la brigade mixte en marchant en échelon ; enfin la 31ᵉ division d'infanterie sous les ordres de Véliaminow se porta sur la droite et sur le versant du Rhodope, hissa des canons à bras sur les montagnes, tourna la gauche turque et la canonna en flanc et en queue.

Les Turcs fléchirent sur toute la ligne sous cette triple attaque. Alors eut lieu une scène épouvantable. Serrés entre les montagnes et les épaisses colonnes ennemies qui les entouraient de toutes parts, les soldats turcs essayèrent d'abord de fuir par la gorge de Belesnitza, dans la direction de Karagatch ; une cohue sans nom d'hommes épouvantés s'entassa dans le défilé poussée la baïonnette dans les reins par la 2ᵉ division de la garde et la 31ᵉ division d'infanterie et vint se heurter à la 3ᵉ division de la garde, postée en travers de la route. Il y eut là une véritable boucherie; les Russes tiraient de trois côtés à la fois sur cette épaisse masse et chaque balle y faisait une ou plusieurs victimes. Un de nos correspondants, qui visita le champ de bataille dans la soirée, nous écrivait : « A l'entrée de la gorge de Belesnitza se trouve un effroyable amoncellement de canons, caissons, charrettes, cadavres d'hommes et de chevaux formant une véritable barricade, haute de plusieurs pieds. Aussi loin que la vue peut s'étendre, l'intérieur de cette gorge est couvert de corps morts et de blessés se détachant en relief sur la neige qui recouvre le sol, et, sans être taxé d'exagération, je puis dire que le petit ruisseau qui court sur le lit de grosses pierres tapissant le fond de cette passe est devenu entièrement rouge. » On ne sait pas combien de Turcs périrent dans ce fatal ravin ; les Russes, qui les enterrèrent, se lassèrent de compter les cadavres, mais on estime qu'il y en avait plus de 2,000 ; 2,000 hommes qui reçurent la mort sans la donner, car ils ne combattaient plus, et la plupart avaient jeté leurs armes pour fuir.

Les débris de l'armée de Fuad-Pacha se sauvèrent en désordre dans les montagnes où le régiment d'Arkhangel les poursuivit. Officiers et soldats escaladèrent les hauteurs, ayant de la neige jusqu'aux genoux, et, malgré les signaux de retraite qui leur furent donnés à plusieurs reprises, atteignirent enfin un plateau où l'on voyait cinq canons et où l'ennemi semblait vouloir tenter encore une résistance désespérée. Les artilleurs se préparaient à tirer une salve quand une dizaine de compagnies du régiment d'Arkhangel tomba sur eux; les servants des canons eurent à peine le temps de réunir leurs chevaux et de s'enfuir et les canons chargés d'obus tombèrent entre les mains des vaillants soldats russes. Le régiment de Finlande en prit vingt de son côté en poursuivant les Turcs. La nuit étant arrivée, le combat ou plutôt la poursuite cessa.

Les résultats de cette journée du 17 janvier furent immenses. La moitié de l'armée de Suleyman-Pacha, commandée par Fuad-Pacha, était littéralement dispersée. Cette moitié d'armée comptait plus de 40 tabors d'excellentes troupes et c'est ce qui explique l'opiniâtreté du combat et ses fréquents passages à l'attaque. Les Russes s'étaient emparés de presque toute son artillerie (43 canons pris de haute lutte et 4 pièces trouvées dans les montagnes), et de nombreux équipages. Ils avaient relevé sur le champ de bataille près de 2,000 fusils et 10 caissons de munitions, de nombreuses munitions, des outils de sape, etc. Enfin les pertes de l'armée de Fuad furent énormes et atteignirent presque le tiers de son effectif, plus de 3,000 tués et autant de blessés. L'invraisemblable disproportion qui existe entre ces pertes et celles des Russes s'explique par la déroute et la boucherie du défilé de Beleshitza où les Russes tirèrent dans un tas humain pendant une demi-heure. Les rapports de Gourko n'accusent que 400 hommes tués ou blessés pour cette journée du 17 janvier.

Le 18 janvier, la cavalerie du général Skobelef Ier (30e cosaques du don, 9e dragons de Kazan et quelques sotnias du 34e cosaques), comptant 12 escadrons ou sotnias, partit de Pacha-Mahalé dans la direction de Stanimaki, tournant ensuite sur la gauche pour atteindre Ketanlyk, où 40 tabors de l'armée de Suleyman-Pacha s'étaient dirigés ; une brigade de dragons et deux escadrons des 21e et 26e cosaques du don (10 escadrons) suivis de la 1re brigade de la 1re division d'infanterie de la garde et de la 3e division d'infanterie de la garde marchèrent directement sur Stanimaki, les cosaques ayant été envoyés à Naretchine derrière la colonne turque qui avait pris cette direction. Les 5e et 31e divisions d'infanterie s'établirent dans les villages à l'ouest de la chaussée de Philippopoli-Stanimaki, ayant envoyé la brigade de cosaques du Caucase et le 9e lanciers du Boug dans les montagnes afin de purger les villages des traînards de l'armée turque dispersée ; la 2e division d'infanterie de la garde et la brigade de chasseurs de la garde furent dirigées sur Philippopoli et la 2e division de cavalerie de la garde par Papasli sur Haskeuï, pour couper la retraite aux Turcs qui se retiraient de Ketanlyk ; enfin la 3e division d'infanterie, du général Kartsof (1) qui venait d'arriver de Trojan, fut dirigée aussi par Tchirpan sur Haskeuï.

Malgré toute la rapidité de la retraite des troupes de Suleyman-Pacha, qui profitaient même de la nuit pour fuir, la colonne qui se retirait sur Ketanlyk fut atteinte par les Russes le 19 janvier près du village de Karadjiliar. Nous avons dit que le 17, Suleyman était à Stanimaki où il avait concentré 40 bataillons. En vain Fuad-

(1) Le corps de Kartsof avait quitté Karlovo le 13 janvier et était arrivé à Karatéprak le lendemain. Ayant reçu la nouvelle que les Turcs abandonnaient Philippopoli, il se dirigea sur Tchirpan de manière à leur couper la retraite et se trouva dès lors à la disposition du général Gourko.

Pacha lui demanda des renforts pour se maintenir à Karagatch, Suleyman ne se décida qu'à la fin de la journée à lui envoyer quelques bataillons qui furent facilement arrêtés par la cavalerie de Skobelef Ier. Le général en chef turc ne songeait qu'à fuir et, dans la soirée même, il mit ses troupes en marche sur Haskeuï par Tahtanli et marcha toute la nuit. Le 18, ayant atteint Karadjiliar il y fit une halte. Tel était sa hâte de se sauver que, bien qu'il sût que c'était les livrer aux Russes, il abandonna dans ce village, à la garde de cinq bataillons, son artillerie qui se trouvait momentanément dans l'impossibilité de continuer sa route à cause des fatigues qu'elle avait éprouvées dans la traversée des montagnes.

C'est précisément cette queue de colonne que le 30e cosaques du Don du colonel Grékof, qui formait la tête de la colonne russe, rejoignit au point du jour, le 19 janvier. Se précipitant dans le village, les cosaques se mirent à sabrer l'escorte qui s'y était retranchée et celle-ci se mit à fuir après une faible résistance. Se lançant sur ses talons, ils tombèrent sur un immense parc d'artillerie et, ayant essuyé plusieurs salves de mitraille, se remirent à sabrer les tabors d'escorte et les servants des canons. 40 pièces d'artillerie furent les trophées du 30e cosaques et la cavalerie du général Skobelef, continuant la poursuite des Turcs, en tua un grand nombre et s'empara encore de 13 canons.

Ainsi s'acheva la défaite complète de l'armée de Suleyman-Pacha.

Poursuite de l'armée turque. — Marche de Gourko sur Andrinople.

Les débris de l'armée de Fuad-Pacha s'étaient enfuis vers la mer, dans la direction de Drama et de Kavala. Suleyman, après la prise de son artillerie, ayant appris que la cavalerie russe occupait déjà Haskeuï, changea précipitamment de chemin, et s'enfonçant à son tour dans les montagnes, gagna à marches forcées Humourdjik, par Mostanly. Cette double fuite s'opéra sans difficultés, à cause de la fatigue des troupes russes.

Gourko laissa reposer son infanterie trois jours sous les murs de Philippopoli. Sa cavalerie, à l'exception de la 2e division de la garde, qui venait d'être attachée au corps du lieutenant général Skobelef II et qui avait occupé Andrinople, avait reçu les missions suivantes : la brigade du général-major Kournakof poursuivait l'ennemi par Naretchine, dans la direction du sud; la brigade du général Tchernozoubow (le 30ᵉ cosaques du Don et les dragons de Kazan) le faisait par Karadjiliar et Mostanly; la brigade des cosaques du Caucase, sous le commandement du général Tchérevine, agissait vers le sud entre ces deux colonnes; la brigade mixte des dragons avec le 9ᵉ lanciers du Boug, était partie de Stanimaki, et, passant par Karadjiliar, se dirigeait sur Démotika pour couvrir notre flanc droit.

De toutes ces colonnes, la brigade du Caucase parvint seule à joindre les Turcs dans une très-belle course de cavalerie, qu'elle fit à travers le massif montagneux de la Roumélie. Partis de Philippopoli le 24 janvier, dans la direction de Humourdjik, au nombre de huit sotnias, les cosaques rencontrèrent d'abord d'immenses difficultés dans les montagnes, ayant à suivre un sentier qui serpente le long des rochers; les montées et les descentes étaient si raides, et le sentier côtoyait des précipices si profonds, qu'ils ne pouvaient avancer qu'à la file et à pied, tenant leurs chevaux par la bride. La colonne n'avançait donc que très-lentement, et elle se déploya sur une ligne tellement longue, que lorsque les premiers cosaques arrivèrent à la hauteur du village de Bankovo, les sotnias d'arrière-garde ne faisaient que sortir de Stanimaki. La première journée, les cosaques ne firent que dix kilomètres. La route était encore plus difficile plus loin, et les descentes couvertes de verglas devenaient de plus en plus dangereuses. Entre Naretchine et Pavelskoé, onze chevaux perdirent pied et roulèrent dans les précipices. La brigade atteignit Pavelskoé le 26. Elle le quitta le lendemain, se dirigeant sur Tchépéliar, où les Turcs s'étaient retirés, disait-on, mais après avoir fait quatre kilomètres, la colonne fut assaillie par un violent chasse-neige et dut revenir à Pavelskoé, les guides bulgares refusant de continuer la route.

Se remettant en marche le 28, le détachement du général Tchérévine rencontra sur sa route les traces de la tempête de la veille. Des cadavres de Turcs gelés gisaient sur le sentier et celui-ci était tellement obstrué par la neige que l'on dut le déblayer pour se frayer le passage. On rejoignit enfin l'ennemi à deux kilomètres de Tchépéliar. Il fallut déloger du défilé son arrière-garde, qui s'y était retranchée; faisant mettre pied à terre à ses cosaques, le général Tchérévine les envoya par la montagne pour prendre en flanc la position des Turcs, qui prirent la fuite, mais furent rejoints par les cosaques près de Tchépéliar.

100 Turcs tués et 69 prisonniers, tels furent les résultats de cette affaire. La nuit arrêta la poursuite. Le lendemain 29, on rejoignit de nouveau les Turcs près du village de Tchatak, où ils opposèrent une résistance énergique; on leur fit 111 prisonniers. Les cosaques eurent 5 hommes blessés et 9 chevaux tués.

Le général Tchérévine fut informé à Tchatak de l'occupation d'Andrinople par les Russes et il apprit en même temps qu'il avait devant lui trois tabors, qu'environ 35,000 hommes avec 6 canons étaient concentrés à Isvertchi et qu'à Humourdjik il y en avait près de 20,000 avec de la cavalerie (1).

Le général Tchérévine résolut en conséquence de continuer la poursuite autant que possible, puis de se diriger à l'est, afin de donner la main aux autres troupes russes. Ce plan était parfaitement conçu. Espérant, grâce à des mouvements rapides et par son apparition sur différents points à la fois, pouvoir cacher à l'ennemi sa faiblesse numérique (400 chevaux épuisés) et le tromper sur la route qu'il comptait prendre, le général Tchérévine résolut, le 30 septembre, de masquer sa marche du côté de l'ouest et de se porter rapidement par Palas jusqu'à Pachavik (au sud). Dans la nuit du 29 au 30, des Bulgares lui apprirent que près de 2,000 cavaliers turcs s'étaient mis en marche de Humourdjik par Adakeuï sur Dérédéré, ville que traverse la route allant à Haskeuï. Ce renseignement obligea le général à se masquer aussi du côté de l'est.

Le 30 janvier, le général Tchérévine, ayant laissé à Tchatak un détachement composé entier de chevaux épuisés qui avaient besoin d'un jour de repos, envoya de fortes patrouilles à Pachmakly, à Rass et à Ismilan et deux sotnias à Dérédéré; celles-ci reçurent l'ordre d'occuper le village et d'y tenir coûte que coûte jusqu'à son arrivée; quant aux autres sotnias, le général les conduisit directement au sud au village de Palas. Ayant rejoint les Turcs à cet endroit, les cosaques mirent pied à terre, les délogèrent et, remontant à cheval, se lancèrent à leur poursuite, leur faisant perdre près de 300 hommes, les obligeant à fuir à la débandade dans les montagnes. Les cosaques ne s'arrêtèrent qu'à Pachavik. Dans ce village, une cinquantaine de fantassins s'étaient embusqués dans les maisons et s'y défendaient, mais ils périrent tous jusqu'au dernier. On ne fit pas de prisonniers ce jour-là et l'on s'empara de deux drapeaux. Les cosaques, de leur côté,

(1) Ces chiffres étaient exagérés.

LES BULGARES SONT OBLIGÉS DE TRAVAILLER AUX FORTIFICATIONS D'ANDRINOPLE

eurent deux hommes tués, deux blessés et sept chevaux tués.

Le gros des forces de la brigade s'arrêta entre Palas et Pachavik et se porta sur Dérédéré dans la matinée du 31 janvier. Après une étape de 55 kilomètres, le détachement, quoique assailli en route par un violent chasse-neige, arriva à Dérédéré vers une heure de la nuit; il fut rejoint à cet endroit par toutes les autres sotnias de la brigade, et le lendemain, 1er février, toute la brigade partit pour Adakeuï. Les renseignements des Bulgares par rapport à une marche des Turcs sur Dérédéré et Adakeuï étaient faux; on apprit, au contraire, que dès le 29 janvier les troupes turques étaient parties de Humourdjik pour Kavala, où tous les débris de l'armée de Suleyman-Pacha et tous les détachements qui étaient disséminés dans la Roumélie centrale et occidentale se concentrèrent. La flotte turque vint y chercher ces troupes et les transports partit dans la presqu'île de Gallipoli, dont Sabit-Pacha, brave officier qui était venu à l'armée de Philippopoli en même temps que Fuad, prit le commandement, partis à Constantinople. En arrivant dans les Dardanelles, Suleyman-Pacha trouva le châtiment de ses fautes et de ses intrigues ; il fut arrêté sur le vaisseau qui le portait ainsi que ses aides de camp et plusieurs de ses officiers. Le journal turc le *Hasshet* donna l'explication suivante de ces mesures :

« Les fautes commises par Suleyman-Pacha pendant la guerre sont nombreuses. En dernier lieu, il a été cause de la défaite de son armée à Bazardjik, défaite qui a eu pour résultat d'ouvrir à l'ennemi le chemin de la capitale. Par suite de cette défaite et de ses inhabiles opérations contre Schipka, Suleyman-Pacha a été cause de la perte de deux cents canons tombés dans les mains des Russes.

« Suleyman-Pacha a en outre, pris ces derniers temps, une attitude hostile contre le gouvernement impérial, et a cherché à troubler la tranquillité publique dans le moment critique que nous traversons.

« Donc, il a été décidé que Suleyman-Pacha sera arrêté et jugé pour sa conduite militaire, par le conseil de guerre, et sur ses menées criminelles par la haute cour, conformément à la loi (1). »

(1) C'est ici le cas de rappeler le sort des généraux turcs arrêtés précédemment pour des motifs d'incapacité militaire. On sait que sept d'entre eux devaient être traduits au mois d'août devant un conseil de guerre. Au commencement de septembre il fut sursis au jugement et le journal officiel turc la *Vérité* publia la note suivante sous forme de communication ministérielle :

On prétend que ce fut Mahmoud-Pacha qui obtint ce sursis pour sauver ses amis Redif et Abdul-Kerim. Au moment où nous écrivons, six semaines après la paix, ni ces généraux ni Suleyman-Pacha n'ont encore passé en jugement. Un journal allemand a annoncé que ce dernier avait été cousu dans un sac et jeté à la mer, mais la nouvelle s'est trouvée fausse. Les idées modernes ont fait assez de progrès en Turquie pour y faire disparaître ces procédés de justice expéditive.

Le 22 janvier l'infanterie de Gourko (3e division de la garde moins la 2e brigade de la 1re division, 5e division du 9e corps, 3e division d'infanterie) se remit en marche par Kasteleuï dans la direction d'Andrinople. A la date du 26, l'avant-garde de la 1re brigade de la 1re division d'infanterie de la garde entra à Andrinople, déjà occupée par la 1re division de cavalerie, la 16e division d'infanterie et la 2e division de cavalerie de la garde, et les jours suivants toute l'infanterie retardée en route par le débordement des rivières et par le manque de ponts, détruits par l'ennemi, se concentra en entier à Andrinople.

Pour couvrir ses derrières, pour assurer la tranquillité dans les environs de la ville, qui étaient infestés par les bandes de maraudeurs de l'armée turque en retraite, et aussi parce qu'à la date du 22 janvier on ne savait pas encore à quel point la défaite de l'armée de Suleyman était complète, Gourko avait laissé à Philippopoli la 31e division d'infanterie et le 9e hussards de Kiew, sous le commandement du lieutenant général Véliaminow, nommé temporairement gouverneur général de Philippopoli.

***

« LL. EExc. Redif, Abdul-Kerim et Eschreff-Pachas, ainsi que le commandant de la division de Scutari d'Albanie, Mahmoud-Pacha, les généraux de brigade Ahmet-Hamfi, ex-commandant de Sistova ; Houloussi, ex-commandant de Schipka, et Safvet-Pacha avaient été traduits devant le grand conseil de guerre pour des raisons déjà connues, et qu'il serait oiseux de rappeler ici.

« Or, par suite des exigences créées par les événements militaires actuels, les changements se produisant constamment dans la composition du conseil de guerre dont les membres sont appelés journellement à remplir des missions d'urgence, et d'une part le remplacement par des officiers supérieurs du même grade ne pouvant non plus avoir lieu pour les mêmes raisons de service, un iradé impérial ordonne le renvoi du procès des maréchaux et généraux susmentionnés à la fin des hostilités; de même que l'application des peines auxquelles ils pourraient être condamnés.

« L'île de Lemnos a été désignée jusqu'à la conclusion de la paix, non comme lieu d'exil, mais comme résidence des prévenus, qui ont été embarqués pour cette destination, à bord du vapeur de l'État *Sureya*. »

Observations du général Gourko sur les opérations de son armée et sur leurs résultats.

La série d'opérations qui amena l'armée russe de l'ouest de la passe de Baba-Konak à Andrinople par les difficultés vaincues au passage des Balkans, par les marches prodigieuses faites après ce passage, par la traversée à gué de rivières qui charriaient des glaçons, par le peu de repos et le peu de sommeil que les soldats prirent depuis leur départ de Sofia jusqu'à ce qu'ils eussent rejoint et dispersé l'armée turque, offre de si rares exemples d'énergie que nous croyons devoir reproduire les considérations qui terminent le rapport du général Gourko au grand-duc Nicolas et qui sont le résumé des exploits de ses troupes.

« Voici, dit-il, quels sont les résultats des opérations de mon corps d'armée pendant la période du 6 janvier au 1er février :

« La défaite de l'armée de Suleyman-Pacha, forte de 100 tabors, dont près de la moitié était dispersée dans les montagnes au sud de Tatar-Bazardjik et de la chaussée de Philippopoli, et dont l'autre partie, culbutée dans des routes menant à Andrinople, fut obligée de prendre la fuite au delà du Despotodagh, dans la direction de la mer ; en outre l'armée de Suleyman ayant perdu plusieurs milliers d'hommes et près de 2,000 prisonniers a laissé entre nos mains presque toute son artillerie — 114 canons, dont 96 pris de haute lutte, ainsi que de nombreux convois de munitions, tous les outils de sape, etc., etc.

« La défaite de cette armée turque, la dernière ressource de la Turquie au delà des Balkans, après la chute de Schipka, et le fait qu'elle fut rejetée hors du rayon d'Andrinople, laissant sans défense les solides fortifications de cette place, me permirent d'exécuter rapidement et sans obstacle l'ordre que m'avait donné Votre Altesse Impériale de m'empresser d'atteindre avec mes troupes Andrinople, déjà occupée par un détachement volant de cavalerie.

« Ces résultats ont été atteints avec des pertes relativement faibles ; le corps que je commande a perdu pendant toute cette période de temps : 7 officiers et 220 hommes tués, 26 officiers et 980 hommes blessés, 8 officiers et 9 soldats contusionnés ; soit hors des rangs : 1,320 hommes (1).

« Telles sont les pertes que nous avons subies pour obtenir des résultats aussi importants, malgré les trois journées de combat aux environs de Philippopoli, pendant lesquelles les Turcs défendirent en désespérés leurs positions et passèrent plusieurs fois à l'attaque, et pendant lesquelles la lutte à la baïonnette fut si fréquente.

« En faisant mon rapport à Votre Altesse Impériale sur les opérations de mon corps d'armée depuis le 6 janvier jusqu'au 1er février, — je crois devoir ajouter que quoique les troupes qui venaient de traverser les Balkans et de faire cent verstes (1) en combattant, aient eu en tout trois ou quatre jours de repos à Sofia, elles furent obligées, après s'être remises en campagne le 6 janvier, de recommencer les marches forcées, après le 9, la situation ne s'étant nettement dessinée qu'après le 11 janvier.

« C'est seulement le 11 et le 12 que l'on put se convaincre que les trois groupes (de Samakovo, de Tatar-Bazardjik-Trojan et d'Arab-konak) de l'armée de Suleyman se hâtaient de se replier sur Andrinople et qu'ils ne battaient pas en retraite, mais fuyaient jour et nuit. Au moment où les Turcs se concentraient déjà aux environs de Tatar-Bazardjik, ayant les queues de leurs colonnes ou leurs arrière-gardes sur la ligne de Banja-Kapoudjik, nos colonnes d'infanterie se trouvaient encore à Samakovo, à Vakaréli et à Ollukeuï, — en un mot notre infanterie se trouvait à 30 verstes des Turcs et avait encore à traverser les dernières chaînes des Balkans.

« Le 14 janvier, la colonne du centre (comte Schouvalof) rejoignait enfin la queue de l'armée en retraite de Suleyman, qui s'était déjà concentrée. La décision du comte Schouvalof, de passer, malgré un froid de six degrés, la Maritsa couverte de glace, la brillante exécution de cette opération par les chasseurs et par le régiment Paul de la garde, l'apparition, dans la même journée, sous les murs de Philippopoli de notre cavalerie, qui atteignait la tête des troupes turques en retraite, — telles furent les opérations par lesquelles furent inaugurées celles des 15, 16 et 17 janvier, qui se terminèrent par la défaite complète de Suleyman-Pacha.

« La bataille de trois jours aux environs de Philippopoli, dans laquelle la moitié de l'armée de Suleyman-Pacha avait été peu à peu engagée, aboutit les deux premiers jours à la dispersion de la moitié de l'armée. Enfin, le 19 janvier, les 40 tabors qui fuyaient dans la direction de Stanimaki par Kétenly et Haskeuï furent rejoints par une partie de notre cavalerie à Karadjiliar et re-

(1) Les pertes de plusieurs détachements de cavalerie sont encore inconnues, mais, autant qu'on sache, elles sont insignifiantes (*Note de Gourko*).

(1) La verste, 1 kilomètre 060.

jetés hors de la route d'Andrinople par le reste de notre cavalerie, qui avait occupé Haskeuï la veille. C'est à partir du 19 que l'armée de Suleyman se dirigea définitivement au sud, vers Mostanly.

« La tête de mon corps d'armée traversa la Maritsa le 16 janvier près de Philippopoli et se battit le soir avec l'ennemi près de Karagatch. Mes troupes, en poursuivant l'ennemi, ont donc fait du 6, 9 et 11 janvier jusqu'au 16 janvier 165, 160 et 100 verstes, soit près de 140 verstes en moyenne. Presque toutes les troupes ont traversé la Maritsa à gué ou en croupe des cavaliers, et enfin elles ont toutes pris part à la bataille de trois jours.

« Mon corps d'armée a eu encore une autre mission à remplir. Le 22 janvier, l'infanterie, forte de 52 bataillons avec 128 canons, se mit en marche vers Andrinople, en trois échelons ; et le 26, le 1ᵉʳ échelon (1ʳᵉ brigade de la 1ʳᵉ division d'infanterie de la garde) arrivait à Andrinople, tandis que les deux autres, retenus par la crue des rivières, s'arrêtèrent le 27 à Mustapha-Pacha.

« Il résulte de tout cela que mes troupes ont franchi en six jours les 180 verstes qui séparent Philippopoli d'Andrinople. Elles ont fait en tout depuis le 6 janvier (commencement des opérations à partir de Sofia) jusqu'au 27 janvier (date de leur concentration à Mustapha et à Andrinople), soit en 17 ou 18 jours, plus de 350 verstes ayant à accomplir le passage difficile de Vakareli-Kapoudjik et d'Otlukeuï, sans compter qu'elles ont dû traverser la Maritsa à l'époque la plus défavorable de l'année et qu'elles se sont battues pendant trois jours.

« On peut dire en vérité que dans la période d'opérations après les fêtes de Noël (la Noël russe qui tombe le 6 janvier), notre soldat a fait preuve d'une force et d'une vigueur tout aussi grandes que celles qu'il avait montrées lors du passage des Balkans. Il y a rarement eu de faits de nature à prouver avec autant d'évidence que *la victoire est dans les jambes*. Mes soldats ont fait sans murmurer et presque sans se reposer des dizaines et des centaines de verstes, ils ont porté sur leur dos des provisions pour huit jours et des centaines de cartouches, de sorte que je n'ai pas eu à me soucier des équipages ; ils ont transporté toute l'artillerie sur les montagnes, et c'est ainsi que j'ai pu descendre dans la plaine avec mes canons et enfin rejoindre l'ennemi.

« Après avoir rappelé en général l'attention de Votre Altesse impériale sur l'importance qu'à eue pour les opérations de mon corps d'armée la dureté aux fatigues du Russe, soldat ou officier, je ne puis passer sous silence le nom de ceux qui ont surtout contribué au succès de l'ensemble des opérations. La première place revient sous ce rapport à l'énergique et vaillant commandant de la 2ᵉ division d'infanterie de la garde, qui a commandé pendant presque tout le temps la plus grande partie du corps placé sous mes ordres, le lieutenant général comte Schouvalof. C'est lui qui, en passant le 14 janvier la Maritsa à Adakeuï, a inauguré la défaite de l'armée de Suleyman-Pacha, et c'est lui qui peu à peu a forcé l'ennemi d'accepter la bataille qui a duré trois jours. Après le comte Schouvalof, je dois citer le lieutenant général Dandeville, qui se distingue tout particulièrement par ses capacités militaires, et le général-major Krasnof, dont je dois vanter la bravoure ; ce sont ces deux généraux qui ont infligé le 16 et le 17 janvier des échecs décisifs à l'ennemi à Karagatch. »

XLIII. — INVASION DE LA ROUMÉLIE. — OPÉRATIONS DES CORPS DE SKOBELEF, DE RADETZKI, DE GANETSKI ET DE DELLINGSHAUSEN

Marche de Skobelef. — Occupation d'Andrinople.

La marche du corps de Gourko dans la Roumélie fut laborieuse parce qu'il eut à pousser devant lui l'armée de Suleyman-Pacha ; les autres colonnes d'invasion ne rencontrèrent aucun obstacle devant elles et leur marche ne fut, à proprement parler, qu'une course à travers le pays, aussi rapide que la force des hommes et des chevaux le permettait. Du moins, Andrinople sur lequel les colonnes de Skobelef, de Radetzki et de Ganetski avaient ordre de se diriger, paraissait devoir faire quelque résistance. Les Turcs, depuis le commencement de la guerre, en garnissaient les approches de retranchements ; on y comptait 32 ouvrages fortifiés, très-bien situés, d'une grande solidité, ayant la plupart des escarpes et des contre-escarpes en pierre. Mais tout cela ne servit à rien parce que les Turcs furent pris au dépourvu. L'artillerie qui aurait dû se trouver sur ces remparts avait été dispersée dans toutes les directions pour des besoins plus urgents, à Tatar-Bazardjik, à Schipka. On n'y avait pas concentré de troupes parce qu'on pensait que celles qui défendaient les lignes des Balkans se trouveraient tout naturellement ramenées à Andéfense nationale et était venu à Andrinople, donna ordre de les concentrer rapidement à Yamboli pour les diriger au plus vite, par toutes les voies possibles, sur Andrinople. Mais les Russes marchèrent plus vite que les Turcs; quand ces 25,000 hommes furent rassemblés ce n'est pas sur Andrinople, que Méhemet-Ali, surpris à l'improviste, dut livrer sans coup férir à l'ennemi, qu'on les di-

EXÉCUTION DES BACHI-BOUZOUKS INCENDIAIRES

drinople si elles étaient obligées de se replier. Les armées de Schipka et de Tatar-Bazardjik n'étaient-elles pas là pour fournir la garnison nécessaire. On sait comment ces prévisions furent déjouées.

L'armée de Schipka fut capturée tout entière et l'armée de Tatar-Bazardjik coupée d'Andrinople, de sorte que quand il fallut songer à défendre cette dernière ville, le gouverneur militaire Achmet-Eyoub n'avait sous la main que 6,000 hommes et 60 canons. Il restait une ressource ; il y avait dans le Balkan oriental, entre Kotel et Slivno, environ 25,000 hommes de l'armée du quadrilatère sous les ordres des pachas Kérim, Hassan et Hadji-Hussein; Méhémet-Ali qui, rentré une troisième fois en grâce, avait été chargé de nouveau de la rigea, mais sur Constantinople même, vers lequel la cavalerie russe courait déjà à marches forcées.

On a vu dans l'ordre général de marche du grand-duc Nicolas pour l'invasion de la Roumélie, reproduit au chapitre précédent, que les troupes de Skobelef II (16º division d'infanterie, 3º et 4º brigade de chasseurs et 3 régiments de la 1ʳᵉ division de cavalerie) avaient été détachées du corps de Radetsky pour former l'avant-garde de la colonne du centre (corps des grenadiers commandé par Ganetsky). La cavalerie de cette avant-garde contribua pour une large part à la rapidité avec laquelle la guerre fut terminée. Elle franchit en quinze jours une distance de plusieurs centaines de kilomètres, depuis le versant sud des Balkans jusqu'à Tchataldja, où elle apprit la nouvelle de la conclusion de l'armistice, à une étape de cavalerie de Constantinople. Pendant cette période de temps, elle ne dessellait presque pas ses chevaux, elle mangeait ce que Dieu lui envoyait ou ne mangeait rien du tout, n'en ayant pas le temps, quoiqu'elle fournît à l'infanterie de grands approvisionnements de vivres; elle dormait d'un œil et se battait presque chaque jour avec l'ennemi.

Dès le commencement de la campagne, le général Stroukof avait prouvé qu'il possédait toutes les qualités nécessaires pour commander de la cavalerie qui serait chargée d'accomplir ce que les Américains appellent un *read*. L'occupation du pont de Barbocho, qui, au début de la campagne, avait mis en possession de l'armée russe toute la ligne d'opérations depuis les frontières de la Bessarabie jusqu'à Bucharest et Giurgevo, avait été accomplie par lui, et il eut la gloire d'attacher son nom au brillant *read* de cavalerie qui termina la guerre russo-turque.

Le 13 janvier, à l'arrivée du commandant en chef à Kesanlyk, le général Stroukof reçut, du grand-duc Nicolas, l'ordre d'aller rejoindre le détachement qui se concentrait à Eski-Zaghra (1). Les forces principales de la cavalerie russe au delà des Balkans se trouvaient avec le corps du général Gourko; le flanc gauche de l'armée (général Radetzki) n'avait que trois régiments de la 1re division de cavalerie. C'est avec des forces aussi faibles que le général Stroukof se lança dans une entreprise aussi risquée que celle qui consistait à se jeter tête baissée au cœur de la Turquie. Le commandant de la 1re division de cavalerie, lieutenant-général Dokhtourof, à l'arrivée du général Stroukof à Eski-Zaghra, le nomma, par un ordre du jour spécial, commandant de la 1re brigade, — le commandant de celle-ci étant absent.

Le 14 janvier, le détachement du général Stroukof (1er dragons de Moscou, de S. M. l'empereur, 1er lanciers de Pétersbourg et une sotnia de cosaques n° 1, soit 9 escadrons) quitta Eski-Zaghra

(1) Ce détachement comprenait : 1er dragons de Moscou, le 1er lanciers de Saint-Pétersbourg, la 1re sotnia du 1er régiment de cosaques. Le détachement fut augmenté le 22 janvier, à Andrinople, de tout le 1er régiment de cosaques et de la batterie à cheval n° 1 et à Tcherlou de la batterie du Don de la garde. Pendant que ce détachement volant se trouvait à Hirmanli, le 9e cosaques lui fut adjoint pendant un jour, après lequel celui-ci reçut une autre destination.
Le 22 janvier, le général Dokhtourof ayant été nommé commandant de toute la cavalerie d'avant-garde formée, outre le 9e cosaques et la 1re division de cavalerie, des deux brigades de la 2e division de cavalerie de la garde, un ordre du jour du général Dokhtourof nomma, à Andrinople, le général Stroukof commandant intérimaire de la 1re division de cavalerie.

à onze heures du matin. En sortant de la ville, le général adressa aux officiers sous ses ordres les paroles suivantes : « Messieurs, il vous est échu en partage l'honneur de servir d'avant-garde à l'armée. Les regards de toute l'armée et de toute la Russie seront fixés sur vous. Je vous prie de ne pas oublier ce qu'on exige de la cavalerie : un grand esprit d'entreprise joint à la plus grande prudence. Notre tâche consiste à obtenir les plus grands résultats avec le moins de pertes possibles. Nous faisons un *read* qui doit en même temps avoir le caractère d'une reconnaissance générale et ininterrompue. Nous avons devant nous l'inconnu et nous aurons à faire ce que les circonstances nous indiqueront. Faisons le signe de la croix et en avant ! » Cette harangue produisit l'impression désirée.

Le détachement avait pour premier but la prise de possession des deux lignes des chemins de fer de Philippopoli et de Yamboli, et à cet effet il importait de s'emparer avant tout de la station de Ternovo, qui en était le nœud. Ayant envoyé le régiment des lanciers avec son commandant le colonel Balk, dans la direction de Yéni-Zaghra pour s'emparer de la station de cette ville et y couper le télégraphe reliant Andrinople à Schoumla et à tout l'ouest de la Turquie d'Europe, le général Stroukof partit lui-même avec les dragons de Moscou et la sotnia de cosaques dans la direction de la Maritsa, pour le village de Séménli, situé sur la rive gauche de cette rivière, en face de la station de Ternovo. Au nombre des stations qui se trouvent entre Ternovo et Yéni-Zaghra, figure celle de Karabounar, qui avait déjà été le but d'un petit *read* lors de la première expédition du général Gourko au delà des Balkans; le général Stroukof y dirigea cette fois-ci deux détachements de ses régiments, d'abord pour servir de trait d'union entre les deux régiments, puis pour être sûr que le télégraphe serait coupé soit à Yéni-Zaghra, soit à Karabounar, et enfin, si l'expédition venait à réussir sur les trois points à la fois, pour que la panique produite sur l'ennemi devînt encore plus vive et l'empêchât de se reconnaître.

Les trois parties du détachement se mirent en route à onze heures du matin. Il y avait eu dégel la veille, maintenant la route était couverte de verglas ; il y avait bien de la neige des deux côtés de la route, mais elle était trop profonde et trop molle, ce qui, tout autant que le verglas, entravait la rapidité de la course. Des patrouilles envoyées en avant et sur les flancs du détachement reconnaissaient les villages, où l'on voyait partout les traces d'incendies dévastateurs; heureusement que le feu n'avait pas détruit partout les immenses approvisionnements de paille, de foin et d'orge. On rencontrait parfois dans les villages et sur la route des soldats turcs blessés, fuyant de Schipka; la population locale avait totalement disparu; les patrouilles russes ne trouvaient personne à qui demander leur chemin. On ne rencontrait que des chariots, du bétail, des vieillards abandonnés qui n'avaient pas pu suivre assez vite les fuyards.

A sept heures du soir, le détachement du général Stroukof, ayant fourni une étape de 58 kilomètres, arriva au village d'Aladag, situé à 8 kilomètres de celui de Sémenli. Le général donna l'ordre de faire manger les chevaux et les hommes. C'est à partir de cet endroit que le détachement se trouva en contact direct avec l'ennemi. Arrivé à Aladag, Stroukof ne savait positivement pas ce qui l'attendait plus loin : la contrée et les forces de l'ennemi lui étaient inconnues. Il se trouvait à 58 kilomètres de Kezanlyk, sans avoir pu recueillir en route la moindre information et à 110 kilomètres au moins de tout régiment d'infanterie. A mesure qu'il s'approchait d'Aladag, il rencontrait à chaque instant des bandes de bachi-bouzouks et rejoignait des groupes d'habitants armés en fuite.

Quoique faisant de nombreux prisonniers, les dépositions de ceux-ci ne lui avaient rien appris jusqu'au moment où on amena devant lui un nègre gigantesque, couvert de guenilles et dont l'aspect hideux provoqua le rire de tout le détachement. Le général Stroukof apprit de la bouche de ce prisonnier — et son dire fut confirmé ensuite par plusieurs autres, — que le grand pont du chemin de fer qui traverse la Maritsa et mène à la station de Tirnovo se trouvait près du village même de Sémenli et était défendu de ce côté de la rivière par une compagnie et de l'autre par tout un tabor d'infanterie et un ouvrage en terre, armé de six canons ; — que l'on avait envoyé chercher à Hirmanly, dans le voisinage, un renfort de deux tabors pour mieux défendre le pont, et enfin qu'il y avait une crue de la rivière. Tous ces renseignements donnèrent à penser au général Stroukof. Comme la nuit tombait, il résolut de laisser le détachement se reposer et envoya faire une petite reconnaissance dans la direction du pont, qui fut exécutée par le 12e escadron des dragons de Moscou, commandé par le capitaine Ammossof. Cet officier partit à dix heures du soir muni d'instructions lui enjoignant de reconnaître avec le plus de détails possible toute la contrée aux environs du pont et de s'en emparer à la faveur des ténèbres, s'il était possible de le faire sans grandes pertes et sans se laisser entraîner par un excès d'ardeur.

L'escadron de dragons franchit rapidement les huit kilomètres qu'il avait à faire pour atteindre Sémenli; mais quand il y arriva il se trouva que le village était tellement obstrué par des files interminables de chariots que la circulation était presque impossible par les rues tortueuses de l'endroit. Le capitaine Ammossof se décida néanmoins à tenter l'entreprise; il ordonna à ses dragons de mettre pied à terre et de se lancer à l'attaque. Les milliers de fuyards turcs qui se trouvaient là tentèrent d'arrêter leur marche les armes à la main, mais les dragons, travaillant à la baïonnette à droite et à gauche, se frayèrent bientôt un chemin entre les chariots et atteignirent enfin le pont, où l'infanterie régulière les accueillit par des salves de mousqueterie. Ayant chassé à la baïonnette les cent fantassins qui en défendaient l'entrée et qui se retirèrent au milieu du pont, le capitaine Ammossof en prit possession et se mit immédiatement à enlever les rails et à couper le télégraphe du chemin de fer de Yamboli.

Dans l'intervalle on échangeait une fusillade qui promettait de durer longtemps et ne pouvait avoir aucun but. Ne voulant pas perdre de temps et soucieux de ménager ses cartouches, le capitaine Ammossof fit appel à des hommes de bonne volonté pour pousser plus loin l'attaque du pont, lequel a 450 pas de longueur et se trouve à 42 pieds au-dessus du niveau de la rivière. Quand les enseignes Vérevkine et Reschétof, qui avaient demandé à commander l'attaque des volontaires, se mirent à jeter de côté les chariots qui encombraient une partie du tablier, les Turcs se retirèrent jusqu'à l'autre extrémité du pont, s'y couchèrent et ouvrirent sur la poignée de Russes un feu d'une telle violence que ceux-ci furent obligés de s'arrêter à mi-chemin, de se mettre à couvert derrière un fourgon renversé et de répondre par un feu bien dirigé, qui repoussa toutes les tentatives faites par l'ennemi pour les déloger de derrière cette barricade. Les Turcs envoyaient une grêle de balles sur la barricade, sans faire de mal à ses défenseurs; puis ils joignirent à leurs fusils l'action du canon et mirent de la partie les six pièces de l'ouvrage en terre qui défendait le pont. La canonnade ne fit aucun mal au détachement, si ce n'est que le capitaine Ammossof reçut une légère contusion. Voyant qu'ils ne pouvaient déloger les volontaires, les Turcs se mirent aussi à enlever les rails et le tablier du pont. La lune s'était couchée, et les Russes ne purent pas juger des progrès de cette œuvre de destruction.

Dans l'intervalle, les réfugiés turcs du village de Sémenli s'étant remis de leur frayeur et voyant qu'ils étaient près de cinq mille, non-seulement commencèrent à tirer de leurs fusils albanais sur les dragons, mais les attaquèrent même à l'arme blanche et en blessèrent un au bras. Le petit détachement russe se trouvait donc entre deux feux ; aussi le capitaine Ammossof, se rappelant que Stroukof lui avait ordonné de ne pas s'exposer à des pertes inutiles et voyant que le but de la reconnaissance était atteint, donna aux volontaires l'ordre de se retirer du pont et, s'éloignant avec son escadron, rejoignit son régiment à six heures du matin.

Le général Stroukof avait reçu à une heure de la nuit le premier rapport du capitaine Ammossof, qui confirma entièrement les renseignements donnés par le nègre sur le nombre des canons et des troupes. Enfin, au point du jour, un second rapport lui fournit des détails sur le combat livré à Sémenli et près du pont. Si le capitaine Ammossof n'avait pas réussi à s'emparer du pont, son excursion n'en avait pas moins atteint son but, la voie ferrée et le télégraphe étaient coupés et la reconnaissance avait fourni des renseignements précieux, qui certainement étaient assez sérieux pour que le général Stroukof dût faire plus d'une réflexion sur les dangers de sa position. Il n'avait ni artillerie ni infanterie et les régiments d'infanterie les plus rapprochés de lui (ceux de Skobelef II) pouvaient être — s'ils avaient fait des marches forcées — à 65 kilomètres au moins de lui. N'ayant que cinq escadrons, ce qui pouvait fournir en leur faisant mettre pied à terre cinq cents fusils au plus, il lui semblait difficile d'avoir raison de l'artillerie turque, lui qui n'avait pas un seul canon.

D'autre part, on ne pouvait pas laisser plus longtemps le pont entre les mains des Turcs et il ne fallait pas non plus leur permettre de le détruire, car autrement le passage de la Maritsa aurait été des plus difficiles pour le flanc gauche de l'armée russe et aurait arrêté ses opérations, lesquelles, après le passage des Balkans, exigeaient avant tout une grande rapidité pour pouvoir devancer les Turcs dans leur retraite sur Andrinople. Pour atteindre ce but, il fallait avant tout s'emparer de la voie ferrée de Philippopoli, qui dans la situation présente était beaucoup plus importante que celle de Yamboli, car elle servait de base d'opérations à l'armée de Suleyman-Pacha, mais pour pouvoir disposer de cette ligne il fallait s'emparer avant tout du pont de Sémenli et de la station de Ternovo.

En pesant toutes ses chances, le général se demanda s'il n'y avait pas un avantage quelconque dont son détachement pût profiter dans le cas où il faudrait renouveler l'attaque du pont de Sémenli. Il y avait bien un moyen, mais fort douteux ; on pouvait croire que la spontanéité de l'attaque effectuée pendant la nuit avait fait une forte impression sur les Turcs, et en comptant sur les récents événements de Schipka et de Schenovo, il était fort possible que l'ennemi s'attendît à la prompte apparition de forces russes imposantes dans les environs de Ternovo. L'escadron d'Ammossof s'était retiré, il est vrai, mais le fait seul de son arrivée à cet endroit devait avoir étonné l'ennemi et accru la panique de la population locale en fuite, laquelle devait se trouver sous l'empire de la crainte d'une seconde excursion en force. Il était évident, d'autre part, que les Turcs n'avaient pas pu se rendre compte des véritables forces du détachement volant et que cette ignorance devait surtout être favorable aux Russes. Il fallait donc renouveler avec ténacité l'entreprise hardie de la nuit et ne pas laisser à l'adversaire le temps de se remettre. Telle était la seule garantie de succès — plus psychologique que matérielle — sur laquelle le général Stroukof pût compter, et il résolut d'essayer d'en profiter.

Au point du jour, le général se rendit auprès du régiment, qui s'était rangé pour l'attendre ; il remercia le 2ᵉ escadron pour sa brillante reconnaissance, puis se mit à la tête du 1ᵉʳ escadron et d'un peloton du 4ᵉ escadron et marcha en avant après avoir dit en quelques mots aux soldats que le 1ᵉʳ escadron, qui porte le nom de l'empereur, devait être au poste d'honneur. Le colonel Yazykof reçut l'ordre de le suivre avec les trois autres escadrons et de soutenir l'attaque, en cas de besoin. Avant huit heures du matin, le 1ᵉʳ escadron arrivait en vue de la position turque. Le village de Sémenli était encore obstrué par les chariots, les troupeaux et leurs propriétaires, quoiqu'une grande partie de ceux-ci eussent déjà atteint la rive opposée de la rivière, soit en traversant le pont, soit en passant la rivière sur des bateaux ou des bacs. Tous ceux qui avaient voulu passer à gué avaient péri dans la rivière. Le bruit et les cris retentissaient au loin, et dans tout le mouvement de cette foule, on voyait les traces d'une frayeur extrême. Les Russes apprirent plus tard que cette fuite désordonnée avait commencé de-

EMBARQUEMENT DE L'ARTILLERIE D'ACHMET-EYOUB-PACHA SUR LE TRAIN QUI DOIT L'EMMENER A CONSTANTINOPLE

puis le moment où le second escadron de leurs dragons s'était replié la veille au soir sur le gros de son régiment. On avait donc eu raison de compter sur l'effet de la panique. De l'autre côté de l'énorme pont, on voyait à un demi-kilomètre les bâtiments de la station du chemin de fer, autour de laquelle, dans un cercle de deux kilomètres au moins, fourmillaient, comme à Sémenli, des masses de chariots et d'émigrés avec leurs troupeaux. Sur la gauche du pont se dressait un petit ouvrage en terre couronné de six canons. Ayant aperçu les dragons, les Turcs s'empressèrent de mettre le feu sur l'autre rive à la charpente en bois du pont, et alors le désespoir des fuyards qui se trouvaient du même côté que les soldats russes n'eut plus de bornes : cet incendie, en leur coupant la retraite, les privait, pensaient-ils, de tout espoir de se sauver, car ils étaient persuadés que les Russes les massacreraient jusqu'au dernier; ils craignaient du reste encore plus les Bulgares que les Russes, parce que le village de Sémenli était de ceux où les atrocités des Turcs avaient été commises sur une grande échelle au mois d'août 1877.

Après avoir occupé le pont et la station, Stroukof fit abattre solennellement, au nom du Tsar-Libérateur, la potence que les Turcs avaient dressée près du pont et fit en outre dresser, en présence des étrangers employés à la station et du prêtre bulgare, un procès-verbal du nombre des victimes qu'avaient faites les Turcs au mois d'août précédent.

A l'apparition des dragons, le tabor de nizams sortit de derrière le parapet de la batterie et vint à leur rencontre. Pour détourner l'attention de l'ennemi et en même temps pour mieux reconnaître la direction que prenait le tabor, Stroukof envoya sur la gauche de la route un gros peloton, commandé par l'enseigne Rautsmann, puis il s'empressa lui-même de se porter en avant, fit descendre de cheval ses hommes dans le village et, comme la situation était critique et exigeait des mesures décisives et immédiates, il se lança sur le pont sans tirer un coup de fusil et sans attendre le feu des Turcs. Stroukof atteignit le premier le pont à la tête des dragons et cette énergie fit une grande impression sur les Turcs: leur tabor de près de cinq cents hommes quitta précipitamment le bord de la rivière qu'il venait d'atteindre et se retira sur la station, tout en observant chaque mouvement des cavaliers, dont le premier soin, comme de raison, fut de sauver le pont. Tout le monde, du général jusqu'au dernier soldat, se mit à éteindre l'incendie ; on coupait à coups de sabre les planches enflammées; on puisait de l'eau dans la rivière avec les gourdes et les seaux de toile et on en inondait tous les points que le feu avait attaqués. Le sauvetage fut facile, car l'incendie n'avait pas eu le temps de se propager d'une manière dangereuse, et le pont n'avait été léché par les flammes que sur une longueur d'une vingtaine de mètres.

A ce moment, l'arrivée à Sémenli du capitaine Yazykow avec ses trois escadrons fit encore plus d'impression sur les Turcs. Sans attendre leur attaque, le tabor se retira au sud dans la direction d'Hirmanli et battit prudemment en retraite.

Malgré cela les Russes ne pouvaient considérer leur besogne comme achevée, d'autant moins que les Bulgares du village et un asker faits prisonniers venaient de déclarer qu'aussitôt après l'engagement de la nuit, les Turcs avaient envoyé chercher deux tabors à Hirmanli et que ceux-ci pouvaient arriver à chaque instant. Aussi, le général Stroukof ordonna-t-il à une partie des dragons de procéder au plus vite à la réparation du pont avec le bois des chariots abandonnés en grand nombre dans le voisinage.

Dans l'intervalle, l'escadron de l'Empereur, s'étant transporté sur l'autre rive de la Maritsa, le général Stroukof dit aux hommes qui le composaient qu'ils allaient avoir l'honneur de s'emparer des six canons de la batterie ennemie, en face des Turcs mêmes. Comme l'arrivée de nouveaux renforts pouvait donner à ceux-ci une énergie nouvelle et faire du pont l'objet d'un nouveau combat, il importait de s'emparer de cette batterie, qui se trouvait à un demi-kilomètre de distance. Les dragons se lancèrent aussitôt sur l'ouvrage, et il ne se passa pas un quart d'heure qu'ils ramenaient triomphalement les six canons, les traînant à bras, malgré la neige profonde. Le plancher du pont ayant déjà été à peu près rétabli, ces six canons furent immédiatement transportés sur la rive gauche de la Maritsa. Tout cela se passa sous les yeux de l'arrière-garde du tabor de nizams, qui continuait à observer les Russes à quelque distance de la station.

Pendant que l'on achevait de réparer le pont, le général Stroukof et le lieutenant-colonel Alexéiew s'empressaient de se rendre à la station pour s'emparer définitivement du télégraphe, qui avait déjà fait savoir sur toute la ligne que les Russes attaquaient le pont. Cette communication fut du reste très utile au *read* en répandant la terreur dans les pays qu'il allait parcourir. Stroukof fit emporter l'appareil et coupa ainsi toute communication télégraphique entre Andrinople et Philippopoli, puis, s'étant emparé de la correspondance, des papiers, des registres, et ayant interrogé les employés de la station, il put se convaincre que l'on avait expédié de Yamboli à Philippopoli 29 trains extraordinaires, que Suleyman-Pacha avait transporté sur ces trains près de 30,000 hommes et que le dernier de ces convois avait traversé Ternovo le 5 janvier, transportant Suleyman-Pacha lui-même à Philippopoli ; qu'ensuite une dépêche adressée de cette ville par le général en chef turc ordonnait au directeur de la ligne d'envoyer immédiatement tout son matériel roulant pour transporter l'armée de Philippopoli à Andrinople. Cette demande ne put être exécutée parce que la station de Ternovo tomba entre nos mains deux jours après, le 15 janvier. Cette correspondance explique pourquoi Suleyman-Pacha ne voulait pas accepter le combat le 15 janvier et pourquoi il se décida à livrer une bataille sérieuse le 16 et le 17 ; il attendait d'un instant à l'autre l'arrivée de tout le matériel roulant et voulait ramener intacts à Andrinople ses 30,000 hommes, mais quand il apprit que la ligne de retraite directe lui était coupée, il lui fallut courir les chances d'une bataille, qui n'eut pour lui d'autre résultat que sa désastreuse retraite par la voie des montagnes dans la direction de Stanimaki.

Dans la soirée, les dragons terminèrent la réparation du pont, ce qui permit de faire passer sur la rive droite de la Maritsa le 4ᵉ escadron avec les chevaux de régiment et de placer des avant-postes du côté d'Hirmanli et dans la direction de la route de Philippopoli. Le général Stroukof ne se laissa pas entraîner par l'idée de poursuivre le tabor battant en retraite, d'autant plus qu'il était trop tard ; son but principal consistait à conserver avant tout la possession du pont ; aussi prit-il toutes les mesures dont il pouvait disposer pour la meilleure défense de sa position en cas d'attaque pendant la nuit. Il était difficile de croire que les Turcs, quelle que fût leur panique, pussent abandonner aussi facilement un point stratégique d'une aussi grande importance, sans tenter de le reprendre coûte que coûte ; ils devaient comprendre en effet que la possession de Ternovo permettait à la nombreuse armée russe de marcher sans obstacle sur Andrinople, qu'elle coupait la retraite à l'armée de Suleyman et lui enlevait toute communication avec Constantinople, qu'elle arrêtait la circulation du chemin de fer entre Slivno, Kotel, Karnabat, etc., et obligeait toutes les troupes qui s'y trouvaient à se retirer par les chaussées à la plus mauvaise époque de l'année. Et pourtant, au grand étonnement des Russes, la panique eut le dessus. L'ennemi ne fit aucune tentative et la nuit se passa tranquillement à la station de Ternovo.

Pour des pertes insignifiantes (deux hommes blessés), Stroukof avait ainsi déjà obtenu des résultats d'une grande importance : la possession du pont qu'il avait sauvé des flammes et de la station du chemin de fer avec tous les avantages stratégiques qui en résultaient, la prise de six canons Krupp à longue portée et d'une immense quantité de bétail et d'approvisionnements divers.

Le lieutenant général Skobelef II, informé aussitôt de ces brillant résultats, envoya d'Eski-Zaghra un bataillon d'infanterie, qui arriva le 16 par une marche forcée à Ternovo, et bientôt tout le corps d'avant-garde fut réuni sur ce point et s'y concentra dans la nuit du 16 au 17.

Pendant cette concentration, Stroukof continuait à pousser sa cavalerie en avant. Ne voulant pas rendre manifeste son infériorité numérique, il résolut d'éviter autant que possible toute opération au grand jour. Aussi choisit-il la nuit pour envoyer de petits détachements chargés de pousser aussi loin que possible sous la seule réserve de pouvoir toujours se retirer à temps, car leur seul but était de pénétrer dans l'intérieur du pays et d'y entretenir la panique.

L'un de ces détachements, composé du 3ᵉ escadron de dragons commandé par le major Tchoulkow, fut dirigé sur Hirmanli pour occuper la station du chemin de fer et couper les communications télégraphiques entre cette localité et Andrinople. Il partit à dix heures du soir, éclaira la chaussée entre Haskeuï et Hirmanly, se dirigea vers le pont en voûte jeté sur la Maritsa et arriva en face du village dont les dernières maisons se trouvent à quelques mètres du pont. S'étant aperçu que de nombreux chariots s'y étaient réunis sous la protection du détachement d'infanterie qui s'était retiré la veille de Ternovo et qu'il y avait là environ 3,000 fuyards armés, le major Tchoulkow descendit de la chaussée sur le remblai du chemin de fer, traversa le pont du chemin de fer situé plus bas que le pont en voûte, prit possession de la station de la voie ferrée, s'empara des papiers et de l'appareil télégraphique et, sa mission se trouvant remplie, envoya l'enseigne Gortalow au général Stroukof pour lui apprendre ce qui s'était passé.

Déjà le détachement russe s'apprêtait à rentrer à Tirnovo, lorsqu'une immense gerbe de flamme s'élevant tout à coup lui apprit qu'on avait incendié le pont du chemin de fer derrière lui et qu'il était tombé dans une embuscade. Sa ligne de retraite directe sur Ternovo était coupée et il n'avait plus qu'à se diriger sur le village, et à se frayer par force le passage vers le pont en voûte. Tchoulkow se dirigea donc sur le village avec son escadron, traversa les rues sans être inquiété et atteignit le pont, mais il s'aperçut alors que celui-ci était barricadé par des chariots et par tout un troupeau de bœufs, attachés les uns aux autres par la queue et par les cornes, de sorte qu'ils formaient une masse compacte. A l'abri de cette barricade originale, les Turcs ouvrirent le feu contre nos dragons.

Le major Tchoulkow fit mettre pied à terre aux trois quarts de son escadron et se retrancha dans les maisons les plus rapprochées du pont. Un duel de mousqueterie des plus violents s'ensuivit et il coûta dix hommes hors de combat aux Russes, dont deux furent tués sur place, et cinq chevaux : l'enseigne Protassiew fut blessé. La situation de l'escadron devenait assez critique, d'autant plus qu'il ne pouvait pas en informer son régiment. Mais un hasard vint à son secours; l'enseigne Gortalow, qui avait été envoyé pour rendre compte à Stroukof de l'expédition, entendit chemin faisant le bruit de la fusillade et, apercevant la fumée d'un grand incendie, se douta aussitôt qu'il venait d'arriver quelque chose de fâcheux. Grâce à la rapidité de son cheval, il arriva à minuit à Ternovo et fit part au général de ses suppositions. Stroukof envoya immédiatement à Hirmanli le lieutenant-colonel Alexéiew avec le 1er escadron et lui donna l'ordre de rejeter coûte que coûte hors du village tous les attroupements qui s'y trouvaient, et d'y provoquer une panique dont la nouvelle pût se répandre avec rapidité dans toutes les localités environnantes.

Dans l'intervalle, Server-Pacha et Namyk-Pacha arrivaient à Hirmanli, à une heure de la nuit par un train spécial. Ils se rendaient, comme nous le raconterons plus loin, à Kezanlyk pour demander un armistice au grand-duc commandant en chef. Le train dut s'arrêter à la station à cause de l'incendie du pont. Entendant la fusillade et ayant été informés qu'une lutte était engagée dans le village, les deux pachas envoyèrent un secrétaire avec ordre de trouver le commandant du détachement et de lui offrir leurs services pour faire cesser le feu des Turcs. Le major Tchoulkof pria fièrement ce secrétaire de transmettre aux pachas qu'il avait l'honneur de les remercier pour leur aimable proposition, mais qu'il ne pouvait pas en profiter, n'ayant reçu de ses chefs aucune instruction pour un cas aussi extraordinaire, et que du reste il croyait qu'ayant été provoqué au combat, il devait le mener à bonne fin, d'autant plus qu'il pouvait compter sur ses propres forces.

Les pachas se trouvaient encore à la station quand le 1er escadron de dragons arriva, vers deux heures après minuit, sur le lieu du combat. Se précipitant comme une trombe sur les Turcs qui défendaient le pont en voûte, il les prit à revers, les foula aux pieds des chevaux et les sabra. Ayant entendu sur l'autre rive, le hourra de leurs camarades mêlé aux cris de terreur des Turcs, les dragons de Tchoulkow se jetèrent la baïonnette en avant sur le pont et mirent en pièces, avec l'aide de leurs sauveurs, l'immense convoi turc et ses nombreux défenseurs.

Il y eut dans cette tuerie de nuit des scènes d'une sauvagerie inouïe que la relation officielle de M. Vsevolod Krestovsky laisse entrevoir dans le passage suivant : « Tout ce qui fut épargné (et ne fut que la minorité) prit la fuite à la débandade. Les Bulgares du hameau s'étant rués à leur tour sur les Turcs, il y en a bien peu qui aient pu se sauver. Quoiqu'il fût difficile à nos dragons de distinguer, dans l'obscurité, les hommes des femmes, ils firent néanmoins tout leur possible pour épargner ces dernières, — à l'exception, comme de raison, de celles qui se défendaient les armes à la main, ce qu'elles faisaient avec acharnement, car il faut rendre cette justice aux femmes turques que beaucoup d'entre elles, à l'occasion, se battent très-bien et manient parfaitement le fusil et le yatagan.

« Le lendemain, Server-Pacha et Namyk-Pacha, qui durent se rendre en voiture à Ternovo, à cause de l'incendie du pont, purent voir de leurs propres yeux les traces de la lutte de la nuit et le général Stroukof crut devoir leur expliquer les motifs de cette exécution. Ce n'était pas nous qui avions engagé le combat, mais bien les Turcs eux-mêmes, en voulant prendre Tchoulkow dans une souricière et en le recevant à coups de fusil sur le pont; nous n'étions donc pas responsables des conséquences de ce guet-apens, car ce n'étaient pas seulement les troupes turques qui se battaient, mais aussi la population locale, qui était armée. Le pont en voûte nous était nécessaire pour couper la retraite à Suleyman-Pacha, et comme les habitants armés le défendaient avec acharnement en même temps que les nizams, et nous avaient fait subir des pertes sensibles, il ne nous restait plus qu'à avoir recours à la chance des armes et les immenses pertes des Turcs parlaient éloquemment en faveur de leur résistance désespérée. Server-Pacha avait les larmes aux yeux en contemplant le théâtre de la lutte et il dit que « cette défaite le confirmait encore plus dans la nécessité absolue d'un armistice.

« — Son Altesse Impériale, lui répondit Stroukof, ne vous accordera pas d'armistice, mais seulement la paix, et encore ne sera-ce que la paix telle que la veut le grand-duc; c'est à tort que vous allez chercher un armistice, vous ne l'obtiendrez pas. »

Au moment où les pachas quittaient la station d'Hirmanli pour se rendre à Ternovo on vit arriver à la hâte un détachement d'infanterie et d'artillerie envoyés par Skobelef pour occuper au plus tôt cet important point stratégique sur les derrières de Suleyman-Pacha, dont on ignorait encore alors le sort. Ce détachement comprenait, outre le reste du régiment de dragons de Moscou, le régiment d'infanterie de Vladimir, le 11° bataillon de chasseurs, une compagnie de sapeurs, quatre canons de la 16° brigade d'artillerie et une sotnia du 1er régiment de cosaques du Don.

Ayant rencontré en route les pachas parlementaires, le général Stroukof les reçut avec la plus grande amabilité et causa avec eux une demi-heure; les pachas lui firent beaucoup de questions sur la bataille du 9 janvier à Schipka et à Sche-

LE GÉNÉRAL COMTE SCHOUVALOF, COMMANDANT DE LA 2° DIVISION DE LA GARDE

novo, sur la reddition et sur le sort d'Osman-Pacha et sur la situation de Suleyman-Pacha, dont on n'avait reçu aucune nouvelle à Constantinople depuis le 16 janvier, c'est-à-dire depuis que Stroukof avait coupé les communications télégraphiques.

Stroukof chercha autant que possible à satisfaire leur curiosité, et donna ordre au détachement qui venait d'arriver de se ranger des deux côtés de la chaussée, avec les musiques, et de présenter les armes aux pachas, dont la physionomie montrait bien qu'ils ne s'attendaient pas à ces honneurs et encore moins à la présence à Hirmanli de tout un détachement russe avec son artillerie. Le cavas du grand-duc commandant en chef, qui servait d'interprète à Stroukof, lui raconta ensuite que quand les pachas passèrent devant les troupes, le secrétaire de Server lui ayant demandé si c'était vraiment l'avant-garde de l'armée russe, le pacha lui répondit, en se penchant à son oreille : « Oui, qui l'aurait cru ! »

Tout le personnel du chemin de fer, le directeur en tête, était arrivé à Hirmanli avec les deux pachas. Le directeur demandait à Stroukof qu'il laissât repartir le train pour Andrinople, mais le général s'y refusa, outre que ces messieurs avaient pu juger de la faiblesse du détachement russe et auraient pu la révéler, un train au complet avec sa locomotive était de bonne prise et devait rendre de grands services.

Après avoir pris congé des pachas, le général Stroukof se posta avec son détachement devant Hirmanli, à la bifurcation de la chaussée de Philippopoli-Andrinople, et, selon les ordres de Skobelef, il se mit aussitôt à creuser des retranchements, tout en s'éclairant fortement sur son flanc droit, dans la direction de Haskeuï. De nombreux convois d'émigrants turcs continuaient à suivre la route de Philippopoli sous l'escorte, non-seulement de milliers d'habitants armés, mais aussi de troupes régulières, qui se faisaient garder du côté des Russes par des vedettes. La position de ceux-ci était très-bien choisie. Le régiment de Vladimir se mit vaillamment à creuser des tranchées, malgré un froid de dix degrés. La terre durcie ne se laissait pas entamer à la pelle et l'on dut employer les haches ; malgré cette difficulté, les tranchées étaient prêtes à minuit sur toute la longueur de la ligne, qui était d'une étendue respectable. Le général Stroukof couvrit son flanc gauche par une chaîne que fournit le 11ᵉ bataillon de chasseurs et établit son bivouac près du pont en voûte à l'entrée du hameau. Une fusillade échangée dans la nuit par les postes envoyés dans la direction de Haskeuï démontra aux fuyards musulmans qu'Hirmanli était occupé et que la retraite par la chaussée leur était fermée.

Dans l'intervalle, on apprit au quartier général qu'une partie de l'armée de Suleyman-Pacha se dirigeait sur Haskeuï. Cette nouvelle provoqua un mouvement immédiat d'une partie des troupes de Skobelef. Le régiment d'Ouglitch, sous les ordres du colonel Panioutine et appuyé de deux canons, se mit en route vers cette ville, mais au lieu de rencontrer une partie de l'armée de Suleyman-Pacha, comme il s'y attendait, il donna, le 19 janvier, dans un immense convoi d'habitants de la vallée de la Maritza qui fuyaient devant l'armée de Gourko. Le colonel Panioutine ayant complétement défait et dispersé l'escorte, composée de six tabors, s'empara de ce convoi, qui comptait plus de 20,000 chariots. Dans un chapitre spécial sur les horreurs inouïes dont fut marquée la fin de la guerre russo-turque, nous reviendrons sur cet épisode, l'un des plus lamentables de la campagne. Ce convoi n'était pas un convoi de vivres et de munitions, comme le disent les documents russes, mais un convoi de musulmans qui fuyaient devant l'invasion russe et dont un grand nombre périt par suite de l'attaque de Panioutine.

Tandis que l'infanterie de Skobelef était occupée du côté d'Haskeuï, la cavalerie continuait à marcher vers Andrinople. Le 18 janvier, le régiment de lanciers de Pétersbourg rallia le détachement avancé du général Stroukof, et à la même date le 4ᵉ escadron de dragons de Moscou prit possession de la ville de Mustapha-Pacha. Cet escadron y avait été envoyé la veille de manière à pouvoir atteindre la ville dans la nuit, et jusqu'au matin le capitaine Reiger eut à lutter contre de nombreuses troupes de bachi-bouzouks et de Tcherkesses qui tentaient de le déloger des maisons et de la station, dont il avait réussi à s'emparer par surprise.

Le 19 janvier, le général Stroukof, à la tête de neuf escadrons partit de Hirmanli pour Mustapha-Pacha. La marche de ce détachement produisit partout une panique qui allait croissant au fur et à mesure qu'il avançait. La population fuyait dans le plus grand désordre et les bachi-bouzouks, les Tcherkesses et les askers (1), étaient les premiers à annoncer partout cette débandade. Les autorités turques abandonnaient leurs conaks, mettaient le feu à quelques bâtiments, emportaient leurs archives et se sauvaient à Andrinople.

Pendant qu'il se rendait à Mustapha-Pacha, le général Stroukof, laissant son détachement continuer sa route, s'arrêta un moment avec sa petite escorte pour attendre l'arrivée des chevaux de bât qui le suivaient. A ce moment apparut sur l'autre rive de la Maritza une petite troupe d'une cinquantaine de Tcherkesses, qui, voyant le groupe de douze personnes qui entourait Stroukof, se jeta à la nage pour l'attaquer. L'escorte du général prit position sur une petite éminence et prépara ses revolvers et ses fusils pour recevoir l'ennemi dès qu'il atteindrait la rive. Cette tactique était d'au-

(1) Chasseurs de l'armée ottomane.

tant plus nécessaire qu'en laissant les Tcherkesses aborder, les chevaux de bât du détachement auraient couru le danger d'être tués ou pris par ces cavaliers, qui ne se seraient pas gênés pour égorger les ordonnances et les conducteurs de chevaux désarmés. Voyant que l'on était prêt à se défendre, les Tcherkesses tournèrent bride au milieu de la rivière, perdant deux hommes qui se noyèrent avec leurs chevaux, tandis que les autres, ayant regagné la rive opposée, partirent au trot et disparurent bientôt dans le lointain. On apprit plus tard que ces Tcherkesses faisaient partie de la colonne que Kérim-Pacha amenait de Slivno, colonne qui marchait presque parallèlement avec les Russes par une route ordinaire, couverte d'une boue profonde, et qui s'efforçait d'arriver à Andrinople avant eux, afin de s'établir dans les fortifications de cette ville.

Pendant toute sa marche, le général Stroukof sentait pour ainsi dire, la présence sur son flanc gauche d'une forte colonne ennemie. Comprenant que chaque moment était précieux et que tout dépendait de savoir qui arriverait le premier, Stroukof donna l'ordre à sa brigade de faire manger à la hâte ses chevaux, de donner un court repos aux hommes et ensuite de marcher sans interruption. Se trouvant à Mustapha-Pacha à 50 kilomètres de distance du corps de Skobelef et à 30 d'Andrinople, n'ayant pas d'artillerie à cheval il avait bien le droit de se demander s'il devait continuer sa route ou attendre l'infanterie, d'autant plus qu'il savait parfaitement qu'Andrinople était défendu par 0,000 nizams et par 60 pièces de grosse artillerie. Que pouvaient faire ses neuf escadrons contre des forces pareilles? Mais d'autre part, il fallait absolument dépasser Kérim-Pacha, qui pouvait grandement renforcer la garnison d'Andrinople, où l'on attendait en outre des renforts de Stamboul : Stroukof conclut donc *qu'il fallait marcher en avant*.

La position difficile du détachement volant le devenait davantage encore par suite de cette circonstance que, depuis le 19, Skobelef ne se trouvait plus à Hirmanli, étant parti vers Haskeuï, afin de barrer le passage aux troupes de Suleyman qu'il croyait en retraite dans cette direction, comme nous l'avons dit plus haut. Lui ayant envoyé une estafette pour lui faire part de sa position, Stroukof savait néanmoins qu'il ne recevrait pas de sitôt une réponse de Haskeuï et que Kérim-Pacha n'avait plus qu'une trentaine de kilomètres à faire pour arriver à Andrinople. Après une nuit d'insomnie et d'hésitation, Stroukof résolut de prendre sur lui toute la responsabilité de l'entreprise et de tenter d'arriver à Andrinople avant le général turc. Il comptait toujours sur l'effet de la panique, le meilleur allié que l'on puisse avoir, pourvu que l'on agisse hardiment et rapidement. Pendant qu'il donnait ses ordres aux commandants de ses régiments, on vit apparaître dans le lointain une forte lueur, suivie bientôt du bruit d'une forte explosion, après laquelle on entendit une espèce de canonnade qui dura assez longtemps. Ce bruit venait évidemment d'Andrinople, mais Stroukof se demandait ce que cela pouvait bien signifier. Il envoya aussitôt une reconnaissance dans cette direction et dans la matinée on lui amena cinq individus qui dirent être des habitants d'Andrinople venus exprès à la rencontre du détachement russe en qualité de délégués des bourgeois de la ville, des diverses nationalités, pour le prier de se hâter d'occuper la ville afin de la préserver de la ruine, exposée qu'elle était à être pillée par les bachi-bouzouks. Ces individus annoncèrent aux Russes que la panique qu'ils avaient provoquée ne faisait qu'augmenter et atteignait des proportions terribles, se répandant dans tout le pays avec une rapidité inouïe; que les fonctionnaires turcs qui s'étaient enfuis de Hirmanli et de Mustapha-Pacha avaient effrayé leurs collègues d'Andrinople au point qu'ils leur avaient fait perdre la tête; ces derniers faisaient à la hâte leurs préparatifs de départ et étaient prêts à partir, s'ils ne s'étaient pas déjà enfuis. Plusieurs étaient partis depuis deux jours déjà, avec une foule d'habitants musulmans de la ville et les environs d'Andrinople étaient infestés de bandes de bachi-bouzouks, de Tcherkesses et de fuyards de l'armée, qui déclaraient ouvertement aux chrétiens qu'ils n'attendaient que le départ des autorités pour massacrer et piller.

Voici ce qui s'était réellement passé : Quand Mehemet-Ali vit qu'il était impossible de faire arriver en temps voulu les troupes de Slivno, il chargea le gouverneur militaire de la ville, Achmet-Eyoub-Pacha, de conduire à Constantinople les 6,000 hommes et les 60 canons qu'il avait à sa disposition et il alla lui-même au-devant des colonnes de Kérim, d'Hassan et d'Hadji-Houssein pour leur faire prendre la route de Kirkilissa et les diriger sur la capitale.

Le 17 janvier, au soir, le gouverneur civil d'Andrinople, Djemil-Pacha, manda auprès de lui les chefs religieux des communautés grecque, arménienne et israélite, ainsi que les notables, pour leur annoncer qu'il avait reçu l'ordre d'abandonner la ville à la discrétion des Russes dès leur apparition. Il invita, par conséquent, ces personnages à former une commission provisoire qui serait chargée de l'administration civile de la ville jusqu'à l'arrivée des Russes. Le gouverneur promit en même temps qu'il mettrait à la disposition de cette commission 500 soldats pour le maintien de l'ordre.

La commission fut formée la nuit même. Elle était composée d'un musulman, de deux Grecs, de deux Arméniens et de deux Israélites. Le lendemain, Djemil-Pacha nomma Phasso-Effendi, drogman du gouvernement, à la présidence de cette commission qui fonctionna aussitôt.

Nous venons de dire que Djemil avait promis 500 soldats pour veiller à la sécurité de la ville; mais comme cette petite troupe étant destinée à être prise par les Russes, Mehemet-Ali et Achmet-Eyoub jugèrent que ce n'était pas le moment de gaspiller les hommes et ils se contentèrent de laisser 73 chasseurs à la disposition de la commission. En même temps ils firent ouvrir les dépôts militaires à la population pour les faire piller et ils firent incendier tous les édifices qui contenaient des munitions de guerre. De là, les explosions et le semblant de canonnade qu'avaient entendu les Russes.

La présence de plusieurs milliers de Tcherkesses, la retraite précipitée des troupes impériales, le pillage des dépôts militaires par le peuple, les incendies, le départ hâtif des réfugiés qui encombraient les rues, la réunion de plus de trois mille chariots dans Andrinople, enfin la confusion qui résultait de cet état de choses, étaient de nature à créer un grand danger pour la ville. Le seul moyen de salut était dès lors la prompte arrivée des Russes. C'est dans ce but qu'une députation fut élue le 18 janvier, pour aller les inviter à venir prendre possession de la ville ; et c'est cette délégation que venait de rencontrer Stroukof.

Le général ne pouvait pas croire qu'il lui était possible d'occuper sans coup férir cette ville de 120,000 habitants, la seconde capitale de l'empire et que réellement les Turcs l'avaient abandonnée ayant une si belle artillerie, 32 forts et en abondance des vivres et des munitions de guerre ; cependant il se décida à profiter à tout hasard des circonstances qui paraissaient s'offrir. Ayant mandé auprès de lui les commandants de ses régiments, il leur déclara qu'il était fermement décidé à marcher sur Andrinople avec la moitié du détachement et qu'il laissait l'autre moitié à Mustapha-Pacha pour garder ses derrières et pour assurer ses communications avec Skobelef.

A six heures du matin, ayant placé les délégués à la tête du détachement, sous la garde d'une escorte spéciale, il partit pour Andrinople avec la plus grande hâte. Sur toute la route il rencontra des masses de Bulgares qui l'accueillaient comme un libérateur et qui sortaient avec des cris de joie des casernes des environs de la ville, où on les avait enfermés sous prétexte de former une milice générale. A cinq kilomètres de la ville les cavaliers russes se trouvèrent en présence de redoutes et autres ouvrages faisant partie de la redoutable ligne de fortifications qui entoure Andrinople. Ayant arrêté son détachement, Stroukof ordonna aux délégués de se rendre dans la ville et d'annoncer l'arrivée des troupes russes. Il inscrivit leurs noms ; il les prévint que s'il se trouvait qu'ils n'étaient pas chargés réellement de la mission dont ils lui avaient rendu compte et que s'ils osaient faire mention de la faiblesse de son détachement, ils seraient fusillés tôt ou tard. « Que les habitants viennent en toute confiance à notre rencontre avec le pain et le sel, leur dit le général, qu'ils déposent leurs armes et cessent de penser à des désordres, sinon je ne me rendrai pas dans la ville et l'abandonnerai à la merci des bachi-bouzouks. »

Ayant reçu ces recommandations, les délégués partirent. Un silence profond régnait dans les redoutes et les batteries, preuve que tous ces ouvrages était abandonnés. Et en effet toute la garnison était partie la veille, 19 janvier, au soir, avec Achmed-Eyoub-Pacha, par plusieurs trains de chemins de fer, dans la direction de Tchataldja. Bientôt un espion vint annoncer que de 2,000 à 2,500 Arabes, commandés par Hassan-Pacha, et formant l'avant-garde de Kérim-Pacha, arrivaient par la route de Yamboli-Andrinople, mais, heureusement pour cette dernière ville, le détachement russe avait pu devancer cette troupe et elle n'eut pas à subir les conséquences du passage de ces pillards.

Deux heures plus tard, de nombreux habitants de la ville ayant appris que les Russes se trouvaient à peu de distance d'Andrinople se précipitèrent joyeusement à leur rencontre. Ce que voyant, Stroukof fit jouer la musique du régiment et se porta plus avant dans la direction de la ville. Des milliers d'individus le reçurent avec des cris d'enthousiasme, baisant les mains et les genoux de ses soldats.

Pour ne pas se perdre dans la foule, qui augmentait de minute en minute, Stroukof descendit de la chaussée et se porta sur une hauteur, à

LES BACHI-BOUZOUKS METTANT LE FEU A UN VILLAGE CHRÉTIEN

gauche de la route, qui commandait Andrinople. C'est là qu'il reçut le clergé des différentes confessions, venu à sa rencontre avec des bannières, des croix et des images saintes. D'après M. Krestovsky, « des milliers de voix prononçaient le nom de « *Notre* grand Empereur » et celui du grand-duc commandant en chef, appelant sur leurs têtes les bénédictions du Ciel et les remerciant d'avoir sauvé la ville, menacée d'un immense péril. » Stroukof reçut de nombreuses députations et entre autres une députation ayant à sa tête un personnage décoré du Medjidié, qui lui présenta les clés de la ville, en se qualifiant de gouverneur de la ville, nommé par le sultan. Stroukof accepta les clés, mais répondit à ce personnage que là où se trouvaient les troupes de l'empereur de Russie, il ne pouvait pas y avoir de gouverneur nommé par Stamboul et qu'il le priait par conséquent de ne pas se considérer comme tel.

Pendant toutes ces réceptions, les bachi-bouzouks et les Tcherkesses quittaient à la hâte la ville, où toutefois la tranquillité était loin de régner complétement. Stroukof, après avoir eu toutes les peines du monde à engager la foule à rentrer chez elle, s'établit pour la nuit sur la montagne qu'il avait occupée, pour attendre les événements ultérieurs. Grâce aux exhortations de l'archevêque grec et du clergé des autres confessions, la tranquillité finit par se rétablir dans la ville et l'on envoya bientôt au détachement russe tout le nécessaire pour la nourriture des hommes et des chevaux.

Dans la soirée, le consul d'Autriche, M. Sachs, arriva au bivouac en grand uniforme et le sabre du côté ; il était accompagné du personnage qui se disait le gouverneur turc de la ville et qui n'était autre que Phasso-Effendi. Le consul représenta à Stroukof que s'il ne reconnaissait pas les pouvoirs de Phasso comme gouverneur, il pourrait s'ensuivre de graves désordres, sinon des dangers. Le général Stroukof lui répondit qu'au besoin il se chargerait lui-même du rétablissement de l'ordre, mais que le consul intervenait dans des questions qui n'étaient pas de sa compétence. Le général ajouta cependant qu'il serait très-reconnaissant si, en cas de besoin, le consul voulait bien donner les conseils que son expérience pouvait rendre très-utiles pour tout ce qui concernait les affaires et les intérêts de ses nationaux. Là-dessus, M. Sachs prit congé du général et s'en retourna dans la ville avec Phasso-Effendi.

Stroukof envoya de fortes reconnaissances sur la route de Yamboli, où l'on pouvait s'attendre à l'apparition de Hassan-Pacha ; le bivouac de son détachement s'appuyait à gauche sur la Maritsa, qu'il était impossible de traverser à gué, et la présence de Skobelef à Haskeuï garantissait suffisamment ses derrières depuis Andrinople jusqu'à Hirmanli.

Ayant laissé le bivouac aux soins des commandants des régiments, le général Stroukof se rendit à Andrinople avec une escorte de dragons, afin de tranquilliser définitivement les habitants par son apparition dans la ville et pour rendre leurs visites à l'archevêque et au consul d'Autriche. La soirée était très-belle. Toutes les fenêtres s'ouvraient sur le passage du général, mais dans les rues il y avait très-peu de monde, à cause des patrouilles de garde civique, qui dans tous les quartiers s'efforçaient de rétablir l'ordre. Néanmoins la crainte qu'inspiraient les bachi-bouzouks était toujours vive, et cela au point que lorsque Stroukof s'approcha de la maison du consul d'Autriche, les serviteurs de celui-ci, croyant avoir affaire à une troupe de Tcherkesses, faillirent accueillir le général à coup de fusil et de revolver. Tout se passa heureusement sans accident et le malentendu s'expliqua aussitôt.

Après sa visite à M. Sachs, le général se rendit à la gare pour couper les communications avec Constantinople. Il enleva les appareils télégraphiques et confisca vingt-huit grands canons Krupp qui étaient tout prêts à être expédiés à Tchataldja pour en armer les fortifications. S'attendant à être attaqué de minute en minute, il s'empressa de saisir ces pièces et les fit amener à son bivouac, où elles arrivèrent au point du jour.

Le lendemain 21 janvier, le général Stroukof reçut la visite de quatre consuls, ceux de France, d'Angleterre, de Grèce et d'Autriche. Le général les ayant remerciés de leur aimable attention, les pria de ne pas lui refuser leur concours dans tout ce qui rentrait dans leur sphère d'activité et pour tout ce qui pourrait concerner les intérêts de leurs nationaux, puis il les informa que le général Skobelef ferait dans quelques heures son entrée dans la ville, avec tout son corps d'armée. Les consuls le prièrent à l'unanimité de bien vouloir transmettre au général Skobelef l'expression de leur reconnaissance et de se charger aussi de communiquer de leur part au grand-duc commandant en chef leurs sentiments de profonde gratitude pour le prompt envoi à Andrinople de troupes qui avaient sauvé cette ville du pillage, de l'incendie et des excès des bachi-bouzouks. Les 73 soldats turcs qui étaient restés pour garder la ville, ne furent pas traités comme des prisonniers de guerre; on les désarma et on les renvoya à Constantinople.

C'est ainsi que fut pris Andrinople, qui dans la pensée du gouvernement ottoman devait être et qui aurait dû être le boulevard de la résistance suprême contre les Russes. Les fautes de Suleyman-Pacha et la catastrophe imprévue de Schipka ne permirent pas même d'essayer de le défendre. Si les 25,000 hommes de Slivno avaient pu gagner un jour, l'agonie de la Turquie eut pu se prolonger longtemps encore derrière les fortifications auxquelles des milliers de Bulgares avaient travaillé pendant plusieurs mois. Un jour de retard perdit tout! Grâce à la prudence et à l'expérience des commandants de régiment et d'escadron, les pertes du détachement de Stroukof, à qui revenait l'honneur d'avoir devancé Kerim-Pacha et pris la ville, étaient insignifiantes; malgré la vie de bivouac par des froids de 10 degrés et un service de nuit et de jour, le détachement n'avait eu que deux malades. Pendant toute la durée de l'expédition, la discipline fut exemplaire. Pas un seul cheval ne fut abandonné en route. « Je regrette sincèrement, écrivait le général Stroukof au quartier général du commandant en chef, de n'avoir pu disposer de forces suffisantes pour remplir ma mission dans toute son étendue, c'est-à-dire en réussissant à prévenir, pendant le trajet et à Andrinople même, toutes les horreurs inouïes qui ont été commises. Des villages entiers ont été pillés, les habitants emmenés les fers aux pieds. Les femmes n'ont pas été seules à être déshonorées : les petites filles de dix et même de huit ans ont subi le même sort et ont été martyrisées. »

La marche des Russes avait été si rapide et les Turcs étaient si éloignés de leur base d'opération que la voie ferrée n'avait pas même été endommagée entre Hirmanli et Andrinople. Prévenu de l'occupation de cette dernière ville par sa cavalerie, Skobelef profitant du train dont on s'était emparé à Hirmanli, y fit monter le régiment d'Ouglitch et l'envoya le 21 à Andrinople. On dit qu'Achmet-Eyoub, honteux d'avoir fui devant une poignée de cavaliers, préparait un retour offensif, lorsqu'il apprit l'arrivée rapide de l'infanterie russe; il renonça alors à son projet et gagna décidément Constantinople par le chemin de fer. Le 22, Skobelef arriva en personne à Andrinople avec les régiments de Vladimir et de Schouïa, le 11ᵉ bataillon de chasseurs et 4 canons qui furent transportés également par la voie ferrée. Il y fut aussitôt rejoint par la 2ᵉ division de cavalerie de la garde.

Marches du corps de Skobelef sur Gallipoli et sur Constantinople. — Suite du Recit de Stroukof.

Une fois Andrinople pris, le but des Russes était atteint, ils n'avaient plus rien à attendre de la guerre. Il n'y avait plus d'armée turque et les derniers points où la résistance nationale pouvait se prolonger quelque temps encore étaient les places du quadrilatère qui étaient désormais complétement investies, la presqu'île de Derkos à l'extrémité de laquelle est bâti Constantinople et la presqu'île de Gallipoli. Mais les Russes avaient été prévenus qu'une attaque, soit contre Constantinople, soit contre Gallipoli, serait regardée comme un *casus belli* par l'Angleterre; leur intérêt bien entendu leur commandait donc de ne pas pousser plus loin leurs succès.

Cependant comme l'armistice, pour la conclusion duquel on négociait depuis quinze jours n'était pas encore conclu, le grand-duc Nicolas donna ordre à Skobelef de continuer à faire avancer ses troupes. En conséquence Stroukof avec ses cavaliers fut lancé dans la direction de Constantinople par la double route de Kirk-Kilissa et de Lulé-Bourgas et la 2ᵉ division de cavalerie de la garde, appuyée par une colonne d'infanterie, commandée par le général Schnitnikof, fut envoyée dans la direction de Gallipoli par les routes de Demotika et d'Ouzoun-Keupri. Le 26 janvier, Schnitnikof occupa sans coup férir ces deux villes à 32 et 37 kilomètres au sud d'Andrinople. Les musulmans aussi bien que les chrétiens vinrent au-devant des Russes qui les délivraient des Tcherkesses et leur présentèrent le pain et le sel. On s'empara à Ouzoun-Keupri d'un dépôt de biscuits et de galettes.

Le général Stroukof était parti, le 22, avec les lanciers de Pétersbourg dans la direction du Sud pour Hefsa. Les lanciers chassèrent tout le temps devant eux de petites bandes de soldats turcs, de bachi-bouzouks, de Tcherkesses, de zeïbeks, et de masses de paysans musulmans en armes, et eurent de fréquents engagements avec ce rebut de l'armée turque. Ils entendaient d'autre part le bruit de fréquentes fusillades sur la droite ou sur la gauche de la route : c'étaient des bandes de Bulgares et de Grecs qui faisaient la petite guerre aux fuyards et aux maraudeurs. Cette petite guerre était des plus destructives et des deux côtés on ne faisait pas de quartier : si les Turcs entraient dans un village chrétien, celui-ci brûlait aussitôt qu'ils y avaient mis le pied, les femmes et les enfants étaient égorgés, bref le massacre complet. De même, si les chrétiens trouvaient un village turc à quelque distance de la grande route, le même sort lui était réservé à titre de représailles. Le détachement de cavalerie russe était trop peu nombreux pour pouvoir, outre le but qu'il avait en vue, — la marche sur Constantinople, — se charger de faire la police dans les environs de la route qu'il suivait. Là où c'était possible, les cavaliers sauvèrent Turcs et chrétiens de la destruction mutuelle qui les menaçait, mais à l'intérieur du pays, où ils ne pouvaient pénétrer, la lutte entre Turcs et chrétiens avait atteint son apogée d'horreur. Les lanciers suivaient littéralement une route éclairée pendant la nuit par les lueurs des incendies allumés à droite et à gauche. Ils arrivèrent le 23 janvier au point du jour à Hefsa, où ils trouvèrent au conak une chambre remplie d'instruments de torture. Cette chambre servait de tribunal d'inquisition. Procès-verbal de cette découverte fut immédiatement dressé et envoyé, avec des spécimens des instruments en question, au grand-duc commandant en chef. Le général Stroukof fit en même temps mettre en liberté une foule de Bulgares qui avaient été amenés à Hefsa pour être incorporés dans la milice et qui étaient enfermés, sans boire, ni manger, au conak et dans les caves de ce bâtiment.

Dans la nuit du 23 au 24 janvier, les lanciers occupèrent la petite ville de Baba-Eskisi. Toute la route qu'ils venaient de suivre était jonchée de corps de Turcs et de chrétiens et de cadavres d'animaux. Les maisons des chrétiens achevaient de brûler dans la ville et les bachi-bouzouks y commettaient encore des déprédations quand les lanciers y arrivèrent à toute bride. Le châtiment ne se fit pas attendre : ces brigands furent sabrés sur le théâtre même de leurs exploits. Au nombre de leurs victimes se trouvait un prêtre qu'ils avaient assassiné parce qu'il avait refusé de leur dire où les jeunes filles chrétiennes s'étaient cachées. « Ce qu'il y a de hideusement curieux dans tout cela, dit M. Krétovski, non suspect de partialité nous pouvons le dire, c'est que les Turcs, malgré les malheurs qui fondaient sur eux, malgré tout leur désespoir, qui se traduisait par ces massacres et ces incendies, n'ont pas perdu même un seul instant leurs instincts de brutale sensualité, auxquels ils se livraient publiquement, sans pudeur aucune, au milieu de flots de sang et des ruines de l'incendie. Les jeunes femmes, les jeunes garçons et les petites filles étaient tués à coups de yatagan après avoir été outragés. Il y avait quelque chose de monstrueux dans cette bestialité sanguinaire et ce spectacle d'horreur hantera toujours la mémoire de tous ceux qui ont eu le malheur d'en être témoins. »

Le 24 janvier, à dix heures du soir, le colonel Kouteïnikof, aide de camp de l'empereur et commandant du 1er régiment de cosaques, reçut du général Stroukof l'ordre de quitter Baba-Eskisi avec deux sotnias et de se rendre à Lulé-Bourgas, afin de sauver cette ville, où les pillards turcs commettaient toutes sortes d'excès. Ayant pris avec lui la 1re et la 3e sotnia de son régiment, Kouteïnikof partit à 11 heures du soir et arriva à Lulé-Bourgas avant l'aube. Il envoya de fortes patrouilles dans la ville même, la fit tourner par une de ses sotnias et l'occupa après avoir échangé une courte fusillade avec les Tcherkesses en fuite.

La 5e sotnia traversa toute la ville et s'établit dans un cimetière qui offrait quelques avantages pour la défense, tandis que les cosaques de la 1re sotnia, tenant leurs chevaux par la bride, furent postés de l'autre côté, sous les murs de la ville, près d'un pont de pierre jeté sur un ruisseau. Ayant ainsi exécuté la première partie de sa mission, le colonel Kouteïnikof partit au jour naissant avec la 1re sotnia dans la direction de la station du chemin de fer pour l'occuper et couper les communications télégraphiques avec Constantinople. Il s'empara en route d'une caserne de cavalerie turque gardée par quatre cavaliers tcherkesses. Un cinquième tcherkesse voulut s'enfuir, mais il fut rattrapé par les cosaques au milieu de la ville. La fusillade échangée lors de l'occupation de la caserne donna l'éveil à l'ennemi. Quelques bandes se montrèrent et, au fur et à mesure que les cosaques se rapprochaient de la station, ces bandes, de plus en plus nombreuses, ouvrirent le feu contre la 1re sotnia, qui marchait tout le temps au trot. Les cosaques occupèrent la station sans répondre au feu de l'ennemi, se bornant à chasser les bandes qui se trouvaient sur ce point et faisant prisonniers deux cavaliers qui n'avaient pas eu le temps de monter à cheval. Les cosaques d'ordonnance de Kouteïnikof enlevèrent les appareils télégraphiques sous un feu des plus violents, et les apportèrent intacts à leur chef, qui alors donna l'ordre à la 1re sotnia de tourner bride. Les cavaliers turcs, qui jusque-là s'étaient tenus à une distance respectueuse, se lancèrent au galop derrière les cosaques; mais cette ardeur ne dura pas longtemps : une demi-sotnia s'étant arrêtée et ayant reçu les assaillants par un feu bien nourri, ils s'empressèrent de fuir dans diverses directions.

Pendant ce temps, la 5e sotnia était aussi l'objet d'une attaque faite par une bande de cavaliers turcs, moins nombreuse, il est vrai. Cette sotni, ne répondant pas au feu des assaillants, les attaqua la lance au poing et le sabre à la main et sabra une dizaine de chasseurs en perdant elle-même un cosaque, tué raide d'une balle. Des paysans musulmans, qui accompagnaient un convoi de chariots, et qui étaient tous armés, se concentraient au même moment en groupes nombreux et suivaient avec la plus grande attention les péripéties de la lutte, mais voyant que l'issue en était défavorable aux leurs, ils se dispersèrent, non sans menacer les sentinelles postées près du pont. Les cosaques firent plus de quarante prisonniers entre Baba-Eskisi et Lulé-Bourgas.

Pendant que le colonel Kout-Inikof se rendait dans cette dernière localité, un escadron de lanciers de Pétersbourg, commandé par le capitaine Svet, était envoyé à la station de Pavlo, située entre Lulé-Bourgas et Bourgas-Kouléma et où il y a un embranchement de chemin de fer se dirigeant, par Démotica et Dédéagatch, sur la mer Égée. Cet escadron ayant fourni 75 kilomètres et s'étant emparé de la station de Pavlo ne rejoignit son régiment que quand il apprit que Lulé-Bourgas était entièrement en son pouvoir.

Ces deux *reads*, exécutés avec le succès le p'us

LE GÉNÉRAL ZIMMERMANN, COMMANDANT DU CORPS DU BAS-DANUBE

complet sur deux points des communications par chemin de fer, furent d'une grande utilité pour toute l'armée russe, vu que par l'occupation de Pavlo et de Lulé-Bourgas elle avait entièrement coupé l'embranchement de Démotica-Dédéagatch au moment où se trouvaient à ce dernier endroit environ 200 wagons et cinq locomotives, qui lui servirent à accélérer le transport des troupes, de l'artillerie, des munitions et des approvisionnements aux points extrêmes de sa marche en avant.

L'émigration générale des musulmans de la Bulgarie avait commencé en été, et avait été plus forte ou plus faible, selon les chances de la campagne. Elle s'était arrêtée quand la victoire paraissait favoriser les Turcs ; elle avait repris avec une intensité extraordinaire depuis les derniers désastres. A son arrivée à Lulé-Bourgas, le général Stroukof y trouva des masses d'émigrants turcs, de bachi-bouzouks, de bohémiens et de Tcherkesses. Tous les éléments hostiles aux Bulgares et qui pouvaient craindre leur vengeance s'étaient concentrés à cet endroit. Il y avait au moins 180 à 200,000 personnes avec 20,000 chariots. Il faut avoir été témoin des faits pour se faire une idée de l'état dans lequel cette foule avait laissé derrière elle les villes et villages chrétiens qu'elle avait traversés. Le détachement du général Stroukof avait marché tout le temps sur les traces encore fraîches de cette dévastation par le feu, le pillage, l'assassinat et des outrages sans nom. C'est uniquement la panique qu'il avait provoquée par sa marche rapide et par l'occupation de Hirmanli qui l'avaient préservé des dangers qu'il aurait pu courir, entouré comme il l'était de ces masses d'émigrés, armés pour la plupart.

Il fallait agir énergiquement, aussi le premier soin du général, à son arrivée à Lulé-Bourgas, fut-il de désarmer tous les réfugiés qui s'y étaient massés, pour les mettre dans l'impossibilité de renouveler les horreurs qu'ils avaient commises et les empêcher de porter le deuil et la ruine dans les environs des localités que nous venions d'occuper ; les ayant sommés de déposer volontairement les armes et ayant essuyé un refus, il fut obligé d'employer la force, mais il ne réussit à s'emparer que de 4,500 armes diverses, — le reste fut caché dans les chariots ou dans des endroits difficiles à découvrir. La moitié des armes confisquées fut immédiatement distribuée aux chrétiens et le reste déposé dans une des mosquées de la ville.

Restait à savoir ce qu'il y avait à faire avec cette masse de réfugiés affamés et fanatisés. Le général Stroukof n'avait pas prévu le cas et était sans instructions à ce sujet. Il se trouvait donc en face de ce dilemme : s'il laissait les émigrés continuer leur route, le reste de la Bulgarie était menacé du pillage et de la ruine ; s'il leur faisait rebrousser chemin, tout ce qu'ils n'avaient pas détruit en allant le serait infailliblement au retour ; s'il les immobilisait à Lulé-Bourgas, toute cette masse d'individus et leurs troupeaux couraient le risque de mourir de faim ; s'il les dirigeait sur Constantinople, l'effet de la panique qu'ils y produiraient serait immense, il est vrai ; mais il rendrait un très-mauvais service à l'armée russe en l'obligeant à suivre les routes défoncées par les émigrés, ce dont il avait eu un avant-goût en arrivant lui-même à Lulé-Bourgas par une route où l'artillerie légère n'avait pu passer qu'avec les plus grands efforts. Ne sachant comment tourner la difficulté, Stroukof proposa à ces malheureux de décider eux-mêmes de leur sort. Parcourant le campement avec son interprète, il leur fit dire que ceux qui voulaient retourner chez eux étaient libres de le faire et que rien ne s'y opposait ; que ceux qui voulaient chercher un refuge à Stamboul devaient se diriger immédiatement sur Rodosto, port de la mer de Marmara, d'où des navires turcs les transporteraient où le gouvernement ottoman le déciderait.

Les fuyards turcs, dont la plupart avaient sans doute été entraînés par l'exemple des autres, acceptèrent avec reconnaissance les offres du général et se plaignirent amèrement de leur gouvernement, qui leur avait donné à entendre que les troupes russes les tueraient et les ruineraient, qu'une fuite rapide pouvait seule les sauver et qu'ils devaient partir en brûlant et en détruisant tout sur leur passage, pour retarder la marche de l'ennemi. « Si nous avions su, disaient-ils par la voix de leurs doyens, que les troupes russes sont réellement telles que nous le voyons maintenant, nous n'aurions pas abandonné nos foyers pour aller Dieu sait où. »

Le 28 janvier au matin, le général Stroukof partit de Lulé-Bourgas avec son détachement, qui avait été renforcé depuis la veille par une brigade de la division de cavalerie de la garde (les grenadiers à cheval et les dragons). Pour couvrir la colonne de Skobelef, ainsi que ses derrières, il envoya la 4ᵉ sotnia du 1ᵉʳ cosaques, commandée par le lieutenant Kargolsky, dans la direction de Kirkilissa, où elle ne trouva que des bandes insignifiantes de traînards de l'armée turque dont les régiments avaient déjà traversé la ville. Elle rallia bientôt le détachement de Stroukof, qu'elle rejoignit avant qu'il n'arrivât au village de Kirischtiran, où le détachement devait passer la nuit.

A peine l'avant-garde de Stroukof fut-elle en vue de ce village que trois cents hommes d'infanterie turque en sortirent et se retirèrent vers le Sud, sans tirer un seul coup de fusil. Stroukof envoya dans la nuit, pour plus de sûreté, une forte patrouille dans la direction de Tchorlou, afin de reconnaître la route qu'il comptait suivre. Cette patrouille rencontra des forces supérieures et dut revenir sur ses pas. Le jeune général, envoya à l'aube, du même côté, le 1er escadron des lanciers de Pétersbourg commandé par le capitaine en second prince Dondoukof-Korsakof, qui reçut l'ordre de bien éclairer la contrée et de s'emparer à Tchorlou du télégraphe pour que l'arrivée de l'avant-garde ne fût pas signalée au delà de cette ville. Cet escadron arriva dans la ville à l'improviste; il s'empara promptement de la gare, quoiqu'ayant dû, pour l'atteindre, traverser un pont étroit où les lanciers ne pouvaient passer de front. A peine le prince Dondoukof-Korsakof eut-il enlevé l'appareil télégraphique, qu'il vit sortir de la ville un fort détachement de cavalerie turque, un millier d'hommes à peu près, qui se précipitèrent à l'attaque des lanciers; ceux-ci, quittant vivement la station, mirent pied à terre au delà du pont et l'occupèrent avec leurs tirailleurs; cette manœuvre arrêta les Turcs, mais pas pour longtemps. Ils se mirent à traverser la rivière à gué, comptant pouvoir couper la retraite à l'escadron.

Le prince Dondoukof-Korsakof fit remonter ses hommes à cheval avant que les Turcs n'eussent traversé la rivière et prévenir le général Stroukof. On envoya au secours des lanciers la 4e sotnia du 1er cosaques, chargée de prendre de flanc les deux escadrons turcs qui venaient de traverser le pont et avaient engagé une fusillade avec les Russes, sans descendre de cheval. On en vint bientôt aux mains; les Turcs, lançant leurs chevaux au triple galop, arrivèrent jusque devant le front de l'escadron, au point que les officiers durent faire usage de leurs revolvers.

Les Russes eurent dans cette affaire quatre lanciers tués et dix blessés, cinq chevaux tués et neuf blessés. Le cheval du prince Dondoukof-Korsakof reçut aussi une blessure et celui du cornette Loukoutine fut tué. Cet officier fut sauvé par un de ses hommes, qui, méprisant le danger auquel il s'exposait, céda son cheval à son officier. La position des lanciers, entourés par un ennemi presque dix fois supérieur en nombre, devenait de plus en plus critique quand la 4e sotnia de cosaques, commandée par le lieutenant Korélof et par le célèbre peintre Vérestchaguine, qui s'était complétement remis de ses blessures et avait suivi le read depuis Kezanlyk, arriva inopinément, de toute la vitesse de ses chevaux, sur le théâtre du combat et attaqua l'ennemi la lance au poing. A l'arrivée de ce secours, les lanciers passèrent à leur tour à l'attaque et, aidés par les cosaques, mirent bientôt en fuite tous les assaillants. Peu de temps après arrivèrent la 3e sotnia du 1er cosaques et le 1er escadron de dragons de Moscou, avec le colonel Kouteïnikof, qui avait reçu l'ordre de prendre le commandement des quatre escadrons, de traverser Tchorlou et d'en déloger définitivement les Turcs. Le colonel Kouteïnikof donna dix minutes de repos aux lanciers et aux cosaques, qui en avaient grandement besoin après la lutte qu'ils venaient de livrer, fit chercher un gué pour ne pas être obligé de traverser le pont étroit du chemin de fer, et se mit en marche, pour remplir la mission dont il était chargé.

En présence du mouvement offensif du colonel Kouteïnikof, la cavalerie turque se replia en bon ordre sur Tchorlou, ne se risquant pas à engager la lutte dans les rues, vu que la population chrétienne de la ville montrait, à l'approche des Russes, quelque hostilité à l'égard des Turcs. Deyact-Pacha, commandant de la garnison de Tchorlou, qui suivait du haut d'une éminence les péripéties du combat, voyant s'approcher de son poste les patrouilles de la 5e sotnia des cosaques du 1er régiment, prit tout à coup la fuite, abandonnant le conak et tous les papiers et documents qui s'y trouvaient. Quand on s'aperçut de cette fuite en ville, le désordre fut à son comble; les chrétiens remplirent immédiatement toutes les rues, et la population musulmane se hâta de se sauver derrière les troupes de la garnison; le désordre n'empêcha pourtant pas les patrouilles de cosaques et de lanciers de traverser toute la ville. La 5e sotnia fut envoyée à la poursuite de l'ennemi et marcha sur ses talons pendant cinq kilomètres, par la route de Constantinople. La cavalerie turque se retira à Silivri, et Tchorlou resta entre les mains des Russes.

La lourde étape que l'on venait de faire et surtout le mauvais état de la route ainsi que la tombée de la nuit ne permirent pas de continuer la poursuite, d'autant plus qu'il fallait organiser le bivouac du détachement et enlever les rails du chemin de fer, qui avait transporté la veille un convoi d'émigrants à Constantinople et avait emmené deux jours auparavant les dernières des troupes qui s'étaient sauvées d'Andrinople.

Les Turcs n'ayant pas eu le temps de détruire Lulé-Bourgas et Tchorlou, le général Stroukof trouva dans ces deux villes de grands approvisionnements de farine et de blé, fit réparer les moulins et construire des fours, et organisa en grand la préparation du pain, non-seulement pour ses hommes, mais aussi pour le corps de Skobelef et pour les troupes qui arrivaient dans ces parages. Les communications télégraphiques, que l'on coupait systématiquement au fur et à mesure que le détachement avançait, étaient rétablies immédiatement sur ses derrières, afin de conserver les moyens d'informer le quartier général de ce qui se passait.

La veille de la prise de Tchorlou, Stroukof avait reçu une députation de la population de Rodorto le suppliant de venir occuper la ville pour la soustraire aux exactions des Tcherkesses et des innombrables émigrants qui venaient s'y embarquer. Stroukof y envoya un détachement, et les Russes en entrant se firent livrer les armes des habitants et annoncèrent qu'il ne serait plus permis à personne de s'embarquer. Des Circassiens et quelques réfugiés qui n'avaient pas pu partir s'empressèrent de faire leur soumission. Un seul Tcherkesse désobéissant à cet ordre et refusant de se soumettre aux sommations d'usage qui lui furent adressées, fut fusillé.

Le 30 janvier, le détachement volant partit pour Silivri, qui était occupé, non-seulement par la cavalerie partie de Tchorlou, mais encore par deux tabors de troupes régulières. On reçut en route du quartier général l'ordre de ne pas forcer ce point, vu que l'armistice devait être signé le lendemain. En conséquence, le détachement s'établit en vue de cette ville, sans rien entreprendre contre elle. Le lendemain on fut informé d'avoir à occuper Silivri aux termes de l'armistice. Le général Stroukof envoya un parlementaire à Deyaet-Pacha, qui répondit par un refus; alors Stroukof se rendit lui-même dans la ville, trouva le pacha au conak et lui montra l'ordre qu'il avait reçu. Le pacha lui répondit que de son côté il n'avait rien reçu de pareil et qu'aucune instruction ne lui avait été donnée à ce sujet ; le fait même de la conclusion de l'armistice ne lui ayant pas été officiellement communiqué, il ne pouvait consentir à ce que lui demandait le général russe. Stroukof répondit qu'il était tenu d'exécuter l'ordre qu'il avait reçu du commandant en chef et que son refus le plaçait dans l'alternative fâcheuse de braquer sa batterie sur la ville et de la bombarder jusqu'à ce qu'elle se rendît sans conditions.

Deyaet-Pacha ayant proposé alors de partager la ville en deux entre les Russes et les Turcs et d'y rester ainsi pendant toute la durée de l'armistice, Stroukof lui tourna le dos sans lui répondre et sortit de la chambre, mais il n'avait pas encore fini de descendre l'escalier qu'il s'entendit appeler par le pacha, qui vint en courant lui dire : « Mon général, mon général, nous avons reçu une dépêche de la Porte, mais on avait oublié de me la remettre et comme mon secrétaire vient de me la faire lire, je me suis convaincu maintenant que l'armistice est bien réellement signé et que je puis faire droit aux exigences des Russes. » Un quart d'heure après, Deyaet-Pacha, qui avait quitté le salon pour donner des ordres, vint retrouver Stroukof et lui présenta un papier contenant, disait-il, une protestation contre l'occupation de Silivri, qu'il le priait de remettre au grand-duc commandant en chef. Stroukof refusa de la prendre et envoya immédiatement son ordonnance porter à ses troupes l'ordre d'occuper la ville.

Le 1ᵉʳ février, à peine le détachement était-il sorti de Silivri pour se rendre à Tchataldja — qu'il devait occuper, aux termes de l'armistice, — que deux escadrons de dragons turcs se montrèrent aux abords de la ville et s'y arrêtèrent, faisant mine d'attendre son départ pour réoccuper Silivri. Le général Stroukof fit mander auprès de lui le commandant des escadrons turcs et lui signifia que s'il ne partait pas immédiatement au grand galop avec ses dragons, il ferait tirer sur lui et sa troupe. En présence de cet ultimatum, le colonel turc donna l'ordre à ses hommes de se mettre en marche, et ses escadrons partirent au pas ; mais Stroukof lui envoya réitérer ce qu'il venait de lui déclarer, et bon gré mal gré, les Turcs durent passer à fond de train devant le front russe, se dirigeant sur Tchataldja, où le détachement le suivit.

Le même fait qu'à Silivri se répéta à Tchataldja, où les Turcs, quoique connaissant les termes de l'armistice, ne voulaient pas non plus évacuer la ville. Stroukof fut obligé de mettre les canons en position et de menacer de raser la ville; les Turcs l'évacuèrent alors et se dirigèrent sur Hadenkeuï.

Tel fut le dernier acte du *read* du général Stroukof, un des plus beaux faits de cavalerie que l'on puisse citer. En quinze jours il avait

ARRIVÉE D'UN TRAIN D'ÉMIGRANTS MUSULMANS A CONSTANTINOPLE

parcouru 300 kilomètres en territoires ennemis, au milieu de forces bien supérieures qu'il terrifia par son apparition soudaine, coupé la retraite de Suleyman-Pacha, devancé les troupes de Kérim-Pacha et d'Hassan-Pacha, occupé Andrinople et poussé jusqu'à cinquante kilomètres de Constantinople.

Opérations des corps de Radetzki, de Ganetzki et de Dellingshausen.

Dès que les troupes se furent un peu refaites après la bataille du 9 janvier à Schipka, grâce aux immenses dépôts de galettes, de farine, de froment et de foin qu'elles avaient trouvés à Kezanlyk, le général Radetzki se mit en devoir d'exécuter ses instructions qui étaient de marcher sur Andrinople par la vallée de la Toundja. Là 1re brigade de la 9e division d'infanterie avec le 23e cosaques se rendit le 14 janvier à Haïnkeuï et n'y trouvant pas l'ennemi poursuivit son chemin jusqu'à Yéni-Zaghra, où elle arriva le 16. Le régiment d'Orel avait été envoyé de Kezanlyk dans la même direction dès le 13 janvier et il arriva à Yéni-Zaghra le 15. Le 33e cosaques fut envoyé à Yamboli qu'il occupa le 17.

Toute la 14e division d'infanterie se concentra à Kezanlyk le 18 janvier et l'on réussit à descendre de Schipka pour la même date les 1re, 3e et 4e batteries, une demi-batterie de la 2e et une demi-batterie de la 6e batterie de la 14e brigade ainsi que la moitié de la 2e et la 3e batterie de la 9e brigade d'artillerie. Le 18, Radetzki se mit donc en route avec toutes ses troupes, c'est-à-dire avec toute la 14e division d'infanterie, les batteries précitées de l'artillerie de campagne, la 1re batterie de montagne et deux sotnias des 21e et 26e cosaques. Il partit de Kezanlyk dans la direction d'Eski-Zaghra pour atteindre ensuite Yéni-Zaghra où, réunissant à mon détachement les trois régiments de la 9e division d'infanterie, il devait marcher sur Yamboli et de là suivre la rive droite de la Toundja, passer par Vakovo et atteindre Andrinople.

Son détachement arriva le 18 à Eski-Zaghra et le lendemain à Karabounar que l'on trouva entièrement incendié. Il atteignit Yéni-Zaghra le 20 janvier et à partir de cet endroit les troupes marchèrent en deux échelons : le 1er comprenant la 14e division, la compagnie de sapeurs et les cosaques, le second à une étape en arrière et comprenant trois régiments de la 9e division d'infanterie. A partir de Yamboli, le 23e cosaques forma l'avant-garde, marchant à une étape en avant de la 14e division. On trouva à Yéni-Zaghra des provisions de blé assez abondantes, et comme les troupes n'étaient suivies d'aucun transport de biscuits, Radetzki laissa à Yéni-Zaghra un bataillon du régiment de Podolie pour garder ces approvisionnements, moudre le blé et faire du pain.

Le premier échelon atteignit Yamboli le 21 janvier ; la ville était presque entièrement détruite par le feu et pourtant on y trouva encore des approvisionnements de blés assez considérables. Conformément aux ordres du grand-duc Nicolas, Radetzki laissa à cet endroit les deux autres bataillons du régiment de Podolie et donna l'ordre à son commandant de faire venir de Yéni-Zaghra son 3e bataillon, d'organiser à Yamboli la préparation du pain et d'y rester jusqu'à l'arrivée de la 26e division d'infanterie, dont l'avant-garde avait déjà occupé Slivno. La mouture du blé et la cuisson du pain ne présentaient pas de grandes difficultés, mais comme les troupes ne disposaient d'aucun moyen de transport pour pouvoir se fournir de pain, elles furent obligées de se nourrir au moyen de réquisitions en continuant à avancer dans la direction d'Andrinople. Ces troupes traversèrent Foundoukly le 22 janvier, Korobtcha le 23, Schimly le 24, Vakovo le 25, Tatarkeuï le 26, Souloudjak le 27 et arrivèrent le 28 à Andrinople.

La route qu'elles suivirent était très bonne (une chaussée) jusqu'à Yamboli, mais au delà de cette localité, ayant à traverser des régions marécageuses, elle était tellement boueuse et fatigante que les troupes ne firent que 12 kilomètres en trente et une heures et durent laisser leur artillerie à Vakovo et à Tatarkeuï. Ce furent du reste les seules difficultés qu'elles eurent à surmonter, car de Kezanlyk à Andrinople, elles ne rencontrèrent pas le moindre détachement ennemi et n'eurent pas l'occasion de tirer un seul coup de fusil.

La colonne du centre composée des deux divisions de grenadiers et commandée par le général Ganetzki, partit de Gabrova le 14 janvier, mais sa marche fut retardée par la descente de l'artillerie et des équipages des troupes qui avaient pris part à la bataille de Schipka et par la marche des équipages du quartier général ; aussi le premier échelon de la colonne (la 1re brigade de la 2e division des grenadiers) ne put-elle sortir de Kezanlyk que le 23 janvier.

Le détachement du flanc gauche, composé de la 26e division d'infanterie et de trois régiments de la 24ᵉ division d'infanterie et éclairé par les trois régiments de la 8ᵉ division de cavalerie qui devaient rejoindre le corps de Radetzki à Yamboli commença à traverser les Balkans le 14 janvier par le défilé de Tvarditsa. Pendant six jours consécutifs le régiment d'infanterie de Pétrozavodsk travailla sans relâche à l'établissement d'une route pour le passage de l'artillerie et des équipages, ce qui permit au détachement de se concentrer à Slivno presque au complet, le 22 janvier. La ville de Slivno avait été occupée sans combat le 16 janvier par deux escadrons des dragons de l'Ordre, qui firent immédiatement des reconnaissances dans toutes les directions et constatèrent que les Turcs s'étaient retirés de partout sur Andrinople.

XLIV. — OPÉRATIONS DES CORPS DU CZAREWITCH ET DU GÉNÉRAL ZIMMERMANN

Opérations du corps du Czarewitch.

Les corps placés sous le commandement du czarewitch Alexandre et sous celui du général Zimmermann avaient été les corps les plus sacrifiés de toute l'armée russe. Ils avaient reçu en partage des missions pénibles, laborieuses et cependant sans éclat. Le premier avait pour tâche de contenir l'armée turque du quadrilatère et se tint devant elle comme un rideau, à l'abri duquel purent se poursuivre les opérations plus glorieuses tentées contre Plevna et dans les Balkans ; le second dut se borner à occuper l'isthme de la Dobroudja, afin de prévenir toutes les tentatives que les Turcs auraient pu faire sur les voies de communication de la Roumanie et sur les derrières de l'armée russe. Ni à l'un ni à l'autre il n'était permis de passer à l'offensive et de rechercher ces succès brillants qui compensent pour des soldats les dures fatigues d'une campagne.

Quand la puissance militaire de l'empire ottoman s'effondra tout à fait dans le désastre de Schipka, ces deux corps reçurent enfin l'ordre de marcher en avant. Les troupes de Zimmermann purent alors se signaler dans un combat heureux sous les murs de Bazardjik ; quant à celles du czarewitch, la fortune leur refusa l'occasion de remporter une victoire. On a vu dans l'ordre général de marche du grand-duc Nicolas qu'elles avaient reçu l'ordre d'exécuter une marche générale de front depuis Roustchouk, par Rasgrad et Eski-Djouma jusqu'à Osman-Bazar, en portant tout particulièrement leur flanc droit en avant, de façon à s'emparer avant tout de cette dernière ville.

Le czarewitch n'éprouva aucune difficulté à obéir à ces instructions. L'armée du quadrilatère, affaiblie par les envois répétés de troupes que l'on avait faits en Roumélie, n'était plus capable de tenir la campagne et ses débris se replièrent devant les Russes, une partie des forces se retirant à Roustchouk, où commandait Achmet-Kaiserli-Pacha, et l'autre à Schoumla, où commandait Fazli-Pacha. Le 27 janvier, les troupes du 13ᵉ corps entrèrent à Osman-Bazar et le 28 à Rasgrad, après avoir échangé quelques coups de fusil ; les fortifications tracées par Mehemet-Ali ne furent pas défendues. Le 29, elles occupèrent Eski-Djouma, où elles trouvèrent une scène de dévastation horrible ; la ville brûlait sur divers points, et près de Kalitza gisaient plus de 200 cadavres de femmes et d'enfants, égorgés par les bachi-bouzouks et affreusement mutilés.

Les troupes russes s'avancèrent jusqu'à Eski Stamboul et Verbitza, mais quand la nouvelle de la conclusion de l'armistice leur parvint le 4 février, elles rétrogradèrent en deçà de la ligne de démarcation officiellement fixée. Le 12ᵉ corps de son côté et la 32ᵉ division avaient investi Roustchouk, et le général Totleben se préparait à donner une vigoureuse impulsion au siège lorsque la nouvelle de l'armistice mit fin aux hostilités.

Opérations des troupes du Bas-Danube. — Combat de Bazardjik

Les Russes avaient formé dès le début des opérations, en 1877, deux détachements chargés d'opérer dans le Bas-Danube. L'un, formé de troupes appartenant au 7ᵉ corps et placées sous le commandement du lieutenant général Verevkine, était chargé de garder la rive gauche du fleuve, d'inquiéter l'ennemi posté à Sulina et d'empêcher ses incursions sur le cours inférieur du Danube. Il était soutenu par une flottille insignifiante, et ses opérations se bornèrent à quelques reconnaissances sans portée contre Sulina. Cependant dans l'une d'elles, il réussit à faire sauter un gros vapeur turc, le 9 octobre. Nous donnerons quelques détails sur cet événement dans un chapitre spécial sur les faits maritimes de la guerre.

L'autre détachement de beaucoup plus considérable et spécialement appelé corps du Bas-Danube, était composé du 14ᵉ corps et placé sous le commandement du lieutenant général Zimmermann. Nous avons raconté comment il passa le Danube et s'avança dans la Dobroudja. On le croyait d'abord destiné à attaquer soit Silistrie, soit Varna; mais dans l'esprit du plan général russe il ne devait avoir qu'un rôle purement défensif. Entre la Moldavie et la Valachie, les Carpathes, en s'approchant du coude que décrit le Danube pour se jeter dans la mer Noire, forment un étranglement où se resserrent les voies de communication entre la Russie et la Roumanie. Le corps de Zimmermann devait couvrir ce point capital de la ligne russe.

Après avoir occupé Medjidié, Tchernavoda et Kustendjé au mois de juillet 1877, les troupes du corps du Bas-Danube s'établirent solidement dans l'isthme de la Dobroudja derrière l'ancien mur de Trajan et prirent dès lors un rôle moins actif. Cependant à diverses reprises elles envoyèrent vers le sud et vers le sud-ouest des colonnes mobiles qui devaient se procurer des renseignements sur le pays, sur l'ennemi et détruire les bandes de cavaliers irréguliers qui battaient la campagne. Pendant le courant du mois de juillet elles s'occupèrent également de renforcer, du côté de la mer, les ouvrages de Kustendjé. Ces mesures furent d'autant plus opportunes que le 25 juillet la flotte turque essaya de bombarder la ville.

Pendant la seconde quinzaine de septembre, le corps du bas Danube fit deux reconnaissances : l'une dans la direction de Silistrie, le 20, l'autre du côté de Bazardjik, le 25. On put de la sorte se faire une idée de la force des positions occupées par les Turcs et du nombre des troupes chargées de les défendre. Le 17 octobre, les cosaques enlevèrent, sur la route de Tchernavoda à Silistrie, près de Seilik, un grand convoi turc, sabrèrent et prirent son escorte. Le 23 novembre, le général Zimmermann ayant intérêt à connaître les positions occupées par l'ennemi et les forces dont il disposait, fit partir plusieurs colonnes volantes, qui eurent quelques engagements heureux avec les Turcs à Oumour-Faki, Baldjik et Hadji-Oglou-Bazardjik.

Vers la mi-novembre, tout le pays qui s'étend à une vingtaine de kilomètres en avant de la ligne Tchernavoda-Kustendjé était complètement évacué par les Turcs, et le reste de l'armée fut employé à les faire reculer jusqu'à Bazardjik même.

Bazardjik est à cheval sur la grande route militaire turque qui longe la mer et va de la Dobroudja à Constantinople, et forme tête de ligne une fois les places de la Dobroudja prises. Aussi les Turcs l'avaient-ils solidement fortifiée. La ville était entourée de tous côtés d'ouvrages soit reliés, soit isolés, formant plusieurs lignes, et si bien établis sur des hauteurs dominantes que toute la contrée environnante était exposée à un feu croisé. Beaucoup d'ouvrages étaient munis de cavaliers assez élevés pour les protéger contre le canon et avaient jusqu'à trois rangées de fossés de tirailleurs; beaucoup de fossés avaient des défenses de flanc. Les ouvrages séparés étaient reliés par des tranchées profondes pour l'infanterie; il y avait même dans plusieurs endroits une double rangée de fossés. Le plus fort de tous ces ouvrages avait été appelé Tcherny-Kourgane par les Russes, c'est-à-dire la redoute noire; c'était une grande redoute, sur la route de Bazardjik à Karakilissa, ayant un cavalier pour une batterie de six canons et entouré de fossés pour la défense au fusil. Elle commandait à une grande distance toute la contrée située en face.

Au mois de janvier 1878, il y avait à Bazardjik 12 tabors d'Égyptiens de 800 hommes chacun, huit tabors turcs de 500 hommes, 1,500 cavaliers et 42 canons, sans compter un détachement de bachi-bouzouks, en tout 20,000 hommes, sous le commandement de Reschid-Pacha. Pour marcher sur la ligne de Varna-Roustchouk, et donner la main aux troupes de Dellingshausen, suivant ses instructions, il fallait que Zimmermann emportât cette place et dispersât ces forces.

Il commença ses opérations le 26 janvier. Après avoir laissé en face de Bazardjik, au nord, près du village de Karakilissa, la 2ᵉ brigade de la 17ᵉ division avec trois batteries et la 2ᵉ brigade de la 1ʳᵉ division du Don, et près du village de Tchaïr-Orman la 2ᵉ brigade de la 18ᵉ division avec trois batteries, il forma une division mixte d'infanterie, ayant à sa tête le général-major Joukof, commandant de la 17ᵉ division. Cette division comprenait les premières brigades des 17ᵉ et 18ᵉ divisions avec six batteries, un régiment de hussards, un de dragons, le 17ᵉ cosaques et trois sotnias du 15ᵉ cosaques, avec trois batteries à cheval, et se trouvait sous le commandement général de l'aide de camp général Mansey. Elle fut dirigée par les villages de Kupektchóler et de Toïs-Kouïous sur la chaussée de Varna, de manière à prendre Bazardjik à revers et à couper ses communications avec Varna.

chew envoya immédiatement en avant deux sotnias du 18ᵉ cosaques, avec la 11ᵉ batterie du Don, et 4 sotnias du 16ᵉ cosaques, avec la 17ᵉ batterie. L'ennemi ouvrit le feu à mille pas des cosaques, qui lui répondirent avec beaucoup d'effica-

LE GÉNÉRAL PRINCE NICOLAS DE LEUCHTENBERG

Ce mouvement tournant fut arrêté dès le commencement de son exécution par une forte sortie que fit Reschid-Pacha, dans la matinée du 26, du côté du village de Karakilissa. Les postes avancés des 16ᵉ et 18ᵉ cosaques firent savoir à dix heures du matin que la cavalerie turque s'approchait de ce village et, une heure après, que cette cavalerie était suivie d'une nombreuse infanterie soutenue par de l'artillerie. Afin d'arrêter la marche de l'ennemi, l'aide de camp général Schams-

cité et réussirent, avec l'aide de la 11ᵉ batterie, à arrêter la marche des Egyptiens. Le colonel Izmaïlow, commandant du 18ᵉ cosaques, se jeta à plusieurs reprises, avec ses hommes, à l'attaque de l'infanterie ennemie, qui menaçait son bivouac, et eut un cheval tué sous lui. Quand les tirailleurs du régiment de Taroutino s'approchèrent du lieu du combat, les cosaques se replièrent, reformèrent leurs sotnias et attaquèrent alors la cavalerie ennemie, qui s'enfuit à leur approche. Puis ils se postèrent derrière le flanc droit de l'infanterie, tandis que l'artillerie du Don continuait son feu.

Les Turcs réussirent dans l'intervalle à occuper une hauteur dominant la localité et commencèrent à s'y retrancher. Il devenait urgent de les en déloger.

Le général major Nilsson, commandant de la 2ᵉ brigade de la 17ᵉ division, ayant été informé que des masses d'infanterie turques sortaient de Bazardjik avec de l'artillerie et se dirigeaient sur la colline qui servait aux Russes de point d'observation, se porta immédiatement en avant avec les régiments de Taroutino et de Borodino, le premier marchant en tête, avec 10 canons et la 5ᵉ batterie. Ayant formé les Taroutiniens sur deux lignes, le général Nilsson marcha sur la colline et en délogea les Egyptiens, malgré la violence du feu qu'ils dirigeaient contre lui.

Pendant que le régiment de Taroutino s'approchait de la colline, des colonnes d'infanterie égyptienne s'avançaient du côté de la redoute de Tcherny-Kourgane, sur la gauche de ce régiment. Le général Nilsson fit avancer immédiatement le régiment de Borodino et la 4ᵉ batterie, en leur donnant l'ordre d'occuper une position en face du Tcherny-Kourgane, ce qui fit que lorsqu'ils s'emparèrent de la hauteur, ils eurent leur flanc exposé au feu des batteries de droite des Turcs. Voyant cela, le général Nilsson donna l'ordre au 2ᵉ bataillon du régiment de Taroutino, avec quatre canons de la 1ʳᵉ batterie, de changer de front et bientôt le feu bien dirigé des tirailleurs et des artilleurs arrêta le mouvement en avant des Egyptiens du côté de Tcherny-Kourgane.

Pendant cette opération, Reschid-Pacha, ayant reçu de fortes réserves, commençait à presser de très-près le 1ᵉʳ bataillon des Taroutiniens, qui se trouvait sur le flanc droit; le combat y était des plus acharnés. Les tirailleurs égyptiens, soutenus par de fortes colonnes, s'approchaient de très-près de la chaîne russe; mais celle-ci fut promptement renforcée, et son feu concentré sur les colonnes ennemies les força à plusieurs reprises à se retirer avec de grandes pertes. Au plus fort du combat, le général Nilsson eut un cheval tué sous lui et le colonel Elets eut la jambe traversée par une balle.

Le général Zimmermann, entendant le bruit de la fusillade et du canon, envoya de Tchaïr-Orman, sur la gauche de Karakilissa, les régiments de Belew et de Toula avec trois batteries et se rendit lui-même sur le champ de bataille. S'étant convaincu sur place que ses troupes avaient affaire à des forces ennemies très-importantes, il renforça les flancs de droite et de gauche de la brigade Nilsson avec les deux régiments précités et envoya à l'aide de camp général Mansey l'ordre de se rallier au flanc gauche, tout en opérant sur le flanc gauche et sur les derrières de l'ennemi. Dans l'intervalle, le général major Joukof, étant arrivé à Kupaler à onze heures du matin, avec une colonne tournante, et ayant entendu le bruit du canon et la fusillade du côté de Karakilissa, arrêta son mouvement et envoya le capitaine Sokolovsky, de l'état-major général, en reconnaissance du côté de ce village.

Ayant appris que l'attaque des Turcs était des plus sérieuses, le général major Joukof détourna sa division du chemin qu'elle suivait et la dirigea sur le village d'Elendjik, envoyant le régiment de Boutyrsk avec la 2ᵉ batterie et le régiment de Moscou, avec les 3ᵉ et 6ᵉ batteries, dans la direction du Tcherny-Kourgane, que l'on voyait dans le lointain. Quant à la 1ʳᵉ brigade de la 18ᵉ division, elle reçut l'ordre de rester en attendant au village de Kupeler.

Les compagnies du régiment de Boutyrsk, qui formaient le flanc gauche, furent reçues à Elendjik par le feu des Turcs qui s'y étaient retranchés. Après une fusillade des plus vives, le colonel Meves, commandant du régiment, lança à l'attaque son 3ᵉ bataillon, qu'il fit soutenir par le 5ᵉ bataillon du régiment de Moscou, et occupa bientôt après Elendjik, après en avoir délogé les Turcs; pendant cette opération, les dragons de Kinburn et le 17ᵉ cosaques attaquaient un gros de bachi-bouzouks qui s'étaient lancés sur les derrières de l'infanterie, et les mirent en déroute. Après avoir pris Elendjik, le 1ᵉʳ bataillon du régiment de Boutyrsk continua sa marche en avant dans la direction du Tcherny-Kourgane et la 2ᵉ batterie s'étant mise en position sur un point indiqué par le général Mansey, ouvrit le feu à une distance de 3,000 mètres contre les batteries turques, qui tiraient sur la 2ᵉ brigade de la 17ᵉ division, et les força à abandonner la place qu'elles occupaient.

De leur côté, les Turcs s'étant réunis en forces imposantes derrière les fortifications faisant face au flanc droit du régiment de Boutyrsk, passèrent à l'attaque et ouvrirent le feu contre les 2ᵉ et 3ᵉ batteries, mais les tirailleurs du régiment de Boutyrsk chassèrent leurs chaînes et le feu des deux batteries les força de se réfugier précipitamment derrière les ouvrages fortifiés. Il était quatre heures de l'après-midi quand les troupes ottomanes furent repoussées sur toute la ligne et disparurent derrière leurs retranchements, poursuivis par les Russes, qui s'approchèrent jusqu'à 1,000 à 1,200 pas des ouvrages fortifiés. Elles avaient eu environ 600 hommes hors de combat, parmi lesquels le général égyptien Zakharia-Pacha, qui fut tué. Les pertes des Russes étaient de moitié moindres.

Reschid-Pacha, après cette défaite, ne se crut pas en état de tenir à Bazardjik et se replia avec toute son armée sur Varna. Le 27 janvier au matin le général Zimmermann fit, à la tête d'un détachement de cavalerie, son entrée dans la place abandonnée, où il trouva des dépôts de fusils et de munitions d'artillerie que Reschid n'avait pu emporter et qu'il n'avait pas pris le temps de détruire. Les Turcs avaient mis le feu à trois mosquées et à une église arménienne transformées en dépôts de vivres. Ils avaient abandonné 250 hommes grièvement blessés et 70 malades, qui furent soignés par un médecin de l'hôpital de la Croix-Rouge.

La cavalerie russe fut immédiatement suivie par l'infanterie, qui s'établit à Bazardjik et dans les environs, tandis que la cavalerie occupait la ligne d'Alytchkeuï, Karabaschla, Arnaout-Kouïous et Souyoutchouk. Les routes étant détrempées par les pluies, les équipages, laissés à Tchaïr-Orman et à Karakilissa, à 12 kilomètres de Bazardjik, ne rejoignirent définitivement que le 30 janvier au soir; ils durent être transportés partie par partie, en y attelant trois fois plus de chevaux que d'ordinaire.

Le 30, Zimmermann envoya un détachement du régiment de dragons de Kinburn, sous les ordres du capitaine Radovitch, avec l'ordre de détruire le chemin de fer de Varna-Roustchouk. Les dragons partirent de Karambala à 10 heures du matin et se dirigèrent vers la station de Hébedji (à 18 kilomètres de Varna). Marchant pour la plupart du temps à travers champs et ayant à traverser de nombreux ravins où ils devaient aller à la file, ils s'arrêtèrent à trois heures du matin au village de Dooudja, où se trouvaient deux escadrons de cavalerie égyptienne, qui s'enfuirent à leur approche. Le 31 au matin, les dragons se jetèrent sur la station de Hébedji, brûlèrent la gare, les dépôts et les wagons et firent sauter la voie au moyen de la dynamite. Pendant ce temps d'autres hommes détruisaient le télégraphe à 15 kilomètres plus loin, du côté de Schoumla, rapportaient à Bazardjik l'appareil télégraphique et y amenaient le chef de la station. Les dragons rejoignirent leur régiment par une autre route que celle qu'ils avaient prise en allant en détruisant sur une longueur de 10 verstes le télégraphe qui longe la chaussée de Schoumla.

Le même jour, un détachement composé de cinq sotnias des 15e et 16e régiments de cosaques du Don et commandé par le général Yanow, occupa Baltchik, petit port sur la mer Noire, que les Turcs avaient abandonné et où l'on trouva de grands approvisionnements de grains.

Le lendemain, l'avant-garde russe, composée d'une brigade de la 17e division, avec trois batteries, et commandée par le général-major Joukow, fut envoyée au village de Baladja, à 15 kilomètres au sud de Bazardjik par la chaussée de Varna.

Le 2 février, un détachement formé des dragons de Kinburn, de hussards de la Russie-Blanche et du 18e cosaques avec quatre pièces d'artillerie montée et commandé par l'aide de camp général Mansey, fut envoyé pour détruire le chemin de fer de Schoumla-Varna près des villes de Kozloudja et de Pravody. Pour que l'ennemi ne s'aperçût pas de son mouvement, le général Mansey se dirigea sur Karambala et passa la nuit à Khodyrtcha. L'étape du 2 (43 kilomètres) fut très-pénible; on fut obligé de traverser des forêts où les Turcs avaient fait de nombreux abatis. Néanmoins, malgré le dégel, les troupes avec leurs canons, qu'on avait attelés de 10 chevaux, surmontèrent tous les obstacles et arrivèrent à l'étape à sept heures du soir.

Le 3, le détachement du général Mansey quitta Khadyrtch à sept heures du matin; à dix heures il arrivait à Kozloudja, où il fut reçu par une députation de Turcs et de Bulgares, qui lui présentèrent le pain et le sel. A midi, il était au village de Kotloubey, sur la chaussée de Schoumla-Varna. Le général Mansey donna ordre d'y détruire le télégraphe et envoya un demi-escadron du 7e dragons, commandé par le capitaine Radovitch, à la demi-station de Ravna-Ventchana (à 15 kilomètres de Pravody, dans la direction de Schoumla) pour y détruire la voie et les ponts. Le capitaine Radovitch exécuta parfaitement sa mission; il coupa la voie, fit sauter trois ponts au moyen de la dynamite et revint à Kotloubey vers sept heures du soir. A midi, le général Mansey partit pour Pravody, envoyant en avant deux escadrons de hussards et deux sotnias de cosaques commandés par le colonel Launitz, pour occuper la ville, y couper la voie et faire sauter le pont du chemin de fer. A deux heures et demie, le général Mansey faisait son entrée à Pravody, où la population lui présenta le pain et le sel et les clés de la ville. Les Russes s'y comparèrent de 40 zaptiés armés, avec leurs chevaux, et de nombreux approvisionnements de grains, appartenant à l'État et auxquels ils mirent le feu; la municipalité et les troupes s'étaient en-

min de fer dans la ville même. Le service du chemin de fer avait cessé depuis que la voie avait été coupée à la station de Hébedji. A la date du 31, les Turcs avaient réussi à réparer temporaire-

cinq heures du soir pour revenir passer la nuit au village de Kotlouboy, où il arriva à sept heures du soir.
Le 4 février, le général Mansey se rendit par

troupes égyptiennes qui occupaient Derbentkeuï, au nombre d'un régiment d'infanterie, d'un régiment de cavalerie et de deux batteries de position. Les zaptiés faits prisonniers après la conclusion

VUE GÉNÉRALE DE CONSTANTINOPLE. PRISE DE LA CÔTE D'ASIE.

fuirs la veille. Une administration provisoire fut établie dans la ville.
Pendant que le général Mansey se trouvait à Pravody, les hussards, commandés par les cornettes Kourdimanof et Loutkovsky, firent sauter tous les bâtiments de la gare, coupèrent la voie en cinq endroits et firent sauter le pont du che-

ment la voie, mais uniquement pour expédier à Varna tout le matériel roulant, les appareils télégraphiques, la caisse, le personnel et les membres de l'administration de la ville, ce qui prouve combien grande avait été la panique produite par le hardi coup de main des dragons à la station de Hébedji. Le général Mansey quitta Pravody à

Kozloudja au village de Derbentkeuï pour se rendre compte des forces qui l'occupaient. Au moment où il s'en approchait, à deux heures et demie de l'après-midi, le capitaine en second Vizirow lui remit un pli lui apprenant que l'armistice avait été conclu le 31 janvier. Il fit donc suspendre les opérations militaires, en vue des

de l'armistice furent aussitôt remis aux Turcs. Mais on ne put rendre les 15,000 tchetverts de grains incendiés, et nous soupçonnons fort les Russes de les avoir détruits uniquement pour ne pas avoir à les restituer, car c'est la première fois que nous leur voyons incendier des provisions.
A neuf heures du soir, le général Mansey atteignit

le bivouac de Baladja, n'ayant pas perdu un homme pendant sa marche en avant et ayant dû seulement abandonner en route treize chevaux. En trois jours, son détachement avait fait près de 160 kilomètres, ne suivant pour ainsi dire pas de routes, ayant à traverser de nombreux ravins et les contre-forts des Petits-Balkans, sans chariots et devant marcher le premier jour par une boue épaisse, les deux autres sur la terre durcie par la gelée. L'artillerie à cheval n'était jamais restée en arrière du détachement, qui n'avait eu que deux malades pendant ses trois jours de marche.

XLV. — LES HORREURS DE LA GUERRE. — L'EXODE MUSULMAN

L'exode musulman.

Le désir d'achever sans l'interrompre le récit des opérations militaires qui ont eu pour résultat l'occupation de la Roumélie par l'armée russe, nous a amené à négliger l'épouvantable tableau des horreurs qui résultèrent de cette invasion. Il nous faut le reprendre, car une histoire de la guerre russo-turc ne saurait être complète si l'on n'y trouvait point la relation des faits qui lui ont donné un caractère si barbare qu'il faut remonter aux grandes migrations antiques et aux guerres religieuses du moyen âge pour trouver un exemple d'une telle dépopulation et de pareils massacres.

Pendant que les troupes russes opéraient au nord des Balkans, la plus grande partie de la population musulmane du territoire qu'elles occupaient s'était enfuie vers le sud, et ces fuyards s'étaient installés dans des campements nombreux sur tout l'espace entre Philippopoli et Andrinople, et principalement le long de la route qui relie ces deux villes. Les autorités ottomanes leur avaient affirmé qu'ils étaient en entière sécurité et que les Russes ne parviendraient jamais jusque-là.

Tout d'un coup, Gourko franchit les Balkans. Cette campagne au cœur de l'hiver fut un événement tout à fait inattendu pour l'armée turque et fut un coup de foudre pour la population musulmane. Quand la nouvelle de la prise de Sofia se répandit le long de la route d'Andrinople, elle y produisit une épouvantable panique. Bien loin de chercher à l'apaiser, les autorités ottomanes ne cherchèrent qu'à la propager et à l'augmenter. Suleyman-Pacha, que les Turcs eux-mêmes ont surnommé la Hyène, semble avoir conçu le sauvage projet de faire le désert entre lui et les Russes qui le poursuivaient. Il est certain que l'incendie de tous les villages entre Sofia et Tatar-Bazardjik, ainsi que celui de cette dernière ville, fut systématiquement ordonné et de grandes provisions de pétrole avait été demandées à Andrinople pour faciliter la besogne. On raconte que M. James Long, le bienfaiteur des contrées bulgares si cruellement éprouvées par les massacres de 1876, recommanda à Suleyman les maisons-abris qu'il y avait fait construire. « Soyez tranquille, répondit celui-ci, j'y mettrai le feu moi-même (1). » Si le massacre des chrétiens ne fut pas commandé, il fut au moins toléré et les musulmans furent invités à fuir devant l'ennemi. Suleyman, afin de les décider, fit même répandre le bruit que les Russes égorgeaient tous les musulmans qui leur tombaient sous la main.

Les émigrants de la Bulgarie danubienne s'enfuirent donc de nouveau suivis par les habitants de la vallée de la Maritza. Les malheureux campagnards, en proie à la folle épouvante qui se communiquait de proche en proche, désertèrent en masse leurs foyers et se rabattirent comme ils purent sur Constantinople. Les uns gagnèrent la côte et trouvèrent accueil sur des navires. Les autres placèrent leurs femmes et leurs enfants sur des *arabas* à bœufs, et se frayèrent péniblement leur route jusqu'à la station du chemin de fer la plus rapprochée. Là ils campèrent dans la neige et attendirent avec la résignation patiente de leur race, le passage du train qui devait les emmener; en attendant, ils brûlaient leurs chariots pour se chauffer, et vivaient du prix de leurs bœufs, qu'ils vendaient de 9 à 10 francs pièce aux trafiquants juifs ou arméniens qui accompagnaient ces migrations pour les exploiter. Le matériel du chemin de fer ne suffisait plus au transport des réfugiés; le train venu, ils prenaient place où ils pouvaient, s'entassaient dans les wagons ou montaient sur la plate-forme de dessus, sur les marchepieds, jusque sur les tampons; chemin faisant, beaucoup mouraient de froid ou de faim, étaient abandonnés sur la route ou retirés déjà raides à l'arrivée des convois.

(1) Cité par le *Journal des Débats*.

Au milieu de ce désordre il y eut des scènes atroces. Un témoin oculaire, le colonel anglais Blont, dit dans une lettre : « Depuis le 12, plus de mille wagons, portant au moins 55,000 réfugiés, ont passé à Tchorlou. Je ne parle pas de ceux qui se sauvent à pied. Les wagons sont si pleins que des petits enfants y périssent étouffés. Aux stations, les fuyards n'osent pas quitter leurs places, de peur de n'en plus trouver d'autres. Ils font ainsi une route de quatre jours! Quelques femmes, devenues folles, ont mis leurs enfants et elles-mêmes sur les rails, en avant du train. D'autres les jettent dans la première rivière qu'on traverse. On en a vu une qui poignardait les deux enfants qu'elle avait, disant qu'elle ne voulait pas qu'ils souffrissent un jour ce qu'elle avait souffert. Toutes les horreurs des anciens siéges sont dépassées. »

D'une autre lettre datée de Constantinople le 22 janvier et écrite par M. V. Hérault, chargé par l'ambassade anglaise de distribuer des secours, nous détachons ce passage : « Parti d'Andrinople mardi 15 janvier, à neuf heures du soir, par un train qui emportait environ 2,000 fugitifs, femmes, enfants et vieillards, entassés dans des wagons destinés au transport des marchandises et du bétail, j'ai pu constater les souffrances de toute nature endurées par cette malheureuse population musulmane.

« A onze heures du soir, notre convoi arrivait en gare de Kouléli-Bourgas, localité située à 30 kilomètres d'Andrinople. Par suite de l'encombrement de la ligne, le train dut subir un arrêt de quatorze heures à cette station. Le froid était intense, et les voyageurs qui s'étaient établis sur les toits des voitures, exposés à toute la rigueur de la température, éprouvèrent les plus vives souffrances. Durant la nuit, j'installai quelques familles autour des feux que j'avais fait allumer, et, le matin, je distribuai tout le pain trouvé dans le village, environ 200 okes, qui furent partagées entre les plus nécessiteux.

« Vers midi, le caïmakam d'Ouzoun-Keupri arriva sur une locomotive apportant quinze sacs de biscuits qui furent distribués par ses soins à ces pauvres affamés.

« Jusqu'à mon départ de Bourgas, qui eut lieu le samedi 19, je continuai les distributions de vivres à tous les convois qui se rendaient à Constantinople. Ces misères et ces privations étaient supportées avec une résignation vraiment touchante par les milliers de malheureux qui ont passé sous mes yeux pendant cinq jours. Beaucoup d'enfants et d'adultes sont morts de congélation. A la seule station de Tchorlou, il en a été enterré 250 dans l'espace de six jours.

« J'arrivai à Constantinople le dimanche matin, le cœur navré de toutes les souffrances dont je venais d'être témoin. »

L'Europe fut saisie d'horreur aux récits que publièrent les journaux de cette émigration. Midhat-Pacha, l'ex-grand visir exilé, adressa aux journaux anglais l'appel suivant en faveur de ses compatriotes :

« Londres, le 19 janvier.

« Monsieur le rédacteur,

« D'après les dernières nouvelles de Constantinople, il paraît que les fugitifs et émigrés (*sic*) sont dans la situation la plus alarmante, la plus misérable et la plus digne de pitié. Par suite de la terreur inspirée par les premiers massacres (1), plus de soixante-dix districts ont été abandonnés par les familles musulmanes à l'approche de l'ennemi.

« Cette foule de réfugiés se presse dans la capitale et dans d'autres villes; mais les derniers arrivés ne peuvent en aucune manière trouver un abri pour leurs têtes fatiguées, de sorte qu'ils restent éparpillés en plein air au milieu du froid et de la neige.

« Une dépêche annonce que 25 à 30,000 individus—femmes, enfants et vieillards—sont disséminés le long de la ligne du chemin de fer d'Andrinople à Constantinople, sans ressources, sans abri, pleurant, gémissant, au milieu des souffrances les plus terribles; et, comme preuve de leur situation désespérée, je me permets de vous citer le cas suivant :

« Parmi les fugitifs de Nisch et de Pirot qui ont atteint Bazardjik, après de terribles souffrances, pour prendre le train, il y a eu quatre-vingts familles de notables qui n'ont pu trouver place dans les wagons qui étaient sur le point de partir.

« Pris de désespoir, les vieillards, les femmes et les enfants se couchèrent sur les rails, aimant mieux être écrasés par les roues de la machine que de continuer à souffrir. La force a dû être employée pour les arracher aux atteintes d'une mort certaine. Ce seul fait suffirait à prouver à quelle extrémité leurs souffrances les a réduits.

« La nation anglaise, qui fait l'admiration du monde, et surtout du peuple turc qui lui sera éternellement reconnaissant, a, depuis le commencement de la guerre, répandu sa charité bienveillante sur nos blessés et sur nos martyrs; mais

(1) Midhat fait allusion aux massacres de musulmans commis par les Bulgares.

je suis certain qu'en face d'un état de choses aussi déplorable et d'événements aussi inouïs dans l'histoire, les sentiments d'humanité serreront le cœur non-seulement de la noble Angleterre, mais du monde entier, — oui, le cœur de l'ennemi lui-même !

« Si nous songeons que la plupart des fugitifs sont des femmes, des enfants, des vieillards et des invalides, qui restent exposés aux rigueurs de cette rude saison, privés de tout et abandonnés à la misère, nos cœurs seront touchés.

« Il n'y a certainement pas d'œuvre charitable plus méritoire et plus vraiment humaine que de soulager les souffrances de ces pauvres créatures.

« En exposant à la noble nation anglaise cet état de choses déplorable désastreux et déchirant, je suis fermement convaincu qu'elle fera de nouveaux efforts pour secourir et alléger les souffrances de ceux qui les béniront et resteront reconnaissants envers leurs bienfaiteurs.

« Agréez, etc.

« MIDHAT. »

A partir du 15 janvier, il arriva 10,000 fuyards par jour à Constantinople, et le gouvernement ottoman, épouvanté d'une panique qui était en partie son œuvre, s'adressa à l'Angleterre pour essayer tardivement d'en conjurer les effets. M. Layard, sollicité par le sultan, télégraphia au comte Derby :

Constantinople, 19 janvier 1878.

Toute la population mahométane fuit devant les Russes, et une centaine de mille femmes et enfants sont dans les champs mourant de faim et de froid. La Porte demande au gouvernement de Sa Majesté, au nom de l'humanité, d'engager les Russes à donner une assurance sous forme d'une proclamation garantissant aux musulmans la protection de leur vie et de leur honneur. Le gouvernement et les autorités turques n'ont pas le pouvoir d'arrêter la panique, qui peut bientôt atteindre Constantinople, avec les plus désastreuses conséquences.

Le lendemain 20 janvier lord Derby adressa à lord Loftus, l'ambassadeur anglais à Saint-Pétersbourg, une dépêche le chargeant de transmettre au gouvernement russe la demande de la Porte, et le jour même, lord Loftus remit la note suivante au prince Gortschakof :

Mon prince,

Le gouvernement de Sa Majesté a reçu de son ambassadeur à Constantinople un récit des plus navrants des souffrances de la population turque, qui, à l'avance des troupes russes et sous l'influence de la peur, cherche sa sécurité en fuyant de ses foyers, sans moyens de transport ou de subsistance.

Toute la population mahométane est représentée comme fuyant devant les armées russes, et de la population frappée de panique une centaine de milliers de femmes et d'enfants sont dans les champs, mourant de faim et de froid. Dans ces pénibles circonstances, la Porte a prié le gouvernement de Sa Majesté, au nom de l'humanité, de faire un appel à l'empereur de Russie, et d'implorer Sa Majesté de prendre des mesures qui puissent calmer les craintes de la population turque et arrêter ainsi une panique qui cause tant de misère et de souffrances à des milliers d'êtres innocents.

Il est suggéré qu'une proclamation, publiée par le commandant en chef russe, garantissant la protection de la vie et des biens de la population musulmane, pourrait puissamment aider à arrêter la panique et à rétablir la confiance parmi la population, chrétienne aussi bien que mahométane, des districts souffrants.

En adressant cet appel à Votre Altesse, par ordre de lord Derby, j'ai la confiance qu'il ne sera pas fait en vain, et qu'avec ce sentiment de bienfaisance et d'humanité qui caractérise Votre Altesse, des mesures efficaces seront immédiatement prises pour arrêter une panique qui cause tant de misère et de souffrances, et sauverait ainsi des milliers de femmes et d'enfants d'une mort cruelle.

Je suis, etc.

(Signé) : A. LOFTUS.

Le prince Gortchakof répondit le lendemain :

Saint-Pétersbourg, 22 janvier 1878.

Monsieur l'ambassadeur,

Dans une note datée du 21, Votre Excellence exprime, au nom du gouvernement de la reine, le désir qu'une proclamation rassurant les populations musulmanes en Turquie, et garantissant leur vie et leurs biens, soit publiée par le commandant en chef des troupes russes afin de calmer la panique qui s'est montrée parmi ces populations, et a été la cause de grandes souffrances.

Je dois rappeler à Votre Excellence qu'au début même de la guerre le commandant en chef de l'armée impériale du Danube a solennellement fait connaître aux habitants de la Bulgarie les sentiments d'humanité que S. M. l'Empereur lui avait expressément ordonné de prendre pour guide de conduite dans la guerre, en assurant à la population paisible, sans distinction de race ni de religion, la protection des autorités militaires.

Ces principes ont été fréquemment proclamés, et ont été constamment mis en pratique, bien qu'il soit notoire que les Turcs ont commis envers nos blessés et prisonniers des actes de cruauté qui ont choqué les sentiments de l'Europe civilisée, et quoique tout récemment, en bombardant des villes ouvertes comme Eupatoria et Théodosie, Hobart-Pacha ait donné une preuve additionnelle de la manière dont les Turcs font la guerre.

Dans ces circonstances, le cabinet impérial pense qu'une proclamation réitérant les principes d'humanité enjoints aux commandants en chef russes, et dont ils n'ont jamais dévié, et n'ont certainement pas l'intention de dévier, serait superflue en ce qui concerne les populations auxquelles on désire rendre la confiance.

Je suis, etc.,

(Signé) : GORTCHAKOF.

On peut se demander, du reste, à quoi aurait servi une proclamation russe du moment que

LA GUERRE D'ORIENT

c'étaient les autorités turques elles-mêmes qui avaient entretenu la panique. Les proclamations russes n'auraient pu être connues des populations qu'après l'arrivée de l'ennemi ; or, la fuite s'accomplissait avant cette arrivée, et il n'est pas à supposer que les autorités turques eussent publié la nouvelle proclamation sollicitée par M. Layard, pas plus qu'elles n'avaient fait connaître celle parue dès le début de la guerre.

L'exode continua donc et l'interruption de la circulation sur le chemin de fer de Philippopoli à Andrinople, amenée par l'occupation de la gare de Ternovo par la cavalerie de Stroukof, vint encore ajouter à l'horreur des scènes de désolation qui en avaient déjà signalé les débuts. La fuite par le chemin de fer étant devenue impossible, d'immenses convois se formèrent qui prirent la route d'Andrinople par Haskeuï. On entassa les femmes, les enfants et les vieillards sur des arabas, et par une neige profonde et un froid de six à huit degrés, on se sauva à marches forcées, jalonnant le chemin des cadavres de milliers de misérables qui périrent de faim et de froid. Notre correspondant particulier, qui parcourut la route de Philippopoli à Andrinople, du 25 au 30 janvier, nous en envoya la lugubre description que voici :

« De Philippopoli à Andrinople, la route est des plus banales et dépourvue de tout attrait pittoresque. Tantôt ce sont de vastes plaines sans verdure, des rizières entrecoupées de nombreux canaux, tantôt des élévations de terrains arides et dépourvues de toute végétation. Le soir de notre première étape, étant partis très-tard de

TYPES D'ÉMIGRANTS SECOURUS A CONSTANTINOPLE

Philippopoli, nous nous arrêtâmes à Satabeg, petit village bulgare situé de l'autre côté de la ligne du chemin de fer.

« De Satabeg à la petite ville d'Haskeuï où nous arrivâmes le lendemain, nous eûmes à subir pendant toute l'étape un douloureux et terrible spectacle, bien fait pour faire prendre en exécration la guerre et ses auteurs. Sur tout ce long parcours de 6 kilomètres, dans les champs bordant la chaussée, étaient étendus de nombreux cadavres turcs, femmes, enfants, vieillards morts de faim et de froid. Nous en comptâmes près de 600 pendant cette marche lugubre. Ces malheureuses victimes du fanatisme turc appartenaient à la population de Philippopoli et des villages environnants, laquelle à l'approche des Russes avait reçu l'ordre formel d'évacuer ses demeures et de fuir au plus vite vers Andrinople et Constantinople. Des témoins oculaires m'ont affirmé que des escouades de zaptiés (gendarmes) parcouraient les rues des quartiers musulmans hâtant le départ des habitants turcs, frappant et malmenant même ceux qui faisaient quelques difficultés pour partir. Aussi jugez dans quelle horrible situation se trouvèrent ces malheureux habitants, obligés de cheminer à travers un pays couvert de neige et exposés à une température glaciale !

« Dès le grand village de Papasli, qui fut la première étape de ces émigrants, les cadavres abondent sur la route. Partout où l'on a campé, et l'emplacement est facile à reconnaître aux nombreuses litières de paille, aux nombreuses guenilles qui jonchent le terrain, l'on rencontre les cadavres des malheureux, lesquels n'ont pu supporter le froid glacial et la faim qui les accablaient. Rien de plus horrible à contempler que ces corps restés sans sépulture, noircis, tuméfiés, desséchés par le froid, étendus au milieu de corps de bœufs, de buffles, de brebis, de chèvres, car depuis quelque temps une sorte de peste bovine s'est déclarée parmi le bétail dans toutes les parties de la Bulgarie. Quels lugubres tableaux j'ai eu, et j'aurai toujours présents sous les yeux durant notre marche lugubre à travers ces horribles campements, que les cosaques, dans leur langage pittoresque et imagé, ont surnommés le « Campement de la Mort! »

« Comme je l'ai déjà dit, je n'ai vu dans ces véritables charniers que des cadavres de vieillards, de femmes et d'enfants, aucun jeune homme ou homme dans la force de l'âge ; tous sans aucune blessure, morts de froid et de faim. Les uns pelotonnés par monceaux de cinq ou six personnes ayant essayé de se réchauffer et de se communiquer mutuellement par leur contact un peu de calorique; des mères étendues sur des couvertures en lambeaux, tenant encore leurs enfants serrés contre leur sein; deux jeunes filles étroitement enlacées dans les bras l'une de l'autre et étendues la face contre terre : au premier aspect on eût cru qu'elles dormaient; des vieillards à longue barbe blanche, porteurs de ces physionomies vénérables et marquées de ce cachet oriental qu'on retrouve dans les tableaux de Descamps; une jeune femme de la plus rare beauté, aux longs cheveux noirs déroulés, vêtue d'une veste en drap noir brodée d'argent, et de larges pantalons bleus, avait ramené avant de mourir, sur son visage, son long voile de gaze qu'elle tenait encore dans ses mains crispées et que le vent avait déchiré en lambeaux. Quelques-unes de ces malheureuses victimes du fanatisme de leur gouvernement étaient tombées sur la route, à moitié couvertes de boue, et, détail horrible, les lourdes voitures de transport les avaient à moitié écrasées.

« J'ai vu un malheureux vieillard, vêtu d'une robe de derviche, lequel était tombé sur une ornière et auquel les roues d'une charrette avaient broyé la tête; car, chose triste à dire, ces émigrants étaient en proie à un tel délire de fuite, que chaque matin, en quittant leur campement de la nuit précédente, ils s'enfuyaient au plus vite, laissant les cadavres sans sépulture.

« A Kayadjik, petit village situé sur la rivière Oskyïzli, à deux heures de Haskeuï, et deuxième étape des émigrants, les abords du pont et les anfractuosités des rochers qui bordent la rive droite étaient remplis des cadavres de ces misérables qui s'y étaient blottis afin de se préserver un peu des rafales glaciales de la nuit. La terre était jonchée de couvertures, chiffons, d'innombrables livres de prière, et auprès du cadavre d'une femme tzigane, aux dents d'un émail éclatant, je remarquai un petit miroir carré à l'encadrement en cuivre ciselé.

« Le soir de notre deuxième étape à partir de Philippopoli, nous fîmes halte à Haskeuï, petite ville très-commerçante et très-riche, de 8 à 10,000 âmes. Malheureusement, le bazar et les principales maisons chrétiennes avaient été livrés aux flammes par toutes ces bandes de fuyards.

« Le lendemain, en quittant Haskeuï, nous trouvâmes les abords de la ville remplis de cadavres, indiquant une troisième halte des malheureux émigrants turcs. Après deux heures de marche et en arrivant au sommet d'une pente assez escarpée, un spectacle des plus inattendus vint s'offrir à nos regards. Partout, sur la route, dans les champs environnants et aussi loin que la vue pouvait s'étendre, des milliers de charrettes brisées et renversées et de nombreux cadavres de bœufs, de buffles, de chevaux. Evidemment les fuyards avaient été surpris en cet endroit par la cavalerie russe et s'étaient enfuis, abandonnant tous leurs moyens de transport, dans les montagnes qui s'étendent à deux kilomètres de distance, sur la droite de la chaussée.

« Ce qui nous confirma dans cette idée c'est qu'à Tirali, petit hameau situé sur les bords de l'Oglu, bon nombre de charrettes avaient été précipitées du haut des berges dans le lit de la rivière. Plusieurs autres ayant voulu passer celle-ci à gué, s'étaient embourbées, enfoncées dans la vase, et leurs conducteurs les avaient abandonnées à cet endroit. Le sol lui-même, couvert des mille et mille objets que renfermaient ces voitures, indiquait qu'en cet endroit il y avait eu une immense et vertigineuse panique et non pas une simple halte ou campement. Partout et de tous côtés, des papiers déchirés, des milliers de corans sur papier jaune à enluminures d'or, des couvertures en soie, brodées d'or, des amas de chiffons de laine, des poteries grossières, des plats en fer bossués par un long usage, des gourdes, des tonnelets, des cribles à avoine, des bancs, des babouches, des galoches en bois en un mot, tout le mobilier de ces pauvres émigrants, mais tous ces objets couverts de boue, salis, défraîchis par la pluie et la neige; et, au milieu de cette solitude, des bandes de Bulgares glanant ces sinistres dépouilles comme des bandes d'oiseaux de proie et auxquels les cosaques s'empressèrent de donner la chasse à grands coups de nogaïkas et du bois de leurs lances.

« Sur un parcours de près de quatre lieues, la route était jonchée des débris de cette immense émigration. Un peu avant d'arriver à Hirmanli, et au sommet d'une colline d'où la route descend dans la vallée, se trouvaient les dernières charrettes brisées, formant de véritables barricades sur la chaussée, au milieu desquelles nos chevaux cheminaient à grand'peine ; en cet endroit il y avait de nombreux cadavres, en partie d'hommes dans la force de l'âge, les uns portant le costume de paysan, les autres l'uniforme bleu du rédif, tous frappés à mort par la mousqueterie ou l'arme blanche ; un malheureux bachi-bouzouk avait eu la tête presque entièrement fendue d'un coup de sabre, un autre la gorge traversée d'un coup de lance ; une femme était étendue sur une charrette, la poitrine trouée de plusieurs balles. Evidemment, la tête de cet immense convoi avait rencontré en cet endroit les Russes ; ainsi que l'indiquaient tous ces cadavres, il s'était engagé une lutte acharnée, à laquelle avaient pris part non-seulement les soldats de l'escorte, mais encore tous les émigrants armés afin de donner le temps à leurs familles de s'enfuir dans les montagnes. »

C'était à cet endroit, en effet, situé à une dizaine de kilomètres d'Hirmanli, que le grand convoi des émigrants, qui comprenait plus de 20,000 chariots, fut brusquement arrêté, le 19 janvier, par le colonel Panioutine, que Skobelef avait détaché de sa colonne avec le régiment d'Ouglitch, le 11ᵉ bataillon de chasseurs, deux sotnias de cosaques et deux pièces de canon. Il se commit là des choses épouvantables, sur lesquelles les rapports russes essayent vainement d'atténuer la vérité. Six tabors marchaient en tête du convoi et ils étaient appuyés par la masse confuse des fuyards qui étaient tous armés selon l'usage musulman, et dont le nombre s'élevait à 15,000 environ, non compris, bien entendu, les femmes, les vieillards et les enfants, qui auraient quadruplé au moins ce chiffre. Panioutine posta deux bataillons d'Ouglitch à gauche de la route, sur des hauteurs d'où ils dominaient la tête du convoi contre laquelle ils ouvrirent un feu violent. En même temps, le troisième bataillon du régiment s'avança par la route, précédé par les deux pièces de canon qui tirèrent à mitraille contre les barricades de charrettes derrière lesquelles les défenseurs du convoi s'étaient retranchés. Comme on peut le penser, la panique se mit promptement au milieu de cette cohue humaine et les chasseurs et les cosaques descendant les pentes de droite refoulèrent les Turcs et pénétrèrent dans le convoi. La scène qui suivit est indescriptible; qu'on se figure cette immense file de voitures et 40 à 50,000 malheureux qui en sortent en poussant des cris d'épouvante pour se sauver dans les montagnes qui se trouvaient à deux kilomètres environ au sud de la route. La plupart y périrent les jours suivants de froid et faim, n'ayant ni vivre ni abri et l'épouvante les empêchant d'essayer de s'en procurer auprès des Russes.

322 femmes et 43 enfants furent massacrés à « l'arme blanche » sur les chariots. Dans son rapport, le colonel Panioutine déplore ce fait monstrueux et en accuse les Bulgares qui auraient suivi la colonne pour piller. Du reste, dans toutes leurs pièces officielles, les Russes essayent de se

liver de ce massac e et de la mort des milliers de victimes qui périrent dans les montagnes à la suite de l'attaque du convoi.

Le général Skobelef télégraphia le 20, de Haskeuï : « Plusieurs milliers de femmes et enfants saisis d'une panique *irréfléchie*, se sont réfugiés dans les montagnes environnantes, où ils restent sans pain et sans abri. C'est Suleyman qui est responsable de toutes ces horreurs, ayant épouvanté les populations par des inventions indignes au sujet de prétendus actes de barbarie commis par nos troupes. Ces malheureuses femmes et ces pauvres enfants — conclut le général dans son rapport — sont condamnés fatalement à une mort certaine au milieu de ces montagnes couvertes de neige. » Skobelef accuse Suleymann. Dans une dépêche datée du 21, le grand-duc Nicolas qui fut, dit-on, vivement peiné de cet affreux incident, fait comme le colonel Panioutine et accuse les Bulgares : « Malheureusement, dit-il après avoir raconté le combat, le convoi était suivi par plusieurs milliers d'habitants musulmans, que Suleyman-Pacha avait fait partir de Philippopoli et des environs. Ces infortunés se sont dispersés dès le commencement du combat, en proie à la plus grande frayeur, et ont abandonné leurs enfants sur les chariots.

« Pendant la lutte, des Bulgares s'emparaient des enfants et pillaient les effets des fuyards. Nos troupes ont pris ces enfants sous leur protection et ont mis un terme au pillage. Des mesures sont prises pour rendre ces enfants à leurs mères, qui sont revenues les unes après les autres. La position de ces malheureux musulmans est affreuse.

« A la suite des ordres donnés par Suleyman-Pacha et de la panique extrême à laquelle ils sont en proie, ils se sauvent de partout, détruisent leurs maisons et emmènent leurs familles et leurs effets, qu'ils perdent en route. Tous ces pauvres gens sont voués à une mort certaine, tandis que s'ils étaient restés sur place, ils auraient vécu tranquilles sous la protection de nos autorités militaires.

« Je regrette profondément que les brillants succès que nous avons obtenus entraînent à leur suite, indépendamment de ma volonté, des conséquences que je ne pouvais pas prévenir et que je ne puis atténuer maintenant qu'avec la plus grande difficulté. »

Désormais l'émigration se heurta sans cesse aux colonnes russes et on sait que Stroukof, dans son *read*, rencontra presque chaque jour quelques colonnes de fuyards. Heureusement les scènes du 19 janvier ne se renouvelèrent plus, et on a vu que Stroukof vint assez aisément à bout des 200,000 émigrants qu'il rencontra près de Lulé-Bourgas. Mais la désolation n'en cessa point pour cela. Les derniers trains et les derniers convois qui arrivèrent à Constantinople furent aussi ceux qui contenaient le plus de malades. Les malheureux qui en faisaient partie avaient eu plus de chemin à faire, et ayant eu à traverser un pays déjà ravagé par ceux qui les avaient précédés, avaient eu beaucoup plus à souffrir des privations de toute sorte. A la fin ce n'était plus des convois de réfugiés, mais des convois de mourants. On dut improviser des ambulances dans les gares et au débouché des routes par lesquelles arrivaient les fuyards, et à l'arrivée des trains il fallait faire un triage et séparer les morts des survivants, auxquels on distribuait aussitôt tous les soins que réclamait leur état. « Leur inanition est telle, lisons-nous dans une correspondance, que les femmes et surtout les enfants succombent à la première cuillerée de bouillon qu'on essaye de leur faire avaler. »

On vit des Européens, venus pour apporter des secours, s'évanouir, tant ce spectacle était au-dessus de ce qu'ils pouvaient supporter.

Les massacres de chrétiens.

Dans les vallées de la Maritza et de la Toundja le poids des malheurs de la guerre porta surtout sur la population musulmane arrachée à ses foyers par une panique maladroitement propagée; il y eut peu de massacres et les chrétiens en furent généralement quittes pour l'incendie de leurs maisons et la perte de leurs biens. Entre la Toundja et la mer Noire et notamment entre Slivno et Bourgas, ce furent les chrétiens, au contraire, qui furent le plus cruellement éprouvés et 5 à 6,000 d'entre eux furent lâchement égorgés. Il existe dans cette région une colonie assez considérable d'Arnautes ou Albanais musulmans qui se sont en tout temps arrogé le droit de terroriser le pays; à ce premier élément de désordre vint se joindre, par suite de la guerre, la tourbe des irréguliers bachi-bouzouks et Tcherkesses qui se tenaient sur les derrières de l'armée turque et traitaient la population chrétienne en population conquise. Ces derniers préludèrent au mois d'août 1877 aux massacres de janvier 1878 en attaquant brusquement le petit port de Kavarna qu'ils détruisirent de fond en comble et dont ils massacrèrent 10) habitants, Grecs pour la plupart. Ce dra-

LE TRIAGE DES MORTS ET DES MALADES A L'ARRIVÉE D'UN TRAIN D'ÉMIGRANTS

me épouvantable causa une telle émotion en Europe que la Porte se vit moralement obligée de sévir. Elle envoya deux bataillons égyptiens à Kavarna et cinquante-cinq Tcherkesses furent saisis et pendus.

Le recul général de l'armée turque au commencement de janvier 1878 et la marche en avant des Russes dans la direction de Varna, de Rasgrad et d'Osman-Bazar, eut pour effet de refouler tous ces bandits dans les environs de Bourgas où la population chrétienne, chez laquelle le souvenir des scènes de Kavarna était encore chaud, se prit dès lors à trembler. Le signal partit de Slivno, et de même qu'en remontant à la cause de l'émigration musulmane nous retrouvons Suleyman-Pacha, de même, en remontant à l'origine des massacres de chrétiens, nous retrouvons l'influence de cet homme funeste qui se trouve ainsi chargé à la fois de tous les malheurs et de toutes les iniquités de sa patrie.

Le *Daily News* reçut, le 24 janvier, de son correspondant de Constantinople, qui ne dit point du reste de qui il le tient, le rapport suivant sur les événements dont Slivno a été le théâtre à la fin de la guerre russo-turque :

« La ville de Slivno offre le spectacle le plus affreux. Plus de 5,000 femmes et enfants bulgares venus des localités voisines qui ont été saccagées, errent à moitié vêtus et pieds nus dans les rues, demandant l'aumône et mourant de faim et de froid. Les prisons sont encombrées de Bulgares, gens parfaitement innocents, et l'on en pend tous les jours une demi-douzaine. Depuis que Suleyman-Pacha a passé par Slivno, à la fin de septembre, un millier de personnes ont été pendues au beau milieu de la ville. Le jour de son départ, Suleyman a fait pendre trente-cinq Bulgares à la fois dans les rues que ses troupes devaient traverser.

« Il a trouvé un digne successeur dans la personne de Sadik-Bey, le président du conseil de guerre de Slivno. Cet homme, fort de ses pleins pouvoirs les plus étendus, commet les actes d'arbitraire les plus abominables : il fait incarcérer et pendre selon son bon plaisir. Parmi les personnes arrêtées se trouvaient les négociants les plus riches et les plus respectables de la ville, qui, bien que complètement innocents, n'ont échappé au gibet qu'en payant à Sadik-Bey de fortes rançons.

« La plupart des Bulgares emprisonnés viennent des localités du voisinage qui ont été dévastées et malgré qu'on pende chaque jour un certain nombre de prisonniers, il en arrive constamment de nouveaux, de sorte que les prisons ne désemplissent pas. Ceux que l'on condamne à mort ne subissent aucun interrogatoire préalable; on ne se donne même pas la peine de leur annoncer de quoi on les accuse, — et de fait ils sont parfaitement innocents. On se borne à leur dire : « C'est aujourd'hui que tu seras pendu » — et aussitôt dit, aussitôt fait. J'ai entendu de mes propres oreilles de ces malheureux s'exclamer, en marchant au supplice : « N'y a-t-il donc plus de Dieu pour m'arracher des mains de ces bourreaux ? » Les infortunés habitants de la ville, restés sans protection aucune, ne croient plus à l'existence de Dieu.

« La cause principale de ces massacres en masse des habitants des villages ravagés par les bachi-bouzouks est la suivante : Le gouvernement connaît très-bien la sauvagerie des bachi-bouzouks ; il sait comment ils ont traité ces villages et leurs habitants ; aussi tient-il à faire disparaître jusqu'au dernier les témoins de ces horreurs qui auraient pu les dévoiler.

« La semaine dernière, le métropolite, Mgr Séraphin, a fini par aller trouver le président du conseil de guerre pour le prier de mettre un terme à ce massacre de gens innocents. Le vénérable vieillard est tombé à genoux devant Sadik-Pacha, et a imploré avec larmes sa pitié et sa miséricorde. Sadik-Pacha a promis qu'il n'y aurait plus d'exécutions et cette bonne nouvelle a été une consolation pour la population au désespoir... Mais malheur à qui se fie à la parole d'un Turc ! Le même jour dix personnes étaient pendues au milieu de la ville. Le 12 janvier, des Bulgares notables de la ville, au nombre de vingt-quatre, ont été arrêtés et jetés en prison, où ils sont restés trois jours, après quoi on les a transportés à Constantinople, liés deux à deux, avec des chaînes aux pieds et aux mains. La plupart de ces notables sont des hommes de plus de soixante ans, qui ont vieilli au service de l'Etat. Tous avaient donné ces derniers temps, à plusieurs reprises, de fortes sommes pour les soldats turcs, et le gouvernement doit beaucoup d'argent à nombre d'entre eux. Ces hommes avaient tant fait dans l'intérêt du gouvernement turc que le parti des Jeunes-Bulgares les qualifiait de conservateurs, voire même de turcophiles. Mais pour les Turcs ce sont des Bulgares, et des Bulgares notables, et voilà leur crime ! »

Le correspondant du *Daily News*, après avoir reproduit le rapport qu'on vient de lire, ajoute de son côté : « Les prisonniers en question sont arrivés le 18 janvier à Constantinople et ont été jetés dans la sombre prison de Metirham, où beaucoup sont tombés malades. L'exarque bulgare, Mgr Joseph, a prié le grand-vizir de les faire mettre en liberté, ce qu'Edhem-Pacha avait promis. Mais au lieu de cela on les a exilés à Boli, en Asie-Mineure. Je les ai vus partir moi-même, le 25 janvier, et j'ai lu l'ordonnance du conseil de guerre de Slivno au moustéchar des zaptiés de Constantinople, lui enjoignant « de faire ce qu'il savait de ces gens, qui, par leur influence, pouvaient provoquer un soulèvement. » L'arrivée des Russes à Silvno, le 16 janvier, mit seule fin à ces exactions.

On pense que les bachi-bouzouks, si bien encouragés par les autorités turques, donnèrent libre cours à leurs instincts sanguinaires. Ils attaquaient d'abord les villages chrétiens en vue de piller et de faire les femmes et les enfants esclaves; puis, quand il fut évident que la Turquie était perdue, quand la peur prit tous les musulmans, quand l'émigration en masse commença, ils se firent les agents de la rage de ceux qui quittaient le pays sans espoir d'y revenir et ils détruisirent pour détruire, souvent avec la complicité et l'aide des autorités. Les documents abondent sur la façon sauvage dont ils s'acquittèrent de leur œuvre de désolation. Ainsi nous trouvons dans le *Blue-Book* anglais, entre autres renseignements, les deux dépêches suivantes :

M. Layard au comte de Derby.

Constantinople, 18 janvier.

Le commandant Hamond, du navire de Sa Majesté la *Torch*, annonce de Bourgas que la ville est évacuée par ses habitants et sera brûlée; départ des autorités turques ; environ 400 fugitifs ont cherché refuge à bord de son navire, et il a, en conséquence et pour la cause de l'humanité, affrété un navire pour en conduire 250 à Constantinople, en conservant environ 200 à bord. Il espère que le gouvernement de Sa Majesté approuvera les mesures qu'il a prises, et lui remboursera les frais d'affrétage du navire, dont il s'est rendu responsable.

M. Layard au comte de Derby.

Constantinople, 19 janvier.

Le vice-consul Brophy et le capitaine Hamond, de la *Torch*, viennent d'arriver ici et rapportent ce qui suit : « Les villes de Slivno, Aïdos et Karnabad sont brûlées, Bourgas est pillée et en grand danger ; 2,000 rayahs, sans asile et dénués de tout, y sont sur la côte sans moyens de fuir. La ville de Sigopoli a été brûlée la nuit dernière. Les villes de Missevria et Anchiale, ainsi que les réfugiés chrétiens, sont menacées par les Circassiens et sans défense. Tout le pays est dévasté. Des massacres de chrétiens ont déjà eu lieu sur une grande échelle, et paraissent inévitables dans toute la province, attendu que les rayahs n'ont pas de moyens de transport par mer, et qu'il n'y a pas de troupes turques pour contenir les Circassiens, les Albanais et les bachi-bouzouks turcs. Le navire de Sa Majesté la *Torch*, qui était alors à Bourgas, a envoyé et amené à Constantinople au delà de 1,200 fugitifs dénués de tout de ce district. »

Ces faits jetèrent l'épouvante parmi tous les chrétiens qui habitaient les territoires encore occupés par les Turcs et qui se crurent à la veille d'un massacre général. Les députés chrétiens eurent le courage de monter à la tribune du Parlement ottoman qui venait d'entrer en session et de dénoncer au gouvernement ces crimes et l'impunité avec laquelle ils se commettaient.

A la séance du 28 janvier, deux députés chrétiens, Zafiraki-Effendi Spandrevmenos, de Métélin, et Mina-Effendi Hamodopoulo, de Smyrne, présentèrent des rapports et *mazbatas* qui leur avaient été envoyés d'Anchiale, port de la mer Noire au nord de Bourgas, relativement au massacre par des soldats turcs de la population chrétienne du village de Stathopoulo, situé près de Bourgas. Ils firent à la Chambre l'exposé suivant : « Pendant les jours de la panique, le sous-gouverneur de Bourgas confia la garde de ce village à un détachement d'Albanais, sous le commandement d'un certain Nouri-Agha, également Albanais. Celui-ci en chargea provisoirement son aide de camp, un certain Khaïroullah-Agha. Aussitôt que les Albanais se furent constitués les *gardiens*(?) du village, ils demandèrent une rançon de 2,000 livres (46,000 fr.) aux villageois. Dans l'impossibilité de payer cette somme, les villageois envoyèrent prévenir le sous-gouverneur de Bourgas. Les Albanais, furieux de cette conduite, en donnèrent avis à leur chef, Nouri Agha, qui arriva bientôt avec une bande nombreuse. C'est alors que commença le supplice de la population. Poursuivie à coups de fusil et de yatagan, elle se réfugia dans l'église. Les Albanais en firent le siége, et, pendant trois jours, ils ne cessèrent de tirer sur les malheureux. De huit cents âmes, hommes, femmes et enfants, dont se composait la population, deux cents individus seulement purent échapper au massacre et arriver à Anchiale dans un état déplorable. Tous les autres furent massacrés; les femmes et les jeunes filles subirent toutes les violences des Turcs. Ces monstres n'épargnèrent pas même les petites filles de dix ans. »

Nous extrayons encore du compte-rendu de la séance de la Chambre turque du 2 février le passage suivant :

Zafiraki-Effendi Ipandrevmenos, député de Métélin, apprend que le sous-gouverneur de Bourgas et le fameux Nouri-Agha, principal auteur du massacre du village de Stathopoulo, se trouvent à Constantinople.

Le président. — Si vous avez des renseignements, donnez-les par écrit, afin que nous les transmettions à qui de droit. Cela facilitera l'action de la justice.

Mina-Effendi Hamodopoulo, député de Smyrne. — Je n'ai qu'à remercier le gouvernement de la promptitude qu'il a mise à nous informer des mesures prises. Ces mesures doivent vraiment être énergiques et à la hauteur des crimes accomplis. Je donnerai quelques nouveaux renseignements à la Chambre. C'est l'autorité qui a donné l'alarme à Aïdos. Le sous-gouverneur Hassim-Bey, agissant d'un commun accord avec les conseillers d'administration Tevfik-Effendi, Ibrahim-Agha, Edhem-Agha, Hadji-Omer-Agha et le mouf ti, a fait mettre le feu à la ville. Les musulmans s'étant emparés des voitures et des chariots des chrétiens, ont transféré leurs familles à Bourgas, tandis que les mauvais sujets profitant de la confusion ont tué, saccagé et commis toutes sortes de crimes. Il est arrivé presque la même chose à Bourgas, ville habitée par 3,000 habitants. Le sous-gouverneur a fait répandre le bruit qu'il se proposait de mettre le feu à la ville. Cette nouvelle a produit la panique et a encouragé les gens de désordre à se livrer à toutes sortes de méfaits.

Kayauli, village situé à trois heures de distance de Bourgas, a été saccagé par les Circassiens. Ces malfaiteurs ont enlevé quarante jeunes filles qu'ils promenaient triomphalement dans le bazar de Bourgas sans que le sous-gouverneur ait rien fait pour les délivrer.

Vous connaissez déjà ce que Nouri-Agha et ses Albanais ont commis à Stathopoulo. Le sous gouverneur de Bourgas, bien qu'informé le 4 (16) janvier par les villageois et le métropolitain d'Anchiale des menaces des hommes de Nouri-Agha, qui avait réuni autour de ce village 60 cavaliers et 150 fantassins, n'a rien fait pour protéger ce village.

Le sous-gouverneur d'Anchiale, qui, soit dit entre parenthèses, s'est comporté très-bien pendant tous ces événements, a envoyé des secours sous les ordres de Bouktali-Ibrahim-Agha et Dionissi Dionissiadi. Ces hommes courageux ont pu sauver du massacre 200 hommes, femmes et enfants. D'après leurs dépositions, à leur arrivée au village de Stathopoulo, ils ont trouvé deux fillettes, l'une âgée de sept ans et l'autre de cinq ans, que les malfaiteurs s'amusaient à brûler.

Des Circassiens ont commis pis encore à Agathopoulo et à Yavali. Ils ont enlevé des bestiaux, profané des églises, pillé les habitations et tué les hommes. Les villages de Margaritza, d'Asboyou, d'Ahmed-Bey Keuï, de Rama, de Ravdia, d'Aghios-Vlassios et d'autres villages ont été également détruits.

Je ne parlerai qu'incidemment de la jeune fille qu'un Circassien a amenée l'autre jour à Constantinople et de la vente d'esclaves. Ce sont des choses dont le gouvernement a connaissance. Je dirai seulement que ces Circassiens ont causé un mal énorme à l'empire au moment même où l'empire a besoin de toutes les sympathies, de toute la bienveillance de l'Europe. Voilà pourquoi je désirerais que la punition des coupables fût exemplaire et qu'une commission d'enquête fût instituée pour rechercher et punir les coupables. Je dois encore vous parler des bestiaux que les Circassiens continuent à vendre dans les rues de Constantinople. Ce sont là des bestiaux appartenant à des laboureurs qui ont tout perdu. Comment ces malheureux pourront-ils jamais reprendre leurs travaux?

Voici d'autres détails empruntés à la *Politische Correspondenz*, sur des atrocités que ne mentionne point Mina-Effendi dans son discours :

« Lorsque se répandit à Bourgas et dans les localités voisines le bruit que les Russes approchaient, les habitants turcs du gros et populeux bourg de Carnabat se mirent à incendier les maisons des chrétiens. Les Turcs forment la moitié de la population de ce bourg et leur nombre se trouvait encore accru par l'arrivée de nombreux fuyards. Bientôt le massacre commença, à la lueur de l'incendie, et l'on assure que le nombre des victimes est de plusieurs centaines. Les survivants prirent la fuite, poursuivis et traqués par les Turcs.

« Des atrocités du même genre eurent lieu le 15 janvier à Djedid-Karou-Keuï, village de 120 maisons à trois lieues de Bourgas. Ce village fut assailli par une bande de 150 Arnaoutes, qui cernèrent l'église, dans laquelle les chrétiens s'étaient réfugiés... Quatre habitants de Djedid-Karou-Keuï sont arrivés à Caïcali, mais ils ne savent rien du sort de leurs combourgeois. Caïcali, petite localité de 35 maisons, aussi à trois lieues de Bourgas, devint de même la proie d'une bande de Tcherkesses et d'Arnaoutes, qui pillèrent les maisons, massacrèrent les habitants, outragèrent et emmenèrent avec eux vingt-cinq jeunes filles bulgares et grecques. Un certain nombre de chrétiens qui s'étaient réfugiés sur une hauteur furent entourés et tués jusqu'au dernier, à coups de crosse de fusil. A ce massacre s'est distingué par une férocité toute particulière un certain Hassan, qui est employé à la ferme de M. Zarifi, à Constantinople.

« Aïdos, à cinq lieues de Bourgas, a aussi été attaquée, mais heureusement la plupart des chrétiens, au nombre de 250, avaient pu prendre la fuite à temps. Moins heureuse a été la population de Ghanar-Keuï, à une demi lieue de Bourgas : tout ce qui n'avait pas pu fuir a été égorgé et le village a été livré aux flammes.

« La ville de Bourgas elle-même ne fut pas épargnée. Les Tcherkesses s'étant abattus sur cette localité, le commandant de la canonnière anglaise le *Rapid* envoya trente matelots armés au secours des habitants chrétiens, qui s'étaient barricadés dans l'église et que les Circassiens tenaient assiégés. La porte de l'église allait céder sous les coups de hache et les coups de fusil de ces forcenés lorsque les matelots anglais arrivèrent. Les Tcherkesses s'enfuirent dans toutes les directions et les chrétiens trouvèrent un refuge à bord du *Rapid*, ainsi qu'à bord du *Nilo*, vapeur du Lloyd autrichien. Le capitaine de ce dernier navire a gagné tous les cœurs par son énergie et son humanité : 347 fugitifs lui doivent leur salut. »

boul dans les quartiers du Phanar, de Djubali et de Galata ; à Péra, dans les églises grecques et dans le quartier de Tatavla, dans quelques couvents des Iles des Princes et dans plusieurs villages du Bosphore. « Hier encore dans l'opu-

LES LIEUTENANTS DOUBASSOF ET SCHESTAKOF DE LA FLOTTILLE RUSSE DU DANUBE

Un dernier trait qui dépasse tous les autres. Aux environs de Viza existe un village qui s'appelle Saint-Georges; 800 habitants de cette localité s'étaient réfugiés dans une caverne. Les Tcherkesses étouffèrent ces malheureux en jetant par un trou pratiqué dans le haut de la caverne des torches et autres matières inflammables.

Les chrétiens qui purent se soustraire à ces massacres se réfugièrent à Constantinople; la plupart étaient Grecs, ils furent recueillis à Stam-

lence, dit un journal de Constantinople, la *Turquie*, ils sont aujourd'hui réduits à la plus extrême détresse. Demi-nus, couverts de haillons, ils souffrent de la faim et du froid, ils pleurent leurs parents, leurs enfants, leurs amis tués ou disparus. Le récit de leur exode est navrant et fend le cœur. »

Le dimanche 20 janvier, un voilier débarqua à Arnaout-Keuï, village du Bosphore, 209 de ces malheureux émigrés venant de Bourgas. L'évêque grec et les riches familles grecques de ce village les recueillirent, les logèrent et fournirent à leurs premiers besoins.

« Parmi ces émigrés, dit encore la *Turquie*, on voit une dame bulgare, jeune encore, entourée de quatre enfants en bas âge. Elle est originaire de Karnabat, elle ignore comment elle s'est trouvée à Bourgas; tout ce dont elle se souvient c'est que son mari a été tué à Karnabat par des pillards. Une domestique porte dans ses bras l'enfant de ses maîtres, dont elle ignore le sort. On remarque encore un villageois assez avancé en âge entouré de six enfants, trois sont à lui, les trois autres à son frère, prêtre à Karnabat, qui, en route, a été tué par des pillards. Les récits de ces émigrés font frémir. Les émigrés du district de Bourgas établis dans les autres quartiers de la capitale n'ont pas eu moins à souffrir. Tous ont perdu leurs biens, et chaque famille pleure la mort de quelques-uns de ses membres. Parmi ces réfugiés se trouvent plus de cent cinquante enfants dont les parents ont disparu. »

Ces tristes victimes purent se rencontrer à Constantinople avec leurs bourreaux, car une grande quantité de Circassiens s'y réfugièrent et on les y vit mettre en vente non seulement les bestiaux qu'ils avaient volés mais encore les femmes et les enfants qu'ils avaient enlevés des villages détruits. Oui, en 1878, en face des ambassadeurs des grandes puissances et de la colonie européenne, ces ventes d'esclaves eurent lieu et il fallut encore que les députés chrétiens les dénonçassent à la tribune pour que le gouvernement s'occupât de ces faits monstrueux auxquels, soit par indifférence coupable, soit par suite de son effarement, il ne prêtait aucune attention.

« Ces pillards, ces barbares, ces traites de Circassiens, s'écria Petraki-Effendi, député de Roustchouk, dans la séance du 6 février, après avoir commis des atrocités inouïes, ont enlevé en venant à Constantinople des milliers d'enfants, garçons et filles, qu'ils vendent aujourd'hui dans les rues comme esclaves. Les communautés arménienne et grecque, et surtout cette dernière, ont racheté par l'entremise des patriarcats, un certain nombre de ces malheureux. Mais il reste encore entre les mains des ravisseurs plus de 3,000 enfants, mâles et femelles. Il y a aussi les bohémiens (Tziganes) qui font ce trafic.

« La police n'a qu'à faire une descente dans leurs quartiers et elle trouvera plus de 500 enfants chrétiens, que leurs ravisseurs destinent également à l'esclavage. La Chambre, au lieu de s'occuper constamment des bestiaux, devrait s'apitoyer un peu sur ces êtres humains, dont la vente est une honte pour nous. Je propose d'écrire immédiatement à la Sublime-Porte pour demander la délivrance de ces infortunés et la punition exemplaire des coupables. »

Le gouvernement ainsi mis en demeure d'agir ne punit point les Circassiens, il n'essaya pas même de leur arracher les captifs qu'ils traînaient après eux, il se contenta de les faire passer en Asie où les ventes d'esclaves continuèrent ouvertement. Un correspondant du *Journal de Genève* lui écrivait de Smyrne à la date du 22 février : « Nous assistons depuis une vingtaine de jours à un spectacle vraiment affligeant. Tandis que les mesures sont prises par tous les gouvernements pour empêcher le commerce d'esclaves dans les parties les plus reculées du globe, ce honteux trafic se pratique ouvertement dans la seconde ville de l'empire. Des femmes et des enfants sont exposés en vente dans certains quartiers et vendus aux plus offrants. J'ai vu, de mes yeux, un jeune Bulgare arraché des mains de ces infâmes ravisseurs par les soins du métropolitain orthodoxe.

« — Comment vous nommez-vous? lui ai-je dit.

« — Gherghi.

« — Où sont vos parents?

« — Mon père Pietco a été assassiné sous mes yeux et ma mère Piena est parvenue à se sauver d'Eski-Zaghra avec ma sœur Rada et mon jeune frère Ivan.

« — Où se trouvent-ils en ce moment?

« — Je n'en sais rien, car depuis cinq mois que j'ai été pris par le loueur de chevaux Ibram, je n'ai plus eu de leurs nouvelles.

« — Auriez-vous voulu les revoir et retourner à Eski-Zaghra? (Ici le pauvre garçon, âgé de treize ans seulement, se mit à sangloter.)

« — Je ne demande pas mieux, me dit-il, mais que ferai-je sans ma mère? Je suis jeune et incapable de gagner mon pain. Je veux revoir ma mère, ma petite sœur et mon petit frère; conduisez-moi à eux.

« — Y a-t-il beaucoup d'enfants pris comme vous par les musulmans?

« — Oui, beaucoup, mais il a y aussi de grandes demoiselles que les Turcs ont prises chez eux.

« J'ai tenu à vous rapporter textuellement la conversation que j'ai eue avec ce petit infortuné, car, dans sa naïveté, elle dépeint mieux que je n'aurais pu le faire les atrocités de ces pillards, de ces assassins, dénoncées en plein Parlement par Petraki-Effendi, député de Roustchouk.

« Deux femmes bulgares se présentèrent à la demeure du métropolitain.

« — Comment vous trouvez-vous en compagnie de musulmans bulgares arrivés ici?

« — Nous avons été contraintes de les suivre par la force après avoir vu assassiner nos parents.

« Je n'en finirais plus si je me mettais à énumérer des histoires semblables qui, convenez-en, rappellent les pratiques des temps les plus barbares. Voilà où nous en sommes réduits, et, à mon grand étonnement, aucune enquête n'a été ouverte pour jeter plus de lumière sur ces horreurs. Certes, le métropolitain orthodoxe, je suis heureux de le déclarer hautement, a bien mérité de l'humanité, mais les autorités locales, les autorités consulaires surtout, se sont-elles distinguées par leur énergie? S'est-on, au moins, efforcé de savoir à combien s'élève le chiffre de ces infortunés arrachés violemment à leurs foyers et forcés de suivre en exil leurs ravisseurs? Assurément non. Qui sait combien de malheureux attendent, mais en vain, qu'une intervention des consuls vienne les délivrer des mains de leurs bourreaux? Non-seulement les consuls ne font pas cela, mais encore ils se gardent bien de demander qu'une punition exemplaire soit infligée à ceux dont la culpabilité ne fait l'objet d'aucun doute.

« Exemples : Ibram, assassin du nommé Pietco, père du jeune Bulgare dont je vous parlais plus haut, est laissé libre à Buldjora à une heure de Smyrne. Un Circassien qui a vendu, il y a dix jours, une jeune personne de 18 ans, se promène dans les rues de la ville. Les réfugiés qui ont vendu les objets sacrés, les habits sacerdotaux pillés en Bulgarie n'ont pas été inquiétés. C'est de moi que le drogman d'un grand consulat d'ici a su que de pareilles choses se passaient à Smyrne. »

Cet exode musulman, ces milliers de morts qui s'ensuivirent, ces massacres de chrétiens, cette destruction des localités avoisinant les champs de bataille, ces incendies systématiquement ordonnés, ces dévastations des bachi-bouzouks ont ruiné pour longtemps les provinces les plus fertiles de la Turquie et le sombre tableau qu'un correspondant de la *Politische Correspondenz* en faisait à la fin de la guerre n'a rien d'exagéré. « L'état de la Bulgarie, de la Thrace, en un mot de tout le territoire turc occupé par les Russes, défie toute description. Les Turcs, les Bulgares, les Circassiens et les Cosaques se sont réciproquement surpassés pour donner à cette guerre le caractère le plus cruel. Dans les endroits où il y a eu des batailles ou de longs combats, comme à Plevna, Schipka, etc., il n'y a presque plus trace de villages, ni d'habitants. Des milliers de squelettes d'animaux et d'hommes couvrent ces campagnes fertiles, et, aussi loin que porte la vue, le sol est comme bouleversé par des animaux sauvages. Même là où le passage des troupes n'a été que momentané, les villages semblent avoir été visités par un grand et désastreux incendie. Çà et là, parmi les décombres, s'élève une maison à demi détruite, abritant un vieillard ou une vieille femme.

« La population presque tout entière s'est enfuie tantôt devant les Turcs, tantôt devant les Russes. En effet, lorsqu'ils se sont avancés la première fois jusqu'aux Balkans et les ont franchis, les Russes ont été accueillis par les Bulgares comme des libérateurs. Ces témoignages de sympathie, les Bulgares les ont cruellement expiés lorsque les Russes se sont retirés ; les bachi-bouzouks et les Circassiens sont venus, ont tout brûlé, ont violé les femmes, ont massacré les enfants. Les musulmans pauvres des villes bulgares n'ont pas eu un meilleur sort ; ils se sont enfuis devant les Russes, ont été rejoints par les vindicatifs Bulgares et Cosaques, et les mêmes scènes d'horreur se sont reproduites.

« Plus de 350 villages et 8 villes ont été détruits ; environ 300,000 vies humaines (en comprenant dans ce chiffre les massacres avant et pendant la guerre) ont été sacrifiées de cette façon.

« D'après cette description, on peut se faire une idée des pertes matérielles. Les Circassiens faits prisonniers par les Russes dans les récents combats au delà des Balkans étaient porteurs de centaines de pièces d'or, de bijoux, d'objets précieux, etc. Dans les derniers temps, les Russes ont donné l'ordre de ne faire aucun quartier aux bachi-bouzouks et aux Circassiens. Cet ordre a été rigoureusement exécuté. Les villes qui ont le plus souffert et sont presque entièrement détruites, sont : Tatar-Bazardjik, Eski-Zaghra, Kalofer, Kezanlyk, Karlovo, Plevna, Lovatz et Tchirpan. »

Organisation des secours. — Le typhus à Constantinople.

On estime à 200,000 le nombre des individus qui vinrent se réfugier à Constantinople et y restèrent dénués absolument de toutes ressources, n'ayant pas un pera pour se procurer un abri ou un morceau de pain. 10) à 150,000 autres se trouvèrent assez riches pour continuer leur route en Asie. En voyant arriver ce peuple d'émigrants, le gouvernement eut peur de quelques désordres qui aurait achevé de rendre sa situation désespérée en le perdant aux yeux de l'Europe. Le 21 janvier il fit afficher l'avis officiel suivant dans les rues de Stamboul :

La Sublime-Porte, désirant la conclusion de la paix, a envoyé des plénipotentiaires à l'ennemi. Déjà les négociations ont commencé. Cependant, le gouvernement ne cesse d'organiser la défense, et les points capables de protéger la capitale sont mis en état de résister avec succès. Le gouvernement doit aussi assurer la tranquillité dans la capitale. Il recommande aux habitants d'avoir confiance en lui, de s'occuper de leurs affaires et de ne pas prêter l'oreille aux bruits répandus par les perturbateurs. Ceux-ci, aussi bien que leurs complices, tombent sous le coup de la loi de l'état de siège, et seront punis suivant le degré de leur culpabilité; au besoin, la peine capitale leur sera appliquée.

Cette précaution prise, il abandonna à peu près les réfugiés à leur sort. Il pouvait peu de chose pour eux, du reste, car le trésor était vide. Il se contenta de leur ouvrir les portes de tous les édifices publics où ils pouvaient trouver un abri, les mosquées, les turbés, où sont les tombeaux des sultans, les medressés (écoles), les khans. « J'étais hier à la mosquée de Saint-Sophie, écrit un correspondant de la *Gazette de Cologne*; elle est remplie de femmes et d'enfants fugitifs. J'avais le cœur déchiré en voyant ces 10,000 femmes et enfants affamés, croupissant par terre, sans linge et sans vêtements, regardant d'un œil hébété les inscriptions : Allah est grand! Hélas! Allah n'est pas encore venu à leur aide. Mais ces malheureux se croient en sûreté au milieu des religieuses et n'avoir rien à craindre des lances des cosaques. Le même spectacle se présente dans toutes les mosquées. Plus de 100,000 personnes campent dans les édifices religieux, et leur nombre ne fait qu'accroître. »

Pour la nourriture et les soins à donner à tous ces misérables, il fallut que la charité européenne y pourvût. Heureusement elle fut à la hauteur de cette grande calamité et elle fit des prodiges. Les chrétiens de Constantinople oublièrent les différences de race et de religion en présence de pareilles infortunes. Quand arrivèrent les premiers convois d'émigrants, il se forma spontanément un « comité international de secours pour les réfugiés des provinces à Constantinople, » composé de MM. Dobignie, consul de France ; Fawcett, consul-général d'Angleterre et juge de suprême cour consulaire ; M.-H. Forster, directeur général de la Banque impériale ottomane; Gillet, consul d'Allemagne; von Heidenstam, chancelier de la légation de Suède-Norvége ; Jourdan, consul général de Portugal ; Keun, consul général des Pays-Bas; Lebet, de la maison D. Lebet et fils, Victor, banquiers; Mercet, directeur du Crédit lyonnais, à Constantinople; Negri, consul général d'Italie; Oestereicher, consul général d'Autriche-Hongrie ; Rojas, consul général d'Espagne ; Schuyler, consul général des Etats-Unis ; Scudamore, directeur de la poste internationale ; Hyacinthe Tubini, banquier; Vercamer, consul général de Belgique; Wittall, négociant.

Ce comité adressa immédiatement au monde civilisé un appel par la voie de la presse de tous les pays ; voici celui qui fut rédigé pour la presse française. Les autres n'en diffèrent que par les renseignements donnés pour les versements :

La détresse des réfugiés à Constantinople est épouvantable ; plus de 80,000 habitants de diverses provinces de l'Empire, de toutes races et de toutes religions, sont arrivés dans la capitale pendant les dix derniers jours, et chaque jour il en arrive encore des milliers ; la plupart sont sans abri, insuffisamment vêtus, en présence d'un hiver très-rigoureux ; tous sont affamés ; les mosquées, les églises, les écoles, les casernes, les caravansérails en sont remplis ; le sultan leur a abandonné plusieurs de ses palais ; les personnes riches en ont recueilli dans leurs maisons, mais les moyens de les nourrir font presque partout défaut.

Les rapports parvenus de Bourgas, d'Aïdos, de Rodosto, de Tchorlou sont navrants. A Tchorlou notamment, station du chemin de fer, se trouvent plus de 8,000 réfugiés, la plupart femmes et enfants. Un témoin oculaire assure que, pendant deux jours qu'il vient de passer avec eux, plus de 200 sont morts de faim et de froid durant le trajet pour arriver ici ; beaucoup de femmes et d'enfants sont morts dans les trains, et leurs corps ont été jetés par les fenêtres dans la neige. Les conditions de ceux qui parviennent jusqu'ici ne sont pas meilleures.

Les ressources locales, officielles et volontaires, sont épuisées à mesure qu'elles se produisent, et sont entièrement insuffisantes pour soulager cette immense misère qui réclame des secours immédiats.

Un comité international de secours a été formé mardi soir, 22 janvier, par les représentants de toutes les communautés étrangères à Constantinople, les consuls de toutes les nations, les principaux banquiers et négociants et les correspondants de journaux. Un sous-comité a été institué pour faire en Europe et en Amérique un appel énergique et pressant à la charité. On a le plus vif espoir qu'il sera immédiatement entendu et largement exaucé, car il est rare de se trouver en face d'une détresse aussi grande et de moyens d'y remédier aussi faibles. Le comité international aura pour mission rigoureuse de secourir uniquement les réfugiés, sans distinction de religions ni de races. Les souscriptions, en France, seront reçues par la Banque impériale ottomane, à Paris, par le Crédit lyonnais à Paris, à Lyon, à Marseille et dans les autres villes dans les

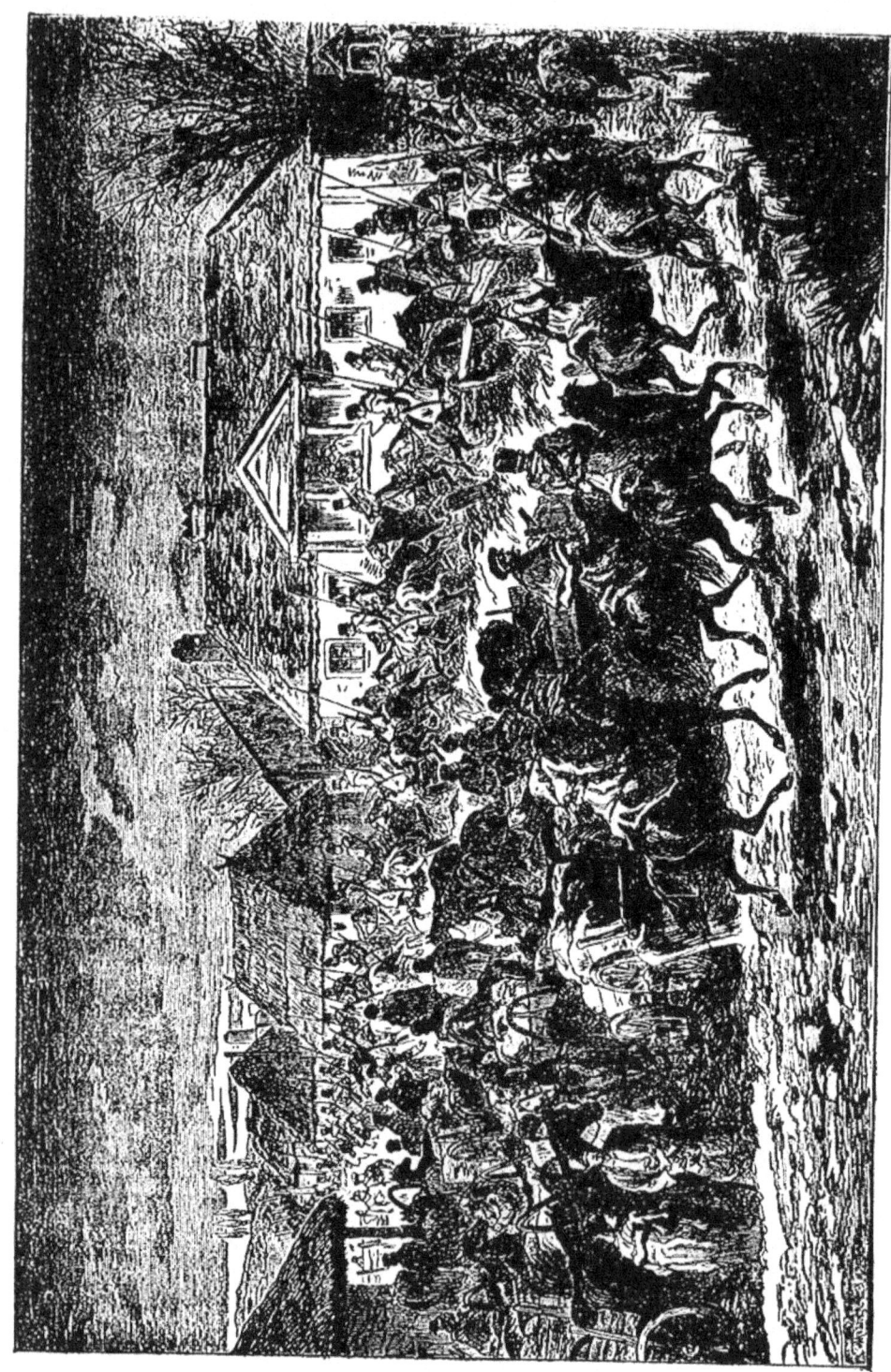

LE READ DE STROUKOF
ENTRÉE DE L'AVANT-GARDE A LULÉ-BOURGAS

quelles il a des agences ; enfin, par les succursales de la Banque de France, au crédit de l'un ou de l'autre des deux établissements ci dessus désignés.

Constantinople, le 24 janvier 1878.

Par ordre du comité :

DOBIGNIE, consul de France; MERCET et VON HEIDENSTAM, secrétaires.

A Constantinople même, il s'établit une noble émulation entre les Européens, les Grecs, les Arméniens, les Levantins, qui donnèrent sans marchander malgré la gêne du moment, car tous les objets de consommation avaient plus que doublé de prix, par suite des désastres de la guerre, de la difficulté des communications, du voisinage des armées russes; les Turcs étaient ceux qui se tenaient le plus à l'écart de ce généreux concours. On essaya de tout pour se procurer des ressources : concerts, loteries, bals masqués; une seule loterie procura 800 livres (16,000 fr.). En un seul jour, les familles grecques réunirent près de 300,000 piastres.

Grâce aux efforts du comité international dont nous venons de reproduire la circulaire et à cet empressement de tous les Levantins en général, les paysans grecs et bulgares que la guerre avait poussés jusqu'à Constantinople furent promptement rapatriés. « Mais, disait un correspondant du *Journal des Débats* au commencement du mois de mars, il reste les musulmans et il nous en arrive encore de nouveaux. Toute cette foule, dont les vêtements deviennent de plus en plus sordides et tombent en lambeaux, donne à Stamboul l'aspect d'un immense village irlandais ; rien n'est lamentable comme ces groupes en guenilles, accroupis silencieusement au pied des murs, cherchant un peu de chaleur là où donne le soleil, et regardant passer sans la moindre émotion les cercueils, et quels cercueils! quatre planches retenues par une ficelle, qui, à chaque instant, défilent sous leurs yeux par huit et dix à la fois. »

Nous trouvons dans le compte-rendu d'une séance extraordinaire tenue le 24 mars par le comité exécutif du comité international, des renseignements précis sur l'organisation des secours et sur la situation des réfugiés. Les habitants de l'intérieur qui s'étaient réfugiés à Constantinople étaient au nombre de 200,000. Sur ce chiffre total, 70,000 avaient dès lors regagné leurs foyers. Il en restait par conséquent 130,000 qui étaient privés de tout moyen d'existence. La charité internationale avait accompli des prodiges. L'Angleterre, comme toujours, avait remporté la palme dans cette lutte de bienfaisance. Elle avait fourni environ la moitié des sommes qui avaient été rassemblées pour nourrir ces infortunés et elle comptait plusieurs sociétés qui rivalisaient de zèle et de dévouement. Un richissime banquier, le baron de Hirsch, avait accompli de son côté des merveilles. Son représentant, M. Veneziani, un homme de bien, avait distribué des sommes énormes. Enfin tant à Constantinople que dans l'intérieur, le comité international même avait apporté une aide puissante à l'œuvre de bien public. Il dépensait 200,000 fr. par mois ; des sous-comités créés dans les différents quartiers distribuaient quotidiennement des vivres à 27,000 malheureux. Le comité était parvenu à fournir aux réfugiés une soupe chaude, un légume et un morceau de pain moyennant une dépense de vingt paras par tête et par jour. La piastre qui est de quarante paras équivalant à vingt-trois centimes, on trouve que la nourriture quotidienne d'un réfugié coûtait onze centimes. En d'autres termes, le comité empêchait un réfugié de mourir de faim pendant un mois en dépensant 3 fr. 50.

Malheureusement les ressources recueillies s'épuisaient rapidement et ce qui ajoutait aux tristesses de la situation, ce qui la rendait vraiment navrante, c'est qu'il était matériellement impossible de rapatrier les réfugiés. Cette question du rapatriement s'était d'abord présentée naturellement à l'esprit des membres du comité international. Les réfugiés étant en grande majorité des musulmans de Bulgarie, on avait consulté officieusement les autorités russes de San Stefano. Ces autorités avaient affirmé leur sincère désir de concourir à cette œuvre humanitaire. Mais elles avaient fait observer avec juste raison que la plupart des villages et des hameaux d'où ces réfugiés étaient originaires avaient été détruits pendant la guerre. Les généraux russes avaient ajouté qu'ils garantissaient la sécurité de ces infortunés dans les territoires occupés par leurs troupes. Mais ces troupes n'étaient pas disséminées dans toute la contrée et les Bulgares, depuis qu'ils étaient affranchis, exerçaient contre les musulmans des sévices, dès que la présence des soldats russes ne mettait plus un frein à leur animosité. Le gouvernement ottoman, qui avait également été consulté, avait absolument la même manière de voir sur la question. Il fallait donc que les 130,000 réfugiés restassent à Constantinople. Or, ils n'avaient aucunes ressources pour vivre, il leur était impossible de s'en créer et le comité voyait avec effroi arriver le moment où lui-même ne pourrait plus les nourrir.

Avec les premières chaleurs qui survinrent

dans le courant de mars vint se joindre au danger de la famine qui ne menaçait que les réfugiés, un danger plus grand encore qui menaçait cette fois toute la population de Constantinople. Une des plus terribles maladies contagieuses s'était développée parmi ces masses d'êtres humains entassés sur les dalles des mosquées; tant que le thermomètre avait été peu élevé, le typhus avait fait peu de ravage, il couvait; aux premiers jours du printemps, il se propagea avec une foudroyante rapidité. Les mosquées devinrent des foyers d'infection, la mortalité fut effrayante et en quelques jours, 22,000 malades s'entassèrent dans les hôpitaux de Stamboul. Les sœurs de charité françaises, qui se prodiguaient avec le plus admirable dévouement furent cruellement éprouvées. Elles étaient les agents infatigables des comités pour la préparation des aliments, pour la distribution des secours, pour soigner et veiller les malades. Musulmans et israélites, protestants et orthodoxes, catholiques et libres penseurs, tous étaient profondément émus par le touchant spectacle de leur charité. La population tout entière associait à leur nom le nom de la France dans l'éloge enthousiaste qu'elle leur décernait. Neuf d'entre elles furent emportées par le fléau et quatorze furent malades. Un grand nombre de médecins furent également atteints.

Constantinople se tourna alors avec terreur vers le gouvernement qui restait inerte en face de toutes ces calamités. « L'épidémie typhoïde qui sévit depuis quelque temps parmi les réfugiés agglomérés dans la capitale, s'est développée ces jours-ci dans des proportions alarmantes, dit le *Levant-Herald* du 20 mars. Tous les asiles des réfugiés, et surtout les grandes mosquées, se sont transformés en foyers d'infection et la mortalité y augmente de jour en jour. La population de la capitale ne tardera pas à être décimée si le gouvernement n'adopte pas des mesures énergiques pareilles à celles que Fuad avait prises en 1865, lors de la grande épidémie cholérique. On a proposé comme unique moyen de salut l'évacuation immédiate et sur une grande échelle. Dans le plus bref délai, les 130,000 réfugiés entassés dans la capitale et ses environs doivent être dispersés, autrement ils périront, entraînant avec eux une grande partie de la population de la capitale. »

Mais la Porte, comme ahurie et anéantie par ses désastres ne savait ni prendre ni faire exécuter aucune mesure utile. Il n'y avait plus de gouvernement turc ni d'administration turque. Tout allait à vau-l'eau. Les mesures sanitaires les plus simples étaient négligées. Un correspondant de l'*Univers* lui écrivait un jour (avril 1878) : « On apporte de Stamboul des mahones remplies de morts pour les inhumer dans le petit champ de Péra. Les fosses sont à peine creusées; le cadavre, garanti par des planches posées obliquement est à peine recouvert de terre. Les rues ne sont pas balayées, les ordures de sont point enlevées, les ruisseaux et les égouts du bas de la ville exhalent une odeur pestilentielle. Viennent les grandes chaleurs, et nous aurons, grâce à la pourriture qui de toutes parts nous environne, le choléra ou la peste. » Quelques jours après, le même correspondant écrit encore : « La grande rue de Péra est traversée à plusieurs reprises, chaque jour, par des files de cercueils turcs portés sur les épaules. On en compte 8, 10, 20 parfois, souvent davantage.

« L'administration sanitaire a demandé qu'on n'enterrât plus dans la ville ni aux abords des faubourgs. Elle n'a point été écoutée. Entre le quartier grec de Tatavla et le quartier turc de Cassim-Pacha, existe un petit cimetière musulman. L'éphorie de l'église de Tatavla a fait en vain de nombreuses démarches afin de faire interdire ce cimetière. N'ayant pu réussir, elle y a placé un homme pour prendre note des inhumations journalières. Cet homme a constaté que de samedi soir à lundi soir, en quarante-huit heures, on avait enterré 376 cadavres musulmans. Les fosses sont à peine creusées; les corps enveloppés d'un linceul, non renfermés dans un cercueil, sont à peine recouverts de terre.

« Ce petit cimetière est aujourd'hui comble. On continue d'enterrer, mais dans les jardins des chrétiens, situés à côté, au pied de la colline de Tatavla. Mardi soir, à la chute du jour, à six heures et demie, on a apporté d'un seul coup vingt-huit cadavres musulmans, et on les a inhumés dans le jardin de Mano'aki, malgré les vociférations véhémentes des femmes grecques de Tatavla. Le *Courrier d'Orient* dit à ce sujet : « On n'agirait pas autrement, si l'on voulait faire naître une épidémie. »

Les ambassadeurs étrangers finirent par se faire les organes des inquiétudes de la population auprès de la Porte et la pressèrent de pourvoir à l'évacuation de Constantinople. Le gouvernement ottoman promit de faire quelque chose et envoya à Alem-Dagh sur la côte d'Asie le major Bonkowski-Effendi avec mission d'y installer 500 tentes pouvant contenir environ 5,000 personnes. 5,000, quand il y avait 130,000 réfugiés! C'était dérisoire.

En désespoir de cause, on résolut de faire un nouvel appel à la charité européenne et les comités spéciaux furent priés de solliciter encore une fois la générosité publique dans les divers pays où ils s'étaient constitués. Voici l'appel lancé par le comité de Paris :

Paris, le 30 avril 1878.

Les maux qui affligent aujourd'hui les populations du Levant surpassent en gravité tout ce que l'histoire nous raconte des plus cruelles épreuves qu'aient subies les nations de l'Europe, même aux temps des plus longues guerres, même aux époques les plus troublées par les révolutions politiques et sociales.

Ce n'est malheureusement plus un fait à prévoir ou à constater, c'est une vérité que chacun peut apprendre par ses relations particulières avec l'Orient ou par la lecture des récits lamentables que publie chaque jour la presse de tous les pays. Il y a unanimité sur ce terrible épisode du temps présent.

C'est une calamité immense qui s'est déjà étendue sur de vastes territoires, et qui menace de s'étendre encore, une calamité contre laquelle il n'y a qu'un grand élan de la charité universelle qui puisse réagir avec une efficacité réelle.

Pénétrés de ces sentiments, nous avons voulu, nous aussi, servir dans cette généreuse croisade qui convoque tous les hommes de bonne volonté sous les nobles enseignes de l'humanité, sans acception de parti ou de nationalité, sans distinction de race ou de religion, pour disputer à la famine et aux privations, à la misère et aux épidémies les centaines de milliers d'hommes, de femmes et d'enfants que la mort décime chaque jour sur la surface de l'empire ottoman et que dans bien des cas le plus petit secours pourrait réussir à sauver.

Nous ne voulons faire œuvre que de propagande charitable, et nous ne songeons pas à nous distinguer par une désignation spéciale. Nous nous présentons comme les associés d'un Comité qui s'est fondé à Constantinople, dès l'apparition du fléau, sous le titre de *Comité International de secours pour les réfugiés des provinces à Constantinople*, où il s'est glorieusement signalé par la grandeur des services qu'il a rendus, par sa vaillance et son activité. Suivant l'exemple qui nous a été donné par nos aînés et faisant à notre tour ce qui leur a si bien réussi, nous avons sollicité l'aide si puissante des représentants de tous les cultes et le concours des membres du corps consulaire résidant en France, nous avons fait et nous faisons appel à tous les cœurs que peut émouvoir le sentiment d'une bonne action faite ou à faire.

Pressés par les circonstances, car il y a péril, et péril urgent en la demeure, nous nous sommes constitués en comité dès que nous avons cru être en nombre suffisant pour le faire. Nous ne pouvions pas attendre en pensant aux multitudes de malheureux qui sont là-bas et qui moins que nous encore peuvent attendre l'heure du rapatriement. Aussi regardons-nous, et prions-nous que l'on considère la liste que l'on va lire comme encore incomplète; nous espérons la voir s'augmenter par les sympathies de tous ceux, et le nombre en est considérable, qui peuvent à un titre quelconque contribuer à l'efficacité d'une œuvre qui, pour être grande et vraiment utile, a besoin du concours de tous. Il y a place pour toutes les générosités et pour tous les dévouements.

Les membres du Comité :

MM. Charles Mallet, banquier, président; Ch. de Reichen, conseiller intime de justice à l'ambassade d'Allemagne; le docteur Walcher de Moltheim, consul général adjoint d'Autriche-Hongrie; le général A. Torbert, consul général des États-Unis; Falconer Atlee, consul général de la Grande-Bretagne; I. Spagnolini, consul général d'Italie; Bastin, consul général du grand-duché de Luxembourg; Th. Meynier, consul général de Perse; G. Brostrom, consul général de Suède et Norvège; Arm. Donon, consul général de Turquie; M. Alberti, banquier; Henri Blondel, architecte; le comte A. de Camondo, banquier, Albert Christophle; gouverneur du Crédit foncier de France, Desseilligny, administrateur du Crédit lyonnais; H. Durrieu, président de la Société du Crédit Industriel et commercial; G. Girod, directeur du Comptoir d'Escompte de Paris; Édouard Kohn, banquier; Munroe, banquier; le marquis de Plœuc, ancien sous-gouverneur de la Banque de France; Xavier Raymond; le comte Sérurier, ancien préfet.

XLVI. — LES OPÉRATIONS MARITIMES

Étonnement que cause le peu de services rendus par la flotte turque.

Il nous reste, avant d'aborder le récit des négociations relatives à l'armistice, à terminer définitivement l'histoire des hostilités par deux derniers chapitres consacrés l'un aux opérations maritimes et l'autre aux opérations sur la frontière du Monténégro. Nous avons négligé jusqu'à présent ces deux parties de la guerre, parce qu'elles présentaient moins d'intérêt que les autres, mais nous allons en résumer brièvement les principaux traits.

On prévoyait bien au commencement des hostilités que les opérations maritimes n'auraient pas une influence bien sensible sur le sort général de la guerre, mais on ne fut pas moins vivement surpris du peu de parti que les Turcs ont su tirer de leur écrasante supériorité sur mer. Les espérances que l'on avait fondées au début sur l'active coopération de la flotte turque, maîtresse incontestée de la mer Noire, ont été bien promptement déçues. Ces vaisseaux, qui avaient Les seuls services qu'ils aient rendus ont été de favoriser l'inutile expédition de Soukoum-Kaleh et surtout de protéger jusqu'au bout l'importante position de Batoum que les Russes, malgré tous leurs efforts, n'ont pu réussir à enlever.

LE LIEUTENANT DE VAISSEAU KROTKOF
QUI CONTINUA A COMBATTRE APRÈS AVOIR REÇU DIX-SEPT BLESSURES DANS LA LUTTE ENTRE LA *Vesta* ET LE *Fethi-Boulend*

englouti dans leurs flancs de fer tant de millions qui auraient pu être plus utilement employés, n'ont réussi ni à défendre le Danube, ni à agir comme diversion efficace dans la mer Noire. On ne les a vus menacer ni Odessa, ni Nicolaïeff; ils n'ont fait que passer en vue de Sébastopol, et ce n'est que tout à fait à la fin de la guerre, alors qu'on parlait déjà d'armistice, qu'ils se sont mis en devoir d'exercer sur des villes ouvertes de Crimée de tardives et dangereuses représailles.

Mais, en dehors de ces actions secondaires, a flotte de guerre de la Turquie, forte pourtant de 116 navires, dont 19 blindés, ne lui a procuré aucun réel avantage et n'a su recueillir aucun honneur, tandis que les marins russes se sont acquis d'autant plus de gloire que les conditions d'infériorité dans lesquelles ils étaient placés rendaient leur rôle plus périlleux et plus difficile.

On se rappelle quelle était la situation de la marine russe au moment de la déclaration de guerre.

La flotte de la mer Baltique se trouvait encore emprisonnée dans les ports par une glace épaisse. Les circonstances politiques ne permirent pas de prévoir pour elle une participation active aux opérations de guerre; elle ne fut donc armée que pour la campagne pratique ordinaire de navigation. Dans la mer Noire, il n'y avait que deux bâtiments cuirassés circulaires, les fameuses popofkas, destinées surtout à la défense des côtes, quelques vieilles corvettes faiblement armées et quelques bâtiments à vapeur auxquels on ajouta les paquebots de la Compagnie russe.

On arma de canons ces derniers navires, on leur donna des torpilles et on les disposa pour la défense active. L'amiral Arkas fut chargé du commandement de toutes les forces navales de la mer Noire et plaça son pavillon sur l'*Elborous*, tandis que le contre-amiral Tchikatchef eut la mission d'organiser la défense d'Odessa par mer. En outre, on expédia de Cronstadt sur le Danube quelques canots à vapeur et à avirons et ce qui était nécessaire pour l'organisation de lignes de torpilles. On comptait en outre, sur ce dernier point, sur la coopération de la flotte roumaine qui comprenait quatre bâtiments à vapeur et sur la location de petits vapeurs de rivière appartenant à des particuliers. Telles étaient les ressources contre la redoutable flotte turque qui pouvait paraître dans la mer Noire et contre la flottille turque du Danube.

A la même époque se trouvaient à New-York, la division de l'amiral Boutakof, composée d'une frégate, de deux corvettes et un clipper; à San Francisco, la division de l'amiral Pousino, formée d'une frégate, deux clippers, trois schooners, une canonnière et un transport; dans la Méditerranée, à la Spezzia, une frégate cuirassée, et au Pirée, un schooner; sur les côtes de Chine, un clipper et une canonnière. Ces navires dispersés ne pouvaient participer aux opérations de la guerre.

Avec la disproportion des forces et la dispersion de leurs vaisseaux que nous venons d'indiquer, le rôle des marins russes paraissait devoir être passif, toutefois il n'en fut pas ainsi. Les canots à vapeur et à avirons, armés de torpilles, eurent bientôt fait de se conquérir par une série de brillants exploits le 26 mai, le 20 et le 23 juin, une place honorable sur le Danube et paralysèrent tout à fait la flottille turque qu'on croyait si redoutable. Nos lecteurs n'ont pas oublié les actes héroïques des jeunes officiers Doubassof, Schestakof, Novikof et autres que nous avons racontés en temps et lieu. Deux cuirassés turcs firent explosion et les Russes prirent en outre à Nicopoli les deux cuirassés qu'ils remirent à flot sous les noms de *Nicopoli* et de *Sistova* après qu'ils les eurent réparés. Les autres navires de la flottille turque, terrifiés par l'audace des torpilleurs russes, se réfugièrent à Silistrie, à Roustchouk et à Widdin et n'osèrent plus se risquer hors du canon de ces places fortes. Le passage du fleuve par l'armée russe assura définitivement la situation de la petite flottille dont le grand-duc Alexis, fils de l'empereur vint prendre le commandement en chef dans le courant du mois de juin.

Sur la mer Noire, le rôle de la flotte turque fut plus utile que sur le Danube sans être plus brillant. Elle se consacra surtout à l'organisation et à l'entretien de communications régulières et permanentes entre la Turquie d'Europe et d'Asie et au transport des troupes et des munitions de guerre entre ces deux parties de l'empire ottoman; dans ce but furent formées des escadres de transport spéciales, que des cuirassés escortaient et qui faisaient des voyages réguliers sur la mer Noire. Sous ce rapport, ses services furent très-importants : selon les besoins du moment et le développement des opérations militaires, les navires transportaient les troupes sur les points les plus menacés. Mais ce fut tout. Son rôle offensif fut à peu près nul. On faisait grand fond sur le renom d'audace d'Hobart-Pacha qui s'était vanté de déjeuner à Livadia, résidence d'été de l'empereur de Russie deux jours après la déclaration de guerre et de réduire Odessa en cendres. Or voici à quoi se réduisirent les opérations actives de la flotte.

Le 26 et le 27 avril 1877, comme nous en avons fait mention dans le récit de la campagne d'Asie une division de cuirassés bombarda le fort Saint-Nicolas sur la frontière du Caucase, le 5 mai elle ouvrit contre Poti un feu inoffensif, le 12 elle descendit un millier d'anciens émigrés du Caucase à Goudaouty, après avoir bombardé ce village, le 13 elle bombarda Otchemtchiry et le 17 elle incendia et détruisit Soukhoum-Kalé. Depuis elle prit part à toutes les opérations de la côte d'Abkhazie pour soutenir l'insurrection qu'elle y avait allumée et l'expédition de Fazli-Pacha. Elle quitta cette côte à la fin d'août.

Le 11 juillet une autre division de cinq cuirassés qui depuis plusieurs jours se tenait à la hauteur d'Eupatoria, sur la côte de Crimée, lança contre cette ville 60 obus qui ne lui firent point de mal et ne tuèrent personne, et enleva une goëlette russe qui chargeait du sel au port de

Souk. Le 2 novembre, des cuirassés, poursuivant un bâtiment de commerce, reparurent devant Eupatoria contre laquelle ils tirèrent huit coups de canon. Depuis cette époque jusqu'au mois de janvier suivant on n'entendit plus parler de la flotte turque.

Blocus du littoral russe de la mer Noire. — Impuissance de la flotte turque à le faire respecter.

Le 3 mai, la Porte adressa aux ambassadeurs des puissances étrangères la note officielle suivante :

Art. 1er. Le gouvernement ottoman déclare en état de blocus tout le littoral russe de la mer Noire, compris entre Tchorouksou sur la côte asiatique et l'embouchure du Danube à Kilia dans la Turquie d'Europe.

Art. 2. Le blocus ainsi établi commencera à être effectif à partir du 5 mai courant (nouveau style) et sera maintenu par la flotte ottomane.

Art. 3. Un délai de trois jours, à compter du 5 mai (nouveau style), est accordé à tous les navires marchands qui voudraient se rendre dans un des ports du littoral bloqué, et un délai de cinq jours à ceux qui voudraient en sortir. Passé ces délais, tout bâtiment qui chercherait à entrer dans les eaux investies ou à les quitter sera traité en ennemi.

Art. 4. Quant aux navires qui étant en cours de voyage ignoreraient l'état d'investissement, la flotte ottomane, à leur arrivée dans les eaux bloquées, devra leur notifier le blocus. Si, après cette notification spéciale, ces navires persistent d'avancer, ils seront considérés comme ennemis.

Ce blocus ne fut jamais effectif et les journaux russes ne cessèrent de protester contre jusqu'à la fin de la guerre. Le traité de Paris de 1856, reconnut l'absurdité et l'iniquité du blocus sur le papier et arrêta, que pour qu'un blocus fût obligatoire pour les neutres, il fallait qu'il fût non-seulement effectif mais encore continu. Le vaisseau ou l'escadre qui bloquent un port doivent conserver toujours une position qui les rende aptes à observer et à capturer un navire qui tente de forcer le blocus. Ces navires ne doivent jamais quitter cette position, excepté les jours de mauvais temps où ils se voient forcés de chercher un abri dans un port voisin. Si par exemple les vaisseaux qui maintiennent le blocus s'en vont pour vingt-quatre heures, en laissant l'entrée du port libre pendant cet espace de temps, le blocus est considéré comme levé et une nouvelle notification doit être faite aux neutres avant qu'on ait le droit de capturer les navires soi-disant en violation de blocus. En un mot, le blocus doit être une réalité et non une fiction, il doit être continu et non intermittent.

Or, ces conditions si bien déterminées par le traité de Paris ne furent jamais remplies par la flotte turque. Le blocus des ports russes fut si peu effectif qu'il ne se passa guère de semaine où quelque vaisseau de la flottille improvisée par l'amiral Arkas n'en sortît ou n'y entrât sans que la flotte turque fût en état d'y mettre obstacle. Et même quand les premières craintes furent dissipées le cabotage reprit sur les côtes et se fit d'une façon presque régulière entre Odessa, Kherson, Nikolaïef et Eupatoria. Aussi comme nous l'avons dit les journaux russes ne cessèrent pas de protester, et d'en appeler à l'Europe. Le *Journal d'Odessa* mena la campagne, et toute la presse russe reproduisit ses articles. « Nous ne comprenons pas, disait-il le 12 août, que l'Angleterre, que la France, que l'Italie, dont les rapports commerciaux avec Odessa, avec l'Azow sont si intimes, que ces pays qui ont besoin de nous et de nos blés et qui en auront plus que jamais besoin cette année, gardent le silence ; nous ne comprenons pas que leurs chambres de commerce ne protestent pas et ne fassent pas des démarches pour que le libre passage des Dardanelles et du Bosphore continue à exister pour les bâtiments neutres de commerce. Que la Porte vienne immobiliser devant Odessa et nos autres ports tout ou partie de sa flotte pour rendre le blocus effectif, on n'aura rien à dire : c'est une triste suite de l'état de guerre ; mais jusque-là on doit en appeler aux puissances neutres pour qu'elles ne laissent pas maintenir une semblable situation, qui est encore plus préjudiciable à leurs intérêts qu'aux nôtres propres. »

Au mois d'octobre, il reprenait : « Il n'y a pas d'exemple que nos braves caboteurs aient rencontré dans leurs voyages la moindre barcasse turque. Encore une fois, où est donc le blocus ? N'est-il pas grandement temps que l'Europe mette un terme à cette mauvaise plaisanterie des Turcs, qui, au fond, portent une atteinte si grave aux intérêts de sa marine et à la bourse de tous ses citoyens ? » Mais l'Europe se souciait peu d'ajouter encore à tous les embarras des Turcs et elle ne bougea point.

Cependant il y eut un cas où les ambassadeurs européens eurent à intervenir auprès de la Porte. L'incident est curieux ; il montre que ce n'est pas seulement à l'insuffisance des services de la flotte qu'il fallait s'en prendre si le blocus n'était pas effectif, mais encore à la corruption administrative à la vénalité des fonctionnaires turcs, de laquelle on obtient tout par des présents. Voici à ce sujet des fragments d'une lettre fort intéressante adressée de Constantinople au *Daily News* au milieu du mois de décembre 1877. L'affaire était alors pendante. « Au commencement de la guerre, dit le correspondant anglais, le gouvernement turc lança une notification officielle disant que toute la ligne des côtes russes de la mer Noire était bloquée, et que le blocus serait maintenu par une flotte ottomane d'une force suffisante. La proposition fut faite de faire stationner un navire dans le Bosphore, mais les représentants des puissances, M. Layard en tête, refusèrent de permettre une pareille violation des traités par lesquels les eaux du Bosphore sont rendues neutres.

« Pendant quelque temps aucun navire n'essaya de courir le blocus. Il y avait évidemment un grand risque à le faire, puisque à cinq kilomètres de l'extrémité du Bosphore, dans la mer Noire, le gouvernement turc pouvait mettre une couple de vaisseaux en station et compter presque avec certitude sur une capture.

« Bientôt cependant, on commença à se dire tout bas que des navires étaient arrivés de la mer Noire sans être molestés, et, bien qu'on sût parfaitement à Constantinople qu'ils étaient venus des ports russes, il leur fut permis de passer et de se rendre à leurs destinations respectives. On disait ouvertement à cette époque que les autorités ottomanes avaient donné permission à ces navires, et je crois qu'il ne peut y avoir aucun doute raisonnable à ce sujet. Dans un cas au moins, qui a été porté à ma connaissance personnelle, un navire est parti ouvertement avec la permission d'aller en Russie et est revenu sans entraves. Combien d'autres sont allés? il m'est impossible de le dire. Cela commençait en vérité à être considéré comme un trafic parfaitement régulier et autorisé. Probablement le backchich (1) y était pour quelque chose, mais cela ne regardait personne, excepté les donateurs et les receveurs.

« Une cour des prises avait été instituée, et décida dans tous les cas qui lui furent soumis jusqu'au 17 novembre que si un navire avait échappé à la ligne de l'escadre de blocus il ne pouvait être capturé. Ce n'est, en fait, pas un secret que les jurisconsultes de la Porte étaient de cette opinion. Ils soutenaient avec certaines, quoique nullement avec toutes les autorités juridiques du continent sur cette matière, que la ligne de l'escadre de blocus une fois franchie, on n'a plus le droit de capturer le coureur de blocus durant la continuation de son voyage, à moins

(1) Le pourboire.

que la chasse n'ait commencé dans la ligne de blocus et ne se soit continuée jusqu'à la prise du navire.

« Tout d'un coup, cependant, un changement se produisit dans l'opinion de la cour des prises, et ce qu'il y a de curieux dans l'affaire, c'est que ce changement d'opinion est exactement contemporain de certaines représentations faites à la Porte par M. Layard. La vérité est que lorsque chacun sut à Constantinople que des navires étaient autorisés à venir de Russie, les Italiens, les Allemands et d'autres commencèrent à demander pourquoi il ne leur était pas permis d'emmener du grain de la Russie. En outre, leurs ambassadeurs appréciaient l'affaire de la même façon et déclaraient ouvertement que dans leur opinion le blocus était nul, — nul parce que, ou bien il n'était pas effectif, ou bien des privilèges étaient accordés à certains navires et non à d'autres.

« Si les Turcs pouvaient arrêter l'entrée et la sortie des ports russes, et ne le voulaient pas, alors ils tombaient sous le coup de la règle de droit international qui décide qu'un blocus qui n'est pas également appliqué à tous est illégal. Si, d'autre part, les Turcs ne pouvaient pas empêcher l'entrée et la sortie, le blocus n'était pas effectif, et en vertu de l'article 4 de la Déclaration de Paris il était illégal.

« Des représentations dans ce sens furent faites, je crois, à M. Layard. Nul parmi les représentants des puissances étrangères n'avait l'occasion de savoir aussi bien que lui que des navires sortaient des ports russes pour la Turquie et ailleurs, parce qu'en vertu d'un arrangement entre l'Angleterre et la Turquie, notre gouvernement s'est chargé en Russie des intérêts des sujets turcs durant la guerre, tout comme le gouvernement allemand protège à Constantinople les intérêts des sujets russes. En conséquence beaucoup, peut-être la plupart de ces navires, devaient obtenir leurs papiers dans les ports russes des consuls d'Angleterre.

« Des représentations furent faites, ainsi que je l'ai dit, à M. Layard, et il fit à son tour des représentations à la Porte et protesta à très-juste titre contre ce qui ne pouvait être considéré que comme un blocus qui n'était pas effectif ou qui n'était pas impartial. Ces représentations coïncident exactement avec le changement de jurisprudence de la cour des prises.

Le 17 novembre, un navire qui avait été arrêté dans le Bosphore fut condamné comme coureur de blocus, ouvertement par le motif que

VUE DU VILLAGE DE STATHOPOULO SACCAGÉ PAR LES TCHERKESSES

la cour des prises avait maintenant adopté l'opinion anglaise et américaine, l'interprétation du droit international soutenue par Lushington et Wheaton : que l'escadre de blocus a le droit d'arrêter le coureur de blocus jusqu'à ce qu'il ait complété son voyage.

« La consternation que causa cette décision parmi une grande classe des négociants de la place, qui s'étaient évidemment pénétrés de la conviction que le gouvernement avait l'intention de permettre, moyennant rémunération, de courir le blocus, fut très-grande. Que la cour avait raison d'après la jurisprudence anglaise, cela n'est pas douteux, je pense. Mais il y avait d'autres considérations que la cour avait perdues de vue, mais sur lesquelles les représentants des nations auxquelles appartiennent les navires saisis ne passeront pas.

« Un nombre considérable de navires, près de trente, je crois, ont été arrêtés depuis à l'ancre dans le Bosphore. Les ambassades sont très-occupées en ce moment au sujet de l'attitude qu'elles adopteront, mais je pense qu'il est probable que l'Italie et la Grèce protesteront nettement contre les arrestations comme illégales. »

En effet, ayant laissé passer un certain nombre de navires, les uns par connivence, d'autres par négligence, d'autres par permission expresse, d'autres encore par une décision de la cour des prises portant qu'ils ne pouvaient être légalement détenus, la Porte ne pouvait contester aux gouvernements auxquels les navires saisis appartenaient le droit de réclamer pour leurs sujets le même traitement que celui qui avait été accordé. Les ambassadeurs d'Italie et de Grèce déclarèrent fermement qu'ils ne permettraient pas que leurs navires fussent condamnés et la Porte se vit contrainte de les relâcher.

C'est ainsi que le blocus des côtes russes de la mer Noire ne fut jamais qu'une fiction : 1° parce que la flotte turque ne bloqua point effectivement les ports ; 2° parce que la Porte, par suite de la corruption de ses agents, se vit dans l'impossibilité de sévir contre les navires saisis derrière la ligne de blocus quand elle songea tardivement à le faire.

Exploits des croiseurs russes. — Combat de la *Vesta* contre le *Fethi-Boulend*.

Ce n'est pas seulement la nullité du rôle agressif de la flotte turque et son insuffisance à maintenir le blocus qui causa l'étonnement de l'Europe et confondit les nombreux admirateurs qu'Hobart-Pacha comptait en Angleterre, ce fut surtout son impuissance à arrêter les courses des navires de commerce que les Russes avaient armés en guerre et qui, s'échappant d'Odessa et de Sébastopol, filant entre les lourds cuirassés ennemis, poussant des pointes dans toutes les directions, ne cessèrent jusqu'à la fin de la guerre, de parcourir la mer Noire, en infligeant au commerce turc et à la flotte elle-même, des pertes que celle-ci se montra incapable de leur rendre. Employant hardiment cet engin nouveau, la torpille qui paraît devoir déplacer les conditions de la guerre maritime, ces faibles navires osèrent attaquer leurs puissants adversaires et furent quelquefois heureux. On ne peut pas dire que la guerre de 1877-1878 a complètement démontré l'incapacité des cuirassés parce que les équipages turcs sont loin de posséder la moyenne de savoir et d'expérience que l'on rencontre dans une flotte européenne, mais elle n'en fournit pas moins des arguments fort accablants aux écrivains spéciaux qui soutiennent que les folles dépenses qu'exige la construction des cuirassés ne sont point compensées par les services qu'ils peuvent rendre. Dans la lutte inégale des navires en bois russes contre les cuirassés ottomans, tout l'honneur a été du côté des navires en bois.

Les incursions de la flottille improvisée par les Russes commencèrent le 10 juin, par l'expédition de Soulina où le lieutenant Pouchtchine (1) fut fait prisonnier. Nous avons raconté cette tentative, les causes qui firent échouer et les actes d'héroïsme dont elle fut marquée. Le 15, le vapeur *Vladimir* quitta Odessa et fit une reconnaissance à l'embouchure du Danube de Kilia et rentra heureusement au port après avoir constaté qu'un monitor turc qui était échoué sur un banc, près de Kilia, avait sombré. L'équipage avait été recueilli par une frégate ottomane.

Le 18, le *Grand-duc-Constantin* reprit la mer et se dirigea vers les côtes d'Asie, dans la direction de Sinope. Il rencontra quatre petites goélettes turques, auxquelles il donna la chasse et dont il s'empara : les équipages furent mis à terre par le commandant du *Grand-duc-Constantin*, qui coula ensuite ces petits bâtiments.

Le gouvernement ottoman, qui croyait encore alors que sa flotte lui assurait la paisible possession de la mer Noire et qui pensait que les vapeurs

---

(1) Contrairement à ce qui avait été annoncé, le lieutenant Pouchtchine n'est pas mort à Constantinople. Il a été remis en liberté à la fin de la guerre avec les autres prisonniers russes.

ennemis ne se hasarderaient point en pleine mer fut très désagréablement impressionné par cette pointe poussée si loin des ports russes, et dans la note assez singulière qui suit, il accusa l'ennemi d'avoir fait sauter les équipages en même temps que les navires, ce qui était contraire à la vérité :

Constantinople, 26 juin.

Violant les prescriptions et les règles qui président invariablement à la navigation, la Russie vient de donner à ses attaques sur mer un caractère indigne de notre siècle.

Voici quelques faits qui donnent une idée de la façon dont cette puissance se propose de respecter les principes du droit international relativement aux non combattants :

Mercredi 20 juin, vers onze heures du matin, un vaisseau russe a abordé un navire marchand portant le pavillon turc, à l'ancre dans la baie d'Aïdos, petite ville sur la côte de la mer Noire, et l'a fait sauter au moyen d'une matière explosive. Le même jour, des bâtiments à vapeur portant des torpilles ont été envoyés contre trois vaisseaux marchands ottomans, commandés par les capitaines Hadji-Hassan, Hadji-Teizi et Serdar, qui étaient à l'ancre devant Couri Chile, à 15 milles à l'est d'Amasra. Les vapeurs ont fait sauter les trois navires, et plusieurs hommes des équipages de ces derniers ont péri.

Il est sans exemple et, bien plus, contraire à toutes les règles du droit international, que des vaisseaux marchands aient été détruits de sang-froid, lorsqu'ils n'offraient aucune résistance, et, surtout, que les équipages aient été sacrifiés sans leur laisser le temps et le moyen de sauver leur existence, si l'on en juge par les faits cités ci-dessus, qui défient toute contradiction.

En informant le monde entier de la manière inouïe dont la Russie entend utiliser les conquêtes de la science moderne, nous protestons contre ces violations des lois de l'humanité et du droit des gens, et nous prions les cabinets européens d'en prendre connaissance, au nom de la conscience publique qui se révolte contre de semblables faits.

Le 19, le *Vladimir* repartit à son tour et poussa jusqu'à Varna. A vingt lieues marines avant ce port il donna la chasse à un brick turc, l'*Aslam Bagra*, de 600 tonneaux, qui, grâce à un vent très-favorable, filait à toutes voiles et à grande vitesse. Le *Vladimir*, étant parvenu à lui couper la route, le somma de s'arrêter. Il obéit à cet ordre et se rendit prisonnier. L'*Aslam Bagra* faisait un service régulier de transport de munitions entre Constantinople et Kustendjé. Il avait 16 hommes d'équipage à bord dont 15 Turcs et 1 Grec.

Le 23 juillet se donna en face de Kustendjé un des combats les plus étonnants dont il soit fait mention dans l'histoire maritime. Un des bâtiments de commerce transformés par les Russes, la *Vesta*, navire de 444 chevaux et de 1,800 tonneaux, armée simplement de canons de 9 livres, de mortiers de 6 pouces et de torpilles dont il ne put faire usage, se battit pendant cinq heures contre la meilleure corvette cuirassée de la flotte turque, le *Fethi-Boulend* de 1,000 chevaux et de 8,000 tonneaux, dont les flancs sont protégés par des plaques de vingt-cinq centimètres d'épaisseur. Et ce fut le cuirassé qui renonça le premier à la lutte.

La *Vesta* avait été transformée en deux semaines de navire de commerce en navire de guerre. Puis l'amiral Arkās l'envoya à la division de Pendérékli, afin de permettre au commandant, aux sous-officiers et à l'équipage de faire plusieurs essais, d'éprouver les appareils Davydof qui étaient à bord et dont on allait se servir pour la première fois et en général d'étudier le navire et sa force. La *Vesta* rentra ensuite à Odessa et, après y avoir fait du charbon, elle partit le 22 juillet pour une croisière sur la côte de Roumélie.

Le 23, à 35 milles de Kustendjé, la *Vesta* rencontra le *Fethi-Boulend* qui se trouvait de quelques heures en avant d'une division de la flotte turque. Le capitaine Baranof n'hésita pas à engager le combat malgré l'énorme disproportion des forces. Il comptait sur l'appareil Davydof sur ses torpilles et surtout sur le courage de ses marins. La *Vesta* s'approcha à portée, envoya au cuirassé une bordée des canons de son avant et engagea le combat en manœuvrant de façon à ne pas présenter son flanc à l'ennemi et le tenir toujours sur l'arrière et à tirer de ses trois mortiers de poupe et d'un canon de neuf.

Le capitaine Baranof croyait avoir la supériorité de marche sur l'ennemi, mais cette prévision ne se réalisa pas. Le *Fethi-Boulend* est précisément le plus rapide des cuirassés de la flotte ottomane, et, dès le début de l'action, il gagna sensiblement de vitesse sur la *Vesta* Dans ces conditions, le capitaine Baranof dut employer toute son habileté pour éviter le choc de l'éperon de l'ennemi, et comme le tir du bâtiment turc, réglé par un instrument de verre, était d'une grande justesse et lui faisait beaucoup de mal, il se décida à aborder l'ennemi et, si celui-ci se dérobait, à le frapper avec les lances à torpilles dont la *Vesta* était armée en poupe.

Mais nous ne saurions mieux faire que de laisser raconter ce prodigieux combat au héros lui-même et nous reproduisons purement et simplement le rapport du capitaine.

« Le 23 du mois courant, la *Vesta* naviguant à 35 milles de Kustendjé, dans la direction de l'Est-Sud-Est, à 7 heures 1/2 du matin, aperçut une fumée noire au Sud.

« Ordre fut donné à la machine de porter la pression au maximum et je fis gouverner sur le sud-quart-est, afin de reconnaître le navire signalé et de le couper de la côte au cas où ce bâtiment aurait été un vapeur de commerce ou un vapeur de guerre de force inférieure.

« Vers huit heures on put, quoique le temps fût assez brumeux, reconnaître que ce navire était un grand cuirassé turc; il hissa son pavillon et tira sur la *Vesta* d'une pièce de gros calibre. La *Vesta* arbora le pavillon et fit une décharge de ses canons de l'avant.

« Je fis forcer la vapeur et virai de bord, en mettant le cap au nord-quart-ouest, pour empêcher l'ennemi de battre la *Vesta* de flanc et pour pouvoir tirer des trois mortiers de six pouces et de la pièce de 9 établis à l'arrière.

« En prenant cette position je comptais beaucoup pouvoir commander l'ennemi par notre supériorité de marche et calculais que sa vitesse ne pouvait dépasser 10 ou 11 nœuds; je pensais donc pouvoir, avec l'aide des appareils de tir automatique Davydof, le détruire ou l'obliger à se rendre.

« Je vis bientôt pourtant contre mon attente que notre marche, quoique portée à 12 nœuds, n'était pas supérieure à la sienne et que l'ennemi nous gagnait tellement de vitesse qu'au bout de peu de temps notre pièce de 9, pointée à la distance de douze encâblures, dépassait le but.

« Le lieutenant-colonel Tchernof, de l'artillerie de marine, qui, avec un inimitable sang-froid, faisait des observations sur le tir et dirigeait le feu des pièces de poupe, vint me trouver sur la passerelle, où je me tenais à la roue, et me dit à voix basse que son rôle de conducteur des appareils de Davydof était terminé, attendu que quoique fonctionnant parfaitement, les appareils ne pouvaient plus nous être utiles, vu la proximité de l'ennemi.

« Voyant approcher l'éperon de l'ennemi, sa mitraille et les shrapnels (1) couvrir nos filets, nos bastingages, le jour des machines et la passerelle, je chargeai le colonel Tchernof, sur sa demande d'essayer avec le lieutenant Rojdestvensky de faire encore une bordée concentrée. Deux décharges eurent lieu. Les projectiles turcs qui, à en juger par les éclats, étaient des calibres de 11 et de 7 pouces, frappèrent notre arrière; le canot-major fut détruit, le premier pont fut troué

(1) Outre les shrapnels et la mitraille ordinaire, les Turcs lancèrent des projectiles remplis de plomb de chasse anglais n° 11. Plus de 30 grains de plomb de bécassine furent retirés des blessures du lieutenant Krotkof.

et une bombe éclata partie dans l'entrepont et partie sur le pont.

« En bas, cette bombe détermina un incendie au-dessus de la soute aux poudres; sur le pont, les effets de son explosion furent horribles; elle couvrit le pont de sang, brisa une des mortières, rompit tous les conducteurs de l'appareil Davydof, tua sur place les deux officiers d'artillerie qui commandaient nos pièces; l'enseigne Yacovlef eut une partie du cou et l'épaule droite emportées; le lieutenant-colonel Tchernof, frappé à mort, put s'écrier avant de tomber : Adieu ! feu du canon de poupe de tribord, il est pointé ! et il tomba sans vie (1).

« Avant même cette bordée, voyant le danger de continuer longtemps notre manœuvre, qui consistait à dérober notre flanc, à présenter notre poupe à l'ennemi et à lui rendre coup pour coup, et voyant que les Turcs avaient l'intention de faire usage de leur éperon, je résolus de faire préparer la lance à torpilles de l'avant, de tenter l'abordage et, si l'ennemi s'y dérobait, de le faire sauter avec des torpilles. A cet effet, j'appelai près de moi sur la passerelle l'officier torpilleur, le lieutenant Michel Péréleschine, et le chargeai de voir si les conducteurs des torpilles n'étaient pas brisés et de préparer la lance. Péréleschine me demanda pour lui et pour le lieutenant Jérebko-Rotmistrenko la permission d'aller avec deux canots placer les torpilles sous le navire ennemi.

« Malgré tous les risques qui entouraient une semblable entreprise en plein jour, j'aurais accueilli cette demande, si la houle n'avait pas été tellement forte que les canots n'auraient pas pu tenir la mer. Je crus donc devoir refuser. A peine le lieutenant Péréleschine venait-il de descendre de la passerelle qu'une bombe éclata sur le pont et d'un de ses éclats lui emporta la jambe à la hauteur de l'aine : ainsi blessé, cet officier voulut encore me parler de l'emploi des bateaux-torpilles.

« L'horrible blessure du lieutenant Péréleschine, la perte d'un mortier, deux officiers tués, quatre blessés, un incendie dans l'entrepont n'arrêtèrent pas l'élan de l'équipage; depuis le plus ancien jusqu'au plus jeune, le porte-enseigne Yacovlef, frère de l'enseigne tué pendant le combat, tous les officiers se sont conduits en héros; lorsque les officiers d'artillerie furent tués, le

(1) D'après le récit d'un témoin, publié par le *Nouveau Temps*, Yacovlef trouva également avant de mourir l'énergie de dire : « Frères, il y a dans ma poche des tubes incendiaires, ils pourront vous servir. »

lieutenant de vaisseau Krotkof prit leur place ; à ce moment, tandis qu'il pointait un canon, un obus qui éclata derrière lui trouva ses vêtements en quarante endroits et lui brûla tous les cheveux ; il continua cependant, avec dix-sept blessures dans le corps, à pointer un mortier qui ne pouvait être déchargé par l'appareil Davidof, dont les conducteurs n'existaient plus.

« Quant au lieutenant Rojdestvensky, qui remplaça le lieutenant-colonel Tchernof, il pointa un autre mortier, debout sur la banquette de l'indicateur Davydof. Grâce à cet officier, la bombe lancée par ce mortier frappa la tourelle du bâtiment ennemi dans sa toiture et éclata à l'intérieur près de l'embrasure d'une pièce de gros calibre. Il se produisit alors sur le pont du navire turc un grand désordre, dont malheureusement nous ne pûmes profiter, car un éclat de bombe avait faussé la drosse du gouvernail et, à mon grand effroi, celui-ci cessa de fonctionner ; le vapeur se présenta par la hanche aux coups de l'ennemi, qui nous couvrit d'obus.

« Un de ces obus coupa la cheminée de la vapeur et couvrit d'éclats la passerelle, en tuant raide deux tirailleurs que j'y avais fait monter pour tirer sur les embrasures des canons de chasse de l'ennemi. A ce moment, le dernier officier d'artillerie, M. Krotkof, fut blessé au visage par des éclats d'obus et moi-même je fus légèrement contusionné à la tête et au bras gauche ;

LE CAPITAINE BARANOF, COMMANDANT DE LA *VESTA* ET DE LA *RUSSIE*

mon officier d'ordonnance, le porte-enseigne Yacovlef, fut également contusionné à la tête; la machine fut couverte d'éclats, mais, grâce à Dieu, elle fut préservée par le blindage formé avec des hamacs sur les flancs des cylindres et avec des matelas au-dessus de la chambre des machines.

« Ce fut la dernière bordée sérieuse de l'ennemi. Il ne pouvait plus se servir de son grand canon de chasse et cherchait à nous prendre de flanc, ce que naturellement je ne lui permis pas de faire; peu à peu il se laissa distancer et bientôt nos projectiles de 9 eux-mêmes ne l'atteignirent plus. Une épaisse colonne de fumée ou de vapeur s'éleva de son pont et, après deux ou trois derniers coups de canon tirés par nous, il mit le cap d'abord sur le nord-quart-est et ensuite au nord-est et se retira rapidement.

« Nous avions deux pièces hors de service, deux crevassées dans le corps du navire, deux officiers tués et quatre blessés, le pont couvert d'éclats d'obus et de débris de chairs humaines; nos mécaniciens et nos chauffeurs se tenaient à peine sur pied après cinq heures de combat; je ne crus donc pas devoir poursuivre énergiquement un ennemi bon marcheur, d'autant plus qu'il faisait des signaux et que d'autres navires de haut bord se montraient à l'horizon.

« Il m'est impossible de signaler dans ce rapport des officiers qui se soient particulièrement distingués; je puis dire seulement, dans ma conscience d'honnête homme, qu'en dehors de moi, qui n'ai fait que remplir mon devoir, tous ont fait preuve d'un héroïsme admirable et ont dignement donné l'exemple par un sang-froid et un courage sans pareils.

« Le lieutenant Vladimir Péréleschino, chargé par moi d'éteindre l'incendie allumé dans l'entrepont, rencontra, en allant exécuter cet ordre, son frère mutilé qu'on portait sur un brancard; malgré les sentiments qui s'agitaient en lui, il ne s'arrêta pas et courut droit au feu, qu'il parvint à éteindre, au-dessus de la soute aux poudres, avec le concours de l'enseigne Pétrof et du garde-marine Kaznakof. Ce n'est qu'aujourd'hui, à Sebastopol, à la visite des blessés par les médecins, qu'on s'est aperçu que le lieutenant Vladimir Péréleschine était contusionné à la tête.

« Le lieutenant-colonel Tchernof, l'enseigne Yacovlef et neuf matelots ont été tués. Le lieutenant Michel Péréleschine est mort aujourd'hui, après avoir subi l'amputation.

« Mon devoir m'oblige à signaler le dévouement du prince Galitsine-Golovkine; voyant que la passerelle, dont j'avais fait retirer le blindage de hamacs pour protéger la machine, était spécialement un but pour les projectiles et que plusieurs de ceux-ci l'avaient déjà couverte de sang, il s'est, sous tous les prétextes, tenu auprès de moi pour me faire un rempart de son corps.

« L'officier marinier, le capitaine en second Korolkof, s'est tenu tout le temps à la roue, tournant le dos à l'ennemi, ne quittant pas des yeux l'habitacle de la boussole et s'irritant de tout cœur de l'explosion des obus, qui faisaient tressaillir le compas; indifférent à ce qui se passait derrière lui, pendant une des bordées tirées par l'ennemi, il donna l'ordre à un marin d'enlever un canon de fusil tordu, qui venait de tomber sur la boussole et pouvait la faire dévier, sans remarquer même que ce fusil était celui d'un des deux malheureux tirailleurs mis en pièces sur la passerelle par l'explosion d'une bombe.

« Lorsque je vis l'ennemi en fuite, j'ordonnai de relever les cadavres et prévoyant que, l'eau embarquée par nos crevasses ne nous permettant pas de compter sur une vitesse de marche constante, il fallait nous attendre à une nouvelle attaque des cuirassés ennemis, je donnai l'ordre de se préparer à un second combat; je fis ensuite dire à l'équipage une prière à haute voix pour remercier Dieu de la victoire; après cette prière, l'équipage salua d'un triple hourra l'ennemi qui s'éloignait et ne répondait plus à notre artillerie.

« Parmi les matelots il m'est aussi très-difficile d'indiquer ceux qui se sont le plus distingués; tous ont été admirables. Mais, autant du moins que j'ai pu le remarquer, le maître d'équipage Vlassof et les deux chefs de pièce, restés vivants aux canons de poupe, se sont particulièrement distingués; les timoniers, indifférents à ce qui se passait autour d'eux, ont gouverné comme dans une navigation ordinaire.

« Je ne sais pas le nom du bâtiment cuirassé auquel j'ai eu affaire; par sa construction il se rapproche du type des corvettes à éperon de la marine ottomane; ses canons étaient disposés de deux manières: le plus grand, du calibre de 10 ou 11 pouces, était placé à l'avant dans une tourelle grise, et il y avait probablement un canon semblable à l'arrière; au milieu du bâtiment s'élevait un blockhaus, armé de quatre pièces de 7 pouces; l'ennemi avait en outre plusieurs bouches à feu de moindres calibres, de 4 ou de 9 livres.

« Le tir des fusils turcs n'était pas inférieur au nôtre et à la distance de 600 et 800 sagènes; l'ennemi nous a envoyé coup sur coup des salves de mousqueterie, dont le vapeur porte les traces. Voyant que la fusillade ne causait pas de mal, je ne l'ai employé que lorsque l'ennemi s'est approché de nous à 350 ou 400 sagènes.

« A ce moment j'ai vu distinctement des fez rouges dans les embrasures des canons, et un fez sur la passerelle, près d'un instrument d'optique, que manœuvraient et braquaient sur nous plusieurs individus en costume européen de couleur bleue. J'ai promis à trois des meilleurs tireurs et à un chef de pièce une prime s'ils atteignaient cet instrument et ces individus. Une décharge a eu lieu, deux des Européens sont tombés, le fez turc a disparu, mais l'instrument est resté intact.

« *Le capitaine-lieutenant :* BARANOF. »

D'après la déposition d'un officier turc capturé plus tard à bord de la *Mersine*, ce qui avait mis le *Fethi-Boulend* hors d'état de continuer la lutte, c'est que le dernier boulet de la *Vesta* avait produit une explosion dans une des soutes à cartouche. Le *Fethi-Boulend* rentra à Soulina pour se réparer, son équipage avait perdu sept morts et trente-trois blessés. La *Vesta*, comme on l'a vu, avait treize hommes tués et dix-neuf blessés.

L'issue de ce combat était tellement humiliante pour la marine turque que les officiers anglais qui la dirigeaient ne trouvèrent rien de mieux que de nier le combat lui-même. Mantop-Bey, ancien officier de la marine britannique en retraite et chef de l'état-major de la flotte turque de la mer Noire, adressa au *Times* une lettre dans laquelle il s'efforça de démontrer que le rapport du capitaine Baranof était de pure invention. Un autre officier anglais en retraite, le capitaine Harford du 56ᵉ régiment d'infanterie, se chargea de répondre dans la même feuille : « Le capitaine du *Fethi-Boulend*, en permettant au colonel Mantop de crier devant le monde entier que le rapport du capitaine Baranof concernant la fusillade, la mitraille, etc., était de pure invention, avait oublié, ce me semble, dit M. Harford, que les projectiles laissent des traces visibles et peuvent même se loger dans le bois.

« J'ai visité la *Vesta* deux jours après le combat, et cela avant que les matelas et les hamacs servant de blindage aux écoutilles n'eussent été retirés et avant qu'on eût lavé les taches de sang qui maculaient le pont, et je puis affirmer que les chaloupes, les mâts, les bouées de sauvetage suspendues aux agrès, la cheminée, les cabines, les affûts des canons et enfin tout le navire, de la poupe à la proue, portaient ou portent jusqu'à présent les traces de balles de fusil, de mitraille et d'éclats d'obus. Les matelas qui préservaient les ouvertures de la machine en étaient positivement criblés. Les officiers du vapeur m'ont montré une masse d'éclats de bombes, qu'ils conserveront sans doute comme souvenir du combat. »

Du reste, les Russes publièrent leur succès par toutes les voies possibles. On fit notamment faire des photographies de la redingote de Krotkof qui avait été absolument criblée de trous par l'explosion du boulet tombé près de lui et on en vendit un grand nombre.

≈≈≈

Suite des opérations de la flottille russe. — Destruction d'un vapeur turc à Soulina.

L'émotion soulevée par le combat de la *Vesta* contre le *Fethi-Boulend* ne rendit point la flotte turque plus active et les navires russes continuèrent de plus belle à parcourir impunément la mer Noire.

Le 16 août, le vapeur *Constantin* reçut l'ordre de se rendre sur la côte du Caucase pour concourir aux opérations du détachement qui, sous les ordres du colonel Schelkovnikof marchait sur Soukhoum-Kaleh en suivant le rivage. Nous avons signalé dans notre récit de la fin de la campagne d'Abkhasie le concours que le navire donna au détachement de terre. Nous avons raconté également comment quatre de ses torpilleurs attaquèrent audacieusement un cuirassé turc dans la rade de Soukhoum et l'endommagèrent gravement.

Le 24, l'amiral Arkas envoya le yacht *Livadia* en croisière sur la côte de Roumélie. Le bâtiment s'approcha de Kavarna où il vit à l'ancre un cuirassé à trois mâts portant le pavillon amiral, un cuirassé à deux mâts et une frégate. S'étant approché ensuite de Varna, la *Livadia* y vit un autre cuirassé et quatorze vapeurs de guerre et de commerce. Ayant viré de bord pour sortir du golfe, le croiseur rencontra un cutter turc, qu'il brûla après avoir débarqué son équipage.

A ce moment les deux cuirassés levèrent l'ancre et se lancèrent à la poursuite de la *Livadia*, gagnant de vitesse sur elle. Le yacht prit la direction de Sébastopol et, s'étant allégé en jetant par-dessus bord une partie de son charbon, regagna la distance perdue. Hobart-Pacha qui exécuta en personne cette poursuite en a fait l'objet du rapport suivant qui contient des détails curieux à plus d'un titre :

« Le 24 août, j'aperçus à environ quinze milles

du cap Galara un vapeur russe qui se trouva être un yacht de l'empereur de Russie occupé à brûler un brick de commerce. Je lui donnai immédiatement la chasse, en prenant avec moi le *Fethi-Boulend*. Je poursuivis d'abord l'ennemi très-rapidement et m'approchai de lui jusqu'à la distance de cinq milles. Alors commença une chasse très-intéressante. Notre vitesse était de treize nœuds; celle de l'ennemi exactement la même. Nous avions laissé deux machinistes à Varna pour acheter de l'huile. Les chauffeurs et les machinistes étaient harassés, et comme les conduits s'encrassèrent, nous dûmes réduire notre vitesse à douze nœuds. Toutefois nous gardions presque notre position avec l'ennemi, qui faisait tous ses efforts pour gagner le port de Sébastopol. Il y réussit en effet, en nous gagnant de vitesse d'environ six milles. Nous le suivîmes jusqu'à environ 4,000 yards de la rade de Sébastopol.

« Lorsque nous nous mîmes à canonner le fort Constantin, quelques batteries masquées postées à droite et à gauche de la rade ouvrirent sur nous un feu terrible. Les bombes et les obus tombaient autour de nous dru comme grêle. Heureusement les projectiles russes portaient très-peu, parce que nous restions toujours en mouvement, mais les colonnes d'eau que soulevaient les gigantesques projectiles ennemis rejaillissaient sur nos ponts. Nous entretînmes pendant assez longtemps un feu violent, mais comme je vis que rester exposé au feu de plus de cent canons serait la destruction sûre de l'un de mes navires, je me retirai hors de la portée des canons.

« Un canot-torpille se tenait prêt à l'attaque sous le feu des batteries russes pour le cas où nos navires auraient été avariés. Mais un seul obus bien dirigé engagea le canot-torpille à se retirer dans la rade.

« Les nouveaux ouvrages en terre de Sébastopol sont très-forts et je suis d'avis que, même abstraction faite des torpilles, la plus forte flotte du monde serait certainement anéantie si elle les attaquait. Les canons sont tous masqués et complètement invisibles. Je crois que beaucoup de ces fortifications ont été établies depuis le commencement de la guerre. J'ai remarqué que l'ennemi calculait la distance de son tir au moyen « d'instruments à miroir, » car je les voyais souvent scintiller aux rayons du soleil. »

Dans les premiers jours de septembre, la frégate à hélice le *Grand-duc Constantin* poussa une pointe jusqu'à Kilia d'Asie, petit port situé sur la côte d'Anatolie, à quinze milles de l'embouchure du Bosphore. Le croiseur russe rencontra, à six ou sept milles de Kilia, cinq petits bateaux caboteurs. Il envoya des hommes à bord et constata ainsi que trois étaient montés par des marins grecs et deux par des musulmans. Il donna alors l'ordre aux équipages de prendre rapidement leurs effets d'habillement et de descendre à terre dans leurs propres barques. Il ne fut fait d'exception à cet ordre formel que pour un bateau monté par des musulmans où se trouvaient plusieurs femmes et quantité de petits enfants. Les quatre autres équipages durent descendre dans leurs embarcations et gagner la terre. Les Russes aspergèrent alors de pétrole au moyen d'une pompe les bateaux, et bientôt après les quatre caboteurs flambaient, sans qu'on pût du rivage se rendre un compte exact de ce qui se passait. Après cela, le croiseur russe s'approcha de Kilia, tira quelques coups de canon sur une batterie isolée, sans lui faire d'ailleurs aucun mal, et, virant de bord, il gagna la haute mer.

Au même moment, l'*Elborouz* qui croisait également dans les parages incendia un autre navire de commerce. Le canon de Kilia fut, dit-on, entendu jusqu'à Constantinople. Cette nouvelle humiliation inspira au gouvernement ottoman la circulaire suivante, adressée à ses représentants à l'étranger :

Constantinople, 12 septembre.

Il est arrivé à diverses reprises que des bâtiments légers de la marine russe étant parvenus à tromper la surveillance des croiseurs impériaux ont réussi à franchir sa ligne de blocus et à s'emparer de navires de commerce ottomans dépourvus de tous moyens de défense. Mais au lieu de conduire leurs prises dans les ports russes, ils les détruisent systématiquement.

Ce procédé est condamné par la plupart des auteurs qui ont écrit sur le droit maritime en temps de guerre; mais ceux-là même qui professent une opinion contraire ne manquent pas de reconnaître que la destruction des navires de commerce capturés doit être considérée comme un acte regrettable et peu en rapport avec les adoucissements que les nations civilisées cherchent à porter aux maux de la guerre. Je crois donc devoir vous signaler le procédé destructif de la Russie qui n'est justifié par aucune nécessité militaire et qui n'atteint que des innocents.

Si le gouvernement impérial voulait insister sur ces déplorables errements, les moyens de dévastation ne lui feraient pas défaut et ses forces maritimes pourraient facilement détruire par le fer et la flamme les habitations et les lieux des particuliers non combattants. Mais il s'est abstenu jusqu'à présent de tout acte de vigueur qui n'était pas commandé par la nécessité des opérations militaires.

Le *Journal de Saint-Pétersbourg* répondit à cette circulaire par ces réflexions railleuses :

CONVOI DE CIRCASSIENS PASSANT LE BOSPHORE POUR SE RÉFUGIER EN ASIE

« Que le gouvernement turc voie avec déplaisir les captures faites par les hardis marins russes et les entors s que reçoit ainsi le prétendu blocus de nos côtes, on le comprend assez. Mais la petite excursion dans le domaine du droit international qu'il fait en cette circonstance, et les sentiments humanitaires derrière lesquels il masque son dépit, lui réussissent assez mal. Il a déjà été établi que dans les guerres précédentes les navires de guerre ont agi de la même façon à l'égard de vaisseaux de commerce capturés, lorsque ceux-ci pouvaient embarrasser leur marche et les exposer ainsi à des périls.

« La dépêche turque elle-même parle de « légers » bâtiments de la marine russe; il est donc tout naturel qu'après avoir jeté l'alarme sur la côte ennemie et constaté l'inefficacité du blocus proclamé par la flotte turque, ces navires avaient hâte de regagner leur station. On comprend que la marine turque eût désiré le contraire et eût même été heureuse des captures faites si celles-ci avaient servi à ralentir la marche du hardi croiseur et à le livrer par là à ses ennemis, mis en éveil. Si l'on n'a pas condescendu à ce vœu, le dépit des Turcs se comprend.

« Mais leur prétention de faire à la Russie la leçon sur le droit international est absolument inadmissible. Etant donné que le vaisseau capturé est de bonne prise et appartient désormais à l'ennemi, si celui-ci le détruit, il ne fait tort exclusivement qu'à lui-même; ses marins perdent la part qu'ils auraient eue dans le prix du vaisseau capturé. Il n'y a donc pas lieu pour le gouvernement turc de s'émouvoir et de vouloir émouvoir l'Europe sur le « procédé destructif » de la Russie et nous venons de démontrer qu'il est faux d'affirmer qu'il « n'est justifié par aucune nécessité militaire » et que s'il est vrai que « il atteint des innocents », ces innocents sont les marins russes qui font la capture. »

Schelkovnikof ayant demandé de nouveau le concours de la flottille russe pour l'évacuation de ses blessés, le capitaine Baranof ayant sous ses ordres la *Vesta* et le *Vladimir* se rendit à Goudaouty, mit à bord des blessés et un dépôt d'armes turques et arriva heureusement de nuit le 8 septembre à Gagry. Après avoir pris sur ce dernier point un autre convoi de blessés les deux navires regagnèrent Thouapsé sans encombre.

Le 9 octobre, la flotte turque perdit encore un navire à Soulina. On sait que cette ville était le siége de la commission internationale du Danube, déclarée inviolable par les traités. Or, dès le milieu du mois de septembre, le général Verevkine, commandant de la flottille russe du Danube, lui avait fait savoir qu'un bombardement de la ville où elle résidait ne devait nullement être considéré comme hors des probabilités dans les opérations de guerre; la commission avait compris à demi mot et avait quitté Soulina, non sans protester, il est vrai ; la population civile, qui, de son côté, avait fort bien saisi la signification de ce départ, s'était empressée de suivre l'exemple de la commission dès le 20 septembre.

Les environs de la place formant une plaine indiscontinue jusqu'à Toultcha, l'enceinte a sur eux un très-faible commandement ; le système de la fortification ne comprend, au surplus, ni forts, ni avancées, de sorte que, devant un siége régulier, la défense ne saurait être de longue durée. La garnison était de 2,500 mustafiz, avec cinq batteries de campagne. Les Turcs comptaient, pour défendre Sulina, surtout sur leur flotte, qui y trouvait un excellent point de relâche à proximité des côtes russes. Au commencement d'octobre, la division navale qu'ils y tenaient en permanence se trouvait réduite à quatre cuirassés et à deux vapeurs en bois, le *Kortal* et le *Suneh*.

Le général russe avait réuni dans le bras moyen du Danube, entre les deux lacs marécageux de Bagskul et d'Obreteno, des chaloupes canonnières, des chaloupes porte-mines, des batteries flottantes, des remorqueurs et quelques bateaux à vapeur en bois formant une flottille d'environ vingt-cinq embarcations, toutes armées de trois ou quatre mortiers ou canons. Les bateaux et les canonnières avaient été amenés du Haut-Danube; les batteries flottantes et les chaloupes porte-mines étaient venues successivement d'Odessa, conduites à la remorque par le vapeur *Olga*, malgré le prétendu blocus des ports russes par la flotte de guerre turque, par le canal de Saint-Georges, jusqu'à Toultcha ; de là, batteries et chaloupes avaient descendu le cours du Danube dans la direction de Soulina.

L'*Olga* fit son dernier voyage le 5 octobre, et le 8 au matin, les Russes commencèrent une démonstration contre Soulina. Ce jour-là, un détachement composé d'une flottille de six canonnières et de six chaloupes porte-torpilles commandées par le capitaine Dikof et appuyées par une partie du régiment de Dorogobouje s'approcha tant par le fleuve que par terre de la ligne de torpilles que les Russes avaient posé dès les premiers jours de la campagne à environ 12 milles de Sulina. Dans la nuit qui suivit, Dikof envoya les six cha loupes poser des torpilles aux abords du mouillage intérieur de Soulina. S'étant approchés de la chaîne du port, les marins russes furent découverts; mais malgré le feu violent dirigé sur eux par les cuirassés et les batteries, ils ne cessèrent leur travail que lorsque leur mission fut totalement accomplie.

A 5 heures du matin, ayant été informé que les torpilles avaient été posées, Dikof se dirigea vers Soulina, précédé du vapeur *Opyt* muni d'un appareil à trouver les torpilles. Dikof suivait l'*Opyt* sur le schooner *Vorona*, avec tous les autres bâtiments de la flottille. Après s'être approché à six milles, il s'aperçut que les vapeurs *Kartal* et le *Suneh* venaient à sa rencontre. Il ordonna à l'*Opyt* de revenir sur ses pas. Après avoir débarqué le plus vite possible la compagnie d'infanterie qu'il avait à bord du schooner *Vorona*, Dikof marcha à la rencontre des vapeurs. Le *Kartal*, n'ayant qu'un tirant d'eau de trois pieds traversa sans encombre la ligne des torpilles, mais plusieurs coups de canon bien dirigés du *Vorona* l'obligèrent à virer de bord.

Pendant ce temps le *Suneh* s'approchait toujours des bâtiments russes et commençait déjà à tirer quand on vit s'élever une trombe d'eau et le vapeur sauter en l'air, après avoir donné sur une des torpilles qui avaient été posées dans la nuit. Sept hommes sur trente dont se composait l'équipage furent recueillis par les canots d'un navire marchand qui était à l'ancre à peu de distance : quelques autres encore parvinrent à se sauver dans les joncs.

Cette explosion montra que le plan des Russes consistait à attirer vers eux la flottille ottomane, dans les eaux qu'ils avaient semées de torpilles. Les Turcs le comprirent, et ne donnèrent pas une seconde fois dans le piége. Leurs canonnières cuirassées restèrent sur rade, où les bateaux formant l'expédition ennemie ne devaient pas songer à venir les attaquer.

Les Russes avaient mis à la remorque de six vapeurs autant de gros chalands et de radeaux, armés chacun d'une pièce de gros calibre. Le 9, ils tirèrent, d'une distance de 8,000 mètres, sur l'enceinte et sur la rade, sans produire de dommages. Le brouillard interrompit le feu avant midi. Le 10, au point du jour, leur flottille se rapprocha à 5,000 mètres ; néanmoins, les projectiles, lancés sans interruption jusqu'aux approches de la nuit, firent peu de mal. En même temps, 400 hommes, infanterie et cavalerie, avec 4 canons de campagne, qui avaient marché le long de la rive gauche, assaillirent les piquets turcs placés de ce côté en face de Soulina, et les poussèrent rapidement jusqu'au bord de la baie. Là, les Russes furent arrêtés par le feu des canonnières cuirassées, qui leur coûta quelques pertes. Ils se retirèrent. La journée du 11, pluvieuse et froide, se passa sans que l'on entendît un coup de canon. Pendant la nuit suivante, les bateaux et le détachement qui avaient attaqué Soulina disparurent, remontant le Danube vers Toultcha.

Telle fut cette affaire, dont on n'aurait pas parlé sans la perte de la *Suneh*, deuxième victime des engins sous-marins pendant cette guerre. Les Russes avaient fait contre Soulina une simple démonstration. Les morts et blessés étaient en nombre minime des deux côtés. Le tir à grande distance des Russes, d'ailleurs plus particulièrement dirigé contre les canonnières turques, ne produisit en ville ni écroulement ni incendie ; une trentaine de maisons virent seulement leurs murailles détériorées par les projectiles.

Les journaux turcs firent remarquer que « pour donner un peu de gaieté au drame, l'amiral Hassan-Pacha et ses frégates cuirassées arrivèrent sur rade *aussitôt que tout fut fini.* »

Capture de la Mersine. — Hobart-Pacha se défend dans le Levant-Herald.

Le 25 décembre suivant un nouvel exploit du capitaine Baranof vint mettre le comble à l'indignation que l'inaction de leur flotte et l'incapacité de ses officiers causaient aux Turcs.

Le capitaine Baranof avait quitté le commandement de la *Vesta* pour prendre celui de la *Russie*, vapeur beaucoup plus puissant qui venait d'être armé en guerre. Le 22 décembre, il partit d'Odessa pour croiser en face du Bosphore, le 24 il était tout près de Penderakli lorsque, au point du jour, il aperçut en pleine mer une épaisse fumée indiquant un gros navire. Changeant aussitôt de direction, la *Russie* se dirigea vers la pleine mer afin de pouvoir agir librement et ne pas être trop près du rivage dans le cas où l'ennemi qu'elle allait rencontrer lui serait de beaucoup supérieur. Le 25 décembre, à huit heures du matin, elle aperçut distinctement la coque d'un trois-mâts à hélice qui se dirigeait droit sur elle. Ce trois-mâts était la *Mersine*, transport de la compagnie des vapeurs « Mahroussé » qui faisait le service entre Trébizonde et Constantinople. Il avait à bord une partie des troupes de l'armée de

Dervisch-Pacha que l'on envoyait concourir à la défense de la Roumélie et il faisait partie d'un convoi de trois vapeurs escorté par deux cuirassés. Le convoiement était du reste fait d'une façon déplorable car quoique la mer fût très-belle aucun navire de guerre n'était en vue. On raconte que le commandant de la *Mersine* s'était trompé sur le caractère de la *Russie* et que pensant qu'elle serait d'une prise facile ce fut lui qui courut au-devant d'elle, mais, comme on le verra plus loin, cette explication fut fortement contestée et le commandant du vapeur fut tout simplement accusé de trahison.

La *Russie* hissa son pavillon et l'accompagna d'un coup de canon dirigé contre l'avant du navire ennemi; celui-ci subitement désabusé, si tant est qu'il l'eût jamais été, se dirigea alors immédiatement vers la rive sans arborer son pavillon. La *Russie* tira encore un coup de canon et se mit à presser le vapeur turc dans la direction d'une crique, après quoi le navire ennemi hissa pour quelques instants un pavillon à trois bandes. Craignant de faire durer la poursuite jusqu'à Pendérakli, le capitaine Baranof résolut d'en finir. Il s'approcha du vapeur turc et lui envoya un obus de huit, qui tomba à son bord et l'obligea à s'arrêter. Le lieutenant Zarine se rendit en chaloupe pour prendre possession du navire. De la *Russie* on ne voyait âme qui vive sur le vapeur et ce n'est que lorsque Zarine s'en fut approché à une distance de dix à douze mètres que deux rangées de fez rouges firent leur apparition. Les Russes s'attendaient à une décharge mortelle pour leurs marins, mais le brave lieutenant, sans broncher, continuait à avancer et monta bientôt à bord du vapeur, sans que les Turcs témoignassent la moindre velléité de résister. Immédiatement, il fit hisser le pavillon russe et bientôt on vit apparaître au-dessous le pavillon turc, acte de soumission qui fut accueilli par les hourras de l'équipage de la *Russie*.

On envoya alors une autre chaloupe avec des chauffeurs et des mécaniciens et bientôt la machine turque fut dirigée par des mains russes. La *Mersine* s'approcha de la *Russie*, et quand elle se trouva bord à bord, le lieutenant Zarine fit son rapport au capitaine Baranof, sans descendre du vapeur.

Celui-ci prit immédiatement les mesures nécessaires pour s'assurer de cette belle prise : il choisit le capitaine Stoukovoï, son premier officier, pour commandant de la *Mersine*, lui donnant pour aides les lieutenants Zarine, Rogoul et Kossiakow, les pilotes Maleïew et Vestrikow et un mécanicien-chef; il fit partir en outre six chauffeurs et vingt-six matelots, soit en tout une quarantaine d'hommes armés de fusils, de revolvers et de sabres. Des chaloupes les transportèrent à bord de la *Mersine* et ramenèrent à bord de la *Russie* le capitaine turc et plusieurs officiers.

Ce fut pour les Russes une agréable surprise que de constater que, outre le beau navire qu'ils venaient de capturer, ils s'étaient encore rendus maîtres de près de 800 hommes de troupes. « Une véritable fourmilière humaine grouillait sur le pont, raconte un des officiers russes qui vinrent prendre possession du navire ; c'était un ramassis d'hommes couverts de guenilles et à moitié affamés. Il y avait des Turcs debout ou assis dans tous les coins ; sur les échelles même se trouvaient des soldats du musthaflz et des recrues fraîchement levées. Les types les plus différents s'y trouvaient représentés : il y avait des Arabes, des Kurdes, des Tcherkesses, des Turcs en turbans, des Arméniens et même des nègres ; il y avait des vieillards de soixante-dix ans et des enfants de quinze ans à peine.

« Le capitaine Soutkovoï, ayant placé des matelots au gouvernail et des sentinelles partout, commença avant tout à exiger la reddition des armes ; 400 yatagans, un grand nombre de poignards et quelques fusils. Un des chauffeurs nous servait d'interprète et grâce à lui nos pourparlers ne durèrent pas trop longtemps.

Les pavillons russe et turc, témoins muets et éloquents du nouveau caractère de la *Mersine*, furent immédiatement abaissés et les Turcs disparurent dans les profondeurs des flancs de leur navire. Nous nous mîmes alors à déjeuner, assez maigrement, avec les restes d'un rôti turc, malheureusement très-proche parent d'une semelle de botte. A peine y avions-nous goûté qu'une des vigies signala l'apparition d'un grand vapeur. Les Turcs commencèrent à se mouvoir, se précipitèrent sur le pont pour mieux voir et des armes se montrèrent même çà et là. Le moment critique était arrivé. Soutkovoï donna immédiatement l'ordre de jeter à l'eau les armes que nous avions recueillies ; le cœur se déchirait en voyant disparaître dans les flots de si beaux yatagans et de si beaux poignards ! Les Turcs eux-mêmes en avaient les larmes aux yeux : mais ils ne firent pas la moindre observation. Malgré leur immense supériorité numérique, ils se rendaient parfaitement compte de leur faiblesse, ayant la *Russie* derrière eux. Celle-ci nous rejoignit en quelques minutes, quoique nous marchions à toute vapeur, et nous couvrit en se mettant entre nous et le navire signalé. Celui-ci continuait sa course, ne se doutant certes pas que nous étions un ennemi, et disparut bientôt. Nous apprîmes plus tard que ce navire était également un grand transport chargé de nombreuses troupes et de beaucoup de munitions de guerre.

« Cette rencontre nous obligea à plus de prudence encore. Nous visitâmes de nouveau nos prisonniers; nous leur prîmes encore une assez grande quantité d'armes et découvrîmes alors la poste d'Erzeroum et la correspondance de Moukhtar-Pacha. Il y avait aussi des lettres adressées à Hobart-Pacha. La poste et le courrier se trouvaient gouvernail. Malgré le mauvais entretien de la machine et l'affreux charbon des Turcs, nous avons pu atteindre une vitesse de dix nœuds à dix nœuds un quart par heure.

« Le nombre de nos prisonniers est de 893 hommes, au nombre desquels un bimbachi, quatre officiers supérieurs, neuf officiers subalternes, le capitaine du vapeur, le pilote et le mécanicien, un courrier, un employé de la poste, douze femmes, six enfants, vingt-et-un passagers, vingt-six hommes d'équipage et 800 gardes nationaux et recrues. On a trouvé à bord un peu d'or, plus de seize pouds d'argent en lingots ou en espèces

VUE DES RUINES DE LA CITADELLE DE NIKSICH APRÈS LA PRISE DE LA VILLE

dans la grande cabine, dans le coin le plus reculé; elle avait échappé de prime abord à nos regards, cachée qu'elle était par la foule qui se pressait dans la cabine.

« Le 26 décembre, au point du jour, nous vîmes apparaître à l'horizon les montagnes de la Crimée et vers neuf heures nous aperçûmes l'aiguille blanche du phare de Kherson. A dix heures enfin la *Russie* et la *Mersine* se trouvaient à l'entrée du port de Sébastopol, attendant qu'un pilote les fît passer entre la ligne de torpilles.

« A onze heures nous étions dans la rade. C'est ainsi que s'est terminée la première expédition de la *Russie*, qui a valu à l'Etat un vapeur à hélice à trois-mâts, très-passable, du type de la *Junon*, ayant 216 pieds de long et une machine de 260 chevaux. Le prince Vorontsow, célèbre connaisseur de navires, en estime la valeur à 180,000 roubles et nous pouvons affirmer que la *Mersine* est bonne marcheuse, que la houle ne se fait pas trop sentir à bord et que le navire obéit bien au

(medjidiés) et une certaine somme d'assignats (caïmés). Le chargement était insignifiant : un peu de riz, des pommes, de l'huile et du tabac. »

Les quatorze officiers, cent trois sous-officiers et les douze femmes avec les enfants furent amenés le lendemain à Odessa par la *Russie*. Le 4 janvier, Baranof refit le même trajet en sens inverse et revint à Sébastopol. La facilité avec laquelle s'opéraient ces allées et venues inspirait les réflexions suivantes à un correspondant du *Daily-News* qui était du dernier voyage de la *Russie* : « Il va sans dire qu'aucun de nous ne s'attend à ce que cela puisse continuer toujours. La Turquie est la puissance navale la plus stupide que le monde ait jamais vue; mais l'un ou l'autre de nos corsaires aura, je suppose, maille à partir avec sa marine si la guerre continue. Il paraît incroyable que des navires marchands sans armure puissent, avec une parfaite impunité (excepté dans le cas du combat de la *Vesta*), entrer dans les ports turcs, faire sauter leurs torpilles sous les cuirassés, emmener même un transport ayant cinq fois autant de monde qu'eux à bord, et croiser à quelques milles du Bosphore.

« Tout cela a l'air d'un roman, mais ce n'en est pas moins un fait historique de l'année 1877, et quand même le Turc nous coulerait tous les quatre en 1878, cela ne lui donnerait jamais le droit de lever la tête comme un pouvoir maritime. La « flotte » russe de la mer Noire, la *Vesta*, le *Constantin*, le *Vladimir* et la *Russie*, sont actuellement en sécurité dans ce port (Sébastopol). Le yacht *Livadia* est à Odessa. »

Quand la nouvelle de la capture de la *Mersine* fut connue à Constantinople, elle y fit éclater la colère qui couvait depuis longtemps contre les hommes qui dirigeaient la marine et cette colère redoubla lorsqu'on apprit que le commandant du bâtiment perdu était un Dalmate, c'est-à-dire un Slave, et qu'il était par conséquent fort suspect de trahison. La séance du 5 janvier à la Chambre des députés fut fort orageuse et les ministres ottomans y passèrent un mauvais quart d'heure. Naafi-Effendi, député musulman d'Alep, monta à la tribune pour interpeller le ministre de la marine :

— Comment se fait-il, s'écria-t-il en s'adressant à Saïd-Pacha, que vous ayez confié le commandement du bateau capturé par les Russes, de la *Mersine*, à un Slave, alors que vous ne pouvez ignorer que les Slaves sont les ennemis irréconciliables de notre race et de notre foi? Comment se fait-il qu'ayant à sa disposition une flotte réputée formidable et qui devrait l'être, le ministère de la marine ait laissé deux misérables bateaux russes attaquer la ville de Kilia qui est située à l'entrée du Bosphore, à une telle proximité du palais impérial que le sultan a dû entendre le canon de l'ennemi? Où était donc la flotte et que faisait-elle lorsque la *Mersine* a été capturée? Comment se fait-il qu'ayant pris sur vous de déclarer la mer Noire en état de blocus, notre flotte n'ait même pas pu protéger nos côtes? Au début de la guerre, nous comptions surtout sur notre flotte. Cette illusion est aujourd'hui détruite, tandis que notre armée de terre s'est couverte de gloire, non pas, entendez-le, vos commandants (*pis comanda la renneuz, textuellement vos sales commandants*), mais nos valeureux soldats, qui tous ont fait leur devoir. La nation est lasse de tant de désordre et d'impéritie. Elle ne veut plus supporter cet état de choses qui l'a précipitée dans le gouffre. Vous, ministres, au lieu de parader dans vos brillants uniformes, au lieu de faire les grands seigneurs, vous devriez vous occuper des intérêts du pays et, puisque vous êtes incapables, ayez du moins la pudeur de vous retirer.

Pendant cette apostrophe les ministres étaient effarés. Saïd-Pacha pâle et décontenancé vint répondre.

— Le gouvernement, dit-il, ne dispose que de douze cuirassés pour protéger un littoral immense, de Batoum à l'Adriatique. Une partie de la flotte se trouve d'une manière permanente à Batoum, une autre en Crète, une autre enfin à Antivari. Les troupes de mer font leur devoir et travaillent jour et nuit. Quel est le gouvernement autre que celui des Osmanlis qui aurait pu suffire à l'énorme transport de troupes et de matériel nécessité par la guerre, sans louer des bateaux? La capture du bateau *Mersine* est sans doute un grand malheur. Les officiers de marine en ont été plus attristés encore que les députés, parce que ce fait touche à leur honneur. Mais j'ai l'espoir que la revanche est proche. Ceux qui ont étudié l'histoire n'ignorent pas que les marines formidables de l'Angleterre et de l'Amérique n'ont pas été à l'abri, dans leurs guerres navales, de malheurs semblables. La Chambre, au lieu de blâmer la marine, devrait déclarer qu'elle a bien mérité du pays. Quant au commandant de la *Mersine*, j'ignorais absolument qu'il fût Slave. L'ayant appris après l'événement, je ne serais pas éloigné de croire que cet homme a peut-être trahi, puisqu'on prétend qu'il a dévié de sa route pour se diriger vers Sébastopol.

Comme ces explications piteuses étaient loin de calmer la Chambre, Réouf-Pacha voulut dégager son collègue en plaidant les circonstances atténuantes : La *Mersine* est un vieux bateau, dit-il; on ne devait pas attacher tant d'importance à cette perte. » — *Et nos 780 soldats?* » lui cria-t-on de tous côtés. Ce mot malheureux fit éclater l'orage : et Saïd-Pacha fut obligé de demander grâce sous la grêle de réclamations et d'attaques dont il se vit assailli. Mais il fallut l'intervention et l'adroite insistance du président pour lui obtenir un sursis, avec la faveur de défendre sa cause en séance secrète.

Le nom d'Hobart-Pacha n'avait pas été prononcé dans cette tumultueuse discussion; cependant en sa qualité de commandant de la croisière dans la mer Noire, il se sentit atteint et se défendit par la lettre suivante adressée au *Levant-Herald* :

« Mer Noire, 11 janvier.

« Monsieur le directeur,

« J'ai lu avec un grand intérêt les discours

prononcés au Parlement de Constantinople par rapport à la marine turque, et bien que j'aie vu avec plaisir l'esprit d'indépendance montré par ses membres, je crois qu'il est de mon devoir de répondre à ces censures, en faisant connaître mon opinion professionnelle sur les actes accomplis par la marine turque depuis le commencement de la guerre. La défense de Saïd-Pacha a été admirable, mais n'étant pas un homme de la profession, il ne peut entrer dans les détails.

« Voyons d'abord ce que la flotte a fait pendant la guerre, et nous examinerons ensuite ce qu'elle n'a pas fait pour satisfaire quelques gens. Les vaisseaux de Sa Majesté ont depuis le commencement de la guerre transporté sur divers points de l'Empire plus de 300,000 soldats. L'expédition de Soukhoum-Kalé a été faite au moyen de la flotte et, en cette occasion, les troupes ont été débarquées et embarquées dans les circonstances les plus difficiles. Le pays a été préservé de l'humiliation désastreuse d'être écrasé dès le commencement de la guerre par la flotte turque qui a transporté, d'Antivari à Enos, 40,000 hommes, sous la direction de Suleyman-Pacha, d'une manière si rapide que l'on ne trouve dans l'histoire aucun fait qui puisse lui être comparé.

« Les malades et les blessés de l'armée ont été transportés par mer sur plusieurs points pour y être soignés. Il n'eût jamais été possible de ravitailler les armées si la flotte turque n'eût pas été en possession de la mer Noire. Sulina a été défendu jusqu'à ce jour uniquement par notre flotte, malgré plusieurs attaques par mer et par terre. Dervich-Pacha peut affirmer que, sans la flotte turque, il n'aurait jamais pu conserver Batoum. Je ne parlerai pas ici des souffrances que la flotte turque a dû éprouver dans la mer Noire sous forme d'orages, d'attaques de torpilles, ni, chose pire que tout cela, d'injustes accusations qu'elle a eu à supporter de tous côtés.

« Voyons ce que la flotte n'a pas fait, mais pouvait faire dans l'opinion de quelques personnes. Quant à nuire à l'ennemi en détruisant des villages et des propriétés le long de la côte, je suis d'opinion que la flotte turque en agissant ainsi *eût plutôt gagné de la honte que de l'honneur* (1). C'eût été pure folie que d'attaquer les villes fortifiées telles qu'Odessa, Sébastopol, etc., avec le peu de navires qui restaient disponibles après la protection efficace donnée à Sulina, Ba-

(1) A ce moment même Hassan-Pacha bombardait le littoral de la Crimée.

toum, la Crète et Antivari, et même avec la flotte entière.

« A chacune des places en question, il y a des torpilles placées en grand nombre jusqu'à 3 ou 4 milles (7 kilomètres) du rivage, et des canons de 35 tonnes et plus, protégés par des ouvrages de terre à l'épreuve des obus, sont placés dans des batteries dix fois plus nombreuses que celles que la marine turque pourrait transporter pour lutter avec elles. La portée des canons russes des batteries est presque deux fois plus grande que celle des canons de navire, principalement par suite de la hauteur à laquelle ils sont placés et qui leur donne un feu plongeant.

« Une escadre qui les attaquerait pourrait tirer tout le jour sans faire autre chose que quelques dégâts insignifiants à ces travaux de terre imprenables, et ce serait là tout le profit, à moins qu'on ne puisse débarquer des troupes pour tirer parti des avantages que le bombardement pourrait avoir rapportés; la plus grande escadre turque qui a été libre pour bloquer les ports de l'ennemi et bombarder ses fortifications consistait en 4 navires, dont la force en artillerie montait en tout en 20 canons. Je demande à tout homme de la profession ce qu'ils pouvaient !faire contre les batteries modernes. La réponse serait « rien, » hautement « rien. » Il eût fallu un commandant complètement insensé pour tenter une pareille folie.

« Quel est l'exemple qui a été donné aux officiers navals turcs, sous ce rapport, dans les temps modernes? J'ai eu l'honneur de servir dans la flotte anglaise de la Baltique pendant la guerre de Crimée, et j'ai vu 30 vaisseaux de ligne anglais et français, portant 2,500 canons, ancrer hors de portée de Cronstadt et ne pas oser faire une seule attaque même contre les plus petites forteresses russes jusqu'au jour où sont arrivés de petits vaisseaux portant des mortiers expressément envoyés d'Angleterre, et même alors les grands vaisseaux ne sont jamais venus à portée des grandes forteresses, dans ces jours où il n'y avait pas encore de torpilles, et où il n'avait jamais été question de canons de 18 tonnes. Et même pour prendre la petite forteresse de Bomarsund, 10,000 hommes ont été envoyés d'Europe.

« Ayant suivi un des yachts russes jusqu'à Sébastopol, dans mon vaisseau-amiral, j'ai eu le plaisir d'être quelques minutes sous le feu des nouvelles batteries de terre de cette place, et ce que je puis dire, c'est que je fus satisfait de m'en éloigner, bien que moi et mes hommes ayons supporté le danger avec le plus grand sang-froid. Quel exemple nous a donné encore la flotte française pendant la guerre entre l'Allemagne et la France? Pourquoi croisait-elle à respectable distance des batteries et des torpilles allemandes, et je crois même sans échanger avec elle un seul coup?

« Un mot du blocus. On a posé et je crois qu'on pose encore la question de savoir si un blocus effectif qui, après tout, a pour but de prévenir les communications de l'ennemi et de nuire à son commerce, ne peut, dans la position géographique particulière de la Russie et de la Turquie, être mis en pleine force au seul débouché pour les communications et le commerce par eau, à savoir le Bosphore. Quoi qu'il en soit, il est clair que nous n'avons jamais eu assez de navires à soustraire aux autres importants devoirs pour admettre que nous ayons gardé un blocus strict.

« Il faut une grande flotte pour défendre un pays dont les côtes comprennent des milliers de milles sur lesquels malheureusement habite une population portée à la rébellion et ayant besoin d'une surveillance incessante. Occasionnellement des vaisseaux russes marchant à grande vitesse ou des yachts armés en guerre ont profité d'un beau temps pour s'élancer sur un bâtiment de commerce. C'est là la simple répétition d'une vieille histoire. Des vaisseaux peuvent être préparés à cette intention; leur coque sera parfaitement nette, leurs machines, leurs chaudières en bon état. Leur charbon sera de première qualité. Ce n'est pas un grand exploit que des bâtiments de ce genre puissent faire une course à grande vitesse alors que nous considérerons qu'ils ont affaire avec des croiseurs qui tiennent la mer peut-être depuis des semaines, dont les tubes ont besoin de nettoyage, dont le charbon est d'une qualité douteuse, dont l'équipage est excédé de fatigue et qui, dans leur meilleur état, n'ont pas la vitesse des yachts rapides de l'Empereur de toutes les Russies.

« Lorsqu'on voit l'ennemi, il est presque impossible de le poursuivre, comme nous avons eu occasion de le voir en plus d'une circonstance. Je disais au commencement de cette lettre que je suis content de voir qu'il y a au parlement turc des hommes qui expriment librement leur opinion. C'est à ceux-là que je demande justice pour la flotte turque.

« J'ai l'honneur d'être, etc.

« HOBART-PACHA.

« P. S. — Un fait honore grandement les capitaines des vaisseaux de guerre turcs, c'est que pendant toute l'année pas un vaisseau n'a été perdu ni jeté à la côte. »

Il est un point qu'Hobart-Pacha laisse de côté et qui explique cependant bien des choses; c'est que dans le commandement de la flotte existaient ces mêmes rivalités qui furent si funestes à l'armée de terre. Hobart a toujours mis son amour-propre à laisser croire à l'Europe qu'il était le commandant en chef de la flotte turque, lorsqu'en réalité ses attributions étaient limitées à la flotte de la mer Noire, dont il partageait encore le commandement avec Hassan-Pacha. Ce dernier était le chef de la division de Soulina et bien qu'il restât presque complètement inactif, il ne cessa d'entraver, en retenant les meilleurs cuirassés et en donnant des contre-ordres, l'action d'Hobart-Pacha, qui dirigeait la croisière.

Bombardement des côtes de Crimée. — Deux expéditions des torpilleurs russes à Batoum. — Destruction d'un vapeur turc.

Saïd-Pacha avait dit à la Chambre des députés que « la flotte turque prendrait une revanche éclatante pour la capture de la *Mersina*. » Hassan-Pacha s'en chargea — en faisant ce que Hobart-Pacha déclarait au même moment une honte, — en bombardant les villes ouvertes du littoral russe. Cette activité tardive étonna l'Europe et on trouva généralement que la Turquie choisissait mal son temps en grossissant ainsi de gaieté de cœur la note à payer au moment où d'irrémédiables défaites l'obligeaient à implorer la paix à tout prix.

Le 11 janvier, deux cuirassés turcs se montrèrent devant Eupatoria, ouvrirent le feu aussitôt qu'ils furent à portée de canon et tirèrent 150 coups environ. L'artillerie russe, jugeant inutile d'engager un combat trop inégal, ne tira que six coups. Vingt-deux maisons furent plus ou moins endommagées. Sept soldats furent blessés ainsi que trois habitants. Le lendemain, un obus qu'on essayait de dévisser fit explosion, tua quatre soldats et en blessa sept. Les cuirassés turcs disparurent dans la nuit.

Le 13, dans la matinée, ces deux cuirassés, qui avaient passé la nuit à la hauteur du cap Meganon, se dirigèrent à toute vapeur vers la rade de Theodosie et ouvrirent le feu. Ils tirèrent 132 coups, détruisirent ou endommagèrent douze maisons, parmi lesquelles celle du fameux peintre Aïvazovsky, tuèrent un soldat et blessèrent cinq artilleurs et sept habitants.

ASSAUT DONNÉ LE 26 JUILLET A NIKSICH PAR LES MONTÉNÉGRINS

Enfin le 14, un des deux cuirassés arriva devant Anapa et bombarda la ville pendant deux heures. Un plastoune fut tué. L'église et quelques maisons furent endommagées. Après ces beaux faits d'armes, les deux cuirassés turcs retournèrent à Soulina.

Les opérations maritimes furent closes par un nouveau triomphe des marins russes à Batoum. Les Turcs entretenaient une division cuirassée en permanence dans ce port. Déjà au commencement de la guerre, le 13 mai, les torpilleurs russes avaient essayé sans succès de l'attaquer. Le 27 décembre, le *Constantin* renouvela la tentative avec les quatre chaloupes porte-torpilles la *Tchesma*, le *Sinope*, le *Soukhoum-Kaleh* et le *Navarin*, sous la direction du lieutenant Zatsarenny, qui commandait la *Tchesma*.

Les chaloupes se mirent en route à dix heures du soir et cherchèrent longtemps Batoum, la nuit étant très-noire et la ville, ainsi que le phare, ne portant aucuns feux. Elles n'entrèrent qu'à minuit dans la rade, où elles aperçurent deux cuirassés. Zatsarenny, décidé à attaquer un trois-mâts cuirassé du type du *Mahmoud*, choisit à cet effet une position avantageuse et lança sa torpille automatique. C'est à lui qu'appartient l'honneur d'avoir lancé la première torpille automatique dont il ait jamais été fait usage à la guerre. La mine lancée par la *Tchesma*, bien dirigée, éclata sous la cheminée du vapeur. Des cris de détresse se firent entendre : immédiatement après, une vive fusillade partit du rivage. Stchétinsky, du *Sinope*, lança ensuite une autre torpille qui, bien dirigée aussi, éclata sous le mât d'arrière et provoqua de nouveaux cris de détresse, puis toutes les chaloupes se mirent promptement hors de portée sans avoir eu ni morts ni blessés.

Voyant le signal de l'approche des chaloupes, le *Constantin* se dirigea à toute vitesse à leur rencontre. Le *Soukhoum* et le *Navarin* s'étaient séparés des autres chaloupes. Le capitaine Makarof, les ayant cherchées inutilement jusqu'à cinq heures du matin, fut obligé de hisser à bord les deux chaloupes qui avaient rallié et de rentrer à Sébastopol. Le *Soukhoum* et le *Navarin* ne furent du reste point inquiétés et arrivèrent à Poti sans encombre.

Cette expédition n'avait encore réussi qu'à moitié. Un mois après, le *Constantin* la recommença une troisième fois, et cette fois elle eut un succès complet. Un des grands navires en bois de la flotte turque fut complétement détruit. Nous n'avons pu nous procurer les rapports relatifs à ce fait d'armes et nous ignorons même s'il y en a eu de publiés. Nous ne possédons d'autres renseignements que ce télégramme adressé par l'amiral Arkas au grand-duc Constantin, grand amiral de la marine russe :

« Le vapeur *Constantin*, que j'avais envoyé en croisière sur les côtes du Caucase et à Batoum, est parti pour Sébastopol le 10/22 janvier et, après avoir essuyé une violente tempête, est arrivé à Soukhoum le 12/24. Il a attaqué dans la nuit du 14/26 Batoum, où se trouvait une escadre turque composée de sept navires de haut bord.

« Le commandant du *Constantin*, le capitaine de frégate Makarof, s'étant approché à une distance de quatre milles de Batoum, a envoyé deux canots porte-torpilles, commandés par les lieutenants Zatsarenny et Stchéchinsky et armés de torpilles Whitehead. Ces deux officiers, s'étant approchés du vapeur de garde à hélice, lui ont lancé deux torpilles Whitehead, qui, comme le rapporte le lieutenant Makarof, ont mis littéralement en pièces le bâtiment turc ; il s'est courbé immédiatement sur le flanc droit et a coulé à pic.

« La mer étant couverte de débris, nos chaloupes n'ont pas pu s'approcher du lieu de l'explosion pour essayer de sauver les hommes de l'équipage turc. Virant de bord dans la direction du *Constantin*, ils ont été recueillis par notre vapeur, qui s'est dirigé le long de la côte, vers Samsoune, en remplissant ainsi les instructions que je lui avais données, puis il est revenu heureusement à Sébastopol dans la nuit du 16/28 janvier.

« Je m'empresse de porter ce brillant fait d'armes à la connaissance de Votre Altesse Impériale. »

Ainsi finit la guerre maritime. Nous n'ajouterons aucune réflexion à celles que nous avons déjà faites. Les faits parlent suffisamment d'eux-mêmes et il est évident que les nations maritimes qui ont dépensé tant de millions pour se constituer de puissantes flottes cuirassées auront de cruels mécomptes quand ces flottes auront à faire leurs preuves. Cependant nous le répétons, l'expérience de la guerre turco-russe n'est nullement décisive ; avec de meilleurs officiers, un autre commandement, la flotte turque aurait joué un rôle plus glorieux qu'elle ne l'a fait.

XLVII. — CAMPAGNES DES MONTÉNÉGRINS

**Opérations au nord du Monténégro.
Prise de Niksich.**

Nous avons laissé le Monténégro tout meurtri de la sanglante campagne du mois de juin 1877 pendant laquelle Suleyman-Pacha le traversa de part en part avec son armée. Le passage du Danube par les Russes le débarrassa de deux des armées qui l'étreignaient. Suleyman-Pacha s'embarqua avec ses soldats sur la flotte et alla défendre la Roumélie menacée par la pointe hardie de Gourko à travers les Balkans; Mehemet-Ali ramena les siens du côté de Sofia afin d'appuyer Osman-Pacha; et Ali-Saïb, le commandant de l'armée de Scutari, resta seul avec 14 bataillons réguliers, 7 ou 8 bataillons de musthafiz, 4,000 irréguliers et 24 canons. C'était trop peu pour contenir un ennemi qui venait de faire front à trois armées à la fois et désormais l'avantage du nombre se trouva en même temps que celui de la discipline et du courage du côté des Monténégrins.

Il fallut un mois au prince Nicolas pour refaire son armée, puis après avoir laissé six bataillons en rideau devant Spouj et Podgoritza, les postes avancés d'Ali-Saïb, il se tourna vers le nord pour attaquer de nouveau Niksich. Les circonstances étaient extraordinairement favorables. Au sud, Ali-Saïb était contenu par le rideau laissé devant lui; à l'est les quelques troupes qu'Hafiz-Pacha avait réunies à Novi-Bazar étaient trop occupées à observer la Serbie dont l'attitude était déjà suspecte pour pouvoir tenter quelque chose de sérieux contre la principauté; au nord, il n'y avait dans la Bosnie et dans l'Herzégovine que des bataillons de musthafiz et des irréguliers : aucune force redoutable. Niksich était donc isolée. Il est vrai qu'avec le système d'ouvrages avancés qui la couvrait, elle offrait peu de prise à une armée mal fournie d'artillerie et qu'elle était commandée par un héros, le hongrois Skander-Bey, homme de bronze que rien ne pouvait émouvoir ni décourager, ni la faiblesse de la garnison qui ne comptait que 600 hommes, ni son isolement, ni l'impossibilité d'être secouru, ni la mauvaise volonté des habitants de la ville. Il fit son devoir jusqu'au bout.

Niksich est une bourgade de 300 maisons à peine, mais c'est une position fort importante. Elle est comme un coin enfoncé au cœur du Monténégro, elle commande la passe de la Douga qui met le Monténégro en communication avec l'Herzégovine et se trouve ainsi la clé des deux pays. A ces motifs stratégiques se joignait, pour déterminer le prince Nikita à attaquer de nouveau cette place, un motif politique. Les tribus chrétiennes des Banjani, des Zubci, des Piva, des Vajorevitch et des Kuci qui habitent en territoire turc sur la frontière nord du Monténégro avaient dès l'année 1876 solennellement proclamé hospodar le prince Nikita et leurs voïvodes l'avaient accepté comme leur prince et se considéraient comme ses sujets. Or, cette souveraineté ne pouvait devenir effective qu'autant que le prince posséderait Niksich.

L'armée monténégrine passa donc la frontière et, dans la nuit du 21 au 22 juillet, se déploya autour de cette place. Elle s'empara des hauteurs des Trebès qu'elle fortifia aussitôt et où elle plaça une partie de son artillerie. En enveloppant la ville, les Monténégrins avaient rabattu sur elle quelques centaines de paysans. Skander-Bey pour ménager ses provisions voulut faire sortir ces malheureux et les expédier sur Gatchko, mais les assiégeants les forcèrent à rentrer et le gouverneur fut forcé de garder ces bouches inutiles.

Le prince Nikita mena très-vivement l'attaque des ouvrages avancés qui couvraient la place. Dès le 22, il s'empara après quelques heures de bombardement de deux blokhaus ; le 23 il obligea les forts de Vir et de Rabowatz à capituler. Le 25, il s'empara encore des ouvrages de Klaci et de Mosti, et porta ses tranchées à 500 mètres en avant. Ce mouvement détermina les habitants de Niksich à envoyer vingt de leurs notables au prince du Monténégro pour traiter de la reddition de la place. Le prince leur fit répondre qu'ils aient, avant toutes négociations, à prendre l'engagement de faire sauter eux-mêmes les remparts et les fortifications de la ville avec de la dynamite qu'il leur fournirait, et qu'à cette seule condition il consentirait à traiter d'une capitulation garantissant aux habitants la vie sauve. Les parlementaires rentrèrent dans Niksich rendre compte du résultat de leur mission. Il s'en suivit de violentes altercations entre les autorités civiles inclinant à accepter cette condition préalable, et les autorités militaires se refusant à souscrire à un si honteux sacrifice. Si la ville était prise de vive force, on redoutait que les vainqueurs ne se livrassent aux plus sanglantes représailles. C'étaient des habitants de Niksich qui avaient guidé Suleyman-Pacha à travers les défilés de la Douga et d'Ostrog, où avaient succombé tant de Monténégrins. Ces derniers le savaient et ils avaient juré de se venger cruellement. » Néanmoins, Skander-Bey parvint à faire taire la voix des lâches et la résistance continua.

Les Turcs ne tenaient plus que dans un seul des ouvrages avancés, le fort de Tchadialitza ; le prince Nikita jugea la place conquise et fit donner l'assaut le 26, mais les Monténégrins furent repoussés avec des pertes sensibles et il leur fallut poursuivre le siége d'une façon méthodique. Le 27, toute l'artillerie monténégrine installée sur les hauteurs de Trebès, sous le commandement du voïvode Macha Verbitza ouvrit le feu contre la ville, qu'elle bombarda sans relâche pendant quarante heures, puis la moitié des batteries prirent le fort de Tchadialitza pour objectif et le canonnèrent quatre jours de suite. Ce fort était composé d'une tour et d'une ligne de retranchements parallèles. Le second jour du bombardement, la tour était à tel point entamée que la garnison fut obligée de l'abandonner pour se retirer derrière les retranchements. A trois reprises le feu des Monténégrins la força même à quitter ces retranchements, mais à chaque fois les Turcs réussirent à refouler les assaillants.

Le manque d'eau se faisait cruellement sentir à Niksich. La distribution de l'eau avait lieu auprès de la mosquée, qui était devenue par suite le point de mire des pointeurs monténégrins. Le 2 août, au moment où la garnison entourait la mosquée, un projectile fit écrouler l'un de ses murs en ensevelissant plusieurs Turcs sous ses décombres. Heureusement pour les assiégés, le prince Nikita fut obligé d'aller à Cettigne et les opérations furent un moment interrompues.

Les circonstances semblèrent alors devoir favoriser les Turcs. Depuis que la Serbie et le Monténégro avaient été en guerre avec la Turquie, la plupart des insurgés de la Bosnie et de l'Herzégovine s'étaient enrôlés dans les armées de l'un ou de l'autre pays et il en était resté fort peu dans ces provinces mêmes. Cependant, si affaiblies qu'elles fussent, ces dernières bandes dirigées par le colonel serbe Despotovitch suffisaient à tenir tête aux troupes de Mostar et de Serajevo. Le 17 juillet, elles incendièrent tous les villages turcs du plateau de Celebich et le 23, 1,200 Herzégoviniens qui s'étaient réfugiés en Autriche attirés par la nouvelle de la marche de l'armée monténégrine, se réunirent à Grebzo pour passer dans le district des Banjani. Mais le pacha de Mostar agit vigoureusement : avec 8,000 musthafiz et quatre canons, il les attaqua à Zernipotok, leur tua 200 hommes et obligea le reste à se réfugier de nouveau en Autriche où 300 furent arrêtés et internés. Le 10, Despotovitch atteint à son tour, perdit 450 hommes et dut passer également en Autriche où il se constitua prisonnier. On l'interna à Lintz. L'insurrection ne se releva jamais de ce coup et il n'y eut plus dans l'Herzégovine et la Bosnie que des bandes sans force et sans cohésion.

Ces succès rendaient libres les troupes que l'insurrection avait tenu en échec jusqu'alors, et on annonça que les Turcs réunissant toutes leurs forces à Mostar allaient tenter par la passe de la Douga un effort suprême pour débloquer Niksich. Il n'en fut rien, et le 16 août, le prince étant revenu au camp, le siége reprit avec vigueur. On avait décidé de prendre Tchadialitza à tout prix. L'attaque commença le 19, à 5 heures du soir, par une forte canonnade dirigée de trois côtés contre le fort; malgré la mauvaise qualité des pièces monténégrines, le tir était d'une justesse remarquable ; c'est à peine si un obus manquait le but. Pendant ce temps on choisissait parmi plusieurs bataillons 300 hommes qui devaient monter à l'assaut. Vingt hommes furent munis de cartouches de dynamite et de grenades.

Quand la nuit fut venue, les 300 volontaires, conduits par le prince Nikita en personne, se lancèrent à l'assaut en trois colonnes qui assaillirent les retranchements de trois côtés à la fois. Sitôt que les Turcs les virent escalader les brèches ils se sauvèrent à toutes jambes vers Niksich et le drapeau monténégrin fut aussitôt planté sur les murs de la tour au cri de « Jivio hospodar, vive notre prince! » Pendant la nuit même, le prince fit réparer les fortifications sur la face qui regardait Niksich et au point du jour, deux pièces de canon y étaient déjà en batterie. Dès lors le bombardement recommença et on le concentra principalement sur la citadelle qui, depuis la chute des postes avancés, était devenue l'objectif des Monténégrins. Des négociations entamées au commencement de septembre pour la reddition de la place n'aboutirent point. Le 6, les Monténégrins enlevèrent le blokhaus de Hassandjeddin et la position de Petrovna-Elavitza et, le 7, la redoute de Mursevitch qui était la plus rapprochée de la citadelle. Dans la nuit les Turcs abandonnèrent toute la ligne de hauteurs à l'ouest de la ville et ils renoncèrent à la

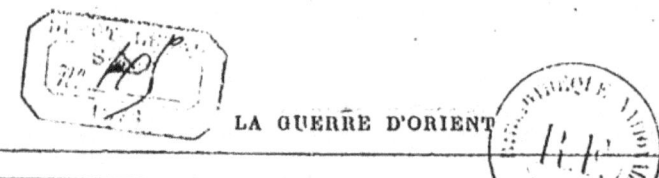

CONVOI TURC SURPRIS DANS UN RAVIN PAR LES MONTÉNÉGRINS

défense de ce côté. C'était livrer la ville, et il n'y avait plus de résistance possible que dans la citadelle. Mais les Monténégrins n'étaient plus qu'à 30 mètres de cette dernière et leurs postes la dominaient de telle façon qu'aucun soldat turc ne pouvait se montrer sans recevoir un coup de carabine. D'un autre côté, la garnison était à bout de munitions; l'infanterie n'avait pas de cartouches pour une demi-heure de feu ; les derniers coups de canon avaient été tirés avec des gargousses qu'on avait fabriquées avec de vieilles cartouches de pistolet, emmagasinées depuis un temps immémorial. Enfin la population se montrait peu disposée à prolonger la résistance, et il ne faut pas oublier qu'elle comptait pour moitié dans les défenseurs de la place.

Ayant fait tout ce qu'exigeait l'honneur, Skander-Bey entra en pourparlers pour la reddition, le 8 au matin. Les conditions furent promptement débattues, et, à midi, le bataillon de nizams et le bataillon de musthaflz qui formaient la garnison défilaient dans la plaine devant le prince Nicolas et l'état-major monténégrin. Les nizams avaient liberté de se retirer avec armes et bagages sur Gatzko : le prince ne pouvait songer à garder et à nourrir ces quatre à cinq cents hommes, quand il parvenait à peine à nourrir son armée.

Quant à la population non combattante, elle était libre soit de rester, soit de se retirer. Dans le premier cas, la vie, l'honneur, la religion, les propriétés des demeurants étaient assurés d'une sauvegarde absolue ; dans le second cas, on permettait aux partants d'emporter tout ce qu'ils voudraient et de choisir leur destination. La discipline des Monténégrins, à leur entrée dans Niksich, fut parfaite, et toutes les craintes de représailles qu'on avait conçues se trouvèrent sans fondement ; une seule tentative de vol fut punie d'une bastonnade en règle sur le dos du coupable. On ne peut donc pas attribuer à la crainte des Monténégrins l'espèce d'exode qui eut lieu de la population; car la plupart des habitants profitèrent de la permission de partir, se dirigeant, les uns sur Podgoritza et l'Albanie, un plus grand nombre sur l'Herzégovine et Mostar. Le prince avait dit aux notables musulmans que la question de savoir à qui Niksich appartiendrait définitivement dépendait des événements de la guerre sur le Danube. Cette réserve sage, que commandait, d'ailleurs, la mauvaise tournure que prenaient les choses pour la Russie entre le Lom et Plevna, décida sans doute le départ des musulmans de Niksich. Sûrs d'appartenir désormais au Monténégro, ils se seraient sans doute arrangés pour s'accommoder à cette solution ; mais, dans la prévision d'un retour possible de la ville sous la domination turque, ils ne voulurent pas, en y demeurant, formuler une demi-soumission qui les eût, peut-être, plus tard exposés aux soupçons et même aux vengeances de leur gouvernement. Quoi qu'il en soit, de nombreux émigrants franchirent les uns la Douga, pour gagner Gatzko, Névésinje, Mostar ; les autres la plaine de la Zéta, pour se rendre à Spouz et à Podgoritza, où on les cantonna.

Les Monténégrins trouvèrent dans Niksich 19 pièces de canon dont 6 de 9 et 2 de 12, se chargeant par la culasse et en bon état. Elles rendirent de grands services dans la suite de la campagne.

La conférence de Constantinople avait accordé au prince Nikita le territoire des tribus chrétiennes que nous avons énumérées plus haut. Après la prise de Niksich, le prince poussa en avant afin d'occuper toute la frontière qui lui avait été assignée et de se faire de sa possession un titre diplomatique pour les négociations ultérieures. Les petits fortins élevés par les Turcs entre la passe de la Douga et la frontière autrichienne tombèrent les uns après les autres entre ses mains après quelques heures de bombardement, et Vukotitch vint se poster à Kristatch pour défendre l'entrée de la passe de la Douga. Bilek, canonné par quatre pièces de 9, se rendit le 16 ; Trebinje ouvrit ses portes le même jour sans coup férir. Tous les soldats turcs faits prisonniers dans ces différents postes furent renvoyés comme la garnison de Niksich parce que le Monténégro n'avait pas de quoi les nourrir. Ces faciles succès ayant rendu le prince Nikita maître du pays qu'il convoitait, il s'arrêta. L'Autriche avait des vues sur l'Herzégovine et le prince savait qu'elle n'aurait pas souffert qu'il allât plus loin de ce côté.

Les opérations des Monténégrins que nous venons de raconter ne s'étaient pas poursuivies sans qu'Ali-Saïb au Sud et Hafiz à l'Est n'eussent essayé de faire diversion. Ali-Saïb fit attaquer le rideau de troupes qu'il avait devant lui le 29 juillet à Farmak, le 15 août à Batum, le 20 à Béro et le 28 à Selenik-Béré et à Farmak sans parvenir à l'enfoncer. A l'Est, Haflz-Pacha dessina un mouvement offensif le 15 août. Le prince Nikita détacha en toute hâte contre lui le voïvode Lazar Socitza qui le battit complètement le 11 septembre, près du mont Dormitor.

Opérations au sud du Monténégro. — Prise des ports de Spitza, d'Antivari et de Dulcigno.

Il y eut une assez longue interruption dans les opérations de l'armée monténégrine et l'on dit que les mois de septembre et d'octobre furent des mois d'angoisses pour le prince Nikita. L'insuccès de la troisième attaque de Plevna, les échecs répétés de l'armée du czarevitz sous Roustchouk et sur le Lom, la retraite de l'armée de Loris-Melikof étaient de nature à faire réfléchir les princes et les populations qui avaient placé leur recours dans la puissance russe et lié leurs destinées à la sienne. Qu'adviendrait-il du Monténégro si les armées du czar étaient obligées de repasser le Danube et d'hiverner en Roumanie? La petite principauté serait tout au moins obligée d'abandonner toutes ses conquêtes et de se restreindre à son territoire; ce serait sans doute la condition exigée par les puissances, et particulièrement par l'Autriche, pour mettre leur veto à une nouvelle attaque du Monténégro par les forces turques redevenues disponibles après la retraite des Russes. Peut-être même cette nouvelle attaque ne pourrait-elle être évitée. Alors le Monténégro serait de nouveau écrasé par trois armées comme au mois de juin ! qu'adviendrait-il de lui ? y survivrait-il ?

La situation était si grave qu'on annonça que le prince Nikita sollicitait les bons offices de l'Autriche afin d'obtenir une paix séparée immédiate. Il ne semble pas cependant que cette nouvelle ait jamais été exacte et lorsque l'arrivée de la garde russe eut changé la face des choses en Bulgarie, le Monténégro respira, oublia toutes les terreurs et se prépara à une nouvelle campagne. Cette fois c'est vers le sud que le prince résolut de se tourner. De tout temps, le rêve du Monténégro a été d'avoir un débouché sur la mer. Ses montagnes pelées ne produisent pas assez de grains pour sa population, il lui faut en aller chercher au dehors et passer pour cela soit sur le territoire turc, soit sur le territoire autrichien; un port sur la mer était donc en quelque sorte le complément nécessaire de son indépendance et il convoitait le coin de territoire albanais compris entre ses propres frontières, le lac de Scutari, la Bojana et la mer qui y forme les trois petits ports de Spitza, d'Antivari et de Dulcigno. C'est là que le prince Nikita transporta la guerre.

Le 15 octobre, il était rentré à Cettigne sans aucune fête, parce que le Monténégro venait d'être attristé par une tentative d'assassinat commise sur le plus brave et le plus aimé de ses voïvodes, Marco Milianow. Il en repartit le 30 pour se rendre à la frontière sud de la principauté où son armée s'était concentrée. Il disposait de 25,000 hommes environ et de 88 pièces d'artillerie, dont une quarantaine avaient été prises aux Turcs. La principauté n'avait jamais encore possédé autant de canons. Rien ne montre mieux l'incurable imprévoyance des hommes qui dirigeaient la guerre de Constantinople que le peu de précautions que l'on avait prises contre cette agression. Ali-Saïb n'avait à opposer au prince que les 14 bataillons de réguliers et les 8 bataillons de musthafiz qui se battaient depuis le mois de juin et se trouvaient réduits d'un bon tiers; après avoir détaché les garnisons nécessaires pour la défense de Podgoritza, de Sponj, de Scutari et des petites places du littoral, il ne lui restait pas cinq bataillons pour tenir la campagne.

Ce ne fut que lorsque les Monténégrins furent en plein territoire albanais qu'on songea aux mesures à prendre. La plage albanaise est conformée de telle manière que les navires de guerre peuvent s'approcher de terre à courte portée de canon, et la présence de quelques navires eût suffi à rendre le littoral à peu près imprenable; on se hâta donc d'envoyer deux cuirassés et des vapeurs qui arrivèrent trop tard. Ali-Saïb n'avait pas assez de troupes, on se hâta encore de donner à Abdi-Pacha, commandant de Janina, l'ordre de réunir toutes les troupes de l'Épire et de les amener à Scutari, mais Abdi-Pacha n'arriva jamais.

Le vilayet de Scutari contient seize tribus à peu près indépendantes qui ont gardé leurs princes ou leurs gouvernements particuliers. Ce sont les Mirdites, 20,000 âmes; les Pulatis, 6,500 âmes; les Trepstchis, 2,000 âmes; les Allésiens, 2,000 âmes, tous catholiques; les Dukazin, 4,200 mahométans, 2,500 catholiques; les Posripa, 4,000 catholiques, 2,500 mahométans; les Kopliki, 2,500 catholiques, 2,000 mahométans; les Grudi, les Ochkerli et les Castrati, dont chaque tribu contient 3,000 catholiques et 1,000 mahométans; enfin, les Klemanti, les Schiochis, les Gruomir et les Buzoguit, qui contiennent neuf-dixièmes de chrétiens pour un dixième de musulmans. Toutes ces tribus réunies forment un total de 60,000 chrétiens et de 15,000 mahométans qui peuvent fournir un contingent militaire de 20,000 hommes. Ali-Saïb espérait recruter quelques auxiliaires parmi eux, car elles doivent un contingent à la Porte, mais ce fut le contraire qui arriva et cette dernière ressource lui échappa. Les unes s'obstinèrent à rester chez elles, les autres s'enrôlèrent sous les ordres du prince Nikita qui leur donna pour commandant Marco Milianow sitôt qu'il fut rétabli. Ali-Saïb ne put obtenir le concours que d'un très-petit nombre de musulmans.

La campagne au sud du Monténégro s'ouvrit donc dans des conditions aussi favorables que celle du nord. Le prince Nikita plaça sous les ordres de Marco Milianow douze bataillons, bientôt renforcés d'auxiliaires albanais, comme nous venons de le dire, et lui donna pour mission d'investir Spouj et Podgoritza et de couper les communications entre ces deux places et Scutari, ce à quoi Milianow réussit parfaitement. Lui-même, à la tête du reste de son armée, pénétra sur le territoire turc.

Il ne rencontra aucune résistance en rase campagne et en quinze jours il enleva Spitza et les deux forts qui le défendaient, la ville d'Antivari et ses fortins et le fort de Dolobredo. Il ne resta aux mains des Turcs que la citadelle d'Antivari et Dulcigno. On dit que la trahison aida quelque peu les Monténégrins ; quoi qu'il en soit, ils furent heureux dans toutes leurs attaques sauf à Anamaliti (1). Hakki-Pacha, commandant de Scutari, avait établi sur ce point, dans le but de couvrir la ville, un camp retranché, occupé par trois bataillons réguliers de Syrie et un grand nombre d'irréguliers, en tout de 3 à 4,000 hommes avec de l'artillerie. Encouragé par les faciles succès remportés jusqu'alors, le voïvode Plamenatz, qui était chargé d'intercepter la route entre Scutari et la citadelle d'Antivari et d'isoler cette dernière résolut d'enlever ce camp.

La soirée du 18 novembre fut choisie pour l'attaque. Plamenatz disposait de 6 ou 8 bataillons, c'est-à-dire de forces à peu près égales à celles des Turcs. Si l'on tient compte de la supériorité morale des Monténégrins, une surprise opérée de nuit, avec énergie, aurait probablement été couronnée de succès. Mais bien que la tactique des réserves soit d'une valeur plus que douteuse quand il s'agit d'attaques à l'improviste, Plamenatz ne l'en adopta pas moins et la poussa jusqu'à l'excès. Il choisit donc, dans ses six bataillons, 600 hommes, et c'est à leur tête qu'il fondit le 18 au soir, sur environ 4,000 Turcs bien retranchés ! Les Turcs, surpris, perdirent d'abord deux de leurs retranchements, et si à ce moment toute la réserve monténégrine avait donné, c'en était fait du camp turc. Mais Plamenatz se con-

(1) Les Turcs appelaient leur camp d'Anamaliti camp de Koderkol ou de Karmassi.

tenta de l'idée qu'il possédait une réserve, sans songer à l'employer. Aussitôt que les Turcs se furent aperçus du petit nombre des assaillants, ils reprirent courage et repoussèrent les Monténégrins, après une sanglante lutte de plusieurs heures. De chaque côté on perdit à peu près trois cents hommes.

Bien que malheureuse pour les Monténégrins, cette affaire n'en eut pas moins de bons résultats pour eux. Les Turcs, persuadés qu'ils ne pourraient résister à une seconde attaque, évacuèrent Anamaliti et vinrent occuper des positions défensives près de Scutari. En même temps, Hakki-Pacha fit prendre par les canonnières du lac, douze compagnies qui étaient postées à Moritji sur la rive ouest, et les plaça sur les sommets du Torobosch qui commandent la ville. Le territoire compris entre le Monténégro, le lac de Scutari, la Bojana et la mer se trouva ainsi, sauf le fort du Bar (citadelle d'Antivari) et Dulcigno, complétement évacué par les troupes turques et le prince Nikita put télégraphier à Cettigne :

« Antivari, 26 novembre.

« *Au voïvode Petar Filipof Vujovitch.*

« Hier au soir nous avons pris le fort de Ponto (au cap de Spitza) avec huit gros canons et Nehaj, avec cinq canons et beaucoup de munitions, ainsi que les deux villes de Spitza et d'Antivari qui sont tombées entre nos mains.

« Jusqu'à présent nous avons pris en Albanie neuf forts avec vingt-deux gros canons, et tout est en notre pouvoir depuis notre frontière jusqu'à la rivière Bojana et depuis le Skadersko-Blato (lac de Scutari) jusqu'à la mer. Seulement la citadelle de Bar (Antivari) tient encore, mais, si Dieu le veut, nous espérons la prendre aussi bientôt.

« Salut, mon vieux brave.

« LE PRINCE. »

Dix mille Monténégrins investirent la citadelle de Bar et le prince Nikita fit dresser sur les hauteurs qui l'avoisinent une partie de son artillerie renforcée par les canons qu'ils venaient de prendre aux Turcs. La citadelle est un vieux château, bâti par les Vénitiens, qui a en outre l'inconvénient de contenir un quartier de la ville dont la population contribua à épuiser promptement les ressources de la garnison. Elle était commandée par un officier énergique, le Kurde Ibrahim-Bey. Pendant près de deux mois les Monténégrins la bombardèrent sans parvenir à la réduire. Le 27 novembre, la flotte envoyée si tardivement parut sur la côte ; elle se composait de deux cuirassés

LE VOIVODE BOJDAR PETROVITCH ENLÈVE LE CAMP DE DULCIGNO

et de trois transports. Ces derniers débarquèrent à l'embouchure de la Bojana quelques bataillons dont Hakki-Pacha vint prendre le commandement. Les cuirassés signifièrent le blocus de la côte de Spitza à Dulcigno et vinrent à plusieurs reprises tirer des salves de coups de canon contre Antivari, qu'occupaient les Monténégrins ; mais comme cette ville est à cinq kilomètres dans l'intérieur des terres, cette canonnade resta inoffensive. Celle qui fut dirigée contre la batterie que les Monténégrins avaient relevée sur la pointe de Volvizza, à l'entrée de la rade, ne fut pas plus efficace. Le siège n'en continua pas moins.

Comme les troupes débarquées à l'embouchure de la Bojana donnaient quelques inquiétudes aux Monténégrins qui investissaient la citadelle de Bar, bien qu'elles ne sortissent point du camp où Hakki-Pacha les avaient enfermées, le voïvode Bojidar Petrovitch les attaqua le 23 décembre, les délogea de leur camp en leur tuant beaucoup de monde, fit prisonnier un tabor de nizams tout entier, captura une grande quantité de munitions et de vivres et enleva un drapeau. Le 26, il occupa Dulcigno et l'escadre turque étant arrivée pour essayer de secourir Hakki-Pacha, l'artillerie monténégrine mit le feu à deux de ses vapeurs qui furent entièrement détruits.

Les vivres de la citadelle de Bar s'épuisant de plus en plus et voyant que le terme où il devrait capituler s'approchait, Ibrahim-Bey eut recours à un expédient désespéré. Ne voulant à aucun prix se rendre aux Monténégrins il déclara au consul d'Autriche-Hongrie qu'il livrerait la place à cette puissance. Informé du fait, le prince de Monténégro fit savoir au commandant turc qu'il observerait avec tout le respect voulu la décision de l'empereur François-Joseph. Le gouvernement autrichien déclina naturellement cette étrange proposition.

Le 10 janvier 1878, la garnison à bout de munitions et de vivres dut enfin se rendre. Les cuirassés turcs qui avaient essayé, en bombardant la côte, d'arrêter les Monténégrins dans leurs opérations, se retirèrent vers le sud. Le prince et ses soldats se montrèrent respectueux envers les vaincus, et ni les blessés, ni les prisonniers (au nombre de 1,400) ni les habitants de la ville n'eurent à se plaindre. Une grande quantité de poudre, 15 canons, ainsi que des armes et des provisions, furent trouvés dans la citadelle.

Le prince était désormais maître du pays qu'il désirait annexer à ses états. Au lieu de tourner ses vues sur Scutari, dont il pressentait que la diplomatie ne lui laisserait pas la possession, il revint vers le nord afin de compléter les rectifications de frontières qu'il pouvait espérer voir légitimer par les puissances. Il attaqua les forts des îles de Grmoyour, de Lessendra et de Vranina établis sur les limites de la partie turque du lac de Scutari, les réduisit l'un après l'autre par quelques heures de bombardement, dans les derniers jours de janvier, y prit 17 canons, 1,200 fusils, beaucoup de munitions et de vivres, et y fit 800 prisonniers.

Il s'apprêtait à profiter des offres de reddition que lui faisaient les villes fortifiées de Schabliak et de Spouj et seize fortins et blokhaus de cette région, lorsqu'il apprit que la Russie avait conclu un armistice dans lequel se trouvait compris le Monténégro.

Epuisement de la Bosnie, de l'Herzégovine et du Monténégro.

L'armistice trouva les malheureuses provinces du nord-ouest de la Turquie absolument épuisées. L'Herzégovine, à proprement parler n'était plus qu'un désert ; des 230,000 habitants qu'elle possédait avant la guerre, il ne lui en restait pas 50,000. Certains districts de la Bosnie avaient été tout aussi cruellement éprouvés. Quant au Monténégro, il était complètement ruiné. Pour bien comprendre le caractère de férocité et de dévastation que la guerre avait eu dans la Bosnie et l'Herzégovine, il faut se rappeler que ce n'est point des armées régulières qui s'y battaient, mais la population même qui s'entre déchirait, une portion égorgeant l'autre. D'après M. Elisée Reclus, il y avait en Bosnie 360,000 catholiques grecs, 122,000 catholiques romains et 300,000 musulmans ; en Herzégovine, 130,000 catholiques grecs, 42,000 catholiques romains et 55,000 musulmans. Les catholiques romains détestant autant les catholiques grecs que les musulmans, ne s'associèrent point généralement aux haines et aux entreprises des uns ni des autres ; mais pris entre le marteau et l'enclume, beaucoup durent émigrer de bonne heure. Quant aux grecs et aux musulmans, pendant trois ans ils se firent une guerre sans pitié. Selon qu'un parti l'emportait dans une localité, les gens de l'autre étaient massacrés, les maisons incendiées, les récoltes détruites et les bestiaux enlevés. Hommes de même race, ils se haïssaient de ces haines qui ne se conçoivent qu'entre frères, et les chrétiens se montrèrent aussi féroces que les musulmans. Un correspondant de la *République française* qui avait assisté à un de leurs combats raconte : « Vit-on jamais un plus horrible exemple de barbarie que celui-ci : après avoir tué les trois quarts de leurs adversaires, les insurgés infligèrent aux survivants tous les supplices qu'un esprit de vengeance sauvage puisse inspirer : ils coupèrent le nez et les oreilles aux malheureux soldats turcs. Deux rédifs eurent les yeux arrachés; trois autres, qui s'étaient bravement défendus, furent mis en pièces. Cinq Turcs, affreusement mutilés, mais respirant encore, furent traînés par les jambes sur un rocher, d'où ils furent jetés dans un précipice. — Alors ces braves défenseurs de la liberté se mirent à chanter et à crier. — Entre autres, on pouvait distinguer ces mots : « *Bog pozivi severnoga stritzal* » ce qui veut dire : «Que Dieu sauvegarde l'oncle du Nord (le Russe). »

On conçoit ce qui peut rester d'un pays livré pendant trois ans à de pareilles bandes de sauvages, à un régime de feu et de sang. Il n'y eut plus de sécurité nulle part pour personne et la population paisible émigra en masse soit en Autriche soit dans le Monténégro, pour se mettre à l'abri des hasards de la guerre, emmenant ses bestiaux et emportant ce qu'elle avait de plus précieux. Pendant trois ans cette émigration fut continue encombrant peu à peu la Croatie autrichienne, la Dalmatie et le Monténégro d'un surcroît de population qui eût péri de faim sans les secours des gouvernements autrichien et russe. La défaite complète de Despotovitch à Votok lui communiqua un redoublement d'intensité parce qu'au lieu d'avoir pour conséquence la pacification du pays, elle ne fit qu'en augmenter l'insécurité. « En réalité, écrivait de Serajevo, au mois de décembre 1877, un correspondant de l'*Univers*, la situation a bien empiré. Les insurgés au moins combattaient pour une idée ; mais les bandes qui ont surgi à présent ne pensent qu'au pillage et au brigandage.

« Ces bandes se composent tantôt de chrétiens, tantôt de musulmans. Ces bandes pillent, brûlent, profanent à cœur joie, sans demander à leurs victimes si elles appartiennent à la religion chrétienne ou musulmane. Les chrétiens ont cependant plus à souffrir que les Turcs, parce que ces derniers peuvent plus facilement se défendre. Des rédifs et des musthafiz déserteurs parcourent le pays en bandes, s'installent où cela leur plaît, tantôt dans un lieu, tantôt dans un autre, et font les réquisitions les plus révoltantes. Faut-il s'étonner que des centaines de familles paisibles quittent leur patrie et, dénuées de tout, franchissent la Save ou l'Unna pour se réfugier en Autriche, où leur position est bien pénible, mais où au moins leur vie est en sûreté?

« Ces émigrations offrent un aspect déchirant. Exposés au grand froid, les fugitifs manquent du plus strict nécessaire; la moitié périt en route souvent, abattus et fatigués, ils se laissent choir dans la neige et attendent que la mort vienne les délivrer de leurs maux. Sans compter tous les autres dangers, ils risquent encore de tomber entre les mains des bandes de brigands qui, sans faire de distinction, pillent sur le territoire turc et même sur le territoire autrichien. Ces brigands aiment à attaquer les fugitifs sans défense, s'ils ont encore sauvé quelque chose de leur avoir. D'ailleurs, ces brigands des frontières sont doublement dangereux : ils ne se contentent pas de piller, ils détruisent tout. Par exemple, à Pankraz, ils ont incendié par pur vandalisme les immenses forêts de ce district. »

Au mois de janvier 1878, il y avait plus de 200,000 réfugiés sur le territoire autrichien. Le gouvernement ayant à motiver la demande d'un crédit extraordinaire de 6 millions destiné à les secourir, communiqua aux délégations un rapport du conseiller ministériel Krauss adressé au ministre des finances relativement à ces réfugiés. Nous en extrayons les passages les plus intéressants : « Dans les contrées les plus favorisées de la Croatie et des confins militaires, dit le rapport, des bâtiments plus grands, plus spacieux sont à la disposition des réfugiés, mais dans les villages des Morlaques ou dans les montagnes stériles des environs de Raguse, l'encombrement est tel que beaucoup de familles de réfugiés ont dû chercher un asile dans des grottes, sous des tentes ou dans des huttes de pierre improvisées.

« Les Herzégoviniens se distinguent nettement des Bosniaques ou pour mieux dire des Croates turcs. Les Herzégoviniens, pour la plupart des bergers nés dans des montagnes inhospitalières, sont plus vigoureux, plus capables de résistance, et lors de l'explosion de l'insurrection, ils ont livré les premiers combats.

« Les réfugiés de la Croatie turque sont beaucoup plus mous ; ce sont pour la plupart des cultivateurs nés dans une contrée fertile ; ils sont moins habitués aux fatigues. Dans bien des cas, le seul motif déterminant de la fuite de ces familles a été la circonstance qu'un de leurs membres prenait une part active à l'insurrection. Mais dans l'immense majorité des cas, l'oppression des propriétaires fonciers musulmans et des fermiers des impôts, ainsi que l'appréhension de l'explosion du fanatisme musulman, sont les causes qui ont poussé les réfugiés à l'émigration. Sur le théâtre des luttes, les familles chrétiennes ont été contraintes à la fois par leurs propres coreligionnaires et par les Turcs à prendre le chemin de l'exil afin de rendre le terrain libre pour les opérations. Dans beaucoup de cas, les Turcs n'ont pas empêché le départ ; en bien des endroits, au contraire, ils étaient satisfaits de voir les chrétiens s'en aller. Une preuve de ce fait est le grand nombre de bestiaux que les réfugiés ont emmenés avec eux de quelques districts.

« En Croatie il y a 25,810 étrangers sur un territoire habité par 180,516 indigènes, ce qui fait un accroissement d'environ 14 1/4 pour 100. La majorité des émigrés appartient au culte grec oriental. Le reste sont des catholiques qui ne forment cependant une fraction considérable que parmi les réfugiés venus du Popovopolijé. Les réfugiés sont pour la plupart accompagnés de leurs pasteurs spirituels. Comme il ne paraissait pas convenable de laisser à des ecclésiastiques étrangers le soin d'exercer leur ministère sur les réfugiés, ceux-ci ont été confiés sous le rapport religieux aux curés indigènes. Cette mesure eut pour effet de forcer les réfugiés à aller dans les localités habitées par des coreligionnaires.

« Les réfugiés montrent peu d'empressement au travail et on ne les emploie guère qu'aux besognes les plus simples dans les maisons où ils ont trouvé un asile. Vu l'indolence des Bosniaques et des Herzégoviniens, il ne faut pas s'attendre à ce qu'ils demandent spontanément du travail.

« Un autre obstacle qui empêche de les employer pour la construction des routes et des chemins de fer un peu éloignés, c'est qu'un membre d'une famille n'aime pas à prendre un engagement comme journalier sans que toute la famille fasse de même. A la suite de ces circonstances et du caractère des réfugiés, il est difficile de leur trouver des moyens de se créer des ressources accessoires, et ils dépendent entièrement des subsides du gouvernement et de la charité des indigènes. Outre que les réfugiés grèvent le trésor public, ils sont encore sous bien des rapports une forte charge pour notre population. L'encombrement dans les habitations et les nombreux cas de maladie deviennent de plus en plus sensibles avec la prolongation du séjour de ces étrangers. Le bétail des réfugiés doit aller aux pâturages des indigènes, et en Dalmatie l'eau de pluie ne suffit même plus aux besoins, qui augmentent toujours. Originairement les réfugiés étaient les victimes des événements; en ce moment ils sont une charge pour tout le monde. »

On voit les lourdes charges que ces réfugiés imposaient tant aux habitants chez qui ils avaient demandé asile qu'au gouvernement même. Aussi dès que la paix fut signée, le cabinet de Vienne entra-t-il en pourparlers avec la Porte pour leur rapatriement, mais l'insécurité persistante du pays où le brigandage continua, l'impuissance de la Porte à donner des garanties de protection à ceux qui voulaient y rentrer, son indifférence pour des révoltés d'une province que le traité de San-Stefano détachait à moitié de l'empire, l'indolence même des populations émigrées qui s'étaient habituées à la paresse et ne paraissaient point pressées de renoncer à vivre de secours, firent que les négociations traînèrent fort en longueur.

Aux 200,000 réfugiés qui se trouvaient en Autriche il faut en ajouter 100,000 autres — quelques correspondants dont nous croyons l'estimation exagérée, disent même 200,000 — qui avaient émigré dans le Monténégro. La petite principauté qui a peine en temps de paix à nourrir ses 200,000 habitants, en temps ordinaire avait vu ainsi sa population augmentée de moitié par les malheureux venus surtout de l'Herzégovine. Ces derniers, on le pense, furent beaucoup plus malheureux que ceux qui avaient pu passer en Autriche. A la fin de septembre 1877 le métropolite de Cottigne, Hilarion, dans un appel adressé à la générosité publique en Europe, disait :

« Le gouvernement du Monténégro a fait tout ce que l'humanité et l'amour fraternel pouvaient faire. Il a fait les plus grands sacrifices possibles; mais aujourd'hui, malgré son désir le plus ardent, il ne peut plus rien faire pour ce grand nombre de malheureux qui représentent un tiers de toute la population du Monténégro. La guerre pour la liberté demande au gouvernement de tels sacrifices, que ses forces sont presque épuisées. Jusqu'à présent on a pu venir au secours des malheureux fugitifs, grâce aux dons généreux de nos nobles frères les Russes. Mais la misère augmente; un grand nombre de fugitifs sont venus de leur patrie n'apportant absolument rien avec eux. Les vêtements qu'ils avaient sont maintenant usés, de sorte que ces malheureux sont exposés pour ainsi dire à moitié nus à toutes les rigueurs du temps. Depuis surtout que les pluies d'automne ont commencé, c'est grand'

LA GUERRE D'ORIENT

POTAR SIMDÉCHICH
SECRÉTAIRE DU PRINCE NIKITA

LE VOIVODE MACHA VERBITZA
COMMANDANT DE L'ARTILLERIE MONTÉNÉGRINE

LE VOIVODE MARCO MILIANOW

LE VOIVODE LAZARE SOCITZA

pitié de voir ces pauvres gens. Quant à ce qui arrivera avec les grands froids de l'hiver, on n'y pense qu'avec effroi. Tous ces malheureux périront soit de faim, soit de froid. »

On serait mort de faim et de froid, en effet, dans la Montagne Noire sans les secours de la Russie, qui avait déjà fourni à la principauté le service d'ambulance dont elle manquait complétement. Nous ne saurions mieux faire, pour donner idée des misères des réfugiés, de la situation économique que la guerre créa en Monténégro et des mesures urgentes que dut prendre le gouvernement russe pour secourir la population, que de reproduire le rapport suivant qui fut inséré au *Messager* (russe) *de l'assistance publique* :

« Peu riche d'ordinaire en ressources productives, le Monténégro n'a presque rien produit depuis l'insurrection de l'Herzégovine, c'est-à-dire depuis près de trois ans. Les rares champs du pays sont restés en friche, attendu que non-seulement la partie masculine de la population, mais aussi les femmes ont pris part à la guerre ; elles ont fait bravement le métier de « bêtes de somme, » transportant sur leurs épaules la nourriture des troupes et des chevaux, voire même les munitions. M. Romadonovitch, l'agent monténégrin à Cattaro, raconte qu'un navire chargé de munitions d'artillerie destinées à l'armée monténégrine étant arrivé la nuit au port, quelques centaines de femmes descendirent des montagnes voisines et transportèrent jusqu'à l'aube toute la cargaison, gravissant des hauteurs presque inaccessibles.

« Depuis trois ans la population tout entière est arrachée à tout travail productif ; qu'on joigne à cela le fait que nombre de localités sont ravagées par la guerre et que le pays a à sa charge une foule de réfugiés des provinces turques voisines, et l'on pourra se faire une idée de la ruine absolue et générale qui règne au Monténégro. Tous, absolument tous, sont dans l'indigence : le gouvernement ne perçoit pas d'impôts ; les particuliers ne payent pas leurs dettes ni n'exigent le remboursement de ce qu'on leur doit, car tout le monde comprend que dans les conditions actuelles ce serait chose impossible.

« Quelque critique que soit la situation de la population monténégrine, bien plus déplorable encore est celle des cent mille Herzégoviniens auxquels la principauté donne asile ; la plupart des Monténégrins possèdent du moins un gîte, les habillements et les articles de ménage les plus indispensables, mais les Herzégoviniens ne possèdent absolument rien.

« Si les populations de l'Herzégovine et du Monténégro ne sont pas mortes de faim, le mérite en revient à l'assistance du gouvernement et de la société russes. Notre gouvernement a prêté secours au Monténégro, son allié, en lui fournissant de quoi nourrir ses réfugiés. Une somme de 600,000 r. une fois payée a été déboursée pour l'achat de grains destinés à l'alimentation des Monténégrins ; de plus 50,000 r. ont été assignés par mois pour subvenir aux besoins des réfugiés herzégoviniens ; dans les derniers mois ce subside a été porté à 68,000 r., à cause du change. Cet argent est remis au gouvernement monténégrin, lequel se charge de la distribution des vivres aux réfugiés. Au début l'achat des grains était confié aussi au gouvernement du Monténégro, mais par la suite ces achats ont été faits par des agents russes, MM. Richter et Wrangel. La somme mensuelle de 68,000 r. sert à l'achat de maïs pour 66,700 Herzégoviniens.

« Par suite de l'absence complète de voies de communication les grains ne sont pas transportés dans l'intérieur du pays : les distributions se font dans les villes autrichiennes de Cattaro, Budva et Pérasto. Ces villes servent donc de points de pèlerinage à la population herzégovinienne du Monténégro, qui y défile toute dans le courant de chaque mois. Chaque famille de réfugiés reçoit un bon sur lequel est inscrit le nombre de ses membres, les guerriers non compris, et chacune de ces personnes touche 25 livres de maïs par mois. Vu l'absence de toute autre nourriture complémentaire, cette portion est insuffisante ; aussi voit-on constamment, quelques jours avant l'échéance, des foules composées surtout de femmes et d'enfants, hâves, demi-nus, se présenter aux lieux de distribution, en suppliant qu'on avance de cinq ou six jours le terme de la nouvelle distribution. Les préposés monténégrins sont obligés de rester sourds à ces prières, car si on y faisait droit, les affamés réclameraient le mois suivant leur ration à une échéance encore plus rapprochée et tout ce pénible service, si difficilement agencé, se trouverait complètement dérangé. Mais qu'il doit être terrible d'exercer cette rigueur inévitable en présence des prières exaspérées de ces malheureux ! Les souffrances qu'ils endurent sont intolérables au point qu'il y a eu plusieurs cas de suicide pendant ces néfastes journées où les affamés réclamaient en vain la distribution immédiate de la ration.

« Le grain une fois obtenu, de nouvelles tribulations attendent les infortunés, car le transport des vivres aux familles est accompagné de souffrances qu'on ne saurait imaginer à moins de les avoir vues de ses propres yeux. Cettigné, par exemple, est séparé de Cattaro par plusieurs chaînes de rochers dénués de toute végétation et si difficiles à franchir qu'en hiver, lorsqu'ils sont recouverts d'une couche de verglas, et au printemps pendant le dégel, un cheval portant un cavalier n'est guère en état de les traverser. Un piéton sans fardeau éprouve les plus grandes difficultés à monter et à descendre ces pentes abruptes. Qu'est-ce donc lorsqu'il s'agit de faire le voyage en portant sur les épaules la provision de grain d'un mois pour une famille? Depuis Cattaro jusqu'à Cettigné c'est une file ininterrompue d'individus des deux sexes et de tout âge portant de gros sacs sur le dos; on entend souvent les soupirs d'une pauvre vieille femme ployée sous un fardeau dépassant ses forces; sur chaque escarpe de la montagne on peut apercevoir des groupes de gens épuisés par la fatigue. On a vu des fillettes de treize à quatorze ans tomber de fatigue aux abords de la route, les pieds ensanglantés; telle femme a, outre son sac de blé, son enfant à porter. Une de ces malheureuses a porté de Cattaro à Cettigné son garçon malade, âgé de neuf ans !

« Mais ce grain obtenu au prix de souffrances inouïes ne peut pas suffire aux besoins d'une famille herzégovinienne : pour aller le chercher, il faut avoir de quoi couvrir sa nudité; en route et arrivé au lieu de distribution, il faut pouvoir se nourrir; pour remporter le grain à la famille il faut une chaussure, car il serait impossible de cheminer avec une charge le long des rochers ; il faut du sel, etc. La nécessité de subvenir à tout cela oblige les malheureux à vendre une partie de leur ration mensuelle. Pour les en empêcher, car la diminution de cette ration si strictement mesurée équivaudrait à un arrêt de mort, il a fallu, à côté des distributions en nature, fournir aux habitants du Monténégro des vêtements et de l'argent; c'est la Société de la Croix-Rouge qui s'est chargée de cette tâche.

« Pendant la seconde moitié de l'année passée, M. Vassiltchikow, délégué de la Société, a distribué des sommes s'élevant à un total de 79,000 florins; subséquemment M. Vassiliew, délégué aussi par la Société, a fait de son côté des distributions s'élevant à 20,000 florins; d'après les dernières nouvelles, il lui était parvenu de nouveaux fonds, 12,000 thalers. Cette somme est destinée à soulager les habitants de Grahovo et des localités voisines, où la misère et le dénûment sont extrêmes, car c'est là que s'est réfugiée en partie la population des territoires où la révolte avait éclaté en premier lieu, en 1875.

« Tous les efforts tentés jusqu'à présent ne sont que peu de chose cependant en face de la détresse qu'il s'agit de soulager; en dehors des réfugiés herzégoviniens, il faudrait aussi porter secours aux Bosniaques, ainsi qu'à ceux des Herzégoviniens qui ont fui en Dalmatie et auxquels le gouvernement autrichien n'alloue que des subsides très-insuffisants. »

XLVIII. — CONCLUSION DE L'ARMISTICE ET SIGNATURE DES PRÉLIMINAIRES DE PAIX

La Turquie se décide à traiter directement avec la Russie. — Retards qu'éprouvent les négociations.

Nous avons poursuivi, dans un précédent chapitre, jusqu'au 8 janvier 1878, l'histoire des négociations qui furent ouvertes par la circulaire de la Porte aux puissances européennes du 12 décembre 1877, en vue d'arriver à la conclusion de la paix. On y a vu que l'Angleterre avait fait les plus grands efforts pour arracher à la Russie le secret de ses conditions, soit pour l'armistice, soit pour la paix, efforts qu'elle avait d'ailleurs prudemment dissimulés, et auxquels elle n'avait jamais donné une forme officielle. Son échec en avait été moins sensible en apparence, mais, au fond, il n'en fut pas moins réel, et la Russie repoussa ou déclina toutes les tentatives qui furent faites par l'Angleterre pour se placer, sous un prétexte quelconque, entre elle et la Turquie.

Elle s'était d'ailleurs, montrée toute disposée à discuter les conditions d'un armistice, mais directement avec les généraux turcs; l'Angleterre eut préféré que les choses se passassent autrement et que les négociations eussent lieu entre cabinets, par l'entremise de plénipotentiaires spéciaux nommés *ad hoc* par leurs gouvernements. Dans des négociations telles que l'Angleterre les comprenait et les désirait, il y avait toujours des chances pour que l'Europe trouvât l'occasion d'intervenir et de dire son mot. C'est ce que la Russie ne voulait pas; elle mit un soin extrême à prévenir toute immixtion étrangère dans les négociations de la paix; elle voulut affirmer ainsi son droit de puissance victorieuse et donner un avertissement aux cours neutres qui l'avaient plus ou moins gênée durant les hostilités, par des perspectives d'intervention, dont la Porte s'était toujours exagéré la valeur. Il fallut que l'Angleterre se résignât et ce fut, comme on l'a vu, lord Derby lui-même qui dut conseiller à la Turquie de s'adresser directement à la Russie.

La pièce suivante que nous trouvons dans le *Blue-Book* anglais signale le commencement des démarches directes que fit la Porte pour obtenir une amnistie :

Dépêche expédiée le 8 janvier à Musurus-Pacha par Server-Pacha.

Vous savez que lord Derby avait chargé lord Loftus de déclarer au prince Gortchakof que, pour que l'armistice pût avoir un résultat pratique, les bases devraient en être déterminées au préalable par les gouvernements belligérants et que nous avons prié lord Derby de demander à la Russie quelles étaient ces bases.

Aujourd'hui lord Derby nous conseille de nous adresser directement à la Russie pour la conclusion d'un armistice, attendu que toute démarche dans ce sens faite par l'Angleterre serait rejetée par la Russie. Nous trouvant ainsi seuls, isolés, vis-à-vis de la Russie dans la question de l'armistice, nous allons donner immédiatement l'ordre à nos commandants de négocier un armistice purement militaire avec les commandants russes suivant le conseil de lord Derby.

En portant cette résolution à la connaissance de Sa Seigneurie, vous voudrez bien ajouter que, depuis quelques jours, les Russes ont fait des progrès dans leur marche envahissante en profitant du temps malheureusement perdu à cause des négociations engagées pour un armistice. Vous direz aussi à lord Derby que nos commandants ne pourront pas traiter avec la Serbie et le Monténégro, que nous prions Sa Seigneurie de nous dire comment il croit que nous devions procéder à l'égard des Serbes et des Monténégrins, pour les faire participer à un armistice qui, étant général, doit comprendre également la Moldo-Valachie.

Signé : SERVER.

Alors commencèrent des négociations qui ne durèrent pas moins de vingt-trois jours et qui furent enveloppées du plus profond mystère. Pendant tout ce temps, l'Europe si profondément intéressée cependant au règlement de la question d'Orient fut à peu près sans nouvelle. Elle voyait les armées russes s'avancer avec la rapidité d'une inondation à travers le territoire ottoman, sans qu'aucun renseignement positif lui permît de prévoir quand et où s'arrêterait cette marche foudroyante. Les Russes soumirent sa patience à une épreuve passablement humiliante et ils déployèrent une habileté, une finesse et une résolution qu'on ne saurait trop admirer pour arriver au double but qu'ils se proposaient, à savoir : recueillir tous les résultats de leurs succès militaires et empêcher les puissances de s'immiscer dans les négociations. Aidés il est vrai par les hésitations de la Porte qui espérait toujours que la grandeur même de ses malheurs déciderait l'Angleterre à intervenir, ils se montrèrent maîtres consommés dans l'art de faire perdre du temps aux autres pendant qu'ils en usaient avec une remarquable dextérité.

Le 9 janvier, Réouf-Pacha, ministre de la guerre, adressa au grand-duc Nicolas, au quartier général de Lovatz, par un parlementaire, un premier télégramme lui annonçant que le commandant en chef des troupes turques en Roumélie, Méhémet-Ali-Pacha, était muni de pleins pouvoirs pour la conclusion d'un armistice. Pour plus de sûreté une autre dépêche fut envoyée à Bucarest avec prière de la faire parvenir au quartier-général. Les Turcs commirent en cette occasion une incroyable naïveté. Parce que les Russes avaient répondu à l'Angleterre que pour obtenir un armistice, les Turcs devaient s'adresser directement à eux, Réouf-Pacha s'imagina que le seul envoi d'un parlementaire allait créer l'armistice de fait, et l'ordre fut donné aux troupes ottomanes de cesser les hostilités ; on a vu que ce malentendu arrêta pendant trente-six heures les opérations de la colonne de Véliaminof dans l'armée de Gourko, et l'on dit qu'il fut également cause de la facilité avec laquelle Veissel-Pacha se laissa surprendre à Schipka. Nous ne saurions dire quelle est au juste la valeur de cette dernière assertion.

Deux réponses furent successivement faites à Réouf-Pacha. La première portait que la Russie ne consentirait à un armistice qu'à condition que les préliminaires de la paix fissent partie des négociations qui s'entameraient sur ce sujet. La deuxième réponse, du 11 de ce mois, débutait ainsi : « En me référant à mon télégramme d'hier je vous répète que les hostilités ne pourront être suspendues que, etc... », et cette réponse établissait de nouveau que les conditions d'armistice à débattre avec le grand-duc devaient courir parallèlement avec la fixation des bases de la paix.

La Porte fit demander par Réouf-Pacha : « Quelles sont les conditions qui doivent former les bases de la paix ? » A cette question le grand-duc ne put pas répondre immédiatement, le courrier de cabinet qui lui apportait des instructions n'étant pas encore arrivé à ce moment. Ce courrier avait quitté Saint-Pétersbourg le 4 et on l'attendit. Il arriva enfin, et le 13 au soir, assez tard, la Porte reçut cette réponse : « Si vous désirez apprendre les conditions de paix, envoyez vos plénipotentiaires à Kezanlyk. J'attends une réponse. »

Malgré les efforts de M. Layard qui conseillait d'attendre le 17, jour de l'ouverture du Parlement anglais, où la reine devait faire au sujet de la

TROUPES MONTÉNÉGRINES PASSANT SUR LE TERRITOIRE ALBANAIS

question d'Orient des déclarations dont la Porte pourrait profiter, celle-ci désigna aussitôt deux délégués civils pour traiter des bases de la paix et deux délégués militaires pour conclure l'armistice. Les délégués civils étaient un vieillard de quatre-vingt-deux ans, Namyk-Pacha, un vieux Turc farouche, et Server-Pacha qui faisait partie du ministère comme Namyk. Les délégués militaires étaient Nedjib-Pacha, un général sur lequel on fondait de brillantes espérances avant la guerre et qui, soit incapacité, soit malchance, ne s'était distingué nulle part, et un divisionnaire obscur Osman-Pacha (1).

Les délégués devaient partir le 14 au soir, mais on apprit dans la journée que les deux trains partis le matin d'Andrinople avaient dû s'arrêter. Un train, occupé exclusivement par des fugitifs, avait déraillé et le train de poste qui suivait ne pouvait pas avancer à cause de cet accident, qui avait eu lieu à 35 kilomètres de Constantinople, entre Tchekmedjé et Ademkeui. 35 personnes périrent, 5 furent grièvement et 20 légèrement blessées. La ligne n'ayant qu'une voie, il fallut d'abord déblayer la route. Cette opération prit un jour.

Le 15, les délégués se mirent enfin en route, le 16 ils furent désagréablement surpris en trouvant les Russes déjà maîtres d'Hirmanli, et le 19 ils arrivèrent à Kezanlyk après deux jours d'un voyage dans des voitures mal couvertes, par un froid de dix degrés. Il n'existe à Kezanlyk que cinq maisons bâties à l'européenne. Une de ces maisons avait été arrangée pour recevoir le grand-duc Nicolas; une autre fut réservée aux plénipotentiaires turcs. On conduisit les pachas dans cette dernière, et, dès qu'ils s'y furent commodément installés, un colonel russe se présenta pour leur souhaiter la bienvenue au nom du grand-duc. Il ajouta qu'ils devaient être très-fatigués après un si pénible voyage et devaient désirer de consacrer ce premier jour au repos. Server-Pacha répondit aussitôt que le voyage les avait, il est vrai, un peu éprouvés, mais que, en raison de l'urgence des questions à traiter, ils s'estimeraient heureux d'être reçus immédiatement par le grand-duc, et qu'ils étaient prêts à se rendre chez lui. Le désir de Server-Pacha ne fut cependant pas exaucé. Le colonel russe répondit très-poliment, mais aussi très-nettement, que le grand-duc, étant persuadé que ses deux hôtes sentiraient le besoin de se reposer le jour de leur arrivée, avait pris ses dispositions en conséquence

(1) Ce n'est ni le défenseur de Plevna, ni le gouverneur de Sofia, mais un général de l'armée du quadrilatère.

et ne pouvait donc les recevoir ce jour-là. Après ces explications, il n'y avait plus rien à dire.

A partir de ce moment il existe deux versions expliquant les retards qu'éprouvèrent les négociations. D'après la version russe, toute la responsabilité doit en retomber sur les Turcs; d'après la version turque, produite à la tribune du Parlement par le ministre anglais, M. Cross, la faute en est aux Russes. D'après les Turcs, le grand-duc Nicolas fit une excursion à Yeni-Zaghra, soi-disant pour pourvoir à des nécessités militaires, et les délégués ne purent communiquer avec lui que le cinquième jour après leur arrivée. Entre temps, un messager leur apporta plein pouvoir pour traiter, car auparavant ils avaient mission d'accepter les propositions russes seulement *ad referendum*. Par un reste de cette espérance dont elle s'était si longuement et si follement bercée et qui l'avait si cruellement déçue, la Porte, avant de se résigner à passer sous les fourches caudines de la Russie, avait attendu le discours de la reine d'Angleterre et la discussion de l'Adresse au Parlement. Ce n'est qu'après avoir constaté que les ministres anglais parlaient uniquement, dans leurs déclarations, des intérêts britanniques, et affirmaient qu'ils n'avaient jamais songé à faire quelque chose pour la Turquie, qu'elle s'était décidée à expédier les pleins pouvoirs à ses délégués et à les autoriser à accepter toutes les conditions qu'on pourrait leur imposer. Izzet-Bey, petit-fils du célèbre Fuad-Pacha, fut envoyé au quartier général russe avec ces nouvelles instructions. Il apportait en outre l'ordre d'arrêter coûte que coûte l'armée russe, et d'obtenir l'armistice et la paix à tout prix.

Le 23, continue la version turque, Server-Pacha présenta donc ses pleins pouvoirs et il exprima le désir d'entamer sans délai les négociations au sujet de l'armistice. Il est vrai, fit-il observer, qu'on lui avait dit à Constantinople, à lui et ses collègues, que les négociations relatives à l'armistice devaient être conduites parallèlement avec celles de la paix; mais il croyait qu'en présence d'un retard de cinq jours qui ne provenait pas du fait des délégués turcs, on pouvait s'écarter de ces prescriptions originaires, afin d'obtenir aussi promptement que possible une suspension des opérations militaires. Le grand-duc répondit qu'il ne pourrait prendre sur lui de faire droit à cette prétention, qu'il devait d'ailleurs télégraphier à Saint-Pétersbourg à ce sujet, mais qu'il croyait pouvoir promettre que la réponse arriverait le soir même.

La réponse n'arriva pourtant pas ce soir-là, et, en dépit de l'impatience fiévreuse des délégués turcs, elle ne parut pas non plus de toute la journée suivante, la sixième depuis l'entrée des plénipotentiaires à Kezanlyk. Le septième jour, dans la matinée, le grand-duc invita les délégués de la façon la plus courtoise à un rendez-vous. Server-Pacha et Namyk-Pacha commencèrent à respirer; ils crurent que leur longue attente touchait enfin à son terme et que tout allait se terminer; mais à leur grande surprise, la communication que le grand duc avait à leur faire était d'une tout autre nature. Il leur apprit qu'Andrinople était l'endroit indiqué pour ainsi dire historiquement pour toutes les négociations de traités de paix entre les Russes et les Turcs, et il les invitait, en conséquence, à s'y rendre. Server-Pacha voulut présenter timidement une objection, mais le grand-duc lui coupa la parole en lui déclarant nettement que sa présence à Andrinople était indispensable, et que, par conséquent, les négociations devaient être entamées dans cette ville, ou ne pas avoir lieu du tout. D'ailleurs, il verrait avec plaisir les deux pachas faire avec lui ce voyage, pour lequel il leur réservait deux places dans sa voiture. C'est ainsi que s'effectua, à onze heures du matin, le huitième jour des négociations, le départ du grand-duc et des plénipotentiaires turcs pour Andrinople.

D'après la version russe, publiée au *Journal de Saint-Pétersbourg* pour répondre aux assertions de M. Cross les choses se seraient passées tout autrement. Les délégués auraient été reçus par le grand-duc Nicolas dès le lendemain de leur arrivée, c'est-à-dire le 20, à onze heures du matin et le commandant en chef russe leur aurait remis copie des bases de la paix sanctionnées d'avance par l'Empereur. « Il ne tenait donc qu'à ces représentants de mettre fin aussitôt aux hostilités en y apposant leurs signatures. Ils jugèrent devoir demander quelque temps de réflexion et présentèrent le lendemain un mémoire contenant des réserves sur chacun des points proposés par la Russie. Leur réponse définitive fut qu'avant de souscrire purement et simplement aux conditions de paix, il leur était indispensable de recevoir de nouveaux ordres du sultan.

« En présence de cette déclaration le grand-duc consentit à ce que Server-Pacha et Namyk-Pacha entrassent en communications télégraphiques avec leur gouvernement, mais leur fit savoir que vu la lenteur de ces communications, par suite de l'état de guerre et de la saison avancée, des nécessités stratégiques l'obligeaient de transporter son quartier général en avant, sans attendre la réponse finale de la Porte, qui pourrait n'arriver que dans quatre ou cinq jours.

« D'après une dépêche de M. Layard, en date du 29, ajoute le *Journal de Saint-Pétersbourg*, c'est le 23 que le grand-vizir a transmis aux négociateurs l'autorisation de souscrire aux préliminaires russes. Combien de temps a-t-il fallu à cette instruction pour arriver à sa destination? Nous l'ignorons. Toujours est-il que s'il a fallu quatre jours (du 20 au 23) pour que la demande d'instruction parvienne de Kazanlyk à Constantinople et que la Porte y réponde, il a pu se passer quatre jours pour que cette réponse rejoigne les négociateurs, qui avaient dû suivre le quartier général russe, transféré dans l'intervalle de Kezanlyk à Andrinople; car enfin on ne pouvait décemment exiger que celui-ci attendît docilement le bon plaisir de l'ennemi dans tel endroit qu'il lui conviendrait d'indiquer. »

Il est à noter que ce n'est pas le 20 mais le 21 que la demande d'instruction partit de Kezanlyk et le ton même de cette note ne semble pas indiquer que la Russie fut bien pressée d'arrêter ses armées victorieuses. Quoi qu'il en soit, ces retards que l'Europe ne parvenait pas à expliquer, le mystère dont les négociations étaient entourées, l'ignorance où la Russie tenait volontairement les puissances au sujet de ses prétentions, l'humiliation de se voir tenue à l'écart dans une question où elle s'était toujours déclarée intéressée d'une façon capitale; le mécontentement d'elle-même, peut-être aussi l'amour-propre blessé par les reproches de la Turquie qu'elle laissait mourir après l'avoir encouragée à prolonger la résistance et par-dessus tout la crainte d'être jouée, décidèrent l'Angleterre à faire un premier pas dans la voie de l'intervention.

Jusqu'alors la Russie n'avait eu que la Turquie devant elle. Désormais elle aura à compter avec l'Angleterre qui entraînera l'Autriche à sa suite. On avait localisé la guerre, mais ces deux puissances entendent participer à la conclusion de la paix et toutes les finesses russes viendront échouer contre la ferme volonté anglaise.

Affaissement de l'Angleterre. — La flotte de Bésika reçoit l'ordre d'aller à Constantinople.

A aucune époque de son histoire l'Angleterre ne vit peut-être son prestige aussi abaissé que pendant ce mois de janvier 1878. Elle semblait avoir abdiqué, renoncé à toute influence sur le continent. On la compara à Carthage qui trop riche, repue, refusa d'envoyer des secours à Annibal en Italie. C'était chez elle un dogme national que le centre des intérêts anglais en Orient était à Constantinople, or les Russes étaient aux portes de Constantinople, la Turquie était anéantie, et pas un indice venant de Londres ne permettait de prévoir une résolution quelconque du cabinet anglais. Il ne parlait que de neutralité et ne manifestait qu'une crainte, c'était que par une conception trop large de ces fameux intérêts anglais, il ne se trouvât amené à sortir de son apathie et il était plus occupé de réduire ces intérêts que les préventions russes. L'affaissement était complet, on eût dit que les sources mêmes de la volonté s'étaient taries dans l'âme du gouvernement et des classes dirigeantes; toute virilité avait disparu. Jamais on n'avait vu effondrement pareil.

On attendait avec impatience la réunion du Parlement, convoqué extraordinairement le 17 janvier. Ni le discours de la Reine, ni ceux des ministres ne modifièrent beaucoup cette impression de l'abandon et de l'aplatissement du gouvernement alors générale en Europe. La Reine se contenta d'indiquer vaguement l'éventualité de quelques mesures de précaution :

> My lords et gentlemen, dit le discours du trône, j'ai cru convenable de vous convoquer avant l'époque ordinaire de votre réunion afin que vous puissiez prendre connaissance des efforts que j'ai faits pour mettre un terme à la guerre qui dévaste actuellement l'Europe orientale et l'Arménie et afin d'avoir l'avis et l'assistance de mon Parlement dans l'état présent des affaires publiques. Vous savez qu'après avoir échoué dans mes efforts en vue de prévenir la guerre, j'ai déclaré mon intention d'observer la neutralité, — dans un conflit que je déplorais de n'avoir pu prévenir, — tant que les intérêts de mon empire, tels qu'ils ont été définis par mon gouvernement, ne sont pas menacés. J'ai exprimé en même temps mon sincère désir de saisir toute opportunité qui pourra se présenter pour prendre l'initiative d'un arrangement pacifique des questions en litige entre les puissances belligérantes.
> . . . Jusqu'ici, dans le courant de la guerre, aucun des belligérants n'a enfreint les conditions sur lesquelles est basée ma neutralité et j'aime à croire que les deux parties désirent les respecter autant que cela est en leur puissance. Tant que ces conditions ne seront pas enfreintes, mon attitude restera ce qu'elle a été ; mais je ne saurais me dissimuler que si les hostilités se prolongeaient malheureusement, certaines circonstances inattendues pourraient me mettre dans la nécessité de prendre des mesures de précaution. Des mesures de ce genre ne sauraient être effectivement prises sans préparatifs convenables et je me fie à la libéralité de mon Parlement pour obtenir les moyens qui pourront être nécessaires dans ce but.

Quant au ministère, l'accord n'avait pu s'établir dans son sein même. Tandis que les autres ministres ressentant l'humiliation qui pesait sur l'Angleterre désiraient une politique plus ferme, lord Carnavon et lord Derby s'opposaient à toute mesure où la stricte neutralité eût pu être compromise. Au Parlement il donna tous les signes d'un embarras, et même d'une timidité qui ne s'expliquait que trop de la part d'un cabinet divisé, en présence d'une opposition composée des élémens les plus divers, mais parfaitement unis dans une politique commune, la politique de la paix à tout prix. Derrière cette opposition aux nuances bariolées, le gouvernement apercevait la masse des classes moyennes, plus actives et plus remuantes qu'elles ne l'avaient jamais été. Les radicaux et les libres penseurs y donnaient la main aux piétistes et aux rêveurs humanitaires; la haute et la basse église, ordinairement divisées, les ritualistes et les *dissenters* se trouvaient merveilleusement d'accord ; enfin, les hommes de l'école de Manchester, les apôtres de l'Évangile économique, dominaient et dirigeaient le concert. On ne saurait nier qu'une opposition ainsi composée n'eût dans le pays des racines profondes. De plus, elle parlait, elle écrivait, elle se mettait en scène, elle tenait des meetings, tandis que les classes qui représentent plus particulièrement les vieilles traditions anglaises restaient inertes, soit qu'elles abandonnassent le combat, soit que le moment ne leur parût pas favorable, soit même qu'elles attendissent l'initiative du gouvernement. Le ministère se montra ému de cette force au moins apparente de l'opposition ; il n'osa pas l'affronter, et la préoccupation qui se manifesta surtout dans ses discours ne fut pas de repousser les attaques de ses adversaires, mais de les éviter et de les déjouer.

On avait reproché au gouvernement des tendances qui pourraient le conduire à la guerre; il s'appliqua avant tout à écarter ce reproche; il se défendit d'avoir jamais éprouvé la moindre velléité belliqueuse; il concéda à l'opposition que la guerre serait un événement si malheureux, qu'on ne saurait en concevoir la pensée ou s'y arrêter de sang-froid. Dès l'origine du conflit oriental, le ministère avait donné pour base à sa politique la neutralité, et ce programme, adopté après mûre réflexion, avait été fidèlement suivi. Et pourquoi le ministère s'en serait-il départi? Pour secourir les Turcs? Ici, les trois ministres qui prirent la parole firent solennellement profession d'une indifférence parfaite à l'égard des Turcs; le Turc le plus fataliste n'aurait point parlé avec un détachement plus complet des in-

POPE PRÊCHANT LA GUERRE DANS UN VILLAGE DE THESSALIE

térêts de ce monde. Et ce n'est pas seulement l'empire ottoman que les ministres anglais abandonnèrent à son malheureux sort; ils firent aussi très-bon marché de l'équilibre du monde, des traités où l'Angleterre avait apposé sa signature, de l'ordre légal de l'Europe tel qu'il s'était jusqu'alors maintenu tant mal que bien. Tout cela pouvait disparaître sans que le gouvernement anglais sortît de sa neutralité qui est son principe. Sur tous ces points, le gouvernement fit à l'opposition des concessions telles, que celle-ci se trouva désarmée.

Le ministère en vint enfin à l'endroit sensible. N'y a-t-il pas des intérêts anglais engagés dans ces questions? Ces intérêts, ne faut-il pas les préserver? L'indépendance, l'intégrité de l'empire ottoman ne sont plus des intérêts anglais; le gouvernement le concédait. Où étaient donc les intérêts anglais? Ils avaient été énumérés autrefois dans la note de lord Derby. Le gouvernement les réduisit; il se fit modeste lui-même; il plaida, au profit de ces intérêts, de simples circonstances atténuantes. Devant une attitude pareille, l'opposition ne sut plus que dire; elle fut réduite à adresser des questions au cabinet et à le chicaner sur les détails. M. Gladstone posa la question la plus importante. — Le gouvernement, dit-il, ne demande donc rien avant de savoir si les intérêts anglais sont atteints, c'est-à-dire avant de connaître les conditions russes? — Oui, répond sir Stafford Northcote. — Cette déclaration, répliqua M. Gladstone, sera un soulagement énorme pour le pays.

En fin de compte, la différence n'était pas grande entre le ministère et l'opposition; le ministère craignait que les intérêts anglais ne fussent menacés dans l'avenir, et l'opposition n'en croyait rien; elle avait ou affectait une pleine confiance dans la modération de la Russie.

Mais cette situation ne devait pas durer longtemps. Il y allait de l'honneur de l'Angleterre. Dès le 12, on avait discuté en conseil des ministres l'opportunité de l'envoi de la flotte qui se tenait depuis le commencement de l'année précédente dans la baie de Besika, dans les Dardanelles, lord Carnavon s'y opposa. Le 15, il fut décidé d'envoyer la flotte à Gallipoli, lord Carnavon combattit fortement cette mesure et remit sa démission, lord Beaconsfield refusa de l'accepter et la mesure fut encore ajournée; mais quand il devint bien visible, et par les retards inexpliqués et par le mystère profond des négociations, que la ferme intention de la Russie était de soustraire les conditions de paix au jugement de l'Europe, le parti de l'action l'emporta enfin dans le ministère et la dépêche suivante fut expédiée.

« Amirauté, 23 janvier 1878, 7 heures du soir,

« *Amiral Hornby, à Vourla.*

« Très-secret.

« Appareillez immédiatement pour les Dardanelles et allez avec votre flotte à Constantinople. Abstenez-vous de prendre part au conflit entre la Russie et la Turquie, mais la voie navale des détroits doit être tenue ouverte et en cas de tumulte à Constantinople vous devez protéger la vie et les biens des sujets britanniques. On laisse à votre jugement de détacher au besoin les navires nécessaires pour protéger la voie navale des Dardanelles, mais n'avancez pas au delà de Constantinople. Faites savoir votre départ et tenez-vous en communication avec la baie de Besika pour des ordres ultérieurs possibles, mais ne les attendez point s'il n'y en a pas à l'endroit indiqué. Tenez votre destination absolument secrète. Accusez réception. »

L'amiral Hornby reçut la dépêche le 24. Le même jour, un peu avant cinq heures de l'après-midi, la flotte, composée du *Salamis*, yacht du commandant en chef, de l'*Azincourt*, portant le pavillon de sir J. C. Commerell; du *Siveftsure*, du *Téméraire*, du *Sultan*, du *Rupert*, du *Hotspur*, du *Raby* et du *Research* avait levé l'ancre et s'avançait vers le Nord, au delà de l'île de Lesbos. La flotte avait l'ordre de traverser les Dardanelles pacifiquement, si cela était possible, mais de résister à toute tentative faite pour l'arrêter.

La nuit fut orageuse, et le temps était gris et pluvieux, le 25 au matin, lorsqu'on arriva en vue de Tenedos. Le *Salamis* se rendit dans la baie de Besika pour prendre les dernières dépêches. A son retour, l'amiral fit hisser son pavillon sur le *Sultan*, le vice-consul d'Angleterre à Chanak arriva ensuite et se rendit à bord de ce navire.

La flotte reçut alors l'ordre de se préparer au combat sans faire aucune démonstration, et, bien que les vergues supérieures fussent baissées, on laissa debout les mâts de hune. Le *Salamis* s'avança alors vers Chanak pour annoncer l'arrivée de la flotte. On atteignit l'entrée du détroit dans l'après-midi, et la flotte s'arrêta quelque temps au bord du Rubicon, puis s'avança rapidement et en bon ordre dans les Dardanelles, après s'être formée en ligne, par divisions.

On ne s'attendait à aucune attaque de la part des forts de Seddoul-Bar, ou Château d'Europe, ni du Koum-Kaleh, ou Château d'Asie, situés à l'entrée du détroit, et on pensait que le combat aurait lieu à Chanak, où le détroit est le plus resserré, tandis que l'entrée a une largeur de plus de deux milles. On chargea alors les canons, mais on ne les sortit pas complètement; on les mit seulement au niveau des flancs du navire et on laissa les *tapes*. Personne ne savait s'il allait combattre les Turcs ou les Russes, ni pourquoi il allait combattre; car la flotte n'avait rien appris de ce qui se passait à terre.

On arriva enfin près du redoutable Chanak, et l'on aperçut peu après sur le *Salamis* un signal qui indiquait que l'on n'empêcherait pas la flotte de passer. Le *Sultan* salua alors le pavillon turc et s'avança avec le *Salamis*; mais au même moment l'amiral Hornby reçut une seconde dépêche ainsi conçue :

« Amirauté, 24 janvier 1878, 7 h. 25 du soir.

« A l'amiral Hornby, Vourla, Koum-Kaleh, Chanak.

« Annulons ordres précédents. Mouillez dans la baie de Besika et attendez d'autres ordres. Annoncez l'arrivée à Besika. »

En conséquence, la flotte anglaise retourna à Besika. Voici ce qui s'était passé :

L'envoi de la flotte dans les Dardanelles ayant été définitivement résolu, lord Carnavon avait redonné sa démission et cette fois elle fut acceptée. Le cabinet allégé du membre qui défendait dans son sein la paix à tout prix, s'engagea résolûment dans la voie énergique où il venait d'entrer et le lendemain, 24, il annonça au Parlement qu'il demanderait le lundi suivant un crédit supplémentaire pour les services de la flotte et de l'armée. Lord Beaconsfield, à la Chambre des lords, et sir Stafford Northcote, à la chambre des communes, exposèrent que cette demande était motivée par le retard calculé que la Russie mettait à faire connaître ses conditions de paix tandis que ses troupes victorieuses avançaient d'un côté sur Constantinople et de l'autre sur Gallipoli.

L'ambassadeur russe à Londres avisa sans doute immédiatement le cabinet de Saint-Pétersbourg de la résolution que venait de prendre le ministère anglais et de la politique nouvelle qu'elle inaugurait. Le prince Gortchakof comprit qu'il avait suffisamment abusé de la patience de l'Europe, et le 23, le compte Schouvalof communiqua à lord Derby, dans la pièce suivante, quelques-unes des bases de paix proposées par la Russie :

23 janvier 1878.

La Bulgarie, dans les limites de nationalité bulgare, pas moindres que celles de conférence, principauté autonome tributaire; le gouvernement national chrétien ; milice indigène ; plus de troupes turques, sauf quelques points à déterminer.

Indépendance du Monténégro ; accroissement équivalent au *statu quo* militaire, frontières à fixer ultérieurement.

Indépendance de Roumanie, avec dédommagement territorial suffisant.

Indépendance de Serbie avec rectification des frontières.

Administration autonome suffisamment garantie à Bosnie et Herzégovine.

Réformes analogues aux autres provinces chrétiennes de la Turquie d'Europe.

Dédommagement à la Russie pour les frais de la guerre, mode pécuniaire, territorial ou autre à régler ultérieurement.

Entente ultérieure pour sauvegarder droits et intérêts russes dans détroits.

Ces bases acceptées, convention, armistice et envoi de plénipotentiaires pour les développer en préliminaires de paix.

Satisfait de cette concession, un peu rassuré sur les prétentions russes, le ministère envoya immédiatement à la flotte l'ordre de revenir à Besika. Mais l'Angleterre s'était réveillée sous la secousse que lui causa la fermeté subite du ministère, elle se retrouvait, désormais elle ne s'abandonnera plus, elle interviendra activement et reconquerra par son attitude énergique et inflexible, le prestige et la force morale qu'elle avait perdus.

Acceptation des bases préalables de paix. — Conclusion de l'armistice.

Le grand-duc Nicolas et les délégués ottomans arrivèrent le 27 à Andrinople où les négociations durèrent quatre jours encore. Le protocole constatant l'acceptation des bases préalables de paix et la convention d'armistice ne furent signés que le 31 janvier. Le *Journal de Saint-Pétersbourg* explique ainsi ces nouveaux retards : « Le 28 janvier, les plénipotentiaires turcs, n'ayant pas reçu la réponse de la Porte à la demande d'instructions définitives qu'ils avaient adressée de Kazanlik, sollicitèrent la permission d'envoyer à Constantinople une lettre par un messager spécial à travers nos lignes d'avant-postes. Cette permission leur fut accordée, mais en même temps on les invita à donner une réponse au plus tard pour le 2 février. Le 30, ces plénipotentiaires ayant reçu un télégramme de Constantinople daté du 24, demandèrent une entrevue à S. A. I. le grand-duc commandant en chef. C'est alors qu'ils déclarèrent que la Turquie n'ayant pas les moyens de résister, souscrivait à toutes nos conditions. Ils témoignèrent en même temps le désir ardent d'une prompte conclusion qui permît d'arrêter les hostilités. S. A. I. Mgr le grand-duc commandant en chef désigna immédiatement des plénipotentiaires militaires chargés de régler avec les plénipotentiaires turcs les détails de la ligne de démarcation et des conditions d'armistice. Le jour même les pourparlers commencèrent sur le protocole d'acceptation des bases préalables et sur la convention d'armistice, et le 31 janvier à six heures du soir, ces deux actes furent revêtus des signatures qui les rendent définitifs. Les ordres furent immédiatement donnés de suspendre les opérations sur toute la ligne; le général Skobelef, dont le détachement se trouvait le plus rapproché de Constantinople, reçut cet ordre le soir même.

« Cela n'a pas été sans peine que les plénipotentiaires turcs ont apposé leurs signatures au bas de ces actes. Ils ont compris que, dans la situation que la guerre avait faite à la Turquie, la paix était son seul salut.

« En prenant la plume pour tracer son nom, le vieux Namyk-Pacha ne put retenir ses larmes, et lorsque S. A. I. Mgr le grand-duc lui tendit la main en lui exprimant l'espoir que désormais la Russie et la Turquie resteraient amies, Namyk-Pacha pressa longtemps cette main loyale, sans pouvoir articuler une parole.

« L'avenir prouvera que la réalisation de cette espérance serait conforme aux vrais intérêts de la Turquie, aussi bien qu'à ceux de la Russie et de l'Europe. »

Voici le texte officiel des deux pièces:

I.

En vue d'un armistice à conclure entre les armées belligérantes russes et ottomanes, LL. Exc. Server-Pacha, ministre des affaires étrangères de la Sublime-Porte et Namyk-Pacha, ministre de la liste civile de S. M. I. le sultan, se sont rendus au quartier général de S. A. I. le grand-duc Nicolas, commandant en chef de l'armée russe, munis des pleins pouvoirs de la Sublime-Porte; et les bases proposées par S. A. I. le grand-duc au nom de S. M. l'Empereur de Russie ayant été acceptées par les plénipotentiaires ottomans, ont été établies d'un commun accord dans les termes suivants:

1° La Bulgarie, dans les limites déterminées par la majorité de la population bulgare et qui, en aucun cas, ne sauraient être moindres que celles indiquées par la conférence de Constantinople, sera érigée en principauté autonome tributaire, avec un gouvernement national chrétien et une milice indigène. L'armée ottomane n'y séjournera plus.

2° L'indépendance du Monténégro sera reconnue. Un accroissement de territoire équivalent à celui que le sort des armes a fait tomber entre ses mains lui sera assuré. La frontière définitive sera fixée ultérieurement.

3° L'indépendance de la Roumanie et de la Serbie sera reconnue. Un dédommagement territorial suffisant sera assuré à la première et une rectification de frontière à la seconde.

4° La Bosnie et l'Herzégovine seront dotées d'une administration autonome avec des garanties suffisantes. Des réformes analogues seront introduites dans les autres provinces chrétiennes de la Turquie d'Europe.

5° La Sublime-Porte s'engage à dédommager la Russie des frais de la guerre et des pertes qu'elle a dû s'imposer. Le mode, soit pécuniaire, soit territorial ou autre, de cette indemnité, sera réglé ultérieurement. S. M. I. le Sultan s'entendra avec S. M. l'Empereur de Russie pour sauvegarder les droits et les intérêts de la Russie dans les détroits du Bosphore et des Dardanelles.

Des négociations seront immédiatement ouvertes au quartier général de S. A. I. le grand-duc, commandant en chef, entre les plénipotentiaires des deux gouvernements pour arrêter les préliminaires de la paix.

Aussitôt que les présentes bases et une convention d'armistice auront été signées, les hostilités seront suspendues entre les armées belligérantes, y compris celles de la Roumanie, de la Serbie et du Monténégro, pour toute la durée des négociations de paix. Les commandants en chef des deux armées belligérantes en Asie en seront immédiatement avisés à l'effet de procéder entre eux à la conclusion d'un armistice qui mettra fin également aux opérations militaires.

Le gouvernement impérial ottoman donnera l'ordre aux troupes ottomanes d'évacuer, dès que l'armistice aura été signé, les forteresses de Widdin, de Roustchouk et de Silistrie en Europe, et celle d'Erzeroum en Asie. En outre les troupes russes auront la faculté d'occuper militairement, pendant la durée des pourparlers, certains points stratégiques spécifiés dans les conventions d'armistice sur les deux théâtres de la guerre.

En foi de quoi le présent protocole a été dressé et signé en double exemplaire à Andrinople le dix-neuf (trente-un) janvier mil huit cent soixante-dix-huit.

(Signé:) Nicolas,
Server,
Namyk.

II

Par suite de la proposition de la Sublime Porte et du consentement exprimé par ses plénipotentiaires, LL. EExc. Server-Pacha et Namyk-Pacha, d'accepter les bases formulées par la Russie pour la conclusion de la paix entre les parties belligérantes, le commandant en chef de l'armée impériale russe s'est déclaré prêt à faire cesser les opérations militaires.

Pour la conclusion d'un armistice ont été désignés en qualité de plénipotentiaires: de la part de S. A. I. le commandant en chef: S. Exc. l'aide de camp général Népokoïtchitsky, chef d'état-major de l'armée active, et son adjoint, le général-major de la suite de S. M. l'Empereur, Lévitsky, et de la part des plénipotentiaires de la Sublime-Porte: S. Exc. le général de division d'état-major Nedjib-Pacha, et le général de brigade d'état-major Osman-Pacha.

Ces personnages, en vertu des pleins pouvoirs dont ils ont été investis, sont tombés d'accord sur les conditions suivantes:

1° Un armistice est conclu entre les forces armées de

CAMPEMENT D'INSURGÉS A SPHAKIA (CRÈTE)

la Russie, de la Serbie et de la Roumanie d'un côté, et celles de la Turquie de l'autre, pour toute la durée des négociations de paix et jusqu'à l'issue favorable de ces dernières ou jusqu'à leur rupture. Dans cette seconde alternative, et avant que les hostilités soient reprises, chacune des parties belligérantes sera tenue de dénoncer l'armistice trois jours à l'avance, avec la désignation de la date et de l'heure auxquelles les hostilités pourront être reprises. Le délai de trois jours courra à partir du moment où l'une des parties respectives aura signifié à l'autre sur les lieux l'ordre supérieur reçu à ce sujet.

Le gouvernement impérial de Russie proposera au Monténégro de cesser les opérations militaires et d'adhérer aux conditions de l'armistice convenu entre la Russie et la Turquie; la Sublime-Porte de son côté cessera les opérations contre le Monténégro.

2° L'armistice aura force exécutoire du moment où ses conditions auront été acceptées et signées. Les troupes de l'une ou de l'autre partie qui après ce terme auraient enfreint la ligne de démarcation ci-dessous indiquée, devront se reporter en arrière en restituant le butin enlevé à cette occasion.

3° Outre l'évacuation des forteresses de Widdin, Roustchouk et Silistrie, stipulée dans les bases de paix, les troupes impériales ottomanes abandonnent Belgradjik, Razgrad et Hadji-Oglou Bazardjik.

En conséquence, la ligne de démarcation à établir entre les armées russes, serbes et roumaines d'un côté, et les armées ottomanes de l'autre, est tracée ainsi qu'il suit :

La ligne de démarcation passera par Baltchik et Hadji-Oglou-Bazardjik en droite ligne vers Razgrad, avec une zone neutre de cinq kilomètres en avant de cette ligne. Elle continuera de Razgrad en ligne droite à Eski-Djouma; d'Eski-Djouma à Osman-Bazar et Kotel (Kazan) qui seront occupés par les troupes russes, et la zone neutre sera tracée en avant de la ligne à cinq kilomètres de distance.

Plus loin, la ligne de démarcation longera les rivières Medvan, Déli-Kamtchik, Bogazdéré, et par le village d'Oglanloukeui et Hadjidéré, jusqu'à Misservi, — la zone neutre, d'une largeur de cinq kilomètres, suivant les deux rives de ces rivières jusqu'à la mer et, le long de la côte, jusqu'au lac de Derkos. — Toutefois, les troupes russes n'occuperont sur la côte de la mer Noire que Bourgas et Midia, dans le but de faciliter le ravitaillement des troupes et à l'exclusion de la contrebande de guerre.

Du lac de Derkos la ligne de démarcation se dirigera par Tchekemdjik et Kardjali en ligne directe, en coupant le chemin de fer, sur la rive droite du Kara-Sou, dont elle suivra le cours jusqu'à la mer de Marmara.

Les troupes turques évacueront la ligne des fortifications, ainsi que Derkos, Hademkeui et Bouyouk-Tchekmedjé. La ligne de démarcation de leur côté partira de Kutchuk-Tchekmedjé en ligne directe par Saint-Georges et Akbounar sur la côte de la mer Noire. Les terrains intermédiaires constitueront entre les lignes turques et russes une zone neutre où des travaux de fortification ne pourront être ni élevés, ni augmentés, ni réparés pendant la durée de l'armistice.

A partir de la mer de Marmara, la ligne de démarcation passera par l'isthme de Gallipoli, de Charkeui à Ourcha, et plus loin, le long de la mer Égée, jusqu'à Dédéagatch et Makri, ce dernier point y compris. Ensuite, par la ligne où se produit la distribution des eaux des affluents de la Maritsa (y compris l'Arda) et des rivières qui se déversent dans la mer Égée, jusqu'à Djouma.

Elle continuera sur une ligne tracée vers Kustendil, Vranja, Planina, Goliak, le village de Meslitza, Grapachnitza Planina, le village de Loubtché, jusqu'à la frontière du sandjak de Novi-Bazar, pour aboutir par cette frontière à la Serbie, au point appelé Kopaonik Planina. Djouma, Kustendil, Vranja, sont occupés par les troupes russes ou serbes; Prichtina, par les troupes ottomanes.

Le tracé de la ligne de démarcation entre les troupes impériales ottomanes et celles du Monténégro devra s'effectuer par une commission spéciale de plénipotentiaires de la Turquie et du Monténégro avec la participation d'un délégué russe. La fixation sur place des limites de la zone de démarcation entre les armées impériales belligérantes devra avoir lieu sans délai, immédiatement après la signature de ces conditions, par l'entremise d'une commission d'officiers des deux armées, ayant qualité à cet effet, et pris dans les corps et détachements les plus rapprochés des lieux du tracé. Là où il n'y aurait pas de troupes à proximité, la zone de démarcation suivra la direction et sera indiquée par les limites naturelles ci-dessus et qui sont portées à la connaissance des deux armées.

La zone de démarcation de Djouma par Vranja jusqu'à la frontière du sandjak de Novi-Bazar sera fixée sur place par une commission de délégués des troupes impériales ottomanes d'un côté et des troupes serbes de l'autre, avec la participation d'un délégué russe.

4° Les troupes des deux parties belligérantes qui, à l'époque de la signature du présent acte, se trouveraient en dehors de la ligne indiquée, devront immédiatement être portées en arrière, et cela pas plus tard que dans le délai de trois jours.

5° En abandonnant les points fortifiés indiqués à l'article 3, les troupes impériales ottomanes se retireront avec leurs armes et leurs munitions de guerre et objets d'équipement, ainsi que le matériel qui peut être emporté dans les directions suivantes :

De Widdin et Belgradjik, par le défilé de Saint-Nicolas, vers Ak-Palanka, Nisch, Leskovatz et par Vranja ou Prichtina, selon qu'il sera plus facile pour gagner le chemin de fer.

De Roustchouk, Silistrie, Hadji-Oglou, Bazardjik et Razgrad vers Varna ou Choumla, selon que l'autorité militaire ottomane en décidera.

Le matériel de guerre et autre des forteresses, les navires de guerre ou appartenant à l'Etat et tout ce qui s'y rapporte, pourront à volonté être emmenés ou laissés à la surveillance de l'autorité militaire russe, qui prendra des mesures pour leur conservation jusqu'à la conclusion de la paix, d'après un inventaire en double, signé par les deux parties. Quant aux vivres qui sont exposés par leur nature à subir des avaries, ils pourront être vendus ou cédés à l'autorité militaire russe contre un prix équivalent à convenir.

La propriété privée reste intacte.

L'évacuation des places et points fortifiés ci-dessus mentionnés devra être accomplie dans le délai de sept jours au plus tard, à partir de la réception de l'ordre y relatif par le commandant local.

6° Les troupes impériales ottomanes et les navires de

guerre quitteront également Soulina dans le délai de trois jours, si les glaces n'y mettent pas obstacle. L'autorité militaire russe, de son côté, fera enlever du Danube toutes les entraves, et ouvrira ce fleuve à la navigation, tout en s'en réservant la surveillance.

7° Dans les provinces occupées par les troupes russes ou alliées, dans lesquelles lors de la signature de ces conditions se trouveraient encore des autorités administratives ottomanes, ces dernières devront y rester pour continuer à exercer leurs fonctions et y maintenir la tranquillité et l'ordre parmi la population; elles auront aussi à remplir dans la mesure du possible les exigences des autorités militaires russes.

8° Les lignes de chemin de fer comprises dans le rayon occupé par les troupes russes seront respectées comme toute propriété privée et l'exploitation en sera libre sur tout leur parcours. A cet effet, le gouvernement ottoman laisse aux compagnies la faculté de la circulation de leur matériel roulant sur toute l'étendue de la ligne occupée tant par les armées ottomanes que par les troupes russes. Pour la circulation des passagers et des marchandises, une entière liberté sera accordée, sauf les restrictions suivantes: il sera défendu de transporter du matériel de guerre et des troupes à travers la ligne de démarcation. Dans le rayon occupé par les deux armées l'exploitation aura lieu sous la surveillance de l'autorité militaire de chacune d'elles.

9° La Sublime-Porte lèvera le blocus des ports de la mer Noire pour toute la durée de l'armistice et ne s'opposera plus à la libre entrée des navires dans ces ports.

10° Les malades et blessés appartenant à l'armée impériale ottomane qui resteraient dans le rayon occupé par les troupes russes ou par celles de la Serbie et du Monténégro, seront pris sous la sauvegarde des autorités militaires russes et alliées, mais ils seront soignés par un personnel médical ottoman, s'il en existe sur les lieux. Les malades et blessés ne seront pas considérés comme prisonniers de guerre, mais ils ne pourront, sans autorisation spéciale des chefs militaires russes et alliés, se faire transporter sur d'autres points.

L'armistice commencera à courir à partir du dix-neuf (trente-un) janvier, sept heures du soir. Quant aux autres délais, ils sont stipulés dans le texte même de l'armistice.

Pour le théâtre de la guerre en Asie, la fixation des détails aura lieu par l'entremise de plénipotentiaires désignés par le commandant en chef de l'armée russe en Asie et de ceux du gouvernement ottoman.

Le commencement de l'armistice sur le théâtre de la guerre en Europe sera notifié par le télégraphe au commandement de l'armée russe en Asie.

(Signé:) Népokoïtcnitski.
Lévitsky.
Nedjib.
Osman.

Les conditions de cet armistice s'exécutèrent sans incident. Le 4 février, la Porte signifia aux puissances la cessation du blocus du littoral russe de la mer Noire. En même temps que la nouvelle de l'armistice, le grand-duc héritier reçut l'ordre de retourner à Saint-Pétersbourg avec son frère le grand-duc Vladimir. Le général Vanovski reprit le commandement du 12° corps et le général Totleben prit celui de l'armée de l'Est, à la tête de laquelle il entra le 20 février dans la place de Roustchouk évacuée par Achmet-Kaiserli-Pacha. Quelques jours après Totleben quitta à son tour la Bulgarie et laissa son commandement au prince Doudoukof-Korsakof, chef du 13° corps.

Le 12 février deux compagnies du régiment de Doroogobouge occupèrent Sulina et le 23 les troupes roumaines entrèrent à Widdin qu'elles avaient étroitement enveloppée pendant les derniers jours des hostilités.

En Asie, l'évacuation d'Erzeroum commencée le 9 fut terminée le 22. Le grand-duc Michel et le général Loris-Melikof quittèrent l'armée le premier pour aller à Saint-Pétersbourg, le second à Tiflis. Le général Hermann devint commandant en chef d'une armée que le typhus allait presque entièrement anéantir.

XLIX. — L'ARMÉE GRECQUE ENVAHIT LA THESSALIE. — INSURRECTIONS EN THESSALIE, EN ÉPIRE, EN MACÉDOINE ET EN CRÈTE

Attitude de la Grèce pendant la guerre

La conclusion de l'armistice fit naître l'incident le plus singulier qui ait marqué cette guerre d'Orient si féconde en surprises cependant. Sans avoir préalablement déclaré la guerre à la Turquie, le gouvernement grec fit envahir la Thessalie par son armée. Pour comprendre cet acte qui fut un acte d'agression bien plus contre la Russie que contre la Turquie, il est nécessaire de rappeler la situation toute particulière que la Grèce occupe en Orient, son attitude pendant la guerre et sa situation vis-à-vis de la Russie.

On connaît le mot fameux qui fut prononcé après la bataille de Navarin. Les Anglais l'appelèrent un évènement malheureux (*an untoward event*). Le congrès de Londres se réunit à Londres sous cette impression et le petit royaume de Grèce fut constitué d'une manière aussi malentendue qu'incohérente. On le créa sans lui donner les moyens de vivre, on lui retrancha ses plus belles et ses plus riches provinces, l'Epire et la Thessalie qui avaient pris cependant la plus grande part à la guerre de l'indépendance. M. Guizot dit très bien dans un des plus intéressants chapitres de ses *Mémoires* : « A Londres, on se résignait à la Grèce affranchie; mais on n'en soutenait que plus fortement la Turquie ébréchée. A Pétersbourg, on se félicitait d'obtenir en Grèce un client ennemi des Turcs; mais on n'y voulait, à aucun prix, d'un voisin indépendant et capable de devenir un rival. On permettait à la Grèce de renaître, mais à condition qu'elle serait si petite et si faible qu'elle ne pourrait grandir ni presque vivre. On aidait ce peuple à sortir de son tombeau; mais on l'enfermait dans une prison trop étroite pour ses membres ranimés. « De la fron« tière de ma patrie libre, me disait un jour M. « Colettis, je vois, dans ma patrie encore esclave, « la place où j'ai laissé le tombeau de mon père. »

Depuis, l'Angleterre a complètement changé de politique vis-à-vis de la Grèce. Elle a compris que les jours de la Turquie étant irrémédiablement comptés, l'élément grec était le seul qui pût faire contre-poids dans la péninsule à l'élément slave. Mais la politique moscovite est restée la même. Dans une dépêche de M. de Nesselrode que nous avons citée au commencement de cet ouvrage, cette politique est franchement exposée. Elle consiste à s'opposer en Turquie au développement de toute nationalité chrétienne qui tendrait à vivre de sa vie propre et à se soustraire à l'influence russe. Or la Grèce, toute mutilée que les diplomates l'ont faite, n'a que trop montré qu'elle ne saurait garder le rôle de nationalité subalterne et accepter cet état de demi-dépendance par lequel la Russie entend faire payer la protection qu'elle accorde aux chrétiens de Turquie. Pour s'en convaincre, il suffit de voir, les documents statistiques (1) en main, le chemin qu'elle a déjà parcouru.

La population actuelle du royaume grec peut être évaluée à seize cent mille personnes. Très-certainement, si l'on se rappelle que la Grèce antique comptait cinq à six millions d'habitants, le chiffre d'un million et demi doit sembler très-médiocre. Mais ce n'est point dans la Grèce antique, c'est dans la Grèce ottomane d'avant 1828 qu'il faut chercher des points de comparaison. Or, en 1828, la Grèce comptait 700,000 habitants, et cette population, il ne faut pas l'oublier, avait été désastreusement affaiblie par la longue guerre

(1) *Quelques notes statistiques sur la Grèce*, par Basile Digenis. — Elisée Reclus, l'*Europe méridionale*.

de l'indépendance, elle allait plus d'une fois être ravagée par de cruelles épidémies de fièvres paludéennes. On voit donc que dans l'espace d'un demi-siècle, la population de la Grèce a plus que doublé (de 753,400 à 1,684,000) ; que, par suite, la Grèce se trouve évidemment comprise parmi les Etats chez lesquels on trouve le développement le plus considérable de la population, signe manifeste de vitalité. De plus (et l'importance de cette constatation est très-notable), si nous demandons à la statistique comment se décomposent ces seize cent mille habitants, nous trouvons qu'en Grèce, sur cent habitants, 47 sont agriculteurs, 8 industriels, 4 marins, 4 ouvriers, 3 marchands et négociants, et 18 appartiennent aux professions libérales.

Ce chiffre de 47 0/0 d'agriculteurs le fait aisément présumer, le développement de l'agriculture en Grèce, depuis la guerre de l'indépendance, est des plus remarquables. Les statistiques confirment cette prévision. Ainsi, de 3 millions à peine avant 1830, l'area cultivée est montée à 10 millions d'arpents; avant 1830, les vignobles produisaient environ 5 millions d'oques de raisins : ils en fournissent aujourd'hui pour plus de 160 millions; avant 1830, les plantations de mûriers s'élevaient à peine à 380,000 pieds, celles des oliviers à 2,300,000 : aujourd'hui, les plantations de mûriers dépassent 1,300,000 pieds; celles d'oliviers, 7,500,000. Même développement, du reste, pour ce qui concerne l'industrie proprement dite, les manufactures, le mouvement du commerce et le mouvement maritime. Les usines de fils de coton, les fabriques de cuirs tannés, les huileries, les moulins à farine sont en pleine prospérité. Inconnue tout à fait en Grèce il y a dix ans, la métallurgie tend à former aujourd'hui une des branches les plus importantes de l'industrie hellénique, exporte déjà en métaux bruts ou fondus pour plus de 5,000,000 de francs. L'exportation générale, presque nulle sous la domination ottomane, s'est élevée successivement en 1851 à 14 millions de francs, en 1863 à 51 millions, en 1874 à plus de 75 millions. Pareillement, la marine, qui, en 1834, ne comptait que 3,000 navires, en a successivement compté ; en 1838, 3,269 de la portée de 85,502 tonnes ; en 1874, 5,202 de la portée de 250,077 tonnes, montés par 25,838 matelots. Enfin, pour ce qui est du budget et sans entrer dans la question de la dette publique, constatons, d'après les tableaux officiels, que de 1833 à 1860, soit en vingt-sept années, les recettes ont augmenté de 16 millions de drachmes, c'est-à-dire qu'elles ont plus que triplé; que les dépenses ont augmenté de 9 millions de drachmes, c'est-à-dire d'environ 80 0/0; et, en dernier lieu, que, pour la période décennale de 1865 à 1874, les recettes se sont accrues de plus de 12 millions, soit de 50 0/0, et les dépenses de plus de 11 millions, soit environ de 40 0/0.

nouveau gouvernement, dans l'espace de quatre années on érigea une grande école centrale à Egine, l'école militaire de Nauplie, 39 gymnases ou lycées et 71 écoles primaires. » Aujourd'hui, point de villages sans école primaire. A Athènes, le peuple lui-même, non point le gouvernement, élève ses écoles et ses musées, paye ses profes-

GEORGES Ier, ROI DE GRÈCE

L'importance de ces diverses statistiques est considérable; celle des statistiques qui ont trait à l'instruction publique est plus considérable encore. Lors de la guerre de 1830, presque toutes les écoles avaient été abandonnées ou détruites. « Mais, dit M. Digenis, à peine l'ordre commence-t-il à se rétablir, qu'aussitôt la première pensée du pays fut pour l'instruction publique : même avant l'arrivée du président Capo d'Istria, on s'occupa de fonder des écoles primaires d'enseignement mutuel; et après l'établissement du

seurs. L'Académie d'Athènes, l'Ecole polytechnique, l'Université, l'Arsakaïon, excellent collège consacré à l'éducation des filles, doivent leur existence, non au gouvernement, mais au zèle des citoyens hellènes.

La conclusion qui ressort de ces quelques considérations est manifeste. Malgré la détestable administration du roi Othon, les progrès réalisés en Grèce depuis 1830 sont des plus remarquables. Par rapport aux nations de l'Europe occidentale, le niveau social, agricole, industriel, intellectuel de la Grèce est fort respectable ; en Orient, au milieu des ignorantes populations slaves, il rend impossible toute comparaison, tout rapprochement. Cette supériorité de civilisation est la raison même de la défaveur que la Russie n'a cessé de témoigner à la Grèce. Le génie hellénique est trop vigoureux et trop porté à voler de ses propres ailes pour que la Russie ne fasse pas tout pour les lui couper. Il y a du reste incompatibilité absolue entre les aspirations des deux peuples ; les Grecs nourrissent des projets politiques d'une grande portée qui ne s'accommodent en aucune façon avec les fins dernières de la politique russe. Depuis deux siècles le rêve des czars est de prendre Constantinople et de s'asseoir sur le trône des empereurs de Byzance ; or, pour les Hellènes, fanatiques de la « grande idée, » la libération d'Athènes et du royaume de Grèce actuel n'a été qu'une étape. Constantinople, et le rétablissement de ce même empire byzantin au profit des Grecs, voilà ce qui reste le but qui peut seul satisfaire les rêveurs de l'hellénisme moderne.

Les deux peuples sont donc en compétition et, bien que l'intérêt que la Russie a à se servir des Grecs et les Grecs à se servir de la Russie les porte à se ménager mutuellement, l'antagonisme que la double raison que nous venons d'exposer a créé entre eux a eu plusieurs fois l'occasion de s'affirmer. Pendant la guerre de Crimée, notamment, les Grecs renièrent la Russie sans hésitation toutes les fois qu'on les invita à le faire. Plus tard, il y eut une tentative de réconciliation, mais elle aboutit à un fiasco complet. En 1865, le général Ignatief (1) fut envoyé à Constantinople avec la mission de relever auprès des Slaves de la Turquie le prestige que la Russie avait perdu sur les champs de bataille du Danube et de la Crimée et renouer avec la communauté grecque les rapports qui avaient presque entièrement cessé depuis la guerre, pour refaire en un mot l'influence russe en Orient. Un événement parut arriver fort à propos pour faciliter la tâche du trop célèbre diplomate. Dans l'automne de 1866, une insurrection éclata en Crète et la Russie eut ainsi l'occasion de combler publiquement, et pour ainsi dire officiellement, les Grecs des témoignages de sa bienveillance. Des souscriptions furent recueillies en faveur des insurgés sous les yeux de la cour et même avec la participation directe de la famille impériale. Des vaisseaux de guerre russes se montrèrent assez souvent dans les eaux grecques dans des circonstances qui ressemblaient fort à un secours direct apporté à l'insurrection, et le cabinet de Saint-Pétersbourg ne laissa ignorer à personne que la Russie aurait vu la cession de la Crète à la Grèce avec un plaisir aussi grand que la répugnance qu'elle avait toujours montrée à voir le royaume élargir ses frontières sur le continent. Ces démonstrations parurent dans leur vrai jour par le sens qu'Ignatief sut leur donner A l'entendre, il était presque impossible de douter que la Russie considérât la cause hellénique comme la sienne propre et fût résolue à agir dans ce sens.

La vanité des Hellènes ne put résister longtemps aux continuelles avances d'une puissance de premier ordre et pendant deux ans la presse nationale en Russie, pleine d'enthousiasme pour les hommes de son parti, crut que la politique d'Ignatief avait ouvert une nouvelle ère au prestige et à la grandeur russes sur le Bosphore. Certain d'être soutenu à Saint-Pétersbourg, le roi Georges encouragea l'insurrection presque aussi ouvertement que si la Grèce avait été en guerre avec la Turquie. A la fin, la Porte perdit patience ; au mois d'octobre 1868, elle rompit les relations diplomatiques avec la Grèce et envoya à Athènes un ultimatum tendant à exiger du gouvernement hellénique qu'il renonçât à la « politique nationale » qu'il avait suivie jusque-là.

Les Grecs furent surpris, mais dans leur ferme confiance dans l'alliance de la Russie, ils pensèrent pouvoir être débarrassés de toute inquiétude ; l'ultimatum fut repoussé. La Porte se disposa alors à obtenir par la force ce qu'elle demandait. L'armement d'une flotte cuirassée respectable fut ordonné, un nouvel ultimatum plus péremptoire fut envoyé à Athènes et l'on décida d'expulser tous les Grecs du territoire ottoman et d'interdire au pavillon hellénique l'entrée des ports turcs. Ces mesures ne permirent plus aux Grecs de douter que cela ne devînt extrêmement sérieux. Ils étaient absolument hors d'état de résister aux Turcs, n'ayant que 5,000 hommes de troupes mal disciplinées et un mauvais vaisseau de guerre et se tournèrent alors vers la Russie, rappelèrent les promesses des dernières années et exigèrent les engagements les plus formels.

Mais la Russie songeait d'autant moins à se compromettre pour la Grèce que toutes les autres puissances avaient passé du côté de la Turquie ; elle abandonna la Grèce qui, pleine de dépit et

(1) Voir pour plus de détails sur ce sujet la remarquable notice consacrée au général Ignatief dans l'ouvrage intitulé la *Société russe par un Russe*, traduit par MM. Ernest Tigurey et Désiré Cordier.

désespérée se soumit à la Turquie. L'orgueil hellénique en reçut un coup terrible et la bonne harmonie si péniblement rétablie se changea en une haine violente. Le général Ignatief reçut le nom de « père du mensonge » sous lequel tous les Orientaux le désignent encore aujourd'hui et les Grecs attribuèrent à la seule perfidie et mauvaise foi de la Russie la déplorable issue de l'entreprise qui avait fait naître tant de belles espérances ; on leur avait intentionnellement, disaient-ils, tendu des pièges pour tirer vengeance de leur conduite pendant la guerre de Crimée : d'autant plus grande était leur exaspération.

Leurs griefs s'accrurent encore trois ans plus tard par le rôle hostile que la Russie joua dans l'affaire du schisme bulgare. Autrefois, quand les idées de nationalités n'étaient point encore éveillées chez les chrétiens du rite grec de Turquie, tous reconnaissaient l'autorité religieuse du patriarche de Constantinople. A mesure que ces idées prirent de la force et que les aspirations à la vie indépendante qu'elles firent naître se réalisèrent, chaque nationalité fut portée à se donner des chefs religieux particuliers et c'est ainsi que se constituèrent les églises de Roumanie, de Serbie et de Grèce. Il y a quelques années, les Bulgares chez qui se développèrent en dernier lieu les germes de la vie nationale, désirèrent avoir également leur église indépendante. Comme on le pense, le patriarche de Constantinople et les Grecs résistèrent énergiquement à un dessein qui devait ravir au premier l'autorité religieuse, et aux seconds l'influence politique sur quatre millions d'individus.

Jusqu'en 1871, c'est-à-dire tant que l'influence française fut prépondérante à Constantinople, la Porte, pour qui l'étouffement des idées de nationalité parmi ses sujets était précisément une question de vie ou de mort, favorisa le patriarcat et s'opposa à la prétention des Bulgares. Mais à partir de 1871, la Porte, accoutumée depuis un demi-siècle à subir l'influence de la puissance qui était prépondérante en Orient, laissa la Russie prendre auprès d'elle, la place qu'occupait auparavant la France, et le général Ignatief devint tout-puissant à Constantinople. Comme depuis la crise de 1869, il favorisait les Bulgares au détriment des Grecs, il sut convertir le grand-vizir à sa manière de voir ; la Porte abandonna sa politique traditionnelle, les Bulgares furent autorisés à se choisir un exarque spécial, et le 24 avril 1872, l'indépendance de l'église bulgare fut proclamée.

Cet événement souleva dans le monde grec une émotion immense et le patriarcat montra une résolution à laquelle le général Ignatief ne s'était point attendu. Il répondit à la reconnaissance officielle de l'exarque bulgare par la Porte en l'excommuniant et en lançant en même temps l'anathème contre les évêques qui s'étaient joints à lui, puis il convoqua le synode oriental et le 20 septembre 1872 l'église bulgare fut déclarée schismatique et l'anathème lancé contre elle. Ainsi se trouva détruite l'unité religieuse de l'Orient, qui était la base séculaire de la politique russe, et portée à son comble la rancune des Grecs contre la Russie.

Rien ne vint améliorer dans la suite les rapports entre les deux peuples et c'est dans ces conditions d'inimitié que la déclaration de guerre les trouva au mois d'avril 1877. Jamais peut-être depuis 1830 le royaume grec ne s'était trouvé dans une situation aussi difficile que celle qui lui fut faite par cet événement. Le triomphe de la Russie était à peu près certain et chacun sentait qu'il allait se faire de grands remaniements politiques dans la péninsule des Balkans. Quelle part la race hellénique y aurait-elle ? Son avenir allait se décider en même temps que le sort de la Turquie, et, de quelque côté qu'elle se tournât, elle ne pouvait apercevoir à la crise aucune issue qui lui fût favorable. Tous les plans qui s'offraient à elle étaient également mauvais. Elle était sans appui en Europe : la Russie était devenue son ennemie et favorisait les Slaves à son détriment, la France se recueillait, l'Allemagne refusait de s'occuper de l'Orient, l'Autriche était indécise, l'Angleterre restait attachée au principe de la conservation de la Turquie. Qui prendrait les intérêts helléniques en main au cas d'un partage de l'empire ottoman ? Personne n'y était disposé.

Abandonnée à elle-même dans un moment aussi critique, la Grèce ne savait à quoi se résoudre. Rester inactive, c'était renoncer aux droits de l'hellénisme, à ses espérances ; il lui fallait ou prendre ces droits en main, les faire valoir par tous les moyens possibles, s'assurer par la force au besoin des avantages qui pussent peser dans la balance au moment du règlement définitif de la question d'Orient, ou abdiquer ; d'autre part, des impossibilités morales et matérielles de toutes sortes s'opposaient à ce qu'elle fît la guerre. D'abord, elle était complétement isolée ; comme nous venons de le dire, elle n'avait l'appui même platonique d'aucune puissance. L'Europe, qui blâmait la Roumanie et la Serbie de se joindre à la Russie pour achever la Turquie, n'eût pas été plus tendre pour la Grèce ; quant à la Russie, elle était hostile et ne voulait point d'une alliance contraire à la politique qu'elle poursuivait.

Si elle se décidait à la guerre, la Grèce devait donc en courir seule les chances et ces chances ne s'offraient pas sous un aspect bien encourageant. L'expérience montre qu'il est deux modes de faire la guerre à la Turquie, comme il est aussi deux procédés pour assassiner un homme, en le poignardant en face ou par derrière. Longtemps avant que les Russes passassent le Pruth, ils avaient dénoncé la paix par l'entremise de la Serbie. De mêmes les Hellènes auraient pu fomenter l'insurrection en Epire et en Thessalie, lui fournir des hommes, des armes et de l'argent, tout en protestant auprès de la Porte de leur bienveillante neutralité. Cette façon, dès le début, souleva des scrupules à Athènes. Le temps les aplanit dans la suite ; mais il était trop tard. Les chrétiens d'Epire et de Thessalie étaient fort disposés à se soulever ; mais quand la Grèce hésita, ils hésitèrent aussi ; et ils finirent par déclarer que la levée de l'étendard insurrectionnel coïnciderait exactement avec la déclaration de guerre formelle du cabinet d'Athènes. Les Hellènes durent ainsi renoncer à une lutte indirecte, qui était d'autant plus possible au début des hostilités turco-russes que la conférence de 1875-1876, réunie pour améliorer le sort des chrétiens de Turquie, avait oublié de comprendre les Grecs dans ses projets humanitaires.

Restait la guerre directe ; mais la disproportion numérique en eût fait une folie, même lorsque la Turquie fut au plus bas. Tout ce qu'on put faire pour l'armée n'en éleva le chiffre qu'à 25,000 hommes y compris les réserves. Or, rien que pour soutenir les insurgés de Thessalie et d'Epire, 15,000 hommes au moins eussent dû franchir la frontière. Il en serait donc resté 10,000 pour défendre le côté vulnérable du territoire hellénique. Cependant la protection des côtes demande une force bien plus considérable, si celle-ci n'est pas soutenue par quelques vaisseaux de guerre. Or, la marine grecque n'existe pas. Une ligne de torpilles eut été plus efficace que vaisseaux et soldats ; mais le torpillage des côtes aurait coûté cinq millions, et le gouvernement ne pouvait ajouter cette somme à un budget déjà trop onéreux, pas plus qu'il ne pouvait l'emprunter. Les partisans de la guerre répondirent à ces objections que la Porte aux abois ne trouverait pas 10,000 ou 15,000 hommes pour entrer en Grèce d'un côté, tandis que les Grecs entreraient en Turquie de l'autre. Ils se trompaient ; puis, en supposant que la Porte ne pût réellement distraire quelques milliers d'hommes pour répondre à l'attaque grecque, elle aurait toujours eu ses cuirassés qui auraient bombardé impitoyablement les côtes et même Athènes.

Placée ainsi entre la nécessité d'agir et l'impossibilité de faire la guerre, entre ses désirs et son impuissance, entre les dispositions belliqueuses du peuple et la timidité trop justifiée du gouvernement, la Grèce assista aux péripéties de la guerre, ballottée d'un sentiment à l'autre, tantôt se préparant à prendre part à la lutte, tantôt attestant ses dispositions pacifiques. Lord Salisbury, passant à Athènes, en revenant de la conférence de Constantinople, avait reçu une députation athénienne et lui avait dit : « Messieurs, vous parlez de la question grecque. Laissez-moi vous dire que la question grecque n'existe pas. Il en est autrement des Bulgares, qui se sont révoltés et ont été massacrés. » C'était dire à la Grèce : Faites révolter et quelque peu massacrer vos frères, déclarez la guerre, et alors on s'occupera de vous. L'avis du noble lord était malhonnête, mais il avait du bon. Ce ne fut qu'à la dernière extrémité que la Grèce se décida à le suivre.

La Porte donna, du reste, dans ses relations avec le petit royaume une nouvelle preuve de la belle incurie qu'elle apportait à toutes choses et, comme si elle n'eût pas déjà assez d'ennemis, ne s'appliqua nullement à le ménager. Avant la guerre, elle avait pris l'engagement de n'entretenir dans ses provinces grecques que des troupes régulières, d'en éloigner les bachi-bouzouks, et de ne pas y envoyer des colonies de Circassiens ou d'autres musulmans. La nécessité de renforcer les armées du Danube ayant absorbé à peu près tous les soldats réguliers, la Porte fit infraction à cette convention et se mit à envoyer des bachi-bouzouks et des Tcherkesses en Thessalie et en Epire. Elle fit plus encore, elle ouvrit les prisons de Janina et, pour inquiéter ses voisins, relâcha (commencement de mai) les fameux chefs de brigands Spanos et Stoupa qui reparurent avec leurs bandes sur la frontière grecque.

La nouvelle de ces procédés arrivant au moment où la première émotion soulevée par la déclaration de guerre n'était pas encore dissipée mit Athènes en effervescence et poussa les Grecs à des résolutions extraordinaires. Le royaume vit sous un régime parlementaire, mais les Grecs ont montré sur ce point une incapacité politique remarquable. L'opinion s'est fractionnée chez eux en groupes infinitésimaux, et on prétend

DÉPART DES PLÉNIPOTENTIAIRES OTTOMANS QUI VONT DISCUTER LA PAIX A ANDRINOPLE

qu'ils ne comptent pas moins de cent cinquante partis ayant pour chefs autant d'anciens ministres. Aucune politique énergique n'était possible avec un pays ainsi divisé, mais les Grecs trouvèrent un remède original à la situation. Ils demandèrent la formation d'un cabinet composé de tous les hommes qui avaient présidé les ministères précédents et qui, exerçant ainsi une influence collective sur la majorité des partis, pouvaient inspirer à la nation l'abnégation nécessaire pour faire face aux dangers éventuels. Le 27 mai, après une imposante manifestation populaire, le cabinet Deligéorgis fut renversé. Le 1ᵉʳ juin, M. Comoundouros fut chargé de former un ministère; il conseilla au roi d'obéir au sentiment public et d'appeler tous les chefs des partis parlementaires dans le conseil. Après une semaine de pourparlers, ce ministère dont Canaris, le vieux héros de la guerre de l'indépendance, qui vivait encore, accepta la présidence, se trouva composé de la façon suivante : Constantin Canaris (amiral), président du conseil des ministres, ministre de la marine; Alexandre Comoundouros, ministre de l'intérieur; Charilaos Tricoupis, ministre des affaires étrangères; Épaminondas Deligeorgis, ministre des finances; Thrasibule Zaïmis, garde des sceaux, ministre de la justice; Théodore Délyanni, ministre de l'instruction publique et des cultes; Charalambos Zymbracaki, ministre de la guerre. Tous les membres du nouveau cabinet étaient, à l'exception de MM. Théodore Délyanni et C. Zymbracaki, d'anciens présidents du conseil des ministres. Ces deux derniers avaient déjà servi, l'un comme ministre des finances et des affaires étrangères, et l'autre comme ministre de la guerre.

Dans la pensée du peuple, ce ministère devait avoir un caractère franchement belliqueux, et il s'affirma en effet tout d'abord comme tel par quelques mesures vigoureuses. Il approuva les engagements passés par le cabinet Deligeorgis pour l'achat de 41,000 fusils Gras, de 2,000 fusils Milona, de 12 batteries de canons Krupp, d'effets d'équipements pour 20,000 hommes, de 100,000 oques de poudre et d'un certain nombre de chevaux; il fit adopter dès le 15 juin un projet de loi réorganisant l'armée active et doublant son effectif qui fut porté aux chiffres suivants :

Infanterie de ligne	16.136	hommes
Chasseurs	4.032	»
Cavalerie	845	»
Artillerie	1.959	»
Génie	1.104	»
Service sanitaire	300	»
Total	24.376	»

Il ouvrit en outre des inscriptions de volontaires dont il augmenta la solde; il appela aux armes les réservistes, et la garde nationa'e mobile reçut une organisation plus régulière et plus conforme aux besoins du pays. Au commencement de juillet, il emprunta 20 millions aux banques du pays en leur octroyant en échange le cours forcé de leur papier-monnaie.

Dans l'exécution de tous ses projets, le ministère trouvait un puissant auxiliaire dans le patriotisme ardent de la population. Jamais encore la conscription ne s'était effectuée en Grèce avec tant d'entrain. Les nouvelles qui arrivaient tous les jours des provinces turques concernant les cruautés, vols, assassinats, viols, etc., commis par les soldats et irréguliers ottomans sur des chrétiens ne faisaient que surexciter l'indignation publique. L'organe de M. Tricoupis, ministre des affaires étrangères, l'*Ora* (l'Heure), l'un des journaux les mieux renseignés et les mieux rédigés de Grèce, publiait presque tous les jours un long martyrologe des Grecs de l'Epire, de la Thessalie, de la Macédoine, de la Thrace et des îles, en un mot de tous les pays où on trouve les populations grecques en grande majorité. Comme de raison, toutes ces nouvelles excitaient l'indignation publique contre les Turcs et redoublaient l'enthousiasme belliqueux de la population.

Un incident parut devoir mettre le feu aux poudres. La Porte, inquiète de ces préparatifs belliqueux, prit des mesures pour ravitailler et mettre en bon état de défense la forteresse de Prévésa, située sur la frontière grecque, entre la mer d'Ionie et le golfe d'Arta. Le 23 juin, un navire chargé d'armes et de munitions pour cette place, relâcha à Corfou. Sous prétexte qu'il transportait de la contrebande de guerre, les autorités grecques mirent l'embargo sur le navire; le capitaine télégraphia immédiatement son cas à la Porte, qui chargea son représentant à Athènes, Photiadès bey, de réclamer énergiquement la mise en liberté du navire et de sa cargaison

Canaris, au nom du gouvernement grec, répondit que la chose était impossible, parce que le navire contenait réellement de la contrebande de guerre et que la saisie était parfaitement justifiée. Sur cette réponse, la Porte signifia que puisqu'on ne voulait pas rendre le navire, elle allait l'envoyer chercher à Corfou par deux vaisseaux de guerre. Le gouvernement grec ne répondit rien à ces menaces, mais il envoya immédiatement les deux corvettes cuirassées, le *Georgios* et l'*Olga*, à Corfou, avec l'ordre d'opposer la violence à la violence, et d'empêcher par le canon s'il le fallait, la mise en liberté du navire saisi. L'affaire s'arrangea cependant, et le navire fut expédié à Trieste escorté par un navire appartenant à une puissance neutre.

Un décret royal publié le 24 juillet mit en exécution la loi sur l'organisation de l'armée. Conformément à ce décret, les deux divisions de l'armée grecque devaient porter les noms de : 1° division de la Grèce septentrionale, et 2° du Péloponèse. Les quatre brigades étaient ainsi désignées : 1° d'Athènes, 2° de Missolonghi, 3° de Patras, et 4° de Corfou.

Cependant la Porte ne laissait pas que de s'inquiéter de ces armements et après les premières victoires de Plevna et d'Eski-Zaghra, lorsque la guerre parut tourner à son avantage, elle se crut en droit d'exiger des explications par l'entremise du gouvernement britannique. Le 4 septembre, M. Wyndham chargé d'affaires anglais à Athènes demanda à M. Tricoupis si le gouvernement hellénique autorisait celui de la Grande-Bretagne à donner à la Porte l'assurance que la Grèce ne lui ferait pas la guerre et qu'elle ne se rendrait pas complice d'actes ayant pour but de provoquer des mouvements insurrectionnels dans les provinces limitrophes. M. Tricoupis répondit fort dignement, ainsi qu'en témoigne ce passage d'une note adressée le même jour aux agents de la Grèce à l'étranger : « J'avais dit à M. Stuart que la Grèce actuellement ne se proposait pas de déclarer la guerre à la Turquie, et je répétai à M. Wyndham que c'est là tout ce que la Porte ou tout autre en son nom, était en droit de nous demander. Aucun Etat indépendant n'était tenu d'engager l'avenir, relativement à la faculté de déclarer la guerre. La déclaration de guerre était pour les Etats souverains la conséquence de certaines circonstances, et le gouvernement hellénique, dans la crise actuelle, plus que jamais manquerait à ses devoirs envers l'indépendance du pays et les intérêts de l'hellénisme, en se privant de sa liberté d'action à cet égard, ou en la limitant soit absolument, soit par rapport à des circonstances éventuelles. La Porte avait cru pouvoir élever des prétentions de cette nature, lors de la constitution du royaume hellénique. »

Après la troisième victoire de Plevna, la Porte triomphante revint à la charge, et cette fois d'une façon beaucoup plus impérative. Toujours par l'entremise de l'Angleterre, elle fit remettre, le 22 septembre, à la Grèce, la liste de ses griefs :

« 1. Les armements faits depuis quelques mois par le gouvernement hellénique, ainsi que l'envoi de nombreux détachements de troupes aux camps de la frontière, sont de nature à nuire grandement aux relations amicales qui ont existé jusqu'ici entre la Turquie et la Grèce. La population chrétienne de la Thessalie et de l'Epire, excitée dans le sens révolutionnaire par la presse hellénique et les comités secrets, se laisse aller à la croyance que le moment d'une action hostile contre le gouvernement légitime serait venu. Les armements de la Grèce, exagérés pour un si petit pays, révèlent clairement des intentions hostiles à l'égard de la Turquie.

« 2. Les nombreux enrôlements de volontaires grecs en Turquie, faits ouvertement par des agents, non reconnus, il est vrai, du gouvernement hellénique, contribuent à rendre plus défavorable encore la situation de l'empire. Ces enrôlements, évidemment contraires au droit international et aux obligations entre Etats qui entretiennent en apparence des relations amicales, ne peuvent pas être tolérés par la Sublime-Porte, et l'attention du gouvernement britannique est très-sérieusement attirée sur cette question.

« 3. La presse grecque, qui se fait l'organe des vues du gouvernement, prêche depuis le commencement de la guerre russo-turque une croisade formelle contre la Turquie. Le langage éminemment hostile des journaux d'Athènes est, non-seulement toléré, mais évidemment inspiré par le gouvernement grec. L'effet de ces articles séditieux de la presse hellénique se fait déjà sentir dans les provinces turques au nord de la Grèce, où la tranquillité qui y régnait jusqu'ici a fait place à une agitation nuisible pour les intérêts de la population.

« 4. Les comités révolutionnaires qui existent en Grèce depuis des années ont maintenant établi leurs agences et sous-comités dans les provinces de l'empire. Ces comités, dont l'action subversive ne pouvait échapper à l'attention des autorités ottomanes, déploient la plus ardente propagande dans les provinces limitrophes et sont visiblement patronnés par le gouvernement grec. La protection qui leur vient de la Grèce dépasse les bornes du possible et ne peut pas être tolérée par la Porte.

« L'activité des comités ne suffisant pas, comme il paraît, on organise en Grèce des bandes armées, qu'on lance vers l'Epire et la Thessalie, sans la moindre résistance de la part des autorités grecques. Les autorités turques ont constaté à maintes reprises le fait que des bandes de ce genre ont franchi la frontière et les troupes du sultan stationnées le long de la frontière ont déjà capturé plusieurs de ces bandes. »

A la note turque, lord Derby avait ajouté quelques avis désagréablement paternels : « Le gouvernement de la reine regrette infiniment de voir la Grèce s'engager dans une voie qui pourrait devenir désastreuse pour les intérêts du royaume. Au lieu de vouer son attention au développement intérieur du pays et à l'état déplorable de ses finances, la Grèce paraît s'occuper de stériles agitations qui pourraient compromettre les intérêts du pays et aggraver la crise d'Orient. La Grèce ne devrait pas oublier que sa situation financière n'est nullement satisfaisante, et qu'elle doit encore aux puissances garantes toute la somme qu'elles ont avancé pour le payement de la dette extérieure de la Grèce. Le gouvernement de la Grande-Bretagne appelle de nouveau l'attention de la Grèce sur les faits allégués dans la dépêche turque et donne au cabinet d'Athènes le conseil de bien réfléchir aux conséquences que pourrait entraîner une hostilité déclarée contre la Turquie. »

M. Tricoupis se contenta, d'après le procédé familier à la Grèce depuis longtemps, de nier parmi les choses reprochées ce qui pouvait se nier. Pour ce qui concernait le langage de la presse hellénique, il répondit spirituellement : « Le ministre des affaires étrangères est surpris de voir une pareille accusation provenir d'un État où les lois sur la presse respirent le même esprit de la plus grande liberté. » Et dans le reste de la communication que le chargé d'affaires grec à Londres fit passer à lord Derby, d'accusé il se fit accusateur et récrimina à son tour contre la Porte :

« Selon l'avis de M. Tricoupis, ce ne sont ni l'action des comités ou de leurs délégués, ni les armements de la Grèce, ni le langage de la presse hellénique qui exercent une influence fâcheuse sur les rapports des provinces grecques de la Turquie avec leur gouvernement, mais bien la manière d'agir du gouvernement lui-même. Ce n'est pas l'action subversive des comités grecs, c'est l'activité dissolvante des représentants du gouvernement turc, ainsi que les méfaits commis sous les yeux du monde entier par cette soldatesque dont la Porte a inondé les malheureuses provinces limitrophes de la Grèce qui mine l'autorité des fonctionnaires turcs dans les pays soumis à leur domination. »

« Au lieu d'élever des plaintes contre la Grèce, la Porte ferait mieux de remplir ses engagements envers les Crétois qui se voient obligés de quitter leurs foyers et de se réfugier dans les montagnes pour échapper aux abus et aux massacres qui les menacent, eux et leurs familles.

« La Porte ferait mieux de remplir ses engagements envers la Grèce et de ne pas envoyer des Tcherkesses en Macédoine, en Épire et en Thessalie, afin de ne point provoquer par là des crimes et des massacres comme ceux qui ont eu naguère pour conséquence le carnage de Kavarna et qui se commettent en plein jour en Épire et en Thessalie.

« La Porte ferait mieux de ne pas violer les stipulations du traité de 1832 en élevant des fortifications sur le promontoire de Punta, dans le golfe de Prévésa, et en les munissant de garnisons. Si quelqu'un a le droit de se plaindre, c'est assurément plutôt la Grèce, qui se voit forcée d'organiser une nombreuse armée pour protéger son territoire contre l'invasion de nouvelles hordes barbares, dont la manière d'agir plus que criminelle a apporté la ruine et la dévastation dans des provinces autrefois riches et florissantes. »

Les préparatifs militaires dont nous avons parlé, l'affaire de Corfou, le rassemblement de l'armée au camp de Thèbes sur la frontière de Thessalie, les réponses dignes et fermes de M. Tricoupis au gouvernement anglais semblaient indiquer que le cabinet « des sommités politiques » entendait répondre au vœu populaire qui avait amené sa formation et que son dessein était d'aboutir à la guerre. En réalité, ce n'était là que des satisfactions données à l'enthousiasme populaire, qui eût pu éclater en folies si on avait essayé de le comprimer. Pour faire la guerre, le ministre avait trop conscience de la faiblesse de la Grèce et de sa propre impuissance, accrue encore par des discordes intestines dont un correspondant de la *République française* traçait le pittoresque tableau que voici : « M. Comoundouros est un homme très-fin, très-patriote et, au fond, très-partisan de la politique belliqueuse. Je pense que la Grèce eût déclaré la guerre depuis longtemps s'il avait eu ses coudées franches; mais M. Comoundouros est contenu par M. Deligeorgis, le ministre des finances, qui ne sait pas trop ce qu'il veut, si ce n'est contre-carrer M. Comoundouros. M. Deligeorgis est lui-même contenu par M. Zaïmis, qui veut alternativement la paix et la guerre, mais dont le souci principal est de contenir M. Deligeorgis et M. Comoundouros. M. Zaïmis est contenu par M. Tricoupis, lequel est contenu par les membres du corps diplomatique. On passe son temps à se surveiller, à se soup-

GÉNÉRAL NEPOKOITCHISKY   SERVER-PACHA   M. DE NELIDOF   GRAND-DUC NICOLAS   NAMIK-PACHA
SIGNATURE DE L'ARMISTICE A ANDRINOPLE

connor, à se tendre des piéges ; après un certain temps, la surveillance, les soupçons, les antipathies amènent une crise ministérielle. Tout le monde veut s'en aller : « Sortez le premier, monsieur Deligeorgis! — Comment donc! jamais je ne consentirai... » On se fait des politesses, on se brouille, on se dit des vérités; bref, personne ne sort, et les ministres se remettent à la besogne de fort mauvaise grâce, pour recommencer huit jours après cette petite scène d'antichambre. J'ai vu ces messieurs, je n'ai pu en tirer absolument rien, et cela peut-être parce qu'ils ne savent pas plus que vous ou moi ce qu'ils veulent. M. Comoundouros s'est tiré désespérément les moustaches quand je lui ai posé la question *pax aut bellum*; les moustaches n'ayant pas répondu, nous en sommes restés là. M. Tricoupis, qui parle fort bien en public, n'apporte pas l'entrain de la discussion dans les conversations privées. Comme il a beaucoup voyagé, j'ai essayé, dans plusieurs langues, de lui faire expliquer sa pensée : il aurait désespéré le docteur Pancrace. Quant à M. Deligeorgis, « qui, me disait un Hellène, vous enchante, vous enivre et vous transporte dans les nuages » quand il monte à la tribune, il reste dans son nuage même quand il en descend ; les objurgations les plus pressantes n'ont pu l'attirer sur un terrain moins mythologique. Remarquez, je vous prie, que la politique de chacun d'eux est, comme on dit vulgairement, le secret de Polichinelle, puisque personne, à partir du premier des politiciens jusqu'au plus vulgaire barbier, n'ignore les tendances essentiellement négatives de ces hommes d'État. »

Plus tard, le ministère fut accusé d'avoir sacrifié les intérêts du pays par sa politique d'irrésolution, et M. Deligeorgis essaya de le justifier en exposant dans le *Journal des Débats* d'Athènes les motifs qui l'avaient engagé à rester dans l'expectative. En premier lieu, il constata que les armements étaient incomplets et insuffisants, et que rien n'avait été fait, ni ne se pouvait faire pour la défense des côtes. « La Grèce, continua-t-il, était abandonnée et isolée, et aucune puissance étrangère ne l'encourageait à se lancer dans les dangers d'une guerre. Nous nous sommes tournés alors vers la Russie, et lui avons demandé de conclure avec nous une alliance, ce qu'elle refusa de faire. Nous lui demandâmes de nous céder quelques vaisseaux, ou au moins de nous les vendre. Même refus.

« Nous descendîmes plus bas encore. Prévoyant que, dans le cas où un armistice et la paix seraient conclus, la Turquie serait laissée libre de tomber sur nous avec toutes ses forces, nous avons exigé qu'on nous promît que la Grèce serait comprise dans l'armistice et dans le traité de paix. La Russie ne voulût pas même nous donner cette promesse-là.

« Elle nous disait de ne rien espérer d'elle, et ne nous a pas été sous ce rapport plus favorable que l'Angleterre qui, depuis le commencement, nous engageait à rester tranquilles. En dernier lieu, la Russie nous a dit : « Lancez-vous dans la mêlée, je ne vous promets rien, mais espérez que l'Angleterre, ma rivale en Orient, par jalousie contre moi, viendra à votre aide. »

Dans ces conditions le ministère n'osa rien, et ne fit rien.

Manifestations à Athènes et au Pirée. — La pression populaire oblige le gouvernement à agir.

On arriva ainsi jusqu'à la fin du mois de janvier 1878. Lorsque le ministère apprit que la Russie était disposée à accorder un armistice et que la guerre touchait à sa fin, il eut conscience d'avoir trompé les espérances qu'on avait mises en lui et afin de se soustraire aux effets du désappointement du peuple qui ne lui avait point marchandé les hommes et l'argent qu'il avait demandés et pour lequel il n'avait rien fait, il se retira le 22 janvier juste au moment où l'entrée en scène de la Grèce comme représentant officiel de l'hellénisme semblait inévitable.

M. Comoundouros accepta la mission de former un nouveau cabinet. On savait qu'il avait représenté dans l'ancien cabinet le parti de la guerre et cela suffisait pour lui assurer les sympathies populaires. Il ne garda de l'ancien cabinet que M. Delyanni qui prit le portefeuille des affaires étrangères. Le 24, il exposa à la Chambre son programme de gouvernement qui était franchement belliqueux. Il dit que les circonstances étaient critiques, mais que le ministère était décidé à suivre une politique d'action, à défendre activement les droits de l'hellénisme et à affranchir les frères qui étaient esclaves. Aux applaudissements dont la Chambre salua la fin de son discours, il répondit : « Ce sont les faits et non les paroles qui doivent provoquer l'enthousiasme. » Ces paroles furent accueillies par toute la Grèce comme le signal d'une action vigoureuse et toute la Grèce les applaudit, mais la faveur du nouveau ministère fut de courte durée. Les événements allaient prendre subitement une tournure extrêmement menaçante pour les intérêts grecs.

Le 26, les journaux publièrent une dépêche de l'*Agence Havas* annonçant que la Turquie avait accepté les conditions posées par la Russie pour la conclusion de l'armistice et que la paix était faite ; la dépêche ne faisait aucune mention des provinces grecques de l'empire ottoman. Cette nouvelle arrivant immédiatement après le programme belliqueux exposé par le ministre plongea Athènes dans la stupeur. Des groupes se formèrent aussitôt dans les rues, on s'interrogeait, on commentait les nouvelles. Tout le monde s'en prenait aux « sommités politiques » qu'on accusait d'avoir trahi les intérêts de la Grèce par leur inaction et leurs discussions, comme on accusait M. Comoundouros de s'être joué du pays en venant afficher une politique belliqueuse, à la veille même de la cessation des hostilités, lorsqu'il était trop tard et que tout espoir pour la Grèce semblait évanoui. On déplorait la honte et la déconsidération dans lesquelles le pays allait tomber. On se révoltait à la pensée que les populations d'origine slave seraient placées, par les traités, dans une position avantageusement exceptionnelle au développement de leurs forces nationales, tandis que l'hellénisme porterait, par la force même des choses, le poids des désastres de la guerre.

Vers trois heures la foule anxieuse se réunit, pour ainsi dire spontanément, aux abords de la Chambre, dans l'espoir que la séance qui allait s'ouvrir la tirerait de cette incertitude. Mais la Chambre ne siégea pas ce jour-là, par un excès de prudence, quoique les députés s'y fussent rendus à l'heure fixée. La foule attendait encore, lorsqu'on vit sortir MM. Comoundouros et Zaïmis. Quelques personnes les suivirent, puis d'autres, puis toute la foule. Des cris se firent entendre : *Vive la guerre, à bas les traîtres*, qui furent répétés par des milliers de voix. Ils hâtèrent le pas poursuivis par ces mêmes cris, et eurent à peine le temps de se réfugier au ministère de l'intérieur.

La foule traversa les rues d'Hermès et d'Éole et déboucha sur la place de la Constitution où elle s'unit à une autre partie de la manifestation arrivée un moment auparavant par le boulevard du Stade. Des orateurs improvisés ayant pris la parole accusèrent le ministère précédent d'avoir sacrifié la Grèce et l'hellénisme à des rancunes personnelles, de les avoir laissés désarmés et impuissants dans cette grave circonstance. La manifestation prit ensuite la direction du palais royal et attaqua à coups de pierre une brigade de gendarmerie à cheval et de sous-officiers qui avaient essayé de lui barrer le passage. Elle demandait à voir le roi. Le roi, visiblement ému, parut au balcon. Après avoir salué à deux ou trois reprises la foule qui l'acclamait, le roi lui adressa les paroles suivantes : « Vous savez, mes enfants, combien j'aime et j'adore ce pays (vive le roi !). Mais je vous prie de rester tranquilles (plusieurs voix : non, non, nous voulons la guerre !). Je vous prie de rester tranquilles : les circonstances actuelles exigent de la prudence. »

En quittant le palais, le rassemblement, qui était composé de cinq à six mille personnes, s'achemina, comme obéissant à un mot d'ordre, par le boulevard de l'Université, passa devant la maison qu'habite le ministre de Turquie sans proférer une seule parole, déboucha sur la place de la Concorde, s'y empara d'un drapeau aux couleurs nationales, et ce drapeau en tête, se rendit sous les fenêtres de M. Tricoupis, où les cris de : *Vive la guerre, à bas les traîtres* ! redoublèrent. Quelques gendarmes à cheval intervinrent ainsi qu'un commissaire de police, et voulurent dissiper le rassemblement, mais on les força bientôt à quitter le terrain à coup de pierres, dont la rue, qui était en réparation, était pleine. Une fois ces projectiles trouvés, on s'avança, et une pluie de cailloux brisa les carreaux de toutes les fenêtres. On voulut aussi pénétrer dans la maison et Dieu sait ce qui serait arrivé, tant la foule était exaspérée particulièrement contre l'ancien ministre des affaires étrangères, si la porte n'avait résisté à toutes les attaques. Cet acte de vengeance accompli, on en vint à M. Zaïmis, dont la maison est adjacente. Mêmes cris, mêmes démonstrations hostiles. Les carreaux des fenêtres volèrent en éclats et jonchèrent le trottoir. Quelques cailloux pénétrèrent dans l'intérieur, firent quelques dégâts et blessèrent légèrement un des enfants de M. Zaïmis.

Puis ce fut le tour de M. Comoundouros. Mais celui-ci avait pris ses précautions. On avait fermé hermétiquement portes et fenêtres et on s'était préparé à la défense. La foule commença à crier et à lancer des pierres contre les persiennes, qui résistèrent tant bien que mal. On cherchait à forcer la porte, lorsque des coups de feu, partis de l'intérieur, se firent entendre. La foule répondit par des coups de pistolet. Les assiégés tirèrent de nouveau, mais cette fois tout de bon. Trois personnes de celles qui stationnaient au dehors tombèrent grièvement blessées, parmi lesquelles un étudiant en philosophie de Macédoine qui succomba à ses blessures. La foule exaspérée reprit le chemin du palais, rencontra un député et le chargea d'aller avertir le roi de ce qui se passait. Le député fit ce qu'on lui demandait, mais le roi ne voulut pas le recevoir. La foule se porta alors vers la maison de M. Deligeorgis, puis vers celle de M. Delyanni, qui eurent le même sort que celles de leurs collègues.

La nuit vint mettre fin à ces actes de violence.

Le lendemain, dimanche, on s'attendait à la répétition des mêmes scènes, car la surexcitation n'avait fait que croître dans la ville et l'hellénisme se croyait perdu. Les boutiques et même les cafés étaient fermés. Mais le gouvernement avait pris ses mesures : toutes les maisons des anciens ministres étaient gardées par de forts détachements de soldats; eux-mêmes, ainsi que leurs familles, avaient cherché un refuge chez des amis. La ville était occupée militairement, les soldats consignés dans leurs casernes, et des patrouilles sillonnaient les rues.

Jusqu'à deux heures de l'après-midi, tout se passa assez tranquillement. Des groupes se formaient de distance en distance, on discutait les événements de la veille, mais ils n'avaient rien d'hostile. Seulement un rassemblement assez considérable d'étudiants eut lieu sur la place de l'Université et quelques discours désapprouvant la politique de l'ancien ministère furent prononcés. Le bruit se répandit alors que les habitants du Pirée se rendaient à Athènes pour faire à leur tour une démonstration. De toutes les parties de la ville on commença à s'acheminer vers la station du chemin de fer et une foule compacte et plus nombreuse que celle de la veille se rassembla sur la place de la Liberté, où est située la maison de M. Comoundouros.

Bientôt on vit déboucher de la route du Pirée plus de 500 personnes, précédées d'un drapeau, s'avançant vers la ville. Une compagnie d'infirmiers, portant la croix-rouge sur le collet de leurs habits et armés de courtes carabines, ainsi qu'un fort détachement de cavalerie, leur interdirent le passage. Un officier leur intima l'ordre de s'arrêter et de se dissoudre. Ils n'obéirent pas et continuèrent d'avancer. Quelques coups de fusils furent tirés en l'air. Les Piréotes ripostèrent par des coups de pistolet. L'officier ordonna le feu, les soldats abaissèrent leurs fusils et tirèrent sur la foule. Trois personnes, dont deux Crétois, tombèrent mortes, cinq autres furent blessées grièvement. La cavalerie se jeta alors sur les habitants du Pirée et les dispersa.

La foule qui assistait à ce spectacle ramassa les morts et les blessés, les mit sur des charrettes et s'achemina vers l'intérieur de la ville, avec l'intention de les faire passer sous les fenêtres du palais du roi. Mais tous les abords en étaient gardés par de forts détachements, qui ne laissaient avancer personne. Le palais, à mille pas de distance, était isolé du reste de la ville, et comme tenu en état de siège. On avait même pris la précaution d'avoir à portée quatre petits canons pour s'en servir à tout hasard. Le ministre de la guerre stationnait seul avec son état-major sur la place et envoyait des ordres par des officiers d'ordonnance. La ville était muette et dans la consternation, et, malgré la pluie qui tombait, la foule ne cessa jusqu'à la nuit close de stationner dans les rues, afin d'assister à la fin de cette tragique histoire.

Le lendemain, la Chambre s'assembla sous le coup d'une immense émotion. Le président du conseil monta à la tribune, exposa les faits qui s'étaient passés, le danger qu'avait couru la sécurité publique, ainsi que ses anciens collègues et lui, et lui demanda d'approuver la répression qu'avait exercée le gouvernement. Beaucoup de députés qui partageaient du fond du cœur l'émotion du peuple et donnaient tort au ministère s'abstinrent ; 91 votèrent un bill d'indemnité.

Cependant si le gouvernement ne prenait pas promptement une attitude conforme aux déclarations belliqueuses de M. Comoundouros, il était à craindre que l'effervescence nationale donnât lieu à de nouveaux désordres. Dans certains groupes on ne parlait de rien moins que de renverser la royauté et d'installer un gouvernement provisoire révolutionnaire. Le sang de la Grèce bouillonnait, il fallait, coûte que coûte, lui en tirer un peu pour la rendre plus calme. Le 30, la Chambre tint une séance secrète et M. Comoundouros demanda l'autorisation d'occuper militairement les provinces grecques de Turquie pour protéger les populations contre les actes de barbarie des bachi-bouzouks. On discuta deux jours, finalement la Chambre n'osa prendre cette responsabilité sur elle, elle se contenta de voter un ordre du jour dans lequel il était dit qu'après les explications données par le président du conseil, elle accordait une confiance entière au gouvernement.

C'était donner carte blanche à M. Comoundouros.

La comédie de l'insurrection. — Une campagne de trois jours. — L'armée grecque envahit la Thessalie et est aussitôt rappelée.

On sait que M. Comoundouros était par-

MASSACRES DE MACRINITZA

tisan de la guerre; sans doute il était bien tard alors pour entrer en campagne, mais cet homme d'État, pour regagner le temps perdu, s'était, ayant même que les manifestations populaires ne le forçassent à agir, avisé d'une comédie fort ingénieuse et passablement sanglante pour obliger l'Europe à se souvenir qu'il existait une race hellénique. Il conçut l'idée et trouva le moyen de faire la guerre sans la déclarer, il joua audacieusement le rôle d'un incendiaire qui revendiquerait le droit d'éteindre lui-même le feu qu'il a allumé, fit éclater l'insurrection en Thessalie et sous prétexte d'en prévenir les effets, pénétra dans cette province. Bref, au moment où l'apaisement allait se faire en Orient, la Grèce fit craindre que la guerre ne se rallumât sur un nouveau théâtre et comme en somme la paix dépendait d'elle, elle fit ses conditions avant de reculer et prit des garanties en vue du jour où la question d'Orient devait se régler définitivement. Le tour fut très bien joué et produisit les meilleurs résultats, mais les malheureuses provinces grecques de Turquie le payèrent cher.

L'insurrection avait été organisée de bonne heure en Epire et en Thessalie. Dès les derniers mois de 1876, un comité central révolutionnaire y fonctionnait et déployait une activité dont les résultats furent bientôt sensibles. Dans chaque caza (canton) siégeait un sous-comité composé d'un président, d'un chef militaire, d'un administrateur financier, d'un surveillant et d'un gardien d'armes: chaque sous-comité était chargé d'organiser l'insurrection dans son canton. Le règlement disait que tout Hellène ou tout partisan de la cause hellénique devait être soldat lui-même, ou, si l'âge et la maladie l'empêchaient de servir présenter un soldat à sa place. Les jeunes gens de vingt à vingt-cinq ans formaient la première classe, les hommes de vingt-cinq à trente cinq ans composaient la seconde classe de l'armée nationale. La troisième classe, qui comprenait les hommes de trente-cinq à cinquante ans, était chargée de défendre le sol de la patrie. Les trois classes de l'hétairie étaient déjà à cette époque, pourvues d'armes. On calculait que le comité central avait 16,000 combattants à sa disposition, lesquels étaient répartis en 32 bataillons. Chaque bataillon tenait le dépôt des armes pour toutes les compagnies. Chaque Hellène devait être armé d'un fusil, d'un revolver et d'un yatagan. Chaque maison avait un impôt de guerre à payer qui ne pouvait dépasser 10 piastres et ne pouvait être inférieur à 4 piastres.

Cette armée latente n'attendait qu'un signal de la Grèce pour prendre les armes et combattre. Dès le mois d'avril 1877, le comité l'invita, par le manifeste suivant, à se tenir prête:

« Hellènes ! frères !

« Vous soupirez depuis longtemps après votre délivrance. L'expérience nous a prouvé que nous seuls nous pourrons nous donner la liberté. Les réformes des Turcs sont de la fantasmagorie; elles ne sauraient nous satisfaire. Depuis le moment où la Turquie est entrée dans la phase des soi-disant réformes, notre situation est devenue plus intolérable encore. Où est notre ancienne prospérité? Le gouvernement dévore les résultats de notre travail, il confisque nos moissons, il paralyse par l'élévation des impôts notre commerce. Nous sommes dans l'impossibilité de nous développer matériellement; nous sommes déchus au point de vue intellectuel, moral et national.

« Notre situation politique est celle d'un paria. Tout musulman est notre maître, notre despote, notre tyran par droit de naissance. Nous ne pouvons continuer cette vie. Il faut nous affranchir, mais il nous faut le faire tout seuls. N'ayez aucune confiance dans les insinuations des émissaires qui vous promettent des secours venant du Nord.

« Nous ne pouvons souffrir parmi nous de nouveaux maîtres. Que le slavisme fasse ses affaires; nous nous passerons de sa sollicitude pour nous. Sachez que ceux qui voudraient nous réduire à un nouvel esclavage sont de faux apôtres. Que les Slaves portent secours aux Slaves; nous ne demandons pas leur assistance. Les Hellènes ont toujours su se créer une existence libre avec leur sang et leur invincible courage. Les descendants des héros de Missolonghi se suffisent à eux-mêmes.

« Nous vous invitons à vous tenir provisoirement prêts. Mettez vos affaires en ordre; bientôt la grande idée nationale vous appellera à son service. Soyez prêts à sacrifier vos biens et votre sang sur l'autel de l'immortel hellénisme. Préparez-vous à une lutte difficile. Il faut que cette lutte se termine par notre mort ou notre liberté. Il faut que nous prenions pour devise la devise de nos frères il y a 50 ans: La mort ou la victoire ! »

On croyait alors l'intervention de la Grèce imminente. Au mois de juin, on fut persuadé qu'elle allait suivre immédiatement la formation du « cabinet des sommités politiques »; l'insurrection éclata aux environs de Tricala et en quelques jours 3,000 hommes furent sur pied et se rallièrent sous le commandement de Costakis. Mais l'indécision du ministère grec paralysa promptement cette tentative prématurée. Les bandes se dispersèrent et, comme nous l'avons dit, le comité insurrectionnel attendit dès lors pour agir que le gouvernement grec s'engageât formellement à le soutenir.

Du mois de juin 1877 au mois de janvier 1878 les provinces grecques de Turquie eurent cependant beaucoup à souffrir. C'est surtout dans les préfectures d'Epire et de

Thessalie, dans le vilayet de Salonique, dans les districts de Prévesa, de Ditolia, de Sérès, de Kavalla et de Larisse que les bandes turques se signalèrent. Ces bandes étaient composées de réservistes de passage, connus sous le nom de *rédifs*, de Circassiens, de brigands, de youroums et surtout de Guègues et de Zeibeks, qu'au mépris des traités la Porte envoya pour remplacer les troupes régulières qu'elle appelait sur le théâtre de la guerre. Parfois, il est vrai, le gouverneur de Salonique ou de Kavalla, cédant aux remontrances des consuls étrangers, ordonnait une *chasse aux brigands*, une battue générale. Mais tomber des brigands aux chasseurs de brigands, les malheureux habitants des provinces grecques s'aperçurent bientôt que c'était tomber de Charybde en Scylla. Si les brigands avaient laissé quelque chose dans un village, les chasseurs de brigands qui venaient après eux achevaient de tout razzer. Nous avons déjà tant raconté de scènes de meurtre, d'incendie, de pillage, de vol, de viol dans la lamentable histoire que nous poursuivons, que nous ne voulons pas en fatiguer l'esprit de nos lecteurs. Pour ceux qui seraient curieux de voir ce qu'a été le régime turc pendant cette période dans les provinces ci-dessus désignées, nous les engageons à consulter le n° 19 du *Blue-book* anglais et le recueil des rapports adressés au gouvernement grec et publié par lui.

La situation s'aggrava encore lorsque le grand exode musulman commença au mois de décembre. Au lieu de diriger tous les émigrants turcs de la Bulgarie vers l'Asie, où tant de terres fertiles restent incultes faute de bras, il en envoya un certain nombre en Macédoine et en Thessalie dans l'intention de renforcer l'élément musulman qui s'y trouvait en minorité. Ce qu'il y eut de pis c'est que plusieurs centaines de Circassiens se joignirent à cette émigration et rivalisèrent en exploits sauvages avec ceux de leurs compatriotes qui ravagèrent le littoral de la mer Noire.

Cependant, toutes ces calamités réunies ne décidèrent point les comités à se mettre en insurrection ; ils ne voulaient plus marcher s'ils n'étaient pas assurés d'avoir la Grèce derrière eux. Cette assurance, elle leur vint enfin ; le 23 janvier, le jour même où M. Comoundouros formait un nouveau cabinet, il envoyait aux comités l'avis que la Grèce allait entrer en campagne, et, deux jours après, l'insurrection éclatait dans toute la Thessalie. Le 25, le comité de la province de Phérès proclamait sa réunion à la Grèce par le décret suivant :

Le comité des insurgés de Phérès,
Institué par le peuple souverain, qui, par droit d'insurrection, vient de reprendre sa souveraineté,
S'étant réuni à Paliori aujourd'hui, le 25 janvier de l'année 1878,
Vote et promulgue le décret suivant, qui devra être communiqué en copie au gouverneur militaire de Volo, en sa qualité de représentant du gouvernement ottoman, ainsi qu'aux représentants des puissances étrangères.
Décret :
La domination du sultan Abdul-Hamid et de ses successeurs est abolie ;
Le sultan Abdul-Hamid est déclaré déchu, et le roi des Hellènes, Georges 1er, est déclaré notre roi.
L'union indissoluble de cette province avec notre mère-patrie, la Grèce, est proclamée.
Le chef des insurgés, L. Platoutza, est chargé de l'exécution des dispositions du présent décret.
Fait à Paliori, le 25 janvier 1878.

Le président du comité,
ACHILLE JACOUSSI.

Les jours suivants les comités des provinces du Pélion, d'Armyro et de Volo rendirent des décrets semblables. Puis ce fut au tour des comités de l'Epire, puis de l'épitropie de Crète. Tous proclamèrent l'union de leurs provinces respectives au royaume de Grèce. La simultanéité du mouvement montre assez que tout était préparé de longue main et que l'on n'attendait absolument qu'un signal.

L'insurrection fit ainsi en peu de jours tout ce qu'on pouvait exiger d'elle ; c'était maintenant à la Grèce à agir et c'est alors que M. Comoundouros, poussé non-seulement par l'obligation morale qu'il avait contractée envers les comités, mais encore par les émeutes d'Athènes et du Pirée, demanda à la Chambre l'autorisation de faire occuper militairement les provinces grecques de l'empire ottoman. La Chambre déclina cette responsabilité, mais elle donna pleins pouvoirs au ministre et celui-ci en profita pour mettre son plan à exécution. Il n'entrait nullement dans ses vues de se mettre franchement en lutte avec la Turquie au moment même où la conclusion de l'armistice allait laisser à cette puissance la libre disposition des troupes qui lui restaient. La ruse hellénique lui inspira une expédient d'un haut comique. L'insurrection ne datait pas de huit jours encore, il n'y avait pas encore eu une rencontre entre les insurgés et les troupes turques, personne ne pouvait donc dire ce qu'il allait advenir. M. Comoundouros fit le bon apôtre ; s'il n'y avait pas eu de malheurs encore, que de malheurs pouvaient arriver! Tout le monde savait que les irréguliers turcs ne sont pas la fine fleur de la civilisation, quels dangers ne couraient pas les malheureux que M. Comoundouros en personne venait d'exposer à leurs coups en donnant le signal de l'insurrection ; l'humanité exigeait donc des mesures de protection que la Turquie n'était pas en état de prendre et dans l'intérêt même de cette puissance le gouvernement grec se voyait obligé d'aller rétablir l'ordre dans les provinces insurgées.

C'est M. Delyanni, le ministre des affaires étrangères, qui se chargea d'apporter ces singulières explications à la tribune (séance du 3 février).

« La nouvelle que l'insurrection avait éclaté en Thessalie, dit-il, devait naturellement préoccuper le gouvernement hellénique. Nous savions déjà que des événements déplorables ont eu lieu chaque fois qu'une révolution ou des mouvements insurrectionnels se sont produits dans les provinces turques, même lorsque la Sublime-Porte pouvait disposer de ses troupes régulières pour les réprimer. Nous devions, par conséquent, prendre en considération que si l'insurrection prenait de plus grandes proportions en Thessalie, le gouvernement ottoman devait y envoyer des troupes pour la combattre ; mais toutes ses troupes étant employées dans la guerre qu'elle soutient contre la Russie, elle aurait été forcée d'envoyer des bandes indisciplinées contre les insurgés. Il était donc du devoir du gouvernement hellénique d'envisager le cas où des bandes irrégulières, envoyées contre les insurgés, se livreraient à des actes que leur éducation, leur ignorance, leur avidité et la férocité que leur inspire souvent le fanatisme religieux, leur rend habituels. Nous aurions, par conséquent, vu se renouveler à nos frontières des scènes dont l'Europe et nous avons souvent eu le spectacle.

« Le renouvellement de ces scènes aurait, certes, vivement ému le pays, et mis le gouvernement dans la nécessité de veiller en même temps à la sûreté de l'État à l'intérieur. Le gouvernement hellénique a dû donc s'arrêter à la résolution de donner, dans un cas déterminé, l'ordre à ses troupes massées sur nos frontières d'entrer en Turquie pour y maintenir l'ordre et défendre l'honneur, la vie et les biens des chrétiens et des musulmans eux-mêmes, ce qu'il était certain que la Porte ne pouvait faire, mais que ses troupes irrégulières pouvaient essentiellement compromettre.

« Telles étaient les réflexions du gouvernement hellénique. Ces réflexions ont été imposées encore plus par les événements. Les nouvelles de la Thessalie annonçaient que la révolution faisait des progrès, qu'elle se propageait dans la plus grande partie des districts, que les bandes de Zeibeks, de bachi-bouzouks et de Guègues avaient reçu l'ordre de la réprimer.

« Le dernier courrier de Volo nous avait apporté la nouvelle que ces troupes irrégulières avaient commencé de se livrer à leurs excès habituels dans un couvent situé dans le district même de Volo et où des insurgés s'étaient réfugiés. Après avoir échangé quelques coups de feu avec les Turcs, les insurgés quittèrent le couvent. Le lendemain, les bandes qui l'assiégeaient pénétrèrent dedans. Les plus jeunes parmi les religieux ont pu se sauver ; deux vieillards, appesantis par l'âge, n'ayant pu les suivre, furent brûlés vifs. Ne pouvant brûler les murs du couvent, les assiégeants envahirent la chapelle, se saisirent des images du culte qu'ils livrèrent aux flammes, prirent les bancs avec lesquels ils allumèrent le feu au milieu du couvent. Je crois inutile de vous dire que le couvent a été pillé, que les vases sacrés ont été dérobés et vendus publiquement sur le marché.

« Cette scène déplorable a forcé le gouvernement de procéder à l'application des mesures qu'il avait en vue. Il donna en conséquence au général Scarlato Soutzo, commandant des troupes concentrées en Phtiotide, l'ordre de pénétrer dans les provinces ottomanes qui avoisinent nos frontières et de les occuper pour y maintenir l'ordre. Nous lui avons donné des instructions pour qu'il ait à défendre l'honneur, la vie, et les biens non-seulement des chrétiens, mais de tous les habitants de ces provinces indistinctement. »

C'est le 2 février que cet ordre fut donné. Le même jour M. Delyanni se rendit auprès du ministre de Turquie à Athènes, Photiadès-Bey, dans le but singulièrement difficile à atteindre de lui expliquer que, tout en envahissant ses provinces, la Grèce ne se proposait point de faire la guerre à la Turquie. « L'insurrection qui a éclaté en Thessalie, dit M. Delyanni, suivie de la révolution crétoise, annonçant le soulèvement inévitable des autres provinces grecques de la Turquie, impose au gouvernement hellénique l'obligation de prévenir des scènes du genre de celles qui ont ensanglanté la Turquie il y a quelques mois. Le gouvernement hellénique ne connaît que trop le sort réservé aux populations des susdites provinces par les Guègues, les Tcherkesses et les Zeibeks, dont le ministre des affaires étrangères de la Grande-Bretagne a avoué lui-même la férocité au Parlement anglais.

« Malgré les représentations du gouvernement

hellénique et celles des grandes puissances faites à la prière de la Grèce, la Porte non-seulement n'a pas rappelé des provinces grecques ces hordes sauvages, mais elle a même déclaré que, dans les circonstances où se trouvait l'empire, elle ne pouvait y envoyer d'autres troupes. Si la Grèce est restée calme devant le pillage d'Ambélakia, de Rapsani, de Litokhori, et d'un grand nombre se souciait nullement de courir les aventures comme la mesure extraordinaire qu'elle venait de prendre pouvait le faire croire. « Le gouvernement hellénique, leur dit-il en effet, n'aurait aucune peine à faire rentrer son armée si les puissances prenaient l'engagement d'assurer, par tous les moyens, l'honneur, les biens et la vie des Grecs des provinces turques de la frontière

M. THÉODORE-PIERRE DELYANNI, MINISTRE DES AFFAIRES ÉTRANGÈRES DE GRÈCE

d'autres bourgs et villages de la Thessalie, elle ne saurait permettre le retour des mêmes scènes.

« C'est donc pour en prévenir le renouvellement que la Grèce occupe les provinces grecques de l'empire ottoman ; elle remplit un devoir suprême d'humanité et de prévoyance en faveur de l'ordre public, convaincue que l'Europe ne désapprouvera pas sa conduite. »

Photiadès-Bey se contenta de dire que n'ayant pas d'instructions, il se bornerait à transmettre à son gouvernement la communication du cabinet hellénique, se réservant de répondre aussitôt qu'il recevrait les instructions de la Porte.

Enfin pour que la comédie prît fin au plus vite et ne tournât pas en tragédie, M. Delyanni se rendit auprès des représentants des puissances étrangères et leur fit entendre que la Grèce ne

et de défendre leurs droits au congrès. » C'était indiquer sans détour à l'Europe ce qu'on espérait d'elle.

Le 2 février, à 10 heures du matin, le général Soutzo, commandant en chef de l'armée grecque, quitta Lamia, son quartier général, et se dirigea, avec 12 à 15,000 hommes, vers la frontière turque éloignée de cinq kilomètres seulement. L'avant-garde ne rencontra aucune résistance. Les fortins s'étant rendus avec leurs garnisons, l'armée continua sa marche sur Domoko, malgré la neige qui obstruait les chemins et une pluie battante qui avait rendu les routes impraticables. Le 4 janvier, elle occupait les villages de Palama, Daoucli, Tapéli et Ibraïni. Le général Soutzo avait transféré son quartier général à Ombriaki. Des pourparlers s'engagèrent pour la reddition de Domoko. Le même jour, un autre détachement grec parti de Sourpi pénétra dans l'Epire orientale. Les fortins et les casernes élevés par les Turcs sur la frontière se rendirent sans résistance. Partout les troupes grecques étaient reçues avec enthousiasme et l'insurrection se développait rapidement; les districts de Prevesa et de Souli, en Epire, ceux de Radovizi, de Koumeka et d'Agrapha, en Thessalie, se soulevèrent, 4,000 insurgés occupèrent Pilaf-Tépé et coupèrent les communications entre Volo et Larisse.

Le peuple grec qui n'était point dans le secret des finesses de son gouvernement crut sincèrement qu'on allait faire la guerre et s'y prépara avec enthousiasme. Une foule de personnes des meilleures familles s'armèrent pour passer la frontière; les jeunes gens qui étudiaient en France et en Allemagne annoncèrent leur prochaine arrivée; il y eut un grand élan dans la nation qui avait beaucoup souffert depuis quelques mois de l'inaction du ministère. En Europe, l'entrée du général Soutzo en Thessalie causa une véritable stupéfaction. Il n'était douteux pour personne que la Turquie considérerait la violation de sa frontière comme un acte d'hostilité équivalant à une déclaration de guerre, et on apprit bientôt en effet que Photiadès-Bey avait communiqué un ultimatum au gouvernement grec et qu'Hobart-Pacha avait reçu l'ordre de quitter Constantinople avec la flotte cuirassée dans le double but de transporter à Volo 12 à 15,000 hommes pour couper la retraite à l'armée d'invasion et d'aller bombarder les côtes de la Grèce que rien ne défendait contre le canon ennemi. On se demandait quel subit accès de folie avait poussé le petit royaume à courir ainsi de gaieté de cœur à sa ruine et il semble à lire les journaux de l'époque et les notes diplomatiques échangées à ce moment-là, que personne ne devina le plan de M. Comoundouros et qu'on prit la campagne de Thessalie au sérieux.

En présence des dangers que courait la Grèce, les puissances se sentirent prises de pitié pour ce peuple qui vivait pour ainsi dire sous leur tutelle, et elles intervinrent immédiatement en sa faveur. On arrêta la Porte, et dès le 5 février, les ministres étrangers annoncèrent à M. Delyanhi que leurs gouvernements respectifs s'engageaient à prendre en main la cause des provinces grecques de l'empire ottoman. Les intérêts de l'hellénisme se trouvaient donc désormais assurés de n'être point sacrifiés dans le règlement de la question d'Orient, c'était tout ce que le gouvernement grec désirait, et le même jour, c'est-à-dire trois jours après lui avoir donné l'ordre d'entrer en Thessalie, il envoya à son armée l'ordre de repasser la frontière et de rentrer au camp de Lamia. Le tour était joué, la comédie avait eu le dénoûment souhaité.

Ce fut au tour de la Grèce d'être stupéfaite des résolutions de son gouvernement; la consternation fut générale; le général Soutzo donna sa démission; un grand nombre de soldats désertèrent pour aller combattre dans les rangs des insurgés; le public ne vit d'abord dans le rappel des troupes qu'un ordre arraché par la pression de l'Europe oublieuse des intérêts helléniques; la Chambre se réunit le 6, mais M. Comoundouros n'affronta point l'orage, il attendit que le peuple comprît mieux le jeu qu'il avait joué, et sût au prix de quelles importantes compensations l'ordre de rappel avait été donné; il fit dire qu'il était malade. Le 8 et le 10, même prétexte. Enfin, le 11, il parut : le calme s'était fait dans les esprits, le général Soutzo avait repris sa démission, on commençait à sentir que le ministère bien loin d'avoir déshonoré la nation comme on l'en accusait, venait au contraire de sauver son avenir compromis. Aussi quand un député accusa le ministère d'avoir, en ordonnant aux troupes d'entrer en Thessalie, su d'avance qu'il serait forcé de les retirer et joué une comédie qui allait attirer sur les Grecs de Turquie les vengeances de la Porte, répondit-il résolûment :

« Je dirai quelques mots, non pour repousser des soupçons — je ne daigne pas répondre à des soupçons, car nous sommes au-dessus des soupçons — ni pour nous défendre. Il ne s'agit pas aujourd'hui de choses aussi mesquines. Je désire exposer notre action dans l'intérêt du pays et notre situation actuelle. Il ne s'agit pas, je le répète, de nous et de notre responsabilité. Nous méprisons tout cela. Aussi je ne daigne pas répondre à pareilles idées.

« La lutte continuait lorsque nous vous avons exposé notre politique. Vous savez que l'armistice, la paix sont survenus depuis. Pendant la guerre nos frères se sont soulevés; leur vie, leur honneur, leurs biens étaient menacés. Il n'y avait pas de sûreté pour eux. Nous avons cru remplir un devoir sacré en marchant à leur secours. Nous l'avons fait et nous avons soumis notre résolution à l'Europe. L'Europe, ignorant que l'armistice avait été conclu, approuva notre conduite. Personne ne nous a désapprouvés; notre résolution avait été accueillie avec bienveillance. Malheureusement tout le monde était comme nous dans l'erreur; au moment où notre armée passait la frontière se signait l'armistice. La guerre avait cessé; il ne restait que nos frères soulevés et nous qui marchions à leur secours.

« En ce moment l'Europe nous a dit : « Ce que vous faites maintenant, après la paix, est mauvais, nous ne saurions approuver votre persistance dans votre résolution. Si vous persistez vous n'aurez ni notre concours ni nos sympathies. Si vous vous conformez à nos avis, nous prenons sur nous de protéger vos frères, de défendre leurs droits. Autrement vous serez seuls, privés de notre aide et de nos sympathies. »

« Que pouvions-nous faire ?

« Puisque la question a été posée nous désirons qu'elle soit résolue aujourd'hui. Si nous avons mal agi, que d'autres nous remplacent s'ils pensent pouvoir mieux faire. Mais, je le répète, vous devez vous prononcer aujourd'hui. »

La Chambre fut d'avis qu'on ne pouvait faire autre chose que ce que le gouvernement avait fait et passa à l'ordre du jour à une grande majorité. Ceci se passait en séance publique. Dans une séance plus intime M. Comoundouros annonça que l'Angleterre et l'Autriche avaient donné la promesse non-seulement de discuter les intérêts de la Grèce, mais de demander qu'un représentant du pays fût présenté au Congrès.

Un mois plus tard, lorsqu'il fut question pour la première fois de la réunion du Congrès, le gouvernement grec rappela cette promesse à l'Angleterre, et lord Derby répondit par la note suivante au chargé d'affaires grec qui lui transmettait la demande :

« Foreign-Office, 9 mars 1878.

« Monsieur le chargé d'affaires, — le gouvernement de Sa Majesté ayant examiné l'appel qui lui a été adressé par le gouvernement de Grèce dans la dépêche communiquée par vous, le 4 de ce mois, pour que la Grèce fût représentée au congrès qu'il a été convenu de réunir à Berlin, est d'opinion que le royaume de Grèce a légitimement le droit d'être représenté au congrès et fera connaître cette opinion sans retard aux autres puissances.

« Je suis, etc.   « DERBY »

La politique de M. Comoundouros fut ainsi couronnée d'un plein succès; mais comme nous l'avons dit, ces avantages furent bien chèrement payés par les provinces turques qui s'étaient insurgées sur un signal du ministre.

L'insurrection en Thessalie.

Malgré le brusque abandon du gouvernement grec, l'élan donné les premiers jours fut tel que l'insurrection se trouva assez forte pour vivre quelques semaines par ses seules forces; il faut dire qu'elle fut favorisée par le fait que la Turquie n'avait presque aucune troupe dans les provinces soulevées. Elle eut pu durer plus longtemps encore, si outre les défauts inhérents à toutes les insurrections grecques : l'absence de plan arrêté, le mauvais choix des chefs, leur trop grand nombre, leurs jalousies, l'incapacité des insurgés dans les cas où il fallait opérer d'après la tactique offensive, elle n'avait eu contre elle la plus défavorable de toutes les circonstances, le mauvais vouloir des populations indigènes. Celles-ci étaient résolues à n'agir que de concert avec le gouvernement grec, ainsi que nous l'avons exposé; du moment que ce dernier rappela son armée, on ne dut plus compter sur elles. L'insurrection fut en quelque sorte une insurrection d'importation, ses soldats furent soit des exilés qui rentrèrent dans leur pays les armes à la main, soit des soldats qui désertèrent de l'armée grecque, soit enfin des volontaires venus de la Grèce. Ces derniers furent les plus nombreux; le concours donné par les habitants mêmes de la Thessalie, de l'Epire et de la Macédoine fut très-restreint.

Qui a vu une insurrection en pays grec les a vu toutes. Un homme connu comme militaire éminent, ou comme ardent patriote pour son courage ou même pour sa richesse organise une bande, s'embarque ou franchit la frontière avec elle et une fois dans la province insurgée, il agit à son gré sans se soucier de ses voisins, sans s'occuper de combiner ses mouvements avec ceux des autres chefs. S'il est heureux dans ses opérations les hommes des autres bandes viennent grossir la sienne, s'il est malheureux ses hommes le quittent. Tel qui se couche commandant de quatre ou cinq cents hommes n'en trouve plus que dix ou douze auprès de lui le lendemain. Nulle organisation, nulle entente. Il est vraiment pénible de voir gaspiller en pure perte dans des entreprises aussi mal dirigées tant de courage et de bonne volonté. Les insurgés restent des jours entiers, privés de nourriture, ou obligés de se nourrir de maïs, qu'ils font détremper dans l'eau, faute d'ustensiles pour le faire bouillir. Ils couchent en plein air, sur les montagnes, exposés au froid et aux intempéries de l'hiver. Souvent ils manquent de munitions, et au milieu de la mêlée, ils sont forcés de battre précipitamment en retraite pour ne point tomber désarmés aux mains d'un ennemi impitoyable. Quel cœur ne faut-il point pour continuer cette guerre absurde et supporter ces privations et ces fatigues que le succès ne doit jamais récompenser.

La Thessalie, l'ancienne vallée de Tempé, est un pays généralement plat ; aussi, dès les premiers jours, l'insurrection y fut-elle cantonnée sur les quelques points où elle pouvait trouver à proximité un refuge dans les montagnes. Elle se développa à l'est dans le massif du Pélion, au sud-est dans le district d'Armyro, au sud-ouest dans les montagnes d'Agrapha et au nord dans le mont Olympe. Outre les dispositions des lieux, ces points avaient l'avantage de communiquer aisément avec la Grèce, soit à cause de la proximité de la frontière, soit à cause du voisinage de la mer et c'est la Grèce qui fournissait tout à l'insurrection, les hommes et les armes.

Le mois de février fut assez favorable aux insurgés et quelques combats sans conséquences fournirent aux journaux grecs l'occasion d'entretenir l'enthousiasme dans les esprits en criant victoire et en annonçant que l'insurrection gagnait chaque jour du terrain. Le 15 février, 800 insurgés s'emparèrent de Platanos, près d'Armyro, après un combat acharné contre les Guègues et des troupes régulières envoyées à leur secours. En abandonnant Platanos, les Guègues massacrèrent plusieurs familles chrétiennes. La même jour, à quatre lieues au nord de Karditza, les insurgés battirent un autre détachement turc auquel ils prirent un drapeau et des munitions de guerre et de bouche.

Le 18, Macrinitza fut assailli par les Turcs, 400 à 500 insurgés occupaient les hauteurs qui dominent le village, qui est lui-même situé sur le penchant du Pélion. 130 seulement étaient armés de chassepots, les autres n'avaient que des fusils de chasse ou de vieux fusils à pierre. Les Turcs au nombre de 4,000, dit-on, avec trois canons de campagne, sortirent de Volo et attaquèrent les insurgés. Le combat dura six à sept heures. Les insurgés firent des prodiges de valeur et attaquèrent plusieurs fois à la baïonnette. Vingt-cinq étudiants d'Athènes se distinguèrent par leur bravoure. Quatorze de ces jeunes gens, pour la plupart imberbes, tombèrent victimes de leur patriotisme. A la fin, les insurgés, accablés par le nombre et menacés de se voir cernés, se retirèrent, en combattant toujours, sur d'autres hauteurs où les Turcs ne purent pas les suivre. Les insurgés perdirent dans ce combat plus de trente hommes. Quant aux Turcs, les insurgés se vantèrent naïvement d'en avoir tué un millier.

Quelques jours après, les Turcs essayèrent de déloger les 300 insurgés qui occupaient Platanos.

Le bourg fut cerné par 2,000 hommes ayant deux canons de campagne. La résistance fut longue et acharnée. Deux de leurs chefs faillirent être faits prisonniers et ne purent échapper que grâce à un secours qui leur vint au dernier moment. Les Turcs après avoir pillé et incendié Platanos, se retirèrent.

Ce furent ces deux affaires suivies de quelques autres du même genre encore moins importantes qui provoquèrent dans la presse hellénique un débordement de fausses nouvelles enthousiastes, auxquelles l'Europe se laissa prendre pendant quelques jours. On inventait des batailles rangées, des triomphes, des victoires; on faisait tomber les Turcs par centaines; on disait toute l'Epire, la Thessalie et la Macédoine en armes; bref on aurait pu croire que c'en était fait de la domination ottomane, et que ces belles provinces allaient d'elles-mêmes reconquérir leur indépendance et proclamer leur union à la Grèce. Il fallut bientôt changer de langage. Au commencement de mars, Hobart-Pacha arriva sur la côte avec six cuirassés, trois grands vapeurs et une dizaine de mille hommes qu'il débarqua à Volo. Il offrit d'abord une trêve aux insurgés, leur conseillant de remettre leur sort à la décision des puissances qui allaient se réunir en congrès, mais ceux-ci ayant exigé qu'on les reconnût comme belligérants, les négociations furent rompues.

Hobart-Pacha fit alors poser des torpilles dans le golfe de Volo, par lequel les insurgés du Pélion recevaient les secours de la Grèce et coupa ainsi leurs communications; puis il bloqua la côte avec sa flotte. Iskender-Pacha et Retchep-Pacha, commandants des forces turques, établirent de leur côté un camp à Hagia, au nord du Pélion, déployèrent le reste de leurs troupes au sud de la montagne et les insurgés se trouvèrent pris comme dans une souricière.

Les insurgés, en présence de ces préparatifs formidables, ne perdirent pas courage et essayèrent de rompre le filet qui les enveloppait du côté du nord, afin de rétablir leurs communications avec les bandes de l'Olympe. Le 15 mars, ils se jetèrent sur le camp fortifié d'Hagia. Un combat sanglant s'ensuivit, et les insurgés parvinrent à enlever aux Turcs deux canons. Ce léger avantage les rendit trop téméraires. Le 20, ils descendirent jusque dans la plaine d'Hagia, où ils furent battus; les Turcs reconquirent leurs deux canons et les poursuivirent jusque dans leurs montagnes, en brûlant les villages de Dughan et d'Askosi. Le 21 mars, il y eut de nouveau un grand combat, qui se termina encore en

VUE GÉNÉRALE DU PORT DU PIRÉE

faveur des insurgés; mais ce fut leur dernier succès.

Le 27, le plan d'attaque des Turcs ayant été arrêté par Hobart-Pacha, 3,500 hommes de troupes régulières partirent de Volo dans la matinée et passèrent la nuit à Kérassia et Kéramidi en attendant des renforts d'Hagia. Des transports turcs avaient débarqué la veille des troupes à Zagora. La garnison de Volo, avec une batterie d'artillerie et les bachi-bouzouks devaient opérer immédiatement au sud du Pélion.

Un combat acharné commença le lendemain à trois heures à Lestia, derrière Sarakino. Les cuirassés turcs lançaient des boulets et des obus dans cette direction et contre Anomalia, où se trouvait un corps d'insurgés. Le combat n'eut pas de résultats définitifs.

Le 28, les Turcs dont le chiffre avait été porté à 10,000 hommes par suite de l'arrivée des renforts d'Hagia, attaquèrent de nouveau avec fureur sur trois côtés de la montagne. Les colonnes se succédaient l'une après l'autre et avançaient toujours. Deux corps d'insurgés, au milieu de la lutte, abandonnèrent leurs positions, que l'ennemi s'empressa d'occuper. Les autres corps, battus en brèche de tous côtés, inquiétés par les batteries des forts de Volo et des vaisseaux turcs, qui ne cessaient de tirer sur eux, manquant de munitions, et ne pouvant plus se servir de leurs fusils, furent obligés de lâcher pied et de battre en retraite. Les Turcs s'emparèrent de Macrinitza et des villages environnants, y mirent le feu, massacrèrent tous les habitants qui leur tombèrent sous la main, pillèrent les maisons et les églises, et rentrèrent à Volo chargés de dépouilles qu'ils vendirent à bas prix.

Tout le district du Pélion fut réduit en cendres à la suite de cette affaire. « Après l'occupation du Pélion par les Turcs, écrivait le 1er avril au *Messager d'Athènes* son correspondant de Volo, notre ville a été inondée de chrétiens de tout âge et de tout sexe fuyant le couteau des bachi-bouzouks. Ils racontent des choses affreuses. Des vieillards ont été massacrés au seuil de leur maison, des femmes étranglées, des enfants étouffés dans leurs berceaux. Les équipages des navires, ne voulant pas rester en arrière des bachi-bouzouks, armés de haches d'abordage, enfoncèrent les portes et pillèrent les maisons de Macrinitza et de Portaria, qui ne sont plus qu'un monceau de ruines. Les autres villages du Pélion ont subi le même sort.

« M. Fitsherald, correspondant du *Standard*, est revenu aujourd'hui de Macrinitza. Il raconte que les massacres commis de sang-froid après le combat sont au-dessous de ce que je viens de vous décrire. Le carnage a continué pendant toute la soirée d'hier. »

Un Anglais, Charles Ogle, correspondant du *Times* qui, depuis le commencement de la révolution thessalienne, s'était transporté sur les lieux pour suivre les péripéties de la lutte, se trouva au nombre des victimes. Pendant tout le combat, il se tint à Macrinitza. Après la retraite des insurgés, il revenait à Volo, ne portant sur lui aucune espèce d'arme. Des Turcs le rencontrèrent et le tuèrent sur place. Les Grecs essayèrent de tirer de sa mort un incident diplomatique; ils lui firent de magnifiques funérailles et M. Delyanni envoya deux notes à lord Derby au sujet de l'événement; mais le cabinet anglais avait autre chose à faire dans ce moment-là.

Cette défaite de Macrinitza prit fin à l'insurrection dans le Pélion et lui porta un coup fatal dans le reste de la Thessalie. Les volontaires commencèrent dès lors à repasser en Grèce, abandonnant aux fureurs des Turcs les malheureux indigènes qu'ils avaient essayé de soulever.

L'insurrection en Macédoine

Il n'y eut pas, à proprement parler, d'insurrection en Macédoine, bien que les journaux grecs en aient beaucoup parlé; les insurgés qui parurent dans cette province étant venus presque tous du dehors.

Le 27 février, une bande presque entièrement composée de Macédoniens réfugiés en Grèce, débarqua à Litokhori entre le fort de Platamonos et Aïos-Théodoros, à peu de distance à l'est de Salonique. Ces insurgés avaient avec eux trois à quatre mille fusils qu'ils distribuèrent à la population. Les habitants de Litokhori, gros bourg de 600 feux, se joignirent à eux. Deux ou trois heures après, les représentants de plusieurs dèmes, prévenus d'avance, arrivaient à Litokhori et formaient un gouvernement provisoire sous la présidence de M. Korovangos.

Le premier acte de ce gouvernement sans mandat, si singulièrement installé, fut d'adresser aux consuls de Salonique une proclamation dans laquelle il était dit :

« Nous sommes convaincus que la sollicitude des puissances pour l'avenir de l'Orient s'étendra aussi à toute la Macédoine, prête à se livrer, pour sa liberté et son union à la Grèce sa mère patrie, au feu et à la ruine, s'il le faut, plutôt que de continuer à servir le pouvoir odieux dont les organes, Guègues, Zeïbeks, Tcherkesses et bachi-bouzouks, ont désolé notre pays, violé l'honneur et la sainteté de nos foyers.

« Il est prouvé que les engagements et les promesses fallacieuses de ce pouvoir à ses sujets et aux grandes puissances n'étaient faits qu'avec l'intention arrêtée de les violer. Le gouvernement turc a souvent concédé des droits, mais sa tyrannie ne s'est pas relâchée un seul instant. Au contraire, plus ce gouvernement languit et s'affaiblit et plus s'élargit la perspective de nos malheurs. Aussi avons-nous été forcé de prendre les armes pour mourir au moins comme hommes et comme Hellènes s'il ne nous est plus permis de vivre libres et comme des êtres doués de raison. »

Le 21 mars, un détachement commandé par Miltiade Apostolidis, ancien magistrat, marcha contre le fort de Platamonos, dont la petite garnison se rendit à discrétion. Le fort fut armé de deux canons. On y trouva 400 obus et quelques barils de poudre qui furent transportés à Litokhori avec les prisonniers.

Les insurgés de l'Olympe reconnurent pour chef un officier de l'armée grecque, Doubioti. Leur nombre s'éleva assez rapidement à 2,500, et ils s'emparèrent, sans beaucoup de difficultés, des villages situés le long de la mer entre Litokhori et Karitza. Mais l'arrivée d'Hobart-Pacha et des troupes turques de renforts arrêta court ces faciles succès. Litokhori, Caterina, Petra, Cokinoplos furent repris et reçurent des garnisons turques. Le desastre du Pélion découragea complétement les insurgés et acheva d'interrompre leurs communications avec la Grèce, déjà coupées par mer par la flotte d'Hobart-Pacha. Doubioti, au commencement d'avril, passa en Thessalie, afin d'être compris dans l'amnistie dont on commençait à parler.

L'insurrection en Épire.

L'insurrection ne fut pas plus vivace en Épire qu'en Macédoine. Nous avons dit que sur le signal donné par le gouvernement grec elle avait éclaté dans les districts de Prevesa et de Souli, mais le mouvement ne fut pas sérieux et après la retraite de l'armée grecque il n'en fut plus question jusqu'au 25 février. Ce jour-là, Georges Stephanos, parti de Corfou avec 6,000 hommes, 3,000 fusils et 4 canons, débarqua en Épire entre Aïo-Sarantœ et Aïo-Georghi et souleva le district de Chimera. Le 28, Stephanos battit les Turcs à Klitsovo mais après divers petits combats indécis il fut enveloppé par des forces supérieures à Lycomesi. Sa troupe fut dispersée, Stephanos se fit jour, l'épée à la main, avec 50 des siens et se réfugia dans le couvent de Licoursi. Tout le reste fut tué, pris ou mis en fuite.

Les Turcs conduisirent 128 prisonniers à Janina. Ces malheureux étaient presque nus, sans chaussures, blessés pour la plupart et exténués par les fatigues de la route et les privations. On força l'un d'eux à porter en tête de ce convoi un drapeau grec, puis, au son de la musique militaire, on les promena dans toute la ville, en ayant soin de les faire passer sous le consulat hellénique. Le consul s'entendit avec ses collègues, et demanda satisfaction de l'outrage fait aux insignes de sa nation. Le pacha s'empressa de faire des excuses et de l'assurer que cette démonstration avait été faite à son insu.

Après cette affaire, les bachi-bouzouks parcoururent alors le pays soulevé et le dévastèrent. Les villages furent incendiés, les femmes et les enfants massacrés. La population épouvantée s'enfuit au bord de la mer où elle serait morte de faim si le *Rapid* de la marine anglaise et des paquebots du Lloyd autrichien et du Florio n'étaient allés les chercher. Ces scènes d'horreur se prolongèrent pendant plusieurs semaines et au mois de mai on écrivait encore au *Journal de Genève*, d'un village de l'Épire : « Dans les pauvres villages qui sont exposés à la férocité des Liapes (Turcs albanais) les crimes sont terribles. Tout ce que l'on peut dire et écrire sur la férocité de ces monstres n'est rien en comparaison de la réalité.

« Ces scènes qui sont communes au martyrologe grec, se renouvellent toujours dans cet infortuné pays où palpitent tant de cœurs généreux. Une femme qui était poursuivie par des Liapes féroces et qui ne voulait pas se livrer à eux, jeta premièrement son enfant dans le fleuve et se précipita après dans les flots. Une autre tenait ses deux petits garçons dans ses bras et serrée de près par les bachi-bouzouks s'élança dans la rivière de Casiolati imitant dignement l'exemple des Souliotes, ses sœurs, préférant la mort au déshonneur.

« Des femmes furent trouvées mortes, ayant les seins coupés ; on voit la nuit des hommes errer, cherchant les épouses, les filles, les sœurs qui manquent. Beaucoup n'ont pas même eu la dernière consolation d'enterrer leurs parents morts, les barbares les jettent à la mer ou dans le fleuve.

« La plus touchante abnégation distingue encore les pauvres et misérables habitants de ces lieux infortunés ; par ces actions on peut voir que les vertus grecques fleurissent même au milieu des ténèbres de l'ignorance et de la servitude. Tous les villages du pays de Riza (villages essentiellement chrétiens au nombre d'une vingtaine et pouvant avoir une population de huit à dix mille âmes), ont été pillés et incendiés, et leurs habitants, femmes, enfants et vieillards ont été impitoyablement massacrés.

« Personne ne peut assister aux scènes que je viens de vous décrire imparfaitement sans en être vivement ému. Les meilleures intentions du plus noble cœur disparaissent subitement devant un seul sentiment cruel, mais trop juste, le sentiment de la haine et de la vengeance. »

Les pays insurgés sont pacifiés par l'intervention de l'Angleterre

Ainsi, dès le mois d'avril, l'insurrection partout vaincue était expirante ; cependant les débris des bandes de la Thessalie s'étaient réunis dans le district montagneux d'Agrapha, d'où, adossés à la Grèce où ils pouvaient toujours passer en cas de nécessité extrême, ils auraient encore résisté longtemps. Dans l'Epire, deux bandes commandées par des officiers de l'armée hellénique, Lazaretto et Tritaki, tenaient toujours la campagne et l'Olympe n'était pas complétement soumis. L'Angleterre, qui avait arrêté la marche de l'armée grecque, intervint encore pour mettre fin aux inutiles dévastations dont la prolongation de l'insurrection était le prétexte.

Le 23 avril, le consul anglais de Salonique, M. Blunt, s'aboucha avec les chefs insurgés. Ils étaient tout disposés à mettre fin à une campagne qui n'avait désormais plus de but ; mais ils demandèrent que l'Angleterre leur donnât l'assurance que, s'ils déposaient les armes, ils ne seraient pas molestés. A cette demande, lord Salisbury répondit par dépêche, le 25, que M. Blunt « était autorisé à assurer aux chefs insurgés que la cause hellénique ne souffrirait aucun dommage s'ils suivaient les conseils du gouvernement britannique, et que l'Angleterre s'efforcerait d'obtenir du Congrès qu'il écoutât favorablement et exauçât les vœux de la Grèce. »

M. Layard eut de fréquents entretiens avec les autorités ottomanes qui exprimèrent le désir de satisfaire les Grecs ; et, sur la demande de l'ambassadeur, la Porte accorda aux insurgés une amnistie pleine et entière, et la remise de deux années d'impôts. En même temps, M. Wyndham obtint du gouvernement hellénique l'assurance qu'il userait de son influence pour amener la pacification des provinces. Les journaux grecs cessèrent en effet tout d'un coup de parler de l'insurrection, et les insurgés furent avisés qu'ils n'avaient plus aucun secours à attendre du royaume. Afin de pallier le mauvais effet que son attitude aurait pu produire sur les patriotes exaltés, le gouvernement eut l'habileté de laisser entendre que le sacrifice qu'il faisait en abandonnant ainsi complétement l'insurrection serait largement compensé par les faveurs dont la Grèce serait l'objet au Congrès. A la vérité, le langage de l'Angleterre autorisait cette espérance.

M. Merlin, consul anglais au Pirée, et M. Blunt furent chargés d'aller porter aux insurgés la nouvelle des actes de clémence de la Porte et les décider à déposer les armes. Les deux consuls arrivèrent le 1er mai à Loutro où les chefs étaient rassemblés et, après avoir déjeuné à l'ombre d'un mûrier, M. Merlin leur dit :

« Messieurs et chers commandants,

« Vous avez dû sans doute apprendre le but de notre mission. Le gouvernement britannique, mû par sa sollicitude bienveillante à l'égard de l'hellénisme dont il désire le bonheur et le progrès, nous a ordonné de nous procurer une entrevue avec vous. Nous vous conseillons de faire cesser l'effusion du sang et la ruine du pays, parce que le gouvernement britannique prévoit que si cet état de choses ne cesse pas, il pourra avoir de funestes conséquences pour les habitants de ces provinces et pour l'hellénisme. En conséquence nous venons, mon confrère M. Blunt, et moi, pour vous communiquer les désirs de notre gouvernement et nous avons l'espoir que nos conseils seront écoutés.

« Quant à la cause pour laquelle vous avez eu recours aux armes, nous vous conseillons d'en remettre la protection à la bienveillance de notre gouvernement et à celle des autres puissances européennes.

« Ainsi vous pourrez vous retirer sur le territoire de la Grèce libre, en recevant nos assurances qu'une amnistie complète sera accordée aux insurgés et que les habitants chrétiens auront la vie, l'honneur et les propriétés assurées. Vous pourrez être certains, que lorsque le gouvernement britannique vous promet cette sécurité par notre entremise, il prendra toutes les mesures nécessaires pour tenir sa parole. »

Les insurgés déclarèrent aux consuls qu'ils

LORD BEACONSFIELD (BENJAMIN DISRAELI)

étaient prêts à obéir aux désirs des consuls, aux conditions suivantes : 1° les promesses des consuls leur seraient données par écrit ; 2° elles s'étendraient sur les populations de l'Epire, de la Thessalie et de la Macédoine; 3° on leur accorderait un délai de 15 ou 20 jours pour qu'ils puissent communiquer leur décision à leurs confrères en Epire et Macédoine. M. Merlin refusa de donner copie de ses promesses et accorda les deux autres conditions.

La Porte fit lire dans toutes les villes et tous les villages le firman d'amnistie et elle ordonna le rappel des bachi-bouzouks qui avaient dévasté les provinces grecques. Les insurgés, de leur côté, se dispersèrent ; les volontaires retournèrent en Grèce, les indigènes rentrèrent dans leurs villages où il leur fallut rebâtir leurs maisons. Ces mesures ne laissèrent pas que de souffrir des exceptions ; quelques chefs refusèrent d'accepter l'amnistie et quelques bandes de bachi-bouzouks purent se soustraire aux ordres qui les expédiaient dans d'autres provinces, de sorte qu'il y eut encore des cas de résistance et des scènes de pillages dans les mois qui suivirent. Mais ces événements isolés furent sans influence sur l'état général du pays.

L'insurrection de Crète.

Les chrétiens formant les deux tiers de la population totale de la Crète (200,000 chrétiens contre 100,000 musulmans) avaient toujours joui de certains priviléges. A la suite de l'insurrection de 1866-67 ils furent confirmés et étendus par une loi, dite loi organique, qui donna à l'île d'une constitution spéciale. D'après cette loi, le sous-gouverneur était assisté par un sous-gouvernement composé en nombre égal de musulmans et de chrétiens; les populations contrôlaient l'impôt par l'organe de représentants nommés par le suffrage universel ; les représentants formaient les conseils particuliers de chaque district et, par leur réunion, le conseil général qui discutait les intérêts de l'île entière ; le personnel judiciaire était électif; la langue officielle était la langue grecque.

Selon l'expression d'Aali-Pacha, cette loi instituait en Crète « le régime politique et administratif du *self-government* dans la plus démocratique acception du mot. » Malheureusement elle fut appliquée par des musulmans et ceux-ci s'efforcèrent de l'éluder à leur profit en fortifiant le sous-gouvernement où il leur était facile d'obtenir la majorité au détriment du conseil général où ils étaient en minorité, en falsifiant les élections, en violant même ouvertement les dispositions de la loi. De là des plaintes incessantes et toujours vaines. Cependant, en 1875, Réouf-Pacha, alors gouverneur de l'île, reconnut le bien fondé des demandes des chrétiens, et promit à leurs représentants l'acceptation du plus grand nombre d'entre elles par la Sublime-Porte, s'engageant même à les appuyer en se transportant de sa personne, à Constantinople, s'il en était besoin. Mais cette promesse n'eut pas d'autres suites.

Lorsque la constitution élaborée par Midhat-Pacha fut promulguée en 1876, la Crète s'y trouva assimilée aux autres provinces ottomanes et ses priviléges implicitement détruits. Les Crétois protestèrent aussitôt et demandèrent, non-seulement le maintien du statut organique, mais encore sa modification en vue d'introduire l'égalité politique complète entre les chrétiens et les musulmans. La Porte ne tint aucun compte de cette protestation.

Au mois de mai 1877 eut lieu une assemblée générale des délégués chrétiens de l'île et on renouvela la protestation en adressant à la Porte les demandes suivantes qui ne tendaient à rien moins qu'à la constitution d'une petite république autonome sous la suzeraineté de la Turquie.

1° Application sincère du statut organique, selon les modifications qui ont été demandées l'an dernier et d'après lesquelles les employés d'administration, les éparques et les présidents des districts provinciaux doivent être élus sur la base du nombre proportionnel des chrétiens et des musulmans;

2° Election par la population d'un gouverneur général chrétien, dont la nomination serait ratifiée par le Sultan ;

3° Fixation d'un tribut annuel dont le chiffre serait fixé par un tribunal arbitral européen ;

4° Le statut organique, ainsi modifié, après avoir été sanctionné par le Sultan, sera placé sous la garantie des puissances européennes.

La Porte envoya en Crète Kadri-Bey avec un refus absolu d'approuver les modifications proposées. Les députés chrétiens au nombre de quarante-deux affectant de considérer ce refus comme le résultat d'une confusion passagère que ferait disparaître la bonne volonté du Sultan, se décidèrent au commencement de juillet à envoyer au Sultan un mémorandum contenant l'exposé détaillé de leurs griefs. Une difficulté surgit alors entre les députés chrétiens et le gouvernement de l'île, Samih-Pacha. Ce dernier demandait que le mémorandum, selon la loi, fût d'abord remis à lui-même pour qu'il pût l'envoyer à la Sublime-Porte, mais les députés refusèrent sa médiation, parce qu'ils craignaient que ce mémorandum n'eût le même sort que tant d'autres, c'est-à-dire n'arrivât pas à Constantinople.

On négocia pendant longtemps. Les chrétiens persistèrent et envoyèrent la note par un confident à Constantinople. En même temps une partie des députés se rendirent à Klima, dans le district d'Apocorona, et à partir du 10 août s'y établirent en comité permanent, disant qu'ils ne reconnaîtraient pas l'autorité turque avant d'avoir une réponse de Constantinople. Samih-Pacha fit son possible pour dissoudre cette assemblée qui avait une allure passablement révolutionnaire, mais tous ses efforts restèrent sans effet.

Les chrétiens se partagèrent en deux camps : les uns demandaient une levée de boucliers immédiate tandis que les autres, beaucoup plus nombreux, préféraient attendre un moment plus propice. Le comité de Klima devint tout naturellement le centre de ralliement des premiers et dans les premiers jours de septembre, on y débattit la question de savoir à quand serait fixée l'ouverture des hostilités. Une semaine après une trentaine de chrétiens, armés jusqu'aux dents, se présentèrent au village de Vari Petro, enlevèrent tous les bestiaux des Turcs et, sans provocation, assassinèrent deux musulmans. La nouvelle de ces deux meurtres se répandit dans toute l'île avec la rapidité de l'éclair et les Turcs, craignant une levée en masse des chrétiens, désertèrent leurs maisons de campagne et se réfugièrent dans les places fortes. Le moment était critique. Une agence télégraphique annonça même que l'insurrection avait éclaté sur toute la ligne.

Le parti des modérés, voyant que la lutte était inévitable, résolut de tenir, à son tour, une réunion dans la Canée, afin de dégager sa responsabilité et, après mûres délibérations, il adressa à notre gouverneur général l'adresse suivante :

A Son Excellence Sahmi-Pacha,

Nous venons porter à la connaissance de Votre Excellence que les membres de l'assemblée tenue à Klima d'Apocorona, nous ont invités à envoyer des représentants. Nous sommes heureux, Excellence, de vous faire part que non seulement nous n'avons pas accepté les propositions qui nous étaient faites, mais que nous avons demandé, en termes énergiques, la dissolution de l'assemblée de Klima. Nous avons à peine besoin d'ajouter que la fidélité dont nous faisons preuve ne nous dispense nullement de demander, ou au besoin d'exiger, l'exécution des réformes promises depuis deux ans aux membres de l'assemblée générale des Crétois chrétiens.

Nous prions Votre Excellence d'engager les musulmans qui ont quitté leurs foyers d'y retourner sans aucune crainte pour leur vie ou leurs biens.

(Suivent les signatures.)

Sahmi-Pacha donna l'ordre aux musulmans de rentrer dans leurs foyers et, se sentant appuyé par les chrétiens modérés, il somma le même jour l'assemblée de Klima d'avoir à se dissoudre dans les vingt-quatre heures. L'ordre était formel, et les membres menacés de terribles représailles en cas de désobéissance. L'assemblée de Klima répondit à la sommation du vali par l'adresse suivante :

Excellence,

La Sublime Porte nous a promis, il y a deux ans, la modification de la loi organique sur des bases pouvant établir une égalité parfaite des droits et devoirs pour les habitants chrétiens et non chrétiens de l'île. Nous constatons avec peine que le gouvernement impérial a refusé et refuse encore d'appliquer les réformes dont le besoin se fait si vivement sentir. Nous nous voyons forcés, Excellence, de redemander l'acceptation par le gouvernement des propositions formulées par notre assemblée générale.

Nous refusons catégoriquement de nous dissoudre avant d'avoir reçu la réponse de la Sublime-Porte, et si, par malheur, cette réponse était un refus, il ne nous resterait plus qu'à vous prier de ne pas nous rendre responsables des malheurs sans nombre qui pourraient en résulter.

Comme pour donner plus de poids à ces menaces, le même jour deux gendarmes étaient tués à Anoskelli. Samih-Pacha n'osa pas punir cette agression parce qu'au moment même où il aurait eu besoin de renforts pour étouffer les germes de révolte qui se développaient à vue d'œil dans l'île, il venait de recevoir l'ordre d'embarquer toutes ses troupes régulières et de les expédier en Bulgarie. La milice recrutée parmi la population musulmane devait veiller à la sécurité de la Crète.

Samih ne se pressa pas d'exécuter cet ordre. Il télégraphia plusieurs fois à Constantinople, signalant le danger qu'il y aurait à faire partir les troupes, et il ajouta qu'en laissant l'île sans soldats on s'exposait à une insurrection qui pourrait chasser les autorités turques. Ces observations ne furent pas écoutées par la Sublime-Porte, parce qu'on avait un besoin extrême de troupes et Samih-Pacha dut s'exécuter; les garnisons de l'île de Crète furent embarquées et transportées en Bulgarie. Le gouverneur fut consolé par la promesse qu'on lui enverrait d'autres troupes, venant de l'Egypte ou de Tunis; mais cette promesse ne fut naturellement pas tenue.

Pendant ce temps les mécontents, réunis dans le district d'Apocorona, perdaient patience en voyant que, bien qu'elle eût dû éviter toute complication nouvelle, la Porte ne donnait aucune réponse à leur mémorandum. Le rappel des troupes turques surexcita d'autant plus leur audace que, pendant le mois de novembre, quelques vaisseaux grecs avaient réussi à débarquer de l'argent, des armes et des munitions pour l'insurrection. Toutes ces circonstances contribuèrent à donner du courage au comité de Klima et il lança appel à toute la population de l'île, aussi bien aux mahométans qu'aux chrétiens. Cet appel, imprimé à Athènes, et distribué dans les premiers jours de décembre par milliers, avait pour but de gagner une grande partie de la population mahométane pour l'insurrection. Le mahométan y était dépeint avec emphase; on disait que ses aïeux avaient été chrétiens et qu'ils n'avaient été forcés d'embrasser l'islam que par la conquête de l'île par les Turcs. La fin de la proclamation était conçue en ces termes :

> Chers concitoyens musulmans, nous sommes tous les enfants d'une même patrie. Ce n'est pas seulement la langue qui vous allie à nous, mais aussi les mœurs, les usages, avant tout la commune origine. Si vous réfléchissez bien, vous verrez qu'il est de votre intérêt de vous joindre à nous pour acquérir d'un commun accord nos droits.

Pendant quinze jours on attendit l'effet de cette proclamation. Mais l'effet fut nul. Parmi la population mahométane on ne vit aucun symptôme qui annonçât qu'une partie des mahométans se mettrait du côté des chrétiens. Après que les mécontents réunis à Apocorona furent persuadés qu'on ne pouvait espérer aucun appui de leur part, ils firent eux-mêmes un pas de plus. On organisa à Klima un comité insurrectionnel qui décida trois choses : 1° la création d'un gouvernement chrétien pour l'île; 2° la nomination d'un commandant en chef qui dirigerait les opérations militaires des insurgés; 3° la distribution des armes disponibles aux chrétiens réunis dans le district d'Apocorona. Le comité estimait que le nombre de ces derniers était de 8,000 hommes.

Il devint évident alors pour tout le monde que l'insurrection allait éclater. Les chefs les plus célèbres de l'insurrection de 1866, Criaris, Hadji-Mikhali, Milonoyaki, Ploumi, reparurent les uns après les autres. L'un d'eux, Cokini, fut arrêté à Mirabello au moment où il débarquait, mais la disparition d'un chef devait être sans influence sur une insurrection qui en avait trop. Le signal des hostilités partit d'Apocorona, d'où les chrétiens chassèrent les autorités musulmanes. Puis un navire ayant débarqué des armes et des munitions, 1,500 Crétois marchèrent sur le chef-lieu de la province de Sphakia et en expulsèrent le préfet et la garnison turque. De là ils marchèrent sur le fort Izzeddin, situé en face de la Souda, mais ils ne purent s'en emparer et se retirèrent en incendiant deux fortins.

La Porte effrayée s'empressa d'envoyer en mission extraordinaire le mustechar de la justice, Costaki-Adossidès, qui avait laissé les meilleurs souvenirs dans l'île au temps où il était mutessarif de Lassithi. Costaki devait essayer de circonscrire la révolution en promettant aux Crétois la satisfaction de leurs vœux. Mais il était trop tard. L'insurrection se répandit partout en silence comme une inondation qui envahit le sol sans grand bruit. Des chefs se présentèrent sur divers points; d'autres acceptèrent l'argent qui leur était offert pour faire la guerre et faire en même temps une bonne affaire. Il y avait de l'argent en abondance; il venait, dit-on, des Grecs opulents qui résident dans les grandes villes commerciales. Des munitions et des vivres arrivèrent également dans l'île, apportés d'une façon régulière par des navires venus de Grèce.

La Crète est une île de trois cent cinquante kilomètres de long, traversée dans toute son étendue par une épaisse chaîne de montagnes dont les ramifications la couvrent tout entière. C'est donc un terrain éminemment favorable à une insurrection et le gouverneur général ne disposant plus que de 2,000 hommes de troupes ne pouvait songer à se mesurer avec les insurgés. Il leur abandonna donc l'intérieur de l'île, où le gouvernement insurrectionnel (Epitropie) substitua peu à peu son autorité à l'autorité musulmane, et se contenta de distribuer ses forces dans les principales villes du littoral, la Canée, Rethymno, Héraclion et dans les forts construits le long de la côte. Il serait fastidieux d'énumérer tous les petits combats qui se livrèrent dans les mois de janvier et de février et se terminèrent généralement par la retraite des deux adversaires; les Turcs allant se mettre sous la protection de leurs ouvrages fortifiés et les insurgés n'ayant plus de munitions pour continuer à combattre. Bornons-nous à constater qu'au mois de mars 1878, les Turcs étaient assez étroitement bloqués dans les diverses positions qu'ils

LA FLOTTE ANGLAISE MOUILLÉE DEVANT LES ILES DES PRINCES

occupaient ; mais les insurgés s'étaient, comme dans l'insurrection de 1866, montrés incapables de réunir leurs efforts sous un chef commun, et aucune entreprise n'avait pu être tentée contre les forteresses turques à cause de leur fractionnement par petites bandes qui refusaient de se prêter mutuellement aide et secours.

A cette époque les consuls de la Canée, sur l'ordre de leurs gouvernements, s'interposèrent entre le gouvernement général et les insurgés et en conseillant à ces derniers de remettre le soin de leur cause au congrès, obtinrent de leurs chefs la signature de l'engagement suivant :

« Ayant pris connaissance des propositions qui nous ont été faites et les ayant acceptées, nous affirmons sur notre parole d'honneur militaire que :

« 1° Liberté pleine et entière sera accordée aux troupes de S. M. le Sultan, actuellement dans l'ile, de se ravitailler.

« 2° Les différents corps insurgés garderont la défensive sur tous les points et ce, conformément à la déclaration faite à MM. les représentants des puissances chrétiennes.

« 3° La vie, les biens et l'honneur des musulmans seront respectés.

« Les musulmans s'engagent de leur côté :

« 1° A assurer la libre communication entre les villes et les villages.

« 2° A respecter la vie, les biens et l'honneur des chrétiens.

« 3° A ne pas recommencer les hostilités sans nous prévenir dix jours à l'avance.

« Si ces conditions ne sont pas respectées par les Turcs, nous nous verrons dégagés de nos engagements et nous recommencerons la lutte.

« Les frères bien-aimés de la Canée sont priés de rappeler à MM. les consuls que, tous tant que nous sommes, nous resterons en armes jusqu'à ce que le Congrès ait statué sur notre sort. »

Malheureusement l'article 1er de la convention, dès les premiers jours, donna lieu à des malentendus. Non-seulement les Turcs en profitèrent pour se ravitailler, mais encore pour recevoir des renforts en hommes expédiés de Constantinople et avec lesquels n'avait pas compté l'insurrection jusque-là victorieuse. Les chrétiens avaient donc tout à perdre à maintenir cette convention, et elle ne fut pas respectée, grâce à l'élasticité de la clause concernant la vie, l'honneur et les biens des chrétiens.

Le 24 mars, les hostilités recommencèrent et un sanglant combat fut donné le 26 aux environs d'Alikiano ; le général en chef turc Osman-Nourri-Pacha y fut repoussé avec 6.000 hommes par les chefs Hadji-Mikhali, Criaris et Corkidis qui n'en avaient que 1,000.

La Porte détacha de nouveaux renforts de son armée de Constantinople et porta à 10 ou 12,000 hommes le chiffre des troupes de l'ile. Elle nomma même un de ses meilleurs généraux, Mehemet-Ali, commandant de cette armée ; mais Mehemet-Ali fut retenu en Turquie par d'autres soins et l'armée se trouva encore insuffisante pour réprimer l'insurrection. L'Angleterre, qui était parvenue à mettre fin à l'insurrection de la Thessalie offrit également ses bons offices à la Crète, mais elle fut moins heureuse parce que, contrairement à ce qu'elle avait trouvé en Thessalie, il y avait une véritable insurrection crétoise dont le personnel était fourni par des Crétois et non par des étrangers et qu'aucune défaite ne l'avait affaiblie.

A la fin du mois de mai, M. Sandwith, consul anglais à la Canée obéissant aux instructions de M. Layard, se rendit dans la province d'Apocorona pour conférer avec les chefs militaires réunis aux membres de l'assemblée crétoise. M. Sandwith déclara que la Porte était disposée à accorder l'amnistie pleine et entière à tous les insurgés et à faire des réformes administratives dans toute l'ile, si les insurgés déposaient les armes. Pour toute réponse, les chefs militaires et les membres du gouvernement provisoire remirent à M. Sandwith un décret insurrectionnel proclamant la déchéance de l'autorité turque et l'institution d'un gouvernement provisoire jusqu'à l'annexion de l'ile à la Grèce. Cependant il fut convenu que le consul télégraphierait à M. Layard que les Crétois exigeaient avant l'ouverture de négociations ultérieures, la conclusion d'un armistice net et formel entre les Crétois et les Turcs. La Porte refusa cette dernière condition et la guerre continua.

Enfin, au moment où le congrès se réunit à Berlin, le gouvernement provisoire remit aux consuls des différentes puissances et transmit à M. de Bismarck, pour être soumis au congrès, un mémorandum adopté à l'unanimité par l'Assemblée crétoise. Ce mémorandum rappelait les faits historiques de l'ile et démontrait que le peuple crétois ne serait tranquille, heureux et prospère que lorsque la Crète aurait réalisé son annexion à la Grèce. Il terminait en disant que la question crétoise intéressait l'Europe qui devait désirer la fin des luttes périodiques et sanglantes dont la Crète était le théâtre.

Conséquences matérielles et politiques de l'insurrection des provinces grecques de Turquie.

La Crète souffrit peu de l'insurrection, celle-ci y ayant été immédiatement triomphante, mais certains districts de la Thessalie et de l'Épire furent complétement ravagés et se trouvèrent changés en désert. 35,000 personnes avaient émigré en Grèce pour échapper au sabre des guègues et des bachi-bouzouks ; malgré la générosité nationale, elles souffrirent toute espèce de privations et les maladies firent beaucoup de victimes parmi elles. Les survivants en rentrant dans le pays qu'ils avaient fui trouvèrent leurs maisons détruites, leurs bestiaux enlevés ; les champs ensemencés étaient ravagés, les semailles du printemps n'avaient pas été faites ; aucun espoir de moisson. La misère fut affreuse.

Ces tristes conséquences de l'insurrection firent maudire le nom de M. Comoundouros qui en était responsable. Cependant, si indélicate que l'on puisse trouver sa politique, les Hellènes devront de la reconnaissance à cet homme d'État, car cette politique valut à la Grèce une faveur telle qu'elle n'en avait jamais eue en Europe. Tout occupée des Bulgares, des Serbes, des Roumains, et de la lutte entre la Russie et la Turquie, l'Europe avait en quelque sorte oublié les Grecs ; l'insurrection rappela son attention sur eux précisément au moment où elle était en quête d'une barrière contre les envahissements slaves qui pût remplacer la Turquie effondrée. Tant que la Turquie avait présenté des apparences de durée, on avait contenu les Grecs qui aspiraient à la détruire pour en obtenir un débris ; maintenant qu'elle était détruite, les Grecs s'offraient pour la remplacer dans le rôle pondérateur que les puissances lui avaient assigné en Orient et l'opportunité de cette offre amena un revirement complet dans les sentiments de l'Europe envers eux. Constantinople donnait le spectacle d'une irrémédiable décomposition ; Athènes témoignait d'un progrès continu. L'Angleterre, de si mauvaise humeur contre la Grèce pendant la guerre, prit en main sa cause et presque toute la presse européenne se mit tout d'un coup à la défendre avec une extraordinaire sympathie. Ce devint un thème courant dans les journaux qu'il fallait donner au royaume des frontières naturelles et réparer l'injustice commise en 1830 par la conférence de Londres.

« Le but du congrès est, disaient les journaux, de constituer en Turquie et dans la péninsule des Balkans en particulier un état de choses durable et qui présente des garanties sérieuses de stabilité et de paix. Or, il n'est pas possible d'atteindre ce but sans le concours de l'élément hellénique. Il est le plus instruit, le plus actif, le plus intelligent de tout l'Orient, où il est appelé à répandre la civilisation ; c'est donc à lui que doit être faite la plus grande et la meilleure part dans les remaniements territoriaux que les derniers événements ont rendus inévitables ; en agrandissant le royaume de Grèce, on lui donne des forces, on lui rend la vie plus facile, on le met à même de jouer en Orient un rôle qui ne pourra avoir que d'excellents résultats pour le maintien de la paix en Europe et pour le progrès et l'émancipation intellectuelle des peuples de l'Orient. » On alla jusqu'à démontrer que l'empire ottoman lui-même n'aurait qu'à gagner à avoir pour voisine une Grèce forte et prospère dont les enfants, au lieu d'être un élément d'inquiétude et de trouble dans son sein, deviendraient ses auxiliaires fidèles contre les empiétements des Slaves.

La Grèce se présenta donc au Congrès dans des conditions tout à fait exceptionnelles, qui étaient en grande partie le résultat de l'habileté de son gouvernement. Mazzini disait qu'il fallait empêcher la prescription des causes politiques, fût-ce même par des entreprises condamnées d'avance. Le mérite de M. Comoundouros fut de deviner quel était le meilleur moment pour faire une de ces folies, et il eut le bonheur de la voir réussir au delà de toute espérance.

L. — DE LA SIGNATURE DE L'ARMISTICE A LA SIGNATURE DE LA PAIX. LE TRAITÉ DE SAN-STEFANO

La flotte anglaise devant Constantinople.

Sitôt que la signature de l'armistice fut connue, le gouvernement austro-hongrois proposa aux grandes puissances de se réunir pour examiner les préliminaires de paix débattus à Andrinople. Voici en quels termes, à la date du 5 février, le comte de Beust transmettait à lord

Derby l'invitation de son gouvernement pour cette réunion qui devait avoir lieu à Vienne :

L'Autriche-Hongrie, en sa qualité de puissance signataire des actes internationaux qui ont eu pour objet de régler le système politique en Orient, a toujours réservé, en présence de la guerre actuelle, sa part d'influence sur le règlement définitif des conditions de la paix future.

Le gouvernement impérial de la Russie, auquel nous avons fait part de ce point de vue, l'a pleinement apprécié.

Aujourd'hui que des préliminaires de paix viennent d'être signés entre la Russie et la Turquie, le moment nous semble venu d'établir l'accord de l'Europe sur les modifications qu'il deviendrait nécessaire d'apporter aux traités susmentionnés.

Le mode le plus apte à amener cette entente nous paraît être la réunion d'une conférence des puissances signataires du traité de Paris de 1856 et du protocole de Londres de 1871. Nous espérons qu'on nous saura gré de prendre l'initiative en cette circonstance.

Je suis donc chargé d'inviter le cabinet de Saint-James à vouloir bien participer à une conférence des puissances signataires des actes internationaux susmentionnés.

La nature particulièrement amicale des relations réciproques fait espérer au gouvernement de l'empereur et roi que le gouvernement de la reine n'aura pas d'objection contre la réunion de la conférence à Vienne.

Lord Derby lui répondit le 7 février que le gouvernement de la reine acceptait cette invitation. L'idée de réunir la conférence à Vienne fut toutefois bientôt abandonnée, et c'est Bade qui fut alors proposé par l'Autriche et accepté par les grandes puissances pour la réunion de leurs plénipotentiaires. Mais la correspondance diplomatique échangée entre les cours à ce sujet fut brusquement interrompue par un grave événement.

La diplomatie russe s'entoura d'autant de mystères après qu'avant la signature de l'armistice. Elle commença par tenir secret le texte même de l'armistice et des préliminaires de paix ; soit insuffisance des courriers, soit mauvaise volonté de la part des Russes, la Porte n'en eut connaissance que huit jours après, et les deux documents ne parurent au journal officiel russe que le 15 février. Tout le monde ignorait donc que par l'armistice la Russie s'était fait livrer Buyuk-Tchekmedjé et Derkos, c'est-à-dire la ligne fortifiée de Constantinople à laquelle la Porte avait fait travailler depuis le commencement de la guerre. Aussi, le 7 février, l'Europe apprit-elle avec stupeur que les Russes marchaient sur Constantinople et sur Gallipoli. L'interruption des lignes télégraphiques coupées par les Russes à la suite des opérations militaires, ou pour des motifs politiques, mit le comble à l'émotion générale, car pendant plus de trente-six heures les dépêches adressées à Constantinople de Londres ou Paris restèrent sans réponse. Tout le monde crut qu'à l'abri de cette étrange situation les Russes étaient entrés à Constantinople. Voici comment se répandit cette nouvelle qui causa en Angleterre une violente impression de surprise et de colère et qui précipita cette puissance dans la voie des résolutions énergiques.

Le 6 février, le ministère anglais reçut une dépêche de M. Layard, datée du 5 février, et venue par la voie de Bombay et d'Alexandrie, annonçant que, *malgré l'armistice*, les troupes russes continuaient à s'avancer vers Constantinople et occupaient soit les positions fortifiées formant les lignes de défense de cette ville, soit divers points stratégiques sur la mer de Marmara. Il faut bien remarquer ces mots : malgré l'armistice. Au moment où M. Layard les écrivait, la Porte, comme nous l'avons dit, ignorait les termes de cet armistice et ne comprenait rien à la marche des Russes. Le lendemain, par une nouvelle dépêche, M. Layard confirmait ses informations en les précisant. Le contenu en transpira aussitôt dans le public et le bruit se répandit dans Londres et de là dans toute l'Europe que les Russes étaient entrés à Constantinople. Il est facile de comprendre l'immense émotion qu'il provoqua dans le public et dans le Parlement anglais. Depuis cinq jours, la Chambre des communes discutait la demande de subsides présentée par le ministère, M. Forster avait déposé un amendement contraire au vote de ces subsides, les débats traînaient en longueur, la Chambre était indécise, la victoire du ministère douteuse.

La nouvelle venue de Constantinople fut un coup électrique qui changea tout. Dans le feu de la surexcitation première, M. Forster retira son amendement. La Chambre des communes semblait agitée par un mouvement général de patriotisme, et l'un de ses membres, M. Cowen, souleva des acclamations unanimes en s'écriant : « En présence d'une situation entièrement modifiée, il ne doit plus y avoir ni libéraux, ni radicaux, ni conservateurs ; il ne doit y avoir que des Anglais, unis vis-à-vis de l'étranger. Il ne suffit pas de retirer un amendement. Il faut voter à l'unanimité non-seulement 6 millions, mais, au besoin, 26 millions de livres sterling. »

Mais ce bel enthousiasme dura peu. Au moment où les esprits paraissaient le plus échauffés, sir Stafford Northcote fit à la Chambre une communication qui détruisit l'unanimité de ses membres et fit reparaître l'opposition avec toutes ses petitesses, toutes ses rancunes, toutes ses erreurs antinationales. Lord Derby venait de recevoir du comte Schouvalof une note ainsi conçue :

« L'ambassadeur de Russie ayant demandé à son gouvernement s'il était vrai que l'armée russe marchât

communes et, le lendemain, les subsides furent votés par 328 voix contre 124.

Fort de cette imposante majorité de 204 voix, certain d'être appuyé par l'opinion dans le pays, le ministère envoya de nouveau à la flotte mouillée à Besika, l'ordre de se rendre devant Constantinople. Le prétexte de cette mesure d'où faillit

LE GÉNÉRAL IGNATIEF REMETTANT AU GRAND-DUC NICOLAS LE TEXTE DU TRAITÉ DE SAN-STEFANO APRÈS LA SIGNATURE

sur Constantinople *et eût pris* une position fortifiée faisant partie de la ligne de défense de cette ville, le prince Gortchakof lui a répondu de la manière suivante :

« L'ordre a été donné aux commandants militaires
« russes de suspendre les hostilités sur toute la ligne
« en Europe et en Asie. Il n'y a pas un mot de vrai
« dans les *rumeurs* qui vous sont arrivées. »

Si vague que fût ce démenti, les membres les plus ardents de l'opposition s'en contentèrent, et au mouvement général de patriotisme qui avait signalé le début de la séance, succéda un déchaînement passionné contre M. Layard. Mais les chefs de l'opposition ne parvinrent pas à dominer l'émotion qui s'était emparée de la Chambre des

sortir la guerre, était la nécessité de protéger les Anglais qui étaient dans cette ville, le motif réel était le désir de surveiller les actions des Russes aux abords de la capitale turque et de leur apprendre par cette sorte de défi que l'Angleterre était résolue à ne pas se laisser jouer par eux. Il est bon d'ajouter que le bruit circulait avec persistance que, par une clause secrète de l'armistice, les Russes avaient exigé et obtenu l'entrée d'une partie de leur armée dans Constantinople. La défiance était donc bien naturelle, si naturelle que l'Autriche et l'Italie firent demander en même temps que l'Angleterre un firman d'autorisation pour envoyer leur flotte à Constantinople.

Le 9 février, l'amiral Hornby se présenta devant les Dardanelles. Quelques jours auparavant, lorsque la flotte avait reçu pour la première fois l'ordre d'aller à Constantinople, la Porte avait accordé un firman lui permettant le passage du détroit. L'amiral croyait ce firman toujours valable; mais en quelques jours les esprits avaient bien changé en Turquie : par une réaction dont nous avons expliqué les motifs, on en était venu à rendre l'Angleterre responsable de tous les malheurs de l'empire ottoman et à la haïr bien plus violemment que la Russie. Le commandant du fort Sultaniéh déclara qu'il n'avait pas d'ordre pour laisser franchir le détroit et l'escadre anglaise, indécise et craignant quelque malentendu, retourna à Besika pour lui laisser le temps de demander des instructions à Constantinople. Cette fausse manœuvre jeta quelque ridicule sur l'Angleterre à un moment où son crédit était déjà au plus bas en Turquie. Dès le lendemain, tout le monde put voir à tous les coins de rue de Péra et Galata de larges affiches en lettres d'imprimerie où on lisait : « Il a été perdu une flotte entre la baie de Besika et Constantinople. Récompense à qui la retrouvera. » Plusieurs exemplaires de ces placards furent collés sur les murs de l'ambassade d'Angleterre, et un autre envoyé sous enveloppe à M. Layard même.

Le gouvernement turc s'empressa de protester contre la résolution du cabinet anglais de faire pénétrer sa flotte dans la mer de Marmara. Server-Pacha télégraphia à l'ambassadeur ottoman à Londres : « Le gouvernement britannique donne pour motif à cette mesure la nécessité où il se trouverait de protéger la vie et les biens des sujets anglais.

« Or, ce motif ne saurait se justifier d'aucune manière. En effet, non-seulement l'ordre et la sécurité n'ont jamais été troublés dans la capitale, mais en général, il n'y a rien qui puisse les menacer; et sous l'égide tutélaire de Sa Majesté Impériale le Sultan, toute la population de Constantinople, indigène comme étrangère, jouit de la plus parfaite tranquillité.

« Le gouvernement anglais peut être persuadé que la Sublime-Porte continuera à n'épargner aucune mesure pour assurer le repos général et la tranquillité publique dans la capitale.

« Je prie donc Votre Excellence de faire les démarches nécessaires auprès du cabinet de Saint-James pour le décider à revenir sur une mesure qui, par sa nature et son caractère, pourrait provoquer de graves complications. »

A cette dépêche, lord Derby répondit, le 12, que le gouvernement de la Reine était convaincu du bon vouloir du sultan; mais qu'ayant été prévenu que l'on avait des troubles à redouter dans certaines éventualités à Constantinople, le gouvernement ne devait pas laisser ses sujets exposés à de pareils dangers sans les couvrir de la protection de son drapeau. Or, le retard occasionné par la nécessité d'obtenir l'autorisation pour le passage, l'interruption possible des lignes télégraphiques et la distance qui sépare les Dardanelles de Constantinople, obligeaient la flotte à se rapprocher de la capitale afin de n'avoir pas à subir des retards qui pourraient être irréparables. En conséquence, de nouvelles instructions furent envoyées à l'amiral Hornby avec ordre de forcer le passage par le canon si les ouvrages turcs tentaient de s'y opposer.

Le 14 février au matin l'escadre s'engagea dans le détroit; les autorités turques se bornèrent à protester. Les cuirassés l'*Alexandra*, l'*Achillés*, le *Sultan*, le *Téméraire* et le *Salamis* vinrent mouiller près des îles des Princes en face de Constantinople; l'*Azincourt* et le *Swiftsure* restèrent à Gallipoli, l'*Hotspur*, le *Ruby*, la *Dévastation* et le *Raleigh* à Bezika pour assurer les communications de l'escadre. Outre ces vaisseaux, des bâtiments d'une moindre dimension, l'*Antilope*, le *Flamingo*, le *Torch*, le *Basilisk* et le *Cygnel* stationnèrent dans le Bosphore où à l'entrée de la mer Noire, pour surveiller le détroit et se tenir à la disposition de l'ambassadeur et des consuls anglais.

Jusqu'alors les Russes n'avaient fait que mettre à exécution les clauses de l'armistice et leur intention n'était point d'entrer à Constantinople contre la volonté formelle de la Turquie et de l'Europe, mais la nouvelle de l'envoi de la flotte anglaise devant cette ville modifia leur façon de voir, et le 10, le prince Gortchakof télégraphia aux ambassadeurs de Russie près les cours de Berlin, de Vienne, de Paris, de Londres et de Rome, la dépêche suivante :

> Le gouvernement britannique, sur les rapports de son ambassadeur à Constantinople, s'est décidé à profiter d'un firman précédemment obtenu, pour diriger une partie de sa flotte sur Constantinople afin de protéger la vie et la sécurité des sujets britanniques. D'autres puissances ont adopté la même mesure pour la protection des intérêts de leurs nationaux. L'ensemble de ces circonstances nous oblige à aviser de notre côté aux moyens de protéger les chrétiens dont la vie et les propriétés seraient menacées, et afin d'obtenir ce résultat nous devons avoir en vue l'entrée d'une partie de nos troupes dans Constantinople.

Des ordres en conséquence furent envoyés au

grand-duc Nicolas, et M. Onou, l'ancien premier drogman de l'ambassade russe à Constantinople, fut chargé d'aller prévenir le Sultan que la Russie se voyait dans la nécessité d'occuper provisoirement sa capitale.

Les rapports devinrent extrêmement tendus entre la Russie et l'Angleterre à la suite de la dépêche du prince Gortchakof; l'inquiétude fut immense en Europe et le public crut la guerre imminente. Lord Derby, dans une conversation qu'il eut le lendemain avec le comte Schouvalof, ambassadeur russe à Londres, lui demanda si l'Angleterre devait considérer l'entrée des troupes russes à Constantinople comme une mesure qui la visait personnellement : « Je serais bien aise, dit-il, d'avoir des explications plus précises et plus claires au sujet du sens de cette dépêche, afin de savoir si l'intention du gouvernement russe, en faisant entrer ses troupes à Constantinople, est de protéger les chrétiens qu'il considérait comme étant en danger, ou si c'est purement une question d'honneur militaire pour lui que si l'Angleterre ou d'autres nations étrangères arborent leurs drapeaux à Constantinople il faut que la Russie y puisse déployer aussi le sien. »

Le prince Gortchakof choisit naturellement des deux motifs qu'exposait lord Derby celui qui n'avait aucun caractère agressif contre l'Angleterre :

Le gouvernement anglais, répondit-il le 13, ayant annoncé qu'il était sur le point d'envoyer à Constantinople un détachement de sa flotte dans le but de protéger la vie et la propriété de ses sujets qui pourraient bien être en danger, suivant les rapports qui lui sont parvenus, le gouvernement russe, précisément dans le même but, avait l'intention de faire occuper provisoirement Constantinople par une partie de ses troupes, avec la différence, toujours, qu'il accordera en cas de nécessité sa protection à toute la population chrétienne en général. Les deux gouvernements rempliraient, par conséquent, un devoir commun d'humanité. Cette entreprise, pacifique de sa nature, ne pourra avoir aucun caractère de mutuelle hostilité.

Le gouvernement anglais répudia absolument toute analogie entre l'envoi de sa flotte et l'entrée des troupes russes. La différence des deux procédés était, du reste, si bien marquée qu'il y avait quelque puérilité de la part de la Russie à vouloir les assimiler l'un à l'autre. Dans le premier cas, les navires de guerre d'une puissance amie étaient envoyés tout près de la ville, dans le but de donner aux sujets anglais la protection qu'ils pourraient réclamer de leur gouvernement en cas de besoin ; dans le second cas, les troupes d'une puissance ennemie voulaient entrer dans la même ville en violant l'armistice, au risque d'occasionner des désordres et de créer justement ce danger auquel le gouvernement russe prétendait parer. « Le gouvernement de Sa Majesté, dit donc lord Derby, ne peut par conséquent admettre que l'envoi de la flotte ait quelque analogie avec l'entrée des troupes russes, mesure qui est, dans son opinion, inutile, sans nécessité militaire, et dont les conséquences peuvent être funestes à toute la population de Constantinople. »

Le gouvernement russe n'insista pas davantage ; et, comme nous le dirons plus loin, sur une demande directe de la Porte, il renonça à un projet gros de complications de toutes sortes où il aurait couru gratuitement des risques considérables.

Le secret impénétrable dont s'enveloppaient et la diplomatie et les chefs militaires russes entretenait en Europe une inquiétude, un état d'esprit éminemment propice à la propagation des bruits pessimistes. C'est ainsi qu'après avoir annoncé l'entrée de Skobelef à Constantinople, on annonça que Gourko marchait sur Gallipoli et que ce général d'accord avec les Turcs allait mettre hâtivement en état les fortifications des Dardanelles, fermer le détroit et cerner la flotte anglaise dans la mer de Marmara comme dans une souricière. Si absurde que fût cette rumeur, le gouvernement anglais s'en émut, tant l'incertitude déroutait alors les esprits. Lord Derby télégraphia le 13 février à lord Loftus :

Foreign-Office, 13 février 1878.

Milord, dans le cours de la conversation que j'ai eue avec l'ambassadeur de Russie cette après-midi sur la situation actuelle des affaires, j'ai profité de l'occasion pour exprimer l'espérance sérieuse, de la part du gouvernement, que la Russie ne fera aucun mouvement de troupes, soit vers Gallipoli, soit de nature à menacer les communications de la flotte anglaise. Tout mouvement de ce genre, ai-je ajouté, serait considéré en Angleterre comme compromettant la sécurité de la flotte, et, dans l'état actuel de l'opinion publique, je ne répondrais pas des conséquences, qui pourraient être très-graves.

La Russie, qui n'avait d'autre but que de recueillir les fruits de sa victoire, ne songeait guère alors à s'attirer des embarras sur les bras. Aussi donna-t-elle pleine satisfaction à l'Angleterre par la note suivante, que le comte Schouvalof remit au chef du Foreign-Office :

Londres, 18 février.

Le prince Gortchakof m'autorise, par télégraphe, à déclarer à Votre Excellence que le cabinet impérial maintient sa promesse de ne pas occuper Gallipoli ni d'entrer dans les lignes de Boulair.

Le cabinet impérial s'attend en échange à ce qu'aucune troupe anglaise ne soit débarquée sur la côte d'Asie ou d'Europe.

Le gouvernement anglais donna au gouvernement russe l'assurance qu'il réclamait et l'incident fut clos.

C'est le 13 février que M. Onou arriva à Constantinople et il se présenta chez le ministre des affaires étrangères Server-Pacha en même temps que les drogmans des ambassades d'Angleterre et d'Autriche. M. Onou fit savoir que l'armée russe entrerait dans Constantinople si la flotte anglaise se présentait devant la ville ; le drogman de l'ambassade d'Angleterre annonça que la flotte anglaise forcerait le passage des Dardanelles si on ne lui accordait pas le firman d'autorisation; le drogman de l'ambassade d'Autriche demanda pour la flotte autrichienne un firman l'autorisant également à pénétrer dans la mer de Marmara.

Le ministre des affaires étrangères ayant soumis son rapport sur les demandes de l'Angleterre et de l'Autriche, le Sultan délibéra avec lui et avec Ahmed-Véfik, président du Conseil (1), sur la question de savoir s'il fallait accorder le firman. Ahmed-Véfik était d'avis qu'il ne fallait pas le refuser. Il prétendait que la présence de la flotte anglaise, bien armée, ne pouvait être que d'une grande utilité pour la Turquie, en exerçant une certaine influence sur le cours des négociations de paix. Il ajoutait qu'il y avait des précédents, puisqu'en 1811 et en 1835 des escadres étrangères avaient pénétré, sans en être empêchées, jusqu'à la Corne-d'Or. A l'égard de l'Autriche, les deux ministres se prononcèrent négativement.

Le Sultan, profondément ému, ne disait mot, mais lorsque Server-Pacha lui eût fait connaître les instructions dont M. Onou était muni, il pâlit et fut saisi de la plus vive douleur. Server et Véfik firent de vains efforts pour consoler l'infortuné souverain. On se décida enfin à convoquer un grand conseil et à y faire entrer, outre les ministres en fonction, les anciens grands vizirs, les pachas, les ouléınas les plus éminents, les hauts dignitaires, les présidents de la Chambre et du Sénat, un grand nombre de députés et toute la voukéla, c'est-à-dire la haute aristocratie de l'Etat. Les aides de camp et les officiers d'ordonnance du Sultan se dispersèrent dans toutes les directions pour appeler les personnages qui avaient été désignés pour prendre part à ce grand conseil.

Quelques heures plus tard le conseil était réuni. Il était composé de 75 membres. Pendant le temps qu'on avait mis pour le rassembler, le Sultan s'était retiré avec son aide de camp Mehmed-Pacha dans un salon où il s'était fait apporter des cartes en relief des environs de Constantinople. Il examinait ces cartes avec la plus grande attention, voulant savoir par lui-même s'il n'y avait pas moyen d'arrêter les Russes dans leur marche en avant.

Avant que le Sultan se rendît au grand conseil, Server-Pacha lui fit un exposé de la situation. A l'ouverture de la séance, Abdul-Hamid donna lecture de cet exposé d'une voix tremblante et qu'on entendait à peine. L'assemblée écouta en silence. Le Sultan, après lecture faite, dit : « Ce n'est pas moi, c'est mon peuple qui a voulu la guerre. Nous avons été vaincus et vous voyez à quel point nous en sommes. Les Anglais m'ont fait savoir qu'ils forceraient le détroit si je m'opposais au passage de la flotte, et d'un autre côté les Russes me menacent d'occuper Constantinople dans le cas où les Anglais entreraient dans le Bosphore. Je vous ai convoqués pour délibérer ensemble sur la situation. »

Se tournant ensuite vers les généraux présents au conseil, le Sultan leur demanda : « Est-il possible d'arrêter la marche en avant des Russes et d'empêcher l'occupation de la capitale? » Non! fut leur réponse. Reouf-Pacha prit alors la parole et proposa de prier le grand-duc Nicolas de se borner à occuper les environs. On décida ensuite que le Sultan adresserait au czar un télégramme dans ce sens, ce qui fut fait séance tenante.

La discussion continua et devint orageuse. Interpellé sur l'entrée de la flotte anglaise, Ahmed-Véfik déclara qu'en présence de l'impossibilité de résister, on devait se borner à une protestation, afin de n'avoir pas affaire à deux ennemis au lieu d'un.

Alors Nusset-Pacha, l'ancien gouverneur de Salonique, s'écria : « Vous avez commis une faute impardonnable. Vous aviez un double intérêt à sauvegarder, savoir, à accomplir un devoir national et en même temps international. Vous n'avez fait ni l'un ni l'autre. Si l'entrée des Dardanelles devait être refusée à une puissance, c'est bien à l'Angleterre, vis-à-vis de laquelle nous avons tant sujet de nous plaindre. Vous

---

(1) Les ministères se succèdent à Constantinople avec une telle rapidité qu'il serait fastidieux de noter tous ces changements dus à peu près tous au pur caprice du Sultan. Hamdi-Pacha, homme sans importance, avait succédé comme grand vizir à Edhem-Pacha, partisan de la guerre, au mois de janvier, lorsque la Porte se décida à traiter directement avec la Russie. Le 4 février, Hamdi-Pacha tomba à son tour, le grand vizirial fut supprimé et Ahmed-Véfik, président de la Chambre, ancien gouverneur d'Andrinople et, dit-on, ami personnel de M. Layard, fut chargé de former un cabinet.

LE GÉNÉRAL IGNATIEF LIT UNE DERNIÈRE FOIS LE TEXTE DU TRAITÉ DE SAN-STEFANO AVANT L'APPOSITION DES SIGNATURES

ne tenez pas compte des vrais intérêts du pays, et vous n'avez d'autre objectif que de conquérir la bienveillance de M. Layard. » A l'ex-grand vizir Mehmed-Ruchdi-Pacha, qui voulait défendre Ahmed-Véfik, Nusset-Pacha répliqua en disant : « C'est vous qui avez cherché votre appui en Angleterre, sachant cependant que les Anglais ne tiennent jamais leurs promesses. Non, mille fois non, les affaires de la Turquie ne doivent pas être négociées chez M. Layard. »

Quelques membres du conseil exprimèrent l'avis qu'il fallait résister à tout prix à la marche des Russes et tomber jusqu'au dernier homme sous les murs de Stamboul. Ne disposait-on pas, avec les renforts attendus, de trente ou quarante mille hommes ? N'avait-on pas le corps de Schakir-Pacha à Schoumla ? Que l'on appelât la garde civique sur les derniers remparts de la patrie, que l'on armât toute la population mâle, etc., etc. On mit sous les yeux du Sultan des cartes, des plans, des aperçus de la dislocation des troupes et l'on proposa d'adopter une nouvelle ligne de défense, allant de Tchekmedjé jusqu'au bois de Belgrade et à la mer Noire. Le sultan Abdul-Hamid écoutait en silence, en regardant par la fenêtre. Ses yeux, humides de larmes, étaient fixés sur son palais de Dolma-Bagtché et sur les eaux du Bosphore. Tout à coup, il se leva et congédia l'assemblée... On n'avait rien décidé !

Le lendemain, 14, au matin, Saïd-Pacha, favori et confident du Sultan, fut mandé en toute hâte au palais. Abdul-Hamid l'accueillit par ces mots : « Un sultan ne peut pas être prisonnier de l'ennemi ; je me suis résolu à quitter Constantinople ; il n'y a pas d'autre alternative que celle-là, — ou bien la mort. Si je me décide à rester en vie, je me retirerai à Brousse, en Asie, l'ancienne capitale des sultans. » — Et Abdul-Hamid donna en effet à Saïd-Pacha l'ordre de préparer la flotte cuirassée.

La nouvelle du départ du Sultan se répandit dans tout le palais avec la rapidité de l'éclair et pénétra jusqu'au harem. Les aides de camp du Sultan, qui habitent dans le voisinage d'Yldiz-Kiosk, arrivèrent tout bouleversés et demandèrent à voir leur maître, mais ils durent s'en retourner, consternés et silencieux, sans avoir pu l'apercevoir. Au harem, le tumulte était effroyable : toutes les femmes poussaient des cris lamentables, déchirants.

La résolution du Sultan fut aussi bientôt connue à la Sublime-Porte. Les ministres coururent au palais. Ils se jetèrent à genoux devant le Sultan et lui déclarèrent que s'il voulait quitter sa capitale, ils l'accompagneraient tous à Brousse. « Et qui gouvernera en mon absence si vous vous éloignez tous ? leur répondit Abdul-Hamid. Il faut que je parte, mais mon départ n'est pas une abdication. » Là-dessus Ahmed-Véfik-Pacha appela l'attention du Sultan sur le danger qu'il courait en laissant le champ libre aux partisans du Sultan détrôné. « Dans ce cas, dit-il, il faudra que toute la famille impériale, y compris Mourad et Youssouf-Izzeddin, [le fils d'Abdul-Aziz, suivent le Sultan dans sa nouvelle capitale. » Un long débat s'engagea, et l'on finit par persuader Abdul-Hamid de rester à Constantinople.

Diverses mesures furent prises immédiatement. Le vieux Namyk-Pacha fut envoyé à Constantinople afin d'obtenir du grand-duc Nicolas qu'il renonçât à l'entrée de son armée dans la capitale. On rédigea une protestation contre la violation des Dardanelles par la flotte anglaise. Enfin on décida la prorogation du Parlement qui fut notifiée le même jour. Depuis longtemps déjà les hommes d'État ottomans supportaient fort impatiemment le contrôle de cette chambre qui entretenait l'agitation dans l'opinion par ses perpétuelles et trop souvent justes récriminations. Elle dévoilait leurs mesquines intrigues, montrait leur incapacité, les rendait méprisables aux yeux de la foule. L'ordre de prorogation fut motivé par cette simple phrase : « Attendu que la situation actuelle ne permet pas au Parlement de compléter sa session. » La vengeance des ministres ne s'arrêta pas là : dix des députés qui avaient le plus usé de la libre parole reçurent l'avis que « leur présence n'était plus nécessaire à Constantinople » et durent regagner leurs provinces. Un autre, Rassim-Bey d'Andrinople, fut interné à Brousse.

Le lendemain de ce jour tragique, les premiers cuirassés anglais parurent dans les eaux des îles des Princes devant Constantinople. Leur présence n'eut pas pour résultat de faire entrer les soldats russes dans les murs de la capitale ainsi que tout le monde s'y attendait. Nous allons, en racontant l'histoire des négociations engagées à Andrinople en vue d'arriver à la conclusion de la paix, dire à la suite de quel compromis cette dernière honte fut épargnée à la Turquie et cette redoutable complication à l'Europe.

Négociations d'Andrinople et de San-Stefano.

Les Russes et les Turcs apportèrent aux négociations qui conformément aux dispositions des bases de paix signées le 31 janvier s'ouvrirent à Andrinople des dispositions bien différentes. Les Turcs espéraient que l'Autriche parviendrait à déterminer les puissances à se réunir en conférence à Vienne et ils ne voulaient point signer la paix avant que cette conférence fût réunie afin de n'avoir point contre eux, en y comparaissant, la puissance du fait accompli. La Russie, pour la raison contraire, avait hâte de conclure la paix avant toute intervention de l'Europe. Les Turcs firent donc tout ce qu'ils purent pour retarder les négociations, les Russes tout ce qu'ils purent pour les faire aboutir promptement. En somme comme ceux-ci étaient maîtres d'imposer leur volonté, les Turcs en durent passer par où ils voulurent.

La Russie désigna pour la représenter le général Ignatief et M. de Nélidof, c'est-à-dire l'ancien ambassadeur de Constantinople et son chancelier; la Porte choisit Savfet-Pacha qui avait déjà négocié l'armistice et Sadoulah-Bey son ambassadeur à Berlin. Les négociations officielles s'ouvrirent le 14 février et les Turcs mirent aussitôt toutes leurs finesses en jeu; Sadoulah-Bey retarda son voyage et annonça qu'il ne pourrait arriver qu'à la fin du mois, Savfet feignit plusieurs jours d'être malade; les dépêches envoyées à Constantinople soit par les plénipotentiaires russes, soit par le plénipotentiaire turc restaient quatre jours en route, et quand ce dernier recevait une réponse, elle était vague et nécessitait de nouvelles explications. Ces difficultés mirent les Russes dans une disposition d'esprit facile à comprendre, et quand le vieux Namyk-Pacha arriva au quartier général pour implorer du grand-duc que Constantinople ne fût pas occupé par son armée, on trouva dans sa demande le prétexte que l'on cherchait pour déplacer le lieu des négociations. Il fut convenu que l'armée russe n'entrerait point dans Constantinople, mais qu'en revanche on lui abandonnerait la ligne de Kutchuk-Tchekmedjé qu'occupait l'armée turque et que les plénipotentiaires obtiendraient, pour continuer à délibérer, le droit de se transporter à San-Stefano, petite ville située au bord de la mer de Marmara, à cinq kilomètres du célèbre château des Sept tours qui est l'entrée de Constantinople au sud ouest.

Le 24 février, le grand-duc Nicolas, accompagné des plénipotentiaires et escorté par le régiment de Preobrajensky et le 1er cosaques arriva à San-Stefano, où il fut reçu par Réouf-Pacha et par Méhémet-Ali. La Porte avait envoyé ces deux généraux pour faire croire que c'était de son plein gré que les Russes s'étaient approchés de Constantinople. Afin de mieux dissimuler encore le caractère humiliant de ce voisinage et de disposer la population musulmane à le subir sans murmure, la Porte fit publier et lire dans toutes les mosquées le curieux avis suivant :

« Attendu que quelques-uns des navires de la flotte anglaise, stationnant depuis quelque temps dans la baie de Besika, ont franchi le détroit des Dardanelles, et sont venus amicalement mouiller dans le golfe de Moudania, à cause de la situation actuelle ;

« Attendu qu'avant cet événement, le gouvernement impérial ayant conclu l'armistice avec la Russie, celle-ci avait également demandé à faire entrer sans aucun but hostile, quelques bataillons à Constantinople ;

« A la suite d'une correspondance télégraphique échangée entre S. M. le Sultan et S. M. l'empereur de Russie demandant qu'une partie de l'armée russe s'établisse provisoirement à Buyuk-Tchekmedjé et à Kutchuk-Tchekmedjé ; cette proposition a été soumise à un conseil général, convoqué spécialement par S. M. le Sultan au Palais impérial ;

« Le conseil auquel ont pris part tous les ministres ainsi que les *ulémas* et les hauts fonctionnaires, en activité et en disponibilité, a décidé d'accéder à cette demande de la Russie, demande conforme aux exigences des circonstances ;

« En vertu de cette décision, le gouvernement impérial a accordé l'autorisation nécessaire pour que S. A. le grand-duc Nicolas avec sa suite particulière, composée de mille à mille deux cents personnes, les officiers et serviteurs, vienne s'établir provisoirement à San Stefano. »

Ces douze cents personnes, trois jours après, se trouvèrent portés à plus de 25,000, et plus tard toute la garde fut concentrée aux environs de San-Stefano. Les mesures les plus rigoureuses furent prises pour éviter tout conflit entre les soldats des deux armées, défense fut faite sous peine de mort de passer d'une ligne dans l'autre ; mais on s'aperçut promptement que ces précautions étaient inutiles; le fanatisme était mort dans la race turque et les soldats russes purent pacifiquement et impunément envahir Constantinople, où ils parurent bientôt en nombre considérable.

Les négociations continuèrent donc à San-Stefano où Sadoulah-Bey arriva immédiatement. Un double courant partant de Constantinople inonda pendant quelques jours l'Europe de fausses nouvelles. Le courant russe essayait de tromper l'opinion publique en atténuant les exigences du vainqueur, le courant turc essayait de pousser à bout l'opinion en Angleterre en les exagérant. Ainsi on annonça que la Russie entendait chasser tous les musulmans de la Bulgarie dans un délai de deux ans et qu'elle réclamait impérieusement la cession de la flotte cuirassée turque ; or, il ne paraît pas que ces deux nouvelles aient jamais été exactes. Ce n'est pas que les plénipotentiaires turcs n'aient pas eu à lutter, et à lutter sans succès, contre des exigences et des procédés qui firent ressembler le traité de San-Stefano plutôt à un ultimatum imposé violemment au vaincu qu'à un contrat librement débattu entre les deux parties.

Nous ne saurions mieux faire, pour raconter ces négociations, que de laisser la parole à l'un des négociateurs. Voici le texte du mémorandum qui fut rédigé par Savfet-Pacha en vue du Congrès de Berlin (1).

Vue rétrospective sur le traité de San-Stefano et les conditions dans lesquelles il a été conclu.

La négociation des préliminaires de paix a commencé à Andrinople le 2/14 février et s'est terminée à San-Stefano le 19 février/3 mars. Entre ces deux dates, plusieurs journées ont été perdues, soit par l'effet d'empêchements personnels, soit par suite du déplacement du quartier général de Son Altesse Impériale, de sorte qu'en réalité le temps utilement consacré aux négociations n'a pas excédé neuf jours, pendant lesquels les plénipotentiaires ont dû discuter, arrêter et formuler l'un des actes les plus importants et les plus complexes qui aient jamais été conclus entre deux États.

Le premier plénipotentiaire ottoman (Savfet-Pacha), qui seul à Andrinople représentait au début des négociations le gouvernement ottoman, et plus tard à San-Stefano les deux plénipotentiaires réunis ne s'étaient pas dissimulé que chacune des nombreuses et graves questions que soulevaient les conditions de paix proposées par la Russie exigerait de sérieuses études, de longues et laborieuses discussions. Ils espéraient qu'à cet égard les plus grandes facilités leur seraient accordées, d'autant plus qu'ils se trouvaient, vis-à-vis de leurs collègues de Russie, dans des conditions d'inégalité frappante. Ceux-ci, en effet, se présentaient avec un programme arrêté de longue main, avec des arguments soigneusement préparés en vue de la discussion, enfin avec une rédaction toute faite qui accusait la maturité des études auxquelles la chancellerie impériale de Russie avait dû se livrer avant l'ouverture des négociations.

Pour les plénipotentiaires ottomans, au contraire, tout était nouveau et inattendu : — nouveau puisque

(1) Ce document a été publié par la *Correspondance politique* de Vienne. Il a été déclaré apocryphe par la Porte. La *Correspondance politique* et le *Journal des Débats* en ont maintenu l'authenticité, et nous avons des motifs particuliers de croire que le démenti de la Porte n'a été lancé qu'en vue de rendre moins difficile la situation de ses représentants au Congrès. Ceci a, du reste, été l'avis de la majorité de la presse européenne.

chaque stipulation proposée par leurs collègues leur apprenait pour la première fois les intentions de la Russie, et que dans la plupart des cas il leur eût été impossible de prévoir le caractère et surtout l'étendue de ces exigences qui défiaient ainsi toute étude préparatoire. Cette condition déjà si pénible s'est trouvée encore aggravée par le refus des plénipotentiaires russes de faire connaître dès le début *et dans leur ensemble* toutes les dispositions de leur programme, ce qui eût permis d'étudier un peu à l'avance les questions à résoudre. Cette facilité n'a pas été accordée aux plénipotentiaires ottomans qui ont presque constamment discuté les propositions russes au fur et à mesure qu'elles leur étaient communiquées.

Cette situation, peut-être sans exemple dans les annales de la diplomatie, semblait commander de la part des plénipotentiaires russes une condescendance toute particulière envers leurs collègues ottomans à qui ils auraient dû laisser le temps de mûrir les propositions qui leur étaient faites, de s'éclairer par des recherches et des vérifications attentives sur la réalité des faits qui serviraient de bases à ces propositions, et enfin de discuter, aussi longuement qu'ils pouvaient le désirer, les points les plus intéressants et les plus saillants du programme soumis à leurs délibérations.

Malheureusement, les plénipotentiaires ottomans n'ont pas rencontré chez leurs collègues ces dispositions équitables et généreuses. Ils se sont trouvés au contraire, dès le premier jour et jusqu'à la fin de leurs travaux, en butte à une pression permanente, tendante à les obliger à précipiter leurs résolutions et à adopter ainsi aveuglément, presque sans examen et sans discussion, les thèses les plus contestables et les spéculations les plus rigoureuses dont on leur présentait les formules toutes rédigées.

Cette pression se manifestait par des invitations incessantes à conclure promptement, et en quelque sorte séance tenante, sur chaque article mis en délibération ; par des marques d'impatience non déguisées ; des critiques souvent ironiques, dirigées contre les doutes et les objections que les plénipotentiaires ottomans croyaient devoir opposer à des exigences inacceptables ; enfin, et trop souvent, par des avertissements comminatoires.

S. A. I. le grand-duc Nicolas, sans doute à la sollicitation des plénipotentiaires russes, intervenait fréquemment pour imprimer à ces menaces un caractère plus sérieux et plus redoutable. Dès qu'une divergence de vues s'accusait entre les plénipotentiaires et semblait ralentir la marche des négociations, Son Altesse Impériale exprimait ou faisait exprimer son mécontentement et son intention formelle de dénoncer l'armistice et de faire avancer ses troupes.

Les plénipotentiaires ottomans étaient d'ailleurs avisés que les négociations devaient être terminées, et les préliminaires signés avant l'anniversaire de l'avènement au trône de S. M. l'Empereur de Russie, et que si, à cette date solennelle, ce résultat n'était pas obtenu les pourparlers n'étaient pas définitivement rompus.

Les plénipotentiaires ottomans, dans une pensée de respectueuse courtoisie, se seraient estimés très-heureux de pouvoir satisfaire et même prévenir le désir qui leur était exprimé, en imprimant eux-mêmes aux négociations une impulsion plus rapide ; mais un devoir supérieur à toute autre considération les obligeait à résister à cet entraînement et à chercher, au contraire, à obtenir de leurs collègues un plus complet exercice du droit d'examen et de discussion.

Leurs efforts dans ce sens ont été absolument infructueux, et la nécessité de terminer leurs travaux dans un nombre de jours déterminé et insuffisant s'est imposée à eux d'une façon tellement impérieuse qu'ils ont dû se soumettre afin d'échapper à des dangers,

Ce n'est qu'à la suite d'explications fournies dans la matinée du lendemain que les ordres déjà donnés par le commandant en chef ont été retirés. Le résultat fut ce qu'il devait être. Les plénipotentiaires ottomans durent renoncer à maintenir leur contre-projet, et les objections très-sérieuses et très-fondées qu'ils avaient élevées contre le tracé de la Russie ont été étouffées.

LE GÉNÉRAL COMTE IGNATIEF

sinon plus grands, du moins plus directs et plus immédiats.

Il suffira de citer quelques-uns des incidents qui ont signalé souvent les négociations pour démontrer que les plénipotentiaires ottomans ont subi une véritable contrainte à laquelle il leur était impossible de se soustraire.

A la suite d'une discussion relative à la détermination des confins de la Serbie, les plénipotentiaires russes s'étaient retirés sous le coup de l'irritation que leur causait toujours toute circonstance qui leur paraissait de nature à retarder l'entente définitive. S. A. I. le grand-duc, avisé de l'incident, annonça son intention formelle de faire avancer ses troupes sur la capitale.

Cette même menace, plus ou moins accentuée suivant les cas, se reproduisait chaque fois que les plénipotentiaires ottomans manifestaient l'intention de résister à une demande qui leur semblait exagérée ou injustifiable.

Enfin, le jour même de l'avénement de S. M. l'empereur de Russie, jour où expirait le délai fixé pour la signature des préliminaires de paix S. A. I. le grand-duc Nicolas se présentait chez le général Ignatieff, au lieu ordinaire des séances, et il exigeait des plénipotentiaires l'engagement de conclure immédiatement, c'est-à-dire en moins d'une heure, alors qu'il restait encore à débattre et à arrêter plusieurs points d'une importance capitale, sur lesquels l'accord était loin d'être établi. L'extrême urbanité dont était empreinte l'expression du désir de S. A. I. ne suffisait pas pour faire oublier que ce désir était une volonté, et qu'il eût été dangereux de le méconnaître.

C'est ainsi que les plénipotentiaires russes ont pu triompher des dernières et énergiques résistances des plénipotentiaires ottomans et que l'acte de San-Stefano a été signé.

Les conséquences de cette précipitation étaient faciles à prévoir. Les plénipotentiaires ottomans, impuissants à résister à une pression qui se produisait tantôt sous la forme d'une menace de rupture ou d'une aggravation de charges, tantôt sous la forme d'une invitation à complaire à S. M. l'empereur de Russie et à acquérir ainsi en faveur de leur pays des titres à sa haute bienveillance, ont cédé sur presque toutes les questions où le soin des intérêts de l'État semblait les autoriser à la résistance. Ils ont cédé sans avoir pu ni élucider ces questions capitales, ni éclairer leurs collègues, ni s'éclairer eux-mêmes sur des faits essentiels qui sont ainsi restés obscurs et contestables.

C'est ainsi, comme on l'a vu plus haut, que les limites de la Serbie ne ont été fixées sans tenir compte d'objections radicales qui, si elles avaient été examinées et discutées à loisir, auraient certainement amené des modifications sensibles au traité présenté et imposé par la Russie.

C'est encore ainsi que le territoire de la principauté bulgare a été provisoirement déterminé sur des données présentées par les plénipotentiaires russes comme absolument vraies et qui n'ont pu être vérifiées faute du temps nécessaire pour se procurer des éléments de statistique irrécusables, données dont l'inexactitude peut être prouvée aujourd'hui non-seulement par le résultat de recherches locales, mais aussi par des documents ethnologiques puisés à des sources exclusivement russes.

C'est ainsi, enfin, que l'accroissement de territoire a été accordé au Monténégro et consenti par les plénipotentiaires ottomans, sur la foi d'affirmations qui représentaient telle et telle ville comme ayant été occupée avant l'armistice par les Monténégrins, alors qu'il est aujourd'hui reconnu que ces localités n'étaient pas et ne sont pas en leur possession.

Ces erreurs ne sont pas les seuls résultats regrettables de la précipitation apportée à l'examen et à la solution de toutes les questions soulevées par les demandes de la Russie.

La même cause, c'est-à-dire l'absence de toute discussion libre et approfondie, a produit des effets non moins fâcheux en ce qui touche notamment le règlement de l'indemnité de guerre, les cessions territoriales et la fixation des sommes payables en argent.

Ces points d'un intérêt si considérable ont été résolus au dernier moment et en quelques heures, alors qu'ils auraient exigé de mûres réflexions et un examen contradictoire qui, sans aucun doute, eût amené les plénipotentiaires russes à se départir, par raison autant que par équité, d'une grande partie de leurs exigences.

La Sublime Porte s'est ainsi trouvée engagée à faire une cession territoriale dont il lui était impossible d'apprécier *a priori* l'importance et le caractère, soit au point de vue topographique, soit au point de vue politique, soit enfin au point de vue de la protection de ses frontières.

Elle a en outre accepté à la dernière heure une charge pécuniaire mal déterminée, mais en tout cas écrasante, que ses plénipotentiaires n'ont pas eu le loisir de considérer et de discuter.

Cet aperçu rapide des négociations suivies à Andrinople et à San-Stefano, et des procédés employés par les plénipotentiaires russes pour obtenir un résultat conforme à leurs vœux, suffit à établir que les préliminaires de paix de San-Stefano ont été conclus dans des conditions à la fois anormales et insolites, et sous le coup d'une pression qui sans doute eût été désavouée par S. M. l'empereur lui-même s'il avait connu l'usage que l'on faisait de son auguste nom, et par S. A. I. le grand-duc Nicolas s'il avait pu être éclairé sur le caractère et la portée de son intervention.

Signé : SAVFET.

La journée du 3 mars à San-Stefano. — Signature du traité.

On conçoit que dans les conditions exposées par le mémorandum qu'on vient de lire, les concessions que l'énergie et l'habileté de Savfet-Pacha purent obtenir furent peu de chose. Le siège des Russes était fait et ils ne cédèrent que sur quelques points de détails, ils renoncèrent à demander la possession d'une station navale sur le Bosphore — on avait parlé de Beïcos et ils écartèrent la question de la flotte, si tant est qu'ils l'eussent soulevé ce qui n'est pas certain. A force de tiraillements et d'instances, les ministres turcs purent faire reculer du côté ouest les bornes de la Bulgarie, la sauvèrent le port de Salonique et juste le passage nécessaire, entre la Serbie et le Monténégro pour permettre aux Bosniaques de communiquer autrement qu'en ballon (1) avec les autres provinces de la Turquie d'Europe. Encore il faut observer que ces concessions portent sur des points que l'Europe eut difficilement ratifiés.

Une autre concession passablement dérisoire, porta sur le chiffre de l'indemnité à payer en espèces qui fut réduite à 310 millions de roubles. Pour les Turcs qui n'avaient pas le premier rouble de l'indemnité en caisse, être obligé de payer 310 millions ou un milliard, c'était exactement la même chose.

Les Russes ont la superstition des anniversaires. Le 3 mars arrivait l'anniversaire de l'avènement de l'empereur Alexandre au trône, et son frère le grand-duc Nicolas, avait résolu de lui annoncer la signature de la paix ce jour-là; il

(1) Dans les propositions russes les frontières de la Serbie devaient toucher celles du Monténégro. Comme les plénipotentiaires turcs faisaient observer que la Bosnie serait ainsi coupée du reste de l'empire, le général Ignatief répondit, dit-on : « La navigation aérienne fait des progrès tous les jours, vous irez en ballon. »

avait donné en même temps les ordres nécessaires pour que les 20,000 hommes réunis à San-Stefano se tinssent prêts à une grande revue dans laquelle il leur annoncerait ce grand événement.

Toute la nuit du samedi à dimanche, les plénipotentiaires russes et turcs étaient restés en conférence, et le dimanche matin tout était prêt pour être signé. Les Russes, comme nous venons de le dire, avaient consenti à une diminution du chiffre de l'indemnité en argent, à un remaniement de la délimitation de la Bulgarie et à quelques autres contre-propositions faites par la Porte. Celle-ci, de son côté, s'engageait à rester neutre en cas d'une guerre entre la Russie, l'Angleterre ou l'Autriche du fait de cette paix. Mais à dix heures du matin, le général Ignatief se rendit chez Savfet-Pacha et lui annonça que le protocole ne pouvait pas être signé si la Turquie ne prenait pas l'engagement préalable et formel d'appuyer la politique de la Russie au sein du futur congrès. Le général ajouta que, à défaut de l'acceptation de cette clause par les plénipotentiaires turcs, les troupes russes prêtes pour la revue avaient reçu des munitions et qu'elles marcheraient le soir même sur Constantinople.

Savfet-Pacha atterré par cette prétention nouvelle et inattendue du général Ignatief, télégraphia aussitôt à Constantinople. Le Sultan réunit à la hâte un grand conseil au Palais, des messages furent échangés avec les ambassadeurs d'Angleterre et d'Autriche, et, enfin, à trois heures de l'après-midi, l'ordre fut envoyé à Savfet-Pacha de déclarer aux plénipotentiaires russes que leur nouvelle demande était péremptoirement rejetée et que, si les Russes marchaient sur Constantinople, on les y laisserait pénétrer sans leur opposer la moindre résistance. Le Sultan ne pouvait pas aller plus loin dans la voie des concessions, et il laissait à la Russie toute la responsabilité des conséquences que pouvait avoir une occupation de la capitale.

Les Russes qui avaient compté saisir les Turcs au dépourvu n'osèrent pas insister et à cinq heures du soir le protocole fut signé dans la maison du riche négociant allemand Schneider, chez lequel le général Ignatief avait reçu l'hospitalité.

En voici le texte tel qu'il a paru au *Journal de Saint-Pétersbourg*.

S. M. l'empereur de Russie et S. M. l'empereur des Ottomans, animés du désir de rendre et d'assurer à leurs pays et à leurs peuples les bienfaits de la paix, ainsi que de prévenir toute nouvelle complication qui pourrait la menacer, ont nommé pour leurs plénipotentiaires à l'effet d'arrêter, conclure et signer les préliminaires de la paix :

S. M. l'empereur de Russie d'une part — le comte Nicolas Ignatief, aide de camp général de Sa Majesté Impériale, lieutenant général, membre du conseil de l'empire, décoré de l'ordre de Saint-Alexandre Nevsky en diamants et de plusieurs autres ordres russes et étrangers, et le sieur Alexandre Nélidof, chambellan de la cour impériale, conseiller d'Etat actuel, décoré de l'ordre de Sainte Anne de 1re classe avec les glaives et de plusieurs autres ordres russes et étrangers;

Et S. M. l'empereur des Ottomans de l'autre — Savfet-Pacha, ministre des affaires étrangères, décoré de l'ordre de l'Osmanié en brillants, de celui du Medjidié de 1re classe et de plusieurs ordres étrangers, et Sadoullah-Bey, ambassadeur de Sa Majesté près la cour impériale d'Allemagne, décoré de l'ordre du Medjidié de 1re classe, de celui de l'Osmanié de 2e classe et de plusieurs ordres étrangers.

Lesquels, après avoir échangé leurs pleins pouvoirs, trouvés en bonne et due forme, sont convenus des articles suivants :

Art. 1er. Afin de mettre un terme aux conflits perpétuels entre la Turquie et le Monténégro, la frontière qui sépare les deux pays sera rectifiée conformément à la carte ci-annexée (1), sauf la réserve ci-après, de la manière suivante :

De la montagne Dubrovitza, la frontière suivra la ligne indiquée par la conférence de Constantinople, jusqu'à Korito, par Bilek. De là, la nouvelle frontière ira à Gatzko (Metochia-Gatzko appartiendra au Monténégro), et vers le confluent de la Piva et de la Tara, en remontant au nord par la Drina, jusqu'à son confluent avec le Lim. La frontière orientale de la principauté suivra cette dernière rivière jusqu'à Prijepolje, et se dirigera par Rostrag, au Monténégro, en englobant Rugovo, Plava et Gusinge ; la ligne frontière suivra la chaîne des montagnes par Shlieb, Paklen et le long de la frontière de l'Albanie du nord par la crête des monts Kopriynik, Baba Vrk, Bor-Vrk, jusqu'au sommet le plus élevé de Prokleti. De ce point, la frontière se dirigera par le sommet de Biskaschjk et ira en ligne droite au lac de Ijiceni-Hoti. Partageant Ijiceni-Hoti et Ijiceni-Kastrati, elle traversera le lac de Scutari pour aboutir à la Boïana, dont elle suivra le thalweg jusqu'à la mer; Nikchich, Gatzko, Spouz, Podgoritza, Jabliak et Antivari resteront au Monténégro.

Une commission européenne, dans laquelle seront représentés la Sublime-Porte et le gouvernement du Monténégro, sera chargée de fixer les limites définitives de la principauté, en apportant sur les lieux, au tracé général, les modifications qu'elle croirait nécessaires et équitables au point de vue des intérêts respectifs et de la tranquillité des deux pays, auxquels elle accordera, de ce fait, les équivalents reconnus nécessaires.

La navigation de la Boïana ayant toujours donné lieu à des contestations entre la Sublime-Porte et le Monténégro, sera l'objet d'un règlement spécial qui sera élaboré par la même commission européenne.

Art. 2. La Sublime-Porte reconnaît définitivement l'indépendance de la principauté de Monténégro.

Une entente entre le gouvernement impérial de Russie, le gouvernement ottoman et la principauté de Monténégro déterminera ultérieurement le caractère et la forme des rapports entre la Sublime-Porte et la princi-

(1) Voir plus loin.

CÉLÉBRATION DE LA PAIX A SAN-STEFANO LE 3 MARS

« .... On vit les héros de Plevna, de Schipka, d'Arab-Konak et de Philippopoli ployer la tête sous la bénédiction du prêtre

pauté, en ce qui touche notamment l'institution d'agents monténégrins à Constantinople et dans certaines localités de l'empire ottoman, où la nécessité en sera reconnue ; l'extradition des criminels réfugiés sur l'un ou l'autre territoire, et la soumission des Monténégrins, voyageant ou séjournant dans l'empire ottoman, aux lois et aux autorités ottomanes, suivant les principes du droit international et les usages établis, concernant les Monténégrins.

Une convention sera conclue entre la Sublime-Porte et le Monténégro pour régler les questions se rattachant aux rapports entre les habitants des confins des deux pays et aux ouvrages militaires sur ces mêmes confins. Les points sur lesquels une entente ne pourrait être établie seront résolus par l'arbitrage de la Russie et de l'Autriche-Hongrie.

Dorénavant, s'il y a discussion ou conflit, sauf les cas de nouvelles réclamations territoriales, la Turquie et le Monténégro abandonneront le règlement de leurs différends à la Russie et à l'Autriche-Hongrie, qui devront statuer en commun arbitralement.

Les troupes du Monténégro seront tenues d'évacuer le territoire non compris dans la circonscription indiquée plus haut, dans le délai de dix jours à partir de la signature des préliminaires de paix.

Art. 3. La Serbie est reconnue indépendante.

Sa frontière, marquée sur la carte ci-jointe, suivra le thalweg de la Drina, en laissant le Petit-Zwornik et Zakar à la principauté et en longeant l'ancienne limite jusqu'aux sources du ruisseau Dezevo; près de Stoïlac. De là, le nouveau tracé suivra le cours de ce ruisseau jusqu'à la rivière Raska, et puis le cours de celle-ci jusqu'à Novi-Bazar. De Novi-Bazar, remontant le ruisseau qui passe près des villages de Mekinje et Tagovitje jusqu'à sa source, la ligne frontière se dirigera par Bosur-Planina, dans la vallée de l'Ibar, et descendra le ruisseau qui se jette dans cette rivière près du village Ribanic. Ensuite, elle suivra le cours des rivières Ibar, Sitnitza, Lab, et du ruisseau Batintze, jusqu'à sa source (sur la Grapachnitza Planina).

De là, la frontière suivra les hauteurs qui séparent les eaux de la Kriva et de la Veternitza, et rejoindra, par la ligne la plus courte, cette dernière rivière à l'embouchure du ruisseau Miovatzka, pour remonter celui-ci, traverser la Miovatzka-Planina et redescendre vers la Morawa, près du village de Kalimanci.

A partir de ce point, la frontière descendra la Morawa jusqu'à la frontière Vlossina, près du village Statkovzi, en remontant cette dernière ainsi que la Liuberazda, et le ruisseau Koukavitz, passera par la Sukha-Planina, longera le ruisseau de Vrylo jusqu'à la Nisawa et descendra ladite rivière jusqu'au village de Kroupatz, d'où elle ira rejoindre, par la ligne la plus courte, l'ancienne frontière serbe au sud-est de Karaoul-Baré pour ne plus la quitter jusqu'au Danube.

Ada-Kalé sera évacué et rasé.

Une commission turco-serbe établira sur les lieux, avec l'assistance d'un commissaire russe, le tracé définitif de la frontière, dans l'espace de trois mois, et réglera définitivement les questions relatives aux îles de la Drina. Un délégué Bulgare sera admis à participer aux travaux de la commission lorsqu'elle s'occupera de la frontière entre la Serbie et la Bulgarie.

Art. 4. Les musulmans qui possèdent des propriétés dans les territoires annexés à la Serbie, et qui voudraient fixer leur résidence hors de la principauté, pourront y conserver leurs immeubles en les faisant affermer ou administrer par d'autres. Une commission turco-serbe, assistée d'un commissaire russe, sera chargée de statuer souverainement, dans le courant des deux années, sur toutes les questions relatives à la constatation des propriétés immobilières ou des intérêts musulmans seraient engagés. Cette commission sera également appelée à régler, dans le terme de trois années, le mode d'aliénation des biens appartenant à l'État ou fondations pieuses (vakouf) et les questions relatives aux intérêts des particuliers qui pourraient s'y trouver engagés. Jusqu'à la conclusion d'un traité direct entre la Turquie et la Serbie, déterminant le caractère et la forme des relations entre la Sublime-Porte et la principauté, les sujets serbes voyageant ou séjournant dans l'empire ottoman seront traités suivant les principes généraux du droit international.

Les troupes serbes seront tenues d'évacuer le territoire non compris dans la circonscription indiquée plus haut dans le délai de quinze jours à partir de la signature des préliminaires de paix.

Art. 5. La Sublime-Porte reconnaît l'indépendance de la Roumanie, qui fera valoir ses droits à une indemnité à débattre entre les deux parties.

Jusqu'à la conclusion d'un traité direct entre la Turquie et la Roumanie, les sujets roumains jouiront en Turquie de tous les droits garantis aux sujets des autres puissances européennes.

Art. 6. La Bulgarie est constituée en principauté autonome, tributaire, avec un gouvernement chrétien et une milice nationale.

Les frontières définitives de la principauté bulgare seront tracées par une commission spéciale russo-turque avant l'évacuation de la Roumélie par l'armée impériale russe. Cette commission tiendra compte dans ses travaux, pour les modifications à introduire sur les lieux au tracé général, du principe de la nationalité de la majorité des habitants des confins, conformément aux bases de la paix, ainsi que des nécessités topographiques et des intérêts pratiques de circulation pour les populations locales.

L'étendue de la principauté de Bulgarie est fixée, en traits généraux, sur la carte ci-jointe qui devra servir de base à la délimitation définitive. En quittant la nouvelle frontière de la principauté serbe, le tracé suivra la limite occidentale du caza de Wrania jusqu'à la chaîne de Karadagh. Tournant vers l'ouest, la ligne suivra les limites occidentales des cazas de Koumanovo, Kotchani, Kalkandelen, jusqu'au mont Korab; de là, par la rivière Welestchitza jusqu'à sa jonction avec le Drin noir. Se dirigeant vers le sud par le Drin et après par la limite occidentale du caza d'Oékéid vers le mont Linas, la frontière suivra les limites occidentales des cazas de Gortcha et de Starovo jusqu'au mont Grammos. Ensuite, par le lac de Kastoria, la ligne frontière rejoindra la rivière de Moglenitza et, après avoir suivi son cours et passé au sud de Yanitza (Wardar-Yenitjé), se dirigera par l'embouchure du Wardar et par le Gallico vers les villages de Parga et de Saraï-Keuï; de là par le milieu du lac Belchikguel à l'embouchure des rivières Strouma et Kara-sou, et par la côte maritime jusqu'au Buruguel; plus loin, partant dans la direction nord-ouest, vers le mont Tchaltépé par la chaîne du Rhodopé jusqu'au mont Krouschowo, par les Balkans noirs (Kara-Balkan) par les monts Eschek-Koulatchi, Tchépelion, Karakolas et Ischiklar, jusqu'à la rivière Arda. De là, la ligne frontière sera tracée dans la direction de la ville de Tchirmen, et, laissant la ville d'Andrinople au midi, par les villages de Sugoutlon, Kars Hamza, Arnaout-Keuï, Axardji et Enidjé jusqu'à la rivière Texédéressi.

En suivant le cours du Texédéressi et du Tchouloudéressi jusqu'à Lulé-Bourghas, et de là, par la rivière Soudjak-Déré, jusqu'au village de Sergüen, la ligne frontière ira, par les hauteurs, directement vers Hakim-Tabjassi, où elle aboutira à la mer Noire. Elle quitte a la côte maritime près de Mangalia, en longeant les limites méridionales du sandjak de Toultcha et aboutira au Danube, au-dessus de Rassova.

Le prince de la Bulgarie sera librement élu par la population et confirmé par la Sublime-Porte, avec l'assentiment des puissances. Aucun membre des dynasties régnantes des grandes puissances européennes ne pourra être élu prince de la Bulgarie.

En cas de vacance de la dignité de prince de la Bulgarie, l'élection du nouveau prince se fera dans les mêmes conditions et les mêmes formes.

Une assemblée de notables de la Bulgarie, convoquée à Philippopoli (Plovdiv) ou Tirnovo, élaborera, avant l'élection du prince, sous la surveillance d'un commissaire impérial russe et en présence d'un commissaire ottoman, l'organisation de l'administration future, conformément aux précédents établis en 1830, après la paix d'Andrinople, dans les Principautés Danubiennes.

Dans les localités où les Bulgares sont mêlés aux Turcs, aux Grecs, aux Valaques (Koutzo-Vlachs) ou autres, il sera tenu un juste compte des droits et intérêts de ces populations dans les élections et l'élaboration du règlement organique.

L'introduction du nouveau régime en Bulgarie et la surveillance de son fonctionnement seront confiées pendant deux années à un commissaire impérial russe. A l'expiration de la première année, après l'introduction du nouveau régime, et si une entente à ce sujet s'établit entre la Russie, la Sublime-Porte et les cabinets européens, ils pourront, s'il est jugé nécessaire, adjoindre au commissaire impérial de Russie des délégués spéciaux.

Art. 8. L'armée ottomane ne séjournera plus en Bulgarie et toutes les anciennes forteresses seront rasées aux frais du gouvernement local. La Sublime-Porte aura le droit de disposer à sa guise du matériel de guerre et autres objets appartenant au gouvernement ottoman, qui seraient restés dans les forteresses du Danube déjà évacuées en vertu de l'armistice du 19/31 janvier, ainsi que de ceux qui se trouveraient dans les places fortes de Schoumla et de Varna.

Jusqu'à la formation complète d'une milice indigène suffisante pour le maintien de l'ordre, de la sécurité et de la tranquillité, et dont le chiffre sera fixé plus tard par une entente entre le gouvernement ottoman et le cabinet impérial de Russie, des troupes russes occuperont le pays et prêteront main-forte au commissaire, en cas de besoin. Cette occupation sera limitée également à un terme approximatif de deux années.

L'effectif du corps d'occupation russe, composé de six divisions d'infanterie et de deux de cavalerie, qui séjournera en Bulgarie après l'évacuation de la Turquie par l'armée impériale, n'excédera pas 50,000 hommes. Il sera entretenu aux frais du pays occupé. Les troupes d'occupation russes en Bulgarie conserveront leurs communications avec la Russie non-seulement par la Roumanie, mais aussi par les ports de la mer Noire, Varna et Bourgas, où elles pourront organiser, pour la durée de l'occupation, les dépôts nécessaires.

Art. 9. Le montant du tribut annuel que la Bulgarie payera à la cour suzeraine, en le versant à la Banque que la Sublime-Porte désignera ultérieurement, sera déterminé par un accord entre la Russie, le gouvernement ottoman et les autres cabinets, à la fin de la première année du fonctionnement de la nouvelle organisation. Ce tribut sera établi sur le revenu moyen de tout le territoire qui fera partie de la principauté.

La Bulgarie sera substituée au gouvernement impérial ottoman dans ses charges et obligations envers la compagnie du chemin de fer de Roustchouk-Varna, après entente entre la Sublime-Porte, le gouvernement de la principauté et l'administration de cette compagnie. Le règlement relatif aux autres voies ferrées qui traversent la principauté est également réservé à un accord entre la Sublime-Porte, le gouvernement institué en Bulgarie et l'administration des compagnies intéressées.

Art. 10. La Sublime-Porte aura le droit de se servir de la voie de la Bulgarie pour le transport, par des routes déterminées, de ses troupes, munitions et approvisionnements dans les provinces situées au delà de la principauté, et vice versâ.

Afin d'éviter les difficultés et les malentendus dans l'application de ce droit, tout en garantissant les nécessités militaires de la Sublime-Porte, un règlement spécial en établira les conditions dans l'espace de trois mois après la ratification du présent acte, par une entente entre la Sublime-Porte et l'administration de la Bulgarie.

Il est bien entendu que ce droit ne s'étendra qu'aux troupes ottomanes régulières et que les irréguliers, les bachi-bouzouks et les Circassiens en seront absolument exclus.

La Sublime-Porte se réserve aussi le droit de faire passer à travers la principauté sa poste et d'y entretenir une ligne télégraphique. Ces deux points seront également réglés de la façon et dans le laps de temps susindiqués.

Art. 11. Les propriétaires musulmans ou autres, qui fixeront leur résidence personnelle hors de la principauté, pourront y conserver leurs immeubles en les faisant affermer ou administrer par d'autres. Des commissions turco-bulgares siégeront dans les principaux centres de population, sous la surveillance des commissaires russes pour statuer souverainement, dans le courant de deux années, sur toutes les questions relatives à la constatation des propriétés immobilières où des intérêts musulmans ou autres seraient engagés.

Des commissions analogues seront chargées de régler, dans le courant de deux années, toutes les affaires relatives au mode d'aliénation, d'exploitation ou d'usages pour le compte de la Sublime-Porte, des propriétés de l'État et des fondations pieuses (vacouf).

A l'expiration du terme de deux années mentionné plus haut, toutes les propriétés qui n'auront pas été réclamées seront vendues aux enchères publiques, et le produit en sera consacré à l'entretien des veuves et des orphelins, tant musulmans que chrétiens, victimes des derniers événements.

Art. 12. Toutes les forteresses du Danube seront rasées. Il n'y aura plus dorénavant de places fortes sur les rives de ce fleuve, ni de bâtiments de guerre dans les eaux des principautés de Roumanie, de Serbie et de Bulgarie, sauf les stationnaires usités et les bâtiments légers destinés à la police fluviale et au service des douanes.

Les droits, obligations et prérogatives de la commission internationale du Bas-Danube sont maintenant in tacts.

Art. 13. La Sublime-Porte prend à sa charge le rétablissement de la navigabilité du passage de Soulina et le dédommagement des particuliers dont les biens auraient souffert du fait de la guerre et de l'interruption de la navigation sur le Danube en affectant à cette double dépense une somme de 500,000 fr. sur celles qui lui sont dues par la commission danubienne.

Art. 14. Seront immédiatement introduites en Bosnie et en Herzégovine les propositions européennes communiquées aux plénipotentiaires ottomans dans la première séance de la conférence de Constantinople, avec les modifications qui seront arrêtées d'un commun accord entre la Sublime-Porte, le gouvernement de Russie et celui d'Autriche-Hongrie. Le payement des arriérés ne sera pas exigé, et les revenus courants de ces provinces jusqu'au 1er mars 1880 seront exclusivement employés à indemniser les familles des réfugiés et des habitants, victimes des derniers événements, sans distinction de race et de religion, ainsi qu'aux besoins locaux du pays. La somme qui devra revenir annuellement après ce terme au gouvernement central sera fixée ultérieurement par une entente spéciale entre la Turquie, la Russie et l'Autriche-Hongrie.

Art. 15. La Sublime-Porte s'engage à appliquer scrupuleusement dans l'île de Crète le règlement organique de 1868, en tenant compte des vœux déjà exprimés par la population indigène.

Un règlement analogue adapté aux besoins locaux, sera également introduit dans l'Épire, la Thessalie et les autres parties de la Turquie d'Europe pour lesquelles une organisation spéciale n'est pas prévue par le présent acte.

Des commissions spéciales, dans lesquelles l'élément indigène aura une large participation seront chargées dans chaque province d'élaborer les détails du nouveau règlement. Le résultat de ces travaux sera soumis à l'examen de la Sublime-Porte, qui consultera le gouvernement impérial de Russie avant de les mettre à exécution.

Art. 16. Comme l'évacuation par les troupes russes des territoires qu'elles occupent en Arménie, et qui doivent être restitués à la Turquie, pourrait y donner lieu à des conflits et à des complications préjudiciables aux bonnes relations des deux pays, la Sublime Porte s'engage à réaliser, sans plus de retard, les améliorations et les réformes exigées par les besoins locaux dans les provinces habitées par les Arméniens et à garantir leur sécurité contre les Kurdes et les Circassiens.

Art. 17. Une amnistie pleine et entière est accordée par la Sublime-Porte à tous les sujets ottomans compromis dans les derniers événements, et toutes les personnes détenues de ce fait, ou envoyées en exil, seront immédiatement mises en liberté.

Art. 18. La Sublime-Porte prendra en sérieuse considération l'opinion émise par les commissaires des puissances médiatrices au sujet de la possession de la ville de Khotour, et s'engage à faire exécuter les travaux de délimitation définitive de la frontière turco-persane.

Art. 19. Les indemnités de guerre et les pertes imposées à la Russie que S. M. l'empereur de Russie réclame et que la Sublime-Porte s'est engagée à lui rembourser se compose de :

a) — 900 millions de roubles de frais de guerre; entretien de l'armée, remplacement du matériel, commandes de guerre;

b) — 400 millions de roubles de dommages infligés au littoral méridional du pays, au commerce d'exportation, à l'industrie et aux chemins de fer;

c) — 100 millions de roubles de dommages causés au Caucase par l'invasion;

d) — 10 millions de roubles de dommages et intérêts aux sujets et institutions russes en Turquie.

Total : 1 milliard 410 millions de roubles.

Prenant en considération les embarras financiers de la Turquie, et d'accord avec le désir de S. M. le Sultan l'empereur de Russie consent à remplacer le payement de la plus grande partie des sommes énumérées dans le paragraphe précédent par les cessions territoriales suivantes :

a) — Le sandjak de Toultcha, c'est-à-dire les districts (cazas) de Kilia, Sulina, Mahmoudié, Isaktcha, Toultcha, Matchin, Babadagh, Hirsovo, Kustendjé et Medjidié, ainsi que les îles du Delta et l'île des Serpents. Ne désirant pas s'annexer ce territoire et les îles du Delta, la Russie se réserve la faculté de les échanger contre la partie de la Bessarabie, détachée par le traité de 1856 et limitée au midi par le thalweg du bras de Kilia et l'embouchure du Stary-Stamboul. La question du partage des eaux et des pêcheries devra être réglée par une commission russo-roumaine dans l'espace d'une année après la ratification du traité de paix.

b) — Ardahan, Kars, Batoum, Bayazid et le territoire jusqu'au Saganlough. En traits généraux, la ligne frontière, en quittant la côte de la mer Noire, suivra la crête des montagnes qui séparent les affluents de la rivière Ilopa, de ceux de la rivière Tcharokh et la chaîne des montagnes au sud de la ville d'Artwin, jusqu'à la rivière Tcharokh, près des villages Alat et Bechaget; puis la frontière se dirigera par les sommets des monts Dervénik-Gheki, Hortchezor et Bedjiguin dagh par la crête qui sépare les affluents des rivières Tortoum-tchai et Tcharokh, et par les hauteurs près de Iaïli Vihine pour aboutir au village Vihine-Kilissa, sur la rivière Tortoum Tchai; de là, elle suivra la chaîne Sivri dagh jusqu'au col de ce nom en passant au sud du village Nuriman, elle tournera ensuite vers le sud-est, ira à Zivine, d'où la frontière passant à l'ouest de la route qui mène de Zivine aux villages Ardovt et Horassan se dirigera au sud par la chaîne de Saganlough jusqu'au village Gilitchman; puis, par la crête du Charian-dagh, elle arrivera à 10 verstes au sud de Hamour au défilé de Mourad-Tchaï; la frontière longera ensuite la crête de l'Alladagh et les sommets du Hori et du Tandourk, et, passant au sud de la vallée de Bayazid, ira rejoindre l'ancienne frontière turco-persane au sud du lac de Kazli-Gueul.

Les limites définitives du territoire annexé à la Russie, indiquées sur la carte ci-jointe, seront fixées par une commission composée de délégués russes et ottomans. Cette commission tiendra compte dans ses travaux tant de la topographie des localités que des considérations de bonne administration et des conditions propres à assurer la tranquillité du pays.

c) — Les territoires mentionnés dans les paragraphes a et b sont cédés à la Russie comme équivalent de la

LA GUERRE D'ORIENT — 985

« ENFANTS, DIT LE GRAND-DUC NICOLAS, AVEC L'AIDE DE DIEU, NOUS AVONS CONCLU LA PAIX EN FACE DE CONSTANTINOPLE »

somme de 1 milliard 10 millions de roubles. Quant au reste de l'indemnité, sauf les 10 millions de roubles dus aux intérêts et institutions russes en Turquie, soit 300 millions de roubles, le mode de paiement de cette somme et la garantie à y affecter seront réglés par une entente entre le gouvernement impérial de Russie et celui de S. M. le sultan.

(b) — Les 10 millions de roubles réclamés comme

124ᵉ LIVRAISON.

indemnité pour les sujets et institutions russes en Turquie seront payés à mesure que les réclamations des intéressés seront examinées par l'ambassade de Russie à Constantinople et transmises à la Sublime-Porte.

Art. 20. La Sublime-Porte prendra des mesures efficaces pour terminer à l'amiable toutes les affaires litigieuses des sujets russes, pendantes depuis plusieurs années, dédommager ces derniers, s'il y a lieu, et faire exécuter sans délai les sentences rendues.

Art. 21. Les habitants des localités cédées à la Russie qui voudraient fixer leur résidence hors de ces territoires, seront libres de se retirer, en vendant leurs propriétés immobilières. Un délai de trois ans leur est accordé à cet effet, à partir de la ratification du présent acte. Passé ce délai, les habitants qui n'auront pas quitté le pays et vendu leurs immeubles resteront sujets russes.

Les biens immeubles appartenant à l'État ou aux fondations pieuses sises en dehors des localités précitées devront être vendus dans le même délai de trois années, suivant le mode qui sera réglé par une commission spéciale russo-turque. La même commission sera chargée de déterminer le mode de retrait, par le gouvernement ottoman du matériel de guerre, des munitions, des approvisionnements et autres objets appartenant à l'État, et qui existeraient dans les places, villes et localités cédées à la Russie et non occupées actuellement par les troupes russes.

Art. 22. Les ecclésiastiques, les pèlerins et les moines russes voyageant ou séjournant dans la Turquie d'Europe et d'Asie jouiront des mêmes droits, avantages et priviléges que les ecclésiastiques étrangers appartenant à d'autres nationalités. Le droit de protection officielle est reconnu à l'ambassade impériale et aux consulats russes en Turquie, tant à l'égard des personnes susindiquées que de leurs possessions, établissements religieux, de bienfaisance et autres, dans les lieux saints et ailleurs.

Les moines du mont Athos, d'origine russe, seront maintenus dans leurs possessions et avantages antérieurs, et continueront à jouir, dans les trois couvents qui leur appartiennent et dans les dépendances de ces derniers, des mêmes droits et prérogatives que ceux qui sont assurés aux autres établissements religieux et couvents du mont Athos.

Art. 23. Tous les traités, conventions et engagements antérieurement conclus entre les deux hautes parties contractantes relativement au commerce, à la juridiction et à la position des sujets russes en Turquie, et qui avaient été supprimés par l'état de guerre, seront remis en vigueur, sauf les clauses auxquelles il serait dérogé par le présent acte. Les deux gouvernements seront replacés l'un vis-à-vis de l'autre, pour tous leurs engagements et rapports commerciaux et autres, dans la situation même où ils se trouvaient avant la déclaration de guerre.

Art. 24. Le Bosphore et les Dardanelles resteront ouverts, en temps de guerre comme en temps de paix, aux navires marchands des États neutres, arrivant des ports russes ou en destination de ces ports. La Sublime-Porte s'engage, en conséquence, à ne plus établir dorénavant, devant les ports de la mer Noire et de celle d'Azof, de blocus fictif qui s'écarterait de l'esprit de la déclaration signée à Paris le 4-16 avril 1856.

Art. 25. L'évacuation complète, par l'armée russe, de la Turquie d'Europe, à l'exception de la Bulgarie, aura lieu dans l'espace de trois mois après la conclusion de la paix définitive entre S. M. l'empereur de Russie et S. M. le sultan.

Afin de gagner du temps et d'éviter le maintien prolongé des troupes russes en Turquie et en Roumanie, une partie de l'armée impériale pourra être dirigée vers des ports de la mer Noire et de celle de Marmara pour y être embarquée sur des bâtiments appartenant au gouvernement russe ou frétés pour la circonstance.

L'évacuation de la Turquie d'Asie s'opérera dans l'espace de six mois à dater de la conclusion de la paix définitive, et les troupes russes auront la faculté de s'embarquer à Trébizonde pour retourner par le Caucase ou par la Crimée.

Les opérations de l'évacuation devront commencer immédiatement après l'échange des ratifications.

Art. 26. Tant que les troupes impériales russes séjourneront dans les localités qui, conformément au présent acte, seront restituées à la Sublime Porte, l'administration et l'ordre des choses resteront dans le même état que depuis l'occupation. La Sublime-Porte ne devra y prendre aucune part durant tout ce temps et jusqu'à l'entière sortie de toutes les troupes.

Les troupes ottomanes ne devront entrer dans les localités qui seront restituées à la Sublime-Porte, et cette dernière ne pourra commencer à y exercer son autorité que lorsque, pour chaque place et province qui aura été évacuée par les troupes russes, le commandant de ces troupes en aura donné connaissance à l'officier désigné à cet effet de la part de la Sublime-Porte.

Art. 27. La Sublime-Porte prend l'engagement de ne sévir d'aucune manière, ni laisser sévir contre les sujets ottomans qui auraient été compromis par leurs relations avec l'armée russe pendant la guerre. Dans le cas où quelques personnes voudraient se retirer avec leurs familles à la suite des troupes russes, les autorités ottomanes ne s'opposeront pas à leur départ.

Art. 28. Immédiatement après la ratification des préliminaires de paix, les prisonniers de guerre seront rendus réciproquement par les soins de commissaires spéciaux nommés de part et d'autre et qui se rendront à cet effet à Odessa et à Sébastopol. Le gouvernement ottoman payera tous les frais de l'entretien des prisonniers qui lui seront restitués, en dix-huit termes égaux, dans l'espace de six années, d'après les comptes qui seront établis par les commissaires susmentionnés.

L'échange des prisonniers entre le gouvernement ottoman et ceux de la Roumanie, de la Serbie et du Monténégro aura lieu sur les mêmes bases, en déduisant toutefois, dans le décompte à établir, le nombre des prisonniers restitués par le gouvernement ottoman du nombre des prisonniers qui lui seront restitués.

Art. 29. Le présent acte sera ratifié par LL. MM. II. l'empereur de Russie et l'empereur des Ottomans, et les ratifications seront échangées dans quinze jours ou plus tôt, si faire se peut, à St Pétersbourg, où l'on conviendra également du lieu et de l'époque à laquelle les stipulations du présent acte seront revêtues des formes solennelles usitées dans les traités de paix. Il demeure, toutefois, bien entendu que les hautes parties contractantes se considèrent comme formellement liées par le présent acte depuis le moment de sa ratification.

En foi de quoi, les plénipotentiaires respectifs ont revêtu le présent acte de leurs signatures et y ont apposé leurs cachets.
Fait à San Stefano, le 19 février/3 mars 1878.
(S) Comte N. IGNATIEF.   (S) SAVFET.
 (*L. S.*)   (*L. S.*)
(S) NÉLIDOW.   (S.) SADOULLAH.
 (*L. S.*)   (*L. S.*)

Paragraphe final de l'article 11 de l'acte des préliminaires de paix, signé aujourd'hui le 19 février (3 mars 1878), qui a été omis et doit faire partie intégrante dudit article.

Les habitants de la principauté de Bulgarie qui voyageront ou séjourneront dans les autres parties de l'empire ottoman seront soumis aux lois et aux autorités ottomanes.

San-Stefano, le 19 février (3 mars) 1878.

On pressentait à Constantinople que la paix devait être signée le 3 mars et on savait que, tout au moins une grande revue devait être passée ce jour-là. Le désir d'assister à ce double événement avait amené une foule énorme à San-Stefano. Les steamers de Constantinople, ballotés par une mer houleuse, se succédaient sans relâche apportant des milliers d'excursionnistes. Grecs, Arméniens, Bulgares, Turcs, encombraient le village, on se montrait et on entourait les héros de la guerre, les deux Skobelef, Gourko qui allaient donner des ordres à leurs troupes. On entendait s'entre-croiser toutes les langues de l'Europe et de l'Asie. La revue était annoncée pour midi, mais on n'avait pas prévu la résistance des plénipotentiaires turcs à la dernière exigence des Russes ; une heure, deux heures se passèrent. A quatre heures, rien encore, la pluie commença à tomber, mais la foule dont la curiosité était surexcitée au dernier point resta à son poste. Enfin, vers cinq heures, le grand-duc Nicolas qui s'impatientait également monta à cheval et se rendit à la maison où se discutait le traité et il demanda : « Est-ce prêt ? » Puis il galopa vers la hauteur où l'armée était rangée en bataille depuis plusieurs heures.

Après un nouveau moment d'attente, une voiture sortit du village. Elle contenait le général Ignatief, qui descendit, un rouleau de papiers à la main, et le remit au grand-duc en disant : « J'ai l'honneur de féliciter Votre Altesse de la signature de la paix. » Un immense hourra lui répondit et Mme Ignatief qui était présente lui sauta au cou enthousiasmée et l'embrassa publiquement. Le général venait en effet de remporter un grand succès et il en avait besoin. Quelques mois auparavant, lors des échecs subis par les armées russes, quand un nouvel effort des Turcs pouvait les rejeter dans le Danube, il avait dû se retirer dans son château, après avoir imploré en vain un regard du czar irrité contre le principal instigateur de la guerre. Maintenant il devait bientôt connaître de nouveau la disgrâce.

Après avoir passé la revue (1) au milieu des acclamations des soldats, le grand-duc Nicolas s'arrêta sur un point d'où il pouvait embrasser d'un coup d'œil toute l'armée et il annonça avec émotion : « Enfants, avec l'aide de Dieu, nous avons conclu la paix en face de Constantinople. » Un formidable hourra sortit de vingt mille poitrines. A un mille de là, les soldats turcs vaincus, humiliés, entendaient les réjouissances de leurs adversaires et pleuraient silencieusement.

Tout le monde mit pied à terre et une imposante cérémonie eut lieu, un service solennel fut célébré, le *Te Deum* fut chanté en vue de Tsargrad et de Sainte-Sophie, cette terre promise de l'ambition russe ; les 20,000 soldats s'agenouillèrent, on vit les héros de Plevna, de Schipka, d'Arab-Konak et de Philippopoli ployer la tête sous la bénédiction du prêtre. Jamais paix n'avait été célébrée dans des conditions plus dramatiques et plus pittoresques, au milieu d'un paysage aussi émouvant : les deux armées face à face, le ciel lem^etueux s'éclaircissant, la lumière décroissante du jour, la violence du vent, le clapotage voisin des vagues se mêlant au chant des prêtres et aux réponses des soldats et le grondement de la mer de Marmara grossissant et s'apaisant alternativement. Le pays aride qui est d'une grande beauté à San-Stefano formait un fond merveilleusement approprié au tableau.

A travers les eaux agitées de la mer, le dôme et les minarets élancés de Sainte-Sophie se détachaient en relief vigoureux sur le ciel, ainsi que les points dominants de la lointaine silhouette de Stamboul. Plus loin encore, au sud, les îles des Princes s'élevaient comme de grands monticules, sombres et massifs, sur la côte asiatique, et on savait que derrière elles était cachée la flotte anglaise. Au-dessus et beaucoup plus en arrière, le pic blanc du mont Olympe dévoilait son majestueux sommet reflétant sur ses flancs couverts de neige les rayons empourprés du soleil couchant.

Le soir, le Sultan donna de la sincérité de la

(1) Les troupes se composaient de l'escorte de S. M. l'Empereur, l'escorte d'honneur de la garde, la première brigade de la 1re division d'infanterie, les trois premiers régiments de la 2e division d'infanterie, la brigade de chasseurs de la garde, le bataillon de sapeurs de la garde, le bataillon d'escorte du commandant en chef, la 4e brigade de chasseurs, le régiment de lanciers et celui des cosaques de la garde, les 1re et 2e brigades d'artillerie de la garde et la batterie de cosaques du Don de la garde.

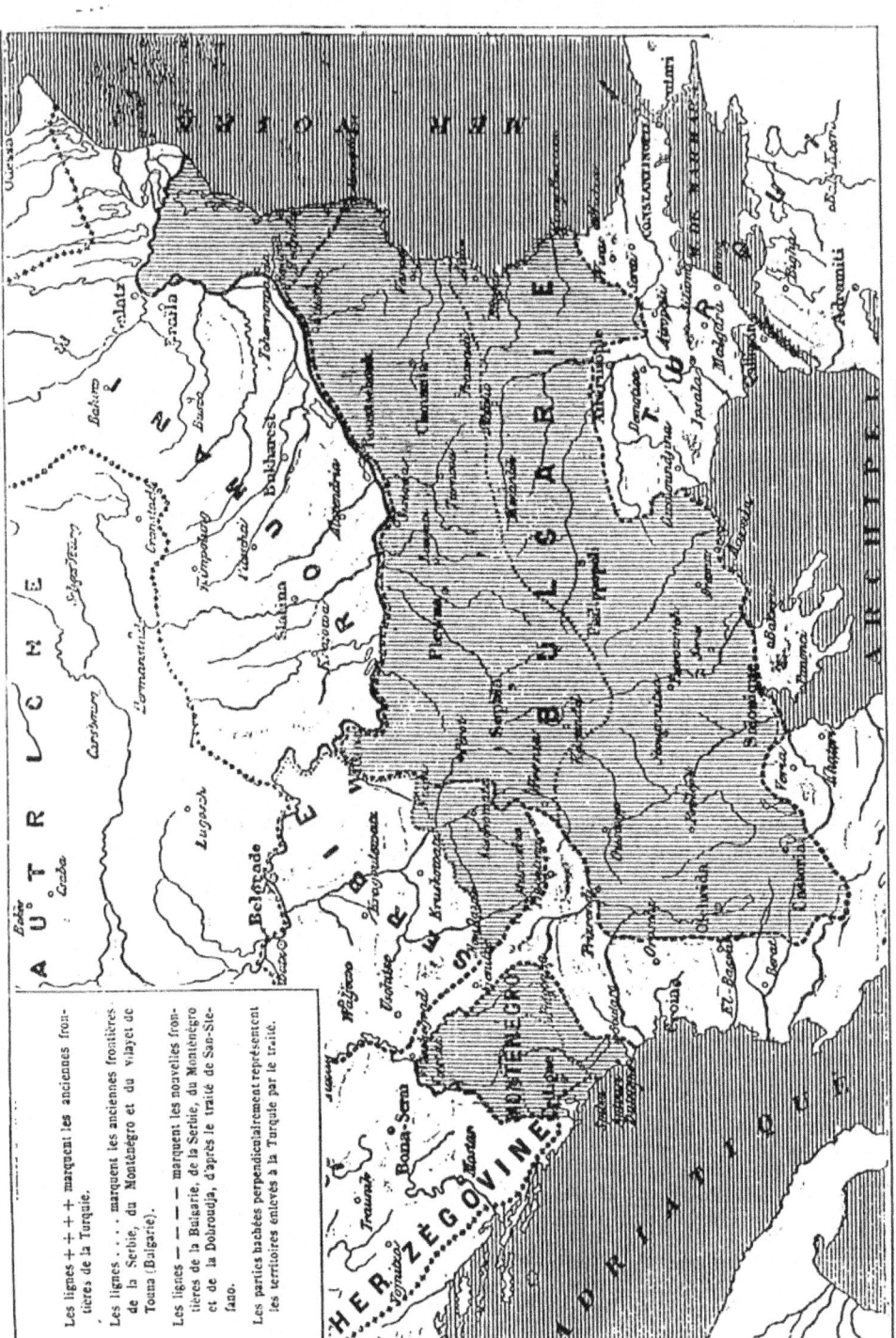

RÉDUCTION DE LA CARTE ANNEXÉE AU TRAITÉ DE SAN-STEFANO

LES CLOCHES ENVOYÉES PAR LES RUSSES AUX ÉGLISES BULGARES

réconciliation des deux peuples que le traité de San-Stefano venait de consacrer, un gage qui dut coûter beaucoup à son amour-propre, il adressa à l'empereur de Russie le télégramme suivant :

Constantinople, 3 mars.

Je profite de l'occasion que m'offre le jour anniversaire de l'avénement au trône de Votre Majesté Impériale pour lui faire parvenir mes félicitations, et saisir l'à-propos pour renouveler nos relations amicales.

ABDUL-HAMID.

L'Empereur répondit :

Saint-Pétersbourg, 3 mars.

Je remercie Votre Majesté Impériale pour les vœux qu'elle m'exprime. Ils me parviennent en même temps que l'annonce de la signature des préliminaires de paix entre nous. J'aime à voir dans cette coïncidence un augure de bonnes relations durables et solides.

ALEXANDRE.

La réconciliation était donc complète, au moins en apparence. La guerre de 1877-1878 était terminée.

LE CONGRÈS

I. — LA RUSSIE ESSAIE DE SOUSTRAIRE LE TRAITÉ DE SAN-STEFANO A LA SANCTION DE L'EUROPE

Critique du traité de San-Stefano.

Le 10 mars, le général Ignatief quitta Constantinople et partit pour Odessa à bord du yacht impérial le *Wladimir*; il était accompagné par Réouf-Pacha, le ministre de la guerre. Réouf portait à Saint-Pétersbourg le traité de paix revêtu de la signature du sultan, et il devait le rapporter couvert de la signature du czar. La Porte l'avait choisi avec l'espoir qu'il serait assez habile, assez éloquent ou plutôt assez heureux pour obtenir directement de l'empereur quelques adoucissements au traité; il revint sans avoir pu faire changer une virgule.

Grâce à l'affaissement de l'Europe, la Russie avait pu faire la guerre à loisir. Après la chute de Plevna, rien ne l'avait empêchée de remporter des succès militaires étourdissants et inespérés. Mais quand il s'agit de tirer parti de ces succès, elle ne sut pas se contenir. Emportée par une ambition irréfléchie, elle se précipita sur sa proie avec un empressement, une avidité, une impatience de jouir, qui firent du traité de San-Stefano une œuvre de brutalité sans précédent. Ce n'était plus la Russie des Nesselrode, des Ribeaupierre, des Pozzo di Borgo, des Capo d'Istria, des Brunow, ces étrangers habiles qui disciplinaient l'intempérance de la nature slave, qui avait négocié; c'était la Russie nouvelle, la Russie des Ignatief, des Tchernaïeff, des Fadeïeff, etc., qui avait fait son apparition dans la diplomatie, comme elle venait de la faire dans la stratégie et la tactique militaire. La paix de San-Stefano fut faite de la même manière que la guerre avait été conduite par les généraux Gourko et Skobelef. Ce fut une razzia, un *raid* diplomatique, une aventure violente et en fin de compte fort inconsidérée, car cette violence secoua l'Europe de sa torpeur et la Russie dut compter avec elle.

Rien n'est ménagé dans cet acte étrange, tout y est sacrifié à la satisfaction d'un monstrueux appétit; les intérêts des autres puissances, les principes mêmes au nom desquels la guerre avait été faite. Ce que la Russie avait voulu c'est asseoir définitivement sa domination dans la péninsule, et, à travers les articles compliqués, la rédaction un peu confuse du traité, elle arrive droit au but. Sous prétexte d'une « œuvre de piété filiale » à accomplir envers la mémoire de l'empereur Nicolas, elle prend la Bessarabie, c'est-à-dire l'embouchure du Danube. Dans la Turquie d'Europe proprement dite, elle ne s'annexe rien; elle se contente d'y établir quatre vassaux : les princes de Roumanie, de Serbie, de Monténégro et le sultan, plus un prince de Bulgarie, qui sera purement et simplement un gouverneur russe. En Asie, ses conquêtes effectives sont déguisées sous la forme de l'acquittement en nature d'une indemnité que la Porte ne peut pas payer autrement. Restent 300 millions de roubles, plus de 1 milliard, que la Porte est aussi incapable de payer que les autres parties de l'indemnité. Quand et comment ces 300 millions de roubles seront-ils payés? Le traité évite de le dire; il est muet sur le mode du recouvrement et sur les garanties à y affecter; c'est un point laissé en suspens. La Turquie, dont le territoire européen est brisé en quatre morceaux, épuisée, frappée à mort, restera donc soumise à une obligation dont elle ne pourra jamais se débarrasser; elle sera vis-à-vis de la Russie comme le débiteur à l'égard du créancier, c'est-à-dire dans une servitude dont on n'aperçoit pas le terme.

Le voilà donc réalisé le rêve des czars, toute la péninsule des Balkans est vassale de l'empire russe, les princes slaves de la Serbie, du Monténégro et de la Bulgarie sont ses clients naturels, la Roumanie, enclavée en territoire russe, doit subir son influence, et les quatre tronçons disloqués qui restent à la Turquie ne sont-ils pas des terres à lui? N'y recueillera-t-il pas l'impôt sous forme des rentes de l'indemnité de guerre? Est-ce que le sultan sera libre lorsque le czar pourra à chaque instant lui mettre sa créance sous la gorge?

Pour en arriver là, il a fallu fouler complètement aux pieds les traités de 1856 et de 1871, se parjurer envers l'Autriche, à laquelle on a promis pendant la guerre, formellement et à diverses reprises, de respecter les intérêts ; lui porter un coup sensible, en donnant au Monténégro la moitié de l'Herzégovine, en l'établissant sur l'Adriatique, en lui ouvrant la perspective d'attirer à lui toute la race serbo-croate ? Il a fallu s'emparer des bouches du Danube, le grand fleuve de l'Europe centrale, le déversoir de l'Allemagne et de l'Autriche. Il a fallu ne tenir aucun compte des intérêts de l'Angleterre dont on anéantit complétement l'influence en Orient : il a fallu violer ce principe des nationalités, qui a été le grand prétexte de la guerre.

Examinons de plus près ce traité et regardons comment la diplomatie russe s'y est prise pour arriver à la réalisation de cet idéal que M. de Nesselrode indiquait dans la fameuse dépêche découverte en 1831 ; une Turquie réduite à n'exister que sous la protection de la Russie et à n'écouter que ses désirs.

En 1829, la diplomatie russe redoutait l'essor que pourraient prendre les nationalités chrétiennes si on leur donnait la liberté. Elle avait peur de les voir créer des États qui auraient plus tard « rivalisé avec la Russie en puissance, en civilisation, en industrie et en richesse, » et elle crut obtenir le résultat qu'elle cherchait en maintenant l'intégrité de l'empire ottoman. Mais il se trouva qu'elle avait mal calculé : la Turquie se releva assez vite de ses défaites et fut en peu d'années en état de se soustraire à l'état de servitude où on avait cru pouvoir la maintenir. Il fallait donc essayer d'une autre combinaison en 1878 et se tourner vers les nationalités chrétiennes. La diplomatie russe le fit d'autant plus volontiers que les destinées obscures de la Serbie et de la Roumanie depuis cinquante ans avaient rassuré la Russie sur la concurrence que de petites principautés chrétiennes pouvaient faire à son influence en Turquie.

Il y avait dans la Turquie d'Europe quatre nationalités chrétiennes à satisfaire : les Grecs, les Serbes, les Monténégrins et les Bulgares. Nous avons expliqué les raisons de l'hostilité qui existe entre les Grecs et les Russes ; les Grecs furent donc complétement sacrifiés. Le traité de San-Stefano ne s'occupe pas d'eux.

Les Russes n'aiment pas non plus beaucoup les Serbes, nation égoïste, personnelle et peu maniable ; cependant ils étaient engagés envers eux, il fallait leur faire une part dans le partage des dépouilles ; on la leur fit aussi parcimonieuse que possible et on ne leur donna pas même tout le territoire que leurs troupes victorieuses avaient occupé. Si mince que fût la compensation accordée à la Serbie pour la double campagne qu'elle avait faite pour la cause slave, il fallut, pour la lui donner, violer le principe des nationalités, dont la Russie prétend faire la base de sa politique en Turquie. Le traité lui octroie une partie de la Vieille-Serbie dans la direction de Novi-Bazar (la citadelle de cette place est, dit-on, attribuée aux Serbes, et la ville aux Turcs) ; puis, Prokoplje et Kurchumlje, c'est-à-dire un territoire habité par des Albanais. Il est notoire que la population de la Vieille-Serbie a émigré en Hongrie au commencement du dix-huitième siècle et a été remplacée peu à peu par les Albanais ; la Serbie actuelle, en revendiquant la Vieille-Serbie, se laisse donc plutôt conduire par une analogie de mot que par une identité de race. Elle aura en outre Nisch et Leskowatz. Est-ce que ces villes sont babitées par des Serbes ? Non, mais par des Bulgares, et ce n'est sans doute pas à leur insu que les diplomates russes ont introduit dans le traité ce principe de discorde entre les deux peuples ; c'est une nouvelle preuve de la défiance qu'inspire la Serbie. La nouvelle principauté de Bulgarie ne manquera pas de protester bientôt contre le dépouillement dont elle est victime, et les Serbes doivent regarder comme très-passagère entre leurs mains la possession de Nisch et de Leskowatz. S'ils résistent, s'ils essayent de se défendre contre les fatalités de l'avenir ; ils auront à droite les Bulgares, à gauche les Monténégrins, et derrière les uns et les autres la formidable puissance de la Russie.

Les Monténégrins ont toujours été, au contraire des Serbes, les favoris de la Russie. Leur rocher ne les nourrit point et c'est la Russie qui leur fournit tout, l'argent, les vivres, les armes : ils sont pour elle des clients dont la fidélité est assurée par la nécessité, et elle n'avait rien à ménager avec eux. Aussi le traité de San-Stefano leur donne-t-il plus du double du territoire auquel ils pouvaient prétendre, soit d'après la base de l'*uti possidetis*, soit mêmes d'après ses aspirations générales. Ces aspirations se réduisaient en effet à réunir toutes les populations de la même race ; or, le traité assigne au Monténégro des territoires habités presque exclusivement par des mahométans ou par des Albanais catholiques ; il est vrai que ces territoires sont baignés par la mer. La mer ! c'est le grand attrait des imaginations russes. La Baltique est froide et glacée ; la mer Adriatique et la mer Égée sont éclairées par le plus

LA GUERRE D'ORIENT

LE GRAND-DUC NICOLAS REND VISITE AU SULTAN

brillant soleil : quel beau rêve que d'établir sur ces deux mers des colonies comme le Monténégro et la Bulgarie ! Ces deux principautés étaient naturellement destinées à devenir les enfants chéris de la politique russe ; et pour leur assurer un sort plus heureux, les diplomates de San-Stefano n'ont pas hésité à sacrifier une fois de plus le principe des nationalités.

Nous arrivons enfin à la Bulgarie, qui est la conception la plus originale du traité de San-Stefano. Pour comprendre comment la diplomatie russe chez qui c'était un principe qu'il ne fallait point donner trop de développement aux nationalités chrétiennes de la Turquie, a été amenée à donner une étendue aussi énorme, aussi disproportionnée à la Bulgarie, il faut se rappeler quel fut le rôle de celle-ci pendant les hostilités.

Le prétexte de la guerre fut la délivrance des Bulgares, l'empereur l'annonça solennellement lorsque l'armée russe franchit le Danube. Or, dans toute l'histoire de cette guerre avons-nous eu à constater le moindre mouvement spontané, la moindre initiative, le moindre effort même pour favoriser l'œuvre que la Russie semblait avoir entreprise à leur profit? Pendant plus de deux années nous n'entendons parler que des Bulgares; mais en deux ans en a-t-on cité un seul qui se soit particulièrement distingué et dont le nom ait retenti en Europe? Ce pays héroïque a-t-il produit le moindre héros, même de ces héros minuscules tels que Peko Pavlowitch, Lubobratitch ou Despotovitch, enfants de l'Herzégovine et de la Bosnie? Quoi! depuis si longtemps l'Occident est dans une émotion fébrile, l'Orient est en feu, les diplomates s'agitent les armées se choquent, et quel est l'intérêt supérieur qui est en jeu en tout ceci? C'est l'intérêt des Bulgares! Jamais nation n'a été mieux à même de prouver sa puissance vitale et n'a entendu un pareil appel à l'indépendance, mais jamais nation n'a prouvé plus d'impuissance ou d'indifférence à toute chose. Spectacle singulier et bien rare! dans le grand drame qui vient de se jouer, l'Europe a prêté ses sympathies; la Russie et la Turquie ont largement donné leur sang; quant à la Bulgarie, elle n'a livré que son nom, ou plutôt on le lui a pris, on s'en est servi. Il a été sans cesse question des Bulgares et on ne les a vus nulle part, sauf dans des massacres et d'autres atrocités qu'ils commettent contre les musulmans.

Phénomène nouveau dans l'histoire, et qui rappelle par opposition et par contraste, l'Irlande, la Vendée, les provinces du nord de l'Espagne, l'Italie tout entière et ses longues et ardentes luttes, la Hongrie et la Pologne! Voilà des noms qui représentent ou une nationalité, ou une opinion, ou une passion, et qui les ont représentées avec éclat; mais la Bulgarie que représente-t-elle maintenant? L'abdication entre les mains d'un autre, le renoncement de soi-même, l'incapacité à éprouver un autre sentiment que la plus brutale vengeance. N'est-ce pas là une matière merveilleusement propre à recevoir l'empreinte russe. Est-ce que ce peuple sans personnalité ne promettait pas d'être un instrument toujours docile dans la main de son protecteur. On n'avait aucune velléité d'émancipation à redouter de lui; aussi après lui avoir témoigné tant de dégoût à la fin de 1877, au moment des défaites, avec quelle ferveur, quelle exigeante bienveillance la Russie s'occupa de lui de nouveau au moment du traité. Jamais sa part ne pouvait être trop large dans le partage et on tailla tout à travers la Turquie, au mépris des droits des autres nationalités, une principauté démesurée.

Le *Times* a fait à ce sujet une jolie application de la fable de l'*Huître et les Plaideurs*. On a donné, dit-il, à la Bulgarie tout le gras du mollusque, et on a laissé à la Turquie les coquilles après les avoir préalablement brisées en morceaux. Au nord, la Bulgarie a ses limites naturelles; au point de vue ethnographique, il n'y a rien à dire; mais à mesure qu'on descend vers l'ouest, ses frontières étonnent, stupéfient, et, comme disait encore le *Times*, on se demande si elles ont été tracées par la plume des négociateurs ou par le crayon fantastique d'un spirite.

De ce côté elle empiète singulièrement sur l'Albanie; elle englobe des districts entiers où il n'y a que des Albanais, comme le district de Dibra, la rive occidentale du lac Ochrida, et surtout le district de Kastoria. Au sud-ouest, la frontière trace un vaste circuit et comprend des territoires où les Albanais, les Zinzares, les Grecs et les Turcs sont trois fois plus nombreux que les Bulgares. Nous arrivons au sud, c'est l'endroit sensible. La frontière touche à la mer une première fois à l'embouchure du Wardar: on compte sans doute établir sur ce point une station maritime. Puis, la frontière se relève, passe à côté de Salonique, laisse en dehors la péninsule chalcidique, et vient rejoindre la mer au golfe Orfané. Du golfe Orfané au golfe Lagos, la frontière bulgare a 35 à 40 lieues géographiques de côtes, et comprend la place et la rade de Kavala.

Pour étendre la Bulgarie jusque-là, jusqu'à la mer Égée, quelles entorses n'a-t-il pas fallu donner au principe des nationalités! « Les Grecs, dit M. Bianconi, dans le dernier ouvrage qui ait été publié sur l'ethnographie de la Turquie (1), forment une nombreuse population com-

(1) *Ethnographie et statistique de la Turquie et de la Grèce, races musulmanes et raïas*; par F. Bianconi, ex-ingé-

pacte, homogène et étroitement unie, qui domine par le nombre, l'intelligence, l'instruction et un bien-être relatif... Si les Bulgares, leurs frères dans le malheur, se sont adonnés à la culture des terres, les Grecs raïas ont préféré se retirer les uns sur les montagnes inaccessibles aux Turcs, du Pinde et du Rhodope, les autres dans les villes et y vivre du produit de leur commerce et de leur petite industrie...

« Dans les provinces comprises entre la mer de l'Archipel, au sud, et les grandes artères transversales du centre de la Turquie d'Europe, seuls, ils s'occupent du commerce des céréales qui se fait dans les riches provinces des bords de la Maritza (l'Hebros), du Kara-Sou (le Nestus) et du Vardar (le Pénée). Les ports de Salonique, Volo, Rodosto, etc., ne sont alimentés que par les denrées qu'ils font produire eux-mêmes à leurs terres, ou qu'ils vont acheter quelquefois dans les plaines mêmes de la Bulgarie.

« Toute la race est répartie approximativement de la manière suivante :

Epire et Basse-Albanie	1.600.000
Thessalie	500.000
Macédoine	600.000
Thrace (non compris Constantinople)	500.000
Constantinople et le littoral du Bosphore	500.000
Total	3.700.000

« Quant aux Bulgares, on remarque un certain nombre de colonies de cette race dans les parties purement grecques. A Ferré, à Demotica, sur les rives productives, mais insalubres de la Maritza, du côté de Uskiub, Istib, Stroumnitza, les Bulgares chassés de leur propre pays, vivent par suite des exactions de l'administration turque, dans une grande pauvreté, malgré la fertilité relativement considérable de ces terres d'alluvion. Ces populations, qui ont conservé leur caractère bulgare, sont malheureusement clair-semées dans ces régions, étrangères pour eux. »

Le *Messager d'Athènes* s'écria avec douleur qu'on avait englobé deux millions de Grecs dans la nouvelle principauté. Le chiffre est sans doute fort exagéré. Mettons-en un million seulement, si l'on s'en rapporte aux chiffres de M. Bianconi, la signification du traité ne reste-t-elle pas la même ? Ne voit-on pas dans le sacrifice de la nationalité grecque à une nationalité plus docile que ce n'est pas des chrétiens de Turquie, mais d'elle-même,

nieur, architecte en chef des études et de la construction des voies ferrées en Turquie d'Europe; membre de la Société de Géographie de France. — Paris, 1877.

de ses propres intérêts, que la Russie s'est souciée en traitant à San-Stefano.

De la mer la frontière remonte au nord, contourne Andrinople, se replie autour de la place de manière à couper ou à toucher à Lulé-Borgas ses communications ferrées avec Constantinople, et enfin vient aboutir à la mer Noire, un peu au-dessus de Midia. Le rivage de la mer sert alors de frontière à la Bulgarie, en remontant au nord jusqu'à près de Kustendjé. Pas plus de ce côté que du côté de l'ouest et du sud, le principe des nationalités n'est respecté. C'est ce que s'est chargé de démontrer Midhat-Pacha dans une brochure publiée après la divulgation du traité(1). Nul homme assurément ne connaît mieux que Midhat des provinces dont il a été longtemps gouverneur et qu'il a administrées avec autant d'intelligence que d'énergie. D'après son calcul, vingt-six districts, qu'il énumère à l'ouest de la Jantra, comprennent 60 ou 80 pour 100 d'habitants bulgares et chrétiens; mais dans les districts situés à l'est de la même rivière, tels que Roustchouk, Raszrad, Osman-Bazar, Choumla, Totrakhan (Turtukaï), Silistrie, Toultcha et Varna, la proportion est complétement renversée, et l'on compte 70 pour 100 de musulmans. Le reste est un mélange de Grecs, d'Arméniens, d'Allemands, de Lipovans, de Cosaques, de Valaques, de Bulgares, etc. Ces derniers, on le voit, n'entreraient que pour un élément sans importance dans cette masse confuse.

Telle qu'elle se présente avec les frontières que la fantaisie russe lui a assignées, la Bulgarie n'est presque plus une principauté bulgare. Parmi les abondantes statistiques de source allemande, autrichienne, grecque, bulgare, turque et moscovite publiées sur la Bulgarie, ce sont encore les données contenues dans l'ouvrage de Teplof qu'on peut le moins taxer de partialité, comme venant d'un Russe, et cependant elles fournissent des arguments très-forts contre les Bulgares en ce qui touche cette énorme extension de territoire. D'après ce document la nouvelle Bulgarie comprend dix-huit des anciens sandjaks ou districts turcs : Roustchouk, Widdin, Tirnova, Toultcha et Varna, au nord des Balkans; Nich, Sofia, Uskub, Izlinitza, Philipoppoli, Andrinople, Monastir, Goritza, Salonique, Sérès, Drama, Gallipoli et Rodosto au sud.

Or la population totale de ces dix-huit districts est évaluée par Teplof à 3,900,000 non-Bulgares et 2,580,000 Bulgares, c'est-à-dire que les premiers prédominent de 1,300,000 âmes environ;

(1) *La Turquie, son passé, son avenir*, Paris 1878.

d'après lui, les Bulgares ne sont en majorité que dans deux districts au nord des Balkans : Widdin et Tirnova, et dans deux districts au sud de ces montagnes : Sofia et Nich. Dans le district de Rou-tchouk, il y a 200,000 Bulgares sur 550,000 âmes ; dans celui de Varna, sur 110,000 âmes, 86,000 Bulgares seulement ; dans celui de Toultcha, sur 129,000 individus, on ne compte que 40,000 Bulgares. Sauf dans les sandjaks de Nich et de Sofia, l'infériorité numérique des Bulgares est même plus grande encore ailleurs. Ainsi, dans le district de Philippopoli, 300,000 habitants seulement, sur 900,000, sont de descendance bulgare, et dans celui d'Andrinople 120,000 sur 450,000. Dans les autres districts, la disproportion est même plus frappante, attendu que dans celui de Giritza il n'y a pas de Bulgares du tout.

Ces données trouvent en grande partie leur confirmation dans une carte ethnographique qui vient d'être publiée par l'Institut géographique de Vienne, sous la surveillance de M. Carl Sax, consul autrichien à Andrinople. M. Sax a non-seulement recueilli sur les lieux mêmes de nombreuses observations, mais il a eu connaissance de tous les rapports consulaires consacrés à cette question depuis qu'elle a éveillé l'attention de l'Europe.

Maintenant, les renseignements fournis par M. Ubicini, par M. Sax, par Teplof ou par Midhat-Pacha méritent-ils une entière confiance? C'est ce que nous ne saurions dire. Nous avons nous-mêmes accueilli au commencement de cet ouvrage les données très-sensiblement différentes qui avaient généralement cours avant la guerre (1). Il n'existe en Turquie aucun moyen de statistique exacte, on n'y trouve point de registres civils ou religieux, et les informateurs qui se sont donnés la tâche de démêler la quote-part qui revient à chaque nationalité dans le total de la population ont le plus souvent été guidés dans leur travail par quelque sympathie pour telle ou telle cause ce qui leur rendait l'impartialité fort difficile. Cette incertitude est la condamnation des diplomates russes. N'est-il pas évident que s'ils avaient eu vraiment le souci de respecter le principe des nationalités, ils auraient dû commencer par ouvrir une grande enquête qui leur aurait permis de se prononcer sur des faits authentiques? Mais ils n'ont obéi qu'à leur convoitise. Ils avaient trouvé dans les Bulgares un instrument éminemment docile. Politiquement incapables, les Bulgares devaient

(1) M. Élisée Reclus, dont nous avions emprunté les chiffres, évalue à 4,30,000 le nombre des Bulgares.

s'abandonner fatalement aux Russes. Toute la force que ceux-ci leur donnaient, c'était la Russie qui en devait profiter; en leur assignant le littoral de la mer Noire tandis qu'ils prenaient Batoum pour eux-mêmes ils faisaient de la mer Noire un lac russe; en englobant Kavala, ils donnaient à la marine russe un port sur la mer Égée ; aussi n'hésitèrent ils point à constituer cette bizarre principauté dont aucun principe ne peut justifier les limites. Il est impossible de voir dans cette partie du traité de San-Stefano autre chose qu'une satisfaction violemment donnée aux appétits effrénés de l'ambition russe.

Que reste-t-il de la Turquie ainsi dépouillée? Elle gît autour de la grosse principauté bulgare, brisée en quatre morceaux qui ressemblent à quatre membres séparés du tronc et que rien ne relie plus entre eux. Désormais, d'après le traité, l'empire turc en Europe se composera : à l'est, de Constantinople et des territoires adjacents; au sud, de la péninsule chalcidique, trois longs promontoires en pointes sur la mer; au sud-ouest de la Thessalie, de l'Épire et des restes de l'Albanie; au nord-est de l'Herzégovine et de la Bosnie. Ces quatre tronçons n'ont entre eux aucune communication. Nous avons dit que, dans le premier tronçon lui-même, le chemin de fer de Constantinople à Andrinople était touché et, par conséquent, coupé à Lulé-Bourgas par la frontière bulgare. De ce premier tronçon à la péninsule chalcidique, et de celle-ci au troisième tronçon (Épire, Thessalie, Albanie) il n'y a de communications que par mer. Enfin, ce troisième tronçon n'est relié au quatrième que par un corridor si étroit qu'il a seulement, entre Vischegrad et Novi-Varos, 8 kilomètres. Il n'est pas nécessaire, pour interrompre la communication, de placer des canons des deux côtés : il suffirait d'en mettre d'un seul. Il est vrai que le traité assure à la Porte le droit de tracer une route militaire à travers la Bulgarie, mais dans tout son parcours cette route sera à la disposition de la principauté. Il en est de même du chemin de fer de Salonique à Mitrovitza dont les extrémités seules, marquées par ces deux villes, restent à la Turquie.

Il est inutile de démontrer que la puissance du malheureux empire réduit à ces rognures de ses anciennes possessions devient absolument illusoire et que la Chalcidique, la Thessalie, l'Épire, l'Albanie, l'Herzégovine et la Bosnie sont placées par le fait de cette dislocation sous la dépendance géographique absolue de la Bulgarie, c'est-à-dire de la Russie. Un simple coup-d'œil

VUE DE BOUYOUK-DÉRÉ

jeté sur la carte du traité de San-Stéfano suffit pour s'en convaincre.

D'après ce que nous venons de voir, le traité place sous la domination de la Russie, la Serbie et le Monténégro par la nécessité naturelle où se trouvent ces deux petits pays, de s'appuyer sur la grande nation slave à laquelle ils doivent en partie leur existence; la Bulgarie par l'incapacité bien constatée des Bulgares à faire eux-mêmes leurs affaires; la Turquie par l'impossibilité où le gouvernement ottoman est mis de gouverner sans la protection de la principauté russo-bulgare, les provinces si bizarrement découpées qui lui sont laissées. Pour bien assurer ce triple vasselage à leur profit, les diplomates russes inventèrent encore l'occupation militaire de la Bulgarie et l'indemnité de guerre imposée à la Turquie. Ces deux mesures devaient achever leur œuvre et livrer absolument la péninsule des Balkans à la domination moscovite.

En maintenant 50,000 hommes pendant deux ans en Bulgarie, les Russes pouvaient veiller eux-mêmes à ce que tous les articles du traité de San-Stefano produisissent bien tous les effets qu'ils en attendaient; ils pouvaient organiser et faire consacrer par l'habitude cet état de demi-servitude où ils voulaient amener les pays qui avaient composé l'ancienne Turquie d'Europe. Comment les Bulgares, si mous, si malléables, pourraient-ils résister à une russification opérée sous la pression d'une armée? Comment la Porte pourrait-elle conserver une ombre d'indépendance alors que les soldats russes seraient à quelques jours de Constantinople? Comment la Roumanie, la Serbie, le Monténégro pourraient-ils échapper à la vassalité d'un empire dont les armées les étreindraient de tous côtés, la Roumanie surtout condamnée à servir de chemin à ces armées?

Les arrangements financiers du traité de San-Stéfano sont, après la rétrocession de la Bessarabie dont nous parlerons tout à l'heure, les clauses du traité où les Russes ont manifesté le plus brutalement qu'ils n'étaient guidés que par leurs intérêts personnels. Non-seulement ces arrangements violent l'équité, mais encore ils portent préjudice à toute l'Europe.

Autant qu'il est possible d'approcher de la vérité au sujet de la situation financière de la Turquie, on peut dire que sa dette flottante monte à . . . . 1.500.000.000 fr.
et la dette consolidée à . . . . 5.000.000.000 »

ce qui fait un total de . . . . 6.500.000.000 fr.
Six milliards et demi!

Or la dette consolidée se répartit approximativement de la façon suivante :
1.000.000.000 fr. en France,
2.250.000.000 » en Angleterre,
375.000.000 » en Italie,
250.000.000 » en Belgique et en Hollande,
500.000.000 » en Allemagne et en Autriche,
625.000.000 » en Turquie.

5.000.000.000 fr. au total.

La Russie ne figure même pas pour mémoire dans ces chiffres; de là le calme imperturbable avec lequel les diplomates russes imposèrent à la Turquie une nouvelle dette absolument disproportionnée avec ses ressources sans se préoccuper aucunement des premiers créanciers. C'est cependant un principe consacré du droit international que le vainqueur, en enlevant au vaincu une partie de son territoire, doit prendre à sa charge les obligations et les dettes de la contrée conquise et annexée. La Russie elle-même a témoigné à diverses époques de son histoire qu'elle croyait à l'équité de ce principe.

Ainsi, en 1808, elle prend la Finlande à la Suède; elle accepte aussitôt les charges du gouvernement dépossédé, et jusqu'à aujourd'hui encore, l'administration spéciale de cette province russe fait régulièrement honneur aux charges et obligations contractées par le gouvernement suédois et loyalement acceptées, dès le jour de l'annexion, par l'empereur Alexandre Ier.

En 1815, le duché de Varsovie, transformé en royaume de Pologne est concédé à la Russie par le traité de Vienne. L'empereur Alexandre accepte, encore cette fois, toutes les charges, toutes les obligations provenant des divers gouvernements qui l'ont précédé à Varsovie, et y fait largement honneur. A la suppression du royaume de Pologne, ces charges qui étaient couvertes par ses finances spéciales, ont été transmises à celles de l'Empire, et le Trésor de Pétersbourg y fait face depuis cette époque.

L'extrême et scrupuleuse exactitude de la Russie envers ses créanciers étrangers est d'ailleurs un fait acquis depuis ses premiers emprunts en Hollande, il y a déjà plus d'un siècle et demi. Jamais, malgré ses nombreux embarras financiers intérieurs, la Russie n'a rien fait perdre à ses prêteurs; le rouble a beau tomber de 4 fr. à 1 fr., la Russie, malgré l'immense dépréciation de sa monnaie, ne diminue pas d'un centime les intérêts à servir à ses créanciers étrangers, les leur sert à l'heure indiquée dans les conventions intervenues, et est restée fidèle à cette exactitude, même au milieu des terribles embarras de 1812.

Il est facile de trouver, en dehors de la Russie, d'autres exemples tout aussi concluants, pour établir que le vainqueur de la Turquie est tenu de respecter les intérêts des créanciers du vaincu. Sous le régime de l'occupation française dans la haute Italie, la grande institution financière qui porte le nom de Mont-de-Milan avait été grevée par Napoléon 1ᵉʳ, d'un grand nombre de dotations au profit de Français, généraux, maréchaux, grands et moyens fonctionnaires. En 1815, l'Autriche reprend la Lombardie et administre le Mont-de-Milan; le congrès de Vienne lui impose le payement régulier des dotations napoléoniennes. L'Autriche a loyalement fait honneur à cette dette transmise par un gouvernement qu'elle avait combattu, vaincu et remplacé. Le Mont-de-Milan a continué à servir les mêmes dotations aux dotés étrangers sous Charles-Albert, avant la bataille de Novare, et il a continué ce service sous Victor Emmanuel jusqu'à l'arrangement régulier intervenu sous le gouvernement de Napoléon III.

Le même Victor-Emmanuel, en s'emparant successivement de Parme, de la Toscane, de Naples, de la Sicile, de Rome, a parfaitement reconnu, accepté et satisfait tous les créanciers antérieurs de ces divers Etats annexés au Piémont par la force victorieuse autant que par le vœu des populations. Les créanciers des listes civiles des princes dépossédés ont été également acceptés et satisfaits. Toutes les charges antérieures de ces divers pays pèsent aujourd'hui sur le gouvernement italien.

Après être restée si longtemps fidèle à ces principes de loyauté financière, la Russie, aveuglée par ses succès, les laissa en complet oubli dans le traité de San-Stefano. A force d'être violentes, les combinaisons par lesquelles ce traité consomme l'asservissement de la Turquie à son vainqueur, en deviennent malhabiles. Emportée par son appétit furieux, la Russie ressemble à un voleur qui se croirait parfaitement seul au coin d'un bois pour dépouiller sa victime; elle ne se souvient plus qu'il existe une Europe, que cette Europe a souscrit pour cinq milliards de titres ottomans, et pour arriver à son but elle passe sur le ventre des porteurs de ces titres avec une naïve brutalité. Ce but quel est-il? La Porte a été mise géographiquement hors d'état de gouverner les provinces qu'on lui laisse; il faut maintenant lui rendre le gouvernement impossible pécuniairement, il ne faut pas qu'elle reconstitue sa puissance militaire, qu'elle se remette à vivre de sa vie propre parce qu'alors son premier mouvement serait de se détacher d'un vainqueur abhorré; il faut que Constantinople obéisse à Saint-Pétersbourg, et pour cela on attache au cou de la Turquie comme un lien indestructible, une obligation qu'elle ne pourra jamais remplir. D'abord on la ruine irrémédiablement, on lui prend la Bulgarie, une partie de l'Arménie, de l'Albanie et de l'Herzégovine, soit un ensemble de territoires qui fourniraient 140 millions au budget sur une recette de 340 millions; puis on viole les principes d'équité internationale qu'on a respectés jusque-là ; tout en prenant à la Porte le tiers de ses revenus on lui laisse la totalité de sa dette, et il lui faudra désormais servir les intérêts de cinq milliards avec un revenu réduit à 200 millions, ce qui est matériellement impossible ; elle est donc condamnée à la faillite perpétuelle, et les petits rentiers anglais et français, atteints par la banqueroute ottomane, perdent leurs dernières espérances; la Russie les exécute sur l'autel de son ambition.

Ici le traité de San-Stefano devient épique. Voilà un gouvernement absolument ruiné, en faillite, sans ressources, il ne trouverait pas un sou à emprunter en Europe. Eh bien, on lui demande 1,200 millions d'indemnité; il est bien évident que les Russes ne se sont jamais flattés d'obtenir cette somme; ils ont, au contraire, certainement calculé qu'ils ne l'obtiendraient jamais ; la Turquie ne pouvant pas payer, elle devient tributaire de son créancier. Le tribut sera payé sous forme d'intérêts de l'indemnité, et sous prétexte de sauvegarder ses intérêts financiers, la Russie interviendra quand il lui plaira dans les affaires intérieures de la Porte et les dirigera selon ses vues. Le but cherché, l'asservissement de la Turquie est donc atteint, mais nous ne saurions admirer les moyens par lesquels les diplomates russes y sont arrivés. En faisant si bon marché de l'Europe, ils ont, comme nous le disions tout à l'heure, été malhabiles.

On remarquera que le traité de San-Stefano a négligé de spécifier les conditions dans lesquelles s'opérerait le payement de l'indemnité. On pourrait croire que ce soin a été considéré comme superflu puisque la Turquie ne doit pas payer, mais si la Russie n'a point songé à jamais obtenir ces 1,200 millions, elle compte pourtant en toucher les intérêts. Il est probable que ce silence cache, comme le bruit en a couru au moment de la signature du traité, quelques calculs secrets. Le trop habile général Ignatief aura songé à étendre à la Bulgarie, les heureux effets qu'il obtenait en Turquie par ses combinaisons financières et qu'il entendait, en réglant ultérieurement le mode de payement faire garantir les intérêts de l'indemnité sur le tribut de la Bulgarie. Le payement de ce tribut à la Porte ne deviendrait plus qu'une simple formalité car la Russie en intercepterait aussitôt le montant afin de se procurer les intérêts promis. Cette situation se prolongerait indéfiniment. La Turquie ne pouvant jamais trouver le capital, la charge des intérêts pèserait à perpétuité sur la Bulgarie. Par là la Russie serait prémunie contre toute tentative d'émancipation de la part des Bulgares. Si la malheureuse principauté n'avait à supporter qu'un tribut ordinaire, elle aurait pu se dire pour se consoler : la Roumanie et la Serbie ont subi le même sort que moi ; mais l'heure est venue où elles se sont débarrassées d'un poids gênant ! Je ferai comme elles un jour ou l'autre ; je profiterai de la décrépitude toujours croissante de l'empire ottoman pour me débarrasser, à leur exemple, de ce dernier lien de vassalité. — Mais payer un tribut à la Russie est une chose fort différente. La Russie n'est pas faible, elle n'est pas en décadence, elle n'a pas l'habitude de montrer de l'indulgence à ses créanciers. Avec cet ingénieux moyen, la Bulgarie ne pourrait jamais briser la chaîne pécuniaire qui l'unirait à la Russie. Les troupes russes pourraient repasser le Danube, la domination russe ne cesserait pas de s'exercer dans la principauté sous une autre forme, mais avec non moins d'impérieuse énergie.

Si les dispositions financières du traité de San-Stefano sont fort choquantes, elles sont cependant dépassées encore par celles qui concernent la Roumanie et qu'on ne saurait qualifier autrement que de monstrueuses. Abus de la force, violation du droit, mépris des traités, ingratitude : tout y est. En effet, c'est un allié de dix ans, un peuple dont l'armée russe a invoqué le secours, qu'on traite comme un vaincu.

Depuis longtemps déjà les « patriotes » roumains parlent d'un empire daco-roumain qui comprendrait outre la Moldavie, la Valachie et la Bessarabie, la Bukhovine et la Transylvanie. Le parti avancé s'était emparé de cette idée d'avenir, il en avait fait son programme : restait à trouver les moyens d'exécution. Sur qui s'appuyer pour atteindre les destinées et les terres promises? Il était naturel de songer à la Russie, qu'on croyait appelée à démolir successivement la Turquie et l'Autriche, et c'est à elle, en effet, qu'on s'est adressé. M. Bratiano, qui avait été jadis, avec Mazzini et Ledru-Rollin, membre du Comité révolutionnaire cosmopolite, arriva au pouvoir, et le prince Gortchakoff ne tarda pas à devenir son allié. Dès 1868, un accord secret existe entre la Roumanie et la Russie, et le premier effet de cet accord a été de soulever et de lancer dans le monde la question bulgare, qui a fait depuis un si beau chemin. M. Bratiano a eu une part très-considérable dans les origines de cette question. C'est lui qui a laissé s'établir à Bucharest et dans toute la Roumanie des comités slaves destinés à fomenter l'insurrection de l'autre côté du Danube, et la diplomatie européenne ne s'est pas trompée à cette époque sur l'objet et sur les conséquences de cette agitation.

L'Autriche s'émut ; l'Angleterre elle-même éprouva quelque inquiétude. Quel fut l'avocat du gouvernement roumain ? Le prince Gortchakof ; et nous voudrions avoir la place de citer la dépêche qu'il adressait le 17 décembre 1868 à M. de Brunow, l'ambassadeur russe à Londres, et dans laquelle il prenait la défense de ses nouveaux amis. La guerre ayant éclaté en 1870 entre la France et la Prusse, la Roumanie et la Russie crurent le moment venu de réaliser chacune leurs espérances particulières. Mais la rapidité des événements déjoua tous les calculs. On comptait sur une longue guerre : l'armée française, mal préparée et encore plus mal dirigée, subit dès les premiers jours d'irréparables défaites. La Russie ne songea qu'à elle et se borna pour le moment à dénoncer la clause du traité de Paris relative à la mer Noire : le reste fut remis à plus tard, et la Roumanie dût attendre. Elle attendit jusqu'à l'automne de 1876. La guerre de Serbie était alors engagée : l'empereur Alexandre était à Livadia, inquiet et même un peu triste du caractère qu'elle avait pris. M. Bratiano saisit ce moment pour aller rendre hommage au czar, et il eut avec lui, et avec le prince Gortchakoff, des conférences naturellement secrètes, mais destinées, comme tous les secrets diplomatiques d'aujourd'hui, à être bientôt connues du monde entier. Dans la douleur et l'irritation où l'a plongé le traité de San-Stefano, le gouvernement roumain a dit à la Chambre des députés et au Sénat tout ce qu'il avait sur le cœur ou dans la mémoire; il a prodigué les pièces et les documents à l'appui de ces allégations, ce qui nous permet de reconstituer avec certitude l'histoire de l'alliance russo-roumaine.

En voyant la tournure des choses, la Roumanie avait compris que la Russie ferait prochainement la guerre, et son plus vif désir était d'y prendre part elle-même. En janvier 1877, pendant que la conférence de Constantinople siégeait encore, un diplomate russe se rendit à Bucharest : c'était M. de Nélidof, le même qui signa plus tard avec le général Ignatief le traité de San-Stefano. Il apportait un projet de convention concernant la marche des troupes russes à travers la Roumanie et leur séjour dans ce pays avant le passage du Danube. Ce projet contenait une clause assez ambiguë par laquelle l'intégrité du territoire roumain était garantie « pour le temps de la guerre. » Les Roumains jugèrent la garantie insuffisante au point de vue de la durée, et ils s'en montrèrent même un peu effrayés. Les mois de février et de mars furent remplis par des pourparlers avec les Russes, et aussi par des tentatives de négociations avec l'Europe. — Nous sommes menacés et incapables de nous défendre, disaient les Roumains aux puissances ; viendrez-vous à notre aide ?

Il n'était pas présumable que l'Europe, résignée à tolérer la guerre de la Russie contre la Porte, prendrait feu pour la défense de la neutralité de la Roumanie. En effet, elle ne bougea point. Enfin, au mois d'avril, le moment critique était venu. La Russie était sur le point de passer le Pruth, et elle donna l'ordre à son représentant à Bucharest, le baron Stuart, de signer la convention au plus vite dans les termes voulus par M. Bratiano, en promettant l'intégrité territoriale de la Roumanie sans restriction ni réticence apparente.

Cette convention fut signée le 5 avril, et ainsi qu'on le sait, l'art. 2 en était ainsi conçu :

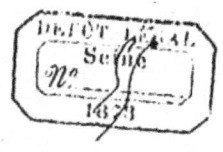

LE MARQUIS DE SALISBURY

Afin qu'il ne résulte aucun inconvénient et aucun danger pour la Roumanie du fait du passage des troupes russes sur son territoire, le gouvernement de S. M. l'empereur de toutes les Russies s'oblige à maintenir et à faire respecter les droits politiques de l'État roumain tels qu'ils résultent des lois antérieures et des traités existants, ainsi qu'à maintenir et à défendre l'intégrité actuelle de la Roumanie.

Certes, rien de plus net ni de plus formel que ce langage ; la Roumanie, forte de ce bon billet, pouvait se croire à l'abri de tout désagrément futur ; aussi les soldats russes trouvèrent-ils partout un bon accueil dont ils usèrent très-largement.

La guerre commença. Aussitôt la Roumanie proclama son indépendance et proposa à la Russie de marcher avec elle contre les Turcs. La Russie montra quelque irritation de ces résolutions. Elle comptait libérer la Roumanie après la guerre, et l'éblouir de ce cadeau que les Roumains s'adjugeaient eux-mêmes sans façons. Quant aux propositions de coopération militaire, nous avons raconté que les Russes les reçurent avec une froideur extrême. Ils semblaient regarder l'armée roumaine comme un bagage encombrant à maintenir sur leurs derrières. Ils voulaient, en tous cas, l'embrigader et la faire disparaître dans l'armée russe. Le prince Charles résistait et demandait un commandement indépendant : les choses restèrent telles quelles jusqu'au moment où les Russes, arrêtés en Asie devant Kars, en Europe devant Plevna, se crurent perdus avec la vivacité d'impression des races slaves, et s'empressèrent d'implorer le secours des Roumains, qu'ils méprisaient la veille. Le grand-duc Nicolas écrivit en français au prince Charles le télégramme suivant :

> Venez à notre secours. Passez le Danube où vous voulez, comme vous voulez, sous quelles conditions que vous voulez, mais venez à notre secours au plus vite. Les Turcs nous abîment, la cause chrétienne est perdue.

Cette humble demande ne constituait-elle pas une dette sacrée de reconnaissance. Dans une lettre au général Brialmont, le général Totleben avoue qu'à ce moment il n'y avait plus que 40,000 russes devant Plevna tandis qu'il y avait 60,000 Turcs dans la place ; c'est-à-dire que le sort de l'armée était à la merci d'une sortie d'Osman-Pacha et qu'elle fut littéralement sauvée par le prince Charles. On a lu dans cette histoire comment à ce moment les Roumains montrèrent une générosité chevaleresque et bientôt un courage qui surprirent l'Europe. Ils n'exigèrent rien, ne demandèrent rien ; ils volèrent au secours des Russes avec une armée de 40,000 hommes, bien disciplinée et parfaitement outillée pour les travaux d'investissement, et ils contribuèrent grandement à la prise de Plevna. Comment la Russie les récompensa-t-elle de ces grands services ?

Ayant fait preuve d'un courage militaire qu'ils ne se soupçonnaient peut-être pas à eux-mêmes, les pauvres Roumains semblaient pouvoir compter sur le respect et la reconnaissance de la grande nation dont l'appel désespéré les avait décidés à passer le Danube. L'empereur Alexandre n'avait-il pas accepté, en signe de gratitude, cette décoration de l'Étoile de Roumanie, qui devait être l'emblème des destinées futures de la principauté ? Cependant leur bonheur fut court. Pendant son long séjour à Bucharest en juin et juillet 1877, le prince Gortchakof tenait aux hommes d'État roumains des propos de mauvais augure. « L'empereur, disait-il, était décidé à ne pas mourir avant d'avoir mis sur la tombe de son père les morceaux du traité de Paris. Or, pour accomplir ce vœu filial, il était indispensable d'effacer la clause du traité par laquelle la Bessarabie avait été cédée à la Roumanie. C'était là, ajoutait-il, un détail sans importance. Les Roumains pouvaient-ils tenir à un lambeau de territoire aussi insignifiant ? On leur donnerait des compensations de l'autre côté du Danube. Les puissances ne mettraient pas d'obstacles à la réalisation du désir de la Russie ; car tout avait été arrangé d'avance à Reischstadt. » Mais ces conversations du prince Gortchakof n'avaient eu aucune suite tant que les Roumains avaient versé leur sang en Bulgarie. Les Russes ne parlaient plus de leur dessein à un gouvernement qu'ils avaient un trop grand besoin de ménager. Même au mois de janvier 1878, lorsque le prince Gortchakof annonça au gouvernement roumain le passage du prince Ignatief qui allait discuter les préliminaires de paix ; il n'osa point aborder franchement la question. Voici la dépêche qu'il lui adressa :

Saint-Pétersbourg, 11 janvier 1878.

Lettre de Son Altesse le prince chancelier au ministre des affaires étrangères de Roumanie.

Monsieur le ministre,

Sa Majesté l'empereur juge que le moment est venu d'éclaircir certaines questions que je n'ai fait jusqu'à présent qu'indiquer à Votre Excellence en termes généraux. En vue de la paix prochaine, il convient que sur ce sujet il n'y ait pas de malentendu entre nous, et c'est pour obtenir ce résultat que mon auguste maître envoie maintenant son aide de camp, le général comte Ignatief, à Bucharest, pour vous exposer les idées du cabinet impérial dont Votre Excellence connaît le plan d'ensemble. Vous savez que nous désirons faire pour la

Roumanie tout ce que nous pourrons sur le terrain de la diplomatie, mais vous savez également que nous avons des droits et des intérêts à défendre, et sur ce point il nous est impossible de transiger en rien sur ce que nous attendons du gouvernement roumain. Ce que nous espérons, c'est une sincère et raisonnable appréciation de votre position et de la nôtre, et c'est de cette façon que les traditions qui unissent la Roumanie à la Russie peuvent se perpétuer et se fortifier.

C'est à elles que vous devez votre passé, et je crois que c'est sur elles que votre pays s'appuiera le plus sûrement à l'avenir. Je compte donc sur la haute intelligence de Votre Excellence et sur celle du président du conseil pour faire prévaloir les vues élevées de l'homme d'État sur les pressions et les passions de parti, dans un moment où cela peut être décisif pour les relations des deux pays.

GORTCHAKOF.

Faut-il attribuer ce langage ambigu à un reste de respect humain qui gênait le prince ou à la crainte des embarras qu'une attitude hostile aurait pu créer? Remarquons seulement que le 11 janvier la victoire de Schipka n'était pas encore connue et que Gourko était encore à Sofia. La conduite de la Russie a donc toutes les apparences de la duplicité.

Quand le prince Ignatief arriva à Bucharest, les dernières armées turques étaient dispersées, on pouvait mettre sans danger la question officiellement à l'ordre du jour, et le diplomate exhiba une lettre autographe de l'empereur Alexandre II. « Je vous aime comme mon fils, écrivait le czar au prince Charles ; toutefois je ne vous parle pas aujourd'hui comme un parent et un ami. Je viens, au nom de la nation russe, vous demander la Bessarabie ; je remplis un devoir envers la mémoire de mon père et envers les intérêts de mon peuple. Je ne saurais mourir tranquille avant de l'avoir accompli. J'espère que le prince de Roumanie ne mettra pas l'empereur de Russie dans la nécessité de le maudire avant sa mort ! » Si le prince Charles avait voulu accepter la discussion sur le terrain historique, il aurait pu demander à l'empereur Alexandre comment il se pouvait faire que la piété filiale l'obligeât à revendiquer la Bessarabie? Est-ce, par hasard, l'empereur Nicolas qui a cédé la Bessarabie à la Roumanie? L'empereur Nicolas est mort le 2 mars 1855, et le traité de Paris, par lequel cette cession a été faite, n'a été signé que le 30 mars 1856. C'est donc envers lui-même et non envers la mémoire de son père que l'empereur Alexandre remplissait un devoir de piété en réclamant la Bessarabie. Mais le prince Charles ne souleva pas cette objection historique. Au langage du sentiment, le gouvernement de Bucharest se contenta de répondre par le langage du sentiment : « Nous avons versé notre sang pour la Russie, dirent les Roumains, et une aussi grande et aussi généreuse nation, qui a à sa tête un empereur renommé par sa magnanimité, ne voudra certainement pas, pour nous montrer sa gratitude, arracher un lambeau de notre sol. »

Ce dialogue n'ayant produit aucun résultat pratique, les Russes essayèrent le raisonnement. Pour convaincre les Roumains qu'il n'avait pas pu toucher, le prince Gortchakof employa des arguments d'une casuistique au moins singulière. Sans doute la Russie avait garanti à la Roumanie l'intégrité de son territoire par la convention du 16 avril dernier ; mais cette convention avait été conclue dans la supposition que la principauté resterait neutre. Or la Roumanie avait pris part à la guerre; donc la convention avait disparu avec toutes ses clauses, sans en excepter celle qui garantissait l'intégrité du territoire roumain. D'ailleurs, la Roumanie n'avait en réalité aucun droit sur la Bessarabie, cette province ayant été cédée en 1856, non à la principauté de Roumanie, qui n'existait pas encore, mais à la principauté de Moldavie, qui avait cessé depuis d'avoir une existence séparée. Les Roumains devaient donc s'estimer heureux qu'on leur offrît en échange d'une province dont la possession pouvait leur être légalement contestée, une province plus grande et plus peuplée, la Dobroudja (1). Est-il besoin de dire que

(1) Les Turcs conquirent la Bessarabie sur les Valaques et en furent les possesseurs incontestés depuis 1538 jusqu'aux premières années du dix-neuvième siècle. Les Russes, maîtres des principautés après les campagnes de 1807, 1809 et 1810, forcèrent la Porte de consentir au démembrement de la Moldavie. Le traité de Bucharest (28 mai 1812) leur reconnut la possession de tout le territoire compris entre le Pruth et le Dniester. Les titres des Russes sur la Bessarabie ne remontent pas au delà de cette date. Ils sont mal venus, comme on voit, à contester ceux des Roumains.

En prenant possession définitive de la portion orientale de la Moldavie, le cabinet de Saint-Pétersbourg en forma une province à laquelle il appliqua le nom de Bessarabie, qui n'appartenait précédemment qu'à la région voisine du Danube. La nouvelle province était vaste, mais les habitants y étaient clair-semés, d'autant plus que les Osmanlis avaient été obligés d'abandonner les places fortes. Pour combler les vides causés par la guerre et par l'émigration, le gouvernement résolut de faire appel à des colons russes et étrangers. Les Allemands étaient alors tout-puissants en Russie ; on voulut former sur les bords du Dniester et du Pruth des villages allemands. Des colons wurtembergeois et autres venaient de s'établir dans la Pologne prussienne ; l'empereur Alexandre leur persuada de chercher plutôt un asile dans ses États. Telle fut l'origine des colonies germaniques de la Bessarabie, dont les premières furent fondées pendant l'été de 1814. C'était l'époque où l'Europe soutenait contre Napoléon la lutte suprême ; pour conserver le souvenir des victoires remportées par la coalition, l'administration russe donna aux villages créés alors les noms des localités où les troupes impériales s'étaient particulièrement distinguées. On rencontre aujourd'hui encore dans la Bessarabie les noms de Tarutino, Beresina, Leipzig, Arcis, Brienne, La Fère-Champenoise, Paris, etc.

OVATION A OSMAN-PACHA A SON RETOUR A CONSTANTINOPLE

les Roumains ne comprirent pas leur bonheur ? Ils firent remarquer que, s'ils étaient devenus partie belligérante, c'était sur l'invitation pressante de la Russie, et ils ajoutaient qu'ils ne consentiraient jamais à échanger un pays que l'Europe entière leur avait donné, et dont la population était en majorité roumaine, contre une région pestilentielle presque uniquement peuplée de Tartares et de Turcs.

Les Russes usèrent alors d'un troisième moyen : l'intimidation. Oubliant le rôle que les Roumains avaient joué dans la guerre, ils refusèrent de leur laisser prendre part aux négociations pour l'armistice et pour les préliminaires de la paix. Le colonel Arion, envoyé par le gouvernement de Bucharest à Kesanlyk et à Andrinople, fut éconduit de la manière la plus cavalière. « Je n'ai pas le temps de vous entendre, » lui dit M. de Nélidof. Plus explicite encore, le grand-duc Nicolas lui exprima un vif étonnement de voir un délégué roumain à Andrinople, et l'invita à rentrer chez lui le plus vite possible. Cette réception était d'autant plus significative que M. Radovitch, délégué pour le Monténégro, et le colonel Horvatovitch, pour la Serbie, avaient été parfaitement reçus au quartier général,

Ce moyen n'eut, du reste, pas plus d'effet que les deux autres. L'énergie de la Roumanie grandit avec les difficultés. Le 7 février, le ministre expliqua au Sénat et à la Chambre des députés la situation qui était faite au pays. M. Cogolniceano annonça que la Russie mobilisait quatre nouvelles divisions et qu'il avait les meilleures raisons de croire que l'une d'elles était destinée à occuper les territoires réclamés. Le vieux patriote laissait le parlement roumain libre de sa résolution ; pour lui, il pensait qu'il fallait protester devant l'Europe. Alors, le député Cantili, qui s'était distingué dans la guerre, prit la parole à son tour et déclara qu'une seule protestation lui semblait convenable : rappeler les trois divisions roumaines qui étaient devant Widdin et les envoyer en Bessarabie. « Je sais, ajouta-t-il, que ni cette division, ni même toute l'armée roumaine ne sont capables d'opposer une longue résistance aux puissantes armées russes, mais je ne pense pas que cela soit nécessaire. Le prince Gortchakof réfléchira certainement deux fois avant de produire devant l'Europe le spectacle de la Russie attaquant avec sa supériorité écrasante la petite armée roumaine, pour ravir à un pays ami, allié, et qui vient de lui rendre un incontestable service, sa propriété légitime. Pourtant, si ce qui paraît

Outre les Allemands, un autre élément de population se développait peu à peu dans la Bessarabie : l'élément bulgare. Dès l'année 1792, aussitôt après la paix de Iassi, les Bulgares avaient commencé à passer le Danube et s'étaient acheminés vers les plaines du Dniester. La prise de possession de la province par les Russes donna à cette émigration une nouvelle intensité. M. Jirecek rapporte qu'en 1821 il y avait déjà en Bessarabie 7,735 familles comptant 38,093 individus ; mais les événements de l'année 1849 contribuèrent surtout à développer ce courant. Les Bulgares avaient entrevu leur affranchissement ; le traité d'Andrinople les jeta dans la consternation. De longues colonnes de fugitifs, qu'on n'évalue pas à moins de 25,000 individus, abandonnèrent leurs foyers et allèrent s'établir au nord du Danube, auprès de leurs compatriotes. Schoumla, Slivno et Pravodi perdirent presque la moitié de leurs habitants. La Valachie recueillit aussi un grand nombre de colons.

La Bessarabie, qui reçut également un fort contingent de Petits-Russiens, resta sous l'administration russe jusqu'en 1820, mais l'article 20 du traité de Paris imposa au gouvernement russe une « rectification de frontière. » La nouvelle frontière part de la mer Noire, à un kilomètre à l'est du lac Bourna-Sola, rejoint perpendiculairement la route d'Akkerman, suit cette route jusqu'au val de Trajan, passe au-dessus de Belgrade, remonte le lac Yalpouk jusqu'à la hauteur de Saratsika et vient aboutir à Catamori sur le Pruth. Le territoire enlevé à la Russie a été restitué à la Moldavie.

La Bessarabie russe, telle qu'elle a été délimitée par le traité de Paris, est divisée en sept districts : Kichenef, Bender, Akkerman, Orghéief, Bieltsi, Sorok et Hotin ; le cheflieu de la province est Kichenef. La population totale était, en 1870, de 1,078,932 habitants, que l'on peut décomposer approximativement de la manière suivante, en prenant pour base les calculs de M. de Koppen :

	Habitants.
Roumains	780.000
Grands-Russes	40.000
Petits-Russes	130.000
Cosaques	15.000
Bulgares	50.000
Polonais	1.000
Allemands	26.000
Grecs	3.500
Arméniens	2.000
Tziganes	18.000
Juifs	73.000
Divers	432
Total	1.078.932

Le territoire que les Roumains ont recouvré en 1856 a été divisé par eux en trois districts, savoir :

	Hab. (en 1860).
Cahul	44.701
Bolgrad	51.231
Ismail	40.700
Ensemble	136.632

La moitié au plus de cette population appartient à la nationalité roumaine ; l'autre moitié se compose de Bulgares (50,000 d'après M. Jirecek), de Russes, de Tatars, de Grecs et de Tziganes. Nous devons dire, à l'éloge des hommes d'État roumains, qu'ils n'ont pas méconnu les droits acquis par les immigrants étrangers. Les colonies bulgares notamment ont conservé certains priviléges qui ont permis à Bolgrad de se développer. Bien plus, l'école bulgare que possède cette ville a devancé les établissements similaires créés depuis dans la Bessarabie russe.

La petite ville de Cahul, située à proximité du lac de ce nom, compte aujourd'hui 7,000 habitants ; elle a pour principale ressource le commerce des blés. Ce commerce est plus actif encore à Bolgrad (10.000 hab.), qui communique avec le Danube par le lac Yalpouk, et dans les ports de Reni (7,600 hab.), d'Ismaïl (21,000 hab.) et de Kilia (8,000 hab.). — (E. Picot.)

incroyable arrivait, si nos soldats étaient chassés de chez eux à coups de canon et de fusil, eh bien ! nous aurions protesté de la seule manière qui soit digne de nous. » Ce discours eut beaucoup de succès, mais le Parlement n'osa point suivre le conseil héroïque de Cantili, il se contenta de voter à l'unanimité la résolution suivante :

Le Sénat et la Chambre ayant entendu les explications du ministère sur les dispositions manifestées par le gouvernement russe de prendre une portion du territoire roumain contre une compensation territoriale au delà du Danube ;

Considérant que l'intégrité du territoire roumain a été garantie par les grandes puissances de l'Europe ;

Considérant que la Russie a garanti de nouveau, et d'une manière spéciale, l'intégrité actuelle de la Roumanie, par l'article 2 de la convention du 5 avril 1877;

Considérant que la Roumanie a rempli avec fidélité les obligations qui dérivent de cette convention et qu'elle est convaincue des sentiments de haute justice de S. M. l'empereur Alexandre II.

Considérant que, pour le maintien de l'intégrité de son territoire et la consolidation de son indépendance, le pays a versé son sang et s'est imposé de grands sacrifices. ;

Considérant qu'une Roumanie indépendante et homogène correspond aux intérêts des pays voisins ainsi qu'à ceux de l'Europe.

L'Assemblée et le Sénat déclarent qu'ils sont décidés à maintenir l'intégrité du territoire roumain, et qu'ils n'admettront aucune aliénation d'une portion quelconque du territoire roumain contre une compensation territoriale ou un dédommagement.

La Russie était décidée à passer outre. Elle ne tint aucun compte de cette protestation et dans le traité de San-Stefano elle consomma la plus inique des injustices en réglant souverainement avec la Turquie le sort de la Roumanie. On lui octroya d'abord une indépendance dont elle n'avait plus que faire, puisqu'elle se l'était accordée à elle-même depuis longtemps. On décida ensuite que la Bessarabie serait cédée à la Russie en échange de la Dobroudja, comme si les Turcs avaient eu le moindre droit de disposer de la Bessarabie qui ne leur appartenait pas. Ce n'est pas tout. Cette Roumanie soi-disant indépendante, on la mit en réalité sous la sujétion de la Russie, en stipulant que, pendant les deux années d'occupation de la Bulgarie, les communications russes s'établiraient à travers la principauté. Enfin, pour terminer par une ironie, il fut convenu que les Roumains seraient libres de s'entendre directement avec les Turcs au sujet de l'indemnité de guerre. Est-ce que lorsqu'on mettait entre eux toute l'épaisseur de la Bulgarie, les Roumains pouvaient aller à Constantinople réclamer une indemnité des Turcs. La décence eût au moins voulu que le général Ignatief retînt au bout de sa plume ce trait d'humour moscovite.

L'odieuse spoliation qui lèse la Roumanie atteint en même temps les puissances intéressées à la libre navigation du Danube. La partie de la Bessarabie que la Russie se fait violemment rétrocéder comprend en effet le débouché du grand fleuve de l'Europe centrale. Prenant naissance dans le grand-duché de Bade, le Danube arrose, sur un parcours de 3,000 kilomètres environ, huit États différents, y compris la Hongrie et les deux principautés de Serbie et de Roumanie. Ajoutons que, relié au Rhin par le canal Louis, qui joint l'Altmühl, son propre affluent, à la Regnitz, affluent du Mein, le Danube est l'artère vitale du commerce de toute l'Europe centrale, le lien d'une quantité de nations et de races diverses. Dans la partie moyenne et inférieure de son cours, les pays qu'il traverse sont mis en relation continuelle par les 95 bateaux à vapeur et les 350 transports du Lloyd autrichien qui ne cessent de sillonner ses eaux depuis Ulm jusqu'à la mer Noire, transportant chaque année en moyenne 30 millions de quintaux de marchandises et un million de voyageurs. Le mouvement total du commerce qui sort par la bouche de Soulina ne s'élève pas à moins de 600,000 tonneaux. On conçoit aisément que l'Europe soit intéressée à ce que le débouché de ce réservoir immense ne tombe pas entre les mains d'une puissance assez forte pour en accaparer l'usage à son profit ou pour entraver cet usage chez les autres. C'est précisément pour cela que le traité de Paris avait enlevé à la Russie le territoire qu'elle reprend à ses alliés dans le traité de San-Stefano.

Quel but poursuit la Russie en mettant de nouveau la main sur les embouchures du Danube. Ou bien elle agira comme avant 1856 et le passé nous apprend qu'aussi longtemps que la Russie a été l'unique maîtresse des bouches du Danube, loin d'accomplir les stipulations internationales qui l'obligeaient à entretenir en bon état les embouchures du fleuve, et particulièrement celle qui offrait à la marine marchande l'accès le plus facile (la bouche de Sulina), et de faciliter, d'assurer ainsi la liberté de la navigation, elle les avait laissé s'envaser et s'obstruer d'année en année, parce que sans doute il n'entrait pas dans ses vues de développer le commerce dans le vaste bassin du Danube. Ou bien elle aidera au développement de ce commerce, mais de façon à s'en rendre absolument maîtresse. Le Danube se rend à la mer par trois embouchures : celle de Kilia au Nord, celle de Saint-Georges au sud, enfin celle de Soulina, simple dérivation de la branche de Saint-Georges, au centre du delta. La première, qui porte à la mer les 17/28ᵉˢ du débit total du fleuve, a les proportions d'un véritable bras de mer ; c'est la seule qui puisse convenir à la grande navigation. Cependant, la commission européenne nommée en 1856 afin d'exécuter les travaux indispensables pour améliorer la communication du fleuve avec la mer, au lieu de porter ses efforts de ce côté, a dépensé des sommes considérables pour améliorer le canal de Soulina, qui n'est qu'une simple rigole si on le compare au bras de Kilia. Il n'est possible d'y maintenir un tirant d'eau suffisant qu'à l'aide de travaux incessants et en prolongeant chaque année les digues dans la mer. Dès l'année 1867, M. Ernest Desjardins a prouvé que le seul moyen pratique d'ouvrir le Danube à la grande navigation maritime était de joindre le bras de Kilia à la mer par un canal débouchant en dehors du delta. Il est fort possible que la Russie ait en vue ces travaux dont la dépense ne s'élève pas à une somme relativement très-considérable eu égard aux résultats à obtenir. Un canal ayant son point de départ en amont de Vilkov, et aboutissant à la baie de Jibriani sur une longueur d'environ quinze kilomètres, suffirait pour ouvrir au commerce une voie sûre et permanente. Le bras de Kilia, à la hauteur que nous indiquons, présente des fonds de vingt mètres et pourrait donner asile à toute une flotte militaire. Il est bien évident que si ces travaux étaient exécutés, la Russie disposerait en maître absolu du commerce du Danube.

Dans l'un ou l'autre cas que la Russie nuise au commerce du Danube par une incurie volontaire ou qu'elle essaye de l'accaparer, le commerce est également menacé. Cette question des embouchures du Danube n'est pas une question turco-russe, les diplomates de San-Stefano n'avaient pas qualité pour la résoudre, les puissances lui avaient donné en 1856 une solution conforme à leurs intérêts communs, il ne pouvait y être touché qu'avec leur assentiment. Cette question était éminemment une de celles dont le prince Gortchakof avait dit qu'elles ne pouvaient être résolues que par l'Europe. Elle n'en est pas moins résolue par le traité de San-Stefano sans qu'il soit question de soumettre cette nouvelle solution aux délibérations de l'Europe.

Il est dans le traité une autre question dont le caractère est encore plus incontestablement européen : c'est celle des détroits (1). Le prince Gort-

(1) Les traités ou conventions réglant le passage des Dardanelles ont été nombreux depuis un siècle, et il est intéressant de les rappeler brièvement.

chakof avait donné à l'Angleterre l'assurance formelle qu'elle serait réservée. Eh bien ! le traité la résout formellement, sans aucun recours à l'autorité de l'Europe. « Les détroits, dit-il, resteront ouverts en temps de guerre et en temps de paix aux navires marchands neutres. La Porte ne pourra plus établir de blocus fictif dans la mer Noire. » Tel est le texte de l'article 24. Pas un mot de l'Europe ! Le traité laisse entendre par son silence que les navires de guerre seront exclus des détroits, et il dit expressément que les navires marchands neutres seront admis au passage, même en temps de guerre. Le main-

En 1783, la Russie conclut avec la Porte un traité de commerce accordant le passage des détroits aux navires de commerce sous pavillon russe. Dans les années qui précédèrent la guerre de 1828, la Russie eut plus d'une fois à se plaindre de la violation de ce traité de commerce : des navires chargés de grains, venant de la mer Noire sous pavillon russe, avaient été séquestrés, la marchandise vendue et les propriétaires mal indemnisés.

L'article 7 du traité d'Andrinople (14 septembre 1829) déclare le passage libre pour les navires de commerce russes et ceux des nations en paix avec la Porte, sous les mêmes conditions qui avaient été accordées à la Russie. Cette puissance déclarait qu'elle considérerait toute atteinte à la liberté de la navigation comme un acte d'hostilité.

Un article séparé du traité d'Unkiar-Skelessi (8 juillet 1833), traité d'alliance défensive entre la Porte et la Russie, ferme les détroits aux navires de guerre étrangers. L'Angleterre protesta par l'intermédiaire de son ambassadeur à Constantinople (26 août 1833).

La convention de Londres (juillet 1840), signée entre l'Angleterre, la Russie, l'Autriche, la Prusse et la Turquie, en vue de la pacification de l'Orient et la protection du sultan contre Mehemet-Ali, maintient la règle interdisant l'entrée des Dardanelles à des navires de guerre étrangers ; mais elle prévoit le cas exceptionnel où Constantinople devra être défendu par les flottes alliées. Ce cas exceptionnel ne change rien à la force de la règle générale (art. IV). Dans le protocole de la conférence du 13 juillet 1840, la Porte se réserve d'accorder le passage à de légers bateaux de guerre.

Le 13 juillet 1841, nouvelle convention entre les mêmes puissances, fermant les détroits aux navires de guerre en temps de paix. Les navires sous pavillon de guerre, employés par les ambassades et légations européennes, devront se pourvoir de firmans délivrés par la Porte.

Traité de Paris (30 mars 1856), établissant la neutralisation de la mer Noire et fermant les détroits aux navires de guerre. Le même jour fut signée une convention entre la Grande-Bretagne, l'Autriche, la France, la Russie, la Prusse, la Sardaigne et le sultan, relative aux détroits, dans laquelle référence était faite au traité du 13 juillet 1841. Les six puissances européennes s'engageaient à respecter la prohibition des détroits aux navires de guerre. Les vaisseaux au service des missions étrangères devaient être admis sous firman, et les bateaux légers stationnés, sous pavillon de guerre, aux bouches du Danube.

Octobre/novembre 1870. La Russie, dans une note adressée par le prince Gortchakof, dénonce les stipulations qui limitaient ses forces navales dans la mer Noire.

Le traité de Londres (13 mars 1871) reconnaît les droits militaires et maritimes de la Russie dans la mer Noire, mais ne change rien à la situation des détroits.

De 1856 à 1871, ont passé les Dardanelles : 1 navire de guerre anglais en 1862, 1 américain en 1866, 2 américains, 2 autrichiens, 1 français, 1 russe en 1868, 1 prussien en 1869.

(*Journal des Débats*.)

DEUX PAPAS BULGARES

tien de l'exclusion des navires de guerre inscrite dans les anciens traités et conventions peut ressembler à une concession faite aux puissances qui ont toujours particulièrement tenu à cette disposition (Angleterre, France, Italie), en réalité il n'a pas dû coûter beaucoup aux Russes. Désormais, en effet, ils auront à leur disposition les ports monténégrins dans l'Adriatique, la station bulgare de Kavala dans la mer Egée ; ils s'empresseront de faire sortir leur flotte de la Baltique où l'hiver la tient immobile pendant la moitié de l'année, et ils la feront cingler vers la Méditerranée. Dès lors, le droit de sortie des vaisseaux de guerre russes de la mer Noire deviendra un intérêt secondaire. Cette concession apparente ne saurait donc compenser l'oubli de l'engagement que la Russie avait pris de réserver la question aux discussions de l'Europe.

Nous venons de passer en revue les traits principaux du traité de San-Stefano ; il est difficile de ne point rapporter de cet examen une impression pénible. Ce traité est une œuvre sortie toute chaude de l'immorale maxime : la force prime le droit ; tous les principes et tous les droits y sont sacrifiés à la réalisation du but poursuivi par le vainqueur ; la guerre a été faite au nom du principe des nationalités et nous avons montré ce principe partout violé, la Russie s'était engagée à ne point trancher les questions européennes sans le concours de l'Europe et elle a manqué à sa parole, la Roumanie l'avait sauvée d'un grand danger et elle l'a dépouillée.

Si du fond du traité on passe à la forme, on est d'abord frappé de la quantité de questions que les négociateurs ont volontairement laissées à moitié chemin de leur solution, et étonné de la variété et de la gradation des procédés qui seront employés plus tard pour arriver à une solution complète. Il y avait à faire trois choses principales : déterminer les limites territoriales des principautés anciennes ou nouvelles ; organiser l'autonomie de celles qui restent sous la suzeraineté de la Porte ; déterminer enfin les rapports avec la Porte de celles qui deviennent indépendantes. Eh bien ! sans qu'il soit possible de comprendre pourquoi, jamais ou presque jamais le traité n'applique la même règle à la solution de questions identiques. Parmi les délimitations territoriales à tracer, nous rencontrons d'abord celles du Monténégro : l'article 1 nous apprend qu'ici, pour la première et unique fois, on aura recours à une commission européenne. Passons à la Serbie : l'article 3 décide que ses frontières seront définitivement fixées par une commission turco-serbe avec l'assistance d'un commissaire russe et la présence d'un délégué bulgare. Si nous arrivons à la Bulgarie, dont l'étendue et les contours intéressent si fort l'Europe tout entière, plus de commission européenne, pas même une commission où les intérêts des voisins seront représentés ; non ! une simple commission turco-russe. Pourquoi cette variété dans la composition des commissions ? On le cherche et on ne trouve pas.

Il en est de même pour l'organisation des diverses autonomies dont la Conférence de Constantinople s'était occupée à un titre égal. Là encore, même richesse de nuances : les puissances sont admises à participer au travail de la Russie dans des proportions très-inégalement calculées.

En Bulgarie, toutes les puissances sont conviées à approuver le choix du prince ; mais quant aux pouvoirs de ce prince, à son administration, à la constitution de la principauté, aux réformes qu'il devra entreprendre, cela regarde pendant une année un commissaire impérial russe. Ce n'est qu'au bout de l'année que les puissances pourront adjoindre leurs délégués à ce commissaire et faire paraître leurs figurants sur une scène déjà remplie. Tout cela est établi dans l'article 7 ; l'article 9 admet encore, sans qu'on s'y attende, le concours des puissances pour fixer le tribut qui sera payé par la Bulgarie à la Porte. Voilà pour la Bulgarie. Si nous passons en Bosnie et en Herzégovine, autres procédés : l'Autriche-Hongrie, en vertu de l'article 14, est seule admise à donner son avis. Le traité s'est préoccupé aussi de la Crète, de la Thessalie et de l'Epire, c'est-à-dire des pays grecs : l'article 15 se borne à demander en Crète l'application sérieuse du règlement de 1868, et ce même règlement sera pris pour modèle de l'organisation de l'autonomie en Thessalie et en Epire. Les puissances, ici, auront-elles quelque chose à voir ? Non, la Porte n'aura à consulter que le gouvernement impérial de Russie.

Quant aux principautés indépendantes, il fallait aussi régler leurs rapports nouveaux avec la Turquie. L'article 2 traite du Monténégro, pays désormais maritime et destiné à devenir une petite puissance commerciale. Il décide qu' « une entente entre le gouvernement impérial de Russie, le gouvernement ottoman et la principauté de Monténégro, déterminera ultérieurement le caractère et la forme des rapports entre la Sublime-Porte et la principauté, en ce qui touche notamment l'institution d'agents monténégrins à Constantinople et dans certaines localités de l'empire ottoman, où la nécessité en sera reconnue. » La Serbie est moins intéressante pour la Russie ; en conséquence, l'article 4 dit simplement que « jusqu'à la conclusion d'un traité direct entre la Turquie et la Serbie, déterminant le caractère et la forme des relations entre la Sublime-Porte et la principauté, les sujets serbes voyageant ou séjournant dans l'empire ottoman seront traités suivant les principes généraux du droit international. » Pour la Roumanie, la formule se généralise encore davantage ; l'article 5 dit en effet : « Les sujets roumains jouiront, en Turquie, de tous les droits garantis aux sujets des autres puissances européennes. » Que signifient toutes ces nuances ?

Pourquoi, nous le répétons, ces procédés différents appliqués à des situations semblables? Il n'est pas toujours facile de le deviner, du moins immédiatement. Sur le plus grand nombre des points, on voit la main de la Russie qui s'étend pour s'emparer de l'avenir comme du présent; sur d'autres, la Russie paraît se désintéresser immédiatement et n'élève aucune prétention future. Tantôt les puissances sont appelées à se prononcer : leur intervention est demandée et introduite, il est vrai, à dose homœopathique ; tantôt la Russie seule entend achever l'œuvre qu'elle a commencée. Il y a sans doute quelque habileté en tout cela ; cependant, l'impression qu'on éprouve à la lecture du traité n'est pas celle que cause instinctivement une adresse consommée. Tout y porte la trace de la précipitation, de l'astuce, et aussi de la violence. On y sent une œuvre bâclée par des négociateurs impatients de jouir de l'heure qui passe et de pousser rapidement jusqu'au bout le profit de leurs victoires. La Russie s'est trop absorbée dans la satisfaction de ses propres appétits et n'a point songé qu'elle allait obliger l'Europe, inquiète à la fin, à lui demander compte de ses ambitions.

Le traité de San-Stefano devant l'Europe. — L'impression en Orient

La Russie, après avoir solennellement annoncé au début de la guerre qu'elle agissait dans un but absolument désintéressé, ne s'était en somme préoccupée que de ses intérêts personnels ; aussi advint-il que le traité de San-Stefano, au lieu d'assurer la paix en Orient, y souleva au contraire un mécontentement général.

De ses alliés, un seul se montra satisfait, le Monténégro si largement partagé par les diplomates russes. La Serbie, qui avait fait de si grands sacrifices en 1876, avait des visées qui se trouvaient cruellement déçues. Elle espérait obtenir toute la Vieille-Serbie, et le traité ne lui en accordait qu'une mince bande le long de sa frontière ; elle n'obtenait ni Pirot, ni Vranja qu'elle avait conquis par les armes et que ses troupes occupaient toujours, ni Pristina, Prizrend et Novi-Bazar qu'elle s'était accoutumée à considérer comme des villes serbes qu'elle s'annexerait tôt ou tard. La Serbie fut vivement irritée de voir le courage de ses soldats, son dévouement à la cause slave, ses droits ainsi méconnus ; le prince Milan fit signer à Pirot et à Vranja des adresses lui demandant l'annexion à ses Etats, et les dépêches de Belgrade annoncèrent que ses troupes n'évacueraient ces deux villes que si elles y étaient contraintes par la force.

Quant à la Roumanie, il est facile de concevoir avec quels sentiments d'indignation elle apprit que le traité avait disposé d'une partie de son territoire sans qu'elle eût été consultée et malgré son opposition formellement exprimée à l'échange de la Bessarabie contre la Dobroudja. Le gouvernement roumain adressa dès le 9 mars, c'est-à-dire avant que le texte officiel même du traité fût connu, la protestation suivante aux puissances européennes :

Plusieurs actes diplomatiques et même des ouvertures directes et officielles ont révélé au gouvernement roumain le projet du gouvernement impérial de Russie de revendiquer les districts qui portent le nom de Bessarabie roumaine. A titre de compensation, la Dobroudja serait annexée à la Roumanie.

Le cabinet de Bucharest, fidèle interprète des sentiments unanimes de la nation, doit au pays et se doit à lui-même de se prononcer énergiquement contre cet échange, dont la répudiation se fonde sur les raisons suivantes :

La rectification de frontières en Bessarabie stipulée par le traité de 1856 et le retour à la principauté de Moldavie d'une portion de son ancien territoire sur la rive gauche du Danube avaient pour but la satisfaction d'un double intérêt d'ordre public européen :

1° Assurer la libre navigation d'un fleuve qui forme la principale artère commerciale de l'Europe centrale, en confiant la garde de ses embouchures à un pays d'importance secondaire, dont la constante déférence aux intentions des puissances était par là même certaine ;

2° Mettre les principautés roumaines, grâce à la restitution partielle d'une province qui leur avait anciennement appartenu, en mesure de remplir, selon les exigences de la topographie et les nécessités économiques, la mission qui leur était dévolue, du consentement et au profit de l'Europe entière.

L'heureuse transformation des principautés et la prospérité toujours grandissante du commerce danubien depuis 1856 témoignent de l'efficacité des dispositions concertées à cette époque.

Quelques détails mettront en lumière l'exactitude de ces affirmations.

L'histoire montre que l'activité commerciale des peuples riverains du Danube s'est ralentie ou s'est développée en proportion directe de l'accroissement ou de la diminution de leur contact immédiat avec le fleuve.

Les traités de 1812 et de 1829 avaient livré à la Russie d'abord le territoire moldave d'au delà du Pruth, puis le delta tout entier du Danube. Il est vrai que des réserves expresses stipulaient en faveur des nations riveraines la libre navigation du fleuve et que la neutralisation des parages voisins des embouchures résultait pratiquement de certaines interdictions édictées par ces traités. Cependant le mouvement du commerce sur le bas Danube, comme frappé de torpeur, devint timide à l'excès. Il ne reprit l'énergie de son expansion et la liberté de son essor qu'après le traité de 1856.

L'examen attentif de l'influence exercée par l'extension ou l'amoindrissement du territoire des principautés danubiennes, non seulement sur leur état économique individuel, mais aussi sur l'ensemble du trafic européen par le Danube, permet de constater les revirements soudains, les brusques fluctuations amenées par les changements de domination sur la rive gauche du fleuve. Ainsi la Moldavie est tombée dans le plus triste affaissement par suite de la perte de la Bessarabie en 1812, tandis qu'en 1830 la Valachie a retiré de la récupération des villes et territoires de Braïla, Giurgevo et Turno les plus précieux avantages.

La possession normale et sans entraves de la rive gauche du fleuve, depuis les Portes de Fer jusqu'à son embouchure, non pas avec bandes de terrain d'apparence spécieuse et de réalité précaire, mais avec les districts qui donnent à cette possession sa valeur utile, a toujours eu comme corollaire presque mathématique pour la Roumanie un élan rapide de son commerce, de son industrie et de sa culture.

Au contraire, quand les territoires riverains ont été distraits de leur domination, les principautés ont éprouvé des perturbations profondes, non moins funestes à leurs propres intérêts qu'aux intérêts connexes de l'Europe.

Aussi les divers gouvernements roumains, tour à tour bénéficiaires ou victimes des modifications accomplies, ont-ils témoigné leur plus vive gratitude envers les puissances, quand les instruments politiques, généraux ou isolés, relatifs à l'affranchissement et à l'intégrité du sol roumain, assuraient sa prospérité, ou se sont-ils sentis douloureusement atteints, lorsqu'ils voyaient morceler une propriété dont la légitimité reposait sur le droit historique et sur le droit naturel.

C'est ainsi que le protocole du 6 janvier 1857, — qui, réduisant les bienfaits de l'œuvre de 1870, a soustrait à la Moldavie le delta du Danube pour l'annexer à l'Empire ottoman, — a soulevé les justes plaintes des Roumains.

Ce protocole lésait gravement les intérêts locaux et de plus annihilait les effets salutaires du principe logique que s'était proposé de garantir la neutralité du Bas-Danube en conférant aux principautés roumaines la garde de ce débouché du commerce européen.

Depuis lors jusqu'à ce jour la Roumanie a périodiquement renouvelé ses réclamations à ce sujet, et le déni persistant auquel elle s'est toujours heurtée a été une des causes principales des derniers événements survenus entre la principauté roumaine et la Turquie.

La Russie, à qui la Valachie reconnaissante doit la suppression des forteresses turques de la rive gauche, a pu apprécier, depuis le traité d'Ackermann, quelles étaient pour les principautés les conditions les plus propices d'existence et de développement, et quelle importance capitale présentait pour elles la libre possession des rives du Danube.

Cet acte d'équité et de prudence politique, précurseur des idées qui ont sans doute inspiré les signataires du traité de Paris, a remédié en partie au malaise où languissaient les Principautés, depuis que les armées ottomanes s'étaient installées à demeure dans les forteresses valaques du Danube, et depuis que la Bessarabie fut tout à coup et pour la première fois détachée de la Moldavie en 1812.

Il est juste de convenir que depuis lors les traités d'Ackermann, d'Andrinople et de Paris ont amélioré en partie la situation des Principautés et ont marqué successivement pour elles des étapes mémorables dans la voie de la civilisation et du progrès. Aussi la Roumanie, instruite par sa laborieuse expérience et par la bienfaisante générosité de l'Europe, attache-t-elle un prix éminent au maintien de ses frontières actuelles, que rendrait complètes et normales la restitution du delta du Danube.

L'échange présentement offert serait essentiellement préjudiciable à la principauté.

Il suffit en effet d'examiner la configuration des lieux pour se convaincre que la perte de la rive bessarabienne rendrait pénible et onéreux au gouvernement roumain le maintien sous sa dépendance de la Dobroudja, qu'un large fleuve sépare du corps du pays, et avec laquelle l'autorité centrale n'aurait d'autres communications que les marais impraticables situés en aval de Calarasi et jusqu'à Braïla.

A n'envisager donc que cette face de la question, à ne consulter, en dehors de toute autre considération d'histoire, de droit et de politique générale, que les intérêts matériels, économiques et administratifs du pays, il appert que l'abandon de la Bessarabie roumaine entraînerait pour toute la Roumanie les plus fâcheux résultats, puisque l'acquisition de la Dobroudja ne serait plus, dès la perte de la rive gauche du Danube, véritable et seule clef de la rive correspondante, qu'un embarras, une charge et peut-être un danger à titre permanent.

Est-il vrai que le déplacement de la domination roumaine sur la portion terminale du Danube inaugurerait au profit de la Roumanie une ère plus belle, en lui remettant la garde exclusive des bouches du fleuve, dont le caractère de neutralité absolue serait à nouveau et rigoureusement confirmé?

Une faveur aussi restreinte, une garantie pour la neutralisation du Danube organisée dans de telles conditions ne seraient qu'illusoires, car il est manifeste que la possession de la rive gauche entre Reni et Ismaïl, à l'endroit où la ramification n'est pas encore commencée, met la circulation du fleuve à l'entière discrétion de toute grande puissance militaire établie sur cette rive.

N'est-ce pas là le motif de sagace circonspection qui a déterminé l'Europe à réviser et à rectifier en 1857 le premier travail de la commission internationale chargée, en vertu du traité de 1856, de fixer les nouvelles limites entre la Moldavie et la Bessarabie russe? N'est-ce pas afin de fermer toute communication avec le Danube par le lac de Ialpuk, que la décision des puissances a attribué à la Roumanie, Bolgrad et Tabak?

La modification actuellement projetée et proposée destituerait donc la Roumanie des moyens d'action rigoureusement indispensables tant à son développement matériel qu'à l'accomplissement régulier de la mission d'ordre public qui lui a été réservée.

Il y aurait là tout le moins imprudence de la part du gouvernement roumain à devenir maître des bouches du Danube et à assumer la responsabilité de leur garde, sans avoir comme base la rive bessarabienne, dont la domination légitime lui permettrait seule de défendre avec efficacité les annexes dont la possession lui reviendrait.

La prévision, trop justifiée par l'étude impartiale du passé, d'un ralentissement certain dans le mouvement du commerce danubien, est, aux yeux de la Roumanie, une menace trop redoutable pour que tous ses efforts ne tendent pas à la dissiper. Détruire ou compromettre la sécurité de la libre circulation du fleuve, c'est paralyser ou enrayer le développement progressif

LA GUERRE D'ORIENT

..... Partout les Popes se transportaient en grand apparat au-devant des troupes du czar...

de l'État roumain. Les données éloquentes de la statistique et les notions irrécusables de la topographie concourent à démontrer la justesse de cette assertion.

A côté de ces arguments purement économiques se placent des considérations majeures d'ordre politique.

La perte de la Bessarabie, après les sacrifices de sang et d'argent en retour desquels la Roumanie espérait une meilleure récompense, la perte de la Bessarabie, au lendemain de la proclamation d'Indépendance, produirait dans le pays une commotion dont les suites pourraient devenir désastreuses. Il appartient à l'Europe, si soucieuse de rendre stable une paix appelée par les vœux et les besoins de tous, d'écarter le péril de nouveaux troubles en Orient.

Tel est l'aspect de la question que le gouvernement roumain tient surtout à signaler à la bienveillante attention et à la perspicacité éclairée des cabinets européens.

Son plus cher désir est de conserver loyalement et de remplir dignement le poste d'honneur qui lui a été assigné à l'embouchure du grand canal par lequel s'effectue le commerce de l'Europe centrale avec l'Orient.

C'est donc un devoir impérieux pour le cabinet de Bucharest de déclarer aux puissances qui en 1856 ont eu foi dans la nation roumaine que, dans la position nouvelle récemment créée à la Roumanie par ses vaillants sacrifices, la possession de la Bessarabie et du delta danubien peut seule consolider la principauté dans son indépendance. Par là serait assuré un succès réel à l'accomplissement de la mission qui lui a été confiée dès 1856 par la prévoyante libéralité de l'Europe, à savoir la garde énergique et fidèle de la libre navigation du Danube.

Bucharest, 9 mars 1878.

Signé : COGOLNICEANO.

En même temps, le prince Charles annonça qu'il se ferait tuer à la tête de ses troupes plutôt que de les laisser désarmer, et il leur fit prendre de bonnes positions défensives au pied des Carpathes. Enfin les Roumains envoyèrent des délégués à l'étranger pour plaider leur cause devant les puissances et chercher en Europe un appui pour résister aux Russes.

Si des alliés de la Russie on passe aux peuples qu'elle se proposait ostensiblement de délivrer du joug turc, on trouve que le traité de San-Stefano ne fut pas mieux accueilli par eux. Les Bulgares eux-mêmes à qui l'on semblait avoir tout sacrifié, acceptaient sans enthousiasme l'avenir que leur ouvrait le traité de San-Stefano. C'est qu'ils avaient passé à l'égard des Russes par les mêmes phases de désenchantement que les Russes à leur égard. Au début de la guerre, ils avaient salué en eux des libérateurs ; partout les papas se transportaient en grand apparat au-devant des troupes du czar, qui entraient dans les villes conquises sous les arcs de triomphe élevés par la population chrétienne ; mais cet enthousiasme était bien tombé. Depuis quelques mois déjà les malheureux avaient fait connaissance avec les procédés de gouvernement des Russes et ils envisageaient sans plaisir la perspective d'y être soumis encore pendant deux ans et peut-être plus longtemps. On se rappelle que c'est le prince Vladimir Tcherkasky qui avait été chargé d'organiser une administration provisoire en Bulgarie. Le prince, panslaviste fameux, professait un panslavisme dont le but était non l'incorporation de la Russie dans le vaste empire slave, qui n'existe que dans les rêves de quelques Tchèques et Serbes exaltés, mais l'englobement par la Russie de tous les pays de race slave, en un mot la russification du slavisme. On l'avait vu à l'œuvre en Pologne, où il poursuivit avec un si implacable acharnement la noblesse polonaise, qui était le principal obstacle à la russification du pays. En Bulgarie il apporta les mêmes idées et avoua franchement à un correspondant de la *Correspondance politique de Vienne* que son but était de « faire de bons Russes avec les Bulgares » (1).

Le prince Tcherkasky était affligé d'un amour-propre excessif. Redoutant avant tout de rencontrer dans ses subordonnés l'indépendance de caractère et de convictions à laquelle ses ordres auraient pu se heurter, il recruta son personnel non dans la sphère plus ou moins entendue et expérimentée des fonctionnaires civils, mais principalement dans les régions militaires, où il espérait trouver la qualité qu'il estimait le plus, *l'obéissance passive*. La conséquence fut qu'il s'entoura d'officiers connaissant parfaitement la consigne, mais n'ayant pas la moindre notion de leurs nouveaux devoirs et attendant des instructions détaillées pour les cas les plus simples. La plupart de ces officiers étaient des gens bien intentionnés, qui s'impatientaient de rester tranquillement à Saint-Pétersbourg pendant que leurs camarades se battaient en Turquie (le recrutement se faisait à l'époque où l'on ne croyait pas être obligé d'envoyer la garde sur le théâtre de la lutte), et ils se réjouissaient de pouvoir les y rejoindre, ne fût-ce qu'en qualité de fonctionnaires civils. Quelques-uns d'entre eux émettaient bien certains doutes sur leurs capacités et sur leurs connaissances avant d'accepter les postes de confiance qui leur étaient offerts ; mais on s'empressait de les rassurer en affirmant que leurs devoirs leur seraient clairement expliqués

(1) Un des premiers actes de l'administration russe fut de faire distribuer à tous les villages bulgares des cloches dont les Turcs ne permettaient pas l'usage aux chrétiens. L'armée russe partout où elle s'avançait était suivie de plusieurs centaines de cloches traînées sur des chariots.

sur les lieux ; dès lors, séduits par la perspective d'un voyage intéressant, joint à un traitement avantageux, la plupart se laissèrent persuader.

La déception que leur réservait l'avenir fut des plus dures. Le prince Tcherkasky ne tarda pas à se convaincre qu'il avait entrepris une tâche au-dessus de ses forces ; tout était à créer dans ce pays à peine conquis, dont il fallait disputer chaque pouce de terrain à l'ennemi, et, au lieu de collaborateurs, le prince s'aperçut qu'il n'avait amené que des instruments dociles, incapables d'initiative. Toute cette administration civile d'un pays livré aux horreurs d'une lutte acharnée se résume en une série de tâtonnements n'aboutissant à rien de stable et prêtant au ridicule. Le ton autoritaire et les procédés brusques du chef civil mécontentèrent les Bulgares, qui se montrèrent peu disposés à seconder des bienfaiteurs qui commençaient par leur imposer silence et par leur parler en maîtres, tandis que les nominations de gouverneurs russes dans les provinces occupées par les troupes ottomanes et protégés par des forts inexpugnables mettaient ces employés dans une position des plus pénibles.

Nous ne voulons pour témoignage de l'échec complet de cette première tentative d'administration que les propres récits des journaux russes, dont la rédaction, comme on le sait, est cependant surveillée par une censure fort jalouse du respect de l'autorité. La vérité ne s'en est pas moins fait jour. Le *Messager d'Europe*, entre autres, a publié des impressions de voyage de M. Eugène Outine, qui contiennent la critique la plus amère des principes administratifs comme des procédés du prince, et la peinture qu'en fait l'auteur produit d'autant plus d'impression qu'elle est prise sur le vif et se résume en une série d'anecdotes et d'incidents saisis sur les lieux mêmes.

Voyons d'abord comment cette administration russe prenait soin avant tout de ses propres intérêts en Bulgarie et résumons ce qu'en dit M. Outine : « La nouvelle administration devait être soutenue, comme de raison, par les ressources de la Bulgarie elle-même. Les Russes se sont proposé, comme il est notoire, de délivrer les Bulgares du joug des Turcs. Toutefois, lorsqu'on voit les appointements des gouverneurs, sous-gouverneurs, maîtres de police, etc., on se demande qui des deux, Russes ou Turcs, pesaient plus sur les poches des Bulgares. Ainsi chaque gouverneur — il y en avait une quinzaine — recevait 7,000 roubles d'appointements (28,000 fr.) et 10,000 roubles pour les dépenses extraordinaires dont il n'avait pas à rendre compte. Chaque sous-gouverneur recevait 4,500 roubles, 6,000 pour les dépenses extraordinaires, etc. Tout était dans la même proportion. Venaient ensuite les frais de voyage et d'inspection ; ils étaient comptés d'après l'état adopté pour le Turkestan. Le logement et l'entretien étaient aux frais du chef-lieu. »

Qu'on songe qu'on avait organisé l'administration d'une grande quantité de districts, bien avant qu'ils fussent occupés par les troupes russes et on aura idée des lourdes charges que les libérateurs firent tout d'abord peser sur le pays délivré. Si l'administration russe était, pour son compte, satisfaite de ce régime, les Bulgares l'étaient-ils au même degré ? Il paraît que non, d'après le récit suivant de M. Outine :

« — Pourquoi êtes-vous mécontents de l'administration du prince Tcherkasky ? demandai-je à un membre important du soi-disant parti de la Jeune-Bulgarie.

« — On nous a fait sentir dès le premier jour, a-t-il répondu, qu'on n'était pas venu en Bulgarie pour apprendre à connaître notre pays et pour s'occuper de nos griefs et de nos besoins, mais tout simplement pour nous commander et nous faire servir à une œuvre qui nous était étrangère. Quand l'armée russe a traversé le Danube, une députation bulgare est allée à Ploïesti ; elle a été très-gracieusement reçue par l'empereur et le prince Gortchakof ; mais auprès de l'administration civile l'accueil a été bien différent. De ce côté, on lui a dit sans ambages qu'on ne voulait pas entendre parler de pareilles députations, et que leurs membres ne devaient pas s'imaginer qu'ils représentaient la nation bulgare. La Bulgarie, a-t-on déclaré, ne possède aucune représentation politique et n'en obtiendra aucune. Il est bon de conseiller formellement à ces messieurs de ne pas se laisser aller à des rêveries politiques.

« Sur quelques réclamations timides des députés, il leur a été répondu impérieusement : Nous n'avons pas besoin de votre avis ; vous n'avez qu'à obéir sans raisonner.

« — Nous avions cru jusqu'à présent, m'a dit mon interlocuteur, que de pareils procédés n'étaient en usage que chez les Turcs. »

Voilà le sentiment des Bulgares ; voici le jugement des Russes eux-mêmes : « Un chef russe de district m'a tenu les propos suivants : Je sais bien que ces « frères bulgares » ne peuvent pas me souffrir, mais je m'en moque. C'est une race qui ne vaut absolument rien, et avec laquelle il faut agir par la rigueur. Maintenant, ils ont peur de moi, car ils savent que je ne leur passerai rien. Quiconque est trouvé en faute reçoit immédiatement vingt-cinq coups de *nogaïka* (fouet russe).

« — J'ai observé, dit M. Outine, que la *nogaïka* n'était pas précisément un moyen de provoquer les sympathies du peuple bulgare.

« — Ah! si vous étiez seulement une semaine chef de district, a répondu mon homme, vous seriez convaincu que sans la *nogaïka* tout est impossible. Deux à trois cents coups en moyenne sont distribués tous les jours. Vous ne connaissez pas les Bulgares. Qu'avons-nous à faire des sympathies d'un pareil peuple?

« — Nous sommes venus ici, répliqua M. Outine, pour délivrer ce peuple, et vous lui apportez la *nogaïka!*

« — Je vous assure, répliqua le chef de district, que cet instrument est pour lui la meilleure délivrance. »

C'est avec ces idées-là que les auxiliaires du prince Tcherkasky se mirent à l'œuvre. Veut-on savoir comment les Bulgares en apprécièrent définitivement l'application. C'est le *Golos* qui se chargera de nous l'apprendre par la plume d'un écrivain russe qui, d'après un correspondant du *Times*, « a eu de grandes occasions d'observer « les frères slaves et qui écrit dans un esprit « calme et impartial. » Cet écrivain résume comme on va le voir le sentiment des Slaves des Balkans sur les Russes. « La main russe, disent-ils, est trop lourde, et l'émancipation par les Russes est, au delà de toute comparaison, plus terrible que l'oppression turque et l'exploitation autrichienne. Nous devons certainement nous servir de la Russie pour atteindre notre but; nous devons nous servir de son nom pour effrayer nos oppresseurs, et de sa puissance pour nous délivrer d'eux lorsque l'occasion favorable se produit. Mais, une fois délivrés, Dieu nous garde de tomber sous la domination, ou même sous l'influence exclusive de la Russie, et d'introduire chez nous l'ordre de choses russe! D'un autre côté, la puissance de la Russie est notre faiblesse. Si cette puissance n'était pas si grande, l'Europe ne la redouterait pas et n'emploierait pas, comme elle le fait à présent, tous ses efforts à empêcher notre émancipation. L'Europe a peur que nous ne nous unissions à la Russie, et que, formant avec elle une seule communauté, nous n'écrasions toutes les autres nations et ne détruisions leurs civilisations qu'elles ont mis plusieurs siècles à créer. »

Le gouvernement russe lui-même ne put longtemps s'abuser sur les résultats auxquels conduisait l'administration civile du prince Tcherkasky. Il désavoua le système qu'on avait adopté, remplaça Tcherkasky par un militaire, le général Dondoukof-Korsakof (février 1878), et la tentative d'organisation civile fut provisoirement abandonnée. Le prince ne pouvant supporter l'idée d'avoir échoué dans une entreprise qui devait l'immortaliser, vint mourir de dépit et de rage à San-Stefano trois jours après la signature de la paix. Mais ses procédés lui avaient survécu. Il ressort des correspondances de Bulgarie que l'émancipation des « petits frères » (*Batouchka*, c'est le nom que les Russes donnent familièrement aux Bulgares) continue à coups de nogaïka et il n'est pas besoin d'insister sur les sentiments qu'inspire aux émancipés, la clause du traité de San-Stefano qui les assujettit pour deux ans encore à ce régime.

Cependant, le mécontentement des Bulgares n'est rien auprès de celui des autres petits peuples dont le traité de San-Stefano engage les intérêts. A peine le texte de ce document fut-il connu qu'un soulèvement moral des nationalités soi-disant libérées par les armées russes, se produisit en Europe et en Asie. Des cris d'indignation et de désespoir, des menaces de résistance éclatèrent de toutes parts. Toutes les races sacrifiées aux Bulgares, toutes les religions menacées par la religion orthodoxe s'émurent : Grecs, Turcs, Albanais, Slaves, juifs, mahométans, catholiques, protestants, etc., unis pour la première fois, repoussèrent d'un même cœur et d'une même voix le danger commun. Chose curieuse! En jetant les yeux sur la presqu'île des Balkans, on ne trouve aucune population qui ait manifesté quelque reconnaissance pour le service que la Russie prétendait leur avoir rendu à toutes en les délivrant du joug musulman, tandis que le plus grand nombre d'entre elles n'hésitèrent pas à proclamer bien haut les craintes dont elles étaient saisies en présence de l'avenir. Ces protestations ont été recueillies par M. Layard et publiées dans un gros volume du *Blue-Book* distribué au mois de mai au Parlement anglais. D'autres protestations adressées au comte Zichy, ont été publiées par les journaux autrichiens et nous en faisons également usage pour décrire l'impression produite en Orient par le traité de San-Stefano.

Les musulmans forment dans la Bulgarie et notamment dans le sandjak de Philippopoli, dans la vallée de l'Arda et dans la partie du vilayet de Roustchouk qui s'étend entre le Lom et la mer, des

LA GUERRE D'ORIENT

îlots de population considérables et compactes. Ils ne furent, comme on pense, pas les derniers à protester contre le régime nouveau introduit par les armées russes. Les principaux propriétaires musulmans du district de Philippopoli, remirent l'empire de l'autonomie justifiée par la majorité de race et qui n'a rien de commun avec celle proposée par la Conférence. »

Ce que les mahométans de Philippopoli demandèrent à M. Layard, les mahométans des districts

M. AUSTEN-HENRY LAYARD, AMBASSADEUR A CONSTANTINOPLE

à M. Layard un mémoire dans lequel, après s'être plaint en général « de la destruction de la propriété et du massacre des mahométans de Roumélie par les Bulgares » ils ajoutaient : « Notre but est tout simplement de bien faire savoir que nous ne voulons pas être dépouillés de notre nationalité ni de nos propriétés, ni exposés aux vicissitudes par lesquelles passent les musulmans de la Valachie, de la Moldavie, de la Serbie, de la Morée et du Caucase. Nous demandons des garanties efficaces pour la protection de notre vie, de nos propriétés et de notre honneur, sous

de Roustchouk, de Silistrie, etc., le demandèrent au comte Zichy, l'ambassadeur autrichien. Enfin il y a encore dans le *Blue-Book* un mémoire de quelques représentants de la population musulmane de Roumélie, protestant contre leur incorporation à la nouvelle principauté bulgare, et le document dont il s'agit se termine ainsi : « Nous désirons que vous nous déliviez, nous habitants musulmans de la province, du joug tyrannique des Russes et des Bulgares. » Nous aurons à raconter plus loin comment le mécontentement de ces derniers se manifesta par une

128ᵉ LIVRAISON.

formidable insurrection qui éclata dans la vallée de l'Arda, se propagea dans tout le système des monts Rhodope et causa de grandes inquiétudes aux Russes.

Les Grecs n'étaient pas moins effrayés que les musulmans de la perspective de faire partie de la communauté bulgare, et leur douleur pourrait se comparer à celle des Roumains. A leur avis, le traité de San-Stefano était dirigé tout autant contre la Grèce que contre la Turquie ; il portait un coup mortel à l'idée hellénique en disjoignant, en isolant, en étouffant les nombreux éléments grecs englobés violemment dans la Bulgarie. Ils affirmaient, et ce qui valait mieux, ils prouvaient par des documents, qu'ils avaient la majorité dans certains districts ainsi annexés, à Kavala, à Stanimaki par exemple. Là où ils étaient en minorité, ils formaient les classes les plus éclairées, les plus influentes et les plus riches de la société. Aussi s'indignaient-ils à la pensée d'être placés sous la domination d'un peuple qui leur est intellectuellement et matériellement très-inférieur. Ce qui achevait de les irriter, c'était la manière dont les autorités russes et bulgares s'y prenaient pour les habituer à leur nouvelle condition. Voici ce que disaient à ce sujet les Grecs du sandjak de Philippopoli, dans une protestation adressée à Vienne et dont une copie fut expédiée aux cabinets de Paris, de Londres, de Berlin, de Rome et de Saint-Pétersbourg :

L'élément grec du sandjak de Philippopoli, ayant le sentiment de ses droits, avait adressé, le 2/14 novembre 1876, une protestation à la conférence de Constantinople contre toute annexion du territoire natal à une province autonome bulgare.

Aux motifs qui nous imposaient alors cette démarche sont venus s'ajouter aujourd'hui d'autres motifs plus sérieux encore. Dès que notre pays a été occupé par les troupes russes, nous avons été victimes de persécutions inouïes dont nous n'avions pas eu encore d'exemples dans cette province ; nos biens ont été pillés, nous avons été insultés et menacés, et nos écoles ont été envahies comme les mosquées des Turcs, et nos prêtres empêchés, dans le district d'Ahir-Tchelebi, de célébrer la messe dans nos propres églises ; nous avons été contraints d'enterrer nos morts pêle-mêle avec ceux des Bulgares, et on nous force aujourd'hui à renier notre origine et à nous avouer Bulgares et à ne pas parler notre langue.

Tels sont les premiers actes de l'administration russo-bulgare à Philippopoli.

Vous connaissez mieux que nous ce qui se passe ici et dans l'intérieur de la province depuis cinquante jours. Nous ne vous fatiguerons pas de détails qui prouvent suffisamment que le panslavisme, avant même de s'introduire et d'être accepté en Turquie sous forme d'autonomie bulgare, emploie tous les moyens d'oppression pour faire disparaître les autres éléments, l'élément grec principalement, et faire prédominer l'élément bulgare.

Quels intérêts ont poussé les Slaves, en 1876, à provoquer en Thrace une insurrection théâtrale? Nous l'ignorons, mais nous sommes persuadés que si l'autonomie bulgare comprend notre province, les conséquences en seront désastreuses pour nous. Une révolution éclatera et nous serons exterminés par les Slaves au nom de la civilisation, comme le sont aujourd'hui les malheureux musulmans.

Au nom des Grecs de cette province, nous protestons contre toute annexion à une principauté bulgare d'un pays si rempli encore de nos souvenirs nationaux, et nous osons vous prier de bien vouloir transmettre notre protestation à votre gouvernement.

Le gouvernement d'Autriche-Hongrie a toujours protégé les droits des chrétiens en Orient, nous avons le ferme espoir qu'aujourd'hui encore il ne nous abandonnera pas dans les circonstances si difficiles où nous nous trouvons.

(*Suivent les signatures.*)

Afin d'étouffer les protestations des Grecs, les Russes imaginèrent de les bulgariser malgré eux d'une façon ingénieuse. Dès que le traité de San-Stefano fut rédigé, ils firent ce qu'ils auraient dû faire auparavant, ils entreprirent en Bulgarie un recensement général de la population, non pour se renseigner sur l'importance des nationalités englobées dans la nouvelle principauté, mais dans le but de démontrer la prépondérance de l'élément bulgare qu'ils avaient reconnu *à priori* dans le traité de San-Stefano. Cette opération administrative fut exécutée dans chaque district par une commission composée d'un officier russe, d'un Bulgare membre de quelque municipalité, et d'un Grec. Ces trois commissaires allèrent de maison en maison interrogeant chacun sur sa nationalité. Partout où le chef de famille se déclarait Bulgare, on le croyait immédiatement sur parole. Mais là où quelque révolté s'obstinait à vouloir rester Grec, on le tourmentait de mille manières pour exiger de lui des détails précis sur sa généalogie. Il fallait qu'il fît connaître le lieu dans lequel son père et son grand-père étaient nés ; et si, par aventure, ce lieu se trouvait dans un district où la majorité appartient aujourd'hui aux Bulgares, tout était dit, et le malheureux Grec, inscrit sur la liste des Bulgares, portait la peine du hasard de la naissance paternelle. Peu importaient ses protestations et la désinence en *os* ou en *is* de son nom !

« Tout ce travail de statistique, disait un cor-
« respondant de *l'Allgemeine Zeitung*, a été ac-
« compagné de l'auxiliaire ordinaire de toutes
« les conquêtes russes, c'est-à-dire la violence
« matérielle. Les officiers russes disaient tout
« haut : « Nous allons chasser tous les Grecs

« qui sont sujets helléniques ; quant aux autres, « nous saurons bien trouver le moyen de les con- « traindre à s'avouer Bulgares ! » L'entreprise ne fut pourtant pas aussi facile qu'on l'avait imaginé d'abord. Malgré toutes les précautions des recenseurs, la première épreuve donna la majorité aux Grecs dans un grand nombre des districts de la nouvelle principauté bulgare. Il fallut recommencer l'opération jusqu'à trois fois pour obtenir des résultats satisfaisants. Les Grecs étaient d'autant plus irrités de cette violence faite à l'ethnographie par la statistique, qu'elle les condamnait, ainsi que beaucoup de mahométans, à faire partie de la milice bulgare que les Russes étaient en train d'organiser.

C'est de la Macédoine que sont parties les plus énergiques protestations grecques. La Macédoine est, en effet, une province essentiellement grecque, où les Bulgares ne vivent qu'à l'état d'îlots ethnographiques répandus çà et là dans une mer purement hellénique. Les notables du district de Salonique, dont la plus grande partie était incorporée, par le traité, à la nouvelle principauté, disent dans leur Adresse à M. Layard : « Nous avons des liens de langage, de nationalité, de religion, d'histoire, des liens de souvenirs et d'espérances qui nous unissent intimement avec d'autres membres de la nation grecque, et non pas avec les Bulgares qui, par des incursions continuelles, sont venus d'au delà des Balkans s'introduire dans notre contrée. Faire de ces hommes nos maîtres et les conquérants de la Macédoine, ce serait un acte si odieux que nous refusons même d'y penser. »

Les Albanais n'avaient ni le droit ni la prétention de parler, comme les Grecs, au nom de la civilisation. Ils sont restés dans l'ignorance et dans une espèce de demi-barbarie. En revanche, ils ont gardé les fortes vertus de l'état primitif, un amour de l'indépendance, un esprit belliqueux qui donnent une signification particulière à leurs protestations. Ils déclarèrent à M. Layard « qu'il « y aurait autant d'imprudence que d'injustice « à les débarrasser du joug turc pour les placer « sous un autre qui n'est pas plus propre à amé- « liorer leur position sociale. » Ils se considèrent comme ayant droit à des institutions autonomes et à une indépendance virtuelle. Ils ne cesseront pas de lutter contre les Bulgares au cas où ceux-ci deviendraient maîtres de leur province, parce qu'ils les tiennent pour une race inférieure à la leur. Dans ce sentiment, chrétiens aussi bien que musulmans se trouvent parfaitement d'accord. Or, ajoutaient-ils, il faudrait pour protéger le gouvernement bulgare contre la population albanaise, la présence continuelle dans la province d'un corps de 100,000 hommes.

Au reste, parmi toutes les populations dont les droits sont blessés par le traité de San-Stefano, les Albanais sont peut-être les plus éprouvés : ils n'ont pas seulement à repousser les Bulgares, il faut encore qu'ils luttent contre les Monténégrins. Une protestation des habitants catholiques et musulmans de la province de Scutari, remise à l'ambassadeur d'Autriche, montre avec quelle ardeur ils s'acquittent de ces deux devoirs. Elle est rédigée en turc et en français, et porte la signature des chefs des districts de Podgoritza, Antivari, Dulcigno, Kraïna et des bords du lac de Scutari, districts que le traité de San-Stefano accorde au Monténégro. — Nous avons appris par la lecture des journaux, disent en substance les signataires de cette protestation, que nos contrées devaient être annexées aux possessions du prince Nikita. Nous déclarons formellement ne vouloir avoir rien de commun « avec ce pays barbare que nous avons toujours « combattu dans le passé et avec ce peuple de « brigands qui vient de montrer en ce moment « même sa véritable nature en coupant les oli- « viers et les vignes dans les districts qu'il a « occupés, causant ainsi un dommage qui se « monte à 100,000 livres. » Ils ajoutaient qu'il n'y avait pas un seul Slave dans leurs districts, que la population tout entière y était albanaise, et ils suppliaient l'Europe de ne pas les livrer à « un pays différent de race et de religion, et plongé dans la barbarie. » Leur conclusion était significative : « Quoi qu'il arrive, disaient-ils, nous saurons aviser et nous défendre jusqu'au dernier plutôt que de nous soumettre ! »

A la liste des nationalités mécontentes, parce que le traité de San-Stefano s'était occupé d'elles, il faut encore ajouter celles qui le furent parce que le traité les avait oubliées. Parmi celles-ci se trouvaient les Bosniaques et les Herzégoviniens. N'était-ce pas eux qui avaient fait naître la crise orientale en se mettant en insurrection en 1875 ? N'avaient-ils pas lutté trois ans pour la liberté ? Et comment le traité de San-Stefano les récompensait-il ? Ils étaient perdus dans la foule de ces provinces à laquelle la Porte devait accorder les réformes qu'elle promettait depuis trente ans et qu'elle pouvait promettre aussi longtemps encore. Il est à peu près hors de doute que si les diplomates russes avaient négligé d'exiger des conditions spéciales pour la Bosnie et pour l'Herzégovine, c'est parce qu'ils réservaient ces deux provinces comme une proie à livrer à l'Autriche pour obtenir son adhésion au traité; mais les populations qui souffraient depuis trois ans ignoraient cette arrière-pensée et se montraient amèrement déçues.

Et les Arméniens? Eux ne s'étaient point révoltés, ils n'avaient jamais troublé l'Orient; mais à moins que la protection que la Russie prétendait étendre à tous les chrétiens de Turquie ne fût simplement une prime accordée à l'insurrection, personne n'était plus digne qu'eux d'une attention spéciale. Les Arméniens sont un des peuples les plus anciens du monde. Pendant plusieurs milliers d'années ils ont joui de leur indépendance. Ils sont chrétiens depuis le commencement de l'ère nouvelle, et ils forment l'un des éléments les plus importants de la Turquie. Leur nombre atteint le chiffre de deux millions en Asie, d'après le calcul qui leur est le moins favorable; par conséquent, ils y sont plus nombreux que les Grecs ne le sont dans la Turquie d'Europe. On en compte en outre un million en Europe. Enfin l'instruction est plus répandue chez eux que chez tout autre peuple de l'Orient, en exceptant les Grecs. Pourquoi l'indifférence complète du traité de San-Stefano à leur égard? Ils en furent douloureusement surpris.

Enfin il n'est pas jusqu'aux protestants qui ne s'émurent. M. Matteostan, le *vekil* ou représentant officiel des protestants résidant en Turquie, près la Porte, demanda l'assistance de l'Angleterre pour exposer au futur Congrès la situation des protestants et stipuler dans les conventions à intervenir la tolérance religieuse en leur faveur. Il ajoutait qu'on ne saurait trop prendre de précautions contre l'esprit de persécution des Bulgares à l'égard de tous ceux qui ne partagent pas leur croyance.

Nous ne saurions terminer cette revue des différentes façons dont le traité de San-Stefano fut apprécié en Orient, sans dire un mot de la Turquie. Il va de soi que le gouvernement ottoman ne pouvait professer un grand amour pour un traité qui lui avait été arraché par la force; cependant un moment on put croire que vainqueurs et vaincus allaient sincèrement se réconcilier. Le dépit qu'éprouvèrent les Turcs en se voyant abandonnés de l'Angleterre fut si vif, qu'on songea pendant quelques jours à Constantinople à se jeter dans les bras des Russes pour se venger de cette puissance. Nous avons rapporté le fameux entretien dans lequel Server-Pacha exposa, le 28 janvier, cette évolution à un correspondant du *Daily News*. Quelques semaines après, pendant que se négociait la paix, le même homme d'État disait au banquier Zarifi :

« Le centre de gravité de la puissance turque est transporté maintenant en Asie. On n'a pas voulu que le sultan continuât à exister comme souverain européen ; il régnera en qualité de monarque asiatique et surtout en qualité de khalife sur 100 millions d'Asiatiques. En tant que puissance asiatique, la Turquie ne peut désirer de meilleur allié que la Russie, et elle n'aura pas de plus grand ennemi que l'Angleterre, qui a oublié qu'en conservant la Turquie, elle se serait conservée elle-même. En Europe, nous avions besoin de l'Angleterre : en Asie, l'Angleterre a besoin de nous. Le Sultan est le chef religieux de la plus grande partie de l'empire indo-anglais. A partir d'aujourd'hui se trouvent en présence l'impératrice de l'Inde et le chef de l'islam. »

Mais le dépit ne tint pas longtemps contre la haine séculaire du Turc contre le « moskof » et la Porte montra bientôt que si elle avait signé le traité de San-Stefano, elle était disposée à ne l'exécuter qu'à la dernière extrémité. C'était un axiome de sa politique que l'empire des Osman ne pouvait être attaqué ni même menacé sans que l'Europe entière s'en mêlât. Ce préjugé avait été fort ébranlé par l'indifférence de l'Europe pendant la guerre ; mais lorsqu'elle vit, une fois la paix signée, le cabinet anglais demander un subside de guerre, le comte Andrassy demander un crédit extraordinaire, et l'Angleterre et l'Autriche précipiter leurs armements, elle se reprit à espérer qu'une conflagration générale allait éclater, et elle se tourna de nouveau tout naturellement vers l'Angleterre afin de recommencer la guerre avec elle et d'essayer de reconquérir une portion de ce qu'elle avait perdu. L'influence anglaise se retrouva donc plus forte que jamais à Constantinople après la signature du traité de San-Stefano.

Le 24 mars, Osman-Pacha, délivré par la signature de la paix, arriva à Constantinople (1),

(1) Osman-Pacha avait été détenu à Kharkov, où Réouf-Pacha le prit en revenant de Saint-Pétersbourg. Sa rentrée à Constantinople fut un triomphe. Nous reproduisons le récit qu'un correspondant du *Moniteur universel* a fait de cette scène émouvante :

« Osman-Pacha, le vaillant bien que malheureux défenseur de Plevna, est aujourd'hui le symbole vivant de l'honneur militaire ottoman, et voilà pourquoi la nation humiliée et vaincue se presse autour de lui et salue avec une admiration affectueuse celui dont le courage n'a jamais failli, dont le caractère élevé et pur est resté au-dessus de tous les soupçons.

« La population musulmane, informée, depuis huit jours, de l'arrivée d'Osman-Pacha, s'était promis de lui témoigner avec éclat sa reconnaissance et son admiration. Plus de

AHMED-VEFYK-PACHA LIT LE DÉCRET DE PROROGATION AU PARLEMENT TURC

et le héros de Plevna, nommé commandant de la garde, travailla avec une activité fiévreuse à la réorganisation de l'armée turque. Il était fort bien secondé par Mehemet-Ali, Mouktar-Pacha, Fuad-Pacha et Baker-Pacha, qui avaient déjà ébauché cette réorganisation pendant les loisirs de l'armistice. Des levées nouvelles furent faites en Asie, les prisonniers revinrent de Russie (1) et avec les débris des troupes battues pendant la guerre on réunit autour de Constantinople une armée de 130,000 hommes dont l'armement et l'équipement ne laissèrent bientôt rien à désirer. L'argent anglais joua sans doute un certain rôle dans cette rapide reconstitution, car la Turquie depuis si longtemps épuisée n'en payait pas moins régulièrement ses commandes, et tous les jours des navires venant d'Amérique débarquaient des caisses de munition à Top-Houé.

Ces 130,000 hommes furent partagés en quatre corps, dont le commandement fut donné pour le premier à Fuad-Pacha, qui occupa la côte de la mer Noire et établit son quartier général à Cassap-Tchaip, au dessus de Kavagi; pour le deuxième et le troisième à Mehemet-Ali, qui couvrit Constantinople en s'appuyant à la mer de Marmara, près de Makrikeuï et établit son quartier général à Vidos; pour le quatrième à Baker-Pacha, qui continua la ligne de défense jusqu'à la mer Noire et établit son quartier général à Jovan-Tchiftlik. Toutes les hauteurs comprises dans ces lignes furent soigneusement fortifiées, et Constantinople fut mis à l'abri d'un coup de main. Grâce à cette réorganisation et malgré ses revers, la Turquie se mit ainsi en état de jouer encore un rôle considérable au cas où la guerre aurait recommencé.

En résumé, l'impression causée en Orient par le traité de San-Stefano n'avait rien de satisfaisant pour la Russie. Les Serbes, les Bosniaques, les Arméniens étaient mécontents, les Grecs et les Roumains étaient exaspérés, les Albanais annonçaient une insurrection, l'insurrection avait déjà éclaté parmi les musulmans de Bulgarie, les Lazes allaient bientôt se soulever de leur côté autour de Batoum, et la Turquie était prête à déchirer le traité et à recommencer la guerre. Voyons maintenant qu'elle était l'impression des puissances européennes.

deux cent mille spectateurs s'étaient postés, dès midi, sur les terrains en pente qui forment la pointe du Vieux Sérail et aux abords de l'échelle appelée *Seikedji Jozelem*. C'est là que le vapeur russe devait débarquer Osman-Pacha, après une courte halte devant Dolma-Bagtché, pour saluer le sultan. Mais, soit que les ovations projetées aient éveillé, comme quelques-uns le supposent, une certaine jalousie au palais, soit à cause de l'heure avancée, le programme a été brusquement modifié sur un ordre venu d'Yildiz-Kiosk, et Osman-Pacha, à peine débarqué devant un pavillon qui dépend du grand palais de Dolma-Bagtché, a reçu l'ordre de se rendre sans retard auprès du Sultan. Une foule immense s'était également amassée autour du palais et des jardins, et à peine Osman-Pacha, accompagné de Réouf-Pacha, a-t-il paru dans la voiture qui devait l'emmener, que ses admirateurs empressés se sont littéralement rués sur lui. Hodjas, ulémas et softas, militaires et portefaix ou bateliers, tous voulaient le contempler et baiser ses mains ou les pans de sa tunique à tout le moins. Les uns criaient : *M-schallah!* (Dieu vous bénisse!) et d'autres, d'une voix entrecoupée de larmes, disaient au héros : *Notre père, soyez béni!*

« La modestie d'Osman, qui est la meilleure preuve de son mérite, se défendait d'ailleurs de ces hommages trop empressés, et il ne cessait de dire à ses trop fervents admirateurs : « Mes enfants, je n'ai rien fait. Pourquoi ces éloges? Je n'ai fait que mon devoir. » Sa voiture a gravi lentement la colline, suivie des acclamations de cent mille musulmans. De nouveaux témoignages plus flatteurs encore de l'admiration reconnaissante qu'il inspire, l'attendaient au kiosque impérial, ou Abdul-Hamid l'a reçu à bras ouverts et les larmes aux yeux. Les journaux turcs nous ont donné le texte exact des paroles touchantes qu'il lui a adressées :

« Viens, mon héros ! c'est toi qui as illustré les armes ottomanes, toi qui as rehaussé notre honneur militaire. Approche ! J'ai promis devant Dieu de te baiser sur les deux yeux le jour où je te verrais, et je veux aujourd'hui tenir ma promesse. »

« Osman répondit au Sultan : « Mon premier désir était de m'humilier aux pieds de votre auguste personne. Grâce à Dieu, je puis aujourd'hui l'accomplir. »

« Ensuite le sultan remit à Osman-Pacha de sa propre main l'ordre d'Osmanié en brillants et la médaille militaire.

« Puis Sa Majesté se fit apporter un sabre sur la poignée duquel est écrit le mot Ghazi, sabre qui a appartenu au sultan Abdul-Hamid I*er*, et le remit à Osman-Pacha en lui disant : « Je ne crois pouvoir vous donner meilleure récompense que celle de ce sabre. Il appartenait à un Ghazi comme vous. »

« Le sultan remit à Tevfik-Pacha, chef d'état-major d'Osman-Pacha, la plaque du medjidié de 2e classe. »

(1) Il n'en revint que 60,000, dit-on. La moitié avait péri de froid ou des suites du typhus.

Le traité de San-Stefano devant l'Europe. — L'impression des puissances.

Par l'article 7 du traité de Paris, six puissances : la France, l'Angleterre, le Piémont, l'Autriche, la Prusse et la Russie, ont garanti en commun, « et chacune de son côté », l'intégrité territoriale et l'indépendance de l'empire ottoman, affirmant en conséquence « qu'elles regarderaient tout acte de nature à y porter atteinte comme une question d'intérêt général. »

Le 17 janvier 1871, lors de la révision du traité de Paris, la Conférence de Londres a fait la déclaration suivante :

« Les plénipotentiaires de l'Allemagne du Nord, de l'Autriche-Hongrie, de la Grande Bretagne, de l'Italie, de la Russie et de la Turquie, réunis aujourd'hui en conférence, reconnaissent que c'est un principe essentiel du droit des gens qu'aucune puissance ne peut se délier des obligations d'un traité, ni en modifier les stipulations qu'à la suite de l'assentiment des parties contractantes au moyen d'une entente amiable. »

En outre, la convention signée à Londres le 13 mars 1871 a renouvelé et confirmé toutes les stipulations du traité de Paris qui n'étaient pas annulées ou modifiées par elle. Cette garantie collective des puissances s'applique également à toutes les dispositions principales du traité de Paris, par exemple à celle qui concerne la situation des principautés danubiennes, la libre navigation du Danube, etc., etc. La Russie n'avait donc aucun privilége, aucun droit exceptionnel dans le règlement de la question d'Orient, et il lui était défendu d'apporter à elle seule la moindre modification aux stipulations d'un acte international dont elle n'était que l'un des signataires. Or, le traité de San-Stefano étant une violation flagrante de ce double engagement, comment les puissances signataires allaient-elles l'accepter ?

Trois de ces puissances n'avaient point d'intérêts directs engagés en Orient : c'était la France l'Italie et l'Allemagne. La France depuis les désastres de 1870 avait trop souvent affirmé son intention de se consacrer tout entière à son relèvement intérieur pour qu'on pût supposer un seul instant qu'elle ferait quoi que ce soit qui pût troubler l'absolue neutralité où elle prétendait se recueillir. La Russie n'avait donc pas à craindre d'être gênée par elle dans la réalisation de ses ambitions. Il en était de même pour l'Italie. Le jeune royaume n'avait aucun motif impérieux pour compromettre ses récentes destinées dans les aventures orientales, et, le 26 mars, M. Cairoli en présentant un nouveau ministère au parlement italien annonça que le gouvernement n'aspirait qu'aux « bienfaits d'une paix sûre. » La France et l'Italie étaient acquises à toute démonstration platonique faite en faveur des traités que la Russie venait de fouler aux pieds ; on ne devait rien leur demander de plus.

Quant à l'Allemagne, M. de Bismarck déclara un jour que ses intérêts en Orient ne valaient pas « les os d'un fusilier poméranien ». Cependant quand l'Europe s'effraya des prétentions de la Russie en apprenant quelles étaient les bases préliminaires de paix qu'elle avait imposées à la Turquie à Andrinople, l'idée se répandit dans la presse que le prince de Bismarck, inquiet des suites qu'une conflagration européenne pourrait avoir sur l'avenir d'Allemagne, se préparait à peser de toute son influence sur la Russie pour l'amener à faire des concessions à l'Europe et à renoncer à une partie des fruits de sa victoire.

Ce bruit ne répondait guère à la situation exacte de l'Allemagne vis-à-vis de la Russie. Jamais deux monarchies n'ont, en effet, été rattachées l'une à l'autre par un faisceau plus enchevêtré et plus solide d'alliances. La mère d'Alexandre II était sœur de l'empereur Guillaume ; l'impératrice de Russie est fille de Louis II, grand-duc de Hesse ; le grand-duc Vladimir est marié à la grande-duchesse Marie de Mecklembourg ; la grande-duchesse Marie, sœur du czar, a été mariée au duc de Leuchtenberg ; la grande-duchesse Olga, autre sœur du czar, a épousé le roi de Wurtemberg ; le grand-duc Constantin est marié à la fille du duc Joseph de Saxe-Altenbourg ; le grand-duc Nicolas, commandant de l'armée du Danube, a épousé la fille du duc Pierre d'Oldenbourg ; le grand-duc Michel, commandant de l'armée d'Asie, a pour femme la princesse Cécile, fille du grand-duc Léopold de Bade ; la grande-duchesse Catherine a épousé le duc Georges de Mecklembourg ; la grande-duchesse Wjéra est devenue l'épouse du duc Eugène de Wurtemberg, et ainsi de suite. Par ces mariages la Russie est alliée à la plupart des maisons régnantes de l'Allemagne, et n'oublions pas qu'en Allemagne, l'empereur Guillaume a besoin du consentement des souverains de l'Union pour déclarer la guerre. S'il était arrivé que le prince de Bismarck eût voulu changer de politique, prendre position contre la Russie, que de résistances n'eût-il pas rencontrées au sein de l'Allemagne même ?

Mais la vérité est qu'il n'avait jamais songé au rôle de médiateur comme on l'annonçait ; c'est ce qu'il déclara au Reichstag, le 19 février, dans un grand discours sur la question d'Orient. Il exposa que l'Allemagne vivait en bonnes relations avec les trois puissances dont les intérêts étaient en conflit en Orient et qu'elle ne pouvait que s'entremettre pour faciliter les négociations entre elles, mais sans s'exposer à se brouiller avec l'une d'elles en favorisant ses concurrentes.

J'ai souvent pu constater, dit-il, que lorsqu'on n'est que deux le fil tombe souvent et par fausse honte on ne le ramasse pas ; on laisse passer le moment où l'on pourrait le reprendre, et on se sépare en silence et mécontent. Mais s'il y a une tierce personne, elle peut ramasser le fil et rapprocher de nouveau les deux autres. Tel est le rôle que je voudrais assumer et qui répond aux relations amicales dans lesquelles nous vivons en première ligne, sur de longues étendues de frontières, avec nos voisins et amis, et qui ont été fortifiées depuis un lustre par l'union qui existe entre les trois cours impériales ; ce rôle répond aussi aux rapports intimes que nous cultivons avec un autre des principaux intéressés, l'Angleterre. Nous sommes vis-à-vis de l'Angleterre dans l'heureuse situation de n'avoir entre nous aucun conflit d'intérêts, si ce n'est des rivalités commerciales et des différends passagers qui arrivent partout ; mais il n'y a rien qui puisse amener une guerre entre deux nations laborieuses, pacifiques, et voilà pourquoi je me flatte que nous pourrons être, le cas échéant, entre la Russie et l'Angleterre, une personne de confiance, tout autant que je suis certain que nous le sommes entre la Russie et l'Autriche si elles ne peuvent s'entendre directement. (Applaudissements.)

Les relations des trois Empereurs, si je puis m'exprimer ainsi, — on a l'habitude de dire l'alliance des trois Empereurs, — ne reposent pas sur des engagements écrits, et aucun des trois Empereurs n'est tenu de céder devant un vote des deux autres. Elles reposent sur les sympathies personnelles des trois souverains, sur la confiance personnelle qui lie ces augustes personnages et sur les rapports personnels que de longues relations ont créés entre les ministres dirigeants des trois empires. Nous avons toujours évité, lorsque des dissentiments se sont élevés entre l'Autriche et la Russie, de former une majorité de deux contre un en prenant formellement parti pour l'un ou l'autre, alors même que nos vœux nous eussent attirés d'un côté plutôt que de l'autre.

Nous nous sommes abstenus de cela, parce que nous craignions que le lien ne fût pas encore assez fort, et certainement il ne peut pas être assez fort pour déterminer l'une de ces puissances à sacrifier, par complaisance pour l'une ou pour l'autre, ses propres et incontestables intérêts politiques et nationaux.

Le prince de Bismarck s'éleva avec beaucoup de force contre l'idée qu'il était disposé à jouer le rôle de médiateur de l'Europe et à opposer une barrière aux exigences de la Russie.

J'arrive maintenant à la nécessité de protester très-résolûment contre les prétentions exagérées que l'on rattache en Allemagne à la médiation, et de déclarer que, tant que j'aurai l'honneur d'être le conseiller de Sa Majesté, il ne sera pas question d'une médiation telle que l'entendent les journaux. Je sais qu'à cet égard je tromperai beaucoup d'espérances que l'on a rattachées aux communications que je dois faire aujourd'hui; mais je ne suis pas d'avis que nous nous engagions dans la voie napoléonienne pour essayer de jouer le rôle, sinon d'arbitre, du moins de pédagogue en Europe.

Je vois, par exemple, dans un extrait de journal ces mots : *La politique de l'Allemagne à l'heure décisive*, servant de titre à un remarquable article de la *Gazette d'Augsbourg*, qui démontre la nécessité d'une intervention de la troisième puissance alliée à l'Angleterre et à l'Autriche. D'après cet article, nous devrions prendre position entre l'Angleterre et l'Autriche, pour enlever à la Russie le mérite de faire spontanément les concessions qu'elle pourra peut-être faire. Je ne doute pas que la Russie ne sacrifie à la paix européenne ce qu'il est possible à son sentiment national, à son intérêt, à l'intérêt de 80 millions de Russes, de sacrifier. En soi, je crois qu'il serait superflu de faire cette déclaration. Mais je prie ces messieurs qui tiennent à l'intervention demandée par la *Gazette d'Augsbourg* (je tiens encore un autre article de ce genre intitulé : le *Rôle d'arbitre de l'Allemagne*, et qui a paru dans un journal berlinois), je les prie de supposer que nous suivions leurs conseils, que nous fassions à la Russie, sous une forme polie et amicale, cette déclaration : Il est vrai que nous avons été amis depuis cent ans ; la Russie a porté nos couleurs et a été notre amie fidèle, alors que nous étions dans une situation difficile ; mais voici où en sont maintenant les choses : remplissant, dans l'intérêt de l'Europe, le rôle de policier de l'Europe, étant une espèce de juge de paix, nous ne pouvons nous opposer plus longtemps aux désirs, aux demandes de l'Europe. Si nous faisions cette déclaration, qu'est-ce qui arriverait?

Il y a en Russie des partis considérables qui n'aiment pas l'Allemagne, et qui, heureusement, ne sont pas au pouvoir, mais qui ne seraient pas malheureux d'arriver au pouvoir. (Hilarité.)

Qu'est-ce qu'ils diraient à leurs compatriotes, et quel langage tiendraient encore d'autres personnages, d'autres hommes d'État qui, à l'heure actuelle, ne sont pas encore nos ennemis déclarés ?

Ils diraient : « Au prix de quels sacrifices d'hommes, d'argent, avons-nous conquis la position qui, depuis des siècles, était l'idéal de l'ambition de la Russie ! Nous aurions pu la défendre contre ceux de nos adversaires qui avaient un intérêt réel à nous la disputer.

« Ce n'est pas l'Autriche, avec laquelle nous avons vécu longtemps dans des rapports peu intimes ; ce n'est pas l'Angleterre, qui a des intérêts ouvertement opposés, non, c'est notre amie intime, c'est l'Allemagne, qui n'a pas d'intérêts en Orient, qui a tiré, sur nos derrières, non pas l'épée, mais le poignard ! » Voilà ce qu'on dirait, voilà le thème que l'on développerait en Russie, et l'image que je vous en trace ici est peut-être un peu exagérée — les déclamations russes exagèrent aussi — mais elle répond à la vérité. Aussi nous ne prendrons jamais la responsabilité de sacrifier, en cédant à la démangeaison de jouer le rôle d'arbitre de l'Europe, l'amitié sûre et éprouvée que nous montre depuis plusieurs générations une grande et puissante nation voisine, et l'amitié qui nous unit à plusieurs États européens, je puis même dire à tous en ce moment ; car ce sont les partis qui ne sont pas au pouvoir qui voient cette amitié d'un mauvais œil.

Mettre cette amitié en jeu avec un de nos amis pour être agréable à un autre dans des questions qui n'intéressent pas directement l'Allemagne, acheter la paix des autres au prix de notre propre paix, c'est là une chose que je puis faire, quand je ne mets que ma personne en avant : mais cela m'est impossible lorsque j'ai à rendre compte à l'empereur de la politique d'un grand empire de 40 millions d'âmes, situé au milieu de l'Europe.

C'est pourquoi je prends la liberté de repousser ouvertement à cette tribune toutes ces excitations et toutes ces insinuations, et de déclarer que je ne consentirai jamais à agir ainsi et qu'aucun gouvernement, aucun des gouvernements les plus intéressés dans la question ne nous a proposé de suivre une pareille politique. En obtenant un accroissement de puissance, l'Allemagne a assumé de nouvelles obligations ; mais, bien que nous puissions jeter un grand nombre d'hommes armés dans la balance de la politique européenne, je ne reconnais à personne le droit de conseiller à la nation et à l'empereur, et aux princes qui peuvent prendre une décision dans le conseil fédéral, dans le cas où nous voudrions faire une guerre offensive, d'adresser un appel au dévouement éprouvé du peuple allemand, pour qu'il sacrifie son sang et ses biens. Une guerre pour défendre notre indépendance vis-à-vis de l'étranger, pour protéger notre unité à l'intérieur et pour sauvegarder les intérêts qui sont si évidents que, lorsque nous nous apprêtons à les défendre, nous nous sentons soutenus, non-seulement par le vote unanime et nécessaire du conseil fédéral, mais aussi par la conviction profonde et le profond enthousiasme de la nation allemande, une telle guerre est la seule que je suis prêt à conseiller à l'empereur. »

Ce discours était une profession de neutralité sympathique en faveur de la Russie. L'Allemagne laissait la Russie libre d'agir à sa guise en Orient comme la Russie l'avait laissée libre d'agir en Occident en 1871 ; elle faisait acte de réciprocité amicale. Pour bien indiquer que les succès de la Russie n'étaient point vus avec défiance par le gouvernement impérial, le prince de Bismarck prononça un mot qui devint immédiatement célèbre : « Si la Russie ne pouvait obtenir l'acquiescement des autres signataires du traité de 1856, elle devrait se contenter de l'idée de *beati possidentes*. » C'était dire à la Russie : Gardez toujours ce que vous avez pris.

Au lieu de trouver un adversaire ou tout au moins un conseiller désagréable dans l'Allemagne, la Russie était donc assurée, au contraire, de son appui moral. Ainsi, sur les cinq puissances signataires dont elle pouvait redouter l'intervention, trois étaient hors de jeu ; les deux autres, il est vrai, l'Autriche et l'Angleterre, avaient des intérêts de premier ordre engagés en Orient.

La politique traditionnelle de l'Autriche en Turquie est inspirée à la fois par un but commercial et par un but politique : assurer la liberté de ses débouchés vers l'Orient et empêcher le développement sur sa frontière méridionale d'une puissance slave capable d'attirer à elle les éléments slaves de la monarchie autrichienne agglomérés sur cette frontière. Or, ce double intérêt se trouvait gravement compromis par le traité de San-Stefano : la rétrocession de la Bessarabie roumaine à la Russie menaçait la navigation du Danube ; il est vrai qu'avec les progrès accomplis par les moyens de locomotion terrestres, l'Autriche en était arrivée à attribuer moins d'importance à cette voie fluviale qu'aux voies ferrées projetées qui doivent la mettre en communication avec les grands ports de la Turquie : Constantinople et Salonique. Mais de ce côté le traité ne menaçait pas moins la liberté de ses communications que du côté du Danube. Avec les délimitations nouvelles, ces routes commer-

LE KOLO, DANSE NATIONALE SERBE

ciales se trouvaient à la merci des petites puissances slaves des Balkans.

D'autre part, le traité de San-Stefano préparait la formation de cette puissance slave que l'Autriche s'applique à empêcher sur sa frontière méridionale. En rapprochant de trop près la Serbie et le Monténégro il rendait possible la réunion des deux principautés; la Bosnie et l'Herzégovine séparées alors de l'empire ottoman tomberaient d'elles-mêmes entre les mains de ces principautés unies; le rêve de la Grande-Serbie aurait un commencement de réalisation, et cette nouvelle puissance tendrait sans relâche à compléter ses frontières ethnographiques par l'annexion des provinces slaves de l'Autriche.

Enfin, comme la Serbie et le Monténégro appartiennent à la sphère de puissance de l'Autriche-Hongrie, si la Turquie, par l'incapacité politique des Bulgares et par l'impuissance de ce qui resterait de l'empire ottoman, était placée de fait sous les auspices et le contrôle de la Russie, il en résulterait, entre les influences austro-hongroises et russes sur les chrétiens d'Orient, un dualisme, qui serait analogue à celui qui existait jadis en Allemagne, où la Prusse et l'Autriche se disputaient la prépondérance. Un pareil état de choses serait un danger permanent pour la paix de l'Europe et une source intarissable d'inquiétude pour la monarchie austro-hongroise.

Pour parer à tous ces inconvénients, à tous ces dangers, le gouvernement autrichien devait nécessairement élever contre le traité de San-Stefano des objections tendant à en modifier sensiblement les dispositions. Ces objections, les diplomates russes les avaient prévues; le seul point qui les inquiétât était de savoir dans quelle mesure il essaierait de les faire prendre en considération. C'était chose difficile à préjuger, car si le but de la politique autrichienne en Orient est nettement déterminé par la nécessité, rien n'était plus indécis que la conduite par laquelle elle tendait à y arriver.

Des obstacles presque insurmontables, extérieurs et intérieurs, interdisaient au comte Andrassy une attitude décidée. A l'extérieur, l'Autriche-Hongrie était engrenée dans l'alliance des trois empereurs, et sa position particulière vis-à-vis de l'Allemagne lui imposait une ligne de conduite que le comte Andrassy lui-même avait qualifiée de « politique de feuille de route obligatoire » (gebundene Marschroute). A l'intérieur, le chancelier ne pouvait trouver dans la mosaïque de peuples dont se compose la monarchie, un sentiment national aux impulsions duquel il eût obéi. Au lieu d'un intérêt général, il avait affaire à dix intérêts particuliers en lutte les uns contre les autres. De là une incertitude, des hésitations, des contradictions qui donnaient à l'Europe un spectacle pénible. Un journal viennois, le *Tagblatt*, caractérisa la situation par un joli mot. Le comte Andrassy, dit-il, même dans ses jours de résolution, prend toujours soin de réserver « sa liberté d'inaction. »

Tantôt l'Autriche paraissait prête à s'entendre avec la Russie sur la base d'un partage de la Turquie qui aurait sauvegardé ses intérêts, en lui accordant la Bosnie et l'Herzégovine; mais ce projet rencontrait aussitôt une vive opposition de la part des Hongrois et des Allemands (1) qui redoutaient de voir les races slaves déjà trop nombreuses à leur gré dans l'Autriche-Hongrie, y entrer pour une plus forte proportion encore. Et il ne manquait pas de prophètes de malheur pour annoncer que cette annexion, en déséquilibrant les diverses parties de l'empire, amènerait leur désagrégation et que le partage de la Turquie préparait celui de l'Autriche. Du reste, l'annexion de deux pauvres provinces pouvait-elle être un dédommagement suffisant pour compenser l'établissement des Russes en Bulgarie et leur domination presque absolue à Constantinople. Les journaux hostiles à l'alliance russe accumulaient les preuves pour démontrer que non.

Tantôt le cabinet de Vienne, effrayé de l'ambition russe, paraissait se rapprocher de l'Angleterre dans le but de défendre énergiquement la Turquie contre l'invasion de l'influence moscovite. Alors, c'était au tour des Slaves de l'empire de protester contre une politique qui blessait leurs plus chers intérêts. Et le comte Andrassy voyait encore se tourner contre lui la cour et les cercles aristocratiques et militaires dont les sympathies pour la Russie ne se sont jamais démenties depuis 1849. Tiraillée ainsi par tant de sentiments contraires, la politique autrichienne flottait d'une résolution à l'autre, de l'envie de profiter des événements à la peur d'en être victime, de l'alliance russe à l'alliance anglaise, sans jamais parvenir à se fixer.

Cependant, pour qui suivait attentivement toutes ces oscillations, il était visible que l'idée de l'annexion de la Bosnie et de l'Herzégovine exerçait une grande fascination sur le gouvernement autrichien. Après que la peur l'avait rapproché un moment de l'Angleterre, il y revenait toujours, attiré par l'irrésistible tentation d'ac-

---

(1) Les Allemands comptent pour neuf millions dans la population de l'Autriche.

quérir deux provinces sans tirer l'épée. La diplomatie russe, avec son infatigable persévérance, la ramenait du reste sans cesse sur le tapis, et l'Allemagne, intéressée à voir l'Autriche se détourner du nord pour porter ses vues vers l'Orient ne ménageait pas ses conseils dans ce sens.

Il semble que l'occupation des deux provinces ait été prévue dès l'entrevue qui eut lieu à Reichstadt, au mois de juillet 1876, entre le czar et l'empereur François-Joseph, entre le prince Gortchakoff et le comte Andrassy. C'était le moment où la Serbie déclarait la guerre à la Porte. Les documents sur l'entrevue de Reichstadt font défaut, mais des faits accomplis on peut, par induction, conclure à la vérité. De quoi a-t-il pu être question à Reichstadt, sinon de la grande affaire qui venait de commencer, et dont il était naturel de rechercher toutes les conséquences possibles? Que ferons-nous dans tel cas? Que ferons-nous dans tel autre? Il est clair que les deux augustes personnages qui ne se rencontraient pas tout à fait par hasard ont dû poser ces questions et en causer l'un avec l'autre; leurs ministres en ont certainement fait autant. Qu'ont-ils décidé? On ne le sut pas d'abord, mais on apprit, le lendemain de l'entrevue, que l'Autriche fermait aux Turcs le port de Klek. Un pareil acte était déjà significatif; ce qui le fut plus encore, c'est la conduite de l'Autriche pendant toute la durée de cette première période de la crise orientale.

Jamais grande puissance ne jeta un coup d'œil plus impassible sur l'incendie qui menaçait ses flancs. Jusqu'au dernier moment, l'Autriche regarda tout, laissa tout faire sans sourciller, sans broncher; indifférence étrange, inexplicable, s'il n'y avait eu là, en effet, que de l'indifférence; mais certainement il y avait autre chose, et quoi? sinon une entente préalable sur les compensations qui reviendraient à l'Autriche dans le cas où, l'empire ottoman recevant une secousse trop forte, le vieil édifice viendrait à se disloquer.

Dès cette époque, on parla de l'Herzégovine et de la Bosnie. L'Autriche pourtant ne voulait pas considérer comme inévitable la ruine complète de l'empire ottoman, encore moins contribuer à la précipiter. Si la cour, si le parti aristocratique et militaire pouvaient envisager sans crainte cette éventualité, les Hongrois se révoltaient à une semblable pensée. Leurs soupçons déjà éveillés, leur opposition toujours prête à renaître, ne permettaient au gouvernement austro-hongrois ni de faire cause commune avec la Russie, ni d'escompter les résultats de la guerre avant qu'ils ne se fussent produits. Ces résultats étaient d'ailleurs inconnus. L'Autriche, après avoir admis le système des compensations, crut donc bien faire de temporiser longuement pour ce qui était de l'exécution. Elle resta immobile et résista aux tentations que le génie russe exerçait sur elle.

On se rappelle qu'au temps de la conférence de Constantinople, la Russie aurait été heureuse de faire accepter le plan d'une occupation parallèle de la Turquie non-seulement par l'Autriche, mais encore par l'Angleterre. Voilà le moment, disait-elle à l'une; entrez dans l'Herzégovine et dans la Bosnie comme j'entrerai moi-même en Bulgarie! Envoyez votre flotte, disait-elle à l'autre; que toutes les flottes européennes se réunissent dans le Bosphore! L'Europe n'écouta pas un pareil langage. Quant à l'Autriche, elle se refusa encore à suivre ce conseil; elle crut le moment mal choisi, la circonstance prématurée. « Au fond, selon une pittoresque expression du *Journal des Débats*, elle était gagnée, compromise, engagée, comme ces personnages de légendes, qui ont donné leur âme à une puissance mystérieuse et qui ne s'appartiennent plus que pour un temps. »

Pendant la durée de la guerre, il fut très souvent question de l'occupation, par l'Autriche, de l'Herzégovine et de la Bosnie. Lorsque, pour la première fois, le général Gourko passa les Balkans et poussa au midi une course militaire si brillante, l'attention de l'Autriche devint inquiète. Que craignez-vous, dit de nouveau la Russie à son alliée; n'avez-vous pas l'Herzégovine et la Bosnie? Entrez-y hardiment! L'Autriche se contenta de faire une opération financière, et, sans mobiliser ses troupes sur la frontière, de les renforcer dans des proportions considérables; mais, devant l'inquiétude des Hongrois et les divisions de l'opinion, elle n'alla pas plus loin. Au reste, la marche des Russes ayant été arrêtée à Plevna, le moment parut bon pour attendre et pour se recueillir.

Deux mois après, les Russes pressaient les petits pays voisins d'entrer dans la guerre, ou d'y rentrer; la Serbie surtout. La Serbie hésitait; une première expérience lui avait si mal réussi! Alors, pendant plusieurs semaines, la question de l'occupation de l'Herzégovine et de la Bosnie par l'Autriche revint au jour avec des intermittences presque régulières; il semblait qu'elle devait être la conséquence et le contre-poids de la participation de la Serbie à la guerre, mais ce n'était encore qu'une apparence, et la victoire définitive des Russes était un fait accompli avant que l'Autriche eût entrepris le moindre mouvement.

Avec la fin de la guerre la question devint brûlante. Il y eut à Vienne des pourparlers confidentiels entre le comte Andrassy et l'ambassadeur russe M. de Novikoff. Le gouvernement autrichien cherchait à connaître exactement les prétentions russes, à pénétrer les conditions futures de la paix. L'Autriche fut tenue dans l'ignorance, comme le reste de l'Europe, aussi longtemps que possible. Enfin le voile se déchira, la vérité éclata et l'Autriche vit, non sans effroi, tout le centre de l'empire ottoman, la Bulgarie depuis le Danube jusqu'à la mer, entre les mains de son terrible allié. — Prenez donc l'Herzégovine et la Bosnie! répétait la Russie. — Mais le comte Andrassy n'écoutait plus, ne voulait plus rien entendre. Qu'étaient ces pauvres provinces en comparaison de celles dont la Russie devenait maîtresse? La colère fut vive à Vienne; on parla alors plus sérieusement qu'on ne l'avait fait d'une alliance anglaise, le comte Andrassy annonça l'intention de demander aux délégations un crédit extraordinaire de 60 millions de florins, on parla de la mobilisation d'une partie de l'armée. L'attitude énergique que venait de prendre le cabinet anglais entraînait le cabinet autrichien. Un moment on put croire que c'était la guerre qui se préparait.

Mais de Berlin comme de Saint-Pétersbourg vint le conseil d'entrer en Bosnie et en Herzégovine; la première effervescence se calma un peu et l'irritation fit place au calcul; on en vint à considérer qu'après tout la Bosnie et l'Herzégovine valaient mieux que rien. Avec l'annonce de l'intention de demander un crédit de 60 millions de florins, la politique autrichienne avait atteint son point culminant; depuis lors elle aspira à descendre, et elle descendit peu à peu à un ton plus modeste. On avait dit que l'Autriche mobilisait; la nouvelle fut formellement démentie. Le gouvernement se borna à dire qu'il demandait un crédit; mais pourquoi faire? Etait-ce pour la guerre? Pas du tout. Le mot d'ordre donné à la presse officieuse fut de protester bien haut que ce crédit n'avait aucune signification de ce genre et que la Russie aurait grand tort d'y voir une menace, encore moins un défi. On alla jusqu'à dire que l'Autriche était tout à fait décidée à ne tirer l'épée sous aucun prétexte.

Le 8 mars, le projet de loi relatif au crédit extraordinaire de 60 millions de florins fut soumis aux délégations (1). Le discours où le comte An-

drassy développa ses intentions à cette occasion est l'image frappante de l'indécision où s'annihilait l'Autriche. Des velléités audacieuses, des impatiences, des élans presque impétueux et point de conclusion, aucune indication d'une politique quelconque; il demande un crédit sans objet déterminé.

Et cependant ce discours débute avec fierté:

La Russie a déclaré à plusieurs reprises qu'elle ne tirait pas l'épée dans un but égoïste, mais en vue de l'amélioration du sort des chrétiens d'Orient. Nous devons exiger que les résultats de la guerre soient ainsi limités, que ni nos intérêts ni ceux de l'Europe ne soient lésés, et que le résultat de la conclusion de la paix soit une solution aussi satisfaisante que possible, et non pas une modification de la puissance relative des Etats.

C'est bien! mais par quels moyens espérait-on exiger cette limitation des résultats de la guerre? Le discours ne l'expliquait point. La demande de 60 millions de florins qui pouvait exercer quelque pression sur les résolutions de la Russie, le chancelier austro-hongrois l'enveloppa dans les formules les plus émollientes, comme pour lui ôter toute efficacité:

Nous avions réservé notre action pour le moment où la paix serait conclue, action pour laquelle il fallait concentrer toutes les forces de la monarchie. Le gouvernement s'adresse à la représentation nationale, avec le sentiment du devoir qui lui commande de garantir les intérêts de l'empire contre toute surprise, et de ne pas compter simplement sur des arguments politiques en un moment où toutes les puissances intéressées dans la question apparaissent armées de toutes pièces. Nous n'avons pas l'intention de mobiliser, nous ne demandons que les moyens de prendre les mesures nécessaires en cas d'événement. Il n'y a là aucune pensée hostile contre telle ou telle puissance, ni aucune vaine démonstration, mais uniquement une mesure de précaution contre n'importe quelle éventualité, et une affirmation de la tâche, souvent constatée, du gouvernement, de défendre les intérêts de l'Europe de concert avec l'Europe, et les intérêts austro-hongrois en particulier, à ses propres risques et périls.

Les débats durèrent une semaine. Voulez-vous donc mobiliser et nous conduire à la guerre, demandaient les uns? Non, répondait le comte Andrassy. Alors, reprenaient les autres, vous vou-

(1) « Les intérêts communs à l'empire autrichien et à la monarchie hongroise ne pouvant être discutés ni dans le Reichsrath autrichien ni dans la Diète hongroise, il faut que ces deux corps représentatifs nomment eux-mêmes leurs députés. Chaque législature choisit une délégation composée d'un tiers de seigneurs ou de magnats et de deux tiers de représentants des chambres inférieures. Les deux délégations siègent alternativement à Vienne et à Pesth, mais elles ne peuvent délibérer en commun, et en cas de désaccord, elles s'adressent mutuellement des messages pour exposer leurs vues dans leurs langues respectives; si l'entente ne s'est pas établie après trois messages envoyés de part et d'autre, les assemblées se réunissent non pour discuter, mais pour voter immédiatement et décider la question à la majorité des voix. » — E. Reclus, *Nouvelle Géographie universelle*.

LA HORA, DANSE NATIONALE ROUMAINE

lez occuper la Bosnie et l'Herzégovine? Non plus, répétait le ministre avec empressement. « Le gouvernement ne tend à rien autre chose qu'à continuer ses efforts en vue de sauvegarder, par des moyens pacifiques, les intérêts de la monarchie; mais il veut aussi être à même, en cas d'insuccès, de pouvoir prendre immédiatement les mesures nécessaires; c'est pour ce motif que le gouvernement demande 60 millions. » On ne put le faire sortir de là et il ne laissa deviner, au milieu de toutes ses paroles, aucun plan, aucun système de conduite, et il est évident qu'il n'en avait point.

La suite des événements montra qu'en outre des embarras dont nous avons parlé et qui le paralysaient, le gouvernement autrichien était énervé par cette perspective de l'annexion de la Bosnie et de l'Herzégovine. Il regardait les événements aller au fil de l'eau sans oser s'y mêler, de peur de compromettre son rêve, à demi endormi aux discours des partisans de cette annexion, attendant une occasion honnête de l'opérer. Le monde militaire de Vienne ne tarissait point sur les avantages stratégiques de la combinaison. On ne pouvait nier en effet que l'acquisition des deux provinces assurerait à l'Autriche des positions militaires très-précieuses, et aurait surtout l'avantage de donner un fonds de territoire solide à cette mince bande de terre qui s'étendait le long de la mer sous le nom de Dalmatie, et qui semblait une muraille d'attente pour un édifice à construire. A côté des considérations stratégiques, les apôtres de l'humanité et de la civilisation plaçaient les leurs. Comment nier encore le bienfait pour les populations à demi-sauvages de la Bosnie et de l'Herzégovine, si elles étaient rattachées à un grand empire disposant d'un outillage administratif et politique aussi perfectionné que celui de l'Autriche-Hongrie? Ces provinces étaient, il est vrai, pauvres, désolées, ravagées par la guerre et l'anarchie; il faudrait, pour les arracher à leur stérilité actuelle, y dépenser des millions de florins; mais, une fois améliorée et mise en état de produire, la Bosnie, dont le sol est riche, couvert de forêts et de mines, rémunérerait de leurs sacrifices ses initiateurs bienveillants. Enfin, pour comprendre tout à fait cette attitude incertaine de l'Autriche, il faut tenir compte des sentiments de l'empereur François-Joseph qui, ayant perdu quelques provinces dans le cours de son règne, désirait naturellement en acquérir quelques autres pour faire compensation.

L'Autriche, après le traité de San-Stefano, se présentait donc comme une énigme; personne, pas même ses hommes d'État, n'eût pu dire dans quel sens elle se prononcerait définitivement ni même si elle se prononcerait. Mais les Russes possédaient la moitié de son secret; ils connaissaient la cause de son indécision, et cet appât de la Bosnie et de l'Herzégovine qui la faisait tant hésiter, ils pouvaient espérer qu'il finirait par la leur gagner tout à fait.

Restait l'Angleterre. Elle seule se dressait devant la Russie avec une attitude franchement hostile au traité de San-Stefano. Ce n'est point pour les beaux yeux de la Turquie que l'Angleterre lui avait témoigné un intérêt séculaire, c'est parce que la liberté de la route des Indes était liée au sort de l'empire ottoman. Prenez une mappemonde, mettez un doigt sur Londres et l'autre sur Bombay et suivez du regard la direction d'une ligne droite tirée entre ces deux points. Cette ligne traverse, d'une de ses extrémités à l'autre, la Turquie d'Europe, l'Asie-Mineure, et, à travers la longue vallée de l'Euphrate, atteint le golfe Persique. Au lieu d'une ligne droite, courbez légèrement le fil imaginaire tendu d'un des points à l'autre, il passera par l'Égypte, la mer Rouge et Aden. Supposez maintenant qu'une guerre générale éclatant en Europe, l'Angleterre ait besoin d'être en communication constante avec son empire des Indes, et vous comprendrez l'importance qu'il y a pour elle à ce que la voie la plus directe soit toujours hors de l'atteinte d'une des grandes puissances contre lesquelles elle peut se trouver engagée. La question d'Orient, si obscure au point de vue anglais, dans les discussions de la presse et des Parlements, devient tout à coup beaucoup plus claire pour qui ne dédaigne pas de jeter les yeux sur une carte et de réfléchir quelques instants aux indications qui s'y trouvent marquées.

Ainsi que nous venons de le démontrer géographiquement, deux routes mènent directement d'Angleterre aux Indes : l'une par le canal de Suez, l'autre par la vallée de l'Euphrate. L'intérêt de la première pour l'Angleterre saute aux yeux quand on constate que les deux tiers du tonnage qui transite à travers le canal lui appartient. L'intérêt de la seconde, pour être moins immédiatement évident, est tout aussi réel. En quittant les hauteurs de l'Arménie, l'Euphrate se dirige d'abord vers l'Ouest, franchit la barrière du Taurus par une sorte de brèche, puis, moins rapide et plus abondant, il se développe au milieu des plaines immenses dont le désert arabique forme le prolongement. Aux environs d'Alep, le grand fleuve n'est séparé de la Méditerranée que par 220 kilomètres; il s'y jetterait si les chaînes parallèles du Liban et de l'Anti-Liban ne le repoussait vers l'Orient. Forcé de prendre sa direction vers l'Est, il traverse cette antique région toute pleine des souvenirs de Palmyre, de Cyrus et de l'Assyrie, mais aujourd'hui livrée aux Arabes. Après un parcours de 1,850 kilomètres, il va rejoindre le Tigre, à Kornack, et forme avec lui le Chott-el-Arab, qui se jette dans le golfe Persique. Qui ne voit qu'un adversaire en possession de la tête de l'Euphrate pourrait en descendant ce beau fleuve, qui est navigable sur plus des deux tiers de son cours, arriver aux Indes avant les Anglais et leur barrer la route de Suez.

Les Anglais eux-mêmes ont souvent utilisé, et songent encore à utiliser cette voie. Le marquis de Wellesley avait, il y a cent ans, établi un système de communications postales entre l'Angleterre et l'Inde par la vallée de l'Euphrate. Il fallait auparavant une année entière pour qu'un commerçant de Londres pût recevoir réponse à une lettre adressée à Calcutta, par la voie du cap de Bonne-Espérance. Un service régulier de petits bateaux fut établi entre Bombay et Bassora, sur le golfe Persique. Deux fois par mois, les lettres apportées à Bassora étaient remises à un Arabe qui les portait en traversant une partie du désert et en suivant ensuite la rive de l'Euphrate jusqu'à Alep. A Alep, des cavaliers tartares prenaient le paquet et le portaient à Constantinople. Ce fut par cette ligne que l'Angleterre entretint ses correspondances avec l'Inde pendant ses guerres contre la France. Tippo-Saïb, cet étrange mais fidèle allié que la Révolution française avait trouvé dans les Indes n'aurait peut-être pas été vaincu si le cabinet anglais n'avait pu faire passer par la vallée de l'Euphrate les dépêches qu'il adressait à ses représentants aux Indes. Combien de fois la fortune de l'empire britannique dépendit-elle de la rapidité de ce dromadaire monté par un Arabe qui traversait le désert sans escorte! Le système postal organisé par le marquis de Wellesley a été quelque peu négligé depuis l'organisation de la « malle des Indes », qui va par Suez et Aden; mais encore aujourd'hui les communications postales entre le haut et bas Euphrate sont organisées et surveillées par les consuls anglais.

Près d'un demi-siècle après le marquis de Wellesley, une autre tentative fut faite pour créer dans la vallée de l'Euphrate une grande ligne de communication. Le nom du colonel Chesney est attaché au souvenir d'une des entreprises les plus hardies dont ce siècle ait été le témoin. Dans une première expédition qu'il avait faite seul à travers la région de l'Euphrate et du Tigre, sir Francis Rawdon Chesney, alors simple officier de l'armée anglaise, avait acquis la certitude que l'on pouvait établir un service de bateaux à vapeur d'Alep à Bassora. Georges IV, auquel il présenta son projet, en fut frappé, et le gouvernement britannique lui accorda une somme considérable pour le mettre à exécution. Le *George Canning* de la marine royale d'Angleterre, porta à l'embouchure de l'Oronto le matériel nécessaire pour construire deux bateaux à vapeur avec des difficultés inouïes. Ce matériel énorme fut transporté à travers les cols du Liban et au mois de mars 1836 les deux bâtiments furent montés et lancés à Bais, petite ville voisine d'Alep.

Le service des bateaux de l'Euphrate continua jusqu'au jour où l'ouverture du canal de Suez lui créa une concurrence contre laquelle il était impossible de lutter. Il fut supprimé et les Anglais s'occupèrent alors de l'établissement d'un chemin de fer de la Méditerranée au golfe Persique, à travers la vallée de l'Euphrate. L'exécution de ce projet de chemin de fer étudié par le même M. Chesney et soumis au gouvernement turc par une compagnie anglaise, lui avait été accordée par ce gouvernement, avec promesse d'une garantie d'intérêt. Mais l'état des finances du sultan d'une part, de l'autre la prévision d'un conflit entre la Turquie et la Russie, devaient décourager les capitalistes, et, malgré les efforts successifs de lord Palmerston et de M. Gladstone le chemin de fer de l'Euphrate demeura à l'état de projet. Il n'en est pas moins resté l'objet en Angleterre d'une vive attention. L'importance d'une voie de terre qui mette en communication l'Europe et les Indes par la vallée de l'Euphrate résulte de ce que le canal de Suez, en temps de guerre, devient inutile à l'Angleterre s'il est neutralisé, et peut être fermé par un blocus s'il n'est pas soumis à une neutralisation. En outre depuis quelques années, avec cette hardiesse d'entreprise que le percement du canal de Suez et la construction du chemin de fer transcontinental américain ont si prodigieusement développé, les Anglais ont conçu un projet qui déculperait l'intérêt de cette ligne. Elle ne s'arrêterait plus au golfe Persique mais elle se prolongerait à travers la Perse et le Belouchistan pour aller s'embrancher directement sur les lignes ferrées hindoues; de sorte qu'on irait de la Méditerranée à Calcutta en chemin de fer.

L'éternel adversaire qui menace cette double ligne, c'est la Russie. L'empire ottoman formait barrière contre lui et l'on conçoit maintenant le soin jaloux avec lequel l'Angleterre veillait à sa conservation. En fermant les détroits du Bosphore et des Dardanelles aux flottes de guerre, il empêchait les navires russes de sortir de la mer Noire pour venir bloquer le canal de Suez ; avec sa ligne de forteresses, Batoum, Ardahan, Kars, Bayazid, il couvrait la vallée de l'Euphrate. Mais le traité de San-Stefano venait de changer tout cela. La Russie n'avait pas osé réclamer le passage des détroits pour ses navires de guerre ; mais maintenant elle pouvait s'en passer. N'avait-elle pas les ports monténégrins de l'Adriatique et les ports bulgares de la mer Égée. Elle y pouvait concentrer ses flottes et de là se porter en deux jours sur le canal de Suez et le fermer aux Anglais. Quant aux places qui couvraient la vallée de l'Euphrate, le traité les lui adjugeait toutes et la rendait maîtresse du fleuve.

L'Angleterre était donc directement touchée et lésée par le traité de San-Stefano. Mais les hommes ou plutôt l'homme qui dirigeait sa politique, lord Beaconsfield prit la question de plus haut. Avec une admirable grandeur d'esprit il contesta le traité de San-Stefano non pas au nom des intérêts particuliers de l'Angleterre, mais au nom du droit européen si cavalièrement méconnu par les diplomates russes, et, en quelques semaines il rendit à l'Angleterre, qui était si humiliée encore au mois de janvier 1878, tout le prestige qu'elle avait eu aux temps les plus glorieux de son histoire.

Nous avons dit autre part quelle était la situation. Le peuple anglais passait pour s'enfermer de plus en plus dans sa position insulaire, pour se désintéresser de plus en plus des affaires du continent. Il semblait obéir à une école qui prétendait lui interdire toute action et toute influence aussi longtemps qu'il n'était pas directement menacé dans ses possessions territoriales. Des orateurs éminents avaient mis toutes les ressources de l'éloquence, toutes les thèses du cosmopolitisme, toutes les sensibleries de la délivrance des peuples, au service d'une opposition de parti contre un cabinet conservateur. Tel était l'état de division des esprits en Angleterre, telle était l'impuissance à laquelle le ministère paraissait voué par les traditions ou les principes, que toute l'entreprise de la Russie avait tourné sur cette donnée, la certitude de l'inaction du gouvernement britannique.

C'est dans ces circonstances qu'un ministre, dont la carrière aventureuse et les talents divers n'avaient pas encore donné toute la mesure, s'est révélé comme un grand homme d'État. Lord Beaconsfield fit preuve du coup d'œil qui reconnaît où tendent les événements, de la résolution qui arrête les partis à prendre, de la persévérance à poursuivre un but, de l'activité dans la préparation des moyens, et enfin de la finesse et de l'audace nécessaire pour faire passer une pareille politique à travers tous les obstacles du régime parlementaire. L'Angleterre, grâce à ce romancier qui montra que l'esprit pouvait servir à toutes choses, grâce à cet aventurier politique qui avait su s'élever aux plus hautes dignités de son pays, grâce à ce Sémite qui se montra plus Anglais que les Anglais, l'Angleterre reprit rang parmi les nations. Elle montra qu'elle pouvait et qu'elle voulait compter encore dans les affaires de l'Europe, et elle affirma cette volonté et ce pouvoir dans la plus noble des campagnes diplomatiques ; une campagne en faveur du droit.

Dès l'époque où se discutait l'armistice, le cabinet anglais avait revendiqué le droit des puissances signataires des traités de Paris et de Londres à prendre part à tous les arrangements qui pourraient modifier ces traités. Voici en effet la dépêche que nous trouvons dans le *Blue-Book* anglais.

Le comte de Derby à lord A. Loftus.

Foreign-Office, 29 janvier 1878.

Milord, je charge Votre Excellence d'avertir le gouvernement russe que le gouvernement de Sa Majesté, tout en reconnaissant que les arrangements faits à Kezanlik entre les délégués russes et turcs pour la conclusion d'un armistice et pour l'établissement des bases de pacification constituent entre les belligérants une obligation réciproque, déclare que, en tant que ces arrangements sont de nature à modifier des traités européens, et à toucher à des intérêts généraux et britanniques, il lui est impossible de leur reconnaître aucune validité, à moins qu'ils n'aient été formellement agréés par les signataires du traité de Paris.

Je suis, etc. DERBY.

La Russie n'était pas pressée alors de se créer des difficultés avec l'Angleterre. Le prince Gortchakof expliqua que « pour conclure un armistice, certaines bases de pacification étaient nécessaires, mais qu'elles devaient simplement être considérées comme des préliminaires, non définitifs, vis-à-vis de l'Europe. » Il déclara catégoriquement que les questions touchant aux intérêts européens seraient réglées d'accord avec les puissances européennes, et qu'elle avait donné à ce sujet des assurances claires et positives au gouvernement de la reine. Quand le traité de San-Stefano fut

LE COMTE SCHOUVALOF, AMBASSADEUR DE RUSSIE A LONDRES

signé, l'Angleterre renouvela sa déclaration : Pour que le traité soit valable il faut qu'il soit agréé par les puissances signataires.

On sait maintenant quelle était la situation de l'Europe après le traité de San-Stefano. Le mécontentement était général dans l'empire ottoman ; la France et l'Italie étaient condamnées à la neutralité quand même ; l'Allemagne était sympathique aux succès de la Russie ; l'Autriche était en proie à une indécision qui paraissait incurab'e ; seule l'Angleterre contestait les résultats de la guerre et demandait qu'ils fussent soumis à l'appréciation de l'Europe. Alors forte de l'impuissance de la France et de l'Italie et de l'appui moral de l'Allemagne, soutenue par l'espoir de gagner l'Autriche à sa cause, la Russie essaya de sauvegarder le fruit de ses victoires et elle entreprit à la fois d'étouffer les protestations qui s'élevaient de la Turquie et de tenir tête à l'Angleterre.

Nouvelles négociations en vue du Congrès.

Le secret désir du gouvernement austro-hongrois, nous venons de l'expliquer, était l'acquisition de la Bosnie et de l'Herzégovine. S'il avait refusé jusqu'alors d'obéir aux invitations réitérées de la Russie et de l'Allemagne, qui l'engageaient à faire entrer son armée dans les deux provinces, c'est qu'il ne savait quel prétexte invoquer pour le faire. L'idée de se jeter brutalement sur le territoire d'une puissance voisine terrassée pour en voler sa part, répugnait autant au génie formaliste de l'Autriche qu'à l'esprit chevaleresque du comte Andrassy. Ce qu'on eût voulu à Vienne, c'est que l'Europe donnât à l'empire austro-hongrois mandat pour rétablir l'ordre dans les deux provinces et l'invitât officiellement à les occuper. On désirait donc vivement la réunion d'une conférence ou d'un congrès qui eût qualité pour délivrer ce mandat; et ce fut le cabinet de Vienne qui reprit les négociations interrompues au mois de février.

Le 7 mars, les ambassadeurs autrichiens communiquèrent aux puissances l'invitation suivante :

En vue des graves questions à décider, le gouvernement impérial et royal attache la plus grande importance à la réunion — non d'une conférence — mais d'un congrès, auquel prendraient part les premiers ministres « leitende ministers » des grandes puissances. Il n'est guère permis d'espérer qu'une réunion dans de telles conditions pourrait avoir lieu à Bade (1), mais, d'après les informations parvenues à mon gouvernement, le choix de Berlin, comme siège du congrès, assurerait sa réunion. Par conséquent, j'ai l'honneur de retirer, au nom du gouvernement de Sa Majesté impériale et royale apostolique, la proposition relative à la réunion d'une conférence à Bade.

Mon gouvernement est d'avis qu'un congrès des puissances, dans les conditions ci-dessus énoncées, aurait le plus de chance d'arriver à des résultats pratiques si ce congrès se réunissait à Berlin.

Le cabinet de Berlin s'est déjà déclaré prêt à inviter les puissances à s'y réunir en congrès, aussitôt que nous serons en mesure de l'assurer de l'adhésion des autres cabinets. Le cabinet allemand se réserve de fixer la date de la réunion.

Dès le 9, toutes les puissances avaient envoyé leur adhésion; mais l'Angleterre fit de formelles réserves. Après avoir déclaré que le gouvernement de la reine ne faisait aucune objection aux changements proposés, le comte Derby ajouta dans sa réponse au comte de Beust :

Le gouvernement anglais croit désirable d'abord qu'il soit entendu que toutes les questions mentionnées dans le traité de paix conclu entre la Russie et la Turquie devront être considérées comme sujettes à être discutées par le congrès, et, en second lieu, qu'aucune modification établie par le traité à l'état antérieur des choses ne sera reconnue valide avant d'avoir reçu l'assentiment des puissances.

Pour mieux préciser le sens de cette réponse, lord Derby écrivit, le 13 mars, ce qui suit à l'ambassadeur anglais à Vienne, sir Henry Elliott :

Foreign-Office, 13 mars 1878.

Sir,

Relativement à ma dépêche du 8 du présent mois, j'ai à prier Votre Excellence d'informer le comte Andrassy qu'afin d'éviter toute fausse interprétation sur la signification de sa récente déclaration contenue dans ma note du 9 courant au comte de Beust, le gouvernement de Sa Majesté désire établir qu'il sera bien distinctement entendu, avant qu'il entre au congrès, que tous et chacun des articles du traité entre la Russie et la Turquie seront soumis au congrès, non pas nécessairement pour être acceptés, mais pour qu'il puisse déterminer après examen quels sont les articles qui exigent l'acceptation ou le concours de plusieurs puissances et quels sont ceux qui n'en ont pas besoin.

Le gouvernement autrichien, si l'on en juge par un télégramme du comte Andrassy, communiqué le 14 à lord Derby par le comte de Beust, ne semble pas avoir fait immédiatement la distinction entre les idées anglaises et les idées russes. Voici ce télégramme :

Le gouvernement autrichien maintient que toutes les stipulations qui affectent les intérêts européens doivent être discutées au congrès et que l'Europe en décidera; mais, comme le prince Gortchakoff a déclaré à l'Autriche que ce serait le congrès qui déciderait quels seraient les articles des préliminaires de paix, qui touchent aux intérêts de l'Europe et que tous les points qui seraient reconnus comme étant d'un intérêt européen seraient soumis aux délibérations du congrès et ne pourraient être considérés comme valides tant qu'ils n'auraient pas obtenu l'assentiment de toutes les puissances, l'Autriche estime que le but de la déclaration de l'Angleterre, à savoir qu'elle réserve sa liberté d'action pleine et entière, — point de vue que l'Autriche partage absolument, — est ainsi atteint, et le comte Andrassy croit que, dans ces circonstances, il n'est de l'intérêt ni de l'Angleterre ni de l'Autriche de soulever des difficultés à propos de cette question.

Ce point de vue, c'est le point de vue russe. La Russie comprend bien que le traité de San-Stefano restera sans valeur tant qu'il ne sera pas reconnu par l'Europe, elle n'est donc point hostile à l'idée d'un congrès réuni pour le sanctionner; mais elle ne veut pas que le congrès puisse effacer d'un trait de plume ce qu'elle a péniblement acquis de son sang et de son argent. Elle entend faire deux parts du traité; l'une comprendra ce qu'elle ne veut pas céder; que l'Europe disserte sur l'autre et en fasse ce qu'il lui plaira : mais

(1) On a vu que les invitations lancées le 5 février étaient faites pour une conférence qui se tiendrait à Bade.

celle-ci ne regarde qu'elle-même, que personne n'y touche. Lord Loftus rapporte, dans une dépêche du 12, une conversation où cette théorie se produit pour la première fois :

Le prince Gortchakof a, sur ma question, déclaré que, dès que le traité aura été reçu par le gouvernement russe, il en sera adressé officiellement une copie complète à toutes les puissances signataires. Là-dessus, je fis observer à Son Altesse qu'alors tout membre du congrès aura le droit de s'emparer de n'importe quel article du traité et de provoquer une discussion à son sujet. Son Altesse m'a répondu que naturellement elle ne pouvait imposer silence aux membres du congrès; mais qu'elle ne pourrait accepter la discussion que sur les articles qui touchent aux intérêts européens.

L'Angleterre voulait discuter tout le traité, la Russie ne voulait laisser discuter que les articles touchant aux intérêts européens. Afin de ne point laisser s'envenimer la discussion, le prince de Bismarck proposa un moyen d'arriver à une entente préalable sur ce point et adressa le télégramme suivant à lord Derby.

Berlin, 13 mars 1878.

Nous avons déjà informé Votre Excellence que nous avons accepté la proposition d'une conférence à Berlin, mais que nous n'avons pu envoyer les invitations officielles avant qu'un accord se soit établi entre les puissances sur les conditions préliminaires de cette réunion. Au lieu de continuer les négociations sur cette question entre les différents cabinets par voie de correspondance par dépêches qui se croisent, il nous semble qu'il conviendrait mieux que les gouvernements intéressés discutassent dans une conférence préliminaire, composée des seconds plénipotentiaires, ou mieux encore de leurs représentants accrédités ici, afin de préparer la forme et le fond des délibérations de la conférence.

Toutes les questions préliminaires dont le règlement apparaît nécessaire à toutes les puissances pour les délibérations actuelles ou désirable pour le développement rapide et facile de la tâche véritable de la conférence, seraient réglées de telle manière que les ministres chargés de conduire les négociations en seraient débarrassées ; ainsi la tâche principale de la conférence arriverait à une prompte conclusion.

L'Angleterre se sentait trop solide sur le terrain diplomatique où elle avait pris ses positions pour l'abandonner. Elle était appuyée dans sa défense du droit européen par les sympathies de la France et de l'Italie. L'Autriche elle-même dans son incurable irrésolution se tournait parfois vers elle comme pour l'encourager. Lord Derby déclina la proposition dès le lendemain dans une réponse faite verbalement à l'ambassadeur allemand et consignée dans une lettre adressée par lui le même jour à lord Odo Russell.

J'ai dit à Son Excellence que, en tant que cela concerne la question qui nous occupe avant toute chose, savoir la compétence à attribuer au congrès pour discuter tel point qu'il lui plaira du traité russo-turc, je ne voyais aucun avantage à la conférence préliminaire proposée.

J'ai ajouté que le gouvernement de Sa Majesté avait publiquement et à différentes reprises manifesté sa résolution de ne participer au congrès qu'autant que ce point serait accordé, et que je ne prévoyais nullement qu'il pût être amené par une discussion quelconque à changer d'avis à cet égard. Pour ce qui concerne la conférence préliminaire en général, j'ai dit à Son Excellence que je n'étais pas en mesure d'exprimer à cet égard une opinion positive, mais que je doutais fort du profit qu'on pouvait en tirer.

Je préférerais attendre de nouvelles explications sur ces points: Quelles sont les questions que l'on désire traiter de cette manière et pourquoi il n'a pas été jugé préférable de réserver ces questions au congrès lui-même ?

Le même jour encore, lord Derby écrivit au comte Schouvalof pour le prier de demander au prince Gortchakof une réponse positive et écrite, aux questions posées par le gouvernement anglais, au sujet de la soumission du traité au congrès.

Le comte Schouvalof lui répondit le 19 mars par la lettre suivante :

Mon cher comte,

Je me suis empressé de communiquer au chancelier prince Gortchakof, par le télégraphe la teneur de la lettre que vous m'avez fait l'honneur de m'adresser, en date du 16 mars courant.

Le prince me charge de vous réitérer que le traité de paix conclu entre la Russie et la Turquie — le seul qui existe, car nous n'avons aucun engagement secret — sera communiqué au gouvernement de la reine en entier, et bien avant la réunion du congrès.

Le gouvernement de la reine, ainsi que les autres grandes puissances, se réservent au congrès leur pleine liberté d'appréciation et d'action.

Cette même liberté, qu'elle ne conteste pas aux autres, la Russie la revendique pour elle-même; or, ce serait la restreindre si seule entre toutes les puissances la Russie contractait un engagement préalable.

Le traité de San-Stefano fut en effet communiqué le lendemain, lord Derby répondit au comte Schouvalof, le 21, par une lettre se terminant ainsi :

Le gouvernement de Sa Majesté ne peut pas admettre l'opinion aujourd'hui exprimée par le prince Gortchakof, et d'après laquelle la liberté d'opinion ou d'action de la Russie, serait plus restreinte que celle de toute autre puissance par une entente préliminaire.

Le gouvernement de Sa Majesté voudrait donc savoir si le gouvernement russe consent à ce que la communication du traité dans son intégrité aux différentes puissances, soit considérée comme équivalant à la soumission du traité au congrès, soumission telle que le traité tout entier, pour ce qui concerne ses rapports avec les traités existants, puisse être examiné et discuté par les membres de ce congrès.

Ici nous sentons de nouveau le besoin d'insister sur la grande différence qui sépare le point de vue russe du point de vue anglais. L'Angleterre exige comme condition de sa participation au Congrès, que le traité de San-Stefano soit soumis intégralement aux délibérations des plénipotentiaires. La Russie fait tous ses efforts, essaie de tous les systèmes pour échapper à cette obligation. Elle vient de communiquer le traité aux puissances; elle propose de laisser au Congrès le soin de déterminer lui-même les articles qui touchent aux intérêts européens et qu'il pourra discuter avec compétence. N'est-ce pas la même chose? dit la Russie. Si nous différons dans la forme, ne sommes-nous pas d'accord sur le fond des choses? L'Angleterre n'en croit rien. Soumettre un traité à un Congrès, ouvrir la discussion sur chacun de ses articles, cela revient-il au même que de permettre à l'un des plénipotentiaires de proposer sur chaque article la question préalable et de s'opposer à la discussion? Dans le premier cas, la discussion est de droit; dans le second elle est de tolérance. Dans le premier cas, la compétence du Congrès à tout discuter est l'objet d'une reconnaissance antérieure au Congrès lui-même et obligatoire; dans le second, la reconnaissance est postérieure au Congrès et facultative.

Les deux situations sont très-différentes. L'Angleterre et la Russie représentent l'une contre l'autre, deux droits tout à fait opposés? L'un ressort des anciens traités, et toute l'Europe l'a consacré. L'autre ressort seulement du traité de San-Stefano, et personne jusqu'ici ne l'a reconnu. Que veut la Russie? que recherche-t-elle sous les formes ondoyantes de sa diplomatie? Son but est de donner au traité de San-Stefano une existence indépendante, une vie propre, sans rapports nécessaires avec les traités préexistants. Il est, et il est de soi et par soi. On comprend que, pour le succès durable de cette fiction, il importe que le traité de San-Stefano ne soit pas mis en confrontation avec le traité de Paris; sinon, l'égalité serait difficile à soutenir. Voilà pourquoi les Russes se refusent à présenter leur traité tout entier et à le soumettre au contrôle des puissances qui ont signé celui de 1856 et ont garanti l'exécution ; et voilà aussi pourquoi les Anglais réclament tout le traité et manifestent l'intention de le mesurer rigoureusement au traité de 1856, le seul qu'ils connaissent. Le différend porte donc non sur la forme mais sur le fond même du débat.

Ces négociations ne restaient point secrètes. L'opinion européenne, plus ou moins bien renseignée au jour le jour, en suivait avec anxiété les diverses phases. En Angleterre on reconnaissait enfin à quel point les intérêts britanniques étaient engagés dans les résultats de la guerre. Les journaux, les clubs, les meetings reproduisaient ce sentiment général et lui donnait un langage. On n'en était plus à calculer si la route des Indes était menacée ; aux Indes mêmes le contre-coup de ce qui s'était passé en Europe se faisait sentir avec force. On y voyait se réaliser la prophétie que M. Mac-Coll, un gladstonien cependant, avait publiée trois mois auparavant dans la *XIX*th *Century :* « La défaite de la Turquie, disait-il, sera considérée par tout l'Orient comme l'équivalent de la défaite de l'Angleterre. Notre premier ministre et notre secrétaire pour l'extérieur ont réprimandé, sermonné, malmené la Russie dans leurs notes et dans leurs discours; mais la Russie n'en a pas moins tranquillement poursuivi son chemin, jusqu'au jour où elle a dicté ses conditions au suppliant khalife des musulmans. L'Angleterre boude et gronde, mais elle a peur de frapper. Telle sera l'interprétation que les esprits, en Orient, tireront de la victoire russe; et la conséquence en sera le déclin rapide de notre prestige dans les Indes, et l'essor non moins rapide du prestige russe. »

En effet, les victoires russes semblaient avoir réveillé les ferments révolutionnaires parmi les populations indigènes, et l'Angleterre put reconnaître que son empire aux Indes tient autant au prestige moral qu'à la puissance matérielle. La presse indienne s'était élevée à un tel ton qu'il fallut prendre contre elle des mesures rigoureuses; on lui imposa la censure et le cautionnement. Et quel fut l'auteur de ces mesures? Lord Lytton, esprit libéral qui, à son arrivée dans les Indes, avait quelque peu effrayé les autorités locales et dérouté les habitudes bureaucratiques par ses tendances humanitaires et ses dispositions extrêmement bienveillantes pour les indigènes. Lord Lytton lui-même fut obligé de sévir, malgré ses inclinations personnelles, malgré les traditions anglaises qui avaient toujours laissé aux journaux une si grande liberté.

L'émotion était immense dans le public anglais en présence de ces résultats imprévus. Les impressions qui dominaient étaient la tristesse et l'inquiétude, le dépit de s'être laissé tromper et une vive irritation contre ceux qui avaient partagé les premiers et encouragé l'erreur commune. Les partisans de la paix à tout prix étaient assaillis dans leurs meetings, roués de coups et n'osaient bientôt plus se réunir publiquement. Leur

LES PARTISANS DE LA PAIX A TOUT PRIX DISPERSÉS PAR LES PARTISANS DU MINISTÈRE DANS UN MEETING D'HYDE-PARK

chef, M. Gladstone, reconnu dans la rue, était hué par la foule et était obligé de sauter en voiture et de se faire protéger par la police afin d'échapper à sa colère. Pour calmer l'effervescence populaire, il dut annoncer qu'il se rendrait justice lui-même et qu'il ne se représenterait pas devant ses électeurs de Greenwich.

En même temps le gouvernement se préparait ouvertement à la guerre. Lord Napier de Magdala, le chef de l'expédition d'Abyssinie, avait été désigné pour commander l'armée en cas de guerre, et sir Garnett Woolseley, le chef de l'expédition des Achantis, avait été nommé son chef d'état-major. Ce dernier publia un travail retentissant dans lequel il démontrait que l'Angleterre pouvait mettre sur pied une armée de 414,000 hommes avec 372 pièces de canon. M. de Bismarck, dans un accès de gaieté, avait dit en parlant de l'éventualité d'une guerre de l'Angleterre contre la Russie : « Que pourra la baleine contre l'éléphant ? » La baleine voulait montrer qu'elle pourrait atteindre l'éléphant sur son propre terrain. A Woolwich, à Chatham, à Plymouth, à Portsmouth, on faisait des préparatifs formidables ; le nombre des ouvriers était doublé sur les chantiers militaires et l'Amirauté achetait quatre cuirassés, commandés par des puissances étrangères dans les chantiers anglais.

En Russie, l'impression causée par les difficultés que rencontrait la Russie était la colère et l'exaspération. Quoi ! on avait réalisé toutes les ambitions russes et tous les rêves panslavistes, on avait mis la main sur la Turquie, et parce qu'il plaisait à l'Angleterre de vouloir contester ces résultats, il allait falloir y renoncer ! Le public, tout chaud encore de l'enthousiasme du triomphe, s'indignait à cette pensée. Moscou, l'ardent foyer slave, entrait en ébullition. La célèbre *Gazette de Moscou* traduisait le sentiment d'une grande partie de la population dans ces fières et un peu naïves déclarations : « Nous nous refusons positivement à admettre qu'un traité conclu et ratifié entre deux Etats qui se sont fait la guerre, doive être soumis à la sanction d'autres puissances restées en dehors du débat et qui jugeraient à propos de se réunir en congrès. Notre droit se fonde sur des faits acquis qu'il n'appartient à personne de discuter suivant sa conscience ou ses caprices. Si nous voulons ménager les intérêts des puissances amies, resserrons les liens qui nous unissent à elles ; il n'est pas nécessaire pour cela de recourir à un congrès.

« Pourquoi un Congrès ? Nous avons toujours pensé que des Etats indépendants n'ont pas à rendre compte de leurs actes. De quel droit l'Europe s'arrogerait-elle le droit de tuteur sur la Russie ? Qu'on parle à un Anglais de ces conditions de subordination : que répondra-t-il ? »

Le *Journal de Saint-Pétersbourg*, feuille officielle, organe du prince Gortchakof prenait lui-même un ton menaçant. Dans son numéro du 23 mars, il invitait l'Europe à faire cesser la résistance de l'Angleterre.

« N'est-il pas temps de demander au cabinet de Londres ce qu'il veut en définitive ?

« Veut-il prolonger, raviver, étendre la guerre alors que tout le monde en Europe, les belligérants aussi bien que les neutres, aspire au rétablissement et à la consolidation de la paix par un accord général ?

« S'il en est ainsi, qu'il le dise et que le monde sache ce qu'il veut et pourquoi il le veut.

« Nous le constatons avec un profond regret, mais il n'y a à cette étrange attitude du gouvernement anglais qu'une seule explication possible. Compromis par sa politique indécise et malveillante depuis l'origine de la crise d'Orient et pendant toute la durée de la guerre, il ne voit dans la paix, telle que l'ont faite les préliminaires de San-Stefano, qu'un succès pour la Russie et une atteinte à son propre prestige en Orient. — Ce qu'il lui faut c'est, ou bien infliger un échec à la Russie, ou bien faire acte de prépotence en opposant aux faits accomplis par la Russie un fait accompli par l'Angleterre et à son seul profit.

« Convient-il à l'Europe de laisser une seule puissance compromettre les intérêts de la paix, provoquer de nouvelles hécatombes en Orient et peut-être une conflagration générale pour la seule satisfaction de son amour-propre et de son prestige ?

« Cette question s'impose sérieusement aux cabinets et à l'opinion publique. Le temps des circonlocutions diplomatiques et des déclarations à double entente est passé.

« Tout le monde veut la paix.

« L'Angleterre seule y fait obstacle.

« L'Europe le tolérera-t-elle ?

« Si non, qu'elle cite l'Angleterre à sa barre et la somme de rentrer dans le droit en sortant des détroits avec l'engagement formel de n'y plus rentrer.

« Si oui, — alors c'en serait fait de l'indépendance du continent, et la paix du monde serait à la merci de la politique anglaise. »

Il était impossible d'espérer une entente entre deux pays en proie à une telle surexcitation. La flotte anglaise dans la baie de Touzla où elle était allée mouiller et l'armée russe campée autour de Constantinople, se regardaient par-dessus la mer et se considéraient déjà comme deux adversaires, elles se mesuraient de l'œil, suivaient avec une attention fiévreuse les mouvements l'une contre l'autre et se faisaient une guerre de précautions qui pouvait d'un jour à l'autre changer de nature. Les soldats russes demandaient à entrer à Constantinople, les marins anglais enfiévrés par les fatigues (1) demandaient à pénétrer dans le Bosphore. Il eût suffi d'un incident insignifiant pour mettre le feu aux poudres.

Reculer dans de telles conditions c'était l'humiliation, le déshonneur. Aucune de ces deux nations montées au paroxysme de l'amour-propre national ne pouvait céder la première. Aussi la réponse définitive de la Russie à l'Angleterre, qui lui demandait la discussion de tous les articles du traité, fut telle qu'on pouvait la prévoir. Elle est formulée comme suit dans une lettre du comte Schouvalof à lord Derby.

Londres, 26 mars.

Je me suis empressé de communiquer au prince Gortchakof la teneur de la lettre que vous m'avez fait l'honneur de m'adresser en date du 21 mars.

Le prince me répond que le cabinet impérial croit devoir s'en tenir à la déclaration qu'il m'a donné l'ordre de faire au gouvernement de la reine, et qui se trouve consignée dans la lettre que j'ai eu l'honneur d'adresser à Votre Excellence en date du 19 mars.

Des interprétations différentes ayant été données à la « liberté d'appréciation et d'action » que la Russie croit devoir se réserver au congrès, le cabinet impérial en précise le sens de la manière suivante :

Il laisse aux autres puissances la liberté de soulever

---

(1) Voici un extrait d'une lettre adressée de la baie de Touzla au *Times* :

« Nous menons ici la vie très-dure, grâce aux bateaux-torpilles. Nous sommes toujours à nos postes toutes les nuits et avec les fils conducteurs enroulés autour des pôles des torpilles à 40 pieds de chaque navire ; tous les bateaux torpilles sont armés et montés. Les canons des batteries sont tous chargés, les uns à boulet, les autres à mitraille. J'aurais pitié de toute expédition qui voudrait essayer contre nous ce qui a été tenté avec quelque succès contre les Turcs.

« Des chaloupes à vapeur armées de canons de 9, leurs équipages armés jusqu'aux dents, circulent toute la nuit autour des vaisseaux. Quelques hommes des « Marines » sont postés sur une petite île, à l'entrée de notre station, sur la route de Constantinople, et, au premier navire signalé, ils tirent un coup de fusil : la chaloupe à vapeur stationnée près d'eux accourt et les prend à bord. Nous ne laissons pas les feux allumés la nuit pour indiquer notre position, comme c'est l'usage pour tout navire au mouillage. On ne voit pas une seule lumière sur les vaisseaux.

« Au moment où j'écris, nous sommes toujours sous vapeur, prêts à toute éventualité menaçante, en fait, prêts pour toute phase de la situation qui se puisse présenter. »

Joignez à cela que les parages de Touzla sont dangereux, et on a une idée du besoin que les marins anglais éprouvaient de voir cesser cette vie pénible.

---

au congrès telles questions qu'elles jugeraient à propos de discuter, et se réserve à lui-même la liberté d'accepter ou non la discussion de ces questions.

À la suite de cette lettre les moyens diplomatiques étaient épuisés. Pour la seconde fois, les négociations entamées en vue de la réunion d'un congrès furent rompues.

Résistance de la Roumanie et de la Turquie à la politique russe.

Parallèlement à la lutte diplomatique qu'elle soutenait contre l'Angleterre, la Russie poursuivit pendant le mois de mars une autre campagne en Roumanie et en Turquie dans le but d'amener la première de ces puissances à reconnaître le traité de San-Stefano, et la seconde à s'allier avec son vainqueur dans le cas d'une guerre avec l'Angleterre.

Nous avons dit avec quelle noble énergie la Roumanie avait protesté contre la rétrocession de la Bessarabie aussitôt qu'il en avait été question. Rien ne lassa sa résistance, ni la colère de la Russie ni l'indifférence de l'Europe. Dès le commencement de mars, les Roumains prévirent que les Russes emploieraient au besoin la force pour faire exécuter les clauses du traité qui les concernaient. M. Bratiano alla à Vienne pour demander au comte Andrassy s'il comptait faire quelque chose pour la Roumanie et si dans tous les cas il autoriserait les troupes roumaines, au cas où elles seraient menacées d'une attaque violente, à passer sur le territoire autrichien plutôt que de se laisser désarmer. Cette démarche échoua. Suivant les uns, le comte Andrassy répondit qu'il ne pouvait rien faire pour la Roumanie, pas même lui donner des conseils, attendu que l'Autriche était décidée à marcher d'accord avec l'Allemagne, et qu'elle ignorait ce que pensait l'Allemagne de la question de la Bessarabie. Suivant les autres, le comte Andrassy se borna à dire en termes généraux à M. Bratiano que c'était au Congrès à décider du sort de la Bessarabie, et que, quant à l'occupation de la Bulgarie, l'Autriche était résolue à ne pas la tolérer. Dans sa préoccupation exclusive de la zone occidentale de la Turquie, l'Autriche oubliait les intérêts vitaux qu'elle a sur le Danube.

Le gouvernement roumain résolut alors de faire un dernier effort auprès de la Russie elle-même. La dépêche suivante adressée par M. Cogolniceano au représentant roumain à Vienne dit quel en fut le résultat :

Bucharest, 16 mars 1878.

A ma demande, le général Ghika a eu une explication avec le prince Gortchakof sur la question de la Bessarabie et les intentions de la Russie à ce sujet. Le prince Gortchakof a déclaré à notre agent que, nonobstant nos clameurs, tant dans le pays qu'à l'étranger, la décision de la Russie était irrévocable ; qu'elle ne porterait pas cette question devant le congrès parce que ce serait une offense à l'Empereur ; que si une autre puissance désirait le faire, elle ne s'y associerait pas ; que c'est avec nous qu'elle veut traiter ; que si elle ne pouvait réussir à nous faire céder, elle nous prendrait la Bessarabie de force ; que si nous opposions une résistance armée, cette résistance serait fatale à la Roumanie.

Malgré ces menaces, nous persistons dans notre refus de traiter ou de céder.

Comptant sur l'impression que cette attitude violente produirait en Europe, les Roumains, avec une admirable persévérance, renvoyèrent des délégués à l'étranger pour plaider leur cause. Vains efforts! les princes Ghika et Stourdza, chargés de cette mission, reçurent un accueil plus que tiède. L'Angleterre elle-même se montra froide, et un ministre leur déclara avec esprit qu'il était difficile d'intervenir entre deux alliés. A Vienne la réception fut tout à fait décourageante. A Berlin, l'empereur Guillaume refusa de recevoir le ministre roumain, M. Campineano.

Repoussée par toutes les puissances qui pouvaient la protéger, la Roumanie espéra encore dans le congrès et elle s'occupa alors des moyens de s'y faire entendre. Par une circulaire en date du 28 mars, M. Cogolniceano invita les représentants roumains à l'étranger à protester une fois de plus auprès des puissances contre les articles du traité de San-Stefano qui lésaient la Roumanie. « Est-il besoin, disait entre autres choses cette circulaire, d'insister sur ce fait étrange que l'on considère comme superflue une entente préalable avec la Roumanie pour régler le retour des armées russes après deux ans écoulés et que l'on négocie avec l'empire ottoman au sujet de ce retour, tandis qu'une convention solennelle avec la Roumanie avait été jugée nécessaire pour régler le passage momentané de ces armées ? Est-il besoin de prouver que la Roumanie n'a jamais été lésée d'une façon plus cruelle dans sa souveraineté intérieure que dans cette servitude qui lui est imposée dans ce même traité où il est question de son indépendance ? » Et la circulaire terminait en démontrant qu'il était impossible que la Roumanie ne fût pas entendue au congrès.

« L'équité elle-même veut qu'on soutienne notre cause, car ce serait un acte d'arbitraire que de mettre notre situation en discussion et de se prononcer sur elle sans nous entendre. Si l'Europe nous interdisait l'entrée du congrès, si elle délibérait et prenait des résolutions à notre sujet sans nous consulter, elle accomplirait et achèverait une exclusion dont nous sommes déjà les victimes par le fait du traité de San-Stefano et contre laquelle notre gouvernement a cru devoir protester.

« Vous voudrez appeler tout spécialement l'attention du cabinet de... sur les points développés ci-dessus et vous efforcer d'obtenir de ses dispositions bienveillantes à notre égard l'admission, à tous égards si légitime, de la Roumanie au futur congrès. »

La Russie eut vent de cette circulaire et de la protestation qu'elle contenait contre l'article du traité de San-Stefano d'après lequel les troupes russes qui devaient occuper la Bulgarie pendant deux ans communiqueraient avec la Russie par la Roumanie. Cette découverte amena une nouvelle scène d'une incroyable brutalité entre le représentant roumain à Saint-Pétersbourg et le prince Gortchakof. Voici ce que télégraphiait le prince Ghika, à la date du 3 avril :

Ce matin le prince Gortchakof m'a prié d'aller le voir et m'a dit : « Est-il vrai que votre gouvernement ait l'intention de protester contre l'article VIII du traité qui vise une communication de l'armée de Bulgarie avec la Russie par la Roumanie ? L'empereur, qui était déjà mal disposé envers vous à cause de votre attitude relativement à la Bessarabie, perdrait patience si une telle déclaration était faite, et Sa Majesté me donne l'ordre de vous dire, pour l'information de votre gouvernement, que si vous avez l'intention de protester ou de faire opposition à l'article en question, il ordonnera l'occupation de la Roumanie et le désarmement de l'armée roumaine. » Sur mes observations que c'était avec la Roumanie et non pas avec la Turquie que la Russie devait s'entendre pour le passage de son armée par la principauté, le prince Gortchakof a dit :

« Nous ne voulions plus avoir rien à traiter avec vous à cause de votre conduite. Il importe que vous sachiez que nous insistons sur le libre passage par votre pays et que vous informiez votre gouvernement de la déclaration de l'empereur. Votre gouvernement doit s'expliquer catégoriquement. A-t-il ou n'a-t-il pas l'intention de protester contre le droit que nous nous sommes réservé par cet article, et d'y faire opposition ? »

Malheureuse en Roumanie, la Russie ne réussit pas davantage en Turquie et ne put conclure l'alliance qu'elle désirait. Les hommes d'État ottomans mal résignés, toujours soutenus par l'espoir que la guerre s'allumerait enfin en Europe, promettaient tout, ne tenaient rien, glissaient sous la main quand on les prenait et trouvaient

Un soldat du 2ᵉ régiment de la Reine.   Un soldat du régiment des Highlanders.

TROUPES ANGLAISES ENVOYÉES A MALTE.

assez de vigueur pour résister énergiquement lorsque la Russie, poussée à bout, essayait d'obtenir par la violence quelque chose d'elle.

Les Russes eurent bientôt un premier indice des véritables dispositions du gouvernement turc envers eux. Quand le grand-duc Nicolas arriva à San-Stefano il prévit que lorsque le temps serait mauvais, il serait difficile d'y embarquer des troupes. Il invita en conséquence le général Ignatief à formuler le traité de manière à ce que les troupes pussent s'embarquer partout où elles pourraient le faire le plus commodément. Le général Ignatief inséra dans le premier projet une clause stipulant l'embarquement des troupes dans les ports de mer de la Turquie en général, sans en nommer aucun en particulier.

Dans le projet turc l'expression fut changée en celle des ports de la mer de Marmara et de la mer Noire. Cela excluait le Bosphore. M. de Nélidof ayant appelé l'attention du général Ignatief sur ce changement, celui-ci dit : « Cela est sans importance. Une fois la paix conclue, les Turcs seront si heureux d'être débarrassés de nous qu'ils ne mettront guère d'obstacles dans la voie de notre départ. Si nous désirons nous embarquer dans le Bosphore, ils ne seront que trop heureux de nous aider. » Ahmet-Vefyk fut interrogé à ce sujet, il dit qu'il n'y aurait absolument aucune difficulté, pourvu que les troupes ne passassent pas à travers Constantinople. Il y avait donc une convention verbale.

Lorsque la paix fut signée et que l'attitude de l'Angleterre fit craindre une guerre nouvelle, les Russes estimèrent que le moment était venu de profiter de cette convention et de mettre la main sur le Bosphore. Ils décidèrent en conséquence que le quartier-général serait transporté à Bouyouk-Déré point bien choisi pour le but qu'ils se proposaient ; le Bosphore n'y a que 8 à 900 mètres de large et avec quelques torpilles on y pouvait fermer la mer Noire à l'escadre anglaise et à toutes les escadres du monde. Le 20 mars, deux divisions de la garde reçurent donc l'ordre de partir pour Bouyouk-Déré, où le grand-duc devait les suivre et s'installer au palais d'été de l'ambassade russe ; les mouvements des autres corps indiquaient l'intention de rapprocher le gros de l'armée tout en la rabattant vers la mer Noire. Déjà l'intendance avisait ses fournisseurs de son prochain déménagement, et leur passait des commandes dont l'importance dénotait la prévision d'un séjour d'une certaine durée. Par une coïncidence remarquable, deux bateaux russes mouillaient au même instant près de Bouyouk-Déré ; ils étaient, disait-on, bondés de torpilles destinées au Bosphore.

Dès qu'il sut ce qui se préparait, M. Layard accourut au palais, annonça que si les Russes allaient à Bouyouk-Déré, la flotte anglaise entrerait dans le Bosphore et retourna promptement l'opinion dans l'entourage du sultan. Le divan se détermina à protester contre les mouvements de l'armée russe et comme ces mouvements n'en continuaient pas moins, les Turcs piqués au jeu échelonnèrent 40,000 hommes des Eaux-Douces à Belgrad, coupant ainsi toutes les routes qui mènent au Bosphore. Le grand-duc Nicolas dut céder et rentrer à San-Stefano.

Cet incident montrait la toute-puissance de l'influence anglaise à Constantinople. Afin de la combattre et fortifier le parti qui préconisait l'alliance russe auprès du gouvernement turc, le grand-duc résolut d'essayer lui-même de gagner le sultan. Il se rendit à Constantinople avec les principaux généraux et son état-major et y passa trois jours (25-28 mars). On dit que la première entrevue des deux princes fut émouvante. Abdul-Hamid, nature sensible et tendre, aurait versé devant le prince un torrent de larmes et tenu des propos touchants, de nature à apitoyer son vainqueur sur le triste sort qui était fait par le traité de San-Stefano, à la Turquie et à son souverain. Le grand-duc s'empressa d'essuyer ses larmes et il donna au nom de son frère les assurances les plus amicales au sultan. Le lendemain il y eut au palais de Beylerbey une grande réception dans laquelle vainqueurs et vaincus fraternisèrent amicalement. Osman-Pacha se fit présenter à Skobelef qu'il avait vu pour la première fois dans la petite maison de la Vid, où il gisait blessé le 10 décembre précédent. On y voyait Gourko causer avec Reouf-Pacha dont il avait taillé les musthaflz en pièces à Yéni-Zaghra, le général Schouvalof avec Fuad-Pacha qu'il avait écrasé à Philippopoli, et bien d'autres qui ne s'étaient rencontrés auparavant que sur les champs de bataille. On échangea force compliments, force poignées de main. Mais toutes ces démonstrations d'une amitié qui ne pouvait exister que sur les lèvres restèrent sans conséquence politique. Après que les Russes furent partis, les préparatifs militaires continuèrent autour de Constantinople comme par le passé. Contre qui? Ce n'était assurément pas contre l'Angleterre.

II. — L'ANGLETERRE ET LA RUSSIE SE PRÉPARENT A LA GUERRE

Mission du général Ignatief à Vienne

C'est dans ces conditions défavorables que la Russie répondit le 26 mars par un refus définitif à l'Angleterre qui lui demandait de soumettre le traité de San-Stefano en entier à la discussion du congrès ; la Turquie était gagnée à l'Angleterre et la Roumanie ne cherchait qu'une occasion pour recommencer la guerre, mais cette fois contre son ancienne alliée.

Le cabinet de Saint-Pétersbourg avait parfaitement conscience des conséquences que s n attitude pouvait avoir. Il savait que la guerre en pouvait résulter. Or depuis quelques jours il était question d'une entente diplomatique et militaire entre l'Angleterre et l'Autriche ; avant tout, au moment où on allait se relancer dans des aventures il fallait donc séparer complètement Vienne et Londres, et le général Ignatief fut envoyé dans la première de ces deux villes. Nous ne possédons aucun document officiel sur cette mission ; mais la nature même des choses indique que les journaux de l'époque étaient bien renseignés quand ils expliquaient que le célèbre diplomate russe était chargé d'exposer au gouvernement austro-hongrois que la clef de la situation, en tant qu'il s'agissait de l'éventualité d'une guerre, était à Vienne même, et de donner à entendre que l'on devait faire comprendre à l'Angleterre, de manière à ne lui laisser aucun doute, que le gouvernement britannique ne pouvait nullement compter sur l'appui de l'Autriche.

Ce premier point obtenu, l'Autriche séparée de l'Angleterre, le général Ignatief devait chercher à établir, en dehors du congrès, un accord parfait entre l'Autriche et la Russie. Le traité de San-Stefano avait froissé à Vienne quelques susceptibilités. Eh bien ! le général connaissait à fond ce traité, puisqu'il en était l'auteur : il l'expliquerait, le commenterait, prouverait qu'il n'était pas aussi dangereux qu'il en avait l'air, et proposerait, s'il le fallait, quelques modifications. L'important était d'obtenir que l'Autriche reconnût le traité, y adhérât et tournât définitivement sa boussole politique du côté de Saint-Pétersbourg.

Les circonstances étaient très-favorables. Le comte Andrassy avait mis toute sa confiance dans le congrès ; il aurait tout accepté, pourvu que le congrès se réunît et bien loin de songer à une alliance avec l'Angleterre les difficultés soulevées par l'Angleterre l'irritaient vivement, parce qu'elles rendaient de plus en plus incertaine cette occupation de la Bosnie et de l'Herzégovine à laquelle l'Autriche voulait se faire inviter par l'Europe. Tout paraissait donc devoir marcher à souhait pour la Russie, et l'Autriche se montra en effet disposée à se prêter à une entente séparée avec elle. Lorsque le diplomate russe demanda au cabinet de Vienne de définir exactement la sphère des intérêts autrichiens, une commission militaire se réunit sous la présidence du général Schœnfeld, chef d'état-major, et voici quels furent les résultats de ses travaux. On dit aux Russes : Vous vous étendez depuis le Danube jusqu'à la mer Égée ; nous, nous voulons en faire autant. Votre domaine est à l'est, le nôtre sera à l'ouest. Ce que vous faites pour la Bulgarie, nous demandons à le faire pour l'Herzégovine, la Bosnie, l'Albanie. La Bulgarie aura un port, Kavala ; les provinces placées sous notre influence auront Salonique. Nous agirons sur ces provinces soit par l'annexion directe, si par un vaste système de conventions militaires et économiques. Voilà nos propositions. — Ces propositions, le général Ignatief n'avait pas des pouvoirs suffisants pour les accepter, mais elles lui parurent de nature à pouvoir être discutées et il demanda de nouvelles instructions.

Les négociations continuaient et déjà on annonçait que la mission du général Ignatief avait réussi, lorsque la circulaire du marquis de Salisbury éclata en Europe comme un coup de foudre et ramena brusquement l'Autriche à la politique du laisser faire et du regarder faire. La guerre devenait de plus en plus probable entre l'Angleterre et la Russie ; le comte Andrassy avait trop d'esprit pour ne pas comprendre les avantages que la situation lui présentait. L'Autriche prenait soudain le rôle d'arbitre et pouvait imposer ses conditions aux deux adversaires. Pour cela il ne fallait prendre d'engagement avec personne, et le général Ignatief retourna à Saint-Pétersbourg sans avoir rien pu conclure.

LES VAINQUEURS ET LES VAINCUS A LA RÉCEPTION DU PALAIS DE BEYLERBEY

Le gouvernement anglais mobilise ses réserves. — Démission de lord Derby. — Circulaire du marquis de Salisbury.

L'opinion en Russie acceptait la perspective d'une guerre avec l'Angleterre sans effroi, tant était grande l'exaspération. Le 28 mars, l'empereur, passant en revue les bataillons de la réserve du génie et des tirailleurs de la garde, leur dit ces paroles où l'on pouvait voir une menace : « Si vous êtes appelés à prendre part à une action, j'espère que vous montrerez la même bravoure que vos camarades. »

On devait donc tenir la lettre du comte Schouvalof, en date du 26 mars, comme l'expression de la résolution bien arrêtée de la Russie de ne point céder à l'Angleterre. Quand il eut reçu communication de ce refus définitif, le cabinet anglais se réunit. Heure solennelle. Persévérerait-on dans la voie énergique où l'on était engagé, reculerait-on ? Deux politiques étaient en présence. La première consistait à continuer à écrire des notes énergiques contre les prétentions et les actes de la Russie, sans prendre aucune mesure qui pût donner à ces protestations platoniques une portée pratique sérieuse. Cette politique sans dignité mais aussi sans danger était défendue par lord Derby.

La seconde consistait à obliger, par des démonstrations militaires suffisantes, la Russie à rester armée et à la fatiguer ainsi. Sans tirer un coup de fusil, ni même déclarer formellement la guerre on pouvait faire à la Russie un mal énorme. Il suffirait à l'Angleterre de quelques vaisseaux qui paraîtraient sur les côtes et, devant cette simple manifestation, pour conserver ses conquêtes, pour faire passer le traité de San-Stefano dans le domaine des faits, malgré l'opposition de l'Angleterre, la Russie devrait rester sur le pied de guerre et garder ses positions en face de Constantinople. Or toutes les nouvelles d'Orient s'accordaient à dire que l'armée russe souffrait déjà cruellement des épidémies, et surtout du typhus ; que serait-ce lorsque les ardeurs de l'été auraient succédé aux premières chaleurs du printemps ? La Russie serait obligée d'accumuler sur certains points des masses d'hommes qui n'y séjourneraient pas impunément. Les concentrations étaient commencées et, malgré leur nombre, les Russes éprouvaient déjà de sérieux embarras : on annonçait qu'ils avaient invité les Serbes à occuper Sofia, afin de tenir disponibles leurs propres forces et de les diriger vers le Sud.

Mais ce n'était pas seulement sur les rivages de la mer de Marmara que les Russes devraient réunir des armées plus ou moins nombreuses ; les Anglais, grâce à l'étendue de leur puissance maritime, inquiéteraient tous les rivages russes ; ils pénétreraient dans la Baltique et dans les mers septentrionales. Pour garder ses côtes et prévenir une descente dont le moment et le lieu seraient toujours incertains, la Russie devrait tenir sur pied des armées très-considérables. Elle aurait assez d'hommes peut-être pour réparer les pertes que les maladies lui causeraient, mais aurait-elle assez d'argent ou assez de crédit pour remplacer l'argent perdu ? C'était là le point faible de la Russie et le point très-fort de l'Angleterre. L'Angleterre pouvait prodiguer les milliards dans cette lutte d'un nouveau genre sans que son crédit en souffrît. Mais la Russie pourrait-elle longtemps soutenir ce duel au premier épuisé ? Évidemment non, l'état de ses finances ne le lui permettrait point et elle serait obligée d'en arriver à composition.

Cette dernière politique était celle de lord Beaconsfield et ce fut lui qui l'emporta. Il fut décidé que la première classe de la réserve de l'armée anglaise serait mobilisée et lord Derby ne voulant point s'associer à la campagne qui se préparait, donna sa démission. Quand il exposa au parlement les motifs de sa retraite, lord Derby dit, après avoir parlé de cet appel de la réserve : « Je dois apprendre à Vos Seigneuries, que, quoi que j'aie pu penser de cette mesure, ce n'a pas été la seule ni en réalité la principale raison des différends qui se sont malheureusement élevés entre mes collègues et moi. Je ne puis divulguer quelles sont les autres raisons jusqu'à ce que le gouvernement ait fait connaître les propositions sur lesquelles j'ai été en dissentiment avec mes collègues. » On n'eut l'explication de ces paroles que quelques jours plus tard lorsqu'on apprit que le ministère anglais faisait venir à Malte une partie des contingents de l'Inde. Cette dernière mesure résolue en même temps que l'appel des réserves fut tenue secrète comme un moyen suprême pour peser sur la Russie.

Le marquis de Salisbury fut nommé ministre des affaires étrangères en remplacement de lord Derby et il fit son entrée par une action d'éclat. Le général Ignatief était à Vienne depuis quelques jours, on annonçait que sa mission était en voie de réussir et que l'Autriche inclinait vers une entente avec la Russie, il importait de réagir contre cette tendance et de faire savoir le plus vite possible à l'Autriche que l'Angleterre était décidée à appuyer au besoin par une action militaire les prétentions qu'elle avait élevées au sujet du traité de San-Stefano. Le lendemain du jour où il fut nommé, le marquis de Salisbury lança sa fameuse circulaire du 1er avril. Il n'est pas dans les habitudes anglaises qu'un ministre, au moment de prendre en main les affaires, s'adresse à ses agents avec cette solennité un peu bruyante ; ces procédés diplomatiques sont d'une origine continentale assez récente, et le gouvernement anglais les a très-rarement employés. Mais le nouveau chef du Foreign-Office élevait la voix pour être entendu le plus loin possible, et c'est à la Russie, à toute l'Europe et particulièrement à l'Autriche aussi bien qu'à ses agents qu'il voulait parler. Par une complaisance inusitée, le document fut communiqué aux journaux aussitôt qu'il fut écrit et avant d'avoir pu parvenir à ses destinataires naturels. Le marquis de Salisbury se servit de tous les moyens de publicité pour répandre dans le monde les explications qu'il croyait à propos de donner sur sa politique. Il voulut qu'on ne se méprît pas un instant sur la signification de son arrivée au pouvoir.

La première partie de la circulaire raconte les négociations ouvertes le 4 février en vue d'un congrès et close le 26 mars par la lettre du comte Schouvalof confirmant le refus de la Russie de laisser discuter le traité de San-Stefano en entier. En voici la seconde partie :

Le gouvernement de Sa Majesté regrette profondément la décision que le gouvernement russe a ainsi annoncée.

Jusqu'à quel point les stipulations du traité de San-Stefano se recommanderaient comme profitables au jugement des puissances européennes, c'est ce qu'il n'est pas possible de décider à présent. Mais alors même qu'une partie considérable d'entre elles seraient de nature à devoir être probablement adoptées, la réserve du droit de refuser ou d'accepter, à discrétion, une discussion à leur sujet dans un congrès des puissances n'en serait pas moins susceptible de la plus sérieuse objection pour cela.

Une inspection du traité suffira pour prouver que le gouvernement de Sa Majesté ne pouvait pas, dans un congrès européen, accepter un examen partiel ou fragmentaire de ses dispositions. Chaque stipulation importante (material) qu'il contient entraîne une déviation du traité de 1856.

Par la déclaration annexée au premier protocole de la conférence de Londres en 1871, les plénipotentiaires des grandes puissances, y compris la Russie, ont reconnu « que c'est un principe essentiel du droit des nations qu'aucune puissance ne peut se libérer des engagements d'un traité, ni en modifier les stipulations, à moins que ce ne soit avec le consentement des puissances contractantes au moyen d'un arrangement amiable ».

Il est impossible au gouvernement de Sa Majesté, sans violer l'esprit de cette déclaration, d'acquiescer à la soustraction aux puissances d'articles du nouveau traité qui sont des modifications aux engagements existants par traité, et incompatibles avec eux.

La nature générale du traité et l'effet combiné de ses diverses stipulations sur les intérêts des puissances signataires fournissent une autre et concluante raison contre la discussion séparée d'une partie de ces stipulations en dehors du reste.

Les conséquences les plus importantes auxquelles le traité conduit pratiquement sont celles qui résultent de son action, comme un tout, sur les nations du sud-est de l'Europe. Par les articles érigeant la nouvelle Bulgarie, un puissant État slave sera créé sous les auspices et le contrôle de la Russie, possédant des ports importants sur les côtes de la mer Noire et de l'Archipel et conférant à cette puissance une influence prépondérante sur les relations tant politiques que commerciales dans ces mers. Il sera constitué de façon à englober dans la majorité slave dominante une masse considérable de population qui est grecque de race et de sympathie, et qui envisage avec alarme la perspective de son absorption dans une communauté qui lui est étrangère non-seulement comme nationalité, mais comme tendance politique et comme allégeance religieuse.

Les dispositions en vertu desquelles ce nouvel État doit être soumis à un gouvernement (ruler) que la Russie choisira en pratique, une administration créée par un commissaire russe, et le premier fonctionnement de son institution commencé sous le contrôle d'une armée russe, indiquent suffisamment de quel système politique il doit faire partie dans l'avenir.

Des stipulations y sont ajoutées qui étendront cette influence même en dehors des limites de la nouvelle Bulgarie. La disposition, en elle-même très-recommandable, d'institutions améliorées pour les populations de la Thessalie et de l'Épire est accompagnée de la condition que la loi pour laquelle elles doivent être assurées sera rédigée sous la surveillance du gouvernement russe. Elle est suivie d'engagements pour la protection des membres de l'Église russe, qui ne sont certainement pas plus limités dans leur étendue que les articles du traité de Kaïnardji, sur lesquels étaient basés les droits (claims) qui ont été abrogés en 1856.

De pareilles stipulations ne sauraient être vues avec satisfaction ni par le gouvernement grec ni par les puissances pour lesquelles toutes les parties de l'empire ottoman sont un objet d'intérêt commun. L'effet général de cette partie du traité sera d'accroître le pouvoir de l'empire russe sur les territoires et les côtes où la population grecque domine, non-seulement au préjudice de cette nation, mais aussi de tout pays qui a des intérêts dans la mer Méditerranée.

La disjonction de Constantinople des provinces grecques, albanaises et slaves qui sont laissées sous le gouvernement de la Porte sera cause que leur administration sera assiégée de difficultés et même d'embarras constants ; et non-seulement elle privera la Porte de la force politique qui aurait pu résulter de leur possession, mais elle exposera les habitants à un risque sérieux d'anarchie.

Par d'autres parties du traité on arrive à des résultats analogues sur d'autres frontières de l'empire ottoman. L'aliénation forcée de la Bessarabie pour la Roumanie, l'extension de la Bulgarie jusqu'aux côtes de la mer Noire qui sont principalement habitées par des musulmans et des Grecs, et l'acquisition du port important de Batoum, rendront la volonté de la Russie dominante sur tous les environs de la mer Noire.

L'acquisition des forteresses de l'Arménie placera la population de cette province sous l'influence de la puissance qui les possède, tandis que le vaste commerce européen qui passe maintenant de Trébizonde en Perse à celle de la Russie. Il est impossible de ne pas reconnaître dans cette disposition un instrument d'une formidable efficacité pour la coercition du gouvernement ottoman si la nécessité de l'employer se présentait.

Des objections peuvent être présentées contre ces diverses stipulations individuellement ; et il est impossible que, d'autre part, des arguments soient avancés pour prouver qu'elles ne sont pas individuellement incompatibles avec la réalisation de cette paix et de

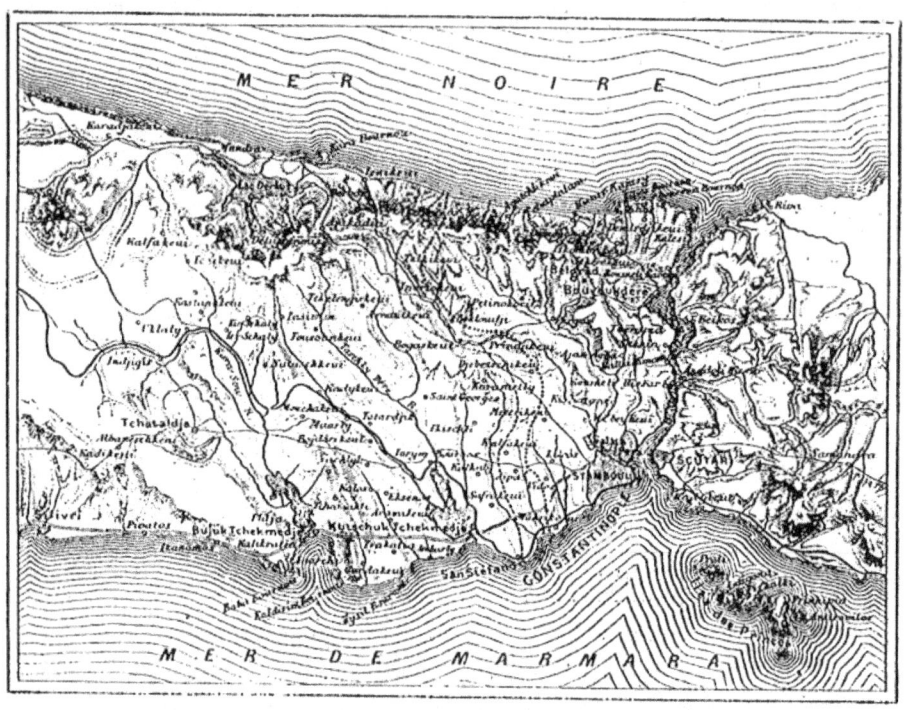

SITUATION DES ARMÉES RUSSES ET TURQUES APRÈS LE TRAITÉ DE SAN-STEFANO
CARTE DE LA PRESQU'ILE DE CONSTANTINOPLE

sera, en conséquence des cessions dans le Kurdistan, sujet à être arrêté, quand il plaira au gouvernement russe, par les barrières prohibitives de son système commercial.

Une stipulation est faite pour une indemnité, dont le montant est évidemment au delà de ce que la Turquie a le moyen d'acquitter, alors même qu'on ne tiendrait pas compte du fait que tout excédant de recettes est déjà hypothéqué à d'autres créanciers. Le mode de payement est laissé, dans un langage vague, à des négociations ultérieures entre la Russie et la Porte. Le payement peut être demandé immédiatement ou il peut être laissé comme une obligation non amortie et non amortissable pour paralyser l'indépendance de la Porte durant maintes années. Son payement peut être commué en une cession de territoire plus grande encore, ou il peut prendre la forme d'engagements spéciaux, subordonnant en toutes choses la politique de la Turquie

cette stabilité durables que toutes les négociations actuelles ont pour principal but d'établir dans les provinces européennes et asiatiques de la Turquie. Mais leur effet séparé et individuel, qu'il soit défendable ou non, n'est pas celui qui devrait attirer la plus sérieuse attention des puissances signataires.

Leur effet combiné, en addition à ses résultats sur la population grecque et sur l'équilibre du pouvoir maritime qui ont déjà été signalés, est d'abaisser, presqu'au point de l'assujettissement complet, l'indépendance politique du gouvernement de Constantinople. La juridiction formelle de ce gouvernement s'étend sur des positions géographiques qui doivent, en toutes circonstances, être du plus profond intérêt pour la Grande-Bretagne. Il est au pouvoir du gouvernement ottoman d'ouvrir ou de fermer les détroits qui forment la grande route naturelle des nations entre la mer Egée et le Pont-Euxin.

Sa souveraineté est reconnue à l'entrée du golfe Persique, sur les côtes du Levant et dans le voisinage immédiat du canal de Suez. Ce ne peut pas être autre chose qu'une affaire d'extrême sollicitude pour ce pays que le gouvernement auquel cette juridiction appartient soit si étroitement pressé par les avant-postes d'une puissance grandement supérieure que son action indépendante, et même son existence, est presque impossible. Ces résultats proviennent non pas autant des termes d'aucun des articles pris isolément dans le traité que de l'instrument pris comme un tout. Une discussion limitée aux articles choisis par une puissance dans le congrès serait un remède illusoire aux dangers pour les intérêts anglais et la paix permanente de l'Europe, qui résulteraient de l'état des choses que le traité propose d'établir.

Le but du gouvernement de Sa Majesté à la conférence de Constantinople a été de mettre à effet la politique de réformer la Turquie sous le gouvernement ottoman en supprimant les griefs bien fondés, et de préserver ainsi l'empire jusqu'au temps où il serait capable de se dispenser de garanties protectrices. Il était évident que cela ne pouvait être réalisé qu'en rendant les populations suffisamment satisfaites de leur position pour leur inspirer un esprit de patriotisme, et les rendre prêtes à défendre l'empire ottoman comme de fidèles sujets du sultan.

SOLDATS DE L'INFANTERIE INDIENNE

Cette politique a été frustrée par la malheureuse résistance du gouvernement ottoman lui-même, et, en présence des circonstances modifiées du temps actuel, le même résultat ne peut être obtenu dans la même étendue par les mêmes moyens. De grands changements peuvent être et seront sans doute nécessaires dans les traités par lesquels le sud-est de l'Europe a été gouverné jusqu'ici. Mais le bon gouvernement, la paix assurée et la liberté des populations auxquelles ces bienfaits ont été étrangers, sont toujours le but que ce pays désire ardemment assurer.

En demandant un examen complet des intérêts généraux que les nouveaux arrangements menacent d'affecter, le gouvernement de Sa Majesté croit qu'il prend les plus sûrs moyens d'assurer ce but. Il serait volontiers entré dans un congrès où les stipulations en question auraient pu être examinées comme un tout, dans leurs relations avec les traités existants, les droits reconnus de la Grande-Bretagne et des autres puissances, et les fins bienfaisantes vers la réalisation desquelles l'action unie de l'Europe a toujours été dirigée. Mais ni les intérêts que le gouvernement de Sa Majesté est spécialement tenu de sauvegarder, ni le bien-être des régions dont le traité s'occupe ne seraient consultés par la réunion d'un congrès dont les délibérations seraient restreintes par des réserves comme celles posées par le prince Gortchakof dans sa plus récente communication.

Votre Excellence voudra bien donner lecture de cette dépêche au ministre des affaires étrangères, et lui en remettre une copie.

Je suis, etc.

(Signé) SALISBURY.

Cette circulaire eut un retentissement immense. Elle faisait le public européen juge d'un débat dont jusqu'alors il n'avait pas eu les pièces sous les yeux. Elle démolissait pièce à pièce le traité de San-Stefano avec une franchise qu'un journal russe, le *Golos*, dans l'excès de son irritation qualifia de « cynique insolence ». Elle dissipait tous les nuages et dégageait dans sa pleine clarté la politique anglaise dont le but simple, pratique et grand tout à la fois, était de sauvegarder la continuité du droit européen ; de ramener la Russie, par l'action diplomatique ou au besoin par les armes, au respect des traités et de la réduire à reconnaître qu'elle n'avait ni le droit ni le pouvoir de régler à elle seule et à son seul profit la question d'Orient.

Comme sanction de ces fières déclarations, la *Gazette de Londres* (officielle) publia le lendemain du jour où elles furent portées à la connaissance de l'Europe, deux proclamations royales appelant sous les drapeaux, la première, la réserve de l'armée, la seconde, la réserve de la milice. Les deux proclamations sont identiques, sauf sur un point : les hommes de la réserve de l'armée active sont appelés pour être incorporés dans l'armée (*to serve as part of our army*), tandis que ceux de la réserve de la milice feront un service militaire (*to enter upon army service*), mais dans la milice, et non dans le corps de l'armée active.

Victoria, reine...

Vu la loi de 1867 sur la réserve, amendée par la loi de 1870 sur l'enrôlement dans l'armée, dans lesquelles il est statué entre autres choses qu'en cas de dangers imminents ou d'événements graves (*great emergency*), Sa Majesté aura le droit légal d'ordonner par proclamation d'appeler à un service permanent tout ou partie des hommes de la réserve ; considérant qu'après publication de pareille proclamation, les hommes de la première classe de la réserve, ou parmi eux ceux que la proclamation désigne, seront soumis à un service général dans l'armée de Sa Majesté ; considérant que ladite force, ou telle partie de cette force qui sera appelée, devra servir, en vertu de ladite proclamation, jusqu'à ce qu'il soit signifié par ordre de Sa Majesté que son service n'est plus exigé ; mais que, toutefois, le service des hommes ainsi appelés ne devra pas se prolonger au delà de six mois après la promulgation de la paix.

Considérant que l'état présent des affaires en Orient, et la nécessité qui en résulte de prendre des mesures en vue du maintien de la paix et de la défense des intérêts de l'empire, constituent, à notre avis, le cas d'événements graves prévus par lesdites lois, et que nous en avons avisé le Parlement ;

Conformément auxdites lois, nous ordonnons par la présente que le 3 avril 1878 la première classe de la réserve soit appelée à un service permanent, et que les hommes qui la composent se rendent et se présentent, le 19 avril 1878 ou auparavant, au lieu qui sera désigné à chacun par notre secrétaire d'Etat, pour être incorporé dans l'armée (*to serve as part of our army*) jusqu'à ce qu'on n'ait plus besoin de leurs services ;

Et, par la présente, nous ordonnons au très-honorable Frédéric-Arthur Stanley, l'un de nos principaux ministres, de donner tous ordres nécessaires.

Fait à notre cour de Windsor, le 2ᵉ jour d'avril, l'an 1878 de Notre-Seigneur, et la 41ᵉ de notre règne.

Dieu protège la reine !

Le parlement eut l'occasion de se prononcer sur la politique du ministère en discutant une adresse de la reine au sujet de ces deux proclamations. Les débats montrèrent d'une façon éclatante le revirement qui s'était produit dans l'opinion anglaise. A la Chambre des lords, l'adresse fut votée à l'unanimité. A la Chambre des communes un amendement de la minorité ne réunit que 64 voix contre 319.

La réserve de l'armée anglaise se compose de 12,000 hommes et la réserve de la milice de 26,000 hommes. C'était donc 38,000 hommes environ. Avec les 99,000 hommes de l'armée permanente et les 85,000 hommes de la milice, cela formait un total fort respectable de 222,000 hommes que l'Angleterre pouvait mettre en campagne. Il lui restait pour défendre son territoire 100,000 volontaires, 10,000 hommes de la seconde classe de la réserve de la milice et 15,000 hommes de la yeomanry.

Mais ce n'est point sur son armée de terre que l'Angleterre fonde ses plus grandes espérances. Sa marine lui permet de lutter avec un avantage décidé contre les diverses nations de l'Europe, et pour la vaincre, il ne faudrait pas moins qu'une coalition de toutes les puissances, coalition impossible et qu'elle n'aura jamais à redouter. Elle peut aujourd'hui suffire à la triple tâche de tenir la mer avec une flotte considérable, de défendre ses côtes contre toute attaque, et d'aller détruire les villes ennemies. Elle ne dispose pas, en effet, de moins de quatre cents vaisseaux de toute espèce, sans compter l'appel qu'elle pourrait adresser aux innombrables ressources de sa marine marchande. Mais ce n'est pas seulement dans le nombre de ses vaisseaux que l'Angleterre met sa confiance, elle compte avant tout sur la supériorité de ses armements et de ses équipages.

Elle a amélioré sa flotte par une série d'efforts qui ne s'arrêtent jamais. Elle a renoncé aux navires en bois, et les deux corvettes construites en 1874 seront sans doute les dernières de ce genre. Depuis cette époque, l'augmentation de la marine à vapeur a été de 179,000 tonnes, sur lesquelles 176,000 sont représentées par des navires en fer. Les derniers bâtiments mis à la mer ou encore sur les chantiers, l'*Inflexible*, la *Dévastation*, le *Tonnant* sont des engins formidables ; les cuirasses ont 12, 18 ou même 24 pouces d'épaisseur ; les tourelles sont armées de canons de 35 ou 38 tonnes. L'*Inflexible* en a de 80 tonnes, et pourrait avec une légère modification, en avoir de 160. Sur d'autres vaisseaux, on a combiné le système des tourelles avec celui des batteries ; les pièces sont mises en mouvement par la vapeur ou à l'aide de machines hydrauliques ; elles peuvent manœuvrer en tous sens, et fournir sans interruption un feu circulaire ; jamais l'art de la mort ne fut poussé plus loin. L'*Alexandre*, le *Shannon*, le *Téméraire*, l'*Audacieux* réalisent tous, pour l'attaque ou la défense, de sérieux progrès.

Mais ce n'est pas seulement son matériel que l'Angleterre s'est appliquée à perfectionner. Jadis les équipages des navires se recrutaient au hasard, par le racolement ou même par la presse. Il y a aujourd'hui en Angleterre des écoles pour les matelots, et un navire n'est pas encore armé que l'Amirauté lui a préparé un équipage suffisant. L'artillerie surtout a été l'objet de soins particuliers. Le nombre des canons a diminué, mais ils ne sont plus servis que par des hommes spéciaux : officiers et soldats sont également exercés aux nouvelles manœuvres.

L'Angleterre se flattait donc de posséder une force navale qui la rendait invulnérable. Trois escadres placées dans la Baltique, la Méditerranée et le canal Saint-Georges suffiraient pour prévenir toute attaque. Les côtes de l'Angleterre seraient suffisamment protégées par les forts qui les couvrent, avec l'aide des vaisseaux hors d'usage, armés du canon de Rendel, et des nombreuses croisières qu'il serait facile d'improviser. Il resterait encore à l'Angleterre assez de vaisseaux pour aller porter le ravage et l'incendie sur les côtes de la Russie depuis la Finlande et la Néva jusqu'à Arkhangel et Vladivostok, aussi bien que dans la mer Noire, comme en 1855.

~~~~

La réponse du prince Gortchakof.

L'impression que produisirent en Russie les armements du ministère anglais et la circulaire de lord Salisbury fut une impression de stupeur. On ne s'attendait pas à tant de résolution et le gouvernement en fut comme étourdi. Si une partie de la population chauffée par les journaux exaltés ne s'effrayait point de la perspective d'une nouvelle guerre, le gouvernement n'était pas assez fou pour courir de gaieté de cœur à une aventure où il pouvait perdre tous les avantages qu'une longue et coûteuse campagne venait de lui procurer. Il invita donc la presse à mettre une sourdine à ses polémiques contre l'Angleterre et le prince Gortchakof rédigea sans tarder, une réponse à la circulaire, empreinte de beaucoup de calme et de modération.

Le prince resta sur le terrain choisi par la diplomatie russe. Il refuse toujours de soumettre le texte intégral du traité au congrès ; mais il manifeste un désir sincère d'arriver à une solution pacifique par tout moyen autre que celui-là et pour arriver avec l'Angleterre à une entente que les autres puissances ne songeraient pas à troubler une fois qu'elle serait établie, il la convie à une discussion du traité, à un arrangement particulier. Sa réponse comprend deux documents. D'abord la circulaire suivante :

Saint-Pétersbourg, 9 avril 1878.

Lord A. Loftus m'a communiqué la circulaire que M. le marquis de Salisbury a adressée aux grandes puissances sous la date du 1er avril.

Elle a été soumise à un examen attentif et nous devons reconnaître la franchise avec laquelle elle expose les vues du gouvernement de Sa Majesté britannique sur le traité préliminaire de paix de San-Stefano.

Toutefois nous y voyons fort en détail les objections du cabinet anglais, mais nous y avons vainement cherché les propositions qu'il serait disposé à suggérer pour la solution pratique de la crise actuelle de l'Orient. M. le marquis de Salisbury nous dit ce que le gouvernement anglais ne veut pas, et ne nous dit pas ce qu'il veut. Nous croyons qu'il serait utile que Sa Seigneurie voulût bien le faire connaître pour l'intelligence de la situation.

Quant à l'exposé des points de vue du gouvernement de Sa Majesté britannique au sujet du congrès, je ne puis que rappeler la marche que, de son côté, le cabinet impérial a suivie dans cette question.

Il a officiellement communiqué aux grandes puissances le texte du traité préliminaire de San-Stefano avec une carte explicative. Nous avons ajouté qu'au congrès, — s'il avait lieu, — chacune des puissances qui y serait représentée aurait une pleine liberté d'appréciation et d'action, en réclamant le même droit pour la Russie.

Nous ne pouvons que réitérer la même déclaration.

Veuillez communiquer la présente dépêche avec son annexe au gouvernement auprès duquel vous êtes accrédité.

Recevez, monsieur l'ambassadeur, l'assurance de ma haute considération.

Signé : GORTCHAKOF.

A cette circulaire était jointe sous le titre d'annexe *pro memoria* une discussion point par point de la circulaire du marquis de Salisbury. Bien qu'il soit un peu long, nous nous croyons obligé de reproduire ce document qu'on peut considérer comme l'expression exacte de la politique que les plénipotentiaires russes devaient défendre plus tard à Berlin :

1. Il n'est pas exact de dire que le traité de San-Stefano a créé une nouvelle Bulgarie ni un fort Etat slave sous le contrôle de la Russie. La Bulgarie existait, quoique dans un état d'oppression ; l'Europe l'a constaté et a voulu y porter remède. La conférence de Constantinople a indiqué les mesures jugées propres à atteindre ce but.

En suggérant ces mesures, les plénipotentiaires réunis dans la conférence de Constantinople n'ont certainement pas eu la pensée de les rendre inefficaces. On doit admettre qu'elles avaient en vue de doter la Bulgarie d'une existence nationale et d'une autonomie administrative réelle. En pareil cas, l'Etat bulgare, quoique divisé en deux provinces, aurait été constitué en germe, et ce germe, se développant sous l'égide de l'Europe, aurait abouti au résultat que le traité de San-Stefano a pour but de faire arriver à maturité. Le refus opposé par la Porte et la guerre qui s'en est suivie ne permettaient plus, de l'aveu même du marquis de Salisbury, un retour pur et simple au programme de la conférence de Constantinople. Le traité de San-Stefano n'a fait que rendre obligatoire le consentement de la Porte à un programme de réformes plus complet, plus précis et plus pratique, mais le fait même que le traité de San-Stefano est un traité préliminaire indique que dans la pensée du cabinet impérial il ne s'agissait qu'en principe, sans préjuger définitivement l'application qui exigeait des études techniques, d'une appréciation exacte des nécessités géographiques et de la conciliation de nombreux intérêts.

C'est aussi pourquoi beaucoup d'articles du traité sont conçus en termes vagues, laissant place à des ententes ultérieures sur les modifications jugées indispensables.

2. Le traité de San-Stefano n'a point placé le nouvel Etat sous le contrôle de la Russie ; le cabinet impérial n'a fait que ce qu'il avait déjà réalisé en 1830 pour la Moldo-Valachie. L'expérience a démontré que l'œuvre accomplie à cette époque dans ces principautés était utile à contribuer à la prospérité de ces provinces. L'on n'aperçoit pas qu'il en soit résulté une prépondérance particulière de l'influence de la Russie dont l'équilibre européen ait eu à souffrir.

On peut ajouter que si la Moldo-Valachie, qui doit son existence à la Russie et qui lui est limitrophe a su se rendre parfaitement indépendante d'elle, à plus forte raison doit-on compter sur le même résultat pour la Bulgarie, dont le territoire serait séparé de la Russie dans l'éventualité prévue d'une cession de la Dobroudja à la Roumanie.

3. Le terme maximum de deux années a été assigné à l'occupation provisoire de la Bulgarie, parce que ce laps de temps a été jugé nécessaire pour maintenir l'ordre et la paix, protéger les populations chrétiennes et musulmanes contre des représailles réciproques, réorganiser le pays, et introduire les institutions nationales, la milice indigène, etc., et aussi parce que si l'occupation avait été indéfinie, on aurait pu y voir un acheminement vers une prise de possession qui ne rentrait nullement dans les vues du cabinet impérial. Mais il va sans dire que, ce terme étant approximatif, le cabinet impérial est tout prêt à l'abréger autant qu'il sera possible sans nuire au succès de l'œuvre difficile qu'il s'agit de mener à bien dans l'intérêt de la paix générale.

4. La délimitation de l'Etat bulgare n'a été indiquée qu'en termes généraux. Le seul principe fixé qui ait été posé est celui de la majorité de la population, et certes on ne saurait en imaginer de plus équitable et de plus rationnel.

Il répond aux objections puisées dans la différence des races, des minorités, dont les intérêts ont d'ailleurs été garantis par des stipulations expresses; mais l'application de ce principe a été réservée à une commission mixte dont les travaux d'enquête locale peuvent seuls dissiper les doutes et les incertitudes qui planent encore sur ces questions contestées.

On reproche à la délimitation préliminaire d'assigner à la Bulgarie des ports sur la mer Noire, mais la conférence de Constantinople avait jugé elle-même que, sans débouchés sur la mer, ce pays ne pouvait pas prospérer. Quant aux ports sur la mer Egée, on n'a eu en vue que le développement commercial de l'Etat bulgare, et certes ce n'est pas la Russie qui sera appelée à profiter le plus de ce développement, mais bien l'Angleterre et les puissances dont le commerce méditerranéen, beaucoup plus actif que celui de la Russie, a toujours été un levier puissant pour le maintien de leur influence politique.

5. Le traité préliminaire ne place nullement la Bulgarie sous la domination d'un chef choisi par la Russie. Il est formellement stipulé que le gouvernement sera élu par les conseils administratifs indigènes, avec la confirmation de la Porte et l'assentiment de l'Europe, et que les membres des dynasties régnantes en seront exclus. On ne voit pas quelles meilleures garanties on pourrait donner à la liberté d'élection.

Quant à l'organisation de la principauté, elle est confiée à une assemblée de notables indigènes. Le commissaire impérial russe n'a qu'un droit de surveillance à exercer de concert avec un commissaire ottoman. De plus, une entente entre les grandes puissances et la Porte est expressément réservée, afin d'adjoindre au commissaire impérial russe des délégués spéciaux.

En attendant, les mesures provisoires prises par les autorités russes pour l'administration du pays sont loin d'avoir en vue, comme on l'affirme, de faire entrer la Bulgarie dans le système politique de la Russie.

LA FLOTTILLE TRANSPORTANT LES TROUPES INDIENNES ARRIVANT A PORT-SAID

Il n'a presque rien été changé aux institutions existantes, auxquelles le pays était habitué. On a seulement veillé à l'exécution, qui était défectueuse. Les quelques nuances qui ont été introduites sont l'abolition de la redevance de rachat pour le service militaire, l'abolition des dîmes et leur remplacement par un impôt plus normal, l'abolition du fermage des impôts, qui était la source des principaux abus, et enfin le droit attribué aux habitants chrétiens dans les localités mixtes de refuser, lors des élections, ceux des musulmans qui s'étaient antérieurement signalés par des actes de persécution fanatique à l'égard de la population chrétienne. En outre, l'état de siège où se trouvait le pays pendant la guerre rendait indispensable la nomination de gouverneurs russes, il leur a été partout adjoint des vice-gouverneurs bulgares, afin qu'après la paix, à mesure que la tranquillité serait rétablie dans le pays, ces vice-gouverneurs pussent se substituer aux gouverneurs sans que le cours régulier de l'administration du pays éprouvât aucune interruption.

Le but exclusif de toutes ces mesures provisoires a été de protéger le développement national et de rendre possible la réunion de la première assemblée bulgare appelée à régler les institutions de la principauté.

6. L'assertion que le traité de San-Stefano aurait étendu l'influence de la Russie au delà des limites de la Bulgarie en stipulant des institutions améliorées pour l'Epire et la Thessalie donne lieu de surprendre.

Si la Russie n'avait rien stipulé en faveur de ces provinces, on l'aurait accusée de sacrifier les Grecs aux Slaves.

Si elle avait stipulé en leur faveur l'autonomie vassale que l'on blâme en Bulgarie, on l'aurait accusée de détruire entièrement l'empire ottoman et d'y implanter l'influence russe. Le cabinet impérial a toujours compris la mission protectrice que l'histoire lui assigne en Orient dans un sens chrétien, sans acception de race ni de culte; s'il a stipulé des conditions plus complètes et plus précises en faveur de la Bulgarie, c'est que ce pays avait été la cause principale et le théâtre de la guerre, et que la Russie y avait acquis des droits positifs de belligérant. Mais, en se bornant à stipuler pour les provinces grecques des institutions améliorées, il réservait aux grandes puissances la faculté d'en réclamer de plus étendues.

Il est également inexact que le traité de San-Stefano ait stipulé que ces institutions fussent tracées sous la direction de la Russie. Le type général auquel elles ont été assimilées par le traité est celui du règlement crétois qui a été octroyé par la Porte sous l'influence des grandes puissances. Le traité stipule que l'application doit en être faite par une commission spéciale où l'élément indigène soit largement représenté. Il est vrai qu'il oblige la Porte à consulter la Russie avant de le mettre en exécution, mais il ne lui interdit nullement de consulter également les représentants des puissances amies.

7. La clause subséquente, concernant la protection des membres de l'Eglise russe, a dû être bien mal comprise pour être assimilée à celle du traité de Kaïnardji, abolie en 1856. La clause de Kaïnardji concernait le culte grec orthodoxe et pouvait embrasser tous les sujets chrétiens du sultan professant ce rite. Le traité de San-Stefano mentionne exclusivement moines, ecclésiastiques, et pèlerins russes et d'origine russe, et il ne stipule en leur faveur que les droits, avantages et privilèges appartenant aux ecclésiastiques des autres nationalités.

D'après cela, il est impossible de considérer comme juste l'assertion que l'ensemble de ces stipulations de San-Stefano est de nature « à *accroître la puissance de l'empire russe dans les contrées où la population grecque prédomine, au préjudice de cette nation et de tous les pays ayant des intérêts à l'est de la Méditerranée.* »

8. On peut également trouver pour le moins exagérée l'affirmation que « l'ensemble des stipulations de San-Stefano concernant la rétrocession de la Bessarabie roumaine, l'extension de la Bulgarie jusqu'à la mer Noire, et l'acquisition du port de Batoum, rendrait la volonté de la Russie prédominante dans tout le voisinage de la mer Noire. »

La Russie a puissamment contribué dans le passé à émanciper la Grèce et la Roumanie. On ne voit pas que son pouvoir en ait plus profité que celui des autres puissances.

La rétrocession de la Bessarabie roumaine ne serait qu'un retour à un ordre de choses modifié il y a vingt-deux ans pour des motifs qui n'ont plus ni raison d'être, ni titre légal, ni même de prétexte, depuis que la liberté de la navigation du Danube a été placée sous le contrôle et la garantie d'une commission internationale, et surtout au moment où la Roumanie proclame son indépendance et où l'Europe semble se disposer à la reconnaître.

Il faut remarquer en outre que cette rétrocession ne comprend pas toute la partie de la Bessarabie cédée en 1856. Le delta du Danube en est exclu, et le projet du gouvernement russe est de le rendre à la Roumanie, à laquelle il avait été repris en 1857. Cette circonstance réduit considérablement l'importance de la rétrocession demandée, au point de vue de l'influence sur la navigation des bouches du Danube.

9. Batoum est le seul bon port de ces parages. Il a pour le commerce et la sécurité de la Russie une grande importance. C'est le seul avantage que la Russie retire d'une guerre qu'elle a faite seule, et qui lui a tant coûté. Ce n'est donc nullement une cession gratuite ; elle est loin d'être l'équivalent de l'indemnité pécuniaire qu'elle représenterait.

10. Quant aux acquisitions en Arménie, elles n'ont qu'une valeur défensive. Il est possible que l'Angleterre préférerait voir ces fortes positions entre les mains des Turcs ; mais, par les mêmes motifs, la Russie attache du prix à les posséder pour sa propre sécurité, afin de ne point avoir à les assiéger à chaque guerre, comme la forteresse de Kars, qu'elle a dû prendre trois fois dans l'espace d'un demi-siècle.

Ces cessions territoriales sont une conséquence naturelle de la guerre.

Si l'Angleterre avait voulu les épargner à la Turquie, elle n'avait qu'à se joindre à la Russie, comme la proposition lui en a été faite à deux reprises, lors du mémorandum de Berlin et lors de la mission du comte Elston Soumarokow à Vienne, afin d'exercer sur la Porte une pression maritime collective qui aurait probablement suffi pour atteindre les résultats acquis aujourd'hui au prix d'une si grande effusion de sang.

Le gouvernement anglais, s'y étant refusé, n'est pas fondé à contester aujourd'hui à la Russie, qui a versé son sang, le droit de réclamer la création d'un état de choses qui la dispense désormais de pareils sacrifices ou le lui rende moins onéreux.

Mais ce qu'il est impossible de comprendre, ce sont les conséquences que l'on prétend tirer de ces rectifications de frontières pour la liberté du commerce européen de Trébizonde par la Perse.

Ces assertions sont en contradiction avec celles émises plus d'une fois par divers membres du cabinet britannique, et d'après lesquelles la prise de possession par la Russie même d'Erzeroum et de Trébizonde ne constituerait pas un danger pour les intérêts anglais. Les rectifications de frontière stipulées en Asie par le traité de San-Stefano sont bien loin d'atteindre cette extension. C'est pousser la défiance jusqu'à l'extrême que d'affirmer qu'elles mettraient la Russie « *en mesure d'entraver par des barrières prohibitives le système commercial européen.* »

11. Les reproches adressés au traité de San-Stefano concernant l'indemnité réclamée de la Turquie ne sont pas mieux fondés.

Assurément, le chiffre de cette indemnité est hors de toute proportion avec les charges écrasantes que la guerre a fait peser sur la Russie. Il se peut qu'elles dépassent également les ressources actuelles de la Turquie et augmentent pour elle la difficulté de satisfaire aux réclamations de ses créanciers. Mais il faut observer que la Turquie a manqué à ses obligations envers ses créanciers étrangers bien avant la guerre, par suite du désordre causé par sa mauvaise administration. Il est permis de croire que si la paix se rétablit sur les bases rationnelles que le traité de San-Stefano a en vue, et auxquelles la sanction européenne donnerait un caractère solide et durable, il en résulterait pour la Turquie elle-même une diminution de dépenses et un accroissement de ressources qui la mettraient à même de répondre aux exigences de son crédit extérieur.

C'est en vue de ces résultats possibles que les stipulations de San-Stefano relatives à l'indemnité ont été maintenues dans le vague dont on leur fait un reproche.

Si l'on critique le chiffre trop élevé de l'indemnité, à plus forte raison on eût critiqué l'exigence d'un payement immédiat. Si l'on avait stipulé un mode précis de payement, il eût fallu empiéter sur un domaine déjà hypothéqué aux créanciers étrangers de la Porte; c'est ce que le traité de San-Stefano s'est attaché à éviter en réservant la question pour une entente ultérieure. Il est vrai que par cette précaution il s'expose au soupçon « *d'avoir en vue de paralyser ou de dominer la Turquie pour plusieurs années, ou de méditer la transformation de l'indemnité en nouvelles acquisitions territoriales.* »

Il eût été plus simple d'y voir un dessein de ménager la Turquie aussi bien que les intérêts de l'Europe, et de maintenir le gouvernement turc dans la voie d'une fidèle observation de ses engagements et de relations pacifiques profitables à tous. Mais contre la défiance il n'y a pas de remède.

12. Dans la conclusion de la dépêche du marquis de Salisbury, on apprend avec plaisir que « le but du gouvernement de Sa Majesté britannique et son désir ardent sont toujours d'assurer un bon gouvernement, la paix et la liberté des populations auxquelles ces bienfaits ont été étrangers. »

On voit également avec satisfaction l'aveu franchement fait « que cette politique a été frustrée par la malheureuse résistance du gouvernement ottoman lui-même ; qu'en présence des circonstances modifiées du temps actuel, le même résultat ne peut être obtenu dans la même étendue, par les mêmes moyens, c'est-à-dire le programme de la conférence de Constantinople, et que de grands changements peuvent être et seront sans doute nécessaires dans les traités par lesquels le sud-est de l'Europe a été gouverné jusqu'ici. »

Si l'on ajoute à ces considérations celles que les refus réitérés du gouvernement anglais de s'associer à une pression matérielle collective à exercer sur la Porte ont empêché l'Europe d'obtenir pacifiquement les résultats désirés par le cabinet de Londres lui-même, on devra reconnaître que la guerre et la paix de San-Stefano ont répondu aux exigences de la situation que le marquis de Salisbury a constatée avec une grande franchise et une grande élévation d'esprit.

Cette situation se résume ainsi : Les traités existants ont été successivement enfreints depuis vingt-deux ans, d'abord par le gouvernement turc, qui n'a pas rempli ses obligations envers les chrétiens ; puis par les principautés unies, par l'occupation française de Syrie, par la conférence de Constantinople elle-même, constituant une ingérence dans les affaires intérieures de l'empire ottoman, et en tout dernier lieu par l'entrée de la flotte anglaise dans les détroits. D'autre part, le marquis de Salisbury reconnaît lui-même que de grands changements peuvent et doivent être faits dans les circonstances actuelles.

Il nous reste à apprendre comment Sa Seigneurie entend concilier pratiquement *ces traités, et les droits reconnus de la Grande-Bretagne et des autres puissances avec les vœux bienfaisants vers la réalisation desquels l'action unie de l'Europe a toujours été dirigée, d'un bon gouvernement, la paix et la liberté assurées aux populations auxquelles ces bienfaits ont été étrangers.*

Il reste également à connaître comment en dehors des bases préliminaires posées par le traité de San-Stefano, Sa Seigneurie entend atteindre le but désiré par tous, en tenant en même temps un juste compte des droits acquis par la Russie pour les sacrifices qu'elle a portés, et portés seule, afin d'en rendre la réalisation possible.

La dépêche du marquis de Salisbury ne contient aucune réponse à ces questions. C'est pourquoi il semble que les considérations qu'elle renferme auraient plus naturellement trouvé place dans un congrès où tous les plénipotentiaires ayant une pleine et entière liberté d'appréciation et d'action, auraient été à même de formuler à côté de leurs objections des propositions pratiques, de nature à assurer une entente pour la solution des difficultés actuelles dans l'intérêt général d'une pacification solide et durable de l'Orient.

En résumé, la Russie invitait l'Angleterre à commettre la faute qu'elle avait commise, c'est-à-dire à présenter pour la question d'Orient un projet de solution particulier. L'Angleterre n'eut garde de la faire. Sa nouvelle politique avait trop bien servi son influence en Europe pour qu'elle pût songer de sitôt à l'abandonner. Les journaux officieux de Vienne demandaient ouvertement une alliance intime avec l'Angleterre. Le ministre des affaires étrangères d Italie avait félicité le marquis de Salisbury au sujet de sa circulaire. Enfin, à Berlin même, une transformation caractéristique s'était opérée ; la politique de résistance à outrance, que le général Ignatief faisait prévaloir à Saint-Pétersbourg, froissait l'Allemagne. Les journaux dévoués à M. de Bismarck donnaient des avis discrets à la Russie. « A côté des motifs d'amitié et de voisinage, disaient-ils, il existe d'autres considérations par lesquelles les intérêts allemands sont indirectement touchés. L'Allemagne ne peut, pour l'amour de la Russie, rester indifférente si la Russie, par ses prétentions, heurte les intérêts d'autres nations voisines et amies de l'Allemagne. »

Ainsi l'Angleterre avait mis toute l'Europe de son côté. Dès lors on comprend pourquoi elle ne se pressa point de répondre aux propositions du prince Gortchakof.

Prolongation de la crise pendant les mois d'avril et de mai.

Les mois d'avril et de mai 1878 furent pour l'Europe deux mois de poignantes incertitudes. Rarement elle a traversé une période plus troublée. On armait de toutes parts, en Angleterre, en Russie, en Turquie, en Roumanie, en Grèce; une formidable insurrection avait éclaté dans les monts Rhodope, et l'Autriche renforçait ses garnisons le long de sa frontière. L'anxiété causée par tous ces présages de guerre était aiguisée encore par les négociations qui se dénouaient et se rompaient sans cesse et faisaient passer l'opinion par de fatigantes alternatives d'espoir et de découragement.

Le 29 avril un premier détachement de troupes indiennes s'embarqua à Bombay sous le commandement du brigadier général Ross à destination de Malte. Il comprenait deux batteries de l'artillerie royale, le 13ᵉ régiment d'infanterie tiré d'Agra, le 31ᵉ de Cawnpore, le 2ᵉ régiment des Goorkhas, tiré de Saharunpore, et deux compagnies de sapeurs et de mineurs de Kirée. Un second détachement s'embarqua également à Bombay, le 2 mai, sous les ordres du brigadier général Macpherson, ayant avec lui le major Watson, commandant la cavalerie. Il se composait du 9ᵉ régiment de cavalerie du Bengale, du 1ᵉʳ régiment des lanciers de Bombay, venu de Poonah, du 9ᵉ et du 26ᵉ régiment d'infanterie de Bombay, enfin de deux compagnies de sapeurs et de mineurs venues de Madras. De plus, un convoi de navires alla prendre à Cannanore un autre régiment de Madras pour le ramener à Bombay d'où il fut expédié également sur Malte.

Les troupes embarquées comprirent ainsi deux régiments de cavalerie, six d'infanterie, deux batteries d'artillerie et quatre compagnies de sapeurs et mineurs ; le tout formait un total de 7,000 hommes composant une division. Ce déplacement de troupes coûta à l'Angleterre 748,000 livres sterling, soit 18 millions 700,000 francs.

C'est la première fois dans l'histoire moderne que des troupes indiennes figurent en Europe. Les Anglais ne les avaient employées jusqu'alors qu'en Égypte lorsqu'ils en chassèrent les Français et en Abyssinie contre Théodoros. Un des traits les plus saillants de cet événement sans précédent fut l'enthousiasme qu'il provoqua dans l'armée de l'Inde. Cette expédition lointaine vers des pays inconnus était une nouveauté pour les soldats. Aussi dès que se fut répandue la nouvelle du départ des troupes indigènes pour Malte, la plupart des régiments demandèrent à faire partie de l'expédition et le départ du régiment spécial de Bombay donna lieu dans cette ville à une grande manifestation.

Les deux premiers steamers qui transportaient les Indiens arrivèrent à Malte, le 24 mai, et les dix autres suivirent à quelques jours de distance. A voir ces hommes, aux formes grêles et élancées, à côté des lourds Anglais de la garnison de l'île, on pouvait deviner à quelle bizarre mêlée de peuples le monde assisterait si jamais l'Angleterre et la Russie en venaient aux prises. On voyait paraître dans cette lutte du monde asiatique les descendants de toutes les nations et de toutes les hordes que les Xercès, les Tamerlan et les Aureng-Zeb ont traînées jadis à leur suite. Les soldats indiens portent un uniforme blanc et sont coiffés de turbans rouges. Malgré ce costume pittoresque, ils affectent en général l'allure disciplinée des troupes d'Europe; mais les volontaires qui les accompagnaient n'avaient rien perdu de leur aspect barbare. « Ils ne portent pas d'uniforme et n'ont d'autre costume que celui qu'ils mettent d'ordinaire dans leur pays, dit un reporter de la *Correspondance générale autrichienne*. Ce vêtement consiste en une large bande de toile blanche simplement enroulée autour des hanches et laissant à découvert toute la partie inférieure du corps. Ils portent des anneaux au nez et aux oreilles. Ils ont le devant de la tête rasé, ne conservant au sommet du crâne qu'une queue longue d'environ trente centimètres. Leur coiffure est formée d'étoffe blanche ou rouge s'arrondissant en turban évasé ou retombant comme un voile. »

Tandis que les troupes de l'Inde arrivaient en Europe, l'armée d'Europe était mise rapidement Britanniques: une partie d'entre eux demandèrent l'autorisation de former une légion qui pût prendre part à la guerre et cette autorisation leur fut accordée.

Les Russes ne poussaient pas moins activement leurs préparatifs militaires, ils avaient en Eu-

LE GÉNÉRAL KAUFMANN, COMMANDANT EN CHEF DE L'ARMÉE DU TURKESTAN

sur le pied de guerre. Le 13 mai, la reine d'Angleterre passa au camp d'Adelshort la revue du premier corps complétement organisé. Le second corps se trouva également complétement organisé quelques jours après et l'Angleterre eut ainsi 70,000 hommes prêts à être embarqués. L'empressement que la formation d'une expédition de guerre avait rencontré aux Indes existait naturellement à plus haute dose encore en Angleterre même. D'après la loi, les volontaires anglais ne peuvent pas être appelés à servir hors des Iles rope hors de leurs frontières douze corps d'armée et demi présentant un effectif de 300,000 hommes environ. Ces forces furent partagées en deux groupes: le premier fut chargé de surveiller Constantinople et Gallipoli, le second se concentra en Roumanie dont il occupa toutes les positions stratégiques dans le double but de contenir les Roumains et de parer à une attaque éventuelle de l'Autriche. L'armée du Caucase comptait en peu près encore 100,000 hommes valides et il restait dans l'intérieur de l'empire 13 divisions fortes de 190,000 hommes environ. Ces 15 divisions étaient en réalité toutes les troupes disponibles que la Russie pouvait utiliser en cas de guerre avec l'Angleterre parce qu'elle ne pouvait pas retirer ses troupes de Turquie, ni d'Arménie sous peine de perdre ses avantages. Pour en augmenter le nombre, les dernières réserves furent mobilisées, les quatrièmes bataillons qui n'avaient pas encore été appelés le furent et les gouvernements furent autorisés à organiser les milices (*opoltchenié*), ce qui équivalait à une levée en masse.

Comme les capacités du grand-duc Nicolas en tant que commandant en chef n'inspiraient pas une confiance absolue, il fut remplacé par le général Totleben qui avait encore accru devant Plevna la renommée qu'il s'était acquise à Sébastopol. Totleben s'installa au quartier général le 28 avril et renouvela l'état-major qui avait donné prise à bien des plaintes pendant la guerre. Le vieux général Nepokoïtchisky fut remplacé par un des plus jeunes généraux de l'armée, le prince Imérétinsky que Totleben s'était déjà attaché au siége de Plevna.

Le général Totleben trouva les régiments de l'armée de Constantinople fractionnés et séparés de leurs corps d'armée, et de trop nombreux détachements éparpillés sans plan ni méthode. La discipline relâchée ; l'inactivité et la boisson avaient porté atteinte au moral et à la santé de l'armée ; la maladie causait des ravages, et la fièvre abondait, principalement dans les districts marécageux de Tchataldja, tandis que le service d'avant-postes était négligé ou insuffisamment accompli. L'ordre fut donné de procéder à une nouvelle répartition des troupes et de diminuer les détachements. Le général choisit de nouvelles positions, ayant en vue leur valeur stratégique et sanitaire. Des puits furent creusés et toutes les précautions furent prises pour l'isolement des malades. Sous le rapport des mesures défensives, on n'avait creusé ni tranchées, ni fossés de tirailleurs. Les Turcs, au contraire, avaient avec beaucoup de prudence et d'énergie, travaillé nuit et jour. Le général Totleben donna l'ordre de commencer des travaux de défense et il fit exécuter aux troupes les exercices quotidiens interrompus depuis le commencement de la guerre.

Des renforts considérables évalués de 50 à 60,000 hommes arrivèrent de Russie. L'artillerie fut doublée par l'arrivée des batteries qu'on avait laissées en Roumanie. Pour compléter les moyens de communication de l'armée, l'ingénieur Poliakof entreprit la construction de deux lignes de chemins de fer, partant de Yamboli, tête de la ligne de Yamboli-Hirmanly, pour aller la première à Schoumla rejoindre la ligne de Varna à Roustchouk, la seconde à Bourgas sur la mer Noire. Enfin le gouvernement russe fit acheter 200,000 fusils en Amérique et en commanda 500,000 autres, et il envoya de nouveaux subsides à la Serbie pour lui permettre de recommencer la guerre.

Toutes ces mesures mettaient la Russie en état de lutter avec avantage sur terre, mais l'Angleterre avait sur mer une écrasante supériorité. Pour y remédier, des patriotes russes imaginèrent un moyen héroïque. Avoir en quelques semaines des cuirassés capables de se mesurer avec les cuirassés anglais était impossible, la construction d'un cuirassé demandant des années ; mais on pouvait armer en courses des navires de commerce qui échapperaient par leur rapidité aux flottes de guerre ennemies et pourraient causer d'énormes dommages au commerce anglais. Pour créer immédiatement une flotte de ce genre, que fallait-il ? de l'argent. On organisa aussitôt un comité et on appela toute la nation à concourir à la création d'une « flotte volontaire ». Le célèbre professeur de droit Martens se chargea d'expliquer au public russe le but précis de la souscription : « Leur but ne sera pas uniquement de s'emparer de la propriété privée, mais de porter partout, au nom de la Russie, des coups sensibles à l'ennemi, de lui faire le plus de mal possible en détruisant sa flotte de commerce, afin que notre adversaire puisse sentir que sa situation insulaire ne le met pas à l'abri de toute entreprise dangereuse pour sa sécurité et qu'en nuisant à son commerce, qui est le nerf vital de sa puissance politique, nous lui rappellerions qu'il existe, au-dessus des intérêts commerciaux et au-dessus de sa politique égoïste, des millions de chrétiens martyrisés par ses amis les Turcs.

« Voilà le but élevé et réellement patriotique de la flotte volontaire, et la capture de navires de commerce anglais ne serait que le moyen servant à l'atteindre. Tant que le peuple anglais ne sentira pas directement tout' le poids d'une guerre avec la Russie, la politique anglaise n'abandonnera pas son hostilité à l'égard des intérêts légitimes du peuple russe. Si l'Angleterre craint une guerre avec les Etats-Unis, c'est parce qu'elle en redoute les conséquences pour son commerce. En créant une flotte volontaire nous pourrons arriver au même résultat et amener la Grande-Bretagne à respecter dorénavant nos droits légitimes, notre honneur et notre dignité nationale. »

C'est encore Moscou qui donna l'exemple, et

c'est dans la vieille capitale slave que se forma le comité central sous la présidence du gouverneur le prince Dolgoroukof. Des appels au patriotisme russe furent lancés sous diverses formes, et dès le 24 mars, un avis du ministre des finances invita les trésoreries provinciales à donner à leurs succursales locales l'ordre de recevoir des dons faits en vue de l'acquisition et de l'armement des croiseurs maritimes. Pour donner à la souscription un caractère plus national encore, le comité fit offrir la présidence honoraire au grand-duc héritier. Le prince hésita quelques jours, il craignait de troubler les négociations qui suivirent l'envoi de la circulaire du marquis de Salisbury; mais en présence de l'accueil fait à la réponse du prince Gortchakof, il n'hésita plus, accepta et donna ainsi un caractère officiel à un mouvement d'opinion franchement dirigé contre l'Angleterre.

Au commencement de mai, les chances d'arriver à une entente avec l'Angleterre paraissant avoir complètement disparu, le *Journal officiel de Saint-Pétersbourg* publia le 13 le manifeste suivant du comité de Moscou, qui ressemble absolument à une déclaration de guerre :

« Il a plu à Dieu d'envoyer à la Russie de nouvelles afflictions. L'irréconciliable ennemi nous menace d'une guerre.

« Compatriotes ! souffrirons-nous que cet ennemi annule les résultats de nos victoires et place de nouveau sous le joug les peuples délivrés par nous ? Il est puissant sur mer, et ses vaisseaux dépassent de beaucoup les nôtres par le nombre. Mais il y a des moyens de lui porter des coups sensibles, même sur les eaux. Qui ne sait que tous ses intérêts se résument dans ces mots : gagner et acquérir ? 30,000 de ses bâtiments couvrent les mers du globe. Il possède une immense flotte de commerce; c'est contre celle-ci qu'il nous faut diriger nos attaques. Tandis que l'ennemi fermera nos mers et dévastera nos côtes, sa flotte de commerce devra être exposée aux maux de la guerre.

« Nous avons besoin de forts bâtiments à marche rapide, qui puissent apparaître sur les voies commerciales de l'ennemi comme une force redoutable. La dernière guerre a couvert de gloire nos marins qui dans de faibles chaloupes ont lutté contre d'immenses colosses cuirassés et sont restés vainqueurs. Envoyez ces braves gens sur de grands et forts bâtiments au-devant de l'ennemi, et celui-ci perdra bientôt sa hautaine assurance.

« Dans toutes les guerres nous nous sommes montrés unis pour l'empereur et l'empire; réunissons-nous encore maintenant dans un grand effort pour créer rapidement une flotte volontaire de croiseurs ! Que chacun de nous fasse son devoir, et nous atteindrons bientôt cet important résultat ! L'action doit être prompte et énergique. »

Afin qu'aucun doute ne pût subsister au sujet des sentiments du gouvernement sur cet appel, le journal officiel le fit suivre d'un avis annonçant que les dons étaient reçus chez le prince héritier au palais Anitchkof.

L'empressement fut très-grand dans le public. Les conseils municipaux depuis les plus grandes villes jusqu'aux plus petits villages s'imposèrent un sacrifice proportionné à leurs ressources. Saint-Pétersbourg vota 100,000 roubles, Moscou autant. En un mois, la souscription du palais Anitchkof et celle du comité de Moscou atteignirent chacune près d'un million de roubles-papier, soit en tout plus de cinq millions de francs. Quatre grands vapeurs furent achetés. Le gouvernement de son côté, avec les ressources de l'Etat, se procura quelques navires également par voie d'achat. L'un d'eux, le *Cimbria*, acheté à Hambourg, partit à la fin d'avril portant six cents marins. Le capitaine avait reçu la mission d'acquérir dans les ports des Etats-Unis tous les navires qu'il jugerait propres à être transformés en bâtiments de guerre et de former leur équipage avec les marins qu'il emmenait avec lui. Il en acheta trois qui furent aussitôt transformés en croiseurs.

Tous ces préparatifs maritimes ne pouvaient avoir pour but une franche lutte avec la marine de l'Angleterre; tout ce qu'on voulait, comme on le disait, était de faire le plus de mal possible à son immense commerce. En cas de guerre, où la Russie pourrait-elle donc joindre son adversaire et le prendre corps à corps ? Nulle part, si ce n'est aux Indes. L'idée d'une campagne aux Indes est excessivement populaire dans l'armée russe. On trouvera de curieux renseignements là-dessus dans le voyage à Khiva du capitaine Burnaby. Mais c'était une entreprise hérissée de difficultés sans nombre. De la frontière asiatique russe à la frontière de l'Inde, il y a six cents kilomètres d'un pays montagneux, peu peuplé, de peu de ressources et mal connu. Le gouvernement russe ne recula cependant point devant ces obstacles.

Déjà, en décembre 1876, lorsque la guerre avec la Turquie était décidée, il s'était, en prévision d'une intervention de l'Angleterre, occupé très-sérieusement de la situation que créerait à ses possessions en Asie dont la population est exclusivement musulmane, une guerre avec le centre de l'islamisme, ainsi que la perspective d'une expédition *dans* l'Inde ou *vers* l'Inde. Des études furent immédiatement ordonnées, et il fut prescrit au général Kaufmann de présenter son opinion sur les deux questions distinctes posées par le ministère de la guerre.

L'opinion du général Kaufmann fut qu'il répondait de la tranquillité du pays; qu'une expédition *vers* l'Inde, à certaines restrictions près, était possible, mais que, dans tous les cas et tout d'abord, il trouvait absolument nécessaire: 1° d'augmenter dès lors (janvier 1877) le nombre de troupes au Turkestan; 2° de lui donner les moyens de former des milices mixtes de cosaques, Khirgis, Yomoudes, Turcomans, qui pourraient à l'occasion fournir quelques milliers d'hommes (13,000) à verser dans les cadres du corps russe d'occupation; 3° d'approprier Krasnovodsk, petit port sur la rive est de la mer Caspienne, pour en faire un point de descente des troupes russes et une base de ravitaillement.

Sur ce rapport, l'appropriation de Krasnovodsk fut décidée et pendant plusieurs mois, cinq expéditions commandées par des officiers d'état-major explorèrent les routes par lesquelles une armée pourrait pousser vers l'Inde. Le résultat fut l'élaboration d'un plan général dont voici les principaux traits. Une expédition vers les Indes doit être entreprise en trois colonnes. Les trois routes qu'elles devront suivre sont celles: 1° De Krasnovodsk à Merv par Kizil-Arvat et la rivière Tadjikaria (840 kilomètres, 39 étapes); Merv est la clef de Herat et de Kaboul. De là, la colonne pour la tête de laquelle 1,500 hommes seraient suffisants préparerait la route aux deux autres et protégerait leur flanc contre les hostilités des Tourkmènes dont Merv est le centre politique; 2° de Samarkand à Peichaver par Balkh les passes de l'Hindou-Kouch et le col de Kaïsbek (604 kilomètres, 29 étapes); 3° du pays de Ferganah à la vallée du Kounar (un des affluents de l'Hindus) par l'Alaï et le plateau de l'amyr (520 kilomètres, 25 étapes). Ces deux dernières routes présentent de bons pâturages et de l'eau en abondance. Les têtes de colonnes devraient être plus fortes que celle de la première route mais en tous cas elles n'exigeraient pas plus de 2,500 hommes.

Sur ces données, l'occupation de Kizil-Arvat fut décidée et effectuée au mois d'avril 1877; et au commencement de février 1878, lorsque l'hostilité de l'Angleterre se dessina, il fut ordonné:

1° De laisser dans le pays de Ferganah les troupes qui s'y trouvaient depuis la conquête (1875) et d'y expédier six nouveaux bataillons d'infanterie (3,600 h.), quatre batteries de neuf et deux de montagne, onze sotnias de cosaques et sept bataillons de la milice organisée par le général Kaufmann. Ce contingent représente à peu près 9,000 hommes. Joints aux 3,700 qui se trouvaient au Ferganah et aux 7 à 8,000 volontaires qu'on espérait lever dans le pays, cela devait former, par conséquent, un effectif de 19,700 hommes, avec 40 bouches à feu. Selon l'évaluation du ministère de la guerre russe, les deux tiers de cette troupe, soit 13,000 hommes, devaient être dirigés sur la vallée de Kounar. L'autre tiers devait rester dans le pays. Toutes les troupes indiquées se mirent en marche vers le Ferganah, à partir du 15 mars.

2° De renforcer les troupes du Turkestan par 27 bataillons d'infanterie, 7 batteries de 9, 24 sotnias de cosaques et 28 sotnias mixtes (kirghises, bukhares, etc.) détachés de l'arrondissement militaire d'Orenbourg. Ce renfort de 22,000 hommes au bas mot se mit en marche à destination le 10 février. Avec les 23,000 hommes dont disposait le général Kaufmann et 8,500 hommes de milice, cela devait faire un total de 53,000 hommes à peu près, dont 40,000 devaient être dirigés en plusieurs échelons sur Samarkand.

3° De concentrer à Krasnovodsk 29 bataillons, 13 sotnias de cosaques et 2 batteries de 9 (en tout 19,000 hommes) détachés en partie de l'armée du Caucase, en partie des troupes de l'arrondissement militaire de Kasan. A partir du 19 février, une activité fiévreuse régna à Krasnovodsk et aux environs. La flottille de la mer Caspienne fut renforcée par 8 navires marchands à voiles et 2 à vapeur transformés en bâtiments de transport, et la garnison de Kizil-Arvat fut portée à 4 bataillons. 17,500 hommes sur les 19,000 de la colonne de Krasnovodsk devaient être dirigés sur Merv en quatre échelons.

C'était donc une armée de 70,000 hommes à peu près qui, en cas de guerre, pouvait être dirigée par trois directions sur Peichaver: colonne ouest sur Merv, menaçant Herat et Kaboul (16,000 h.); colonne centrale sur Kaïsbek (40,000); colonne est sur Kounar (13,000).

Au mois d'avril suivant, les rapports de la Russie avec l'Angleterre avaient encore empiré; le ministre de la guerre envoya au général Kaufmann l'ordre de mettre ses têtes de colonnes en marche. Qu'on note bien que les possessions russes sont séparées des possessions anglaises par une bande de territoires indépendants épaisse de

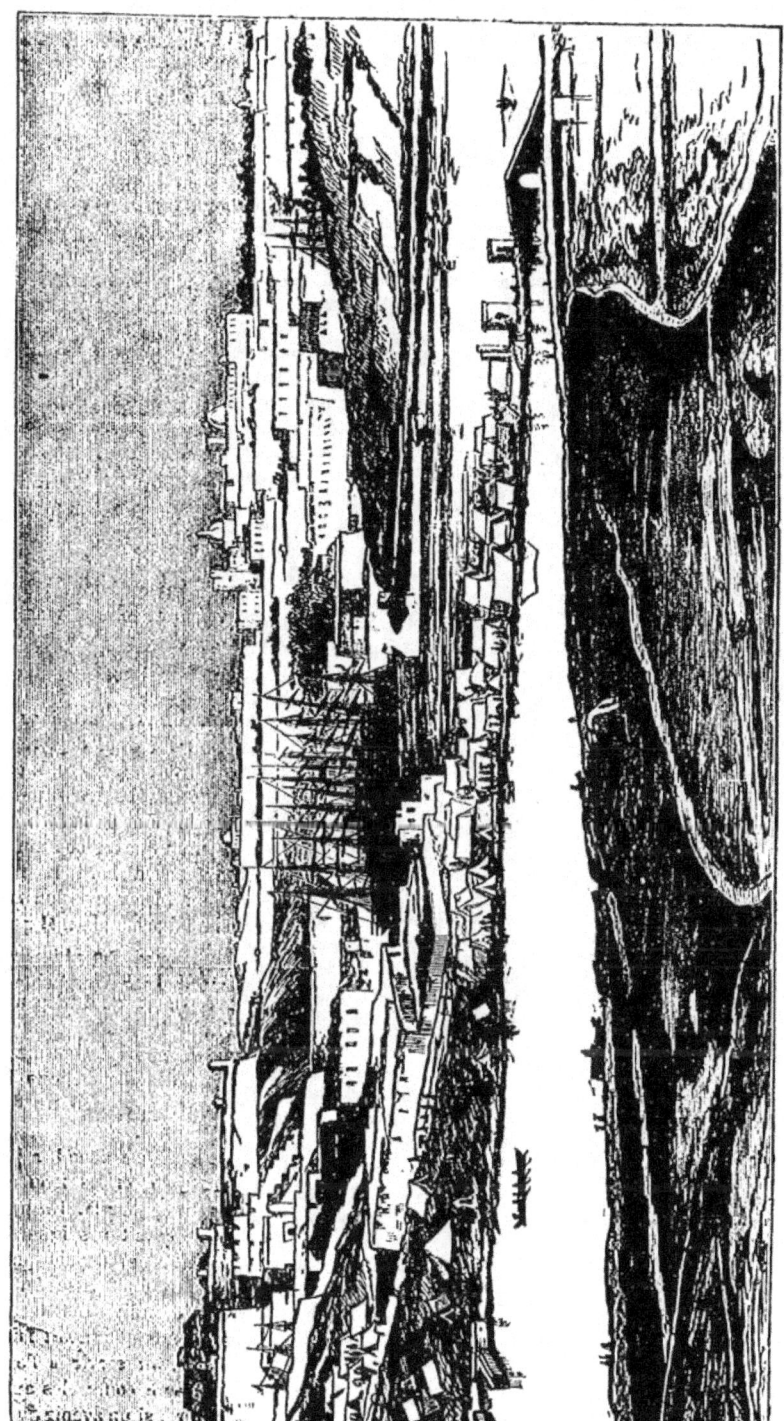

VUE DE MALTE

5 à 800 kilomètres. Les Russes pouvaient donc marcher vers l'Inde sans se mettre pour cela ouvertement en guerre contre l'Angleterre. Il fallut un mois au général Kaufmann pour terminer ses préparatifs. Son ordre du jour aux troupes ne fut publié que le 14 mai. On y remarquera que le plan général que nous venons de donner n'est pas rigoureusement suivi. La colonne du Ferganah évite le Pamir pour se rapprocher de celle de Samarkand. Il n'est pas question de la colonne de Merv ; enfin une colonne supplémentaire est désignée pour longer l'Amou-Daria et contenir toute velléité hostile du khan de Boukhara. Voici ce document :

Tachkend, 14 mai 1878.

Aux termes de l'ordre de S. M. l'Empereur, qui m'a été communiqué par le ministre de la guerre le 13 avril de cette année, les troupes de la circonscription militaire qui se trouve sous mes ordres seront formées en trois corps d'opération : le principal à Samarkand, celui du Ferganah à Marguélane et celui de l'Amou-Daria à Petro-Alexandrovsk.

Le corps principal qui sera commandé, par le général-major Troïtsky, de la suite de S. M. l'Empereur, sera formé des 3ᵉ, 5ᵉ, 6ᵉ, 9ᵉ bataillons du Turkestan, du bataillon mixte (composé de quatre compagnies provenant des bataillons de ligne du territoire de Ferganah), du 3ᵉ bataillon de ligne de la Sibérie orientale, de deux compagnies du 17ᵉ bataillon de ligne du Turkestan, de toute la brigade de chasseurs du Turkestan, d'une compagnie de chasseurs, du 4ᵉ régiment mixte des cosaques d'Orenbourg-Oural, de quatre sotnias du 2ᵉ cosaques d'Orenbourg, de quatre sotnias du 3ᵉ cosaques d'Orenbourg, de quatre sotnias du 1ᵉʳ cosaques de Sibérie, de deux sotnias du 5ᵉ cosaques mixte, des 1ʳᵉ et 3ᵉ batteries et de la moitié de la 1ʳᵉ batterie de la 1ʳᵉ brigade d'artillerie du Turkestan, de la batterie mobile d'instruction, des 1ʳᵉ et 5ᵉ batteries à cheval des cosaques d'Orenbourg et d'une batterie à fusées.

Le corps du Ferganah qui sera commandé par le général-major Abramof, comprendra : six compagnies de chasseurs, deux sotnias du 5ᵉ cosaques mixte (qui seront nommées à cet effet par le commandant des troupes du territoire de Ferganah), de six canons de montagne de l'artillerie du Turkestan et d'une demi-batterie à fusées.

Le corps de l'Amou-Daria, commandé par le colonel Grotenhelm, comprendra six compagnies, deux sotnias et quatre canons (qui seront nommés à cet effet par le commandant du territoire de l'Amou-Daria).

Le premier corps se concentre à Samarkand et se dirige par échelons sur Djam pour poursuivre ensuite sa route selon les ordres qui lui sont donnés.

Le second se forme à Marguélane, traverse Vouadil pour se rendre dans la vallée du Kyzyl-Sou et plus loin selon les ordres reçus.

Le troisième corps, enfin, se réunit à Pétro-Alexandrovsk, suit le cours de l'Amou-Daria en le remontant jusqu'à Tchardjouï et prend ensuite la direction qui lui est indiquée.

Un ordre supplémentaire sera rendu pour fixer l'époque de la formation et de l'entrée en campagne de ces corps, ainsi que des autres détachements de troupes qui pourront être nécessaires.

Quand on eut connaissance de cet ordre du jour en Europe, on crut qu'il s'agissait d'une attaque sur Bokhara. Il n'en était rien. A quoi eut servi alors la colonne de Marguélane ? L'objectif était Balkh, la clef de la route de Samarkand à Kaïsbek, la plus importante des trois que l'état-major russe avait fait explorer. Il n'y eut plus de doute quand on fut mieux renseigné. En effet, avant de se mettre en route, le général Kaufmann avait dépêché à l'émir de Bokhara un agent diplomatique, M. Beinberg, chargé de lui remettre une lettre personnelle et de lui expliquer les intentions des Russes. Cet émissaire, accompagné d'un capitaine d'état-major, arriva le 2 juin à Karchi, et fut présenté le lendemain à l'émir Seyd-Mouzaphar. D'après son rapport, qui parut dans la *Gazette officielle du Turkestan*, il exposa que l'armée russe désirait traverser le territoire du Khan pour se rendre dans le bassin supérieur de l'Amou-Daria. Cette région qui, géographiquement, se rattache à la Bokharie, est en réalité indépendante.

Le général Kaufmann rappelait dans sa lettre les services que l'émir lui avait déjà rendus lors de l'expédition de Khiva ; en outre, il exprimait l'espoir que les autorités bokhariennes fourniraient à ses troupes du pain, de la farine et d'autres provisions. Il paraît que ces communications inattendues rallongèrent d'abord la figure de l'émir, mais il se remit bien vite de son malaise et promit tout ce qu'on lui demandait. Il questionna seulement M. Beinberg sur les arrangements que les Russes comptaient prendre avec l'émir de Kaboul. L'agent répondit qu'il dépendrait de l'émir Chir-Ali d'avoir la Russie pour ennemie ou pour alliée, que le général Kaufmann, pour sa part, était animé des dispositions les plus pacifiques et qu'il enverrait aussi un émissaire à Kaboul.

L'état-major quittant Tachkend rejoignit le corps principal le 23 juin, et les troupes russes entrèrent en campagne ce jour-là. En partant, le général Kaufmann ne devait pas ignorer que le congrès de Berlin était réuni depuis plus d'une semaine et que la paix était assurée. Mais le gouvernement russe désirait sans aucun doute tirer parti des armements qu'il avait faits, si la prise de Balkh ne pouvait servir à l'expédition qui venait d'être préparée contre les autres, elle pouvait servir plus tard, si un avenir que nombre de Russes considéraient comme inévitable, amenail de nouvelles complications avec l'Angleterre. Le moment actuel étant favorable à l'accomplissement de ces desseins, il fit continuer une campagne qui devait rapprocher à moins de quatre cents kilomètres les frontières des deux grands empires qui se disputent l'Asie.

III. — ENTENTE ENTRE LA RUSSIE ET L'ANGLETERRE. — LA CONVENTION DU 4 JUIN

Les ravages du typhus. — L'insurrection du Rhodope. Raisons de la Russie pour céder.

Tandis que s'opéraient ces préparatifs militaires, qui effrayaient l'Europe, le temps s'écoulait et avec le temps s'éteignaient les sentiments excessifs qui semblaient devoir rendre la guerre inévitable. Les Russes, devenus plus sages, voyaient mieux les énormes dangers de leur situation ; les Anglais, de leur côté, étaient trop pratiques pour se battre par pur amour du droit européen et peu à peu l'idée suggérée par le prince Gortchakof, d'une entente amiable entre les deux peuples, faisait son chemin. Au moment où tout semblait perdu pour ceux qui ne connaissaient point le dessous des cartes, le rapprochement se faisait.

Les Russes avaient trois motifs pressants de souhaiter une solution pacifique au différend qui s'était élevé entre eux et les Anglais : c'étaient les ravages du typhus qui menaçaient d'anéantir leur armée, l'insurrection du Rhodope et l'état de leurs finances.

Nous avons dit que les Russes furent cruellement punis du peu de soin qu'ils eurent des prisonniers de Plevna. Les malheureux, à peine vêtus, mourant de faim, furent surpris en route par des tourmentes de neige. Beaucoup périrent, la misère fit éclater parmi le reste le typhus, qui couvait déjà à Plevna pendant le siège. Cette peste traversa avec eux la Roumanie et pénétra en Russie ; tout l'empire fut infecté. A Saint-Pétersbourg, au mois de février, 3 ou 400 personnes tombaient malades chaque jour. Un document officiel constate qu'il y avait 3,747 personnes atteintes le 25 mars dans la capitale.

Dans le va-et-vient des trains et des convois, empestés par les malades transportés, des renforts et des recrues qui allaient rejoindre leurs corps, la terrible maladie se répandit avec une foudroyante rapidité. Le 19 février le mal était déjà général ; un oukase impérial nomma une commission chargée « de veiller à la stricte observation des conditions sanitaires et des mesures de précaution, à l'expédition des convois de malades et de prisonniers de guerre et à leur déplacement durant le trajet, à l'évacuation des malades dans les hôpitaux situés sur le parcours et des prisonniers de guerre au lieu de destination. » Remède impuissant, la maladie frappa surtout les membres de la commission et les médecins et les sœurs de charité qui se dévouaient pour soigner les pestiférés. 50 médecins militaires et 54 aides-chirurgiens moururent rien que dans le mois d'avril, et 111 médecins et 360 aides-chirurgiens tombèrent malades. Le lieutenant-général Svetchine, commandant de la 2ᵉ division de grenadiers et gouverneur d'Andrinople, fut au nombre des victimes.

Au typhus vinrent se joindre les fièvres pernicieuses et la dyssenterie, quand les troupes campèrent dans les marais de la Thrace et de la presqu'île de Constantinople. Un moment on put croire que l'armée allait se fondre, comme celle de 1829 dont les trois quarts furent mis hors de combat par les maladies, il y eut en mai jusqu'à 70,000 malades dans les hôpitaux — 70,000 hommes sur 300,000. Un journal russe, le *Golos*, publiait, à cette époque, la correspondance suivante de son correspondant militaire au delà des Balkans :

« Je ne trouve pas d'expression pour dépeindre le triste spectacle de l'épidémie typhoïde qui sévit dans le rayon transbalkanique de notre armée active.

« Le cœur me saigne, et mon âme se révolte à l'aspect de centaines de soldats qui se roulent désespérément sur la terre humide, dans la boue, entourés d'ordures de toute sorte, sans connaissance, sans autre couverture qu'un uniforme horriblement maculé ! Il en est ainsi presque partout, sur tous les points où il y a des lazaristes et des hôpitaux militaires provisoires.

« Dans les régiments, les deux tiers des hommes sont malades. Le personnel de service des hôpitaux et le personnel médical eux-mêmes ne sont pas épargnés par le typhus. Si la mortalité n'est pas aussi grande que l'on pouvait s'y attendre, cette circonstance n'est due qu'aux conditions climatériques. Je ne veux pas décrire les scènes terribles dont j'ai été témoin et qui glacent le cœur.

« Chacun peut se représenter l'image de la mort et de la décomposition complète des organismes humains, qui sévit dans les lazarets où l'on manque positivement de tout ce qui est nécessaire pour combattre le virus épidémique. »

Un rapport officiel publié par le *Messager de la Croix-Rouge*, constate qu'au commencement de juillet, alors que l'intensité des maladies avait diminué l'armée russe campée en Turquie avait encore 47,764 malades.

Les ravages du typhus étaient plus effrayants encore dans l'armée du Caucase. Cette armée avait supporté des souffrances inouïes autour d'Erzeroum. Certains jours elle avait été littéralement enfouie sous la neige. Avec cela un pays pauvre, nu et point de bois pour se chauffer. La maladie paraît avoir éclaté d'abord dans les centres où les populations ramassées par la guerre s'étaient entassées pêle-mêle. Dans Erzeroum seulement il périt 14,000 personnes. Des villes, le typhus se propagea partout. Au mois de janvier une commission sanitaire russe envoyée de Tiflis, trouva 5,000 soldats malades à Kars, 7,000 à Hassan-Kalé, 12,000 autour d'Erzeroum.

L'état-major fut décimé, presque tous les héros de la guerre moururent; le vaillant général Heïmann, les généraux Solovief, Goubsky, commandant en chef de l'artillerie, Schelkovnikof, officier d'un grand avenir, Loris-Melikof, parent du commandant en chef. Le commandant en chef lui-même fut frappé et faillit mourir, il céda le commandement à Heïman, qui mourut, et ce fut le général Lazaref qui recueillit la succession. La guerre n'avait coûté que 3,909 morts à l'armée du Caucase, la maladie plus meurtrière lui enleva, du 1er avril 1877 au 1er février 1878, 9,871 hommes (1), et les mois suivants le typhus continua à sévir.

Ce qu'il eût fallu pour sauver la vie à tant de braves c'est le retour dans la patrie, à la vie ordinaire, au climat natal. L'Angleterre n'avait pas besoin d'envoyer son armée contre l'armée russe pour détruire celle-ci, elle n'avait qu'à l'obliger à rester dans les positions mortelles qu'elle occupait. On conçoit de quel poids cette situation désastreuse devait peser sur les résolutions du gouvernement russo et sur le cœur sensible du czar.

Et ce n'était pas seulement le salut des soldats qui réclamait leur retour en Russie, c'était encore le salut des familles qu'ils avaient quittées. La plupart des réservistes rappelés étaient mariés, car on se marie très-tôt en Russie. De là d'affreuses misères. Voici ce qu'on lit dans un rapport de la municipalité de Mouravievensk, dans le gouvernement de Riazan : « Les soldats n'avaient, dans le plus grand nombre de cas, laissé à la maison que des femmes et des enfants, et avaient dû vendre leur bétail pour s'équiper. Après leur départ, il a fallu vendre le patrimoine pour payer les impôts et les dettes, ou voir saisir et adjuger à un prix ridicule le produit de la moisson. Au mois de juin, il n'y avait plus dans le village ni pain, ni vêtements, et c'est la municipalité qui a été forcée de fournir l'indispensable aux familles. Le sort des familles ne possédant pas de propriétés était encore plus à plaindre puisqu'elles étaient à la merci des autres, aussi pauvres qu'elles. Un rouble (4 fr.) une fois donné au mois de juin et deux ensuite ont été, dans le district de Kotchourof, la seule ressource de la famille d'un soldat en service actif, famille composée d'une vieille grand'mère, de la mère et de six enfants. »

La paix avec l'Europe était encore nécessaire aux Russes pour achever la soumission des territoires qu'ils prétendaient incorporer à la principauté de Bulgarie. Une partie de ces territoires étaient en effet en insurrection et les insurgés non seulement refusaient de reconnaître la domination russe ou la domination bulgare, mais encore constituaient sur les lignes de communications russes un danger excessivement grave pour le cas où ils auraient été appuyés par des troupes étrangères.

Les contre-forts orientaux des monts Rhodope donnent un caractère montagneux à toute la contrée au sud de Philippopoli et de Haskeuï et qui va presque jusqu'au bord de la mer. Ces contre-forts forment le bassin de la rivière Arda et ils traversent le pays dans la direction de l'ouest à l'est, ainsi que les bassins des affluents méridionaux de la Maritza. Cette contrée est peuplée principalement de musulmans qui, par suite de la nature de leur sol, n'ont jamais reconnu complétement l'autorité du gouvernement turc. La peuplade la plus intraitable sous ce rapport, est celle des Kirdjales, qui habitent la vallée de l'Arda et que le gouvernement turc n'a jamais

(1) Rapport à la Société Impériale de médecine du Caucase.

pu maintenir qu'à force de présents. C'est ce pays que traversèrent les débris de l'armée de Suleyman-Pacha, battue et dispersée après la bataille livrée sous les murs de Philippopoli. Cette armée, désorganisée comme elle l'était, se dirigea sur Humourdjik et Kavala, laissant derrière elle dans les montagnes un grand nombre de bachi-bouzouks, de Tcherkesses et de traînards, — même des officiers et des canons.

La cavalerie russe en poursuivant l'armée battue, traversa ce pays dans deux directions : d'une part le 9ᵉ dragons de Kazan et le 30ᵉ cosaques du Don se rendirent de Haskeuï à Humourdjik, et de l'autre, une partie de la brigade des cosaques du Caucase, sortie de Philippopoli, atteignit Andrinople en passant par la vallée de l'Arda, dans un *read* que nous avons raconté. A la conclusion de l'armistice, le ravitaillement de la cavalerie présentant de grandes difficultés, celle-ci quitta la vallée de l'Arda pour se rendre sur les bords de ce pays montagneux, se bornant à la surveiller du côté de Philippopoli et de Haskeuï.

Pendant le passage des troupes, la population en proie à la panique, ne fit preuve d'aucune hostilité à leur égard, et les régiments furent même reçus dans bon nombre d'endroits avec des témoignages de joie. Tout était tranquille dans le pays. Mais dès qu'ils se furent éloignés, des désordres se produisirent. Un aperçu de l'insurrection, rédigé sur des données officielles et publié par l'*Invalide russe*, avoue que les Bulgares chrétiens commencèrent. Les désordres, dit-il, « éclatèrent d'abord parmi les Bulgares au nord de l'Arda qui, enivrés par la liberté obtenue après un long esclavage et par le désir de se venger de l'arbitraire dont ils avaient tant eu à souffrir, profitèrent de l'affaiblissement des musulmans pour se livrer à des pillages isolés de villages turcs. »

Les faits que cette phrase avoue à demi, une note de l'agent du comité international de secours

LE PRINCE DE BISMARCK, PRÉSIDENT DU CONGRÈS

aux réfugiés ottomans (1) nous en donne le détail. Nous avons sraconté les horreurs commises par les Bulgares dans le district d'Eski-Zaghra, les Bulgares du Rhodope égalèrent leurs compatriotes des Balkans. Dans le district de Haskeuï, à Eniperler, trois vieilles femmes, trois veuves furent brûlées vivantes; à Toundoudjek, une femme fut traitée de même, ainsi qu'à Cheremetler; à Gabrova (2) 50 habitants furent massacrés; à Kuchaliter, sur 250 maisons il en resta 13; 40 jeunes filles furent enlevées. Une jeune fille de dix-sept ans fut attachée et livrée à des cosaques qui n'abandonnèrent leur victime que lorsqu'elle ne fut plus qu'un cadavre. A Bugutova, dans le district de Philippopoli, un vieillard fut mis en croix; on le détacha pendant qu'il respirait encore, puis on le jeta dans les flammes.

(1) Note communiquée en juillet 1878 aux ambassadeurs à Constantinople.
(2) Ce Gabrova qu'il ne faut pas confondre avec le Gabrova des Balkans est au sud-ouest de Haskeuï.

L'agent du comité international de secours fait une liste lamentable des villages brûlés. Il en indique 23 dans le district de Haskeuï, 53 dans celui de Demotica ; dans le district de Philippopoli, 12 villages furent détruits rien qu'en deux jours. Inutile de répéter que dans tous ces villages les hommes furent généralement massacrés, qu'il n'y resta que des vieillards, des femmes et des enfants, et que, pour les femmes, le plus grand nombre subirent les derniers outrages.

Les Pomaks, nom par lequel on désigne les Bulgares convertis à l'islamisme, les Pomaks habitués à commander dans le pays ne supportèrent pas longtemps ces vexations et malgré la terreur qu'inspirait le voisinage des armées russes, de petites bandes se formèrent dans le courant de février et tombèrent à leur tour sur les villages chrétiens rendant massacre pour massacre et incendie pour incendie. Ces bandes faibles d'abord et isolées grossirent rapidement. Les traînards de l'armée de Suleyman-Pacha se joignirent à elles et les officiers restés dans le pays leur donnèrent un semblant d'organisation militaire. Les bruits qui circulèrent au sujet des conditions de paix et qui présentaient le pays comme devant faire partie de la nouvelle principauté de Bulgarie achevèrent de soulever la population musulmane et bientôt l'insurrection fut maîtresse des montagnes depuis la Basse-Arda près d'Andrinople jusqu'à Dovlène au sud de Philippopoli. Les Bulgares étaient tellement épouvantés qu'on dut sévir pour les empêcher de se réfugier dans Haskeuï.

Les Russes prirent un peu tardivement des mesures dans le but d'arrêter le mouvement insurrectionnel. Au commencement de mars, on forma deux détachements dont l'un fut envoyé à Haskeuï sous les ordres du général-major Radzichevsky, commandant de la 1re brigade de la 31e division d'infanterie, et l'autre au sud de Philippopoli, sous les ordres du colonel Schuld, commandant du 123e régiment d'infanterie (de Kozlof). Mais ces détachements se trouvèrent trop faibles et après avoir occupé quelques-uns des villages insurgés à l'entrée des montagnes ils se retirèrent.

Dans le courant de mars, l'insurrection commença à gagner le versant septentrional des monts Rhodope. Les bachi-bouzouks passèrent à l'attaque sur toute la ligne ; ceux de Dovlène occupèrent les villages de Rahovo, de Pavlovskoé, et de Malkovo, tandis que les bachi-bouzouks de Haskeuï s'établissaient sur la ligne de Gabrovo-Eskikioï, menaçant ainsi la ville de Haskeuï même. D'après les constatations du colonel Schuld, il y avait dans les environs de Dovlène 10,000 insurgés et dans ceux de Haskeuï près de 4,000. Ces bandes se trouvaient sous le commandement des chefs Juschenhäusch et Mala-Mourat-Pacha.

Le grand-duc Nicolas demanda à la Porte d'envoyer des commissaires pour apaiser l'insurrection, mais celle-ci ne se pressa point de le faire. Le général Stolypine essaya alors de nouveau de l'étouffer par la force. Il renforça les détachements du colonel Schüld, de Stanimaki et de Haskeuï et les mit tous trois en mouvement. Le général Radzischevski partit de Haskeuï le 2 avril, tandis que le détachement de Stanimaki quittait cette ville et après divers combats heureux à Kousch-Alialar, à Koumourli, à Ourouzla et à Labrovo, les deux troupes parvinrent à se rejoindre dans ce dernier village. Les insurgés se réfugièrent dans l'intérieur des montagnes et le général Radzichevski n'osa les poursuivre dans un pays où il était impossible de faire passer l'artillerie et où l'approvisionnement et le transport des munitions eussent été fort difficiles. Les opérations du côté de Haskeuï furent donc encore suspendues une fois sans avoir donné de résultats décisifs.

Tandis que les opérations que nous venons de signaler se poursuivaient entre Haskeuï et Philippopoli, l'insurrection gagnait le sandjak de Sofia et s'étendait jusqu'aux frontières de la Serbie, encouragée et propagée, à ce que disent les rapports russes, par des émissaires turcs et anglais. Les habitants de la ville de Djouma, appuyés par de l'artillerie, des bachi-bouzouks et même quelques troupes régulières, soutinrent un siège en règle contre un détachement russe. Plus de 8,000 insurgés parcouraient les environs de Sofia.

La Porte, sur les instances des Russes, s'étant enfin décidée à envoyer des commissaires aux insurgés, nomma dans ce but trois jeunes officiers. Les Russes trouvèrent ces délégués trop inexpérimentés et en exigèrent d'autres. La Porte, dans le courant d'avril, désigna Samih-Pacha et Vasso-Effendi. Dès que ces commissaires furent sur le théâtre de l'insurrection, les rapports du général Stalypine constatèrent qu'il n'y avait pas lieu de s'attendre à une issue favorable de leur envoi. « Au lieu d'engager la population à cesser les désordres, ils s'efforcent avant tout de recueillir parmi les insurgés des déclarations constatant qu'ils ont été en butte à des vexations et à des violences de la part des Bulgares en vue de représenter leur conduite comme la cause directe de l'insurrection et de prouver que les musulmans n'ont pris les armes que pour se défendre ; d'autre part, les commissaires et leur président, Samih-Pacha, ont eu à Philippopoli des entrevues secrètes avec le métropolite grec et avec le consul d'Angleterre, — entrevues qui n'ont pas peu contribué à faire durer l'insurrection.

« La population musulmane des montagnes, enfin, n'a attribué que fort peu d'importance à l'envoi des commissaires du gouvernement turc et dans plusieurs localités elle n'a même pas voulu les entendre. A la date du 15 mai, les commissaires ottomans sont revenus à Philippopoli et ils sont repartis pour Constantinople, en ayant fait plus de mal que de bien. »

Les commissaires turcs s'étaient, en effet, uniquement occupés de recueillir les plaintes des insurgés et ils attribuèrent l'insurrection à l'application d'un *système d'extermination de la race musulmane, adopté et inexorablement appliqué par l'armée russe ayant opéré et opérant dans ces parages.*

Le 10 mai, un désastre faillit se produire : les insurgés cernèrent une compagnie du régiment de Kozlaf qui occupait un point au sud de Philippopoli et qui ne fut délivrée que le lendemain. Pour détruire le mauvais effet de cette affaire, le général Stolypine fit poursuivre les insurgés par sept compagnies accompagnées de quatre canons de campagne qui s'arrêtèrent comme toujours à l'entrée des montagnes après avoir incendié quelques villages.

Quand le prince Doudoukof-Korsakof prit possession de son commandement, le nombre des insurgés était évalué à 40,000. La 3ᵉ division fut envoyée, une brigade à Andrinople et l'autre à Demotika, et la situation fut jugée assez grave pour qu'on fît élever sans retard des fortifications autour de Sofia et de Philippopoli. On craignait surtout un coup de main sur cette dernière ville. Les insurgés étaient dans les monts Rhodope comme dans une forteresse, les Russes se contentèrent de déployer leurs troupes sur tout le front des montagnes pour contenir l'insurrection et des rencontres continuèrent à avoir lieu à peu près quotidiennement. Le 14 juillet, il y eut, sur une beaucoup plus grande échelle, une répétition de l'affaire de la compagnie de Kozlaf. Un bataillon et demi d'infanterie, un détachement de cosaques et deux canons casernés au couvent grec de Batzkovo, à trois lieues de Stanimaki, furent tournés par les Pomacks, tandis qu'une forte colonne d'insurgés dirigeait simultanément une attaque de front contre le couvent. Les Russes, favorisés par les avantages de leurs positions, réussirent à repousser les attaques réitérées des assaillants. Néanmoins, le lieutenant-colonel Holitzky se vit dans la nécessité de faire avancer en toute hâte les forces russes cantonnées à proximité.

Quatre heures après que l'ordre eut été expédié, les premiers détachements parurent sur le théâtre de la lutte. Il était temps. Le lieutenant-colonel Holitzky, serré de près, ne pouvait plus opposer une résistance de longue durée à la tête de troupes épuisées et dont les rangs s'éclaircissaient d'heure en heure. Bientôt après, on vit déboucher un régiment entier d'infanterie avec une batterie de montagne. Dès lors les Turcs, qui pendant une lutte de dix heures avaient déployé une grande bravoure et fait preuve d'une remarquable habileté de tir, durent battre en retraite, ce qu'ils firent d'ailleurs en bon ordre. Les pertes des Russes furent évaluées à 500 hommes en morts et blessés; celles des insurgés s'élevaient à 300 ou 350 hommes. 5 Turcs faits prisonniers déclarèrent qu'en ce qui concernait l'approvisionnement ils n'avaient encore rien eu à souffrir, que chaque jour on les exerçait activement au maniement des armes, aux manœuvres de campagne et au service des patrouilles, et qu'ils avaient parmi eux un très-grand nombre d'officiers anglais. Nous ne savons ce que valait au juste cette déclaration, mais il est certain que le colonel Saint-Clair, quatre officiers d'état-major et trois officiers de ligne anglais se trouvaient parmi les insurgés. Il est certain encore que c'est à des Anglais que les insurgés devaient une partie de leurs armes et de leurs munitions.

Quant à la situation financière de la Russie nous avons exposé dans un précédent chapitre (1) combien elle était précaire dès les débuts de la guerre. Qu'il nous suffise de rappeler quelques faits. Toutes les grandes autorités financières russes avaient été réunies un jour à Saint-Pétersbourg et on leur avait posé cette question : la Russie peut-elle, oui ou non, faire la guerre à la Turquie. Après avoir beaucoup discuté le conseil répondit : la Russie peut faire la guerre pendant le temps voulu pour dépenser 100 millions de roubles, soit trois mois au maximum (2). Or la guerre en avait duré dix et coûtait 800 millions de roubles, c'est-à-dire 3 milliards de francs environ. Les budgets à venir devaient être grevés de 100 millions de roubles au moins de char-

(1) Voyez pages 551 et suivantes.
(2) Lettre du prince Meriebesky au *Nord*.

ges supplémentaires par le fait de la guerre. La Russie pouvait donc être considérée comme épuisée d'argent; son papier dont elle avait mis en circulation une si énorme quantité, avait perdu jusqu'à 45 pour 100 pendant la guerre et perdait encore 35 pour 100 depuis la conclusion de la paix à San-Stefano. Un oukase du 22 février n'en avait pas moins encore autorisé l'émission d'obligations du Trésor à courte échéance. Enfin les espèces faisaient tellement défaut qu'à partir du milieu d'avril la solde de l'armée fut payée en papier. Dans de telles conditions, une nouvelle guerre, de nouvelles dépenses extraordires, c'était la banqueroute à peu près inévitable.

Ainsi les maladies qui dévoraient son armée, l'insurrection qui menaçait ses lignes de communication, la pénurie du trésor, la certitude d'avoir contre lui la Turquie mal résignée et la Grèce et la Roumanie qu'il avait irritées, l'ambiguïté de la politique autrichienne, tout faisait un devoir au gouvernement russe de se prêter à toutes les concessions possibles pour arriver à un accommodement avec l'Angleterre.

Accord entre l'Angleterre et la Russie. — La mission Schouvalof. — Le mémorandum du 30 mai.

L'Angleterre, de son côté, avait des raisons non moins sérieuses pour ne point souhaiter la guerre. La circulaire du marquis de Salisbury lui avait valu une grande popularité, mais il faut remarquer que cette circulaire n'était pas seulement une proclamation de principes mais encore un appel à l'Europe; or, l'Europe avait-elle répondu? Non. Moralement soutenue par toutes les puissances, l'Angleterre était matériellement aussi isolée que la Russie; elle ne disposait d'aucune alliance pour faire la guerre. Première raison pour l'éviter. Seconde raison : à quoi pouvait aboutir cette guerre? à rétablir l'ancien état de choses en Turquie? c'était impossible; elle était donc condamnée à être stérile. Puisque l'Europe se dérobait au moment où l'Angleterre revendiquait pour elle le droit de prendre part au règlement de la question d'Orient, au lieu de courir les risques d'une guerre inutile ne valait-il pas mieux s'entendre directement avec la Russie pour remanier le traité de San-Stefano en tenant compte des intérêts anglais? Ces intérêts n'étaient pas inconciliables avec les ambitions russes. On a récriminé avec violence contre l'Angleterre au sujet de cette entente; on l'a accusée de n'a-

voir pris des attitudes nobles et des airs chevaleresques, de ne s'être posée en champion du droit des gens, de l'équilibre européen, du respect des traités et du libre arbitre de leurs signataires que pour fouler aux pieds tous ces principes quelques semaines après les avoir invoqués. Mais, en vérité, l'Angleterre pouvait-elle avoir plus de souci des intérêts européens que l'Europe elle-même? Les procédés diplomatiques du cabinet anglais ont été insolites, parfois même incorrects, mais, en somme, si l'Europe a le droit de les regretter, elle n'a pas celui de s'en plaindre.

Nous avons dit qu'à la suite de la réponse du prince Gortchakof à la circulaire du marquis de Salisbury, les négociations cessèrent entre l'Angleterre et la Russie. Dans le courant d'avril, le prince de Bismarck essaya de les renouer en proposant de retirer simultanément la flotte anglaise et l'armée russe des environs de Constantinople; il échoua devant la mauvaise volonté de l'Angleterre. A la fin du mois d'avril, un événement favorable à la paix se produisit, le prince Gortchakof tomba gravement malade, et l'empereur Alexandre dirigea lui-même les affaires politiques. Les journaux étrangers racontèrent que le 28 avril, jour de la pâque russe, il écrivit à son oncle, l'empereur Guillaume, une lettre émue pour lui demander de ne point se décourager et de continuer sa médiation.

Les négociations reprirent en effet, le comte Schouvalof exposa au cabinet anglais les concessions considérables que la Russie était disposée à faire. « Vous voulez que nous soumettions le traité de San-Stefano en entier au Congrès, disait-il. Eh bien, nous consentirons à le faire. Mais comme compensation ne pouvons-nous savoir d'avance quelles sont les modifications que vous entendez y apporter. Quelles prétentions soulèverez-vous? Contesterez-vous tous les résultats de la guerre? Nous ne pourons aller au Congrès qu'autant que nous saurons si nous pouvons accepter les conditions que vous nous y ferez. » Le cabinet anglais se décida alors à faire connaître ses vues sur les stipulations les plus importantes du traité, et le comte Schouvalof s'empressa de les communiquer au gouvernement russe dans une note en date du 2 mai qui fit une telle impression sur le czar, qu'afin de s'éclairer davantage sur les dispositions du gouvernement et du peuple anglais, il fut décidé que l'ambassadeur de Londres serait appelé à Saint-Pétersbourg.

Le comte Schouvalof y arriva le 13 mai, le jour même où paraissait dans le *Journal officiel*

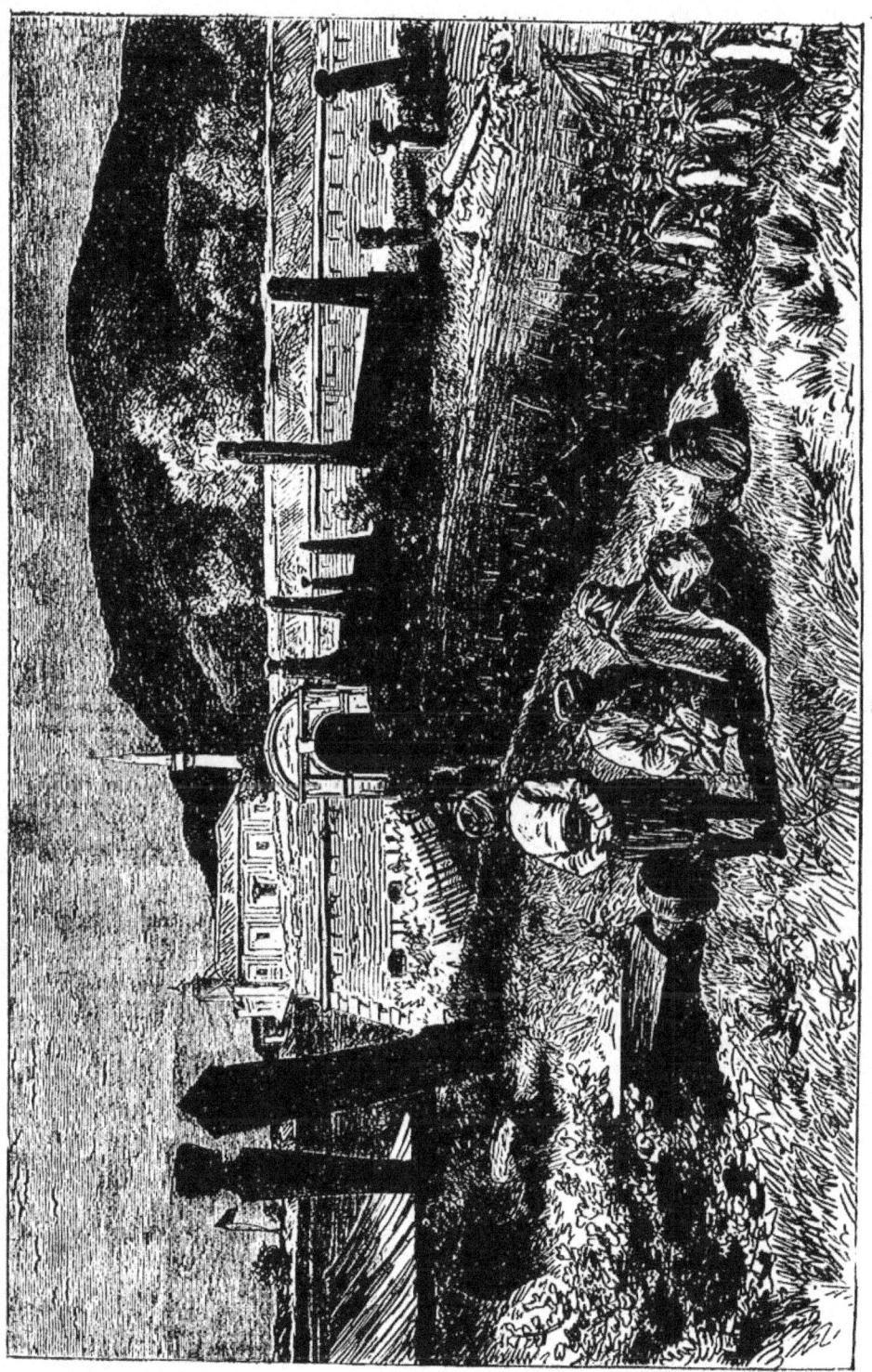

OCCUPATION DE L'ILE D'ADA-KALÉ PAR LES TROUPES AUTRICHIENNES

l'appel du comité de Moscou pour la formation d'une flotte volontaire destinée à détruire le commerce anglais. Les pourparlers qui suivirent furent entourés du plus profond secret. Quinze jours plus tard, le comte Andrassy s'expliquant à ce sujet devant les Délégations disait : « L'expérience ayant démontré que le succès de pareils pourparlers est exposé à être compromis s'ils ne sont point conduits dans le plus profond secret, le comte Schouvalof s'est décidé à aller personnellement à Saint-Pétersbourg. Bien qu'il ne fût porteur d'aucune proposition positive émanant du gouvernement anglais, il était parvenu à se rendre compte des vues de ce gouvernement et il a résolu de les faire connaître à Saint-Pétersbourg. Mais la discrétion a été poussée si loin qu'aucun télégramme chiffré n'a été envoyé de Saint-Pétersbourg à Londres pendant le séjour du comte Schouvalof dans cette première ville, et le résultat de l'ambassadeur russe n'a été connu en Angleterre que lorsqu'il y a été de retour. Il est même probable que les hommes d'État avec lesquels le comte Schouvalof a été en communication en revenant de Russie n'ont eu aucune connaissance des détails des négociations anglo-russes. »

C'est avec le même secret que se poursuivirent les négociations à Londres au retour du comte Schouvalof. Le 23 mai elles étaient assez avancées pour que la réunion du Congrès fût devenue certaine et le prince de Bismarck fit demander au comte Andrassy quelle date il lui plairait de choisir. Le comte Andrassy indiqua le 11 juin. Les négociations aboutirent le 30 mai, non pas comme on le pensait à un échange de vues verbal dont le but unique aurait été de se tâter en quelque sorte mutuellement et de reconnaître jusqu'à quel point l'entente serait possible au Congrès ; mais à un arrangement formel, écrit, signé par les représentants de la Russie et de l'Angleterre, à un arrangement qui les liait expressément, comme le fait toute convention, qui les liait même définitivement pour le cas où elles ne parviendraient pas à se mettre d'accord au Congrès sur de nouvelles modifications à apporter au traité de San-Stefano. L'Angleterre abandonnait le principe de l'autorité absolue et de la compétence sans réserve du Congrès dont elle avait fait le fondement du large programme européen qu'elle avait soutenu pendant quelques mois avec tant d'éclat. Grâce à ces concessions, la Russie se décidait à admettre théoriquement la libre discussion du traité de San-Stefano tout entier.

Cet arrangement séparé des deux puissances, inspiré par leurs intérêts particuliers, fut formulé dans un double mémorandum dont le texte, à la suite d'une indiscrétion sur laquelle nous aurons à revenir, fut publié, le lendemain du jour où le Congrès se réunit, par un journal anglais, le *Globe*. Voici la première partie du document :

1. L'Angleterre écarte la division longitudinale de la Bulgarie, mais le représentant de la Russie se réserve d'en faire valoir les avantages au Congrès, en promettant toujours de ne pas y insister contre l'opinion définitive de l'Angleterre.

2. La délimitation de la Bulgarie au sud serait modifiée de manière à l'éloigner de la mer Égée, selon la délimitation sud des provinces bulgares proposée par la conférence de Constantinople. Ceci ne concerne la question des frontières qu'en tant qu'elle se rapporte à l'exclusion du littoral de la mer Égée, c'est-à-dire à l'ouest de Lagos. Depuis ce point du littoral de la mer Noire, la discussion de la frontière reste libre.

3. Les frontières occidentales de la Bulgarie seraient rectifiées sur la base des nationalités, de manière à exclure de cette province les populations non bulgares. Les frontières occidentales de la Bulgarie ne devraient pas dépasser en principe une ligne tracée à peu près de Novi-Bazar au Hoursha-Balkan.

4. La Bulgarie replacée dans les limites qui sont mentionnées dans les points 2 et 3 sera partagée en deux provinces, à savoir :
L'une, au nord des Balkans, serait dotée d'une autonomie politique, sous le gouvernement d'un prince, et l'autre, au sud des Balkans, recevrait une large autonomie administrative (par exemple à l'instar de celles qui existent dans les colonies anglaises) avec un gouverneur chrétien nommé du consentement de l'Europe pour cinq à dix ans.

5. L'empereur de Russie attache une importance toute particulière au retrait de l'armée turque de la Bulgarie méridionale. Sa Majesté ne verrait aucune sécurité ni garantie pour l'avenir de la population bulgare, si les troupes ottomanes y étaient maintenues.
Lord Salisbury accepte la retraite des troupes turques de la Bulgarie méridionale, mais la Russie n'objectera pas à ce que le Congrès statue sur le mode et les cas où il serait permis aux troupes turques d'entrer dans la province méridionale pour résister à l'insurrection ou à l'invasion soit en état d'exécution ou à l'état de menace. — Toutefois l'Angleterre se réserve d'insister au Congrès sur le droit pour le sultan de pouvoir cantonner des troupes sur les frontières de la Bulgarie méridionale.
Le représentant de la Russie au congrès se réserve une complète liberté dans la discussion de cette dernière proposition de lord Salisbury.

6. Le gouvernement britannique demande que les chefs supérieurs de la milice dans la Bulgarie méridionale soient nommés par la Porte avec l'assentiment de l'Europe.

7. Les promesses pour l'Arménie, stipulées par le traité préliminaire de San-Stefano, ne doivent pas être faites exclusivement à la Russie, mais à l'Angleterre aussi.

« Le gouvernement de Sa Majesté britannique prenant, ainsi que le gouvernement impérial, un vif intérêt à la future organisation des provinces grecques de la Péninsule des Balkans, l'article 15 du traité préliminaire de San-Stefano sera modifié de manière à ce que les autres puissances et notamment l'Angleterre, aient comme la Russie, une voix consultative dans la future organisation de l'Épire, la Thessalie et les autres provinces chrétiennes restées sous la domination de la Porte.

9. En ce qui concerne l'indemnité de guerre, Sa Majesté l'empereur n'a jamais eu l'intention de la convertir en annexions territoriales, et il ne se refuse pas à donner des assurances à cet égard. Il est entendu que l'indemnité de guerre n'enlèvera pas au gouvernement anglais ses droits de créancier, et il se trouvera, sous ce rapport, dans la même situation qu'avant la guerre. Sans contester la décision définitive que la Russie prendra au sujet du montant de l'indemnité, l'Angleterre se réserve de faire valoir au congrès les objections sérieuses qu'elle y voit.

10. Quant à la vallée d'Alashkert et la ville de Bayazid, cette vallée étant la grande route du transit pour la Perse et ayant une immense valeur aux yeux des Turcs, Sa Majesté l'empereur consent à la leur restituer, mais, il a demandé et obtenu en échange l'abandon à la Perse du petit territoire du Khotour, que les commissions des deux cours médiatrices ont trouvé juste de restituer au shah.

11. Le gouvernement de Sa Majesté britannique croirait devoir constater son profond regret pour le cas où la Russie insisterait définitivement sur la rétrocession de la Bessarabie. Comme il est cependant suffisamment établi que les autres signataires du traité de Paris ne sont pas prêts à soutenir par les armes la délimitation de la Roumanie stipulée dans ce traité, l'Angleterre ne se trouve pas assez immédiatement intéressée dans cette question pour qu'elle soit autorisée à encourir seule la responsabilité de s'opposer au changement proposé, et ainsi elle s'engage à ne pas contester la décision en ce sens.

En consentant à ne pas contester le désir de l'empereur de Russie d'occuper le port de Batoum et de garder ses conquêtes en Arménie, le gouvernement de Sa Majesté ne se cache pas qu'il soit probable que de graves dangers, menaçant la tranquillité des populations de la Turquie en Asie puissent résulter dans l'avenir de cette extension de la frontière russe. Mais le gouvernement de Sa Majesté est d'avis que le devoir de sauvegarder l'empire ottoman ce de danger, qui dorénavant reposera d'une manière spéciale sur l'Angleterre, pourra s'effectuer sans que l'Europe éprouve les calamités d'une nouvelle guerre.

En même temps, le gouvernement de la Reine prend acte de l'assurance donnée par Sa Majesté impériale que, dans l'avenir, la frontière de la Russie ne sera plus étendue du côté de la Turquie en Asie. Le gouvernement de Sa Majesté étant par conséquent d'opinion que les modifications du traité de San-Stefano agréées dans ce mémorandum suffisent à mitiger les objections qu'il trouve au traité dans sa forme actuelle, s'engage à ne pas contester les articles du traité préliminaire de San-Stefano qui ne sont pas modifiés par les dix points précédents, si, après que les articles auront été dûment discutés au Congrès, la Russie persiste à les maintenir.

Il se pourrait que dans le cours des discussions au congrès, les deux gouvernements trouvent préférable d'introduire d'un commun accord de nouvelles modifications qu'il serait impossible de prévoir ; mais si l'entente sur ces nouvelles modifications ne s'établit pas entre les plénipotentiaires russes et anglais, le présent mémorandum est destiné à servir d'engagement mutuel au congrès pour les plénipotentiaires de la Russie et de la Grande-Bretagne. En foi de quoi ce document a été signé par l'ambassadeur de Russie à Londres et le principal secrétaire d'État de Sa Majesté britannique.

Fait à Londres, le 30 mai 1878.

Signé : SCHOUVALOFF.
SALISBURY.

S'il en faut croire le *Journal des Débats*, dont les relations avec la chancellerie autrichienne sont connues, cette convention fut communiquée point par point au comte Andrassy avant la signature et ne fut conclue définitivement qu'avec son assentiment. Cependant, comme elle ne concernait que les dix points qui intéressaient spécialement l'Angleterre, on y ajouta l'annexe suivante afin de laisser une porte ouverte aux objections de l'Autriche :

A. — Le gouvernement anglais se réserve de demander au Congrès la participation de l'Europe dans l'organisation administrative des deux provinces bulgares.

B. — Le gouvernement anglais discutera au Congrès la durée et la nature de l'occupation russe en Bulgarie, et du passage par la Roumanie.

C. — Le nom à donner à la province méridionale.

D. — Sans toucher à la question territoriale, le gouvernement britannique se réserve de discuter les questions de navigation du Danube, ce à quoi l'Angleterre a des droits par les traités.

E. — Le gouvernement anglais se réserve de discuter au Congrès toute question touchant aux Détroits. Mais l'ambassadeur de Russie à Londres, prend acte de la communication verbale qu'il a faite au principal secrétaire d'État, à savoir que le cabinet impérial s'en tient à la déclaration de lord Derby du 6 mai 1877, et notamment :

Les arrangements actuellement existants revêtus de la sanction de l'Europe qui règlent la navigation du Bosphore et des Dardanelles paraissent au gouvernement anglais sages et salutaires et il y aurait, à son avis, de sérieux inconvénients à ce qu'on les modifiât dans une de leurs parties matérielles quelconques.

Le plénipotentiaire russe insistera au Congrès sur le *statu quo*.

F. Le gouvernement anglais adressera à Sa Majesté le Sultan la demande de promettre à l'Europe de protéger également au mont Athos les moines des autres nationalités.

Signé : SCHOUVALOFF.
SALISBURY.

La Convention du 4 juin.

On remarquera que ce double mémorandum traite à peu près uniquement de la Turquie d'Europe et qu'il fait de très-grands avantages aux

Russes. Ceux-ci en effet obtiennent les deux choses qui leur étaient le plus à cœur, la rétrocession de la Bessarabie et la création d'une principauté de la Bulgarie. Cette principauté à la vérité ne doit pas avoir les frontières qu'ils avaient rêvées, mais la création d'une province autonome au sud des Balkans n'est, en réalité, qu'une amorce à son futur agrandissement. L'arrangement était donc tout en leur faveur et l'impression qu'il causa en Europe fut un profond étonnement. Eh quoi! c'était pour un si mince résultat que l'Angleterre avait abandonné le terrain des intérêts généraux, elle avait tout concédé sans autre satisfaction que d'avoir retiré le port de Kavala à son adversaire. C'est que tout ce monde ignorait les compensations qu'elle allait chercher dans la question d'Asie, que le mémorandum avait réservée avec des formes quelque peu mystérieuses.

Nous l'avons expliqué, ce qui dirige la politique anglaise en Orient, c'est le désir de ne point laisser tomber la route des Indes entre les mains d'une puissance assez forte pour la barrer à son gré. En obtenant que la frontière de la Bulgarie fût reculée jusqu'aux Balkans, le cabinet anglais avait déjà ôté à la Russie la possibilité d'inquiéter la route du canal de Suez; il restait à protéger la route de la vallée de l'Euphrate vers laquelle les Russes faisaient un grand pas en occupant Batoum, Ardahan et Kars; pour assurer cette protection, lord Beaconsfield conçut un coup d'audace qui devait surprendre l'Europe bien autrement encore que le mémorandum Schouvalof-Salisbury. Chez cet homme d'une si grande originalité, le romancier servait l'homme d'État; où le froid calcul du second eût été de mauvais conseil, l'aventureuse imagination du premier lui indiqua le chemin à prendre (1).

(1) Dans un intéressant article, le *Journal des Débats* signale ce fait curieux que le premier ministre anglais avait, alors qu'il était simplement M. Disraëli, développé dans un roman intitulé *Tancrède* ou la *Nouvelle croisade*, ses vues sur l'Orient trente ans avant que, devenu lord Beaconsfield, il les ait appliquées.

« L'action du roman ne vaut guère la peine d'être racontée; tout l'intérêt est dans les rêveries auxquelles le héros se livre, et auxquelles l'auteur ne paraît pas avoir renoncé. Tancrède est un Anglais qui va chercher en Asie le « mystère de l'Orient. » Il finit par tomber amoureux d'une juive qui se nomme Eva, et bientôt il voit dans l'alliance intime de l'élément anglo saxon et de l'élément sémitique le principe qui doit régénérer le monde. La régénération, comme autrefois, viendra de l'Orient. « Quand l'Asie est dans la décadence, dit-il, l'Europe est en confusion. » Que faut-il donc faire pour tirer l'Asie de la décadence et l'Europe de la confusion, puisque les deux termes sont corrélatifs? Ici, nous citons textuellement : « Que la Reine d'Angleterre réunisse une grande flotte, qu'elle se fasse accompagner par toute sa

Ce qu'il voulait, c'est que le nouveau pas en avant que les Russes venaient de faire dans la Turquie fût à tout jamais le dernier. Pour cela, il fallait clore leurs nouvelles frontières d'une barrière insurmontable et quelle barrière pouvait-on trouver plus solide que l'Angleterre elle-même, l'empire britannique tout entier? Voilà ce qu'il osa : mettre l'Angleterre face à face avec la Russie en Asie. Le jour même où le mémorandum était signé, le marquis de Salisbury écrivit à l'ambassadeur anglais à Londres :

Le marquis de Salisbury à M. Layard.

Foreign-Office, le 30 mai 1878.

Monsieur, — la marche des négociations confidentielles qui ont lieu depuis quelque temps entre le gouvernement de Sa Majesté et le gouvernement de Russie fait prévoir que les articles du traité de San-Stefano qui concernent la Turquie européenne seront suffisamment modifiés pour être mis en harmonie avec les intérêts des autres puissances européennes et de l'Angleterre en particulier.

« Il n'existe pas, toutefois, la même perspective quant à la partie du traité qui concerne la Turquie en Asie. Il est suffisamment manifeste que, relativement à Batoum et aux forteresses qui sont au nord de l'Araxe, le gouvernement de Russie n'est pas disposé à renoncer aux stipulations auxquelles la Porte a été forcée de consentir par suite des événements de la guerre. Le gouvernement de Sa Majesté s'est par conséquent cru obligé d'accentuer les conséquences que ces conventions, si elles ne sont ni annulées ni neutralisées, auraient

cour et par les personnages les plus importants du pays et qu'elle transporte le siège de son gouvernement de Londres à Delhi. Là, elle trouvera un immense empire tout fait et tout prêt, une armée de premier ordre et des revenus considérables. La Syrie et l'Asie Mineure reconnaîtront l'impératrice des Indes comme leur souveraine et lui assureront les rivages du Levant. Quand elle en aura l'envie, elle aura Alexandrie, de même qu'aujourd'hui elle a Malte. Cela se ferait aisément. Ainsi serait créé le plus grand empire qui ait jamais existé, car la seule partie difficile de l'œuvre, la conquête de l'Inde, dans laquelle Alexandre le Grand a échoué, est déjà faite. »

« Il y a, nous le répétons, plus de trente années que ces lignes sont écrites, et ceux qui les avaient lues n'en avaient sans doute pas éprouvé grande impression; mais l'esprit où toutes ces idées ont pris naissance en a conservé une ineffaçable empreinte. La reine d'Angleterre s'appelle maintenant impératrice des Indes; son fils, le prince de Galles, a été recevoir à Delhi les hommages des princes du nouvel empire; la fiction, sur bien des points, est devenue de l'histoire; Alexandrie reste à l'Égypte, mais voilà l'île de Chypre qui tombe entre les mains des Anglais! Que vaut-il mieux, d'Alexandrie ou de Chypre? L'Égypte serait peut-être encore plus un embarras qu'une ressource. Chypre est une admirable station qu'on peut facilement convertir en un grand établissement militaire et maritime. L'équilibre du monde politique se déplace et semble tourner comme la planète, d'Occident en Orient. Ce que Malte était autrefois au centre de la Méditerranée, Chypre peut le devenir à l'Est. On ne saurait nier qu'en abandonnant les principes généraux pour ne songer qu'à l'intérêt particulier de l'Angleterre, lord Beaconsfield n'ait habilement calculé ses mouvements et qu'il n'ait mis la main sur une belle proie. »

pour l'avenir des provinces asiatiques de l'empire ottoman et pour les intérêts de l'Angleterre, qui sont étroitement liés à la situation de ces provinces.

« Le gouvernement de Sa Majesté ne saurait voir avec indifférence se produire ces modifications. La Turquie d'Asie renferme des populations de diverses races

est plus dangereuse pour la stabilité d'un gouvernement qu'un sentiment de mécontentement. Si la population de la Syrie, de l'Asie Mineure et de la Mésopotamie voit que la Porte n'a d'autre garantie d'existence que sa propre force, elle commencera à calculer, surtout après les preuves que lui ont fournies les récents évène-

ALI-SUAVI-EFFENDI

et de diverses religions, ne possédant aucune capacité pour se gouverner elles-mêmes et n'aspirant aucunement à l'indépendance, mais qui sont redevables de leur tranquillité et des perspectives de bien-être politique qu'elles possèdent au gouvernement du Sultan. Mais le gouvernement de la dynastie ottomane est celui d'un ancien conquérant, et d'un conquérant toujours étranger qui s'appuie bien plus sur sa force que sur les sympathies pour la nationalité commune. La défaite des armées turques et les embarras connus du gouvernement feront croire à sa décadence et à un prochain changement de politique, et en Orient une telle croyance

ments de la faiblesse d'une telle garantie, sur la chute prochaine de la domination ottomane et à tourner les yeux vers son successeur.

Même s'il était certain que Batoum, Ardahan et Kars ne deviendraient pas dans l'avenir des centres pour l'intrigue et la base des opérations d'armées envahissantes, la Russie, en les conservant, minerait considérablement la domination asiatique de la Porte. Comme un indice de la faiblesse de la défense d'une part, et du succès et de l'agression de l'autre, cette situation serait considérée par la population asiatique comme le prélude de la marche des événements dans un avenir prochain et stimulerait, par l'action combinée de la crainte et des espérances, le dévouement pour la puissance la plus forte et la désertion du côté de la puissance qui serait considérée comme tombant dans la décadence.

Il est impossible que le gouvernement de Sa Majesté accepte, sans faire des efforts pour les détourner, les conséquences que de tels sentiments amèneraient dans des régions dont la condition politique se rattache intimement aux intérêts orientaux de la Grande-Bretagne. Il ne se propose pas d'atteindre son but en prenant des mesures militaires pour remettre les provinces conquises en la possession de la Porte. Une telle entreprise serait difficile et coûteuse ; elle impliquerait, en outre, de grandes calamités et ne servirait d'ailleurs le dessein que le gouvernement de Sa Majesté a en vue qu'à la condition d'être suivie de mesures de précaution qui peuvent être prises, presque aussi efficacement, sans passer par les malheurs d'une guerre préliminaire.

La seule mesure capable d'arriver sûrement à la stabilité de la domination ottomane dans la Turquie d'Asie et qui aurait autant d'efficacité maintenant qu'après le rétablissement de l'état de choses antérieur aux annexions russes, consisterait en un engagement de la part d'une puissance assez forte pour le tenir, que tout empiètement ultérieur de la Russie sur le territoire turc en Asie serait repoussé par la force des armes. Un tel engagement, s'il est pris dans toutes ses limites et sans réserves, empêcherait l'événement qui serait prévu par l'engagement et donnerait, en même temps, aux populations des provinces asiatiques, la confiance dont elles ont besoin, que le régime turc en Asie n'est pas destiné à une chute prochaine.

Il y a toutefois deux conditions auxquelles il serait nécessaire que la Turquie souscrivît avant que l'Angleterre prenne l'engagement dont il vient d'être question.

Le gouvernement de Sa Majesté a déclaré à la Porte, à l'occasion de la conférence de Constantinople, qu'il n'était pas disposé à sanctionner des mesures de mauvaise administration et d'oppression, et il est nécessaire qu'avant de prendre aucun engagement pour la défense des territoires asiatiques de la Porte dans certaines éventualités il reçoive l'assurance formelle de la Porte qu'elle a l'intention d'introduire les réformes nécessaires dans le gouvernement des chrétiens et des autres sujets de la Porte dans ces régions. Il n'est pas désirable d'exiger plus qu'un engagement en termes généraux ; car les mesures spéciales à prendre ne sauraient être précisées qu'après une enquête et des délibérations plus soigneuses et approfondies qu'on ne saurait les faire dans les circonstances actuelles.

Il n'est pas impossible que le choix judicieux et l'appui dévoué des fonctionnaires auxquels on confierait l'administration dans ces pays ne devinssent des éléments plus importants dans l'amélioration de la condition du peuple que des changements législatifs, et les assurances qu'exigera l'Angleterre sous ce rapport seront une condition indispensable de tout engagement de la part du gouvernement de Sa Majesté.

Il sera en outre nécessaire de mettre le gouvernement de Sa Majesté à même d'exécuter efficacement les engagements proposés, qu'il occupe une position près de la côte de l'Asie Mineure et de la Syrie. La proximité des fonctionnaires anglais et, si c'est nécessaire, des troupes anglaises, sera la meilleure garantie que toutes les conditions de l'engagement seront remplies. L'île de Chypre lui paraît le territoire le plus propre à l'objet en vue. Le gouvernement de Sa Majesté ne désire pas demander au Sultan qu'il détache un territoire de sa souveraineté ou qu'il diminue les revenus qui maintenant sont perçus par le Trésor ottoman. Il propose donc que, tandis que l'administration et l'occupation de cette île soient confiées à Sa Majesté, le territoire continue de faire partie de l'empire ottoman, et que l'excédant des recettes sur les dépenses, quel qu'il soit, soit restitué chaque année par le gouvernement anglais au trésor du Sultan.

Mais, attendu que la proposition que fait l'Angleterre est une conséquence des annexions que la Russie a faites dans la Turquie d'Asie, il doit être bien entendu que si la cause du danger venait à cesser, la convention cesserait en même temps. Si le gouvernement de Russie, à une époque quelconque, rendait à la Porte le territoire qu'elle a acquis en Asie par la récente guerre, les stipulations des conventions cesseraient leurs effets et l'île serait immédiatement évacuée.

Je prie donc Votre Excellence de proposer à la Porte de consentir à une convention sur les termes suivants, et j'ai pouvoir de vous donner toute autorité pour la conclure au nom de la reine et du gouvernement de Sa Majesté :

Si Batoum, Ardahan, Kars, ou une de ces villes était retenue par les Russes, et si quelque tentative était faite, à un moment futur quelconque, par la Russie, pour prendre possession de quelque autre partie des territoires asiatiques du sultan, tels qu'ils seront indiqués par le traité de paix définitif, l'Angleterre s'engage à se joindre au sultan pour les défendre par la force des armes. En retour, le sultan promet à l'Angleterre d'établir les réformes nécessaires (à convenir plus tard entre les deux puissances) dans le gouvernement des chrétiens et autres sujets de la Porte, dans ces territoires, et, afin de mettre l'Angleterre à même de prendre les mesures nécessaires pour exécuter son engagement, le sultan consent en outre à assigner l'île de Chypre, pour être occupée et administrée par l'Angleterre.

Je suis, etc. SALISBURY.

Cette dépêche ne marque pas le point de départ des négociations comme on pourrait le croire; elles étaient déjà entamées depuis plusieurs jours à Constantinople où elles se poursuivaient dans des circonstances extraordinairement favorables aux projets anglais. Abd-ul-Hamid, en effet, n'avait jamais passé pour avoir une bien grande fermeté d'esprit, mais, depuis quelque temps, la démence qui semble devoir atteindre tous les membres de sa famille et qui s'était produite chez son oncle Abd-ul-Azis sous la forme de la manie des dépenses et chez son frère Mourad V sous celle d'une mélancolie profonde, commençait à se manifester chez lui avec tous les symptômes d'une peur abjecte. Une série d'événements tragiques avait beaucoup contribué en dernier lieu à jeter cette pauvre cervelle dans les plus folles terreurs.

On sait que Mourad V après avoir été déposé, était resté en vie par une dérogation aux usages ottomans qui peut être considérée comme un résultat de l'influence que les idées européennes ont conquises depuis le commencement du siècle en Turquie. Le nom du malheureux prince était devenu le point de ralliement de tous les mécontents de l'empire, on annonçait qu'il était revenu à la santé et on parlait ouvertement de le rétablir sur le trône. De là, de perpétuelles frayeurs chez Abd-ul-Azis qui faisait surveiller rigoureusement son frère dans les divers palais qui étaient successivement sa résidence. Au mois de mai 1878, l'ex-sultan habitait Tcheragan. Ce palais est situé le long du Bosphore au pied d'une colline au sommet de laquelle s'élève Yldiz-Kiosk la résidence favorite d'Abd-ul-Hamid. Il est relié aux jardins de Yldiz-Kiosk par des ponts jetés sur une route où passe le tramway de Constantinople. La partie de la colline qui aboutit à cette route a une pente très-raide tout le long de Tcheragan. Pour éviter l'éboulement des terres on a construit dans cette section un mur de soutènement. Ce mur s'était écroulé depuis un certain temps, et les réparations n'étaient pas encore achevées. On y employait un grand nombre de réfugiés que l'on prenait dans les dépôts voisins.

Le 20 mai, vers onze heures, une cinquantaine de ces réfugiés se présentaient à l'une des portes du palais du Tcheragan et demandaient à entrer. Le soldat qui était en sentinelle ayant répondu qu'on n'entrait pas, les réfugiés se jetèrent sur lui et le poignardèrent. Immédiatement, ils forcent l'entrée et se précipitent dans la cour intérieure sur laquelle donne la porte principale du bâtiment où Mourad est gardé à vue. Les deux factionnaires qui veillent sur cette porte, ayant fait mine de résister, sont abattus à coup de revolver. La troupe se grossit en un instant dans des proportions considérables. Presque tous portaient le costume des réfugiés, c'est-à-dire celui des Turcs de l'intérieur. Il y avait cent hommes environ sur la route, tout autant dans la cour intérieure, et près de soixante s'étaient jetés dans l'intérieur des appartements, dont l'assassinat des factionnaires avait rendu l'accès libre.

Ces conjurés étaient conduits par une espèce d'aventurier fort connu à Constantinople où il était arrivé du fond du Bokhara, sa patrie, quatorze ans auparavant. Ali-Suavi-Effendi était un softa fanatique et détraqué, chez qui une intelligence assez vive et une éloquence naturelle étaient gâtées par une incroyable suffisance. Aussi avait-il dû s'exiler en 1867 pour échapper à la vengeance du tout-puissant Ali-Pacha, qu'il avait vivement attaqué dans son journal le *Muchbir* (le Correspondant). Rentré de l'exil en 1876, il fut, grâce à la protection de Midhat-Pacha, nommé précepteur des enfants d'Abd-ul-Hamid, mais sa grossièreté l'ayant fait renvoyer, il prit place parmi les mécontents et se mit en tête de remettre Mourad sur le trône. Il ne lui fut pas difficile de trouver parmi les 150,000 réfugiés de Constantinople 250 malheureux persuadés qu'en renversant Abd-ul-Hamid, ils mettraient un terme à leurs maux et à ceux de la patrie.

Le revolver au poing, excitant ses hommes par d'ardentes paroles, le Bokharien marcha droit à l'appartement de Mourad. L'ex-sultan s'élança au-devant des insurgés et leur demanda ce qu'ils voulaient de lui : « Tu es notre souverain légitime, répondit Ali-Suavi ; nous te proclamons sultan en remplacement d'Abd-ul-Hamid, dont le peuple prononce la déchéance. Viens te montrer à tes fidèles sujets. » Mourad fit observer que le moment était mal choisi, et il refusa la couronne qu'on lui offrait avec plus d'audace que de certitude. Ali-Suavi lui dit alors textuellement : « Si tu ne veux pas être sultan de bon gré, tu le seras de force. » Ce à quoi Mourad répondit qu'il brûlerait la cervelle au premier qui porterait la main sur lui. En même temps il prenait en main un revolver caché sous ses vêtements. Le drame s'accentuait.

Cependant un bataillon accouru de Yldiz avait été reçu à coups de feu par les insurgés dans la cour intérieure du palais et ripostait vigoureusement. Les cuirassés, qui étaient ancrés dans le Bosphore à proximité de Tcheragan, avaient envoyé des embarcations armées qui cernaient le palais. De nouvelles troupes arrivant de tous côtés formaient le cordon du côté de la terre et faisaient de nombreux prisonniers. Les femmes affolées couraient dans les corridors et sur les terrasses en poussant des cris qui dominaient le bruit de la fusillade. Ali-Suavi insistait auprès de Mourad. A ce moment l'eunuque chargé par Abd-ul-Hamid de la garde de Mourad donna avec énergie l'ordre aux soldats de jeter les insurgés par les fenêtres.

Ali-Suavi décharge son revolver sur la troupe et aussitôt il reçoit en plein ventre un premier coup de baïonnette qui l'abat et un second qui l'achève. Un officier a l'heureuse inspiration de faire rentrer Mourad dans ses appartements, où il l'enferme. La chasse aux insurgés commence. Pas un seul de ceux qui étaient entrés dans l'intérieur du palais ne resta vivant. Ceux qui se trouvaient dans la cour furent les uns tués ou blessés, les autres faits prisonniers. Quant aux insurgés qui, plus prudents, se trouvaient sur la route en dehors du palais, un grand nombre purent se sauver. On calcula que quatre-vingts hommes furent tués, dont soixante-cinq insurgés et quinze soldats. Le soir, quatre grandes embarcations chargées de cadavres remontèrent le Bosphore. En comptant les morts, on constata que plusieurs étaient des soldats qui s'étaient déguisés en réfugiés.

Mourad et sa mère furent transférés le jour même dans la résidence du sultan. On lui donna pour demeure le kiosque connu sous le nom de Malta-kiosk, situé dans l'enceinte de Yldiz-kiosk. Ni lui ni sa mère ne furent molestés. Il y eut sur le premier moment une grande panique à Stamboul. La population, rendue très-impressionnable par les dispositions militaires vraiment menaçantes qu'avait prises l'armée russe, crut que l'ennemi entrait dans la ville. Les boutiques et les portes du grand bazar furent fermées instantanément. Des femmes et des enfants furent renversés et foulés aux pieds par les fuyards que la peur emportait dans toutes les directions. Mais cette panique prit bientôt fin quand on sut la vérité.

Le sultan était à peine remis de cette chaude alarme et on procédait encore à des arrestations de personnes suspectes, lorsque dans la nuit du 22 au 23 un formidable incendie dévora le palais de la Sublime-Porte. Ce palais était le siège et comme le symbole du gouvernement tout entier auquel on a pour coutume de donner fréquemment son nom en style de chancellerie. Tout l'intérieur, couloirs, planchers, escaliers, cloisons, était construit en un bois que cent cinquante étés caniculaires avaient séché. En moins de quatre heures le feu mis en plusieurs endroits à la fois détruisit le palais sur une longueur de 80 mètres.

Vers une heure du matin, les flammes trouant la légère toiture de l'édifice, jaillirent avec une violence effrayante, jetant un reflet magnifique et terrible sur les bâtiments du Vieux Sérail, situé de l'autre côté du ravin, sur la coupole de Sainte-Irène et sur le dôme immense et les minarets de Sainte-Sophie. La mer de Marmara alors calme et transparente comme un immense miroir d'acier était illuminée au loin par le reflet des flammes bleuâtres et violacées. On ne put sauver que les deux extrémités : le grand vizirat et le palais des affaires étrangères.

De nouvelles arrestations suivirent. Abd-ul-Hamid trop rudement secoué par ces deux catastrophes en arriva par la frayeur jusqu'à la folie.

Il croyait voir des conjurés, des traîtres, des ennemis, des assassins partout. Joignez à cela que tous les jours il lui arrivait quelques menaces du camp russe, tantôt parce qu'il ne voulait pas faire évacuer Schoumla et Varna, tantôt à cause des fortifications qu'on élevait autour de Constantinople, tantôt parce que la flotte anglaise restait dans la mer de Marmara. En proie au délire de la peur il suspectait tout le monde et changea le personnel qui l'entourait, Sadyk-Pacha qui avait remplacé Ahmed-Vefyk au grand vizirat fut remplacé à son tour par le vieux Mehemet-Ruchdi. Le sultan ne savait où trouver la sécurité.

On conçoit que le protectorat anglais s'offrant au milieu de ces circonstances tragiques lui apparut comme le salut. Il pouvait espérer trouver le repos dans l'appui d'une nation puissante et ce fut avec empressement qu'il accepta les ouvertures qui lui furent faites. Mais Mehemet Ruchdi était un patriote de la vieille Turquie, qui trouvait indigne l'idée de mettre en tutelle l'empire ottoman, autrefois si glorieux. Il contrecarra les propositions anglaises. Alors le sultan crut découvrir encore un ennemi secret dans ce vieux serviteur, en qui il avait auparavant toute confiance. Il le renversa le 4 juin, sept jours seulement après l'avoir élevé au grand vizirat et pour accentuer la disgrâce il lui envoya demander les insignes de sa dignité par un simple valet, son cafetier. Le même jour, Savfet-Pacha fut nommé grand vizir et signa la convention demandée par l'Angleterre. La voici, reproduite d'après le texte, d'un français déplorable, qui a paru au *Blue-Book* anglais :

Convention d'alliance défensive entre la Grande-Bretagne et la Turquie, signée le 4 juin 1878.

Sa Majesté la reine du Royaume-Uni de la Grande-Bretagne et d'Irlande, impératrice des Indes, et Sa Majesté Impériale le sultan, étant mutuellement animés du désir sincère d'étendre et affermir les relations d'amitié heureusement existant entre les deux empires, ont résolu de conclure une convention d'alliance défensive dans le but d'assurer pour l'avenir les territoires en Asie de Sa Majesté Impériale le Sultan.

Leurs Majestés ont en conséquence choisi et nommé à cet effet comme leurs plénipotentiaires, à savoir :

Sa Majesté la reine du Royaume-Uni de la Grande-Bretagne et d'Irlande, impératrice des Indes, le très-honorable Austin Henry Layard, ambassadeur extraordinaire et ministre plénipotentiaire de Sa Majesté près la Sublime-Porte ;

Et S. M. I. le sultan. S. Exc. Savfet-Pacha, ministre des affaires étrangères de Sa Majesté Impériale ;

Lesquels, après avoir échangé leurs pleins pouvoirs, trouvés en bonne et due forme, sont convenus des articles suivants:

Article premier. Que dans le cas où Batoum, Ards-

MASSACRE DES CONJURÉS DANS LE PALAIS DE TCHERAGAN

lian; Kars, ou aucune de ces places seront retenues par la Russie, et si aucune tentative était faite à une époque quelconque par la Russie de s'emparer d'aucune autre portion des territoires de S. M. I. le sultan en Asie fixés par le traité définitif de paix, l'Angleterre s'engage à s'unir à Sa Majesté Impériale pour la défense des territoires en question par la force des armes ;

« En revanche, S. M. I. le sultan promet à l'Angleterre d'introduire les réformes nécessaires (à être arrêtées plus tard par les deux puissances) ayant trait à la bonne administration et à la protection des sujets chrétiens et autres de la Sublime-Porte qui se trouvent sur les territoires en question ; et afin de mettre l'Angleterre en mesure d'assurer les moyens nécessaires pour l'exécution de son engagement, S. M. I. le sultan consent, en outre, à assigner l'île de Chypre, pour être occupée et administrée par elle.

« Art. 2. La présente convention sera ratifiée, et l'échange des ratifications aura lieu dans l'espace d'un mois, mais si faire se peut, plus tôt. »

Plus tard l'annexe suivante fut ajoutée à la convention afin de régler les conditions de l'occupation de l'île de Chypre :

Annexe à la convention d'alliance défensive entre la Grande-Bretagne et la Turquie, signée le 4 juin 1878 :

Le très-honorable sir A. H. Layard, G. C. B., et S. A. Savfet-Pacha, actuellement grand vizir de S. M. I. le sultan, sont convenus de l'annexe suivante à la convention signée par eux le 4 juin 1878, en qualité de plénipotentiaires de leurs gouvernements respectifs.

ANNEXE.

Il demeure entendu entre les deux hautes parties contractantes que l'Angleterre consent aux conditions suivantes concernant son occupation et administration de l'île de Chypre :

I. Qu'un tribunal musulman religieux (mehkémeï shéri) continuera d'exister dans l'île, lequel connaîtra exclusivement des affaires religieuses, et non pas d'autres, concernant les populations musulmanes de l'île.

II. Qu'un résident musulman de l'île sera désigné par le département des fondations pieuses de la Turquie (Evkaf) pour diriger, de concert avec un délégué à être nommé par les autorités britanniques, l'administration des fonds, propriétés et terres appartenant aux mosquées, cimetières, écoles musulmans et autres établissements religieux existant dans l'île de Chypre.

III. Que l'Angleterre paiera annuellement à la Sublime Porte tout ce qui est l'excédant actuel du revenu en sus des frais de l'administration de l'île, lequel excédant sera calculé et déterminé par la moyenne du revenu des dernières cinq années, fixée à 22 936 bourses, laquelle reste à être dûment vérifiée plus tard, et à l'exclusion du produit réalisé par les propriétés et biens immeubles de la couronne ottomane.

IV. Que la Sublime-Porte pourra librement vendre et affermer des terres, terrains et autres propriétés en Chypre appartenant à l'État et à la couronne ottomane (Arazii Miriyé vé Emlaki Houmayoun) dont le produit de vente ou affermage ne forme pas partie des revenus de l'île mentionnés dans l'article III.

V. Que le gouvernement britannique pourra exercer par le canal de ses autorités compétentes le droit d'expropriation pour l'acquisition, à des prix convenables, des terres incultes et des terrains nécessaires devant servir aux améliorations publiques, ainsi qu'à d'autres buts d'utilité publique.

VI. Que dans le cas où la Russie restituerait à la Turquie Kars et les autres conquêtes faites par elle en Arménie pendant cette dernière guerre, l'île de Chypre sera évacuée par l'Angleterre et la convention en date du 4 juin 1878, cessera d'être en vigueur.

Fait à Constantinople, le 1er juillet 1878:

A. H. LAYARD.
SAVFET.

Le cabinet anglais cherchant le point de la Méditerranée dont l'occupation favoriserait le mieux son double dessein d'exercer le protectorat sur la Turquie d'Asie et de s'assurer les routes des Indes, hésita entre Metelin, la Syrie, l'Égypte et Chypre. L'occupation de Metelin à l'entrée des Dardanelles eut porté ombrage aux puissances méditerranéennes, celle de la Syrie ou de l'Égypte eut soulevé les protestations de la France qui possède des droits sur ces deux pays. Il ne restait donc que Chypre, et à notre avis, c'est cette île qui convenait le mieux aux vues anglaises. Située à proximité des côtes de Syrie, à six heures de Beyrouth et à douze d'Alexandrette, le seul port de la Syrie ; distante de vingt-quatre heures de navigation des côtes d'Égypte, elle occupe dans l'est de la Méditerranée une position de premier ordre. Dès aujourd'hui elle commande le canal de Suez et, lorsque suite sera donnée au projet de chemin de fer de l'Euphrate, elle se trouvera, en quelque sorte, au débouché des deux grandes voies de communication ouvertes par la science moderne entre l'Europe et le monde oriental. En l'occupant, l'Angleterre assure la sauvegarde de ses intérêts de tout genre dans la mer Méditerranée, dont elle surveille l'extrémité occidentale à Gibraltar et le centre, à Malte. Elle fait plus encore ; elle donne une base militaire, politique et commerciale des plus sérieuses à son action sur l'Asie Mineure et sur l'Égypte, sur l'Orient en général, et, en cela, elle ne fait que suivre les nécessités de son rôle de puissance à demi orientale.

Chypre en elle-même a tout ce qu'il faut pour devenir, entre les mains d'une race colonisatrice, une possession magnifique. Elle est, après la Sicile et la Sardaigne, la troisième de la Méditerranée par la grandeur. Elle a environ 900,000 hectares de superficie ; la Corse, qui vient après elle, en a 875,000. On peut donc se représenter Chypre comme ayant à peu près les dimensions de notre département insulaire. Sa population, que les statistiques les plus modérées évaluaient, au temps de Strabon, à un million d'habitants, n'en comptait déjà plus, sous les Lusignans, au quatorzième siècle, que 400,000 ; elle descendit à moins de 100,000 sous les beaux jours du régime des pachas et des fermiers généraux de la Porte ; aujourd'hui, elle s'est relevée jusqu'à 180,000 âmes environ. — Ce nombre peut se diviser ainsi : 132,000 Grecs, 45 à 46,000 Turcs, 1,500 Maronites, 500 Européens.

Sur les côtes existent quelques bonnes rades, comme celles de Larnaca et de Limassol, et l'on y trouve le seul port fermé qu'offrent les mers du Levant, de Rhodes à Alexandrie, celui de Famagouste.

Le sol de l'île comporte les cultures les plus variées ; les céréales, les légumineuses, le coton, les alizaris, les graines oléagineuses, les oliviers, les caroubiers, les mûriers, les vignes et les fruits y viennent également bien. Cette énumération montre la richesse naturelle du pays. Le coton de Chypre est le plus renommé de l'Orient après celui d'Égypte ; la soie de Baffo est la première du Levant ; les céréales sont excellentes ; les vignobles de Chypre sont célèbres et leur réputation est méritée. La valeur totale des produits agricoles est évaluée actuellement à 17,394,000 francs. Et il faut observer que sur 600,000 hectares de terres cultivables, la moitié est en jachère. Si l'on veut se faire une idée de ce que pourra devenir l'île bien gouvernée et administrée, dotée de quelques institutions de crédit, il faut se rappeler que, du temps des Vénitiens, avec une population à peine double de celle d'aujourd'hui, sous un gouvernement qui, tout en valant mieux que celui des Turcs, exploitait encore avidement le pays, l'île produisait plus de 2 millions d'hectolitres de blé et près de 3 millions d'hectolitres d'orge, c'est-à-dire, pour les céréales seulement, une production quadruple de celle d'aujourd'hui.

On compte en Chypre : 16,000 paires de bœufs, 550,000 bêtes ovines ; 4 à 5,000 chevaux, très-petits, très-poilus, assez mal faits et presque tous dressés à l'amble, 10,000 mulets de race excellente, 45 à 50,000 ânes, très-prisés pour leur force et leur sobriété, enfin 2,000 chameaux, qui partagent avec les mulets le transport des marchandises sur les routes et les sentiers de l'intérieur.

Pour rendre complète l'énumération des produits de Chypre, il ne faut pas oublier celui de ses salines. D'après les mémoires du Vénitien B. Sagredo, la gabelle des sels de l'île donnait à la Sérénissime République un revenu de 300,000 ducats, environ 2 millions 160,000 francs ; dans ces derniers temps, sous le régime ottoman, le revenu ne dépassait pas le chiffre d'un million de francs.

Il faut remarquer que, en vertu de l'article 3 de l'annexe ajoutée à la convention du 4 juin, l'Angleterre ne doit payer à la Porte que l'excédant actuel dû revenu sur les dépenses.

La moyenne de revenu de l'île mentionnée dans l'annexe étant de 22,930 bourses, soit 2,300,000 francs et les dépenses auxquelles le gouvernement turc avait à faire face pour l'administration de l'île étant de 438,000 francs ; c'est donc une somme de 1,862,000 francs environ que l'Angleterre aura à payer annuellement au sultan.

L'acquisition de Chypre, de quelque façon qu'on l'examine, ne peut qu'être avantageuse pour l'Angleterre ; il n'en est pas de même du protectorat qui lui est confié sur la Turquie d'Asie. C'est en examinant tous les dangers qui peuvent en surgir dans l'avenir qu'on est porté à admirer l'incomparable hardiesse avec laquelle lord Beaconsfield a agi. D'une part, il a créé d'un trait de plume à l'empire britannique ce que l'Angleterre n'avait pas eu depuis la perte de ses possessions en France et ce qui avait été ordinairement considéré comme le danger principal des progrès de la Russie dans l'Asie centrale, c'est-à-dire une frontière de terre limitrophe à la frontière d'une grande puissance militaire. D'autre part il a renouvelé de fond en comble la face de la question d'Orient. Jusqu'alors l'existence et l'intégrité territoriale de la Turquie avaient été mises sous la sauvegarde de garanties collectives et l'expérience nous a montré que ce genre de garanties était plus fictif que réel. Il est toujours facile à l'agresseur de choisir le moment où les puissances garantes sont divisées, affaiblies, empêchées, pour se lancer à propos dans une tentative qui ne rencontre aucun obstacle. Les responsabilités collectives n'ont pas la même valeur que les responsabilités individuelles ; elles sont sujettes à d'étranges défaillances, et l'histoire de l'Europe pendant ces dernières années nous a donné de ce fait une démonstration convaincante. Jamais traité n'a été plus solennel que le traité de Paris, et jamais traité n'a eu un plus triste sort ; il a été abandonné par tous ses signataires qui, précisément parce qu'ils étaient tous également obligés à le défendre, n'ont rien fait pour cela ni les uns ni les autres.

Une garantie individuelle a une force obligatoire bien autrement efficace. Or, de par la convention du 4 juin, l'Angleterre et la Porte font corps en quelque sorte dans la Turquie d'Asie. Le moindre mouvement offensif des Russes constituerait un *casus belli*, et aussitôt la Russie trouverait en face d'elle non plus la Porte épuisée, découragée, soutenue seulement par cette vertu de résistance que le musulman puise dans le fatalisme, mais la Grande-Bretagne tout entière.

Les inconvénients de cette obligation qui lie les destinées de l'Angleterre à celles de la Porte, Porte continue à mal gouverner ses États asiatiques, l'Angleterre devra la forcer à les bien gouverner. Qui ne voit que d'incessants conflits pourront naître de cette situation.

Ainsi, perspectives de conflits avec la Russie à cause de la politique extérieure de la Turquie, perspectives de conflits avec la Turquie elle-même à cause de sa politique intérieure, telles

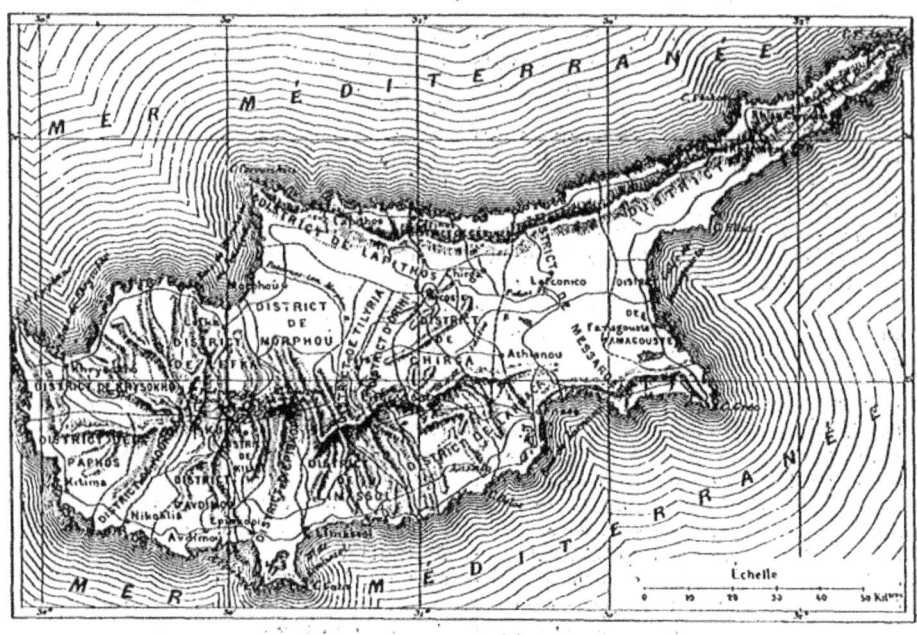

CARTE DE L'ILE DE CHYPRE

sont faciles à saisir. L'Angleterre, s'étant engagée à appuyer le sultan par les armes dans certaines occasions, doit prendre des garanties de ce que la Porte ne fera pas naître elle-même ces occasions. En d'autres termes, elle sera forcée de prendre en main la direction des affaires étrangères de la Turquie. Et son intervention ne pourra pas s'arrêter là, elle devra s'étendre également aux affaires intérieures. Une des clauses de la convention stipule que le sultan « devra arrêter, d'un commun accord avec l'Angleterre, les réformes à introduire dans le gouvernement et pour la protection de ses sujets chrétiens et autres dans les provinces d'Asie. » La raison de cette condition est que « le gouvernement anglais n'entend point sanctionner les abus et l'oppression. » Or, en Turquie les abus sont en permanence et l'oppression est fréquente. Si donc la sont les redoutables éventualités que l'Angleterre encourt pour acquérir Chypre et assurer la sécurité de la route des Indes. L'avenir dira ce que vaut cette convention du 4 juin, mais, nous le répétons, il fallait pour la concevoir et la signer, la grande imagination de lord Beaconsfield, une confiance illimitée dans les ressources de l'Angleterre et une rare hardiesse.

Convocation des grandes puissances au Congrès.

Assurée que ses intérêts étaient sauvegardés en Europe par le mémorandum du 30 mai et qu'ils allaient l'être en Asie par la convention qui se négociait à Constantinople, ayant en quelque sorte réglé d'avance la question d'Orient selon ses convenances particulières par le double

LA SUBLIME-PORTE

arrangement et par surcroît satisfaite de la victoire morale qu'elle avait remportée sur la Russie en l'obligeant à se soumettre, au moins en apparence sinon en réalité, aux délibérations de l'Europe, l'Angleterre n'avait plus aucune raison de susciter des obstacles au Congrès.

Le 3 juin, la chancellerie allemande adressa à toutes les puissances une invitation identique.

Nous reproduisons la formule de celle que reçut le cabinet anglais.

Londres, 3 juin 1878.

Le soussigné, ambassadeur extraordinaire et plénipotentiaire de S. M. l'empereur d'Allemagne, roi de Prusse, a l'honneur, par ordre de son gouvernement, de porter à la connaissance de S. Exc. le marquis de Salisbury, secrétaire d'Etat pour les affaires étrangères de S. M. la reine de la Grande-Bretagne et d'Irlande, impératrice de l'Inde, la communication suivante :

Conformément à l'initiative prise par le cabinet austro-hongrois, le cabinet allemand propose aux puissances signataires des traités de 1856 et 1871 de se réunir en congrès à Berlin, pour discuter les stipulations du traité préliminaire de San-Stefano conclu entre la Russie et la Turquie.

Le gouvernement de Sa Majesté, en faisant cette invitation à celui de Sa Majesté britannique, entend que, par son acceptation, le gouvernement de Sa Majesté britannique consent à admettre le principe de libre discussion de tout le traité de San-Stefano et qu'il est prêt à y prendre part. En cas d'acceptation de toutes les puissances, le gouvernement de Sa Majesté propose de fixer la réunion du Congrès au 13 du présent mois.

Le soussigné, en portant ce qui précède à la connaissance de Son Excellence, a l'honneur de lui demander d'être assez bon pour lui faire part aussitôt que possible de la réponse du gouvernement britannique.

Le marquis de Salisbury répondit en ces termes :

Foreign-Office, 3 juin.

Le soussigné, principal secrétaire d'Etat de Sa Majesté pour les affaires étrangères, a l'honneur d'accuser réception de la communication de Son Excellence, invitant le gouvernement de Sa gracieuse Majesté à prendre part au congrès de Berlin, à la discussion des stipulations du traité préliminaire conclu à San-Stefano entre la Russie et la Turquie.

Le soussigné, prenant acte de la déclaration verbale de Son Excellence que pareille invitation, rédigée dans les mêmes termes, a été envoyée aux autres puissances signataires du traité de Paris et d'après laquelle il est entendu que ces puissances adhéreront à l'invitation rédigée dans les mêmes termes que la note remise par Son Excellence, a l'honneur d'informer Son Excellence que le gouvernement de S. M. la reine sera prêt à prendre part au Congrès à la date indiquée.

La France, en répondant, fit quelques réserves quant à l'étendue des pouvoirs du Congrès. « Le cabinet de Berlin, dit M. Waddington, ministre des affaires étrangères, sait que, dès le moment où il a été question, pour la première fois, de la réunion d'une conférence ou d'un congrès, nous n'avons pas hésité à promettre le concours de la France. Nous désirons faciliter, autant qu'il pouvait dépendre de nous, le rétablissement de la paix entre la Russie et la Porte ottomane, ainsi que le maintien de la bonne harmonie entre les puissances. Nous nous sommes bornés à mettre pour conditions à notre acceptation que les questions dérivant naturellement et directement de la dernière guerre, seraient seules déférées au Congrès, et que le programme de cette assemblée resterait circonscrit aux affaires qui ont été l'origine ou la suite immédiate de la lutte dont le traité de San-Stefano a marqué le terme.

« Pour mieux préciser notre manière de voir, et convaincus d'ailleurs que le véritable intérêt de l'Europe est de restreindre le terrain des délibérations plutôt que de l'étendre, nous avons désigné nominativement l'Egypte, la Syrie et les lieux saints comme devant rester en dehors de la discussion. »

La Russie, l'Autriche, l'Italie et la Turquie adhérèrent également dans les vingt-quatre heures à la proposition de l'Allemagne. On craignit un moment que l'état de l'empereur Guillaume, grièvement blessé par l'assassin Nobiling, ne retardât l'ouverture du Congrès. Il n'en fut rien heureusement.

IV. — LES TRAVAUX DU CONGRÈS

Réunion du Congrès. — Sommaire des séances.

Le 13 juin, les délégués des sept puissances étaient donc réunis à Berlin. Parmi eux se trouvaient les quatre hommes d'Etat les plus célèbres de leur temps, le prince de Bismarck, le prince Gortchakof, lord Beaconsfield et le comte Andrassy. Chacune des puissances avait délégué trois plénipotentiaires, sauf l'Italie qui n'en avait envoyé que deux, on ne sait pourquoi. Voici la liste de ces plénipotentiaires et du personnel dont ils s'étaient fait accompagner:

ALLEMAGNE. — Prince de Bismarck, premier plénipotentiaire. De Bülow, deuxième plénipotentiaire. Prince de Hohenlohe-Schillingsfürst, troisième plénipotentiaire. M. Radowitz, envoyé extraordinaire et ministre plénipotentiaire. M. Busch, conseiller de légation. Baron de Holstein, conseiller de légation. M. de Bülow, secrétaire de légation. Comte Herbert de Bismarck-Schœnhausen, secrétaire de légation. Comte de Rantzau, secrétaire de légation.

AUTRICHE-HONGRIE. — Comte Andrassy, premier plénipotentiaire. Comte Karolyi, deuxième plénipotentiaire. Baron de Haymerlé, troisième plénipotentiaire. Baron de Schwegel, chef de section. De Teschenberg, envoyé et ministre plénipotentiaire. Baron de Hübner, conseiller de légation. De Kosjek, conseiller de légation. Doczy, conseiller de section. De Ascher, conseiller de gouvernement. De Peschy, secrétaire au ministère des affaires étrangères. Baron de Mayr, conseiller d'ambassade. Baron Pasello, conseiller de légation.

FRANCE. — M. Waddington, ministre des affaires étrangères, premier plénipotentiaire. Comte de Saint-Vallier, ambassadeur, deuxième plénipotentiaire. M. Desprez, directeur des affaires politiques, troisième plénipotentiaire. Comte de Mouy, premier secrétaire d'ambassade. Ducleré, sous chef de cabinet. Fourchon, secrétaire de légation. Paul Desprez, secrétaire d'ambassade. De la Motte, secrétaire d'ambassade. Comte de Montalivet, attaché d'ambassade. Vicomte de Beaucaire, attaché d'ambassade.

GRANDE-BRETAGNE. — Lord Beaconsfield, premier plénipotentiaire. Marquis de Salisbury, deuxième plénipotentiaire. Lord Odo Russell, troisième plénipotentiaire. Montague-Corry, chef du cabinet de lord Beaconsfield. Currie, conseiller d'ambassade. Henry Nevill-Dering, conseiller d'ambassade. Hertslet, conseiller d'ambassade. Algernon-Tunor, secrétaire d'ambassade. Austin Lee, secrétaire d'ambassade. Bertie, secrétaire d'ambassade. Charles Hopwood, secrétaire d'ambassade. Le Marchant Gosselin, secrétaire de légation. Arthur Balfour, secrétaire particulier du marquis de Salisbury, membre du parlement anglais. Sir Linton Simmons, lieutenant général. Capitaine Edwards, aide de camp du général Simmons. Capitaine Ardagh. Capitaine Fitz-Georges.

ITALIE. — Comte Corti, premier plénipotentiaire. Comte de Launay, deuxième plénipotentiaire. Commandeur Curtopassi, conseiller d'ambassade. Chevalier Tosi, conseiller d'ambassade. Marquis Balbi, secrétaire de légation. Marquis de Malaspina, secrétaire particulier du comte Corti.

RUSSIE. — Prince Gortchakof, premier plénipotentiaire. Comte Schouvalof, deuxième plénipotentiaire. Baron d'Oubril, troisième plénipotentiaire. Baron Jomini, conseiller intime. Baron Fredericks, conseiller d'État. Comte Adlerberg, secrétaire d'ambassade. Général Anjutchin. Colonel Bobrikoff. Colonel Bogoljaboff. Arapoff, conseiller d'ambassade. Ivanoff, conseiller d'ambassade. Kotzebue, conseiller d'ambassade. Butenoff,

premier secrétaire d'ambassade. Saroline, conseiller de collège.

TURQUIE. — Alexandre Caratheodory-Pacha, premier plénipotentiaire. Sadoullah-Bey, deuxième plénipotentiaire. Mehemet-Ali-Pacha, troisième plénipotentiaire. Parnis-Effendi, conseiller au ministère des affaires étrangères. Péridoun-Bey, chef de division au ministère des affaires étrangères. Ohan-Bagdadlian, premier secrétaire d'ambassadeur. Hatchik-Effendi, chef de bureau au ministère des affaires étrangères. Narum-Effendi, deuxième chef de bureau au ministère des affaires étrangères.

Les petites puissances, les peuples et les religions intéressés au règlement de la question d'Orient avaient de leur côté envoyé à Berlin des délégués chargés de défendre leur cause auprès du Congrès. MM. Bratiano et Cogolniceano avaient été envoyés par la Roumanie, M. Ristitch par la Serbie, le prince Boïar-Petrovitch et M. Radonitch par le Monténégro, MM. Delyanni et Ranghabé par la Grèce, l'archevêque Méguerditch-Kerimian et l'archevêque Khorène Nar-Bey par les Arméniens et MM. Netter et S. Kahn par l'alliance israélite. La Perse, qui espérait faire confirmer par le Congrès la ratification de frontière résolue en sa faveur par le traité de San-Stefano, s'était fait représenter par le prince Malkhom-Khan. Aucun de ces délégués ne siégea au Congrès, un certain nombre d'entre eux furent seulement entendus quand les questions qui les touchaient vinrent en discussion.

Le gouvernement allemand avait mis à la disposition du Congrès le palais Radziwil, un des plus beaux édifices de la Wilhelmstrasse. Après la guerre de 1870, sur la proposition de M. de Bismarck, il avait été acheté par le gouvernement, qui désirait y établir la chancellerie impériale parce qu'il est contigu au ministère des affaires étrangères, dans lequel le prince avait établi sa résidence. On l'avait en partie restauré dans ce but, et l'on avait surtout refait l'ancienne grande salle des Fêtes qui servit aux séances du Congrès. Cette salle a 19 mètres de long, 16 de large et 12 de haut. Le parquet avait été recouvert d'un épais tapis et on avait placé au milieu une table en noyer recouverte, ainsi que les fauteuils, d'une étoffe verte. Afin de rendre les débats plus faciles et le groupement plus commode on avait donné à cette table la forme d'un fer à cheval.

Les questions de cérémonial avaient été réglées dans des réunions préliminaires. Il fut convenu que les plénipotentiaires signeraient par ordre alphabétique : Allemagne, Autriche, France,

UNE SÉANCE DU CONGRÈS

Grande-Bretagne, Italie, Russie et Turquie, que M. de Bismarck serait choisi comme président, et MM. de Radowitz, de Mouy, Busch et Herbert de Bismarck comme secrétaires, et que les plénipotentiaires seraient disposés autour de la table de la façon suivante :

l'ordre que voici : le comte Andrassy et lord Beaconsfield, M. Waddington et lord Salisbury, le comte Schouvalof et le comte de Saint-Vallier,

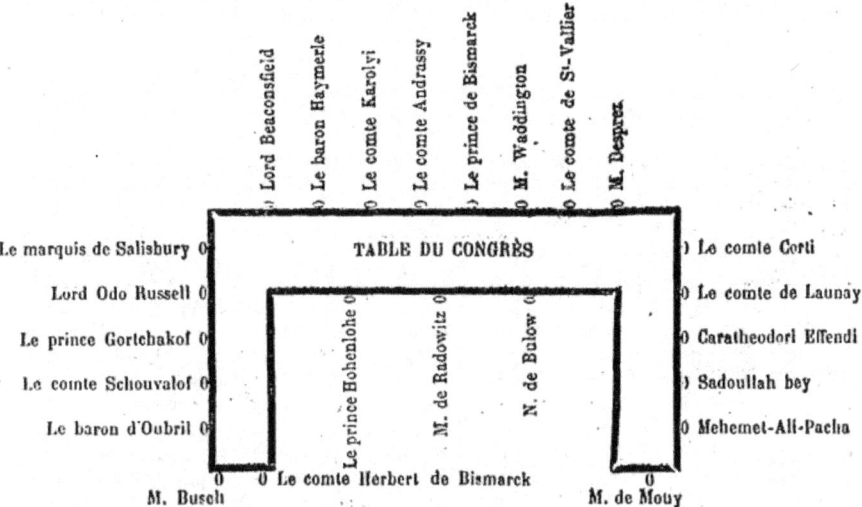

A une heure et demie de l'après-midi, les plénipotentiaires se présentèrent au palais Radziwil. Le prince de Bismarck, revêtu de l'uniforme des cuirassiers, assisté des deux autres plénipotentiaires allemands, M. de Bulow et le prince de Hohenlohe, ainsi que de MM. de Radowitz, Bucher et des autres personnes désignées par la chancellerie allemande pour le service du Congrès, les recevait à leur arrivée. Le prince Gortchakof arriva le dernier. Il était à peine remis de la maladie qui avait failli l'emporter et sa figure portait la trace de graves souffrances. Le chancelier de l'empire de Russie avait été, en quittant la voiture, porté par deux laquais de la cour sur une chaise à porteurs dans la salle de réception. Là le prince de Bismarck alla au-devant du Nestor de la diplomatie européenne et lui tendit cordialement les deux mains en présence de tous les plénipotentiaires, et, le prince Gortchakof ayant quitté la chaise à porteurs, le prince de Bismarck lui offrit le bras droit. C'est ainsi et en s'appuyant sur M. Arapow, conseiller de l'ambassade de Russie, que le chancelier fut conduit dans la salle du Congrès. Les autres plénipotentiaires suivirent deux à deux dans

le comte Corti et le prince de Hohenlohe. Puis vinrent MM. de Bulow, de Radowitz et la suite diplomatique.

Tout le monde ayant pris place, le prince de Bismarck se leva et, par ordre de S. M. l'empereur et roi, déclara ouvert le Congrès et sa première séance en souhaitant la bienvenue aux membres du Congrès. L'illustre assemblée qui allait parler au nom de l'Europe, décider du sort de tant de peuples et remanier la carte du monde, pouvait délibérer.

Le comte Andrassy prit alors la parole en ces termes :

Messieurs,

J'ai l'honneur de vous proposer de confier à S. A. S. le prince de Bismarck la présidence des travaux du Congrès. Ce n'est pas seulement un usage consacré par les précédents, c'est en même temps un hommage au souverain de l'hospitalité duquel jouissent en ce moment les représentants de l'Europe.

Je ne doute pas de l'assentiment unanime que rencontrera cette proposition. Les qualités personnelles du prince, sa haute sagesse nous garantissent la meilleure direction pour les travaux du Congrès.

Messieurs, je suis sûr de me rencontrer avec vos sentiments, en constatant dès le commencement de notre première réunion les vœux chaleureux que nous formons tous pour le prompt rétablissement de S. M. l'empereur Guillaume.

Ces paroles ayant été accueillies par l'assentiment empressé de tous les plénipotentiaires, le prince de Bismarck remercia ses collègues des sentiments sympathiques pour l'Empereur, exprimés au nom des membres du Congrès par le comte Andrassy, et se chargea de porter ce témoignage à la connaissance de Sa Majesté. Il accepta ensuite la présidence en ajoutant :

Messieurs,

Je vous remercie de l'honneur que vous venez de me faire en me conférant la présidence de cette illustre réunion.

Dans l'exercice des fonctions auxquelles je suis appelé, je compte sur le concours bienveillant de messieurs mes collègues, et sur leur indulgence, si mes forces n'égalent pas toujours ma bonne volonté.

Le président proposa comme secrétaire du Congrès M. de Radowitz, ministre d'Allemagne à Athènes, et en qualité d'adjoints au secrétaire M. le comte de Mouy, premier secrétaire de l'ambassade de France à Berlin, ainsi que MM. Busch, conseiller actuel de légation, et le comte de Bismarck, secrétaire de légation. Il proposa également de confier la direction des archives du Congrès à M. Bucher, conseiller intime actuel de légation au département des affaires étrangères d'Allemagne. Ces propositions étant acceptées, les membres du bureau furent introduits et présentés au Congrès. Le président fit savoir ensuite à ses collègues que le secrétariat ainsi constitué serait chargé de réunir et de soumettre à leur examen les documents et pleins pouvoirs que les membres du Congrès voudraient bien à cet effet déposer au bureau. Les plénipotentiaires remirent leurs pleins pouvoirs au secrétaire, à l'exception de Sadoullah-Bey, qui annonça devoir déposer les siens et ceux des deux autres plénipotentiaires ottomans au commencement de la prochaine séance, à laquelle seraient présents ses collègues Alexandre-Caratheodory-Pacha et Mehemet-Ali-Pacha, qui n'étaient pas encore arrivés à Berlin.

Le prince de Bismarck lut ensuite le discours suivant :

Messieurs,

Il est avant tout de mon devoir de vous remercier au nom de l'Empereur, mon maître, de l'unanimité avec laquelle tous les cabinets ont bien voulu répondre à l'invitation de l'Allemagne. Il est permis de considérer cet accord comme un premier gage de l'heureux accomplissement de notre tâche commune.

Les faits qui ont motivé la réunion du Congrès sont présents à la mémoire de tous. Déjà, vers la fin de l'année 1876, les cabinets avaient combiné leurs efforts en vue de rétablir la paix dans la péninsule des Balkans. Ils avaient cherché en même temps des garanties efficaces pour améliorer le sort des populations chrétiennes de la Turquie. Ces efforts n'ont pas abouti. Un nouveau conflit plus redoutable a éclaté, auquel les arrangements de San-Stefano ont mis fin.

Les stipulations de ce traité sont en plusieurs points de nature à modifier l'état des choses tel qu'il se trouve fixé par les conventions européennes antérieures, et c'est pour soumettre l'œuvre de San-Stefano à la libre discussion des cabinets signataires des traités de 1856 et 1871, que nous nous trouvons réunis. Il s'agit d'assurer d'un commun accord et sur la base de nouvelles garanties la paix dont l'Europe a tant besoin.

Le prince de Bismarck ajouta quelques observations de procédure. Il proposa au Congrès de discuter les questions par ordre d'importance, sans tenir compte de l'ordre des paragraphes du traité de San-Stefano et de commencer par la Bulgarie, ce qui fut adopté. La séance fut close par un épisode très-vif sous sa forme courtoise et diplomatique que souleva lord Beaconsfield. L'impétueux vieillard demanda catégoriquement que les troupes russes s'éloignassent de Constantinople pendant que le Congrès délibérait et engagea vertement la discussion avec le prince Gortchakof relativement à la question du retrait simultané des forces anglaises et des forces russes. Le chancelier russe, aidé par le comte Schouvalof, releva le gant, et le débat prit au bout de peu d'instants une véritable aigreur. Le prince de Bismarck dut couper court en remettant à des entretiens confidentiels, en petit comité, le soin de résoudre définitivement cette difficulté. Il est à croire que les deux adversaires s'entendirent pour le maintien du *statu quo*, car il ne fut plus reparlé de la question.

Lorsque les plénipotentiaires se rendaient à Berlin, le mémorandum du 30 mai et la convention du 4 juin n'étaient pas encore divulgués. Une indiscrétion permit à un journal de Londres, le *Globe*, de publier le premier de ces documents au moment même où le Congrès se réunissait. Qui commit cette indiscrétion? On accusa un humble employé auxiliaire du Foreign-Office, nommé Marvin, et il fut traduit devant les tribunaux, mais il fut démontré que ce n'était pas lui qui avait livré le texte publié. On accusa le parti militaire russe qui, désespéré de la tournure pacifique que prenaient les choses, aurait divulgué le mémorandum afin de créer des embarras aux plénipotentiaires anglais et de semer la suspicion et le désaccord parmi les représentants des puissances. Ceci n'est point démontré non plus et, en tous cas, l'effet de la manœuvre fut nul : les travaux du Congrès n'en furent pas troublés.

Seulement, la connaissance de ce document rendit bien visible le désir qu'avait le prince de Bismarck de ménager la Russie. Quand nous l'avons vu tout à l'heure demander au Congrès de ne point s'astreindre à discuter le traité de San-Stefano, article par article, il avait en vue d'éviter tout froissement d'amour-propre à son puissant voisin. Le mémorandum remplaça le traité et devint la base des délibérations du Congrès. Il s'imposa aux plénipotentiaires de diverses puissances comme une sorte de canevas inaltérable sur lequel ceux-ci durent broder, et ils ne s'écartèrent pas sensiblement de la trame qui leur était indiquée; ils se bornèrent à corriger quelques détails et à en compléter quelques autres.

La discussion fut conduite par le prince de Bismarck avec une *furia* plus que française. La plupart des plénipotentiaires étaient mis pour la première fois en présence de cette grande personnalité qui, depuis près de vingt ans, remplissait l'Europe du bruit de sa renommée. De haute stature, vigoureux, d'un caractère impérieux, d'une âme inflexible, entouré du prestige de tant de victoires, M. de Bismarck avait sur ses collègues dont quelques-uns étaient fatigués par l'âge et par une vie mêlée de revers et de succès, une action physique et morale presque irrésistible. La manière dont il dirigeait les séances du Congrès, interrompant toute discussion, ne permettant jamais aux vues divergentes des plénipotentiaires d'éclater en public, prouvait sa ferme résolution d'arriver promptement coûte que coûte à une solution pacifique que la Russie pût accepter sans déplaisir.

Et en effet, pendant longtemps cette direction énergique, ces débats conduits tambour battant, parurent mener aux résultats cherchés. Les plénipotentiaires russes obtenaient ce qu'ils voulaient. A la vérité, presque tous les articles du traité de San-Stefano étaient modifiés dans la rédaction, mais l'esprit et les tendances du traité restaient les mêmes. On se demandait ce qui avait pu empêcher si longtemps la Russie de venir au Congrès, elle n'y perdait pas grand'chose et l'Angleterre ne faisait guère que des concessions et des sacrifices. C'est au milieu de cette impression que la convention du 4 juin tomba comme une bombe. Le 7 juillet, le *Daily Telegraph* en signala l'existence et le ministère anglais en divulgua les clauses au Parlement.

Au lieu de ralentir la marche presque fiévreuse des délibérations cette révélation redoubla l'empressement d'en finir et l'impatience de M. de Bismarck lui-même parut s'en accroître. Cette hâte s'explique aisément. La divulgation de la convention anglo-turque du 4 juin donnait un caractère très-imprévu aux délibérations de Berlin. Le fil conducteur que le Congrès avait suivi, nous voulons dire le mémorandum du 30 mai, partait de la main de l'Angleterre. Et on s'apercevait subitement que l'autre extrémité se trouvait dans la même main. La première impression fut extrêmement vive. Le Congrès était la victime d'un secret qui avait été tenu avec une remarquable discrétion pendant plus d'un mois. L'Europe était jouée, et la France et l'Italie plus directement intéressées à ce qui se passe dans la Méditerranée montrèrent une extrême irritation de ce qu'on eût disposé de Chypre sans les consulter.

Si l'alliance défensive conclue entre l'Angleterre et la Porte avait été connue plus tôt, le Congrès aurait été impossible ou il aurait pris une tout autre tournure. On comprend dès lors pourquoi, aussitôt que le voile fut déchiré, le Congrès sentit redoubler son empressement à en finir. La moindre velléité querelleuse, la moindre discussion sur le traité du 4 juin aurait tout remis en question, ou mieux, tout renversé. Les Russes, eux, eurent l'esprit de faire bonne figure à mauvais jeu. Ils restèrent impassibles. Ils comprirent que la moindre protestation de leur part serait le tocsin de la guerre. Placés dans l'alternative de ne rien dire ou de tirer l'épée, ils prirent sagement le premier parti. Il faut constater ici encore une fois l'habileté des diplomates anglais. Ils calculèrent avec un rare bonheur le moment favorable pour dévoiler leur convention avec la Porte. Plus tôt, ils auraient rencontré dans le Congrès des dispositions intraitables; car on ne peut mettre en doute que les Russes auraient été moins faciles, moins coulants sur la Turquie d'Europe s'ils avaient prévu ce qui les attendait dans la Turquie d'Asie. Pendant trois semaines ils discutèrent sur des questions d'un ordre secondaire, alors qu'une véritable épée de Damoclès était suspendue sur leur tête du côté de la frontière asiatique. Plus tard, les Anglais auraient couru le risque de voir la Russie mettre en question le traité discuté dans l'ignorance d'un fait aussi important.

Le Congrès se termina donc par un triomphe éclatant de lord Beaconsfield. Le 13 juillet, c'est-à-dire juste un mois après la séance d'ouverture, il se sépara. Vingt séances lui avaient suffi pour résoudre les innombrables difficultés dont la question d'Orient était hérissée. Afin de mettre nos lecteurs à même de juger de l'ordre de ses travaux, nous avons eu l'idée de dresser le sommaire de ces séances. On embrassera ainsi d'un coup d'œil la marche des délibérations du Congrès.

2ᵉ séance. — 17 juin. — Le marquis de Salisbury propose d'admettre la Grèce au Congrès. — Discussion relative à la principauté de Bulgarie.

3ᵉ séance. — 19 juin. — Discussion relative à l'admission de la Grèce au Congrès.

4ᵉ séance. — 22 juin. — Discussion relative à la Bulgarie et à la Roumélie.

5ᵉ séance. — 24 juin. — Suite de la discussion.

6ᵉ séance. — 25 juin. — Suite de la discussion.

7ᵉ séance. — 26 juin. — Suite de la discussion

Turquie au sujet de l'occupation de la Bosnie et de l'Herzégovine. — Fixation des limites du Monténégro. — Discussion de la question du Danube. — Discussion des questions religieuses. — Discussion des questions concernant l'Arménie.

13ᵉ séance. — 5 juillet. — Discussion relative à la rectification de frontières proposée pour la Grèce. — Discussion relative au maintien des priviléges des Mirdites.

14ᵉ séance. — 6 juillet. — Discussion relative à l'admission du plénipotentiaire persan. — Discussion relative à la nouvelle frontière d'Asie. —

M. WADDINGTON
Premier plénipotentiaire français.

M. DE MOUY
Secrétaire du Congrès.

relative à la Bulgarie. — Discussion relative aux frontières de la Serbie.

8ᵉ séance. — 28 juin. — Discussion relative à l'occupation de la Bosnie et de l'Herzégovine par l'Autriche-Hongrie. — Discussion des questions concernant la Serbie et le Monténégro.

9ᵉ séance. — 29 juin. — Discussion des questions concernant la Grèce et les provinces grecques de Turquie. — Discussion relative à l'admission des délégués roumains au Congrès. — Discussion des questions concernant la Roumanie.

10ᵉ séance. — 1ᵉʳ juillet. — Suite de la discussion des questions concernant la Roumanie.

11ᵉ séance. — 2 juillet. — Discussion relative à la liberté de navigation sur le Danube et aux forteresses situées sur le fleuve. — Discussion relative à l'indemnité de guerre.

12ᵉ séance. — 4 juillet. — Déclaration de la

Discussion des questions concernant l'Arménie. — Discussion de la question des détroits. — Discussion relative à l'évacuation des provinces occupées par les armées russes en Europe et en Asie. — Discussion relative à l'art. 15 du traité de San-Stefano concernant les améliorations à apporter au sort des chrétiens qui restent sous la domination de la Turquie.

15ᵉ séance. — 8 juillet. — Discussion relative à la cession de Khotour à la Perse. — Règlement de la question arménienne. — Discussion des questions religieuses. — Fixation des frontières de la Roumanie, de la Bulgarie, de la Roumélie orientale et de la Serbie. — Discussion relative au mode et aux principes par lesquels le Congrès entend assurer l'exécution de ses décisions.

16ᵉ séance. — 9 juillet. — Suite de la discussion relative à la cession de Khotour à la Perse. — Suite de la discussion relative au mode et aux principes par lesquels le Congrès entend assurer l'exécution de ses décisions. — Fixation des frontières du sandjak de Sofia et du district de Vranja. — Discussion relative à la rédaction du traité.

17ᵉ séance. — Fixation de la frontière au sud de Batoum. — Discussion relative à l'évacuation des territoires occupés par des troupes étrangères. — Suite de la discussion relative au mode et aux principes par lesquels le Congrès entend assurer l'exécution de ses résolutions. — Discussion d'un projet portant l'érection du territoire de Schipka en un territoire neutre consacré à la sépulture des soldats qui y sont enterrés. — Lecture du texte proposé pour le traité de Berlin.

18ᵉ séance. — 11 juillet. — Suite de la discussion relative au mode et aux principes par lesquels le Congrès entend assurer l'exécution de ses résolutions. — Règlement de la question des tributs de la Roumanie et de la Serbie. — Discussion relative à la dette turque. — Fixation de la nouvelle frontière d'Asie. — Suite de la lecture du texte du traité. — Déclaration de l'Angleterre au sujet des détroits. — Discussion d'une proposition tendant à l'envoi d'une commission européenne pour pacifier l'insurrection du Rhodope.

19ᵉ séance. — 12 juillet. — Suite de la lecture du texte du traité. — Déclaration de la Russie au sujet des détroits.

20ᵉ séance. — 13 juillet. — Signature du traité.

Les protocoles de ces vingt séances ne forment pas moins de 258 pages du *Blue-Book* anglais. Une analyse, séance par séance si succincte qu'elle fût, nous forcerait encore à dépasser les limites que nous nous sommes assignées pour terminer cet ouvrage. Cependant comme nous ne pouvons absolument passer sous silence des débats qui ont eu pour effet de sanctionner les résultats de la guerre à l'histoire de laquelle ce livre est consacré, nous allons prendre l'une après l'autre, dans l'ordre où elles ont été discutées, les questions examinées par le Congrès et nous signalerons aussi brièvement que possible les diverses opinions exprimées par les puissances et les influences qui ont fait adopter la solution à laquelle le Congrès s'est arrêté. Quelques pages nous suffiront pour cela.

Création et organisation d'une principauté de Bulgarie et d'une province de Roumélie.

Nous avons fait remarquer dans notre critique du traité de San-Stefano que la principauté de Bulgarie, telle que la constituait ce traité, brisait la Turquie en quatre morceaux et lui rendait impossible une existence indépendante. C'était là la grosse question du Congrès, celle qui inspirait le plus d'inquiétude. L'Angleterre ne voulait pas d'une principauté étendue jusqu'à la mer Egée, où ses ports auraient pu abriter les flottes russes ; l'Autriche était hostile de son côté à la formation d'une puissance qui aurait assuré à la Russie une influence prépondérante en Turquie. Enfin ces deux puissances entendaient faire rendre à la Turquie la cohésion et les moyens de vivre. Dans quelle mesure la Russie accepterait-elle leurs objections ? On savait déjà par le mémorandum du 30 mai, qu'elle consentait à ce que la Bulgarie du traité de San-Stefano fut partagée en deux provinces mais tant de difficultés restaient encore à résoudre !

Cette question de la Bulgarie fut la première abordée. Elle fut posée dans la deuxième séance par M. de Bismarck qui, après avoir lu le texte de l'article 6 du traité de San-Stefano ainsi conçu : « La Bulgarie est constituée en principauté autonome, tributaire, avec un gouvernement chrétien et une milice nationale, » fit observer qu'il y avait deux moyens d'entrer dans la discussion : discuter d'abord à part ce premier alinéa, ou attendre le quatrième relatif à l'étendue des frontières de la Bulgarie.

Lord Salisbury prit alors la parole pour présenter les observations suivantes :

« L'effet le plus frappant des articles du traité de San-Stefano qui ont rapport à la Bulgarie (je ne dis pas l'effet qu'on a eu l'intention de leur donner) est d'abaisser la Turquie jusqu'au niveau d'une dépendance absolue envers la puissance qui a imposé ce traité.

« Il est de notre tâche de la replacer, non sur le pied de son indépendance antérieure, car on ne saurait entièrement anéantir les résultats de la guerre, mais de lui rendre une indépendance relative qui lui permettra de protéger efficacement les intérêts stratégiques, politiques et commerciaux dont elle doit rester le gardien.

« D'autres dangers non moins importants sont à craindre. La race grecque, qui habite de nombreux endroits de la nouvelle Bulgarie, sera assujettie à une majorité slave avec laquelle ses relations ne sont guère amicales, et, comme je l'ai déjà soumis à l'appréciation du Congrès, il est probable que la langue grecque disparaîtra et que la race grecque sera absorbée.

« En outre, l'admission au littoral de la mer Egée d'une nouvelle puissance maritime ne pourrait être agréée sans un vif sentiment de regret par les puissances voisines de la Méditerranée.

« Selon mon avis, on doit trouver un remède à ces résultats nuisibles dans une modification des articles sur lesquels Son Altesse le président a appelé notre attention. Si la Bulgarie, au lieu de s'étendre jusqu'à la mer Egée et au lac Ochrida, était limitée vers le sud à la ligne des Balkans, et que l'autre partie de la province restât sous l'autorité du sultan, ces dangers seraient beaucoup mitigés, même s'ils ne disparaissaient pas entièrement.

« Dans ce cas, une nouvelle puissance maritime ne s'étendrait plus aux bords de la mer Egée ; une proportion très nombreuse de la population grecque, qui se trouvaient menacée d'être absorbée dans la nouvelle Bulgarie et d'être assujettie à une majorité slave, resterait dans la position politique qu'elle occupe actuellement, et la Porte possèderait une frontière stratégique qu'elle pourrait défendre contre toute invasion à l'avenir. Cet avantage stratégique pourrait être atteint sans nuire aux intérêts des populations de cette région, dont le sort en serait amélioré.

« L'Angleterre n'a jamais admis, ni dans la conférence de Constantinople, ni à aucune autre époque, que, pour garantir les populations de la Turquie européenne contre les abus du gouvernement et l'oppression, il fallût les soustraire à la suprématie politique de la Porte. Cette garantie, qui est de la plus haute importance, demande plutôt la réforme de l'administration intérieure qu'une séparation politique.

« Je propose donc au Congrès, de la part de l'Angleterre, l'examen des deux propositions suivantes :

« 1. Que la principauté tributaire autonome de la Bulgarie soit restreinte à la partie de la Turquie européenne située au nord des Balkans.

« 2. Que la province de la Roumélie et tout autre territoire au sud des Balkans soient sous l'autorité politique et militaire directe du sultan, toute précaution nécessaire étant prise pour que le bien-être des populations soit sauvegardé par des garanties suffisantes d'autonomie administrative ou d'autre manière. »

Le comte Schouvalof, prenant la parole après lord Salisbury, crut devoir relever les mots « d'anéantir entièrement les résultats de la guerre », employés par le préopinant. La Russie, dit-il, est venue au Congrès pour coordonner le traité préliminaire de San-Stefano avec les intérêts généraux de l'Europe, mais non pour « anéantir » les résultats d'une guerre pour laquelle elle s'est imposée tant de sacrifices. Il exprima en même temps l'avis qu'entre la délimitation tracée à San-Stefano et celle que venait d'indiquer lord Salisbury, on pourrait trouver un terrain de discussion, par exemple les limites fixées par la conférence de Constantinople, avec la division longitudinale tracée alors par les représentants européens. Il demanda en terminant si l'Angleterre acceptait la discussion sur cette base, ou si elle entendait s'en tenir à la délimitation indiquée par elle.

Le prince de Bismarck fit remarquer que l'appréciation de la Russie serait évidemment subordonnée à un examen plus détaillé des institutions à donner à la Bulgarie située au sud des Balkans. Si donc les plénipotentiaires de la Grande-Bretagne, dit-il, se trouvaient en mesure de fournir dès à présent des éclaircissements sur le régime et les institutions qu'on pourrait offrir et garantir à cette partie de la Bulgarie, les plénipotentiaires russes seraient peut-être mieux en état de se prononcer sur la totalité des propositions anglaises.

Le marquis de Salisbury ayant témoigné le désir d'ajourner sa réponse sur ce point à la prochaine séance, le prince de Bismarck déclara que l'ajournement lui semblait en effet préférable. Il exprima l'espoir que les cabinets plus spécialement intéressés dans la question pourraient, dans l'intervalle, se concerter, ajoutant qu'il les croyait d'accord sur beaucoup de points, et peut-être au delà de ce qu'ils pensaient eux-mêmes. Dans le cas où l'accord ne serait pas entièrement établi dans ces conférences particulières, le Congrès aurait la tâche d'en rechercher le complément dans l'intervention des puissances amies.

Le comte Andrassy appuya l'ajournement. La question, dit-il, présente d'ailleurs un double aspect ; d'une part elle est purement politique et peut se résumer en ces termes : y aura-t-il une Bulgarie autonome tributaire et administrée par un gouvernement chrétien? Sur ce point, l'Autriche-Hongrie n'a pas d'objection. Mais d'autre part la question touche à une délimitation de frontières qui intéresse particulièrement l'Autriche-Hongrie. Le comte Andrassy exprima donc l'opinion qu'il serait utile de faire participer un délégué de l'Autriche-Hongrie aux entretiens particuliers des plénipotentiaires anglais et russes. En principe, il donnait son adhésion à la proposition anglaise.

Le prince de Bismarck, s'associant à la pensée du comte Andrassy, conclut en déclarant qu'il lui paraîtrait avantageux de donner à toutes les discussions du Congrès la forme d'une première et d'une seconde lecture. La première tiendrait lieu de discussion générale et servirait à établir l'accord sur les points de principe; la seconde permettrait d'entrer dans les détails et de procéder à la rédaction d'un texte définitif. Dans les réunions particulières et intimes des représentants, réunions que le prince de Bismarck recommandait sans se croire en droit de les convoquer, on préparerait les points d'entente. Cette proposition obtint l'assentiment du Congrès.

La question fut reprise à la quatrième séance, où le prince Gortchakof ne parut point non plus qu'aux suivantes, soit qu'il lui fût pénible de ratifier les concessions que la Russie était obligée de faire, soit qu'il fût réellement malade. Lord Salisbury donna lecture du document suivant qui contenait les propositions anglaises:

« Admission de la frontière des Balkans pour la principauté de Bulgarie; la province au sud des Balkans assumerait le nom de Roumélie orientale.

« L'incorporation du sandjak de Sofia avec rectification stratégique des frontières dans la principauté serait consentie, soit contre le maintien de Varna dans les mains des Turcs, soit contre l'exclusion des bassins du Mesta-Karasou et du Strouma-Karasou de la Roumélie orientale. La Roumélie orientale sera placée sous l'autorité politique et militaire directe du sultan, qui l'exercera dans les conditions suivantes :

« Il aura le droit de pourvoir à la défense des frontières de terre et de mer de la province, de pouvoir y tenir des troupes et de les y fortifier.

« L'ordre intérieur sera maintenu par la milice, dont les officiers seront nommés par le sultan, qui tiendra compte de la religion et de la population.

« Le gouverneur général aura le droit d'appeler les troupes ottomanes dans le cas où la sécurité intérieure ou extérieure se trouverait menacée.

« La frontière occidentale reste à préciser. Depuis l'endroit où la frontière occidentale coupe la frontière méridionale de la conférence, la frontière méridionale de la Roumélie orientale suivra le tracé de cette dernière jusqu'à la montagne de Krouchévo, puis le tracé de San-Stefano presque jusqu'à Moustapha-Pacha. De ce point une frontière naturelle ira jusqu'à la mer Noire à un point à préciser entre Sizéboli et Agathopoli. Le tracé des frontières se fera par une commission européenne à l'exception de deux points touchant à la mer Noire, qui ne sont pas encore arrangés. »

Les plénipotentiaires russes obligés de consentir à ce qu'une portion de leur Bulgarie redevînt une province soumise à l'autorité du sultan, s'efforcèrent du moins d'amoindrir cette autorité autant que possible. Le comte Schouvalof prit la parole et expliqua que dans les entretiens particuliers qu'ils avaient eus avec les plénipotentiaires anglais, les plénipotentiaires russes avaient fait de nombreuses concessions; ils avaient accepté le partage de la Bulgarie par la ligne des Balkans, la substitution du nom de Roumélie orientale à celui de Bulgarie du sud qu'ils proposaient pour la province créée au sud des Balkans; ils avaient consenti à ce que les frontières de cette province fussent éloignées de la mer Égée et rectifiées entre Andrinople et la mer Noire; enfin ils avaient laissé au sultan la garde des frontières de la Roumélie orientale.

Le comte Schouvalof dit qu'à ses yeux, les demandes qui lui avaient été soumises par les plénipotentiaires anglais avaient en réalité pour objet de protéger le fort contre le faible, de protéger l'empire ottoman, dont les armées, avec un courage auquel il se plut à rendre hommage, avaient résisté pendant de longs mois à l'armée russe, contre les agressions éventuelles d'une province qui ne comptait pas encore un seul soldat. Les plénipotentiaires russes les avaient néanmoins acceptées; mais à leur tour, ils se croyaient en droit de demander que le faible fût défendu contre le fort, et que tel était le but des deux amendements qu'ils présentaient et dont voici le texte:

« Les plénipotentiaires de Russie sont autorisés à accepter les points suivants :

« 1. Le sultan aura le droit de pourvoir à la défense des frontières de terre et de mer de la province, et celui de pouvoir y tenir des troupes et de les y fortifier.

« 2. L'ordre intérieur de la Roumélie orientale sera maintenu par des milices dont les officiers seront nommés par le sultan, qui tiendra compte de la religion de la population.

« Les plénipotentiaires de la Russie pensent toutefois que le principe sur lequel on est d'accord, que l'intérieur de la Roumélie orientale ne soit occupé que par des milices indigènes devrait être sauvegardé. Il ne pourrait l'être, selon leur opinion, que si une commission européenne était chargée de fixer les points que le gouvernement ottoman pourrait occuper sur ses frontières, et la force approximative de ces occupations.

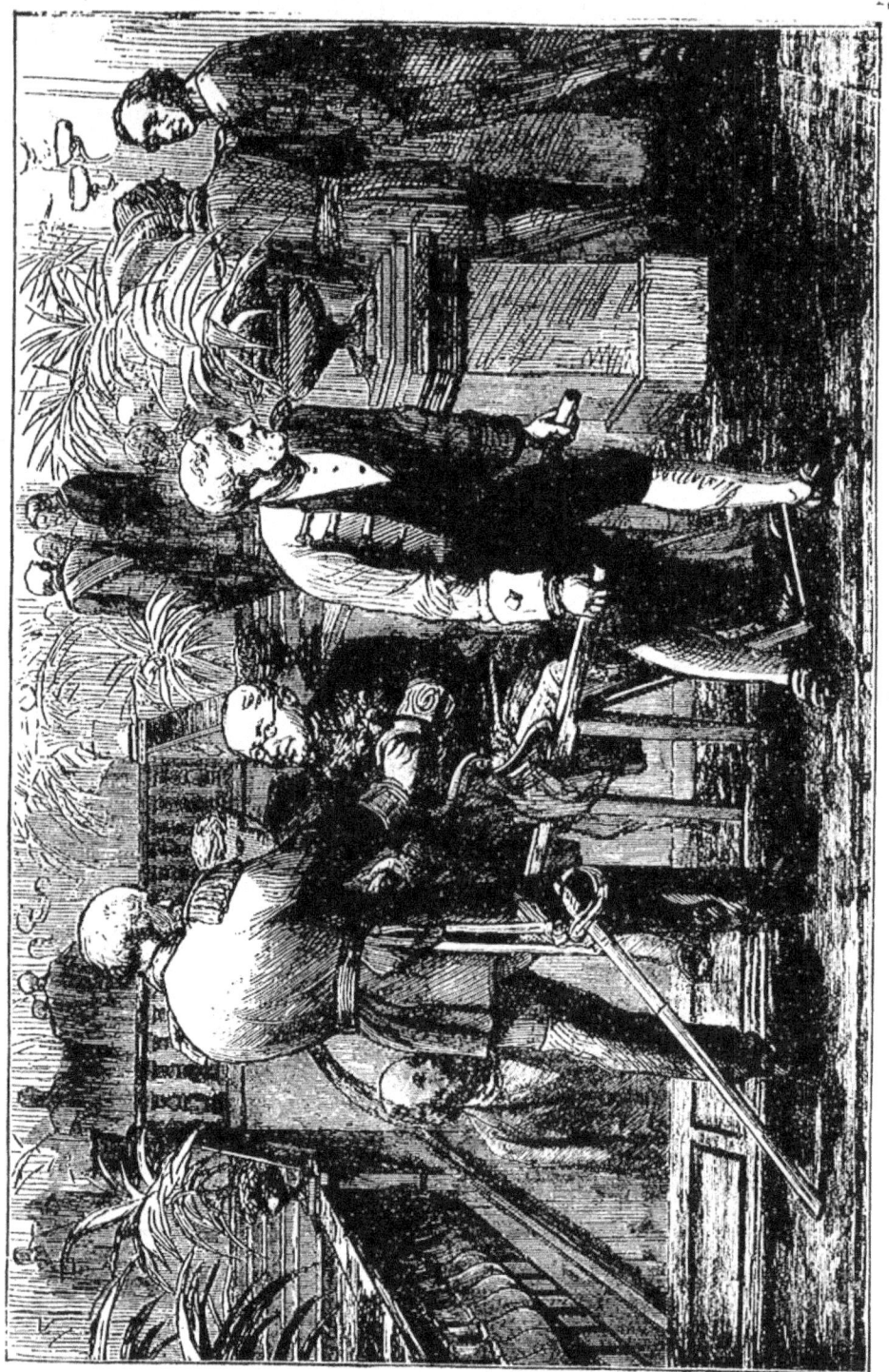

LE PRINCE GORTCHAKOF PORTÉ DANS LA SALLE DU CONGRÈS

« Les plénipotentiaires de Russie sont également autorisés à accepter le point relatif au droit du gouvernement général d'appeler des troupes ottomanes dans les cas où la sécurité intérieure ou extérieure se trouverait menacée.

« Mais ils croient nécessaire de ne point se départir du principe que le Congrès statue sur les cas et le mode de l'entrée des troupes ottomanes dans la Roumélie orientale. Ils demandent en conséquence que le Congrès discute cette éventualité, car si elle se présentait, elle serait un sujet d'alarmes pour l'Europe. Ils croient utile que le futur gouverneur général reconnaisse l'importance d'une pareille mesure et qu'il sache qu'elle a été l'objet de la sollicitude de l'Europe. »

Le comte Schouvalof ajouta que ces réserves ne changeaient en rien les principes admis par les plénipotentiaires de la Grande-Bretagne, mais qu'il croyait devoir insister pour des mesures de précaution destinées à prévenir le retour des excès de la soldatesque turque. Le but des plénipotentiaires anglais était de sauvegarder avant tout la complète indépendance de la Turquie, ils devaient combattre ces deux amendements, et lord Beaconsfield prit en effet la parole pour les discuter. Il déclara que l'institution d'une commission européenne lui paraissait une atteinte évidente portée au droit de souveraineté du sultan. En outre, les points stratégiques qui seraient fixés par une commission européenne ne pourraient être durables, eu égard aux modifications qui se produisent sans cesse dans la portée des armes de guerre. Enfin, on ne comprendrait pas qu'un gouverneur général, au fond seul juge compétent des circonstances, ne pût invoquer au besoin le concours des troupes que d'après des règles tracées d'avance par le Congrès.

Pour trancher le différend, M. de Bismarck proposa alors de charger M. Waddington de préparer une rédaction qui mettrait d'accord les plénipotentiaires de Grande-Bretagne et de Russie. Le seul point acquis dans la séance du 22 juin fut donc l'incorporation de Sofia à la Bulgarie du nord. Cette incorporation avait fait l'objet d'assez longues négociations. Les Russes l'exigeaient absolument. Les Anglais répondaient: Si l'on donne Sofia à la Bulgarie, qu'on rende Varna à la Turquie. A la fin, les plénipotentiaires s'entendirent sur les bases suivantes : Sofia serait incorporée à la Bulgarie et, en échange, les vallées du Mesta-Karasou et du Strouma-Karasou qui devaient primitivement faire partie de la province de la Roumélie orientale feraient retour pur et simple à l'autorité du Sultan.

Au commencement de la séance suivante (24 juin), M. Waddington fit savoir qu'il n'avait pu avoir de conférence avec ses collègues de Russie, et qu'il se trouvait par conséquent hors d'état de soumettre au Congrès une rédaction définitive. La question ne fut donc reprise que le lendemain. M. Waddington donna alors lecture des trois paragraphes suivants qui lui paraissaient devoir donner satisfaction à la fois aux plénipotentiaires anglais et aux plénipotentiaires russes :

« 1. L'ordre intérieur est maintenu par une gendarmerie indigène assistée d'une milice locale.

« 2. Pour la composition de ces deux corps, dont les officiers sont nommés par le sultan, il sera tenu compte, suivant les localités, de la religion des habitants.

« Sa Majesté le sultan s'engage à n'employer dans les garnisons frontières que des troupes régulières. Les troupes destinées à ce service ne pourraient en aucun cas être cantonnées chez l'habitant. Lorsqu'elles traverseraient la province, elles ne pourraient y faire de séjour. »

M. Waddington ajouta que ce passage ne s'appliquait qu'à l'état de paix et visait trois points : 1° le sultan n'emploiera pas de bachibouzouks ; 2° les soldats devront être logés dans les casernes ou les khans, ou campés sous la tente; 3° les troupes ne pourront séjourner dans l'intérieur de la province quand elles se rendront à la frontière pour le service des garnisons.

Après un très-court débat, les plénipotentiaires de Russie se rallièrent à la proposition de M. Waddington; lord Beaconsfield constata l'heureux résultat obtenu par la rédaction conciliante des plénipotentiaires français, et le président, après avoir recueilli le vote unanime du Congrès en faveur de cette rédaction, crut devoir au nom de la haute assemblée, remercier M. Waddington des services qu'il avait rendus à la cause de la paix, en facilitant une entente entre les puissances directement intéressées.

Tandis que la discussion des questions concernant l'organisation de la Roumélie orientale se poursuivait ainsi, le Congrès s'occupait également de l'organisation intérieure de la principauté de Bulgarie. Dans la quatrième séance, la discussion s'engagea sur le premier alinéa de l'article 7 du traité de San-Stefano qui est ainsi conçu :

« Le prince de Bulgarie sera librement élu par la population, et confirmé par la Sublime-Porte avec l'assentiment des puissances. »

Cette dernière condition était grosse de périls,

car il suffirait de la mauvaise volonté d'une puissance pour laisser la Bulgarie éternellement sans gouvernement. Aussi, lord Salisbury releva le mot « assentiment des puissances » et demanda s'il s'agissait de l'assentiment unanime des puissances ou seulement de la majorité. Le comte Schouvalof invoqua le principe d'après lequel le Congrès n'était pas obligé par la majorité, mais uniquement par l'unanimité de ses membres. Si donc les puissances n'étaient pas d'accord sur le choix du personnage qui serait élu prince de Bulgarie, l'élection ne serait pas valable. Lord Salisbury ayant fait observer qu'alors la Bulgarie se trouverait sans gouvernement, le comte Schouvalof dit qu'il ne pouvait répondre des éventualités de l'avenir et qu'il devait se borner à affirmer que la Bulgarie ne deviendrait pas une annexe russe. Le prince de Bismarck appuya alors vivement les plénipotentiaires russes ; à son avis, le Congrès était hors d'état de remédier au danger signalé par lord Salisbury.

Lord Salisbury n'en demanda pas moins que le mot de « majorité des puissances » fût substitué à celui de « assentiment. » Le comte Schouvalof protesta en disant que le plénipotentiaire anglais paraissait supposer chez le gouvernement impérial l'intention de réserver son assentiment dans le but de maintenir plus longtemps l'administration des commissaires russes. Le comte Andrassy intervint alors pour proposer une solution sur laquelle on pouvait se mettre d'accord. L'essentiel, à ses yeux, était de bien établir qu'en cas de non-réussite de l'élection, les intérêts européens devaient être représentés dans ces contrées aussi bien que les intérêts russes. Dans ce but il proposa la motion suivante :

« Considérant qu'à la suite d'un commun accord, la commission russo-turque qui, en vertu de l'article 6 du traité préliminaire de San-Stefano, aurait eu à tracer les frontières définitives de la principauté bulgare, sera remplacée par une commission européenne, et que, dans la pensée de tous les gouvernements représentés au Congrès, cette substitution offre un mode pratique pour concilier la divergence éventuelle des intérêts respectifs ;

« Considérant, d'autre part, qu'il a été constaté que l'amélioration du sort des chrétiens dans la presqu'île des Balkans est un but commun à toutes les puissances, je ne crois pas qu'il soit besoin d'appuyer par d'autres motifs encore la proposition suivante, que j'ai l'honneur de soumettre à l'appréciation de la haute assemblée, à savoir :

« Que le Congrès veuille bien admettre en principe que les fonctions assignées, par différents articles du traité préliminaire concernant la Bulgarie, à des commissions ou à des commissaires russes, ou russes et ottomans, soient transférées à des commissions ou à des commissaires européens. »

Le comte Schouvalof fit observer que le comte Andrassy préjugeait une question qui n'était pas encore discutée, celle des commissions européennes, et il demanda le renvoi de la discussion à la séance suivante, ce qui fut accordé. La suite de cette discussion occupa une grande partie de la sixième séance. Lord Salisbury soutint vigoureusement la proposition du comte Andrassy et pour démontrer combien il était urgent de la mettre à exécution, il annonça qu'il avait reçu de Constantinople, les détails les plus alarmants sur la conduite du gouverneur militaire russe de Bulgarie dont les mesures semblaient prises en vue d'engager l'avenir politique et financier du pays.

Les Russes tenaient par-dessus tout à conserver une situation prépondérante dans l'organisation de la Bulgarie. Si d'autres commissaires étaient délégués par les puissances européennes, l'influence du commissaire russe se trouverait débordée et annihilée. Sentant que la proposition du comte Andrassy comptait de nombreuses sympathies dans le Congrès, le comte Schouvalof accepta le principe du contrôle européen en s'efforçant d'en atténuer la portée. « La Russie, dit-il, souhaite vivement : 1° signer la paix ; 2° voir achever l'œuvre de réorganisation ; 3° faire cesser l'occupation militaire. Mais pour en arriver à ces résultats, il ne faut pas compliquer la situation et dépasser les limites indiquées par l'intérêt de l'Europe. Il est utile, sans doute, de nommer des commissions, mais il serait dangereux d'en nommer un trop grand nombre. Dans la Roumélie orientale, la Russie n'a pas d'œuvre isolée à faire ; l'Europe s'est substituée à elle et peut y agir comme il lui semble opportun ; mais en Bulgarie une commission européenne ne paraît pas indispensable, et pourrait être utilement remplacée par le contrôle des consuls en Bulgarie et, s'il y a lieu, des représentants européens à Constantinople. » Ce contrôle semblait être suffisant à la Russie, et si le gouvernement impérial se réservait en Bulgarie une part d'action plus directe que les autres puissances, le comte Schouvalof fit remarquer que la Russie avait pris aussi une part plus directe à la création de cette nouvelle principauté autonome.

Une longue discussion sur ce sujet ne donna point de résultat et il fallut recourir encore à l'intervention conciliante de l'une des puissances les plus désintéressées dans la question. Le comte Corti fut chargé d'examiner de concert avec les représentants de la Russie, de l'Autriche et de l'Angleterre les modifications à apporter au texte du traité de San-Stefano dans le sens de la proposition du comte Andrassy. Enfin dans sa septième séance, le Congrès se mit d'accord sur la rédaction suivante :

« L'administration provisoire de la Bulgarie sera dirigée, jusqu'à l'introduction de la nouvelle organisation, par un commissaire impérial russe. Un commissaire impérial ottoman et les consuls délégués *ad hoc* par les autres puissances seront appelés à l'assister pour contrôler le fonctionnement de ce régime provisoire.

« En cas de dissentiment entre les consuls délégués la majorité décidera, et en cas de divergence entre cette majorité et le commissaire impérial russe les représentants des puissances à Constantinople, réunis en conférence, prononceront.

« Une fois le prince élu et institué, la nouvelle organisation sera mise à exécution et la Bulgarie entrera en pleine jouissance de son autonomie.

« Immédiatement après la conclusion de la paix, une commission européenne sera instituée pour l'organisation de la Roumélie orientale et pour son administration financière jusqu'à l'achèvement de l'organisation. »

L'article 8 du traité de San-Stefano donna lieu à une discussion sinon aussi longue, du moins aussi vive que le précédent. Sur le deuxième alinéa, limitant à deux ans la durée de l'occupation russe, le comte Andrassy présenta encore un amendement ainsi conçu :

« Le gouvernement de S. M. l'Empereur et Roi a été de tout temps pénétré de la conviction que l'œuvre du Congrès ne saurait être couronnée de succès qu'à la condition que la transition de la guerre à la paix définitive soit aussi courte que possible, et que l'état des choses qui succédera à la guerre soit la paix définitive avec tous ses bienfaits.

« Partant de cette conviction, les plénipotentiaires de S. M. Impériale et Royale se voient obligés d'exprimer certaines appréhensions que leur inspirent les dispositions de l'article 8.

« Cet article stipule l'éloignement entier des troupes turques de la principauté de Bulgarie ; il contient en même temps la disposition, qu'après l'évacuation de la Turquie par les troupes russes, jusqu'à l'organisation complète d'une milice indigène, un corps d'armée russe, ne dépassant pas 50,000 hommes, doit occuper la Bulgarie, et que la durée de cette occupation doit être d'environ deux ans.

« Nous sommes loin de méconnaître la nécessité qu'il y a de pourvoir au maintien de l'ordre dans la nouvelle principauté, même pendant l'époque de transition entre la conclusion de la paix et l'organisation des pouvoirs civils et militaires indigènes.

« Nous sommes persuadés que le cabinet de Saint-Pétersbourg ne cherchait, par cette occupation, qu'à tenir compte de cette nécessité, et que la mesure en question, ainsi que le gouvernement impérial de Russie l'a déclaré lui-même à différentes reprises, n'implique pas d'autres vues.

« Aussi le gouvernement impérial et royal ne pense-t-il pas que le Congrès élèverait en principe une objection contre la stipulation en vertu de laquelle, après l'évacuation de la Bulgarie par l'armée turque, un corps d'armée russe serait chargé provisoirement du maintien de l'ordre.

« D'un autre côté, les plénipotentiaires de S. M. l'Empereur et Roi ne sauraient se cacher les inconvénients qu'il y aurait à faire dépendre l'occupation projetée d'un terme difficile à fixer d'avance, tel que l'achèvement de l'organisation de la milice du pays, ou d'un laps de temps aussi éloigné que la durée de deux ans.

« Ils craignent qu'une pareille stipulation ne soit difficile à accorder avec les efforts communs des hautes puissances signataires pour le prompt rétablissement d'une paix définitive.

« Tant que les troupes de la puissance qui a fait la guerre séjourneront sur territoire étranger, l'opinion publique ne considérerait pas les événements de guerre comme entièrement terminés ; le crédit public et la prospérité même des pays n'ayant pas pris part à la guerre resteraient exposés aux oscillations d'un ordre de choses mal défini.

« Le droit ayant été réservé à la Turquie d'occuper militairement ses frontières des Balkans, on ne saurait perdre de vue que les troupes ci-devant ennemies se trouveraient, même après la conclusion de la paix, placées en face les unes des autres.

« La situation de la Roumanie forme également l'objet de nos sérieuses préoccupations. Dans l'article en question, il est stipulé pour les troupes impériales russes, dans le but d'assurer leurs communications, le droit de passage à travers ladite principauté pendant la durée de l'occupation.

« Si la durée de l'occupation restait indéfinie

ou si elle était prolongée à deux ans, cette principauté se croirait privée de la jouissance de l'indépendance qui serait reconnue par l'Europe et s'en ressentirait comme d'une suspension ou limitation de ses droits.

« Le gouvernement impérial et royal a donc l'honneur de proposer que le Congrès veuille décider :

« 1. La durée de l'occupation de la principauté de la Bulgarie par les troupes impériales russes

PALAIS RADZIWIL OU SIÉGEAIT LE CONGRÈS DE BERLIN

« Le gouvernement impérial et royal, eu égard à toutes ces considérations, croit qu'il serait dans l'intérêt de toutes les parties qu'il soit fixé un terme précis à l'occupation de la Bulgarie. Il lui semble en outre que le Congrès devrait pourvoir à l'éventualité où, à l'expiration de ce terme, l'état des provinces en question exigerait encore la présence d'une force armée non indigène.

est fixée à six mois à dater de la conclusion de la paix définitive.

« 2. Le gouvernement impérial russe s'engage à terminer, dans un délai ultérieur de deux ou trois mois, ou plus tôt, si faire se peut, le passage de ses troupes à travers la Roumanie et l'évacuation complète de cette principauté.

« 3. Si, contre toute prévision, à l'expiration

du délai de six mois, la présence des troupes auxiliaires étrangères en Bulgarie était, d'un commun accord, jugée nécessaire, les grandes puissances fourniraient des contingents dont l'ensemble serait environ de 10 à 15,000 hommes, qui seraient placés sous les ordres de la commission européenne et dont l'entretien sera à la charge du pays occupé.

Lord Beaconsfield adhéra aussitôt à la proposition autrichienne et déclara que l'Angleterre était, dès lors, prête à fournir sa part du contingent indiqué. Le comte Schouvalof, qui tenait tête avec une grande fermeté aux exigences de l'Angleterre et de l'Autriche, s'éleva encore contre cette proposition dont le but évident était d'amoindrir l'influence russe dans les Balkans. Il fit une distinction entre la situation de la Roumélie orientale et celle de la Bulgarie. En Roumélie, l'occupation pouvait à la rigueur être abrégée à six mois, car en cas de troubles les milices devaient agir, et, si elles étaient insuffisantes, le gouverneur général ferait intervenir les troupes ottomanes. En Bulgarie, au contraire, où ne pouvait entrer aucune force turque, l'occupation devait être prolongée. Le comte Schouvalof entra à ce sujet dans des détails fort intéressants sur ce que la Russie avait fait en Bulgarie depuis que ses armées y étaient entrées.

« La Russie, dit-il, s'est efforcée de changer le moins possible les institutions du pays : le feu prince Tcherkasky avait été frappé de ce que la législation turque répondait aux besoins du pays; seulement les lois et règlements n'étaient pas connus des fonctionnaires, qui ne les appliquaient pas. L'administration russe a fait élire un conseil administratif, un conseil municipal, un conseil judiciaire dans chaque caza : les présidents de ces trois conseils forment le noyau des futures assemblées de notables, et, pour témoigner de son impartialité, l'administration compte envoyer avec eux à Tirnova les cadis des districts musulmans pour y préparer la loi électorale. Cette loi faite, on procédera aux élections, puis à la rédaction du statut organique, puis enfin à la nomination du prince.

« Toute cette organisation demande du temps; la Russie fera ses efforts pour que les choses marchent très-rapidement, mais enfin il est impossible de laisser la province sans force armée avant qu'un gouvernement régulier y soit installé. La Russie décline la responsabilité d'une évacuation prématurée. »

Le comte Schouvalof insista sur les dangers de l'occupation mixte : « L'armée russe, accoutumée au pays, connaissant la langue, cantonnée sur place d'ailleurs, peut, dit-il, rendre immédiatement les services qu'on attend d'elle; il n'en serait pas de même d'une force mixte nécessairement inexpérimentée dans les premiers temps, qu'il faut le temps de réunir d'ailleurs, au risque de laisser dans l'intervalle l'anarchie se développer. »

Le comte Schouvalof regardait en outre comme préférables, pour le maintien de l'ordre, des troupes conduites par un chef militaire à une armée placée sous les ordres d'une commission. Il redoutait, entre les soldats de ces troupes mixtes, des collisions dont la plupart seraient peu importantes, sans doute, mais dont quelques-unes pourraient devenir plus graves et prendre même les proportions d'un incident européen. Enfin il restait encore à savoir si toutes les puissances agréaient à cette proposition de contingent mixte, qui demeurait en définitive extrêmement coûteuse et compliquée.

M. de Bismarck, en cette question comme presque en toutes les autres, annonça que les observations du comte Schouvalof étaient appuyées par l'Allemagne. Le comte Andrássy réfuta les paroles du plénipotentiaire russe; d'une part le système d'organisation appliqué par les Russes en Bulgarie était si simple et si pratique qu'il en résultait que l'occupation pouvait être abrégée sans inconvénient; d'autre part, les inconvénients signalés par le comte Schouvalof dans l'occupation mixte paraissaient illusoires, rien n'empêcherait les troupes des différents pays de vivre en bonne entente. Après une assez longue conversation entre les membres du Congrès, le président constata qu'il ressortait de cet échange d'idées que la majorité paraissait envisager avec faveur une évacuation graduelle de six mois pour la Roumélie, de neuf pour la Bulgarie, et d'un an pour la Roumanie. Le comte de Saint-Vallier fit remarquer qu'en effet le comte Schouvalof, en ce qui concernait la Roumélie, avait proposé lui-même le terme de six mois. On pouvait donc sur ce point s'en tenir à la proposition du plénipotentiaire de Russie; quant au second terme, l'accord semblait fait pour l'évacuation de la Bulgarie en neuf mois, et pour celle de la Roumanie dans l'espace d'un an.

Mais le comte Schouvalof tint bon, il se déclara hors d'état d'accepter cette combinaison qui excédait ses pouvoirs, et de guerre lasse les plénipotentiaires autrichiens, anglais et français finirent par céder. La Russie obtint gain de cause dans cette question comme dans toutes celles que nous avons eu à examiner jusqu'à présent.

« Les questions relatives à l'égalité politique, à la liberté religieuse, aux chemins de fer et au maintien en Bulgarie et en Roumélie orientale des traités, conventions et arrangements internationaux conclus par la Porte, furent réglées sans difficultés dans la sixième et la septième séance. On trouvera les résultats de la discussion dans le texte même du traité de Berlin, où ils ont été consignés.

Dans la cinquième séance, Caratheodory-Pacha avait déposé la proposition suivante :

« Indépendamment du tribut, la principauté de Bulgarie supportera une part des dettes de l'Empire proportionnelle à ses revenus. »

Dans la septième séance Caratheodory-Pacha expliqua sa proposition en donnant lecture du document suivant :

« En proposant qu'indépendamment du tribut la principauté de Bulgarie supporte une part des dettes de l'Empire proportionnelle à ses revenus, j'ai tenu à remplir ce que je considère comme un devoir vis-à-vis des créanciers de la Turquie.

« Je ne puis nier que les revenus des localités qui constituent la nouvelle principauté soient affectés explicitement d'une manière générale à toute la dette publique de la Turquie. Pour certains emprunts, quelques-uns de ces revenus sont même engagés d'une manière spéciale.

« Dans le document porté sur la liste des pétitions adressées au Congrès sous le nº 16, et qui m'a été envoyé directement aussi, les créanciers de la Turquie ont invoqué des précédents puisés dans la pratique du droit public européen.

« Je m'empresse de reconnaître que l'analogie n'est pas parfaite puisque les précédents qu'on invoque concernent les territoires qui ont été annexés à des Etats indépendants ou bien des territoires qui ont été déclarés indépendants, tandis que tout au contraire la principauté de Bulgarie est seulement autonome. Mais quoique privée des prérogatives de l'indépendance, la principauté de Bulgarie n'en aura pas moins, en vertu du principe même de son autonomie intérieure, un régime financier, et par conséquent un budget de recettes et de dépenses distinct et séparé, et c'est précisément à raison même de la non-indépendance de la principauté que peut-être le Congrès croira utile de lever les doutes qui pourraient exister à cet égard.

« La participation de la principauté de Bulgarie à la dette publique de l'Empire ne saurait se confondre avec le tribut que la principauté doit payer. Les deux choses sont distinctes. La participation à la dette est simplement la conséquence de la reconnaissance ou plutôt de la simple admission d'un droit du créancier.

« Le tribut, par contre, concerne la cour suzeraine. Il représente le lien qui rattache la principauté à l'Empire ; il est le prix du rachat de la sujétion directe, et il est indépendant de l'existence d'autres dettes passées ou futures. A l'appui de cette manière de voir, je me permets de rappeler aussi que le gouvernement impérial de Russie, en stipulant simplement un tribut, avait pensé qu'il n'y avait pas lieu de préciser davantage, par la raison, disait-il, qu'il aurait peut-être empiété sur des intérêts de tiers.

« La proposition que j'ai eu l'honneur de soumettre au Congrès est formulée dans le même ordre d'idées. Elle laisse intacte la question du tribut ; elle ne préjuge rien, elle n'a pour but que la constatation d'un principe. »

La proposition du plénipotentiaire turc ne paraissant pas devoir réunir la majorité des voix, M. Corti proposa cette autre rédaction :

« Lorsqu'on réglera le tribut à payer par la Bulgarie à la Sublime-Porte, on prendra en considération la partie de la dette publique qui pourrait être attribuée à la principauté sur la base d'une équitable proportion. »

Dans l'intérêt des créanciers de la dette turque, M. Waddington pria le comte Corti de développer sa pensée ; M. le premier plénipotentiaire italien entendait-il diminuer la garantie proposée par Caratheodory-Pacha ou bien présenter l'équivalent pur et simple de la première proposition ? Le comte Corti déclara que son intention était de poser en principe que la Bulgarie devait assumer une part de la dette turque, mais qu'en même temps il avait voulu indiquer qu'il y a une connexité entre la dette publique et le tribut. En présence de ces explications tous les plénipotentiaires, y compris ceux de la Turquie, se rallièrent à la proposition italienne.

Les questions relatives à la délimitation des frontières de la Bulgarie furent définitivement résolues dans la seizième séance. Grâce aux efforts de Mehemet-Ali-Pacha, la Turquie conserva le Kodja-Balkan et le défilé d'Ikhtiman, ce qui lui constitue, avec les Balkans, une très-forte ligne de défense sur sa frontière septentrionale. Ce n'est pas sans difficultés que les plénipotentiaires russes cédèrent sur ce point ; ils savaient ce que la prise de cette ligne avait coûté à leurs soldats et ils s'inquiétaient de la voir retourner aux Turcs qui pouvaient la fortifier beaucoup mieux qu'ils ne l'avaient fait jusque-là. Dans la dix-septième séance, le comte Schouvalof essaya du moins d'atténuer l'effet de la restitution de la fameuse passe de Schipka en présentant l'originale proposition que voici :

« Il y a dans la chaîne des Balkans un point qui a été le théâtre de luttes héroïques : elles ont pu être égalées, mais non surpassées dans l'histoire. Jamais il n'y a eu un déploiement plus énergique de toutes les vertus militaires et patriotiques dont le drapeau est le symbole.

« Ce que j'en dis s'applique également aux deux parties. De pareilles luttes laissent, après elles, l'estime réciproque et le respect qui s'attache à la mémoire de milliers de Russes et de Turcs dont les ossements blanchissent dans les ravins de Schipka.

« Nous demandons à la haute assemblée de donner un témoignage de ce respect aux braves qui dorment à Schipka en faisant de ce point un glorieux cimetière où il ne s'élèvera plus de batteries et où jamais le canon ne grondera. »

Le comte Schouvalof expliqua que cette proposition ne cachait aucune arrière-pensée stratégique ou autre. C'était laisser passer assez naïvement le bout de l'oreille. Caratheodory-Pacha fit remarquer que nulle part le respect des morts n'est plus profond qu'en Orient et qu'il donnait son entier assentiment au projet de cimetière, mais il réserva l'opinion de la Porte sur la désignation précise de l'emplacement à lui donner. Le comte Schouvalof fut alors obligé d'avouer plus nettement son but, c'était tout Schipka qu'il voulait voir entouré d'une enceinte et transformé en un terrain neutre. Le prince de Bismarck, toujours favorable à la Russie, appuya la proposition de Schouvalof. Il exprima l'avis que la haute assemblée pourrait, si les plénipotentiaires ottomans n'étaient pas autorisés à consentir, sans restriction, au projet qui venait d'être présenté, déclarer au protocole qu'elle s'associait à la pensée exprimée par les plénipotentiaires de Russie et qu'elle la recommandait à la commission européenne chargée d'examiner sur place les moyens d'y donner suite. Le Congrès accepta cette proposition.

Les questions relatives aux territoires englobés dans la Bulgarie du traité de San-Stefano ne furent épuisées que dans la 19e séance du Congrès où le comte Schouvalof fit savoir à la haute assemblée que lord Salisbury avait reçu des télégrammes qui indiquaient les plus déplorables désordres dans les districts du Rhodope : d'après ces informations, une population de plus de cent mille âmes était livrée à une complète anarchie ; des villages avaient été brûlés, des massacres, violences et excès horribles avaient été commis. Leurs Excellences pensaient qu'il y avait lieu de mettre un terme aussi promptement que possible à de semblables atrocités. Le comte Schouvalof fit remarquer que les localités dont il s'agissait étaient en dehors de l'action du commandant en chef de l'armée russe et il pensait de concert avec lord Salisbury, qu'il serait opportun d'envoyer sur place des commissaires européens qui seraient chargés de provoquer l'adoption de mesures répressives.

Après un échange d'idées à ce sujet entre plusieurs plénipotentiaires, le comte de Saint-Vallier donna lecture d'un projet de résolution rédigé d'accord avec le marquis de Salisbury et ainsi conçu :
« Les plénipotentiaires des puissances réunis au Congrès de Berlin, émus des rapports parvenus à quelques-uns d'entre eux sur les souffrances actuelles des populations du Rhodope et des contrées voisines, sont d'avis qu'il y a lieu de recommander aux ambassadeurs à Constantinople de s'entendre avec la Sublime-Porte pour l'envoi immédiat d'une commission européenne chargée de vérifier sur les lieux la gravité des faits et de chercher à y apporter remède dans la mesure du possible. »

Ce projet de résolution reçut l'adhésion unanime du Congrès. Le président fit remarquer, avec l'assentiment général, que les membres de la haute assemblée, en adoptant cette résolution étrangère à l'objet de leurs délibérations, agissaient non pas comme membres du Congrès, mais comme représentants de leurs gouvernements respectifs.

Occupation de la Bosnie et de l'Herzégovine par les troupes austro-hongroises (1).

Dans sa huitième séance, le Congrès s'occupa de cette question de l'occupation de la Bosnie et de l'Herzégovine autour de laquelle la politique autrichienne pivotait depuis deux ans. Par un concours de circonstances singulièrement favorables pour le comte Andrassy, cette mesure était maintenant approuvée non-seulement par toutes les puissances, mais encore par toutes les nationalités dont se compose la monarchie austro-

(1) Dans la dernière semaine de mai les Autrichiens, en vertu d'une convention passée avec la Turquie, avaient occupé l'île d'Adakaleh située sur le Danube entre l'Autriche, la Serbie et la Roumanie, et qui renferme un fort qui commande le cours du Danube.

VUE DE LA VILLE DE VOLO CÉDÉE A LA GRÈCE

hongroise. Au Congrès, la Russie qui avait tant de fois engagé le cabinet de Vienne à envoyer ses troupes dans les deux provinces, ne pouvait plus se dédire et l'Angleterre invitait l'Autriche à le faire afin de créer un contre-poids sérieux en Turquie à l'influence russe. En Autriche, les Hongrois qui avaient été hostiles à l'occupation tant qu'elle avait revêtu l'apparence d'un acte de complicité avec la Russie, avaient rapidement changé de sentiment alors qu'elle devenait une mesure de précaution prise contre cette puissance. Ils y trouvaient en outre cette satisfaction de voir s'ajouter au royaume de Hongrie des territoires ayant fait partie autrefois de la couronne de Saint-Étienne.

La séance s'ouvrit par la lecture de la communication suivante dans laquelle le comte Andrassy expose la situation intolérable que les troubles permanents de la Bosnie et de l'Herzégovine créait à l'Autriche :

« Tous les gouvernements s'accordent à reconnaître que l'Autriche-Hongrie, en sa qualité de puissance limitrophe, est intéressée plus que toute autre puissance au règlement de l'état de choses en Bosnie et dans l'Herzégovine.

« Les belligérants ont tenu compte de ce point de vue en réservant à l'entente avec l'Autriche-Hongrie, par l'article 14 du traité de paix préliminaire, la solution définitive de cette question. En précisant les objections contre l'article précité qui découlent de la particularité des intérêts austro-hongrois, les plénipotentiaires de Sa Majesté impériale et royale se croient en devoir de relever que la question bosno-herzégovinienne, tout en concernant le plus directement l'Autriche-Hongrie, ne cesse pas d'être une question éminemment européenne.

« On ne saurait perdre de vue que le mouvement qui a conduit à la guerre d'Orient a eu son origine en Bosnie et en Herzégovine.

« Les maux et les dangers qui en sont résultés pour l'Europe sont connus ; l'Autriche-Hongrie en a été atteinte en première ligne.

« Le nombre considérable de troupes échelonnées sur nos frontières n'a pas suffi pour arrêter le passage des insurgés et les incursions réciproques. Les forces turques concentrées en Bosnie au commencement des troubles n'ont pas été en mesure, quelque nombreuses qu'elles fussent, de mettre un terme à une insurrection et à une émigration permanentes. Plus de 200,000 hommes ont ainsi abandonné leurs foyers. Depuis trois années, le gouvernement impérial et royal a dû prendre à sa charge les frais de leur entretien, 10 millions de florins ont déjà été affectés à cet usage. Se méfiant du sort qui les attend à leur retour, les émigrés se refusent à rentrer dans leur patrie. Ainsi jour par jour de nouveaux et lourds sacrifices nous sont imposés, et rien n'en fait présager la fin prochaine. Nos populations limitrophes souffrent des dommages incalculables de cette émigration incessante et prolongée.

« En présence de cet état de choses qu'il ne lui a pas été possible de prévenir, le gouvernement impérial et royal ne peut avoir d'autre but que d'y voir mettre fin une fois pour toutes par une solution offrant des garanties de stabilité.

« L'article 14 du traité préliminaire de San-Stefano propose pour solution l'introduction d'une autonomie telle qu'elle a été communiquée aux plénipotentiaires ottomans dans la première séance de la conférence de Constantinople.

« Le gouvernement de S. M. l'empereur et roi serait prêt à accepter toute solution qui laisserait entrevoir la pacification prompte et définitive des provinces dont il s'agit. Toutefois, considérant leurs conditions nationales, religieuses et géographiques rendues plus compliquées encore par les changements territoriaux résultant de la guerre, nous devons regarder la solution indiquée comme tout à fait irréalisable. Des obstacles insurmontables s'y opposent tant en principe que dans l'exécution.

« La population de ces pays se compose de musulmans, d'orthodoxes et de catholiques, fanatiques dans l'antagonisme qui les divise, et ne vivant pas dans des circonscriptions différentes, mais pêle-mêle dans les mêmes districts, les mêmes villes, les mêmes villages.

« La Sublime-Porte aurait pour tâche de réunir tous ces éléments opposés dans le moule d'un même régime autonome. Elle devrait procéder au rapatriement des réfugiés dispersés en Autriche-Hongrie et dans le Monténégro, subvenir à leur entretien et, afin de rendre possible la reprise du travail paisible, les munir de grains pour l'ensemencement des terres, et matériaux pour la reconstruction de leurs maisons. Elle devrait mettre en œuvre le règlement de la question agraire, source principale des secousses périodiques qui ont agité ces contrées, — problème hérissé d'obstacles au milieu d'une population déchirée par les haines religieuses et les rancunes sociales, problème qu'un pouvoir fort et impartial seul peut résoudre dans un pays où toute la propriété foncière se trouve dans les mains des musulmans, pendant que les chrétiens laboureurs ou fermiers forment la majorité des habitants.

« En même temps que la Sublime-Porte serait appelée à des sacrifices dépassant ses moyens, l'article 14 dispose qu'elle ne pourra pas recouvrer les arriérés et devra renoncer pendant deux ans encore aux revenus courants de ces provinces.

« Assurément, ce n'est pas faire un reproche à la Turquie ni mettre en doute sa bonne volonté que d'affirmer qu'elle ne serait pas en mesure de suffire à cette tâche.

« Il lui serait impossible de l'accomplir dans des circonstances normales. Elle est d'autant plus irréalisable à l'issue d'une guerre à peine achevée, en présence surtout de la recrudescence de l'antagonisme qui se manifeste avec plus de vivacité même qu'au commencement des désordres, depuis que des districts habités par des musulmans se trouvent ou devront être placés sous la domination serbe et monténégrine. L'appréhension que l'autonomie dans de pareilles conditions, loin d'amener la pacification de ces contrées, n'en ferait qu'un foyer permanent de troubles, n'est que trop fondée.

« Il appert de l'exposé succinct qui précède qu'un règlement durable de cette question ne saurait être atteint sur la base de l'article 14. Toute tentative infructueuse d'installer une organisation autonome dans ces provinces y donnerait un nouvel essor aux agitations, et nous serions ainsi sous peu exposés de nouveau aux dommages intolérables que nous ont causés et nous causent les ébranlements dans ces provinces.

« Le gouvernement austro-hongrois doit, de plus, se préoccuper de la situation géographique qui résultera pour la Bosnie et l'Herzégovine à la suite des remaniements territoriaux qu'entraîne une délimitation nouvelle de la Serbie et du Monténégro. Le rapprochement des frontières de ces principautés placerait dans ces parages les voies de communication avec le reste de l'Orient dans des conditions préjudiciables aux intérêts commerciaux de la monarchie.

« Pour ces motifs, les plénipotentiaires de Sa Majesté Impériale et Royale apostolique se croient en devoir d'appeler la sérieuse attention du Congrès sur les dangers qu'entraînerait toute solution dépourvue de garanties de durée. Intéressée en première ligne comme puissance limitrophe, l'Autriche-Hongrie a l'obligation de déclarer franchement et ouvertement que ses intérêts les plus vitaux ne lui permettent d'accepter qu'une solution de la question bosno-herzégovinienne qui serait apte à amener la pacification durable desdites provinces, et à empêcher le retour d'événements qui ont fait courir de si graves dangers à la paix de l'Europe et créé à l'Autriche-Hongrie, tout en lui imposant de grands sacrifices et de graves pertes matérielles, une situation intolérable dont elle ne saurait accepter la prolongation. »

Lord Salisbury prit alors la parole et au nom de l'Angleterre il proposa l'occupation des deux provinces par l'Autriche-Hongrie. Voici le document dont il donna lecture :

« La condition sociale et la position géographique de la Bosnie et de l'Herzégovine méritent dans la même proportion l'attention du Congrès.

« Ce sont les seules provinces de la Turquie où les propriétaires du sol aient, presque sans exception, une croyance religieuse autre que celle des paysans.

« L'insurrection qui est résultée de cet antagonisme a donné lieu à la guerre qui vient de dévaster la Turquie, et les animosités qui séparent les deux classes de la population ne sont pas moins vives qu'elles ne l'étaient, il y a trois ans.

« Elles ont été exaspérées par les passions de la guerre civile, et l'opposition au gouvernement sera stimulée par les succès récents des deux principautés voisines.

« Il n'est guère probable que la Porte soit capable de lutter aujourd'hui contre des agitations qu'elle n'était pas assez forte pour empêcher ou pour supprimer, avant même que les tristes événements de ces deux dernières années ne fussent survenus.

« A cet effet, il faudrait un gouvernement qui eût non-seulement les moyens nécessaires pour établir une bonne administration, mais qui possédât également des forces assez prépondérantes pour supprimer toute espèce de trouble.

« Si les puissances ne réussissent pas, dès à présent, à pourvoir à l'établissement d'une administration stable et forte dans ces régions, elles seront responsables du renouvellement inévitable des souffrances qui ont provoqué les vives sympathies de l'Europe et qui ont donné lieu à de si graves événements.

« La position géographique de ces provinces est aussi d'une haute importance politique. Dans le cas où il en tomberait une partie considérable entre les mains de l'une des principautés voisines une chaîne d'États slaves serait formée qui s'étendrait à travers la presqu'île des Balkans, et dont la force militaire menacerait les populations d'autre race occupant les territoires au sud. Un pareil état de choses serait sans doute plus dangereux à l'indépendance de la Porte qu'aucune autre combinaison. Il est cependant très-probable qu'un tel résultat se produirait dans le cas où la Porte resterait chargée de la défense de ces deux provinces éloignées. De grands dangers seraient à craindre tant pour les provinces que pour la Porte, si cette dernière continuait à les occuper et à les administrer.

« D'autre part, la Bosnie et l'Herzégovine ne prêtent rien à la richesse ni à la force de la Porte.

« On a constaté dans la conférence de Constantinople que leurs revenus n'égalaient pas les dépenses qui se faisaient pour leur compte. La dépense nécessaire pour les défendre serait énorme, et elles n'ont aucune valeur stratégique pour la Turquie.

« Or, la Porte ferait preuve de la plus haute sagesse si elle refusait de se charger plus longtemps d'une tâche qui dépasse ses forces, et, en la confiant à une puissance capable de la remplir, elle détournerait de l'empire turc des dangers formidables.

« Par ces motifs, le gouvernement de la reine propose aux puissances réunies que le Congrès statue que les provinces de la Bosnie et de l'Herzégovine seront occupées et administrées par l'Autriche-Hongrie. »

Le prince de Bismarck exprima également l'avis que, seul un Etat puissant et disposant des forces nécessaires à portée du foyer des désordres pourrait rétablir l'ordre dans les provinces et assurer le sort et l'avenir de ces populations. Il s'associa donc, au nom de l'Allemagne, à la proposition du plénipotentiaire de la Grande-Bretagne et la recommanda vivement à l'acceptation du Congrès.

Les belles raisons dont on parait l'occupation autrichienne ne pouvaient évidemment faire impression sur les plénipotentiaires turcs. Ceux-ci s'étaient rendus au Congrès sur la foi du programme officiel avec des instructions relatives au traité de 1856, à la convention de Londres de 1871, et enfin au traité de San-Stefano. La Porte n'avait pas prévu ou n'avait pas voulu prévoir le cas où on lui demanderait des sacrifices qui ne figuraient pas déjà dans ce dernier traité; car ce traité, si dur, si onéreux pour les Turcs, ne les obligeait pas à autoriser une occupation même temporaire de l'Herzégovine et de la Bosnie, et encore moins une occupation indéfinie. On comprend donc que les plénipotentiaires turcs aient manifesté une sorte de surprise en face d'une exigence toute nouvelle. Carathéodory-Pacha constata qu'ils avaient jusqu'alors fait preuve des dispositions les plus conciliantes, mais il déclara qu'ils ne pouvaient se rallier à l'opinion qui était émise et que la Porte ne pouvait laisser à aucune autre puissance le soin et la charge de remplir une tâche qui lui revenait tout naturellement et de droit. Il réfuta sans peine les arguments spécieux tirés de l'insuffisance du revenu des deux provinces et de l'impuissance de la Turquie qui n'en avait pas moins gardé ces deux provinces intactes; il annonça que la Porte s'engageait à procéder immédiatement à la mise en œuvre des moyens propres à amener le résultat désiré en envoyant en Bosnie et en Herzégovine des hauts commissaires qui seraient chargés d'organiser une gendarmerie, de pourvoir à l'installation et à l'entretien des réfugiés jusqu'au commencement des travaux des champs, et de mettre à exécution le système d'administration qui serait adopté pour ces deux provinces, ainsi que d'autres mesures d'amélioration.

M. Waddington, qui parla après le plénipotentiaire turc, déclara : se rallier à la proposition anglaise parce qu'elle était à son avis la seule qui pût assurer une entente paisible aux populations des deux provinces. Lord Beaconsfield parla dans le même sens; la proposition Salisbury était faite en vue de la paix de l'Europe entière. Le prince Gortchakof dit que la Russie était désintéressée dans la question, mais que les considérations développées par le comte Andrassy, la proposition de lord Salisbury, appuyée par l'Allemagne, la France, l'Italie et par les explications si nettes de lord Beaconsfield, lui prouvaient l'efficacité de la résolution préparée pour le but pacifique que le Congrès désire atteindre. En réalité, il s'agissait de préserver les populations chrétiennes contre les abus séculaires. La motion anglaise rentrait dans les vues générales de la Russie, et Son Altesse Sérénissime lui donna son entière adhésion.

Le comte Andrassy demanda à présenter quelques objections au discours de Carathéodory-Pacha. Le premier plénipotentiaire ottoman avait dit que la mesure proposée était inutile puisque la Porte était prête à remédier aux maux signalés, et serait notamment en état de pourvoir au rapatriement des réfugiés dont le nombre n'était pas inférieur à 200,000 âmes. Le comte Andrassy fit remarquer sur ce point que depuis trois ans des mesures étaient réclamées de la Sublime-Porte ; tantôt promises, tantôt éludées; ces dispositions, en définitive, n'avaient jamais été prises. Quant à l'observation de Carathéodory-Pacha, que la Turquie avait conservé jusqu'alors ces provinces intactes, le premier plénipotentiaire d'Autriche-Hongrie pensait qu'il voudrait bien admettre que ce résultat était dû en grande partie à la position des troupes austro-hongroises sur la frontière pendant les trois années qui venaient de s'écouler. Le comte Andrassy ajouta que l'Autriche-Hongrie, sans cesse préoccupée du principe de stabilité qui dirigeait sa politique, ne saurait faire dépendre l'avenir des illusions que la Porte pouvait conserver, mais que les événements des dernières années n'avaient que trop démenties. Il déclara donc que la proposition des plénipotentiaires de la Grande-Bretagne et de l'Allemagne paraissant la solution la plus apte à amener la pacification prompte, complète et durable de la Bosnie et de l'Herzégovine, et répondant ainsi le mieux au but commun que toutes les puissances avaient en vue, à savoir, de créer un ordre de choses stable, les plénipotentiaires d'Autriche-Hongrie avaient l'honneur d'y donner leur adhésion et de déclarer que le gouvernement austro-hongrois était prêt à se charger de l'occupation et de l'administration de ces provinces.

Le territoire du sandjak de Novi-Bazar qui s'étend entre la Serbie et le Monténégro dans la direction sud-est jusqu'au delà de Mitrovitza, et qui fait partie de l'ancien vilayet de Bosnie ne con-

M. LE BARON D'OUBRIL, TROISIÈME PLÉNIPOTENTIAIRE RUSSE

finant pas directement avec le territoire austro-hongrois, les plénipotentiaires de l'empereur et roi déclarèrent que l'Autriche-Hongrie ne désirait pas se charger de l'administration de ce sandjak, où l'administration ottomane pourrait être continuée. Néanmoins, afin d'assurer le maintien du nouvel état politique, la liberté et la sécurité des voies de communication, l'Autriche-Hongrie devait se réserver le droit de garnison et de routes militaires et commerciales sur toute l'étendue de la partie indiquée de l'ancien vilayet de la Bosnie.

Le président ayant alors demandé un vote formel des représentants des puissances, l'Autriche-Hongrie, la France, la Grande-Bretagne, l'Italie adhérèrent à la proposition anglaise, la Russie l'accepta également, en faisant remarquer que son vote s'appliquait exclusivement aux termes de la motion de lord Salisbury. Mais les plénipotentiaires ottomans refusèrent leur adhésion en se déclarant liés par les instructions de leur gouvernement.

On raconte que ce refus donna lieu à un incident très-violent. M. de Bismarck perdit patience et il aurait dit aux plénipotentiaires turcs : « Mais vous croyez donc sérieusement que nous sommes là pour sauvegarder les intérêts de la Turquie ! Nous avons des intérêts bien autrement graves à sauvegarder, les intérêts de l'Europe, la paix de l'Europe. Qu'est-ce que vous voulez, vous autres Turcs ? Vous ne voulez pas repasser le Bosphore, n'est-ce pas ? Eh bien, vous ne le repasserez pas ; on vous jettera dedans si vous faites mine de protester. » La chronique ajoute que le geste accompagnant les paroles, le couteau à papier qu'il avait à la main ressemblait à un glaive tout prêt à frapper.

Naturellement, le protocole de la huitième séance ne mentionne pas ces paroles. Voici sous quelle forme il rapporte l'allocution du prince de Bismarck : « Le président, s'exprimant au nom de la majorité du Congrès, et surtout des puissances neutres, croit de son devoir de rappeler aux plénipotentiaires de Turquie que le Congrès est réuni, non pas pour sauvegarder les positions géographiques dont la Porte désirerait le maintien, mais pour préserver la paix de l'Europe dans le présent et dans l'avenir. Son Altesse Sérénissime fait remarquer aux représentants ottomans que, sans l'intervention du Congrès, ils se trouveraient en présence de la totalité des articles du traité de San-Stefano ; que cette intervention leur rend une province beaucoup plus grande et plus fertile que la Bosnie, c'est-à-dire le territoire qui s'étend de la mer Égée aux Balkans. Les résolutions de la haute assemblée forment un ensemble dont il est impossible d'accepter le bénéfice en répudiant les désavantages. La Porte n'a donc aucun intérêt à faire échouer les travaux du Congrès en refusant son assentiment et en mettant les puissances dans les cas d'aviser en dehors d'elle à leurs propres intérêts.

« Son Altesse Sérénissime constate que les six grandes puissances sont d'accord en ce qui concerne la Bosnie et l'Herzégovine, et maintient l'espoir qu'une œuvre dont la Turquie est appelée à retirer de grands avantages ne sera pas interrompue par l'opposition de la Porte.

« Son Altesse Sérénissime demeure persuadée que le gouvernement ottoman adressera bientôt de nouvelles instructions à ses plénipotentiaires, et termine en disant que le protocole reste ouvert pour les recevoir. »

La perplexité fut grande à la Porte quand on y connut l'incident. Le Sultan n'était rien moins que populaire, la population de Constantinople rien moins que calme et reposée d'esprit. Le gouvernement turc se trouvait placé dans l'alternative d'affronter des troubles intérieurs qui pourraient prendre facilement un caractère de révolution, ou de s'attirer, avec le mécontentement de l'Europe, les foudres de M. de Bismarck. Il eut recours à la ressource qui lui avait déjà servi tant de fois et si mal, au moyen ordinaire des diplomaties orientales : la temporisation. Le 4 juillet, dans la douzième séance, les plénipotentiaires turcs donnèrent lecture de la déclaration suivante :

« Le gouvernement impérial ottoman a pris en très-sérieuse considération l'opinion émise par le Congrès relativement aux moyens propres à amener la pacification de la Bosnie et de l'Herzégovine ; il y met une confiance entière, et il se réserve de s'entendre directement et préalablement avec le cabinet de Vienne à cet égard. »

On gagnait ainsi un peu de temps.

Frontières de la Serbie et du Monténégro.

Nous passerons rapidement sur les questions relatives aux agrandissements de la Serbie et du Monténégro. On n'aura qu'à se reporter au texte du traité de Berlin que nous publions plus loin pour juger des importantes modifications qui furent faites par le Congrès au traité de San-Stefano. Ces remaniements furent demandés par les plénipotentiaires autrichiens. Le comte Andrassy s'appliqua tout particulièrement à sauvegarder le chemin de fer qui, continuant celui de Salonique à Mitrovitza, doit se prolonger à travers la Bosnie et se raccorder aux chemins de fer autrichiens. Par cette voie l'Austro-Hongrie espère accaparer une bonne part du commerce de la Méditerranée. Pour cette sauvegarde, le comte Andrassy demanda que les frontières de la Serbie et du Monténégro fussent éloignées de ce chemin de fer à une distance convenable. La Serbie perdit ainsi à l'ouest une bande de territoire que lui avait donné le traité de San-Stefano, en compensation elle reçut les importants districts de Pirot et de Vranja. Le Monténégro fut beaucoup plus maltraité. Il perdit au nord les riches vallées de la Tara et du Lim, au sud le territoire des tribus albanaises des Klementi, des Grudi et des Hoti qui lui avaient été annexées par le traité de San-Stefano. Et cela sans compensation aucune. Bien plus, l'Autriche ne voulut consentir à l'annexion du port d'Antivari au Monténégro qu'aux dures conditions suivantes :

« *Annexe 2 au protocole 10.* — L'annexion d'Antivari et de son littoral au Monténégro sera consentie aux conditions suivantes :

« Les contrées situées au sud de ce territoire, jusqu'à la Boyana, compris Dulcigno, seront restituées à la Turquie.

« La commune de Spitza jusqu'à la limite septentrionale du territoire précisé dans la description détaillée des frontières sera incorporée à la Dalmatie.

« Le Monténégro jouira de la liberté de navigation sur la Boyana.

« Le Monténégro ne pourra avoir des bâtiments de guerre ni de pavillon de guerre maritime.

« Le port d'Antivari et toutes les eaux monténégrines resteront fermés aux bâtiments de guerre étrangers.

« Les fortifications existantes sur le territoire monténégrin seront rasées et il ne pourra y en être élevé de nouvelles.

« La police maritime et sanitaire, tant à Antivari que tout le long de la côte du Monténégro, sera exercée par l'Autriche-Hongrie moyennant de légers bâtiments garde-côtes.

« Le Monténégro adoptera la législation maritime en vigueur en Dalmatie. De son côté, l'Autriche-Hongrie s'engage d'accorder sa protection consulaire au pavillon marchand monténégrin.

«Le Monténégro devra s'entendre avec l'Autriche-Hongrie sur le droit de construire et d'entretenir à travers le nouveau territoire monténégrin une route et un chemin de fer.

«Sur ces voies une entière liberté de communication sera assurée. »

Comme on demandait aux plénipotentiaires autrichiens comment ils justifiaient leur demande concernant la cession du port de Spitza à l'Autriche, ils expliquèrent que Spitza dominant Antivari la possession leur en était nécessaire pour maintenir l'ordre dans ces parages. Il ressort de cette déclaration que l'Autriche entendait pacifier non-seulement la Bosnie et l'Herzégovine mais encore toutes les régions de la Turquie occidentale traversées par le chemin de fer de Salonique, et qu'elle s'arrogeait le droit de surveillance sur le Monténégro.

Questions relatives à la Roumanie.

Après s'être vainement adressés à l'Europe pour appuyer leur protestation contre l'inique disposition du traité de San-Stefano qui leur enlevait la Bessarabie, les Roumains avaient envoyés à Berlin leurs deux principaux hommes d'État, MM. Cogolniceano et Bratiano, pour y faire une tentative suprême et désespérée en faveur de leur cause.

La question de leur admission au Congrès fut discutée le 29 juin, dans la neuvième séance. Le Congrès avait déjà entendu les deux délégués grecs, ce qui constituait une espèce de précédent en faveur des Roumains. Ce fut lord Salisbury qui ouvrit la discussion en demandant à l'assemblée de décider si les délégués roumains devaient être entendus par le Congrès. « Après avoir écouté les délégués d'une nation qui réclame des provinces étrangères, dit lord Salisbury, le Congrès agirait équitablement en écoutant les représentants d'un pays qui demande à garder des contrées lui appartenant. » Le président du Congrès émit l'avis que les délégués roumains ne devaient pas être entendus : « L'admission des Grecs, dit le prince de Bismarck, n'avait aucun inconvénient, parce que leurs demandes, quel qu'en fût le résultat, ne pouvaient exercer une influence très-considérable sur l'issue des délibérations du Congrès, tandis que l'on risque d'accroître les difficultés de la tâche pacifique dévolue à la haute assemblée en introduisant les Roumains, dont les réclamations connues d'avance ne semblent pas de nature à faciliter la bonne entente. »

Le comte Corti, M. Waddington et le comte Andrassy ayant appuyé la motion de lord Salisbury, le prince Gortchakof déclara qu'il ne voulait pas voter contre l'admission des Roumains, mais qu'il pensait avec le prince de Bismarck que leur présence dans le Congrès était de nature à provoquer de vives discussions. Le comte Schouvalof parla dans le même sens : « Les observations des délégués roumains, dit-il, ne peuvent qu'augmenter les difficultés de la discussion, car la Russie assurément ne se laissera pas accuser sans se défendre. Cependant si la majorité du Congrès se prononce pour l'admission, les plénipotentiaires russes ne sauraient être seuls à vouloir éloigner des contradicteurs et ils ne s'opposent point à la proposition de lord Salisbury. » Les plénipotentiaires ottomans n'ayant point élevé d'objection et le prince de Bismarck consentant à subordonner son vote à celui des puissances spécialement intéressées, l'admission des Roumains fut résolue sans de plus amples débats, et le président annonça qu'il les inviterait à se présenter dans une prochaine séance.

Aussitôt cette décision prise, le Congrès commença l'examen des articles du traité de San-Stefano relatifs à la Roumanie par la discussion du premier alinéa de l'article 5, lequel est ainsi conçu : « La Sublime-Porte reconnaît l'indépendance de la Roumanie, qui fera valoir ses droits à une indemnité à débattre entre les deux parties. » Le président demanda si le Congrès était disposé à maintenir sans condition le principe posé dans cet alinéa ou bien à *le subordonner à l'acceptation par la Roumanie des remaniements territoriaux* qu'elle paraissait vouloir repousser. Le prince de Bismarck n'avait pas d'avis personnel sur ce point, mais il désirait savoir si les représentants des autres puissances ne regardaient pas comme connexes les deux questions de l'indépendance et des changements territoriaux.

Le comte Corti s'empressa de répondre qu'il ne croyait pas opportun de faire dépendre l'indépendance de la Roumanie de son adhésion aux stipulations la concernant. Cette opinion ayant été combattue par le comte Schouvalof, lord Beaconsfield prononça un discours, dont le protocole donne le résumé suivant :

« Lord Beaconsfield a vu avec le plus vif regret les stipulations de l'article 19 du traité de San-Stefano relatives à la Bessarabie. D'abord cette combinaison est une immixtion dans le traité de 1856, et il n'y avait qu'une extrême nécessité qui pût autoriser un changement dans un acte aussi solennel; au surplus, cette nécessité n'a même pas été alléguée. En second lieu, ce serait aux yeux de Son Excellence une grave erreur que de considérer cette stipulation comme un simple échange de territoire entre deux Etats. Les articles 4 et 20 du traité de Paris constituent un engagement entre les puissances européennes et la Russie dans le but d'assurer la liberté de la navigation du Danube, et Son Excellence ne trouve aucune garantie pour cette liberté dans le traité de San-Stefano. Dans l'article du traité de 1856, les puissances alliées se sont engagées à restituer à l'empereur de Russie tous les territoires occupés par leurs troupes, mais sous la condition indiquée dans l'article 20, qu'une rectification de la frontière russe aurait lieu en Bessarabie « pour mieux assurer la liberté de la navigation du Danube. »

« C'était un engagement pris envers l'Europe. Aujourd'hui cependant, le gouvernement russe se propose de retenir les territoires restitués sans remplir les conditions sous lesquelles ils étaient restitués. Le premier plénipotentiaire d'Angleterre appelle sur une situation aussi grave toute la sollicitude de la haute assemblée. Lord Beaconsfield déplore cette ingérence dans le traité de Paris et proteste contre elle sans avoir même à se préoccuper de savoir si l'échange dont il s'agit est ou non sanctionné par le possesseur actuel. Les autres signataires du traité de Paris ayant décliné toute intervention dans cette affaire, le premier plénipotentiaire de la Grande-Bretagne ne saurait conseiller au gouvernement de la reine d'employer la force pour maintenir les stipulations de ce traité, mais il proteste contre ce changement et il attend les explications que ses collègues de Russie seront en mesure de donner sur les engagements que leur souverain entendrait prendre pour la sauvegarde de la liberté du Danube. »

Les plénipotentiaires russes firent à ce discours de longues réponses; le prince Gortchakof s'appliqua surtout à démontrer que la rétrocession de la Bessarabie ne pouvait exercer aucune influence sur la libre navigation du Danube et déclara, à la conclusion de son discours, que son gouvernement ne saurait reculer dans cette question. La réponse du comte Schouvalof fut plus catégorique encore. Voici comment le protocole en résume la partie principale.

La question de la Bessarabie pouvait être envisagée par la Russie comme une question d'ambition et d'intérêt, ou comme une question d'honneur. La Russie a voulu la réduire à une question d'honneur, et c'est pourquoi elle ne redemande pas les parties du territoire dont la possession aurait pu constituer une menace, ou du moins une ingérence dans la libre navigation du fleuve. Enfin, elle offre en retour à la Roumanie un ter-

LA DANSE NUPTIALE A CHYPRE

ritoire plus vaste conquis au prix de son sang, et qui doit être considéré comme de bonne prise. Le comte Schouvalof a la conviction que la Roumanie ne perd pas au change. Quant au principe de l'intégrité et de l'indépendance de la Roumanie, Son Excellence pense avec lord Beaconsfield que de tels principes ne doivent pas seulement être exprimés par des mots, mais qu'ils doivent être une réalité. Or la Roumanie ne saurait sauvegarder réellement son indépendance et son intégrité tant qu'elle persisterait à vivre sur les dépouilles d'un grand empire qui se croit en droit de revendiquer un lambeau de son ancien territoire. Le comte Schouvalof est fermement persuadé que la Roumanie elle-même, que toute l'Europe est intéressée à ce que cette question soit résolue dans le sens des aspirations légitimes de la Russie. »

Bien que ce fût un Hohenzollern, un parent de l'empereur Guillaume qui occupât le trône de la Roumanie, le prince de Bismarck appuya encore en cette occasion les plénipotentiaires russes. A son avis, il n'y avait pas de connexité entre la liberté du Danube et la rétrocession de la Bessarabie, et les intérêts de la Roumanie n'étaient pas contraires aux vœux de la Russie. Enfin, dans l'intérêt même de la paix européenne il fallait faire disparaître une clause du traité de Paris blessante pour l'amour-propre russe. Le président ajouta que, d'ailleurs, il lui paraissait préférable de remettre la suite de la discussion au moment où les représentants roumains seraient entendus. Le Congrès s'ajourna donc au lendemain. Il est remarquable que les plénipotentiaires autrichiens, si directement intéressés dans cette question du Danube, n'aient pas soufflé mot dans cette discussion.

Le lundi 1ᵉʳ juillet, MM. Cogolniceano et Bratiano furent introduits. Sur la demande du président, M. Cogolniceano prit le premier la parole, et c'est lui qui, après avoir remercié le Congrès d'avoir bien voulu admettre les représentants de la Roumanie, donna lecture du mémorandum suivant, dans lequel leurs réclamations étaient consignées :

« 1° Nous croyons qu'en bonne justice aucune partie du territoire actuel ne doit être détachée de la Roumanie.

« La restitution par le traité de 1856 d'une partie de la Bessarabie à la principauté de Moldavie a été un acte d'équité de l'Europe. Le morcellement de 1812 ne pouvait pas se justifier par le fait ou le droit de la conquête.

« En 1812, la Bessarabie relevait d'une principauté dont l'autonomie avait été attestée solennellement par tous les traités antérieurement conclus entre les empires russe et ottoman. Le traité de Kutchuk-Kaïnardji particulièrement reconnaissait aux princes de Moldavie et de Valachie la qualité de souverains, et établissait que la Bessarabie faisait partie de la Moldavie.

« C'était donc là un pays roumain, avec des institutions et des lois roumaines, explicitement maintenues par S. M. l'empereur Alexandre Iᵉʳ. Ce respect de l'ancienne nationalité était formulé dans le rescrit impérial promulguant l'organisation administrative et judiciaire de cette province après son incorporation à la Russie, sans qu'il fût posé la moindre distinction entre la basse et la haute Bessarabie.

« On a semblé vouloir conclure que la Bessarabie était une région turque ou tartare du simple fait que les Ottomans y occupaient trois forteresses.

« Mais l'histoire de la Valachie présente une anomalie analogue ; des forteresses turques y ont longtemps subsisté ; il n'en résulte pas pourtant que la Valachie ait jamais été un pays turc.

« En 1878, pas plus qu'en 1812, la Bessarabie ne peut être revendiquée de la Roumanie en vertu du droit de conquête. Elle appartient à une principauté que la Russie elle-même, pendant tout le cours de sa récente guerre avec l'empire ottoman, a considérée et traitée comme un État indépendant et allié.

« D'ailleurs, dès son entrée en campagne, la Russie a signé avec la Roumanie une convention par laquelle elle a expressément garanti l'intégrité actuelle du territoire roumain.

« Cette garantie avait été demandée et accordée quand il ne s'agissait encore que du passage des armées impériales par la Roumanie. Il semblait qu'elle dût redoubler d'énergie du jour où, sur l'appel de la Russie même, le concours de la nation roumaine devenait plus positif et se transformait en coopération militaire effective, en complète alliance. Nos troupes ont en effet combattu côte à côte avec les armées russes. Si ce n'est pas là un titre pour nous agrandir, ce n'en est certes pas un pour nous diminuer. A défaut d'autres droits, la convention du 4/16 avril 1877, qui porte les signatures et les ratifications du cabinet impérial, suffirait seule pour nous conserver une région importante du Danube, à laquelle se rattache si étroitement la prospérité commerciale de la Roumanie.

« On a invoqué, à l'appui de la rétrocession de la Bessarabie, des considérations de reconnaissance et des souvenirs de gloire et de valeur militaires. Mais, durant une longue série de guerres, les armées russes se sont illustrées sur bien des champs de bataille, et ont promené leur gloire jusque sous les murs d'Andrinople. Ce n'est pas là pourtant un titre à la propriété de la région des Balkans.

« On a invoqué encore des considérations de reconnaissance. La Roumanie sait pratiquer les devoirs de la gratitude, et l'a maintes fois prouvé. Elle n'oublie pas son histoire ni le nom de ses bienfaiteurs ; elle vénère en Catherine la Grande et en Nicolas Iᵉʳ les généreux auteurs des traités de Kaïnardji et d'Andrinople.

« Mais elle garde aussi la mémoire des sacrifices qu'elle s'est imposés pour l'agrandissement, la fortune et la gloire de la Russie. Elle se rappelle que, depuis Pierre le Grand jusqu'à nos jours, elle a été tour à tour ou simultanément la base des opérations militaires de la Russie, le grenier où s'alimentaient ses armées, alors même qu'elles agissaient au delà du Danube, et le théâtre trop souvent préféré des plus terribles collisions.

« Elle se souvient aussi qu'en 1812 elle a perdu, au profit de la Russie, la moitié de la Moldavie, c'est-à-dire la Bessarabie du Pruth au Dniestre ;

« 2° Nous demandons que le sol roumain ne soit pas assujetti à un droit de passage pendant l'occupation de la Bulgarie par les armées russes. Le Danube et la mer leur offrent les voies de transport et de communication les plus faciles et les moins coûteuses. La Roumanie, après toutes ses épreuves, aspire à un repos absolu, nécessaire à la réparation des dommages causés par la guerre ; ce serait une mauvaise condition, pour l'accomplissement de l'œuvre réparatrice et pour la tranquillité de notre pays, que la circulation de troupes étrangères ;

3° Il nous paraît juste que la Roumanie, en vertu de ses titres séculaires, rentre en possession des îles et des bouches du Danube, y compris l'île des Serpents. Il y aurait dans cette restitution un retour équitable aux dispositions originaires par lesquelles les grandes puissances avaient confié en 1856 aux Principautés danubiennes la garde de la liberté du Danube à son embouchure ;

« 4° Nous avons le ferme espoir que la Roumanie recevra du gouvernement impérial de Russie une indemnité de guerre en proportion des forces militaires qu'elle a mises en ligne. Nous croyons légitime, à tous égards, que les dédommagements stipulés et obtenus par la Russie au nom des divers États alliés soient répartis en raison de l'appoint militaire de chacun des belligérants. Le gouvernement impérial a reconnu le principe de cette répartition en faveur de la Serbie et du Monténégro, et insiste sur son application.

« La Roumanie est fondée à en demander à son tour le bénéfice. En effet, obligée de tenir longtemps son armée mobilisée pour parer à des éventualités imminentes, elle a eu sous les drapeaux, tant comme armée active que comme armée de réserve, plus de 70,000 hommes. De plus elle a subi des pertes considérables ; ses villes et toute sa rive du Danube ont été saccagées par le bombardement; ses voies de communication détériorées, son matériel de guerre endommagé.

« Les compensations dues de ces différents chefs seraient prélevées sur l'indemnité totale allouée au gouvernement impérial de Russie, et fournies en telle forme que le Congrès jugerait plus expédient ;

« 5° La Roumanie a confiance que son indépendance sera définitivement et pleinement reconnue par l'Europe.

« A son droit primordial, dont le principe avait été faussé par des équivoques historiques, s'ajoutent aujourd'hui les titres dont elle a régénéré, ou plutôt rajeuni la conquête sur les champs de bataille. Dix mille Roumains sont tombés autour de Plevna pour mériter à leur patrie la liberté et l'indépendance.

« Mais tous ces sacrifices ne suffiraient pas à assurer à la Roumanie la pacifique disposition de ses destinées. Elle serait heureuse et reconnaissante de voir couronner ses efforts, qui ont manifesté son individualité, par un bienfait européen. Ce bienfait serait la garantie réelle de sa neutralité, qui la mettrait en mesure de montrer à l'Europe qu'elle n'a d'autre ambition que d'être la fidèle gardienne de la liberté du Danube à son embouchure, et de se consacrer à l'amélioration de ses institutions et au développement de ses ressources.

M. Bratiano ajouta quelques paroles dans lesquelles il fit appel particulièrement aux illustres représentants de S. M. l'Empereur de toutes les Russies, « dont les Roumains avaient eu si souvent l'occasion d'apprécier l'esprit élevé et le cœur magnanime pendant son séjour parmi eux. » Puis, les délégués roumains se retirèrent et le Congrès reprit la discussion du premier alinéa de l'art. 5 du traité de San-Stefano. Le prince de Bismarck fit remarquer qu'il s'agissait de savoir si les puissances entendaient reconnaître l'indépendance de la Roumanie. Il rappela qu'en 1856 l'union des principautés n'avait pas été admise; que depuis lors la situation s'était modifiée puisque la Valachie et la Moldavie se sont réunies en un seul État ; plusieurs puissances avaient reconnu cet état de choses en concluant avec la Roumanie des conventions commerciales. Toutefois l'Europe seule avait le droit de sanctionner l'indépendance, elle devait donc se demander sous quelles conditions elle prendrait cette importante décision, et si elle regardait que les conditions seraient les mêmes que celles déjà établies par le Congrès pour la Serbie.

Les conditions imposées à la Serbie étaient, comme nous l'allons dire dans le chapitre suivant, l'égalité des droits et la liberté des cultes. Le Congrès fut unanime à les imposer également à la Roumanie. Le comte Schouvalof ajouta que l'adhésion de la Russie à l'indépendance était cependant subordonnée à l'acceptation par la Roumanie de la rétrocession réclamée par le gouvernement russe.

Le principe de cette rétrocession ne fut plus discuté et l'admission des délégués roumains resta ainsi sans effet. Seulement, M. Waddington, sans faire une proposition formelle à ce sujet, déclara qu'il désirait s'adresser à l'esprit d'équité et de bienveillance du gouvernement russe pour donner aux Roumains une compensation aussi ample que possible.

« En donnant satisfaction à la Roumanie, dit-il, les plénipotentiaires de la Russie apporteraient un grand soulagement aux préoccupations de conscience de plusieurs de leurs collègues. Les paroles prononcées hier par le prince de Bismarck ont indiqué sans doute l'intérêt qui s'attache, pour le succès de l'œuvre du Congrès, à la conclusion prompte et définitive de l'échange dont il est question : il est opportun, en effet, de ne point prolonger un état de choses qui engage l'amour-propre d'un grand empire; mais, si tel est le sentiment des plénipotentiaires français, ils considèrent en même temps que les Roumains ont été traités durement, et que la compensation qui leur est offerte n'est pas suffisante. Depuis la réunion du Congrès, la France a toujours conseillé à la Roumanie d'accepter la rétrocession de la Bessarabie; mais M. Waddington croit devoir faire entendre, au nom de son gouvernement, un appel aux sentiments équitables de la Russie, et il exprime le désir qu'il soit accordé à la principauté une extension de territoire au midi de la Dobroutcha qui comprendrait Silistrie et Mangalia. »

Le comte Andrassy et le comte Corti prononcèrent quelques paroles à l'appui de la proposition de M. Waddington. Quant aux Anglais, ils ne prirent aucune part à la discussion et, devant la résistance des Russes, il fut impossible à nos plénipotentiaires d'obtenir que la ville de Silistrie fût incorporée à la Roumanie. Le Congrès finit toutefois par se mettre d'accord pour le vote de la motion suivante, proposée par le comte Schouvalof : « Vu la présence d'éléments roumains, les plénipotentiaires russes consentent à prolonger la frontière de la Roumanie le long du Danube, à partir de Rasova, dans la direction de Silistrie. Le point frontière sur la mer Noire ne devrait pas dépasser Mangalia. »

Ainsi fut consacrée une des plus criantes injustices politiques dont notre époque ait été témoin.

L'émancipation des israélites.

On a peine à comprendre dans un pays tolérant et égalitaire comme la France, où depuis un siècle toutes les confessions vivent sur le pied d'une égalité parfaite, la violence des discussions que soulèvent les questions religieuses dans l'Orient de l'Europe. Il y a 400,000 juifs en Roumanie, une dizaine de mille en Serbie et à peu près autant en Bulgarie; or, la situation de cette nombreuse population était tout aussi précaire en 1877 qu'au temps des grandes persécutions du moyen âge, les juifs n'étaient pas encore parvenus à se faire reconnaître une existence légale et ils étaient soumis à tous les caprices d'une administration hostile et à toutes les vexations d'une population fanatique.

A la nouvelle de la réunion du Congrès de Berlin, les juifs se prirent à espérer que les plénipotentiaires appelés à consacrer la libération de tant de races chrétiennes daigneraient dans leur équité s'occuper aussi de la leur, et l'Alliance israélite universelle délégua MM. Netter et S. Kahn avec la mission de soumettre au Congrès la pétition suivante qui expose avec beaucoup plus d'autorité que nous ne pourrions le faire la position des juifs en Orient :

Monsieur le président et messieurs les membres du Congrès européen,

Il y a seize mois, les délégués des israélites de tous les pays de l'univers s'adressaient à la conférence européenne réunie à Constantinople et lui demandaient de mettre un terme au régime oppressif que subissent les israélites en Roumanie et en Serbie et d'assurer à ceux des provinces de la Turquie, dont le sort allait être réglé par la conférence, l'égalité civile et politique réclamée pour tous les non-musulmans. Vous êtes réunis aujourd'hui pour reprendre l'œuvre de la conférence de Constantinople.

Représentants des grandes puissances de l'Europe, vous êtes appelés à établir dans l'Europe orientale, un régime sous lequel les populations de races et de croyances diverses vivront en paix les unes avec les autres. L'Europe ne concevrait pas une paix qui ne fût pas fondée sur le respect des grands principes du droit public : l'égalité des hommes entre eux, la liberté des croyances religieuses. La nécessité d'écrire dans la Constitution des pays orientaux, que la croyance religieuse ne peut être pour personne une cause d'infériorité sociale ou politique, est imposée par la loi de la civilisation. Elle l'est plus encore par le besoin de supprimer le danger de conflits permanents entre des populations de races et de religions diverses.

Les traités de 1856 et de 1858 ont eu pour but de garantir l'application de ces principes en Roumanie et en Serbie; mais l'insuffisance des stipulations de ces traités a permis d'en fausser l'esprit et de rendre contre les israélites de ces deux pays une série de loi restrictives. En Serbie, ils furent successivement chassés des campagnes et de la plupart des villes, exclus de tous les emplois et de toutes les fonctions et réduits à la misère. La privation de leurs droits les plus précieux ne les affranchit d'aucune charge. Ils subissent, comme tous les Serbes, l'impôt; comme eux, ils sont astreints au service militaire. Dans la dernière guerre, ils pensèrent triompher de l'iniquité de leur pays envers eux à force de patriotisme. Ils combattirent bravement, et mêlèrent, sur les champs de bataille, leur sang à celui de leurs compatriotes. Si leurs sacrifices leur valurent quelques paroles bienveillantes du ministre de l'intérieur, à la grande Skoupschtina, en 1877, leur situation ne changea point. Ce fut en vain que, lors de la convention conclue entre la Serbie et la Turquie, en 1877, la Turquie réclama pour eux les droits opiniâtrement refusés.

Sous un tel régime, leur nombre a depuis longtemps diminué de moitié. Ils sont constamment, dans certaines villes, sous la menace d'édits d'expulsion. En Roumanie, la situation des israélites, très nombreux, est encore plus affreuse. Depuis deux ans, ils y sont livrés à la plus cruelle persécution. Presque chaque année, l'Europe est émue au récit des émeutes, des meurtres, des pillages ou des expulsions en masse dont ils sont victimes. A ces violences est venue se joindre en masse la persécution légale, avec une suite de lois excluant les juifs de tous les emplois, de toutes les carrières libérales, de toutes les fonctions publiques et de nombreuses branches de commerce, entravant jusqu'au libre exercice du culte religieux, cherchant par tous les moyens possibles à les réduire à la misère et à les avilir.

En vain les puissances garantes, appuyées sur l'article 46 de la convention de Paris, qui accordait aux juifs roumains les droits civils au moins, réclamaient leur conduite sur les champs de bataille, leur ont valu des marques publiques de leur souverain ; et cependant, chose inouïe, des lois, et récemment encore un arrêt d'une cour de justice déclarent que ces juifs, qui ont versé leur sang pour la gloire de leur pays,

M. DE SAINT-VALLIER, DEUXIÈME PLÉNIPOTENTIAIRE FRANÇAIS

contre cette politique funeste et barbare. On ne tint aucun compte ni de leur avis ni de leurs réclamations. La Roumanie, sans pitié pour les israélites, a cependant en eux des sujets voués au travail, utiles au développement du commerce et de l'industrie, capables de s'élever et d'honorer leur pays dans les carrières libérales. Dans la dernière guerre, les services qu'ils ont rendus dans les ambulances, dans les hôpitaux, n'appartiennent à aucune nationalité, n'ont aucune patrie.

Si telle est la conduite de la Serbie et de la Roumanie à l'égard des israélites, que n'a-t-on pas à craindre des autres provinces de la Turquie émancipées? Faut-il rappeler les tristes épisodes d'Eski-Zagra et de Kezanlik, pour montrer les dangers qui menacent les israélites en Bulgarie et dans une partie de la Roumélie ? Des milliers d'entre eux errent encore sans abri et sans ressources, loin de leur patrie.

Au nom des israélites, au nom de l'humanité, nous nous adressons respectueusement à l'Europe en faveur de nos malheureux coreligionnaires de Bulgarie, de Roumélie et de Roumanie. Nous attendons d'elle la fin de leurs souffrances. Sa protection leur est indispensable dans le présent et dans l'avenir. Que l'Europe fasse entendre sa voix puissante ; qu'elle proclame l'égalité des hommes, indépendamment de toute croyance religieuse, et qu'elle exige l'insertion de ce principe dans la Constitution. Qu'elle s'en fasse enfin la gardienne vigilante.

Telle est l'œuvre que le monde attend du Congrès de 1878. Elle répond aux traditions de la politique européenne, aux vœux des hommes éclairés de toutes les nations. Elle donnera la paix à l'Europe et la prospérité à des pays cruellement éprouvés par la guerre. Elle sera féconde en heureux résultats pour toutes les nations, glorieuse pour notre époque, et le souvenir de ce Congrès restera ineffaçable dans la mémoire des générations futures.

Le Congrès, considérant le mélange des races et des religions destinées à vivre côte à côte dans la principauté de Bulgarie, décida spontanément que l'égalité y serait proclamée entre tous les hommes, à quelque confession qu'ils appartiennent. Par l'effet de ce vote mémorable, la tâche de l'alliance israélite se trouva singulièrement simplifiée pour la Bulgarie. MM. Netter et Cahn, qui étaient venus surtout en vue de traiter la question auprès du Congrès relativement aux provinces de création nouvelle, n'eurent qu'à se féliciter de voir l'œuvre accomplie dans des conditions si larges. Mais il leur restait à régler ce qui concernait leurs coreligionnaires en Roumanie et en Serbie, question accessoire au début, qui devint la principale pour eux, après que la question de la Bulgarie fut si heureusement réglée.

C'est à la France que revint l'honneur de parler au nom de ces principes de la liberté et de l'égalité qu'elle a été la première au monde à proclamer. M. Waddington soumit au Congrès et fit adopter une proposition par laquelle les puissances européennes admettaient l'indépendance de la Serbie et de la Roumanie sous la condition formelle que la liberté religieuse serait reconnue dans ces deux principautés. Les juifs d'Orient se trouvèrent ainsi émancipés.

La question grecque.

Au moment où la guerre paraissait probable entre l'Angleterre et la Russie, la première de ces puissances, en quête d'alliés, manifesta une sympathie bruyante pour la Grèce. Depuis, à la suite des arrangements pris avec la Turquie, cette sympathie se refroidit beaucoup ; cependant fidèle aux promesses faites par son gouvernement, ce fut le marquis de Salisbury qui, dès la deuxième séance du Congrès, proposa l'admission des plénipotentiaires grecs. La question discutée longuement dans la séance suivante fut résolue par l'affirmative, malgré l'hostilité de la Russie.

En conséquence, le président du Congrès invita les représentants de la Grèce à vouloir bien venir faire dans la neuvième séance (29 juin) les communications dont ils étaient chargés. MM. Delyanni et Ranghabé furent donc introduits, et le premier, après avoir exprimé au Congrès la reconnaissance du gouvernement hellénique, donna lecture du document suivant :

Les seuls et véritables vœux du gouvernement hellénique ont été toujours identiques aux aspirations de la nation entière, dont la Grèce libre ne constitue qu'une petite partie.

Ces mêmes aspirations animaient le peuple hellène quand il entreprit en 1821 la longue guerre de son indépendance.

Quant à leur réalisation complète, le gouvernement hellénique ne saurait se faire illusion sur les nombreuses difficultés qu'elle rencontre.

La ferme résolution de l'Europe d'établir la paix en Orient, sans trop ébranler l'état des choses existant, indique au gouvernement hellénique les limites qu'il doit imposer à ses aspirations.

Ainsi le gouvernement doit limiter ses vœux et voir dans l'annexion de Candie et des provinces limitrophes au royaume, tout ce qui pour le moment pourrait être fait pour la Grèce.

Les vœux du gouvernement du roi ne s'opposent ni aux intérêts de l'Europe, ni à ceux de l'Etat voisin. Leur satisfaction serait l'accomplissement de la volonté ferme et tenace des populations de ces provinces, et donnerait le calme et une existence tenable au royaume.

Nous croyons que l'accomplissement des vœux ci-dessus énoncés est dans les intérêts de l'Europe. Sa volonté étant d'amener et de consolider la paix en Orient, l'annexion de ces provinces serait le moyen le plus efficace et le seul possible pour écarter toutes les causes qui pourraient dans l'avenir faire péricliter l'œuvre pacificatrice de l'Europe. On n'aurait qu'à se rappeler le passé de ces provinces, les causes qui les ont tant de fois agitées, les moyens extrêmes auxquels ces contrées ont eu recours pour améliorer leur sort, pour être pleinement convaincus que les mêmes causes amèneraient, dans un avenir plus ou moins prochain, les mêmes tristes résultats.

D'ailleurs, l'Europe ayant vu dans la création du royaume hellénique une œuvre extrêmement civilisatrice, son agrandissement ne serait que le complément de cette œuvre.

L'annexion de ces provinces serait aussi dans l'intérêt de la Turquie. Elle lui éviterait dans l'avenir toute cause de troubles, qui ont tant de fois épuisé son budget, compromis ses intérêts politiques, et aigri ses relations de bon voisinage, dont le royaume hellénique a été de tout temps si soigneux.

Quant à l'intérêt capital que ces provinces mêmes trouveraient dans leur annexion, il est généralement connu que, depuis un demi-siècle déjà, elles réclament leur union à la Grèce. Elles ont bien des fois, et hautement manifesté ce désir. Elles n'ont pas hésité même de prendre les armes à plusieurs reprises, et de s'attirer tous les malheurs de la guerre pour le réaliser. Il y a quelques mois à peine, une d'elles n'a pu être pacifiée que sur l'assurance formelle d'une grande puissance que « la cause hellénique ne serait point lésée », et que cette puissance même dirait explicitement au Congrès « que cette pacification est due à son intervention ».

Une autre province, l'île de Candie, est encore en pleine insurrection, et d'après les dernières nouvelles le sang y coule en abondance.

Ne serait-ce pas une œuvre de justice et d'humanité que de satisfaire aux aspirations nationales de ces pays, de combler leurs vœux, tant de fois manifestés, et de leur épargner à l'avenir les destructions et les catastrophes auxquelles ils s'exposent pour parvenir à une existence nationale ?

Quant au royaume hellénique, toutes les manifestations des vœux nationaux des Hellènes de la Turquie ne peuvent naturellement que produire une profonde émotion dans le royaume hellénique.

Les originaires des provinces grecques de l'empire ottoman y comptent par milliers; un grand nombre en occupent des places distinguées dans toutes les branches de l'administration, dans la marine et dans l'armée, d'autres non moins nombreux s'y distinguent par leur activité industrielle et commerciale. Le contre-coup que la nouvelle d'une insurrection hellénique en Turquie produit dans leurs cœurs, est trop puissant pour ne pas les remuer. Il pousse les uns à passer les frontières pour s'unir aux combattants ; les autres à vider leurs bourses pour la cause commune. Cette commotion est vite communiquée à tous les habitants du pays, quoique non originaires des provinces combattantes, et la population entière du royaume, qui ne peut oublier ce qu'elle doit aux combattants antérieurs de ses frères déshérités, ni rester impassible vis-à-vis de leur lutte de délivrance, court se mettre dans leurs rangs pour les aider à reconquérir leur liberté.

Un état de choses pareil fait naître chaque fois des crises sérieuses dans le royaume hellénique, qui rendent très-difficile la position de son gouvernement. Ne pouvant refuser ses sympathies aux Hellènes des provinces en question unis à la Grèce libre par des liens d'histoire, d'origine et de malheurs communs ; ne devant afficher une indifférence qui le frustrerait de la confiance de l'hellénisme et étoufferait les justes espérances que les Hellènes de la Turquie ont de tout temps fondées sur la Grèce libre, tout gouvernement hellénique serait impuissant à résister au courant.

Crût-il même devoir le faire au sacrifice des intérêts les plus précieux du royaume, il serait renversé par le courant qui entraînerait le pays tout entier dans la lutte des provinces insurgées. Dans le cas même où le gouvernement aurait la force d'opposer une digue au courant national, tous ses efforts resteraient sans effet, à cause de l'étendue et de la conformation de la ligne frontière du royaume, qu'une armée de cent mille hommes même ne serait pas en état de garder de manière à pouvoir empêcher la sortie clandestine de volontaires.

La situation créée au gouvernement hellénique par ces mouvements insurrectionnels n'en est pas moins difficile et intenable sous le point de vue financier. Le budget du royaume a bien des fois subi, et subit encore l'influence de pareils évènements. Aussi grande et éclatante que soit la différence entre le budget des recettes publiques dressé en 1829 par le président de la Grèce, et celui de l'exercice de l'année dernière, il n'en est pas moins vrai que les secours pécuniaires alloués chaque fois aux réfugiés des provinces insurgées et aux combattants rapatriés, et les armements motivés par cette situation anormale et par les relations tant soit peu tendues avec l'État limitrophe qui en ont été toujours la conséquence, ont bien des fois englouti plusieurs millions, augmenté la dette publique et affecté à des dépenses infructueuses la plus grande part des recettes publiques, qui, déversées au développement matériel du pays, en auraient bien plus encore augmenté les ressources et le bien-être.

Si de grandes et riches nations avec lesquelles la petite Grèce ne saurait jamais se mesurer ont toujours, en des circonstances analogues, ressenti les suites onéreuses de dépenses de même nature, il est bien naturel que le pauvre royaume hellénique, qui plus d'une fois s'est trouvé dans le cas de devoir faire face à de pareilles obligations, qui aujourd'hui encore entretient sur son territoire trente mille réfugiés, et doit s'occuper de préparatifs au-dessus de ses forces, il est bien naturel que non-seulement il se ressente de tout le poids de pareilles dépenses, mais qu'il en soit écrasé.

Le gouvernement de Sa Majesté est pénétré de la conviction inébranlable qu'un pareil état de choses ne pourrait se prolonger. Il croit remplir un devoir qu'il ne lui est point permis de négliger en s'empressant d'exposer au Congrès cette situation et de le prier de bien vouloir y remédier en écartant les causes qui l'ont préparée.

M. de Bismarck annonça que cet exposé serait imprimé et distribué au Congrès qui l'examinerait avec attention. Puis, après quelques paroles de M. Ranghabé, qui affirma de nouveau que les accroissements demandés par son collègue étaient nécessaires non-seulement à l'existence même de la Grèce, mais à la paix de l'Orient, les plénipotentiaires grecs se retirèrent.

La question grecque fut reprise dans la treizième séance (5 juillet). L'ordre du jour ayant appelé l'article 15 du traité de San-Stefano, relatif à l'île de Crète, M. Waddington, premier plénipotentiaire de France, demanda à faire une communication au Congrès. Après avoir donné en quelques mots, à ses collègues ottomans, l'assurance qu'il éviterait toute considération rétrospective sur les causes des maux qu'il s'agissait de guérir, M. Waddington exposa sa conviction que, tant que la Sublime-Porte n'aurait pas satisfait dans une mesure suffisante les aspirations de la race hellénique, la Turquie resterait exposée sur sa frontière à des agitations sans cesse renaissantes. Voici, d'après le protocole, le résumé officiel de son discours :

« L'objet du Congrès n'est pas sans doute de donner satisfaction aux aspirations excessives de certains organes de l'opinion hellénique ; mais M. Waddington pense qu'on ferait une œuvre équitable et politique en lui adjoignant des populations qui seraient une force pour elle et qui ne sont qu'une cause de faiblesse pour la Turquie. Dans cet ordre d'idées, le ministre rappelle l'opinion d'un prince auquel la couronne de Grèce avait été offerte en 1830 et qui, depuis, appelé à régner sur un autre pays, s'est acquis, par sa sagesse, une grande autorité en Europe : ce prince considérait que la Grèce ne pouvait vivre dans les conditions territoriales qui lui étaient faites, notamment sans les golfes d'Arta et de Volo avec les territoires adjacents, et l'expérience a démontré la justesse de cette appréciation. La Grèce ne saurait prospérer dans ses limites actuelles : son gouvernement ne peut empêcher les difficultés et les conflits qui se reproduisent périodiquement à sa frontière, et les conditions économiques du pays ne lui permettent pas de suffire aux charges qui incombent à tous les États civilisés.

« Le premier plénipotentiaire de France croit donc servir également les intérêts des deux pays en proposant au Congrès d'indiquer d'une manière générale, et sans porter atteinte à la souveraineté de la Porte, les limites qu'il voudrait voir assignées à la Grèce. L'autorité de la haute assemblée européenne donnerait aux deux gouvernements ottoman et grec la force morale nécessaire : au premier pour consentir à des concessions opportunes ; au second pour résister à des revendications exagérées.

« Mais, pour atteindre ce but, Son Excellence pense qu'il faut, d'une part, ne point solliciter de la Porte des sacrifices impossibles ; de l'autre, faire appel à la modération de la Grèce. Le premier plénipotentiaire de France a donc regardé comme utile de tracer, comme base aux négociations, une ligne générale montrant, à la fois, à la Turquie la mesure des intentions de l'Europe, et à la Grèce les limites qu'elle ne doit point dépasser. Tel est l'objet de la résolution suivante qu'il a l'honneur de soumettre, d'accord avec le premier plénipotentiaire d'Italie, aux délibérations du Congrès :

« Le Congrès invite la Sublime-Porte à s'entendre avec la Grèce pour une rectification de frontières en Thessalie et en Épire, et est d'avis que cette rectification pourrait suivre la vallée du Salamyrias (ancien Peneus), sur le versant de la mer Égée, et celle du Kalamas, du côté de la mer Ionienne.

« Le Congrès a la confiance que les parties intéressées réussiront à se mettre d'accord. Toutefois, pour faciliter le succès des négociations, les puissances sont prêtes à offrir leur médiation directe auprès des deux parties. »

Aux arguments développés par M. Waddington, le comte Corti ajouta quelques mots au nom du gouvernement et du peuple italiens « dont il se faisait, dit-il, l'interprète en adressant aux plénipotentiaires de la Turquie un appel amical dans le sens de la proposition soumise au Congrès. » Sur la demande du président, l'assemblée résolut de discuter la proposition ainsi présentée par les plénipotentiaires de France et d'Italie immédiatement après le vote de l'article relatif à la Crète. C'est le comte Andrassy qui prit le premier la parole pour déclarer qu'il se ralliait à la motion proposée.

Chose qui parut étrange parce qu'on ignorait encore la convention du 4 juin et le rapprochement intime qui s'était fait entre l'Angleterre et la Turquie, les plénipotentiaires anglais sur le concours desquels les Grecs croyaient pouvoir compter avec certitude après toutes les promesses qui lui avaient été faites et les chaudes sympathies qui lui avaient été témoignées, les plénipotentiaires furent seuls à montrer de la mauvaise volonté au sujet de la proposition de M. Waddington. Lord Beaconsfield reconnut que la frontière tracée en 1831 était imparfaite et insuffisante, mais il ajouta que le Congrès ne s'était pas réuni pour procéder au partage de la Turquie et que par conséquent la Grèce s'était trompée en comptant sur des agrandissements territoriaux. Il ne s'opposa pas cependant à l'adoption de la proposition, mais il posa ses réserves de la façon suivante. Nous citons le protocole :

« Revenant à la Grèce, lord Beaconsfield dit que personne ne saurait douter de l'avenir de ce pays, mais que les États, comme les individus qui ont un avenir, sont en mesure de pouvoir attendre. En même temps, Son Excellence est convaincue que la Grèce et la Turquie procéderont à la rectification de leurs frontières, qu'une cause de discordes et de troubles sera ainsi écartée et une paix durable assurée. Le premier plénipotentiaire de la Grande-Bretagne ajoute qu'il ne voudrait pas recommander, pour atteindre ce but, des mesures coercitives. A ses yeux, le Sultan, éprouvé par de si grands malheurs, mérite beaucoup de respect et de sympathie. Son Excellence croit cependant qu'il ne faudrait point laisser passer l'occasion d'exprimer d'une manière

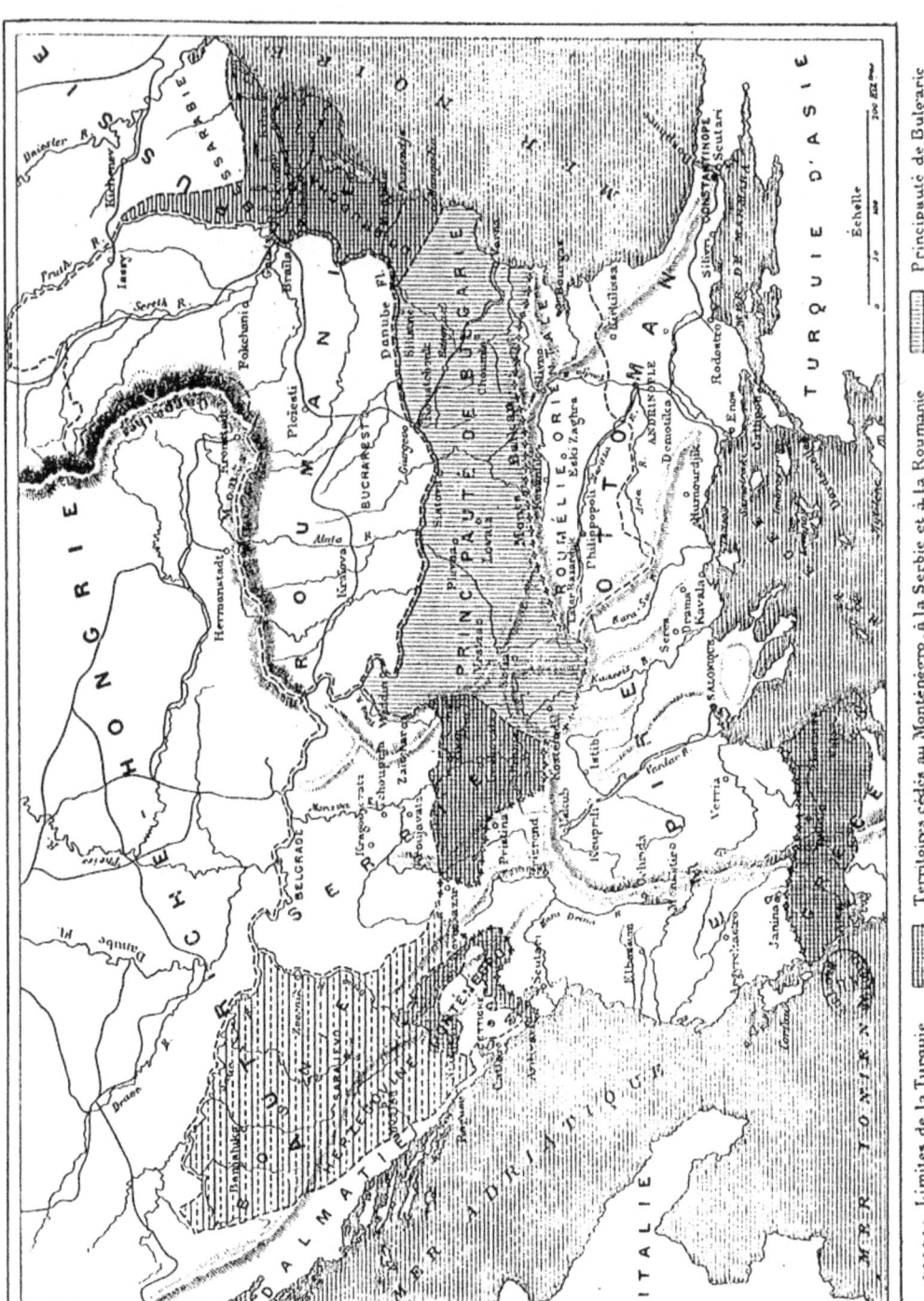

très-ferme l'opinion qu'une rectification de frontière serait un acte de haute politique favorable à la prospérité des deux pays. Lord Beaconsfield regarde le tracé proposé par M. le premier plénipotentiaire de France comme discutable; mais l'unanimité étant avant tout désirable, Son Excellence retirerait toute objection en présence d'un vote unanime des autres puissances. Le premier plénipotentiaire de la Grande-Bretagne termine en exprimant l'espoir et même la conviction qu'une solution équitable de la question des frontières sera accueillie par le Sultan. »

Le prince Gortchakof et le comte Schouvalof ayant déclaré qu'ils adhéraient à la proposition présentée par les plénipotentiaires français, soutenue par les Italiens et acceptée par le comte Andrassy, la proposition de M. Waddington fut soumise au vote et approuvée par tous les membres de la haute assemblée, à l'exception des plénipotentiaires ottomans, au nom desquels Caratheodory-Pacha déclara que n'ayant pas connaissance de l'assentiment de son gouvernement aux propositions de rectifications, il croyait devoir réserver l'opinion de la Porte sur ce sujet. Le prince de Bismarck dit que, dans la circonstance présente, les plénipotentiaires ottomans étaient fondés à s'abstenir et à attendre de nouvelles instructions. Ces instructions ne furent point conformes aux vœux du Congrès. Dans la dix-neuvième séance, Caratheodory-Pacha annonça que la Porte ne donnait pas son consentement à des propositions de rectifications de frontières et qu'elle se réservait d'entretenir les cabinets signataires de la vraie situation de la question hellénique. Ce fut sans doute l'attitude de l'Angleterre qui détermina celle de la Turquie. Le gouvernement turc était par-dessous main encouragé à la résistance par le cabinet de Londres.

Les priviléges des Mirdites.

Les Mirdites forment plusieurs tribus qui vivent sur la rive gauche du Drin. Ce sont eux qui représentent le plus exactement l'élément autochtone de l'Albanie; ils descendent très-vraisemblablement directement des anciens Pélasges, et leurs mœurs, leurs costumes, leurs lois, rappellent aujourd'hui celles que dépeignent les récits du vieil Homère. Ils sont au nombre de 200,000 environ et grâce à leur courage obstiné et à la forte situation de leurs montagnes, ils ont résisté victorieusement à la Porte qui n'a jamais pu les soumettre entièrement. Ils ont gardé leur autonomie et leurs princes particuliers.

Quand la réunion du Congrès fut décidée, les Mirdites adressèrent au président, le prince de Bismarck, la pétition suivante en vue d'obtenir des puissances la confirmation officielle de leurs priviléges :

Mirdilie, le 20 juin 1878.

Nous, soussignés, chefs et vieillards de la Mirditi, des districts de Puka et de l'Ochrida-Mineure, des montagnes d'Alessio et de Louria, supplions humblement Votre Seigneurie de vouloir accueillir avec bienveillance, et transmettre, le plus directement possible, aux illustres plénipotentiaires du Congrès européen de Berlin, les vœux que nous adressons ci-dessous :

Nos pays, comme il est notoire, se sont toujours gouvernés d'après leurs propres lois et par conséquent ont, en fait, joui de tout temps de leur autonomie. Nous demandons que cette autonomie soit reconnue d'une manière officielle par les grandes puissances, et que les districts de Puka, d'Ochrida-Mineure, des montagnes d'Alessio et de Louria soient unis à la Mirditie pour se trouver avec elle sous l'immédiat et direct pouvoir de notre très-aimé chef naturel et héréditaire, Prenk-Bib-Doda.

A diverses reprises, nos contrées ont manifesté, par un vote unanime, leur désir de former avec la Mirditie un seul état autonome, et nous avons donné de cette unanimité de vœux, dans ces deux dernières années, plus d'une preuve caractéristique. Aussi espérons-nous que nos aspirations (qui ne tendent qu'à pouvoir enfin entrer dans la voie du progrès et de la civilisation) seront prises en considération et auront l'appui de LL. EE. les plénipotentiaires au Congrès.

Suivent les signatures de cinquante-cinq chefs et vieillards (sorte de maires) des tribus susnommées. Dans ces signatures et très-reconnaissables à leurs prénoms (Hassan-Ali-Selman), figurent celles de chefs musulmans, ce qui indique que la revendication d'une autonomie mirdite, sous le commandement de Prenk-Bib-Doda, était sympathique même aux musulmans qui, en nombre très-restreint du reste, font partie de ce groupe géographique.

A la suite de cette pétition, le comte de Saint-Vallier présenta, dans la treizième séance, au nom des plénipotentiaires d'Autriche-Hongrie et de France, la proposition suivante :

« Les populations mirdites continueront de jouir des priviléges et immunités dont elles sont en possession *ab antiquo.* »

Les plénipotentiaires anglais dévoués aux intérêts de la Porte combattirent la proposition. Méhémet-Ali-Pacha fit observer qu'en présence des réformes sérieuses que le sultan se disposait à accorder, les priviléges, immunités et usages exceptionnels qui dataient du moyen âge étaient destinés à disparaître. Ces changements seraient graduels sans doute et le *statu quo* subsisterait quelque temps, mais il ne voulait pas que son gouvernement fût obligé de le prolonger indéfiniment, même lorsque les réformes auraient été établies. Il se fit alors entre les plénipotentiaires ottomans et le comte de Saint-Vallier un échange d'idées d'où il résulta que les plénipotentiaires ottomans déclaraient que la Sublime-Porte comptait ne faire, pour le moment, aucun changement dans la situation de la montagne mirdite. En présence de cette affirmation, constatée par le président et dont le Congrès prit acte, les plénipotentiaires d'Autriche-Hongrie et de France firent connaître que l'insertion de leur proposition au protocole, suivie de la déclaration des plénipotentiaires ottomans, leur paraissait donner une satisfaction suffisante au but qu'ils avaient en vue.

La navigation du Danube. — Les détroits. — L'indemnité de guerre.

Toutes les questions territoriales étant réglées en Europe, il restait à examiner les questions d'ordre européen que nous venons d'énumérer dans le titre ci-dessus. La question de la navigation du Danube occupa une partie des séances 11 et 12 et la discussion n'offrit rien de particulièrement intéressant. Nous nous contenterons donc de constater que c'est sur les instances des plénipotentiaires autrichiens que fut adoptée la solution que l'on trouvera consignée dans le traité de Berlin.

La question des détroits fut résolue en quelques minutes dans la quatorzième séance. Le Congrès venait de décider que Batoum serait port franc et commercial; lord Salisbury fit remarquer qu'en présence de ce fait qui sauvegarde la liberté de la mer Noire, qui eût été menacée si Batoum avait pu devenir un port de guerre russe, l'Angleterre n'avait aucun motif pour ne point s'engager à s'interdire l'entrée de cette mer. Après une remarque de Caratheodory-Pacha relative à l'opportunité de déclarer que la Bulgarie n'aurait point de forces navales dans la mer Noire, le Congrès donna son assentiment unanime au maintien du *statu quo ante* dans la question des détroits des Dardanelles et du Bosphore.

La question de l'indemnité de guerre fut traitée dans la onzième séance. Le président ouvrit la discussion en donnant lecture de l'alinéa suivant de l'article 19 du traité de San-Stefano :

« Quant au reste de l'indemnité, sauf les 10 millions de roubles dus aux intérêts et institutions russes en Turquie, soit 300 millions de roubles, le mode de payement de cette somme et la garantie à y affecter seront réglés par une entente entre le gouvernement impérial de Russie et celui de S. M. le Sultan. »

Lord Salisbury releva l'importance des mots : « la garantie à y affecter », et ajouta que si cette garantie devait être une indemnité territoriale, les plénipotentiaires de la Grande-Bretagne s'y opposeraient formellement. Le prince Gortchakof déclara au nom de son gouvernement, que la question de la garantie était, en effet, à régler entre la Russie et la Porte, mais que l'expression indiquée par lord Salisbury n'impliquait aucune acquisition territoriale. Le président ayant demandé si cette déclaration qui devait être insérée au protocole, et dont le Congrès prenait acte, satisferait la haute assemblée, et lord Salisbury ayant, de son côté exprimé le désir de savoir quelle serait alors la garantie de l'indemnité, le prince Gortchakof répéta que cette garantie dépendrait des arrangements de la Russie avec le gouvernement du Sultan, mais serait réglée en dehors de toute acquisition territoriale.

Caratheodory-Pacha lut les considérations suivantes : « Les plénipotentiaires ottomans ont le devoir d'appeler tout particulièrement l'attention de la haute assemblée sur les stipulations du traité de San-Stefano concernant l'indemnité de guerre. Ils prient tout d'abord le Congrès de prendre en considération que la guerre qui vient de se terminer n'a pas eu pour cause la violation par la Turquie d'un engagement que cette puissance aurait contracté vis-à-vis de la Russie. Le cabinet de Saint-Pétersbourg ayant déclaré la guerre pour obéir au sentiment auquel il tenait à donner une satisfaction, les grands et éclatants avantages qu'il a remportés et les résultats qu'il a obtenus constituent une ample compensation des efforts et des sacrifices pécuniaires que le gouvernement impérial de Russie avait naturellement assumés d'avance dans sa pensée.

« Sans insister sur les précédents que l'histoire la plus récente de la Russie elle-même pourrait leur fournir, et qui sont présents à la mémoire de tous les membres du Congrès, les plénipotentiaires ottomans, en se rapportant aux dispositions du traité de San-Stefano relatives au payement d'une indemnité de guerre pensent qu'ils n'auraient qu'à invoquer les explications que le gouvernement impérial de Russie a bien voulu donner sur ce point pour faire voir que, dans la pensée du cabinet de Saint-Pétersbourg aussi, la possibilité pour la Turquie de payer l'indemnité de guerre fait l'objet de doutes très-sérieux. D'un autre côté, on a signalé d'une manière frappante les graves inconvénients qui résulteraient de l'existence d'une créance dont la réalisation ne pourrait qu'être laissée dans le vague.

« De fait, la guerre qui vient de se terminer a causé à la Turquie des dommages incalculables. Sans parler des finances de l'État dont la situation est connue, la désolation dans laquelle se trouve plongées les villes et les campagnes de la Turquie d'Europe et d'Asie est peut-être sans exemple dans l'histoire. D'où la Turquie tirerait-elle aujourd'hui les ressources qui lui seraient indispensables pour pourvoir aux dépenses des services les plus urgents, pour ne pas laisser ses créanciers sans aucune consolation, pour remplir, dans la mesure du possible, un simple devoir d'humanité envers des masses privées du plus strict nécessaire, et pour subvenir aussi au service d'une indemnité de guerre? Nous ne parlons pas des améliorations à introduire, améliorations dont le gouvernement impérial ottoman aussi bien que l'Europe reconnaissent l'extrême urgence et qui toutes exigeraient de nouvelles dépenses. Mais indépendamment de ces améliorations, il faut pourvoir aux dépenses inexorables de l'heure présente. Toutes les puissances reconnaissent que la Turquie ne peut y suffire, même au prix des plus grands sacrifices; comment pourrait-elle dès lors assumer le payement d'une indemnité de guerre? Le gouvernement impérial de Russie, qui connaissait cette situation, a demandé des territoires en Europe et en Asie pour tenir lieu et place de la majeure partie de l'indemnité qu'il avait calculée comme lui étant due.

« Les facilités que le Congrès a trouvées pour l'arrangement d'ordre européen concernant la Dobrutscha et la Bessarabie ont eu pour base un prélèvement important opéré sur l'indemnité de guerre. Bien que la question d'Asie n'ait pas encore été traitée dans le Congrès, on peut dire dès à présent que, de ce côté aussi, la Russie acquerra des territoires qui, à s'en tenir à l'estimation du cabinet de Saint-Pétersbourg lui-même, représenteront des sommes énormes. Si l'on exige d'autres payements encore, les plénipotentiaires ottomans ont le devoir de déclarer qu'ils ne voient réellement pas d'où la Turquie pourrait les tirer sans porter une grave atteinte aux conditions les plus essentielles du fonctionnement de son gouvernement.

« Ils prient le Congrès de vouloir bien prendre en considération que si, pour satisfaire au payement d'une indemnité de guerre, l'on créait pour la Turquie une situation financière intolérable, une pareille décision non-seulement ruinerait les populations pour lesquelles l'Europe montre de l'intérêt, mais en même temps irait à l'encontre de l'idée qui a été exprimée touchant la conservation de l'autorité du gouvernement ottoman, et à laquelle S. A. le premier plénipotentiaire de Russie a donné, dans une de nos précédentes séances, une adhésion si explicite. »

Le comte Schouvalof protesta vivement contre les paroles de Caratheodory-Pacha affirmant que la guerre n'avait été provoquée par aucune violation d'arrangements antérieurs. Il maintint au contraire que la guerre avait été la conséquence de la violation constante et journalière de dispositions convenues, et notamment des obligations contractées par la Porte en 1856 au Congrès de Paris. Lord Salisbury ayant appelé l'attention de ses collègues de Russie sur les inconvénients d'une indemnité qui dépassait les ressources du débiteur et s'étant demandé par quels moyens la Russie espérait obtenir l'exécution d'une clause à première vue irréalisable, le comte Schouvalof fit observer que le mode de perception des impôts en vigueur en Turquie ne faisait rentrer au Trésor ottoman qu'un tiers des sommes payées. Les ressources pouvaient donc être triplées.

Lord Salisbury déclara, au nom de son gouvernement, ne pas admettre que la Russie, se trouvant créancière en vertu du traité de San-Stefano, pût prendre un rang de préférence à aucun des créanciers de la Turquie dont les titres avaient une date antérieure à la guerre. Le comte Corti ayant fait une motion semblable, le comte Schouvalof affirma d'une façon générale que dans la question financière la Russie comptait respecter la légalité, c'est-à-dire, toute hypothèque antérieure.

M. Waddington essaya vainement d'obtenir des plénipotentiaires ottomans des déclarations identiques. Caratheodory-Pacha dit que la Porte ferait tout son possible pour remplir ses engagements et ajouta que pour être en mesure de donner une déclaration plus précise, il devait prendre les instructions de son gouvernement.

M. de Bismarck résuma la discussion de la façon suivante : « Les plénipotentiaires de Russie ont donné satisfaction à l'intérêt politique par une réponse dont le Congrès a pris acte. Les droits des porteurs de titres ottomans ayant été soutenus par la Grande-Bretagne et la France, les déclarations de la Russie relatives à la prio-

VUE DE NICOSIE, CAPITALE DE L'ILE DE CHYPRE

VUE DE FAMAGOUSTE, LE PRINCIPAL PORT DE L'ILE DE CHYPRE

rité des hypothèques ont également paru satisfaisantes. Le fond des choses est donc réglé, et il ne reste plus qu'une question de rédaction dont les plénipotentiaires pourront se préoccuper en vue du protocole. »

Le comte Corti ayant demandé si les stipulations relatives à l'indemnité de guerre ne feraient point partie du nouveau traité, le président répondit qu'elles n'y devaient pas être insérées, le Congrès ne pouvant être garant de la comptabilité de la Porte.

La question arménienne.

Sur un peu plus de deux millions d'habitants que contiennent les vilayets d'Erzeroum, de Van et de Diarbekir on ne compte pas moins de 1,330,000 Arméniens. Bien que formant ainsi une imposante majorité, ces 1,330,000 chrétiens, grâce à la mauvaise administration des Turcs, sont opprimés et pillés méthodiquement et d'une façon permanente par 200,000 Kurdes nomades qui habitent le même pays qu'eux. Ces Kurdes sont toujours en armes et ils cultivent fort peu la terre parce qu'ils trouvent plus simple de faire travailler les populations sédentaires pour leur compte, et de les contraindre à leur donner une part des récoltes. Leurs exigences prennent toutes les formes. Tantôt ils s'emparent de prairies appartenant à des couvents ou à des particuliers, tantôt ils enlèvent une belle fille ou un troupeau. Dans la saison d'hiver, ils confient leurs moutons aux habitants des villages, qui se garderaient bien de les refuser, et qui sont obligés de les garder et de les soigner. Ils contraignent ces malheureux à faucher leurs fourrages. Au moment de la récolte, ils ne manquent pas d'accourir pour partager avec l'agriculteur le produit de son travail. Usant et abusant du droit du plus fort, ils se font dans ces partages la part du lion.

Mais, dira-t-on, comment se fait-il que les agriculteurs supportent ce pillage continu et ruineux? La raison en est simple. Les Kurdes, armés et audacieux, sont protégés par la terreur qu'ils inspirent et par les difficultés de la répression. Les populations travailleuses du vilayet ne sont pas armées; elles n'ont pas des instincts belliqueux et elles subissent la loi du plus fort. Le particulier, le village qui refusent d'obtempérer aux injonctions des Kurdes, d'obéir à leurs ordres, sont impitoyablement pillés. Pendant la nuit, leurs meules de fourrage, qui forment, en ce pays aux hivers rigoureux, le capital du cultivateur, sont incendiées; leurs troupeaux sont enlevés. Les Kurdes retournent après ces exécutions sur leur territoire, où ils sont à peu près certains de l'impunité. Le cultivateur placé entre deux maux choisit le moindre. Il paye pour ne pas indisposer le Kurde oppresseur et s'assurer ainsi une sécurité relative. Et encore nous avons vu pendant la guerre ce qu'est cette sécurité. Les Kurdes suivaient les armées comme des bandes de loups et massacraient et détruisaient tout sur leur passage.

Il est navrant de voir ces barbares exercer leurs violences et leurs rapines sur une population paisible et travailleuse qui, malgré les conditions défavorables où elle se trouve, ne se lasse pas dans son vaillant effort vers le progrès et l'instruction. Assurément, nul peuple en Asie Mineure n'est plus plein de promesses et plus ri he d'avenir que les Arméniens. Ils montrent déjà dans les grands centres où ils trouvent une véritable sécurité, de quoi ils sont capables. Ils ont des écoles florissantes, de nombreux journaux, des revues et même un théâtre à eux. Ils ont traduits les principaux classiques : Mollère, Lessing, Schiller, Shakespeare, Milton, Le Dante, Victor Hugo, Lamartine. Enfin ils ont montré des aptitudes remarquables pour le self-government. En 1860, profitant des privilèges accordés aux communautés par le hatti-humayoun de 1856, ils se donnèrent une constitution qui fut approuvée par le gouvernement ottoman. Ils ont une assemblée nationale élective de 140 membres qui siège à Constantinople et règle toutes les questions d'intérêt national.

Ces faits, s'ils étaient mieux connus en Europe, gagneraient aux Arméniens des sympathies au moins aussi vives que celles que certains peuples beaucoup moins méritants y ont rencontrées. Aussi l'assemblée nationale résolut-elle d'envoyer des délégués à Berlin pour exposer solennellement pour la première fois à l'Europe, les besoins et les vœux de la nation arménienne. Nous avons dit que les archevêques Mgueurditch Khérimian et Khorène Narbey furent les délégués choisis. Ces deux illustres personnages dans un document distribué aux membres du Congrès proposèrent de réorganiser l'Arménie sur les bases suivantes :

1° L'Arménie turque comprend les vilayets d'Erzeroum et de Van, la partie septentrionale du vilayet de Diarbekir, c'est-à-dire la partie orientale du sandjak d'Argana et la partie septentrionale du sandjak de Legherti, qui forment la partie turque de l'Arménie majeure, ainsi que le port de Rizeh, outre Trébizonde, pour faciliter le commerce et l'exportation.

L'Arménie sera administrée par un gouverneur général, Arménien, nommé par la Sublime-Porte avec l'assentiment des puissances garantes. Il aura sa résidence à Erzeroum. Le gouverneur général sera investi de toutes les attributions du pouvoir exécutif, veillera au maintien de l'ordre et de la sécurité publique dans toute l'étendue de la province, percevra les impôts et nommera sous sa responsabilité les agents administratifs. Il instituera les juges, convoquera et présidera le conseil général, et surveillera tous les rouages administratifs de la province. Investi de l'autorité pour cinq ans, le gouverneur général ne pourra être révoqué par la Sublime-Porte que d'accord avec les puissances garantes. Il y aura un conseil administratif central présidé par le gouverneur général et qui aura pour membres le directeur des finances, le directeur des travaux publics, un conseiller légiste, le commandant de la force publique, l'inspecteur des écoles chrétiennes et l'inspecteur des écoles musulmanes. Ce dernier sera nommé par le gouverneur général sur la présentation du chef de la magistrature du chéri dans la province.

La province sera divisée en sandjaks et ceux-ci seront subdivisés en cazas. Les gouverneurs des sandjaks et les sous-gouverneurs des cazas seront nommés par le gouverneur général. Les gouverneurs et les sous-gouverneurs sont des agents délégués par le gouverneur général, et le représentent en tout dans les subdivisions de la province. Ils sont aidés dans leur administration par deux conseillers désignés par le gouverneur général.

2° Le maintien de l'ordre et de la sécurité publique étant à la charge du gouvernement général de la province, une somme équivalente au 20 pour 100 des revenus généraux de la province sera versée annuellement au ministère impérial des finances, après prélèvement sur le reste des revenus de la province des frais nécessités par l'administration civile et judiciaire et l'entretien de la gendarmerie et de la milice. L'excédant sera employé ainsi qu'il suit : 80 pour 100 seront affectés à l'établissement et à l'entretien des voies de communication et d'autres travaux d'utilité publique ; 20 pour 100 seront consacrés à l'établissement et au maintien des écoles, déduction faite des sommes affectées aux écoles supérieures ; le restant sera distribué à titre de subvention entre les écoles musulmanes et chrétiennes en proportion de la population sédentaire de chaque culte.

3° Il y aura un chef de la magistrature musulmane nommé par S. M. le sultan, qui aura l'inspection de tous les tribunaux du chéri fonctionnant dans la province. Les tribunaux du chéri ne connaîtront que des contestations entre musulmans. Tous les procès civils, criminels et commerciaux entre chrétiens ou entre musulmans et chrétiens seront jugés par les tribunaux ordinaires. Ces tribunaux seront composés chacun de trois juges, dont l'un sera appelé à exercer les fonctions de président. Le gouverneur général nomme les juges et désigne les présidents de ces tribunaux. La justice de paix est rendue par le sous-gouverneur du caza et ses conseillers. Des règlements spéciaux détermineront le nombre, la compétence et les attributions des tribunaux du chéri, des tribunaux ordinaires et des juges de paix. Un code civil et un code criminel seront élaborés conformément aux principes de la justice moderne en Europe.

4° Il y aura une entière liberté de culte. L'entretien du clergé aussi bien que celui des établissements religieux sera à la charge de chaque communauté.

5° La force publique de la province s'appuie sur une gendarmerie et sur une milice. La milice sera composée, à l'exclusion des Kurdes, Circassiens et autres populations nomades, des Arméniens et de l'élément non arménien domicilié dans la province depuis cinq ans. La gendarmerie s'occupe du maintien de l'ordre et de la sécurité. Elle est commandée par un chef de gendarmerie nommé par le gouverneur général sur la proposition du commandant général de la force publique de la province, et placée sous ses ordres immédiats. La milice est placée sous les ordres du commandant général de la force publique et a pour mission, en cas de besoin, d'appuyer la gendarmerie. En temps ordinaire, le service actif de la milice se composera de 4,000 hommes sous les armes, sans préjudice des garnisons de troupes régulières que le gouvernement impérial voudra placer à ses frais dans les forteresses et les places fortes de la province.

6° La formation du conseil général aura lieu ainsi qu'il suit : chaque caza enverra deux délégués, un musulman, un Arménien, élus respectivement par la population musulmane et chrétienne du caza. Ces délégués, réunis au chef-lieu du sandjak, éliront ensemble deux conseillers par sandjak, un chrétien, un musulman. Sont électeurs et éligibles aux deux degrés : 1° Tous les habitants de la province âgés de plus de vingt-cinq ans possédant une propriété ou payant une contribution directe quelconque. — 2° Le clergé et les ministres des différents cultes. — 3° Les professeurs et maîtres d'école. Les chefs des communautés religieuses reconnues seront de droit membres de ce conseil, un pour chaque religion. Le conseil général est convoqué une fois par an en session au chef-lieu de la province pour examiner et contrôler le budget de la province et la répartition des impôts ; un compte rendu financier annuel devra lui être présenté par le gouverneur général. Le système de perception et de répartition des impôts sera modifié en vue de faciliter le développement des richesses du pays. Le gouverneur général et le conseil général fixeront d'un commun accord tous les cinq ans les sommes à en remettre à la Sublime-Porte, conformément aux dispositions ci-dessus énoncées.

7° Une commission internationale sera nommée pour un an par les puissances garantes afin de veiller à l'exécution de ce règlement, qui devra être mis en vigueur dans les trois mois de la signature du protocole.

Ce programme était parfaitement mesuré, mais le Congrès ne daigna point en décider l'exécution, comme on va le voir.

Dans la douzième séance du Congrès, lord Salisbury proposa de s'occuper de l'art. 16 du traité de San-Stefano relatif à l'Arménie. Il est ainsi conçu : « Comme l'évacuation par les troupes russes des territoires qu'elles occupent en Arménie et qui doivent être restituées à la Turquie, pourrait y donner lieu à des conflits et à des complications préjudiciables aux bonnes relations des deux pays, la Sublime-Porte s'engage à réaliser, sans plus de retard, les améliorations et les réformes exigées par les besoins locaux dans les provinces habitées par les Arméniens et à garantir leur sécurité contre les Kurdes et les Circassiens. » Lord Salisbury dit qu'il était prêt à accepter les trois dernières lignes de cet article qui visaient les améliorations et réformes à accorder aux Arméniens, si le Congrès prononçait la suppression des trois premières lignes, qui semblaient subordonner l'évacuation des troupes russes à la concession de ces réformes par la Sublime-Porte. Autrement lord Salisbury proposerait ultérieurement un article spécial sur les Arméniens. Le comte Schouvalof n'étant pas préparé à la discussion, elle fut remise à une séance suivante.

Dans la quatorzième séance, le Congrès discuta une proposition de lord Salisbury demandant la suppression des premières lignes de l'article jusqu'au mot « pays » et l'adjonction à la fin de la phrase suivante : « Elle s'entendra ultérieurement avec les six autres puissances signataires sur la portée de cet engagement et les mesures nécessaires pour le mettre en exécution. » Lord Salisbury ajouta que les intérêts des Arméniens devaient être sauvegardés, et que le but de la proposition était de leur donner des espérances d'améliorations immédiates en même temps que de progrès à venir.

Caratheodory-Pacha ayant demandé qu'il fût tenu compte à la Porte des dispositions qu'elle avait déjà adoptées, la question fut remise à la séance suivante où lord Salisbury soumit à l'approbation du Congrès la rédaction suivante concertée entre les plénipotentiaires de la Grande-Bretagne et de la Turquie : « La Sublime-Porte s'engage à réaliser, sans plus de retard, les améliorations et les réformes exigées par les besoins locaux dans les provinces habitées par les Arméniens et à garantir leur sécurité contre les Kurdes et les Circassiens. Elle donnera connaissance périodiquement des mesures prises dans ce but aux puissances, qui y veilleront. » Le Congrès donna son assentiment à cet article.

L'Arménie se trouvait donc encore une fois à la merci de la bonne volonté de la Turquie. Or, on sait par le traité de 1856 ce que deviennent et les promesses de la Porte et le contrôle de l'Europe. Heureusement la convention du 4 juin a été connue depuis ; on peut espérer que l'Angleterre ayant engagé sa responsabilité en Turquie d'Asie veillera personnellement d'une façon efficace sur le sort des chrétiens de cette région.

La nouvelle frontière d'Asie.

La question de la nouvelle frontière d'Asie était, après la question bulgare, la plus périlleuse de toutes celles que le Congrès de Berlin avait à traiter, et ce fut celle aussi qui donna lieu à la discussion la plus chaude. Nous avons expliqué en quoi le tracé du traité de San-Stefano menaçait les routes de l'Inde qui sont d'une importance vitale pour l'Angleterre. Il était trois points sur lesquels cette puissance exigeait des modifications ; elle ne voulait pas que Batoum pût devenir un port militaire entre les mains des Russes, elle ne voulait pas que les Russes pénétrassent dans la vallée de l'Euphrate, enfin elle voulait rendre Bayazid, c'est-à-dire la grande route commerciale de la Perse, au Sultan.

Au commencement de juillet, les plénipotentiaires anglais étaient assez embarrassés. Ils recevaient des nouvelles alarmantes de leur pays. On leur reprochait les concessions qu'ils avaient consenties et on les accusait d'être allés humilier l'Angleterre à Berlin, ce qui paraissait alors en effet assez fondé. Ils avaient bien le traité du 4 juin en poche, avec lequel ils étaient certains de reconquérir instantanément leur popularité, mais ils n'osaient pas le montrer avant que la question de Batoum fût résolue. Sous cette double pression de l'opinion populaire et des intérêts anglais, ils se montraient donc intraitables dans cette question de la nouvelle frontière d'Asie.

Les plénipotentiaires russes, de leur côté, n'étaient pas moins embarrassés, car l'empereur Alexandre étant intervenu en personne dans la question, il leur était impossible de faire des concessions. La situation était si tendue que le 3 juillet, le comte Schouvalof fit connaître à l'empereur le résultat négatif des entretiens particuliers qui avaient eu lieu entre les plénipotentiaires anglais et russes, et demanda de nouvelles instructions qui arrivèrent le 5. Elles étaient favorables à la conciliation et le 6, avant que le Congrès se réunît dans sa quatorzième séance, le prince de Bismarck apprit, d'une part, que l'Angleterre exigeait comme minimum l'érection de Batoum en port franc et la rétrocession de Bayazid et de la vallée d'Alaschkerd à la Turquie, et, d'autre part, que les plénipotentiaires russes avaient des pouvoirs nécessaires pour faire ces concessions. Les principales difficultés étaient donc aplanies avant que la discussion commençât.

La séance s'ouvrit par une déclaration de lord Salisbury qui aborda sur-le-champ le principe même de l'annexion d'Ardahan et de Kars à la Russie. « Dans l'opinion de Son Excellence, dit le protocole, des acquisitions aussi considérables ébranleraient la puissance et le prestige de la Sublime-Porte en Asie et rendraient fort douteux le maintien de la tranquillité dans ces contrées. Sans insister sur une thèse qui lui semble évidente, lord Salisbury demanda aux plénipotentiaires russes si les considérations que les représentants de l'Angleterre ont fait valoir dans leurs entretiens particuliers avec Leurs Excellences ont affecté leur détermination de retenir les forteresses de Kars et d'Ardahan : dans le cas où la Russie croirait devoir persévérer dans cette pensée, lord Salisbury déclare qu'il réserverait pour l'Angleterre le droit de sauvegarder ses intérêts et son influence sur les populations par les moyens qu'elle jugerait convenables. »

INSURGÉS BOSNIAQUES EN AVANT DE SERAJEVO

Par cette réserve conforme à celle qui avait été inscrite dans la convention du 4 juin, lord Salisbury préparait habilement la divulgation de ce document. Le prince Gortchakof prit la parole et répondit :

« Grâce à l'esprit de conciliation et aux concessions réciproques dont consciencieusement je réclame une large part au nom de la Russie, l'œuvre du Congrès a progressé vers son but, celui d'une paix qui est dans les intérêts de l'Europe entière et qui serait seule digne des hommes éminents réunis à Berlin.

« La séance d'aujourd'hui est consacrée à un objet dont une solution équitable, étrangère aux petites passions, couronnerait l'œuvre que nous poursuivons.

« Nous faisons la concession d'Erzeroum, de Bayazid et de la vallée d'Alachkerd. — Ces deux derniers points constituent le trajet des caravanes et la principale route commerciale vers la Perse.

« Je suis, de plus, autorisé à déclarer qu'usant de son droit de souveraineté, mon auguste maître déclarera Batoum port franc. — Cela répond aux intérêts matériels de toutes les nations commerciales et plus particulièrement peut-être à ceux de la Grande-Bretagne, dont le commerce occupe le plus grand nombre de bâtiments.

« Je termine en réitérant l'espoir que dans la séance d'aujourd'hui nous aurons fait un immense pas vers le but élevé de notre réunion. »

Cette déclaration fit une profonde impression sur le Congrès, et le prince de Bismarck, après avoir constaté l'importance des concessions russes, dit qu'il serait heureux que le gouvernement anglais fût satisfait de cet arrangement. Le prince Gortchakof ayant désiré connaître l'opinion de la haute assemblée, le président fit appel à l'appréciation des plénipotentiaires de la Grande-Bretagne. Il était difficile aux représentants anglais, sous peine d'être accusés de pousser de parti pris à la guerre, de ne pas se déclarer satisfaits de ces concessions qui répondaient exactement à leurs exigences. Cependant lord Beaconsfield essaya d'en arracher une dernière aux Russes. Puisqu'il fallait laisser Batoum à la Russie, il voulut tenter du moins de lui en rendre la possession aussi précaire que possible. Ce port est enclavé dans le territoire des Lazes que nous avons vus combattre si courageusement dans les rangs de l'armée de Dervisch-Pacha. Les Lazes, musulmans fanatiques, ne voulaient à aucun prix se plier au joug russe. En appréciant que le traité de San-Stefano les englobait dans la nouvelle frontière, ils restèrent sous les armes, arborèrent le drapeau anglais, réclamèrent la protection de l'Angleterre et annoncèrent leur intention de défendre par la force leur pays contre l'annexion. Lord Beaconsfield demanda qu'on tînt compte du vœu de ces populations :

« Son Excellence, dit le protocole, répéta qu'elle eût préféré que Batoum, en devenant port libre, ne fût pas compris dans le territoire russe; plein de confiance dans les déclarations de l'empereur de Russie lord Beaconsfield voit sans doute dans les avantages de la franchise de ce port une compensation à une annexion qu'il ne saurait approuver, mais il ne peut éviter de dire qu'il est pénible de penser que, tout en se félicitant de la création d'un port franc, il y a lieu de se préoccuper en même temps des moyens de prévenir ou du moins d'atténuer de nouveaux troubles. La province de Batoum, en effet, n'est pas satisfaite de devenir possession russe, elle est encore entre les mains de populations qui se croient en état de la défendre et l'emploi de la force pourrait en cette circonstance amener de graves dangers.

« Son Excellence désirerait que, tout en sanctionnant la proposition gracieuse de l'empereur de Russie, le Congrès exprimât le vœu que toutes les mesures nécessaires soient prises pour éviter des désordres dont les conséquences seraient déplorables. A cet effet, il semblerait indiqué qu'on eût de légitimes égards pour une vaillante population qui s'est montrée fortement opposée au régime nouveau que le Congrès a l'intention de lui imposer. Son Excellence insiste pour que les principes et considérations ethnographiques qui ont amené la haute assemblée à concilier les intérêts divergents des nationalités de la Turquie d'Europe, ne soient point perdus de vue en ce qui concerne la Turquie d'Asie. Lord Beaconsfield croit qu'il n'y a pas de temps à perdre pour adopter des dispositions propres à les prévenir. Il se borne à indiquer à la haute assemblée un état de choses auquel l'influence d'une seule puissance ne saurait porter remède. Son Excellence accepte volontiers la création d'un port franc à Batoum, mais désirerait que le Congrès examinât les détails de cette décision en se préoccupant de la nécessité de prévenir des conflits : il appartient aux représentants des grandes puissances, toutes intéressées dans la question, de prendre des précautions contre l'éventualité d'un semblable péril. »

Après avoir constaté que l'accord établi entre la Russie et l'Angleterre sur Batoum, érigé en port franc, était un résultat de haute valeur, le prince de Bismarck dit qu'on pourrait peut-être remédier aux dangers qui pourraient menacer la tranquillité des populations de ces contrées si les plénipotentiaires anglais voulaient bien donner sur les appréhensions qu'ils venaient d'exprimer des explications plus développées. Le comte Andrassy se félicita de la constitution de Batoum en port franc comme d'un avantage évident pour toutes les puissances européennes, et il exposa que, d'accord avec lord Salisbury, il pensait que des entretiens particuliers entre les représentants des deux puissances plus spécialement intéressées pourraient aplanir les difficultés qui s'opposaient encore à une entente qu'il appelait de tous ses vœux. Il déclara accepter d'avance les conclusions des pourparlers qui seraient suivis entre les deux puissances. Les plénipotentiaires français et italiens dirent n'avoir aucune objection à faire à ces déclarations.

Le Congrès ayant été amené à examiner le tracé proposé pour la nouvelle frontière, lord Salisbury reprit la motion de lord Beaconsfield en faveur des Lazes. Il considérait comme un « devoir de rappeler les intérêts d'une vaillante nationalité musulmane qui se refusait à la domination russe. » Et il insista sur les avantages d'entretiens particuliers pour résoudre les difficultés qui subsistaient encore. Le prince de Bismarck appuya cette dernière proposition. Le prince Gortchakof ayant dit qu'il ne s'expliquait point les objections de lord Salisbury et l'ayant prié de déterminer d'une façon plus précise les inquiétudes qu'il avait énoncées, le plénipotentiaire anglais répondit qu'il avait voulu parler de la nationalité des Lazes, qui n'accepterait pas le gouvernement russe et dont les répugnances pourraient amener dans l'avenir des embarras sérieux. Une discussion s'engagea entre le prince Gortchakof, lord Salisbury et Mehemet-Ali-Pacha sur le chiffre de la population laze du Lazistan, que le premier plénipotentiaire de Russie, sur des données qu'il offrit de communiquer, affirma ne point s'élever au-dessus de 50,000 âmes, tandis que les plénipotentiaires d'Angleterre et de Turquie l'estimaient à 200,000 individus. Le président ayant fait observer que cette question secondaire n'intéressait pas l'œuvre de la paix, insista pour que les plénipotentiaires de Grande-Bretagne et de Russie s'entendissent sur ce point et sur les autres objets spéciaux qui les séparaient dans des entretiens particuliers. Cette procédure fut acceptée de part et d'autre, et le Congrès décida d'attendre le résultat de ces explications mutuelles pour reprendre l'examen de l'article 19.

On raconte que le lendemain à huit heures du matin, le prince Gortchakof reçut un exemplaire de la convention anglo-turque du 4 juin, et qu'il s'écria avec dépit en songeant aux concessions qu'il avait faites : « Si j'avais connu cela quarante-huit heures plus tôt! » Il serait absurde sans doute, de prétendre que la Russie ignorait les négociations ; mais il est certain qu'elle ignorait la nature exacte du traité auquel elles devaient aboutir, et même qu'elle ne se doutait pas qu'elles eussent abouti à quelque chose. Elle n'avait pas l'idée d'un traité tangible, bilatéral, obligatoire, faisant de l'Angleterre une sentinelle armée sur la frontière asiatique. Elle se figurait que c'était simplement une de ces formules platoniques usitées pour déguiser un échec et qui devaient figurer dans le traité de Berlin au même titre que les vœux en faveur de la Grèce et des porteurs de fonds turcs. Si elle eût soupçonné quelque chose de plus, elle n'aurait pas fait de concessions ; elle n'aurait pas toléré les Autrichiens en Bosnie ou les Turcs dans les Balkans, et elle aurait au moins, l'exclamation du prince Gortchakof l'indique, réclamé Batoum sans condition.

Dans l'après-midi du 8 juillet, le prince Gortchakof se promenait avec un membre du Congrès et on l'entendit dire : « Ce serait un peu trop fort que nous fussions éliminés du territoire de Batoum quand on vient de mettre la main sur Chypre. » De fait, les Russes se montrèrent dès lors inflexibles dans les entretiens particuliers qu'ils eurent avec les plénipotentiaires anglais, et la séance du 8 se passa sans amener de solution. Mais dans la soirée, pendant une réception que donnait l'ambassadeur anglais lord Odo Russell, quelqu'un qui avait des informations précises les communiqua aux plénipotentiaires anglais et leur représenta que l'irritation était si grande parmi les Russes que, même sur cette question secondaire du territoire de Batoum, ils se laisseraient entraîner à des extrémités.

Les Anglais jugèrent qu'il serait inexcusable de risquer la paix sur la question des Lazes. Le lendemain, dans une conférence préliminaire, après s'être convaincus de l'exactitude des renseignements reçus par lord Odo Russell, ils abandonnèrent les Lazes et dans la seizième séance, ils acceptèrent par avance, la décision de la majorité de la commission de délimitation. Tout le monde, le Congrès lui-même, fut surpris de la rapidité de cet arrangement. Cela montre quels dangers fit courir à la paix la publication du traité défensif, bien que l'Angleterre en eût différé la divulgation jusqu'après le règlement de la question de Batoum par la déclaration du prince Gortchakof.

Pour en finir avec les frontières d'Asie, ajoutons que Carathéodory-Pacha proposa de faire supporter à la Russie une part de la dette turque proportionnelle à l'importance des territoires qu'elle s'annexait. Les plénipotentiaires manifestèrent un si dédaigneux étonnement à cette proposition que Carathéodory n'osa pas insister.

L'exécution du traité.

A la fin de la quinzième séance (8 juillet 1878) le prince Gortchakof lut la communication suivante :

« Au moment où la haute assemblée, réunie à Berlin sous les auspices de S. M. l'empereur d'Allemagne, va terminer l'œuvre de pacification qu'elle a entreprise, les plénipotentiaires de Russie croient répondre à ses sentiments en exprimant le vœu que cette œuvre accomplie dans un esprit de conciliation, assure à l'Europe une paix solide et durable.

« La Russie y est particulièrement intéressée. Elle a porté de grands sacrifices durant la guerre; elle en a fait de considérables en vue du rétablissement de la paix et du maintien de l'entente européenne. Elle est en droit de compter que, du moins, ces sacrifices ne seront pas gratuits et que l'œuvre dont on a posé les fondements ne restera pas stérile, faute d'exécution, comme l'ont été les principales tentatives de pacification de l'Orient. Elle ne pourrait pas accepter la perspective du renouvellement de crises pénibles, semblables à celle à laquelle le Congrès de Berlin a été appelé à mettre un terme. Les plénipotentiaires de Russie sont persuadés que cette pensée est également celle de la haute assemblée, qu'elle ne voudra pas élever un édifice éphémère qui exposerait la paix de l'Orient et de l'Europe à de nouveaux périls.

« Dans cette conviction, les plénipotentiaires de Russie ont ordre de demander au Congrès, avant qu'il mette fin à ses travaux, quels sont les principes et le mode par lesquels il entend assurer l'exécution de ses hautes décisions. »

Les plénipotentiaires turcs crurent voir dans cette proposition une tentative faite pour maintenir le gouvernement ottoman sous la tutelle de l'Europe, et, dans la séance suivante Carathéodory-Pacha combattit la demande du prince Gortchakof dans un discours que le protocole résume ainsi : « Le premier plénipotentiaire de Turquie ne s'explique pas la portée de ce document. Les principes et les modes destinés à assurer l'exécution des résolutions du Congrès ont été déjà indiqués au cours des délibérations de la haute assemblée; une partie des décisions du Congrès sont immédiatement exécutoires; pour les autres, des commissions spéciales ont été instituées avec des attributions définies : toutes les garanties nécessaires ont donc été déjà données. La signature d'un traité de paix assure d'ailleurs la forme la plus solennelle et la plus obligatoire aux stipulations qui s'y trouvent contenues. Les commissions complètent l'ensemble des garanties, et Son Excellence ne voit pas quelles nouvelles conditions pourraient être exigées. Le gouvernement ottoman a d'ailleurs donné, en Congrès, l'assurance que ses résolutions seraient mises à exécution dans le plus bref délai : Caratheodory-Pacha pense que d'autres dispositions amèneraient des complications et des difficultés contraires au but que la déclaration russe désire atteindre. »

Le prince Gortchakof affecta de ne point comprendre les objections de la Turquie. A son avis il y avait une question de dignité pour le Congrès à ce que la mise en pratique des stipulations du traité fût assurée.

Le prince de Bismarck fit observer qu'une proposition formelle présentée par les plénipotentiaires russes, faciliterait la discussion. Puis il donna son avis comme représentant de l'Allemagne. Nous citons le protocole : « Il est évident que, si les puissances se mettent d'accord sur des questions qui préoccupent l'Europe depuis près d'un siècle, et qui surtout depuis 20 ans éveillent sa sollicitude, elles n'entendent pas faire une œuvre inefficace, et toutes doivent surveiller et contrôler l'exécution de stipulations qui forment un ensemble dont il est impossible d'accepter une partie et de rejeter le reste; mais Son Altesse Sérénissime n'estime pas que chaque Etat isolément soit obligé de prêter main-forte à l'exécution de ces arrangements et qu'il puisse exister une garantie solidaire et collective. C'est du moins dans cet ordre d'idées que Son Altesse Sérénissime se place pour envisager la situation de l'Allemagne.

« Le prince de Bismarck ne croit pas qu'on puisse trouver de formule qui garantisse d'une manière absolue l'Europe contre le retour des faits qui l'ont émue, et, si les puissances s'engageaient solidairement à user de la force au besoin, elles risqueraient de provoquer entre elles de graves dissentiments. Le Congrès ne peut faire qu'une œuvre humaine, sujette, comme toute autre, aux fluctuations des événements. » Il ajouta que si toutefois le gouvernement russe insistait pour l'insertion au traité d'un article particulier établissant que les puissances se réservaient le droit de contrôler par leurs agents l'exécution des résolutions de la haute assemblée, le prince de Bismarck n'y avait pour sa part aucune objection.

Le prince Gortchakof fut d'avis que le soin de signaler les infractions commises devait être attribué non pas seulement aux représentants à Constantinople, mais aux gouvernements eux-mêmes. Le comte Schouvalof dit que les plénipotentiaires russes avaient surtout en vue d'éviter les mécomptes qui avaient suivi les traités de 1856. Plusieurs articles stipulant des améliorations pour les populations chrétiennes de l'empire ottoman n'avaient pas été mis à exécution. Il s'en était suivi pour l'Europe de fréquents tiraillements, la guerre et enfin la réunion du

DÉFENSE DE STOLATZ PAR LES INSURGÉS BOSNIAQUES

Congrès. Il ne fallait pas se trouver, pour une seconde fois, en présence de pareilles difficultés. Il prit acte des paroles du premier plénipotentiaire de Turquie, déclarant que la signature du traité de Berlin donnerait la sanction la plus solennelle et la plus obligatoire à ses stipulations. C'est ce caractère solennel obligatoire que les plénipotentiaires de Russie cherchaient à affirmer. En ajoutant que les articles du traité formaient un ensemble dont les puissances se réservent de surveiller l'exécution, le prince de Bismarck avait exprimé le sentiment dont s'était inspiré la déclaration russe. Restaient à rechercher les moyens pratiques pour exercer ce contrôle.

Le président constata que cette pensée devrait se retrouver dans une rédaction finale à présenter par les plénipotentiaires russes, et la discussion fut ajournée jusqu'à la présentation de cette rédaction.

Dans la séance du lendemain (la dix-septième, 10 juillet), le prince Gortchakof proposa le texte que voici :

« L'Europe ayant donné sa sanction la plus solennelle et la plus obligatoire aux stipulations du traité de Berlin, les hautes parties contractantes envisagent la totalité des articles du présent acte comme formant un ensemble de stipulations dont elles s'engagent à contrôler et surveiller la mise en vigueur, en insistant sur une exécution complète conforme à leurs intentions.

« Elles se réservent de s'entendre, au besoin, sur les moyens propres à assurer un résultat que ni les intérêts généraux de l'Europe, ni la dignité des grandes puissances ne leur permettent de laisser invalider. »

Le prince de Bismarck proposa alors de scinder la proposition et de voter séparément sur chacun des deux alinéas. La discussion fut donc engagée sur le premier, mais une telle divergence d'opinion se manifesta que le Congrès se rallia à l'avis de lord Salisbury demandant que la proposition russe fût imprimée afin que les plénipotentiaires fussent en mesure de l'examiner plus attentivement.

L'accord ne s'était point fait le lendemain et à suivre la discussion qui eut lieu dans la dix-huitième séance, il est visible qu'une partie des plénipotentiaires partageaient le sentiment des plénipotentiaires ottomans au sujet de la proposition russe et y voyaient une tentative faite pour maintenir la Turquie en état de tutelle.

Le comte Andrassy exprima l'avis que ce document devait être abrégé. Le premier alinéa, terminé par les mots « surveiller la mise en vigueur, » paraissait suffisant aux plénipotentiaires d'Autriche-Hongrie; le second alinéa pouvait être interprété comme un manque de confiance du Congrès dans le résultat de ses travaux. Il désirait aussi que le premier mot « l'Europe » fût remplacé par « les hautes parties contractantes », et regardait comme inutile d'ajouter les expressions : « ayant donné leur sanction la plus solennelle et la plus obligatoire ». Son Excellence proposa donc la rédaction suivante : « Les hautes parties contractantes envisagent la totalité des articles du présent acte comme formant un ensemble de stipulations dont elles s'engagent à contrôler et à surveiller la mise en vigueur ».

Lord Salisbury répéta qu'il ne s'expliquait pas le but de la proposition russe. Il ne connaissait pas de sanction plus « solennelle » et plus « obligatoire » que la signature de son gouvernement et préférait ne pas accepter un engagement qui semblait soit inutile, puisqu'il était évident que la Grande-Bretagne tenait à l'exécution du traité, soit avoir une signification d'une portée trop peu définie.

Le prince Gortchakof demanda le vote sur le premier alinéa. Le prince de Bismarck adhéra à cette proposition en faisant observer que la rédaction austro-hongroise lui paraissait plus pratique : à son avis notamment les mots « solennelle et obligatoire » exprimaient une idée trop évidente par elle-même pour qu'il fût nécessaire de l'affirmer. Le prince Gortchakof ne voulut point consentir à cette modification et le comte Schouvalof, pour tout concilier, proposa une nouvelle rédaction ainsi conçue : « Les hautes parties contractantes, ayant donné leur sanction solennelle et obligatoire aux stipulations du traité de Berlin, envisagent la totalité des articles du présent acte comme formant un ensemble de stipulations dont elles s'engagent à contrôler et à surveiller la mise en vigueur. »

Caratheodory-Pacha parla alors en fort bons termes, il rappela les explications qu'il avait déjà présentées à ce sujet : la Porte considérait assurément la signature comme obligatoire et se regardait comme positivement et strictement tenue à mettre à exécution des engagements qu'elle aurait souscrits au même titre que toutes les autres puissances signataires du traité. Mais la rédaction du document russe imposait à toutes les parties contractantes le devoir mutuel de contrôler l'exécution des stipulations du traité : la Porte se trouverait ainsi obligée à admettre chez elle le contrôle et à contrôler à son tour d'autres États également engagés. Il releva les difficultés de cette tâche et ajouta que la Porte était prête à exécuter le traité en ce qui la concernait, mais quant à exercer un contrôle ou à s'y soumettre, elle s'y refusait, considérant que cette obligation était nouvelle et trop lourde pour un gouvernement qui n'en réclamait ni la charge ni le bénéfice.

Cette déclaration catégorique fit un grand effet dans l'assemblée et c'est en vain que le prince Gortchakof essaya de démontrer que la réponse de la Sublime-Porte n'était point en contradiction avec la pensée qui avait inspiré la proposition des plénipotentiaires de Russie, et tout le premier alinéa, conforme aux déclarations de Carathéodory-Pacha pouvait être accepté par les représentants de la Turquie. C'est en vain qu'il proposa la rédaction du comte Schouvalof; les plénipotentiaires d'Autriche-Hongrie et d'Allemagne furent les seuls qui l'acceptèrent, les plénipotentiaires d'Angleterre, de France, d'Italie et de Turquie, le rejetèrent. Le texte amendé du comte Andrassy eut le même sort.

Le comte Corti fit remarquer que la haute assemblée partageait le sentiment du prince Gortchakof sur la nécessité d'assurer la complète exécution du traité; mais les plénipotentiaires d'Italie et ceux de leurs collègues qui avaient comme eux, réservé leur vote regardaient comme suffisantes les déclarations qui avaient été faites au nom de la Sublime-Porte par Carathéodory-Pacha.

M. Waddington exposa les raisons du vote des plénipotentiaires français dans un excellent discours que le protocole résume ainsi : « Le premier plénipotentiaire de France propose au Congrès de se borner à prendre acte de la déclaration de Carathéodory-Pacha; les formules présentées par le prince Gortchakof et par le comte Andrassy semblent à Son Excellence conçues en termes trop vagues; ou bien elles n'ajoutent rien à l'autorité du traité, ou bien elles ont une portée trop étendue. Dans sa pensée, le Congrès, en demandant à la Turquie de consentir d'importants sacrifices, avait en vue de préserver de toute atteinte la souveraineté du sultan dans l'ensemble réduit mais compacte de provinces qui formera désormais son empire.

« Or, la rédaction proposée à la haute assemblée paraît considérer une sorte de tutelle permanente imposée au gouvernement ottoman : le traité que les puissances vont signer contient un très-grand nombre de clauses, qui pourraient devenir, sous l'action d'un contrôle édicté par le Congrès, une série de prétextes pour une ingérence incessante dans tous les actes de la Sublime-Porte. L'intérêt du gouvernement turc, son avantage évident est d'exécuter complétement et sans arrière-pensée toutes les décisions du Congrès.

« Son Excellence pense que les puissances doivent prendre acte des déclarations que vient de faire entendre la Turquie par l'organe de son premier plénipotentiaire, et, avant d'aller au delà, avant de douter de ses intentions hautement manifestées, attendre qu'elles l'aient vue à l'œuvre, car elles n'ont pas le droit de supposer que le gouvernement ottoman ne veuille pas ou ne puisse pas exécuter les stipulations qu'il a consenties. Le premier plénipotentiaire de France comprendrait même difficilement qu'on pût ajouter à un acte aussi solennel par lui-même une sanction ou inutile ou dangereuse. S'il s'agissait de créer un droit spécial de surveillance pour certaines stipulations déterminées, une semblable décision serait peut-être admissible; mais inaugurer un droit de contrôle général sur un aussi grand nombre de clauses d'importance fort inégale serait un péril pour l'avenir, et le Congrès risquerait, en entrant dans cette voie, d'introduire des éléments de désaccord parmi les puissances qui viennent de faire une œuvre de paix et de concorde. »

Après une double réponse du prince Gortchakof et du comte Schouvalof, le président constata que la proposition russe et l'amendement autrichien, qui en reproduisait la pensée, n'avaient pas été accueillis par le Congrès et que les résultats de la discussion étaient, par conséquent, les faits qui seraient indiqués au protocole, à savoir la proposition elle-même, la réponse de la Porte et la décision du Congrès de prendre acte des déclarations du premier plénipotentiaire ottoman. C'est ainsi que, par un sentiment de défiance envers les intentions de la Russie et contre les traditions et les habitudes de la diplomatie, le traité de Berlin ne fut pas placé sous la garantie collective des puissances qui l'ont signé.

V. — LE TRAITÉ DE BERLIN

La dernière séance du Congrès. — Texte du Traité de Berlin.

La discussion des diverses questions soumises au Congrès se trouva achevée dans la dix-huitième séance avec la discussion sur l'exécution des décisions de la haute assemblée. Le lendemain, dans la dix-neuvième séance, le Congrès acheva de régler toutes les questions de rédaction encore pendantes. Le 13 juillet, le prince de Bismarck ouvrit la vingtième et dernière séance en invitant les plénipotentiaires à bien vouloir procéder à la signature du traité.

Le comte Andrassy prononça les paroles suivantes :

« Messieurs,

« Au moment où nos efforts viennent d'aboutir à une entente générale, il nous serait impossible de ne pas rendre hommage à l'homme d'État éminent qui a dirigé nos travaux.

« Il a invariablement eu en vue d'assurer et de consolider la paix. Il a voué tous ses efforts à concilier les divergences et à mettre fin le plus rapidement possible à l'incertitude qui pesait si gravement sur l'Europe.

« Grâce à la sagesse, à l'infatigable énergie avec lesquelles notre président a dirigé nos travaux, il a contribué à un haut degré à la prompte réussite de l'œuvre de pacification que nous avons entreprise en commun.

« Je suis donc sûr de rencontrer l'assentiment unanime de cette haute assemblée, en vous proposant d'offrir à S. A. S. le prince de Bismarck notre plus chaleureuse gratitude.

« Sur le point de nous séparer, je crois le mieux répondre encore à vos sentiments en témoignant notre respectueuse reconnaissance de la haute bienveillance et de la gracieuse hospitalité dont nous avons été l'objet, de la part de S. M. l'empereur d'Allemagne et de l'auguste famille impériale. »

Le prince de Bismarck répondit :

« Je suis profondément sensible aux paroles que le comte Andrassy vient de prononcer au nom de cette haute assemblée. Je remercie vivement le Congrès d'avoir bien voulu s'y associer, et j'exprime toute ma reconnaissance à mes collègues de l'indulgence et des bons sentiments qu'ils m'ont témoignés pendant le cours de nos travaux. L'esprit de conciliation et la bienveillance mutuelle dont tous les plénipotentiaires ont été animés m'ont facilité une tâche que, dans l'état de ma santé, j'espérais à peine pouvoir mener jusqu'à son terme. En ce moment où le Congrès, à la satisfaction des gouvernements représentés et de l'Europe entière, aboutit au résultat espéré, je vous prie de me garder un bon souvenir : quant à moi, la mémorable époque qui vient de s'écouler restera ineffaçable dans ma mémoire. »

Le Congrès procéda alors à la signature des sept exemplaires du traité qui devaient être remis aux sept puissances signataires.

En voici le texte, tel qu'il a été publié en français par le *Moniteur officiel* de l'empire allemand :

Au nom de Dieu tout-puissant,

S. M. l'empereur d'Allemagne, roi de Prusse; S. M. l'empereur d'Autriche, roi de Bohême, etc., et roi apostolique de Hongrie; le Président de la République française; S. M. la reine du Royaume-Uni de la Grande-Bretagne et d'Irlande, impératrice des Indes; S. M. le roi d'Italie; S. M. l'empereur de toutes les Russies; S. M. l'empereur des Ottomans, désirant régler dans une pensée d'ordre européen, conformément aux stipulations du traité de Paris du 30 mars 1856, les questions soulevées en Orient par les événements des dernières années et par la guerre dont le traité préliminaire de San-Stefano a marqué le terme, ont été unanimement d'avis que la réunion d'un Congrès offrirait le meilleur moyen de faciliter leur entente.

Leursdites Majestés et le Président de la République française ont, en conséquence, nommé pour leurs plénipotentiaires, savoir :

S. M. l'empereur d'Allemagne, roi de Prusse :

Le sieur Othon, prince de Bismarck, son président du conseil des ministres de Prusse, chancelier de l'empire; le sieur Bernard-Ernest Bülow, son ministre d'État et secrétaire d'État au département des affaires étrangères; et le sieur Chlodwig-Charles-Victor prince de Hohenlohe-Schillingsfurst, prince de Ratibor et Corvey, son ambassadeur extraordinaire et plénipotentiaire près la République française, grand chambellan de la Couronne de Bavière;

S. M. l'empereur d'Autriche, roi de Bohême, etc., et roi apostolique de Hongrie :

Le sieur Jules, comte Andrassy de Csik Szent-Kiraly et Kraszna-Horka, grand d'Espagne de 1re classe, conseiller intime actuel, son ministre de la maison impériale et des affaires étrangères, feld-maréchal-lieutenant dans ses armées; le sieur Louis, comte Karolyi de Nagy-Karoly, chambellan et conseiller intime actuel, son ambassadeur extraordinaire et plénipotentiaire près S. M. l'empereur d'Allemagne, roi de Prusse; et le sieur Henri, baron de Haymerlé, conseiller intime actuel, son ambassadeur extraordinaire et plénipotentiaire près S. M. le roi d'Italie;

Le Président de la République française :

Le sieur William-Henri Waddington, sénateur, membre de l'Institut, ministre secrétaire d'État au département des affaires étrangères; le sieur Charles-Raymond de la Croix de Chevrière, comte de Saint-Vallier, sénateur, ambassadeur extraordinaire et plénipotentiaire de France près S. M. l'empereur d'Allemagne, roi de Prusse, et le sieur Félix-Hippolyte Desprez, conseiller d'État, ministre plénipotentiaire de 1re classe, chargé de la direction des affaires politiques au ministère des affaires étrangères;

S. M. la reine du Royaume-Uni de la Grande-Bretagne et d'Irlande, impératrice des Indes :

Le très-honorable Benjamin Disraeli, comte de Bea-

LE CONGRÈS DE BERLIN. — LES PLÉNIPOTENTIAIRES SE RENDANT EN VOITURE DE GALA AU CHATEAU-ROYAL

consfield, vicomte Hughenden, pair du Parlement, membre du très-honorable Conseil privé de Sa Majesté, premier lord de la Trésorerie de Sa Majesté et premier ministre d'Angleterre; le très-honorable Robert-Arthur Talbot Gascoyne Cecil, marquis de Salisbury, comte de Salisbury, vicomte Cranborne, baron Cecil, pair du Parlement, membre du très-honorable Conseil privé de Sa Majesté, principal secrétaire d'État de Sa Majesté au département des affaires étrangères; et le très honorable lord Odo William Léopold Russell, membre du Conseil privé de Sa Majesté, son ambassadeur extraordinaire et plénipotentiaire près S. M. l'empereur d'Allemagne, roi de Prusse;

S. M. le roi d'Italie :

Le sieur Louis, comte Corti, sénateur, son ministre des affaires étrangères; et le sieur Édouard, comte de Launay, son ambassadeur extraordinaire et plénipotentiaire près S. M. l'empereur d'Allemagne, roi de Prusse.

S. M. l'empereur de toutes les Russies :

Le sieur Alexandre, prince Gortchakof, son chancelier de l'empire; le sieur Pierre, comte Schouvalof, général de cavalerie, son aide de camp général, membre du Conseil de l'empire et son ambassadeur extraordinaire et plénipotentiaire près S. M. britannique; et le sieur Paul d'Oubril, conseiller privé actuel, son ambassadeur extraordinaire et plénipotentiaire près S. M. l'empereur d'Allemagne, roi de Prusse.

Et S. M. l'empereur des Ottomans :

Alexandre-Carathéodory-Pacha, son ministre des travaux publics; Mehemed-Ali-Pacha, muchir de ses armées; et Sadoullah-Bey, son ambassadeur extraordinaire et plénipotentiaire près S. M. l'empereur d'Allemagne, roi de Prusse.

Lesquels, suivant la proposition de la cour d'Autriche-Hongrie et sur l'invitation de la cour d'Allemagne, se sont réunis à Berlin, munis de pleins pouvoirs qui ont été trouvés en bonne et due forme.

L'accord s'étant heureusement établi entre eux, ils sont convenus des stipulations suivantes :

ART. 1er. — La Bulgarie est constituée en principauté autonome et tributaire, sous la suzeraineté de S. M. I. le Sultan; elle aura un gouvernement chrétien et une milice nationale.

ART. 2. — La principauté de Bulgarie comprendra les territoires ci-après :

La frontière suit, au nord, la rive droite du Danube depuis l'ancienne frontière de Serbie jusqu'à un point à déterminer par une commission européenne à l'est de Silistrie et, de là, se dirige vers la mer Noire au sud de Mangalia qui est rattaché au territoire roumain. La mer Noire forme la limite est de la Bulgarie. Au sud, la frontière remonte, depuis son embouchure, le thalweg du ruisseau près duquel se trouvent les villages Hodzakioj, Selam-Kioj, Aivadsik, Kuliba, Sudzuluk, traverse obliquement la vallée du Deli-Kamcik, passe au sud de Belibe et de Kamhalik et au nord de Hadzimahnie, après avoir franchi le Deli-Kamcik, à 24 kilomètres en amont de Cengei, gagne la crête à un point situé entre Teknlik et Aidos-bredza, et la suit par Karnabad-Balkan, Prisevica-Balkan, Kasan Balkan, au nord de Kotel, jusqu'à Demir-Kapu. Elle continue par la chaîne principale du Grand-Balkan, dont elle suit toute l'étendue jusqu'au sommet de Kosica.

Là, elle quitte la crête du Balkan, descend vers le sud entre les villages de Pirtop et de Duzanci, laissés

l'un à la Bulgarie et l'autre à la Roumélie orientale jusqu'au ruisseau de Tuzlu Dere, suit ce cours d'eau jusqu'à sa jonction avec la Topolnica, puis cette rivière jusqu'à son confluent avec Smovskio Dere près du village de Petricevo, laissant à la Roumélie orientale une zone de deux kilomètres de rayon en amont de ce confluent, remonte entre les ruisseaux de Smovskio Dere et la Kamenica, suivant la ligne de partage des eaux, pour tourner au sud-ouest à la hauteur de Voujak et gagner directement le point 875 de la carte de l'état-major autrichien.

La ligne frontière coupe en ligne droite le bassin supérieur du ruisseau d'Ichiman Dere, passe entre Bogdina et Karaula, pour retrouver la ligne de partage des eaux séparant les bassins de l'Isker et de la Marica, entre Camurli et Hadzilar, suit cette ligne par les sommets de Velina Mogila, le col 531, Zmailica Vrh, Sumatica et rejoint la limite administrative du sandjak de Sofia entre Sivri Tas et Cadir Tepe.

De Cadir Tepe, la frontière, se dirigeant au sud-ouest, suit la ligne de partage des eaux entre les bassins de Mesta Karasu d'un côté, et de Struma Karasu de l'autre, longe les crêtes des montagnes du Rhodope appelées Demir Kapu, Iskoftepe, Kadimesar Balkan et Aiji Geduk jusqu'à Kapetnik Balkan, et se confond ainsi avec l'ancienne frontière administrative du Sandjak de Sofia.

De Kapetnik Balkan, la frontière est indiquée par la ligne de partage des eaux entre les vallées de la Rilska reka et de la Bistrica reca, et suit le contre-fort appelé Vodenica Planina, pour descendre dans la vallée de la Struma, au confluent de cette rivière avec la Rilska reka, laissant le village de Barakli à la Turquie. Elle remonte alors au sud du village Jelesnica, pour atteindre, par la ligne la plus courte, la chaîne de Golema-Planina au sommet de Gitka, et y rejoindre l'ancienne frontière administrative du sandjak de Sofia, laissant toutefois à la Turquie la totalité du bassin de la Suba reka.

Du mont Gitka, la frontière ouest se dirige vers le mont Crni Vrh par les montagnes de Karvena Jabuka, en suivant l'ancienne limite administrative du sandjak de Sofia, dans la partie supérieure des bassins de Egrisu et de la Lepnica, gravit avec elle les crêtes de Babina polana et arrive au mont Crli Vrh.

Du mont Crni Vrh, la frontière suit la ligne de partage des eaux entre la Struma et la Morawa par les sommets du Streser, Vilogolo et Mésid Planina, rejoint par la Gacina, Crna Trava, Darkovska et Drainica plan, puis, le Descani Kladanec, la ligne de partage des eaux de la Haute Sukowa et de la Morawa, va directement sur le Stol et en descend pour couper à 1,000 mètres au nord ouest du village de Segusa la route de Sofia à Pirot. Elle remonte en ligne droite sur la Vidlic Planina et de là sur le mont Radocina, dans la chaîne du Kodza Balkan, laissant à la Serbie le village de Doikinci, et à la Bulgarie celui de Senakos.

Du sommet du mont Radocina, la frontière suit vers l'ouest la crête des Balkans par Ciprovec Balkan et Stara Planina jusqu'à l'ancienne frontière orientale de la principauté de Serbie, près de la Kula Smiljova Cuka, et, de là, cette ancienne frontière jusqu'au Danube, qu'elle rejoint à Rakovitza.

Cette délimitation sera fixée sur les lieux par la commission européenne où les puissances signataires seront représentées. Il est entendu :

1. Que cette commission prendra en considération la nécessité pour S. M. I. le Sultan de pouvoir défendre les frontières du Balkan de la Roumélie orientale;
2. Qu'il ne pourra être élevé de fortifications dans un rayon de 10 kilomètres autour de Samakow.

Art. 3. — Le prince de Bulgarie sera librement élu par la population et confirmé par la Sublime-Porte, avec l'assentiment des puissances. Aucun membre des dynasties régnantes des grandes puissances européennes ne pourra être élu prince de Bulgarie. En cas de vacance de la dignité princière, l'élection du nouveau prince se fera aux mêmes conditions et dans les mêmes formes.

Art. 4. — Une Assemblée de notables de la Bulgarie, convoquée à Tirnova, élaborera avant l'élection du prince le règlement organique de la principauté. Dans les localités où les Bulgares sont mêlés à des populations turques, roumaines, grecques ou autres, il sera tenu compte des droits et des intérêts de ces populations en ce qui concerne les élections et l'élaboration du règlement organique.

Art. 5. — Les dispositions suivantes formeront la base du droit public de la Bulgarie. La distinction des croyances religieuses et des confessions ne pourra être opposée à personne comme un motif d'exclusion ou d'incapacité en ce qui concerne la jouissance des droits civils et politiques, l'admission aux emplois publics, fonctions et honneurs, ou l'exercice des différentes professions et industries, dans quelque localité que ce soit. La liberté et la pratique extérieure de tous les cultes sont assurées à tous les ressortissants de la Bulgarie aussi bien qu'aux étrangers, et aucune entrave ne pourra être apportée soit à l'organisation hiérarchique des différentes communions, soit à leurs rapports avec leurs chefs spirituels.

Art. 6. — L'administration provisoire de la Bulgarie sera dirigée, jusqu'à l'achèvement du règlement organique, par un commissaire impérial russe. Un commissaire impérial ottoman, ainsi que les consuls délégués *ad hoc* par les autres puissances signataires du présent traité, seront appelés à l'assister, à l'effet de contrôler le fonctionnement de ce régime provisoire. En cas de dissentiment entre les consuls délégués, la majorité décidera, et, en cas de divergence entre cette majorité et le commissaire impérial russe ou le commissaire impérial ottoman, les représentants des puissances signataires à Constantinople, réunis en conférence, devront prononcer.

Art. 7. — Le régime provisoire ne pourra être prolongé au delà d'un délai de neuf mois à partir de l'échange des ratifications du présent traité. Lorsque le règlement organique sera terminé, il sera procédé immédiatement à l'élection du prince de Bulgarie. Aussitôt que le prince aura été institué, la nouvelle organisation sera mise en vigueur, et la principauté entrera en pleine jouissance de son autonomie.

Art. 8. — Les traités de commerce et de navigation, ainsi que toutes les conventions et arrangements conclus entre les puissances étrangères et la Porte, et aujourd'hui en vigueur, sont maintenus dans la principauté de Bulgarie, et aucun changement n'y sera apporté à l'égard d'aucune puissance avant qu'elle y ait donné son consentement. Aucun droit de transit ne sera prélevé en Bulgarie sur les marchandises traversant cette principauté. Les nationaux et le commerce de toutes les puissances y seront traités sur le pied d'une parfaite égalité. Les immunités et privilèges des sujets étrangers, ainsi que les droits de juridiction et de protection consulaires, tels qu'ils ont été établis par les capitulations et les usages, resteront en pleine vigueur tant qu'ils n'auront pas été modifiés, du consentement des parties intéressées.

Art. 9. — Le montant du tribut annuel que la principauté de Bulgarie payera à la cour suzeraine, en le versant à la banque que la Sublime-Porte désignera ultérieurement, sera déterminé par un accord entre les puissances signataires du présent traité à la fin de la première année du fonctionnement de la nouvelle organisation. Ce tribut sera établi sur le revenu moyen du territoire de la principauté. La Bulgarie devant supporter une part de la dette publique de l'empire, lorsque les puissances détermineront le tribut, elles prendront en considération la partie de cette dette qui pourrait être attribuée à la principauté sur la base d'une équitable proportion.

Art. 10. — La Bulgarie est substituée au gouvernement impérial ottoman dans ses charges et obligations envers la Compagnie du chemin de fer de Roustchouk-Varna, à partir de l'échange de ratification du présent traité. Le règlement des comptes antérieurs est réservé à une entente entre la Sublime-Porte, le gouvernement de la principauté et l'administration de cette Compagnie. La principauté de Bulgarie est de même substituée pour sa part aux engagements que la Sublime-Porte a contractés tant envers l'Autriche-Hongrie qu'envers la Compagnie pour l'exploitation des chemins de fer de la Turquie d'Europe, en rapport à l'achèvement et au raccordement, ainsi qu'à l'exploitation des lignes ferrées situées sur son territoire. Les conventions nécessaires pour régler ces questions seront conclues entre l'Autriche-Hongrie, la Porte, la Serbie et la principauté de Bulgarie, immédiatement après la conclusion de la paix.

Art. 11. — L'armée ottomane ne séjournera plus en Bulgarie. Toutes les anciennes forteresses seront rasées, aux frais de la principauté, dans le délai d'un an ou plus tôt si faire se peut. Le gouvernement local prendra immédiatement des mesures pour les détruire et ne pourra en faire construire de nouvelles. La Sublime-Porte aura le droit de disposer à sa guise du matériel de guerre et autres objets appartenant au gouvernement ottoman, et qui seraient restés dans les forteresses du Danube déjà évacuées en vertu de l'armistice du 31 janvier, ainsi que de ceux qui se trouveraient dans les places fortes de Schoumla et de Varna.

Art. 12. — Les propriétaires musulmans ou autres qui fixeraient leur résidence personnelle hors de la principauté pourront y conserver leurs immeubles en les affermant ou en les faisant administrer par des tiers. Une commission turco-bulgare sera chargée de régler dans le courant de deux années toutes les affaires relatives au mode d'aliénation, d'exploitation ou d'usage, pour le compte de la Sublime-Porte, des propriétés de l'Etat et des fondations pieuses (vacoufs), ainsi que les questions relatives aux intérêts des particuliers qui pourraient s'y trouver engagés. Les ressortissants de la principauté de Bulgarie qui voyageront ou séjourneront dans les autres parties de l'empire ottoman seront soumis aux autorités et aux lois ottomanes.

Art. 13. — Il est formé au sud des Balkans une province qui prendra le nom de Roumélie orientale et qui restera placée sous l'autorité politique et militaire directe de S. M. I. le Sultan, dans des conditions d'autonomie administrative. Elle aura un gouverneur général chrétien.

ART. 14. — La Roumélie orientale est limitée au nord et au nord-ouest par la Bulgarie et comprend les territoires inclus dans le tracé suivant :

Partant de la mer Noire, la ligne frontière remonte depuis son embouchure le thalweg du ruisseau près duquel se trouvent les villages Hodzakioj, Selam Kioj, Aivadsilk, Kulihe, Sudzuluk, traverse obliquement la vallée du Deli Kamcik, passe au sud de Belibe et de Kemhalik et au nord de Hadzimahale, après avoir franchi le Deli-Kamcik à 2 kilomètres et demi en amont de Cengei, gagne la crête à un point situé entre Tekenlik et Aidos-Bredza, et la suit par Karnnbad Balkan, Prisevica Balkan, Kasan Balkan, au nord de Kotel jusqu'à Demir-Kapu. Elle continue par la chaîne principale du Grand Balkan, dont elle suit toute l'étendue jusqu'au sommet de Kosica.

A ce point, la frontière occidentale de la Roumélie quitte la crête du Balkan, descend vers le sud entre les villages de Pirtop et de Dusanci, laissés l'un à la Bulgarie et l'autre à la Roumélie orientale, jusqu'au ruisseau de Tuzlu Dere, suit ce cours d'eau jusqu'à sa jonction avec la Topolnica, puis cette rivière jusqu'à son confluent avec Smovskio Dere, près du village de Petricevo, laissant à la Roumélie orientale une zone de 2 kilomètres de rayon en amont de ce confluent, remonte entre les ruisseaux de Smovskio Dere et la Kamenica, suivant la ligne de partage des eaux pour tourner au sud ouest, à la hauteur de Voi jak et gagner directement le point 875 de la carte de l'état-major autrichien.

La ligne frontière coupe en ligne droite le bassin supérieur du ruisseau d'Ichtiman-Dere, passe entre Bogdina et Karaula, pour retrouver la ligne de partage des eaux séparant les bassins de l'Isker et de la Marica, entre Camurli et Hadzilar, suit cette ligne par les sommets de Velina Mogila, le col 531, Zmailica-Vrh, Sumnatica, et rejoint la limite administrative du sandjak de Sofia entre Sivri-Tas et Cadir-Tepe.

La frontière de la Roumélie se sépare de celle de la Bulgarie au mont Cadir-Tepe, en suivant la ligne de partage des eaux entre le bassin de la Marica et de ses affluents d'un côté, et du Mesta-Karasu et de ses affluents de l'autre, et prend les directions sud-est et sud, par la crête des montagnes Despoto-Dagh, vers le mont Kroschowa (point de départ de la ligne du traité de San-Stefano).

Du mont Kruschowa, la frontière se conforme au tracé déterminé par le traité de San Stefano, c'est-à-dire la chaîne des Balkans noirs (Kara Balkan), les montagnes Kulaghy-Dagh, Eschek-Tschepellû, Karakolas et Ischbilan, d'où elle descend directement vers le sud-est pour rejoindre la rivière Arda, dont elle suit le thalweg jusqu'à un point situé près du village d'Adacali, qui reste à la Turquie.

De ce point, la ligne frontière gravit la crête de Bestepe-Dagh qu'elle suit pour descendre et traverser la Maritza à un point situé à 5 kilomètres en amont du pont du Mustafa-Pacha ; elle se dirige ensuite vers le nord par la ligne de partage des eaux entre Demirhanli-Dere et les petits affluents de la Maritza jusqu'à Küdeler-Baïr, d'où elle se dirige à l'est sur Sakar-Baïr, de là, traverse la vallée de la Tundza allant vers Büjük-Derbend, qu'elle laisse au nord, ainsi que Soudzak De Büjük-Derbend, elle reprend la ligne de partage des eaux entre les affluents de la Tundza au nord et ceux de la Maritza au sud, jusqu'à hauteur de Kaibilar qui reste à la Roumélie orientale, passe au sud de V. Almati entre le bassin de la Maritza au sud et différents cours d'eau qui se rendent directement vers la mer Noire, entre les villages de Belevrin et Alatli ; elle suit au nord de Karaulik les crêtes de Vosna et Zuyak, la ligne qui sépare les eaux de la Duka de celles du Karagac-Su, et rejoint la mer Noire entre les deux rivières de ce nom.

ART. 15. — S. M. le Sultan aura le droit de pourvoir à la défense des frontières de terre et de mer de la province en élevant des fortifications sur ces frontières et en y entretenant des troupes. L'ordre intérieur est maintenu dans la Roumélie orientale par une gendarmerie indigène, assistée d'une milice locale. Pour la composition de ces deux corps, dont les officiers sont nommés par le Sultan, il sera tenu compte, suivant les localités, de la religion des habitants. S. M. I. le Sultan s'engage à ne point employer de troupes irrégulières, tels que bachi-bouzouks et Circassiens, dans les garnisons des frontières. Les troupes régulières destinées à ce service ne pourront, en aucun cas, être cantonnées chez les habitants ; lorsqu'elles traverseront la province, elles ne pourront y faire de séjour.

ART. 16. — Le gouverneur général aura le droit d'appeler les troupes ottomanes dans les cas où la sécurité intérieure de la province se trouverait menacée. Dans l'éventualité prévue, la Sublime-Porte, devra donner connaissance de cette décision, ainsi que des nécessités qui la justifient aux représentants des puissances à Constantinople.

ART. 17. — Le gouverneur général de la Roumélie orientale sera nommé par la Sublime-Porte, avec l'assentiment des puissances, pour un terme de cinq ans.

ART. 18. — Immédiatement après l'échange des ratifications du présent traité, une commission européenne sera formée pour élaborer d'accord avec la Porte-Ottomane, l'organisation de la Roumélie orientale. Cette commission aura à déterminer dans un délai de trois mois les pouvoirs et les attributions du gouverneur général, ainsi que le régime administratif, judiciaire et financier de la province en prenant pour point de départ les différentes lois sur les vilayets, et les propositions faites dans la huitième séance de la Conférence de Constantinople. L'ensemble des dispositions arrêtées pour la Roumélie orientale fera l'objet d'un firman impérial qui sera promulgué par la Sublime-Porte, et dont elle donnera communication aux puissances.

ART. 19. — La commission européenne sera chargée d'administrer d'accord avec la Sublime Porte, les finances de la province jusqu'à l'achèvement de la nouvelle organisation.

ART. 20. — Les traités, conventions et arrangements internationaux, de quelque nature qu'ils soient, conclus ou à conclure entre la Porte et les puissances étrangères, seront applicables dans la Roumélie orientale, comme dans tout l'empire ottoman. Les immunités et privilèges acquis aux étrangers, quelle que soit leur condition, seront respectés dans cette province. La Sublime-Porte s'engage à y faire observer les lois générales de l'empire sur la liberté religieuse en faveur de tous les cultes.

ART. 21. — Les droits et obligations de la Sublime-

Porte en ce qui concerne les chemins de fer dans la Roumélie orientale sont maintenus intégralement.

ART. 22. — L'effectif du corps d'occupation russe en Bulgarie et dans la Roumélie orientale sera composé de six divisions d'infanterie et de deux divisions de cavalerie, et n'excèdera pas 50,000 hommes et sera entretenu aux frais du pays occupé. Les troupes d'occupation conserveront leurs communications avec la Russie, non-seulement par la Roumanie, d'après les arrangements à conclure entre les deux Etats, mais aussi par les ports de la mer Noire, Varna et Bourgas, où elles pourront organiser, pour la durée de l'occupation, les dépôts nécessaires. La durée de l'occupation de la Roumélie orientale et de la Bulgarie par les troupes impériales russes est fixée à neuf mois à dater de la signature du présent traité. Le gouvernement impérial russe s'engage à terminer dans un délai ultérieur de trois mois le passage de ses troupes à travers la Roumélie, et l'évacuation complète de cette principauté.

ART. 23. — La Sublime-Porte s'engage à appliquer scrupuleusement dans l'île de Crète le règlement organique de 1868, en y apportant les modifications qui seraient jugées équitables. Des règlements analogues, adaptés aux besoins locaux, sauf en ce qui concerne les exemptions d'impôts accordées à la Crète, seront également introduits dans les autres parties de la Turquie d'Europe pour lesquelles une organisation particulière n'a pas été prévue par le présent traité. La Sublime-Porte chargera des commissions spéciales, au sein desquelles l'élément indigène sera largement représenté, d'élaborer les détails de ces nouveaux règlements dans chaque province. Les projets d'organisation résultant de ces travaux seront soumis à l'examen de la Sublime-Porte qui, avant de promulguer les actes destinés à les mettre en vigueur, prendra l'avis de la commission européenne instituée pour la Roumélie orientale.

LE GÉNÉRAL TATISCHEF
Vainqueur à Tcherkovaz.

ART. 24. — Dans les cas où la Sublime-Porte et la Grèce ne parviendraient pas à s'entendre sur la rectification de frontière indiquée dans le treizième protocole du Congrès de Berlin, l'Allemagne, l'Autriche-Hongrie, la France, la Grande-Bretagne, l'Italie et la Russie se réservent d'offrir leur médiation aux deux parties pour faciliter les négociations.

ART. 25. — Les provinces de Bosnie et de l'Herzégovine seront occupées par l'Autriche-Hongrie. Le gouvernement d'Autriche-Hongrie ne désirant pas se charger de l'administration du sandjak de Novi-Bazar qui s'étend entre la Serbie et le Monténégro dans la direction sud-est jusqu'au delà de Mitrovitza, l'administration ottomane continuera d'y fonctionner; néanmoins, afin d'assurer le maintien du nouvel état politique ainsi que la liberté et la sécurité des voies de communication, l'Autriche-Hongrie se réserve le droit de tenir garnison et d'avoir des routes militaires et commerciales sur toute l'étendue de cette partie de l'ancien vilayet de Bosnie. A cet effet, les gouvernements d'Autriche-Hongrie et de Turquie se réservent de s'entendre sur les détails.

ART. 26. — L'indépendance du Monténégro est reconnue par la Sublime-Porte et par toutes celles des hautes parties contractantes qui ne l'avaient pas encore admise.

ART. 27. — Les hautes parties contractantes sont d'accord sur les conditions suivantes : Dans le Monténégro la distinction des croyances religieuses et des confessions ne pourra être opposée à personne comme un motif d'exclusion ou d'incapacité en ce qui concerne la jouissance des droits civils et politiques, l'admission aux emplois publics, fonctions et honneurs, ou l'exercice des différentes professions et industries, dans quelque localité que ce soit. La liberté et la pratique extérieure de tous les cultes seront assurées à tous les ressortissants du Monténégro aussi bien qu'aux étrangers, et aucune entrave ne pourra être apportée, soit à l'organisation hiérarchique des différentes communions, soit à leurs rapports avec leurs chefs spirituels.

ART. 28. — Les nouvelles frontières du Monténégro sont fixées ainsi qu'il suit : — Le tracé partant de l'Ilinobrdo, au nord de Klobuk, descend sur la Trebinjcica vers Grand Carevo, qui reste à l'Herzégovine, puis remonte le cours de cette rivière jusqu'à un point situé à un kilomètre en aval du confluent de la Cepelica, et de là rejoint, par la ligne la plus courte, les hauteurs qui bordent la Trebinjcica. Il se dirige ensuite vers Pilatova, laissant ce village au Monténégro, puis continue par les hauteurs dans la direction nord, en se maintenant autant que possible à une distance de six kilomètres de la route Bilek-Korito-Gatchko, jusqu'au col situé entre la Somina, Planina et le mont Curilo, d'où il se dirige à l'est par Vratkovicki, laissant ce village à l'Herzégovine, jusqu'au mont Orlino. A partir de ce point, la frontière, laissant Ravno au Monténégro, s'avance directement par le nord-nord-est, en traversant les sommets du Leberšnik et du Volujak, puis descend par la ligne la plus courte sur la Piva qu'elle traverse, et rejoint la Tara en passant entre Crkvica et Nedvina.

De ce point, elle remonte la Tara jusqu'à Mojkovac, d'où elle suit la crête du contre-fort jusqu'à Siskojezero. A partir de cette localité, elle se confond avec l'ancienne frontière jusqu'au village de Sekulare. De là, la nouvelle frontière se dirige par les crêtes de la Mokra Planina, le village de Mokra restant au Monténégro, puis elle gagne le point 2.166 de la carte de l'état-major autrichien, en suivant la chaîne principale et la ligne de partage des eaux entre le Lom d'un côté et le Drin, ainsi que la Cievna (Zem) de l'autre. Elle se confond ensuite avec les limites actuelles entre la tribu des Ruci-Drekalovici d'un côté et la Kucha-Kraina, ainsi que les tribus des Klementi et Grudi de l'autre, jusqu'à la plaine de Podgorica, d'où elle se dirige sur Plavnica, laissant à l'Albanie les tribus des Klementi, Grudi et Hoti.

De là, la nouvelle frontière traverse le lac près de l'îlot de Gorica Topal et à partir de Gorica Topal elle atteint directement les sommets de la crête, d'où elle suit la ligne du partage des eaux entre Megured et Kalimed, laissant Mirkovitch au Monténégro, entre joignant la mer Adriatique à V. Kruci. Au nord-ouest, le tracé sera formé par une ligne partant de la côte entre les villages Zusana et Zubci et aboutissant à la pointe extrême sud-est de la frontière actuelle du Monténégro sur la Vrutsa Planina.

ART. 29. — Antivari et son littoral sont annexés au Monténégro sous les conditions suivantes : Les contrées situées au sud de ce territoire, d'après la délimitation ci-dessus déterminée, jusqu'à la Bojana, y compris Dulcigno, seront restituées à la Turquie. La commune de Spitza, jusqu'à la limite septentrionale du territoire indiqué dans la description détaillée des frontières, sera incorporée à la Dalmatie. Il y aura pleine et entière liberté de navigation sur la Bojana pour le Monténégro. Il ne sera pas construit de fortifications sur le parcours de ce fleuve, à l'exception de celles qui seraient nécessaires pour la défense locale de la place de Scutari, lesquelles ne s'étendront pas au-delà d'une distance de six kilomètres de cette ville. Le Monténégro ne pourra avoir ni bâtiments, ni pavillon de guerre. Le port d'Antivari et toutes les eaux du Monténégro resteront fermés aux bâtiments de guerre de toutes les nations.

Les fortifications situées entre le lac et le littoral sur le territoire monténégrin seront rasées, et il ne pourra en être élevé de nouvelles dans cette zone. La police maritime et sanitaire, tant à Antivari que le long de la côte du Monténégro, sera exercée par l'Autriche-Hongrie au moyen de bâtiments légers garde-côtes. Le Monténégro adoptera la législation maritime en vigueur en Dalmatie. De son côté, l'Autriche-Hongrie s'engage à accorder sa protection consulaire au pavillon marchand monténégrin.

Le Monténégro devra s'entendre avec l'Autriche-Hongrie sur le droit de construire et d'entretenir à travers le nouveau territoire monténégrin une route et un chemin de fer. Une entière liberté de communication sera assurée sur ces voies.

ART. 30. — Les musulmans ou autres qui possèdent des propriétés dans les territoires annexés au Monténégro, et qui voudraient fixer leur résidence hors de la principauté, pourront conserver leurs immeubles en les affermant ou en les faisant administrer par des tiers. Personne ne pourra être exproprié que légalement, pour cause d'intérêt public et moyennant une indemnité préalable. Une commission turco-monténégrine sera chargée de régler dans le terme de trois ans toutes les affaires relatives au mode d'aliénation d'exploitation et d'usage pour le compte de la Sublime-Porte, des propriétés de l'Etat, des fondations pieuses (vacoufs), ainsi que les questions relatives aux intérêts des particuliers qui s'y trouveraient engagés.

ART. 31. — La principauté du Monténégro s'entendra directement avec la Porte ottomane sur l'institution d'agents monténégrins à Constantinople et dans certaines localités de l'empire ottoman où la nécessité en sera reconnue.

Les Monténégrins voyageant ou séjournant dans l'empire ottoman seront soumis aux lois et aux autorités ottomanes, suivant les principes généraux du droit international et les usages établis concernant les Monténégrins.

ART. 32. — Les troupes du Monténégro seront tenues d'évacuer dans un délai de vingt jours à partir de la ratification du présent traité, ou plus tôt si faire se peut, le territoire qu'elles occupent en ce moment en dehors des nouvelles limites de la principauté.

Les troupes ottomanes évacueront les territoires cédés

au Monténégro dans le même délai de vingt jours. Il leur sera toutefois accordé un terme supplémentaire de quinze jours tant pour quitter les places fortes et pour en retirer les approvisionnements et le matériel que pour dresser l'inventaire des engins et objets qui ne pourraient être enlevés immédiatement.

Art. 33. — Le Monténégro devant supporter une partie de la dette publique ottomane pour les nouveaux territoires qui lui sont attribués par le traité de paix, les représentants des puissances à Constantinople en détermineront le montant, de concert avec la Sublime-Porte, sur une base équitable.

Art. 34. — Les hautes parties contractantes reconnaissent l'indépendance de la principauté de Serbie en la rattachant aux conditions exposées dans l'article suivant.

Art. 35. — En Serbie, la distinction des croyances religieuses et des confessions ne pourra être opposée à personne comme un motif d'exclusion ou d'incapacité en ce qui concerne la jouissance des droits civils et politiques, l'admission aux emplois publics, fonctions et honneurs, ou l'exercice des différentes professions et industries, dans quelque localité que ce soit. La liberté et la pratique extérieure de tous les cultes seront assurées à tous les ressortissants de la Serbie, aussi bien qu'aux étrangers, et aucune entrave ne pourra être apportée, soit à l'organisation hiérarchique des différentes communions, soit à leurs rapports avec leurs chefs spirituels.

Art. 36. — La Serbie reçoit les territoires inclus dans la délimitation ci-après : La nouvelle frontière suit le tracé actuel en remontant le thalweg de la Drina depuis son confluent avec la Save, laissant à la principauté le Mali Zwornik et Sakhar, et continue à longer l'ancienne limite de la Serbie jusqu'au Kapaonik dont elle se détache au sommet du Kanilug. De là elle suit d'abord la limite occidentale du sandjak de Nisch par le contre-fort sud du Kapaonik par les crêtes de la Maritza et Mrdar Planina, qui forment la ligne de partage des eaux entre les bassins de l'Ibar et de la Sitnica d'un côté et celui de la Toplica de l'autre, laissant à la Turquie Prepolac. Elle tourne ensuite vers le sud par la ligne du partage des eaux entre la Brvenica et la Medvedja, laissant tout le bassin de la Medvedja à la Serbie, suit la crête de la Goljak Planina (formant le partage des eaux entre la Kriva Rjeka d'un côté et la Poljanica, la Veternica et la Morawa de l'autre) jusqu'au sommet de la Poljanica. Puis elle se dirige par le contre-fort de la Karnipa Planina jusqu'au confluent de la Koinska avec la Morawa, traverse cette rivière, remonte par la ligne de partage des eaux entre le ruisseau Koinska et le ruisseau qui tombe dans la Morawa, près de Neradovce, pour rejoindre la Planina Sv. Ilija au-dessus de Trgoviste. De ce point elle suit la crête de Sv. Ilija jusqu'au mont Kljué, et, passant par les points indiqués sur la carte par 4516 et 1347 et par la Babina Gora, elle aboutit au mont Crni Vrh. A partir du mont Crni Vrh, la nouvelle délimitation se confond avec celle de la Bulgarie, c'est-à-dire la ligne frontière suit la ligne de partage des eaux entre la Struma et la Morawa par les sommets du Strœer, Vilogolo et Mesid Planina, rejoint par la Gacina, Crna Trova, Darkosvka et Drainica plan, puis le Descani Kladanec, la ligne de partage des eaux de la Haute Sukowa et de la Morawa, va directement sur le Stol et en descend pour couper à 1,000 mètres au nord-ouest du village de Segusa la route de Sofia à Pirot. Elle remonte en ligne droite sur la Vidlic Planina, et de là sur le mont Radocina, dans la chaîne du Kodza Balkan, laissant à la Serb'e le village de Doikinci et à la Bulgarie celui de Senakos. Du sommet du mont Radocina, la frontière suit vers le nord-ouest la crête des Balkans par Ciprovec Balkan et Stara Planina jusqu'à l'ancienne frontière orientale de la principauté de Serbie près la Kula Smiljova cuka et, de là, cette ancienne frontière jusqu'au Danube qu'elle rejoint à Rakowitza.

Art. 37. — Jusqu'à la conclusion de nouveaux arrangements, rien ne sera changé en Serbie aux conditions actuelles des relations commerciales de la principauté avec les pays étrangers. Aucun droit de transit ne sera prélevé sur les marchandises traversant la Serbie. Les immunités et priviléges des sujets étrangers, ainsi que les droits de juridiction et de protection consulaires, tels qu'ils existent aujourd'hui, resteront en pleine vigueur, tant qu'ils n'auront pas été modifiés d'un commun accord entre la principauté et les puissances intéressées.

Art. 38. — La principauté de Serbie est substituée pour sa part aux engagements que la Sublime-Porte a contractés tant envers l'Autriche-Hongrie qu'envers la Compagnie pour l'exploitation des chemins de fer de la Turquie d'Europe par rapport à l'achèvement et au raccordement, ainsi qu'à l'exploitation des lignes ferrées à construire sur le territoire nouvellement acquis par la principauté. Les conventions nécessaires pour régler ces questions seront conclues immédiatement après la signature du présent traité entre l'Autriche-Hongrie, la Porte, la Serbie, et dans les limites de sa compétence, la principauté de Bulgarie.

Art. 39. — Les musulmans qui possèdent des propriétés dans les territoires annexés à la Serbie, et qui voudraient fixer leur résidence hors de la principauté, pourront y conserver leurs immeubles en les affermant ou en les faisant administrer par des tiers. Une commission turco-serbe sera chargée de régler dans le délai de trois années toutes les affaires relatives au mode d'aliénation d'exploitation ou d'usage, pour le compte de la Sublime-Porte, des propriétés de l'Etat et des fondations pieuses (vacoufs), ainsi que les questions relatives aux intérêts des particuliers qui pourraient s'y trouver engagés.

Art. 40. — Jusqu'à la conclusion d'un traité entre la Turquie et la Serbie, les sujets serbes voyageant ou séjournant dans l'empire ottoman seront traités suivant les principes généraux du droit international.

Art. 41. — Les troupes serbes seront tenues d'évacuer dans le délai de quinze jours, à partir de l'échange de la ratification du présent traité, le territoire non compris dans les nouvelles limites de la principauté. Les troupes ottomanes évacueront les territoires cédés à la Serbie dans le même délai de quinze jours. Il leur sera toutefois accordé un terme supplémentaire du même nombre de jours tant pour quitter les places fortes et pour en retirer les approvisionnements et le matériel que pour dresser l'inventaire des engins et objets qui ne pourraient être enlevés immédiatement.

Art. 42. — La Serbie devant supporter une partie de la dette publique ottomane pour les nouveaux territoires qui lui sont attribués par le présent traité, les représentants à Constantinople en détermineront le montant de concert avec la Sublime-Porte, sur une base équitable.

Art. 43. — Les hautes parties contractantes reconnaissent l'indépendance de la Roumanie en la rattachant aux conditions exposées dans les deux articles suivants :

Art. 44. — En Roumanie, la distinction des croyances religieuses et des confessions ne pourra être opposée à personne comme un motif d'exclusion ou d'incapacité en ce qui concerne la jouissance des droits civils et politiques, l'admission aux emplois publics, fonctions et honneurs, ou l'exercice des différentes professions et industries, dans quelque localité que ce soit. La liberté et la pratique extérieure de tous les cultes seront assurés à tous les ressortissants de l'Etat roumain, aussi bien qu'aux étrangers, et aucune entrave ne sera apportée soit à l'organisation hiérarchique des différentes communions, soit à leurs rapports avec leurs chefs spirituels. Les nationaux de toutes les puissances, commerçants ou autres, seront traités en Roumanie, sans distinction de religion, sur le pied d'une parfaite égalité.

Art. 45. — La principauté de Roumanie rétrocède à S. M. l'empereur de Russie la portion du territoire de la Bessarabie détachée de la Russie en suite du traité de Paris de 1856, limitée à l'ouest par le thalweg du Pruth, au midi par le thalweg du bras de Kilia et l'embouchure de Stary Stamboul.

Art. 46. — Les îles formant le delta du Danube, ainsi que l'Ile des Serpents, le sandjak de Toultcha, comprenant les districts (cazas) de Kinia, Soulina, Mahmoudié, Isatcha, Toultcha, Matchin, Babadag, Hirsovo, Kustendje, Medjidié, sont réunis à la Roumanie. La principauté reçoit en outre le territoire situé au sud de la Dobrutscha jusqu'à une ligne ayant son point de départ à l'est de Silistrie et aboutissant à la mer Noire au sud de Mangalia. Le tracé de la frontière sera fixé sur les lieux par la commission européenne instituée pour la délimitation de la Bulgarie.

Art. 47. — La question du partage des eaux et des pêcheries sera soumise à l'arbitrage de la commission européenne du Danube.

Art. 48. — Aucun droit de transit ne sera prélevé en Roumanie sur les marchandises traversant la principauté.

Art. 49. — Des conventions pourront être conclues par la Roumanie pour régler les privilèges et attributions des consuls en matière de protection dans la principauté. Les droits acquis resteront en vigueur tant qu'ils n'auront pas été modifiés d'un commun accord entre la principauté et les parties intéressées.

Art. 50. — Jusqu'à la conclusion d'un traité réglant les privilèges et attributions des consuls entre la Turquie et la Roumanie, les sujets roumains voyageant ou séjournant dans l'empire ottoman et les sujets ottomans voyageant ou séjournant en Roumanie jouiront des droits garantis aux sujets des autres puissances européennes.

Art. 51. — En ce qui concerne les entreprises des travaux publics et autres de même nature, la Roumanie sera substituée, pour tout le territoire cédé, aux droits et obligations de la Sublime-Porte.

Art. 52. — Afin d'accroître les garanties assurées à la liberté de la navigation sur le Danube, reconnue comme étant d'intérêt européen, les hautes parties contractantes décident que toutes les forteresses ou fortifications qui se trouvent sur le parcours du fleuve depuis les Portes-de-Fer jusqu'à ses embouchures seront rasées et qu'il n'en sera pas élevé de nouvelles. Aucun bâtiment de guerre ne pourra naviguer sur le Danube en aval des Portes-de-Fer, à l'exception des bâtiments légers destinés à la police fluviale et au service des douanes. Les stationnaires des puissances aux embouchures du Danube pourront toutefois remonter jusqu'à Galatz.

Art. 53. — La commission européenne du Danube, au sein de laquelle la Roumanie sera représentée, est maintenue dans ses fonctions, et les exercera dorénavant jusqu'à Galatz dans une complète indépendance de l'autorité territoriale. Tous les traités, arrangements, actes et décisions relatifs à ses droits, privilèges, prérogatives et obligations sont confirmés.

Art. 54. — Une année avant l'expiration du terme assigné à la durée de la commission européenne, les puissances se mettront d'accord sur la prolongation de ses pouvoirs ou sur les modifications qu'elles jugeraient nécessaire d'y introduire.

Art. 55. — Les règlements de navigation de police fluviale et de surveillance, depuis les Portes-de-Fer jusqu'à Galatz, seront élaborés par la commission européenne, assistée de délégués des Etats riverains, et mis en harmonie avec ceux qui ont été ou seraient édictés pour le parcours en aval de Galatz.

Art. 56. — La commission européenne du Danube s'entendra avec les ayants-droit pour assurer l'entretien du phare sur l'Ile des Serpents.

Art. 57. — L'exécution des travaux destinés à faire disparaître les obstacles que les Portes-de-Fer et les cataractes opposent à la navigation est confiée à l'Autriche-Hongrie. Les Etats riverains de cette partie du fleuve accorderont toutes les facilités qui pourraient être requises dans l'intérêt des travaux. Les dispositions de l'article 6 du traité de Londres du 13 mars 1871, relatives au droit de percevoir une taxe provisoire pour couvrir les frais de ces travaux, sont maintenues en faveur de l'Autriche-Hongrie.

Art. 58. — La Sublime-Porte cède à l'empire russe en Asie les territoires d'Ardahan, Kars et Batoum avec ce dernier port, territoires compris entre l'ancienne frontière russo-turque et le tracé suivant la nouvelle frontière partant de la Mer Noire conformément à la ligne déterminée par le traité de San-Stefano jusqu'à un point au nord-ouest de Khorda et au sud d'Artwin, se prolonge en ligne droite jusqu'à la rivière Schorouk, traverse cette rivière et passe à l'est d'Aschmichew, en allant en ligne droite au sud pour rejoindre la frontière russe indiquée dans le traité de San Stefano à un point au sud du Nariman, en laissant la ville d'Olti à la Russie. Du point indiqué près de Nariman la frontière tourne à l'est, passe par Trebenek qui reste à la Russie et s'avance jusqu'au Pennek Tschaï. Elle suit cette rivière jusqu'à Bordouz, puis se dirige vers le sud, en laissant Bordouz de Jenikioy à la Russie. D'un point à l'ouest du village de Karaougan, la frontière se dirige sur Medjingert, de là, en ligne directe, vers le sommet de la montagne Kassadagh, puis elle longe la ligne de partage des eaux entre les affluents de l'Araxes au nord et ceux du Mourad Sou au sud jusqu'à l'ancienne frontière de la Russie.

Art. 59. — S. M. l'empereur de Russie déclare que son intention est d'ériger Batoum en port franc essentiellement commercial.

Art. 60. — La vallée d'Alaschkert et la ville de Bayazid, cédées à la Russie par l'article 19 du traité de San-

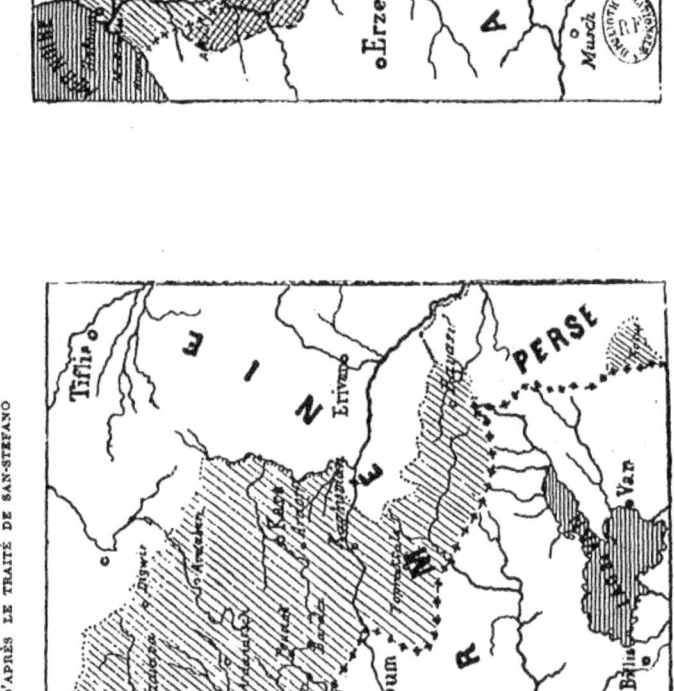

Stefano, font retour à la Turquie. La Sublime Porte cède à la Perse la ville et le territoire de Khotour tel qu'il a été déterminé par la commission mixte anglo-russe pour la délimitation des frontières de la Turquie et de la Perse.

Art. 61. — La Sublime-Porte s'engage à réaliser sans plus de retard les améliorations et les réformes qu'exigent les besoins locaux dans les provinces habitées par les Arméniens et à garantir leur sécurité contre les Circassiens et les Kurdes. Et e donnera connaissance périodiquement des mesures prises à cet effet aux puissances, qui en surveilleront l'application.

Art. 62. — La Sublime-Porte, ayant exprimé la volonté de maintenir le principe de la liberté religieuse en y donnant l'extension la plus large, les parties contractantes prennent acte de cette déclaration spontanée.

Dans aucune partie de l'empire ottoman, la différence de religion ne pourra être opposée à personne comme un motif d'exclusion ou d'incapacité en ce qui concerne l'usage des droits civils et politiques, l'administration aux emplois publics, fonctions et honneurs, ou l'exercice des différentes professions et industries. Tous seront admis, sans distinction de religion, à témoigner devant les tribunaux.

La liberté et la pratique extérieure de tous les cultes sont assurés à tous, et aucune entrave ne pourra être apportée soit à l'organisation hiérarchique des différentes communions, soit à leurs rapports avec leurs chefs spirituels.

Les ecclésiastiques, les pèlerins et les moines de toutes les nationalités voyageant dans la Turquie d'Europe ou la Turquie d'Asie jouiront des mêmes droits, avantages et privilèges.

Le droit de protection officielle est reconnu aux agents diplomatiques et consulaires des puissances en Turquie, tant à l'égard des personnes susmentionnées que de leurs établissements religieux de bienfaisance et autres dans les Lieux-Saints et ailleurs.

Les droits acquis à la France sont expressément réservés, et il est bien entendu qu'aucune atteinte ne saurait être portée au *statu quo* dans les Lieux-Saints.

Les moines du mont Athos, quel que soit leur pays d'origine, seront maintenus dans leurs possessions et avantages antérieurs, et jouiront, sans aucune exception, d'une entière égalité de droits et prérogatives.

Art. 63. — Le traité de Paris du 30 mars 1856, ainsi que le traité de Londres du 13 mars 1871, sont maintenus dans toutes leurs dispositions qui ne sont pas abrogées ou modifiées par les stipulations qui précèdent.

Art. 64. — Le présent traité sera ratifié et les ratifications en seront échangées à Berlin dans un délai de trois semaines ou plus tôt si faire se peut.

En foi de quoi, les plénipotentiaires respectifs l'ont signé et y ont apposé le sceau de leurs armes.

Fait à Berlin, le treizième jour du mois de juillet mil huit cent dix-huit.

(L. S.)   *Signé* V. Bismarck.
(L. S.)   B. Bulow.
(L. S.)   Hohenlohe.
(L. S.)   Andrassy.
(L. S.)   Karolyi.
(L. S.)   Haymerlé.
(L. S.)   Waddington.
(L. S.)   Saint-Vallier.
(L. S.)   H. Desprez.
(L. S.)   Beaconsfield.
(L. S.)   Salisbury.
(L. S.)   Odo Russell.
(L. S.)   L. Corti.
(L. S.)   Launay.
(L. S.)   Gortchakoff.
(L. S.)   Schouvaloff.
(L. S.)   P. d'Oubril.
(L. S.)   Al. Caratnéodory.
(L. S.)   Mehemed-Ali.
(L. S.)   Sadoullah.

Certifié conforme à l'original :

Signé Radowitz.
Mouy.

Les signatures ayant été apposées, le président prince de Bismarck reprit la parole et prononça la clôture du Congrès dans les termes suivants :

Je constate que les travaux du Congrès sont terminés.

Je regarde comme un dernier devoir du président d'exprimer les remercîments du Congrès à ceux des plénipotentiaires qui ont fait partie des commissions, notamment à M. Desprez et à M. le prince de Hohenlohe. Je remercie également, au nom de la haute assemblée, le secrétariat du zèle dont il a fait preuve et qui a contribué à faciliter les travaux du Congrès. J'associe dans l'expression de cette reconnaissance les fonctionnaires et officiers qui ont pris part aux études spéciales de la haute assemblée.

Messieurs, au moment de nous séparer, je ne crains pas d'affirmer que le Congrès a bien mérité de l'Europe. S'il a été impossible de réaliser toutes les aspirations de l'opinion publique, l'histoire, dans tous les cas, rendra justice à nos intentions, à notre œuvre, et les plénipotentiaires auront la conscience d'avoir, dans les limites du possible, rendu et assuré à l'Europe le grand bienfait de la paix si gravement menacée. Ce résultat ne saurait être atténué par aucune critique que l'esprit de parti pourra inspirer à la publicité. J'ai le ferme espoir que l'entente de l'Europe, avec l'aide de Dieu, restera durable, et que les relations personnelles et cordiales qui pendant nos travaux se sont établies entre nous, affermiront et consolideront les bons rapports entre nos gouvernements.

Je remercie encore une fois mes collègues de leur bienveillance à mon égard, et c'est en conservant cette impression de haute gratitude que je lève la dernière séance du Congrès.

Conclusion.

Les modifications territoriales consacrées par le traité de Berlin remanient profondément la carte d'Europe et tracent de nouvelles frontières à trois des grands États de cette partie du monde et à cinq États moins importants. Si on laisse de côté la Bessarabie, toutes ces modifications se sont opérées au détriment de la Turquie qui perd p u des deux cinquièmes de son territoire et de sa population en Europe.

Le traité de Berlin enlève au sultan :

	kil. carr.	habitants.
Principauté de Bulgarie	60,000	2,500,000
Partie de la Dobroudja annexée à la Roumanie	14,400	170,000
Parties des vilayets de Touna et de Monastir et Prizrend annexées à la Serbie	7,200	280,000
Vilayet de Serajevo occupé par les troupes autrichiennes	58,700	1,100,000
Parties des vilayets de Serajevo et de Monastir et Prizrend annexées au Monténégro	4,700	50,000
Partie du vilayet de Janina que le Congrès a invité le sultan à céder à la Grèce	12,000	300,000
Total	156,000	4,500,000

Ainsi de 365,300 kilomètres carrés qu'il possédait en Europe avant la guerre, le sultan est réduit à moins de 200,000, et au lieu de 11 millions de sujets, il n'en comptera plus que 6,400,000. Il perd en outre les droits de suzeraineté qu'il possédait sur la Roumanie et la Serbie.

En Asie, le sultan perd à la suite du traité de Berlin et de la convention du 4 juin :

	kil. carr.	habitants.
Parties des vilayets d'Erzeroum et de Trebizonde annexées à la Russie	36,000	700,000
Territoire de Kotour cédé à la Perse	150	5,000
Ile de Chypre occupée par l'Angleterre	10,300	150,000
Total	46,450	855,000

En chiffres ronds l'empire ottoman a donc perdu à la guerre de 1877-1878 un territoire de 210,000 kilomètres carrés et une population de cinq millions et demi d'habitants. Bien que lord Beaconsfield ait protesté à différentes reprises contre le mot de partage appliqué à cette terrible amputation, il nous semble difficile de la qualifier correctement autrement. Le Congrès de Berlin a procédé à un premier partage de la Turquie.

Si le traité de San-Stefano avait été exécuté, le sultan n'aurait pas subi de pertes territoriales beaucoup plus grandes. Cependant, le traité de Berlin est comparativement fort avantageux pour lui. Au lieu d'un territoire disloqué en quatre tronçons, sans cohésion entre eux, il garde en Europe un territoire nettement découpé entre les Balkans et la mer, solide, compacte, carré en quelque sorte et fortement protégé au nord par la ligne des Balkans contre de nouvelles invasions de l'ennemi héréditaire, le Moscovite.

Les résultats du Congrès de Berlin ont soulevé des impressions très-diverses en Europe. Les plénipotentiaires anglais furent accueillis dans leur pays par de bruyantes ovations. Les honneurs du Congrès avaient été en effet pour eux et ils en revenaient ayant sauvé le prestige de l'Angleterre, si compromis un moment, et rapportant, outre ce succès moral, des avantages matériels considérables. On n'avait pas perdu de temps pour mettre à exécution la convention du 4 juin. En effet, dès le 9, deux cuirassés débarquèrent 1,700 hommes à Larnaca et, le 11, Samih-Pacha, représentant le sultan, proclama la cession de l'île de Chypre, dont M. Baring, secrétaire de l'ambassade anglaise à Constantinople, prit aussitôt possession au nom de la reine d'Angleterre. Le 18 juillet, dix-huit transports embarquèrent à Malte pour Chypre, dont ils devaient former la garnison, les trois régiments d'infanterie européenne, n°s 13, 71, et 101, une batterie d'artillerie et les troupes amenées de l'Inde, à savoir le 9° régiment et un détachement du 26° régiment d'infanterie de Bombay, le 31° régiment d'infanterie du Bengale, le 25° régiment d'infanterie de Madras, les lanciers de Bombay et les Ghoorkas. Ces troupes arrivèrent à Chypre le 23 juillet. Elles apportaient une grande quantité d'outils propres à établir des routes et des tranchées, et furent, dès leur arrivée, employées à ouvrir des communications, à nettoyer les aqueducs et les réservoirs, et à rendre la contrée saine et habitable. L'occupation s'opéra sans la moindre difficulté.

Dans la séance de la Chambre des communes du 5 août, le gouvernement donna les renseignements suivants sur ses intentions ultérieures relativement à Chypre :

Le colonel Stanley, ministre de la guerre, dit que le gouvernement n'a pas l'intention d'employer en temps ordinaire les troupes indiennes en Europe, mais il désire ne pas préjuger cette question; il ne croit pas, du reste, que l'entretien des troupes indiennes soit plus coûteux que celui des troupes européennes.

Sir Wolseley sera gouverneur civil et militaire de l'île de Chypre. Sir Wolseley a sagement résolu de ne pas déranger le système actuel de l'administration, tant qu'il ne sera pas certain de pouvoir lui en substituer un meilleur.

Des officiers ont été envoyés dans les différents districts de l'île; ils ont pour instruction de se mettre en communication avec les fonctionnaires indigènes et d'agir comme des résidents.

Les troupes seront réparties dans l'île, mais le corps principal sera stationné à quatre milles de Larnaca, où les conditions sanitaires sont satisfaisantes; jusqu'à présent l'état sanitaire des troupes est bon.

Les troupes asiatiques retourneront aux Indes dans quatre ou cinq semaines.

L'envoi des troupes à Chypre était purement une mesure de précaution destinée à parer à toute éventualité. Le colonel Stanley dit qu'il n'a pas l'intention de convertir l'Ile en forteresse. Le gouvernement croit que deux bataillons et une batterie d'artillerie de troupes européennes suffiront à y maintenir l'ordre.

En Russie, le Congrès rencontra moins d'enthousiasme qu'en Angleterre, mais les journaux n'eurent pas de peine à faire comprendre au public que les concessions que les plénipotentiaires russes avaient dû consentir n'atteignaient réellement aucun des grands résultats acquis par le traité de San-Stefano. Le *Messager officiel*, dans un très-long article, exposa qu'en somme le traité de Berlin était un pas énorme vers le but auquel tendait la Russie, le complet affranchissement des chrétiens de Turquie. Les préparatifs de guerre furent arrêtés. On annonça officiellement que l'expédition envoyée dans le Haut-Oxus était contremandée (ce qui ne paraît du reste pas exact), on mit fin à la souscription pour la flotte volontaire qui avait atteint le beau chiffre de 2 millions 443,000 roubles et on s'occupa du retour des troupes en Russie. L'évacuation s'opéra par mer en grande partie, et presque toute la garde fut débarquée dans les derniers jours d'août dans les ports de la mer Noire.

En France, les organes du parti républicain qui avaient presque tous soutenu la campagne diplomatique de l'Angleterre, montrèrent un vif dépit de ce que la convention du 4 juin avait été signée à l'insu de notre diplomatie, mais cette impression dura peu. Les ministres anglais affirmèrent du reste solennellement en diverses occasions leur désir de rester en bon accord avec la France. En Italie, le mécontentement fut plus vif et plus durable. Le jeune royaume s'est accoutumé à la pensée qu'il ne peut se faire aucun changement en Europe sans qu'il en profite. Le parti avancé tint de nombreux meetings en faveur de l'*Italia Irredenta*, c'est-à-dire de l'Italie non délivrée, Trente et Triest. D'autres proposèrent l'annexion de Tunis. Mais le gouvernement ne prit aucune part à ces manifestations qui cessèrent peu à peu. En Autriche, ainsi que nous l'avons dit, les Hongrois cessèrent de faire opposition à l'occupation de la Bosnie et de l'Herzégovine, du moment que cette mesure était prise contre la Russie, et on s'y prépara avec entrain.

En Roumanie, quelque désespoir que les décisions du Congrès causassent aux patriotes, on comprit que toute résistance serait insensée et le 17 juillet le prince Charles invita les Roumains à la résignation dans une proclamation où il disait :

La Roumanie, en particulier, est appelée à faire à la paix du monde de grands et douloureux sacrifices.

Nous pourrons les alléger et nous pourrons éviter les périls qui nous menacent, en nous inspirant des idées et de la conduite de nos pères qui seulement par le patriotisme, la sagesse et l'union, ont su sauver et conserver le pays au milieu des orages et des vicissitudes les plus terribles.

Je connais tout le patriotisme qui anime la nation en général et ses mandataires en particulier, et j'ai la ferme conviction que vous suivrez l'exemple de vos ancêtres et que, dans votre sagesse éclairée et dans votre amour de la patrie, vous trouverez les moyens non-seulement de faire face aux difficultés présentes, mais encore de préparer à la nation un grand et heureux avenir.

C'est ainsi que par une attitude digne, par des décisions inspirées par une prudence aussi mûre que patriotique, nous prouverons à l'Europe même que la Roumanie méritait mieux du grand aréopage.

La Serbie n'avait qu'à se féliciter de la façon dont l'avait traitée le Congrès en lui donnant 3,200 kilomètres carrés et 54,000 habitants de plus que le traité de San-Stefano. Le Monténégro, au contraire, avait perdu à Berlin la moitié de ce qui lui avait été donné à San-Stefano. Cependant, le prince Nikita eut la sagesse de ne pas braver la colère de l'Autriche. Afin de n'être pas suspecté de soutenir l'insurrection qui essaya de s'opposer à l'occupation de l'Herzégovine et de la Bosnie, il défendit à ses sujets de passer dans ces deux provinces. En outre, par une dépêche datée du 13 août et adressée au grand-vizir, il rétablit les relations diplomatiques entre la principauté et la Turquie. En Grèce, l'abandon de l'Angleterre, injustifiable après tant de promesses, souleva d'ardentes colères que ne pouvaient apaiser les promesses que l'intervention des plénipotentiaires français avait fait inscrire dans le traité de Berlin. Les Grecs essayèrent néanmoins de les réaliser et entrèrent immédiatement en négociation avec la Porte.

En Turquie, l'appréciation des hautes classes était fort bien définie au mois de juillet par un correspondant du *Journal des Débats* : « Chez les Turcs, les sentiments sont partagés : d'une part, il y a joie et satisfaction ; les classes dirigeantes sont heureuses de voir qu'il leur reste un empire à gouverner, des populations à exploiter, un budget à dévorer. Pour le reste, on s'en console. En haut lieu surtout, on est content que tout se soit arrangé pour le mieux. Le sultan Hamid, qui s'était vu sur le point d'émigrer en Asie et de quitter ses féeriques palais des rives du Bosphore, se félicite de voir qu'il ne sera pas banni de ces lieux fortunés. Il ne sera pas le puissant khalife d'autrefois, l'heureux sultan de Stamboul, le seigneur des seigneurs, le roi des rois, l'empereur des deux mers, etc.; mais il restera dans ses palais, il jouira de leurs délices; il exercera son autorité autour de lui en maître et laissera le reste à la garde de Dieu. » Mais dans le peuple le désenchantement fut immense et la douleur si grande que le gouvernement, suivant en cela, du reste, sa propre inclination, accepta les conditions du traité qui lui étaient favorables sans se soucier d'accomplir les sacrifices au prix desquels elles avaient été achetées.

Ainsi que M. de Bismarck l'avait déclaré un jour en séance, aux plénipotentiaires ottomans, les décisions du Congrès formaient un tout; si la Turquie acceptait celle qui lui restituait la moitié de la Bulgarie et une partie de l'Arménie il lui fallait accepter aussi celles qui lui enlevaient la Bosnie, l'Herzégovine et une partie de l'Épire et de la Thessalie, mais elle n'en fit rien. Elle répondit à la Grèce qui lui demandait la cession des territoires qu'avait désignés le Congrès, en renforçant l'armée de Thessalie par l'envoi de 18 bataillons d'infanterie et de 6 batteries d'artillerie (juillet) et en expédiant une flotte cuirassée dans les parages de Volo.

Le 8 août, Savfet-Pacha, ministre des affaires étrangères, protesta contre la décision du Congrès dans une longue circulaire qui était un véritable acte d'accusation contre la Grèce. La Grèce avait fomenté toutes les insurrections qui avaient éclaté sur ses frontières et en Crète; si elle n'avait pas pris part à la guerre c'est parce que la Russie avait repoussé son concours; et elle trompait l'Europe en annonçant que l'annexion de l'Épire et de la Thessalie fermerait à tout jamais l'ère des conflits et des luttes entre elles et l'empire ottoman, puisque le rêve avoué de tous les Grecs était d'absorber toutes les populations grecques de l'empire. Savfet concluait ainsi :

Tels sont les faits et les considérations principales qui imposent à la Sublime-Porte l'obligation d'en appeler à l'Europe elle-même de l'opinion qu'elle a émise au sein du Congrès touchant l'opportunité d'accorder à la Grèce un agrandissement quelconque de territoire.

S. M. le Sultan et son gouvernement sont fermement convaincus que les grandes puissances, mieux éclairées sur la nature, sur les motifs et sur les suites de la demande formée par le gouvernement hellénique, modifieront leur opinion première et s'empresseront de faire parvenir au cabinet d'Athènes des conseils de droiture et de prudence, qui détourneront d'une entreprise aussi injuste qu'impolitique. En tout cas, l'Europe ne voudra pas suivre la Grèce dans cette voie dangereuse, et s'exposer ainsi à compromettre son œuvre de pacification.

Vis-à-vis de l'Autriche, la Turquie n'osa pas prendre une attitude aussi nette et essayer aussi franchement de se soustraire aux obligations du traité de Berlin, mais elle recommença une de ces campagnes de ruses diplomatiques et de temporisations si chères au génie oriental. On a vu dans le protocole de la douzième séance du Congrès qu'elle s'était réservé de s'entendre avec le cabinet de Vienne au sujet de l'occupation de la Bosnie et de l'Herzégovine. Elle ouvrit les négociations avec l'arrière-pensée de les faire traîner en longueur aussi longtemps que possible. Elle commença par revenir sur le fait acquis et s'efforça de démontrer à l'Autriche, que le mieux était de renoncer à l'occupation, puis elle demanda que la durée de cette occupation fût limitée et que tous les fonctionnaires fussent maintenus dans leurs places. Le cabinet de Vienne était préparé à l'occupation, il passa outre et donna l'ordre à ses troupes de pénétrer dans les deux provinces.

Le sultan s'adressa alors à la reine d'Angleterre pour la prier d'intervenir et d'arrêter la marche des troupes autrichiennes :

Les habitants musulmans et chrétiens se sont soulevés, pleins de désespoir, pour défendre l'entrée de leur pays à l'armée autrichienne, disait-il. L'émeute est devenue tellement forte, que quelques hauts fonctionnaires qui avaient cherché à apaiser les esprits surexcités de la population sont tombés victimes de leurs efforts. On craint des événements sanglants. Je ne pourrais voir sans regret les tristes conséquences qui vont se passer sous nos yeux.

Par conséquent, je prie Votre Majesté de faire les démarches nécessaires auprès de S. M. l'empereur d'Autriche-Hongrie, notre ami et allié, au nom de l'humanité, pour donner des ordres au commandant de l'armée de n'avancer au-delà de Banjaluka, contrée qu'elle occupe déjà, afin d'éviter l'inutile effusion de sang.

La reine d'Angleterre se contenta de répondre :

Les nouvelles que Votre Majesté m'a transmises m'ont affligée.

J'ai fait donner l'ordre à mon ambassadeur à Vienne, sir H. Elliot, de faire les démarches nécessaires auprès de S. M. l'empereur François-Joseph afin d'éviter toute effusion de sang ; mais la mesure la plus efficace pour mettre fin à tous ces troubles, c'est la complète occupation du pays.

N'ayant plus d'autres moyens d'entraver l'exécution de la décision du Congrès, le gouvernement ottoman encouragea par dessous main cette insurrection qui venait d'éclater devant les troupes autrichiennes. Les Bosniaques manquaient de cadres et de matériel ; la Porte en laissant sans instructions les garnisons de la Bosnie et de l'Herzégovine leur fit en quelque sorte un devoir de résister à l'armée d'occupation ; elles se joignirent aux insurgés et leur apportèrent ce qui leur faisait défaut des cadres, un noyau de troupes solides, des fusils à tir rapide et des canons. Trente bataillons, comprenant plus de 25,000 hommes, firent ainsi cause commune avec l'insurrection.

Nous avons déjà exposé de quels éléments se compose la population des provinces de l'Herzégovine et de la Bosnie. A peu près tous les habitants sont de race slave, mais sur 1,150,000, un peu moins de 400,000 sont musulmans. Ces derniers descendent de ceux qui se convertirent lors de la conquête; ils forment une aristocratie qui est en possession de presque tout le sol et qui opprimait durement les chrétiens. Ils ont toujours joui d'une grande indépendance et ont souvent résisté à la Porte les armes à la main. Ce parti sentait bien que l'occupation mettrait fin à ses priviléges, cependant il paraissait résigné et la plupart des chefs musulmans avaient déjà fait ou se disposaient à faire des protestations de fidélité à l'empereur d'Autriche lorsque tout à coup une formidable insurrection éclata à Serajevo, la capitale de la Bosnie. Une espèce d'illuminé, nommé Hadji-Loja, connu par sa force herculéenne et par son fanatisme et auquel son renom de sainteté donnait une grande influence sur les musulmans souleva la population à la nouvelle de l'entrée des troupes autrichiennes et chassa les autorités turques. L'ancien gouverneur du Vilayet, Mahzar-Pacha, qui venait d'être révoqué, fut massacré par la populace; le nouveau vali, Hussein-Pacha, dut se réfugier dans les lignes autrichiennes, son aide de camp, plusieurs officiers et plusieurs fonctionnaires furent mis à mort d'une façon horrible.

Un gouvernement révolutionnaire fut installé au konak du vali et rendit le décret suivant :

« 1° Hadji-Loja « le premier patriote du pays, » « été nommé chef du gouvernement par la volonté du peuple « entier ».

« 2° Le même, d'accord avec tous les membres du « gouvernement, » appelle sous les drapeaux tous les fils du pays, de l'âge de 17 à 60 ans. Tout individu bien portant qui ne se présentera pas au service dans la huitaine, sera fusillé comme traître.

« 3° Tout citoyen du pays doit acquitter une contribution de guerre. Quiconque possède plus de 100 ducats, devra déposer 20 pour 100 de sa fortune sur l'autel de la patrie pour contribuer à la défense du pays.

« 4° Chaque citoyen est tenu de mettre toutes ses armes à la disposition du « gouvernement » pour armer les Bosniaques dépourvu d'armes.

« Les contrevenants seront punis de mort. »

Des *telal* (crieurs) publièrent à Serajevo cet ordre du gouvernement, tandis que cinquante messagers partaient pour l'intérieur, afin de l'y répandre. La nouvelle circula comme une traînée de poudre à travers les deux provinces. Tous les musulmans prirent aussitôt les armes et en quelques jours 80 à 90,000 hommes, d'après les calculs les plus sérieux, furent sur pied. Les Austro-Hongrois se croyaient conviés à une marche militaire et c'est une guerre qu'il leur fallait entreprendre.

Le plan d'occupation de l'armée autrichienne avait été bien conçu. Le 13ᵉ corps qui était chargé de l'exécuter sous le commandement général du feldzeugmestre Philippovitch avait été échelonné sur la frontière de la Save, d'Alt-Gradiska à Szamacz, et sur celle de l'Unna, de Dubitza à Novi. Ses trois divisions devaient s'avancer : la 7ᵉ à gauche (duc de Wurtemberg) de Novi sur Banjalouka, remonter la vallée du Verbas (Verbitza) et marcher de là par Travnik sur Serajevo, point convergent de toutes les opérations; la 6ᵉ (Philippovitch) à laquelle était attaché l'état-major et le train d'équipage du 13ᵉ corps, formant le centre, devait passer la Save à Alt-Gradiska et à Brod, et suivre la vallée de la Bosna par Maglaï, Zepce, Wranduk, et opérer alors sa jonction avec la 7ᵉ division sur la route de Travnik à Serajevo; enfin la 20ᵉ division (général Szapari), formant la gauche, devait partir de Szamacz et se diriger sur Zvornik, vers la frontière serbe, pour occuper l'angle de territoire formé par la Save et la Drina, et habité par une population musulmane fanatique et belliqueuse dont on croyait, à bon droit, avoir beaucoup à redouter. Voilà pour l'occupation de la Bosnie.

D'autre part, la 18ᵉ division (général Iovanovitch), partie de la Dalmatie, devait marcher sur Mostar, s'assurer de la possession de l'Herzégovine et au besoin s'avancer aussi sur Serajevo. Diverses colonnes volantes, détachées à son extrême gauche par les routes de la Dalmatie centrale et septentrionale, avaient pour mission de contenir la Croatie turque (pays compris entre le Verbas et l'Unna), au fur et à mesure que la 7ᵉ division s'éloignerait de cette dernière contrée dans sa marche en avant de Banjalouka sur Travnik.

Ce plan s'effectua d'abord sans aucun obstacle. Le 29 juillet, tous les corps autrichiens franchirent soit l'Unna, soit la Save, dans l'ordre et aux points indiqués. Le général Philippovitch fit répandre la proclamation suivante :

Bosniaques, Herzégoviniens,

Les troupes de S. M. l'empereur d'Autriche, roi de Hongrie, vont passer vos frontières. Elles n'arrivent pas en ennemis pour conquérir votre patrie, mais elles viennent en amis pour mettre un terme aux maux qui non-seulement agitent depuis des années la Bosnie et l'Herzégovine, mais troublent les provinces limitrophes appartenant à l'Autriche-Hongrie.

L'empereur a vu avec douleur le carnage et les luttes fratricides qui ont dévasté votre pays, vos champs mis au pillage, et la misère qui règne dans vos villages, dans vos villes et dans vos campagnes.

Les événements n'ont pas permis à votre gouvernement d'y établir le calme et la concorde.

L'empereur, qui ne pouvait pas voir plus longtemps les discordes, les violences, l'indigence et la misère sur les frontières de ses États, a signalé votre situation aux puissances de l'Europe. Au Congrès de Berlin il a été décidé, à l'unanimité, que l'Autriche devait vous rendre la paix et le bien-être.

Dans un vrai sentiment de sollicitude pour votre bonheur, le sultan vous a confiés à la protection de son puissant ami l'empereur.

Les troupes impériales qui viennent au milieu de vous n'apportent pas la guerre mais les bienfaits de la paix.

Tous les habitants jouiront des mêmes droits; tous, sans exception, seront sauvegardés dans leur existence, leur foi et leurs biens. Vos lois et vos institutions ne seront pas arbitrairement changées, vos rites et vos usages seront respectés.

L'empereur attend des autorités civiles et religieuses le maintien de l'ordre et l'appui de leur concours.

Les revenus du pays seront affectés à ses besoins. Les arriérés des impôts des dernières années ne seront point recouvrés.

Les troupes impériales n'oppresseront pas le pays et payeront tous leurs achats.

Venez avec confiance sous la protection de la glorieuse bannière d'Autriche. Recevez nos soldats en amis, obéissez aux autorités, reprenez vos occupations, les fruits de vos travaux seront dorénavant garantis.

Malgré toutes ces assurances pacifiques la résistance ne tarda pas à s'accentuer. Le 1er août, une colonne de la 6e division se trouva arrêtée à Maglaï par l'attaque d'un corps exclusivement composé de soldats turcs, ce qui causa aux Autrichiens un certain étonnement qui devait du reste fréquemment se renouveler. Ils avaient cru qu'ils n'auraient affaire qu'à des bandes recrutées dans la population indigène, mais ils devaient rencontrer désormais des troupes ottomanes régulières presque toujours réunies aux Bosniaques.

Après cette première rencontre, le capitaine d'état-major Millinkovitch, envoyé en reconnaissance jusqu'à Zepce, située au sud de Maglaï, fut reçu à coups de fusil et obligé de reculer jusqu'à cette dernière ville après avoir perdu 70 hommes d'un escadron de hussards hongrois (4 août). Le gros de la 6e division mit quatre jours de marche, retardé par diverses escarmouches, pour arriver de Maglaï à Zepce, où cette division livra, le 7 août, un véritable combat. Le champ de bataille occupait tout l'espace compris entre ces deux villes situées toutes deux sur la Besna, qui coule en cet endroit dans une gorge étroite et profonde. Sur une longueur de 64 kilomètres, la route qui longe la rivière est bordée de vieux châteaux ou de blockhaus armés d'artillerie de montagne et faciles à défendre. Les insurgés étaient au nombre de 8 à 10,000. Parmi eux figuraient deux bataillons au moins de réguliers turcs, dont l'un était commandé par le fameux Hadji-Loja. Ils étaient pourvus de quatre canons de campagne et d'une batterie volante dont le feu bien dirigé atteignait avec précision l'endroit où se trouvait le général Philippovitch, qui pendant toute la bataille courut les plus grands dangers. Trois attaques consécutives qui remplirent toute la journée furent nécessaires pour déloger l'ennemi de ses fortes positions; il se retira sur Wranduk. La nuit et la nature du terrain et surtout l'épuisement des troupes autrichiennes empêchèrent de le poursuivre. Les réguliers turcs, armés de carabines Martini-Henry, se comportèrent dans cette lutte de manière à rappeler les plus beaux jours de l'infanterie ottomane. Les Autrichiens n'évaluèrent leurs pertes qu'à 58 hommes tués ou blessés, tandis que celles des Turcs auraient été de 500 hommes tués ou blessés. Un bataillon entier de rédifs d'Anatolie fut fait prisonnier par le 27e bataillon de chasseurs autrichiens. Le major Ahmed-Bey, qui commandait en chef, et six officiers turcs tombèrent au pouvoir de l'ennemi.

Après un jour de repos, le général Philippovitch se porta sur Wranduk, dont il franchit le défilé sans trop de résistance, et, le 11 août, il établissait son quartier général à Sénitza. Le même jour, la 7e division (duc de Wurtemberg) entrait à Travnik. Cette dernière division, partie, comme nous l'avons dit, de Novi sur l'Unna, le 29 juillet, avait atteint, le 1er août, Banjalouka, qui fut le théâtre des scènes de pillage et de meurtre les plus révoltantes. Remontant, de là, la vallée du Verbas, elle avait livré bataille le 5 à Varcar-Vakup, et le 7 à Jaïce. Cette dernière rencontre fut des plus sérieuses : les insurgés comptaient, comme à Zepce, 8 à 10,000 hommes, et l'on se battit pendant neuf heures. Les Autrichiens prirent trois canons et trois drapeaux, mais ils accusèrent des pertes sérieuses, 6 officiers et 140 hommes blessés et plusieurs morts. De Jaïce, la 6e division, quittant la vallée du

Verbas, se dirigea sur Travnik qu'elle occupa, le 11 août, comme nous venons de le dire. La prise de cette place était d'une importance extrême pour le succès général de la campagne; elle permettait au duc de Wurtemberg de favoriser la marche en avant de Philippovitch de Senitza sur Serajevo au moyen d'une attaque de flanc sur les insurgés établis entre ces deux places. Toutefois, le duc de Wurtemberg n'emporta les positions entre Travnik et Vitès qu'après trois jours de combats acharnés; il put alors opérer sa jonction avec le corps d'armée de Philippovitch. D'autre part, le général Iovanovitch s'était avancé de Mostar sur Serajevo pour concourir à l'action générale qui allait se livrer autour de cette ville. Cette dernière lutte eut pour théâtre tout l'espace compris entre Visoka, Kiseljak, Kreschevo et Serajevo; elle fut décisive. Après un combat des plus sanglants, la capitale de la Bosnie fut emportée d'assaut, le 19 août.

Tandis que ceci se passait au centre, la 20ᵉ division (général Szapary), qui avait pour tâche, comme nous l'avons dit, de se diriger sur Zvornik et d'y prendre position, avait complétement échoué dans cette opération. Le 4 août, elle livra un combat d'avant-garde à Gratchanika, et, le 8, elle attaqua sans succès les insurgés à Hanpirkovacz. Le 9 et le 10, nouveaux engagements, ce dernier à Tuzla; mais elle fut obligée de reculer sur Gratchanika et Doboï, par suite, disent les dépêches autrichiennes, de la difficulté de recevoir des vivres et munitions, les bêtes de somme étant épuisées de fatigue. D'après une autre dépêche, la défaite de Tuzla aurait eu pour cause la supériorité numérique de l'ennemi (20,000 hommes, dit-on).

L'ennemi poursuivit avec acharnement les Autrichiens battant en retraite. Il leur infligea une défaite plus sérieuse et les rejeta sur la rive droite de la Bosna qu'il franchit à leur suite. Mais des renforts arrivés à temps permirent au général Szapary de le repousser, non sans avoir subi de grandes pertes. Les Autrichiens auraient perdu, dit-on, dans ces deux batailles de Tuzla et de Doboï, une grande quantité d'armes, de munitions et de chevaux et une batterie entière de canons Uchatius. Ils ont eu, d'après leur aveu, 8 officiers tués et 16 blessés, dont 2 appartenant à l'état-major. Cette partie du plan de la campagne a été ainsi totalement manquée.

En Herzégovine, la 18ᵉ division (général Iovanovitch) avait franchi la frontière à Vergoracz et à Imoski (1ᵉʳ août), la principale colonne s'avançant sur Ljubuska. Iovanovitch avait eu de sérieux combats à soutenir avant d'arriver à Mostar où toute sa division entra le 6 août. Le 10, le colonel Schuderer occupait Stolatz, dont la garnison turque alla s'embarquer à Klek pour Constantinople. La lutte continuait depuis dans cette région et le corps d'occupation y était tenu en éveil par des attaques répétées sur les points les plus éloignés de la province.

Telle est la situation au moment où nous terminons cet ouvrage (5 septembre). Cette résistance inattendue a causé une grande émotion en Autriche où l'on accuse avec beaucoup de vivacité la Turquie de trahison. Les mesures militaires qu'on avait prises ont été jugées insuffisantes, et, du 15 au 21 août, on a mobilisé six divisions nouvelles, ce qui porte l'armée d'occupation de 90,000 à 165,000 hommes. L'Autriche n'est, du reste, pas au bout de ses opérations militaires, elle n'occupe encore que la moitié à peine du pays, et à mesure qu'elle descendra vers le sud elle trouvera l'insurrection fortifiée par le concours des tribus albanaises. En effet, en même temps qu'un gouvernement révolutionnaire s'installait en Bosnie, une ligue se formait en Albanie pour résister contre les décisions du Congrès de Berlin et avec l'intention avouée de défendre les districts de Spouj et de Podgoritza contre l'annexion monténégrine, le sandjak de Novi-Bazar contre l'occupation austro-hongroise et le district de Vranja contre l'annexion serbe. Ces territoires sont en effet habités par des Albanais.

Voici d'après l'*Agence Havas* la substance des statuts de cette ligue:

1º Le gouvernement. — Un gouvernement central sera établi à Prizrend. Ce gouvernement sera composé de délégués des sandjakats, et sera seul responsable de la mise à exécution des décisions de la ligue. Dans toutes les villes principales des districts ou sandjakats, on instituera des sous-commissions dont les membres seront pris dans les rangs du peuple. Le gouvernement est chargé de l'enrôlement des volontaires, de leur armement et de leur concentration sur les points où besoin sera. Les officiers seront élus par le suffrage des habitants. Aux sous-commissions incombe le soin de pourvoir à la fourniture des armes et des munitions. Tous les citoyens en état de porter les armes devront se faire incorporer dans l'armée. Les imans, mouktars et démogérontes (maires) sont chargés de l'équipement des soldats. Les vivres seront fournis par réquisition.

2º L'organisation militaire. — L'armée de la ligue se divise en brigades, régiments, bataillons et compagnies. La compagnie se composera de cent hommes, commandés par un capitaine, un lieutenant, cinq sous-officiers et dix caporaux. Le bataillon comprendra quatre compagnies et un escadron; il aura à sa tête un major. Le régiment sera formé de quatre bataillons et sera sous les ordres d'un colonel. Il y aura un général pour deux régiments.

3° Plan de campagne. — 1° Division de Kossovo. — Les brigades de cette division seront stationnées dans les districts de Groschma et de Keagora ; 2° la brigade de Novibazar sera dirigée sur Kolaschin ; 3° Prepolatz, Huitza, Tchalitza et Toscha auront chacune une brigade en garnison ; 4° une brigade sera dirigée vers l'Herzégovine. Il faudrait faire en sorte qu'on pût y porter un corps de 30,000 hommes ; 5° le corps de Novibazar devra avoir un effectif d'au moins 20,000 hommes ; 6° la majeure partie des forces albanaises devra être concentrée dans le vilayet de Kossovo ; 7° entre Wranja et Palanka, on cantonnera un corps de 12,000 hommes ; 8° il faudra s'efforcer de porter à 160,000 hommes l'effectif de l'armée albanaise.

Jusqu'à quel point cette organisation si parfaite sur le papier est sérieuse, c'est ce que nous ne saurions dire, mais le fait même qu'on ait pu la concevoir montre chez ces populations des idées de résistance dont il est impossible de ne pas tenir compte. Ajoutons qu'en Asie les Lazes témoignent de leur côté de la ferme intention de s'opposer par les armes à l'occupation de Batoum et du Lazistan par les Russes.

Le Congrès a laissé ainsi bien des conflits derrière lui :

Conflit entre la Grèce et la Turquie;

Conflit entre l'Autriche, les Bosniaques, les Albanais et peut-être prochainement la Turquie;

Conflit entre le Monténégro et la Serbie, d'une part; les Albanais et la Turquie de l'autre;

Conflit entre la Russie et les Lazes.

Et la Roumanie garde un ressentiment implacable contre la Russie. Et l'Angleterre et la Russie sont maintenant face à face en Asie.

Une paix conclue dans de pareilles conditions peut-elle être durable? Malheureusement beaucoup de bons esprits craignent que non. C'est le secret de l'avenir.

TABLE DU DEUXIÈME VOLUME

LA GUERRE (Suite.)

XXX. — LA CAMPAGNE EN ASIE. — LES TURCS PRENNENT L'OFFENSIVE. (Du 15 juillet au 30 septembre) 568
Causes générales du peu de succès de l'offensive turque, 571. — Campagne d'Ismaïl-Hakki-Pacha dans la province d'Erivan, 576. — Entre Kars et Alexandropol, combats de la fin de juillet, 583. — Combats du mois d'août, affaire de Kizil-Tépé, 587. — Les préliminaires de la bataille de l'Aladja-Dagh, bataille de Yagni, 592.

XXXI. — BATAILLE DE L'ALADJA-DAGH 599
Mouktar-Pacha évacue le Kizil-Tépé, adoption du plan d'Obroutchef, 599. — Le mouvement tournant du général Lazaref, 600. — La journée du 15, prise du Mont-Avliar, déroute de l'aile gauche de l'armée turque, 607. — Prise de l'Aladja-Dagh, l'aile droite de l'armée turque met bas les armes, 614. — Trophées et résultats de la victoire de l'Aladja-Dagh, les récompenses, 618.

XXXII. — LES TURCS POURSUIVIS JUSQU'A ERZEROUM. 621
Mouktar-Pacha s'échappe de Kars, retraite d'Ismaïl-Hakki, 622. — Formation du corps du Saganlong, Mouktar-Pacha et Ismaïl-Hakki se replient jusqu'à Dévé-Bouyoun, 626. — Bataille de Dévé-Bouyoun, 626. — La déroute, 632. — Mouktar-Pacha organise la défense d'Erzeroum, 634. — Echec des Russes au Top-Dagh, 636.

XXXIII. — PRISE DE KARS. 640
Préparatifs de l'assaut, 640. — Les points faibles de Kars, 642. — L'ordre d'attaque, 646. — L'assaut, prise des forts Souvary et Kanly, 648. — Prise d'Hafiz-Tabia et de Karadagh-Tabia, 651. — Attaque des forts de la rive gauche, 654. — Prise du fort Arab et de la citadelle, 656. — L'armée turque essaie de percer les lignes russes, elle met bas les armes, 657. — Les trophées de Kars, renvoi des malades et des blessés à Mouktar-Pacha, 658. — Conséquences de la prise de Kars, 660.

XXXIV. — INVESTISSEMENT DE PLEVNA. 663
La grande faute des Turcs, 663. — Le plan russe, campagne de Krylof, 664. — Arrivée des renforts russes, 667. — Le général Gourko prend le commandement de la garde, bataille de Gorny-Doubnik, 670. — Prise de Telisch, 678. — Protestation contre les atrocités turques, 680. — Expédition à l'ouest et au sud de Plevna, prise de Teteben et de Vratza, 682. — Prise de Rahova par les Roumains, 686. — Les opérations sous Plevna, 690. — Journal d'un assiégé, 694.

XXXV. — EFFORTS DE MEHEMET-ALI ET DE SULEYMAN-PACHA POUR DÉBLOQUER PLEVNA. 698
Mehemet-Ali forme une armée à Sofia, 698. — Marche de Gourko vers les Balkans, prise de Pravetz et d'Etropol par les Russes, 699. — Attaque de la passe de Baba-Konak, 706. — Campagne de Suleyman-Pacha, première bataille de Metchka, 708. —

Défaite des Russes à Elena, 712. — Seconde bataille de Metchka, 716.

XXXVI. — CHUTE DE PLEVNA. 720
Les derniers jours de la défense, négociations pour la reddition de la place, 720. — Sortie d'Osman-Pacha, 722. — Reddition de l'armée de Plevna, 730. — Osman-Pacha devant le grand-duc Nicolas et l'empereur Alexandre, sa captivité en Russie, 735. — Les prisonniers et les trophées, 739. Dans Plevna, 742. — Les fortifications de Plevna, considérations théoriques sur le siège, 744.

XXXVII. — PREMIÈRES NÉGOCIATIONS. 747
Le rôle de M. Layard à Constantinople, 747. — La Turquie demande la médiation de l'Europe, 751.

XXXVIII. — LA SITUATION MILITAIRE APRÈS PLEVNA. 756
Les dernières ressources de la Turquie, 756. — L'armée de l'ouest est dissoute, nouveau plan des Russes, plan défensif des Turcs, 762.

XXXIX. — LA SERBIE DÉCLARE LA GUERRE A LA TURQUIE. CAMPAGNE DE L'ARMÉE SERBE. 763
Attitude de la Serbie pendant la première période de la guerre, 763. — La Serbie déclare la guerre à la Turquie, 767. — Campagne des armées serbes, 770.

XL. — LES RUSSES FRANCHISSENT LES BALKANS. .. 775
Nouvelle dislocation des armées russes, retards qu'éprouve cette opération, l'hiver en Bulgarie, 775. — Passage des Balkans par l'armée de Gourko, un millier d'hommes gelés, 780. — Bataille de Taschkisen, 786. — Combat de Gorny-Bougarovo, 791. — Occupation de Sofia par le général Gourko, 792.

XLI. — L'ARMÉE DE SCHIPKA EST FAITE PRISONNIÈRE. 796
Le général Kartsof s'empare du défilé de Trojan, 796. — Affaire de Schipka, ordre de bataille, attaque de Sviatopolk-Mirsky, 800. — Attaque de Radetzki et de Skobelef, reddition de Voissel-Pacha, 804.

XLII. — INVASION DE LA ROUMÉLIE. — OPÉRATIONS DES CORPS DE GOURKO ET DE KARTSOF. ... 811
Ordre de marche à l'armée russe, 811. — Marche de Gourko sur Philippopoli, prise de Tatar-Bazirdjik, 814. — La bataille de trois jours, première journée, combats de Kadikeuï et d'Airanly, 823. — Prise de Philippopoli, 826. — Seconde journée, combats de Dermendéré et de Karagatch, 828. — Troisième journée, l'armée de Fuad-Pacha est mise en pleine déroute, 831. — Poursuite de l'armée turque, marche de Gourko sur Andrinople, 835. — Observations du général Gourko sur les opérations de son armée et sur leurs résultats, 839.

XLIII. — INVASION DE LA ROUMÉLIE. — OPÉRATIONS DES CORPS DE SKOBELEF, DE RADETZKI, DE GANETZKI ET DE DELLINGSHAUSEN. 840
Marche de Skobelef, occupation d'Andrinople, 840. Marche du corps de Skobelef sur Gallipoli et sur Andrinople, suite du raid de Stroukof, 855. — Opérations des corps de Radetzki, de Ganetzki et de Dellingshausen.

XLIV. — OPÉRATIONS DES CORPS DU CZAREWITCH ET DU GÉNÉRAL ZIMMERMANN. 86
Opérations du corps du czarewitch, 863. — Opérations des troupes du Bas-Danube, combat de Hazardjik, 863.

XLV. — LES HORREURS DE LA GUERRE. — L'EXODE MUSULMAN. 870
L'exode musulman, 870. — Les massacres de chrétiens, 876. — Organisation des secours, le typhus à Constantinople, 883.

XLVI. — LES OPÉRATIONS MARITIMES. 888
Étonnement que cause le peu de services rendus par la flotte turque, 888. — Blocus du littoral russe dans la mer Noire, impuissance de la flotte turque à le faire respecter, 891. — Exploits des croiseurs russes, combat de la *Vesta* contre le *Fethi Boulend*, 894. — Suite des opérations de la flottille russe, destruction d'un vapeur russe à Soulina, 899. — Capture de la *Messine*, Hobart-Pacha se défend dans le *Levant-Herald*, 903. — Bombardement des côtes de Crimée, deux expéditions des torpilleurs russes à Batoum, destruction d'un vapeur turc, 908.

XLVII. — CAMPAGNES DES MONTÉNÉGRINS. 911
Opérations au nord du Monténégro, prise de Niksich, 911. — Opérations au sud du Monténégro, prise des ports de Spitza, d'Antivari et de Dulcigno, 915. — Épuisement de la Bosnie, de l'Herzégovine et du Monténégro, 919.

XLVIII. — CONCLUSION DE L'ARMISTICE ET SIGNATURE DES PRÉLIMINAIRES DE PAIX 923
La Turquie se décide à traiter directement avec la Russie, retards qu'éprouvent les négociations, 923. — Affaissement de l'Angleterre, la flotte de Besika reçoit l'ordre d'aller à Constantinople, 927. — Acceptation des bases préalables de paix, conclusion de l'armistice, 931.

XLIX. — L'ARMÉE GRECQUE ENVAHIT LA THESSALIE. INSURRECTIONS EN THESSALIE, EN ÉPIRE, EN MACÉDOINE ET EN CRÈTE 935
Attitude de la Grèce pendant la guerre, 935. — Manifestations à Athènes et au Pirée, la pression populaire oblige le gouvernement à agir, 946. — La comédie de l'insurrection, une campagne de trois jours, l'armée grecque envahit la Thessalie et est aussitôt rappelée, 948. — L'insurrection en Thessalie, 955. — L'insurrection en Macédoine, 953. — L'insurrection en Épire, 959. — Les pays insurgés sont pacifiés par l'intervention de l'Angleterre, 950. — L'insurrection en Crète, 962. — Conséquences matérielles et politiques de l'insurrection des provinces grecques de Turquie, 967.

L. — DE LA SIGNATURE DE L'ARMISTICE A LA SIGNATURE DE LA PAIX. — LE TRAITÉ DE SAN-STEFANO. 967
La flotte anglaise devant Constantinople, 967. — Négociations d'Andrinople et de San-Stefano, 974. — La journée du 3 mars à San-Stefano, signature du traité, 978.

LE CONGRÈS

I. — LA RUSSIE ESSAIE DE SOUSTRAIRE LE TRAITÉ DE SAN-STEFANO A LA SANCTION DE L'EUROPE. 991
Critique du traité de San-Stefano, 991. — Le traité de San-Stefano devant l'Europe, l'impression en Orient, 1011. — L'impression des puissances, 1022. — Nouvelles négociations en vue du Congrès, 1031. — Résistance de la Roumanie et de la Turquie à la politique russe, 1039.

II. — L'ANGLETERRE ET LA RUSSIE SE PRÉPARENT A LA GUERRE. 1043
Mission du général Ignatief à Vienne, 1043. — Le gouvernement anglais mobilise ses réserves, démission de lord Derby, circulaire du marquis de Salisbury, 1046. — La réponse du prince Gortschakoff, 1051. — Prolongation de la crise pendant les mois de juin et de mai, 1056.

III. — ENTENTE ENTRE LA RUSSIE ET L'ANGLETERRE, LA CONVENTION DU 4 JUIN. 1063
Les ravages du typhus, l'insurrection de Rhodope, raisons de la Russie pour céder, 1063. — Accord entre l'Angleterre et la Russie, la mission Schouvalof, le memorandum du 30 mai, 1068. — La convention du 4 juin, 1071. — Convocation des grandes puissances au Congrès, 1080.

IV. — LES TRAVAUX DU CONGRÈS. 1082
Réunion du Congrès, sommaire des séances, 1082. — Création et organisation d'une principauté de Bulgarie et d'une province de Roumélie, 1090. — Occupation de la Bosnie et de l'Herzégovine par les troupes austro-hongroise, 1100. — Frontières de la Serbie et du Monténégro, 1106. — Questions relatives à la Roumanie, 1107. — L'émancipation des israélites, 1112. — La question grecque, 1114. — Les privilèges des Mirdites, 1118. — La navigation du Danube, les détroits, l'indemnité de guerre, 1119. — La question arménienne, 1121. — La nouvelle frontière d'Asie, 1124. — L'exécution du traité, 1128.

V. — LE TRAITÉ DE BERLIN. 1132
La dernière séance du Congrès, texte du traité de Berlin, 1132. — Conclusion, 1142.

www.ingramcontent.com/pod-product-compliance
Lightning Source LLC
Chambersburg PA
CBHW060511230426
43665CB00013B/1472